بسم الله الرحمن الرحيم

SEMERKAND
İstanbul 2008

SEMERKAND : 2

Tasavvuf Klasikleri: 1

yayin@semerkand.com

ISBN: 975-8466-06-2

Yazan : Şihâbüddîn Sühreverdî

Tercüme ve Tahric : Dr. Dilâver Selvi

Kapak : Semerkand Tasarım

İç Düzen : Semerkand

Baskı : Sistem Matbaacılık

Davutpaşa Cad.

Yılanlı Ayazma Sok. No: 8

Davutpaşa/İstanbul

Tel: 0212 482 11 01

(yaygın dağıtım)

Mayıs 2008, İstanbul

6. Baskı

GENEL DAĞITIM

POZİTİF DAĞITIM

Eyüp Sultan Mah. Osmangazi Cd. Esma Sk. No: 7

Samandıra-İstanbul

Tel: 0 216 311 24 34 Faks: 0 216 561 10 00

online alışveriş: www.semerkandpazarlama.com

ŞİHÂBÜDDÎN SÜHREVERDÎ

GERÇEK TASAVVUF

[AVÂRİFÜ'L-MEÂRİF]

TERCÜME VE TAHRİC
DR. DİLÂVER SELVİ

SEMERKAND

Dr. Dilaver Selvi

1962 Tokat/Reşadiye doğumludur. İlkokul eğitimini doğum yeri olan Çınarcık köyünde tamamladı. Bu arada Kur'an kursu eğitimi alıp hafızlık yaptı. 1982'de İstanbul/Zeytinburnu İmam Hatip lisesini bitirdi. 1986'da Marmara Üniversitesi İlahiyat Fakültesi'nden mezun oldu. 1989'da aynı üniversite bünyesinde Tefsir Ana Bilim Dalında yüksek lisans çalışmasını tamamladı. 1996'da *Meşhur Tefsir Literatüründe Tasavvufa Bakış* konulu çalışmasıyla tefsir doktoru oldu. İstanbul'da bulunan âlimlerden özel dersler aldı.

Semerkand Özel Araştırma Merkezi'nde çalışmalarını yürüten yazarın, Semerkand dergisinde yayımlanmış yetmişin üzerinde makalesi mevcuttur. Yazar halen Semerkand Aile Dergisi'nde aylık olarak yazmaya devam etmektedir. Selvi, Radyo 15'te 3 sene boyunca *Hayatın Kalbinden Sözler* programını hazırlayıp sundu. Yazar, evli ve dört çocuk babasıdır.

Yazarın yayımlanmış telif çalışmaları

Semerkand Yayınları'ndan: *Kaynaklarıyla Tasavvuf* (2 cilt), *Ehl-i Sünnet İnancı, Allah Yolunda Yardım ve Cömertlik, Dinimi Öğreniyorum, Kadın ve Aile İlmihali, Kulun Yolculuğu (Mi'rac ve Nefs Terbiyesi).*

Şule Yayınları'ndan: *Kur'an ve Tasavvuf.*

Umran Yayınlarından: *Kur'an ve Sünnet Işığında Rabıta ve Tevessül* (Heyetle), *İslam'da Velayet ve Keramet.*

Yazarın yayımlanmış tercüme çalışmaları

Semerkand Yayınları'ndan: *Kalplerin Azığı (Kûtu'l-Kulûb tercümesi),* Ebû Tâlib el-Mekkî'den heyetle, 4 cilt, *Kuşeyrî Risâlesi,* İmam Kuşeyrî'den, *Hak Yolunun Esasları,* İmam Gazâlî'den.

Şûle Yayınları'ndan: *Hz. Peygamber ve İlim*, Kardavî'den, *Hucciyyetü's-Sünne,* Abdülğanî Abdülhalik'den.

İÇİNDEKİLER

ÖNSÖZ

Allah Teâlâ'ya, zât-ı kerimine lâyık olduğu şekilde hamd ve senâ olsun.

Peygamberlerin efendisi, peygamberimiz Hz. Muhammed'e (s.a.v) de Allah Teâlâ'nın emir ve ta'lim buyurduğu şekilde salât u selam, hürmet ve ihtirâm olsun.

Allah ve Rasûlü'ne olan aşk ve ittibâlarıyla mânen ihyâ olan sahâbe-i kiram, tâbiîn, selef-i sâlihin, şühedâ, mücâhidin, ehlullah ve mü'minlerin dereceleri âlî, makamları huzûr-ı Bârî, hepsine hürmet ve selam olsun.

Cenab-ı Hakk'ın ihsanı ile **"Gerçek Tasavvuf"** adıyla okuyucuya sunduğumuz Avarifü'l-Meârif'in tercümesini üçüncü baskıya hazırlamak nasib oldu. Tercüme baştan sona tarfımızca okundu; ikinci baskıda gözden kaçan hatalar tesbit edilip düzeltilme yoluna gidildi. Bu haliyle tercüme daha istifade edilir bir duruma getirildi. İkinci baskıda yapıldığı gibi, aşağıdaki müdahaleler çerçevesinde tercümemiz kısmen de olsa yeni bir şekil kazandı.

1-Metne sâdık kalınarak, tercümenin dili ve uslûbu daha rahat, daha anlaşılır bir hâle getirildi.

2-Uzun cümle ve paragraflar, mâna bütünlüğü zedelenmeden kısaltıldı ve hükümler netleştirildi.

3-Tasavvufî ıstılahlar korunup, gerektiği zaman parantez içi açıklamalarla okuyucuya yardımcı olundu.

4-Daha önce senetlerini zikrederek verdiğimiz hadislerin senetleri hazfedilip, müellifin dinlediği hocası ile, hadisi nakleden ilk râvi (sahâbe) zikredilip, hadise geçildi.

5-Bütün hadisler ve bazı haberler, tarafımızca yeniden tahric edilip, kaynaklar zenginleştirildi.

6-Önceki tercümede metin içinde verilen âyet numaraları, dipnotta gösterildi.

7-Her bölüme kendi içinde ayrı dipnot numarası verildi.

8-Konu başlıkları kısaltıldı ve netleştirildi.

9-Bazı konular maddeler halinde sıralanarak işlendi.

10-Gerekli açıklamalarla dipnotlar daha doyurucu hâle getirildi.

11-Okuyucunun konulara daha rahat ulaşabilmesi için, kitabın sonuna "**Tasavvufî Konu ve Kavramlar**" ve "**Şahıs İsimleri**" indeksi kondu.

12-Müellifin hayatı daha geniş bir şekilde yeniden yazıldı.

Bu hâliyle tercümemiz, gönül hoşluğu ile okunacak bir duruma geldi.

Bu tercümemizin hatâdan hâli olduğunu iddiâ etmiyoruz; sadece, elimizden geldiği kadar hatâlarımızı tesbit ve tashihe çalıştığımızı söylüyoruz. Beşer hâlimiz devam ettiği sürece, şaşar vasfımız da bizde kalacaktır. Tek tesellimiz, kasıt olmayan hatâ, yanılma ve unutmaların vebâlinin bu ümmetten kaldırılmış olmasıdır.

Cenab-ı Hakk'tan temennimiz, bu eseri, bize ve bütün Ümmet-i Muhammed'e, ilâhî rızâ ve affa sebep olacak iman, ihlas, yakîn, amel ve edeblere vesile kılmasıdır.

Duâmız şudur: Rabbimiz! Günahlarımızı affet. Kötülüklerimizi setret. Bizleri dünyada sâlihlerle beraber yaşatıp, âhirette onlarla haşret. Hamd olsun âlemlerin rabbi Allah'a...

Dr. Dilâver Selvi

MÜELLİF (SÜHREVERDÎ)'NİN HAYATI

Müellif'in Adı ve Nesebi

Müellif **Sühreverdî**'nin asıl adı; "**Ömer**", babasının adı "**Muhammed**" dir. Künyesi "**Ebu Abdullah**" olup, "**Ebu Hafs**", "**Ebu Nasr**", "**Ebu Kâsım**" diye de anılır.

İsmi daha çok "**Ebu Hafs Ömer b. Muhammed es-Sühreverdî**" diye zikredilmektedir. İslâmî ilimlere yaptığı hizmet ve irşad sebebiyle "**Şihâbûddin**", "**Şeyhül-İslam**" ve "**Şeyhüş-Şuyûh**" (şeyhlerin şeyhi) ünvanları ile meşhur olmuştur.

Kaynaklarda, soyu **Hz. Ebu Bekr** (r.a)'e dayandığı için, "**el-Bekrî**", "**et-Teymî**", "**el-Kuraşî**" nisbetleriyle anılır.

Mezheb olarak Şâfii'dir.

Doğumu ve Memleketi

Şihâbuddin **Sühreverdî** (k.s), hicri 539, (m.1144) yılında **İran**'ın **Cibâl** eyâletinin **Zencan** yakınlarında "**Sühreverd**" beldesinde doğdu.

Yetişmesi ve Hocaları

İmam Sühreverdî (k.s), seçkin bir âileye mensubdur. Baba, dede ve amcaları âlim, fâzıl, sûfi kimselerdi. Babası **Muhammed** ile amcası ve aynı zamanda mürşidi olan Eb'un-Necib Ziyâuddin **Abdûlkâhir es-Sühreverdî** (563/1166) ve büyük dedesi "**Ammûye**" lakabıyla ma'ruf, **Abdullah b. Sa'd**, meşhur kimselerdi.

Babası **Ebu Cafer Muhammed, Sühreverd** kadısı iken, bir iftira sonucu idam edildiğinde, **Sühreverdî** henüz altı aylık bir çocuktu. Onun bakımını, eğitimini ve irşâdını üstlenen amcası ve mürşidi **Ebu'n-Necib es-Sühreverdî**'dir.

Ebu'n-Necib (k.s), **Abdulkâdir Geylânî** (k.s) ile (vefat: 561/1165) çağdaş ve arkadaştı. Sık sık görüşürlerdi. **Sühreverdî**, amcası vâsıtasıyla **Abdülkadir Geylanî** ile görüşmüş, ders ve sohbet halkasına katılmış ve Hazret'in iltifatına mazhar olmuştu. Hatta, **Abdülkâdir** (k.s), kendisine bir kaç defa:

"**Ey Ömer! Sen, Irak meşhurlarının sonuncususun**." diye hitab ve iltifat etmişti.

Sühreverdî, ilme başladığı ilk sıralar, sarf, nahiv, mantık, meânî, fıkıh ve hadis ilimlerine yöneldi. 16 yaşlarında bu ilimlerde çok ileri seviyede bulunuyordu. Kelam ilmine biraz fazla meyledince, amcası **Ebu'n-Necib** (k.s), kendisine:

"Ey gözümün nûru yeğenim! Zâhîri bilgilerle edindiğin bilgiler yetişir. Şimdi, mârifet-i ilâhiyye ve tasavvuf ilmini öğrenerek, batınî temizlik yapma zamanı geldi." diye uyarıda bulundu. O, bu nasihattan fazla etkilenmedi. Sonra, amcası ile **Abdülkâdir Geylânî**'nin yanına gittiler. Amcası **Ebu'n-Necib**:

"Ey Hazret! Benim bu yeğenim, kelâm ilmine çok meraklıdır. Kendisine: "Ona bu kadar düşme!" diyorsam da, bir türlü vazgeçiremiyorum. Şuna bir duâ etseniz!" diye durumunu arzetti.

Abdülkâdir Geylâni (k.s), mübârek elini uzatıp, **Şihâbuddin**'in göğsüne koydu ve: "Ey oğlum, kelâm ilminden hangi kitabları okudun?" diye sordu: Şihabuddin **Sühreverdî** sustu ve cevap vermedi. Çünkü onun mübarek elinin göğsüne değmesiyle, kelâm ilminden okuduğu her şeyi o anda unutuvermişti. Sonra **Abdülkâdir Geylânî** (k.s) tebessüm ederek: "Biz, senin nûru ile etrafı aydınlatacak kalbini (**Allah**'ın izniyle) temizledik ve mârifet-i Hakk ile süsledik." buyurdu. Ondan sonra **Sühreverdî** (k.s), bütün himmet ve gayretini mârifet-i ilâhiyeyi tahsile yöneltti.

Amcası ve mürşidi Ebu'n-Necib **Abdülkâhir es-Sühreverdî** (563/1166) yılında vefat ettiği zaman Sühreverdî, 24 yaşındaydı. Amcasından zâhiri ve bâtınî ilimlerin yanında, hadis dinleyip, icâzet de almıştır.

Mürşîdi'nin vefatından sonra, bir müddet **Basra**'da **Ebu Muhammed b. Abdullah el-Basrî**'nin (v: 572/1176) sohbetine katılmıştır. Diğer hocaları arasında şu zevâtın isimleri zikredilmektedir.

1-**Ebu'l-Futûh et-Tâî** (v: 555/1160)

2-**Ebu'l-Muzaffer Hıbetullah eş-Şiblî** (v: 563/1167)

3-**Ma'mer b. el-Fâhir** (v: 564/1168)

4-**Ebu'l-Feth İbnu'l-Battî** (v: 564/1168)

5-**Ebu'l-Kasım b. Fadlan** (v: 565/1169)

6-**Ebu Zür'a el-Makdisî** (v: 566/1170).

Talebeleri

Tabakât kitabları şu şahısların, **İmam Sühreverdî**'den hadis dinleyerek rivâyette bulunduklarını kaydetmektedir:

1-**İbnü'd-Dübeysî** (v: 637/1239)

2-**İbnu'n-Neccâr el-Bağdâdî** (v: 643/1245)

3-**ed-Ziyâ el-Makdisî** (v: 643/1245)

4-**Zekiyyuddin el-Birzâli el-İşbilî** (v: 632/1253)

5-**Ebu'l-Ganaîm b. Allan** (v: 630/1233)

6-**Zâhiruddin Mahmud ez-Zencânî** (v: 674/1275)

Bunların yanında, **İzzet-Fârisî, Ebu'l-Abbas el-Ebelkûhî, el-Kûsî, Şeyh Sa'd-i Şirâzî, Kadı Ebu'l-Fadl et Hilâtî, Sa'd b. Muzaffer el-Mutahhar** ve daha bir çok zevâtın **İmam Sühreverdî** ile buluştukları, halkasına katıldıkları, hadis ve edeb aldıkları zikredilmiştir.

İmam **Sühreverdî**, Şeyhu'l-Ekber **Muhyiddin İbnu Arâbî** (v: 638/1340) ile çağdaştır ve kendisiyle buluşmuştur. **Nefahatu'l-Üns** kitabında, **İmam Yâfii**'nin târihinden naklen bildirildiğine göre; **Muhyiddin İbnu Arabî** ile Şihâbuddin **Sühreverdî**, bir defasında karşılaşmışlar, fakat aralarında hiç konuşma olmadan, birbirlerine bakışarak ayrılmışlardır. Daha sonra, **Muhyiddin-i Arabî**'ye:

"**Şeyh Şihâbuddin**'i nasıl buldun?" diye sorulunca:

"Baştan ayağa kadar sünnet edebiyle dopdolu." diye cevap vermiş, İmam **Sühreverdî**'ye de:

"**Muhyiddin-i Arabî**'yi nasıl bulduğu" sorulunca:

"O, bir hakikatler deryâsıdır." karşılığını vermiştir.

Şeyh **Muhyiddin-i Arabî**, şeyhlik hırkasını (halifeliğini), Seyyid **Abdülkâdir Geylânî** (k.s)'den almıştır. **Sühreverdî** de aynı zatın (az da olsa) talebeliğini yaptığı için; aralarında mânevi bir bağ ve yakınlık mevcuttur.

İmam Sühreverdî'nin İrşâdı ve Fazileti:

"**Vefayâtu'l-A'yân**" kitabının sâhibi **İbnu Hallikân**, onu tanıtırken, şunları kaydeder:

"**Ebu Hafs Sühreverdî**, fâkihdi. **Şâfiî** mezhebine mensubtu. İbâdet ve riyâzatta çok çalışan, verâ sahibi, sâlih bir şeyh idi. Mücâhede ve halvet konularında sûfîlerden pek çoğu kendisine müracaatla meselelerini hallederlerdi. Ömrünün sonralarına doğru, yaşadığı asırda bir benzeri yoktu. Pek çok şeyh gördü. Fıkıh ve hilaf ilminde söz sahibi oldu. **Bağdat**'ta şeyhlerin şeyhi idi. Va'z meclisi vardı. Vaazında pek çok insan toplanırdı. Mübârek, bereketli nefes sahibi idi. Sözlerinin halâvetinden insanlar vecde gelir, pek çoğu kendinden geçerdi. Elinde ve önünde büyük bir kitle tevbe etmiştir."

Zehebî, **İmam Sühreverdî**, hakkında, talebesi muhaddis **İbnu'n-Neccâr**'dan şunları nakleder:

"**Şihâbeddin Sühreverdî** ilm-i hakikatta zamanının şeyhi idi. Müridlerinin terbiyesinde söz onda biterdi. İdâre ondaydı. Halkı **Allah**'a dâvet etti; seyr u sülûke çağırdı. Amcasına intisab edip, riyâzat ve mücâhede yolunu tuttu. Fıkıh, hilaf, Arap dili ve edebiyatını okudu. Hadis dinledi. Daha sonra tasavvuf yolunu tuttu. Önce, zikir, halvet ve ibâdete sarıldı. Sonra insanlara va'z etmeye başladı. Amcası Şeyh **Ebu'n-Necib**'in medresesinde va'z meclisi kurdu. Çok faydalı sohbetler ederdi. Meclisine, va'zına pekçok insan katılırdı. Avam ve havass kendisini hüsnü kabulle karşılar, rağbet ederdi. İsmi her tarafa yayıldı. Söz ve nefeslerinin bereketiyle pekçok günahkar tevbe edip Allah'a döndü. Bir çokları, onun sayesinde vâsıl ilellah oldu. Müridleri, talebeleri yıldızlar gibi, her tarafa yayıldı. Bir kaç defa elçi olarak **Şam**'a, **Sultan Harzemşah**'a gönderildi. Onun gördüğü hürmet ve rağbeti hiç kimse görmedi. **Nâsıriyye**, **Me'mûniyye** ve **Bistâmiyye** tekkelerinin idâre ve şeyhliği kendisine verildi. Daha sonra gözleri görmez, ayakları tutmaz oldu. Bütün bunlara rağmen virdlerini hiç aksatmadı, zikre devam etti. Mahfeli içinde cemaatın yanına çıkıp sohbetlerini sürdürdü. Tam bir mürüvvet ve büyük bir tasarruf sahibi idi. Mala hiç kıymet vermezdi. Kendisine pekçok hediye ve ikram geldiği halde, yanında hiçbir şey biriktirmemişti. Vefat ettiğinde geride bir kefen bile bırakmamıştı. Huyu ve yaratılışı güzeldi. Kâmil, güzel haller sahibi ve çok mütevazî idi."

İbnu's-Subkî, "**Tabakâtü'l-Vustâ**" adlı eserinde, İmam **Sühreverdî**'nin talebesi **İbnu Bâtış**'tan şu nakli yapar:

"Mürşidimiz **Sühreverdî** hazretleri, hakikatler menbaı, zamanının imamı, asrının bir tanesi idi. Halkı **Allah Teâlâ**'nın rızâsına ve yoluna çağırdı. Sözleri kalblere te'sir eder, hüsnü kabul görürdü. Zamanındaki tarikat ehli ona mektub yazarak hallerini sorarlardı. Birisi kendisine mektub yazarak:

"Efendim! Eğer ameli terkedersem, rahatlık ve gevşekliğe dalıyorum. Amele sarılınca da bende ucub (kendini beğenme) oluşuyor, bu durumda ne yapayım, hangisi daha evlâdır?" diye sordu. Hazret cevaben:

"Amele devam et ve ucubtan dolayı **Allah**'dan affını iste." diye yazdı.

İmam-ı Rabbânî (k.s); "**Mebde ve Meâd**" risâlesinin birinci bölümünde şunları zikretmiştir:

"**Kübreviyye** tarikatının büyüklerinin makâmlarını geçirdikten sonra, **Şihâbuddin Sühreverdî**'nin reisi bulunduğu **Sühreverdî** tarikatının büyüklerinin (kaddesallahû esrârahum) makamlarından geçirildim. Bu makâmın, sünnete ittiba nurları ile parladığını ve en yüce halleri müşâhade nurları ile süslendiğini gördüm. İbâdetlerde kolaylık o makamın gereği idi. Bu makamın sahiplerinin kavuştuklarına herkes kavuşamaz."

Molla Câmi, "**Nefehâtu-l-Üns**" adlı eserinde şunları nakleder:

"**İkbâliyye** Risâlesinde şöyle anlatılmıştır: **Şeyh Rüknüddin Alâuddevle** demiştir ki:

"Şeyh **Sa'düddin Hamavî**'ye:

"**Şeyh Muhyiddin**'i nasıl buldun?" diye sordular:

"Ucu bucağı olmayan bir mârifet denizi" dedi.

"Şeyh **Şihâbuddin Sühreverdî**'yi nasıl buldun?" diye sordular:

"Onun alnında **Rasûlullah**'ın (s.a.v) nûru parlamaktadır." cevabını verdi.

"**Câmiu Kerâmâti'l-Evliyâ**" kitabında **Yusuf Nebhânî** şunları kaydeder:

"Hazret, âlim, fâdıl, lebib, edib olup fesâhat ve belâgat sahibi idi. Kendisine ledûnnî ilim verilmişti. İlâhî sırlardan bahsederdi. Kerâmet ve hârikalar sâhibi idi. **Kitab** ve sünnetten ayrılmazdı. Şeriatın ahkâmında müctehid idi. Hakikat makâmında söz sahibi idi. Hazreti Şeyhin ashabından **Necmûddin Naklisî** şöyle anlatmıştır:

Şeyhin (k.s) yanında **Bağdat**'ta halvete girdim. Kırkıncı gün mânevi vâkıada (keşif hâlinde) **Şihâbuddin Ömer**'i (k.s) gördüm. Yüksekçe bir dağın tepesinde idi. Yanında birçok mücevherât, elinde de bir sa' ölçek vardı. Ölçeği doldurup doldurup insanlara cevher dağıtıyordu. İnsanlar da cevher almak için ona doğru koşuyorlardı. Yanındaki cevherler azaldıkça, sanki bir kaynaktan akıp geliyormuş gibi, çoğalıp doluyordu. Kırk günün sonunda halvetten çıktım. Gördüklerimi anlatmak için Şihâbuddin **Sühreverdî**'nin yanına gittim. Kendisini görünce, ben daha söze başlamadan:

"Ey oğlum! Gördüğün doğrudur. O ve benzeri şeyler, Şeyh **Abdülkâdir Geylânî** (k.s)'nin duâ ve bereketiyle bana, kelam ilminin yerine nasib olan ilâhî ihsanlardır." dedi.

Hazret'in tasavvuf ve hârikalar konusunda eli açık, yetkisi genişti."

İmam **Sühreverdî**'nin, **Abdülkâdir Geylânî** (k.s) ile buluşmalarında, **Şah-ı Geylânî**'nin:

"**Ey Ömer! Sen, Irak meşhurlarının sonuncususun!**" diye iltifatı meşhurdur.

Vefâtı

İmam Sühreverdî, bir asra yaklaşan ömrünün (93 yıl) son zamanlarında gözlerini kaybetti ve kötürüm oldu. Buna rağmen, zikir ve evrâdını terketmediği gibi, vaazlarına da, müridlerinin yadımıyla mahmil içinde çıkmaya devam ediyordu. Son günlerinde ise iyice zayıflayıp, dışarı çıkacak takati kalmadı. 632 **Muharrem** ayında (miladî 1234), **Bağdat**'ta vefat eti. Cenâzesi, ertesi gün büyük bir kalabalık tarafından kaldırıldı ve "**Verdiyye**" semtinde bulunan tekkesindeki türbeye defnedildi. (Rahmetullâhi aleyh).

Hazret, devlet ricâlinden ve halktan gelen onca hediye ve ikramları elinde tutmayıp fakirlere dağıttığı için, vefatında, evinde kendisini kefenlemek için bir parça bez dahi bırakmamıştı. Belli ki o, **Rasûlullah** (s.a.v) Efendimizin:

"**Yâ Ömer! İstememez misin dünya onların, âhiret de bizim olsun!**" hadisiyle amel etmişti.

Cenâb-ı Hakk bizleri, dünya ve ahirette dostlarının meclis ve cemaatından ayırmasın. . Âmin.

Tarikat ve Halifeleri

Şihâbuddin Sühreverdî (k.s), kendi nisbetiyle anılan "**Sühreverdiyye**" tarikatının piridir. Bu tarikat, Hazret'in hayatında, **Irak**, **Suriye** ve **İran**'da, vefâtından sonra da, **Türkistan**, **Hindistan** ve **Anadolu**'da yayıldı.

Tarikatın meşhur kolları şunlardır: **Bedriyye**, **Zeyniyye**, **Bahâiyye**, **Kemâliyye**, **Ahmediyye**, **Necibiyye**...

İmam Sühreverdî'nin tarikat silsilesi, yukarıya doğru şöyle devam etmektedir:

Ömer b. Muhammed Şihâbuddin Sühreverdî,

Ebu'n-Necib es-Sühreverdî,

Ahmed Gazzâlî,

Ebû Ali Nessâc,

Ebû Ali Kürkânî,

Ebû Osman Mağribî,

Ebû Ali Kâtib,

Ebu Ali Rûdbâri,

Seyyidü't-tâife Cüneyd el-Bağdâdî (Kaddesallâhu esrârahüm)

Meşhur Halifeleri

1-**Ebû Cafer Muhammed b. Ömer es-Sühreverdî** (655/1257). **Sühreverdî**'nin oğludur. Hazretin vefâtından sonra, tarikatını sistemleştirerek devam ettirmiş ve yaymıştır.

2-**Bahâuddin Zekeriyya el-Multânî** (661/1262).

3-**Necibuddin Ali b. Buzguş eş-Şirâzî** (678/1279).

4-**Kemâluddin Isfahânî** (635/1237).

5-**İzzüddin b. Abdüsselam** (660/1262).Meşhur fakih.

6-**Sad-î Şirâzî** (691/1292). **Bostan ve Gülistan**'ın müellifi meşhur şairedib.

Eserleri

1-**Avârifû'l-Meârif**. Tercümesini sunduğumuz bu eserdir. Özellikleri ve üzerindeki çalışmalar hakkında aşağıda bilgi verilecektir.

2-**Nuğbetü'l-Beyân fi Tefsiri'l-Kur'an**. (Tasavvufî bir tefsirdir.)

3-**İrşâdu'l-Müridin ve Mecdüt-Tâlibin.**

4-**er-Râhiku'l-Mahtûm**. Esrâr-ı İlâhiyeye dâirdir.

5-**İ'lâmü'l-Hûdâ ve Akidetü Erbâbi't-Tukâ**. Tasavvuf ve kelâm ilmine dâirdir.

6-**Risâletu's-Seyr ve't-Tayr**. Tecelli, mânevi seyr ve sulûk konularını işlemektedir.

7-**Vasâya**. Oğluna ve müridlerine yaptığı vasiyyetleri muhtevîdir.

8-**Cezbu'l-Kulûb ilâ Muvâsalati'l-Mahbûb**. Tasavvufa dâirdir.

9-**Risâle fi's-Sulûk.**

10-**Fütüvvetnâme.**

11-**el-Es'ile ve'l-Ecvibe.**

12-**Makâmatu'l-Ârifîn.**

13-**Risâle fi'l-Fakr.**

Bunlardan başka eserleri de mevcut olup **Brockelman** bir kısmını zikretmiştir. (Bkz: GAL, I, 569-571; Supll, I, 778-790, II, 310.)

Avârifü'l-Meârifin Özellikleri

Avârifü'l-Meârif, âlim-i rabbânî, fakih, muhaddis, sûfi bir zât olan **Şihâbuddin Sühreverdî** (k.s) tarafından yazılmıştır. Eser, hakiki sûfilerin, mukarrabûn makâmında olan velilerin, **Rasûlullah** (s.a.v) Efendimizin hakiki vârisi olan ehlullahın, Kitab ve Sünnet üzere kurulmuş, itikad, ibâdet, edeb, hâl ve yollarını anlatmaktadır.

Diğer bir ifâdeyle: bu eser, "Tarikat-ı Muhammediyye" olan, "Sırât-ı Müstakîm" diye tanıtılan Kur'an ve sünnet ahlâkını işlemektedir.

Eser, sünnet üzere kurulmuş sünnî tasavvuf kaynaklarından birisidir.Zaman itibâriyle bu konuda yazılmış muteber, mevsuk eserlerden sonra kaleme alınmıştır. Kendisinden önce, Kitab ve sünnete dayalı, veli ve sûfilerin akâid, ahlâk, edeb, hâl, makâm ve ilimlerini işleyen, sünnî tasavvufu temsil eden en önemli eser ve müellifleri şunlardır:

a)**Serrâc**, (vf: 378/988). **Lüm'a.**

b)**Kelâbâzi**, (vf: 380/990). **et-Taarruf.**

c)**Ebû Tâlib Mekkî**, (vf: 386/996) **Kûtû'l-Kulûb.**

d)**Sülemî**, (vf: 412/1021) **Tabakâtu's-Sûfiyye.**

e)**Kuşeyrî**, (vf: 465/1072) **er-Risâle.**

f)**Hucvirî**, (vf: 470/1077) **Keşfu'l-Mahcub.**

g)**İmam Gazzâli**, (vf: 505/1111) **İhyâu Ulumi'd-Din.**

Evet, bu saydıklarımız; sahalarında en muteber eserlerdir. **Sühreverdî**'nin vefat tarihinin hicri 632, milâdî 1234 olduğunu hatırlarsak, bu eser ve müellifleriyle aralarında bir kaç asır zaman farkı vardır. Yâni **Avârife** bu eserler kaynak teşkil etmektedir. Hepsinden sonra olması hasebiyle müellif, onlardan istifâde etmiş, onların en öz ve doyurucu mânalarını seçmiştir. Kendi hikmet ve ilim menbaından kaynayan hakikatleri de katınca eser, daha mânalı ve daha doyurucu olmuştur. Müellif, yukarıda saydığımız zevâtın, bir kısmının ismini verip kendisinden nakil yaparak, bir kısmının da eserindeki ibâre ve ifâdeleri aktararak kendilerinden istifâde ettiğini açıkça ortaya koymaktadır. Her birisine de duâ edip, kendilerinden sitâyişle bahsederek, haklarını korumaya ve ödemeye çalışmıştır.

Eser, her meşrebde terbiye gören Hakk tâlibleri, mânevi sülûk sâhibleri ve ilim ehli için faydalı olacak bir şekilde yazılmıştır.

Kendisi muhaddis olan müellif **Sühreverdî** (k.s), bütün hükümlerini âyet ve hadisle delillendirmiş, velilerin yolunun sadece Kitab ve Sünnet ölçüleri içinde olduğunu derin anlayış ve yüksek ilmiyle ortaya koymuştur. Öyle ki; eser, sanki bir hadis kitabı hüviyetini arzetmektedir. Hadislerin bir kısmının senedlerini zikretmiş, çoğunu ilk râvisiyle nakletmiştir. Yaklaşık dörtyüz ellinin üzerinde hadisi delil olarak kullanmıştır. Bütün hadisler, bir kaç tanesi hariç, elimizdeki kaynaklardan tesbit edilerek dipnotta arzedilmiştir.

Eserin müellifi, **Şâfiî** mezhebindendir. Fakat eser fıkıhdan daha ziyâde ilim, edeb, hikmet, ahlâk ve mânevi hâlleri işlediğinden, her mezheb ehli rahatça okuyabilir.

Hem müellifde, asla bir mezheb taassubu da görülmemektedir. Öyleki; herhangi bir konuda değişik görüşleri arzettikten sonra, kendi hükmünü ortaya koyarak vardığı netice çok doyurucu ve tatmin edicidir. Bazen tercih ettiği ve: "En ihtiyatlısı budur." dediği hükümler, kendi mezhebinden farklı bile olmaktadır. Okuyucuların yanılmaması için, mezhebler arasındaki önemli farkları, dip notta açıklamış bulunuyoruz.

Eser, mevzu' hadis ve uydurma hikâyelerden mümkün olduğu kadar temiz tutulmaya çalışılmıştır. Müellif başkasının sözünde geçen birkaç hadisten başka, şüphe uyandıracak, insanın kabulde zorlanacağı hadis ve haber nakletmemiştir.

Eserin ibâre ve ifâdeleri genelde zor olmamakla beraber, bazen cümlelerin uzun tutuluşu, hem de eserin yüksek hâl ve makâmları işleyişi, bazı cümleleri iki defa okumayı gerektirecektir. Yine bazı mânalar ve hâller, yalnız kelime ile anlaşılmayacağından, onları kabul ederek sahiblerine teslim etmek ve o yüce hâllere bizim de ulaşmamızı **Cenab-ı Hakk**'dan istirhâm etmek, en güzeli olacaktır.

Eserin en önemli özelliklerinden birisi de; müellifin muhaliflerine ve hitab ettiklerine karşı kırıcı, tenkidçi, sert ve edebe uymayan bir dil kullanmayışıdır. Her görüş ve hükmünü, tatlı bir dille, delilli olarak, iknâ ederek, azimet ve ihtiyatı tercih edip ruhsat ve musâmahayı da arzederek, ama mutlaka hakkı savunarak ifâde etmiştir.

Eserde işlenen sema', çilehâneye girme, hırka giyme gibi müellifin devrinde yapılmakta olan amellerin dışındaki diğer konular ve edebler, günümüz için de, bilhassa mânevî bir terbiyeye girmiş Hakk tâlibleri için uygun ve gereklidir. Yalnız bundan, ancak ulaşılınca bilinecek mânevi halleri ayrı tutmamız münâsib olacaktır. Çünkü onlarda yalnızca bilginin yahut bir mürşid-i hakîkî olmadan tek başına kişinin kendi çabasının kâfî gelmeyeceği, bu yolu bilen büyüklerin ittifak ettikleri bir husustur.

Kısaca özelliklerini arzettiğimiz bu eser, müellifin ifâdesine göre; âlim olsun, câhil olsun, mürid olsun, mürşid olsun, her **Tarikat-ı Kur'âniyye** ve **Tarik-i Muhammediyye** sâliklerine faydalı olacak bir kitabdır.

Eserin Muhtevâsı

Müellif eserini, altmışüç bölümde incelemiş ve işlemiştir. Bu bölümleri mukaddimede zikretmiştir. Biz onları, içindekiler kısmında arzedeceğiz. Bölümler okunduğu zaman, eserin muhtevâsı anlaşılacaktır. Burada özellikle ve özetle arzetmek istediğimiz husus şudur:

Kitabın sâhîbi, bu eserini yazma sebebini anlatırken, şöyle demiştir:

"Bu kitabımla, velilerin, sûfîlerin yolunun Kitab ve sünnet olduğunu, onların her işlerinde bir delile dayandıklarını, gece ve gündüz bütün ha-

yatlarıyla Allah'ın dinini ayakta tuttuklarını arzetmek ve göstermek istedim."

"Bil ki; bu kitabımızda sûfîlere nisbet ettiğimiz her şerefli hâl, ancak mukarrebûn, (Allah'ın huzurunda mânevî yakınlığa ulaşmış) olan kimselerin hâlidir. Halbuki Kur'an-ı Kerim'de veliler, "sûfî" ismiyle zikredilmemektedir. Açıklayacağımız üzere; Kur'an-ı Hakim'de sûfî ismi terkedilmiş ve onların hâline ad olan "mukarrabûn" ismi kullanılmıştır.

Bilinsin ki; biz, "sûfîler" dediğimiz zaman mukarrabûn (kurbiyyet ehli) olan kimseleri kasdediyoruz.

Tabakât ve diğer kitablarda isimleri geçen sûfî büyükleri, mukarrabûn makamındaki zatların yolunda bulunuyorlardı ve onların ilimleri de mukarrebûn hallerine âid ilimlerdi.

İşte bu hayır ehli zatların makâm ve hallerine göz dikip ulaşmak isteyen kimse onların yüksek hallerini elde edemediği müddetçe o, **mutasavvıftır.**

Bu ikisinden başka, sâdece görünüşte onların süsleri ile süslenip de, onlara nisbet edilen kimse ise; ancak, müteşebbih (zâhirde onlara benzeyen) dir."

Evet, bu eserde "**sûfî**" denilince; takvâda en ileri seviyeye ulaşarak, mukarrebûn makâmına yerleşmiş, Muhammedî ahlâkla süslenmiş, Kur'an ve hadis ilimleriyle yoğrulmuş, dinin gerçek bekçileri anlaşılmalıdır. **İmam Gazzâli**'nin (k.s) de "**el-Munkızu mined-Dalâl**" eserinde anlattığı sûfîler, işte bu kimselerdir. Hazret, kitabında şunları arzediyor:

"Sûfîlerin Allah Teâlâ'nın yoluna girmiş kimseler olduğunu, onların hayat tarzlarının en güzel hayat tarzı, yollarının en doğru yol olduğunu, ahlâklarının ahlâkın en güzeli bulunduğunu yakînen anladım. Akıllı insanlar, hakîmler, şeriatın sırlarına vakıf âlimler, onların hayat tarzlarından ve ahlâkından birşey değiştirmek ve yerine daha iyisini koymak üzere bir araya gelseler, buna bir imkân bulamazlardı. Onların dış ve içlerindeki bütün düşünce ve hareketler, nübüvvet kandilinin ışığından alınmıştır. Yeryüzünde nübüvvet nûrundan başka kendisiyle aydınlanacak bir ışık da yoktur."

Görüldüğü gibi; **İmam Gazzâlî**'nin (k.s) anladığı ve anlattığı sûfî ile, **İmam Sühreverdî**'nin (k.s) arzedip tanıttığı sûfî aynı kimsedir. Onlar, sûfî deyince; vârisu'l-enbiyâ olan, dinin direği, ümmetin nûru, Kur'anî ve Muhammedî ahlâkın temsilcisi, gerçek âlim-i rabbâniyi kasdediyorlar. Bu vasıflara sâhip olan zâtlar, Kur'an-ı Hakim'de anlatılan üç sınıftan "es-sâbikûn" ve "mukarrabûn" sınıfına girmektedirler. Allah Teâlâ, **Kur'an-ı Mûbîn**'de, "**Vâkıa**" sûresinde, insanları üç sınıf ve vasıfta zikretmiştir. Onlar da:

1-Sâbikûn: Hayırlarda en önde olan mukarrebûn makâmındakiler.

2-Ashab-ı yemin: Kitabı sağ elinden verilecek olan hayır sahibi müminler.

3-Ashab-ı şimâl: Kitabı sol taraftan yahut arkasından verilecek olan imansız, dâlâlete düşmüş kâfirler.

En öne geçenler, bu duruma, Allah Teâlâ'nın tevfiki ile takvâları sebebiyle geçmişlerdir. Çünkü ilâhî ölçü şudur:

"Sizin Allah katında en şerefli ve en kıymetli olanınız; takvâda en ileri bulunanınızdır." (Hucurât, 13.)

Demek ki; sûfî deyince, bu vasıfta olan sâlihler anlaşılmalıdır. Yoksa, bu vasıfta olmayan ve kendisine sûfî süsü verenler, **İmam Gazzâlî**'nin (k.s) sûfîler diye nazara verip tanıttığı kimseler değildir ve onlarda, düzeltilmesi lâzım gelen binlerce hâl bulunabilir.

İmam Sühreverdî'nin (k.s) ölçü ve ifâdesiyle, velilerin yoluna giren bu kimse, bu tercih ve niyetinde samimi, amelde ciddi fakat hâl olarak nâkıs ve zayıf isie; ona, sûfi değil "**mutasavvıf**" denir. işi tamâmen sözde ve süsde olana ise; "**müteşebbih**" ismi verilir.

Eser bu anlayış içinde okunursa; hakkıyla anlaşılmış, sûfiler gerçek vechesiyle tanınmış ve nasib olduğu kadar istifâde edilmiş olacaktır. Biiznillahi Teâlâ.

Avârif'in baskıları ve üzerinde yapılan çalışmalar.

Burada, **Diyânet Vakfı İslam Ansiklopedisi**'nin "**Avârifü'l-Meârif**" maddesini biraz kısaltılarak naklediyoruz:

"**İhyâu Ulûmi'd-din**"in kenarında (Kâhire 1289) ve ekinde (Beyrut 1983) birkaç defa basılan "**Avârifü'l-Meârif**", müstakil olarak da yayımlanmıştır. (Beyrut 1966, 1973). Eserin ilk yarısı, **Abdülhalim Mahmûd** ve **Mahmûd eş-Şerif** tarafından tahkikli olarak neşredilmiştir (Kahire 1971).

Avârifü'l-Meârif, Ali b. Ahmed el-Mehâimî tarafından, "**Avârifü'l-letâif**", **Ali b. Burhâneddin el-Halebî** tarafından "**el-Latif an -Avârifi'l-Meârif**" adıyla şerhedilmiştir. "**ez-Zevârif**" adlı eserin ise şârihi belli değildir.

Gisûdırâz eseri **Arapça** şerhetmiş ve bu şerh **Farsça**'ya çevrilmiştir. **Seyyid Şerif el-Cürcânî** ve İmam Rabbânî tarafından ayrı ayrı üzerine ta'likat yazılan **Avârif**'i, **Muhibbûddin Ahmed b. Abdullah** kısaltmıştır.

Avârifü'l-Meârif, birkaç defa **Farsça**'ya tercüme edilmiştir. **Ahmed Nezir, Bahâeddin Zekeriyyâ Mültânî**'nin müridlerinden **Kâsım Dâvûd** tarafından yapılan tercümenin **Avârif**'in en eski tercümesi olduğunu, bu tercümenin müellifin vefatından on sene sonra (takriben 1244'de) yapıldığını söyler. 665'te (1267) **İsmâil b. Abdülmü'min Ebû Mansûr Mâşede**'nin yaptığı tercüme neşredilmiştir. (nşr: Kâsım Ensârî, Tahran (1985).

İzzeddin Muhammed b. Ali Kâşânî'nin, "**Misbâhu'l-hidâye ve miftâhu'l-kifâye**" adlı tercümesi ise, iki defa basılmıştır (nşr: Celâl Hümâî, Haydarâbâd 1291; Tahran 1325 hş). **Zâhîrüddin Abdurrahman b. Ali Buzgûş** da, **Avârif**'i **Farsça**'ya tercüme etmiştir. **Sadreddin Cüneyd b. Fazlullah-ı Şîrâzî**'nin tercümesi, "**Zeylü'l-meârif fî tercemeti'l-'Avârif**" adını taşır.

Abdullah b. Sa'deddin el-Medenî ile **Zeynüddin el-Hâfî**, **Avârif**'e hâşiye yazmışlardır. **Kâsım b. Kutluboğa**, **Avârif**'teki hadisleri tahrîc etmiştir. Eser, **İran** ve **Hindistan**'daki **Sühreverdiyye Tarikatı** mensupları tarafından defalarca şerh ve tercüme edilmişse de, bunların hiçbiri tam tercüme değildir.

Zeyniyye tarikatı şeyhlerinden **Bigalı Hacı Ahmed b. Seydî**'nin **Türkçe** tercümesi 1458'de tamamlanmıştır. **Avârifü'l-Meârif**'i aynen ve üslûbunu koruyarak tercüme ettiğini, metinde geçen âyetleri, **Tefsir-i Kebir, Keşşâf, Teysîr, Hakâ'iku't-tefsir, Te'vilât-ı Necmiyye, el-Me'âlim ve'l-Uyûn** gibi tefsirlere dayanarak açıkladığını söyleyen mütercim, hadisleri izah ederken de, **Meşârik** ve **Mesâbih** ile **Buhâri** ve **Müslim** şerhlerine başvurduğunu ifâde eder. Metinde geçen şiirler **Farsça**'ya ve **Türkçe**'ye tercüme edilmiş, eserin **Farsça** tercümesinden de faydalanılarak metin genişletilmiştir. Bu tercümenin **Bursa Eski Yazma ve Basma Eserler Kütüphanesi**'ndeki (Genel, nr. 1443) nüshası, 918'de (1512) istinsah edilmiş olup büyük boy 515 varak tutmaktadır.

Avârifü'l-Meârif'in **Arapça** metninin okunmasına **Sühreverdiyye**'nin **Anadolu**'daki bir kolu olan **Zeynîler** ayrı bir önem vermişlerdir. Bu husus, **Zeynûddin el-Hâfî**'nin, **Merzifonlu Şeyh Abdürrahîm-i Rûmi**'ye verdiği icâzetnâmede de ifâde edilmektedir.

Kaynaklarda ayrıca; **Ârifî** adlı bir kişi ile **Kâni'-Rûmî** diye anılan **Ahmed b. Abdullah Bursevî**'nin (ö: 1643) "**Şerefü'l-mülûk**" adlı **Türkçe** bir tercümesi olduğu kaydedilmektedir.

Eser son olarak, **Yahya Pakiş** ve **Dilâver Selvi** tarafından "**Mârifet İhsanları**" adıyla (Umran, İst. 1988) yine Umran Yayınları arasında "Gerçek Tasavvuf" adıyla ikinci baskısı ile basılmıştır. (İst. 1995) Eser ayrıca; **H. Kâmil Yılmaz** ve **İrfan Gündüz** tarafından "**Tasavvufun Esasları**" adıyla tercüme edilmiş ve basılmıştır. (Erkâm, İstanbul 1989).

H. Wilberforce Clarke, **Avârifü'l-Meârif**'i **Farsça**'sını esas alarak, **İngilizce**'ye tercüme etmiş (London 1891; New York 1970), eser **R. Gramlich** tarafından **Almanca**'ya da çevrilmiştir (Wiesbaden 1978).

Sühreverdî'nin Hayatı, Eserleri ve Tarikatı ile İlgili Verilen Bilgiler İçin bkz:

Abdullatif Uyan, **İslâm Meşhurları Ansiklopedisi**, III, 1880. İst, 1983.

H. Kâmil Yılmaz, **Anahatlarıyla Tasavvuf ve Tarikatlar**, 263, İst. 1994.

İbnu Hallikân, **Vefeyâtu'l-A'yân**, III, 446-448, Beyrut-Lübnân; trs.

İbnu Kesir, **el-Bidâye ve'n-Nihâye,İslam Ansiklopedisi**, XI, 88, Milli Eğitim Bakanlığı İst, 1979.

İslam Âlimleri Ansiklopedisi, IX, 296-300, Türkiye Gazetesi Yay.İbnül-Mulakkın, **Tabakâtül-Evliyâ**, 263-265, Beyrut-Lübnan, 1986.

İbnu'l-İmâd, **Şezerâtü'z-Zeheb**, VII, 268-270, Beyrut, 1991.

İslam Ansiklopedisi, XI, 88, Milli Eğitim Bakanlığı İst, 1979.

İslam Âlimleri Ansiklopedisi, IX, 296-300, Türkiye Gazetesi Yay.

Kâtib Çelebi, **Keşfu'z-Zunûn**, II, 1177; Beyrut-Lübnan, 1990.

Mâhir İz, **Tasavvuf**, 194, İst. 1990

Molla Câmi, **Nefehâtu'l-Üns**, 886, İst. 1981.

Mustafa Kara, **Tasavvuf ve Tarikatlar Tarihi**, 2981, İst. 1985.

Sübkî, **Tabakâtu'ş-Şâfiiyye**, VIII, 338-341, Dâru İhyâi'l-Kutubi'l Arabiyye, 1992.

Türkiye Diyânet Vakfı İslam Ansiklopedisi, IV, 109-110 (Avârif mad).

Yusuf Nebhânî, **Câmiu Kerâmâti'l-Evliyâ**, II, 413, Beyrut-Lübnân, 1992.

Zehebî, **Siyeru A'lâmi'n-Nübelâ**, XXII, 373-378, Beyrut, 1990; el-İber, III, 213, Beyrut-Lübnân.

MUKADDİME

Hamd olsun, şânı yüce, saltanatı kuvvetli, ihsânı zâhir, varlığının hüccet ve delili apaçık, celal sıfatıyla perdeli, kemâliyle tek, ezel ve ebedde azametine bürünmüş olan **Allah**'a.

Hiçbir düşünce ve hayal, O'nu (zâtı itibariyle) tasavvur edemez. O, hiçbir ta'rif ve misalle anlatılamaz. O, sonu olmayan bir izzet, ebedî bir saltanat, kavranması mümkün olmayan bir güç, ifâdesi zor ve tehlikeli bir kahr ve azamet sahibidir.

Bütün kâinât, lisân-ı hâliyle, O'nun eşsiz bir sanatkâr olduğunu haykırıyor. Varlığın bütün zerrelerinden O'nun tek bir yaratıcı olduğu gerçeği ortaya çıkıyor. O'nun yaratıcılık gücünü kavramak, insan aklını acze düşürmüş, güzel söz ustalarını bu konuda söz söylemede güçsüz bırakmıştır. Yüce zâtının nûr ve ziyâsının şiddeti, zâtını anlama imkanını ortadan kaldırmış, izzet ve celâli, zâtıyla ilgili her türlü fehm ve hayal yollarını kapatmış, yücelik ve azameti gözleri kamaştırmış, heybeti ceberût fezâsına bakmaya imkan bırakmamıştır. Bu yüzden; O'nu görmeye çalışan göz yorgun ve bitkin, O'nu kavramaya çalışan akıl hasta düşüp, zât-ı kibriyâsının künhüne ermeye yol bulamamıştır.

Dil ile ta'rifi mümkün olmasa da, kalbe zâtını tanıtan **Allah Teâlâ**'yı tesbih ederim. Akıllar O'nun mâhiyet ve keyfiyyetini anlayamaz. **Cenab-ı Hakk**, kullarından kalb temizliğine ermiş olanlara zâtını tanıma imkanı (mârifetini) bahşetti. Onları, kulları arasından seçip, özel ihsanlarına ulaştırdı. İç âlemlerini ünsiyet nurlarıyla doldurdu. Böylece onların kalbleri nurla aydınlanıp, ilâhî ihsanları almaya hazır hâle geldi. Kudsî ve ulvî nurların inmesine kâbiliyet (ve kuvvet) kazandı. Zikirle ünsiyet edip hoş bir hâle geldi. Onların içlerine ve dışlarına takvâ bekçileri dikildi. Beşeriyyet karanlığını aydınlatan yakîn kandili yakıldı. Bu nûr ve anlayışla dünyanın fânî lezzet ve zevklerini terkettiler. Hevâlarına sed çektiler. Süflî arzularını yokettiler. Korku ve ümitle yol aldılar. Kalbleri, yüksek himmetleriyle melekût âlemine yöneldi. Gözleri ilâhî nûrlara dikildi. Mele-i a'lâ ile bağ kurup oralarda can yoldaşları ve nûrânî dostlar edindi.

Onlar (ehlullah), cesedleriyle yerdeyken, kalbleriyle göktedirler. Ruhları arşta, cisimleri ferşde (yerde) dir. Nefisleri hizmet menzillerinde koşmakta, ruhları ise kurbiyyet fezâsında uçmaktadır. Kulluktaki usûl ve edebleri meşhurdur. Şöhretleri bütün âleme yayılmıştır.

Onların gerçek hâlini bilmeyen kimse : "Bunlar kendilerini kaybetmişler." der. Halbuki onlar, zinde ve kendilerindedir. Fakat, hallerinin incelik ve yüksekliğinden; ehli olmayan kimse (onların hallerini) idrâk edemez. Makâmları yüce olduğundan, câhiller ona ulaşamaz. Onlar, cesetleri ile meydanda, fakat kalbleriyle gece ile gündüzün hüküm sürdüğü dünyadan uzaktadırlar. Ruhlarıyla arşın etrafında yüce âlemleri seyre dalmışlar, kalbleriyle sır hazinelerinden nice lutuflara mazhâr olmuşlardır. Onlar gece kâim, gündüz sâim olarak, **Hakk**'ın hizmeti ve ibâdetin lezzetiyle mânevî hazza ulaşırlar. Haramlara karşı namazı siper etmişler, geçici lezzetleri terkedip, **Allah**'ın kelâmının tilâvet tadıyla huzûra ermişlerdir. Yüzlerinde aradıklarını bulmanın sevinci parlamakta, iç âlemlerinde ise mârifet nûru fışkırmaktadır.

Her asırda, ümmet içinde, halkı **Hakk**'a dâvet eden, bu sıfatlara sâhip gerçek âlimler bulunur. Onlara, **Allah** ve **Rasûlüne** en güzel şekilde mutâbaatlarından dolayı, kendilerine dâvet rutbesi ihsân edilmiş ve muttakilerin imamı (önderi) yapılmışlardır. Halk içinde onların güzel hâl ve eserleri yayılmakta, nurları bütün âfâkı sarmaktadır. Onlara uyan hidâyete ulaşır, onları inkâr eden ise, yolunu sapıtır ve azgınlaşır.

Yüce rahmetiyle, kulları içinde seçtiği bu güzîde cemaatı, ümmete bir rahmet ve hidâyet vesilesi yapan **Allah**'a hamd olsun. Nebîsi ve Rasûlü **Muhammed** (a.s) Efendimiz'e, O'nun ehl-i beyt ve ashâbına selat ve selam olsun.

Sûfî tâifesinin hallerinin yüceliği, Kitap ve sünnet esasları üzerine kurulmuş yollarının sağlamlığı tarafımca bilinmekteydi. Kerim olan **Allah**'ın bir lutfu ve ihsânı olarak bu büyük velilerin yoluna intisâbım ve muhabbetim, beni onların güzel hallerini açıklayıp ortaya koymaya sevketti. Bu eserimle ben, sûfîlerin dayandığı temellerin ve yaptıkları amellerin, gerçeğin tâ kendisi olduğunu, onların bütün hallerinde gerçek ve açık ilme uygun hareket ettiklerini ortaya koydum. Çünkü bu zamanda, görünüşte onlara benzeyip de halleri bambaşka olan, sûfilerin kisvesine bürünüp de aslında amelleri bozuk bulunan pekçok insan çoğaldı. Gerçek sûfilerin geçmişteki güzel hallerini bilmeyen kimselerin kalbinde, (bu kötü örnekler yüzünden) sûfi tâifesi hakkında sevimsiz düşünceler oluştu. Bu kimseler, kendi zanlarınca, sûfilerin sâhip olduğu şeylerin yalnızca şekilden, onlara hâs olan hallerin de sâdece isimden ibâret olduğunu düşündüler. Böylece onlar hakkında sû-i zanda bulunmaktan ve (daha ileri giderek) haksız yere onları kötülemekten kendilerini kurtaramadılar.

Benim bu husustaki düşüncem; büyüklerin yoluna intisâb ederek, onların güzel hallerini ortaya koymak ve böylece, bu güzîde cemaatın çoğalmasına vesile olmaktır. Nitekim bir haberde:

"**Kim bir kavmin cemaatını çoğaltırsa, o kimse onlardandır.**" [1] buyrulmuştur. Kerim olan **Allah**'tan, bu konudaki niyetimi sağlamlaştırıp, nefsin hilelerinden korumasını temenni ederim. Bu çalışmamda, **Cenab-ı Hakk**'ın gönlüme ilhâm ve ilkâ ettiği herşey, ilâhî lutuf eseri olan ihsanlardır. Şüphesiz, ihsanların en güzeli de ehlullaha ihsan edilen **mârifet** ilmidir.

Kitabımız altmış küsür (63) bölümden oluşmuştur.[2]

Allah'ın yardımıyla kaleme aldığım bu bölümler, sûfilerin bazı ilimlerini, hallerini, makamlarını, edeblerini, ahlaklarını, acâib vecdlerini, tevhîd ve mârifet hakkındaki düşüncelerinin hakikatini, işâret ve ıstılahlarındaki incelikleri ihtivâ etmektedir.

---

1) Hindî, Kenzu'l-Ummâl, IX, 10; Aclûnî, Keşfu'l-Hafa, II, 370. (Hadis No: 2588)
2) Müellif burada 63 bölümün isimlerini vermektedir. Ancak biz, içindekiler kısmında bunları verdiğimiz için, buraya almadık. (Müt.)

Gerçekten onların ilimleri vicdâna (bizzat müşâhedeye) dayanmakta, irfân ve mârifete bağlı bulunmaktadır. Onların ilmi, sağlam bir iman ve sâhih bir halle gerçekleşen mânevi bir zevktir. Söz ile anlatılmaları mümkün değildir. Çünkü o ilimler; Rabbânî ikramlardır; **Hakk**'tan gelen ihsanlardır. Bunu elde etmek için; iç âlemin sâfi, niyetin hâlis, amelin sâhih olması gerekmektedir. İşâretlerle ifâde edilmeleri zordur. İbâreye sığmazlar. Âlî ruhlar bu ilimleri, birbirine ülfet ve ünsiyetle aktarmışlar, onun inceliklerini bizzat lutuf denizinden almışlardır. Ancak bugün onların ince ilimlerinin çoğu yok olup gitmiştir. Aynı şekilde onlara âid güzel edeb, hâl ve eserler de kaybolma noktasına gelmiştir:

Cüneyd el-Bağdâdî (k.s) : "Bizim bu (tasavvuf) ilmimiz şu kadar seneden beridir sergisini toplamış (ortadan kalkmıştır). Bugün biz ancak o ilimlerin etrafında konuşmakla uğraşıyoruz." demiştir.

Hz. Cüneyd'in bu sözü, selef âlimlerine ve tâbiûn sâlihlerine yakın bir zamanda söylenmiştir. Çağımızın o çağa uzaklığı ve bu gün tamâmen âhirete yönelmiş âlimlerle, dînî ilimlerin inceliğini bilen âriflerin azlığı düşünülecek olursa, bizim hâlimize ne demelidir.[3]

Bu azıcık gayretimin **Cenâb-ı Hakk** katında en güzel şekilde kabul edilmesi ümidiyle...

Hamd olsun âlemlerin Rabbi **Allah**'a.

---

3) Bu söz de, milâdî 1234 yılında vefat eden müellif tarafından söylenmiştir. 1990'lı yıllarda yaşayan bizlerin hâline ne diyelim. (Müt.)

SÛFİLERİN İLİMLERİNİN KAYNAĞI

Mürşidimiz, Şeyhu'l-İslâm **Ebu'n-Necîb Abdulkâhir es-Sühreverdî,** hicrî 560, milâdî 1165 senesinin **Şevval** ayında, bize, imlâ yoluyla (bizzat yazdırarak) şunu rivâyet etti:

Ebû Mûsâ el-Eş'arî (r.a), Rasûlullah'ın (s.a.v) şöyle buyurduğunu haber verdi:

"Benim ve Allahu Teâlâ'nın beni kendisi için gönderdiği İslâm'ın misâli; şu adamın durumuna benzer Adam kavmine gelerek: "Ey kavmim! Ben, gözlerimle, size saldırmak üzere yola çıkan bir ordu gördüm. Size korkunç tehlikeyi haber veriyorum; başınızın çaresine bakın, kendinizi kurtarın!" diye seslendi.

Onlardan bir kısmı adama inandı ve gece hemen yola çıkarak ellerindeki zaman içinde yol aldılar ve kurtuldular. Diğer bazıları da adamı yalanlayıp hiç yerlerinden kımıldamadan kaldılar. Sabahleyin düşman ordusu bunlara saldırdı ve köklerini kazıyıp hepsini helak etti. İşte, bana itaat edip getirdiklerime uyan kimsenin misâli; birinci kurtulanlar gibidir. Bana isyan edip hak olarak getirdiğim şeyleri yalanlayanın durumu da; ikinci helak olanlar gibidir." [1]

Rasûlullah (a.s) diğer bir hadislerinde şöyle buyurmuştur:

"Allahu Teâlâ'nın benimle gönderdiği hidâyet ve ilmin misâli; yeryüzüne yağan bol bir yağmura benzer. Yeryüzündeki toprağın bir kısmı, suyu içine çekerek birçok ot ve yeşillikler bitirir. Bazı topraklar vardır ki, suyu içine çekmeden göl gibi suyu tutar ve toplar. Allahu Teâlâ ondan insanları faydalandırır; kendileri içerler, hayvanlarını sularlar ve onu ziraatta kullanırlar. Bazı topraklar da vardır ki, kaygandır; ne suyu içine

---

1) Buhâri, Rikak, 26; İ'tisam, 2.

çekip yeşillik bitirir, ne de onu tutarak istifâdeye hazır hâle getirir.

İşte, Allah'ın dininde derin anlayış ve ilim sâhibi olan, Allahu Teâlâ'nın benimle gönderdiği ilimle menfeatlenen, ilmi bilen ve öğreten kimsenin misâli, temiz, verimli toprak gibidir.

Bu birinci gibi alim ve amil olmayıp sâdece bildiğini aktaran kimsenin misâli de; suyu tutup istifâdeye hazır bulunduran toprak gibidir.

Allahu Teâlâ'nın benimle gönderdiği hidâyeti kabul etmeyen kimse ise; yağan bolca yağmurdan hiçbir menfeati olmayan kaygan toprak gibidir." [2]

Şeyhim Şeyhu'l-İslâm **Abdulkâdir es-Sühreverdî** dedi ki:

"Allahu Teâlâ, Rasûlü ile gönderdiği şeyleri kabul etmeye en sâf kalbleri, en temiz nefisleri hazırladı. Kalblerdeki sâfiyet, nefislerdeki farklı özellik ve üstünlükler; ilimdeki fayda ve menfaatın farklı oluşuyla ortaya çıktı. Herkes kendi kalb ve kâbiliyetine göre o ilimden istifâde etti."

Bazı kalbler, bol ot ve yeşillik bitiren temiz toprağa benzer. İlmiyle istifâde edip doğru yolda giden ve onu insanlara öğreten kimse böyledir. İlmi ona fayda vermiş ve onu her hâliyle **Rasûlullah**'ın (a.s) sünnetine uymaya sevketmiştir.

Bazı kalbler de suyu tutup toplayan kablara benzer. Meşâyıh-ı kirâm ve zühd ehli (gönlünü dünyadan çekip Allah'a bağlanan) âlimlerin nefisleri temizlenmiş ve kalbleri sâfileşmiştir. Onlar bu halleriyle, insanlara pek çok faydalar sunmaya hazır rahmet ve nûr kaynağı durumundadırlar.

Mesruk (rah.) şöyle demiştir : "Rasûlullah (s.a.v) Efendimizin ashâbıyla arkadaşlık ettim; her birini, suların toplandığı menbâlar gibi ilimle dopdolu yüklü buldum. Çünkü, onların kalbi, kendilerindeki temiz anlayış ve ince kavrayış sebebiyle, ilimler için bir kap durumuna gelmişti."

Bize, Şeyh Radıyyûddin **Ahmed b. İsmail el-Kazvînî**, **Abdullah b. Hasan'ın** şöyle dediğini haber verdi:

"Anlayışlı kulaklar duyup anlasın diye." [3] âyeti nâzil olunca, **Rasûlullah**

---

2) Buhâri, ilim, 20.
3) el-Hâkka (69), 12.

(s.a.v), Hz. **Ali'ye** (k. v) :

"Yâ Ali! Yüce Allah'tan, senin kulaklarını, o duyup anlayan kulaklardan yapmasını istedim."[4] buyurdu.

Hz. Ali demiştir ki: "Bundan sonra duyduğum hiçbir şeyi unutmadım. Hem Rasûlullah (s.a.v) böyle duâ ettikten sonra unutacak da değildim."

Ebu Bekir el-Vâsitî demiştir ki : "Âyette övülen kulaklar; bizzat Allahu Teâlâ'dan, O'nun sırlarını duyup alan kulaklardır."

Yine, **Vâsitî** demiştir ki : "O kulaklar, aldığı ilimleri, azametini müşâhede ettikleri Allahu Teâlâ'dan başka hiçbir şey bulunmayan iç âlemlerinden, yani ilmin mâdeninden alırlar."

İnsan tabiatının dengesizliği ve kararsızlığı, mârifet-i ilâhiyyeden câhil ve yoksun olmasından ileri gelmektedir. Sûfilerin kalbleri büyük bir anlayış gücüne sahiptir. Çünkü onlar, işlerini takvâ esasları üzerine kurdular ve gönüllerini dünyaya kaptırmadılar. Elde ettikleri takvâ sebebiyle nefisleri temizlendi. Ulaştıkları zühd sâyesinde kalbleri sâfileşti. Zühd hâlini elde ederek dünyanın gereksiz meşguliyetlerinden kurtuldukları zaman; bâtınlarında mânevî gözleri açıldı, kalb kulakları ilâhî sırları işitti.

Tefsir âlimleri; hadis imamları ve **İslâm** fakihleri, **Kitap** ve sünnetten birçok ilim elde ettiler. Onlardan hükümler çıkarttılar. Yeni hâdiseleri **Kur'an** ve hadîsin nassları ışığında değerlendirilip hükme bağladılar. Böylece, Allahu Teâlâ, âlimler vâsıtasıyla dinini himâye etti.

Tefsir âlimleri tefsir şekillerini, te'vil ilmini, dildeki değişik kullanış ve anlayışları, sarf ve nahvin inceliklerini, kıssaların asıllarını ve kıraat şekıllerindeki ihtilafları iyice anlayıp öğrendiler: Bu konularda kitaplar yazdılar. Kur'an ilimleri bu şekilde bütün ümmet arasında yayıldı.

Hadis imamları; hadislerin sahih olanı ile hasen olanını birbirinden ayırdılar. Râvileri ve hadis ricâlini tanıma konusunda son derece titiz davranarak, herbirinin hadisteki yerini tesbite çalıştılar. Cerh ve ta'dil ilmini ortaya koydular. Bu sâyede sahih ile sakat, doğru ile yanlış meydana çıktı. Ayrıca, sünne-

---

4) Taberî, Câmiu'l-Beyân, Cüz:29, 55; İbnu Kesîr, Tefsir, VIII, 238; Suyûtî, ed-Dürrü'l-Mensûr, VIII, 267.

tin muhafazası için hadisler, değişik rivâyetleri ve râvîleriyle birlikte ezberlendi.

Fakihler ise; asıl kaynaklardan hükümler çıkarmak, meseleleri sınıflarına göre tasnîf ve hükmünü tesbit etmek, hükümlerdeki ortak illeti bulmak, hakkında açık hüküm bulunmayan yeni feri' meseleri, ortak illetleri sebebiyle asıl hükümlere göre halletmek ve aslî kaynaktaki yerini belirlemek için kolları sıvayıp var güçleriyle çalıştılar.

Ahkam ve fıkıh ilminden fıkıh usûlü ve hilaf ilmi doğdu. Hilaf ilminden cedel ilmi ortaya çıktı. Fıkıh usûlü, bir yönüyle kelâma bakıyordu; bu sebeple kelâm ilmine ihtiyaç duydu. Ferâiz (miras taksimi) ilmi de fıkhın içinde bulunuyordu. Bunun için fakihe hesap, cebir, denklem ve benzeri ilimleri öğrenmesi gerekti. İşte böylece **İslâm** şeriatı yayıldı ve kuvvetlendi. Bâtıl akîde ve hallerden tertemiz olan din, kendi esasları üzerine kuruldu ve hayatın her alanına yayıldı. Hz. Rasûlullah'ın (a.s) nübüvveti ve sünneti hayata iyice köklerini saldı. Ülemânın kalb toprakları, ilim ve hidâyet sularını içine çekip dışarıya birçok güzellikler ve yeşillikler saçtı.

Bu duruma işâreten, Allahu Teâlâ şöyle buyurmuştur:

"Allah gökten bir su indirdi de her vâdi** (ve dere) **kendi miktarlarınca akıp, su ile doldu."[5]

İbnu Abbas (r.a) demiştir ki : "Âyette anlatılan sudan murad; ilimdir, vâdiler ile kasdedilen de kalblerdir."

Ebu Bekir el-Vâsıtî (rah.) demiştir ki : "Allahu Teâlâ sâfi bir inci yarattı. Ona azametle nazar edince, inci hayasından eridi gitti ve su halinde aktı."

Vâsıtî, daha sonra : ***"Allah gökten bir su indirdi de dereler (vâdiler) kendi miktarlarınca aktı."*** âyetini okuyarak; "İşte kalblerin sâfiliği bu suyun o kalblere ulaşmasından hâsıl olmuştur." demiştir.

İbnu Atâ (k.s) demiştir ki : ***"Allah gökten su indirdi."*** âyetiyle Allah, kullarına bir misal vermiştir. Şöyle ki : Bir yerde sel olduğu zaman, selin aktığı dere ve vâdilerde hiçbir pislik kalmaz, sel suları bütün necâsetleri silip süpürür. Aynen bunun gibi; Allahu Teâlâ'nın kullarına taksim ettiği nûr, o kimsenin

5) Ra'd (13), 17.

nefsinde aktığı zaman; onda gaflet ve zulmet bırakmaz, temizler gider."

*"**Allah gökten su indirdi.**"* ifâdesiyle, kullara taksim edilen nûra, *"**Vâdiler kendi miktarlarınca aktı.**"* sözüyle de, ezelde kalbler için taksim olunan nûrlara işâret edilmiştir.

*"**Üstte oluşan köpüğe gelince, sel onu alır götürür.**"* âyetiyle işâret edildiği ğibi; kalbler de üzerindeki nefsânî kir ve zulmetlerin gitmesiyle tertemiz olur, nurlanır. Âyetin devamında ifâde edildiği şekilde: *"**İnsanlara fayda veren şeyler ise yerde, yerinde kalır.**"* Yâni artık bâtıl olan herşey kalbden çekip gitmiş, onun yerine hak kalbde kalmıştır.

Bazıları : *"**Allah gökten bir su indirdi.**"* [6] âyeti hakkında: "Bu âyet, Allahu Teâlâ'nın kullarına lutfettiği bütün kerâmet çeşitlerini içine alır." demişlerdir.

Her kalb bu ilâhî ikramlardan kendi payını almıştır: Tefsir, hadis ve fıkıh âlimleri kalblerinde akan bu nûrânî sudan güçleri yettiğince istifâde etmiş; takvâ sâhibi, zühd ehli gerçek âlim kalbleri de bu rahmet suyundan kendi miktar ve nasiblerince faydalanmıştır. Yükselme ve makam arzusu, itibar elde etme kaygısı, mal biriktirme endişesi gibi dünya muhabbetiyle dolu ve kirli kalbler de kendi durumuna göre içinde bu suyu akıtmıştır. Bu haldeki kalbler, ilim adına bir takım şeyler elde edebilirler, fakat, ilmin hakikatına ve mânevî lezzetine ulaşamazlar.

Kim dünyaya gönlünü kaptırmazsa, onun kalb yolları açılır, genişler ve içinden ilim pınarları akar. Bu sular bir araya toplanır ve kalbde, insanların istifade edeceği menbalar oluşur.

Hasan el-Basrî'ye : "Fukahâ böyle dedi." denince : "Sen hiç gerçek fakih gördün mü? Gerçek fakih; dünyaya değer vermeyen ve ona gönlünü kaptırmayan kimsedir." demiştir.

Sûfiler çalışıp öğrenmeyle elde edilen zâhiri ilimlerden kendilerine lâzım olanı öğrenip, onunla amel ettiler. Bu amel onlara mânevî verâset ilmini kazandırdı. Onlar, zâhirî âlimlerle aynı ilme sâhip olmanın yanında, mânevî verâset (marifetullah) ilmi gibi onlardan ayrı bir ilme sahiptirler ve bu ilimle onlardan ayrılmışlardır.

Verâset ilmi; dinî gerçek mâna ve muhtevâsıyla anlamaktır. Allahu Teâlâ,

---

6) Ra'd (13), 17.

şöyle buyurmuştur:

"Müminlerin hepsi savaşa çıkmasınlar. Herbir tâifeden bir grup insan, dini iyice öğrenmeleri ve savaştaki mü'minler geri dönünce onları uyarmaları için, geride kalsınlar, savaşa katılmasınlar." [7]

Görülüyor ki; insanları uyandırma (inzâr), dini hakkıyla bilmekle mümkün olmaktadır.

İnzâr; uyandırılan kimsenin kalbinin ilim suyuyla diriltilmesidir. İlimle ölü kalbleri diriltmek, dini hakkıyla bilen gerçek âlimlerin sahip olduğu bir derecedir. Şu halde, gerçek fakihlik, derecelerin en mükemmeli ve en yücesidir.

Gerçek fakih âlim; dünyaya gönlünü kaptırmayan ve ilmiyle kalbleri inzâr (ve ihyâ) mertebesine ulaşan muttakî kimsedir.

İlimlerin ilk kaynak ve dağılma noktası, **Hz. Rasûlullah** (s.a.v) Efendimizdir. İlim ve hidâyet, Allahu Teâlâ'dan, ilk olarak O'na geldi. O, zâhiren ve bâtınen bu ilimlerle doldu ve doydu. Bu ilimlerin zâhirî tarafından din ortaya çıktı.

Luğat mânasıyla din; bağlanma ve boyun eğmedir. Dînî ıstılahta ise; insanın Rabbi için nefsini alçaltıp, hizmetine râm etmesidir.

Bu mânaya işâret olarak, **Allahu Teâlâ** şöyle buyurmuştur:

"Allah, Nuh'a vahyettiği şeyleri sizin için de din olarak koydu. Ey Muhammed! Sana vahyettiğimiz, İbrâhim, Mûsâ ve İsâ'ya tavsiye ettiğimiz şey şudur: Dini güzelce yaşayıp ayakta tutun ve onda sakın ayrılığa düşmeyin." [8]

Dînî amellerdeki gevşeme sebebiyle âzâlar üzerine bir za'fiyet çöker ve bu hal onlardan ilmin getirdiği güzel edebi giderir. Çünkü, nefisteki huzur ve neşe taattan ileri geldiği gibi; Hakk'a itaat içinde olmasından dolayı âzâlarda hâsıl olan zâhirdeki güzellik te; kalbin ilimle dolmasından meydana gelir. Kalbin ilimle dolması, denizin dışardan akan nehirlerle dolup taşmasına benzer.

---

7) Tevbe (9), 22.
8) Şûra (42), 13.

Rasûlullah (s.a.v) Efendimizin kalb-i şerifi, hidâyet ve ilimle kaynayan bir denizdir. İlim ve hidâyet kalb denizinden nefsine ulaştı; nefs-i saâdetlerinde ilmin güzelliği ve nimetleri ortaya çıktı; nefsin sıfatları ve huyu değişti. Sonra ilim kanalları âzâlara ulaştı. Mubârek âzâları da ilmin bereketiyle güzelleştiler. Allah Rasûlü (s.a.v) bu şekilde tam bir güzellik ve mükemmelliğe ulaşınca, Cenâb-ı Hakk kendisini beşeriyete bir rehber ve rahmet olarak gönderdi.

Allah Rasûlü (s.a.v), ilim kaynayan kalbiyle ümmetine yöneldi. Nûr saçan yüzünü anlayış kanallarına çevirdi. Yöneldiği herbir kalb ve anlayış kanalından o kimsenin payı ve nasibi kadar ilim aktı. İşte ümmetin âlimlerinin idrak ve zihnine ulaşan bu pay; dini hakkıyla anlamak ve yaşamak şeklinde tarif ettiğimiz fıkıhtır.

Abdullah b. Ömer (r.a), Rasûlullah'ın (s.a.v) şöyle buyurduğunu rivâyet etmişti:

"Allahu Teâlâ'ya, dini hakkıyla anlamak ve yaşamaktan daha faziletli bir şeyle ibâdet edilmedi. Gerçek fakih olan bir âlim, şeytana karşı, *(ilim ve şuuruna ulaşmadan ibâdet eden)* ***bin âbidden daha şiddetlidir. Herşeyin bir direği vardır. Bu dinin direği (onu ayakta tutan da) fıkıh (dini aslî güzelliği ile anlayıp yaşamak)tır."*** [9]

Şeyhimiz Şeyhu'l-İslam **Ebu'n-Necîb**, bize, Hz. **Muâviye** (r.a) yoluyla gelen şu hadisi nakletti:

"Allahu Teâlâ, kime hayır vermek isterse, onu dinde fakih bir kimse yapar. Ben, bana geleni taksim ediciyim, asıl verense Allah'dır." [10]

Bu nakilden sonra mürşidim (k.s) dedi ki: "İlim kalbe ulaşınca, kalbin mânevî gözü açılır; böylece hak ile bâtılı görür ve doğru ile yanlış ona belli olur."

Rasûlullah (s.a.v), bir a'râbîye: ***"Kim zerre kadar hayır işlerse onu görür, kim de zerre kadar şer işlerse (kıyâmette) onu karşısında bulur."*** mealindeki âyet-i kerîmeyi okuyunca, a'râbî:

9) Beyhakî, Şuabu'l-İmân, II, 266 (No: 1711,1712); Münâvi, Feyzu'l-Kadir, V, Hadis No: 7940.
10) Buhârî, İlim, 10; Müslim, Zekat, 98-100; Tirmizi, İlim, 4.

"Bu kadarı bana yeter!" dedi. Bunun üzerine Rasûlullah (s.a.v): *"Adam fakih (tam anlayış sahibi) oldu."* buyurdular.[11]

Abdullah b. Abbas (r.a) demiştir ki : "İbâdetin en faziletlisi, dini hakkıyla anlamak ve yaşamaktır. Allahu Teâlâ, derin anlayışı kalbin bir sıfatı kılarak şöyle buyurmuştur: ***"Onların kalbleri vardır, ama onunla gerçeği anlamazlar."*** [12]

Sûfiler güzel anlayış sahibi oldukları için gerçeği bildiler, bildikleriyle amel ettiler. Amel edince hakkı yakinen tanıdılar. Yakinen tanıyınca da tam hidâyete ulaştılar. Kim, Allah'ın dinini güzel anlarsa, onun teslimiyet ve yaşantısı da o nisbette güzel olur; ilâhî dâvete hemen icâbet eder ve yakin nûrundan nasibi daha fazla olur.

İlim, Allah tarafından toplu halde kalblere inzal ve ikram edilmiştir. Mârifet; bu ilimleri birbirinden ayırmak, hidâyet de; kalben onlara sâhip olmaktır.

Rasûlullah (s.a.v) Efendimiz yukarıda zikrettiğimiz ***"Allah'ın benimle gönderdiği hidâyet ve ilmin misâli..."*** hadisiyle, nübüvvet için yaratılmış kalbinin bu ilmi bulduğunu ve hidâyete ulaşıp insanlara hidâyetin yolunu açtığını haber vermiştir.

Rasûlullah'ın (s.a.v) hidâyet ve mârifetten oluşan bütün ilmi, beşeriyetin babası **Âdem** (a.s)'den kendisine, vücûdu pakîlerinde yuğrulmuş olarak intikal etmiştir. Şöyle ki:

Allahu Teâlâ, Hz. Âdem'e (a.s) bütün eşyanın isimlerini (vazife ve hikmetlerini) öğretmişti. İsimler eşyâların tanınması için birer alâmet durumundadır. Allah, Onu ilimle şereflendirmiş ve bunu ifâde için şöyle buyurmuştur: ***"O Allah insana bilmediği şeyleri öğretti."*** [13]

Hz. Adem'e ilim ve hikmet yüklenince; anlayış, zekâ, mârifet, şefkat, lutuf, muhabbet, buğz, ferahlık, gam, rızâ, gadap ve akıl sâhibi oldu. Bu sıfatların herbirinin yerli yerince kullanılması gerekiyordu. Bunun için kalbine, onu Allahu Teâlâ'ya sevk edecek ve O'na götürecek bir basîret ve ilim kondu. İşte Allah Rasûlü (s.a.v), ümmetine, kendisine intikal

11) Son kısmı hariç, bkz: İbnu Kesir, Tefsir, IV, 482.
12) A'râf (7), 179.
13) Alak (96), 5.

eden bu ilim ve lutf-i Rabbânî olarak hibe edilen hidâyet nûruyla gönderilmiştir.

Allahu Teâlâ yerleri ve gökleri yaratıp onlara: ***"İsteyerek yahut istemeyerek gelin emrime teslim olun."*** buyurduğunda, onlar : ***"Sana isteyerek teslim oluyoruz."*** [14] demişlerdir.

Allahu Teâlâ'nın hitabına yeryüzünden ilk cevap veren yer, **Kâbe**'nin bulunduğu mekan, gökyüzünden de onun hizasındaki yer olmuştur.

İbnu Abbas (r. a) demiştir ki: "Rasûlullah'ın (s.a.v) asıl mayası olan toprak, yeryüzünün merkezi olan **Mekke** toprağındandır."

Âlimlerden bazıları, bu hususta: "Bu söz, yeryüzünden gelen cevabın, **Muhammed** (a.s) Efendimizin zerresi tarafından verildiğine işâret etmektedir." demişlerdir.

Yeryüzü **Kâbe**'nin bulunduğu yerden başlayarak yayıldığı için, **Rasûlullah** (s.a.v) Efendimiz yaratılışın aslı olmuş ve kâinat da ona tâbî olarak halkedilip yayılmıştır. Bu duruma, Rasûlullah'ın (s.a.v):

"Âdem daha toprak ve su arasında iken (henüz yaratılmamışken), ben nebî idim." diğer bir rivâyette; ***"Rûhu ile cesedi arasındaki iken."*** [15] sözü de işâret etmektedir.

Bunun için, Rasûlullah (a.s) Efendimize, yaratılışın temeli mânasında "**Ümmî**" denilmiştir. Nitekim **Mekke**'ye de şehirlerin anası mânasına "**Ümmü'l-Kurâ**" ismi verilmiştir. Şu halde Rasûlullah'ın zerreleri bütün mahlukâtın temeli (ilk yaratılan maddesi) dir.

Her şahsın toprağı, onun defnedileceği yerdendir. Bu durumda **Rasûlullah'ın (s.a.v)** defnedileceği yerin **Mekke** olması gerekirdi, çünkü; asıl toprağı oradandır. Fakat denilmiştir ki: "**Nuh** (a.s) zamanındaki tufanda su kaynayıp dalgalanınca, köpüğünü dört bir yana saçtı. İşte o zaman Rasûlullah'ın (s.a.v) asıl cevheri **Medine**'deki türbesinin hizasına düştü. Bunun için Rasûlullah (a.s), hem "**Mekkî**" hem "**Medenî**" oldu. Hasretini çektiği yer **Mekke** ise de türbesi **Medine**'dedir.

Hz. Rasûlullah'ın (s.a.v) yukarıda bahsettiğimiz zerrelerine Allahu

---

14) Fussilet (41), 11.
15) Tirmizî, Menâkıb, 1; Ahmed, Müsned, V, 379; Hâkim, Müstedrek, II, 609.

Teâlâ'nın şu âyetinde de bir işâret vardır:

"Ey Rasûl-i Kibriya! Hatırla o vakti ki; Rabbin, Âdem oğullarından, sulblerden zürriyetlerini alıp vucüda çıkardığında onları kendilerine şâhid tutarak: "Ben sizin Rabbiniz değil miyim?" dedi. Onlar da: "Evet, sen bizim Rabbimizsin." dediler." [16]

Nitekim bir hadis-i şerifte: *"Allahu Teâlâ, Âdem'in belini meshetti (sıvazladı) ve zürriyyetini, küçük zerrecikler hâlinde ortaya çıkardı."* [17] buyrulmuştur.

Allahu Teâlâ, Hz. **Âdem**'in (a.s) tüylerinin deliklerinden zerrelerin çıkmasını istedi, onlar da vucüddan terin çıkması gibi dışarı çıktılar.

Bazı rivâyetlere göre, Hz. **Âdem**'in belinin sıvazlanmasını melekler yapmıştır; fakat hadiste olay, işin asıl müsebbibi olan Allah'a izâfe edilmiştir.

"**Allah** onu meshetti." sözünün mânası için; "Bütün yeryüzünü dolaştırdı ve her tarafını tanıttı." denmiştir.

Bu mânevi ahitleşme, **Mekke** ile **Tâif** arasında, **Arafat**'ın yan tarafında "**Nûman**" vâdisinde olmuştur.[18] Allahu Teâlâ, bütün rûh ve zürriyetlere hitaben: "Ben sizin Rabbiniz değil miyim?" diye sorduğunda, onlar da: "Evet, sen bizim Rabbimizsin." cevabını verince, Allah bu ahdi beyaz bir kağıda yazdı, melekleri buna şâhit tuttu ve onu **Haceru'l-Esved**'e yutturdu. [19]

Allahu Teâlâ'nın sorusuna yeryüzünden ilk cevap veren Rasûlullah'ın (s.a.v) zerresiydi. İlim ve hidâyet bu zerrede karışıp yoğrulmuş durumdaydı. Nihâyet **Efendimiz** (a.s), bu zerre ile intikal eden mârifetle beraber kendisine özel olarak ihsan edilen ilim ve hidâyetle peygamber gönderildi.

Denilmiştir ki: "Allahu Teâlâ, **Cebrâil** ve **Mikâil**'i yeryüzünden bir avuç top-

---

16) A'raf (7), 172.
17) Bkz: Tirmizî, Tefsiru Sûre, 8; Ahmed, Müsned, I, 44; Hâkim, Müstedrek, II, 544; İbnu Kesir, Tefsir, II, 261-264; Suyûtî, ed-Dürrü'l-Mensûr, III, 598-607.
18) İbnu Ebi Hâtim, Tefsiru'l-Kurâni'l-Azim, V, 17130 Suyutî, ed-Dürrü'l-Mensûr, III, 599
19) Hakim, Müstedrek, I, 458; Suyutî, ed-Dürrü'l-Mensûr, III, 605

rak almaları için gönderdiğinde yeryüzü toprak vermeye râzı olmadı. Bunun üzerine Allah, **Azrâil**'i gönderdi. **Azrâil** (a.s) yeryüzünden bir avuç toprak aldı. Bu sırada İblîs (şeytan) iki ayağı ile yere basmıştı. Yerin bir kısmı iki ayağının arasında, bir kısmı da tam ayaklarının bastığı yerdeydi. Nefis, İblîs'in ayağının bastığı yerden yaratıldı; bunun için şer yuvası oldu. Yerin bir kısmına da İblîs'in ayağı hiç değmedi. İşte nebîlerin ve velîlerin mayası bu topraktandır.

Rasûlullah'ın (s.a.v) Efendimizin yaratıldığı toprak, Azrâil'in elinde bulunduğundan, şeytanın ayakları ona hiç dokunmamış ve o, Allah'ın nazargâhı olmuştur. Bu sebeble ona cehâlet ve zulmet bulaşmadı. Aksine, Allah'ın Rasûlü (s.a.v) cehâletten tamamen uzaklaştırılarak, ilimden büyük bir pay sahibi oldu.

Allahu Teâlâ, Hz. Rasûlullah'ı bu ilim ve hidâyetle gönderdi. İlim ve hidâyet O'nun kalbinden diğer gönüllere, nefs-i şerifinden diğer nefislere intikâl etti. Yaratılış toprağı temiz olanlar, Efendimizle kolayca manevi irtibata geçebildiler ve onda olanları rahatça aldılar. Kimin toprağının (fıtratının) temizliğinden dolayı Allah Rasûlü ile mânevî irtibat ve beraberliği fazla olursa onun, Efendimizin getirdiklerini kabul etme hususundaki nasibi ve hazzı da o derece çok olur.

Nitekim sûfilerin kalbleri bu temiz fıtrat ile daha yakın münâsebet ve beraberlik içinde olduklarından; onun ilminden en büyük nasibi onlar almışlar ve bâtınları (mârifet ve mâneviyate âid) ilimle dolmuştur. İşte onlar (öğrendikleri mârifet ilmini) bu şekilde öğrendiler. Sonra, bildikleriyle amel ettiler ve insanlara öğrettiler. Böylece onlar, hem suyu içilen, hem de ziraat yapmak için kullanılan bir rahmet gölü gibi oldular. Takvâ nûru ile doldular. Çalışma yoluyla elde edilen ilimle mânevî verâset ilmini bir araya getirerek sağlam bir takvâ ile ilimlerin bereketine ulaştılar. Nefisleri zulmetlerden temizlenince, takvâ cilâsı ile gönül aynaları parladı; eşyanın şekilleri bütün şekil ve mâhiyeti ile orada görüldü. Böylece, dünya bütün çirkinlikleriyle ortaya çıkınca, ondan kaçtılar. Âhiret bütün güzellikleriyle görününce, ona tâlib oldular. Dünyadan gönüllerini çektiklerinden, iç âlemlerinde ilim pınarları aktı. Çalışarak elde edilen (zâhir) ilme, (takvâ ve zühdleri sâyesinde mânen) vâris olunan ilimler de katılarak, ilmin bütün kısımlarına sâhip oldular.

Bil ki; bu kitapta, sûfilerin şerefli hâli olarak zikrettiğimiz her şey, mukarrabûn (ilâhî huzurda mânevî yakınlığa kavuşmuş) olan kimselerin hâlinden ibârettir.

Gerçek sûfi; mukarrabûn sıfat ve makamındaki kimsedir. Kur'an-ı Kerim'de "sûfî" ismi yoktur; ancak bunun yerine "mukarrebûn" kelimesi kullanılmıştır. Bu hususu ilerki bölümlerde açıklayacağız inşaallah.

Bugün **İslâm** âleminde, "sûfî" kelimesinin "mukarrebûn" (kurbiyyet ehli veliler) için kullanıldığı bilinmemekte, bu isim daha çok, şekil olarak onlara benzeyenlere ad olarak kullanılmaktadır. Nitekim, **Mağrib**, **Türkistan**, **Mâverâunnehr** gibi **İslâm** beldelerinden nice kurbiyyet ehli insan vardır ki; sûfî olarak isimlendirilmezler. Çünkü onlar, zâhiren sûfîler gibi giyinmezler.

Lafızlar üzerinde münâkaşa yapmaya gerek yoktur. Binâenaleyh; bizim, bu kitabta, "sûfîler" dediğimiz zaman bununla, mukarrabûn makamına çıkmış velileri kastettiğimiz bilinmelidir.

Gerek tabakat kitaplarında, gerekse diğer eserlerde isimleri geçen bütün sûfî meşâyıhı, mukarrabûn sıfatındaki zatların yolunda bulunuyorlardı ve sâhip oldukları ilimler de kurbiyyet ehlinin hallerine âid ilimlerdi.

Ebrâr (hayır ehli) bir kimse, şevk ile, "mukarrabûn" makâmına ulaşmayı arzuladığı ve onlara gıbta ile nazar ettiği halde, hâl olarak onların sıfat ve ahlâkına sâhip değilse, ona: "**mutasavvıf**" denir. Ancak, kendisinde yukarıdaki hâl tahakkuk eden kimse "**sûfî**" olur.

Bu ikisinden başka, zâhiren onlara benzeyip de, hâl olarak onlar gibi olmayana : "**müteşebbib**" (kendini sûfîlere benzeten) denir.

Cenab-ı Hakk'ın buyurduğu gibi: ***"Her bilenin üstünde daha iyi bilen bir kimse vardır."*** [20]

****

20) Yusuf (12), 76.

SÛFİLERİN HAK SÖZÜ GÜZELCE ANLAMALARI

Şeyhimiz Şeyhulİslam **Ebu'n-Necîb es-Sühreverdî**, bize, **Zeyd b. Sâbit** yoluyla gelen bir hadis-i şerifte, Rasûlullah (a.s) Efendimizin şöyle buyurduğunu nakletti:

"Bizden bir hadis işitip, onu ezberleyerek başkalarına tebliğ eden kimsenin Allah yüzünü ağartsın. Nice, fıkha âid malzeme taşıyan kimse vardır ki, onu kendinden dah anlayışlı kimselere nakleder. Yine, nice fıkha temel olacak malzeme taşıyan kimse vardır ki; kendisi ondan istifade edebilecek anlayış sâhibi değildir."[1]

Bütün hayırların temeli; hakkı dinleyip güzel anlamaktır. Allahu Teâlâ şöyle buyurmuştur:

"Eğer Allah onlarda bir iyilik görseydi, elbette onlara duyurur, (hakkı kalb ve kulaklarına sokardı.)"[2]

Bu âyetin tefsiri sadedinde, bazıları demiştir ki: "İşitmenin güzel ve hayırlı oluşunun alâmeti; kulun işittiği şeyleri bütün evsâfı ile işitip hakikatını anlamasıdır."

Bazıları da: "Eğer Allah onların dinlemeye lâyık olduğunu görseydi; kalb kulaklarını, hakkı dinleyip anlaması için açardı." demiştir.

Vesveselerin kendisine hâkim olduğu, nefsânî arzuların içini kapladığı kimse, iyi duyma özelliğine sâhip olamaz.

Sûfîler ve kurbiyyet ehli olanlar, Allah'ın kelâmının kullarına bir çağrısı ve özel bir hitabı olduğunu bildiklerinden, Allahu Teâlâ'nın her bir âyetinin ilim denizlerinden bir deniz olduğunu fark ettiler. Bu âyetlerin zâhir, bâtın, açık ve gizli işâretleriyle bütün herşeyi içine aldığını gördüler. İlmin, dâvet ettiği şey-

1) Ebû Dâvud, İlim, 10; Tirmiz, İlim, 7; İbnu Mâce, Mukaddime, 18.
2) Enfal (8), 23.

ler yönüyle Cennet kapılarından bir kapı olduğunu anladılar.

Rasûlullah'ın (s.a.v) sözlerinin de, kendi nefsinden kaynaklanan konuşmalar olmayıp, Allahu Teâlâ'nın ona vahyi olduğunu, bu sebeple onun da can kulağı ile dinlenip gereğine göre amel edilmesi gerektiğini gördüler. Bu durumda, sûfîlerin yanında en önemli mesele; bu gerçekleri güzelce dinleyip iyice anlamak olmuştur. Onlar, hakkı can kulağı ile duyup anlamanın melekût (ğayb ve sır) âlemlerinin kapısını açtığını, bu durumun da îlâhî haşyet ve ma'nevî iştiyaka sebep olup nûrânî bereketler yağdırdığını müşâhede ettiler. Bütün vesveselerin, devamlı kötülüğü emreden nefisle şeytanın tezgahlamasıyla ortaya çıktığını farkettiler. Hevâ ve hevese âid geçici lezzetler ve ölümle yok olacak dünyevî menfeatlar, ateşin harâret ve kıvılcımını çoğaltan tahta parçaları gibidir. Bütün haramlar nefsin ateşini, kalbin sıkıntısını çoğaltmaktadır. İşte bu sebeple sûfîler, dünyayı reddedip, kalblerini ondan korudular. Nefsin ateşini tutuşturan şeyler kesilip harareti soğuyup sönmeye yüz tutunca, zulmet ortadan kalkıp sûfîlerin iç âlemleri ve kalbleri ma'nevî ilmin kaynaklarını müşâhede eder duruma geldi. Sufiler, kalb ve anlayışlarını nurlandırarak, bu ilimleri alıp akıtacakları mahal ve menfezleri hazırladılar. Basiretleri açılınca, hakkı güzelce işittiler. Bu hâle işâret olarak, Allahu Teâlâ şöyle buyurmuştur:

"Şüphesiz bunda, diri bir kalbi olan yahut şâhid olarak kulak veren kimse için bir ibret ve öğüt vardır." [3]

Şiblî (rah.) demiştir ki: "Kur'an'dan ancak, kalbi devamlı Allahu Teâlâ ile berâber olan ve ondan bir göz yumup açma müddetince ğâfil olmayan kimse hakkıyla öğüt olabilir."

Yahya b. Muaz er-Râzî ise şöyle demiştir : "Kalb iki türlüdür. Biri, dünya meşgaleleri ile dolu olan kalbdir. Bu öyle bir kalbdir ki; önüne bir taat ve hayır işi geldiğinde, dünya ile dolu olduğu için ne yapacağını bilemez. Diğeri de âhiret derdi ile dolu ve meşgul olan kalbdir; onun da önüne dünya ile ilgili bir iş geldiğinde nasıl davranacağını pek bilmez. Hiç bitmeyen âhiret derdinin sahibine getireceği bereket ile, seni taat ve ibâdetten alıkoyan şu dünya

---

3) Kâf (50), 37.

meşgalelerinin uğursuzluğu arasındaki farkı iyi gör ! "

Âlimlerden birisi de: "Allah'ın kelâmından ancak, dünyevî dert ve hastalıklardan kurtulmuş bir kalb ibret alır." demiştir.

Hüseyin b. Mansûr el-Hallac (k.s) ise: "Kur'an (ve kâinattan) ancak, içinde âlemlerin Rabbinin müşâhadesinden başka bir düşünce olmayan kalb ibret alabilir." demiş ve şu mânadaki şiiri okumuştur:

Artık, ağıtını yakarım sana o kalblerin;
Dökülürdü üzerine binlercesi hikmetin.

İbnu Atâ (rah) demiştir ki: "İbret ve öğüd alan kalb; Cenâb-ı Hakk'ın azametine ta'zim ile nazar etmiş, heybet-i ilâhî karşısında hayasından erimiş ve O'na giden yolda bütün mâsivadan muhabbetini çekmiş kalbdir."

Vâsıtî (rah.) şöyle demiştir: "O **Kur'an** ancak kendisinde uyanık bir kalb olan kimse için; ibret ve öğüt kaynağıdır." âyetinde kasdedilenler; Allahu Teâlâ'nın, ezelde, haklarında: ***"Ölü iken kalbini dirilttiğimiz kimse."***[4] buyurduğu kimselerdir."

Yine **Vâsıtî** der ki: "Hakk'ı müşâhede aklı giderir. Ondan (biraz) perdeli olmak ise anlayışa imkan verir. Çünkü Allahu Teâlâ bir şeye tecelli edince, o şey Zât-ı Zülcelâle boyun eğer ve O'na karşı huşû ile dolar."

Vâsıtî'nin söylediği bu durum, bazı kimseler için doğrudur. Bu âyet-i kerîmede anlatılanlar ise; bunların aksine kendileri için müşâhede ve anlayışın aynı anda mümkün olduğu, hallerinde sâbit kimselerdir. Anlayış işitmekle, müşâhede ise kalbin görmesiyle hâsıl olur. İşitmenin ayrı bir hikmet ve faydası, müşâhedenin de başka bir hikmet ve faydası vardır. Kim sekr (ma'nevî sarhoşluk) hâlindeyse, onun işitme ve görme gücü yok olur. Kim sahv (uyanıklık) ve temkin hâlindeyse, o, işittiğini ve gördüğünü kontrol edecek bir kalb ile görüp anlayacak bir vücûda sahip olduğu için, işitme ve görme hassesi kayb olup gitmez.

İlhâm, anlayış merkezine gelir. İşitmek ve ilhâm vücûda âid yer isterler. Bu vücûd, kul sahv (ayıklık) hâlinde sâbit kalabilmesi için, ikinci bir defa yaratılarak ona hibe edilmiş ma'nevî bir vücuddur. O, kul fenâ hâlinden bekâ maka-

4) En'am (6), 122.

mına geçerken, müşâhede nûrunun ziyâsıyla yok olan vücudun dışında bir vücuddur.

İbnu Sem'un (k. s) demiştir ki: "Bunda, uyanık bir kalbi olan kimse için öğüt ve ibret vardır." âyetinde kasdedilen kimse, Hakk'a hizmet ve kalbin edeblerini bilen kimsedir. Kalbin edebleri üç merhalede oluşur:

Önce, kalb ibâdetin tadını tattığı zaman, şehvetin bağından ve köleliğinden kurtulur. Şehvetlere karşı kendini tutan kimse, edebin üçte birini bulmuş olur. İkinci olarak, kul elde ettiği hâlin edebini korur, hakkını verirken, bundan daha öte edeblere ihtiyacı olduğunu bilirse, edebin üçte ikisini elde etmiş olur. Üçüncü merhale, kalbin marifet ve ihsanla dolmasıdır. Hakk'a hizmeti esnasında, ilâhî lutufla kendisine ma'nevî ihsanlarda bulunulmaya başlanan kimse, artık bütün edeblere sâhip olmuş olur."

Muhammed b. Ali el-Bâkır (rah.) şöyle demiştir: "Kalbin ölmesi, nefsin şehvetlerinin peşine düşmesinden ileri gelmektedir. Kişi, şehvetlerini terkettiği ölçüde, kalbi ma'nevî hayata kavuşur. Hakkı hak olarak ancak, kalbi diriler duyup anlayabilirler. Kalbi (ma'nen) ölmüş kimse birşey işitemez ve anlayamaz. Bu hâle işâret olarak, Allahu Teâlâ:

"Rasûlum! Sen ölü olan kalblere hakkı işittiremezsin." [5] buyurmuştur.

Sehl b. Abdullah (rah.) da şöyle demiştir: "Kalb incedir, şeffaftır; çirkin düşünceler orada iz bırakır. Az bir iz onun üzerinde çok görünür. Allahu Teâlâ buyurmuştur ki:

"Kim o çok esirgeyici Allah'ın zikrine karşı kör ve uzak kalırsa, biz ona şeytanı musallat ederiz. Artık şeytan onun ayrılmaz bir arkadaşı olur." [6]

Kalb devamlı kendi vazifesini görmek (Rabbini zikretmek) ister. Nefis de hep uyanıktır; hiç uyumaz (ve sahibine kötülükleri emretmekten geri durmaz). Kul, Allahu Teâlâ'nın emirlerine kulak verdi ise ne âlâ, aksi durumda o, nefis ve şeytanı dinleme durumunda kalır. Hakkı işitme yolunu kapatan herşey nefsin bir heyacan ve hararetinden kaynaklanmaktadır. Bu işte şeytan da de-

5) Rûm (30), 52.
6) Zuhruf (43), 36.

vamlı yol göstermektedir.

Hadis-i şerifte şöyle buyurulmuştur: *"Eğer şeytanlar insanoğlunun kalblerinde dolaşıp onun aslî sâfiyetini bozmasalardı, onlar göklerin melekût âlemine bakar ve seyrederlerdi."* [7]

Hasan el-Basrî (rah.) ise şöyle demiştir: "Yakîn ehlinin müşâhedesi, âriflerin mârifeti, Rabbânî âlimlerin nûru, önceki velilerin felah ve salah halleri, ezel ve ebed arasında cereyân eden hâdiselerin gerçek şeklinin tesbiti ancak, kendisinde ma'nen diri bir kalb ve Hakk'a tam yönelmiş bir kulak bulunan kimseye mümkün olur. Kalbi gafletle ölü kemse, bu gerçekleri anlayamaz."

İbnu Atâ (rah.) demiştir ki: "Diri ve anlayışlı kalb, devamlı Hakk'ı murâkabe ve müşâhede eden, boş şeyleri düşünerek veya za'fiyete düşerek O'ndan ğâfil olmayan kalbdir. Kalb, O'nu murâkabe edince, haşyet ve hayrete düşüp titrer. O'na, cemal gözüyle (rahmet ve nimetlerine) nazar edince sakinleşip sukûnete kavuşur."

Sûfîlerden birisi demiştir ki: "Allah'tan başka herşeyden tamamıyla alakasını kesip ve sadece Allah ile beraber olmaya sabredebilen bir kalb sahibi, dünyadan, mahlukattan ve nefsânî arzulardan tamamen uzaklaşır, Rabbinden başka hiçbir şeyle meşgul olmaz ve O'ndan başkasına güvenmez."

Sûfinin kalbi bütün mâsivâdan (Allah'dan gayrisinden) sıyrılmış, kulağını sadece Allah'ı dinlemeye hasretmiş ve gözü hep O'nun tecellilerini müşâhede etmiştir. Bütün varlığı ile Allahu Teâlâ'ya yöneldiğinden ve hep Onun huzurunda bulunduğundan; herşeyi O'ndan duymuş ve gördüğü her şeyi O'nun nûruyla görmüştür. Bütün hâdiseler Allah'ın ilmi ve kudretinde cerayan ettiği, sûfî de devamlı O'nun huzurunda bulunduğu için, artık olup biteni anlaması zor olmaz. O, Allah'ın izni ve yardımıyla işitir, görür, anlar, idrâk eder. Yalnız, herşeyi tam tafsilatı ile değil, anahatları ile duyar ve anlar. Çünkü hâdiseler anahatları ile umumî bir bakışla idrâk edilebilir. Bütün teferruat ve tafsilat, insanın yaratılışındaki darlık ve za'fiyetten dolayı tamamıyla idrâk edilemez. Ancak Allahu Teâlâ her şeyin tamamını ve en ince detaylarını hakkıyla bilir.

---

7) Ahmed, Müsned, II, 353; Zebîdî, İthâfu's-Sâde, IV, 190; V, 24.

Hikmet ehlinden birisi, insanların dinlediklerini anlama kâbiliyetlerinin birbirinden farklı oluşunu, şöyle bir misalle anlatmıştır:

"Bir çiftçi torbasına doldurduğu buğday ile dışarı çıktı. Torbadan bir avuç dolusu buğday aldı. Avucundaki buğdaylardan birkaç tanesi yolun ortasına düştü. Daha toprağa karışmadan, bir kuş gelerek onları yiyip gitti. O tohumun bir kısmı üzerinde biraz toprak ve nem bulunan bir kayanın üzerine düştü; orada çimlendi, kökleri kayaya kadar uzadı, fakat kayayı delip daha derine inemediği için kuruyup gitti. Tohumun bir kısmı da içinde tiken bulunan temiz bir toprağa düştü, orada yeşerip büyümeye başladı. Fakat yükselmeye başladığı zaman tiken onu sararak daha fazla büyümesine imkan vermedi, o da sonunda sararıp çürüyerek yok oldu. Tohumun bir kısmı ise yol ortası olmayan, içinde kaya ve tiken de bulunmayan temiz ve verimli bir toprağa düştü; büyüdü, gelişti ve güzelce olgunlaştı, başak verdi."

Bu misâle göre; hikmet sâhibi tohum ekene, güzel ve hayır söz de buğdaya benzer. Hayır sözü işitip de onu dinlemek istemeyen kimsenin misâli yolun ortasına düşen buğday gibidir. Çok geçmez, şeytan hemen adamın kalbinden onu kapıp kaçar ve adam onu unutur gider.

Hayrı işitip onu güzel bulan adamın misâli de; bir kaya üzerine düşen buğdaya benzer. Bu hayır söz, içinde amel için hiçbir azim bulunmayan kalbe iner, sahip çıkılmadığı, gereğince amel edilmediği için, kalbden kaybolup gider.

İşittiği hayır sözle amele niyetlenen adamın hâli; verimli toprağa düşen tohum gibidir. Ona şehvetleri musallat olup kalbini sarınca, ameline mâni olur. Tikenin ekini sarıp çürütmesi gibi, şehvetler de, niyetlenilen sâlih amelleri kalbden silip yok ederler.

Duyduğu hayır ile amel etmeye niyet edip, onu anlayan, amele yönelen ve bu yolda hevâsını terkeden kimsenin misâli ise; verimli, temiz bir toprağa düşen buğday gibidir. Hevâsını terkederek hidâyet yoluna giren işte bu kimse gerçek sûfîdir.

Nefsin arzularına uymakta geçeci bir tad vardır. Nefis hevâ ve hevesin tatlı şerbetini içtiğinde ona meyleder ve ondan lezzetlenmek ister. Nefsin hevâ ve hevesine mübtelâ olmasıyla amellerin mahvolması, gelişmekte olan bitkinin diken tarafından sarılıp çürümesine benzer

Sûfînin kalbine ise sâfî ilâhî muhabbet akar. Bu tad, rûhun ilâhî huzura bağlılığından kaynaklanmaktadır.

Rûh, muhabbetin etkisiyle ilâhî huzura cezbedilmesinin kuvvetiyle kalbi ve nefsi de peşinden çeker götürür. İlâhî huzurda bulunmakla elde edilen ma'nevî tad, nefsin hevâdan aldığı tada gâlib gelir. Çünkü boş zevklerin tadı; gövdesi koparılıp yere atılmış, dayanacak bir yeri olmayan, kötü kokulu, çürük bir ağaç gibidir. İlâhî muhabbetin tadı ise, kökü yerde sâbit, dalları semâya kadar uzanmış, hoş kokulu güzel bir ağaç gibidir. Çünkü, bu sevgi, ruhda kök salmış, dalları Allahu Teâlâ'nın huzuruna kadar uzanmış, kökü de nefsin toprağında iyice yayılmıştır. Artık böyle bir muhabbet sâhibi, **Kur'an**'dan yahut Rasûlullah'ın (s.a.v) saadetli sözlerinden bir kelime işitince onu, rûhu, kalbi ve nefsiyle özümler ve bütün varlığı ile onda eriyerek şöyle der:

"Kokladım senden hiç tanımadığım bir nesimi,
Zannedersem sular, sende akıttı hep cevheri."

Bundan sonra, duyduğu bütün sözler her yanını kaplar ve rûhunun derinliklerine te'sir eder. Onun her tüyü bir kulak, herbir hücresi bir göz olur. Sonuçta, bütün varlığı ile herşeyi işitir ve bütün mahlukatı (ilâhî nûr ve izinle) görür. O zaman da şöyle söyler:

"Eğer sizi düşünsem; her şeyim göz olmuştur.
Yahut bir hatırlasam, varlığım kalb olmuştur."

Böyleleri hakkında Allahu Teâlâ buyurur ki:

"Sözü duyup da en güzeline uyan kullarımı müjdele! Onlar Allah'ın kendilerini hidâyete ulaştırdığı kimselerdir ve onlar temiz akıl sahibi olanların tâ kendileridir." [8]

Bazıları demişlerdir ki: "Akıl ve anlayış yüz parçadır; doksandokuzu Rasûlullah (a.s) Efendimize, bir parçası da diğer mü'minlere verilmiştir. Diğer mü'minlerde bulunan bu bir parça da yirmibir kısımdır. Mü'minlerin tamamının ortak olduğu kısım, kelime-i şahâdettir. Geri kalan yirmi kısımda ise; sahip oldukları imanları ölçüsünde birbirlerinden farklıdırlar.

Yukarıdaki âyet-i kerimede Rasûlullah (a.s) Efendimizin fazileti ortaya çık-

8) Zümer (39), 18.

maktadır. Şöyle ki: Mü'minlerin uyduğu en güzel söz, O'nun getirdikleridir. Hakikat şu ki, kâinat yaratılmadan önce, **Efendimiz** (a.s), Allahu Teâlâ'nın huzurunda istikrar makamında ve sohbet-i Rahmanda bulunduğu için, bütün hallerinde ilâhî nûrlara garkoldu ve en güzel (en özel) hitablar O'na yapıldı. Bütün makamlarda ön sırada o bulundu. İşte bu yüzden Nebî (a.s) Efendimiz: ***"Biz dünyaya en son gelen ümmet olmakla birlikte, kıyâmet günü en önce haşredilecek ümmetiz."*** [9] buyurmuştur.

Yâni; en son gelen ümmet olmamıza rağmen, ilâhî huzurda fazilet ve hitabta öne geçmiş kimseleriz, demektir. Nitekim, Allahu Teâlâ:

"Ey iman edenler ! Sizi, size hayat verecek şeylere dâvet ettiği zaman Allah ve Rasûlüne icâbet edin." [10] buyurmuştur.

Cüneyd el-Bağdâdî (rah) demiştir ki: "Sûfîler, Allahu Teâlâ'nın dâvet ettiği şeyin kokusunu alınca, kendilerini O'ndan alıkoyan boş alakaları terketmeye yöneldiler. Kötülüklerden sakınmak için bütün gayretlerini sarfettiler. Bu sıkıntıların acısına katlandılar. Allah için muamelelerinde sâdık oldular; O'na karşı edebe çok dikkat ettiler. Bu halde sıkıntılar kendilerine hafif geldi. Aradıkları şeyin kıymetini hakkıyla bildiler. Himmet ve düşüncelerinin Allah'tan başkasına yönelmesine mâni oldular. Böylece, hiçbir şekilde fâni olmayacak, dâimi hayat sahibi Allahu Teâlâ ile ebedi hayat buldular."

Vâsıtî (rah.) şöyle demiştir: "Kalblerin hayatı; her türlü söz ve fiilî hastalıklardan kurtulmasıyladır."

Sûfîlerden birisi de şöyle demiştir: "Âyetin mânası: İç alemimizde Allah'a, zâhirinde de O'nun Rasûlüne icâbet ediniz. Çünkü, nefislerin (vücûdun) hayâtı; Rasûlullah (a.s)'a uymakla, kalblerin hayatı ise; kusurlarını fark ve hastalıklarını müşâhede edip, Allahu Teâlâ'dan hayâ etmekle hâsıl olur.

İbnu Atâ (rah) ise şöyle demiştir: "Bu âyet-i kerimede istenen icâbet dört türlü olur:

1-Tevhîd icâbetidir ki bu; Allah'ı birlemektir.

---

9) Buhârî, Cum'a, 12; Enbiyâ, 54; Müslim, Cum'a, 19-21.
10) Enfâl (8), 24.

2-Tahkik icâbetidir ki bu; O'nun hakikatını bilmektir.

3-Teslim icâbetidir ki, bu; O'na boyun eğip teslim olmaktır.

4-Yakınlık icâbetidir ki o; ilâhî huzura girmektir."

Emre icâbet, onu dinlemedeki uyanıklık ölçüsüne olur. Dinleme ise, anlayışa göre değişir. Anlayış ise, dinlenen kelâmın kıymetini bilme ölçüsüne göre değişir. Bir kelâmın gerçek değerini bilmek ise kelâmın sahibini bilmeye bağlıdır. Anlayışın bir sınırı yoktur. Çünkü ilâhî kelâmın mâna ve işâretleri sonsuzdur.

Nitekim Allahu Teâlâ, bu duruma işâreten şöyle buyurmuştur:

"Rasûlum de ki: "Rabbimin kelimelerini yazmak için denizler mürekkeb olsa, Rabbimin kelimeleri bitmeden denizler tükenirdi, şâyet o denizlerin bir mislini daha getirsek yine yetmezdi." [11]

Demek ki; Kur'an'ın herbir kelimesinde, denizlerin yazmaya yetmeyeceği nice mânalar, ilimler ve incelikler vardır. Aslında bütün kelamlar, Allahu Teâlâ'nın zâtına nisbetle tek kelime durumudadır ancak, ilm-i ezelînin genişliğini dikkate aldığımızda, herbir kelime pekçok kelimeler mesâbesindedir.

Şeyhimiz **Ebu'n-Necib es-Sühreverdî** (rah.), bize, **Hasan el-Basrî** yoluyla, Hz. Rasûlullah'ın (s.a.v) şöyle buyurduğunu nakletti:

"Kur'an'da nâzil olan her âyetin bir zâhiri ve bir de bâtını vardır, Herbir harfinin bir sınırı, herbir sınırının da bir matlaı' vardır." [12]

Hadisin râvisi, **Hasen el-Basrî**'ye: "Yâ Ebâ Saîd! Matla' nedir?" diye sorulduğunda, **Hasan el-Basrî**: "Bir kavmin onu anlayıp amel etmesidir." demiştir.

Ebu Ubeyd demiştir ki: "**Hasan el-Basrî**'nin bu sözünün, **Abdullah b. Mes'ud**'un (r.a) şu sözüyle aynı mânada olduğunu düşünüyorum. **İbnu Mes'ud** (r.a) demiştir ki:

"**Kur'an**'ın herbir harf ve âyetiyle amel eden bir topluluk olmuştur ve olacaktır."

Matla'; (fikir ve anlayışla ulaşılacak) bir noktadır ki, oraya ancak (ilim ve mârifet) ehli olan yükselebilir. Demek ki matla'; her kalbde, Allahu Teâlâ'nın

11) Kehf (18), 109.
12) İbnu Hıbban, Kitâbu'l-İlm, 75; Bkz: Mecmau'z-Zevâid, VII, 152.

verdiği nûr ve destekle oluşan ilâhî bir anlayıştır.

Kur'an'ın zâhir ve bâtınının ne mânaya geldiği konusunda farklı görüşler ileri sürülmüştür:

Bazıları; zâhir Kur'an'ın lafzı, bâtın ise onun te'vili (ince mânalara yorumlanmasıdır) demişlerdir. Ayrıca, Kur'an'ın zâhiri, Allahu Teâlâ'nın bir kavme gazabından ve onlara azabından haber verdiği kıssaların lafzî ifâdeleri, bâtını ise, ümmetten o kıssayı okuyanın öğüt ve ibret almasıdır." denilmiştir.

Yine: "Kur'an'ın zâhiri, iman edilmesi vâcib olan âyetlerdir. Bâtını ise, onlarla amel edilmesidir." denmiştir:

Bu konuda bir diğer açıklama da şudur: Kur'an'ın zâhiri, Allahu Teâlâ'nın: ***"Kur'an'ı ağır ağır, tâne tâne hakkını vererek oku."*** [13] âyetinde bildirdiği şekilde onu okumak, bâtını da, o âyetler üzerinde derinlemesine düşünmek ve tefekkür etmektir. Nitekim Allahu Teâlâ:

"Bu Kur'an, âyetlerini iyiden iyiye düşünsünler ve temiz akıl sahipleri ibret alsınlar diye sana indirdiğimiz mübârek (çok şerefli ve bereketli) bir kitaptır." [14] buyurmuştur.

Denilmiştir ki, Rasûlullah (a.s) Efendimizin: ***"Kur'an'ın her bir harfi için bir sınır (hudûd) vardır."*** sözünden anlaşılan; tilâvet esnasında **Hz. Osman**'ın çoğalttığı imam mushafın kâidelerine göre okumak ve onu tefsir ederken de, nakledilen ve işitilen doğru haberlerin dışına çıkmamaktır.

Tefsir ile te'vil arasında fark vardır. Tefsir; âyetlerin nüzûlü, nüzûl sebebleri, kıssaları gibi konuları bilmektir. Bu konularda ehli olmayan kimselerin söz söylemesi sakıncalıdır. Çünkü bu konuda nakil ve haberleri bilmek gerekir.

Te'vil ise, âyete, Kitab ve sünnete uygun mânalardan birisi ile mâna vermektir. Te'vil, daha önce zikrettiğimiz anlayış sâfiyeti, mârifet derecesi ve Allahu Teâlâ'ya yakınlık durumlarına göre farklılık arzeder.

Ebu'd-Derdâ (r.a) demiştir ki: "Kişi, Kur'an için birçok izah ve yorum şekilleri bilmedikçe, tam mânasıyla fakih olamaz."

---

13) Müzemmil (73), 4.
14) Sâd (38), 29.

İbnu Mesud'un (r.a) şu sözü ne kadar güzeldir. O demiştir ki:

"Kur'an-ı Kerim'deki herbir âyetle amel edecek bir topluluk mutlaka bulunacaktır."

Bu söz, gayret sahibi bütün ilim tâliblerini, ilâhî kelâmın ulaşacağı yer olan kalblerini tasfiye ederek, onun ince mânalarını anlamaya va sırlarına dalmaya teşvik etmektedir. Sûfîler, dünya mal ve muhabbetinden gönüllerini tamamen çektikleri ve kalblerini Allah'dan başka herşeyden temizledikleri için, her âyetin mânasına vâkıf olmuşlardır. Onlar Kur'an'ı Kerim'i her okuyuşlarında yeni bilgilere ve taze anlayışlara sahip olurlar. Her anlayış onları yeni bir amele, her amel yeni bir mârifete, her mârifet daha yüksek bir sır ve hikmete ulaştırır. Böylece, anlayıştan amele, amelden yeni bir mârifete intikal edip dururlar. Hemen şunu hatırlatalım ki; bu amel sadece kalbin amelidir: Kalblerin ameli, kalıbın (âzâların) ameline benzemez. Onlar, letâfet (incelik) ve doğruluk yönüyle ilimlere benzer. Çünkü kalbî ameller bir takım niyetler, duygular, rûhî alâkalar, ilâhî edebler ve gizli sohbetlerden ibârettir. Arifler bu amellerden birini yaptıkları zaman; ilimlerine yeni bir ilim ve anlayışlarına daha güzel bir anlayış eklenir.

Bence, yukarıdaki haberde geçen "her âyetin bir matlaı vardır." sözünün mânası; anlayışın sâfileşmesi sebebiyle, âyetlerdeki ince mânalara ve gizli sırlara vâkıf olmak değildir. Asıl matla'; her âyeti okurken, nûru ile konuştuğu Allahu Teâlâ'yı müşâhede etmek, sanki O'nunla karşı karşıya konuşuyor durumuna gelmektir. Çünkü âyetler, Cenab-ı Hakk'ın sıfat ve esmâsını yansıtan birer ayna durumundadır. O'na her nazarda, yeni bir tecelli ve ayrı bir sıfatın tezâhürü görülür.

Câ'fer es-Sâdık (rah.)'ın şöyle dediği rivâyet edilmiştir:

"Şüphesiz Allahu Teâlâ, kelâmı okunurken kullarına tecelli eder, fakat onlar bunu idrak edip göremezler."

Bu açıdan bakılınca; herbir âyetin bir tecellî yönü vardır, denebilir.

Had; kelâmın sınırları, ihâta ettiği mâna, matla' ise; sözde kalmayıp, sözün sahibi Cenab-ı Hakk'ı müşâhedeye yükselmektir.

Nakledildiğine göre, **Ca'fer es-Sâdık** (rah.) namaz kılarken kendisinden geçip bayıldı. Kendisine geldiğinde: "Niçin bayıldığı" sorulunca: "Âyet-i kerimeyi okurken, onu, sahibi Allahu Teâlâ'dan dinlemeye başladım." demiştir.

Aynen bunun gibi sufi, tevhid nûrunu müşâhede ettiğinde, ilâhî müjde ve tehditlere kulak verdiğinde, Allahu Teâlâ'dan başka her şeyden gönlünü çekip tamamıyla O'na yöneldiğinde, ilâhî huzura girmeye liyâkat kazanır ve Cenab-ı Hakk'ı müşâhede eder. Bu makamda sûfî, Allahu Teâlâ'nın, Hz. Mûsâ'ya ağaçtan: "Ben Allah'ım" sözüyle hitap ettiği gibi; duyduğu ve okuduğu her kelâmı, ister bizzat Allah'tan duysun, isterse bir vasıtayla olsun, hepsini O'ndan bilir, öyle görür. Duydukları Allah'tan, işitmesi Allah adına olunca, işitmesi görmesi, görmesi işitmesi, ilmi ameli, ameli de ilmi durumunda olur. Son hâli ilk durumuna, ilk durumu da son hâline döner. Bu son söylediğimizin mânası şudur:

Allahu Teâlâ, insanoğlunun ilk zerrelerine:*"Ben sizin Rabbiniz değil miyim?"*[15] diye hitabettiğinde, hepsi bu ilâhî hitâbı kesin ve açık bir şekilde işittiler. Sonra bu zerreler sulblerden intikal ederek annelerinin rahmine kadar geldiler. Allahu Teâlâ, bu hâle işareten şöyle buyurmuştur:

"Allah seni, namaza kalktığın vakit ve secde edenlerin içinde dolaşıp durmanı görendir."[16]

Âyette şu demek isteniyor: Ey peygamber, senin en küçük zerren, bütün özellikleriyle vucûdunuda ortaya çıkana kadar, peygamber dedelerinden secde ehlinin sulblerinde intikal ederek devretti. Bu, senin gayb âleminden şehâdet âleminde ortaya çıkmana kadar, ilâhî kudretin hikmetiyle gözlerden perdelenerek devam etti ve her devir ve devrede bu gizliliği arttı. Tâ vücûd-ı pâkin âlemde zuhûr edene kadar.

Allahu Teâlâ, bir kuluna hakkı duyurmak ve kendisini sâfileştirip sûfî yapmak istediğinde; onu bu hikmet âleminin dar çerçevesinden kurtarıp, kudret âleminin engin fezâsına ulaştırana kadar, manevî tezkiye ve terakki makamlarında devamlı yükseltir, gözünün önündeki hikmet perdelerini kaldırır. Böylece, Allahu Teâlâ'nın: **"Ben sizin Rabbiniz değil miyim?"** hitâbını açık ve net bir şekilde duyar. Tevhid ve irfânı apaçık bir hâle gelir. Mârifeti kesin delillere dayanır. Bu esnada yaratılış devrelerinde kendisine bulaşan zulmetler de ilâhî nûrların parlaması ile yokolup gider.

---

15) A'râf (7), 172.
16) Şuarâ (26), 219.

Sûfilerden birisi, bu hâle işâret olarak; "Ben, Allahu Teâlâ'nın, zerrelere; "Ben sizin Rabbiniz değil miyim?" hitâbını hatırlıyorum." demiştir.

Sûfîde bu hâl gerçekleşince, vakti sonsuz, müşâhedesi ebedî, ilâhî hitabları duyuşu devamlı ve hep yeni olur. O zaman Allah ve Rasûlünün sözlerini hakkıyla duyup anlar.

Süfyân b.Uyeyne demiştir: "İlmin ilk merhalesi güzelce dinlemektir. Peşinden anlamak, sonra ezberlemek, sonra öğrendiği ile amel etmek sonra da bildiklerini öğretmek gelir."

Büyüklerden birisi: "Güzel konuşmasını öğrendiğin gibi, güzel dinlemesini de öğren!" demiştir.

Denilmiştir ki: "Şu şeyler, dinlemenin edeblerinden ve iyi anlamanın gereklerindendir:

1-Konuşan sözünü bitirinceye kadar ona fırsat vermek.

2-Sağa sola iltifatı azaltmak ve dikkati dağıtmamak.

3-Konuşana yönelmek.

4-Konuşanın yüzüne bakmak.

5-Duyduklarını anlayıp hıfzetmek."

Nitekim Allahu Teâlâ, Hz. Peygamber'e (s.a.v) bu hususta şu edebleri emretmiştir:

"Ey Rasûlüm! Kur'an sana vahyedilirken, vahiy tamamlanmadan, unutmamak için acele etme!" [17]

"Ya Muhammed! Cebrâil sana Kur'an âyetlerini okurken, unutmamak için acele edip o bitirmeden tekrar etme (önce dinle!)" [18] İşte bunlar, Allahu Teâlâ'nın, Rasûlüne (s.a.v) güzel dinlemeyi öğretmesidir.

Yukarıdaki âyetin mânası hakkında şöyle denilmiştir:

"Rasûlüm! Sana okunan âyetlerin mânalarını iyice düşünerek, onun ince ve sırlı mânalarındaki hakikati ilk anlayan sen oluncaya kadar onları ashâbına yazdırma."

Nakledildiğine göre; Rasûlullah (a.s), Cibrîl (a.s) kendisine gelip Allah'ın

17) Tâhâ (20), 114.
18) Kıyâme (75), 16.

âyetlerini vahyettiği zaman, âyetlerin zihninden silinip gitmemesi ve hemen unutmamak için, melek âyetleri okurken o da tekrarlamaya çalışıyordu. Allahu Teâlâ kendisini bu halden nehyetti. Bunun anlamı: "Rasûlüm! Cibrîl âyetleri senin gönlüne iyice yerleştirip bitirmeden, sen onları okumakta acele etme!" demektir.

Çeşitli ilimleri ve Rasûlullah'ın (s.a.v) hadislerini incelemek ve mütâlaa etmek, onları sahibinden dinlemek gibidir. Çeşitli ilim ve haberleri, sâlihlerin hallerini ve hayat hikâyelerini, hikmetli sözleri ve kişiyi âhiret azabından kurtaracak misalleri inceleyip mütalââ eden kimseye, bütün bunların kendisine fayda vermesi için, dinleme edebine riâyet etmesi, zühd ve takvâ sahibi olarak onlardan en güzel şekilde yararlanması gerekir. Ancak böylece, okuduğu ve işittiği şeylerden en güzelini almış ve anlamış olur.

İnceleme ve öğrenmede dikkat edilecek edeblerden bazıları şunlardır:

İnsan, hadis veya başka bir ilim sahasında araştırmak istediği zaman, bu isteğinin nefsî arzusundan mı kaynaklandığını, yoksa; zikir, Kur'an tilâveti ve amele karşı sabrının azlığından mı ileri geldiğini bilmelidir. Çünkü kişi, insanlarla oturup fuzulî konuşmalardan zevk aldığı gibi, ilmî ve dinî çalışmalardan da nefsi adına zevk alır. Bu yüzden akıllı kimse bu konuda nefsinin durumunu iyice kontrol etmelidir. Kitab incelemeyi, ifrata varacak ve aşırı olacak şekilde tatlandırmamalı, bir kitabı incelemeye veya ilmî bir çalışmaya gireceği zaman acele etmeyerek, önce, niyetini sahih ve sağlam yapıp, yüzünü ve gönlünü Allah rızâsına dönderdikten sonra o işe girmelidir. Böyle bir çalışmaya giren kimse, Allah'ın kendisine yardım etmesini ve desteklemesini dilemelidir. Bu niyet ve edeble girilen ilmî bir çalışma sebebiyle insan, hâlini güzelleştirecek, manevi derecesini yükseltecek bir neticeyi elde edebilir. Eğer bunun için istihâre yaparsa daha iyi olur. Allahu Teâlâ, bu kimseye ikram edeceği ilâhî ihsân ve manevi ilimlerle birlikte, güzel anlama ve anlatma yolunu da açar.

İlmin bir zâhirî bir de bâtını vardır ki; bu, onun hakikatını anlamaktır. Allahu Teâlâ, bu tür derin anlayışın faziletine şu âyet-i kerime ile işâret etmiştir:

"Biz o meselenin hükmünü Süleyman'a bildirdik. (Halbuki) her birine (Dâvud ve oğlu Süleyman'a) bir hüküm ve ilim vermiştik." [19]

Âyet-i kerimede, derin anlayışın ilim ve hükümden ayrı bir husûsiyete sâhip olduğuna işâret edilmiştir. Diğer bir âyette de şöyle buyurulmuştur:

"Allah dilediğine hakkı işittirir." [20]

Kuluna hakkı ve hayrı duyuran olan Allahu Teâlâ olursa; O, bunu bazen lisan vâsıtasıyla, bazen de hakkı açıklayan bir kitabın mütelâası sebebiyle ona nasib eder. Böylece Allahu Teâlâ'nın, kitabları inceleme yoluyla kuluna açtıkları, güzel dinlemenin bereketiyle nasib ettiği ilim gibi olur.

İnsan bu konudaki hâl ve niyetini iyice araştırmalı, bu işin ilmini ve edebini öğrenmelidir. Çünkü o, hayır kapılarından büyük bir kapıdır. Aynı zamanda bu, rahmet kapılarının açılmasına ve âhirette fayda verecek şeylerin artmasına vesile olacak bir durumdur. Ayrıca bu anlattıklarımız, meşâyıh-ı kirâmın, sûfîlerin ve zühd ehli gerçek âlimlerin sâlih amellerinden bir ameldir.

****

19) Enbiyâ (21), 79.
20) Fâtır (35), 22.

ÜÇÜNCÜ BÖLÜM

TASAVVUF İLİMİNİN FAZİLETİ

Bize, Şeyhimiz Şeyhülislâm **Ebu'n-Necib es-Sühreverdî** (rah.), **el-Ahves b. Hakim**'in babasından naklen, onun şöyle söylediğini haber verdi. Bir adam Hz. Rasûlullah'a (s.a.v) şerrin ne olduğunu sordu, **Rasûlullah** (s.a.v): ***"Bana şerden sormayınız, hayırlı şeyleri sorunuz!" dedi ve bunu üç kere tekrarladı. Sonra: "Şerlerin en kötüsü: âlimlerin kötü olmasıdır, hayırların en iyisi de âlimlerin hayırlı olmasıdır."***[1] buyurdu.

Bunun böyle olmasının sebebi şudur: Ülemâ, ümmetin yol göstericisi, dinin direği, cehâlet karanlığının aydınlatıcısı, **İslâm** cemiyetinin seçilmiş temsilcileri, Kitab ve sünnetin hüküm kaynağı, Allahu Teâlâ'nın yeryüzündeki emini, kulların mânevî hastalıklarının doktoru, tevhid dininin mütehassısları, büyük emânetin taşayıcıları olan zevât-ı kiramdır. Bu halleriyle onlar, insanlar içinde gerçek takvâya en lâyık olanlar ve dünyaya karşı kulların en zâhidi olma durumunda olan kimselerdir. Çünkü onlar bu güzel hâl ve sıfatlara, hem kendileri hem de diğer insanların istifâdesi adına muhtaçdırlar. Onların bozulması âlemin bozulması, onların salâhı da âlemin rahatça ıslâh olması demektir.

Süfyân b. Uyeyne demiştir ki: "İnsanların en câhili; bildiği ile amel etmeyenlerdir. Onların en âlimi; bildikleriyle amel eden, en faziletlileri ise; Allah'tan en çok korkan kimsedir."

Bu söz gerçekten doğru bir sözdür: Çünkü o, ilmi ile amel etmeyen kimsenin gerçekten âlim olmadığını ortaya koymaktadır. Böyle kimselerin çatır çatır edebiyat yapması, düzgün ve güzel konuşması, mücâdele ve münâza-

1) Dârimî, Mukaddime, 34; Tebrîzî, Mişkâtu'l-Mesâbîh, 267; Zebîdî, İthâfu's-Sâde, I, 369.

rada kuvvetli olması sakın seni aldatmasın! Böyleleri gerçekten âlim değil, câhildir. Ancak, Allahu Teâlâ'nın, bu kulunu affedip güzel bir hâle getirmesi müstesnâdır. Çünkü İslâm yolundaki ilim, sâhibini zâyi etmez. Bu ilme sâhip olan âlimin, ilminin bereketiyle amele ve güzel bir hâle dönmesi umulur.

İlim, farz ve fazilet olarak iki kısma ayrılır. Farz olan ilim; insanın dînî vazifelerini hakkıyla yerine getirmesi için bilmesi gereken ilimdir. Fazilet olan ilim ise; ihtiyacının dışında, Kitab ve sünnete uygun olarak elde ettiği ilimdir.

Kitab ve sünnete uygun olmayan, onlardan istifâde ile elde edilmeyen, onların anlaşılmasına yardım etmeyen yahut onlara dayanmayan (yani onlardan tasvip almayan) bütün ilimler, ne çeşit ve ne kadar olursa olsun, fazilet değil rezâlettir. Bu gibi ilimlerle insan ancak dünyada boş zevklerini, âhirette de perişanlığını artırır.

Farz olan ilimde insanın câhil kalmasına müsâade yoktur. Şeyhimiz Şeyhulislâm **Ebu'n-Necib es-Sühreverdî**'nin, **Enes b. Mâlik**'den (r. a) naklederek bize bildirdiğine göre, Rasûlullah (a.s) şöyle buyurmuştur:

"İlim Çin gibi, bulunduğunuz yere uzakta da olsa onu arayıp bulunuz. Şüphesiz, ilim taleb (ve tahsil) etmek erkek- kadın her müslümana farzdır." [2]

Farz olan ilmin ne olduğu konusunda, âlimler farklı görüşler ileri sürmüşlerdir.

Bazıları: "Her mükellefe farz olan ilim ihlas ilmidir. Sonra nefsin âfetlerini ve amelleri bozan şeyleri bilmek gelir." demişlerdir. Çünkü insan hayır yapmakla emrolunduğu gibi, yaptığı amelde ihlâs sâhibi olmakla da emrolunmuştur. Nitekim Allahu Teâlâ:

"Halbuki onlar ancak, Allah'a dinde ihlâs sâhibi olarak ibâdet etmekle emrolundular." [3] buyurmaktadır.

Görüldüğü gibi ihlâs, emredilmiştir. Nefsin hile ve desîseleri, aldatma ve şehvetleri, farz olan ihlasın temelini mahveder. Bunun için ihlâs farz olduğu

---

2) Beyhakî, Şuabu'l-İmân, II, 254. (Had. No: 1663); İbnu Mâce, Mukaddime, 17.
3) Beyyine (98), 5.

gibi onu ortadan kaldıran ve zedeleyen şeyleri bilmek de farz olmaktadır.

Temel bir kâidedir ki, kulun, kendisiyle farzı yerine getirdiği şeyler de farzdır.

Bazıları da demişlerdir ki: Kalbe gelen düşünce çeşitlerini ve kısımlarını bilmek farzdır. Çünkü düşünce, fiil ve davranışların ilk tezâhür yeri ve kaynağıdır. İnsan ancak onları bilmekle, kalbe gelen meleğin ilhâmı ile şeytanın vesvesesini ayırtedebilir. Hem bir fiil, ancak, kalbdeki niyetin sahih olmasıyla makbul olur. Kulun yaptıklarının sahih olması için bu tür ilimleri bilmesi farzdır.

Bazıları ise; farz olan ilim; vaktin ilmini bilmekdir, demişlerdir. **Sehl b. Abdullah** (rah) bu konuda: "Farz olan ilim; kişinin ilm-i hâlini bilmesidir." demiştir. Yani dünya ve âhiretinde Allahu Teâlâ ile arasında cerayân eden hâl ve amellerin hükmünü öğrenmesidir.

Denilmiştir ki: " Farz olan ilim, bâtın ilmidir."

Bâtın ilmi; kulun yakînini artıran ilimdir. Bu ilim ancak, Allahu Teâlâ'nın seçip (mânevî) ordusuna aldığı, zâtını (rızâsını) arayanları kendilerine sevkettiği, usûl ve âdablarıyla kuvvetlendirerek insanları irşâd ettiği, mukarrabûn makâmına çıkmış (ilâhî huzurda kabul görmüş), dünyadan gönlünü çekmiş, yakîn derecesine ulaşmış sâlih âlimlerin (ârif-i billah velilerin) sohbet ve meclislerinde bulunmakla elde edilir. Onlar, Hz. Peygamber'in (s.a.v) ilminin vârisleridir. Yakin ilmini ancak onlar öğretirler.

Bazıları demiştir ki: "Farz olan ilim; alış-veriş, satın alma, nikah-boşama gibi muâmelelerin ilmidir. Bu tür işlerden birisini yapacağı zaman kişinin onların ilmini bilmesi farz olur."

Bazıları ise: "Kişinin yapmak istediği bir işte, ilâhî hükümden habersiz olması hâlinde, bu işi kendi görüşüne göre yapması câiz olmadığı için; kârına ve zararına olan şeyleri bilmediği zaman, meseleyi bir âlime sorması ve câhili olduğu şeyi öğrenmesi kendisine farzdır." demişlerdir.

Bazılarına göre, tevhîd ilmini öğrenmek farzdır.

Bazıları: "Tevhid ilmini elde etmek, nazar ve istidlâle dayalıdır" derken, bazıları da: "Bunun yolu nakildir, Kitab ve sünnetten öğrenilir." demiştir.

Bazıları ise şöyle demişlerdir: "Kulun iç âlemi şüphelerden arınmış, İslâm'ın emirlerine teslimiyeti ve bağlılığı güzel, kalbinde de kendisini kötülüğe sevk ve tahrik edecek bir duygu bulunmadığı zaman, gerçek tevhide ve selâmete ulaşmıştır. Eğer kalbini rahatsız eden bir takım düşünceler sarmış, yahut akidesini zedeleyecek bir vesvese ârız olmuş, veyahut da kendisini sonuçta dalâlet veya bid'ata sürükleyecek bir şüpheye mâruz kalmış ise; içine düştüğü karışıklıktan kurtulmaya çalışması ve kendisine doğru yolu gösterecek bir ilim ehline müracaat etmesi vâcib olur."

Şeyh **Ebû Tâlib el-Mekkî** (rah.) demiştir ki: "Öğrenilmesi farz olan ilim; **İslâm**'ın üzerine binâ edildiği beş şeyin (şehâdet, namaz, oruç, zekat ve haccın) bilinmesidir. Çünkü bunlar her müslümana farz kılınmıştır."

Yapılması farz olan şeyleri, amel edecek kadar bilmek de farzdır. Nitekim bu beş ana farzın ilki, kelime- i şehâdet olduğu için tevhid ilmi de bu farz ilimlerin arasına gireceği söylenmiştir. Çünkü tevhid, **İslâm**'ın zarûrî amellerinden birisidir. İhlas ilmi de **İslâm**'ın sıhhatiyle alâkalıdır ve farz olan ilme dâhildir.

Hem, Allah Rasûlü (s.a.v), ilmin her müslümana farz olduğunu haber vermiştir. Bu durumda hiçbir müslümanın onda câhil kalmasına müsâade yoktur.

Şunu da belirtelim ki; yukarıda farz olarak zikredilen ilimlerin çoğunu her müslümanın bilmemesi normaldir. Çünkü herkes, kalbe gelen bütün düşüncelerin ilmini, hâlle ilgili durumları, bütün helal-haram noktalarını, âhiret âlimlerinden öğrenilebilecek yakin ilmini bilemez. Bunun böyle olduğunu sen de görüyorsun. Müslümanların çoğ bu şeyleri bilmemektedir. Eğer yukarıda, değişik zatlardan naklettiğimiz bütün şeyler farz olmuş olsaydı; -Allahu Teâlâ'nın diledikleri müstesnâ- insanların çoğu onları bilmekten âciz kalırdı, zâten âciz de kalmışlardır.

Buraya kadar nakledilen görüşler içinde ben, daha çok, Şeyh Ebû Tâlib'in görüşüne meylediyorum. Bir de, alış-veriş, nikah-talak gibi işlerle uğraşanların, bu işe başlayacakları zaman onlarla ilgili ilimleri bilmesi farzdır, diyenlere katılıyorum. Yemin ederim ki; bu işlerin ilmini bilmek, (onlarla amel edecek olan) her müslümana farzdır.

Bana göre, Şeyh **Ebû Tâlib**'in bu konudaki ta'rifi, farz olan ilmi toplu olarak ihtivâ (ve özet olarak ifâde) etmektedir.

Ayrıca ben derim ki; bütün müslümanların öğrenmesi farz olan ilim, ilâhî emir ve yasakları bildiren ilimdir.

Emredilen şeyler; yapılmasında sevâb, terkedilmesinde azap olan amellerdir. Neyhedilenler ise; yapılmasında azap, terkedilmesinde sevâp bulunan şeylerdir.

Emir ve nehiyler, **İslâm**'ın hükmüne göre, kulun devamlı riâyete mecbûr olduğu hususlardır. Emirlerden bazıları (iman ve namaz gibi), devamlılık arzederken, bazılarının vukûsu ânında amel etme durumunda bilinmesi ve yapılması gerekmektedir. Devamlı yürürlükte olan emir ve nehiyler zaruret-i diniyyeden oldukları için, onların herkes tarafından bilinmesi gerekmekte, yeni karşılaşılan ve bir müslümanın arada bir yapacağı amellerde ise, o amellerle karşı karşıya kaldığı zaman gereken ilmin bilinmesi ve cehâletin yok edilmesi icâbetmektedir. Bir müslümanın bu durumda, önündeki meselede câhil kalması düşünülemez. Verdiğimiz bu ta'rif, yukarıdakilerden daha geniş ve daha umûmîdir. En iyisini Allahu Teâlâ bilir.

Sonra bil ki; meşâyıh-ı kirâm ve zühd sâhibi (gönlünü dünyadan çekmiş) âhiret âlimleri, farz olan ilimleri öğrenmek için bütün gayretlerini sarfetmişler ve onu hakkıyla öğrenerek emir ve nehiyleri tam mânasıyla yerine getirip, Allah'ın lutuf ve yardımıyla bu mesuliyetten kurtulmuşlardır. Onlar, Allahu Teâlâ'nın:

"Habibim! Sen, emrolunduğun şekilde, beraberinde tevbe edenlerle, dosdoğru haraket et, istikâmet üzere ol. (Sana tâbi olanlar da istikâmet üzere davransınlar.)" [4] âyetinde, Rasûlüne emrettiği istikâmet hâlinde O'na tâbi olarak, istikâmet üzere haraket ettikleri zaman; Allahu Teâlâ, kendilerine yukarıda zikredilen mânevî ilim kapılarını açmıştır.

Ehlullahdan birisi demiştir ki: "Sağlam müşâhedelerle, apaçık nûrlarla, âyet ve hadislere dayanan ilâhî nimetlerle desteklenerek istikâmet üzere sâbit kılınanlardan başka, bu ilâhî hitapta sözü edilen şekilde istikâmet üzere olmaya kimin gücü yeter? Allahu Teâlâ, kuluna verdiği bu desteğe; Kur'an'da:

---

4) Hûd (11), 112.

"Rasûlüm! Eğer biz sana sebât vermemiş olsaydık, sen az kalsın onlara meyledecektin."[5] âyetiyle işâret buyurmuştur. Sonra, şunu da unutmamalıyız ki; bu makâmda ilâhî himâyede tutulan Allah Rasûlü (a.s), müşâhede makâmında ve ilâhî hitâba mazhar olduğunda yine lutf-i ilâhî ile korunmuş, böylece kurbiyyet makâmı ve ünsiyet nimeti ile şereflendirilmiştir. Bütün bunlara mazhar olan Rasûlullah'a (s.a.v) daha sonra:

"Artık, emrolunduğun şekilde dosdoğru haraket et!" emri verilmiştir. Eğer bu hâl ve makâmlardan geçmeseydi, emrolunduğu istikâmete güç yetiremezdi.

Ebû Hafs'a: "Amellerin en faziletlisi hangisidir?" diye sorulduğunda cevabı şu olmuştur : "İstikâmettir, çünkü Rasûlullah (s.a.v): ***"Tam olarak güç yetiremiyeceksiniz ama, siz istikâmet üzere olunuz."***[6] buyurdu."

Ca'fer es-Sâdık: **"Emrolunduğun gibi istikâmet üzere ol!"** âyeti hakkında: "Bunun mânası; azmini sağlam tutarak Allah'a acziyetini itiraf et, demektir." demiştir.

Sâlihlerden birisi, Rasûlullah'ı (a.s) rüyasında görmüş ve O'na: "Ya Rasûlellah! Sizin: "Beni Hûd sûresi ve benzerleri ihtiyarlattı." sözünüzü naklediyorlar, bu doğru mudur?" diye sorunca, Rasûlullah (s.a.v):

"Evet." buyurmuş, bunun üzerine : "Bu sûrede ne var ki sizi ihtiyarlattı? Geçmiş peygamberlerin kıssaları mı, yoksa ümmetlerinin helâki mi?" diye sorunca : Efendimiz (s.a.v) : "Hayır, bunlar değil! Beni, Allahu Teâlâ'nın: ***"Emrolunduğun gibi dosdoğru ol!"***[7] emri ihtiyarlattı." buyurmuştur.

Rasûlullah (s.a.v) Efendimiz, bir çok müşâhede makâmlarını geçip bu şekilde kendisinden hakkıyla istikâmet üzere olması istendiği gibi; aynı şekilde, zühd sâhibi âhiret âlimlerine ve kurbiyyet ehli meşâyıh-ı kirama da Allahu Teâlâ, bu müşâhedelerden bir nasib ve pay ihsan edip sonra onlara istikâmetin gereğini yerine getirmelerini istemiştir. Onlara istikamet anlayışını vermiştir.

---

5) İsrâ (17), 74.
6) Heysemî, Mecmau'z-Zevâid, II, 250.
7) Hûd (11), 112.

Böylece onlar, istikâmet üzere olmayı en faziletli bir amel ve en şerefli bir emir bilmişlerdir.

Ebû Ali el-Cüzcânî demiştir ki: ***"Sen istikâmet iste, kerâmet peşine düşme! Nefsin kerâmet peşinde koşar durur; halbuki Allah senden istikâmet istemektedir."***

Bu söz, bu konudaki bir temel esası ifâde etmektedir. Fakat sulûk ehlinin ve hak tâliblerinin çoğu bu incelikten habersizdir.

Bu şundan kaynaklanmaktadır: Hakk yoluna sulûk ve bu uğurda gayret eden sâlikler; daha önce yaşamış sâlihlerin hayat şeklini ve onlara ihsan edilen kerâmet türü şeyleri işittiklerinde, nefisleri, onlardan bazılarını elde etmek ve kendisine de bu şeylerin verilmesini ister durur. Hatta bu arzu içinde olanlardan bazıları, kendisine kerâmet olarak herhangi bir şey verilmediğinde, amelinin sıhhatinin bozuk olduğu düşüncesiyle kendini kınar ve kalbi mahzun olur. Halbuki, istikâmet sahibi bir kimse, kendisine kerâmet türü şeylerin verilmemesinin hikmetini bilseydi, bunu anlamak kolay olurdu.

Şu da bilinsin ki; Allahu Teâlâ, bazen, gayret ve sadâkat ehli bazı kullarına kerâmetten bir kapı açar ve ikramlarda bulunur. Bunun hikmeti; böyle kimselerin bazı hârikulâde şeyleri ve ilâhî kudretin tecellilerini görerek yakinlerini artırmaları, hevâ ve heves peşinde koşmaktan kurtulmaları, dünyaya karşı zühd sâhibi olup irâde ve azimlerini kuvvetlendirmeleridir.

Allahu Teâlâ'nın bazı kullarına da, sırf yakîninin güzel olması sebebiyle bu tür şeyler açılır ve kalbinden hicab perdesi kaldırılır. Temiz yakini sebebiyle, kendisine hakikat perdesi açılan kimsenin, bu tür harikulâde şeyleri görmeye ihtiyâcı yoktur. Çünkü keşif ve kerâmetlerden gâye; yakînin hâsıl olmasıdır. O da zâten bunda mevcuttur. Şayet bu kimseye, hâlis yakini sebebiyle bir takım keşif ve kerâmetler açılsa, onun yakini olduğundan daha fazla olmaz. Bu durumda olan bir kimsenin böyle şeylere ihtiyacı olmadığı için, kendisine hârikulâde şeylerin keşfolmasının bir hikmeti yoktur. Buna muhtaç olan kimseye bu tür şeylerin gösterilmesi bir hikmet gereği (ve onun menfaatı icâbıdır). Ancak, hârikulâde şeylere ihtiyacı olmayan yakin ehli, kerâmet türü hâdiselere muhtaç olandan kâbiliyet ve ehliyet yönünden daha ileri, daha makbûldur.

Çünkü o, bu mertebeye, ilâhî kudretin herhangi bir tecelli ve cilvesini görmeden, arada bir vâsıta olmaksızın, sırf temiz yakinî ile ulaşmıştır. Hem kerâmette, kendini görme ve beğenme gibi bir âfet vardır. Böyle yakin sahibi kimsenin ise, kerâmet türü bir şeye ihtiyacı kalmamıştır.

Şu halde, tutulacak yolun en doğrusu, nefsi istikâmete çağırmaktır. İşte bütün kerâmet ve asıl mahâret budur. Sonra; istikâmet sâhibi bir kimsede kerâmet cinsi bir şey zuhûr etse, bu câiz ve güzeldir. Şâyet herhangi bir şey vâki olmasa, bunun hiçbir önemi yoktur. Bu onun hâline bir noksanlık da getirmez. Asıl noksanlık, tam istikâmetin hakkını koruyamamak ve onu zedelemektedir. Bu böylece bilinmelidir. Çünkü o, Hakk tâlibleri için en önemli bir esastır.

Zühd sâhibi âlimler, sûfî meşâyıhı ve kurbiyyet ehli büyükler istikâmetin hakkını yerine getirdiklerinde, yukarıda zikrettiğimiz, öncekilerin işâret ettiği ilimlerle rızıklanınca; onların farz olduğu kanaatine varmışlardır.

Meselâ; "**hâl**" ilmi, "**kıyâm**" ve "**havâtır**" ilmi bunlardandır. Havâtır ilmini ve kısımlarını inşaallah ilgili yerinde açıklayacağız.

Yakin ilmi, ihlâs ilmi ve nefs ilmiyle nefsin hâl ve huylarını tanımak onların tâlib oldukları ilme dâhildir. Nefsi ve onun hallerini tanıma, bu tâifenin en şerefli ilimlerindendir. Sûfîler ve kurbiyyet ehline göre, insanların en şereflisi ve hak yolunda sâbit olanı; nefsini en iyi tanıyan ve ona sâhip olanlardır.

Dünyanın çeşitli hallerini, hevâ ve hevesin karıştığı noktaları, nefsin gizli şehvetlerini, şiddetli arzu ve aşırılıklarını tanıma da, sûfilerin üzerinde durduğu ilimlerdendir.

Sûfîler, nefsin söz, davranış, giyinme, yeme, içme ve uyuma gibi zarûrî isteklerine karşı, zarûret sınırında durmayı iyi tesbit ettikleri gibi, tevbenin hakikatini de en iyi bilenlerdir.

Gizli günahları bilmek, hayır ehli için makbul olduğu halde mukarrebûn için günah sayılan şeyleri tanımak, mâlâyaniyi terkederek nefsin çeşitli isteklerinden kurtulmak, insanın hatırına gelen günah duygularından kaçınıp, zihni meşgul eden faydasız düşüncelerden uzaklaşmak, sûfilerin en mâhir ve mütehassıs olduğu konulardır.

Muhâsebe ve murâkabe ilmiyle bunları zedeleyen şeyleri, tevekkülün hakikatini, tevekkül sâhiplerinin içine düştükleri hataları, tevekkülü zedeleyen ve zedelemeyen şeyleri, imanın gereği olarak kulda bulunması gereken tevekkülle, irfan ehline hâs tevekkül arasındaki farkı, rızâ ilmini ve rızâ makâmında düşülecek günahları, zühdü ve zühdün zarûri olanını, zühde zarar vermeyen şeyleri, zühdün hakikatini, zühde karşı da zühd sâhibi olmayı ve bundan öte bir üçüncü zühde ulaşmayı, inâbe ve icâbet ilmini, duâ edilecek ve edilmeyecek vakitleri, muhabbet ilmini, "ilâhî emirlere uymak" şeklinde tanımlanan avamın muhabbeti ile sırf Allah için olan havassın muhabbeti arasındaki farkı en iyi bilen yine sûfîlerdir.

Dünya âlimlerinden bazıları, âhiret âlimlerinin: "Sırf Allah'ın zâtı için muhabbet edilir." görüşünü kabul etmemişlerdir. Onlar: "Allah'ın bizzat zâtına muhabbet olmaz." demişler, âhiret âlimlerinin, Allah'dan râzı olma görüşlerini de: "Rızâdan maksat; hüküm ve emirlerine sabırdır." diyerek kabul etmemişlerdir.

Sûfîler, bunların yanında, özel muhabbetin, muhabbet-i zattan muhabbet-i sıfata kadar değişen kısımlarını, kalbî muhabbetle rûhî muhabbet, aklî muhabbetle nefsî muhabbet arasındaki farkları, makâm-ı muhip ile makâm-ı mahbûb, mürid ile murâd arasındaki fark ve ayrıcalıkları da çok iyi bilirler.

Sonra onlar, **heybet, üns, kabz, bast** gibi **müşâhede ilimlerini**, kabz ile bast, hemm ile neşat (sevinç) arasındaki farkı da bilirler.

Onlar,"**fenâ**" ve "**bekâ**" ilimlerini iyi bildikleri gibi; fenânın çeşitli dereceleri arasındaki farkı, **tecelli, cem', fark, levâmi', tavâli, bevâdi', sahv, sekr** ve bunların dışındaki hâl ve durumları da yakinen bilirler[8] ve ehline öğretirler. Eğer vakit geniş olsaydı; biz onları uzun uzun anlatır, cildleri bulan kitaplarda açıklardık. Fakat ömür kısa, vakit kıymetli. Şunu da belirtelim ki; şâyet üzerimize gaflet ârız olmasa idi, bu kadarını yazmaya da vakit bulamazdık.

Bu kitabımızda kısaca arzettiklerimiz, ehl-i tasavvufun sâhip olduğu ilimler

8) Elinizdeki eserin 61. ve 62. bölümleri, burada bir kısmı zikredilen tasavvufî hâl ve ıstılahların ta'rifine ayrılmıştır. O bölümlere bakınız. (Müt.)

hakkında yeteri kadar mâ'lûmât vermektedir. Kerim olan Allah'dan bizi bu ilimlerle menfaatlendirmesini, onları aleyhimize değil, lehimize bir delil kılmasını niyâz ederiz.

Bütün bunların ötesinde zühd sâhibi âhiret âlimlerinin, ilimlerinin gereğince amel edip yüksek pâyelere ulaşarak elde ettikleri daha bir çok ilimler vardır. Dünyaya rağbet eden zâhir âlimleri bunlardan mahrumdur. Bütün bu ilimler, zevk ile anlaşılan ilimler olduğundan; onlara ancak, zevk ile tatmak ve vicdânî olarak yaşamak sûretiyle ulaşılır, dışarıdan bakmakla değil. Bunlar bal ve şeker gibidir; anlatmakla tadına varılmaz; onları ancak tadan bilir!

Şu anlatacağım, sana, sûfîlerin ilimlerinin şeref ve kıymetini bildirmeye yeter.

Bil ki; sûfîlerin ilimleri dışındaki bütün ilimlerin tahsili esnasında kalbde dünya muhabbetinin bulunması ve takvânın hakikatlarından uzak kalınması tahsile mânî olmaz. Hatta bazen, dünya muhabbeti onları elde etmeye yardımcı bile olur. Çünkü ilimle uğraşmak çok zordur. Ancak kişi, istediği makâm ve mevkie ilimle ulaşacağını anladığı zaman; bütün güçlüklere katlanır, gece uykusunu terkeder, vatanından ayrılmaya, uzun süre yolculuk yapmaya ve bu uğurda meşakkatlere katlanmaya sabreder, bir çok arzu ve isteklerini bir kenara kor.

Bu büyük velilerin ilmi ise; dünya muhabbetiyle hâsıl olmaz. Hevâ ve hevesten kaçmadıkça, boş lezzetleri bir kenara koymadıkça bu ilimlerin hakikatine ulaşılamaz. Onlar ancak takvâ mektebinde okunur. Nitekim Allahu Teâlâ: ***"Allah'tan korkun; o size (bilmediklerinizi) öğretir."*** [9] buyurmuştur. Bununla, hakiki ilmin takvânın mirâsı olduğu anlatılmaktadır. Sûfîlerin sâhib olduğu ilimlerin dışındaki ilimler kolayca öğrenilebilir. Bu anlattıklarımızla, âhiret âlimlerinin fazileti bilinmiş oldu. Çünkü bu ilimlerin perdesi ancak temiz akıl sâhibleri için açılır: Gerçek akıl sâhipleri de; zühd sâhibi (gönlünü dünya muhabbetinden çekmiş) âhiret âlimleridir.

Bazı fakihler demişlerdir ki: "Bir adam, malının, insanların en akıllısına

9) Bakara (2), 282.

verilmesini vasiyyet etse; o mal, zâhidlere (kalbini dünyadan çekip Allah'a bağlayanlara) verilir. Çünkü halkın en akıllısı onlardır."

Sehl b. Abdullah et-Tüsterî demiştir ki: "Aklın bin ismi vardır. Bu bin ismin herbirinin de bin ismi vardır. Bütün isimlerinin ilki; "dünyâyı terk"dir.

Abdullah el-Havvâs şöyle anlatmıştır:

Ebû Abdurrahman Hâtem el-Esamm, yanında, hacca gitmek isteyen 320 kişi ile birlikte **Rey** şehrine geldiğinde ben de onlarla beraberdim. Hepsinin üzerinde bir yün elbise ve birer cübbe vardı. Yanlarında azık torbası ve yiyecek olarak hiçbir şey yoktu. Şehre girdiğimizde geceyi tüccârdan, zühd ve takvâ sâhibi, derviş ve sûfîleri seven bir zâtın evinde misâfir olarak geçirdik. Sabah olunca, tüccâr:

"Ya **Ebâ Abdurrahman**! Bir ihtiyacın var mı? Ben hasta olan bir âlimi ziyârete gideceğim." diyerek izin istedi. **Hâtem**:

"Mâdem ziyâret etmek istediğin hasta bir âlim var, onu ziyâret etmek fazilet, yüzüne bakmak ibâdettir. Ben de seninle gelmek isterim." dedi. Hasta olan zat, **Rey** kadısı **Muhammed b. Mukâtil** idi. Tüccâr:

"Buyurun, berâber gidelim!" deyince, kalkıp gittiler. Evin önüne geliklerinde, bir de baktılar ki; yüksekce, güzel kapılı, mükemmel bir konak! Bunu gören **Hâtem** düşünceye daldı, kendi kendine: "Âlimin kapısı böyle hâ !" diye söylendi. Sonra kendilerine izin verildi ve içeri girdiler.

Karşılarına genişçe, tam teşkilatlı, tavanı yüksekçe, gösterişli örtü ve perdelerle süslü, etrafta muhâfızlar ve koruma kuvvetleri bulunan bir salon çıktı. **Hâtem** bu manzara karşısında daha da şaşırıp kaldı ve derin bir düşünceye daldı. Biraz sonra hastanın ve ziyâretçilerin bulunduğu odaya girdiler. Hasta âlim, geniş ve gösterişli, yumuşak bir yatak üzerinde uzanmış yatıyordu. Başucunda da, elinde yelpâze bulunan bir köle vardı. Tüccâr oturup hal hatır sormaya başladı. **Hâtem** ayakta duruyordu. Kadı **İbnu Mukâtil** ona, oturmasını işâret etti. O da:

"Hayır, oturmayacağım!" dedi. **İbnu Mukâtil**:

"Herhalde bir ihtiyacın var." dedi. **Hâtem**:

"Evet!" dedi. **İbnu Mukâtil**:

"Nedir bakalım?" deyince, **Hâtem**:

"Size soracağım bir meselem var!" dedi. O:

"Sor bakalım." deyince, **Hâtem**:

"Kalk, düzgünce otur ki sorayım!" dedi. **İbnu Mukâtil**, hizmetçilerine emretti, doğrultup arkasına yaslandırdılar. **Hâtem**:

"Bu ilim sana nereden geldi ?" diye sordu. O:

"Sağlam ve güvenilir kimselerden." dedi. **Hâtem**:

"Onlar kimden aldılar ?" dedi. **İbnu Mukâtil**:

"**Rasûlullah** (s.a.v) Efendimizinin ashabından." dedi. **Hâtem**:

"Efendimizin ashabı kimden aldı ?" diye sordu. **İbnu Mukâtil**:

"**Rasûlullah** aleyhisselâm'dan aldılar." dedi. **Hâtem**:

"**Rasûlullah** (a.s) Efendimize nereden geldi?" diye sordu. **İbnu Mukâtil:**

"**Cebrâil** aleyhisselâm'dan." deyince, **Hâtem el-Asamm**:

"Peki sen, Cebrâl'in Allahu Teâlâ'dan alarak Rasûlullah'a (a.s) verdiği, O'ndan ashabına, ashabdan da büyük âlimlere ve onlardan da sana gelen ilimde:

"Kim evinde krallar gibi yaşar, süsü ve debdebesi fazla olursa, onun Allah katındaki derecesi daha yüksek olur!" diye bir şey işittin mi?" diye sordu, **İbnu Mukâtil**:

"Hayır işitmedim." dedi. **Hâtem el-Asamm**:

"Öyleyse nasıl işittin?" deyince, **Kâdı**:

"Bana ulaşan ilimde: ***"Kim dünyaya gönlünü kaptırmaz, âhirete rağbet eder, miskin (fakir)leri sever ve âhiret için hayır ameller takdim ederse; kendisine Allah katında en yüksek makam verilir."*** haberini işittim, dedi. Bunun üzerine **Hâtem**:

"O halde sen bu hâlinle, Hz. Peygamber'e (s.a.v), O'nun ashâbına ve sâlihlere mi uyuyorsun; yoksa görkemli ve süslü binâlar yapan **Firavun** ve **Nemrud**'u mu tâkip diyorsun. Ey kötülüğün başını çeken âlimler! Dünyaya rağbet eden câhiller size bakıp: "Âlim olduğu halde o böyledir, ben niçin ondan geri kalayım!" demektedir." dedi ve **İbnu Mukâtil**'in hastalığına hastalık katarak çıkıp gitti.

Hâtem el-Asamm'la, **İbnu Mukâtil** arasındaki hâdiseyi **Rey** halkı duyunca, **Hâtem**'e:

"Ya **Ebâ Abdurrahman**! **Kazvin**'de, durumu bundan daha acâib olan bir âlim var!" diye Kâdı **Muhammed Ubeyd et-Tenâfisî**'den bahsettiler. Bunun üzerine, **Hâtem el-Asamm Kazvin**'e uğradı ve bahsedilen âlimin yanına gitti. Huzûruna vardığında:

"Allah sana rahmet etsin! Ben acemî bir kimseyim, bana dinimin ilk vazifesini ve namazımın anahtarı olan abdesti öğretir misiniz?" dedi. Kâdı:

"Memnuniyetle, buyurun!" dedi ve hizmetçisine, su ve leğen getirmesini emretti. İstedikleri getirildi. Sonra **Tenâfisî**, bir yere oturdu ve her âzâsını üçer defa yıkayarak abdest aldı. Sonra:

"İşte böylece abdest alırsın!" dedi. **Hâtem el-Asamm** oturdu ve âzâlarını üçer defa yıkayarak abdest almaya başladı. Fakat kollarını yıkarken dört defa yıkadı. Bunu gören **Tenâfisî**:

"Hey! İsraf ettin." dedi. **Hâtem**:

"Niçin ?" dedi. Kâdı:

"Kollarını üç defa yıkaman lazımdı; dörder defa yıkadın." deyince, Hâtem:

"Sübhânellah! Ne şaşılacak şey! Sen bunca debdebe ve saltanat ile israf etmiyorsun da, ben bir avuç suyu fazla kullandım diye mi israf ediyorum ?" dedi. **Tenâfisî** onun niyetinin, bilmediğini öğrenmek olmadığını, kendi durumunu bildirmek için geldiğini anladı ve üzüntüsünden evine girerek, kırk gün kimsenin yanına çıkmadı.

Rey ve **Kazvin** tüccarları, **Hâtem'in, İbnu Mukâtil** ve **Tenâfisî** ile arasında geçen bu olayları yazdılar. **Bağdad**'a vardığı zaman, **Bağdat** halkı başına toplandı ve kendisine:

"Ya **Hâtem**! Sen, Arapçayı zor konuşan bir kimse olduğun halde, nasıl oluyor da seninle her konuşanı mat eder susturursun?" diye sorduklarında, Hazret:

"Bende üç haslet var ki, bunlar sâyesinde hasımlarıma üstün gelirim." dedi. Onların ne olduğu sorulunca, Hatem:

1-Hasmım doğruyu bulunca sevinirim,

2-Hata edince üzülürüm,

3-Ona karşı câhilâne, edeb dışı davranmaktan sakınırım." dedi.

Onun bu durumu ve sözleri, **Ahmed b. Hanbel**'e ulaşınca, ziyâretine gitti: "Ne akıllı adam!" diyerek yanına girdi. Kendisine: "Yâ **Ebâ Abdurrahman**! Dünyada selâmet ne iledir?" diye sordu. **Hâtem el-Asamm**:

"Ya **Ebâ Abdullah**! Sende dört haslet bulunmadıkça dünyada selâmet ve âfiyet bulamazsın." dedi. **Abmed b. Hanbel**:

"Onlar nedir ?" deyince, **Hâtem**:

"Sana karşı câhillik edenin kusurunu affedersin, onlara karşı câhilce davranışlardan sakınırsın. Kendi malından onlara dağıtırsın ve onların elindeki maldan da ümidini kesersin. Böyle yaparsan selâmeti bulursun." dedi ve **Medine**'ye doğru yola çıktı."

Allahu Teâlâ, bir âyet-i kerimede: "***Kulları içinde Allah'dan ancak O'nu hakkıyla bilen âlimler korkar.***"[10] buyurmuştur.

Ãyetteki "innemâ" (ancak) ifâdesi, Allah'tan korkmayan (takvâya sarılmayan) kimsenin ilim sâhibi olmadığını ortaya koymaktadır.

Meselâ: "Bu eve sadece **Bağdat**'lı girdi." dense, bu söz, o eve **Bağdat**'lının dışında hiç kimsenin girmediğini ifâde eder.

Âyetten ve anlattıklarımızdan anlaşıldı ki; âhiret âlimleri için, mârifet derecelerine ve kurbiyyet makâmlarına giden bütün yollar kapalı olup ancak zühd ve takvâ yolu açıktır.

Ebu Yezid Bistâmî (k.s), bir gün arkadaşlarına:

"Dün gece, sabaha kadar bir defa: "**Lâ ilâhe illallah**" demeye çalıştım, fakat güç yetiremedim." dedi.

"Niçin?" diye sorulunca:

"Çocukluğumda söylediğim kötü bir kelimeyi hatırladım, bundan dolayı bana bir ürperme geldi ve beni bu zikri yapmaktan alıkoydu. Kendisinde sevimsiz hal ve sıfatlar bulunan kimsenin Allahu Teâlâ'yı zikretmesine şaşarım!" dedi.

Kul, sağlam bir takvâ ve güzel bir zühd hâliyle ancak ilimde râsih (üstün derece ve derin anlayış sâhibi) olabilir.

Vâsıtî (rah): "***İlimde râsih olanlar..***"[11] âyetini tefsir ederken: "Onlar, ruhlarıyla gaybın ötesinde ve sırrın derinliklerinde ilim alabilecek pâyeye ulaştılar. O zaman kendilerine bildirilenleri tam olarak anladılar. Daha ziyâde ve

---

10) Fâtır (35), 28.
11) Al-i İmrân (3), 7.

yükseğini bulmak için ilim denizlerine daldılar. İlâhî kelimelerin ve her harfin altında bulunan gizli mâna ve sırlı hitaplar kendilerine açıldı. Böylece hikmetle konuşur oldular." demiştir.

Bazıları da: "İlimde râsih olanlar, Allahu Teâlâ'nın hitabından ve kelamından kasd olunan mananın en yüksek noktasına ulaşanlardır." demiştir.

Ebu Saîd el-Harrâz (k. s) demiştir ki: "İlimde râsih olanlar; bütün ilimlerde tam kemâle erdiler, onları gerçek yönleriyle öğrendiler. Bu ilmin kendilerine verdiği nur ve ferasetle bütün mahlukatın niyet, dert ve düşüncelerini bilir duruma geldiler."

Ebu Saîd'in bu sözü, ilimde râsih ve seçkin olanların, ilimlerinin bütün kısımlarına vâkıf olmaları ve hepsinde kemâle ermeleri gerektiği anlamına gelmez. Çünkü, **Hz. Ömer** (r.a), ilimde râsih (yüksek pâyeye ulaşmış) iken, Allahu Teâlâ'nın ***"Sizin ve hayvanlarınızın menfeati için ayrıca meyveler ve çayırlar yarattık."*** [12] âyetinde geçen "**ebben**" için; "ebb nedir?" diye duraklamış, sonra da: "Bu bir zorlamadır, bilmesem de olur?" demiştir.[13] Âyetteki "ebb" kelimesinin mânasında duraklayıp ne olduğunu soranın, **Hz. Ebu Bekir** (r.a) olduğu da nakledilmiştir.

Ebu Saîd, yukarıdaki: "İlimde kemâle ulaştılar." sözüyle, onlar bütün mahlukatın düşüncelerine vâkıf olurlar, mânasını kasdetmiştir. Çünkü, gerçek takvâya ve zühde sâhip olan kimsenin iç âlemi sâfileşip kalb aynası parlar ve levh-i mahfuzun bazı şeylerini görebilir duruma gelir. Bu durumda o, iç âleminin sâfiyeti sebebiyle ilimlerin kaynaklarını ve asıllarını elde etmiş, diğer âlimlerin ilimde ulaştıkları son noktaya ulaşmış, bütün ilimlerin fayda ve meyvesini ele geçirmiş olur.

Cüz'î eşyâya âid ilimler öğrenme ve alıştırma ile elde edilebilir ve genelde bununla yetinilir. İlimde râsih olan kimsenin küllî (eşyânın aslına âid) ilmi, onun, cüz'î ilimlerin ehline mürâcaat etmesine mâni değildir. Diğerleri ise; eşyâya âid ilimlerle dolmuşlar, hep onunla meşgul olarak ve cüz'î ilimlerle yetinerek, küllî (asla âid) ilimlerden kesilip uzak kalmış bulunmaktadırlar.

12) Abese (80), 31.
13) Taberî, Câmiu'l-Beyân, Cüz: 30, 59; Hâkim, Müstedrek, II, 514.

Gerçek zühd sâhibi âlimler ise, şeriatın esası ve dinin temeli olan zarûrî ilimleri öğrendikten sonra, tamamen Allah'a yönelip, her şeyleri ile O'na bağlandılar. Mâsivayı terkettiler. Böylece ruhları kurbiyyet makâmına ulaşarak, orada elde ettikleri nûrları, onu almaya müsâit kalblerinin üzerine dökmeye başladılar. Bu sâyede kalbleri, her türlü ilmi anlayacak bir hâle geldi. Sonunda ruhları, onlar devamlı ezelî âleme bağlı kaldıkları için, ilimleri idrak etme durumundan daha ötelere yükselmiş, ilmin kabı olan vücûttan da sıyırılarak tam bir müşahedeye ulaşmıştır.

Bir yönüyle nefis tarafına bakan (zâhirî vûcudla alakası devam eden) kalbleri, eşyaya âid ilimleri, onlara uygun biçimde, içine alacak bir kab olmuştur. Böylece kalb ilimlerle, ilimler de kalble tanışıp kaynaşmıştır. İlimlerin kalblere ulaşması; onun gayb âleminden ayrılarak levh-i mahfuza ulaşıp, orada sâbit olması sebebiyle mümkün olmaktadır. Burada, ilmin ilâhî kaynaktan ayrılmasının mânası; onun levh-i mahfuz'a ezelî ilme uygun olarak ayrıca yazılmış olmasıdır. Yoksa; Zât-ı Bârî'den ayrılmış ta öyle yazılmış mânasında değildir.

Kalblerin, ruhların bulunduğu makamdan ayrılması, onun nefis tarafından maddî âleme çekilmesiyle olmaktadır. Bu durumda, araları ayrılan rûh ile kalbin birbirlerine ulaşmasını sağlayacak bir sebep gerekmektedir ki; bu da, ilimdir. Bunun için ilimler ortaya çıkmıştır. Mârifetullah ilmine ve ilâhî edebe sahip olan kimse, ilimde râsih (derin anlayış ve yüksek derece sâhibi) olmuştur.

Allahu Teâlâ, bazı semâvî kitaplarda şöyle vahyetmiştir:

"Ey İsrâiloğulları! İlim gökyüzündedir, onu kim indirecek? veya, yer altındadır, onu kim çıkaracak? veyahut, denizlerin ötesindedir, onu kim gidip de getirecek? demeyin! İlim sizin kalbinize yerleştirilmiştir. Benim huzurumda, meleklerin edebiyle edeplenip sıddîklerin ahlâkı ile ahlaklanınız ki; kalblerinizdeki ilmi ortaya çıkarayım ve her yanınızı ilimle doldurayım."

Meleklerin edebi ile edeplenmek; nefsi, tabiatından kaynaklanan şerlerden alıkoymak, bütün söz ve fiillerini ilme uygun yapmakla hâsıl olur. Bu da ancak, Allahu Teâlâ'yı tanıyan, O'na yakın olan ve huzuru, ilâhî huzurda arayan kimse için mümkün olur. Böyle olan birisi, hakkı Hakk için korur, Cenab-ı Hakk da onu korur ve himâyesine alır.

Şeyhimiz **Ebu'n-Necib Sühreverdî** (rah.), bize icâzet yoluyla şu hâdiseyi haber verdi:

"**Şeddâd b. Evs** (r.a), bir eve misâfir olarak indi ve: "Bize şöyle yemekli bir sofra getirin de biraz eğlenelim!" deyince, etrafındakiler bu sözü ona yakıştıramadılar. Bunu üzerine o:

"Bu sözüm hâriç ben, müslüman olduğum günden beri hiçbir kelimemi iyice düşünüp tartmadan konuşmadım. Bunu da benden duymamış olun." dedi. İşte meleklerin edebiyle edeplenmek böyle olur."

İncil'de şöyle denmektedir: "Bildiklerinizle amel etmedikçe, bilmediğiniz şeyleri öğrenmeye kalkmayın!"

Rivâyet edildiğine göre; Rasûlullah (s.a.v) şöyle buyurmuştur: ***"Şeytan çok defa, sizi ilimle oyalıyarak ameli te'hir ettirir."*** **Ashab:**

"Ya Rasûlellah! Şeytan bizi ilimle nasıl oyalar?" diye sorduklarında, Allah Rasûlü (s.a.v):

"Şeytan size: "Sen ilim öğrenmeye bak, iyice öğreninceye kadar amele bakma!" der. İnsan da şeytanın bu sözüne aldanarak, ilmî konularda durmadan laf edip durur, ameli hep sonraya bırakır ve nihâyet amel etmeden ölür gider." [14]

İbnu Mesud (r.a) şöyle demiştir: "İlim çok şeyer öğrenip rivâyet etmek değildir. İlim ancak; Allah'tan gereği gibi korkmaktır."

Hasan el-Basrî de şöyle demiştir: "Allahu Teâlâ, sırf ilim ve rivâyet sâhibine önem vermez. O, ancak, güzel anlayış (ve hükmünce yaşayış) sâhibine önem verir, itibar eder."

Aslında verâset ilmi, dirâset (ta'limle öğrenilen zâhir) ilminden elde edilmiştir. Dirâset ilmi, içene keyf veren saf süte benzer. Verâset ilmi ise bu süt-

---

14) Hatib, el-Cami li Ahlâki'r-Râvi, I, 132 (Beyrut, 1991); Mekki, Kutu'l-Kulub, I, 130; Zebîdî, İthâfu's-Sâde, I, 616.

ten elde edilmiş kaymak gibidir. Süt olmasaydı kaymak da olmazdı. Fakat sütten aranan kaymaktır. Sütteki su ise yağın ana maddesinin (kaymağın) elde edilmesine yarar. Süt de ancak içindeki yağ miktarı ile kıvamını bulur. Nitekim Allahu Teâlâ:

"Biz, hayatı olan her şeyi sudan yarattık." [15] buyurmuştur.

Diğer bir âyet-i kerimede ise:

"Önce (küfürle) ölü iken, sonra, (hidâyetle) diriltip kendisine nûr verdiğimiz kimse, diğeri gibi midir?" [16] buyrulmuştur. Yani, o küfür içinde ölü gibiydi, onu **İslâm**'la diriltip yeni bir hayata kavuşturduk, deniyor.

İslâm ile mânevî hayata kavuşmak, ilk esas ve en mühim vasıftır. İslâm'a âid birçok ilimler vardır. Onlar **İslâm**'ın temelini oluşturan ilimlerdir. iman ettikten sonra İslâm, sadece tasdike bakar. Fakat **İslâm**'ı tam gerçekleştirdikten sonra imanın çeşitli kısımları vardır. Bunlar da; "**ilme'l-yakîn**", "**ayne'l-yakîn**" ve "**hakka'l-yakîn**" mertebeleridir. Bunlara aynı zamanda, "**tevhid**", "**mârifet**" ve "**müşâhede**" makamları da denmiştir. İmanın herbir mertebesi için ona âid bir ilim vardır. Görülüyor ki, İslâmî ilimler lisana âid, îmânî ilimler de kalbe âid ilimlerdir.

Kalble ilgili ilimlerin biri husûsî, diğeri umûmî iki özelliği vardır. Umûmî olanı ilmu'l-yakîndir ki ona, nazar ve istidlâlle ulaşılır. İlmin bu kısmını âhiret âlimlerinin yanında, dünya âlimleri de elde edebilir. Kalb ilminin özel vasıfta olanı ise; ancak âhiret âlimlerine mahsustur. Bu da Allah tarafından, imanları artsın diye mü'min kulların kalbine ilhâm ve inzâl edilen sekînet (ilâhî huzur ve marifet)tir. Buna göre, hususî vasfıyla iman, bütün rütbelere şâmil olduğu halde, umûmî manadaki iman ise, hepsine şâmil değildir. Özel vasfa baktığımızda yakîn ve mertebeleri de imandan sayılmaktadır. Umûmî vasfa baktığımızda ise, yakîn, iman üzerine ziyâde bir fazilet olmaktadır:

Müşâhedenin yakîn mertebesinde husûsî bir yeri vardır. O da "**ayne'l-yakîn**"dir. Ayne'l-yakîn derecesinde de husûsî bir makam vardır ki, o da "**hakka'l-yakîn**"dir. O halde; "hakka'l-yakîn" derecesi, müşâhede makâmının üs-

---

15) Enbiya (21), 30.
16) En'am (6), 122.

tündedir. Hakka'l-yakînin asıl gerçekleşeceği ve devam edeceği yer âhiret âlemidir. Ancak bu mertebeye ulaşan kimseler, dünyada az da olsa onu tadabilirler.

Hakka'l-yakîn mertebesinde elde edilen bilgiler vicdânî olduğundan, ilâhî ilimler içinde en kıymetlisidir. İşte bu yüzden, nazar ve istidlâl yoluyla ilimde yakîn derecesine ulaşan zâhir ulemâsının bilgileri, sûfîlerle zühdde ileri derceye ulaşmış âlimlerin ilimleriyle mukâyese edildiğinde durum; yukarıda zikrettiğimiz "**verâset ilmiyle**", "**dirâset ilminin**" birbiri ile alâkası gibidir. Zâhir ülemâsının ilmi süte benzer; çünkü o, ilmu'l-yakîn ve işin temeli olan iman ilmidir. Sûfîlerin mârifet ilmi ise; en yüksek müşâhede makâmlarında elde edilmiştir. Aynu'l-yakîn ve hakku'l-yakîn sütten elde edilen kaymak gibidir. Demek ki; imânın fazileti ilmin faziletine bağlıdır. Amellerin değeri de, ilimden aldıkları pay miktarıncadır.

Bir hadis-i şerifte, **Rasûlullah** s.a.v) şöyle buyurmuştur:

"Âlimin, sırf ibâdet edene üstünlüğü, benim ümmetime karşı üstünlüğüm gibidir."[17] Burada kasdedilen ilim; alış-veriş, boşanma ve âzat etme gibi muâmele ilmi değil, mârifetullah ve yakîn ile ilgili ilimlerdir.

Kul, bazen, farz-ı kifâye olan ilimlerden hiç birini bilmediği halde, mârifetullah'a ulaşıp tam bir yakin sâhibi olabilir.

Hz. Rasûlullah'ın (a.s) ashâbı mârifet ilminin inceliklerini ve yakîn mertebesinin hakikatlerini **Tâbiûn** âlimlerinden daha çok biliyorlardı. **Tâbiûn** âlimleri içinde ise, fetvâ ve ahkâm konusunda Sahâbe-i Kiram'ın bazılarından daha âlim olanlar vardı.

Rivâyet edildiğine göre; **Abdullah b. Ömer** (r. a) kendisine bir şey sorulunca, "Bunu **Sâid b. Müseyyeb**'e sorun." derdi. Mâlum olduğu gibi; **Sâid b. Müseyyeb,** Tâbiin'dendi.

Abdullah b. Abbas (r.a) da "**Câbir b. Abdullah**'a sorun! Eğer bütün **Basra** halkı ondan fetva isteselerdi, hepsine yeterdi." derdi.

Enes b. Mâlik (r.a) ise: "Siz, meselenizi dostumuz **Hasan el-Basrî**'ye so-

17) Ebû Dâvud, İlim, 1; Tirmizi, İlim, 16; İbnu Mâce, Mukaddime, 17; Dârimî, Mukaddime, 99; İbnu Hanbel, V, 196.

run. Çünkü o, ilmi ezberledi, biz ise unuttuk." derdi.

Sahâbe-i Kirâm (r.anhüm), fetvâ ve ahkâmla ilgili soru soran insanları **Tâbiûn** ulemâsına havâle ediyor, yakînin hakikatlarini ve mârifetin inceliklerini ise, onlara, kendileri öğretiyorlardı. Çünkü onlar bu konularda **Tâbiûn**'dan daha kuvvetli ve daha ileriydi. İlâhî vahyin, mücmel ve mufassal ilimlerin bereketi kendilerini kapladığından, onlardan bazıları mücmel ve mufassal ilimleri elde ettiler. Bazısı da sadece mufassal (açık) ilimleri öğrendiler. Mücmel (söz ve gizli) bilgi, ilmin aslıdır. Mufassal bilgi ise, kalb temizliği, seciye kuvveti ve yüksek kâbiliyetle elde edilir. Bu da, havassa (seçilmiş kullara) mahsustur.

Allahu Teâlâ, Rasûlüne (s. a. v) şöyle buyurmuştur:

"Rasûlüm! İnsanları hikmetle, güzel söz ve nasihatle Rabbinin yoluna dâvet et. Onlara karşı en güzel mücâdele ile mücâdele yap." [18]

Diğer bir âyet-i kerimede ise şöyle buyrulmuştur:

"Ey Rasûlüm de ki: "İşte benim yolum budur. Ben, bir görüş ve anlayış üzere insanları Allah'a dâvet ediyorum." [19]

İşte bu yüzden, Hz. Rasûlullah'ın (s.a.v) yoluna giren ve bu dâveti kabul eden pek çok insan mevcuttur.

İnsanların bir kısmı, donuk tabiatlı, katı kalbli kimselerdir. Bunlar ancak Cehennem korkusuyla ve uyarıcı öğüt ve nasihatlarla yumuşayabilirler. Bazıları ise; temiz bir yaratılışa sâhip, kalbleriyle nefisleri birbirine uyum ve yakınlık içinde olan kimselerdir. Nefsi kalbine gâlib gelen kimse, nasihat ve vaazla, kalbi nefsine hâkim olan kimse de, hikmetle hakka çağrılır.

Öğütle dâvete ebrâr (iyiler) uyar, bu dâvette Cennetle müjdelemek ve Cehennemle korkutmak esastır.

Hikmetle dâvete mukarrebûn (kurbiyyet makamına ulaşmış sâlihler) icâbet eder. Onlar bu dâvetle, kurbiyyet makâmının lutuflarına, tertemiz mârifet ilmine ve tevhidin inceliklerine çağrılırlar. Onlar da, ilâhî müşâhedeleri ve rabbânî marifetleri bulduklarında, ruhları, kalbleri ve nefisleriyle icâbet ederler. Böylece; kendilerine söylenen emirlere uymaları, dâveti nefisleriyle kabul et-

---

18) Nahl (16), 125.
19) Yusuf (12), 108.

tiklerini göstermektedir. İstenen ve emredilen amelleri canla başla uygulamaları, kalbleriyle daveti tasdiklerini, mânevî hâllere ulaşmaları da rûhen icâbetlerini göstermektedir. Sûfîlerin icâbeti hem rûhen, hem kalben ve hem de nefisleriyle, diğer insanların icâbeti ise bunların bazısıyla olmaktadır.

Hz. Ömer (r.a), **Suheyb er-Rûmî** için; "**Allah Suheyb**'e rahmet etsin; o, **Allah**'ın azap ve ateşinden hiç korkmasaydı bile, O'na yine isyan etmezdi." demiştir.

Bu şu demektir: Şayet kendisine, Cehennemden kurtulduğuna dâir bir emân yazılıp verilse bile o bununla gevşemezdi. Allahu Teâlâ'nın emrinin büyüklüğünü bilmesi, kendisini Allah'a hakkıyla kulluğa sevkederdi. O, Yüce Rabbine karşı kulluğunu, azamet sâhibi Allah'ın kendisi üzerindeki hakkını bilmesinden dolayı yapardı.

Sûfîlerin Hakk'ın dâvetine icâbetleri, sevenin sevdiğinin dâvetine büyük bir haz ve şevkle hiçbir zorluğa aldırmadan koşması gibidir. Diğer insanların icâbeti ise; büyük bir sıkıntı ve güçlükleri aşarak gerçekleşmektedir. Bu icâbetin eseri, zamanla, istikâmet ve kulluğun gerçekleşmesiyle amellerde kendini gösterir.

Buna işâret olarak, Allahu Teâlâ buyurmuştur ki:

"Amma kim Allah yolunda verir, Allah'tan korkar ve en güzel kelimeyi (kelime-i tevhid'i) tasdik ederse, biz onu (Allah'ın râzı olduğu) en kolay yola ulaştırırız."[20]

Bazıları âyete şöyle mâna vermişlerdir: "O, Allah için dünya ve âhiretini verdi, onları (kıymete değer) bir şey görmedi. Boş söz ve çirkin amellerden sakındı. Güzel olanı tasdikle, Allah'a yakınlık sağlayacak amelleri yapmaya yöneldi."

Bu âyetin, **Hz. Ebu Bekir** (r.a) hakkında nâzil olduğu söylenmiştir.[21]

Âyetin mânâsı hususunda şöyle bir izâh daha vardır:

"Ayette sahbedilen kimse, sâlih amellere devamla kendini taata verdi. Müşâhede yeri olan kalbini boş ve çirkin şeylerden temizledi. Biz de kendisine

---

20) Leyl (92), 5-7.
21) Taberî, Câmiu'l-Beyân, Cüz: XXX, 221; Vâhidî, el-Vasît, IV, 503.

huzur ve muhabbet içinde amel etmesi için kolaylık kapısını açtık."

Bunun yanında, amele yanaşmayan, içini boş şeylerle dolduran ve güzel olanı yalanlayan kimsenin basîreti kapanır; melekût âlemine nüfüz edemez. O zaman biz de amellerde kolaylık kapısını kapatarak onun işini zorlaştırırız.

Bazıları demiştir ki: "Allahu Teâlâ, bir kula kötülük dilerse; ona, amel kapısını kapatır, tembellik kapısın açar."

Sûfîlerin nefisleri, kalbleri ve ruhları zâhiren ve bâtınen ilâhî dâvete icâbet edince; daha fazla ilim ve daha çok mârifet sâhibi olmuşlar, bu durumda da amelleri daha temiz ve daha faziletli olmuştur.

Bir adam **Muâz b. Cebel**'e (r.a) gelerek: "Şu iki adam hakkında ne dersin ?" Onlardan birisi, ibâdetinde gayretli, ameli çok, günahı az, ancak yakînî zayıftır; kendisine şüphe ârız oluyor." diye sordu. **Muâz b. Cebel** (r.a):

"Onun şüphesi (sonunda) amelini yok eder, yaptıklarından bir hayır gelmez." dedi. Adam:

"Peki; ameli az, ancak yakîni kuvvetli, bununla birlikte günahı da çok olan ikinci adam hakkında ne dersin?" diye sorunca, **Muâz** (r.a) sukût etti. O zaman adam:

"Vallahi, eğer şu birinci adamın şüphesi, yaptığı iyi amelleri yok ederse, bu adamın yakînî de, bütün günahlarını silip temizler" dedi. **Muâz b. Cebel** (r.a) adamın elini tutarak: "Bu adamdan daha anlayışlı birini görmedim." dedi ve kendisini tasdik etti.

Lokman (a.s) bir vasiyyetinde oğluna şöyle demiştir:

"Yavrucuğum! Güzel amele ancak yakînle güç yetirilir. Kişi ancak yakîni ölçüsünde amel eder. Amel sâhibinin yakîni azalmadıkça ameli noksanlaşmaz."

Yakîn, ilmin en faziletlisidir. Çünkü yakîn, insanı daha çok ve daha güzel amel etmeye sevkeder. İnsanı daha güzel amel etmeye sevkeden şey, onu daha güzel kulluk yapmaya götürür. Daha güzel kulluk yapmaya götüren şey ise, Rabbe karşı korunması gereken hukuku en güzel şekilde uygulamayı te'min eder. (Yani, yakîn ve ihlâs ne kadar çok olursa, kul, Rabbine o derece itaat ve kulluk yapar.)

Yakîn ve mârifetullah konusunda en büyük pay sûfîlere ve zâhid âlimlere âiddir. Böylece onların yüceliği ve ilimlerinin fazileti ortaya çıkmış oldu.

Burada bir hâdise anlatarak onunla, âlim, zâhid ve ârif birisinin, kendisi gibi olmayanlar yanındaki üstünlüğünün anlaşılmasını istiyorum:

Âlimin birisi bir mescide girdi. Kendisini ilim ve mevki bakımından orada bulunanlardan üstün gördüğü için, onlardan ayrı, yalnız başına, kendine lâyık gördüğü bir yere oturdu. Bu sırada onun gibi bir âlim daha gelerek kendisinin üst tarafına oturunca; canı sıkıldı, âdeta dünyası karardı. Hatta, imkânı olsa üzerine atlayıp onu perişan edecekti. İşte bu durum, böylelerinin hâlini pek güzel ortaya koyan ve içine düştüğü hastalığı gösteren bir hâldir. Bu kişi, durumunun gizli bir hastalık olduğunu, tedâviye muhtaç bulunduğunu anlamadığı gibi; bu hastalığın sebebi hakkında da hiç düşünmemişti. Eğer o, bunun, cehâleti sebebiyle ortaya çıkan birşey olduğunu, cehlinin ise kibrinden kaynaklandığını, kibrinin de, kendisini başkalarından hayırlı görmesinden ileri geldiğini bilseydi, böyle yapmazdı.

Bir insanın, kendisinin başkalarından daha büyük ve üstün olduğunu düşünmesi bir kibir, bunu fiilleriyle ortaya dökmesi de tekebbürdür (yani kibir yapmaktadır.). Bunun için; o âlimin sıkılıp darlanması, bu fiiliyle tekebbüre dönüşmüştür.

Âlim ve zâhid bir sûfî, nefsini müslümanlardan üstün tutmaz, kendini husûsî bir makam ve mevkide görmez. Aslında âlim bir sûfî, diğer insanlardan seçilmiş ve üstün kılınmış birisidir. Fakat o, bu şerefli hâlini nefsi adına kullanmaz.

Şayet onun başına, yukardakine benzer bir hâdise gelse ve başka birisinin onun önüne geçmesinden veya tercih edilmesinden dolayı nefsinde bir sıkılma ve darlanma olsa; o bunun nefisten kaynaklandığını ve onun bir hastalık olduğunu bilir. Ona tâbi olmanın ve peşine düşmenin günah olduğunu görür. Hemen, hastalığını Allahu Teâlâ'ya arzeder. Nefsin bu hâlini ve ileri gitmesini O'na şikâyet edip, güzelce Rabbine yönelir. Nefsin ortaya attığı şeyin peşine düşmez. Kalbiyle Allah'dan yardım isteyerek, nefsinin şerrinden ilâhî himâyeye sığınır. O anda içindeki bu hastalığı tedâviyle meşgul olur ve kendisinden üste oturan kimseye karşı içinde oluşan kötü düşünceleri gidermeyle uğraşır. Hatta çok kere; mevcud günahı temizlemek ve içinde oluşan hastalığı iyice tedâvi etmek için, kendisinin üstüne oturan kimseye daha fazla tavâzu ve iltifat ile muâmele eder.

İşte böylece; âlim ve ârif olan sûfî ile, nefsinin itibarını korumakla meşgul olan kimse arasındaki fark ve fazilet de anlaşılmış oldu

Bu durumda, nefsinin hâlini iyice düşünen bir kimse; nefsinin, herkesin nefsi gibi olduğunu ve onun da dünyevî makamlar peşinde koştuğunu görür. Âlim olan bu duruma düşünce, onunla, hiç ilmi olmayanlar arasında ne fark kalır ki ?

Bu konuda bu kadarla yetiniyoruz. Eğer, zâhidlerin (dünyadan gönlünü çekip Allah'a yönelen kimselerin) faziletiyle, dünyaya rağbet edenlerin (ilmen ve aklen) noksanlığını açıklamak için, benzerî misalleri çoğaltacak olsak; okuyucuya usanç verebilirdi.

Buraya kadar anlattıklarımız; sûfîlerin ilimlerinin ve hâllerinin başlangıcıdır. Artık, onların pek kıymetli ilimlerini ve şerefli hâllerini sen düşün. Kulunu doğruya ulaştıran ve muvaffak kılan Allahu Teâlâ'dır.

****

DÖRDÜNCÜ BÖLÜM

SÛFİLERİN HALLERİ VE TARİKATLARI

Bize, şeyh, âlim Ziyâuddin Ebu Ahmed **Abdulvahhab b. Ali, Enes b. Mâlik**'in (r. a) şöyle dediğini haber verdi. **Rasûlullah** (a.s) bana buyurdu ki:

"Yavrucuğum! Eğer kalbinde hiçbir kimseye karşı kötü bir düşünce taşımadan sabahlayıp akşamlamaya gücün yeterse bunu yap. Evlâdım, bu benim sünnetimdir. Kim benim sünnetimi (yaparak ve yaşayarak) ihyâ ederse, beni ihyâ etmiş olur. Beni ihyâ eden ise, benimle birlikte Cennet'tedir." [1]

Rasûlullah (a.s) Efendimizin, sünnet-i seniyyeyi ihya konusundaki bu müjdesi, sünneti ihyâ eden kimseler için şereflerin en büyüğü ve faziletlerin en mükemmelidir.

Sûfîler, sünneti ihyâ edenlerin en önde gelenleridir. Çünkü onların yanında en mühim esas; kalbin her türlü kin ve düşmanlıktan temizlenmesidir. İşte bu düstûra riâyetleri sebebiyle cevherleri temiz olmuş, faziletleri ortaya çıkmıştır.

Hadiste anlatıldığı gibi kalb kin ve hasetten temizleme işini ancak sûfiler hakkıyla yerine getirdiler. Onlar, dünyâyı, dünyâ ehline ve düşkünlerine terkederek ondan gönüllerini çektikleri için; hadiste övülen ve istenen hâle ulaşmaya muvaffak oldular. Çünkü kin ve düşmanlığın kaynağı; dünya sevgisi, baş olma sevdâsı ve insanlar yanında mevki sahibi olma iştiyâkıdır. Sûfîler ise, bunların tamamından el etek çekmişlerdir. Nitekim bu hususta bazıları şöyle demiştir: "Bizim yolumuz, ruhlarıyla pislikleri temizleyenlerden başkasının girebilecekleri bir yol değildir."

Sûfîlerin kalblerinden dünya muhabbeti ve makâm arzusu çıkınca, artık kalblerinde kimseye karşı herhangi bir kin ve düşmanlık olmadan yaşadılar.

1) Tirmizi, İlim, 16; İbnu Mâce, Mukaddime, 15.

"Ruhlarıyla çöplükleri (pislikleri) temizlediler." sözü, onların son derece mütevâzî olduklarını anlatmakta ve nefislerinin hakirliğini bildikleri için, kendilerini hiçbir müslümandan farklı ve üstün görmediklerine işâret etmektedir. Böyle bir anlayış, bir başkasına kin ve düşmanlık kapısını kapatır.

Bir defasında, yukarıdaki söz, aramızda konuşulmuştu. Bunu duyan arkadaşlarımızdan birisi şöyle dedi: "Bana öyle geliyor ki: "Ruhlarıyla çöpleri temizlediler." sözünün manâsı şudur: Burada çöplükle nefse işâret edilmiştir. Çünkü nefis, çöplük gibi, bütün pislik ve necis şeylerin kaynağıdır. Onun temizlenmesi ise; rûhun ona ulaşan nûru ile olmaktadır. Çünkü sûfîlerin ruhları kurbiyyet makamında ilâhî huzurda bulundukları için, fazlaca nûrlanmakta ve bu nûrları nefse sirâyet (intikal ve etki) etmektedir. Bu nûrûn nefse ulaşmasıyla nefis temizlenmekte ve kendisindeki kin, düşmanlık, aldatma ve hased gibi kötü sıfatlar çekip gitmektedir. Böylece nefis, sanki ruhûn nûruyla süpürülmüş (temizlenmiş) olmaktadır." Her ne kadar söz sâhibi bunu kasdetmese bile, bu yorum doğru ve güzeldir.

Allah Teâlâ, Cennet ehlini vasfederken şöyle buyurmuştur:

"Biz onların gönüllerindeki kini çıkarırız; artık onlar tahtlar üzerinde karşılıklı oturarak kardeşçe yaşarlar."[2]

Ebû Hafs demiştir ki: "Allah ile ülfet eden, onun sevgisi üzere birleşen, O'nun dostluğu ile bir araya gelen ve O'nun zikriyle dost olan kalblerde nasıl olur da kin ve düşmanlıktan eser kalır ki?"

Gerçekten bu kalbler, nefsin gizli vesveselerinden ve tabiatın zulmetinden arınmış kalblerdir. Bu kalbler, ilâhî tevfik nûruyla süslenmiş ve kardeş olmuşlardır.

Halkı, Rasûlullah'ın (a.s), sünnetlerini yaşamaktan alıkoyan; nefislerinin çirkin sıfatlardır. Nefsin kötü sıfatları değişince, perde kalkar, Allah Rasülüne uymak güzel ve sahih olur. Böylece; her hususta Rasûlullah (s.a.v) Efendimize tabi olmak hâsıl olur. O zaman, bu kimseyi **Allah** Teâlâ sever. Çünkü Yüce Rabbimiz şöyle buyurmuştur:

---

2) Hicr (15), 47.

"Rasûlüm de ki: "Eğer siz Allah'ı seviyorsanız, hemen bana uyunuz ki, Allah da sizi sevsin."[3]

Görüldüğü gibi; Allah Teâla, Hz. Peygamber'e (s.a.v) uymayı, kulun Rabbine olan muhabbetinin alâmeti yaptı ve bu güzel mutâbaatı kendi sevgisiyle mükâfaatlandırdı. Bu sebeple insanlar içinde kim Hz. Rasûlullah'a en güzel şekilde uyarsa, ilâhî muhabbetten nasibi o derece fazla olur.

Sûfîler, diğer müslümanlar arasında, Rasûlullah'a uyma konusunda en muvaffak olanlardır. Çünkü onlar, Hz. Peygamberin sözlerine tam mânâsıyla uyarak emrettiklerini yerine getirip, nehyettiklerinden sakınmışlardır. Bu hususta Allah Teâlâ: ***"Rasûlüm size neyi verdiyse (ve emrettiyse) onu alıp yapın, neden nehyetti ise ondan da sakının!"***[4] burmuştur. Sûfîler de, amellerinde ve ibâdetlerinde farz, vacib ve nâfilelerde büyük bir ciddiyetle Rasûlullah'a (s.a.v) tâbi olmuşlar, söz ve davranışlarında O'na uymanın bereketiyle, ilim, hayâ, af, müsâhama, şefkat, merhamet, güzel geçim, nasihat, tavâzu gibi ahlaklarıyla şereflenmişlerdir. Ayrıca, Efendimizin, haşyet, sekînet, heybet, ta'zim, rızâ, sabır, zühd, tevekkül gibi hallerinden de nasiblerini alıp, Allah Rasûlüne (s.a.v) her yönüyle tam mânasıyla uyarak, sünnetini en güzel şekilde ihyâ etmişlerdir.

Abdülvâhid b. Zeyd'e: "Size göre sûfî kimdir?" diye sorulunca, Hazret:

"Akıllarıyla sünneti tam anlamaya gayret eden, kalbleriyle ona bağlanan ve nefislerinin şerrinden de Cenab-ı Hakk'a sığınan kimseler, gerçek sûfîlerdir." demiştir.

Bu, sûfîlerin hâlini tam olarak anlatan bir târiftir. Nitekim, Rasûlullah (a.s) Efendimiz, devamlı Rabbine olan ihtiyacını dile getirerek şöyle duâ etmiştir: ***"Allah'ım! Beni, bir göz yumup açma zamanı kadar da olsa, nefsimin eline bırakma! Beni, küçük bir çocuğun anne-babası tarafından korunduğu gibi himâyet et!"***[5]

---

3) Al-i İmrân (3), 31.
4) Haşr (59), 7.
5) Suyutî, Camiu's-Sağîr, Had. No: 1478; Heysemî, Mecmau'z-Zevâid, X, 181.

Sûfîlerin, Rasûlullah'a (s.a.v) uymakla elde ettikleri şeylerin en şereflisi, işte bu iftikâr, yani devamlı Allah Teâlâ'ya muhtaç olduğunu bilme hâlidir. Bu hâl ve vasfa ancak, temiz mârifetiyle kalbi açılmış, yakîn nûruyla göğsü aydınlanmış, kalbiyle kurbiyyet mahalline ulaşmış, Cenâb-ı Hakk'la özel muhabbetinin lezzetiyle sırrı her şeyden boşalmış, bütün bunlardan sonra, nefsi de, emredilen her şeyi yapma durumuna gelmiş bir kul sâhip olabilir. Bütün bunlarla berâber bu kul, nefsini bütün kötülüklerin kaynağı görür, nefsin bir ateş gibi olduğunu, onun bir kıvılcımıyla bütün âlemin yanabileceğini bilir. Ayrıca nefiste bir istikrar bulunmadığını, onun her an değişik bir hâl içine girdiğini farkeder; (ona karşı hep uyanık durur.

Allah Teâlâ, yüce lutfuyla, sûfîye nefsi tanıtmış, Rasûlullah (a.s) Efendimize açtığı gibi, ona da, nefsin hâlini keşfetmiştir. Böylece kul, nefsinin şerrinden devamlı Allah Teâlâ'ya sığınıp, O'ndan yardım istemektedir. Bu durumda nefis, kul için, onu Rabbine sevkeden ve ilticâya sebeb olan bir vesile olmuştur. Bunun için sûfî olan bir kimse, Rabbinden gâfil olmadığı gibi, nefsini kontrolden de geri kalmaz.

*"**Nefsini bilen, Rabbini de bilir.**"* sözünde, Allah Teâlâ'nın bilinmesi, nefsin bilinmesine bağlanmıştır. Nitekim; gecenin tanınması da gündüzün bilinmesine bağlıdır.

Rasûlullah'ın (s.a.v) sünnetlerinden bir sünnet olan bu sünneti, Allah'ı gerçek mânâda tanıyarak, dünyada zâhidâne bir hayat sürüp takvâya en sağlam ve temiz bir şekilde yapışan sûfîlerden başka ihyâ eden kim vardır? Bu hâllerin netice ve faydalarına onlardan başka kim ulaşabilir?

Sûfînin, Rabbi karşısında devamlı boyun bükmesinde Cenâb-ı Hakk'a yakın olma ve ona sığınma hâli vardır. Bu sığınmada rûhî bir istiğrâk ve kalbin duâ makamına yakın olması mevcuttur. Kalbin, lisân-ı hâl ile duâ makamına yerleşmesi ise, nefsin dünya hazlarından sıyrılarak yükselmesini, çeşitli arzu

---

Bu kaynaklarda hadis: ***"Bana verimş olduğun güzel şeyleri benden geri alma!"*** şeklinde bitmektedir.

ve isteklerden vazgeçmesini ve Allah Teâlâ'nın koruma ve kontrolü ile, ilme göre haraket etmesini temin eder.

Allah Teâlâ'nın güzel tedbir ve terbiyesi ile ıslah olan nefis, her türlü kötü düşünce, kin, nefret, hıyânet, hased ve diğer sevimsiz huylarından korunmuş olur. İşte bu, sûfînin gerçek hâlidir.

Sûfînin bütün davranışları iki özellikte toplanır. Bunlar sûfînin değişmez vasıflarıdır. Allah Teâlâ bu vasıflara şu âyet-i kerimesinde işâret buyurmuştur:

"Allah, dilediklerini kendisi için seçer ve O'na yönelenleri hidâyete erdirir." [6]

Sûfîlerin bir kısmı, Cenâb-ı Hakk tarafından özel olarak seçilir ve sevilirler. Bir kısmı ise, önce tevbe, Hakk'a yönelme şartıyla hîdâyete ulaştırılırlar. İctibâ (seçilme) kulun çalışmasına bağlı değildir. Bu hâl, murâd olan (sevilen) kimsenin hâlidir. Allahu Teâlâ, seçtiği ve sevdiği kulunu, onun bu mertebeye ulaşmak için bir çalışması olmadığı halde, sırf kendi irâde ve seçmesiyle onu kendisine dost eder. Sûfîlerden bir kısmı bu şekilde ilâhî lütfa mazhar olmuşlardır ve kalblerindeki perdeler kaldırılmış, yakîn nûrları her yanlarını sarmış olduğu için; ulaştıkları bu hâl onlarda çalışma ve amel etme arzusunu artırmış ve onlar sâlih amellerin tadına varmışlardır. Keşf onlara çalışmayı kolaylaştırmıştır. Nitekim, Firavn'un iman eden sihirbazlarına verilen irfan nûru, kendilerine, Firavn'un tehdit ve eziyetlerine dayanmayı kolaylaştırmıştır. Onlar, Kur'an diliyle şöyle demişlerdir:

"Ey Firavn! Bize gelen bunca mu'cizelere (ve bizi yaratana) karşı, asla seni tercih edemeyiz. Artık neye hükmün geçiyorsa hükmünü ver!" [7]

Ca'fer es-Sâdık bu hâdise için şöyle demiştir:

"Sihirbazlar kendilerine takdir edilen inâyet kokularını kalblerinde buldular ve: "Biz âlemlerin Rabbine iman ettik." diyerek şükür secdesine kapandılar."

Ebu Sâid el-Harrâz demiştir ki: "Hakkın dostluğu için seçilenler, "**murâd**"

6) Şûrâ (42), 13.
7) Tâhâ (20), 72.

olunanlardır. Rabbleri onları kendisi için seçmiş; nimetine garketmiş, onlar için kerâmetler hazırlamış ve başkalarından bir şey isteme arzusunu içlerinden almıştır. Böylece, onların bütün haraket ve davranışları, bütün gayretleri; Allah'a yakın olmak, dâima O'nu zikretmek, her zaman O'na yalvararak nimetlenmek ve O'na yakın olmakla yetinmekten ibâret olmuştur.

Ebu Abdurrahman es-Sülemî yoluyla gelen bir nakilde, yine **el-Harrâz** şöyle demiştir:

"Murad (**Hakk** tarafından sevilen ve seçilen kimse), hâlinde ve hizmetinde ilâhî rahmete mazhar olmuş, şuhûd ve nazar âleminin kötülüklerinden korunmuş bir kimsedir."

Ebû Sâid'in bu sözü, sırf farzlarla yetinen ve nâfile ibâdetlere fazla eğilmeyen bazı sûfilerce, tam olarak anlaşılmamış, onlar, meşâyıhtan nâfile ibâdetleri az olan bazı kimseleri görüp, hâllerinin devamlı böyle olduğunu zannetmişlerdir. Halbuki onlar; hâl mertebesine ulaşıp çok ciddî çalışmalarından sonra birçok keşfe mazhar olup tamamen hâl ile dolduklarından, nâfile ibâdetleri terketmişlerdir.

Murâdûn (**Hakk**'ın dostluğuna seçilenler) ise, farz ve nâfile bütün ibâdetlere devam etmişlerdir. Hem onların huzur ve sevinci ibâdetlerdir. Bunlar, yukarıda anlatılanlardan daha kâmildirler. Bu açıkladığımız; sûfilerin bir grubudur.

Diğer yola ve gruba gelince o, müridlerin yoludur. Müridler için önce inâbe (**Hakk**'a yönelme) şart koşulmuş ve:

"Allah kendine dönenleri hidâyetine ulaştırır." [8] âyetinde işâret edildiği gibi; onlardan, kendileri keşfe nâil olmadan evvel, bu yolda gayret ve faaliyet istenmiştir.

Diğer bir âyet-i kerimede, Allah Teâlâ şöyle buyurmuştur:

"Bize itaat uğrunda mücâhade edenlere gelince; muhakkak biz onları, bize gelen yollarımıza ulaştırırız. Şüphesiz Allah iyilik sâhipleri ile beraberdir." [9]

Allah Teâla onları, çeşitli mücâhede ve riyâzatları, geceleri uykusuz, gün-

8) Şûrâ (42), 13.
9) Ankebût (29), 69.

düzleri oruçla susuz geçirmeleri sebebiyle, mânevi kazanç basamaklarında yavaş yavaş ilerletir. Onların içlerinde Hakk'ı taleb ateşi yanmaktadır. Dertleri gizli, ihtiyaçları başkalarına kapalıdır. İrâde (matluba ulaşma arzusunun) ateşi içinde kavrulup durmaktadırlar. Bütün âdet ve alışkanlıklarından vazgeçmişlerdir. İşte bütün bunlar, Hakk Sübhânehu ve Teâlâ'nın kendilerine şart koştuğu ve hidâyete ulaşmalarına sebeb kıldığı inâbenin gerekleridir.

Yukarıda işâret edildiği gibi; Cenâb-ı Hakk'ın özel bir tecellisi ile oluşan hidâyet, kişiyi doğrudan Allah'a ulaştıran bir hidâyet olup, emir ve nehiylere uyma şeklinde tezâhür eden ve ilk mertebesi mârifet bilgisine dayanan umumî hidâyetten farklıdır. Allah'ı sevip yoluna giren müridin hâli böyledir. Şu halde inâbet; umum mü'minlerin ulaştığı hidâyetten ayrı bir şey olup, sonuç itibariyle sahibini, hususî hidâyete ulaştırmaktadır. Ancak onlar buna, pek çok sıkıntı ve mücâhededen sonra ulaşmışlardır. Bunun için onların çalışmaları (gayret ve mücâhedeleri) keşiflerinden öncedir. Murad olunan kimseler ise; önce keşfe ulaştırılır, sonra amel ve taata sevk edilirler.

Ebu'l-Feth **Muhammed b. Abdulbâki, Cüneyd el-Bağdâdî**'nin şöyle dediğini nakleder:

"Biz, tasavvufu, kuru laf ile değil; açlık, dünyayı terk ve nefsin sevip alıştığı şeylerden alakayı keserek elde ettik."

Muhammed b. Hufeyf demiştir ki: "İrâde; kalbin ulaşmak istediği şeye ulaşma ve yükselme arzusudur. İrâdenin hakikatı; ciddiyete devam ve rahatı terketmektir."

Ebû Osman da şöyle demiştir :"Mürid; kalbinde Allah Teâlâ'dan başka hiçbir şeyin bulunmadığı, sadece Allah'ı seven, dâima O'na yakın olmayı arzulayan, Rabbine kavuşma arzusunun şiddetinden kalbindeki bütün dünyevî arzu ve isteklerin silinip gittiği kimsedir.

Yine o demiştir ki:

"Müridlerin kalblerinin cezâsı, muamele ve makamların hakikatını anlamaktan perdelenerek, onların zıddı olan şeylere dönmesidir."

İşte bu iki yol, sûfilerin yol ve hallerini içinde toplayan ana esasları ihtivâ etmektedir. Bunların dışında iki yol daha vardır ki; onlar, gerçek tasavvufun elde ediliş yollarından değildir.

Birincisi, ilâhî keşfe mazhar olduktan sonra, cezbe hâlinde kalıp amele dönmemiş meczubların yolu.

İkincisi de, devamlı taat ve ibâdet içinde olduğu halde, keşfe ulaşmayan âbidlerin yolu. Yukarıda anlattığımız sûfiler, (ister murad, ister mürid olsun) Hz Rasûlullah'a ve bu yolun edeblerine güzelce uymaları sebebiyle, devamlı manevi güzelliklerini artıracak ve istikâmetlerini koruyacak ilâhî desteğe ulaşmışlardır.

Hemen şunu hatırlatalım ki, kim, sünnet yoluna uymadan, herhangi bir maksada ulaşacağını veya istediğini elde edeceğini zannederse o kimse, başka bir şey değil sadece, aldanmış ve hüsran içinde kalmış, kendi hâline terkedilmiş bir kimsedir.

Şeyhimiz **Ebu'n-Necîb es-Sühreverdî,** bize, **Ebu Sâîd Harrâz**'ın şu sözünü nakletti:

"Zâhir ilme ters düşen her bâtınî hâl ve ilim, bâtıldır."

Cüneyd el-Bağdâdî (rah.) şöyle demiştir:

"Bizim bu (tasavvuf) ilmimiz, Hz. Râsulullah'ın hadisleri ile iç içe ve tamamen onlara bağlı bir durumdadır."

Âriflerden birisi de:

"Kim söz ve fillerinde sünnete göre hareket ederse o, hikmetle konuşur. Kim de söz ve fiillerinde hevâ ve hevesine göre hareket ederse, o, bid'atla konuşur." [10]

Anlatılır ki: **Beyâzıd-ı Bistâmî** (k.s) zamanında zühd ve takvâsıyla meşhur bir zât vardı. Halk kendisini ziyârete giderdi. **Beyâzid** (rah.) bir gün arkadaşlarına: "Kalkın, halkın arasında veli diye meşhur olmuş şu adamı bir de biz görüp ziyâret edelim!" dedi. Bahsedilen şahsın bulunduğu yere vardıklarında o, mescide gitmek üzere evinden çıkmıştı. Mescide girerken bir edebi terketti; kıble tarafına doğru tükürdü. Bunu gören **Beyâzıd el-Bistâmî**:

"Haydi dönelim!" diyerek, adama selam bile vermeden geri döndü ve: "Bu adam, Hz. Rasûlullah'ın (s.a.v) en kolay edeblerinden birisini bile koruyamazken, nasıl olur da yüksek mânevî hâl ve ilimlere sâhip olduğunu iddiâ edebilir." dedi.

---

10) Bu söz, **Ebû Osman Nişâbûrî**'ye (298/910) âittir. Kuşeyri, Risâle, 21.

Şiblî'nin hizmetçisine: "Hazret'in vefatı anında kendisinden neler gördün?" diye sorulunca, hizmetci şunları anlatmıştır:

"Dili tutulup, alnı terlemeye başlayınca bana, kendisine namaz için abdest aldırmamı işâret etti. Ben de kendisine abdest aldırdım. Fakat sakalını parmaklarımla hilâllemeyi unuttum. Hemen elimden tutup parmaklarımı sakalına götürdü ve onu hilâllettirdi. Böyle bir anda bile, Rasûlullah (a.s) Efendimizden öğrendiği bir edebi terketmedi!"

Sehl b. Abdullah (rah.) demiştir ki:

"**Kitab ve sünnetin kabul etmediği her vecd (cezbe) hâli bâtıldır.**"

İşte sûfilerin hâli ve yolu budur. Bu yolun ve anlayışın dışında başka bir hâl (ve ilim) iddiâ eden kimse, fitneye düşmüş yalancının birisidir.

****

TASAVVUFUN MÂHİYETİ

Abdullah İbnu Ömer (r.a), Hz. **Rasûlullah**'ın (s.a.v) şöyle buyurduğunu nakletmiştir:

"Her şeyin bir anahtarı vardır; Cennetin anahtarı da miskinleri ve fakirleri sevmekdir. Çünkü sabırlı fakir ve miskinler, kıyâmet gününde Allahu Teâlâ'nın ma'nevî huzûrunda oturup sohbet eden kimselerdir." [1]

Rüveym demiştir ki:

"**Tasavvuf** üç haslet üzerinde kurulmuştur:

1-Dervişliğe sarılıp, fakirliğe (Allah'tan başka kimseye ihtiyaç duymama hâline) yapışmak.

2-Malını infâk ve ihsân etmek.

3-Başkasına bir şey arzetmeyi ve istemeyi terketmek."

Cüneyd el-Bağdâdî'ye tasavvuf sorulduğunda:

"**Tasavvuf; bütün alakaları keserek, Allahu Teâlâ ile beraber olmandır.**" demiştir.

Ma'ruf el-Kerhî şöyle demiştir:

"**Tasavvuf; gerçeklere yapışmak ve insanların elinde olan şeylerden ümidi kesmektir. Fakirliği ele geçirmeyen kimse, tasavvufu tam gerçekleştiremez.**"

Şiblî'ye göre, gerçek fakrın ne olduğu sorulduğunda:

"Kulun, Hakk'ın dışında hiçbir şeye ihtiyaç duymamasıdır." demiştir.

Ebû Hüseyin Nûrî şöyle demiştir:

"Fâkirin (dervişin) sıfatı; yokluk ânında rahat olması, elinde olanı Hakk yolunda dağıtması ve ihsanda başkalarını nefsinden öne almasıdır."

Sûfilerden birisi de demiştir ki: "Gerçek fakir; zenginliğin gönlüne girip

1) Suyûtî, Câmius'-Sağîr, Had. No: 7322; İbnu Adiyy, el-Kâmil, VI, 378.

fakirlik anlayışını bozmasından korkarak zenginlikten sakınandır. Nitekim zengin de, başına fakirliğin gelip zenginliğini mahvetmesinden korkmaktadır."

Muzaffer el-Kırmısînî der ki:

"Fakir (derviş); Allah'a arz edilecek hâceti olmayan (hep O'nun zikriyle meşgul olan) kimsedir."

Ebû Bekir el-Mısrî de fakiri (sûfiyi) şöyle ta'rif etmiştir:

"Fakir (sûfi); hiçbir şeye mâlik olmayan ve hiçbir şeyin de kendisine mâlik olmadığı kimsedir."

Muzaffer el-Kırmısînî'nin "Fakir, Allah'a arzedilecek hâceti olmayan kimsedir." sözünün mânâsı şudur:

Fakir; Rabbine güveni ve itimadı tam olan kimsedir. O, Rabbinin, kendi hâlini en iyi bildiğini düşündüğünden; devamlı O'nun ibâdetiyle meşguldür. Bu durumda O'ndan birşey istemeyi fazlalık görür.

Meşâyıhın tasavvuf hakkındaki sözleri birbirinden farklı ve çeşitlidir. Çünkü onlar değişik vakitlerdeki karşılaştıkları hallere işâret ederek, farklı ifâdeler kullanmışlardır. Bir kısmını diğerinden ayırdetmek ve aralarındaki farkları bilmek için bir takım kâideleri bilmek lazımdır.

Bazen tasavvuf hakkında söylenen şeyler, fakirlik (dervişlik) hakkında da söylenir. Fakirlik hakkında söylenen pek çok şey tasavvuf için de söylenebilir. Çünkü, aralarında benzerlik mevcuttur. Bunun için, aralarını ayrdedecek bir açıklama gerekmektedir. Mesalâ; bazen fakr hakkındaki işâret ve beyanlar, bir yönden zühdün mânasına ve muhtevâsına dâhil olurken, diğer yandan tasavvufun mâna ve muhtevâsına uygun düşmektedir. İşin başında olan mürid bunları birbirinden ayıramaz.

Biz deriz ki: Tasavvuf başka, fakr başkadır. Zühd başka fakr başkadır. Tasavvuf, zühdden ayrı bir şeydir. Tasavvuf; fakrla zühdün mâna ve muhtevâsını toplayan bir isimdir. Bunlardan fazla olarak tasavvuf; kişinin sûfî olabilmesi için fakrın dışında sahip olması gereken bir çok hâl ve sıfatları da içine alan bir isimdir.

Ebû Hafs el-Haddâd (k.s) demiştir ki:

"Tasavvuf, bütünüyle edebden ibârettir. Her ânın, her hâlin ve her

makâmın kendine göre bir edebi vardır. İçinde olduğu her vaktin edebine riâyet eden kimse, Hakk erlerininin ulaştığı hâle ulaşır. Edebleri korumayan kimse ise; her ne kadar kendini Hakk'a yakın zannetse de, esâsen Hakk'tan uzaktır. İlâhî huzurda kabûl gördüğünü düşünse de, ordan tardedilmiştir."

Yine **Ebû Hafs** demiştir ki:

"Zâhirdeki edebin güzelliği, bâtındaki edebin güzelliğine işârettir. Çünkü, Rasûlullah (s.a.v) Efendimiz, sağa sola bakarak namaz kılan bir kimseyi gördüğünde:

"Eğer onun kalbinde huşû' olsaydı, âzâları da huşûlu olurdu." [2] buyurmuştur.

Ebû Muhammed el-Cerîrî'ye, tasavvufun ne olduğu sorulunca:

"**Tasavvuf; bütün güzel huylarla süslenmek, bütün çirkin şeylerden de çekinmektir**." demiştir.

Tasavvufun, güzel ahlâkın elde edilmesi ve çirkin şeylerden de el çekilmesi" şeklindeki mânası düşünülünce görülecektir ki, tasavvuf, zühdün ve fakrın üstünde bir ameliyedir.

Denilmiştir ki: "Bütün şeref ve değerine rağmen fakrın son mertebesi, tasavvufun başlangıcıdır."

Şam tarafındaki sûfîler, tasavvuf ile fakrı birbirinden ayrı görmezler ve derlerdi ki: Allah Teâlâ âyet-i kerimede:

"Sadakalarınızı, Allah yolunda çalışmaya koyulmuş fakirlere veriniz." [3] buyurmuştur.

Bu âyette anlatılan özellik, sûfîlerin sıfatıdır. Bu yüzden Allah Teâlâ onları "fakirler" diye isimlendirmiştir.

Tasavvuf ile fakrın arasındaki fark şöyle açıklayabiliriz:

"Fakir, fakr hâline iyice sarılmış, onun faziletine yakinen inanmış ve onu zenginliğine tercih etmiştir. O, fakirliğine karşılık olarak Allah neznindeki mükâfaatı düşünür. Çünkü Allah Rasûlü (s.a.v) bir hadislerinde şöyle buyurmuştur:

"Ümmetimin fakirleri, Cennet'e zenginlerden yarım gün önce

---

2) Suyûtî, Câmius'-Sağîr, II, 432. (Had. No: 7447)
3) Bakara, (2),273.

gireceklerdir. Oradaki yarım gün dünyanın beşyüz senesi kadardır." [4]

Fakirliğe karşılık olarak verilecek ebedî nimetleri düşünen kimse, fânî varlıktan vazgeçer; fakra sarılır, aza kanaat eder. Öyle ki faziletini ve ahiretteki faydasını kaybederim diye fakirliğin gitmesinden korkar. Halbuki bu anlayış, gerçek sûfilerin yolunda sakatlığın tâ kendisidir. Çünkü böyle düşünen bir kimse, gözünü âhiretteki ücrete dikip, malı onun için terketmiştir. Gerçek sûfî ise, eşyayı kendisine va'dedilen bir takım karşılıklar için değil, ancak; hâl ve makâmının gereği olarak (Allah rızâsı için) terkeder. Sufi, vaktinin adamıdır. (Tasavvufta bu hâle: **İbnu'l-Vakt"** denir). O hep önündeki vakitte gereken şeyle meşgul olur. Ayrıca, fakirin dünya hazlarını terkedip, fakirliğe sarılması, kendisinin ihtiyâr ve irâdesiyle olmaktadır. Halbuki, kendi görüş ve irâdesiyle hareket etmek, sûfî için bir hastalıktır. Çünkü sûfînin eşyâdaki tasarrufu, kendi tercihiyle değil, Allahu Teâlâ'nın irâdesiyledir.

Sûfî, bizzat fakirlikte ve zenginlikte bir fazilet görmez. O, fazileti, Cenâb-ı Hakk'ın kendisini muvaffak kıldığı ve yönlendirdiği hâl ve durumlarda görür. Girdiği işte, Allahu Teâlâ'nın bir izni (ve dolayısıyla rızâsı) olduğunu bilir. Bazen, Allahu Teâlâ'nın izninin zenginlikte olduğunu görür ve ona sâhip olur. Bu durumda faziletin zenginlikte olduğunu bilir. Sâdıklar, zenginliğe ancak, kendileri için o konuda ilâhî iznin bulunduğunu bildikten sonra girerler. Bu nokta, pek çok ayakların kaydığı ve ehli olmayanın boş iddialarda bulunabileceği bir durumdur. Bütün bu halleri ancak, ona ulaşanlar bilir ve anlatır. Şunu da hatırlatalım ki; bazen de bu hallere sâhip olmayanlar da, onlardan bahsederler.

"Allah, helak olan apaçık bir delille helak olsun, yaşayan da apaçık bir delille yaşasın diye bunu yaptı." [5] âyet-i kerimesi bu hâle işâret etmektedir.

Bu açıklamalardan anlaşıldı ki; fakr ile tasavvuf arasında fark vardır: Fakr tasavvufun esâsı ve kıvamıdır, fakat tamamı değildir. Bu yaklaşımımız; "Tasavvuf mertebelerine ulaşmanın bir yolu da fakirliktir." anlayışına göredir. Yoksa; "tasavvufun mevcudiyeti fakirliğin varlığına bağlıdır."

---

4) Ebu Dâvud, İlim, 13; Tirmizi, Zühd, 37; İbnu Mâce, Zühd, 6; Dârimî, Rikak, 118; Ahmed, Müsned, II, 296, 343.
5) Enfâl, 43.

anlayışına göre değildir.

Cüneyd el-Bağdâdî, tasavvufu şöyle ta'rif etmiştir:

"**Tasavvuf; Hakk'ın, seni senden (nefis ve irâdenden) öldürüp, kendisiyle diriltmesidir.**"

Bu ta'rif, yukarıda zikrettiğimiz: "**Sûfî eşyâdaki tasarruflarında nefsiyle değil, ilâhî irâdeyle haraket eder.**" sözümüzle aynı mânadadır.

Fakir ve zâhid, eşyâda nefisleriyle haraket edip, kendi irâdeleriyle ondan el etek çekmiş, bu konuda kendi ilim ve anlayışları ölçüsünde haraket etmişlerdir. Sûfî ise; devamlı nefsini kınayıp, ilmini yeterli bulmaz, bildiklerine güvenmez, nefsini (ve ilmini) bir kenara iterek, Rabbinin arzu ve irâdesine göre amel edip, tasarrufta bulunur.

Zunnûn el-Mısrî (rah.) demiştir ki:

"**Sûfî; (dünya adına bir dâvâ ve kavgası olmadığı için) hiçbir arzu ve isteğin kendisini yormadığı, alınacak hiçbir şeyin de kendisini korkutmadığı kimsedir.**"

Yine **Zunnûn** demiştir ki:

"**Sûfîler her şeye karşı Allahu Teâlâ'yı tercih etmiş, Allah da her şeye karşı onları seçip sevmiştir.**"

Onların, Allah'ın ilmini kendi ilimlerine, O'nun irâdesini de kendi irâdelerine tercih etmeleri bu anlayışlarına dayanmaktadır.

Âriflerin birisine: "İnsanlar içinde kiminle arkadaşlık yapayım?" diye sorulunca: "Sûfîlerle arkadaşlık et. Çünkü, onlar, yaptığın hatalar için ma'zur görecek bir özür kapısı bulurlar. Yapacağın büyük işler için de seni övüp yükseltmezler ki kendini beğenip ucba düşesin." demiştir.

Bu anlayış ve ilim, fakir ve zâhidlerde bulunmaz. Çünkü zâhid, dünyayı terketmiş olmayı gözünde çok büyütür, onu elde tutmayı da çirkin görür. Fakr'ı benimseyenler de böyledir. Bu, onların anlayışlarının darlığından ve sâhip oldukları ilmin dar hudutları içinde tıkanıp kalmalarından ileri gelmektedir.

Sûfîlerin birisi demiştir ki:

"Sûfî; iki güzel hâl ve güzel huy ile karşılaştığında, bunlardan daha güzelini seçebilendir."

Fakir ve zâhîd, iki güzel huy arasındaki farkı tam olarak kavrayamazlar.

Bilakis, hangisi dünya malını ve meşgalesini terketmeye sevkediyorsa, onu seçerler; bu tercihi de o anda sâhip oldukları ilimle yaparlar.

Sûfî ise; Rabbine ilticasındaki sadâkati, O'na güzelce yönelmesi, huzur-ı ma'nevisinde elde ettiği nûr ve o huzura giriş çıkıştaki sâhip olduğu edeble, yüce Rabbini bilmesi, O'nunla zâtına lâyık bir şekilde konuşup sohbet etmesi sayesinde karşılaştığı şeylerin Allah katında en güzel olanını seçer alır ve onun peşine düşer.

Rüveym demiştir ki:

"**Tasavvuf; nefsi, Allahu Teâlâ'ya, O'nunu dilediği şekilde tâbi ve teslim kılmaktır.**"

Amr b. Osman el-Mekkî demiştir ki:

"**Tasavvuf; kulun her zaman, o vakitte yapılması en iyi olan şeyle meşgul olmasıdır.**"

Sûfîlerden birisi de:

"Tasavvufun evveli ilim, ortası amel, sonu da Allahu Teâlâ'dan gelecek ilâhî hibe ve ikramlara nâil olmaktır." demiştir.

Bu konuda denilmiştir ki: "Tasavvuf; toplu halde zikretmek, dinleyip vecde ermek, emre uyup amel etmektir."

Ayrıca: "Tasavvuf; külfeti (zorlamayı) terketmek ve rûhu (aşkla) Allah yoluna fedâ etmektir." denilmiştir.

Sehl b. Abdullah demiştir ki:

"**Sûfî; kalb kirinden ve karışıklığından kurtulmuş, kafası ve kalbi tefekkürle dolmuş, beşerden kopup Allah'a bağlanmış, gözünde toprak ile altın eşit hâle gelmiş kimsedir.**"

Sûfîlerden birisine: "Tasavvuf nedir?" diye sorulunca, şöyle cevap vermiştir:

"**Tasavvuf; kalbin insanlara uymaktan kurtulması, tabiattaki kötü huylardan sıyrılıp beşerî sıfatların te'sirini yok etmek, nefsânî arzulardan sakınmak, rûhânî sıfatlara bürünmek, hakikat ilmine bağlanıp Rasûlullah'ın (s.a.v) yoluna uymaktır.**"

Zunnûn el-Mısrî demiştir ki: "**Şam** civarında bir kadın gördüm;

"Nereden geliyorsun?" dedim.

"Geceleri yanlarını yataktan ayırıp ibâdetle meşgul olan bir topluluğun yanından." dedi.

"Nereye gitmek istiyorsun?" dedim.

"Herhangi bir ticâret ve alış-verişin kendilerini **Allah**'ın zikrinden alıkoymadığı erlerin[6] yanına." diye karşılık verdi.

"Bana onların hâlinden bahseder misin?" deyince, şu mânadaki beyitleri okudu:

Bir kavim ki; niyetleri bağlanmıştır Allah'a,
Onlar için yoktur bir dert yükselecek ağyâra.

Sâhibler Mevlâ'dır onların tek arzuları.
O Samed ve Vâhid için ne güzel tutkuları.

Ayırmadı onları dünya yâhut bir şeref;
Taamlar ve lezzetler evlâd değildir hedef.

Takılmadı gözleri güzel hoş giysilere;
Ne de ruhları aktı sürûr dolu yerlere.

Durmadan yarıştılar kendi menzillerinde;
Gün be gün yaklaştılar o Yüce Sevgiliye.

Zâhirde insanlardan ayrılmış görünürler,
Ruhları arşta gezer, orada gezinirler..."

Cüneyd el-Bağdâdî demiştir ki:

"**Sûfî toprak gibidir; iyileri ve kötüleri üzerinde taşır. Bulut gibidir; herkesi gölgelendirir. Yağmur gibidir; herkes ondan istifâde eder.**"

Yine **Cüneyd** demiştir ki:

"**Sûfî; içine her türlü pislik atıldığı halde, ondan hep güzel şeyler çıkan toprak gibidir.**"

Sûfîlerin, tasavvufun mânası ve mâhiyeti hakkında söylediği sözler bini geçmektedir. Hepsinin nakli uzun sürer. Ancak bunların hepsinin ortak

---

6) Nûr (24), 37.

yönünü ifâde etmek istersek şöyle diyebiliriz:

"Sûfî; devamlı kalb temizliği ile uğraşan kimsedir. O, dâima nefsin çirkin sıfatlarından sıyrılarak, vaktini kötü ve mâlâya'ni şeylerden arındırmakla meşguldür. Onun bu tasfiyesine, Mevlâsına karşı dâima boynu bükük (fakr) hâli de destek olur. Bu hâle devam ederek günah kirlerinden temizlenir. Her ne vakit, nefsi harakete geçip nefsânî sıfatlarından biriyle ortaya çıkacak olsa; sûfî onu uyanık basiretiyle derhal farkeder ve nefisten kaçıp Allah'a sığınır. Kalb temizliğine devam ede dede "**cem'**" [7] hâlini bulur. Kalbin dağılıp karışmasının da nefsin hareketiyle olduğunu görür. Böylece, devamlı Rabbine sığınarak kalbini tehlikeden korur, bu şekilde nefsini de kontrol altında bulundurur.

Allah Teâlâ, bir âyet-i kerimede:

"Ey iman edenler! Allah için hakkı ayakta tutan hâkimler ve adâletle şâhitlik eden kimseler olun!" [8]

Allah için adâletle şâhitlik ancak tasavvufla gerçekleşir.

Sûfîlerden birisi demiştir ki:

"Tasavvuf; tamâmen (nefis adına) çile ve ızdıraptır. Çile ve ızdırap bulunmayınca (nefis rahat olunca) tasavvuf gerçekleşmez."

Bu sözdeki sırr şudur: Rûh devamlı ilâhî huzura doğru cezbedilip çekilir. Yani sûfînin rûhu hep ilâhî yakınlığa can atar ve o tarafa çekilir. Nefis ise aşağı çökme özelliği ile kendi âleminde (dünyevî lezzet ve şehvet içinde) kalmak, gerisin geri dönmek ister. Bunun için sûfî, devamlı boynunu büküp Cenâb-ı Hakk'a sığınmalı, hep uyanık olup nefsin haraketlerini kontrol altına almalıdır.

Bu mânaları anlayan kimse, tasavvuf hakkında değişik ifâdelerle anlatılan şeylerin hepsini kavramış olur.

****

---

7) Cem': Kalbin toparlanması, dağınıklığın gitmesi, tamamen Allah'a yönelip, her şeyin (irâde ve yaratmanın, men ve ihsanın) O'nun irâdesinde olduğunu görme.
8) Mâide (5), 8.

SÛFÎ KELİMESİNİN KÖKÜ

Hz. **Enes b. Mâlik** (r.a) demiştir ki:

"Rasûlullah (s.a.v), bir kölenin bile dâvetine gider, merkebe biner ve yün elbise giyerdi." [1]

Sûfîler, bu hadis-i şerife uyarak hem daha yumuşak, hem de peygamberlerin (a.s) giysisi olduğu için yün elbise giymeyi tercih etmişlerdir. Bu yüzden, onların zâhirî elbiselerini dikkate alan bazı kimseler, onlara, "yün elbise giyen" anlamında "**sûfî**" demişlerdir.

Rasûlullah'ın (s.a.v) şöyle buyurduğu rivâyet edilmiştir:

"(Mekke ile Medine arasında bir bölge olan) Ravha'daki sahraya, ayakları çıplak, üzerlerinde yün elbise bulunan, Beytullah'ı ziyâret için yola çıkmış yetmiş tâne Nebî uğradı." [2]

Yine; **İsâ aleyhisselâm**'ın, kıl ve yünden yapılmış elbise giydiği, kendiliğinden yetişen ağaç meyvelerinden yediği ve nerede akşam ederse orada sabahladığı (kendine kalmak için özel bir yer tahsis etmediği) rivâyet edilmiştir.

Hasan el-Basrî (rah.) demiştir ki: "Bedir savaşına katılan yetmiş kadar sahabî ile karşılaştım, elbiseleri yündendi." [3]

Ebu Hureyre (r.a) ve **Fudâle b. Ubeyd** (r.a), **Sahâbe-i Kirâm**'ı anlatırken şöyle demişlerdir:

"Açlıktan iki büklüm oluyorlardı. Onları gören ve tanımayan bedevîler kendilerini mecnûn zannederdi. Elbiseleri yündendi. Bu yüzden, terledikleri zaman,

---

1) İbnu Sa'd, Tabakât, II, 453; Ebu Nuaym, Hilye, VII, 131; Tirmizî, Cenâiz, 32; İbnu Kesir, el-Bidâye, VI, 10, 46-47; Heysemî, Mecmau'z-Zevâid, IX, 20.
2) Ebû Ya'lâ, Müsned, XIII, 201. (Had. No: 7231); Münzirî, et-Terğîb, II, 185.
3) Ebû Nuaym, Hilye, II, 134.

yağmur altında kalan koyunlardan çıkan koku gibi etrafa bir koku yayılırdı."[4]

Hatta, ashabtan bazıları, Hz. Rasûlullah'a (s.a.v): "Bunların kokusu bizi rahatsız ediyor, sizi etmiyor mu?" diye şikâyette bulunmuşlardı.

Onların yünlü elbiseleri diğer elbiselere tercih edişleri; dünya süsünü terkettikleri, açlıklarını gidererek, avretlerini örtecek şeyle kanaat edip, tamâmen âhirete ve âhiret işlerine yöneldikleri içindi. Onlar, yüce dostlarının hizmet ve ibâdetiyle son derece meşgul olduklarından ve bütün gayretlerini âhiret işlerine sarfettiklerinden, nefislerinin lezzet ve rahatlığına boş vakit ayıramıyorlardı.

Sûfîlere yün elbise giydikleri için "**sûfî**" dendiğini benimsemek, luğat bakımından ve kelimenin türetilmesi yönünden mânaya uygun düşmektedir. Şöyle ki:

Bir kimse yün elbise giydiği zaman; yün elbise giydi anlamında: "**tesavvefe**" denilir. Nitekim; gamîs (gömlek) giyen kimseye de gömlek giydi anlamında "tekammesa" denilir.

Sûfîler, dâima bir halden diğer bir hâle geçtikleri, yüce bir makamdan daha yüce bir hâl ve makama yükseldikleri, yani devamlı "**tayr**" ve "**seyr**" arasında oldukları için; onların bu hâllerini belli bir vasıfla anlatmak ve bir sıfat ile tanımlamak mümkün değildir. Kendilerine, ilim ve hâl olarak pek çok kapılar açılmaktadır. Bâtınları hakikatlerin kaynağı ve mânevî ilimlerin menbaıdır. İç âlemlerindeki devamlı değişen ve gelişen hâllerini, ulaştıkları mânevî derece ve lezzetleri, belirli bir kelime ve ifâdeyle sınırlamak mümkün olmayınca; zâhirdeki giydikleri elbiseye nisbet edilerek tanıtılmış ve ta'rif edilmişlerdir. Bu, onları vasfetmek ve hâllerine işâret etmek için en kestirme ve en belirgin bir yol olmuştur. Çünkü yün elbise giymek, hem peygamberlerin, hem de kendilerinden önceki sâlihlerin âdeti idi. Önceden de belirtildiği gibi; sûfîlerin hâli, mukarrabûn olanların hâlidir.

Böylece; Allah'a yakın olma hâlini ifâde etmek çok güç olduğundan, hem sûfîlerin hâlini gizlemek, hem de makâmlarının yüceliğini dillere düşmekten korumak için, zâhirdeki giysilerine ve dış görünüşlerine işâret etmekle yetinil-

4) Ebu Davud, Taharet, 128.

miştir. Hem bu, onların edebine daha uygundur. Çünkü, zâhirde, bâtında, sözde ve fiilde edeb üzere haraket etmek sûfîye tâifesinin temel esâsıdır.

Sûfîlerin giydikleri elbiseye nisbetle vasfedilmeleri, onların dünyaya pek iltifat etmediklerini, nefislerinin güzel ve ince elbise giyme hususundaki isteklerinden yüz çevirdiklerini göstermektedir. Bu sebeble, tarikata yeni giren bir kimse, onlara bakarak kendisini sıkıntı ve kıtlığa alıştırır, onların yeme ve içmesinin de giyim kuşamdaki gibi sâde olduğunu görür; onlarda şatafat olmadığını anlar ve bu anlayışla onların yoluna girer.

Kanaatimce; sûfilerin bu şekilde ta'rif edilip tanıtılmaları daha faydalı ve daha doğrudur.

Sûfîlerin dış görünüşleri ile değil de, çok değişik olan iç hallerinden biri ile ta'rif etmek ve böylece isimlendirmek, kendilerinin tanınmasını ve bu yola ilk girenlerin yolun gerçek halini kavramalarını güçleştirir. Bu yüzden onların zâhirî hâl ve kıyâfetleri ile tanıtılıp isimlendirilmeleri, anlaşılmaları bakımından daha kolay ve daha faydalıdır. Bunun aksine; onların sâhip oldukları mânevî hâller ve kalb sâfiyeti gibi sıfatlarla tanıtılmasında isbatı zor bir iddiâ ve makam dâvâsı vardır. Onları giydikleri yün elbise ile tanıtmakta ise, böyle bir iddiâ yoktur. Benlik, böbürlenme ve öğünme gibi iddiâlardan uzak olan her şey, sûfîlerin hâline ve yoluna daha uygun, daha doğru bir şeydir.

Bir de şu var: Onlara, giydikleri yün elbiselerden dolayı "**sûfi**" demek; zâhirlerine bakılarak verilmiş bir hükümdür. Onların içinde yaşadıkları bir hâl ya da bir makam ile adlandırılmaları ise; bâtınî bir hükümdür. Zâhire göre hükmetmek bâtınî hükümden daha isâbetli ve daha uygundur. Hem giydikleri yün elbiseden dolayı onlara **"sûfî"** denmesi, durumlarını en iyi ifâde eden ve tavâzuya da en uygun bir ifâdedir.

Sûfîlere "**sûfî**" denmesi hakkında şöyle bir düşünce vardır. Sûfîler, halk içinde bilinmemeyi, hâllerinin gizli kalmasını, alçak gönüllülüğü, boyun büküklüğünü, bir kenara çekilerek halktan gizlenmeyi tercih ettikleri için, toplum tarafından pek değer verilmeyen ve iltifat edilmeyen, terkedilmiş bir hırka ya da işe yaramaz diye atılmış bir yün parçasına benzetilmişlerdir. Bu sebeble; nasıl ki, **Kûfe**'ye nisbet edilen bir kimseye "**Kûfî**" deniyorsa, değersiz bir yün parçası olan "**sûf**"a (yüne) nisbet edilenlere de "**sûfî**" denmiştir.

Bazı ilim ehli bu görüşü benimsemişlerdir. Bu düşünce ve kelimenin türeyiş şekli, mâna ve luğat bakımından daha uygundur. Çünkü; yün ve yünlü elbise giymek sâlihlerin, zâhidlerin, çilehâneye girenlerin ve âbidlerin tercih ettikleri bir elbisedir.

Bize, Ebu Zûr'a **Tâhir b. Muhammed**'in, **Abdullah b. Mesud**'dan (r.a) rivâyet ettiğine göre; **Hz. Peygamber** (s.a.v) şöyle buyurmuştur:

"Allah Teâlâ, Mûsa (a.s) ile konuştuğu gün üzerinde yün bir cübbe, yünden yapılmış bir şalvar ve kolları yün bir elbise vardı. Ayakkabıları da merkeb derisinden idi." [5]

Sûfîler, Cenâb-ı Hakk'ın huzûrunda ön safta bulunmaya özel bir önem gösterdikleri için kendilerine "sûfî" adının verildiği de söylenmiştir. Çünkü onlar, kalbleri ile Allah Teâlâ'ya yönelmeye, sırlarıyla O'nun huzûrunda bulunmaya özen gösterip, bütün güçlerini buna sarf ediyorlardı.

Sûfî kelimesinin aslının"safevî" olduğu, dile ağır geldiği için "fâ" ile "vâv"'ın yeri değiştirilip "sûfi" olduğu da söylenmiştir.

Sûfîlere, Hz. Peygamber (s.a.v) zamanında, O'nun çevresinde ve nazarları altında yaşayan fakir muhâcirlerden oluşanr Ashâb-ı Suffe'ye nisbetle "sûfî" dendiği de söylenmiştir. Cenâb-ı Hakk, onlar hakkında şöyle buyurmuştur:

"Sadakalarınızı, Allah yolunda çalışmaya koyulmuş, öteye beriye koşup bir şey kazanamayan fakirlere veriniz." [6]

Böyle bir fikir, luğat yönünden uygun değilse de, mâna bakımından doğrudur. Çünkü sûfilerin hâli, âyet-i kerimede anlatılan **Ashâb-ı Suffe**'nin hâline benzemektedir. Onlar da **Suffe Ashâbı** gibi; Allah için dost olmuşlar, Allah için toplanmışlar ve O'nun yolunda kaynaşmışlardır.

Suffe ehli; **Medine**'de duracak yerleri, sığınacak kimseleri olmayan dört yüz civarında erkekten oluşuyordu. Sûfilerin tekke, zâviye ve rıbatlarda top-

5) Tirmizi, Libas, 10; Hâkim, Müstedrek, I, 28.
6) Bakara (2), 273.

lanmaları gibi onlar da, **Mescid-i Nebî**'nin etrafındaki hücrelerde bir arada yaşıyorlardı. Ziraat yapmaya, süt hayvanları ile uğraşmaya ve herhangi bir ticârete vakit ve imkanları yoktu. Gündüzleri odun taşıyarak ve hurma çekirdeklerini kırıp öğüterek karınlarını doyurmaya çalışıyor; geceleri ise, ibâdet ve Kur'an-ı Kerim tilâvetiyle meşgul oluyorlardı. Hz. Peygamber (s. a. v) Efendimiz elinden geldiği kadar onlara sâhip çıkıyor; ashabını da onlara yardıma teşvik ediyordu. Allah Resûlü (a.s), onlarla birlikte oturuyor ve yemek yiyordu. Şu âyet-i kerimeler onlar hakkında inmişti:

"Rabblerinin rızâsını dileyerek sabah ve akşam O'na duâ eden fakirleri, (onlarla bir arada bulunmak istemeyen müşriklerin arzusuna uyarak) yanından kovma!" [7]

"Sabah akşam Rabblerinin rızâsını dileyerk O'na duâ (ve ibâdet) eden kimselerle (berâber olmaya) sabret, gözünü (ve gönlünü) onlardan ayırma!" [8]

Şu âyet-i kerime de, **Ashâb-ı Suffe**'den olan **Abdullah İbnu Ümmi Mektûm** (r.a) hakkında nâzil olmuştur.

"Peygamber, âma kendisine geldi diye yüzünü ekşitti ve döndü; ne bilirsin (dâvetinle) arınacak belki de odur." [9]

Abdullah İbnu Ümmi Mektûm (r.a) da **Suffe Ashabı**'ndan idi. Allah Rasûlü (s.a.v), O'nun yüzünden, Allah tarafından uyarılmıştı.

Hz. Peygamber (s.a.v), Ashâb-ı Suffe ile musâhafa ettiği zaman elini onların elinden çekmezdi. Ashâb-ı Kiram'dan maddî durumu iyi olanlara, onlardan üçer dörder ayırır, yedirip içirmeleri için gönderirdi. **Sa'd b. Muâz**, Ashâb-ı Suffe'den seksen kadar kişiyi evine götürüp doyururdu.

---

7) En'am (6), 52.
8) Kehf (18), 28.
9) Abese, 1-3: Rasûlullah (s.a.v), müşriklerin ileri gelenlerini toplamış İslam'a dâvet ediyordu. Onların islam'a girmesiyle dâvetin daha kolay yayılacağını düşünüyordu. O esnada, âmâ olan Abdullah İbnu Ümmi Mektûm çıkageldi. Efendimize yönelip kendisine bir şeyler öğretmesini istedi; araya girdi. Allah Rasûlü (a.s) bundan biraz rahatsız oldu. O sırada bu âyetler nâzil oldu.

Ebu Hureyre (r.a), onların hâlini şöyle anlatmıştır: "**Ehl-i Suffe**'den yetmiş kadar insan gördüm ki, tek bir elbise içinde namaz kılıyorlardı. Bazılarının elbisesi diz kapaklarına bile ulaşmıyordu. Öyle ki; namazda rukûya eğildikleri zaman avretleri yeri açılacak korkusuyla, eliyle elbisesini tutuyordu."

Ashâb-ı Suffe'den birisi, kendilerini anlatırken şöyle demiştir:

"Bir gün toplu bir halde, Rasûlullah'ın (s.a.v) huzuruna vardık ve kendisine: "Yâ Rasûlellah! Devamlı yediğimiz kuru hurma karnımızı kavurdu!" diye şikâyette bulunduk. Allah Rasûlü (s.a.v) bunu duyunca, minbere çıktı ve şöyle bir konuşma yaptı:

"Bazılarına ne oluyor ki: "Hurma karnımızı kavurdu!" diye şikâyette bulunuyorlar. Yediğiniz bu hurmaların Medine ehlinin (en güzel) yiyeceği olduğunu bilmiyor musunuz (ki böyle söylüyorsunuz.) Onlar bize bununla ikramda bulundular. Biz de sâhip olduğumuz bu hurmalardan size ikram ediyoruz. Nefsimi elinde tutan Allah'a yemin ederim ki, Allah'ın Rasûlünün evinde, iki aydır ekmek (yemek) pişirmek için ateş yanmadı ve onların iki siyah şeyden başka bir yiyeceği olmamıştır. Onlar da; su ve hurmadır."[10]

Abdullah b. Abbas (r.a) anlatıyor:

"Rasûlullah (s.a.v) **Suffe** ehlinin kapılarında durdu. Onların onca fakirlik ve zorluklarına rağmen kalblerinin çok hoş olduğunu görünce:

"Ey Suffe ashabı! Size müjdeler olsun. Sizden kim bugünkü olduğu hâle râzı olarak hayatına devam ederse, o, kıyâmet gününde benim en yakın arkadaşım olacaktır." buyurdu.

Anlatıldığına göre; sûfilerden, **Horasan**'da yaşayan bir grup, mağara ve sığınaklara yerleşmişlerdi. Köy ve şehirlerde oturmazlardı. **Horasan**'da onlara "**Şiküftiyye**" denirdi. "**Şiküft**", **Farsça** bir kelime olup, bir mağaranın ismidir. Bu isimle onları, sığınıp yerleştikleri yere nisbet ediyorlardı. **Şam**'lılar da sûfilere, onların açlık hâllerine nisbeten "**Cûiyye**" adını veriyorlardı.

Allah Teâlâ, Kur'an-ı Kerim'de iyilik ve hayır ehline "**ebrâr**" ismini vermiş, diğer bazılarına da "**mukarrabûn**" demiştir. Bazı âyet-i kerimelerde ise bu tâife, "**sâbirûn**", "**sâdıkûn**", "**zâkirûn**" ve "**muhibbûn**" isimleriyle anılmışlardır.

10) Ahmed, Müsned, III, 487.

Sûfi ismi ise; ayrı ayrı zikredilen bütün bu isimleri içine almaktadır.

Sûfî ismi Rasûlullah (a.s) zamanında mevcut değildi. Bu ismin tâbiûn devrinde kullanılmaya başlandığı söylenmiştir.

Hasan el-Basrî'nin şöyle dediği nakledilmiştir:

"**Kâbe**'yi tavaf ederken bir sûfî gördüm, ona bir şeyler verdim, almadı ve: "Yanımda dört çeyrek dirhemim var, o bana yeter!" dedi.

Süfyân es-Sevrî'den rivâyet edilen şu söz de bu düşüncenin doğruluğunu göstermektedir:

"**Eğer, Ebû Hâşim es-Sûfî'yi tanımasaydım; riyânın inceliklerini bilmezdim.**"

Bu sözden anlaşıldığına göre; sûfî ismi daha önceden de biliniyordu. Bununla birlikte, sûfî isminin hicretin ikiyüzüncü yılına kadar bilinmediği ve kullanılmadığı söylenmiştir. Çünkü Asr-ı Saâdette yaşayan kimseler, Rasûlullah'ın (s.a.v) yüce sohbetleriyle şereflendikleri için, kenilerine; "**Sahâbî**" denilmekteydi. **Hz. Peygamber**'le sohbete işâret eden bu isim, hiç şüphesiz, başka isimlerden daha güzel ve daha uygundur.

Saâdet devrinden sonra, **Ashab-ı Kiram** ile görüşüp konuşan ve kendilerinden ilim alanlara "**Tâbiûn**" denildi.

Sonra, risâlet devri geride kaldı. Vahiy kesildi. Hz. Rasûlullah'ın (s.a.v) nübüvvet nûru gözlerden uzaklaşmaya ve gizlenmeye başladı. Çeşitli görüş ve akımlar ortaya çıktı. Herkes kendi fikriyle yetindi. İlim kaynakları hevâ ve heves kiri ile bulandı. Takvâ ehlinin oluşturduğu güzel çevre ve haller bozuldu. Zühd sâhiblerinin azim ve gayretleri zayıfladı, niyetler karıştı, insanları cehâlet kapladı, gönülleri katılaştı. Basit âdetler çıkarıldı ve yayıldı. Bunlara dalanlar arttı. Dünya insanlara süslü göründü ve ona tâlib olanlar çoğaldı.

Bütün bu olumsuzluklar içinde, insanlardan bazıları sâlih amellleri, yüce hâlleri, niyetlerindeki sadâkatları ve dînî emirlere kuvvetle sarılmalarıyla ayrı bir grup oluşturdu. Bunlar dünyaya ve dünyevî değerlere karşı zühdü seçtiler; yalnızlığı ve uzleti tercih ettiler. Kendilerine suffe ashabını örnek alarak, sebepleri terk ve Allah'a teslimiyetle, zaman zaman toplanacakları ve diledikleri zaman da tek başlarına kalabilecekleri zâviye ve tekkeler inşâ ettiler. Bu hâl içinde, işledikleri sâlih amelleri, kendilerine yüce hâller kazandırdı. Anlayışlarının sâfiyeti onlara mānevî ilimleri te'mîn etti. Böylece, kendilerinde, apayrı bir lisân, bambaşka bir irfân ve yepyeni bir imân oluştu. Nitekim, Sahâbeden **Hz. Hârise** (r.a), kendisine, imanın hakikatları keşf olduğu zaman: "**Gerçek bir mü'min oldum!**" demiştir.

İşte sûfîlere de, bu hâllerinin neticesi olarak, ancak kendilerinin bildiği ve anladığı bir takım ilimler, sadece onların tanıdığı bir çok mânevî işâretler hâsıl olmuştur. Bildikleri bu ilimlere ve buldukları hâllere işâret etmek üzere kendilerine has ıstılah ve terimler ortaya koydular. Sonraki gelenler öncekilerden bu ilim ve hâlleri aldılar. Nihâyet bunlar onlar için her asır ve zamanda devam eden bir alâmet ve köklü bir uzmanlık sahası oldu. İşte böylece sûfî ismi aralarında yayıldı ve bu isimle anılıp çağrılır oldular. İsimleri onların alâmeti, marifetullah sıfatları, ibâdet süsleri, takvâ şiarları, hakikatın incelikleri sırları oldu.

Bu özelliği ile sûfiler, kalabalıklardan uzaklaşmış fazilet sâhipleri, gayret kubbesinin sâkinleri, hayretler ülkesinin insanları olmuşlardır. Onların üzerine her an Allah'ın rahmet ve ihsanı dökülür. Onlar ise; ilâhî şevkle tutuşup: "Dahası yok mu?" diyerek, daha fazlasının isterler.

Allah'ım! Bizleri bu topluluk içinde haşret ve bize onların güzel hâllerini bahşet! Âmîn.

Herşeyin en doğrusunu Allahu Teâlâ bilir.

****

MUTASAVVIFLAR VE ONLARA BENZEYENLER

Şeyhimiz, Şeyhu'l-İslam **Ebu'n-Necîb es-Sühreverdî**'nin, **Enes b. Mâlik** (r.a)'den rivâyet ettiğine göre; **Hz. Peygamber** (s.a.v)'e göre bir adam geldi ve:

"Kıyâmet ne zaman kopacak ?" diye soru sordu. **Rasûlullah** (a.s), (cevap vermeden) namaza kalktı. Namazını bitirdiği zaman:

"Kıyâmetten soran kişi nerede?" diye sordu. Adam:

"Benim (buradayım), Yâ Rasûlellah!" dedi. **Efendimiz** (a.s):

"Kıyâmet için ne hazırladın?" **diye sordu.** Adam:

"**O güne çokca namaz ve oruç,** (diğer bir rivâyette) **büyük bir amel hazırlayamadım, ancak ben, Allah ve Rasûlünü seviyorum.**" dedi. **Hz. Peygamber** (s.a.v) de:

"Kişi sevdiği ile berâberdir." *yahut:* ***"Sen, sevdiğinle berâbersin."***[1] buyurdu.

Enes (r.a) demiştir ki: "Müslümanları, İslam'dan sonra, bu hadisteki müjde ile sevindikleri kadar hiç bir şeyle sevinirken görmedim."

Şu halde, sûfîlere benzemeye çalışan müteşebbih kimsenin, -diğer insanları bırakıp- sâdece onlara benzemeye çalışması, onları sevdiği içindir. O bunu kendi irâde ve isteği ile yapmaktadır. Bu durumda kendisi onların hâl ve makâmlarından aşağıda olsa da; irâde ve muhabbetinin onlarla berâber olmasından dolayı, onlarla berâber olur.

Bu hususta, yukarıda rivâyet ettiğimiz hadisten mâna olarak daha açık bir hadis vârid olmuştur ki; onu, **Ubâde b. Sâmit** (r.a), **Ebû Zerr el-Gıfârî** (r.a)'den nakletmiştir. Hadis şudur:

Ebû Zerr el-Gıfârî (r.a), anlatıyor: Hz. Peygamber (s.a.v)'e:

---

1) Buhârî, Edeb, 96; Müslim, Birr, 164; Tirmizî, Zühd, 50; bkz: Beyhakî, Şuabu'l-İmân, II,131. (No: 1379.)

"Yâ Rasûlellah! Bir topluluğu sevdiği halde, onlar gibi amel etmeye güç yetiremeyen kimse hakkında ne buyurursunuz?" diye sordum, Efendimiz (s.a.v):

"Ey Ebû Zerr! Sen, sevdiklerinle berâber olacaksın." buyurdu. Ben de: "Şüphesiz ben Allah ve Rasûlünü seviyorum." dedim. Efendimiz (s.a.v): ***"Muhakkak ki sen, sevdiklerinle berâbersin."*** buyurdu. **Ubâde b. Sâbit** demiştir ki: **Ebû Zerr,** bu tür sorularını devam ettirdikce, **Efendimiz** (s.a.v) de aynı cevapları veriyordu.[2]

Sûfîlere benzemek isteyen kimsenin sufilere muhabbeti, sûfîlerin ruhlarının uyanıp göz diktiği ilâhî şeylere onun da rûhunun uyanması sebebiyledir. Çünka, Allah'ın emrine, O'na yaklaştıran şeylere ve O'na yakın olan kimselere muhabbet etmek ruhun (o tarafa) çekilmesiyle meydana gelir. Şu kadar var ki; onlara benzemek isteyen (**müteşebbih**), nefsinin zulmeti ve etkisi altında kalmış, sûfî ise bu halden kurtulmuştur. **Mutasavvıf** ise; sûfîlerin bu hâl ve özelliğine (daha ileri derecede) vâkıf olan kimsedir. Ancak o da, nefsin bazı sıfatlarının üzerinde bulunması yönüyle müteşebbih ile ortaktır.

Sûfilerin yolunun ilk basamağı iman, ikincisi ilim, üçüncüsü de bizzat tatmaktır. Müteşebbih bu mânada iman sahibi seviyesindedir. İman, sûfîyye yolunun temel esaslarından biridir.

Buna işâret etmek üzere **Cüneyd el-Bağdâdî** (rah.): **"İman, bizim yolumuzda velâyetin tâ kendisidir."** demiştir. Bunun izâhı şudur:

Şüphesiz sûfîler, yüce halleri ve insanların çoğunun anlayamaya-cağı gizli tarafları ile toplum içinde ayrı bir konum ve özelliğe sahiptirler. Çünkü onlar, kader sırrını ve ilmin inceliklerini açıklayabilecek, Cenâb-ı Hakk'ın emrinin ve O'na yaklaşmanın büyüklüğünü ifâde edebilecek kimselerdir. Bu hususlara iman etmek, Allah'ın kudretine iman etmek demektir.

Bazı gruplar, evliyânın kerâmetlerini inkara gittiler. (Halbuki buna hiçbir sebep yok). Çünkü bütün kerâmetler Allah'ın kudreti ve izni ile olmaktadır.

---

2) Buhâri, Edeb, 95; Dârimî, Rikak, 71; Münzirî, et-Terğîb, IV, 27.

Kerâmetlere iman etmek; Allah'ın kudretine iman demektir. Sûfîlerde bu tür ilim ve hâller mevcuttur. Onların yol ve hâline ancak, Allah'ın özel inâyetine mazhar olmuş kimseler iman ve sulûk eder.

Şu halde, müteşebbih imân, mutasavvıf da iman ve ilim sahibidir. Çünkü mutasavvıf, imandan sonra, sûfîlerin yol ve halleri hakkında bir çok ilimler elde etmiş, bu sâyede kendisinde daha başka ilimlere sevk ve işâret edecek mânevî vecdler oluşmuştur. Sûfi ise; imân, ilim ve zevk sâhibidir.

Sâdık bir mutasavvıfta sûfîlerin hâlinden bir parça bulunabilir. Müteşebbihte de mutasavvıfın hâlinden bir nebze bulunur. Allah Teâlâ'nın kanunu bu şekilde cerayan etmektedir. Şöyle ki:

Hâl sahibi olan herkeste ilâhî bir zevk vardır. Bu zevk sâyesinde kendisine içinde bulunduğu halden daha yüce bir hâlin ilmi keşfolur; böylece terakkî yolu devam eder gider. Birinci halde kişi zevk sâhibi, ikinci halde de ilim sâhibi olur. Bu hâlin de üzerinde iman sâhibi vardır. Zevk hâli içinde olan kadem sahibi, ilim hâli içinde olan nazar sâhibi, bundan daha yüksek hâl içinde olan ise; (gerçek) imân sahibi olur.

Allah Teâlâ, Kur'an-ı Hakim'de, ebrâr'ı: ***"Muhakkak ki ebrâr (iyiler) naîm cennetinde koltuklar üzerinde (neşe ile etrafı) seyrederler."*** [3] şeklinde tanıtırken, onların içeceklerini de şöyle ta'rif etmektedir:

"Onların içeceği Cennet şarabının katığı "Tesnîmden"dir. Tesnîm, kendisinden mukarrabûn makamında olanların içeceği bir kaynaktır." [4]

Demek ki; ebrârın içeceği, mukarrabûn olanların içeceğinden karıştırılarak hazırlandığı halde; mukarrabûnlar için sâdece "**Tesnîm**" pınarından hazırlanan içecek vardır. Buna göre; sûfinin içeceği sâf ve hâlis bir içecektir. Mutasavvıfın içeceği, sûfînin içeceğinden biraz karıştırılmış, müteşebbihin içeceği ise; mutasavvıfın içeceğinden bir miktar katılıp hazırlanmış içeceklerdir.

Sûfî, kurbiyet sahasında rûhun sükûn bulduğu makâma ilerlemiştir.

---

3) Mutaffifîn (83), 22-23.
4) Mutaffifîn (83), 27-28.

Mutasavvıfın sûfiye göre durumu; kendini yeni zühde alıştıran kimsenin gerçek zâhid yanındaki durumu gibidir. Çünkü o, kendisinde daha nefsin sıfatları bulunduğundan, sepeplere yapışmakta, çeşitli amelleri yüklenmekte ve gayretle amel etmekte, böylece yolunda çalışarak Rabbine doğru gitmektedir.

Rasûlullah (s.a.v) bir defasında Ashâbına:

"Durmayın yol alın, müferridûn ileri geçtiler!" buyurdu. Ashab:

"**Müferridûn kimlerdir Yâ Rasûlellah?**" diye sorduklarında, Efendimiz (a.s):

"Onlar; aşırı derecede Allah'ın zikrine düşkün olan (ve bu şekilde mâsivâyı unutan) kimselerdir. Zikir üzerlerinden (günah ve dünyevî meşgale) ağırlıklarını kaldırdı ve onlar kıyâmet günü Allah'ın huzuruna yükü hafif olarak geldiler." [5]

Sûfi; Hz. **Rasûlullah**'ın (s.a.v) ta'rif ettiği "**Müferridûn**"ların makamındadır. Mutasavvıf ise; seyr u sulûk hâlinde **Allah**'a gidenlerin makamındadır. Kalbiyle devamlı Allahu Teâlâ'yı zikir ve murâkebe hâlinde olup, lezzeti; Cenâb-ı Hakk'ın kendisine nazar ettiğini görmesidir.

Şu halde; sûfi rûh makâmında müşâhede sahibi, mutasavvıf kalb makâmında murâkebe sâhibi; müteşebbih ise nefisle mücâdele içinde mücâhede ve muhâsebe sâhibidir.

Sûfînin halden hâle geçmesi kalbinin varlığı, mutasavvıfın halden hâle geçmesi de nefsin varlığı sebebiyledir. Müteşebbih için ise, bir hâl değiştirme söz konusu değildir. Çünkü; devamlı değişme içinde olmak, hâl sahipleri içindir. Müteşebbih henüz çalışma hâlinde ve seyr u sulûk içinde olup, daha herhangi bir mânevî hâle ulaşamamış kimsedir. Bununla beraber, bu üç sınıfın hepsi, Allah Teâlâ'nın, kendisi ve yolu için seçtiği gruba girmektedirler:

Allah Teâlâ buyurmuştur ki: ***"Sonra biz, Kur'an'ı, kullarımızdan seçtiklerimize miras kılmaya hüküm verdik. Onlardan kimi (Kur'an'la amelde kusur etmekle) nefislerine zülmedicidir. Kimi kötülük ve iyiliği müsâvî gidendir. Kimi de Allah'ın izniyle hayırlarda ileri geçendir. İşte bu***

---

5) Tirmizî, Duâ, 128; Münâvî, Feyzu'l-Kadîr, IV, 92 (No:4651), Heysemî, Mecmau'z-Zevâid, X, 75.

Kur'an'a vâris olmak, büyük bir ihsandır." [6]

Bu âyet-i kerimede geçen zâlim (nefsine zülmeden), muktasıd (orta halli giden), sâbık (hayırlarda öne geçen) ifâdeleri için şu yorumlar yapılmıştır:

"Zâlim; zâhid, muktesıd; ârif, sâbık da; Allah Teâlâ'yı sevendir."

"Zâlim, bela gelince feryat eden; muktesıd, belâ anında sabreden; sâbık ise belâ ile lezzet bulan kimsedir."

Başka bir yorum:

"Zâlim, (Allah'a) gaflet ve âdet üzere ibadet eder. Muktesıd, rağbet ve korkuyla ibadet eder. Sâbık ise, heybet ve minnet duygusu içinde ibâdet eder."

Diğer bir yorum:

"Zâlim; Allah Teâlâ'yı diliyle, muktesıd; kalbiyle zikreder. Sâbık ise; Rabbini hiç unutmaz."

Ahmed b. Âsım el-Antâkî (rah.) demiştir ki:

"Zâlim, lâf sâhibi; muktesıd, iş sâhibi; sâbık ise hâl sâhibidir."

Bütün bu söz ve ta'rifler sûfînin, mutasavvıfın ve müteşebbihin hâliyle yakın bir alaka içindedir. Sonuçta hepsi de felah ve kurtuluş ehlidir. Her biri (âyetin beyânıyla) seçilmiş kulların dâiresine girip, ilâhî ihsan ve müjdeye mazhar kılınmaları sebebiyle aralarında ortak bir bağ oluşmaktadır.

Şeyh Radıyyuddin Ebu'l-Hayr **Ahmed b. İsmail el-Kazvînî**'nin, **Üsâme b. Zeyd** (r.a)'den naklettiğine göre; **Hz. Peygamber** (s.a.v):

"Kimi zâlim (nefsine zülmeden)dir, kimi muktesıd (orta halli giden) dir, kimi de Allah'ın izniyle hayırlarda sâbık (önde olan) dır." [7] âyet-i kerimesinde geçen zâlim, muktesıd ve sâbık'ın **Cennet**'te olduğunu müjdelemiştir.[8]

İbnu Atâ demiştir ki:

"(Âyette bahsedilen) zâlim Allah'ı dünya için; muktesıd, Allah'ı âhiret için seven, sâbık da kendi muradını terkedip Allah Teâlâ'nın murâdına

6) Fâtır (35), 32.
7) Fâtır (35), 32.
8) Taberî, Câimu'l-Beyân, Cüz: 22, 137; İbnu Kesir, Tefsir, IV, 434; Kurtûbî, el- Câmi', XIV, 346; Hâkim, Müstedrek, II, 426.

teslim olan kimsedir."

Bu, sûfî'nin hâlidir. Müteşebbih ise bu cemaatın bazı hallerine ulaşmak ve onlardan birşeyler öğrenmek istemektedir. Onlara yakın olmak da her hayrın başı ve başlangıcıdır.

Şeyhimiz **Ebu'n-Necîb** (rah.) bize şunu anlattı:

"**İsfahan**'da bulunuyorduk. Dünya ehli kimselerden birisi **Ahmed el-Gazzâlî**'nin[9] yanına geldi. Kendisinden hırka giymek ve mânevî terbiyesine girmek istiyordu. Hazret ona, beni işâret ederek:

"Falancaya git, sana hırka giymenin ne demek olduğunu anlatsın, sonra da gel hırkanı giydirelim." dedi. Adam bana geldi. Ben de ona, hırka giymenin sorumluluklarını, riâyet edilmesi lâzım gelen edebleri, onu giyene gerekenleri ve kimlerin buna ehil olduğunu geniş ve güzelce açıkladım. O kimse, hırkanın hak ve sorumluluğunun ağırlığını görünce; hırka giymekten çekindi. Benim sözümden dolayı hırka giymek isteyenin içinde hâsıl olan bu korku ve çekingenlik Şeyh Hazretlerine ulaştı. Hazret beni huzuruna çağırıp:

"Onu sana, hırka giymeye şevkini artırasın diye gönderdik; sen ise azmini kıracak şeyler söylüyorsun!" diyerek uyardı ve sonra bana:

"Söylediklerin doğrudur ve hırka giymede lâzım olan haklardır: Fakat biz, ilk girene bu şekilde zor şartlar ileri sürersek nefret eder ve onu yerine getirmekten âciz kalacağını düşünürek vazgeçer. Biz böylelerine de hırka giydiriyoruz ki; kendileri sûfîlere benzesin, onların kıyâfetine bürünsün. Bu hırka ile sûfîlerin meclis ve toptantılarına katılsın. Böylece, onlarla bir arada bulunmanın bereketi ile, onların yoluna girmeyi ve onlar gibi olmayı sevsin." dedi.

Ahmed el-Gazzâlî'nin bu sözü ile, **Şeyhimiz Ebu'n-Necîb**'in, **Cüneyd el-Bağdâdî**'den naklettiği şu söz birbirine uygundur: Hazret demiştir ki:

"Hakk yoluna girmek isteyen bir derviş ile karşılaştığın zaman; ona hemen ilimle söze başlama; rıfk ve yumuşaklık ile işe başla. Çünkü (ilk anda) kendisine ağır gelen ilim onu korkutabilir, yumuşaklık ise onu ısındırır ve

---

9) İmam Gazzâlî'nin kardeşidir. O'nun yerine bir zaman Nizâmiye Medresesinde ders vermiş, h. 520. yılında vefat etmiştir. Bkz: Subkî, Tabakât, IV, 5.

yola alıştırır."

Sûfîlerin, müteşebbih olanlara rıfk ve yumuşaklık ile muamele etmeleri sâyesinde mânevî yola ilk girenler fayda bulmakta ve istifâde etmektedirler. Sûfîler içinde, hâl bakımından en kâmil ve ilim yönünden en yüksek olanlar; mânevî yola yeni girenlere o derecede yumuşak ve sevecen davranmaktadırlar.

Anlatıldığına göre; mânevî yola yeni giren birisi, sûfîlerin birisiyle arkadaş oldu; bu berâberliğin bereketiyle çokca amel ve mücâhedeye başladı. Böyle yapmasına sebep; onun, yanındaki büyüğe bakması, onun edebiyle edeblenmesi ve ona uymasıydı. (Bütün bunları kendi irâde ve arzusuyla yapmaktaydı. O büyük zattan gördüğü ise sâdece örnek hâl ve güzel muamele idi.) İşte bu rıfk ve şefkat, bulunduğu her şeyi ve her işi güzelleştirmektedir.

Gerçekten sûfîlere benzemeye çalışan kimse; öncelikle, onların yoluna iman sahibidir. Sonra, bu imanın gereği onların yolunda seyr u sulûk ve gayret gerekir.

Yukarıda zikrettiğimiz gibi, müteşebbih, mücâhede ve muhâsebe sâhibidir. Sonra zamanla, murâkebe sâhibi mutasavvıf ve bilâhare müşâhede sâhibi sûfî olur.

Sûfîlerin hâline ve tasavvufun inceliklerine ulaşmaya çalışmadan, kendisini onların hedeflerine yaklaştıracak ve ulaştıracak ilk vazifeleri yerine getirmeden, onların yaşantı ve sıfatlarına girmeden, sırf, dış sûret ve kıyâfette onlara benzeyen kimseye gelince o, gerçekten sûfîlere benzemek isteyen birisi değildir. O, bu hâliyle, sûfîlere değil, müteşebbihlere benzemektedir. Bu cemaata nisbeti sâdece elbise iledir. Bununla birlikte (bu tür bir benzemenin bile ona faydası vardır. Çünkü) sûfîler, kendileriyle oturanın şâkî olmadığı bir topluluktur. Nitekim bir hadiste:

"Kim bir kavme benzerse, o da onlardandır." [10] buyrulmuştur.

Ebu Hureyre (r.a) tarafından nakledilen bir hadiste Hz. **Rasûlullah** (s.a.v) şöyle buyurmuştur:

"Allah Teâlâ'nın, insanın amellerini yazan meleklerden başka, yollar-

10) Ebu Dâvud, Libâs, 4; Ahmed, Müsned, II, 50.

da dolaşıp zikir meclislerini arayan özel melekleri vardır. Allah Teâlâ'yı zikreden bir cemaat gördükleri zaman, diğerlerine:

"Aradığınız buradadır; buraya gelin diye!" seslenirler. Hepsi toplanıp, kanatlarıyla onları, semânın derinliklerine kadar sarar, kuşatırlar. Allahu Teâlâ, herşeyi daha iyi bildiği halde, onların amelini ilâhî huzura çıkaran meleklere:

"**Kullarım ne diyor ?**" diye sorar. Melekler:

"Sana hamd ediyor, seni tesbih ediyor ve seni yüceltiyorlar." diye cevap verirler. **Allahu Teâlâ:**

"**Onlar beni gördüler mi?**" diye sorar, melekler:

"Hayır, görmediler." derler. **Allahu Teâlâ:**

"**Peki, beni görselerdi nasıl davranırlardı?**" diye sorunca, melekler:

"Onlar seni görselerdi, sana daha çok hamdeder, seni daha çok tesbih eder, seni daha çok yüceltirlerdi." derler. **Allahu Teâlâ:**

"**Onlar benden neyi istiyorlar?**" diye sorunca, melekler:

"Cenneti istiyorlar." derler. Allahu Teâlâ:

"**Onlar, Cennet'i gördüler mi?**" diye sorar, melekler:

"Hayır, görmediler." derler. Allahu Teâlâ:

"**Eğer görselerdi durumları nasıl olurdu?**" diye sorunca, melekler:

"Onu daha çok isterler ve onu kazanacak amellere daha fazla sarılırlardı." diye cevap verirler. Allahu Teâlâ:

"**Onlar neden bana sığınıyorlar?**" diye sorar, melekler:

"Cehennem'den sana sığınıyorlar." diye cevap verirler. Allah Teâlâ:

"**Onlar Cehennem'i gördüler mi?**" diye sorar, melekler:

"Hayır görmediler." derler. Allah Teâlâ:

"**Eğer onu görselerdi, halleri nasıl olurdu?**" diye sorunca, melekler:

"Ondan daha şiddetli sana sığınırlar ve ona kendilerini götürecek amellerden daha çok kaçarlardı." derler. O zaman Allah Teâlâ:

"Sizleri şâhit tutarak söylüyorum: Muhakkak ben onları affettim." buyurur. Bunun üzerine içlerinden bir melek:

"Yâ Rabbi! Onların içinde bir kimse var ki; onlar gibi zikir ehli değildir; onların arasına zikir için değil, bir ihtiyacı için gelmişti." deyince, Allah Teâlâ:

"Onlar öyle bir topluluktur ki; onlarla oturan şâkî (rahmetten mahrum) olmaz." [11] buyurur.

Demek ki; sûfilerle oturan, onlara benzemeye çalışan ve onları seven kimse şâkî olmaz; ilahi rahmetten mahrum kalmaz.

****

11) Buhâri, Deavât, 67; Müslim, Zikr, 35. (Benzeri rivâyetle rivâyet edilmiştir.)

MELÂMETİLİK VE MELÂMETÎLER

Bazıları melâmetiyi şöyle tarif etmişlerdir: "Melâmetî, iyiliğini açıklamayan, kötülüğünü de gizlemeyen kimsedir." Bunu şöyle izâh edebiliriz:

Melâmetî; damarlarına varana kadar, bütün benliği ile ihlâsı içine sindirmiş, sıdkı elde etmiş bir kimsedir. O, bu durumda kimsenin, hâline ve amellerine vâkıf olmasını sevmez.

Bize, Şeyh Ebû Zûr'a **el-Makdısî**, **Huzeyfe el-Yâmânî**'nin şöyle dediğini rivâyet etti. **Rasûlullah**'a (s.a.v):

"İhlas nedir, Yâ Rasûlellah?" diye sordum, **Efendimiz** (s. a. v) de:

"Ben de: "İhlasın ne olduğunu?" Cebrâil'e sordum, dedi ki:

"Ben de: "ihlâsın ne olduğunu?" Cenâb-ı Hakk'a sordum, şöyle buyurdu:

"İhlâs, benim sırlarımdan bir sırdır. Onu, kullarımdan sevdiğim kimsenin kalbine emânet olarak korum." [1]

Melâmetîlerin ihlâsa sarılma konusunda özel ve ayrı bir hususiyetleri vardır. Onlar, sâhip oldukları hâl ve amellerin gizlenmesi kanaatindedirler ve onları gizlemekten büyük tad alırlar. Öyle ki; melâmetîler, amel veya hallerinden birinin bilinmesinden, suç işleyen bir kimsenin suçunun ortaya çıkmasından korktuğu gibi korkar. Çünkü melâmetinin gözünde ihlas her şeyin üstündedir ve ona sımsıkı sarılmıştır.

Ebû Yâkub es-Sûsî demiştir ki: "Onlar, ihlaslarındaki ihlâsı gördükleri zaman; o ihlâsları da ayrı bir ihlâsa muhtaç olmuştur."

Zunnûn el-Mısrî demiştir ki: "Şu üç şey ihlâsın alâmetlerindendir:

1-Kişinin gözünde halk tarafından övülmesiyle yerilmesinin bir olması.

---

1) Bkz: Zebidî, İthâfu's-Sâde, XIII, 80-82. (Beyrut, Lübnan baskısı)

2-Yaptığı amelleri gözünde hiç görmemesi.

3-Amelin âhirette sevap getireceğini düşünmemesi."

Ebû Zür'a, **Ebû Osman el-Mağrıbî**'nin şöyle dediğini rivâyet etmiştir:

"İhlâs; yapılan amelde nefis adına bir payın bulunmayıp her şeyin Allah rızâsı için yapılmasıdır. Bu, avamın ihlâsıdır. Havassın ihlâsı ise; kendilerinden özel bir cehd ve gayret olmaksızın, kendiliğinden oluşan bir hâldir. Onlardan bir çok taat ve hayır ortaya çıkar; onlarsa bunları görmekten uzaktırlar. Ona bakıp herhangi bir değerlendirme ve hesap yapmazlar. Bu havassın ihlâsıdır."

Şeyh **Ebû Osman el-Mağrıbî**'nin açıklamış olduğu bu durum, sûfi ile melâmetîyi birbirinden ayırdetmektedir. Çünkü melâmetî; amel ve hâlinde halkın düşüncesini kalbinden çıkarmış, fakat, nefsinde, kendisinin ihlâs sâhibi olduğu düşüncesini bırakmıştır. Sûfî ise; amel ve hâlinde başkalarını görmeyi çıkarttığı gibi, nefsinin de çıkartmıştır. Bu hâliyle o, "**muhlas**" yâni; ilâhî tevfik ile ihlâsa ulaştırılmış, mâsivâdan alınmış bir kimsedir. Melâmetî ise, muhlis; kendi çabasıyla ihlâs sahibi olmaya çalışan bir kimsedir. Allah tarafından seçilen muhlas ile, kendi çabasıyla ihlâsı elde etmeye çalışan muhlis arasında ne kadar fark vardır.

Ebû Bekir ez-Zekkâk, demiştir ki: "Bir muhlisin ihlâsında kendi ihlâsını görmesi onun için bir noksanlıktır. Allahu Teâlâ, onun ihlâsını hâlis kılmak istediği zaman, kalbinden ihlâsındaki ihlâsı görme duygusunu giderir. Böylece kul, kendi gayreti ile ihlâsı bulmuş "**muhlis**" değil, Allah'ın inâyeti ile ihlâsa kavuşturulmuş bir kimse olur; işte bu durmuda oyan kimselere "**muhlas**" denir."

Ebû Sâid el-Harrâz ise: "**Âriflerin riyâsı, müridlerin ihlâsından daha faziletlidir.**" demiştir.

Bunun mânası şudur: Hiç şüphesiz, müridlerin ihlâsı, ihlâsını görme hastalığı ile karşı karşıyadır. Ârif ise; amelini iptal edecek riyâdan uzaktır. Bazen ârif, amelinden veya sâhip olduğu mânevî hâlinden bir şeyi, ya müridi hak yola çekmek veya ona bazı amellerini göstererek ondaki kötü bir hâli tedâvi etmeyi düşünebilir. Bu işlerde ve durumlarda âriflerin farkında olduğu ince bir ilim ve siyâset vardır ki, onu başkaları tanıyamazlar. İlmi ve aklı noksan kimseler dıştan bakınca onu riyâ zanneder. Halbuki o, riyâ değildir; sâdece, nefsin hiçbir zaman devreye giremediği, içinde hiçbir âfet olmayan, Allah'dan alınmış, Allah için ortaya konan açık bir ilim ve anlayıştır.

Rüveym ise "İhlâs; amel sâhibinin karşılık olarak (Allah rızâsından başka) dünya ve âhirette, maddî mânevî hiçbir şeye râzı olmamasıdır." demiştir.

Bazıları demişlerdir ki: "Gerçek ihlâs; devamlı Hakk'a nazar ederek, halkı görmeyi unutmaktır."

Melâmetî, halkı görüyor ki; amelini ve hâlini onlardan gizlemektedir. Sûfi de bu hâl yoktur.

Buraya kadar anlattıklarımızla, sûfînin ihlâsını bir nebze vasfetmiş olduk.

Bu konuda **Zekkâk** (rah) şöyle demiştir: "İhlâs sâbinin, ihlâsını görmekten ve ben ihlâs sahibiyim diye düşünmekten kurtulması gerekir. Çünkü bu hâl ihlâsdaki kemâlin noksanlığından kaynaklanmaktadır. Gerçek ihlâs; Allah Teâlâ'nın, amel sâhibini bozuk niyet ve mâsivâ düşüncesinden korumayı üzerine alması ve kulun da o ameli, sırf Allah için kemâl-i edebiyle yapmasıdır."

Câfer el-Huldî şöyle demiştir: **Cüneyd el-Bağdâdî**'ye:

"İhlâsla sıdk arasında bir fark var mıdır ?" diye sordum, Hazret:

"Evet, sıdk asıldır ve ilk olarak bulunur. İhlâs ise; sonradan hâsıl olur ve sıdka tâbidir." diyerek şöyle devam etti: "Çünkü ihlâs amele girdikten sonra meydana gelir. Kula lâzım olan ancak ihlâstır. Sonra ihlâsın da hâlis bir hâle getirilmesi işlemi vardır. Peşinden, ihlâsı hâlis kılma işinde de tertemiz bir ihlâs içinde bulunmak lazımdır."

Buna göre; ilk hâliyle ihlâs, melâmetînin hâlidir. İhlâsı görmekten kurtulmak ise, sûfî'nin hâlidir. İhlâsı hâlis kılma işinde de saf ve temiz bir halde olmak, kalbin tamamıyle mâsivâdan arınmasının neticesi ve meyvesidir. Bu ise; kulun her türlü şekil ve kâideden kurtulması, ibâdet ve amelini kendi gayreti ile yerine getirdiğini düşünmekten uzaklaşması, bütün varlığını Cenâb-ı Hakk'ın irâde ve tasarrufunda görerek, kendini aradan çıkarması, tamamıyla ilâhî irâdeye teslim olması ve böylece amelini ve hâlini başkalarından saklama durumundan da kurtulması, (tam bir fenâ hâlininin oluşması) demektir. Bu durum, sûfî'nin ilk hâlinin ardından gelir ve ondan daha yüksek bir durumdur. Melâmetî ise, ihlâs dâiresinde kalıp, ihlâsın hakikatine ulaşmak için herhangi bir çaba göstermez. İşte bu, sûfi ile melâmetî arasındaki en açık farktır:

Melâmetîlerden bir topluluk, **Horasan**'da hiç eksik olmamıştır. Başlarında, melâmetîliğin esaslarını öğretip yayan ve onlara sâhip oldukları hâlin şartlarını tanıtan şeyhler bulunmaktadır. Biz de **Irak**'ta, bu yola sulûk etmiş kimseler gördük. Fakat onlar bu isimle meşhur değillerdi. **Irak**'lıların bu ismi kullanıp yaymaları yakındır.

Anlatıldığına göre; melâmetîlerden birisi "**semâ**" yapmaya dâvet edildi. Fakat o buna yanaşmadı. Kendine: "Niçin çekiniyorsun ?" diye sorulduğu zaman: "Eğer ben semâ'a katılıp devran etsem, bende vecd hâli meydana gelir. Ben ise hâlimin kimse tarafından bilinmesini sevmem!" demiştir.

Yine anlatılır ki: **Ahmed b. Ebi'l-Havârî**, **Ebû Süleyman ed-Dârânî**'ye:

"Ben halvette bulunduğum zaman, insanların arasındayken bulamadığım lezzeti buluyorum." dediğinde, **ed-Dârânî**:

"O halde sen gerçekten zayıf bir adamsın!" demiştir.

Melâmetî, ihlâsa sımsıkı sarılıp, sadâkatle bunun gereğini yerine getirmeye çalışan birisi olmakla birlikte, kendisinde halkı görme (onların değerlendirmesini dikkate alma) hâlinden bir parça mevcuttur. Aslında ihlâs ve sadâkatın gerçekleşmesinden sonra, bu gibi şeyler, güzel kabul edilebilecek niteliktedir.

Sûfî ise, halk için amel etmek veya amelden çekinmek gibi hallerden tamamen temizlenip sıyrılmış, onları fenâ ve zeval gözüyle görmüş, kendisine tevhid nûru parlamış ve: ***"Onun zâtından başka herşey yok olucudur."*** [2] âyetinin sırrını yakinen görüp anlamıştır. Nitekim bazıları, kendilerine vecd ve istiğrak hâli galabe çaldığı zaman: "Dünya ve âhirette Allah'tan başkası yoktur." demişlerdir.

Melâmetînin hâlini başkalarından gizlemesi iki şekilde olur:

1-Amel ve hâlinde ihlâs ve sadâkatı gerçekleştirme gayreti ile.

---

2) Kasas (28), 88.

2-Bir tür gayrete gelip hâlini tamamen gizleme endişesiyle. Nitekim sevgilisiyle başbaşa kalan kimse, kendilerini +başkasının gözetlemesinden rahatsız olur. Hele, muhhabetinde sâdık olunca; başkalarının, kendisinin sevgilisine olan muhabbetini bilmesinden son derece nefret eder. Her ne kadar bu hâl, yüksek bir seviye ise de, sûfînin yolunda bir noksanlık ve hastalıktır. Bu duruma göre melâmetî, mutasavvıftan öne geçmiş, sûfîden de geri kalmış bir haldedir.

Melêmetîye göre zikir dört şekilde yapılır:

1-Dille zikir.

2-Kalble zikir.

3-Sırla zikir.

4-Ruhla zikir.

Rûhun zikri tam olarak gerçekleşince; sır, kalb ve dilin zikri durur. Bu, "**müşâhede**" makâmında yapılan zikirdir. Sırrın zikri gerçekleşince; kalb ve dilin zikirleri durur. Bu, "**heybet**" makâmının zikridir. Kalbin zikri güzel olunca; dil zikirden gevşer. Bu ise; nimet ve ilâhî ihsânların yakînen görülmesiyle oluşan zikirdir. Kalb zikirden ğâfil olunca; dil zikretmeye başlar ki, bu da, âdet usul yapılan bir zikirdir.

Bu zikirlerden her birinin kendine göre bir âfeti vardır. Rûh zikrinin âfeti, sırrın ona muttalî olmasıdır. Sırrın zikrinin âfeti, kalbin ona muttalî olmasıdır. Kalb zikrinin âfeti de nefsin ona muttalî olmasıdır. Nefis zikrinin âfeti ise, yaptığı zikri görmesi, onu gözünde büyütmesi, ondan sevap beklemesi veya onunla yüksek mânevî makamlara ulaşacağını zannetmesidir. Halbuki, melâmetîlere göre insanların en düşük olanı; amelini insanlara göstermek ve bu sâyede insanları kendisine yöneltmek isteyen kimsedir.

Melâmetîlerin temel anlayışına göre yukarıdaki sözlerin sırrı şudur:

Rûhun zikri; zât zikri, sırrın zikri; sıfatların zikri, kalbin zikri; nimetlerin, ilâhî ihsânların ve sıfatların eserlerinin zikrî, nefsin zikri ise; çeşitli sebeplere dayalı olarak yapılan zikirdir.

Melâmetîler; "sırrın rûhun yaptığına muttalî olması" sözüyle, kişinin rûhu ile zât zikri esnâsında fenâ hâlinin gerçekleşmesine işâret etmektedirler. Zâtî zikir esnasında heybet zikrinin ve sıfatların zikrinin meydana gelmesi, heybetin varlığını gösterir. Heybetin varlığı; henüz yok olmamış başka bir vucûdun mevcudiyetini gösterir ki bu, "**fenâ**" hâline ters düşmektedir. Aynı şekilde, "**sırrın zikri**, heybetin varlığını gösterir, bu da sıfatların zikridir." sözü de kurbiyyet hâlini ifâde etmektedir. Kalbin zikri, nimet ve ihsânların zikridir ki, bu da, bir nevî Hak'tan uzaklığı gösterir. Çünkü bu, nimetleri zikretmekle meşgul olup, nimetin sâhibinden kopmaktır. Vereni unutarak nimetle meşgul olmak; bir tür uzaklık hâlidir. Nefsin, amellerin karşılığına göz dikmesi; amelin varlığını ve sevabını hesaplamaktır. Bu da gerçekten haktan bir sapmadır.

Bunlar, melâmetîlerin çeşitli kısımlarıdır. Onların bazıları diğerlerinden daha üstün bir dereceye sâhiptir.

En doğrusunu Allahu Teâlâ bilir.

****

DOKUZUNCU BÖLÜM

SÛFÎ OLMADIKLARI HALDE SÛFÎLERE NİSBET EDİLENLER

Kendilerini bazen "**Kalenderî**" bazen de "**Melâmetî**" diye isimlendiren bir grup, sûfiler arasında zikredilmektedir. Az önceki bölümde melâmetînin hâlini zikrettik. Onların hâlinin şerefli bir hâl, yüce bir makam, sünnet ve hadislere sımsıkı sarılmak, ihlâs ve sadâkatı elde etmek olduğuna işâret ettik. Onlar, bazı fitneye düşmüş kimselerin düşündüğü gibi kötü bir durumda değillerdir.

"Kalenderîye"ye gelince bu isimle, kendilerine kalb safa ve sarhoşluğunun hâkim olduğu, bu sebeple âdetleri terkeden, meclis ve toplantı edeblerine bağlı kalmayı bir kenara iten, kalb hoşluğu içinde haraket eden bir takım kimselere işâret edilmektedir.

Bu kimselerin farz amellerin dışında fazla bir amelleri yoktur. Şeriatın ruhsat verdiği bütün dünyevî tat ve lezzetlerden faydalanmakta bir sakınca görmezler. Çoğu zaman ruhsatlarda kalırlar; âzîmeti ele geçirmeye çalışmazlar. Bununla berâber, dünya malı toplama ve çoğaltma gibi bir dertleri de yoktur. Çileyi tercih eden âbid, zâhid ve çilekeşlerin hâline de girmezler. Onların, kalblerinin hoşluğundan ve safâsından başka bir arzu ve arayışları yoktur.

Kalenderî ile melâmetî arasındaki fark şudur:

Melâmetî, elden geldiği kadar ibâdetlerini gizlemeye çalışır. Kalenderî ise; bütün âdet ve alışkanlıkları kökünden kazımak ister.

Melâmetî; her türlü hayır ve iyilik yollarına sarılır ve faziletin bunlarda olduğunu kabul eder. Ancak, bütün hallerini ve amellerini başkalarından gizlemeye gayret eder. Ayrıca melâmetî, kendisini avam sınıfındaki insanlar seviyesinde tutar. Kılıkta kıyâfette, haraket ve davranışlarında onlar gibi davranarak hâlini gizlemeye ve tanınmamaya çalışır. Bununla berâber o, bulunduğu dereceden daha yüksek derecelere ulaşmak ister. Kendisini Allahu Teâlâ'ya yaklaştıracak her şeyi bütün gücüyle yapma gayretine girer. Kalenderî ise; herhangi bir şekle bağlı kalmaz ve halk tarafından hâlinin bilinip bilinmemesine hiç aldırış etmez. O, ancak bütün sermâyesi olan kalb safa ve temizliğine bakar; başkasına meyletmez.

Sûfî ise; her şeyi yerli yerine kor. Bütün vakitleri bilerek harcamaya ve yaşantısını ilme göre tedbir etmeye çalışır. Halkı lâyık olduğu yere, Hakk'ın emrini de konması gereken makama kor. Gizlenmesi gereken şeyleri gizler, açılması uygun olan şeyleri de açığa vurur. Her işi kendi yerinde, huzurlu bir akıl, sağlam bir tevhid anlayışı, kâmil bir mârîfet, sıdk ve ihlâsa riâyet ederek yapar ve tamamlar.

Bir de, kendilerine "**melâmetiyye**" adını veren, sûfîlerle uzaktan yakından alakaları olmadığı halde, onlardanmış gibi gözüken ve bunun için sûfi kisvesine bürünen, onlar gibi giyinen sapık bir grup vardır. Onlar büyük bir gaflet ve aldanış içindedirler.

Bunlar bazen, çevreden korunmak, bazen de başka bir iddia peşinde olarak, bu kılığa bürünürler ve herşeyi mübâh gören **"ibâhiyye"** grubunun yolunca giderler. Onlar, kendi düşüncelerince; temiz bir şekilde Allah'a bağlandıklarını zannederek: "İşte ulaşılacak nokta, bu kalb temizliğidir. Şeriatın emir ve nehiylerine göre haraket etmek; akılları kıt, taklitten başka yolu olmayan avam tabakasının işidir!" demektedirler. Halbuki bu görüş, küfrün, zındıklığın ve dinden çıkmanın tâ kendisidir. Hakikat diye sunulan ve savunulan bir şey, eğer şeriat tarafından reddeliyorsa o, bir zındıklıktır. Bu aldanmış zavallılar, şeriatın; tamamen kulluktan ibaret olduğunu; hakikatın da; kulluk görevlerinin inceliklerine vâkıf olmaktan ibaret bulunduğunu bilemediler. Halbuki, hakikat derecesine ulaşan kimse, kulluğun gerektirdiği bütün vazifeleri yapmak zorundadır. Bu dereceye ulaşan kimseden istenen pek çok şey vardır ki; o makamda olmayandan istenmez. Bu haldeki bir kimse, hiçbir zaman mükellefiyetten kurtulmaz. Onun hâl ve makâmı yükseldikce iç âleminde istenmeyen bir değişme ve vesvese olmaz

Hz. **Hz. Ömer** (ra) demiştir ki:

"İnsanlar, Hz. Peygamber (s.a.v) zamanında vahiy ile kontrol edilip hesaba çekiliyordu. Fakat şimdi vahiy kesildi. Bugün biz, sizi, sâdece

görebildiğimiz amellerinizle değerlendiriyoruz. Artık kim, bize, hayır amel (ve hâlini) ortaya korsa, onu emin kabul eder, kendimize yaklaştırırız. Onun içindeki düşüncelerin hesabı bize düşmez. İçinde sakladığı düşüncelerde Allah Teâlâ onu hesaba çekecektir. Kim de hayrın dışında (şer) bir ameli ortaya korsa; o her ne kadar: "içim güzeldir, niyetim temizdir!" dese de, ona güvenip emin kabul etmeyiz." [1]

Şu sözler de **Hz. Ömer**'e (r.a) âit: ***"Kendisini kınanıp ayıplanacak bir duruma sokan kimse, sakın bu yüzden, hakkında kötü düşünecek kimseyi ayıplamasın. Biz bir kimsenin, farz namazları ihmal ettiğini, dinin emirlerini hafife aldığını, tilâvetin, namaz ve orucun ma'nevî tadına hiç önem vermediğini, haram ve çirkin hallere girdiğini gördüğümüz zaman, onu redderiz. Kendisinin: "Benim içim temizdir, niyetim düzgündür." iddiasını kabul etmeyiz."***

Şeyhimiz **Ebu'n-Necib es-Sühreverdî**' (k.s) bize, **Ebû Muhammed el-Cerîrî**''nin şöyle dediğini nakletti: **Cüneyd el-Bağdâdî**'nin yanındaydım. Hazretin yanında, bazıları mârifet hakkında konuşuluyordu. Oradakilerden birisi: "Mârifetullah'a sâhib kimseler, öyle bir makama ulaşmışlardı ki, artık onların takvâ ve iyilik türü amellerle uğraşmaları gerekmez." dedi. **Cüneyd el-Bağdâdî**', bu sözden öyle rahatsız oldu ki, hemen adamı susturup şöyle uyardı:

"Bu söz, kendilerinden amellerin düştüğünü söyleyen "ibâhiye" grubunun sözüdür. Bana göre bu, çok ağır bir sözdür. Hırsızlık yapan ve zinâ eden kimsenin hâli, böyle söyleyen ve düşünen kimseden daha iyidir. Muhakkak ârif-i billah olan zatlar, amellerini Allah'ın emri olarak aldılar ve o ameller içinde O'nun huzuruna döneceklerdir. Dünyada bin yıl yaşasam hayır amellerimden zerre kadar noksanlaştırmam. Ancak, elimde olmayan sebeplerle amellerle arama bir engel çıkarsa, o başka. Hiç şüphesiz, amellerim benim mârifetimi artırmakta ve manevi hâlimi kuvetlendirmektedir."

Hulûl iddia eden, Allahu Teâlâ'nın, kendilerine ve seçtiği cisimlere hulûl edip girdiğini düşünen kimseler de, bu anlattıklarımız gibi küfür ve dalâlet

---

1) Buhârî, Cihâd, 119.

içindedirler. Bu anlayışta, **Hrıstiyan**ların ulûhiyyet ve varlık âlemi hakkında söyledikleri sözlerin benzeri bir mâna bulunmaktadır. Onlardan bazıları, Allah Teâlâ'nın güzel ve seçilmiş şeylere girdiği anlayışından haraketle, güzel olan her şeye haram-helal demeden bakmayı mübâh görmektedirler.

Yine bu kimseler, bazı hâl sâhibi velilerin istiğrâk ve mânevî sarhoşluk hâlinde söyledikleri sözlerin de, kendilerinin düşündüğü gibi, Allah'ın onların içine girmesiyle meydana geldiğini zan ve hesap etmişlerdir. Meselâ, **Hallac-ı Mansur**'un: "Ene'l-Hakk": (Ben Hakk'ım!), **Ebû Yezid el-Bistâmî**'nin de: "Sübhânî mâ a'zama şânî: "Kendimi tesbih ve tenzih ederim, şânım ne kadar yüce oldu!" sözü gibi.

Biz, **Ebû Yezid el-Bistâmî,** bu sözü gerçek mânası ile kendisi için söylemiştir diye itikâd etmekten Allah'a sığınırız. O, bu sözü, mânevî istiğrâk hâlinde, Allahu Teâlâ'dan işitip, O'ndan O'nun nâmına mânen kendi diliyle hikâye etmiştir. **Ebû Mansûr el-Hallac**'ın sözü için de böyle düşünmek gerekir. Eğer biz, fitneye düşmüş kimselerin dediği gibi, onların bu sözlerinde hulûl iddiası bulunduğunu bilsek, hulûlcüleri reddettiğimiz gibi, onları da reddederdik.

Hiç şüphesiz, Rasûlullah (s. a. v), bize tertemiz, dosdoğru, bütün eğrilikleri düzeltecek, şerefli bir şeriat getirdi. Aklımız da, bize, Allahu Teâlâ hakkında söylenip söylenmeyecek şeyler hususunda yol göstermektedir. Allahu Teâlâ, herhangi bir şeye hulûl etmekten girmekten münezzeh olduğu gibi, başka bir şeyin kendisine hulûlünden de uzaktır.

Bu fitneye düşmüş kimselerin bir kısmında, parlak bir zekâ ve derin bir anlayış bulunabilir. sağdan soldan bâtınî hallerle ilgili bir takım şeyler de duymuş olabilirler. Kendi kendine, bunların Allah Teâlâ'ya âid ilhamlar ve onunla bir takım konuşmalar olduğunu düşünebilirler. Meselâ; "Allahu Teâlâ bana şöyle dedi; ben de O'na şöyle söyledim!" v.s.diyebilir.

Böyle bir adam, ya câhildir; nefsini ve onun vesvesesini, Rabbini ve onunla konuşmanın keyfiyyetini bilememektedir. Yahut da, söylediği şeyin bâtıl olduğunu biliyordur; fakat, hevâ ve hevesi onu, kendisinin güyâ o mânevî hâli elde etmiş olduğu düşüncesini vermek için, bu şekilde bir dâvâya sürüklemektedir. Bütün bunlar sapıklıktır.

Bu kimsenin bu tür sözleri söylemeye cesâretlenmesinin sebebi; muhakkik, gerçek hâl sâhibi bazı kimselerden duymuş olduğu bir takım mânevî hitâb ve konuşmalardır. Halbuki bu mânevî konuşmalar, ehli olanlarda, zâhiren ve bâtınen uzunca bir mücâhededen, sûfîlerin yolunun temel esasları olan takvâ, sadâkat ve dünyaya karşı son derece zühd sâhibi olmak gibi prensiblere sımsıkı sarıldıktan sonra meydana gelmiştir ve Allah tarafından kendilerine ilhâm ve ihsan edilmiştir.

Onların iç âlemleri sâfi olup mâsivâdan arınınca, gönüllerinde, Kitab ve sünnete uygun bir takım mânevî hitab ve konuşmalar oluşur. Bu konuşma ve hitablar, onlara, özellikle cezbe ve istiğrâk (kendinden geçme) hallerinde indirilir. Bu, onların kafa kulağı ile işitebilecekleri bir konuşma türü olmayıp, nefislerinde vâki olan bir konuşma gibidir ki; onu, Kitab ve sünnete uygun, ehlince anlaşılabilen, zâhirî ilme muvâfık bir konuşma türü olarak hissedip anlarlar. Bu, bazen gönülleri için bir münâcaat, bazen de sırlarının kendilerine bir konuşması olur.

Anlatılan mânevî hallerle birlikte onlar, kendilerini kulluk makâmında, Cenâb-ı Hakk'ı da Rubûbiyet makâmında görüp, O'na teslim olurlar: Bu durumda, içlerinde vâki olan sözleri, bâzen kendilerine, bâzen de Rabblerine nisbet ederek söylerler. Bununla birlikte onlar, bu hitabların bizzat Allah'ın kelamı olmadığını, Allahu Teâlâ'nın onların bâtınlarında var ettiği, sonradan var olan bir ilim olduğunu bilirler. Onlar; kendilerine nefisleri tarafından ilkâ edilen her şeyden Allahu Teâlâ'ya kaçıp sığınmayı kendilerine prensip etmişlerdir. İç âlemleri hevâ ve nefse âit şeylerden temizlenince, gönüllerine bir takım şeyler ilhâm edilir. Onlar bunları, kelamın sâhibine nisbeti gibi değil de, hâdis (sonradan yaratılan bir şeyin) muhdisine (onu yaratana) nisbeti şeklinde Allah'a nisbet ederler. Kalbî bir sapmadan ve hakkı değiştirmekten korunmaları için bu şekilde dikkat ederler.

Fitneye düşmüş grublardan birisi de; kendilerinin tevhid denizine daldıklarını zannedip, nefislerine âit herhangi bir şeyin bulunmadığını, Allahu Teâlâ'nın irâde ve fiili yanında, kendilerinin herhangi bir haraket ve fiile sâhip olmadıklarını, söyleyenlerdir. Bunlar, yaptıkları şeylerde mecbur olduklarını düşünerek; kendilerini günah ve isyana kapıp koyverirler. Gevşeklik, devamlı gaflet, Allah'ın rahmetine güvenip aldanma, İslâm dâiresinden çıkma, helal ve haram hiçbir hudûd tanımama gibi hallere meylederler.

Sehl b. Abdullah'a: "Ben bir kapı gibiyim; ancak haraket ettirilince haraket ederim!" diyen bir adamın durumu sorulduğunda, Hazret şöyle demiştir:

"Bu sözü, ya bir sıddık, ya da bir zındık söylemiş olabilir. Sıddık böyle bir sözü; kulluk hak ve vazifelerine riâyet ve şer'î hükümlere sımsıkı sarılmakla birlikte, bütün eşyanın ancak Allah'ın irâde ve kudretiyle ayakta durabileceğine işâret için söylemiştir. Zındık ise; bütün işleri Allah'a havâle ederek, nefsini aradan çıkarıp dinin emir ve yasaklarının bağından kurtulmak için söylemiştir."

Ancak, helal ve harama, Allahu Teâlâ'nın koyduğu hudûd ve hükümlere inanan, kendisinden bir günah meydanan gelince, onun günah ve kendisine tevbenin vâcib olduğunu kabul ve itiraf eden kimse, sağlam ve sahih inançlı biridir. O, her ne kadar kendisinde bulunan gevşeklik ve tembellik sebebiyle kusur içinde olsa, nefsin hevâsıyla aylak aylak dolaşıp lezzet ve şehvetlerini ele geçirmeye çalışsa, kendini edeplendirecek, mânevî kirlerden temizleyecek, içinde bulunduğu ayıplarını gösterecek bir mürşide bağlanmasa da, **İslâm** dairesindedir ve yukarıda anlatılan sapık fırkaların dışındadır:

Hidâyete ulaştırıp rızasında muvaffak kılan Allahu Teâlâ'dır.

****

ONUNCU BÖLÜM

MÜRŞİDLİK RUTBESİ VE MÜRŞİDLERİN HİZMETİ

Rasûlullah (s.a.v) Efendimiz bir hadislerinde buyurmuştur ki:

"Muhammed'in nefsini elinde bulunduran Allah'a yemin olsun; eğer isterseniz bu hususta yemin de edebilirim. Hiç şüphesiz, Allahu Teâlâ'nın en sevgili kulları; Allah'ı kullarına, kullarını da Allah'a sevdiren, yeryüzünde hayır ve nasihat için dolaşandır." [1]

Rasûlullah (s.a.v) Efendimizin zikrettiği bu durum, mürşidlik ve Allahu Teâlâ'ya dâvet rutbesidir. Çünkü mürşid (şeyh), gerçek olarak Allah'ı kullarına, kulları da Allah'a sevdirmektedir.

Mürşidlik rutbesi; sûfîlerin yolunda, rutbelerin en yükseği ve Allah'a dâvette peygamber vekilliğidir.

Mürşidin, kulları Allah'a sevdirmesi şöyle olmaktadır:

Hiç şüphesiz, mürşid-i kâmil müridi, Hz. Rasûlullah (s.a.v) Efendimizin yoluna uymaya sevketmektedir. Kim Hz. Peygamber (s.a.v)'e güzel bir şekilde uyarsa; Allahu Teâlâ onu sever. Çünkü O, şöyle buyurmuştur:

"Rasûlüm onlara de ki: "Eğer siz gerçekten, Allah'ı seviyorsanız hemen bana uyun ki; Allah da sizi sevsin." [2]

Mürşidin Allah'ı kullarına sevdirmesi de şöyle olmaktadır:

Mürşid, müridi, mânevî kötülük ve kirlerden temizleme yoluna sevkedip terbiye etmektedir. Nefis, çirkin sıfat ve huylardan temizlenince; kalb aynası parlar, içinde ilâhî azamet nûrları ışık verir ve tevhidin güzelliği ortaya çıkar. Basiret gözü (kadîm) celâl nûrlarını gözetlemeye ve ezelî kemâli seyretmeye çekilir; ilahi huzura can atar. Bu durumlarda kul, Rabbini sever. İşte bu, nefsi

---

1) Bkz: Beyhakî, Şuabu'l-İmân, I, 367; İbnu Ebi'd-Dünyâ, Resâil (Kitâbu'l-Evliyâ), 51; Hindî, Kenzu'l-Ummâl, XVI, No: 44069.
2) Al-i İmrân (3), 31.

tezkiye ve terbiyenin bir neticesidir. Buna işâret olarak, Allah Teâlâ şöyle buyurmuştur:

"Şüphesiz nefsini (küfür ve isyandan) temizleyen, kurtulmuş (saâdeti bulmuş)tur."[3]

Nefsin felâhı; Allahu Teâlâ'yı tanıması ve mârifet ilmini elde etmesiyledir. Bununla birlikte, kalb aynası parlayınca; dünya bütün çirkinliği, hakikatı ve asıl hâliyle birlikte görülür. Âhiret de bütün güzelliği, gerçek yönü ve yüceliği ile ortaya çıkar. Artık, kulun basîretine, her iki dünyanın gerçek yönü ve akibetleri açılır. Bu durumda kul, bâki olanı sevip, fânî olandan gönlünü çeker. Böylece, mânevî temizliğin (tezkiyenin) fâidesi ve mürşid elinde terbiye görmenin bereketi ortaya çıkmış, istenen elde edilmiş olur. Demek ki; mürşid-i kâmil, Allahu Teâlâ'nın bir askeridir, onunla isteyenleri irşâd edip, arayanları hidâyetine ulaştırır.

Rasûlullah Efendimizin (s.a.v) sahabisi **Abdullah b. Bişr** (r.a) demiştir ki:

"Bizim zamanımızda, yirmi kişi yahut daha fazla insan bir araya toplanır da, eğer aralarında Allah'dan korkan heybet sâhibi bir kimse bulunmazsa: "gerçekten tehlike büyüktür; insanlar fesâda gitmiş!" denirdi."

Mürşid-i kâmillerin üzerinde, Allahu Teâlâ'nın vakarı ve heybeti vardır. Onlara tâbi olan ve meclislerinde bulunan müridler, mürşidlerin üzerindeki edeb ve heybete bakıp, zâhiren ve bâtınen edeb sâhibi olurlar. Bu hâle işâreten Allahu Teâlâ buyurmuştur ki:

"İşte onlar, Allah'ın hidâyetine ulaştırdığı kimselerdir; öyleyse, sen de onların yoluna uy!"[4]

Mürşid-i kâmiller hidâyetin hakikatine ulaştıkları zaman, kendilerine uyulmaya ehil ve ehliyetli kılınıp, muttakilerin imâmı yapılmışlardır.

Rasûlullah (s.a.v) Efendimiz, bir kudsî hadiste Allahu Teâlâ'nın şöyle buyurduğunu nakletmiştir:

---

3) Şems (91), 9.
4) En'am (6), 90.

"Kuluma benim zikrim ve taatımla meşgul olma hâli gâlib gelince; onun bütün gayret ve lezzetini zikrimde toplarım. Bütün lezzet ve himmetini zikrimde toplayınca, o bana âşık olur, ben de ona âşık olurum ve aramızdaki perdeyi kaldırır (doğrudan benimle muhatab yapar)ım. İnsanlar yanıldıkları zaman onlar yanılmazlar. Onlar, sözleriyle nebîlerin sözleri gibi (hak ve hakikatı ifâde eden ve benden haber veren) kimselerdir. Onlar (hak yolunda) gerçek kahramanlardır. Yeryüzündekilere bir cezâ ve azap vermek istediğim zaman, onları görürüm ve yeryüzündekilere azap etmekten vazgeçerim." [5]

Hakk yoluna giren bir sâlikin mürşidlik rutbesini elde etmesi şöyle gerçekleşir:

Sâlik, çirkin sıfat ve hallere bürünmüş nefsini güzel bir siyâset ve idâreyle hak yolunda götürmekle sorumludur. Seyr u sülûkuna sadâkatla devam ede ede nefsi, mutmainne (huzûr ve sukûn) makâmına yükselir. Nefsin mutmainne hâl ve makâmına sâhip olmasıyla, bu dereceye vâsıl olmuş rûhun ilâhî aşk ve mânevî harareti sâyesinde nefisteki (hakka karşı) soğukluk ve serkeşlik hâli çekip gide; yerini ilâhî huzur ve itaat duygusu alır. Nefsin bu yumuşamasını Allahu Teâlâ şu âyetinde zikretmektedir:

"Sonra onların derileri ve kalbleri (bütün vücudları) Allah'ın zikrine yumuşar." [6]

Kul bu hâle ulaşınca; nefsi ibâdete koşar ve Allah'a itaat'a hazır bir kıvama gelir.

Kulun kalbi; biri rûha, diğeri nefse bakan iki yüze sahiptir. Bu hâliyle kalb, rûh ile nefsin arasında bulunmaktadır. Kalb, rûha bakan yönüyle ondan mânevî yardım alır ve bunu, nefis mutmainne makamına çıkıncaya kadar ona ulaştırır. Sâlikin nefsi, mutmainne makâmına (mânevî huzur ve sukûna) ulaşınca, sâlik onu idâre etmekten kurtulur, sülûk sona erer ve artık nefsi yönetmek kolay olur. Nefis boyun eğip Allah'ın emrine gelir. Sonra kalb, kendisindeki nefse bakan yönüyle onun işlerine el atar; artık idâreyi o yürütür. İşte bundan sonra, böyle bir kalbe sâhip mürşid için, terbiyesine aldığı müridlerin,

---

5) Ali el-Muttakî, Kenzu'l-Ummâl, I, (Hadis No: 1872)
6) Zümer (39), 23.

tâliblerin ve sâdıkların nefisleri kendi nefsi yerinde olur ve onları da aynı yolla terbiye eder. Bunun sebebi; nefislerin bir yönüyle aynı cins olmaları ve müridle mürşid arasında ilâhî, mânevî bir kaynaşma ve uyuşmanın bulunmasıdır. Allahu Teâlâ, bu hususa işâret olarak şöyle buyurmuştur:

*"**Rasûlüm! Eğer sen, yeryüzünde olan bütün şeyleri harcasaydın; onların kalblerini birleştiremezdin. Fakat Allah (rahmetiyle) onların aralarını birleştirdi.**"* [7]

Mürşid-i kâmil, daha önceden kendi nefsini idâre edip yönettiği gibi, müridlerin nefislerini de aynı usûl ve edeble terbiye eder. O zaman mürşid-i kâmilde, hadis-i kudsîde ifâde edildiği gibi, Allahu Teâlâ'nın ahlâkı ile ahlâklanma durumu hâsıl olur. Hadis-i kudsîde şöyle buyrulmuştur:

*"**Dikkat edin, Ebrârın (dostlarımın) bana kavuşma şevkleri çoğaldı. Benim onlara kavuşma arzum ise daha şiddetlidir.**"* [8]

Bir de şu nokta var: Allahu Teâlâ'nın, sohbet edenle sohbet edilen (yani mürşidle, mürid) arasında güzel bir kaynaşma meydana getirmesi sebebiyle, bir çocuğun tabii doğumla babasının bir parçası olduğu gibi, mürid de, mürşidinin bir parçası durumuna gelir. Bu doğuş, mânevî bir doğuştur. Nitekim **Hz. İsâ** (a.s) bu mânada şöyle demiştir:

*"**İkinci doğumu (mânevî inkişâfını) gerçekleştirmeyen kimse; semânın melekûtuna yükselemez.**"*

Kişinin birinci doğumu; onun âlem–i mülk ile irtibatını sağlar. İkinci, mânevî doğuş ise, melekût âlemiyle olan irtibatını te'min eder. Allahu Teâlâ, bu gerçeği ifâde için şöyle buyurmuştur:

*"**Böylece biz İbrâhim'e göklerin ve yerin melekûtunu (sır ve acâibliklerini) gösteriyoruz ki; (kudret ve azametimize) yakînen inananlardan olsun.**"* [9]

İnsanın kemâle ermesi için lâzım olan kesin yakîn, (anlattığımız terbiye yoluyla meydanan gelen) ikinci doğumla hâsıl olur. Bu doğuşla insan, pey-

---

7) Enfâl (8), 63.
8) Bkz: Gazzâlî, İhyâ, IV, 469; Zebîdî, İthâfu's-Sâde, XII, 423 .
9) En'am (6), 75.

gamberlerin (mânevî) mirâsını elde etmeye hak kazanır. Kendisine, peygamberlerin mirâsı ulaşmayan kimse, her ne kadar olgun anlayış ve zekâ sâhibi olsa da, o daha (mânevî doğumla) doğmamış, mâna âlemine gözünün açmamıştır. Çünkü anlayış ve zekâ, aklın sonucudur. Akıl ise, İslâm'ın nûrundan nasîbi olmayınca, melekût âlemine dalamayıp, mülk âleminde akla dayalı ilimler içinde çırpınır durur. Bunun için akıl, matematik gibi sırf akla dayalı ilimlerde derinleşmiş (ve bir netice almıştır). Çünkü bu tür şeyler, mülk âlemine âid işlerdir. Fakat bu akıl, melekût âlemine yükselemez.

Âlem-i mülk, kâinâtın dış yüzü ve görünüşü, âlem-i melekût ise, kâinâtın iç yüzü ve sırrıdır. Akıl; rûhuh dili sayılır. Hidâyet nûrlarının kaynaklanıp yayıldığı basîret, rûhun kalbi durumundadır. Dil ise; kalbin tercümanıdır. Tercüman tarafından konuşulan her şey, kendisinden tercüme edilen kimsece bilinmektedir. Halbuki, kendisinden tercüme edilen kimsenin bütün bildikleri, (o konuşmadıkça) tercüman tarafından farkedilemez. Bunun için, Allahu Teâlâ'nın peygamberlerine ve onlara tâbi olanlara ihsân ettiği hidâyet nûrundan nasibi olmayıp, sırf kuru akıllarıyla yetinenler; doğruyu bulmaktan mahrum bırakılmış, sâdece (kendisine açıklanan gerçekler için) tercüman olan dil ile yetinip beyan ve açıklamaların asıl gayesinden mahrum oldukları için, önlerine perdeler çekilmiştir.

Tabii doğum hâdisesinde, çocukların (ilk maddesi olan ve fıtrî özelliklerini taşıyan) zerrecikleri, babanın sulbüne konmuştur. Bunlar her doğacak çocuk adedince (babanın) evlatlarının sulbünde intikal ederek devam etmektedir. Cenâb-ı Hâkk'ın, "**misâk**" günü kendilerine:

*"**Ben sizin Rabbiniz değil miyim?**" deyince: "**Evet, sen bizim Rabbimizsin.**"* [10] şeklinde cevap veren, bu zerreler, **Mekke** ile **Tâif** arasındaki **Nu'mân** vâdisinde, yere uzanmış bir vaziyette yatırılan **Hz. Âdem**'in, **Cenâb-ı Hakk** (yahut melekler) tarafından sırtı sıvazlandığında, vücûdundan gelecek bütün zürriyetinin adedince, deriden çıkan ter damlacıkları gibi, dışarı çıktılar. Bu ilâhî hitaba cevap verdikten sonra tekrar **Hz. Âdem**'in sulbüne kondular.

---

10) A'râf (7), 172.

Bâzı babaların sulbünde, bu çocuk tohumları taşınarak zürriyyeti devam ettiriliyor, bazısına da hiç zerre (tohum) konmayarak nesli kesiliyor.

Meşâyıh dediğimiz mürşid-i kâmiller de böyledir. Onlardan bazısının (irşâdı ile mânevî doğumunu gerçekleştirdiği mânevî) evlatları çoğalmıştır. Mürşidler bu evlatlarına kendilerindeki bir çok mânevî ilim ve hâlleri intikal ettirerek başkalarına tebliğ ve tevdî etmişlerdir.

Mürşidler, Hz. Peygamber'le (s.a.v) manene sohbet ve beraberlik sayesinde, kendilerine ulaşan mânevî hâl ve ilimleri, aynı yolla müridlerine intikal ettirirler. Onlardan bir kısmının (mânevî) evlâdı olurken, bazılarının da (irşâdını devam ettirecek kimse çıkmadığı için) nesli kesilmiştir. Hiç kesilmeyecek olan nesil, kâfirler, Hz. Peygamber (s.a.v) için: "Nesli kesilmiştir." dedikleri vakit; Allahu Teâlâ'nın:

"Asıl sana buğzedenlerin nesli kesiktir."[11] âyetiyle cevap verdiği nesildir. **Rasûlullah**'ın (s.a.v) nesli kıyâmete kadar devam edecektir. Onun ilim mirâsı, mânevî bir silsile ile, ilim ehline intikal ederek bu neslin devamlılığı sağlanacaktır.

Bize, Şeyhimiz Ziyâuddîn **Ebu'n-Necîb es-Sühreverdî,** bizzat yazdırarak (imlâ yoluyla), **Kesir b. Kays**'ın şöyle dediğini rivâyet etti: **Ebu'd-Derdâ** ile **Dimaşk** mescidinde oturuyorduk. Yanına bir adam geldi ve:

"Ey **Ebû'd-Derdâ**! Ben, Hz. Peygamber'in (s.a.v) şehri **Medine**'den, sendeki bir hadisi dinlemek için geldim." dedi. **Ebu'd-Derdâ** adama:

"Buraya ticâret maksadı için mi geldin ?" diye sordu, adam:

"Hayır !" dedi.

"Başka bir gaye için mi geldin ?" diye sordu, adam:

"Hayır, (sırf bu hadisi öğrenmek için geldim), dedi.

Bunun üzerine, **Ebu'd-Derdâ** şöyle dedi: Ben, Hz. Peygamber'in (s.a.v) şöyle buyurduğunu işittim:

"İlim elde etmek için yola çıkan kimseyi, Allah Cennet yollarından bir yola iletir. Melekler, ilim talabelerinden memnun oldukları için, üzerlerine kanatlarını gererler. Gerçekten, ilim elde etmek için uğraşana gök ve yerde olan bütün varlıklar, hatta sudaki balıklar bile istiğfâr ederler. İlim

11) Kevser (108), 3.

sahibnin sırf ibâdet eden âbide üstünlüğü; dolunayın diğer yıldızlara karşı üstünlüğü gibidir. Muhakkak ki âlimler, peygamberlerin vârisleridir. Peygamberler dirhem ve dinâr (gibi dünya metâı) mirâs bırakmadılar. Onlar sadece ilmi mirâs bıraktılar. Kim bu ilimden alırsa, büyük bir pay almış olur." [12]

Beşeriyetin babası **Hz. Âdem**'e ilk verilen şey; ilim ve hikmet olup, sonra bunlar evlatlarına intikal etmiştir. Nitekim, unutmak (nisyan), isyan, şeytan ve nefsin arzularına uyma gibi hasletler de ondan çocuklarına intikal etmiştir. Bir haberde şöyle anlatılmıştır:

Allahu Teâlâ, **Cebrâîl**'e, yeryüzünden bir avuç toprak almasını emretti; o da yerin çeşitli cüzlerinden bir avuç aldı. Cenâb-ı Hakk, ilk olarak yarattığı cevherlerden meydanan getirdiği bu cüzlere (parçalara) nazar etti. İlâhî nazara mazhar olan bu parçada, Allahu Teâlâ'nın hitabının işitme ve O'na cevap verme özelliği meydana geldi. Öyleki; Cenâb-ı Hakk, göklere ve yerlere: *"**İsteyerek veya istemeyerek gelin emrime boyun eğin.**" dedi. Onlar da: "**İsteyerek emrine boyun eğiyoruz.**" dediler."* [13] Yerin cüzleri bu ilâhî hitâbı kendisine has bir anlayış ile anladı ve yüklendi.Sonra, Hz. Âdem'in yaratılması için alınan yerin cüzleriyle bu hasse kendisinden alındı. **Âdem** Aleyhissselammın cesedi işte bu hasseyi taşıyan cüzlerden terkib edildi. **Hz. Âdem**'in cesedinde yeryüzüne âid hasse ve özelliklerden dolayı hevâ-heves oluştu. Bunun etkisi ile elini, ekserî âlimlerin görüşüne göre buğday olarak belirtilen fenâ ağacına uzattı. Bu yüzden bedenine fenâ (yokluk) ârız oldu. Sonra,

*"**Onun yaratılışını tamamlayıp da kendisine rûhumdan üflediğim zaman.**"* [14] âyetinde belirtildiği gibi; Allah'ın bir ikrâmı olarak kendisine rûh verilmesiyle, **Hz. Âdem** ilim ve hikmet sahibi oldu.

Böylece **Hz. Âdem**, vücûdunun güzelce şekillenip tamamlanmasıyla nefis ve nefes sahibi, rûhun üflenmesiyle de rûh ve rûhânî özellikler sâhibi oldu.

---

12) Buhârî, İlim, 10; Ebu Dâvud, İlim, 1; Tirmizî, İlim, 19.
13) Fussılet (41), 11.
14) Sâd (38), 72.

Bunun açıklaması çok uzun sürer. Böylece **Hz. Âdem**'in kalbi hikmetin, bedeni de hevânın kaynağı oldu. İlim ve hevâ ondan intikalle evlatlarına mirâs olarak geçti. Bu hâliyle, **Hz. Âdem** (a.s), hevânın aslı olan tabiatlar vâsıtasıyla tabii doğum yolundan (insanlık için) bir baba, ilim vâsıtasıyla da mânevî doğuş yolundan ayrı bir baba olmuştur.

Zâhirî ve tabii doğuma fenâ (yokluk) hâli arız olmuştur. Mânevî doğum ise fenâdan korunmuştur. Çünkü, mânevî doğum, **İblîs**'in, ebediyet ağacı dediği buğday ağacından değil, (kendisine fenâ ârız olmayacak ilâhî) ilim ağacından meydanan gelmiştir. Zaten **İblîs**, her şeyi tersine görür.

Bu aylattıklarımızla, mürşid-i kâmilin mânevî baba olduğu anlaşılmış oldu. Şeyhimiz Şeyhu'l-İslam **Ebu'n-Necîb es-Sühreverdi** (k.s), sık sık şöyle derdi: "**Benim asıl evlâdım; benim yoluma giren ve (irşâdımla) hidâyete ulaşandır.**"

Çeşitli hâllerden geçerek irşâd makâmını elde eden mürşid-i kâmil, bu yola, bazen muhiblerin (Allah'ı sevenlerin), bazen de mahbûbların (Allah tarafından seçilip sevilenlerin) yoluyla işe (yani sülûkune) başlar.

Bununla anlatılmak istediğimiz şudur:

Hakk yoluna giren sâlih ve sâlikler dört kısma ayrılır:

1-Mücerred sâlik (cezbesiz sülûk eden).

2-Mücerred meczûb (sâdece cezbe hâlinde olan ve öylece kalan).

3-Sâlik-i meczûb (önce sülûke başlayıp, peşinden cezbeye ulaşan).

4-Meczûb-i sâlik (bidâyette cezbe hâlinde olup, ardından sülûke başlayan).

Bunları biraz tanıtalım:

1-Mücerred sâlik: Bu kimse, irşâd makâmına ehil olamaz ve kendinde nefsânî sıfatları kaldığından, o makama ulaşamaz. Muamele ve mücâhade makâmında, Allahu Teâlâ'nın rahmetinden kendisine nasib olanla yetinir. Fakat, mücâhedesindeki meşakkat ateşinden kurtulup da, kendisiyle rahat edeceği bir hâle ulaşamaz.

2-Mücerred meczûb: Bu kimseye Hakk Teâlâ, önce, yâkin âyetlerini göstererek tecellî eder. Kalbinden perde olacak şeyleri kaldırır. Bu kimse, muamele (amel) yoluyla seyr u sulûk ettirilmez. Aslında muamele bu yolda (herkesin hâlinin anlamada) tam bir alâmettir. Biz bunları yeri gelince, inşâallah açıklayacağız. Bu kimse de önceki gibi, irşâda ehil olamaz; kendi hâlinde hoşluk içinde, Rabbinden gelen nasibi ile yetinir, kalır Amel olarak da farzların dışında bir şeyle mecbûr ve mes'ûl tutulmaz.

3-Sâlik-i meczûb: Bu kimse, işin başında mücâhede, mânevî sıkıntı, ihlâs ile muamele ve bu yolun şartlarını tam olarak yerine getirmekle işe başlar. Sonra, riyâzat ve mücâhadenin yakıcı ve sıkıcı sıkıntılarından kurtarılıp, mânevî hâlin rahatlığına çıkarılır. Böylece, acıdan sonra tatlıyı bulmuş olur. İlâhî lutûf esintileriyle rahatlar. Sıkıntı ve güçlüklerin darboğazından sıyrılıp, kolaylığın genişliği ve rahatlığına erer. İlâhî kurbiyyet nefhâlarıyla tanıştırılır. Kendisine müşâhede kapısı açılır. Artık ilacını bulmuş olur. Nûr kabı kaynayıp taşmaya başlar; kalb ve dilinden hikmetler dökülür. Kalbler ona meyledip sevmeye başlar. Kendisine gayb âlemi açılıp, peşpeşe mânevî fetihler gelir. Zâhirî halka kapalı (mâsivâdan ilgisini kesmiş bir halde), bâtını ise mânevî âlemleri görür bir duruma gelir. Artık insanların arasına girmeye hazır ve lâyık bir haldedir. Celvetinde (halkın içinde) bir nevî halvette gibi (halk içinde Hakk'la) olur. O, hâl ve şartlara hâkim olur, şartlar onu mağlûb edip Hakk'tan koparamaz. O, parçalar, parçalanmaz; eşya ile huzuru bozulmaz.

Bu hâlde olan kimse, irşâda ehil olur. Çünkü o, muhiblerin yolunda işe başlamış, sâlihlerin amel ve mücâhede yollarından geçtikten sonra, mukarrabûnların hâllerinden bir hâl kendisine bahşedilmiştir.

Bu durumda, kendisine tâbi olanlar olur ve ondan tâbi olanlarına birçok mânevî ilimler intikâl eder. Onun vasıtasıyla bereket yayılır.

Ancak bazen bu kimse de bulunduğu halde mahbus kalır; hâlin dışına çıkıp, bağından kurtulamaz, hâl onu meşgul eder. En yüksek kemâl hallerine ulaşamaz, bu makamdaki ilâhî nasible yetinir. Aslında bu, çok yüksek ve şerefli bir nasibdir.

Mâlumdur ki; kendilerine ilim verilenler derece derecedir. Şeyhlik ve irşâd makamında en yüksek derece, bundan sonra anlatacağımız dördüncü grubtaki kimsenin derece ve hâlidir.

4-Meczûb-i Sâlik: Cenâb-ı Hakk bu kimseye önce, keşifler, yakîn nûrları ve kalbinden perdeyi kaydırmak sûretiyle tecelli eder. Müşâhede nûrlarıyla kendini aydınlatır. Kalbi açılır ve genişler. Bir aldanma yeri olan dünyadan uzaklaşıp ebediyyet yurduna yönelir. Hal denizinden kana kana içer. Kendisini Hakk'tan alıkoyacak bütün bağ ve engellerden kurtulur. Tam bir müşâhede ve murâkabe hâline ulaşır. Öyle ki bu durumda: "Ben görmediğim Rabbe ibâdet etmem; nereye baksam Onu görmekteyim." diye ilân eder.

Sonra, bâtından zâhirine nûrlar ve güzel haller akmaya başlar. Bir zorlama ve meşakkat olmaksızın muâmele ve mücâhede hâli devam edip gider. Her şey bir lezzet ve âfiyet içinde olur. Kalbi Rabbinin muhabbetiyle dolu olduğu için, kalıbı kalbinin sıfatında (içi dışı edeb üzere) olur. Kalbi Hakk'a yumuşadığı gibi; kalıbı da yumuşar, (ilâhî muhabbetle nefsânî sıfatlar ve atâlet gidip vücud itaat için hazır bir hâle gelir). Cildin ve cesedin yumuşaması, kalbin amel ve ibâdetlere yöneldiği gibi, bedenin de taatlara yönelmesinden anlaşılır. Allaha Teâlâ kendisine özel bir irâde ihsân eder. Onu, aranan sevgililerden yapar. Özel muhabbetiyle rızıklandırır. O da mâsivâdan kesilip tamamıyla Hakk'a bağlanır. Huzur-ı ilâhiyede kabul görür. Nefsinin katılığı ve donukluğu gider; ilâhî aşk ve neşe içinde olan rûhun hararetiyle ısınır. Kalbinden nefsin damarları çekilip atılır. Allahu Teâlâ, bu hâle şu ayet-i kerime ile işâret buyurmaktadır:

"Allah, kelâmın en güzeli olan Kur'an'ı (i'câz, hikmet ve belâğattta) âyetleri birbirine benzer, mükerrer (kıssa ve öğütlerle dolu) bir kitab hâlinde indirdi. Öyle ki; Rabblerinden bütün benliği ile korkanların derileri ondan ürperir. Sonra, derileri de kalbleri de Allah'ın zikrine yumuşar." [15]

Âyet-i kerimede, kalblerin yumuşadığı gibi derilerin de yumuşayacağı ifâde edilmektedir. Bu durum, (Allah tarafından, özel dostluğa) seçilen sevgililerin hâlidir.

Bir haberde şöyle anlatılmıştır: **İblis**, Allahu Teâlâ'dan insan oğlunun kalbine girmeye bir yol istedi, kendisine şöyle denildi:

"Senin oraya girmen yasaktır. Ancak, kalbe kadar uzanan damarların için-

15) Zümer (39), 23.

de senin için bir yol vardır. Sen o damarlara girdiğin zaman terlersin. O ter damlacıkları, kalbden gelip aynı damardan akan rahmet suyu ile bir noktada kaynaşıp birleşir. Böylece, vesveseni kalbe ulaştırmış olursun. Ancak ben, peygamber ya da veli yaptığım kimselerin kalbinden bu damarları söküp attım. Böylece; onların kalbi senin şerrinden selâmet buldu. Bundan sonra sen onların damarlarına girdiğin zaman, kalblerine girecek bir yol bulamazsın. Artık onların kalbinde senin hüküm ve hâkimiyetin olmaz!"

İrşada ehil kılınan, Allah tarafından seçilen ve sevilen (el mahbûbu'l murâd) kimselerin kalbi selim, sadrı geniş, vücûdu itaata hazır olur. Kalbi ruhun tabiatında, nefsi de kalbin tabiatında bulunur. Nefsi önceden devamlı kötülüğü emreder bir halde iken, yumuşayıp Hakk'a teslim olur. Nefsin yumuşamasıyla vücûd da yumuşar. Bundan sonra o kimse, bir takım mânevî hallere ulaştıktan sonra, tamamen amele dönderilir. Rûh devamlı ilâhî huzûra doğru cezbedilir. Bundan sonra; rûh kalbin, kalb nefsin, nefis bedenin peşinden gelmesini, kendini tâkib etmesini ister. Böylece, bedenin amelleriyle kalbin amelleri birbirine karışır, bir olur. Zâhir bâtına, bâtın da zâhire yol bulur. Kudret hikmete, hikmet kudrete karışır. Dünya âhirete, âhiret dünyaya açılır ve bu durumda onun:

"Eğer gözümdeki perde kaldırılacak olsa, yakinim olduğundan daha fazla artmaz!" demesi mümkün olur.

Bu kemâlata ulaşan kimse, artık (içinde bulunduğu) hâlin etkisinden kurtulur. Hâl ona değil, o, hâle hâkim olur. Her yönden hürriyete kavuşur.

Muhiblerin yoluyla mânevî terbiyeye alınan birinci mürşid, nefsinin bağından (ve tasallutundan) kurtulmuştur, fakat çoğu zaman kalbin bağında (ve etkisinde) takılı kalır. Mahbubların (Hakk tarafından seçilip sevilenlerin) yolunda irşada ehil kılınan bu mürşid ise; nefsin bağından kurtulduğu gibi, kalbin bağından da kurtulmuştur. Bunun sebebi şudur:

Nefis, yere bağlı, zülmânî bir perdedir. İlk bahsettiğimiz mürşid, ondan kurtulmuştur. Kalb ise; semâvî ve nûrânî bir perdedir. Diğer mürşid, bundan da kurtulmuştur. Böylece, kalbi de aşan bu mürşid, kalbi için değil, Rabbi için hazır bir hâle gelmiştir. Artık o, vakte değil, vaktini tayin edene bağlanmıştır.

Böylece, Allahu Teala'ya sâdık ve samimi olarak iman edip, lâyık-ı vechile ibâdet eder duruma gelmiştir. Bütün varlığı, his ve hayali ile Allah'a secde edip, kalbi yakinî imanını, dili de sahih ikrarını ortaya koymuştur. Nitekim, Rasûlullah (s.a.v) Efendimiz de, bir secdesinde, bütün his, hayal ve varlığı ile secde ettiğini beyan etmiştir. Bu durumda olanın vucûdundan bir tüy dâhil, hiçbir parçası kulluktan geri kalmaz, bu haldeki ibâdeti, meleklerin ibâdetine benzer bir duruma gelir. Hem âyet-i kerimede:

"Göklerde ve yerde bulunan bütün varlıklar, isteyerek veya istemiyerek, kendileri de, gölgeleri de sabah akşam Allah'a secde eder (boyun eğerler)." [16] buyurulmuştur.

Bedenler ve kalıplar, ilâhî huzurda kabul görmüş ruhların şehâdet âleminde secde eden gölgeleri durumundadırlar. Şehâdet âleminde, asıl madde katı, gölge latiftir. Gayb âleminde ise, asıl latif, gölge kesiftir (yoğundur). O âlemde seyreden kulun latif kısmı da, yoğun kısmı da Allah'a secde eder. Bu hâl, muhiblerin yoluyla mânevî terbiyeye alınan kimsede yoktur. Çünkü bunlar amellerin sûretlerine tâbi olurlar ve elde ettikleri mânevî hâl ile yetinirler. Bu durum ilimde bir eksiklik, mânevî nasibte bir noksanlıktır. Eğer bu kimsenin ilmi biraz çoğalsa; ruh ile ameller arasındaki bağ gibi, ameller ile haller arasında da bir takım irtibatların olduğunu görürdü. Şehâdet âleminde, kalıp ve bedenden ayrı kalmanın mümkün olmadığı gibi, amellerden de uzak bulunmanın imkansızlığını, kalıb ve beden hayatta olduğu sürece amellerin de devam edeceğini bilirdi.

İşte kim, anlattığımız bu hâl ve makamları elde etmişse; o, mutlak bir mürşid-i kâmil, gerçek bir âif-i billah ve asıl hürriyetine kavuşmuş bir sevgilidir. Onun nazarı devâ, kelâmı şifâdır. O, Allahu Teâlâ ile konuşur, O'nunla sukût eder. Nitekim, bir kudsî hadis-i şerifte bu haldeki bid kulun durumu şöyle anlatılmıştır:

"Kulum bana, nâfile ibâdetleriyle devamlı yaklaşır, nihayet onu severim. Ben (bir) kulumu sevince onun gözü, kulağı, eli ve ayağı olurum. O, benimle görür, benimle işitir, benimle tutar, benimle yürür. Benden bir

16) Ra'd (13), 15.

şey isterse kendisine veririm. Bana sığındığında onu özel himayeme alırım." [17]

Demek ki; mürşid-i kâmil aldığını da verdiğini de Allahu Teâlâ ile yapar. Onun, bizzat, bir şeyi vermeye ya da menetmeye rağbeti yoktur. O, devamlı Cenâb-ı Hakk'ın irâdesine tâbidir. Mevlâ ona irâdesini bildirir, o da bütün tasarruflarında nefsinin isteğine göre değil, Allahu Teâlâ'nın murâdına göre haraket eder. Eğer Cenâb-ı Hakk'ın, kendisinden, güzel bir fiile ve hâle girmesini istediğini bilse, ona, kendisi onu arzuladığı veya o şeyin güzel olduğu için değil, Allah'ın murâdı ve rızâsı onda olduğu için işin içine girer ve o işi yapar. Kulların hizmetini gören hizmetçi ise, böyle değildir; o, hayırlı gördüğü her işe, kendi irâdesi ile el atıp yapmaya çalışır.

****

17) Buhârî, Rikak, 38; İbnu Mâce, Fiten, 16; Berzeri rivâyetler için bkz: Ahmed, Müsned, VI, 256; Tabarânî, el-Mu'cemü'l-Kebîr, VIII, 221-222. (No: 7880); İbnu Ebi'd-Dünyâ, Kitâbu'l-Evliyâ, 26-27. (No: 1.)

HAKİKİ HİZMET EHLİ VE ONA BENZEYENLER

Allahu Teâlâ, **Hz. Dâvud**'a (a.s) şöyle vahyetmiştir:

"Ya **Dâvud**! Beni taleb eden (benim rızâmın peşine düşen) birisini gördüğün zaman, ona hizmetçi ol."

Hakk yolunda gidenlere hizmet eden kimse, bu hizmetini, mânevî sevâba ve Allahu Teâlâ'nın kulları için hazırladığı nimetlere ulaşmak için yapar. Allahu Teâlâ'ya yönelenleri rahata kavuşturup onların gönüllerini geçim derdinden kurtararak daha huzurlu ve şevkle ibâdet etmelerini temine çalışır. Yaptığı her şeyi, sâlih bir niyet ile Allah için yapar. Mürşid-i kâmil her işinde Allah'ın murâdına göre haraket ederken, hizmetçi, niyetine göre davranır. Hizmet ehli, her işini Allah için, mürşid de Allah için yapar. Bununla birlikte mürşid, "mukarrabûn", hizmetçi ise, "ebrâr" (iyiler) makâmındadır.

Hizmet ehli, kendi yerine başkasına vermeyi, karşılık beklemeden ihsan etmeyi, başkasından gelen şeyle kardeşine yardım etmeyi tercih eder. Onun her vakit vazifesi; Allah'ın kullarının hizmetine gayret etmektir. O, fazileti bu hizmetinde görür ve bunu nâfile ibâdet ve amellerine tercih eder. Öyle ki; mürşid ile hâdimi seçemeyen, ikisinin konum ve hâlini bilemeyen kimse, onu mürşid zanneder. Çoğu zaman, bazı hizmetçiler de, kendi nefsinin hâlini bilemeyip, ilminin azlığı ve bu zamanda gerçek velilerin hallerinin yok olup gitmesinden dolayı; kendisini mürşid konumunda zanneder.

Bunun bir diğer sebebi de; dervişlerin çoğu, mürşidin ilim ve hâline bakmayıp, onun vereceği bir kaç lokmaya kanaat etmektedirler. Bu durumda, kim kendilerini daha çok yedirip içiriyorsa, onu mürşidliğe daha lâyık görürler. Bilmiyorlar ki, mürşid zannettikleri bu kimse, mürşid değil, sadece ekmekçidir.

Hakk yolunda hizmet ehli olan kimse, güzel bir makâm ve Allah'tan gelecek hoş bir nasib sâhibidir. Hizmet ehlinin ve yaptığı hizmetin faziletini anlatan bir haberi bize, Şeyh **Ebû Zur'a**, babası kanalıyla, **Ebû Hureyre** (r.a.)'den nakletti. **Ebû Hureyre** (r.a) demiştir ki:

"Bir yolculuk esnasında Rasûlullah (s.a.v) "**Merru'z-Zahran**" da iken kendisine bir miktar yiyecek getirildi. Allah Rasûlü (s.a.v), **Hz. Ebu Bekir** ile **Hz. Ömer**'e:

"**Geliniz yiyiniz.**" buyurdu. Onlar:

"Biz, oruçluyuz" dediler. O zaman **Efendimiz** (s.a.v) diğer oruç tutmayanlara:

"Arkadaşlarınızın yükünü hazırlayın, yüklerini yüklemeye yardımcı olun. Siz de yaklaşıp yiyiniz!" [1] buyurdu

Allah Rasûlü (s.a.v) bu sözüyle, şunu demek istedi: "Siz, nâfile orucunuz sebebiyle hizmetten zayıf düştünüz ve size hizmet edecek kimselere muhtaç oldunuz. Yiyiniz de (başkalarına hizmet ederek) kendi nefsinize hizmet etmiş olunuz; yol ve amel sevâbınız sizin olsun."

Hizmet ehli, her türlü fazileti elde etmeye çalışır. O bu fazileti, bazen, bizzat çalışarak, bazen etrafındakileri çeşitli hizmetlerde çalıştırarak, bazen sağmal hayvanları sağarak, bazen de kendisine teslim edilen mal ve eşyayı yerine ulaştırarak elde etmeye çalışır ve şeriatın kötülemediği her hizmete girer; hiçbirinden geri durmaz. Mürşid ise; keskin basireti ve kuvvetli ilmiyle, infak etmenin, tam bir ilme, nefsin hile ve şehevî arzularından temizlenmiş bir niyete ihtiyacı olduğunu görür. Bu konuda niyetini temizlerse de, bu gibi işlerde nefsin arzusunun bulunacağını bildiği için, ona yanaşmaz. Zaten mürşidin hâli; kendi istek ve arzularını terkedip, ilâhî murâda râm olmaktan ibârettir.

Bize, **Ebû Zur'a**'nın naklettiğine göre, **Cüneyd el-Bağdâdî** şöyle demiştir:

Seriy es-Sakatî: "Ben insanı kısa yoldan Cennete götürecek bir yol

---

1) Hadisin lafzı, hadis kitablarında müellifin naklinden biraz farklıdır. Biz, baskı hatâsı ihtimâlini göz önünde bulundurarak, hadis kitablarındaki rivâyete göre mâna verdik. Bkz: Nesâî, Sıyâm, 49; Hâkim, Müstedrek, I, 433; Beyhakî, Sünen-i Kübrâ, IV, 246.

biliyorum!" dedi. Kendisine:

"Nedir o?" diye sordum, Hazret:

"Kimseden bir şey isteme! Hiç kimseden bir şey alma. Yanında da (dünya adına) kimseye vereceğin bir şeyin olmasın; her hâlinle Allah'a güven!" dedi.

Hizmet ehli, Cennete giden yolun, hizmet, infak ve hiçbir karşılık beklemeden ihsanda bulunmak olduğunu bilir. Bu anlayışla, hizmetini nâfile ibâdetelere takdim eder ve bu böyle yapmasının daha faziletli olduğunu düşünür.

Hizmet, sırf sevap almak için yapılan nâfile ibâdetlerden üstündür. Ancak, kulun Allahu Teâlâ ile beraber olma hâlini korumak ve bunu devam ettirmek için yaptığı nâfileler bunun dışındadır.

Hizmetin nâfile ibâdetlerden üstün olduğunu, **Ebû Zur'a** kanalıyla, **Enes b. Mâlik** (r.a)'den rivâyet edilen şu hadisi şerif ortaya koymaktadır. **Enes** (r.a.) demiştir ki:

"Rasûlullah (s.a.v) ile bir yolculuktaydık. Bazılarımız oruçlu, bir kısmımız da oruçsuzdu. Sıcağın oldukça şiddetli olduğu bir günde konaklamak için bir yere indik. Bazılarımız eliyle güneşten korunmaya çalışıyordu. En fazla gölgeye sâhip olanlar, kendilerini gölgeleyecek fazla elbiseye sâhip bulunanlardı. Oruçlular uyudular. Oruç tutmayanlar ise, kalkıp çadırları kurdular ve hayvanları suladılar. Bunu gören **Rasûlullah** (s.a.v):

"Bugün, oruç tutmayanlar bütün sevabı alıp götürdüler." [2] buyurdu.

Bu hadis, hizmetin nâfile ibâdetlerden daha faziletli olduğunu göstermektedir. Bununla birlikte, hizmet ehli için rağbet edilecek bir yüksek makam vardır. Fakat, niyetini nefsânî düşünce ve şâibelerden arındıramayan, gerçek hizmet ehline benzemeye çalışıp, dervişlerin hizmeti için çırpınan ve güzel bir arzuyla hizmetle elde edilecek yüksek halleri elde etmek içn hizmet içine giren kimseye gelince, onun hizmeti karışık olur. Bu kimse, hizmetinin bir kısmını imanının verdiği muhabbet ve veliler cemaatına karşı beslediği güzel düşünceyle yaparken, bir kısmını da hevâ ile karışık bir niyetle yapar ve isâbet edemez. Bu durumda, hizmeti yerinde yapmamış olur.

---

2) Buhârî, Cihad, 7l; Müslim, Sıyam, l00.

Bazen, hizmet ehli bir kimse, yaptığı işlerde hevâsıyla tasarruflarda bulunur. O, Allahu Teâlâ'nın rızâsını ve vereceği sevâbı istemekle birlikte, insanlar tarafından methedilip övülmeyi de sever. Çoğu zaman, adının yüceltilmesi için hizmet eder. Bazen de karşılaştığı kimselerden gördüğü sevimsiz davranışlar yüzünden içini saran hevâî duygular sebebiyle hizmetten vazgeçer. Nefsânî duygular içini sarıp kalbi karıştığı için, rızâ ve gazap hâlinde, hizmetin korunması gereken edeblerine riâyet edemez. Halbuki gerçek hizmet ehli, rızâ ve gazap hâlinde hizmetinde hevâsına tâbi olmaz. Hiçbir kınayanın kınaması onu, Allah için yaptığı hizmetten geri çeviremez. O, bütün hallerde her şeyi yerli yerince ve gereğince yapar.

Buna göre, az yukarıda bahsettiğimiz kimse, hizmet ehli gibi görünen fakat, hakiki hâdim olmayan kimsedir. Gerçek hizmet ehli ile öyle olmayanı ancak, niyetin nasıl sahih ve sağlam, kalbin hevâdan nasıl temiz olacağını yakinen bilen kimse fark edebilir. Bununla beraber, temiz bir niyetle, gerçek hizmetçi gibi görünen kimse de birçok tasarruflarında gerçek hizmet ehlinin sevabına ulaşır. Fakat niyetine hisleri karıştığı ve hâli itibarıyla gerçek hizmet ehlinden geride kaldığı için, onun rütbesine ulaşamaz.

Bunların yanında, kendisine verilen malı sâhiplerine ulaştırmak yahut beklenilen hizmetlerin artması için eline vakıf malı verilerek fakirlerin hizmetine getirilen kimseye gelince; O, kendi adına eline geçireceği bir nimet ve âcilen elde edeceği bir pay için hizmet etmektedir. Onun menfeatı kesilse, hizmeti de kesilir. Çoğu zaman o, hizmet edenleri çalıştırır. Bu durumda o, nefsânî arzusuyla, (özellikle) kendisine hizmet eden meclis ve toplantılarda daha fazla ihtiyaç duyulan, sâyesinde mal ve itibârını artırdığı kimselere hizmet eder. Aslında bu kimse, kendi hevâsına hizmet etmekte, dünyalığın peşine düşmekte, gece gündüz itibarını ayakta tutmak, kendisinin ve ehlinin hoşnut olacağı şeyleri ele geçirmek için çırpınmakta, bu hâliyle de, dünyalık servetini çoğaltmakla uğraşmaktadır.

Bu durumuyla o, dervişlerin ve gerçek hizmet ehlinin hâli dışında bir hâl ve kıyâfete bürünür. Nefsânî arzularını elde etmek için kendisini kapıp koyverir. İçinde, baş olma sevdâsı hâkim olur. Malı çoğaldıkça, istekleri de çoğalır. Fakirlere (dervişlere) yönelerek, hizmetle onları elde etmeye çalışır. Fakirler de, eli altındaki vakıftan hisselerine düşecek payı keser korkusuyla, rızâ ve sevgisini kazanmak için ona, aşırı derecede yaltaklanma ve yağ çekme ihtiyacı duyarlar. Aslında böyle bir kimseye, gerçek hizmet ehli veya hizmete koşan değil, "hizmet bekleyen" demek daha güzel olacaktır.

Bütün bunlarla beraber, çoğu zaman o kimse, başkalarının hizmeti yerine Allah dostlarının hizmetini seçmesi ve zâhiren de olsa sûfilere mensub olması sebebiyle, onların bereketine kavuşması ümid edilir. Nitekim, daha önce zikrettiğimiz bir hadis-i şerifte, ehl-i zikir anlatılırken, haklarında:

"Onlar, öyle bir topluluktur ki; onlarla oturup kalkan şâkî (rahmetten mahrum) olmaz." [3] buyrulmuştur.

****

3) Buhârî, Deavât, 66; Tirmizî, Deavât, 129.

BEY'AT-HIRKA VE İRŞÂD

Hırka giymek; mürşid ile mürid arasında bir bağlantı ve müridin nefsi ile kendi arasında mürşidinin hakemliğini kabul etmesidir.

Şeriatta dünyevî bir maslahat ve iş için bir başkasının hakemliğine baş vurmak câiz olunca; güzel bir düşünce ve akideyle bir mürşidi, mânevî taleb ve terbiyesinde hakem kabul eden sâlikin, buna alâmet olarak giydiği hırka nasıl inkar edilebilir! Çünkü mürşid, onu irşâd edecek, kendisine hidâyet yolunu gösterecek; mânevî halleri, nefsin âfetlerini, amellerin nasıl bozulduğunu, şeytanın kalbe giriş yollarını öğretecek bir kimsedir.

Hırka giyen sâlik, nefsini böyle bir mürşide teslim eder, onun emir ve görüşlerine boyun eğer, her işinde onun tavsiyelerine göre haraket eder. Mürşid de onu manevi tasarrufuna aldığını götermek için, kendisine hırka giydirir.

Demek ki, hırka giymek; müridin işlerini mürşidine havale etmesinin ve irâdesini ona teslim ederek onun hüküm ve tasarrufatı altına girmesinin bir alametidir. Bu, aynı zamanda, Allah ve Rasûlü'nün (s.a.v) hükmü altına girmek olup; **Ashâb-ı Kirâm**'ın **Rasûlullah** (a.s) ile yaptıkları bey'at sünnetini de ihyâ etmektir.

Ebû Zur'a, **Ubâde b. Sâmit** (r.a)'in, bey'at konusunda şöyle dediğini haber vermiştir: "Biz, Rasûlullah (s.a.v) Efendimize, darlıkta, genişlikte, sevinçli ve kederli hallerimizde her emrini dinleyip itaat etmek üzere, ehli olan birisi iş başına gelince, (hak üzere gittiği sürece) kendisiyle çekişmemeye, her nerede olursak olalım hakkı söylemeye ve Allah yolunda hiçbir kınayanın kınamasından korkmayacağımıza dâir bey'at ettik." [1]

---

1) Buhârî, Ahkâm, 43; Müslim, İmâre, 41-42; Nesâî, Bey'at, I-5

Bir mürşidin elinde hırka giymekte de bey'at mânası vardır. Hırka, mürşidin mânevî sohbetine girmenin birinci basamağıdır. Zâten bütün maksad da; sohbet ve mürşidle hemhâl olmaktır. Çünkü, böyle bir sohbet sâyesinde, bütün hayırların müride gelmesi ümid edilir.

Rivâyet edildiğine göre; **Ebû Yezid Beyâzıd el-Bistâmî** şöyle demiştir: "**Mürşidi olmayanın önderi şeytandır!**"

Üstad **Ebu'l-Kasım el-Kuşeyrî**, mürşidi **Ebû Ali ed-Dakkak**'ın şöyle dediğini nakletmiştir:

"Bir ağaç, kendisini bir diken ve bakanı olmaksızın kendi başına büyüdüğü zaman, yaprak verir fakat (güzel) meyve vermez."

Hazretin dediği gibi; böyle bir ağacın, vâdi ve çöllerdeki ağaçlar gibi meyve vermesi mümkündür, fakat onun, bahçelerde özel yetiştirilen ağaçların meyvesi gibi tadı olmaz. Bir meyve ağacı, bulunduğu yerden başka bir yere nakledilirse; hem meyvesi çok olur, hem de tadı daha güzel olur. Çünkü üzerinde özel muamele yapılmış, ehli olan birisi tarafından ona emek verilmiştir. Bu itibarla şeriat, eğitilmiş köpekteki tâlim ve terbiyeyi dikkate alarak; eğitilmemiş köpeklerin tuttuğu avı helal görmezken, av için eğitilmiş köpeğin tuttuğu avın yenilmesini câiz görmüştür.

Meşâyıhtan çoğunun şöyle dediğini işittim:

"**Bir kurtuluşa ereni görmeyen (nefis ve dünya sevgisinden) kurtulamaz.**"

Bizim için Rasûlullah (s.a.v) Efendimizde güzel bir örnek vardır. Rasûlullah'ın ashâbı, bütün ilim ve edeblerini Efendimiz (s.a.v)'den alıyordu. Nitekim, Sahâbe-i Kirâm'dan bazıları şöyle demişlerdir:

"Rasûlullah (a.s) bize, helâda kazâ-i hâcet yapmasına varıncaya kadar, her şeyi öğretti." [2]

Sâdık ve samimi olan bir mürid, mürşidinin irade ve hükmü altına girip, sohbetiyle şereflenerek, onun edebiyle edeblenirse; lambanın kandilinden ışık aldığı gibi, mürşidin bâtınından müride, mânevî bir hâl ve feyiz geçer. Mürşidin sözleri müridin bâtınına sirâyet edip yerleşir ve müridin bâtınında emânet edilmiş en güzel hâllerden birisi olur. Böylece mürşidin hâli, müridin

2) Müslim, Tahâret, 57-58; Ebû Dâvud, Tahâret, 4.

onunla sohbeti ve sözlerini can kulağı ile dinlemesi sebebiyle müridine intikal eder. **Bu da ancak, nefsini mürşinin emrine râm etmiş, kendi irâdesinden sıyrılmış, ihtiyârını terkle mürşidinde fâni olmuş bir mürid için meydana gelir.**

Sohbeteni girilen mürşidle sohbete giren mürid arasında, rûhî bağlılık ve fıtrî temizlik sâyesinde bir kaynaşma ve irtibat olur. Bu, ilâhî bir kaynaşmadır.

Sonra mürid, kendi ihtiyarını terk edip mürşidinin beraberlik ve nezâretinde edeblene edeblene öyle bir noktaya gelir ki; mürşidi yanında irâdesini terketme noktasından, tamamen Allah'ın irâdesine tâbi ve teslim olmaya kadar yükselir. Artık mürşidinden alıp anladığı gibi, Allahu Teâlâ'dan da almaya başlar. Bütün bu hayırların başı; mürşidle sohbet ve onun emirlerine sımsıkı sarılmaktır. Hırka ise, bu işin başlangıcıdır.

Şeyh **Ebû Zur'a**'nın, **Ümmü Hâlid binti Hâlide**'den rivâyet ettiği şu hadis, hırka giymenin sünnetten delili olmaktadır.

Ümmü Hâlid (r.ah) demiştir ki:

"**Rasûlullah** (s.a.v) Efendimize üzerinde küçük siyah çizgiler bulunan bir elbise getirildi. **Efendimiz** (s.a.v), etrafındakilere:

"Bunu, kime giydireceğimi düşünüyorsunuz?" diye sordu. Oradakiler suküt ettiler. **Allah Rasûlü** (s.a.v):

"Bana **Ümmü Hâlid**'i getirin!" buyurdu. Beni kendisine götürdüler. Bana hırkayı kendi eliyle giydirerek, iki defa:

"(Sıhhat ve âfiyet içinde) üzerinde eskisin, üzerinde paralansın!" diye iltifatta bulundu.Sonra, elbisenin üzerinde göze çarpan sarı ve kırmızı nakışlara bakarak:

"**Ya Ümme Hâlid! Bu, çok güzel oldu!**" buyurdu." [3]

Zamanımızdaki meşâyıhın yaptığı usulde hırka giymenin, **Rasûlullah** (s.a.v.) devrinde bulunmadığı açıktır. Ancak, belirli şekil ve usullerde hırka giyme, meşâyıh tarafından "**istihsan**" yoluyla benimsenmiş ve faydalı bulunmuştur. Bunun aslı, az önce rivâyet ettiğimiz hadistir. Bunun bir diğer delili ve dayanağı da, yukarıda zikrettiğimiz; mürşidi (nefsi üzerinde) hakem kabul

---

3) Buhârî, Libas, 22-23; Ebû Dâvud, Libas, 2.

edip kendisine bey'at etme hâdisesidir ki bunu temsilen hırka giydirilmektedir.

Hem, halkı **Hakk**'a dâvet hususunda **Rasûlullah** (a.s) Efendimize uymak gibi, hangi iktidâ ve ittibâ daha kâmil ve daha kuvvetlidir.

Allahu Teâlâ, ezelî kelâmı Kur'an-ı Hakim'de, ümmetin her işinde Rasûlullah (a.s) Efendimizi hakem seçip, hükmüne teslimiyeti emretmiştir.

Bir müridin, mürşidini her işinde hakem seçip hükmüne râm olması da, işte bu ilâhî emri ve Hz. Peygamber'in sünnetini ihya etmektir. Allahu Teâlâ buyurmuştur ki:

"Hayır! Rabbın hakkı için, onlar, aralarındaki anlaşamadıkları işlerde, seni hakem yapıp, sonra da verdiğin hükme, içlerinde hiçbir darlık duymadan tam bir teslimiyetle boyun eğmedikçe, iman etmiş olamazlar." [4]

Bu âyet-i kerimenin nuzül sebebi şudur:

"Hz. Peygamber (s.a.v)'in halasının oğlu **Zübeyr b. Avvam** ile Ensar'dan bir zat, **Hirre**'deki bir su yolunda anlaşmasızlığa düştüler ve durumu Rasûlullah (a.s)'a arzettiler. İkisi, bu su ile hurma ağaçlarını suluyorlardı. Rasûlullah (a.s), **Zübeyr b. Avvam**'a:

"**Zübeyr**! Önce sen sula, sonra da suyu komşuna bırak." buyurdu. Bunu duyan adam kızdı. Ve:

"Rasûlullah, halasının oğlunun lehine hüküm verdi." diye serzenişte bulundu. Bunun üzerine Allahu Teâlâ, Rasûlullah (a.s)'a karşı nasıl davranılacağını bildiren yukarıdaki âyet-i kerimeyi indirdi.[5]

Allahu Teâlâ, iman için âyette Hz. Rasûlullah'ın emrine teslimiyeti şart koştu ki; bu, zâhirî boyun eğiştir. Bunun yanında, verilen hükme hiçbir iç sıkıntısının (ve tepkisinin) bulunmamasını da istedi ki, bu da, bâtınî teslimiyettir. Bir mürşidi kendisine terbiyeci ve işlerinde hakem seçen her müride, mürşidine karşı hem zahiri hem de batını teslimiyet, şarttır.

Mürşidin eliyle hırka giymek; onun bütün tasarruflarında, müridin bâtınında doğacak şüpheleri ortadan kaldırır ve şeyhlere karşı itirazdan sakındırır.

---

4) Nisa (4), 65.
5) Bkz. Buhârî, Şürb, 6,7,8; Tirmizî, Hukkâm, 36; Ebû Dâvud, Akdiye, 3l.

Çünkü mürşide itiraz, müridler için, öldürücü zehir gibidir. Mürşidine bâtinen itiraz edip de kurtuluşa eren, yok denecek kadar azdır.

Mürid, mürşidinin kendisine müşkil ve anlaşılmaz gelen bütün işlerinde, **Hz. Mûsâ** (a.s) ile **Hz. Hızır** (a.s) arasında geçen kıssayı hatırlamalı, orada **Hızır** aleyhisselam'dan, **Hz. Mûsâ**'nın, ilk anda kabul etmeyip itiraz ettiği pek çok işin nasıl meydana geldiğini, sonra işin iç yüzü açıklanınca, yapılan işlerdeki doğruluğun nasıl ortaya çıktığını düşünmelidir.[6]

Mürid de, mürşidinden meydana gelen ve iç yüzünü anlayamadığı müşkil meselelerde, mürşidinin o işi, onun doğruluğunu gösteren bir delil ve ilme göre yaptığını bilmesi gerekir.

Hırka giydirmede (inâbe, tarikât, tevbe vermede) mürşidin eli, Hz. Rasûlullah (a.s)'ın eli yerine geçer. Müridin mürşidine teslim olması, Allah ve Rasûlüne teslim olmak demektir.

Nitekim Allahu Teâlâ bu konuda şöyle buyurmuştur:

"Gerçekten, sana bey'at edenler, ancak Allah'a (teslim olup) bey'at etmiş olurlar. Allah'ın eli onların elleri üstündedir. Kim (seninle yaptığı) ahdini bozarsa kendi aleyhine bozmuş olur. Kim de ahdine vefâ gösterirse, Allah ona büyük bir ecir ve karşılık verecektir."[7]

Mürşid, hırkanın (ve inâbenin) şartlarını yerine getireceğine ve edeblerine riâyet edeceğine dâir, müridinden söz alır. Ona bunun gerektirdiği hak ve sorumlulukları öğretir. Bu durumda mürşid; müridin önünde duran ve müridin kendisine bakarak Allahu Teâlâ'nın isteklerini ve Rasûlullah (a.s.)'ın râzı olduğu şeyleri anlamaya çalıştığı bir sûret (ayna) olmaktadır.

Mürid, mürşidini, Allahu Teâlâ'nın kendi katına ulaştırmak için önüne açtığı bir kapı olarak görmeli, ilâhî huzura oradan girilip çıkılacağına inanmalı, bütün dünyevî ve uhrevî mühim işlerini, dertlerini mürşidine getirmeli, onun hallettiği bütün şeyleri, Kerim olan Allah Teâlâ'ya arzederek ve O'ndan ilahî bir bilgi ve destek alarak hallettiğine itikat etmelidir.

---

6) Bu kıssa, Kur'an-ı Kerim'de "**Kehf**" sûresinde 50-83. âyetleri arasında anlatılmaktadır.
7) Fetih(48), l0.

Mürid bir derdi için mürşide danıştığı gibi, mürşid de o meselenin hallini Allahu Teâlâya danışır. Mürşid için Allah katında uyku ve uyanıklık hâlinde açık tutulan bir özel konuşma kapısı vardır. Demek ki; mürşid, müridin işlerinde kendi hevâsıyla tasarrufta bulunmaz. Çünkü, mürid onun yanında Allahu Teâlâ'nın bir emânetidir. O, kendi ihtiyaçları, dinî ve dünyevî mühim işleri için Allah'tan yardım istediği gibi, müridi için de yardım ister. Allahu Teâlâ: ***"Allah bir insanla ancak, vahiy yoluyla veya perde arkasından konuşur, yahut bir elçi gönderip izniyle ona dilediğini vahyeder."*** [8] âyetiyle, kullarıyla nasıl konuşacağını beyan etmiştir. Bunlardan, "elçi gönderme" ve "vahiy etme" şekli peygamberlere hastır. İlhâm, gizlice bildirme, uykuda veya başka bir yolla perde arkasından konuşma ise, mürşidlere ve ilimde yüksek payeye ulaşmış havassa âittir.

Bil ki; müridler için mürşidin yanında bir süt emme dönemi, bir de sütten kesilme zamanı vardır. Mânevî doğumun açıklanması daha önce anlatılmıştır. Süt emme dönemi; mürşidin sohbetine ve terbiyesine devam etme dönemidir. Bunun ne kadar süreceğini mürşidi bilir. Mürid için, mürşidinin izni olmaksızın sohbet ve mânevî terbiyeden ayrılması doğru değildir. Ancak mürşidinin izni ile ayrılabilir.

Allahu Teâlâ, bu tür izin hususunda ümmete edeb öğretmek için buyurmuştur ki:

"Mü'minler ancak, Allah ve Rasûlüne iman edenlerdir. Onlar peygamberle beraber bir iş üzerinde bulundukları zaman, ondan izin almaksızın ayrılıp gitmezler. Ey Rasülüm! Senden izin isteyenler, Allah ve Rasülüne hakkıyla iman etmiş olanlardır. O halde, bazı işleri için senden izin istedikleri vakit, sen de onlardan dilediğin kimseye izin ver ve onlar için Allah'tan mağfiret iste. Çünkü Allah çok bağışlayıcıdır." [9]

Acaba hangi topluca yapılan bir iş, din ve mânevî terbiye işinden daha büyük olabilir. Bu yüzden mürşid, müride ancak, onun kendisinden ayrılma vak-

8) Şûra (42), 5l.
9) Nûr (24), 62.

tinin geldiğini ve onun nefsini tek başına idâre etmeye güç yetireceğini bildikten sonra, kendisinden ayrılmasına müsâade eder. Müridin kendi başına istiklâli ise; artık (Cenâb-ı Hakk'tan mânevî ilim ve ilhâm alıp) anlama kapısının kendisine açılmasıyla başlar. Mürid, ihtiyaç ve mühim işleri Allahu Teâlâ'ya arzedebilme ve O'nun ta'rif ve tenbihatlarına göre çözüp, murâd-ı ilâhiyeyi anlama rutbesine ulaştığı zaman, artık mürşidinden ayrılma vakti gelmiştir. Mürşidinden ayrılma vakti gelmeden kendiliğinden ayrılırsa; önüne, dünyaya dönme, hevâsına tâbi olma gibi, vaktinden evvel sütten kesilen çocuğun ma'ruz kalacağı sıkıntı ve engellere benzer mânialar çıkar ve onu zarara sokar.

Burada şunu da hatırlatalım ki; mürşid- i kâmillerin sohbet ve mânevî terbiyelerinde devamlı kalıp kemâle ermek, hakiki müridlerin işidir. Hakiki mürid; irâde hırkasını giyen kimse demektir.

Bil ki; hırka giyip mânevî terbiyeye girmek iki türlü olur:

1-İrâde hırkası. (İrâdeyi mürşide teslim edip, gerçek mürid olma)

2-Teberrük (bereketlenme) **hırkası**.

Meşâyıhın, müridlerinden istedikleri asıl şey; irâde hırkasını giymeleri ve hakikaten mürid olmalarıdır. Tebürrük için hırka giymek ise, irâde hırkasına bir benzeyişten ibârettir. Şu halde; irâde hırkasını hakiki müridler, teberrük hırkası da müteşebbihler (onlara benzemeye çalışanlar) giyerler. Teberrük hırkasını giymede de hayır vardır. Çünkü bu kimse: ***"Kim bir kavme benzerse o da onlardan sayılır."*** [10] hadisinin hükmüne girmektedir.

Hırka giyip mürşid-i kâmilin mânevî terbiyesine girmenin sırrı ve hakikati şudur:

Niyetinde samimi olan sâdık tâlib, mürşidinin mânevî sohbet ve terbiyesine girip nefsini ona teslim ettiği ve her hâliyle babasına muhtaç küçük çocuk gibi, onun elinden tuttuğu zaman; mürşidi, **Cenâbı- Hakk**'a karşı sadâkatı ve güzel istikâmeti sâyesinde elde ettiği mânevî ilim ve feyizle onu yetiştirir ve terbiye eder.

Mürşid-i kâmilin, derin ve keskin basiretiyle, müridlerin bâtınlarına

10) Ebû Dâvud, Libas, 4; Ahmed, Müsned, II, 50.

vâkıf olma ve tasarruf etme yetkisi vardır.

Bazen mürid, dünyaya değer vermeyen, zâhid gibi görünen kimselerin giydiği sert ve kalın elbiseler giyer. Böyle bir giyimde, kendini zâhidlerden gösterme arzusu gizli olabilir. Bu durumda müride en zor gelen şey; zengin, nimet sâhibi kimselerin giydiği gibi giyinmektir. Nefsin, kendi arzusuyla özel bir elbise çeşidi seçmesinde, onun uzunluk, kısalık, sertlik veya yumuşaklık gibi özelliklerindeki tercihinde kendi hevâ ve ihtiyarı vardır. Mürşid ise, müridine, içindeki bu tür düşünce ve hevesleri kırmak için uygun bir elbise giydirir. Bazen mürid, güzel bir elbise veya nefsinin zorlamasıyla âdet edindiği bir elbise giyebilir. Mürşid ise; ona, kendisini nefsânî âdet ve heveslerinden kurtaracak bir elbise giydirir.

Mürşidin giyim kuşamdaki haraket tarzı ve tasarrufu, yeme içmedeki tasarrufu gibidir. O, mürid için en faydalı olanı seçer ve emreder. Onun oruç tutmasında veya yemesinde, dinî hayatı ile ilgili konularda, mânevî hayatı için gerekli gördüğü, nâfile ibâdet, **Kur'an** tilâveti, zikir, hizmet gibi hususlarda da uygun gördüğü şekilde tasarrufta bulunur. Müridini çalışmaya, yahut mânevî fethe yol açacak sülûke veya bunların dışındaki işlere sevketmesi de bu tasarruf ve ta'kibin içine girmektedir.

Mürşidin, müridlerin bâtınî hâl ve durumlarına, zahiri kâbiliyet ve isti'datlarına vâkıf olma gücü vardır. Böylece o, her müridine din ve dünyası için en hayırlı ve faydalı olanı emreder. İnsanların kâbiliyetleri değişik olduğu için; onları Hakk yoluna dâvet de farklı şekil ve derecelerde olmaktadır. Bu hâli, Allahu Teâlâ şöyle ifâde buyurmuştur:

"Rasûlüm! İnsanları Rabbinin yoluna hikmet ve güzel öğütle dâvet et ve onlara karşı en güzel mücâdele şekliyle mücâdele yap." [11]

Hikmetle dâvet, ilâhî dâvette bir rütbedir. Ögüt ve güzel mücâdele de aynı şekilde özel bir usül ve dâvet şeklidir. Hikmetle Hakk yoluna dâvet edilecek kimse, nasihatla çağrılmaz. Onun dâveti, ancak hikmetle güzel olur. Mürşid-i Kâmil, kimin nasıl irşâd edileceğini, kimin ebrâr, kimin mukarrabûn usûl ve uslûbunda terbiye edilmesi gerektiğini bilir. Yine; kimin zikre, kimin nâfile

11) Nahl (16), 125

namaza devam etmesi gerektiğini, kimin katı ve kalın, kimin güzel elbise giymede hevâsına uyduğunu bilir ve müride en uygun olanı tercih ederek, onu içine düştüğü kötü âdetlerinden ve nefsin darlığından kurtarır. Kendi irâde ve ihtiyarı ile ona en uygun elbiseyi giydirir, en faydalı yemeği yedirir. Özel hırka ve terbiye usulleriyle, müridin hevâ hastalığını tedâvi eder. Böylece onu, Mevlâsının rızâsına hazırlar.

Gönlü Hakk'ı irâde ateşiyle tutuşan sâdık bir mürid, bidâyette, bir yılan veya akrep tarafından sokulup, kendini tedâvi edecek bir doktoru arayan kimse gibidir.

Bu durum ve niyette olan bir mürid, kâmil bir mürşid ile karşılaştığı zaman; mürşid onun hâline vâkıf olduğu için, bâtınından ona karşı güzel yardım duygusu kabarır ve müridin bâtınında da o mürşide karşı, aralarında, Allah için, Allah yolunda ve Allah'ın tevfikiyle oluşan kalbî ülfet ve ruhlar âlemendeki ünsiyet sebebiyle, ilâhî bir muhabbet meydana gelir. Şu halde, bir müridin mürşidinin elinden giydiği hırka, ona, bu sâyede mürşidinin güzel mânevî yardımlarının geleceğini müjdeler ve mürid için **Yusuf Aleyhisselam**'ın gömleğinin **Yâkub aleyhisselam** üzerindeki hâl ve te'siri gibi tesir meydana getirir.

Nakledildiğine göre; **Hz. İbrâhim** (a.s), **Nemrud** tarafından ateşe atılırken elbisesi çıkarılarak çıplak bir şekilde ateşe fırlatıldı. O zaman **Cebrâil** (a.s.), cennet ipeklerinden yapılmış bir gömlek getirerek kendisine giydirdi. Bu gömlek **Hz. İbrâhim**'in yanında kaldı. Kendisi vefat edince ona, oğlu **Hz. İshak** (a.s) vâris oldu. O da vefat edince, oğlu **Hz. Yâkub** (a.s)'a kaldı. **Yâkub** (a.s) gömleği bir sargı içine koyarak oğlu **Yusuf**'un boynuna astı. **Hz. Yusuf**, onu hiç yanından ayırmıyordu. Kardeşleri tarafından, çıplak olarak kuyuya atıldığı zaman, **Cibril** (a.s) gelip gömleği sargı içnden çıkardı ve kendisine giydirdi.

İmam **Mücâhid** (rah) demiştir ki:

"**Yusuf** (a.s), kendi gömleğinin **Hz. Yakub**'un âmâ gözlerini açamayacağını biliyordu. Ne var ki; elindeki gömlek, sıradan bir gömlek değil, **Hz. İbrâhim**'e âit olan ve miras yoluyla babasına kadar gelen Cennet elbiselerinden bir elbise idi." **Mücâhid**, bundan sonra, yukarıda anlattıklarımızı zikrederek, devamla şunları söylemiştir:

"**Cebrâil** (a.s) ona, üzerindeki gömleği babasına göndermesini emredip, onda Cennet kokusu bulunduğunu, onu üzerine koyan her hastanın ve sıkıntıya mübtelâ olanın sıhhat bulacağını haber verdi."[12]

Mürşidin giydirdiği hırka da, sâdık müride Cennet kokularını taşımaktadır. Çünkü onun sâyesinde Allahu Teâlâ ile sohbet etme ve beraber olma devleti gerçekleşmektedir. Mürid mürşid elinden hırka giyip tevbe etmeyi, Allahu Teâlâ'nın, kendisine bir inâyeti ve ihsanı olarak görmelidir.

Teberrük için giyilen hırkaya gelince; sâhibi bununla, zâhiren veliler cemaatına benzeyerek onlarla bereketlenmeyi düşünmektedir. Bu kimseden, özel sohbet şartları istenmez; fakat, onun yerine, şeriatın edeblerini koruması, bereketlerine kavuşup edepleriyle edeblenmesi için sûfiler cemaatına katılması tavsiye edilir. Böylece o kimse, bu hâle devam ederek, irâde hırkasını giyip gerçek mürid olma durumuna gelecektir. Buna göre teberrük hırkasını isteyen herkes giyebilir. İrâde hırkasını ise, ancak bu yolda sadâkat ve rağbeti olan giyebilir, başkaları giyemez.

Hırkada mavi rengin tercih edilmesi, meşâyıhın bunu güzel bulmasındandır. Eğer mürşid, mürid için başka bir rengi uygun bulmuş ise, kimsenin buna bir itiraz hakkı yoktur. Çünkü mürşidler, yaptıkları işlerde, içinde bulundukları vakit ve hâlin durumuna göre hüküm verirler. Bu sebeple mürdişimiz **Ebu'n-Necîb** (rah.):

"Hizmet ehli mürid, hizmete daha elverişli olması için, kısa kollu elbise giymelidir." derdi.

Mürşidin, müridine bir çok defa hırka giydirmesi ve her defasında müride daha faydalı, nefsânî hevâ ve hislerini daha güzel terbiye edici renk ve çeşitleri seçmesi câizdir. Bunun için; daha fazla kir götürdüğünden ve sık sık yıkamaya ihtiyaç göstermediğinden, dervişlere, mavimsi hırka giydirmek tercih edilmiştir. Renk konusunda asıl mâna ve gâye budur. Bunun dışında, bu konuda söylenmiş pek çok söz vardır ki, onlar bir zorlama ve muhatabı iknâya yönelik sözlerden ibarettir. Esasında bu sözlerin din ve hakikat adına pek kıymetleri yoktur.

---

12) İbnu Ebi Hâtim, Tefsiru'l-Kurâni'l-Azim, VII, 2196; Beğavi, Meâlimü't-Tenzîl, IV, 275; İbnu Âdil el-Hanbelî, el-lübâb fi Ulûmi'l-Kitâb, XI, 207.

Şeyh Sediduddin **Ebu'l-Fahr el-Hemadânî**'nin (rah.) şöyle dediğini işittim:

"**Bağdat**'ta, **Ebû Bekr eş-Şurutî**'nin yanında bulunuyordum. Üzerinde kirli elbiseler bulunan bir derviş, zâviyesinden çıkarak yanımıza geldi. Dervişlerden birisi:

"Elbiseni niçin temizlemiyorsun?" diye sordu, o da:

"Ey kardeşim! Doğrusu yıkamaya vakit ayıramıyorum!" dedi. **Şeyh Ebu'l-Fahr** dedi ki:

"Ben, o dervişin: "vakit ayıramıyorum!" sözündeki tatlılığı hâlâ unutamıyorum. Çünkü o, bu sözünde sâdık idi. Gerçekten de taat ve hizmetten başını kaldırıp bu tür işlere vakit ayıracak durumda değildi. Ben onun sözünde, mânevî bir lezzet ve bereket buldum.

Bu yüzden mürşidler, müridleri için renkli hırka ve elbiseyi tercih etmişlerdir. Çünkü onlar, bulundukları vakit içinde ayrı bir meşguliyet içindedirler. Bununla birlikte, mürşid müridine beyaz veya başka bir renkte elbise giydirdiğinde, bu onun güzel niyetine ve geniş ilmine hamledilir.

Biz, meşâyıhtan, hırka gibi özel bir elbise giymeyen ve hırka giydirmeksizin insanları irşâd eden kimseleri de gördük. Böyle bir kimseden de mânevî ilim ve edebler alınır. Selef-i sâlihinden pek çokları, hırkayı bilmezler ve müridlerine de giydirmezlerdi.

Netice olarak, şunu diyebiliriz: Hırka gibi özel bir elbise giyen ve giydiren mürşidler, bunu güzel bir niyetle yapmaktadırlar. Ellerinde bu işin dinde güzel gören gösteren hükümler ve deliller vardır. Onu giymeyen ve giydirmeyen mürşid-i kâmillerin de, kendilerine âid doğru görüş ve güzel maksatları vardır.

Bütün mürşid-i kâmillerin tasarrufları, iyiye ve doğruya yorumlanmalı; onların her konuda muhakkak güzel bir niyet sâhibi oldukları kabul edilmelidir.

Allahu Teâlâ, bizleri, onların güzel hâlleriyle şereflendirip ahlâklarıyla bereketlendirsin. İnşâallahu Teâlâ.

****

RIBAT VE TEKKELERDE KALMANIN FAZİLETİ

Allahu Teâlâ, bir âyet-i kerimede şöyle buyurmuştur:

"Bu nur kandili, Allah'ın yüceltilmesine ve içlerinde isminin zikredilmesine izin verdiği evlerde yakılmıştır. (O nûra tâlib olanlar) sabah akşam orada Allah'ı tesbih ederler. Onlar öyle er kişilerdir ki; onları, ne bir ticaret, ne de bir alış-veriş Allah'ı zikretmekten, namazı dosdoğru kılmaktan ve zekatlarını vermekten alıkoymaz. Onlar, kalblerin ve gözlerin dehşetten dönüp duracağı kıyâmet gününden korkarlar."[1]

Âyet-i kerimede geçen ve Allahu Teâlâ'nın içinde isminin zikredilmesine izin verdiği evlerin nereler olduğu konusunda; bazıları mescidler, bazıları **Medine-i Münevvere**'nin evleri, bazıları da **Hz. Peygamber** (s.a.v)'in evleri olduğunu söylemiştir.

Anlatılır ki; bu âyet-i kerime nâzil olunca, **Hz. Ebû Bekir** (r.a) ayağa kalkarak:

"Ya Rasûlellah! Ali ve Fatma'nın evleri de bunlardan mıdır?" diye sordu, Efendimiz (s.a.v) de:

"**Evet, hem de en faziletlilerinden**." buyurdu.[2]

Hasan el-Basrî (rah) demiştir ki: "Bütün yeryüzü, Rasûlullah (a.s) için mescid kılınmıştır. Buna göre itibar; bizzat yeryüzüne değil, **Allah**'ı zikreden er kişileredir. Hangi yerde bu vasıftaki erler bulunursa, orası, Allah'ın isminin yüceltilmesine (ve zikredilmesine) izin verdiği bir yer olur."

Enes b. Mâlik'in (r.a) şöyle dediği rivâyet edilmiştir: "Her akşam ve sabah yerin bir kısmı diğerine: "Bugün üzerine namaz kılan yahut Allah'ı zikreden bir

---

1) Nur (24), 35
2) Suyûtî, ed-Dürrü'l-Mensûr, VI, 203.

kimse uğradı mı?" diye seslenir. Bazı yerler: "Evet" bazıları da: "Hayır!" diye cevap verir. "Evet" diyen yer paçası, üzerinde namaz kılınmasını ve Allah'ın zikredilmesini kendisi için bir fazilet bilir."[3]

Bir kul, bir yer parçası üzerinde Allah Teâlâ'yı zikretse yahut namaz kılsa, o yer, kıyâmet günü onun yaptığı amele şâhitlik yapar ve o kul öldüğü gün arkasından ağlar.

Denilmiştir ki: Allahu Teâlâ'nın:

"Onlara ne gök ağladı, ne de yer!"[4] âyetinde, taat ehli ehlullahın faziletine bir işâret vardır. Çünkü ehlullahtan birisi vefat ettiği zaman, yeryüzü onun için ağlar. Dünyaya bağlanan ve hevâsına tâbi olana ise ağlamaz.[5]

Şu halde, tekke ve rıbatlarıda yaşayan dervişler, Allahu Teâlâ'nın âyetinde övdüğü er kişilerdir. Çünkü onlar, nefislerini tamamen Allah'a itaata hasredip herşeyden kesilerek O'na bağlanmışlar, Allah da dünyayı onlara hizmetçi yapmıştır.

İmran b. Husayn (r.a) şöyle rivâyet etmiştir. Rasûlullah (s.a.v) buyurdu ki:

"Kim herşeyden kesilerek Allah'a bağlanırsa; Allah, onun geçimine kâfi olur ve onu hiç beklemediği yerden rızıklandırır. Kim de her şeyi ile dünyaya bağlanırsa; Allah, onu dünya ile başbaşa bırakır."[6]

Rıbat, aslen, (cihad için) atların bağlandığı yerdir. Sonra, ardından gelecek tehlikelere karşı içindekileri korumak için yapılan her tür kale vs. yerlere ribat dendi. Bu yerlerde kalarak düşmanı gözetleyen mücâhid, gerideki insanlara düşmanın gelmeseni engeller; düşmanı defeder. Tekkelerde kalarak Al-

---

3) Suyûtî, el-Câmiu's-Sağîr, II, No: 8054; Münâvî, Feyzu'l-Kadîr, V, 485.
4) Duhan (44), 29.
5) Sâlihler için yer ve göğün ağlaması ile ilgi rivâyetler için bkz: Taberî, Câmiu'l-Beyân, Cüz: XXV, 124-126; İbnu Kesîr, Tefsir, VII, 239-240; Tirmizî, Tefsîru sûre, 45. (No: 3255).
6) Beyhakî, Şuabu'l-İmân, II, 28-29; Münzirî, et-Tergib, IV, 17; Heysemi, Mecmau'z-Zevaid, X, 303.

lah'a itaat eden dervişler de; taat ve duâlarıyla kullara ve beldelere gelecek belâ ve mûsibetin kalkmasına vesile olurlar. Ehlullahın bu durumu, Hz. **İbnu Ömer**'in rivâyet ettiği şu hadis-i şerifte de ifâde edilmektedir. Rasûlullah (a.s) buyurmuştur ki:

"Muhakkak Allahu Teâlâ, sâlih bir müslüman sebebiyle, onun ehl-i beytinden ve komşularından yüz kişiden, başlarına gelecek belâyı defeder." [7]

Diğer bir hadis-i şerifte şöyle buyrulmuştur:

"Eğer, Allahu Teâlâ'nın çokca rukû' eden kulları, süt emen sabi çocuklar ve otlayan hayvanlar olmasaydı; üzerinize şiddetli azap indirirdi." [8]

Câbir b. Abdullah'ın rivâyetine göre; Rasûlullah (s.a.v) şöyle buyurmuştur:

"Şüphesiz Allahu Teâlâ, bir adamın sâlih olması sebebiyle; evlâdını, torununu, ev halkını ve yakın çevresini ıslâh eder. O kimse aralarında bulunduğu müddetçe, onlar Allah'ın himâyesinde olurlar" [9]

Dâvud b. Sâlih, Ebû Seleme b. Abdurrahman'ın, kendisine, şöyle dediğini rivâyet etmiştir:

"Ey kardeşimin oğlu! Sen, ***"Ey iman edenler! sabredin, birbirinize sabır tavsiye edin ve rıbatlarda bekleyin."*** [10] âyetinin hangi şey için indirildiğini biliyor musun?" diye sordu. Ben de:

"Hayır!" dedim. O:

"Ey kardeşimin oğlu! Rasûlullah (s.a.v) zamanında, atların bağlanıp günlerce nöbet beklenilerek yapılan herhangi bir gazve yoktu. Fakat âyette "**râbıtû**": "rıbatları bekleyin!" emriyle anlatılmak istenen; bir namazdan sonra, gelecek namazı gözetleyip beklemektir." dedi.[11]

---

7) Heysemi, Mecmau'z-Zevaid, VIII, 170; Münâvî, Feyzu'l-Kadîr, II, 261 (Had. No: 1794).
8) Münâvî, Feyzu'l-Kadîr, V, 344.
9) Ebû Nuaym, Hilye, III, 385.
10) Âl-i İmran (3), 200.
11) Taberî, Câmiu'l-Beyân, Cüz:IV, 222; Hâkim, Müstedrek, II, 301.

Demek ki rıbat; nefisle cihad etmektir. Tekke ve rıbatlarda yaşayanlar, nefsiyle mücâhade için nöbet bekleyen kimselerdir. Bu mânaya işâret olarak, bir âyet-i kerimede:

"Ey iman edenler! Allah için, O'nun yolunda gerektiği gibi cihad edin!" [12] buyrulmuştur.

Abdullah b. Mübarek, âyette emredilen cihâdın nefis ve hevâ ile yapılacak mücâhade olduğunu söylemiştir. İşte gerçek cihâd budur. **Rasûlullah** (a.s.)'ın beyanlarına göre; en büyük cihad (cihad-ı ekber), nefisle yapılan cihaddır. **Rasûlullah** (s.a.v) bir savaş dönüşünde, ashâbına:

"(Düşmanla yaptığımız, alan ve zamanı) küçük cihattan, (her amelde nefisle yapacağımız, ölene kadar sürecek) büyük cihada dönüyoruz!" [13] buyurmuştur.

Anlatılır ki; sâlihlerden birisi, kendisini savaşa çağıran bir kadeşine şöyle yazmıştır: "Ey kardeşim! Bütün nöbet yerleri benim için bir evin içinde toplanmış ve kapısı da üzerime kapanmıştır. Ben, devamlı nefis düşmanının saldıracağı noktaları bekliyor, sıdk ile **Allah Teâlâ**'ya ibâdetle meşgul oluyorum." Bunun üzerine, kardeşi ona şunları yazdı:

"Kardeşim! Eğer bütün insanlar, senin yaptığın gibi bir köşeye çekilmeyi tercih edecek olsalar, müslümanların işleri bozulur, kâfirler gâlib gelirdi. Bu yüzden bize, her şeyden önce, cihâd ve gazâ lâzımdır." O da cevâben şöyle yazmıştır:

"Eş kardeşim! Eğer bütün insanlar benim yaptığıma yapışsalar da bulundukları ibâdethânelerinde seccâdeleri üzerinde "Allâhu ekber!" diyecek olsalar; **Kostantiniyye**'nin surları yıkılırdı!" [14]

Hükemâdan birisi demiştir ki: "İbâdethânelerde, güzel niyet ve sâfi gönülle aşk ile zikir seslerinin yükselmesi; gökteki feleklerin bağını çözer; nice

12) el-Hac (22), 8.
13) Beyhakî, Kitâbu'z-Zühd, I65 (Had. No: 373); Suyûtî, el-Câmiu's-Sağîr, II, No: 6107; Hatib, Târih, XIII, 523; Zebîdî, İthâfu's-Sâde, VIII, 397.
14) Tekbir ve zikirle kale surlarının yıkılması haktır. Rasulullah (s.a.v), kıyamete yakın bir zamanda, mü'minlerden bir grubun silah ve ok kullanmadan tekbir ve lâ ilahe illallah zikriyle kale surlarını yıkacaklarını beyan etmiştir. Bkz: Müslim, Fiten, 78; Ali Nasıf, et-Tâc, V, 329.

müşkilleri halledip, zorlukları âsân eder."

Şu halde, rıbat ehlinin tekkelerde toplanmaları, mâna ve gâyesine uygun en sahih bir şekilde olmaktadır. Eğer rıbat (tekke) ehli vakitlerinin hakkını vererek güzel muamele içinde olsalar, amellerini ve hallerini bozacak şeylerden sakınsalar; bütün kullara ve beldelere ilâhî bereket geri gelirdi.

Seriyy es-Sakatî, ***"Sabredin, birbirinize sabrı tavsiye edin ve düşmanlarınıza karşı nöbet bekleyin."*** [15] âyetine şu yorumu getirmiştir:

"Asıl selâmeti bulmak için dünyadan kopmaya sabrediniz. Allah yolunda sebat ve istikâmet savaşında sabır yarışı yapınız. Nefs-i levvâmenin arzularına karşı nöbet bekleyin. Size pişmanlık verecek şeylerden sakının; umulur ki yarın, kıyâmet gününde ilâhî lutuf ve kerâmetlere kavuşup kurtuluşa erersiniz."

Buâyet-i kerimeye şu tefsir de yapılmıştır: "Belalarıma sabredin; nimetlerime şükretmede konusunda da sabır gösterip birbirinizle yarışın. Düşmanlarıma karşı uyanık durup nöbet bekleyin. Benden başkasının muhabbetinden sakınınız ki; yarın buna kavuşmakla felaha erersiniz."

Şu esaslar, ribat ve tekkelerde yerleşip hizmet edenlerde bulunması gereken vazifelerdendir. Bunlara dikkat etmek şarttır:

1-Halk ile kalbî alakayı kesmek.

2-Hakk ile güzel muâmele içine girmek.

3-Bütün sebeblerin yaratıcısı Allahu Teâlâ'nın rızka kefil olması sebebiyle, lüzûmundan fazla çalışmayı terketmek.

4-Nefsi kötü şeylere dalmaktan alıkoymak ve hevâya uymaktan sakınmak.

5-Âdetleri terkederek, gece gündüz ibâdetle meşgul olmak. Vakitleri zâyi etmemek.

6-Virdlere devam etmek.

7-Namazları güzel muhafaza etmek ve bütün gaflet çeşitlerinden sakınmak.

Bunlara dikkat eden kimse, gerçek bir murâbıt ve mücâhid olur.

Şeyhimiz Ebu'n-Necib es-Sühreverdî, bize, Hz. Ali (r.a) den naklederek,

---

15) Âl-i İmrân (3), 200.

Rasûlullah (s.a.v) Efendimizin şöyle buyurduğunu haber verdi:

"Zor ve sıkıntılı anlarda (âdâbına uygun) güzelce abdest almak, mescidlere çokca gidip gelmek, bir namazdan sonra diğer namaz vaktini beklemek, hataları tertemiz yıkar."

Diğer bir rivâyette şöyle buyrulmuştur:

"Size, Allahu Teâlâ'nın, kendisiyle hatâlarınızı temizlediği, derecelerinizi yükselttiği şeyleri haber vereyim mi?" diye sorunca, Ashâb:

"Buyur, yâ Rasûlellah." dediler. **Efendimiz** (s.a.v) :

"Zor ve sıkıntılı anlarda güzelce abdest almak. Mescide çokca gidip gelerek fazlaca adım atmak. Bir namazdan sonra gelecek namazı beklemek. İşte sizin rıbatınız budur. İşte rıbat budur. İşte rıbat budur!" buyurdu.[16]

****

16) Buhârî, Vudû', 6; Müslim, Tahâret, 14, 34-41; Tirmizî, Tahâret, 39; İbnu Mâce, Tahâret, 5.

RİBATTAKİLERİN SUFFA ASHABINA BENZEMESİ

Allahu Teâlâ, bir âyet-i kerimede şöyle buyurmuştur:

"Habibim, senin, tâ ilk günden takvâ üzere kurulmuş mecsidde durup namaz kılman daha uygundur. Orada, temizlenmeyi seven erkekler vardır. Allah temizlenenleri sever."[1]

Bu âyet-i kerimede, **Hz. Rasûlullah**'ın (s.a.v) ashabının hâli anlatılmaktadır. Onlara:

"Siz ne yapıyordunuz ki, Allahu Teâlâ sizi bu şekilde övdü?" diye sorulduğunda, onlar: "Tahârette önce taş, arkasından su kullanarak temizlik yapardık." demişlerdir.[2]

Bu ve benzeri edepler, rıbat ve tekke gibi yerlerde oturan sûfilerin titizlikle yapışıp devam ettikleri edeb ve vazifelerdir. Rıbat onların evi ve ikametgâhıdır. Herkesin bir evi olduğu gibi, rıbat ve tekkeler de onların evidir. Onlar bu hususta **Ashâb-ı Suffe**'ye benzemektedirler. Nakledeceğimiz şu haber bunu göstermektedir:

Hz. Talha (r.a.) şöyle anlatmıştır:

"Dışardan Medine'ye gelen bir kimse, bir tanıdığı varsa onun yanında misâfir kalır, tanıdığı bir yakını yoksa, **Suffe Ashâbı**'nın yanına inerdi. Ben de onların arasında kalanlardan birisiydim."

Rıbat ve tekkelerde bulunan kimseler, aynı gâye, aynı dâva ve aynı güzel hâli elde etmek için bir araya gelmiş kimselerdir. Rıbatta oturanlar, (buranın hakkını vermiş olmaları için), şu âyette anlatılan halde olmaları gerekir. Allahu Teâlâ, Cennet ehlini anlatırken şöyle buyurmuştur:

1) Tevbe (9), 108.
2) Taberî, Camiu'l-Beyân, Cüz: XI, 30; Kurtûbî, el-Câmi' li Ahkâmi'l-Kur'an, VIII, 260; Râzî, Tefsir-i Kebîr, XVI, 156; Hâkim, el-Müstedrek, II, 334.

"Onların kalblerindeki kini söküp attık; hepsi kardeşler olarak, tahtlar üzerinde karşı karşıya otururlar." [3]

Kardeşçe karşı karşıya olmak, oturanların iç ve dışlarının bir olmasıyla mümkündür. İçinde kardeşi için kin bulunan bir kimse, her ne kadar yüzü ona dönük de olsa, onunla dost olarak karşı karşıya oturuyor sayılmaz. **Suffe ehli**, âyette anlatıldığı şekilde idiler. İnsanda kin ve düşmanlık duygularının kabarması, dünya hırsındandır. Dünya muhabbeti ise, bütün hatâların başıdır. **Suffe ehli**, dünyayı tamamen terketmişlerdi. Ekecekleri bir arazileri, sağacakları bir sürüleri yoktu. Bu sebeble içlerindeki kin ve düşmanlık çekip gitmişti. Rıbat ve tekkede yaşayan sûfiler de böyledir. Onlar, içleri ve dışları bir olarak sevgi ve kaynaşma ile bir araya gelerek, beraberce yiyip içen, birbirleriyle dertleşen ve berâber olmanın bereketini bilen kimselerdir.

Vahşi b. Harb'in babası yoluyla dedesinden naklettiğine göre, Ashabtan bir grup, **Rasûlullah** (a.s)'a gelerek:

"Ya **Rasûlellah**! Biz (yeterince) yiyoruz, fakat doymuyoruz, nedendir?" diye sorduklarında, **Efendimiz** (s.a.v):

"Herhalde siz, yemek yerken ayrı ayrı yiyorsunuz. Yemeği bir arada yiyiniz ve Allahu Teâlâ'nın ismini anınız; besmele çekiniz ki yemeğiniz bereketlensin." [4]

Enes b. Mâlik (r.a) şöyle anlatmıştır: *"**Rasûlullah** (a.s) **kurulmuş bir sofra üzerinde ve özel bir tabak içinde yemek yemedi. Kendisine güzel yufka ekmeği de pişirilmedi.**"*

Bunu duyanlar: "Peki neyin üzerinde yemek yiyorlardı?" diye sorunca:

"Yere serilmiş bir bez üzerinde." [5] demiştir.

Âbidler ve zâhidler, insanlarla bir arada bulunmak çeşitli âfetlere sebeb olduğundan ve nefis böyle durumlarda hevâî şeylere ve mâlâya'ni sözlere daldığından, selâmeti yalnızlıkta bulmuşlardır.

Sûfiler ise, amellerinin kuvvetli ve hallerinin sağlamlığı sebebiyle bu hâl

---

3) Hıcr (15), 47.
4) Ebû Davud, Et'ıme, l4; Ahmed, Müsned, III, 50l.
5) Buhârî, Et'ıme, 8, 23.

kendilerinden alınmış olup, onlar, seccadeleri üzerinde cemaat evlerinde toplanıp halkla beraber olmayı münâsib bulmuşlardır. Onların her birinin seccâdesi zâviyesi, herkesin derdi en önemli meselesi olmuş, bununla birlikte düşüncesi karışıp ta seccâdenin (meclisin) dışına gitmemiştir. (Yani onlar tam bir temkin ve huzur içinde, **Allah**'tan gâfil olmadan, hatalara dalmadan halk ile beraber olup, onları ıslahla meşgul olmuşlardır)

Sûfilerin özel seccâde edinmelerinde, sünnetten bir delilleri vardır. Şöyle ki: **Ebû Seleme b. Abdurrahman, Hz. Âişe**'nin (r.ah) şöyle dediğini rivâyet etmiştir:

"Hz. peygamber'e (s.a.v) hurma liflerinden yapılmış bir hasır sererdim. Geceleri namazlarını onun üzerinde kılardı." [6]

Hz. Rasûlullah'ın (s.a.v) hanımı, **Meymûne** (r.ah) vâlidemiz de, şu rivâyette bulunmuştur:

"Hz. Peygamber (s.a.v), namazlarını, mescitte önüne serilen hasırdan bir seccâde üzerinde kılardı." [7]

Rıbat ve tekkelerde yaşayan dervişler arasında, gençler, ihtiyarlar, hizmet görenler ve halvete girenler bulunur. Nefsin uyku ve rahatlığa düşkünlüğü, yapılan işlerde zorlama ve yapmacık haraketlere girme gibi haller düşünüldüğünde; mürşidlerin, zâviyelerde kalmaları daha uygun olmaktadır. Nefsin tek kalmaya, gevşemeye, kolaylık yollarını seçmeye iştiyâkı vardır. Cemaatla beraber kalan genç, devamlı göz önünde bulunması ve başkalarının nazarı altında edeb sınırları içinde hareket mecburiyeti olduğu için, nefsin keyfine göre hareket imkanı bulamaz. Bu terbiye de ancak, Hz. Rasûlullah'ın (s.a.v) ashâbının yaptığı gibi; devamlı vakitlerini değerlendirme, nefsânî şeylerden sakınma ve âzâları mâlâya'ni haraketlerden koruma sâyesinde gerçekleşir. Ashâb-ı Kirâm'ın durumu:

"Onların herbirinin o gün, kendisine yetecek bir işi vardır." [8] âyetinde

6) Biraz değişik lafızlarla, bkz: Buhârî, Ezan, 8l; Nesâî, Kıble, l3; Ahmed, Müsned, Vl, 40, 6l.
7) Buhârî, Salat, 2l; Müslim, Mesâcid, 270; Ebû Dâvud, Edeb, l6l; Tirmizî, Salat, l29.
8) Abese (80), 37.

anlatıldığı gibiydi.

Gerçekten onların, kendilerini başkalarıyla uğraşmaktan alıkoyacak âhiret dert ve gayretleri vardı. Sâdık sûfilerin de aynı şekilde, bir araya geldiklerinde vakitlerini hiç zâyi etmemeleri gerekir. Bir genç, toplantı yerlerinde vakitlerini boş ve hatâlı şeylerle geçiriyorsa, onun uzlet ve tenhâyı seçmesi daha uygun olur. Mürşid, nefsin bu tür şeylerden korunması için gence, zâviye ve halvethâneyi tercih ve tavsiye eder. Kendisi ise; mânevî hâlinin güçlü olması, insanların iltifatına aldanmayışı, halkın arasına karışmanın âfetlerinden korunmuş olması ve cemaat içinde vakar ve haysiyetini koruma durumunda olduğu için, cemaat toplantılarına katılabilir, halkın arasına karışabilir. Onun güzel hâlini görenler, bundan istifâde ederler. O ise, bundan kalbi karışıp mânevî bir zarar görmez.

Hizmet işine gelince: Rıbat ve tekkelere yeni gelmiş, henüz mânevî ilmin tadını tatmamış ve gönül gözü yüksek mânevî hallere açılmamış kimseye, ilk olarak (gücünün yettiği) hizmet işleri emredilir. Bununla, (farzların dışındaki) ibâdetinin hizmet olması ve güzel hizmeti sayesinde ehlullahın kalblerinin ona yönelmesi hedeflenir. Böylece o, hem hizmetin bereketine kavuşur, hem de ibâdetle meşgul olan din kardeşlerine yardım etmiş olur. Mü'minlerin bu tür yardımlaşması hususunda, **Hz. Rasûlullah**'ın (s.a.v) şöyle buyurmuştur:

"Mü'minler birbirlerinin kardeşidir; birisi diğerinden ihtiyacını görmesini ister, o da hemen yerine getirir. Allah da kıyamet günü onların ihtiyacını giderir." [9]

Şu halde; hizmet ehli, hizmetinde kalbini öldürecek, şevkini giderecek gevşeklik ve tembellikten sakınmalıdır. Sûfilere göre hizmet, sâlih amellere girmektedir ve sâhibine güzel haller, mânevî vecdler kazandıran yollardan birisidir. Ehlullah, niyet ve amelde kendileri gibi olmayan, onların irşâd ve yol göstermesiyle kemâle ermeye hırs göstermeyen kimseleri hizmetlerinde bulundurmayı uygun görmezler.

Bize, **Şeyh Ebu'l-Feth**, **Vesik b. er-Rûmî**'nin şöyle dediğini haber verdi:

---

9) Aynı mânadaki hadisler için bkz: Tirmizî, Hudud, 3; Ahmed, Müsned, II, 9; Beyhakî, Şuabu'l-İman, VI, II4-II6.

"Ben **Ömer b. el-Hattab**'ın kölesiydim. Bir gün bana şöyle söyledi:

"Müslüman ol! Çünkü müslüman olursan, seni müslümanlara âit işlerde istihdam edebilirim. Onlardan olmayan bir kimseden, onların bana emânet ettiği işlerde yardım istemem uygun düşmez."

Vesik demiştir ki: "Ben müslüman olmaya yanaşmadım. **Hz. Ömer** (r.a.) de: ***"Dinde zorlama yoktur."*** [10] âyetini okuyup, üstelemedi. Vefâtı yaklaşınca, beni âzat ederek: "Serbestsin; istediğin yere git!" dedi. [11]

Veliler de, kendilerinden olmayan kimsenin yanlarında hizmetle meşgul olmasını hoş karşılamazlar ve bu tür kimselerin özel işlerine ve hususi meclislerine karışmalarını istemezler. Çünkü onların hâlini ve yolunu sevmeyen kimse, onlara bakarken ve onlarla bulunurken elde ettiği faydadan daha çok zarar eder. Hem sûfiler de birer insandır. İnsan olmanın gereği; kendilerinden bir takım işler zuhûr edebilir. Onların maksat ve durumlarını tam olarak bilemeyen kimseler bunları hoş karşılamaz, inkara gidip zarar görürler. Demek ki; velilerin bu tür kimseleri yanlarında bulundurmaktan çekinmeleri, onlara acıdıkları içindir. Yoksa, müslümanlardan herhangi birisine karşı böbürlenmek ve kendini üstün görmek için değildir.

Hakk talibi bir genç, Allahu Teâlâ'ya ibâdetle meşgul olan ehlullaha hizmet ettiği zaman onların sevaplarına ortak olur. Gerçi genç, onların yüksek hallerine sahip olmamakla birlikte bu hallerin ehli olanlara hizmet etmektedir, fakat, onun bu tür kimselere hizmet etmesi Allahu Teâlâ'ya olan muhabbetinin alâmetidir.

Bize, **Ebu'l-Feth Muhammed b. Süleyman**'ın, **Enes b. Mâlik** (r.a)'den rivâyet ettiği şu hadis, bu durumu ifâde etmektedir. O, demiştir ki:

Rasûlullah (s.a.v) Efendimiz, **Tebük** seferinden dönerken **Medine**'ye yaklaştıklarında:

"Gerçekten Medine'de, sizin (bu seferde) yürüdüğünüz her yolda ve geçtiğiniz her vadide sizinle beraber olan bir takım insanlar vardır!" buyurdu. Ashâb-ı Kiram:

---

10) Bakara (2), 256.
11) İbnu Kesîr, Tefsir, I, 459.

"Onlar Medine'de kaldıkları halde, bizimle beraber miydiler?" diye sorunca, Allah Rasûlü (s.a.v):

"Evet, (onların niyetleri sizinle olmaktı, fakat) özür ve hastalıkları onları alıkoydu." buyurdular.[12]

Hadiste anlatıldığı gibi; ehlullah'ın hizmetinde bulunan kimse de, nefsindeki kusur ve ehliyetsizlik özrü sebebiyle onların yüksek derecelerine ulaşmaktan geri kalmıştır, fakat, bununla birlikte (güzel bir niyetle) bütün gayretini onların hizmetine sarfederek, etraflarında dolaşıp durmaktadır. Nazarını başka şeylerden çekerek onların hizmetiyle meşgul olması sebebiyle Allahu Teâlâ ona, en güzel karşılığı verecek ve kendisini büyük bir ihsana kavuşturacaktır.

Ehl-i Suffe de böyle yapıyor; iyilik ve takvâ hususunda birbirleriyle yardımlaşıyor, dînî meseleler için bir araya geliyor, mal ve bedenleriyle din kardeşlerinin işlerini görmek için toplanıyorlardı.

****

12) Müslim, İmâre, l59; Ebû Dâvud, Cihad, l9.

RIBAT VE TEKKELERDEKİ SÛFİLERİN ÖZELLİKLERİ

Bil ki; rıbat ve tekkelerin (mânevî bir eğitim müessesesi olarak) te'sisi, hidâyet üzerindeki **İslâm** ümmetinin bir süsü (iftihar tablosudur). Rıbat ve tekkelerde yaşayan sûfilerin, toplumun diğer gruplarından ayrıldıkları bir takım halleri vardır. Bu özellikleri ile onlar, hidâyet yolu üzerinde olup, Allahu Teâlâ'nın:

"Onlar Allah'ın hidâyete ulaştırdığı kimselerdir, sen de onların (gittiği hidâyet) yoluna uy!" [1] âyetiyle anlattığı grubu temsil etmektedirler.

Zamanımızdaki tekkelerde yaşayan bazı kimselerde görülen kusurlar ve önceki büyüklerin yolundan sapmalar, gerçek sûfilerin işlerinin sağlamlığını ve yollarının sıhhatini zedeleyemez; bunlara bakıp, onlar hakkında hüküm vermek doğru değildir.

Bugün gerçek sûfilerin yoluna özenen mutasavvıfların rıbat ve tekkelerde toplanmaları ve bu sâyede Allahu Teâlâ'nın kendilerine ihsan ettiği mânevî rızıklar, önceki büyüklerin (güzel hallerinin) kalıntılarıdır ve bunlar bile onların büyüklüğünü anlamaya kâfidir. Bu yüzden Cenâb-ı Hakk, geçmişteki meşâyıhın batınlarında toplanan mârifet ve sâhip oldukları ilâhî nimetlerin bereketiyle, onların yolunda gidenlere -bütün kusur ve nâkıslıklarına rağmen- pek çok hâl ve bereket ihsân etmiştir.

Zamanımızda, rıbat ve tekkelerde bir araya gelmek Allah'a taat ve zâhirî edebleri koruma esasına dayanmaktadır. Bununla birlikte, önceki büyüklerin bâtınlarında toplanan mânevî nûr, bugün onları ta'kib eden bu kimselerin üzerine aksetmiş ve bu sâyede seyr u sülükleri devam etmiştir.

Onlar, rıbat ve tekkelerde kalb ve hedefleri bir olarak, tek bir vücud hâlin-

---

1) En'am (6), 90.

de yaşayan kimselerdir. Bu hâl onlardan başka herhangi bir tâifede bulunmaz. Allahu Teâlâ, mü'minleri vasfederken şöyle buyurmuştur:

"Onlar, birbirine kenetlenip perçinlenmiş bir binâ gibidirler." [2]

Tam bunun aksi haldeki düşmanlarını da şöyle tanıtmıştır:

"Sen onları toplu (bir ve birlik içinde) sanırsın, oysa onların kalbleri darmadağınıktır." [3]

Numan b. Beşir (r.a), **Hz. Rasûlullah**'ın (s.a.v) şöyle buyurduğunu rivâyet etmiştir:

"Muhakkak mü'minler, bir organı rahatsızlandığı zaman, bütün âzaları rahatsızlanan vucüd gibidirler. Bir mü'min (herhangi bir şeyden) rahatsızlanıp şikâyet ettiği zaman, diğer mü'minler de rahatsız olur (onun derdini paylaşırlar)." [4]

Şu halde sûfilere düşen bâtınlarını bir arada, aynı gâyede toplamaya çalışmak ve iç âlemlerindeki tefrika ve dağınıklığı gidermektir. Çünkü sufiler, ruhlarının câzibesiyle toplanmışlar, ilâhî ülfet ve ünsiyet bağı ile bir araya gelmişler, kalblerinin Hakk'ı müşâhadesiyle uyum içinde bütünleşmişlerdir. Onlar, nefislerinin terbiyesi, kalberinin tasfiyesi için rıbat ve tekkelerde maddî ve mânevî düşmanlarına karşı siper almışlardır. Bu durumda onlara, birbirleriyle ülfet, sevgi ve nasihat içinde kaynaşmaları gerekmektedir.

Bu konuda **Ebû Hureyre** (r.a), **Rasûlullah** (s.a.v) Efendimizin şöyle buyurduğunu rivâyet etmiştir:

"Mü'min, başkalarıyla güzel geçinen ve kendisiyle güzel geçinilen kimsedir. Başkaları ile iyi geçinmeyen ve kendisiyle de ülfet edilemeyen kimsede hayır yoktur." [5]

Yine **Ebû Hureyre**'nin (r.a) naklettiğine göre: **Rasûlullah** (s.a.v) şöyle buyurmuştur:

---

2) Saff (61), 4.
3) Haşr (57), 14.
4) Müslim, Birr, 67; İbnu Mâce, Tıbb, 5, 55; Ali Nasıf, et-Tac, V, l8.
5) Ahmed, Müsned, II, 400; Münâvî, Feyzu'l-Kadîr, VI, 253 (Had. No: 9l46-47).

"Ruhlar saf halinde dizilmiş ordular gibidir. Orada tanışanlar, (dünyada da) tanışıp kaynaşırlar. Orada anlaşamayanlar (burada da) birbiriyle zıtlaşıp dururlar."[6]

Demek ki; rıbat ve tekkelerde toplananlar, bu beraberlikleriyle iç âlemleri bir noktada toplanmış ve nefisleri birbirine bağlanmıştır. **Rasûlullah** (a.s)'dan rivâyet edilen:

"Mü'min mü'minin aynasıdır."[7] hadisine göre, onlar birbirinin aynası olmuştur. Ne zaman içlerinden birinde ayrılık hali eseri zuhür etse, ondan nefret ederler. Çünkü geçimsizlik ve ayrılık, nefsin ortaya çıkmasıyla meydana gelir. Dervişin nefsânî davranışları ortaya çıktığında sûfiler, onun bu topluluktan ayrılacağını anlarlar. Onun bu hale düşmesinin sebebi, vaktilerini zâyi etmesi, vazifelerini aksatması, içinde bulunduğu topluluğa nefret verecek ters haraketlerin içine girmesi, güzel geçimi ve edebi ihmal etmesidir.

Şeyhimiz **Ebu'n-Necib es-Sühreverdî** bize, **Muhammed b. Abdullah** kanalıyla, **Rüveym**'in şöyle dediğini haber verdi:

"**Sûfiler, aralarında hakkı ihmal ve iptal edenlere buğzettikleri sürece, hayırda kalmaya devam edeceklerdir. Ama, herkes birbirinin hâlinden hoşnut olursa, helak olurlar.**"

Rüveym (rah.), sûfilerin, nefsin ortaya çıkmasından korkarak, birbirlerinin hâlini güzelce kontrol etmeleri gerektiğine işâret etmiştir. Hazret demek istiyor ki: Herkes birbirinin hâl ve gidişatından râzı olur ve aralarında Allah için buğzu kaldırırlarsa; içlerine gevşeklik ve gösteriş hastalığı yayılır. Ayrıca edebteki incelikleri ihmal durumlarında haddinden fazla musâmaha hâli hâkim olur ve işte bu sebeple nefisler ortaya çıkıp, onları hükmü altına alır.

Ömer b. Hattab (r.a) derdi ki: "**Bana ayıp ve kusurlarımı gösteren kimseye Allah rahmet etsin.**"

Bize, **Ebû Zur'a**, **Muhammed Numan**'ın şöyle dediğini nakletti: **Hz. Ömer** (r.a), **Muhâcir** ve **Ensâr**'ın bulunduğu bir mecliste, oradakilere hitaben:

"Söyleyin bakalım, ben, bazı işlerde ruhsatla hareket edip musâmaha

---

6) Buhârî, Enbiya, 2; Müslim, Birr, I57; Ebu Davud, Edeb, I6
7) Münâvî, Feyzu'l-Kadîr, VI, 251 (Had. No: 914I)

göstersem ne yapardınız?" diye sordu. Biz suküt ettik. O, bu sözünü iki veya üç defa tekrarladı. **Bişr b. Sa'd**:

"Eğer böyle yaparsan, ne pahasına olursa olsun seni düzeltirdik." dedi. Bunu duyan **Hz. Ömer** (r.a.):

"Sizler, evet sizler bu halde olduğunuz sürece hak üzeresiniz." dedi.

Bir sûfinin nefsi, kardeşine karşı gazap ve düşmanlıkla ortaya çıktığı zaman, karşıdakine, buna kalbiyle (dostça, yumuşaklıkla) karşılık vermesi gerekir. Gerçekten nefis, kalb ile karşılık görünce, içindeki kötülük ve şer kuruyup gider. Nefse nefisle karşılık verince fitne alevlenir ve kötülükten sakınma duygusu gider. Bu konuda Allahu Teâlâ şöyle buyurmuştur:

"Sen kötülüğü en güzel bir haraketle önle, o vakit bir de bakarsın ki; seninle aranda kötülük olan kimse yakın bir dost oluvermiştir. Bu ahlaka da ancak sabredenler ulaşır." [8]

Kardeşinden şikâyet eden bir derviş, şeyhe ya da hâdime geldiği zaman, o, her ikisini de istediği gibi azarlayabilir. Meselâ; kardeşine haksızlık edene:

"Niçin kadeşine zulmettin?" diyebildiği gibi, diğerine de:

"Ne günah işledin ki, bu sana musallat oldu ve zulmetti. Kardeşine rıfk ve yumuşaklıkla, davransan ve onun kabarmış nefsine kalbinle karşılık vererek fütüvvetin ve sohbetin hakkını yerine getirsen olmaz mıydı?" diyebilir.

Demek ki; her ikisi de kusur işlemiş ve veliler cemaatının ahlâkından dışarı çıkmışlardır. Bu durumda, biraz azarlanarak edeb dairesine döndürülürler. Onlar da hallerinde ısrar etmeden kusurlarına istiğfar etmelidirler.

Hz. Âişe (rah.), **Hz. Peygamber** (s.a.v.)'in şöyle duâ ettiğini rivâyet etmiştir:

"Allahım! Beni, iyilik yaptığı zaman sevinen ve kötülük işlediğinde istiğfar eden kimselerden yap." [9]

İstiğfar, zâhirde din kardeşlerine yapılan kusur için, bâtında ise Allahu Teâlâ'ya karşı yapılır. Dervişler, istiğfarlarında Allah'ı müşâhade ederler. Bu se-

---

8) Fussilet (41), 34-35.
9) Münâvî, Feyzu'l-Kadîr, II, (Had. No: l462).

beple, en geride tavâzû ve boyun büküklüğü içinde ayakta beklerler.

Bir gün, Şeyhimiz **Ebu'n-Necib es-Sühreverdî**, kardeşi ile çekişen bir dervişe:

"Kalk, istiğfar et!" dedi. Derviş de:

"İçimi tevbe için saf bir halde görmüyorum. İçim temiz olmaksızın, zâhiren istiğfar etmeyi de hoş karşılamıyorum!" diye karşılık verdi. O zaman şeyhimiz:

"Sen kalk dediğimi yap!. İstiğfar için gayretinin bereketiyle sana kalb sâfiyeti ihsân edilir." dedi. Hazret, hayrı her halde istiğfar etmesinde buluyor, bunun derviş üzerindeki eserini de görüyordu. Böylece, kalbler birbirine ısınıyor, aradan nefret ve soğukluk kalkıyordu.

Bu hâl, sûfiye tâifesinin özelliklerindendir. Onlar, içleri nefret dolu iken gecelemezler ve kalbleri kardeşine soğuk bir halde iken yemek için bir araya gelmezler. Onlar, içlerindeki ayrılık ve dağınıklığı gidermeden zâhiren beraber olmayı hoş karşılamazlar.

Bir derviş, kusurunu affetmesi için bir kardeşine geldiği zaman, onun bunu geri çevirmesi hiçbir şekilde câiz değildir. Bu hususta, **Abdullah b. Amr** (r.a), Hz. Rasûlullah'ın (s.a.v) şöyle buyurduğunu rivaâyet etmiştir:

"Merhamet ediniz ki, merhamet olunasınız. Affediniz ki, affolunasınız." [10]

Sûfilerin, tevbe ve istiğfardan sonra mürşidin elini öpme edebleri vardır ki, bu sünnete dayanmaktadır. **Abdullah b. Ömer** (r.a) şöyle anlatmıştır:

"Hz. Rasûlullah'ın (s.a.v) düşman üzerine gönderdiği bir seriyyede idim. İslâm askerleri bir ara tamamen bozguna uğrayıp sağa sola dağıldılar. Ben de onların arasında idim. Sonra bir araya gelince: "Biz ne yapacağız? Harpten kaçtık ve Allah'ın gazabı ile döndük!" dedik ve sonra: "Kimse görmeden Medine'ye girer geceleriz. Sabah olunca durumumuzu Allah Rasûlü'ne (s.a.v) arzederiz. Eğer bizim için tevbe varsa tevbe ederiz, yoksa ne emredilirse onu yaparız." dedik

---

10) Heysemî, Mecmau'z-Zevâid, X, l9l; Münâvî, Feyzu'l-Kadîr, I, 474 (No: 942).

Sabah namazından önce mescide vardık, beklemeye başladık. **Hz. Rasûlullah**'(s.a.v) Efendimiz çıkageldi ve:

"Kim bu topluluk?" diye sordu. Biz de:

"Bizler savaştan kaçanlarız!" diye cevap verdik. Allah Rasûlü (a.s):

"Hayır! Siz savaştan kaçmış değilsiniz, bilakis geri çekilip tekrar düşmanla savaşan kimselersiniz. Ben sizin topluluğunuzdanım. Ben, müslümanların topluluğundanım." buyurdu. Biz de gidip Allah Rasûlü'nün (a.s) elini öptük." [11]

Rivâyet edildiğine göre; **Ubeyde b. el-Cerrah** (r.a), **Hz. Ömer** (r.a) Şam'a geldiğinde elini öpmüştür.[12]

Yine, **Ebû Mersed el-Gınevî** şöyle demiştir: "Hz. Rasûlullah'ın (s.a.v) huzuruna geldik ben, Hz. Peygamber (s.a.v)'in elini öptüm."

Bütün bunlar, el öpmenin câiz olduğunu göstermektedir.[13] Bu konuda sûfinin dikkat edeceği edeb; eli öpüldüğü zaman nefsinin büyüklendiğini ve benlik sıfatının ortaya çıktığını gördüğü zaman, elini öptürmekten sakınmasıdır. Böyle bir tehlike yoksa, el öpmede, tevbe ve istiğfardan sonra din kardeşleri ile kucaklaşmada bir sakınca yoktur. Aralarındaki kırgınlıkların gidip, yerini dostluğa bırakması, ayrılıktan sonra beraberliğin hâsıl olması için bu, uygun görülmüştür.

Çünkü bu kimseler, nefsin ortaya çıkmasıyla dağılıp birbirlerinden uzaklaşmışlar, nefsin kaybolması ve istiğfar ile, eski dostluklarına dönüp bir araya gelmişlerdir.

Kadeşlerden birisi, kusurundan dolayı gelir özür diler de, diğeri bunu kabul etmezse, hatâ yapmış olur. Böyle davranan bir kimse hakkında tehdit içeren bir hadiste şöyle buyrulmuştur:

"Kim bir kusurundan dolayı kardeşinden özür diler de, o bunu kabul etmezse, haksız kazanç ve mal elde edenin günahı gibi günaha girmiş olur." [14]

---

11) Ebû Dâvud, Cihad, 96; İbnu Mâce, Edeb, I6; Ahmed, Müsned, II, 70.
12) Beyhaki, Sünen-i Kübra, VII, 101; Beğavi, Şerhu's-Sünne, XII, 292.
13) El öpme ile ilgili hadisler için bkz:Buhari, İsti'zan, 26; Müslim, Cihad, 64; Ebu Davud, Edeb, 143-148; İbnu Hacer, Fethu'l-Bari, XII, 328-323.
14) İbnu Mace, Edeb, 23; Münâvî, Feyzu'l-Kadîr, VI, 73 (Had. No: 8475)

Hz. Câbir'in (r.a) rivâyet ettiği bir hadiste de, **Rasûlullah** (a.s) şöyle buyurmuştur:

"Kendisinden bir kusurdan dolayı özür dilenip te onu kabul etmeyen kimse, benim havzıma gelmesin." [15]

Tevbe ve istiğfardan sonra kardeşlerine hediye olarak birşeyler takdim etmek sünnettir.

Rivâyet edildiğine göre; **Ka'b b. Mâlik, Rasûlullah** (a.s)'a gelerek:

"Günahımdan tevbe olarak, bütün malımı fakirlere bıraktım ve yine tevbemin tamam olması için, içinde günah işlediğim yurdumu da terkettim" deyince, **Rasûlullah** (a.s):

"Bunun için, malının üçte birini vermen yeterlidir." [16] buyurdu.

Bunun için sûfiler, (cemaattan) ayrıldıktan sonra geri dönen, eski hâline tevbe ve istiğfar eden kimseden bir mal taleb etmeyi sünnet olarak uygulamışlardır. Onların bütün derdi; mal değil, kalblerin ülfet ve ünsiyeti ile zâhiren beraber oldukları gibi, bâtınlarının da bir ve beraber olmasıdır. Bu hâl, diğer İslâmî gruplar içinde sâdece sûfilerde mevcuttur.

Sonra, rıbat ve tekkelerde kalıp oranın vakfından yahut orada kalanların, toplanan maldan helâlinden yemiş olmaları için, çalışıp dünya malı kazanmaya vakit ayıramamayacak kadar Allahu Teâlâ'ya ibâdet ve taatla meşgul olmaları gerekir. Yoksa, boş ve lüzumsuz şeylere gücü ve vakti olur da, gerçek müridler gibi cehd ve gayret göstermezse, rıbat ve tekkenin malından yemesi uygun değildir. Bu durumda, çalışıp kazanarak, kendi kazancından yemelidir. Çünkü rıbat ve tekke için verilen yiyecekler, tamamen Allahu Teâlâ'nın taat ve ibâdetiyle meşgul olanlar içindir. Onlar, Allah'a hakkıyla hizmet etmeleri sebebiyle dünya da onların hizmetçisi olmuştur. Fakat bütün bunlar, hakk yolunu bilen, sohbetiyle fayda verip, söz ve irşadıyla hidayete sevkeden bir

---

15) Münzirî, et-Terğb, III, 493.
16) Bkz: Buhârî, Eymân, 24; Ebû Dâvud, Eymân, 23; Nesâî, Eymân, 36-37.

mürşidin idâre ve kontrolü altında olması gerekir. Mürşid, o kimsenin tekkenin (ve rıbatın) malından yemesini uygun görürse yer, değilse yemez. Mürşidin bütün tasarrufları gerçek bir basîret ve ilimle olmaktadır.

Bu hususta mürşid şöyle düşünür: Bu kimse dervişlerin hizmetiyle meşgul olmaktadır, öyleyse bu hizmetine mukâbil, tekkenin malından yiyebilir.

Ebu Amr ez-Zeccâcî'nin şöyle dediği nakledilmiştir: "**Cüneyd el-Bağdâdî**'nin yanında bir müddet kaldım. Beni dâima bir ibâdetle meşgul vaziyette gördü. Benimle hiç konuşmadı. Bir gün tekke boşalıp da kimse kalmayınca, kalktım, elbisemi değiştirdim tekkeyi güzelce süpürüp temizledim. Yerleri suladım. Helâ ve abdesthâneyi yıkadım. Hazret dönüp te üzerimde toz izlerini görünce, üç defa: "Bu hizmetinle kendine iyilik yaptın, güzel ettin, güzel ettin!" dedi.

Meşâyıh-ı kiram, gençleri tembellikten korumak için onları devamlı hizmete sevkederler, herbirine bir amel ve hizmet verirler.

Ebû Mahzûre (r.a) demiştir ki: "**Rasûlullah** (s.a.v), ezan işini bize, **Kâbe**'nin su işlerini **Ben-i Hâşim**'e, **Beytullah**'ı koruma ve temizleme işini de **Ben-i Abduddâr**'a verdi."

Meşâyıh-ı kirâm da, dervişlere değişik iş ve hizmet verme konusunda bu hadise uymaktadırlar. Bir müride, ancak, elindeki işi güzelce tamamladığı zaman başka bir iş verilir.

Biz, işle tam meşgul olmakla âzâlarının bütünüyle o işle meşgul olmasını kasdetmiyoruz. Bundan maksadımız; o işin hak ve edebine dikkat ederek, iç muhâsebesi yaparak, niyet ve amelini kontrol etmesi, bazen kalıb ve kalble, bazen de sâdece kalble meşgul olarak, işin fazlasını noksanını iyi tâkib ederek hakkını vermesidir. Çünkü müridin, içinde bulunduğu vaktin hakkını vermesi, kendisi için tam bir meşguliyettir. Ancak bu şekilde, boş vakit nimetinin, yeterli rızık ve sıhhat devletinin şükrünü yerine getirmiş olur. Tembellikte ise, bu nimetlere nankörlük vardır.

Seriyy es-Sakatî demiştir ki:

"Kim, elindeki nimetin kıymetini bilmezse, o nimet, hiç bilmediği yerden elinden alınır."

Çalışamayacak kadar yaşlı ve güçsüz olan kimseler, tekke ve rıbatın yiyeceklerinden yeme hususunda mâzurdur; ancak delikanlılar mâzur görülmezler. Bu, sûfilerin yolunda genel bir şart ve usuldür. Fakat işin fetvâ yönüne gelince; rıbat ve tekkelere yiyecekleri vakfeden kimse: "Bu yiyecekten, burada bulunan mutasavvıflarla zâhiri hâl ve kıyafetiyle onlara benzeyen tâlibler yiyebilir" şartını koymuşsa, bu şartın genel ifâdesine göre, orada bulunan herkesin ondan yemesi şer'an helaldir. Burada, gerçek sûfilerin hâli olan azimet yerine ruhsatla yetinilmiştir. Eğer vakfın şartı, onu yemenin ancak amel ve hâl olarak sûfilerin yolunda seyr u sulük eden kimselere âit olsaydı, o zaman tembel kimselerin ve vakitlerini boş işlerle zâyi edenlerin ondan yemesi câiz olmazdı. Hem, sûfilerce, gerçek müridlerin yolları mâlum ve meşhurdur

Ebû Said el-Hudrî yoluyla gelen bir hadis-i şerifte **Rasûlullah** (s.a.v) Efendimiz şöyle buyurmuştur:

"Mü'min, otlandığı alanda ipine bağlı bir ata benzer. At döner-dolaşır yine ipine gelir. Mü'min de hata eder sonra imana döner (iman bağından ve İslâm dâiresinden çıkmaz). Siz yemeğinizi muttakilere yediriniz ve her türlü iyiliklerinizi mü'minlere yapınız." [17]

****

17) Ahmed, Müsned, II, 38, 55; Beyhakî, Şuabu'l-İmân, VII, 452 (No:10964); İbnu Belbân, el-İhsân fî Takrîbi İbni Hıbbân, II, 381.(No: 616); Heysemî, Mecmau'z-Zevâid, X, 201.

ONALTINCI BÖLÜM

SÛFİLERİN SEFER VE İKÂMET ÂDÂBI

Sefer konusunda meşâyıh-ı kirâm, değişik hâl ve görüşlere sahiptirler. Bir kısmı, sülûkun başında sefere çıkıp nihâyetinde ikâmeti tercih ederken; bir kısmı, bidâyetinde ikâmet edip, nihâyetinde sefere çıkmıştır. Bazıları devamlı ikâmet hâlini, bazıları da sürekli seferde olmayı tercih ve tatbik etmişlerdir. Şimdi, onlardan herbirinin tercih ettiği görüş ve uygulamalarındaki maksadlarını açıklayacağız:

I-Başlangıçta sefere çıkıp nihâyette ikâmeti tercih edenler.

Bunların seferden maksatları şunlardır:

1-Sefer sâyesinde ilimden bir şeyler öğrenmek. Bu konuda **Rasûlullah** (a.s) Efendimiz:

"İlim Çin gibi uzak yerlerde de olsa, peşine düşüp tahsil ediniz." [1] buyurmuştur.

Âlimlerden birisi demiştir ki: "Bir kimse, kendisini hidâyete sevkedecek bir kelime için **Şam**'dan **Yemen**'in en uzak bölgelerine kadar yolculuk yapsa, seyahati boşa gitmiş olmaz."

Nakledildiğine göre; **Câbir b. Abdullah** (r.a), **Abdullah b. Üneys**'in Rasûlullah'dan rivâyet ettiği bir hadisi duymak için, Medine'den Mısır'a bir aylık yolculuk yapmıştır.[2]

Rasûlullah (s.a.v) bir hadislerinde: "**İlim elde etmek için evinden çıkan kimse, evine dönünceye kadar Allah yolundadır**." [3] buyurmuştur.

---

1) Beyhakî, Şuabu'l-İmân, II, 254; (Had. No: l663); İbnu Abdilberr, Câmiu Beyâni'l-İlm, I, 7-8; Münâvî, Feyzu'l-Kadir, I, 543. (Had. No: llll).
2) Ahmed, Müsned, III, 495; Hâkim, Müstedrek, II, 437-438; Heysemî, Mecmau'z-Zevâid, X, 345-346.
3) Tirmizî, İlim, 3; İbnu Mâce, Cihad, l3; Münâvî, Feyzu'l-Kadîr, VI, 124 (Had. No: 8657).

Tevbe sûresinin 112. âyetinde geçen "es-Sâihûn: yeryüzünde seyahat edenler" meâlindeki âyetinin tefsirinde; bunların, ilim arayan kimseler olduğu söylenmiştir.

Şeyhimiz **Ebu'n-Necib es-Sühreverdî** bize, imlâ yoluyla (yazdırarak), naklettiği bir haberde, **Ebu Hârun**'un şöyle dediğini rivâyet etti:

"Biz bir grub insan, **Ebû Said el-Hudrî**'nin yanına geldik. Bizi karşıladı ve: "Merhaba! Ey Allah Rasûlü'nün biz vasiyyet ettiği kimseler, buyurun, Rasûlullah (a.s), sizin gibiler hakkında bize:

"İnsanlar size tâbi olacaklar. Dinlerini güzelce öğrenmek için en ucrâ yerlerden yanınıza gelecekler. Böyle kimseler yanınıza gelince, onlara hayır tavsiye edin; kendilerine güzel davranın." [4] buyurdu, dedi."

Rasûlullah (a.s), diğer bir hadislerinde şöyle buyurmuştur:

"(Mükellef olduğu seylere âit) ilmi aramak, her müslümana farzdır." [5]

Hz. Âişe'nin (r.ah) rivâyet ettiği bir hadiste de, Hz. **Rasûlullah** (sa.v) şöyle buyurmuştur:

"Allah Teâlâ bana: "İlim öğrenmek için yola çıkan kimseye, Cennete giden yolu kolaylaştırırım." diye vahyetti." [6]

2-Kâmil mürşid ve sâdık ıhvan bulmak.

Seferin bir gâyesi de; kendine mürşid aramak ve sâdık din kardeşleri bulmaktır. Çünkü, sâlih ve sâdık kimselerle her buluşmada müridin kemâlatı artar. Ehlullah'ın sözleri kadar, nazarları da fayda verir. Bu Konuda: "**Nazarı sana fayda vermeyenin, sözü de fayda sağlamaz.**" denmiştir.

Bu sözün iki değerlendirmesi vardır. Birincisi şudur: Hiç süphesiz, bir mür-

4) Tirmizî, İlim, 4; İbnu Mâce, Mukaddime, 22; Ali Nasıf, et-Tac, I, 73.
5) İbnu Mâce, Mukaddime, 17; Beyhakî, Şuabu'l-İman, II, 254 (Had. No: 1664, 1665); Münâvî, Feyzu'l-Kadir, IV, 267 (Had. No: 5264-5267)
6) Bkz: Buhârî, İlim, 10; İbnu Mâce, Mukaddime, 17; Ahmed, Müsned, II, 252.

şid-i kâmil, müridlerine, diliyle anlattığından daha çok, hâli ve heybetiyle konuşur. Sâdık bir mürid, mürşidinin sukûtuna, konuşmasına, halkın içindeki hâline, halvetteki edebine, kısaca bütün hâl ve haraketlerine bakarak istifâde eder. İşte bu, kâmil bir insanı görmenin kazancıdır. Bir kimsenin halleri kendisine bakana fayda vermezse, onun, hevâsıyla konuşmasının da bir faydası olmaz. Burada şunu da ekleyelim: **İnsanın sözünün nûrâniyeti; kalbinin nûrâniyeti kadardır. Kalbinin nûrâniyeti de; istikâmeti ve kulluk vazifelerini hakkıyla yerine getirmedeki gayreti nisbetindedir**.

Yukarıdaki sözün bir diğer izahı şudur: Hiç şüphesiz, ilimde yüksek pâyeye ulaşmış kemâlat sâhibi Hakk erlerininin nazarları, kalb hastalıkları için en faydalı bir ilaçtır. Onlardan birisi, sâdık bir hakk tâlibine nazar ettiğinde, onun kalbi açılıp Allahu Teâlâ'nın özel ihsanlarını almaya kâbiliyet ve ehliyet kazanır. O zaman mürşidin kalbinde sâdık müride karşı bir muhabbet nazarı ile bakar. Onlar Allahu Teâlâ'nın askerleridir. Onların nazarıyla nice yüksek haller kazanılır ve güzel nimetlere kavuşulur.

Bu hallere karşı çıkan kimse, Allahu Teâlâ'nın kudretini nasıl inkar edebilir ki? Allahu Teâlâ, engerek yılanına öyle bir özellik vermiştir ki bu yılan bir insana baktığı zaman onu, nazarıyla helak eder. Bunun gibi, Allahu Teâlâ, bazı has kullarına öyle bir nûrânî nazar gücü vermiştir ki, o, sâdık bir hak tâlibine nazar ettiği zaman ona pek çok hâl ve nûrânî hayat kazandırır.

Şeyhimiz **Ebu'n-Necib es-Sühreverdî** (rah) **Mina**'da, **Mescidu'l-Hayf**'ın etrafında dolaşıyor, dikkatlice insanların yüzüne gözüne bakıp duruyordu. Kendisine; niçin böyle yaptığı sorulunca:

"Allah'ın öyle (has) kulları vardır ki, onlar bir insana nazar ettiklerinde, ona saâdeti kazandırırlar. Ben de, böyle bir er kişiye rastlayıp, nazarının beretine ulaşmak istiyorum." diye cevap verdi.

3-Boş âdetlerden ve nefsânî şeylerden uzaklaşmak.

Seferin bir gâyesi de; boş alışkanlıklardan ve nefsin muhabbet ettiği şeylerden uzaklaşarak, ona, güzel nimetlerden, evlâd u iyalden ve sıcak yuvadan ayılmanın acısını tattırmaktır. Kim, ecrini Allah'tan umarak, alıştığı şeyleri terketmeye tahammül ve sabır gösterirse, büyük bir fazileti elde etmiş olur.

Bu konuda, bize, Hafız **Ebû Zur'a**, babası kanalıyla, **Abdullah b. Amr**'ın (r.a) şöyle dediğini nakletti: "**Medine**'de doğan birisi, yine orada vefat etmişti. **Rasûlullah** (s.a.v), adamın cenâze namazını kıldırdı ve:

"Keşke doğduğu yerden başka bir beldede vefat etmiş olsaydı." buyurdu. Etrafındakiler:

"Niçin böyle olmasını arzulandınız Ya Rasûlellah?" diye sorduklarında, **Allah Rasûlü** (s.a.v) şöyle buyurdu:

"Bir (mü'min) kimse, doğduğu yerden başka bir yerde vefat ettiği zaman; doğduğu yerden izinin kesildiği (öldüğü) yere kadar ölçülür, o miktar Cennetten kendisine yer verilir." [7]

4-Nefsin hallerini keşfetmek.

Seferden bir maksat da; nefsin ince (gizli) hallerini keşfetmek, onun boş iddiâ ve heveslereni çıkarıp atmaktır. Çünkü sefer olmadan bu gerçeklerin ortaya çıkması çok zordur. Sefere "sefer" denmesinin sebebi, insanınn ahlakını ortaya çıkardığı içindir. İnsan bir hastalığın üzerinde durursa, ilacını arar bulur.

Bazen sefer, mânevî yola yeni giren kimsenin nefsinde, namaz oruç, teheccüd ve benzeri nâfilelerin tesiri gibi etki yapar. Şöyle ki: "(Farzların yanında) nâfile ibâdetlerle uğraşan bir kimse, gaflet diyarlarından uzaklaşıp Allahu Teâlâ'nın huzuruna, kurbiyyet vatanlarına doğru yol almaktadır. Allahu Teâlâ'nın rızâsı için, güzel bir niyetle çöl ve vâdilerde ilim için dolaşan kimse de; nefsinin hevâsını ayak altına alması ve dünya lezzetlerinden uzaklaşması sebebiyle, Allahu Teâlâ'ya giden bir kimsedir.

Şeyhimiz **Ebu'n-Necib,** bize, icâzet yoluyla, **Ebû Hüseyin Nûri**'nin şöyle dediğini nakletti:

"**Tasavvuf; nefsin bütün (süflî) arzularını terketmektir.**"

Yeni sülûka başlayan bir kimse, nefsin lezzetlerini terkederek sefere çıktığı zaman, nefsi, serkeşliğini terkedip uslanır ve nâfile ibâdetlere devam ederek yumuşadığı ve Hakk'a teslim olduğu gibi; yolculukla da yumuşar. Seferle nefiste bir mânevî temizlik olmakta, cibilliyetindeki sertlik, katılık ve tabiî azgınlık hâli gitmektedir. Tabaklanan derinin, âdi bir deri hâlinden güzel bir el-

7) Nesâî, Cenâiz, 8; İbnu Mâce, Cenâiz, 6l; Ahmed, Müsned, II, 177.

bise olacak şekle gelmesi gibi; nefis de, zahmet ve mücahede ile ezildiğinde taşkınlık huyunu bırakıp, iman ve itaata döner.

5-Kâinat ve târihî eserlerden ibret almak.

Seferin bir maksadı da; geçmişe âit eser ve ibret levhalarını görmek, tefekkür ve düşünmeye konu olacak şeylere nazar etmek; dağları, diğer kara parçalarını, insanların ayak basıp yaşadığı yerleri incelemek, cemâdâtın (cansız varlıkların lisân-ı halleriyle yaptıkları) tesbihlerini işitmek, birbirine bitişik kara parçalarının hal lisanları ile insana verdiği mesajı anlamak. Evet, insan, üzerinde bir takım ibret ve ilâhî işâret bulunan bu manzaraları görmesiyle, yeni bir uyanıklık hâli kazanır. AllahuTeâlâ, bu hususta şöyle buyurmaktadır:

"Biz onlara, dış âlemlerinde ve kendi nefislerinde mevcut olan âyetlerimizi göstereceğiz ki; O'nun hak olduğu yakinen anlasınlar." [8]

Seriy es-Sakatî, sûfilere şöyle derdi: "Kış çıkıp bahar gelince ve ağaçlar yaprak açınca, yeryüzünde açılıp dolaşmak ne güzel olur!"

6-Gizli kalmayı ve bilinmemeyi tercih etmek.

Seferin bir maksadı da; halk arasında unutulmayı ve bilinmemeyi tercih ederek, insanlar tarafından hüsnü kabül görme duygusunu kalbten söküp atmaktır. Bu sâyede, sâdığın sıdk ve ihlası artar; en güzel bir hâle ulaşır, sonunda yine halkın hüsnü kabülüne mazhar olur. Halk içinde ihlas kulpuna sımsıkı sarılmış, kalbini mâmur ve nefsine hâkim kılmış sâdık mürid çok azdır. Aslında, kul ancak bu durumda olunca, halk kendisine yönelir. Hatta, büyüklerden bir zâtı, sûfilerden birinin şu sözünü naklederken işittim:

"Halkın bana rağbetini istiyorum ama, nefsim bundan haz alacağı için değil. Çünkü ben, insanların bana yönelmiş olmalarına veya beni terketmiş olmalarına aldırış etmem. Fakat halkın bir insana yönelmesi, onda bulunan hâlin güzelliğine bir işâret olduğu için bunu istiyorum."

Halkın hüsn ü kabülüne mübtelâ olan mürid, nefsinin halka meyil ve muhabbet etmesinden emin olamaz. Çoğu zaman bu durumda müride, rıfk (iyilik ve ihsan) kapısı açılır ve nefis, iyi ve güzel şeylere dalma yolundan girerek müride tesir etmek ister; ona Allah'ın kullarına hizmet etmeyi ve bütün

8) Fussilet (41), 53.

varlıklara ihsanda bulunmayı güzel gösterir. Bunların faziletini ön plana çıkarır. Nefis ve şeytan, müride bu yoldan yanaşa yanaşa onu Allah'tan kopup sebeplere yapışmaya ve halkın hüsn ü kabülünü elde etme arzusuna kadar götürürler. Çoğu zaman ona gâlip gelip, kendisini bir takım yapmacık iş ve amellere sürüklerler. Böylece, kalbte onulmaz yaralar açılır ve tedâvi zorlaşır.

Sâlihlerden bir zâtın, müridine şöyle dediğini işittim: "Sen şimdi, şeytanın sana şer kapısından giremiyeceği bir makama ulaştın. Fakat o, sana hayır kapısından gelip seni aldatabilir; dikkatli ol!"

Bu, birçok ayakların kaydığı bir haldir. Sâdık bir mürid, bu tür bir şeyle karşılaşınca, Allahu Teâlâ ona, şeytanın hilesini farkettirir, inâyet-i ilâhîsi ile onu tuzağa düşmekten kurtarır ve onu sefere çıkmaya sevkeder. Böylece mürid, tanıdıklarından ve kendisine şer kapısının açıldığı bu beldeden ayrılıp sefere çıkarak Rabbi ile başbaşa kalır; halkın fitnesinden kurtulur. Bu hâl, sâdık müridlerin seferdeki maksatlarının en güzelidir.

Bütün buraya kadar saydıklarımız, meşâyıh-ı kirâmın seferdeki maksatlarını ortaya koymaktadır. Hac, cihad ve **Beyt-i Makdis**'i ziyâret için yapılan yolculuklar bunun dışındadır. Nakledildiğine göre; **Hz. Ömer** (r.a), **Beyt-i Makdis**'i ziyâret maksadıyla **Medine**'den çıktı. **Küdüs**'e vardı ve orada beş vakit namaz kıldıktan sonra, ertesi gün hemen **Medine**'ye geri döndü.

Sonra, Allahu Teâlâ, bidâyet hâlindeki (niyet) ve işlerini sağlam yapmayı ihsan ettiği sâdık bir müridi, çeşitli seferlerde dolaştırır. Kendisine, gezip gördüğü yer ve eserlerden ibret almayı nasib eder. O da bu vesileyle kendisine lâzım olan ilmi ve anlayışı elde eder. Sâlihlerin meclislerinde bulunmaktan istifâde eder. Onların nazar ve bereketleriyle kalbinde, muttakilerin hâline bir yönelme ve aşk meydana gelir. Bâtını, kurbiyyet ehli büyüklerin ilimlerinin kokusu ile kokulanıp açılır. Allahu Teâlâ'nın özel desteği, ehlullah'ın nazarının bereketi ve nefsin hallerine tamamen vâkıf olması sayesinde, kalbe gelecek tehlikelerden korunur. Sefer, kendisindeki nefsânî ahlakları ve şuuraltında gizlenmiş şehevî arzularını temizler. Bâtınından, halka nazar arzusu gider. Artık o, gâlib olur, hiçbir hususta nefis ve şeytana mağlub olmaz. Kendisinde, **Allah Teâlâ**'nın, **Hz. Mûsa** (a.s)'dan naklettiği şu hâl oluşur:

"Sizden korkunca da hemen içinizden kaçtım. Böylece Rabbim bana hikmet verdi ve beni peygamberlerden yaptı." [9]

Bu durumda Allahu Teâlâ onu, lâyık olduğu makama yükseltir. Kendisini sayısız nimet ve rahmetiyle destekler. Onu, muttakilerin imamı, mü'minlerin hidâyet vesilesi bir rehber yapar.

II-Başlangıçta ikâmeti tercih edip, nihâyette sefere çıkanlar.

Bunlar, Allahu Teâlâ'nın, daha işin başında kendilerine (bir mâneviyat büyüğü ile) sohbeti müyesser kıldığı, kendisiyle hakk yolunda sülûk edeceği âlim bir mürşid nasib ettiği kimselerdir. Mürşid kendisini, zaman içinde, kâbiliyetine göre hakikat menzillerinde yükseltir. O da tamamen onun irâdesine teslim olur ve kendisini kötü hâl ve âdetlerinden sıyıracak bu kâmilin sohbetine ciddiyetle devam eder.

Şibli (rah.), talebesi **Husri**'ye, mânevî terbiyeye ilk girdiği günlerde şöyle derdi:

"Eğer, bu Cuma'dan öbür Cuma'ya kadar hatırına Allahu Teâlâ'dan ve Ona itaatan başka bir düşünce gelirse, senin benimle bulunman haramdır."

İşte kime böyle bir mürşitle sohbet nasib olursa, ona, sefere çıkması haramdır. Çünkü böyle bir sohbet ve beraberlik, onun düşündüğü bütün sefer ve faziletlerden kendisi için daha hayırlıdır.

Radiyyüddin Ebu'l-Hayr **Ahmed b. İsmail el-Kazvînî**, bize, icâzet yoluyla, **Ebu Bekir ez-Zekkâk**'ın şöyle dediğini haber verdi:

"Bir mürid, solundaki yazıcı melek yirmi sene kendisine yazacak bir günah bulamazsa, ancak o zaman gerçek bir mürid olur."

Kendisini bu gibi yüksek hallere ve sağlam azimetlere teşvik eden bir mürşidle karşılaşan kimseye, onu bırakıp da seferi tercih etmesi haramdır.

Sonra, mürid, (böyle bir mürşidin nezâretinde) onun sohbetine devam ederek ve güzel ittibâ ile bidâyette işini sağlamlaştırıp, mânevî hallerden kana kana içerek gerçek hakk erlerinin derecesine ulaşıp kalbinden âb-ı hayat çeşmeleri fışkırıp bir saâdet kaynağı olunca; yeryüzünün en uzak köşelerin-

9) Şuarâ (24), 2l.

de ve yörelerinde bulunan sâdık ihvanların göğüslerinden yayılan Rahmânî nefeslerin kokularını alıp, halka yönelir ve yeryüzünde dolaşmak için harekete geçer. Artık halkın arasına karışma vakti gelmiştir. Allahu Teâlâ, kullarının istifade etmeleri için onu beldelerde irşada sevkeder. **Bu sınıfa giren ârifler, hallerindeki câzibe ve üzerlerindeki mânevî çekim gücü ile sâdık hak tâliblerinin gizli kâbiliyetlerini ortaya çıkarır ve Hakk'ı arayanlara yol gösterirler. Onların kalb topraklarında felah tohumları ekerler. Onun nurlu nefesinin ve nisbetinin kuvveti, sohbetinin bereketi ile hayır ehli çoğalır.**

Bu anlattığımız sıfat, hidâyet rehberi olan bu ümmetin **İncil**'de anlatılan ve **Kur'an**'da zikredilen vasfıdır. Allahu Teâlâ bu konuda şöyle buyurmuştur:

"Ümmet-i Muhammed'in İncil'deki vasıfları şudur: Onlar, filizini çıkarmış, onu kuvvetlendirmiş, kalınlaşmış ve gövdesi üzerine doğrulmuş, ekincilerin hoşuna giden ekin gibidir." [10]

Onların bir kısmının bereketi diğerlerine intikal eder. Böylece mânevî verâset yolu ma'mur edilmiş ve ilim aralarında yayılmış olur.

Ebû Hureyre (r.a)'den nakledilen bir hadis-i şerifte **Rasûlullah** (s.a.v) buyurmuştur ki:

"Kim insanları hidâyete götüren bir yola çağırırsa, kendisine uyan kimselerin ecirlerinin bir misli de ona verilir. Ona verilen ecir, diğerlerinin ecrinden hiçbir şey eksiltmez. Kim de, insanları bir dalâlet yoluna çağırırsa, kendisine uyan kimselerin günahlarının bir misli de ona yazılır. Diğerlerinin günahlarından da hiçbir şey eksiltilmez." [11]

III-Devamlı olarak ikâmeti tercih edip, sefere hiç çıkmayan sûfiler.

Bunlar, Allahu Teâlâ'nın özel olarak terbiye ettiği, kendisine dost olarak seçtiği, üzerine hayır kapıların açtığı ve özel inâyetiyle kendisine cezbettiği kimselerdir. Nitekim, sûfiler arasında yaygın olan bir haberde şöyle denilmiştir:

---

10) Fetih (48), 29.
11) Bkz. Buhârî, İ'tisam, 15; Müslim, İlim, I6; Tirmizî, İlim, 15; İbnu Mâce, Mukaddime, I4.

"Hakk'ın cezbelerinden bir cezbe, insanların ve cinlerin (aşk ve ihlassız) ameline denktir." [12]

Sonra, Allahu Teâlâ, bu kulundaki sadâkatı ve insanların ona ihtiyacı olduğunu görünce, (faydalanmaları için) bazı sâdık kullarını ona sevkeder. Tâ ki; onun güzel ve hoş hâli onları kuvvetlendirsin, nazarları kendilerini yetiştirsin ve kuvvetli hâliyle onlara mânevî muhabbet aşılasın.

Mürşid-i kâmil, sohbetine (özel terbiyesine) aldığı kimse üzerinde, Allah Teâlâ'nın sebepler dâiresindeki sünnetini icrâda tam bir ehliyet sahibi oluğu için; onun azıcık sohbeti, mânevî tasarrufâtı sâdık müride kâfi gelir. Hikmet gereği, mürid, az da olsa, mürşidin bu sohbetine ihtiyacı vardır. Böylece mürid, az bir buluşmayla pek çok hakikate gözünü açar. Birazcık sohbet, ona yeter; onunyla bunula görüşmeye hacet bırakmaz. Müşâhade yoluyla kendisine açılan pek çok mânevî hallerle iktifâ edip, sefere çıkmaya ihtiyacı kalmaz. Hakk'tan gayrisini ve dış âlemdeki eserleri görme yerine, onun kâmil insanda tecelli eden nurlarının parıltılarını seyreder. Nitekim sûfilerden birisi şöyle demiştir:

"İnsanlar; gözünüzü açın da şu âlemi seyredin, derler. Ben de diyorum ki: Gözünüzü kapatın da kalbdeki nûr ve tecellilere bakın!"

Sâlihlerden birisinin şöyle dediğini işittim:

"Allahu Teâlâ'nın öyle kulları vardır ki; onların Tur-i Sinâları (ilâhî tecellileri seyrettikleri ve Cenâb-ı Hakk ile kelam ettikleri yer) dizleridir. Onlar, ilâhî huzurda kurbiyyet mahallinde iken, başlarını dizlerinin üzerinde koyup tefekküre dalarlar. Halvethânesinde mânevî hayat suyu (ve nûr) kaynayan kimse, karanlık yer ve yollarda (dolaşıp ta) ne yapsın? Müşâhadesinde (kalb gözüyle, bütün) semânın tabakalarını seyreden kimse, (kafa gözüyle) semâları seyredip te ne yapacak!? Basiret gözüyle, kâinatın muhtelif yerlerini (ve hallerini mânen) görebilen kimseye (şunu bunu göreceğim diye) çöllerde dolaşmak ne fayda verir ki? (Beden hicabından sıyrılıp) fıtratındaki özellik (ve mânevî letâfet) sebebiyle, ruhlar ile buluşabilen kimseye, zâhirî görüntü ve cisimleri ziyâret ne ifâde eder ki?"

---

12) Bkz: Aclûnî, Keşfu'l-Hafâ, I, 352.

Anlatılır ki; **Zunnûn el-Mısrî, Ebû Yezid el-Bistâmî**'ye bir adam göndererek:

"Ona söyle! Bu uyku ve rahatlık ne zamana kadar devam edecektir? Halbuki kâfile göçtü!" dedi. Bu haberi alan **Beyazıd el-Bistâmi** elçiye:

"Kardeşime söyle! Onun kınadığı öyle bir adamdır ki; bütün gece sahaba kadar uyur, sonra da kâfileden önce menzilde olur." dedi. Bunu işiten **Zunnûn** : "Hâli ona mübârek olsun. Bu öyle bir sözdür ki; bizim hallerimiz ona ulaşamaz." dedi.

Bişr el-Hafi şöyle derdi:: "Ey Kurralar topluluğu! Seyahat edin (cihâd, ilim ve tebliğ için dolaşın) ki; güzel ve temiz olasınız. Çünkü su bile, bir yerde çok kaldığı (ve kullanılmadığı) zaman tadı ve rengi değişip, bozulur."

Anlatılır ki; birisi bu sözü duyunca, şöyle demiştir: "Sen deniz gibi ol ki, değişip bulanmayasın."

Mürid, mânevî seyrine devam ettikçe, devamlı kötülüğü emreden nefsin hareket alanını kesip daraltır. Sonunda, nefsin âfetlerini bir bir temizleyerek kötü ahlaklarını güzel ahlak ile değiştirir; sıdk ve ihlas ile Allahu Teâlâ'ya yönelir. O zaman dağınık olan şeyler kendisi için bir olur, bir araya gelir. İkâmet hâlinde, seferdekinden daha çok istifâde eder. Çünkü sefer, bir takım zorluklar, külfet, karışıklık, meşakkat ve insanı yorgun düşürecek şeylerden uzak değildir. Bu yüzden, kalb ve halleri zayıf olanların, iradeli bir şekilde, bu gibi zorlukların üstesinden gelmesi gayet zordur. Bu tür zorluklara ancak, manevi hâli kuvvetli olanlar dayanabilirler.

Ayrıca sefer, insanın tabiatını ortaya çıkaran ve insanların hâlini tanıtan bir iştir. Şu hâdise buna işâret etmektedir.

Hz. Ömer (r.a), yanında birisini öven kimseye:

"Onun güzel ahlakını tanıyabileceğin şekilde, birlikte yolculuk yaptın mı? diye sordu, adam: "Hayır" deyince, **Hz. Ömer** (r.a):

"Onu tam tanıdığını kabul etmiyorum." dedi.

Allahu Teâlâ, bir kulunu sülûkunun başlangıcında seferin sıkıntı ve karışık hallerinden koruduğu, ikâmet hâlinde düşünce ve duygusunu Hakk'ta toplayıp güzel bir şekilde zâtına yönelmeyi nasib ettiğinde ve kendisine, hâlini ıslah edecek bir dostunu gönderdiğinde; gerçekten ona büyük bir ihsanda bulunmuştur.

Allahu Teâlâ'nın: ***"Kim Allah'tan korkarsa, Allah ona (içine düştüğü sıkıntıdan) bir çıkış yolu yaratır ve kendisini hiç hesab etmediği yerden rızıklandırır."*** [13] âyetinin tefsirinde denmiştir ki: "Âyette anlatılan kimse; her şeyi ile Allah'a bağlanmış birisidir. Onun din işlerinde bir müşkili olduğunda, Allah ona müşkilini çözecek bir kimseyi gönderir."

Mürid, işin başında, gerekli şartları tam olarak yerine getirirse, Cenâb-ı Hakk'ın inâyetiyle hiç sefere çıkmadan, bulunduğu yerde, sülûkun nihâyetinde bulunacak halleri elde eder. Böylece, ikâmet hâlinde kemâle erer. Sâlihlerden bir cemaat bu yolu tutmuş ve sülûkunu bu şekilde tamamlamıştır.

IV-Devamlı sürette seferde bulunmayı tercih eden sûfiler.

Bu kimseler, kalbin salâhını ve hâlinin sıhhatını devamlı seferde görmüşlerdir.

Sûfilerden birisi bu mânada şöyle demiştir: "Her gece ayrı bir mescidde misâfir olmaya çalış ve ölümün sana ancak iki menzil arasında (yolculuk hâlinde) gelsin."

İbrâhim el-Havvas, bu gruptandı. Bir beldede kırk günden fazla kalmazdı. Eğer bir beldede kırk günden fazla kalırsa bunun, tevekkülünü bozacağını düşünürdü. O, insanların kendisini bilmesini ve yakından tanımasını, tevekküle mâni görüyordu. Çünkü o zaman kul, **Allah**'ı unutup insanlara güvenme ve dayanma durumuna düşebilirdi. Bu konuda onun şöyle dediği nakledilir:

"Bir çölde, onbir gün hiçbir şey yemeden kaldım. Öyle bir hâle geldim ki; nefsim kuru buğday saplarını yemem için can attı. O anda yeşilliklerin bana doğru uzandığını gördüm. Hemen ondan kaçtım. Sonra (dayanamayıp biraz yemek için) onlara döndüğümde, benden yüz çevirdiler." Kendisine:

"Önce niçin kaçtın ki?" diye sorulduğunda, Hazret:

"Nefsim, Allahu Teâlâ'nın bana yaptığı bu özel yardıma göz dikti (ve o anda Allah'ı unuttu). Bunun için onlardan kaçtım." demiştir.

---

13) Talak (65), 2-3.

Bu durumda olanlar, dinlerini korumak için halktan ve eşyadan kaçan kimselerdir.

Bu konuda Rasûlullah (s.a.v) Efendimiz şöyle buyurmuştur:

"**Allah Teâlâ**'ya en sevimli kimseler gariblerdir." Sahâbe-i Kiram: "Garibler kimlerdir?" diye sorunca, Rasâlullah (a.s):

"Dinlerini korumak için (bir beldeden diğerine) kaçanlardır. Onlar, kıyamet günü İsa b. Meryem'in etrafında toplanacaklardır." [14] buyurdu.

Bütün bunlar değişik hâl ve anlayışlardır. Bu hallerin sahipleri **Allah**'a karşı güzel bir niyetle içinde olup, halleri de bu niyetlerine tabi olmuştur. Güzel niyet, sadâkatı gerektirir. Bizzat sadâkat, -haller nasıl olursa olsun -övülecek güzel bir şeydir.

Sefere çıkan kimseye, önce, hâlini iyice araştırması ve niyetini tashih etmesi gerekir. Niyeti, nefsin fitne ve şâibelerinden kurtarmaya da ancak, büyük ilim, kâmil takvâ ve dünyaya karşı son derece zühd sahibi bir kimse güç yetirebilir. Gizli hevâsına kapılmış ve zühdde de ileri bir seviyeye varmamış kimsenin, niyetini sırf **Allah** için yapması kolay değildir. Böyle bir kimseyi sefere, bazen, tabiatındaki nefsânî arzusu dâvet eder, o ise bunun Hakk'tan gelen bir dâvet olduğunu zanneder ve nefis ile Hakk'ın dâvetini birbirinden ayıramaz.

Bir kimsenin, niyetini tanıması için, kalbe gelen düşüncelerini yakinen tanıtacak bir ilme ihtiyacı vardır. Havâtırın (kalbe gelen duygu ve düşüncelerin) açıklanması ve ilmi, müstakil bir bâbın konusudur. Biz şimdilik, onunla karşılaşanların az çok tanıyacağı şekilde kısaca işâret ederek yetineceğiz. Dervişlerin ekseriyeti bunları bilmezler ve yakinen tanımazlar.

Bil ki; nefsin zikrettiğimiz bu hile ve arzuları, dervişin pek çok işinde başa gelir. Meselâ; derviş, nefsin sıkıntılarından kurtulmanın yolunu bağ ve bostanlara çıkmakta bulur. Aslında bu rahatlık, biraz sonrası için kendisine zararlı olur. Her ne kadar o anda kalbini hoş hissetse de, bu hoşluğun sebebi; nefsin rahatlığı ve mübah da olsa onun arzularını yerine getirmek için tanınan

14) Ebû Nuaym, Hilye, I, 25; Ali el-Muttakî, Kenzu'l-Ummâl, III, 153. (No:5930).

genişliktir. Nefis rahatladıkça kalbden uzaklaşır, kendi hevâsıyla ilgili şeyleri ele geçirmek için ondan ayrılır. Kalb ise, sahralarda dolaşmakla değil, nefsin (hile ve hevâsıyla) kendisinden uzaklaşmasıyla rahat bulur. Bu durumda, kendisine ağırlık ve sıkıntı veren bir yakınının ayrılmasıyla rahat eden bir şahıs gibi olur.

Sonra derviş, zâviyesine dönüp işinin başına geçtiği ve hâlini kontrul ettiği zaman, nefsin, kendisine ağırlık ve sıkıntı verecek daha pek çok dert ile kalbe yakın olduğunu (yine onu uğraştıracağını) görür. Nefsin sıkıntı ve ağırlık veren arzuları arttıkça, kalb karışıp sıkıntıya düşecektir. Onun sıkıntı ve ağırlığının artması, kendi hevâsıyla başıboş haraket etmesindendir. Bu durumda, onun bağ ve bahçelere çıkması derdine şifâ değil, hastalığın tâ kendisidir. Nefsini tam tanımayan derviş ise bunu bir rahatlık ve devâ zanneder. Halbuki, halvethânesinde sabretseydi; nefis daha fazla eriyip uslanacak, hafifleyecek, latif bir hâle gelecek ve kalbe ağırlık vermeyen sâlih bir arkadaş olacaktı. Seferdeki rahatlık ve nefsin hazzı da buna kıyas edilebilir.

Nefis rahata ermeye düşkündür. Bu inceliği anlayan kimse, akibeti hoş olmayan ve sonunda emniyet te bulunmayan aldatıcı rahatlıklara kapılıp huzurunu bozmaz. Nefsin arzusu belirince, yerinde sâbit kalır, hemen peşine düşmez, bilakis; nefsin süsleme ve aldatmalarını kötü görüp ona iltifat etmeyerek kalbe gelen boş arzuyu def eder. Allahu Teâlâ en iyisini bilir, Rasûlullah (a.s)'ın:

"Güneş şeytanın iki boynuzu arasında doğar." [15] sözü de bu kabilden olsa gerektir.

Çünkü nefsin, güneşin doğması esnasında bir takım haraketlenme ve arzuları vardır. Bunlar mizaç ve tabiatlardan kaynaklanır. Bunun açıklaması çok uzun ve derindir. Sabah olunca, akşam ve gecenin tersine, hastanın hastalığının hafiflemesi de bu kabildendir. Nefsin çoşkusu ve haraketleri, kalbin uyanışına göre şekil alır. Müride bu gibi hallerden pek çok âfet gelir. Meselâ; kalbinden gelen bir şevkle yaptığını zannettiği bir çok işlere aslında nefsinin arzusuyla girmiştir. Çoğu zaman, kendisini Allah vâsıl olmuş, konuşması ve ha-

---

15) İbnu Mâce, İkâme, l48; Mâlik, Kur'an, 44; Ali Nasıf, et-Tac, I, l49.

reketinin Allah için, Allah'ın murâdına göre olduğunu zanneder. Halbuki o anda, nefsin haraket ve arzularına müptelâ olmuş bir durumdadır. Gerçi bu gibi haller, ancak kalb ve hâl erbabı kimselerde olur. Kalb ve hâl sahibi olmayanlar, bu gibi halleri bilmekten ve yaşamaktan uzaktırlar. Bu, havassın ayaklarının kayma noktasıdır. Avamın böyle bir dâva ve derdi yoktur. (Çünkü onlar, zâten dâima gaflet içinde, bu inceliklerden habersiz olarak yaşamaktadırlar) Şunu da bil ki; havasta meydana gelen bu haller, onların ilminin yüksekliği ve inceliğinden kaynaklanmaktadır.

Dervişler sefere çıkmadan önce, haraketin yönünü ve sihhatini tesbit için en azından bir istihâre namazı kılmayı ihmal etmemelidirler. Eğer, istiharesinde, gönlüne düşen sefer düşüncesinin sahih ve hayırlı olduğu ve seyahatin kendisine faydalı olacağı açıkca ortaya çıkarsa, ona göre hareket eder. Kalbe gelen düşünceleri bilme ve sihhatini tanıma konusunda sûfiler farklı anlayış ve bakışlara sahiptirler. Bütün bu durumlarda sünnet-i seniyeye ittibâ edilmeli ve istihâre namazı ihmal edilmemelidir. Bunda bereket vardır. İstihâre namazını bizzat Rasûlullah (a.s.) öğretmiştir.

Şeyhimiz **Ebu'n-Necib es-Sühreverdî**, imlâ yoluyla (yazdırarak) bize, **Câbir b. Abdullah** (r.a)'ın şöyle dediğini haber verdi:

Rasûlullah (a.s) bize, **Kur'an**'dan bir sûre öğretir gibi istihâreyi öğretiyordu. Bu konuda şöyle buyurdu:

"Sizden biriniz, bir iş yapmak istediği (yahut niytelidiği) zaman, iki rekat nâfile namaz kılsın ve şöyle duâ etsin:

"Allah'ım! Senin ilminden hayırlı olanı istiyorum. Senin kudretinden yardım diliyorum. Yüce fazlu kereminden istiyorum. Şüphesiz sen herşeye güç yetirirsin, ben ise bir şeye güç yetiremem. Sen bilirsin, ben bilmem. Sen gayb olan herşeyi bilensin. Allah'ım! eğer şu içine girmek istediğim iş, benim dinim, dünyam, âhiretim ve işimin sonu için hayırlı ise; onu bana nasib et ve onda benim için bereket yarat. Eğer o, benim için şerli ise; onu benden uzaklaştır ve beni de ondan uzak tut. Benim için hayırlı olanı takdir ve nasib et."[16]

****

16) Buhârî, Deavât, 49; Tirmizî, Vitr, I8; İbnu Mâce, İkâme, I88; Ahmed, Müsned, III, I39

SEFERİN (YOLCULUĞUN) FARZLARI VE FAZİLETLERİ

Önce şunu belirtelim ki; seferin fıkhî durumu ve hükümleri fıkıh kitaplarında genişçe açıklanmıştır ve kitabımız aslen bu konular için yazılmamıştır. Fakat biz, teberrüken bu konudaki bazı dinî hükümleri zikredeceğiz.

Yolculuğa çıkan sûfinin; teyemmüm, mest üzerine mesh, namazları kısaltma ve birleştirme hükümlerini bilmesi gerekir. Bunları kısaca açıklayalım:

1-Teyemmüm

Su bulunmadığı veya mevcut suyun kullanılması durumunda beden veya malın telef olma korkusu ve mezhebimizdeki sahih görüşe göre hastalığın artması endişesi olduğu zaman, cünüb ve abdestsizlik hâlinde, hasta ve yolcu kimsenin teyemmüm yapması câizdir. Aynı şekilde, elde mevcut suya kendisinin, hayvanının veya yol arkadaşının, şiddetli susuzluğunu gidermek için ihtiyaç olduğu zaman da, teyemmüm eder. Bütün bu durumlarda teyemmüm ederek namazını kılar ve bilâhare su bulduğu zaman yeniden abdest alıp iâde etmesi gerekmez.

Soğuktan (hasta olacağından ve donacağından) korkan kimse teyemmümle namazını kılar. Fakat sahih olan görüşe göre bu namazı daha sonra iâde eder.

Teyemmüm ancak, suyun bulunabileceği yerlerde araştırma yaptıktan sonra câiz olur. Suyun aranacağı yerler; yolcunun konakladığı mahalde, odun vs. toplamak için dolaştığı yerlerdir. Su, vakit girdikten sonra aranır. Bu konuda kısa yolculuk, uzun yolculuk gibidir; hükümler aynıdır. Vaktin sonunda su bulma ihtimali varken, vaktin evvelinde teyemmümle namaz kılsa, sahih kavle göre câizdir. Daha vakit çıkmamış da olsa, su bulduğunda (teyemmümle kıldığı namazı artık) iâde etmez.

Suyun bulunduğunu tahmin eden kimsenin teyemmümü bâtıldır. Meselâ; su yüklü kervanın çıkagelmesi veya o civarda suyun bulundğunu gösteren başka sebeplerin bulunması gibi. (Normal şartlar içinde teyemmüm abdestiyle kıldığı) namaz esnasında suyu görse, (veya geldiğini farketse) namazı bozulmaz ve iâde de etmez.[1] Ancak, bu durumda namazını bozarak su ile abdest alıp, namaza yeniden başlaması -en sahih görüşe göre- müstehabtır. Farz namaz için vakit girmeden teyemmüm alınmaz. Her farz namaz için ayrı ayrı teyemmüm abdesti alınır.

Bir teyemmümle istediği kadar nâfile namaz kılabilir. Nâfile için aldığı teyemmümle, farz namaz kılmak câiz değildir.

Su ve toprak bulamayan kimse, ikisinden birini bulduğu zaman namazını kılar. Fakat abdestsiz iken Kur'an'a el sürmez. Eğer cünüb ise, namazda Kur'an okumaz bunun yerine Allahu Teâlâ'yı zikreder.

Teyemmüm ancak, içine kum ve çakıl karışmamış temiz toprak ile yapılır.[2] Hayvanın ve elbisenin üzerinde birikmiş tozlarla teyemmüm câizdir.

2-Teyemmümün Şekli

Teyemmüme besmele ile başlanır. Elini toprağa vurmadan bununla, namazı mübah kılmaya niyet eder. Yüzü için elini toprağa vururken, parmaklarını bitiştirir ve bütün yüzünü mesh eder. Eğer yüzde, yıkanması farz kısmında mesh edilmeyen yer kalırsa, teyemmüm câiz olmaz. İkinci vuruş, iki kol için yapılır ve bu esnâda parmakların arası açık tutulur. Toprağa değen yerler ile, kolların yıkanması gereken bütün farz mahallini mesh eder. Eğer bunu bir vuruşta değil de, iki veya daha fazla vuruşla yapabiliyorsa, öyle yapar. Toprağın bütün farz mahallini kaplaması gerekir. Elin ayasıyla önce bir kol,

---

1) Hanefilerde, bu durumda namaz bozulur, su ile abdest alınıp iâde edilir.
2) Hanefi mezhebinde, kum, çakıl dâhil, toprak cinsi her şeyle teyemmüm câizdir. Kitabın müellifi Şihâbuddin Sühreverdî, Şâfii mezhebine mensubdur; fıkhî hükümler o mezhebe göre anlatılmıştır. Farklı noktalar ve hükümler tarafımızca dipnotla gösterilmiştir (Mütercim).

sonra diğeri meshedilir. Özellikle yüz meshedilirken, toprak, kıl diplerine ulaştırılmaya zorlanmadan, mümkün mertebe tüyün bittiği mahal üzerinde el dolaştırılır.

3-Mest üzerine Mesh.

Yolculuk yapan kimse, sefer esnasında üç gün üç gece mest üzerine mesh yapabilir. Mükim ise bir gün bir gece yapabilir. Sürenin başlangıcı; mesti giydikten sonra su ile aldığı abdest bozulduktan sonra başlar; mesti giyer giymez başlamaz. Mesti giyerken niyet etmek şart değildir, ancak, abdest azaları tamamen yıkanmış ve asdest bitmiş olması gerekir. Mestler bundan sonra giyilir. Nitekim, sol ayağını yıkamadan, yıkadığı sağ ayağa mestin giyilmesi hâlinde, üzerine mesh sahih değildir.[3]

Mest, giyildiğinde yürünebilecek cinsten ve farz olan mahalli örtecek çeşitten olmalıdır. Mestin üzerine yapılacak mesh yeterlidir. Fakat evlâ olan; mestin altını ve üstünü bir defa mesh etmektir.

Sürenin sona ermesi ya da, mest çıkarak ayağın yıkanması farz olan kısmından birazının meydana çıkmasıyla, meshin hükmü ortadan kalkar. Böyle bir durumda, kendisi abdestli olup ayağında da bir bez sarılı ise, essah olan kavle göre, yeni baştan abdest almayıp, sadece ayaklarını yıkaması kâfidir.

Seferde mesh eden kimse, mukim olduğunda mukimin hükümlerine tâbidir. Aynı şekilde, mukim olan da sefere çıktığında, yolcunun hükümlerine tâbi olur.

Keçeden yapılmış çoraba ve kösele (çizme) üzerine mesh etmek câizdir. Ayağın farz mahallini örten fakat (biraz) delik olan mesh üzerine mesh etmek câizdir. Yüzü, ayağın bir kısmını örten ve geri kalan kısmı da sargı ile kapatılan kumaş üzerine mesh etmek ise câiz değildir.

4-Seferde namazların kısaltılması ve birleştirilmesi.

Seferî olan kimse, öğle ve ikindi namazlarını bu iki vaktin birisinde beraberce kılabilir. Akşam ile yatsı namazını da aynı şekilde birlikte kılabilir.[4] An-

3) Hanefi mezhebinde caizdir. Sağ ayak yıkanınca hemen mest giyilip sonra sol ayak yıkansa ve mest giyilse bu caizdir. Güzel olan, iki ayağı birden yıkadıktan sonra mestleri giymektir.
4) Hanefilerde bu birleştirme sadece Hac'da, Arafat ve Müzdelife'de olur.

cak herbiri için ayrı ayrı teyemmüm gereklidir ve iki namazın arasını konuşma ve benzeri şeylerle ayırmak gerekir. Akşam ile sabah namazları kısaltma yapılmadan normal şekillerinde kılınır. Seferî, sünnet namazları da öğle ve ikindinin farzlarından önce, birleştirerek kılabilir. Akşam ve yatsı namazından sonra, bunlara âid sünnetleri kılar ve peşinden vitir namazını kılar.

Farz namazların hayvan üzerinde kılınması câiz değildir. Ancak düşmanla karşılaşma anında kılınabilir. Fakat, sünnetler ve diğer nâfile namazlar, hayvan üzerinde kılınabilir. Nâfile namaz için hayvanın sırtı yeterlidir. Bu durumda, ruku' ve secde imâ (başın eğilmesiyle) olur. Secde için yapılan imâ, rukûdaki imâdan biraz daha fazla eğilerek yapılır. Ancak hayvan (binit) üzerinde mahfel gibi sâbit ve üzerine (secde yapabilecek) bir şey varsa, o zaman imâ yapmaz; normal secde yapar.

Yolcunun yöneldiği cihet kıble hükmündedir. Bu yüzden gittiği istikâmete doğru namazını kılar.Yönü , kıbleye veya gideceği istikâmete yönelik olmazsa namazı câiz değildir. Nitekim hayvan, gidilen yol istikâmetinden ayrılarak kıblenin dışında bir tarafa yönelse, namaz bâtıl olur.

Yaya olarak giden kimse, yürüyerek nâfile namaz kılabilir. Yayanın, namaza başlarken, tekbir anında kıbleye dönmüş olması kâfidir. İftitah tekbirinde mutlaka kıbleye dönmüş olması gerekir. Ruku' ve secde için imâ yeterlidir. Hayvan üzerinde yolculuk yapanın ise; iftitah tekbirinde kıbleye dönmesi gerekmez.

Bir kimse yolcu iken mukim olup, tekrar sefere çıksa, o günün (başlamış olduğu) orucunu tamamlaması gerekir. Misâfir iken mukim olanın durumu da aynıdır.

Seferde iken (ruhsattan yararlanmayıp) oruç tutması yemekten, namazları kısaltması, tamam kılmasından daha faziletlidir. Sefer konusunda bu kadarcık şer'i hükümleri bilmesi sûfi için kâfidir.

Sefer Âdâbı:

Yola çıkmadan önce yapılması gereken bir takım edebler vardır; onları şu şekilde özetlememiz mümkündür:

1-Sefere çıkmadan önce, dinî meselelerde kendisine yardımcı olacak birisini bulmak.

Bu konuda: "**Önce yol arkadaşını bul, sonra yola çık.**" [5] sözü, meşhurdur.

Rasûlullah (s.a.v) bir kişinin tek başına yolculuk yapmasını yasaklamıştır.[6] Ancak, nefsin hile ve âfetlerini bilen, basireti kuvvetli bir sûfinin yalnız başına yolculuğu tercih etmesinde bir sakınca yoktur.

Yola çıkanlar bir cemaat olunca, içlerinden birini başlarına emir (başkan) seçmeleri gerekir. Bu konuda **Rasûlullah** (s.a.v) şöyle buyurmuştur:

"(Topluca) bir seferde olduğunuz zaman, içinizden birinizi emir seçiniz." [7]

Seçilen emirin, cemaatın en zâhidi, en muttakîsi, mürüvvet ve cömertlik yönünden en kâmili, şefkat yönünden en merhametlisi olması gerekir. **Abdullah b. Ömer** (r.a), **Rasûlullah** (a.s)'ın, şöyle buyurduğunu rivâyet etmiştir:

"Allah katında arkadaşaların en hayırlısı; arkadaşları için en hayırlı olanı (en iyi davrananı)dır." [8]

Abdullah el-Mervezî'nin şu hâli bu konuda güzel bir örnektir. **Ebû Ali er-Rıbâtî** kendisine arkadaş olunca ona:

"Sen mi emir olacaksın, ben mi?" diye sordu. **Ebû Ali** de:

"Sen ol!" dedi. Bundan sonra o, kendisinin ve **Ebû Ali**'nin yol azığını hep sırtında taşıdı. Bir gece yağmur yağdı; **Abdullah el-Mervezî** gece boyunca arkadaşının başucunda durmuş elbisesiyle onu yağmurdan korumaya çalışarak sabahladı. **Ebû Ali** her defasında:

"Böyle yapma!" dedikçe, o:

"Ben emir değil miyim? Sana ancak yaptıklarıma uyman ve sözlerime itaat etmen gerekir." diyordu.

Riyâset sevgisi ve insanlara baş olma tutukusuyla dervişlerle arkadaşlık

---

5) Tabrânî, el-Mu'cemü'l-Kebîr, IV, 268. (No: 4379); Heysemî, Mecmau'z-Zevâid, VIII, 164.
6) Buhârî, Cihad, I35; İbnu Mâce, Edeb, 45; Ahmed, Müsned, II, 9
7) Ebû Dâvud, Cihad, 80
8) Tirmizî, Birr, 28; Dârimî, Siyer, 3, Ahmed, Müsned, II, I68.

eden, zâviyedeki hizmetçileri emri altına almayı şeref sayan, bu şekilde nefsânî arzılarını tatmine çalışan kimse, câhil ve hevâsının esiri olup, sûfilerin yolundan uzaklaşmış birisidir. Bu hâl, dünya malı toplamak isteyenlerin yoludur. O kimse, gitsin dünyaya meyleden kimselerden arkadaş edinsin. Nefsinin süflî arzularını ele geçirmek ve dünya ehli ile bir arada bulunmak için toplanan kimselerin yanına gitsin. Böylelerinin toplanması; gıybete dalmaktan, sevimsiz şeylere bulanmaktan, tekkelerde, bağ ve bahçelerde başıboş gezip dolaşmaktan uzak değildir. Bunların tekkelerde tanıdıkları ve menfeatları çoğaldıkça; dinî vazifeler zorlaşsa da uzun süre kalmaya devam ederler. Menfaatları azaldıkça; yapacakları dinî ameller kolay da olsa, orada durmaz, başka taraflara giderler. Halbuki bu hâl, gerçek sûfilerin hâli ve yolu değildir.

2-Kardeşleriyle vedâlaşmak ve onlara duâ etmek.

Sefere çıkan kimse, kardeşlerine, Hz. **Rasûlullah**'ın (s.a.v) öğrettiği duâlarla duâ etmelidir.

Tâbiinden birisi şöyle anlatmıştır: **Abdullah b. Ömer** (r.a.) ile, **Mekke**'den **Medine**'ye kadar arkadaşlık yaptım. Kendisinden ayrılacağım zaman beni uğurladı ve şöyle dedi: **Rasûlullah**'ın (s.a.v) şöyle buyurduğunu işittim:

*"**Lokman** (a.s.) oğluna dedi ki: "**Ey oğulcağızım! Şüphesiz Allah, kendisine bir şey emânet edildiği zaman onu muhafaza eder. Ben de senin dinini, emânetini, amelinin sonunu Allah'a emanet ediyorum.**"* [9]

Zeyd b. Eslem (r.a), **Rasûlullah**'ın (s.a.v) şöyle buyurduğunu rivâyet etmiştir:

"Sizden biriniz sefere çıkacağı zaman kardeşiyle vedâlaşsın. Şüphesiz Allahu Teâlâ, vedâlaşırken yapılacak duâda onun için bereket yaratır." [10]

Hz. **Rasûlullah** (s.a.v.) bir adamı uğurlarken, şöyle duâ etmiştir: ***"Allah Teâlâ, seni takva ile rızıklandırsın, günahlarını bağışlasın, her ne tarafa yönelirsen karşına hayrı çıkarsın."*** [11]

9) Tirmizî, Deavât, 44; İbnu Mâce, Cihad, 24; Ahmed, Müsned, II, 7, 25, 38.
10) Zebidî, İthâfu's-Sâde, VII, 457.
11) Tirmizî, Deavât, 44; Dârimî, İsti'zan, 41.

Sefere giden sûfi, kardeşlerine duâ ettiğinde, onların, Allahu Teâlâ'nın bu duâya icâbet edeceğine inanmaları gerekir.

Rivâyet edildiğine göre; **Hz. Ömer** (r.a), insanlara hediyelerini dağıtırken, yanına çocuğu ile birlikte bir adam geldi. **Hz. Ömer** (r.a.), adamla oğluna bakınca:

"Sana bundan daha çok benzeyen hiç kimse görmedim." dedi.

Adam da: "Ey mü'minlerin emiri! Sana bu çocuğun durumunu anlatayım." dedi ve şunları anlattı:

"Annesi buna hâmile iken, ben bir yolculuğa çıkmak istedim. Annesi bana: "Beni bu halde bırakıp nereye gidiyorsun?" dedi. Ben de: "Karnındaki çocuğu Allah'a emânet ediyorum." dedim ve yola çıktım. Geri döndüğümde hanımım ölmüştü. Oturduk, diğer yakınlarımla konuşuyorduk. Birden hanımımın kabri üzerinden bir ateşin parladığını gördük. Oradakilere: "Bu nedir?" diye sordum. "Falanca kadının kabridir, bu ateşi her gün kabrinin üzerinde görüyoruz" dediler. Bunun üzerine ben: "Vallahi o, gündüz oruçlu, geceleri ibâdet ehli bir kadındı." dedim ve kazmayı alarak kabre vardık. Kabri kazdık, bir de baktık ki, içinde bir ışık yanıyor ve çocuk da orada deprenip durmaktadır. O esnada gâibten bir ses bana: "Bu senin (bize bıraktığın) emânetindir. Eğer anasını da bize emânet etmiş olsaydın, onu da sağ sâlim bulurdun" dedi." Hadiseyi dinleyen **Hz. Ömer** (r.a.):

"Gerçekten o sana, bir karganın diğerine benzemesinden daha çok benziyor." dedi.[12]

3-Konaklanan her yerden, en az iki rekat namaz kılarak ayrılmak.

Yolculuk yapan sûfiye, konakladığı (mola verdiği) herhangi bir mekandan ayrılırken, (vakit uygunsa) iki rek'at namaz kılarak ayrılması ve şu duâyı yapması gerekir:

اَللّٰهُمَّ زَوِّدْنِى التَّقْوٰى وَ اغْفِرْ لِى ذُنُوبِى وَ وَجِّهْنِى لِلْخَيْرِ أَيْنَمَا تَوَجَّهْتُ

"Allahım! Takvâyı bana azık yap. Günahlarımı bağışla. Yöneldiğim her taraftan bana hayır nasib et."

12) Tabarânî, Kitâbu'd-Duâ, II, No:824; Gazzâlî, İhya, II, 365.

Enes b. Mâlik'in rivâyetine göre; **Rasûlullah** (s.a.v) konaklamak için inmiş olduğu her menzilden iki rek'at namaz kılarak ayrılırdı." [13]

Şu halde, seferde olan bir sûfinin de ayrılacağı her tekke ve konaklama yerine, iki rek'at namazla vedâ etmesi gerekir.

4-Binek vasıtasına binerken şu duâ okunmalıdır:

سُبْحَانَ الَّذِى سَخَّرَ لَنَا هَذَا وَ مَا كُنَّا لَهُ مُقْرِنِينَ * بِسْمِ اللهِ وَ اللهُ أَكْبَرُ
* تَوَكَّلْتُ عَلَى اللهِ وَ لاَ حَوْلَ وَ لاَ قُوَّةَ إِلاَّ بِاللهِ الْعَلِيِّ الْعَظِيمِ * اللَّهُمَّ
أَنْتَ الْحَامِلُ عَلَى الظَّهْرِ وَ أَنْتَ الْمُسْتَعَانُ عَلَى الْأُمُورِ *

"Bunu bizim emrimize veren **Allah**'ı tesbih ederim. Yoksa biz ona sahip olamazdık. Bismillah, **Allah** büyüktür. Her işimde ona tevekkül edip teslim oldum. Kuvvet ve kudret, azamet ve yücelik Allah'a âittir. Allah'ım! Beni bu vasıtada taşıyan sensin. Her işte yardımcı da sensin."

5-**Yolculuğa sabahleyin erken çıkmak ve hareket için perşembe gününü tercih etmek.**

Ka'b b. Mâlik (r.a) şöyle rivâyet etmiştir:

"**Rasülullah (s.a.v) daha ziyade perşembe günü sefere çıkardı. Bir yere seriyye göndermek istediğinde de, sabah erkence gönderirdi.**" [14]

6-**Bir eve veya konak yerine yaklaştığı zaman şöyle duâ etmek.**

اَللَّهُمَّ رَبَّ السَّمَوَاتِ وَ مَا أَظْلَلْنَ وَ رَبَّ الْأَرَضِينَ وَ مَا أَقْلَلْنَ وَ رَبَّ
الشَّيَاطِينِ وَ مَا أَضْلَلْنَ وَ رَبَّ الرِّيَاحِ وَ مَا ذَرَيْنَ وَ رَبَّ الْبِحَارِ وَ مَا جَرَيْنَ
أَسْأَلُكَ خَيْرَ هَذِهِ الْمَنْزِلِ وَ خَيْرَ أَهْلِهِ وَ أَعُوذُ بِكَ مِنْ شَرِّ هَذِهِ الْمَنْزِلِ وَ
شَرِّ أَهْلِهِ *

"Ey yerlerin, göklerin ve içindekilerin, şeytanların ve sapıttıklarının, rüzgarların ve esip getirdiklerinin, denizlerin ve içinde taşıdıklarının Rabbi olan Allah'ım! Senden, bu menzilin (konaklama yerinin) ve içindekilerin hayrını isterim. Bu menzilin ve içindekilerin şerrinden de sana sığınırım."

Bir eve veya konaklama yerine indiği zaman, (vakit uygunsa) iki rek'at namaz kılmalıdır.

---

13) Hakim, Müstedrek, I, 316; Münâvî, Feyzü'l-Kadîr, V, I9I (Had. No: 6923).
14) Ebû Dâvud, Cihad, 77; Dârimî, Siyer, 3.

7-Yolculukta temizlik âletleri bulundurmak.

Yola giden kimse, yolda gerekli olacak ihtiyaç ve temizlik maddelerini yanında bulundurması gerekir.

Anlatıldığına göre; **İbrahim el-Havvas,** ikâmet hâlinde ve yolculukta şu dört şeyi yanındna ayırmazdı:

1-Su kabı (matara vs.), 2-İp, 3-İğne-iplik, 4-Makas.

Âişe vâlidemiz (r.ah)'den rivâyet edildiğine göre; **Rasûlullah** (s.a.v), yolculuk yapacağı zaman şu beş şeyi yanında taşırdı: Ayna, sürme,tarak, misvak ve makas" [15]

8-Yolculuk esnasında yanında âsa taşımak.

Bu da sünnet olan amellerden birisidir. **Muaz b. Cebel**'in rivâyetine göre; **Rasûlullah** (s.a.v) şöyle buyurmuştur:

"**Benim minber edindiğim gibi, İbrahim (a.s) de minber edinmişti. Benim asa kullandığım gibi, İbrahim ve Musa (a.s) da kullanmıştır.**" [16]

Abdullah b. Abbas (r.a) şöyle demiştir: "Âsa kullanmak peygamberlerin âdetidir. **Rasûlullah**'ın (s.a.v) da üzerine dayandığı bir âsası vardı ve asa kullanmayı tavsiye ederdi.[17]

Yolculuk esnasında su kabı bulundumak da sünnettir.

Câbir b. Abdullah (r.a), şöyle rivâyet etmiştir: **Peygamber** (s.a.v) bir kabtan abdest alıyordu. Birden insanlar ona doğru koşuştular. **Peygamber** (s.a.v):

"Ne var, size ne oluyor?" diye sordu. Onlar da:

"Ya Rasûlellah! Önümüzdeki sudan başka içecek ve abdest alacak suyumuz yok!" dediler. O zaman Rasûllullah (s.a.v), elini önündeki su kabının içine koydu. Bir de baktım ki, parmakları arasından göze gibi su kaynıyor. Orada bulunanlar o sudan abdest aldılar. Râvi diyor ki: **Câbir b. Abdullah** (r.a)'a:

---

15) Zebîdî, İthâfu's-Sâde, VII, 474-475; Suyûtî, Câmiu's-Sağîr, II, 363 (Had. No: 6906).
16) Heysemî, Mecmau'z-Zevâid, II, l8l. (Tabarânî, Bezzar rivâyetiyle).
17) Beğavî, el-Envâr fî Şemâili'n-Nebiyyi'l-Muhtâr, II, 580.(No: 873); Bkz: Ahmed, Müsned, V, 253; Abdurrazzâk, Musannef, III, 185. (No: 5251).

"Kaç kişiydiniz?" diye sordum, o da: "Eğer yüzbin kişi olsaydık bile su hepimise yeterdi. Fakat biz, o gün, binbeşyüz kişiydik ve **Hudeybiye** gazvesinde bulunuyorduk." dedi. [18]

9-Bele kemer (ya da kuşak) bağlamak.

Bu da sûfilerin uyguladığı bir ameldir ve sünnettir. **Ebû Said el-Hudrî**'nin rivâyetine göre; Rasûllullah (s.a.v) ve ashabı, Medine'den Mekke'ye yürüyerek gidip haccettiler. Rasûllullah (s.a.v), Mekke'ye varınca:

"Elbiselerinizi (ihramlarınızın alt kısmını) belinize sıkıca bağlayın!" buyurdu. Biz de sıkıca bağladık arkasından "hervele" yürüşüyle (koşar adımlarla) yürüdük." [19]

Daha önce zikrettiğimiz gibi; yola çıkarken sabahtan iki rek'at namaz kılmak, sûfilerin zâhiri edeblerindendir. Derviş iki rek'at namaz kılarak bulunduğu yerden ayrılır. Ayakkabısını eline alıp içini silkeleyerek temizler. Önce sağ, sonra sol kolunun yenini yukarı çeker. "Meyânid" denilen kuşağı alıp beline bağlar. Ayakkabı torbasını alıp tozunu silkeler. Ayakkabılarını (mestlerini) giymek istediği yere kadar gelir. Seccâdesini iki kat yere serer. Ayakkablarını birbirine vurup temizler. Ayakkabları sol eline, torbayı sağ eline alır. Ayakkabıları, çantanın dibine, arka kısımları en alta gelecek şekilde yerleştirir ve çantasını bağlayıp orada bulunanlara vedâ ederek ayrılır. Eşyası için kendisine yardım etmek isteyenlere mâni olmaz. Sonra, su kabı vb. eşyaları, sağ tarafı mümkün mertebe boş olacak şekilde yüklenir.

Yolda, mübârek bir mevkiye vardığında yahut mânevî kardeşleriyle karşılaştığında veya meşâyıhtan birini gördüğünde hemen yüklerini omuzundan indirip onlarla selamlaşıp görüşür. Onlardan ayrılınca kırbasını tekrar omuzuna asar ve yoluna devam eder.

Bütün bunlar "**Horasan**" ve "**Cebel**"[20] bölgelerinde yaşayan dervişlerin güzel bulup uyguladıkları şeylerdir. **Irak**, **Şam** ve **Kuzey Afrika**'da yaşayan der-

---

18) Buhârî, Meğâzi, 35; Ahmed, Müsned, II, 339; Ali Nasıf, et-Tâc, III, 277.
19) İbnu Mâce, Menâsik, I08.
20) Cebel, Hemadân, Irak ve Merv bölgelerine kullanılan bir isimdir. Hemadân olması daha uygundur (Bkz: Yâkut el-Hamavî, Mu'cemu'l-Buldân, II, II4-II5.

dervişlerin çoğu bunlara riâyet etmezler. Bu yüzden kâidelere bağlı kaymayanlar şöyle derler: "Bunlar, illa yapılması gereken ameller ve edebler değildir. Onların zâhiri düzeniyle uğraşmak, insanı, işin hakikatından gâfil eder."

Bu tür şeylere riâyet edenler ise: "Onlar, önceki büyüklerin ortaya koyduğu bir takım edeblerdir, biz de bunun için yapıyoruz." derler ve bu edebleri terk ve ihmal edenleri gördükleri zaman: "Bu, gerçek sûfi değildir." diyerek ona hakâret nazarıyla bakarlar. Aslında her iki grup da birbirlerini değerlendirmede aşırı gidiyorlar. Bu hususta doğru olan şudur: Onları yapanları inkar etmemek gerekir. Çünkü bu tür şeyler, **İslam**'da kötü görülmemiştir. Hem bunlar güzel edeblerdir. Onları yapmayanlar da kötülenmemelidir. Çünkü onlar, dinen vâcip kılınmış yahut teşvik edilmiş şeyler değildir. **Horasan** ve **Cebel** bölgelerinde yaşayan dervişlerin çoğu, bu şekillere riâyet hususunda ifrata varan bir anlayışa sahiptirler. Diğerleri ise, onları ihmal hususunda tefrite düşmektedirler.

Halbuki en münâsibi; şeriatın reddettiğini reddetmek, onun reddetmediğini de kabul etmektir. Yapılan işlerde bir münker yahut meşru' olanı ihlâl görmedikçe, dervişleri mazur görmek ve öylece kabul etmek gerekir.

Doğruya sevkeden ve hayırda muvaffak kılan Allahu Teâlâ'dır.

****

SEFERDEN DÖNME ÂDÂBI.

Sûfi, seferden döndüğü zaman, seferin meşakkatlerinden Allah Teâlâ'ya sığındığı gibi, ikâmet hâlindeki âfetlerden de O'na sığınması gerekir. Bu hususta, hadis-i şerifte şöyle bir duâ nakledilmiştir:

اَللّٰهُمَّ إِنِّى أَعُوذُ بِكَ مِنْ وَعْثَاءِ السَّفَرِ وَ كَآبَةِ الْمُنْقَلَبِ وَ سُوءِ الْمَنْظَرِ فِى الْأَهْلِ وَ الْمَالِ وَ الْوَلَدِ ※

"Allah'ım! Seferin sıkıntılarından, dönüşün hüzün verecek hallerinden, ehlim, çoluk-çocuğum ve malım hakkında kötü durumlar görmekten sana sığınırım." [1]

Kalacağı beldeye yaklaşınca orada bulunan diri ve ölü zevâta selam vererek geldiğini bildirir ve ezberden bildiği Kur'an âyetlerini okuyarak ölü-diri bütün belde halkına (ve müslümanlara) hediye eder ve tekbir getirir. Rasûllullah (s.a.v) bir gaza ve hac dönüşü uğramış olduğu her tepede üç defa tekbir getirir ve şöyle derdi:

لَا إِلٰهَ إِلَّا اللّٰهُ وَحْدَهُ لَا شَرِيكَ لَهُ. لَهُ الْمُلْكُ وَ لَهُ الْحَمْدُ وَ هُوَ عَلَى كُلِّ شَيْءٍ قَدِيرٌ ※ آيِبُونَ تَائِبُونَ عَابِدُونَ سَاجِدُونَ لِرَبِّنَا حَامِدُونَ صَدَقَ اللّٰهُ وَعْدَهُ وَ نَصَرَ عَبْدَهُ وَ هَزَمَ الْأَحْزَابَ وَحْدَهُ ※

"Allah'tan başka ilah yoktur. O, tektir. Onun hiçbir ortağı yoktur. Bütün mülk O'nundur, bütün hamdler O'na mahsustur. O, her şeye kâdirdir. Biz Rabbimize dönücüyüz. O'na tevbe ederiz. O'na kulluk ve secde ederiz. O'na hamd ederiz. Allah va'dini gerçekleştirdi. Kuluna yardım etti. Tek başına düşmanlarını hezimete uğrattı." [2]

Seferden dönen kimse, beldesini gördüğü zaman şöyle dua eder:

---

1) Müslim, Hacc, 425-427; Ebû Dâvud, Cihad, 72; Tirmizî, Duha, 41.
2) Buhârî, Umre, 12; Müslim, Hacc, 428; Tirmizî, Hacc, l04.

اَللّٰهُمَّ اجْعَلْ لَنَا بِهَا قَرَارًا وَرِزْقًا حَسَنًا *

"Allah'ım! Bize orada istikrar ve güzel bir rızık ver."

Beldesine dönen kimse hânesine varınca sünnete uyarak yıkanır (gusl abdesti alır) sa güzel bir iş yapmış olur. Çünkü **Rasûllullah** (s.a.v) **Mekke**'ye girdiği zaman gusletmiştir.

Yine rivâyete göre; **Rasûllullah** (s.a.v), **Hendek** savaşı sonrası, hezimete uğrayan müşrikleri takipten dönüp **Medine**'ye gelince zırhını çıkarıp, güzelce yıkanıp gusletmiştir.

Derviş de bu gibi durumlarda hiç olmazsa, abdestini tazelemeli, güzelce temizlenip kokulanmalı ve bu şekilde kardeşleriyle görüşmeye hazır olmalıdır. Ayrıca, beldesinde bulunan hayattaki ve kabirdeki büyükleri ziyâret ederek bereketlenmeye çalışmalıdır.

Ebû Hureyre (r.a)'nin rivâyetine göre; Rasûllullah (s.a.v) şöyle buyurmuştur:

"**Allah için sevdiği bir din kardeşini ziyâret giden kimsenin yoluna Allah bekçi bir melek koyar, melek adama:**

"Nereye gidiyorsun?" diye sorar, adam:

"Şu köyde bir kardeşim var; onu ziyârete gidiyorum." der. Melek:

"Onunla bir yakınlığın olduğu için mi ziyâretine gidiyorsun?" diye sorar, adam:

"Hayır" der. Melek:

"Sana bir iyiliği dokundu da, ona teşekküre mi gidiyorsun?" diye sorar, adam:

"Hayır, ben onu sırf Allah rızâsı için seviyorum ve bunun için ziyâretine gidiyorum der. Melek:

"Ben Allahu Teâlâ'nın sana gönderdiği bir elçisiyim. Sana, senin ziyârete gittiğin kimseyi sevdiğin gibi, Allahu Teâlâ'nın da seni sevdiğini haber vermeye geldim." der." [3]

Yine **Ebû Hureyre** (r.a), **Rasûllullah**'ın (s.a.v) şöyle buyurduğunu rivâyet etmiştir:

---

3) Müslim, Birr, 38; Ahmed, Müsned, II. 292.

"Bir kimse, bir hastayı veya din kardeşini Allah için ziyâret ettiği zaman, Allahu Teâlâ: "Güzel yaptın, ziyâretin hoş oldu" der ve kendisine cennetten bir köşk hazırlar." [4]

Allah Rasûlü (s.a.v) bir hadislerinde de şöyle buyurmuştur:

"Sizi, kabirleri ziyâret etmekten nehyetmiştim, şimdi onları ziyâret ediniz. Zirâ, kabir ziyâreti ahireti hatırlatır." [5]

Bu şekilde bir ziyâretle derviş, hayattaki ve kabirdeki büyüklerin bereketine kavuşur.

Derviş ineceği şehre girince, önce oradaki mescidlerin birinde iki rek'at namaz kılar. Eğer namazı içinde cum'a namazı kılınan câmide kılarsa, daha faziletli ve daha güzel olur. Nitekim, **Rasûllullah** (s.a.v) bir yolculuktan dönüp **Medine**'ye geldiğinde, önce, mescide girerek iki rek'at namaz kılar, ondan sonra evine giderdi.[6]

Tekke, dervişin evi mesâbesindedir. Bu yüzden o da, mescitten sonra tekkeye gider. Bu şekil gidiş de, sünnet olan bir ameldir. **Hz. Talha** (r.a.) şöyle demiştir:

"Bir adam, **Mediney-i Münevvere**'ye geldiğ zaman, tanıdığı birisi varsa ona misâfir olurdu. Eğer bir tanıdığı yoksa **Ashâb-ı Suffe**'nin yanına inerdi. Ben de **Medine**'ye ilk geldiğimde **Suffe**'ye inenlerden birisiydim."

Derviş, tekkeye girdiğinde mest (veya ayakkabılarını) çıkaracağı yere gider. Önce, ayakta iken belindeki bağı çözer. Sonra, sol koluyla sol tarafındaki çantayı alıp sağ eliyle çantanın ağzını açar ve sol eliyle tekkede giyeceği ayakkabısını çıkarır, yere kor. Beline bağladığı sargı vs. şeyleri çantanın içine atar. Sol eliyle mestini çıkarıp, abdesti varsa, ayaklarını yolun toz ve kirinden temizler. Seccâdesinin başına gelince, sol ucundan biraz bükerek ayaklarını siler. Sonra kıbleye yönelip iki rek'at namaz kılar, selam verir. Ayağı ile seccâdenin kıble tarafında basmamaya dikkat eder.

Bu anlattığımız zâhirî edebler, bazı sûfilerin güzel bulduğu ve uyguladığı şeylerdir. Bunları yapanlar yadırganmazlar; çünkü onlar, büyüklerin güzel

4) Tirmizî, Birr, 64; İbnu Mâce, Cenâiz, 2.
5) Ebû Dâvud, Cenâiz, 77; Tirmizî, Cenâiz, 60.
6) Buhâri, Cihad, 198; Müslim, Tevbe, 53.

bulduğu edeblerdir. Onların bundaki niyeti; müridin her hareketinde uyanık olması, güzel niyet, azim ve edeb olmaksızın hiçbir harekete yanaşmaması ve her hâlinde özel bir usüle göre hareket etmesidir. Bu tür şekil ve usullere riâyet etmeyenler, herhangi bir vâcibi yâhut mendubu terketmedikleri müddetçe ayıplanmazlar. Çünkü Ashâb-ı Kirâm, sûfilerin yaptıkları bu tür şeylerin çoğunu yapmazlardı.

Bazı gençlerin niyet (ve gayeye) bakmaksızın, (sırf) bu tür işlere bağlı kalarak feyiz ve vâridat beklemeleri hatâdır. Derviş, kolunun yenini sıvamadan tekkeye girebilir. Seferinde de sıvamamış olabilir. Bu durumda, dinin emrettiği bir ameli ihlal ve terk söz konusu olmadığı için, ona sadece, bunu halkın görmesi için yapmaması söylenir. Bir diğeri de kollarını sıvamışsa, bu da, bele kuşak bağlamaya kıyasla güzel görülmelidir. Daha önce geçtiği gibi; bele kuşak (kemer vs.) bağlamak sünnettir. Kolların yenini sıvamak da, hafiflik ve rahat haraket etme yönünden beli bağlamaya benzer. Beli kuşaklı, yenleri sıvanmış derviş de tekkeye öylece girer. Tekkeye bu şekilde girmek sıdkın ifâdesidir. Bunları halk görsün diye yapmak boş bir zorlama ve halka nazar etmektir. Tasavvuf ise; sıdk (doğruluk) ve halkın nazarını kalbten atmak esası üzerine kurulmuştur.

Mutasavvıfların tenkid edildiği hususlardan birisi de; tekkeye girdikleri zaman (ilk olarak) selam vermemeleridir. Bunu gören münkir: "Bu davranış menduba (teşvik edilen edebe) ters düşmektedir." der. Halbuki, onların maksatlarını bilmeden hemen inkara kalkmak uygun değildir. Onların, (seferden dönüp tekkeye girince) hemen selam vermeyişlerinin birkaç sebebi vardır.

1-"Selam" Allahu Teâlâ'nın isimlerinden bir isimdir; onun için belli bir edeb dâiresinde alınıp verilmelidir.

Abdullah b. Ömer (r.a), şöyle rivâyet etmiştir: Bir adam, Rasûllullah (s.a.v) bevlederken yanına uğrayıp selam verdi. Rasûllullah (s.a.v) selamını almadı. Adam uzaklaşıp gözden kaybolacakken, Rasûllullah (s.a.v), elini yanındaki duvara vurup hemen bir teyemmüm abdesti aldı, sonra adama selamına karşılık verdi ve:

"**Selamına karşılık vermeme, o anda abdesttsiz oluşum mâni**

oldu." [7] buyurdu. Başka bir rivâyette, abdest almadan adamın selâmına karşılık vermedi. Sonra kendisinden özür dileyip:

"Allah'ın ismini abdestsiz olarak zikretmeyi uygun bulmadım." [8] buyurdu.

2-Bazen, dervişler toplu halde yolculuk ederler. İçlerinden birisine herhangi bir hades hâli vâki olmuş olabilir. Grubun içinde abdestli olanlar selam verip, abdestsiz olan selam vermeyice durumu ortaya çıkar. Abdesti olmayan kimsenin hâlini gizlemek için, selam terkedilir ki; abdest alan abdest alsın, ayaklarını yıkamak isteyen de temizliğini yapsın ve böylece, **Efendimiz** (s.a.v.)'e uyarak selamlarını abdestli olarak vermiş ve almış olsunlar. Bazen de mukim onlanlar abdestsiz bulunabilir. Bu davranışla, onlara da abdest alma ve abdestli olarak selamlaşma imkanı hazırlamış olurlar. Çünkü "**es-Selâm**" Allahu Teâlâ'nın isimlerinden bir isimdir; onu abdestli olarak alıp vermek daha layıktır. Bu görüş, bu hususta söylenenlerin en güzelidir.

3-Yoldan gelenle, tekkede bulunanlar kucaklaşacaktır. Halbuki yoldan gelende, hâliyle kir ve hoşa gitmeyen koku bulunabilir. İşte, abdestle bunları gidermeye imkan bulur ve daha sonra temiz olarak selamlaşıp kucaklaşırlar.

4-Tekkede bulunan sûfiler, hâl sahibi, murâkabe ehli kimselerdir. Bir anda selam ve sözle içeri dalındığında, murâkabe hâlinde olan, bundan rahatsız olur ve kalbini muhafazaya çalışanın durumu karışır. Abdest alarak, ayak vs. temizliği yaparak ve iki rek'at namaz kılarak biraz meşgul olmak ve selamı bunlardan sonraya bırakmak, tekkede bulunanların hazırlanıp toparlanmalarına imkan hazırlar. Nitekim Allahu Teâlâ:

"Ey iman edenler! Başkasının evlerine izin alıp selam vermeden girmeyin. Bu, sizin için daha hayırlıdır." [9] buyurmuştur.

Mâlumdun ki; her topluluğun izin alma ve ünsiyet kurma şekli kendilerine uygun biçimde olur.

---

7) Ebû Dâvud, Tahâret, 8.
8) Ebû Dâvud, Tahâret, 8; Ahmed, Müsned, V, 80.
9) Nûr (24), 27.

5-Derviş, tekkeye girmekle, kendi evine girmiştir; oranın yabancısı değildir. Oradakiler kendisinin kardeşleridir. Aralarındaki mânevî nisbet onları bir araya getirmiştir. Ev onun evi, yer de onun yeridir. Bu durumda, evinin kapısını halkla muameleden önce Allah'a karşı vazifelerini yerine getirerek açmasını bir bereket görüp, öyle davranmıştır. Öyleyse; selamı te'hir etmesinde mâzur görülmelidir. Bu kimselerin selamı terketmesi nasıl hoş karşılanıyorsa, ilk girerken selam veren de ayıplanmamalıdır. Her birisinin kendine âit bir gâye ve niyeti vardır.

Sûfilerin sahip olduğu bir takım edebler vadır ki; onları din öğretmiş, bazılarını da bu yolun büyükleri güzel görerek ortaya koymuşlardır. Dinin öğrettiği edebler; yukarıda zikrettiğmiz, bele kuşak bağlama, âsa kullanma, su matarası (ve kabı) taşıma, sağdan giyip sol taraftan çıkarma gibi amellerdir.

Ebû Hureyre'nin (r.a) rivâyetine göre; **Rasûllullah** (s.a.v) şöyle buyurmuştur:

"Ayakkabılarınızı giyerken, önce sağı giyiniz, çıkarırken de soldan başlayınız; veya beraber giyip beraber çıkarın." [10]

Câbir (r.a), **Rasûllullah** (s.a.v) Efendimizin, önce solu, sonra sağı çıkardığını, giyerken de, önce sağı sonra solu giydiğini rivâyet etmiştir.[11]

Seccâde sermek konusunda da sünnette uygulama vardır. Yukarıda zikretmiştik. Bir kimsenin, başkasının seccâdesine oturmaması da dinen emredilen bir davranıştır.

Bu konuda, uzunca bir hadiste şu ifâdeler vârid olmuştur:

"Bir kimseye, idâresi altında olan bir yerde ve ehli içinde, izin almadan imam olunmaz. Yine izni olmadan seccâdesine (ve özel köşesine de) oturulmaz." [12]

Kardeşilerine selam verdiğinde, birbirlerinin boynuna sarılabilirler. **Câbir b. Abdullah**'ın rivâyetine göre; **Cafer et-Tayyar**, **Habeşistan**'dan geldiği zaman, **Rasûllullah** (s.a.v) onun boynuna sarılmıştır." [13]

---

10) Müslim, Libas, I9; Ebû Dâvud, Libas, 4I; Tirmizî, Libas, 27.
11) Nevevi, Riyâzu's-Sâlihin, Hadis no: 725-727.
12) Müslim, Mesâcid, 290-29I; Tirmizî, Edeb, 27; Nesâî, İmâmet, 3, 6.
13) Ebû Dâvud, Edeb, 146 (Had. No: 5220)

Yolculuk dönüşünde baş ve alından öpmede bir sakınca yoktur. Rivâyet edildiğine göre; **Rasûllullah** (s.a.v), **Cafer et-Tayyar** (r.a) **Habeşistan**'dan döndüğü zaman alnından öperek şöyle buyurmuştur:

"Caferin gelişine, Hayber'in fethinden daha çok sevindim." [14]

Seferden dönen derviş, ihvânı ile musâfaha da eder. **Efendimiz** (a.s) buyurmuştur ki:

"Müslümanın kardeşini öpmesi; onunla musâfaha etmesidir." [15] (Yani; musâfaha etmek, onu öpmek yerine geçer).

Enes b. Mâlik şöyle rivâyet etmiştir:

Rasûllullah (a.s)'a:

"Yâ **Rasûllullah**! Bir kimse arkadaşı ile karşılaştığında onun için eğilebilir mi?" diye soruldu; **Efendimiz** (a.s):

"Hayır!" buyurdu

"Onu öpebilir mi?" diye soruldu, yine:

"Hayır!" buyurdu.

"Peki, musâfaha yapabilir mi?" diye sorulunca:

"Evet" [16] buyurdu.

Tekkede kalan süfilerin, seferden gelen dervişlere "merhaba! hoş geldiniz" demeleri müstahabtır. Nitekim, **İkrime** (r.a), şöyle anlatmıştır: "Müslüman olup, **Rasûllullah**'a (s.a.v) geldiğimde, bana iki defa:

"**Merhaba! hoş geldin, ey atlı muhâcir!**" buyurdu.[17]

Yoldan gelen için ayağa kalkmakta da bir sakınca yoktur. Bunun da sünnetten bir dayanağı vardır. Rivâyet edildiğine göre; **Rasûllullah** (s.a.v), **Cafer et-Tayyar Habeşistan**'dan geldiği gün onu karşılamak için ayağa kalkmıştır.[18]

Tekkede bulunan hizmetçilerin de, yoldan gelene yiyecek birşeyler ikram etmesi müstehabtır. **Lakit b. Sabura** şunları rivâyet etmiştir:

"Biz bir heyet hâlinde **Rasûllullah**'ı (s.a.v) ziyârete geldik, fakat, kendisini

---

14) Heysemî, Mecmu'z-Zevâid, IX, 271-272; Hâkim, Müstedrek, III, 209-210.
15) Münavi, Feyzu'l-Kadir, IV. (Had. No: 6090)
16) Ali Nâsıf, et-Tâc, V, 257.
17) Ali Nâsıf, et-Tâc, V, 261.
18) Ebû Dâvud, Edeb, I57. (Had. No: 5220)

hâne-i saâdetlerinde bulamadık. **Âişe** (r.ah) vâlidemizi bulduk. Bizim için hizmetçilerine un ile sütten yapılan bulamaç yapılmasını emretti. Dediği yapıldı ve içinde hurma da bulanan sahanlar içinde bize getirildi. Biz de yedik. Sonra **Rasûllullah** (s.a.v) geldi ve:

"**Size bir şey verildi mi**?" diye sordu, biz de:

"Evet, Ya Rasûllellah." dedik.

Yoldan gelen kimsenin de, (sıhhat ve afiyet içinde dönüş hakkı ve şükrü olarak) kardeşlerine birşeyler ikram etmesi müstehabtır. Nitekim, **Rasûllullah** (s.a.v), Medine'ye geldiklerinde bir deve kurban etmiştir.[19]

Sûfilerin, yoldan gelenin, ikâmet ettiği yere ikindiken sonra gelişini hoş karşılamamalarının da sünnetten bir dayanağı vardır. Nitekim, Rasûllullah (s.a.v) seferden geceleyin dönmeyi nehyetmiştir." [20] Hem sûfiler, ikindiden sonra, tahâret ve abdestlerini tazeleyerek geceyi karşılamaya ve ağırlıkla zikir ve istiğfar ile meşgul olmaya hazırlanırlar.

Câbir b. Abdullah (r.a)'ın rivâyetine göre; Rasûllullah (s.a.v) şöyle buyurmuştur:

"Sizden biriniz, seferden döndüğünde (haber vermeden, aniden) ehlinin yanına gece girmesin."[21]

Ka'b b. Mâlik (r.a), **Rasûllullah**'ın, genellikle seferden ancak kuşluk vakti döndügünü, haber vermiştir.[22]

Bu yüzden sûfiler, seferden öğleden önce dönmeyi tercih ederler. Eğer günün ilk saatlerinde dönmeyecek olurlarsa, yolda herhangi bir mâni çıkması ihtimaline binâen dervişin ikindiye kadar gecikmesi mâzur görülür. Dönüş ikindiden sonraya kalmışsa bu, onun kusuruna ve bu konudaki sünneti uygulamadaki ihmâline bağlanır. Bu yüzden sûfiler, ikindiden sonra seferden dönmeyi hoş görmemektedirler. Allahu Teâlâ en iyisini bilir. Şu halde; dönüş ikindi vaktine rastlayacak olursa, gündüzün evvelinde dönüş sünnetiyle amel edebilmek için, ertesi güne tehir edilir. Bunun bir sebebi de, ikindiden sonra

---

19) Ebu Davud, Et'ıme, 4
20) Buhârî, Nikah, l20; Müslim, İmâre, l82-l83; Tirmizî, İst'izan, l9.
21) Müslim, İmâre, 56; Buhârî, Umre, l6; Dârimî, İsti'zan, 3.
22) Müslim, İmâre, 56. (Aynı mânada farklı rivâyetler)

nâfile namazın mekruh oluşudur. Çünkü yoldan gelenin iki rek'at namaz kılması sünnet olan edeblerdendir. Bunun için sûfiler, ikindiden sonra gelmeyi hoş karşılamazlar.

Bazen, yoldan gelen kimselerin tekkeye (ve dervişlerin arasına) girme alışkanlığı yoktur; bunun için çekingen davranabilir; bu durumda onlanlara yaklaşmak, güleryüz gösterip dostluk kurmak ve içindeki ürpertiyi gidermek sünnettir. Hem böyle davranmakta büyük bir fazilet vardır. Nitekim **Ebû Rifâa** (r.a) şöyle anlatmıştır:

Rasûllullah (s.a.v) halka konuşma yaparken huzuruna geldim ve kendisine:

"Ya Rasûllellah! Dini hakkında hiç bir şey bilmeyen garib bir adam, dini hususunda bazı şeyler sormak için size geldi!" dedim. **Allah Rasûlü** (s.a.v) konuşmasını keserek, bana yöneldi, yanıma geldi. Kendisine ayakları demirden bir oturak getirildi. Üzerine oturarak bana, **Allah**'ın kendisine öğrettiği şeylerden anlatmaya başladı. Sonra (hutbeye) konuşmasına döndü ve kalan kısmını tamamladı.[23]

Sûfilerin en güzel ahlaklarından birisi de; müslümanlara yumuşak ve şefkatle muamele etmek, onlarda görülen ve işitilen sevimsiz şeylere tahammül göstermektir.

Bazen, dışardan, tekkenin usûl ve âdâbını bilmeyen ve bu yüzden âdâba aykırı davranan kimseler tekkeye geldiğinde, oradaki bazıları tarafından azarlanıp dışarı atıldığı olur. Bu, büyük bir hatadır. tekkeye ilk gelenden her edebi uygulaması beklenemez. Hem ehlullah'tan bazıları, böyle zâhiri usul ve resimleri pek tanımazlardı. Yeni gelenler güzel bir niyetle tekkeye gelip sevimsiz ve sert bir haraketle karşılaştıkları zaman, kalblerinin karışmasından ve soğumasından korkulur. Bu yüzden din ve dünya açısından zarar edebilirler. Öyleyse bu tür davranışlardan sakınmalı, Hz. **Rasûllullah**'ın (s.a.v) insanlara karşı uyguladığı rıfk ve idâre ahlâkına bakılıp örnek alınmalıdır.

Nitekim, sahih bir rivâyetle anlatıldığına göre; bir a'râbî **Mescid-i Nebevî**'ye geldi; zemini kum olan mescidin bir kenarına bevletti. Orada bulunanlar, adamı azarlamak ve dışarı atmak için davrandıklarında, **Rasûllullah** (s.a.v)

---

23) Müslim, Cum'a, 60; Nesâî, Zinet, I22; Ahmed, Müsned, V, 87.

onlara mâni oldu ve, bir kova su getirip adam işini bitirdikten sonra üzerine dökülmesini emretti. Bir kova su getirilip üzerine döküldü, pislik giderildi.[24] Dikkat edilirse, **Rasûllullah** (s.a.v) o anda a'râbîyi azarlamadı. Aksine, bu tür kimselere yumuşak muamele edilmesi gerektiğini öğretti.

Kabalık, çirkin tavır, müslümanları söz ve davranışları ile incitmek, nefsin çirkin tabiatından kaynaklanır. Bu da, sûfilerin hâline terstir. Tekkeye gelen kimse, oraya girmesi uygun olmayan biri dahi olsa, kendisine yemek ikram edildikten ve güzel sözlerle kalbi hoş edildikten sonra, usülunce uzaklaştırılmalıdır. Tekkede oturanlara lâyık olan budur.

Dervişlerin güzel âdetlerinden ve hoş muamelelerinden birisi de, yoldan gelene masaj yapıp sırtını ovmaktır. Bu konuda da sünnettte bir örnek vardır. **Hz. Ömer** (r.a) anlatıyor:

Rasûllullah'ın (s.a.v) yanına girdim. **Habeşli** bir kölesi sırtını masaj yapıyordu.

"Ya Rasûllellah ! Bu ne haldir?" diye sordum;

"Deve yolculuğu beni yordu." buyurdu.[25]

Demek ki, yoldan gelen ve yorgun düşen kimsenin vücudunu masaj yaptırmasını hoş karşılamak gerekir. Fakat, bunu âdet hâline getiren ve masaja düşkün olup ancak onunla uyayabilen dervişe bu hal yakışmaz. Bu her ne kadar şeriat nazarında mübah olsa bile; her mübah olan şeyin fazilet olduğunu söyleyemeyiz.

Bazı dervişler, masajdan öyle zevk alırlar ki; rahatlık ve gevşemeden dolayı ihtilam bile olurlar. Sûfiler bunu, gevşemenin ve kendini koyvermenin bir cezâsı olarak görürler. Hem azimet sahibi kimseler, ruhsatlara dalıp gevşeklik göstermezler.

Müride düşen edeblerden birisi de; yoldan gelip yerine yerleştikten sonra, kendisine sorulmaksızın söze başlamamasıdır. Üzerinden yol yorgunluğu gidinceye kadar, herhangi bir ziyâret düşünmeden, bâtınının huzûra ve aslî hâ-

---

24) Buhârî, Vudu', 58; Edeb, 35; Müslim, Tahâret, 98-100; Ebû Dâvud, Tahâret, 136; Nesâî, Tahâret, 44.
25) Hatib, Târih, VI, 211; Heysemî, Mecmau'z-Zevâid, V, 96; Zebîdî, İthâfu's-Sâde, II, 644.(Tabarânî rivâyetiyle).

line gelmesi için üç gün beklemesi müstehabtır. Böylece, bâtını huzur bulup aydınlanarak, meşâyıhla karşılaşmaya, büyükleri ziyârete hazır bir hâle gelmiş olur. Hiç şüphesiz, bâtını münevver bir halde iken ziyâret edeceği meşâyıh ve kardeşlerinden elde edeceği mânevî bereket, daha fazla olur.

Şeyhimiz **Ebu'n-Necib es-Sühreverdî**'yi ihvanına şu tavsiyede bulunurken İşittim:

"Tasavvuf ehli ile ancak, hâliniz ve içiniz en temiz iken konuşunuz."

Bunda büyük fayda vardır. Hiç şüphesiz, kelâmın nûru, kalbin nûru kadardır. Kulağın nûrâniyeti de kalbin nûru ölçüsündedir.

Bir derviş, bir mürşidi veya kardeşini ziyârete gittiğinde, ondan izin almadan yanından ayrılmamalıdır. **Abdullah b. Ömer**'in (r.a), rivâyetine göre, Rasûllullah (s.a.v) şöyle buyurmuştur:

"Sizden biriniz, kardeşini (veya bir büyüğünü) ziyâret edip yanında oturduğu zaman, ondan izin almadan kalkıp gitmesin." [26]

Derviş, vakti müsâit olup, tekke de uzun süre kalmaya niyetli olur, içinde de tembellik ve ameli terk düşüncesi varsa; yapabileceği bir hizmeti araması ve tekkedekilere hizmetle meşgul olması gerekir. Eğer devamlı, Rabbine ibâdetle dolu ise, bu ibâdet ona meşguliyet olarak yeter. Çünkü ibâdet ehline hizmet etmek, ibâdet yerine geçmektedir.

Derviş, tekkeden, oradaki ileri gelen birisinin iznini almadan ayrılmamalı ve onun görüşünü almadan da kendi başına herhangi bir şey yapmamalıdır.

Bu anlattıklarımız; sûfilerin ve tekkede yaşayanların benimseyip uyguladıkları amel ve edeblerdir. Allahu Teâlâ, fazlıyla onların edeb ve tevfikini artırsın.

****

---

26) Deylemî, Müsnedü'l-Firdevs, I, 372. (No:1205);Münâvî, Feyzu'l-Kadîr, I, 366. (Had. No:655.); Bkz: el-Elbânî, Silsiletu's-Sahîha, I, 304. (No: 182).

SEBEPLERE SARILMADA SÛFİLERİN TUTUMLARI

Sebeplere sarılma ve onları terketme hususunda sûfilerin halleri birbirinden farklıdır. İlâhî fetih ve keşfe mazhâr olanlar, belirli bir rızık kapısına bağlanmaz, sebeplere sarılmaz ve kimseden bir şey istemezler. Bazısı, çalışıp kazanır, bazısı ihtiyaç hâlinde başkasından ister. Hepsinin, bu hususta dikkat ettikleri bir edep ve korumaya çalıştıkları bir ölçü vardır.

Derviş, nefsini ilimle idâre edip yönettiği zaman, Allahu Teâlâ kendisine, sebeblere sarılma veya sebebleri terketme konusunda ilâhî bir anlayış ve bilgi verir.

Dervişin, mümkün olduğu nisbette kimseden bir şey istememesi gerekir. Hz Rasûlullah (s.a.v), başkasından bir şey istememe konusunda ısrarlar emir ve tavsiyelerde bulunmuştur. Başkasının elindekine gözü dikmemeye ve kimseden bir şey istememeye teşvik eden hadislerden birisi şudur: **Sevban** (r.a) anlatıyor: **Rasûlullah** (a.s) buyurdu ki:

*"**Kim bana, tek bir şeyi yapacağına söz verirse, ben de onun Cennete girmesine kefil olurum.**"* Ben:

"Ben söz veririm Ya Rasûlellah" dedim. **Efendimiz** (s.a.v):

*"**İnsanlardan hiçbir şey isteme!**"* buyurdu.

Bu hâdiseden sonra, **Sevban** (r.a) yolda giderken atının kamçısını düşürse, kimseden onu vermesini istemez; bineğinden iner kendisi alırdı.[1]

Ebû Hureyre (r.a), Rasûlullah'ın (s.a.v) şöyle buyurduğunu rivâyet etmiştir:

*"**Sizden birinizin bir ip alarak sırtında odun taşıyıp satması ve böylece hem kendi rızkını te'min edip hem de başkasına tasadduk etmesi, kendisine ya verecek yahut vermeyecek olan bir adama gelerek bir şeyler istemesinden daha hayırlıdır. Şüphesiz, veren el; alan elden***

---

1) İbnu Mâce, Zekat, 25; Ahmed, Müsned, V. 275-277.

daha hayırlıdır." [2]

Ebû Zur'a, bize, **Hilal b. Husayn**'ın şöyle dediğini haber verdi: **Medine-i Münevvere**'ye geldim ve **Ebû Said**'in evine misâfir oldum. Beraberce bir mecliste bulunduk. Bizlere şunu anlattı:

"Bir gece evimizde hiç yiyeceğimiz yoktu; öylece sabahladık. Sabah olunca, açlıktan karnıma taş bağladım. Bunu gören hanımım:

"Git, Rasûlullah (a.s)'dan yiyecek bir şeyler iste; falancılar istedi de onlara verdi." dedi. Ben de biraz bekledim, sonra bir şeyler istemek üzere Rasûlullah'ın (s.a.v) yanına gittim. Vardım ki, halka konuşma yapıyor ve şöyle diyordu:

"Kim iffet sahibi olmak isterse, Allah onu iffetli yapar. Kim, insanlara muhtaç olmamayı arzularsa, Allah onu insanlara muhtaç etmez. Kim, bizden bir şey ister, istediği yanımızda bulunursa, kendisine veririz. Kim de mala göz dikmez ve gani gönüllü olursa; o bize, bizden bir şey isteyenden dah sevimlidir."

Bunu duyunca, kendisinden hiç bir şey istemeden geri döndüm. Sonra Allahu Teâlâ beni öyle nimetlerle rızıklandırdı ve zengin etti ki, o günlerde Ensar içinde benim kadar malı olanı bilmiyorum." [3]

Rasûlullah (a.s), başkasından bir şey istemeyi menetme hususunda şöyle buyurmuştur:

"Sizden biriniz, durmadan başkalarından dilenir durur; bu böyle devam ederse kul, yüzünde hiçbir et parçası bulunmadığı bir halde (yüzsüz olarak) Allah'ın huzuruna çıkar." [4]

Ebû Hureyre (r.a), Rasûlullah'ın (s.a.v) şöyle buyurduğunu rivâyet etmiştir:

"Miskin; bir iki lokma veya bir kaç hurma ile kapılardan geri çevrilen kimse değildir. Gerçek miskin; insanlardan bir şey istemeyen, yeri ve hâli de bilinemediği için, kendisine bir şey verilmeyen kimsedir." [5]

---

2) Buhârî, Zekat, 50; Müslim, Zekat, 33-35; Nesâî, Zekat, 85.
3) Bkz: Buhârî, Zekat, 50; Müslim, Zekat, I24; Ebû Dâvud, Zekat, 28.
4) Müslim, Zekat, 35; Ahmed, Müsned, III, I5.
5) Buhârî, Zekat, 53; Müslim, Zekat, 34; Ebû Dâvud, Zekat, 24

Hadiste anlatılan durum gerçek sûfinin, sâdık müridin hâlidir. Hakiki mutasavvıf insanlardan hiç bir şey istemez. Sûfilerden öyleleri vardır ki; başkasından bir şey istememe hususundaki edebe (ve usûlune) riâyetleri yüzünden, Allahu Teâlâ 'dan dünyevî bir şey istemekten hayâ eder hâle gelirler. Nefsi bir şey istemeyi düşününce, heybet-i ilâhî onu geri çevirir ve bu durumda o, böyle bir şeyi taleb etmeyi bir cür'et sayar. O zaman da Allahu Teâlâ , kul hiçbir şey istemeksizin kendisine verir.

Nitekim nakledildiğine göre; **Hz. İbrahim** (a.s) ateşe atıldığı zaman, daha havada iken, **Cebrâil** (a.s) kendisine gelerek:

"Herhangi bir ihtiyacın var mı?" diye sordu. **İbrâhim** (a.s) da:

"Sana gelince, hayır!" dedi. **Cebrâil** (a.s):

"Öyleyse Rabbinden (kurtulmayı) iste!" deyince; **İbrâhim** (a.s):

"**İstememe ne hâcet! O'nun, benim hâlimi bilmesi bana yeter**!" diye cevap verdi.

Derviş böyle bir teslimiyetten yana zayıf olabilir. Bu durumda kulluk gereği, Allah'tan isteyip, bunu, kullardan isteme şeklinde değerlendirmemelidir. O zaman Allahu Teâlâ ona, durumunu kimseye arzetmeksizin, nasibini verir.

Bize ulaşan bir habere göre; sâlihlerden birisi şöyle demiştir:

"Müridin nefsinin bir şeyin peşine düşmesi; bazen, Allahu Teâlâ 'nın kendisine sevketmeyi murad ettiği bir rızık için olur. Nefis ona gözünü diker. Bazı sûfiler, ileride olacak şeylere, önceden haber verilmişçesine vâkıf olurlar. Bu taleb, bazen de müridden vukûa gelen bir günahın cezâsı olarak ortaya çıkar. Mürid, nefsinde böyle bir şeyin arzusunu bulunca, hemen kalkıp güzelce bir abdest alarak iki rekat namaz kılmalı ve şöyle duâ etmelidir:

"Ya Rabbi! Bu taleb, eğer günahımın bir cezâsıysa, senden affımı ister, tevbe ederim. Eğer bu arayış, senin bana takdir ettiğin bir rızık için ise, onu bana âcilen ulaştır."

Eğer peşine düştüğü, kendisine takdir edilen bir rızık ise; Allahu Teâlâ onu kendisine sevkeder. Değilse; içinden onun peşine düşme hissini giderir. Müride düşen; ihtiyaçlarını Cenâb-ı Hakk'a arzetmesidir. Allahu Teâlâ , onu ya istediği şeyle rızıklandırır, ya kendisine sabır verir veyahut içinden onun düşüncesini giderir."

Allahu Teâlâ'nın kulları için, hikmet tarafından ve kudret tarafından açmış olduğu kapılar vardır.

Eğer kuluna hikmetinden bir kapı açarsa; onun işi hikmetle olur. Kudretinden bir kapı açarsa; kulun istediği şeyler hârikülâde bir yolla kendisine gelir. Nitekim **Hz. Meryem**'in (a.s) rızkı bu yolla geliyordu. Bu durum, âyet-i kerimede şöyle anlatılmaktadır:

"Zekeriyya her ne zaman Meryem'in yanına mihraba girse, onun yanında bir yiyecek buluyordu. Ona: "Ey Meryem! Bu sana nereden geliyor dedi. O da: "O, Allah katından gelmektedir dedi." [6]

Sûfilerden birinin şöyle dediği anlatılır: "Bir gün çok acıkmıştım. Hâlim ve âdetim de; kimseden bir şey istememekti. Bağdat'ın mahallelerinden birine girdim. Belki Allahu Teâlâ, kullarından birisi vâsıtasıyla bana bir şey ulaştırır diye bekledim; bir şey nasib olmadı. Bunun üzerine aç olarak uyudum. Rüyamda birisi geldi:

"Falan yere git!" diyerek bir yeri tarif etti ve: "Orada mavi bir bez içinde altın parçaları var, onu al, ihtiyaçların için kullan!" dedi."

Şu halde, kim, mahlukattan tamamen sıyrılarak sadece Allah'a güvenip dayanırsa; şüphesiz o, hiçbir şeyin kendini âciz bırakamayacağı, kendisine dilediği gibi hikmet ve kudret kapılarını açan, her şeye gücü yeten bir zenginle (yüce Rabbi ile) beraber olmuştur. Müridin nefsi için isteyeceği ilk ve en güzel şey; sabr-ı cemildir. Şüphesiz sâdık müridin nefsi, davetine uyar, kendisine itaat eder.

Allahu Teâlâ kendisine rahmet etsin, Şeyhimiz **Ebu'n-Necib es-Sühreverdî** bir defasında şöyle anlattı:

"Bir gün, oğlum bana gelip: "Biraz buğday istiyorum." dedi. Ben de: "Buğdayı ne yapacaksın?" diye sordum;

"Bir ihtiyacı olduğunu,buğdayla onu satın almak istediğini söyledi. Sonra da:

"Müsâade ederseniz gidip buğdayı borç alayım." dedi. Ben de:

"Evet, o borcu, şimdilik sabretmesini söyleyerek nefsinden iste! Çünkü, borçlanacağın kimselerin en hayırlısı nefsindir." dedim."

---

6) Al-i İmran (3), 37.

Birisi bu mânada şu şiiri söylemiştir:
Dar bir zamanda nefsin, isteklerine,
Harcamaya bir malı borç istediğinde;

Nefsinden infak iste sabır hazinesinden,
Geniş zamana kadar, şefkaten kendisinden.

Eğer bunu yaparsa; gerçek zengin olursun,
O vermezse gayriyi, mecbur ma'zur görürsün.

Derviş, nefsine karşı gayretini sonuna kadar harcayıp, za'fiyet hâline düştüğü ve zaruret ortaya çıktığı zaman, ayrıca; Mevlâsından istediği halde, onun da (âcilen) herhangi bir imkan takdir etmediği, bu arada ibâdet ve taatla meşguliyetinden dolayı çalışıp kazanmaya da vakit ve fırsat bulamadığı zaman, sebeplere tevessül kapısını çalıp, halktan ihtiyacı kadar bir şeyler isteyebilir. Önceki sâlihlerden bazıları şiddetli ihtiyaç anında böyle yapıyorlardı.

Nitekim, **Ebû Said el-Harraz**'ın, yokluk ve şiddetli ihtiyaç zamanınada elini açarak: "Allah için bir şey" diyerek, insanlardan bir şeyler istediği nakledilir.

Yine, **Cüneyd el-Bağdâdî**'nin üstâdı **Ebû Cafer el-Haddâd,** akşamla yatsı arası çıkıp, bazı kapıları çalarak bir şeyler isterdi. Aldıklarıyla bir iki gün idâre eder, sonra tekrar dolaşırdı.

Rivâyete göre, **İbrahim b. Edhem, Basra Câmii**'nde bir süre itikafa girmişti. Üç gecede bir iftar ediyordu. İftar ettiği akşamlar kapı kapı dolaşarak yiyeceğini istiyordu.

Yine nakledildiğine göre; **Süfyan es-Sevrî**, **Hicaz**'dan **Yemen-San'a**'ya kadar yolculuk yaptığında, yiyeceğini, yolda insanlardan isterdi.

Kendisi bunu şöyle anlatır: "Misâfirliğim esnasında, ben onlara hadis rivâyet ederdim, onlar da bana yiyecek ikram ederlerdi. Ben de ihtiyacım kadarını alır, fazlasını bırakırdım."

Bir haberde şöyle vârid olmuştur: ***"Kim açıkır da kimseden bir şey istemeden ölürse, Cehenneme girer."*** [7]

---

7) Bu söz, Süfyan es-Sevri'ye âittir. Bkz: Ebû Nuaym, Hilyetu'l-Evliyâ, VII, 66.

İlim ehli olan ve Allahu Teâlâ ile özel bir hâl içinde bulunan kimse, bu tür şeylere aldırış etmez. O, (gerektiğinde) ilmin mübah gördüğü şeyleri ister ve ilmin yasakladığı şeyleri de terkeder.

Şeyhlerimizden birisi şunu anlatmıştı: Bir adam vardı; günahlarda ısrar ederdi. Sonra, kendine gelip tevbe etti. Tevbesi de güzel oldu ve Allahu Teâlâ ile güzel bir hâl içine girdi. Bu zat bize şunları anlattı:

"Bir kâfileyle birlikte haccetmeye karar verdim. Hiç kimseden birşey istememek ve Allahu Teâlâ'nın durumumu bilmesiyle yetinmek üzere niyet ettim. Yolda, günlerce bu halde kaldım. Allahu Teâlâ , ihtiyaç anında bana su ve yiyecek kapısı açtı. (Bir vesile ile bunlar nasib oluyordu). Sonra durum değişti ve Allahu Teâlâ bana birşey nasib etmedi. O zaman acıktım ve susadım. Öyle ki; takatim kalmadı, yürümekten âciz oldum. Yavaş yavaş kâfileden geri kaldım ve kâfile çekip gitti. Kendi kendime: "Benim şu andaki durumum, nefsimi tehlikeye atmaktır. Halbuki Allah bizi bundan mennetti. Şu anda zaruret hâlindeyim; insanlaradan bir şeyler öyle ise istemeliyim!" dedim. Allahu Teâlâ'dan beni bu halden kurtarması için yalvarmaya niyet etmiştim ki; içimden, bunu inkar eden bir ses yükseldi. O zaman: "Allah ile yaptığım ahdimi bozmayacağım" dedim. Kararımı bozmak yerine ölmek bana daha kolay geldi. Bir ağacın gölgesine gidip altında oturdum. Ölümümü isteyerek başımı yere koydum, uzandım. Nasıl olsa kâfile gitmişti. Ben bu halde iken, birden önümde kılıç kuşanmış bir genç peydâ oldu. Beni dürterek uyandırdı. Hemen ayağa kalktım. Elinde su kırbası vardı. Bana: "Bundan iç!" dedi. Ben de alıp içtim. Sonra bana bir yiyecek uzatıp: "Bunu ye!" dedi. Ben de yedim. Yeme işi bitince: "Kâfilene ulaşmak ister misin?" diye sordu. Ben: "Kâfile nerde ben nerede! O çekip gitti." dedim. "Kalk." dedi. Elimden tuttu ve benimle beraber birkaç adım yürüdü. Sonra bana: "Burada otur, kâfilen sana doğru geliyor." dedi. Ben de bir müddet oturdum. Bir de baktım ki, kâfile arkamdan bana doğru geliyor!"

Bu hâl, Mevlâsına sıdk ile kulluk edenin hâlidir. Şeyh Ebû Tâlib el-Mekkî (rah.), "Kûtu'l-Kulûb" isimli eserinde şunu zikretmiştir:

"Sûfilerden birisi, Rasûlullah'ın (s.a.v) :***"Mü'minin yediği şeyin en helâ-***

li, elinin kazancıyla olanıdır." [8] sözünü, "Bu, ihtiyaç ânında isteyerek elde edilen lokmadır, şeklinde yorumlamıştır. Şeyh Ebû Tâlib, bu görüşü kabul etmemiştir. Cafer el-Huldî, bu görüşün, büyük zatlardan birisine âit olduğunu nakletmiştir. En iyisini Allah bilir, bana öyle geliyor ki; bu zat, Ebû Tâlib'in reddettiği mânayı kasdetmemiştir. O, bununla, ihtiyaç ânında Allahu Teâlâ'ya açılıp hâcetini Ondan isteyen elin kazancını anlatmak istemiştir. Allahu Teâlâ, onun istediğine karşılık verip kendisine bir rızık sevkettiği zaman, bu rızkı, yediği şeylerin en helali olmaktadır.

Allahu Teâlâ, **Hz.Mûsâ**'nın (a.s) şöyle duâ ettiğini haber vermiştir:

"Rabbim! Bana indireceğin her hayra, gerçekten ben muhtacım." [9]

Abdullah b. Abbas (r.a): "**Hz.Mûsâ** (a.s) bu sözü, açlık ve zayıflıktan dolayı karnındaki yiyeceklerin yeşilliği göründüğü bir zamanda söyledi." demiştir.[10]

Muhammed el-Bâkır (r.a): Hz. Musa (a.s) bu sözü, yarım hurmaya muhtaç olduğu bir zamanda söyledi." demiştir.[11]

Mutarrıf'ın şöyle dediği nakledilmiştir: "Vallahi, eğer Allah'ın peygamberinin yanında herhangi birşey olsaydı; (koyunlarını suladığı) kadına tâbi olmazdı. Fakat onu buna zorluk ve sıkıntı sevketmiştir."

Ebû Abdurrahman es-Sülemî, en-Nasrabâdî'nin bu âyet-i kerime hakkında şöyle dediğini nakletmiştir:

"Mûsa Kelimullah halktan bir şey istemedi. Onun isteği ancak Cenâb-ı Hakk'tan idi. O, Allahu Teâlâ'dan, nefsinin gıdâsını değil, kalbinin sukûnetini istedi."

Ebû Said el-Harrâz demiştir ki: "Halk kendisine âit olanla, kendisinin olmayan şeyleri iyice bilemediklerinden şaşkınlık içinde bucalayıp durmaktadırlar. Kendisine âit olana (emânet nazarıyla) bakan; fakr lisanıyla konuşur. Fakat onu aslen kendi malı gibi gören; ucb ve kibir lisanıyla konuşur. Mûsâ Ke-

---

8) Buhârî, Büyu', I5; Nesâî, Büyu', I; İbnu Mâce, Ticâret, I; Dârimî, Büyu', 6.
9) Kasas (28), 24.
10) İbnu Kesir, Tefsir, VI, 227. (Riyad, 1997)
11) İbnu Adil, el-Lübâb fi Ulûmi'l-Kitâb, XV, 238 (Beyrut, 1998)

limullah'ın hâline bakmaz mısın; Cenâb-ı Hakk'ın kendisine hitâbını müşâhade edince, nasıl:

"Rabbim! Bana kendini göster de sana bakayım." [12] demiş, fakat, nefsine nazar edince de; fakrını izhar edip: ***"Rabbim! Bana indireceğin her hayra muhtacım."*** demişti.

İbnu Atâ, bu âyet için demiştir ki: "Mûsâ aleyhisselam, kendi kulluğundan Hakk'ın rubûbiyet sıfatına nazar etti; kalbi huşû ve hudû ile doldu ve sırrına akan mânevî nurlar ile fakr lisânıyla konuştu."

Esasen kulun Allah'a ihtiyacı, bütün hallerindedir. Sâdece, birşey isteme ve taleb ânında değildir.

Hüseyin, demiştir ki: "**Hz. Mûsâ** (a.s), demek istedi ki: "Ya Rabbi! Bana verdiğin ilme'l-yakîn hâlinden, beni hakka'l-yakîn hâline ulaştıracak nûr ve rahmetine muhtacım."

En doğrusunu **Allah** bilir, ama bana öyle geliyor ki: "Bana indireceğin hayra muhtacım." ifâdesindeki indirme sözü, bunu söyleyenin rutbesinin gerçek kurbiyyet hâlinden uzak olduğunu imâ ediyor. Bu kimseye bir şeyin indirilmesi fakrın tâ kendisidir. Bu durumda, o, indirilene kanaat etmeyip, kurbiyyet menzilini istemiştir. Gerçek fakr hâline sahip olan kimsenin âhiret işlerindeki fakrı, dünya işlerindeki fakrı gibidir. Bu hâle sahip olan kimse, dünya ve âhiret ihtiyaçları için hep Cenâb-ı Hakk'a mürâcaat eder; durumunu O'na arzeder. Onun için, dünya hâceti ile âhiret hâceti aynıdır. Böylece bu kimsenin, dünya ve âhirette Allah'tan gayri bir meşguliyeti olmaz.

****

12) A'raf (7), 143.

MÂNEVÎ FETİHLER VE İLÂHÎ İHSANLAR

Sûfinin, Allahu Teâlâ ile meşguliyeti kemâle erince ve içinde bulunduğu vaktin hukukuna tam riâyetle takvâda ilerleyip zühdü tamam olunca, sebeplere sarılmayı terkeder. Kendisine tevhidin hakikatı ve Kerim olan Allah'ın herşeye kefil olmasının gerçek yönü keşfolur; böylece, içinden rızık endişesi gider. Bu hâlin başlangıcında Allahu Teâlâ ona öyle bir mârifet kapısı açar ki; kul, kendinden meydana gelen her fiile, hatta, hâline göre günah sayılacak bir kusura yâhut şeriatın nehyettiği bir günaha kadar işlediği her şeye, o anda veya aynı günde bir mukâbele görür ve bununla hâlini anlar. Nitekim, sûfilerden birisi: "İşlediğim bir günahı, elimin altında bulunanların bana karşı kötü davranmasından farkediyorum." demiştir.

Anlatıldığına göre; sûfilerden birinin mestini fare yemişti; bunu gören sûfi duruma üzülerek şöyle demiştir:

Eğer **kabile-i Ma'zin**'den olsaydın; **ben-i Lakît**,
Mübah görmezdi devenin kanını hiçbir vakit.

Bu sözü, başına gelen bu hâdisenin, onu hakedecek bir hatasına karşılık olarak meydana geldiğine işâret etmek için söylemişti. Şu halde, sûfinin başına gelen bu tür hâl ve hâdiseler, onun ibret ve mârifetini artırmaktadır. Bu şekilde sûfi, muhâsebesindeki sadâkatını, murâkabesinin sâfiyetini, kulluk haklarını ve vaktinin gerektirdiği edebleri zâyi edip etmediğini kontrol eder. Onun için dikkate alınacak tek şey, Allah'ın hüküm ve tecellileri olup, Allah'tan gayrinin fiilleri gözünde yok olur. İlim, iman, zevk ve hâl yoluyla, (aslında) verenin ve alanın ancak Allahu Teâlâ olduğunu anlar. Sonra Cenâb-ı Hakk, ilâhî yardımıyla onu kemâle erdirir ve kendisini, hakiki tevhide ulaşıp sırf Allahu Teâlâ'nın fiilini görmeye muvaffak kılar.

Anlatıldığına göre; sûfilerden birisinin içine rızık endişesi düştü ve bir sahraya çıktı. Orada gözleri kör, ayağı topal ve vücûdu zayıf bir kuş gördü. Onun durumuna hayret edip; uçmaktan, yürümekten ve görmekten âciz bu varlığın ne yiyip ne içtiğini düşünerek, başucunda durdu. O bu halde iken, birden yer yarıldı ve içinden birinde susam, diğerinde temiz su bulunan iki kap çıktı. Serçe, susamı yiyip suyu içerek karnını doyurdu. Sonra yer yarılıp kaplar tekrar kayboldu. Bu hâli gören sûfinin, kalbinden rızık endişesi gitti.

Cenâb-ı Hakk, kulunu bu makama ulaştırınca, gönlünden rızık ve yiyecek endişesini giderir. O zaman kul, başkasından isteyerek yahut çalışarak mal kazanmayı avamın hâli ve rutbesi olarak görür. Böylece o, başkasının elindekine göz dikmeyip, hep Allahu Teâlâ'nın fiiline nazar ederek Onun emrini bekleyen bir kimse olur. Bu durumda, rızıklar kendisine çeşitli vesilelerle sevkedilir ve üzerine nimet kapıları açılır.

Kul, Allahu Teâlâ'nın fiillerini devamlı düşünmesi ve onun emriyle oluşan şeyleri murâkabe etmesi sebebiyle, kendisine ilâhî fiillerin sırrı keşfolur. Cenâb-ı Hakk'ın kuluna, fiilleriyle tecelli etmesi, kurbiyyet makamından bir rutbedir. Kul oradan, sıfatlar yoluyla zuhûr eden ilâhî tecelliyi müşâhade hâline yükselir. Ondan da zâtî tecellileri müşhahade hâline terakkî eder.

Bu tecelliler içinde yakindeki rutbelere ve tevhitteki makâmlara işaret etmek, birbirinden üstün ve biri diğerinden daha sâfi hakikatları ifâde etmektir. İlâhî fiiller yoluyla gelen tecelli, kulda saf rızâ ve temiz teslimiyeti meydana getirir. Sıfatlar yoluyla gelen tecelli, heybet ve üns kazandırır. Zâtî tecelli ise; kula, fenâ ve bekâ hallerini elde ettirir.

Bazen, kulun kendi ihtiyarını terkle Allah'ın fiiline tâbi ve teslim olmasına fenâ ismi verilir. Bununla, beşeri iradenin fenası kasdedilmektedir. Hem irâde, hevânın en latif olan kısmıdır. Kulun irâdesinin ilâhî irâdede fâni olması, zâhiri fenâdır. Bâtinî fenâ ise; zâtî tecelliyi müşâhede ânında zuhür eden nur-i ilâhî karşısında vucüda âit eser ve alâmetlerin o nûr içinde kaybolup gitmesidir. Bu, dünyada yakinin en üstün kısmıdır. Zât-i ilâhînin asıl tecellisi ancak âhirette olacaktır. Bu öyle bir makamdır ki; onunla dünyada, mi'racda Rasûlullah (a.s) Efendimiz şerefyab olmuş, Hz. **Mûsa** (a.s) ise; Cenabı-ı Hakk'ın:*"**Beni dünyada asla***

göremiyeceksin." [1] hitâbıyla ondan menolunmuştur.

Bilinmelidir ki; bizim tecelli hakkıdaki sözümüz, kulun elde ettiği yakinî rutbelere ve basîretinin müşâhadesine bir işârettir. Kul, bu tecellilerin ilki ile müşerref olunca -ki bu da; Allah'tan gayrinin fiilini bir kenara itip, sırf ilhâhî fiilleri mütâlaa etmektir- o zaman rızkını, mânevî fetih yoluyla elde eder.

Hz. Rasûlullah (s.a.v) bir hadisi şeriflerinde şöyle buyurmuştur:

"Kime şu rızıktan, kendisi istemeksizin ve beklemeksizin bir şey verilirse; onu alsın ve rızkında genişlik sağlasın. Eğer durumu iyi ise, onu kendisinden daha muhtaç olanlara versin." [2]

Bu hadiste, bir kimsenin başkasına vermek niyeti ile ihtiyacından fazla malı almasının câiz olduğu açıkça belirtilmektedir. Kul, gelen ihsanda Allahu Teâlâ 'nın fiilini görür de onu almaz mı? Böyle bir mal alındığında, sûfilerden bazıları onu, hemen muhtaç olanlara verirler. Bazıları da, almaları ve vermeleri Cenâb-ı Hakk'ın işâret ve emriyle olması için, kendilerine özel, ilâhî bir ilim gelinceye kadar elinde tutar.

Şeyh **Ebu Zur'a**, bize, **Hz. Ömer**'in (r.a) şöyle dediğini nakletti:

Rasûlullah (a.s) bana bazı atiyyeler verirdi. Ben de kendisine: "Yâ **Rasûlellah**, onu benden daha fakir birisine verseniz, dediğimde; Efendimiz (s.a.v):

"Onu al! Dilersen kendi malına kat, dilersen sadaka ver. Sen istemeksizin ve beklemeksizin, bu maldan sana ne verilirse onu al. Böyle olmayan malın da peşine düşme!" [3] buyurdu.

Sâlim (r.a), demiştir ki: "Rasûlullah'ın (s.a.v) bu tavsiyesinden dolayı, **İbnu Ömer** (r.a), hiç kimseden bir şey istemez ve kendisine verilen hiçbir şeyi de geri çevirmezdi. Rasûlullah (s.a.v), bu tür emirleriyle ashâbını tedrîcen, (her şeyde) Allahu Teâlâ 'nın fiilini görmeye, kendi tedbirini unutup Allahu Teâlâ 'nın güzel tedbir ve takdirine yönelmeye alıştırıyordu.

---

1) A'raf (7), l43.
2) Ahmed, Müsned, V,. 65. Ayrıca bkz: Nesâî, Zekat, 94.
3) Buhârî, Ahkâm, l7; Müslim, Zekat, lll; Nesâî, Zekat, 94.

Sehl b. Abdullah et-Tüsteri'ye: "Hâl ilminin ne olduğu?" sorulunca; şöyle cevap vermiştir: "O, kulun kendi tedbirini terketmesidir. Eğer bu hâl, bir kimsede bulunsa, o, yeryüzünün evtâdından olurdu."

Zeyd b. Hâlid (r.a), **Rasûlullah'ın** (s.a.v) şöyle buyurduğunu rivayet etmiştir:

"Kime, bir kardeşinden, kendi istemeksizin ve nefsi ummaksızın bir ihsan ulaşırsa, onu alsın, çünkü o; Cenâb-ı Hakk'ın kendisine gönderdiği bir rızıktır." [4]

Cenâb-ı Hakk'ın kendisine sevkettiği rızkı kabul hususunda ilâhî ilme vâkıf ve ona göre haraket eden kul; emindir, onun adına korkulmaz. Ancak, bu şekilde bir şeyi geri çeviren kimsenin durumundan korkulur. Çünkü; böyle bir şeyi geri çeviren kimse, bu yaptığını zühd zannederek, nefsin hilesine düşmekten emin değildir. Diğerinin almasında ise, sıdk ve ihlası elde ederek, halkın nazarını kalbden silmek mevcuttur. Onun elindekini başkalarına vermesinde, bu hâlin tahakkuku gözükmekte, her iki halde de, zühd hâli devam etmektedir. Bu makamda, zühd içinde zühd hâli gerçekleşmektedir.

İlahi fethe ve keşfe mazhar olanlardan bir kısmı, bu mazhariyeti bilir. Bir kısmı ise; üzerine açılan manevi fetihlerin farkında değildir. Bazıları, mânevî fetih yoluyla gelen şeyleri ancak, önceden Allahu Teâlâ tarafından, onların kendisine gönderildiğine dâir bir ilim verilmesinden sonra alır.

Bazıları da, her fiili O'na âit kıldığı ve her geleni O'ndan kabul ettiği için, önceden bir ilme ihtiyaç hissetmeden onu alır. Böyle bir durumda, önceden bir ilim beklemeyen kimse, makam olarak, bekleyenden daha üstedir. Çünkü, onun Allahu Teâlâ ile beraberliği ve kendi irâdesinden sıyrılması kemal noktasında olduğu için böyledir.

Bazı sûfilere, kendisine daha önce herhangi bir ilim verilmeden ve bütün fiillerin Allahu Teâlâ 'ya âit olduğu anlayışı kendisinde oluşmadan, üzerine mânevî fetih yolu açılır. Ona bu şeyler verilmemiş fakat, nimetlere nazarı sebebiyle bir miktar muhabbet ihsan edilmiştir. Bazen bu muhabbet, eldeki nimetin hâl ve el değiştirmesiyle bulanıp karışır. İlk iki hâle göre bu, çok zayıf bir hâldir. Çünkü o, muhabbet işinde bir hastalık ve sâdıklara göre sadakatta

4) Münzirî, et-Terğib, I 599; Ebû Ya'lâ, Müsned, II, 226. (Had. No: 925)

bir noksanlıktır.

İlâhî fetih yoluyla rızka kavuşan kimse, onu alırken ilâhî bir işâret beklediği gibi; onu elinden çıkarıp infak ederken de bir işâret bekler. Çünkü almada da vermede de nefis ortaya çıkıp devreye girebilir. Bu kimseler içinde en kâmil olanı, hakiki tasarrufu elde ettikten sonra, alışında ve verişinde kendi ihtiyarı ile haraket eden kimsedir. Cenâb-ı Hakk'tan özel bir ilim ve işâret beklemek, nefsin devreye girme tehlikesinden olmaktadır ki, bu da, o kimsede daha birtakım hevâî duyguların bulunduğunu gösterir. Mânevî, açık bir ilmin elde edilmesiyle bu itham ve endişe ortadan kalkınca, artık yeni bir ilim beklemeden alır ve verir. Bu hâl, Rasûlullah'ın (s.a.v) bildirdiği şu kudsi hadis-i şerifin sırrına erenlerin hâlidir:

"Ben kulumu sevince; onun kulağı, gözü ve dili olurum. Artık o, benimle işitir, benimle görür, benimle konuşur." [5]

Kulun mârifeti sahih ve kâmil olursa, tasarrufu da kâmil olur. Doğrusu bu da kibrit-i ahmerden daha az bulunan çok yüksek bir hâldir.

Şeyhimiz Ziyâuddin **Ebu'n-Necib es-Sühreverdî** (rah.), Şeyh **Hammad ed-Dabbas**'ın şöyle dediğini naklederdi:

"Ben, Allah'ın fazlından gelen yemekten başkasını yemezdim."

Bu şöyle olurmuş: Birisine rüyasında: "Şunları, falanca yerde **Hammad**'a götür." diye tâlimat verilir, o da bunları kendisine ulaştırırdı.

Anlatıldığı göre o, şöyle demiştir: "İlâhî ihsanla beslenen vücûda belâ musallat olmaz."

O, ihsan taamıyla; mânevî yoldan gelen ve içinde bulunduğu hâlin sıhhatine bir delil olan yiyecekleri kasdetmiştir. Bu halde olan bir kimse, Allahu Teâlâ ile zengin olmuş birisidir.

Vâsitî, demiştir ki: "**Allah**'a muhtaç olduğunu bilmek (iftikar), müridlerin en yüksek derecesi, Allahu Teâlâ ile herşeyden müstağni olmak da sıddıkların en âlâ rutbesidir."

Ebû Said el-Harrâz da: "Ârif; tedbiri, Hakk'ın tedbirinde fâni olan (tamamen Allah'a bağlanan) kimsedir." demiştir.

Demek ki; rızkını ilâhî fetih yoluyla elde eden kimse, devamlı Allahu Teâlâ

5) Buhârî, Rikâk, 38; İbnu Mâce, Fiten, I6.

ile beraberdir ve hep O'na nazar etmektedir.

Bu konuda anlatılan kıssaların en güzeli şudur: Sûfilerden birisi, velillerden **Ebû Hüseyn en-Nuri**'yi (k.s) elini açıp insanlardan bir şeyler isterken gördü. Onun bu hâli kendisine çok ağır geldi ve bunu yadırgadı. Durumu **Cüneyd el-Bağdâdi**'ye haber verdi. Hazret gelen adama: "Bu sana ağır gelmesin; çünkü o, insanlardan aldıklarını, sevabı hiç eksilmeden ve bir zarar görmeden âhirette kendilerine geri vermek için alıyor." dedi.

Cüneyd el-Bağdâdî'nin: "kendilerine geri vermek için alıyor" sözü, ***"Üsteki (veren) el, alttaki (alan) elden hayırlıdır."*** hadisine şu manayı verenin sözüyle aynı manadadır: "Hadiste anlatılan hayırlı el; verilen malı alan kimsenin elidir; çünkü o kimse bu malı almakla mal sahibine sevap verilmesine vesile oluyor."

Yukarıda bahsi geçen zat demiştir ki: **Cüneyd el-Bağdâdî** bir terazi istedi. Yüz dirhem tarttı. Sonra bir avuç daha alıp yüz dirhemin üzerine ilâve etti ve bana dönerek: "Al bunları, **Nuri**'ye götür!" dedi. Kendi kendime: "Önce miktarını bilmek için tartıyor, sonra da ölçüsü belli olmayan bir parçayı tartılmışa karıştırıyor. Kendisi hikmet ehli birisidir; bunu niçin böyle yaptı ki?" dedim. Fakat sormaya da utandım. Bana verilenleri alıp **Basra**'ya gittim ve **Nuri**'ye (k.s) takdim ettim. Bana: "Terâziyi getir!" dedi; yüz dirhem tarttı ve bana: "Bunu ona geri ver ondan hiçbir şey kabul etmiyeceğimi söyle!" dedi ve yüz dirhemden artan kısmını aldı. Bunu görünce iyice şaşkınlığım arttı ve durumu kendisine sordum:

"**Cüneyd** hakîm (güzel akıl ve hikmet sâhibi) bir adamdır; ipin iki ucunu da elinde tutmak; bütün sevapları almak istiyor. O, bu yüz dirhemi sevabını almak için tarttı ve bir avucu da Allah için hiç tartmadan attı. Ben de, Allah için olanı aldım ve nefsi adına verdiğini geri çevirdim." dedi. Yüz dirhemi **Cüneyd el-Bağdâdî**'ye geri götürdüm, Hazret ağladı ve:

"Kendisine âit olanı aldı ve bize âit olanı geri çevirdi!" dedi.

Şeyhimizin ashabından duyduğum güzel latifelerden birisi de şudur: Şeyhimiz **Ebu'n-Necib es-Sühreverdî**, bir gün müridlerine:

"Bazı maddî şeylere ihtiyacımız var; halvet yerlerine gidiniz ve Allahu Teâlâ 'dan dileyiniz. Allahu Teâlâ mânevî feth yoluyla size ne nasib ederse, gelip bana haber veriniz" dedi. Onlar da dediği şekilde yaptılar. Sonra, aralarından **İsmâil el-Betâihî** isimli birisi, yanında üzerinde otuz dâire bulunan bir kağıtla geldi ve: "Allahu Teâlâ mânevî fetih yoluyla bana bunu nasib etti." dedi. Şeyhimiz kağıdı aldı. Aradan ancak bir saat geçmişti ki; elinde bir miktar altın bulunan bir şahıs içeri girdi ve onları şeyhimizin önüne koydu. Hazret, altınların sarılı olduğu paketi açtı, içinden otuz altın çıktı. Herbirini bir dâirenin üzerine koyarak: "İşte bu, **Şeyh İsmail**'in fütuhâtıdır." dedi veya bu mânada birşey söyledi.

Şeyh Abdülkadir Geylanî'nin de (rah.) şöyle bir hâdisesini işitmiştim. Hazret, bir zâta adam göndererek: "Git onun yanında bulunan falancaya âit yiyecek ve altından şu kadarını iste ve alıp bana getir" dedi. Emânete bakan zat, gelen adama: "Bana emânet edilen malda nasıl tasarruf edebilirim? Aynı durumda sen olsan ne yapardın; buna fetvâ verir miydin?" diye özür diledi. Ancak Şeyhin ısrarı üzerine ona karşı beslediği hüsn-i zandan dolayı istediklerini verdi. O bu tasarrufu yaptıktan sonra, **Irak** taraflarında bulunan emânet sahibinden: "Malımdan şu kadarını **Şeyh Abdülkadir**'e götür!" diye bir mektub geldi. Mektubta belirtilen miktar **Şeyh Abdülkadir**'in istediği miktardı. Şeyh, adamın ilk anda söyleneni yapmamasını biraz kınayarak: "Sen zannettin ki, sûfilerin yaptığı işler, sahih bir ilme (sağlam bir işârete) dayanmamaktadır."

Demek ki; kul, Allahu Teâlâ 'ya karşı muamelesinde güzel bir halde olup, O'nun rızâsı için hevâsını yok edince, Cenâb-ı Hakk onun içinden dünya endişelerini giderir, kalbine zenginlik kor ve üzerine rızık ve ihsan kapılarını açar. Bazı dervişlere musallat olan bu tür endişeler, kalblerinin Allahu Teâlâ ile tam meşgul olmayışından ve kulluk haklarına hakkıyla riâyet etmemelerindendir. Kalb Allah'tan gâfil ve boş olduğu kadar, dünya derdi ve endişesiyle mübtela kılınır. Eğer kalb, tamamen ilâhî zikir ve fikirle dolu olsaydı; dünya endişeleriyle azap görmez, kanaat eder ve mânen yükselirdi.

Anlatıldığına göre; **Avf b. Abdullah el-Mesûdî**'nin üçyüz altmış arkadaşı vardı; herbirinin yanında bir gün misâfir kalır bir seneyi böylece idâre ederdi. Bir diğerininin de otuz arkadaşı vardı; herbirinin yanında bir gün kalırdı. Bir diğer zâtın ise, yedi arkadaşı vardı. Haftanın her bir gününde birisinin yanında kalırdı. Bu kardeşleri, onların bilip tanıdığı (ve sâyelerinde rızıklarını temin ettikleri) kimseler olmuştu. Allahu Teâlâ'nın, kendisine yönelmiş, tevhid anlayışı kâmil bir derecede olan kuluna bu tür imkanlar ve nimetler hazırlaması, onun için güzel bir nimet olur.

Şeyh **Ebu's-Suûd**'a bir adam geldi. **Ebu's-Suûd** yüksek haller sâhibi, hâlinde sâbit ve sağlam, irâdesini terk ederek bütün şeylerde Allahu Teâlâ 'nın irâde ve fiiline teslim olmuş kâmil zatlardan birisiydi. Diyebiliriz ki; Hazret, ihtiyarını terk konusunda önceki sâlihlerden çoğunu ileri geçmiş bir haldeydi. Biz kendisinden, kuvvetli yakin ve sağlam imanından kaynaklanan pek çok güzel hallerine şâhid olduk. Yanına gelen adam:

"Efendim! Ben size hergün belli bir miktar ekmek getirmek istiyorum, fakat sûfilerin: "mâlum olan dünya malı uğursuzdur!" dediklerini düşünüyorum." dedi. Şeyh de:

"Biz, mâlum dünya uğursuzdur, demiyoruz. Cenâb-ı Hakk'ın bizim için seçip gönderdiğini O'nun fiili olarak görür; taksimini mübârek kabul eder, uğursuz saymayız; sen düşündüğünü yap." buyurdu.

Ebu Zur'a, bize, icâzet yoluyla, **Ebû Bekir el-Kettânî**'nin şöyle dediğni nakletti:

"Ben, **Amr el-Mekkî** ve **İyaş b. el-Mehdî** beraber otuz sene arkadaşlık yaptık. İkindi namazının abdestiyle (gece uyumadan) sabah namazını kılardık. Herşeyden el etek çekmiş bir halde **Mekke**'de kalıyorduk. Toprak üstünde oturur, kalkardık. Para pul nâmına birşeyimiz de yoktur. Çoğu kez, bir gün, iki, üç, dört veya beş gün aç olarak sabahlar; kimseden birşey istemezdik. Biz istemeksizin bize birşeyler gelir, biz de onun geliş şeklini yakînen bilirsek, onu kabul eder yerdik. Yoksa iki büklüm olurduk. Açlık iyice şiddetlenir ve bu yüzden farzları edâ edemiyeceğimizden korkarsak, o zaman, **Ebû Saîd el-Harraz**'a giderdik. O bize çeşitli yiyecekler hazırlardı. Verâ ve takvâsını bildiğimiz için, ondan başkasına gidip durumumuzu açmazdık."

Ebû Yezid el-Bistâmî'ye: "Senin herhangi bir kazançla meşgul olduğunu görmüyoruz; maişetini nereden temin ediyorsun?" diye sorulduğunda, Hazret:

"Benim Kerim Mevlâm, köpek ve hınzırları rızıklandırır da, **Ebû Yezid**'i rızıklandırmaz mı sanıyorsunuz!" demiştir.

Ebû Abdurrahman es-Sülemî, **Muzaffer el-Kırmısî**'nin şöyle dediğini nakletmiştir: "Gerçek fakir; (her hâlini Allahu Teâlâ 'nın bilmesi ile yetinerek) Allah'a arzedecek hiçbir hâceti olmayan kimsedir."

Sûfilerden birisine: "Fakr nedir?" diye sorulduğunda: "Hâcetini kalbinde tutup, onu Rabbinden başka kimseye açmamaktır." demiştir.

Sûfilerden birisi de şöyle demiştir: "Fakirin (dervişin) aldığı sadaka aslında onu veren Rabbin'dendir. Yoksa (arada vâsıta olup) kendine ulaştırandan değildir. Kim, kendisine gelenin, vâsıtalardan (arada sebep kılınan kullardan) geldiğini kabul ederse o, himmet (ve anlayışı) düşük, derviş görünümünde birisidir; gerçek fakir derviş değildir.

Şehimiz **Ebu'n-Necib es-Sühreverdî**, bize, **Ebû Süleyman ed-Dârânî**'nin şöyle dediğini haber verdi: "Zâhidlerin vardığı en son nokta; mütevekkillerin (tevekkül ehlinin) ilk basamağıdır."

Rivâyet edildiğine göre; âriflerden birisi zühd yoluna girdi. Zühd hâlinde, insanlardan ayrılma noktasına ulaştı, şehirden ayrıldı. "Rızıkım bana gelinceye kadar hiç kimseden birşey istemiyeceğim!" diye, kendi kendine söz verdi ve dolaşmaya başladı. Bir dağın eteğinde yedi gün kaldı. Bu arada kendisine hiçbir şey gelmedi. Neredeyse açlıktan telef olacaktı. Bunun üzerine: "Ya Rabbi! Eğer beni seviyorsan, benim için taksim ettiğin rızkı bana gönder, yoksa rûhumu kabzet!" diye münâcaatta bulundu. Cenâb-ı Hakk kalbine şöyle ilhamda bulundu: "İzzet ve celâlime yemin olsun ki; sen şehre inip, insanlar arasına girmedikçe sana rızık vermeyeceğim!" Bunun üzerine şehre indi ve insanların arasına karıştı. İnsanların kimisinden yiyecek, kimisinden içecek, bir sürü nimet gelmeye başladı. Yedi içti. Bu halden dolayı içine bir vesvese ve korku düştü. Bunun üzerine gizliden şöyle bir ses işitti:

"Sen dünyaya karşı zâhidâne tavrınla, Hakk'ın hikmetini bozmak istedin. Bilmez misin ki; O'na göre, kullarını kullarının eliyle rızıklandırması, kudret eliyle, hiç çalışmadan rızıklandırmasından daha hoştur."

Demek ki; ilâhî fethe mazhar olan kimse için, insanların eliyle rızkına ulaşmasıyla, meleklerin eliyle ulaşması birdir. Kudret ve hikmet tecellileri de aynıdır. Rızık için, çöllere ve yollara düşmek, sebeplere sarılmak veya sarılmamak ârifin yanında aynıdır. Çünkü, tevhid tam ve sahih olunca, sâhibinin gözünde sebeblerin bir hükmü kalmaz.

Şeyhimiz **Ebu'n-Necib es-Sühreverdî**, bize, **Yahya b. Muaz er-Râzî**'nin şöyle dediğini haber verdi: "Kim, kader anahtarları olmadan (ilâhî ta'yin ve taksime tâbi olmadan) maişet kapısını açmak isterse, mahlukat ile başbaşa bırakılır."

Zâhidlerden birisi demiştir ki: "Ben güzel bir sanat sahibi idim. Benden onu terketmem istendi. İçimden: "Geçimim nereden olacak?" diye tereddüt ettim. O esnada, sahibini görmediğim gizli bir ses bana: "Hem bana bağlandığını söylüyorsun; hem de rızkın konusunda bana itimad etmeyip, ithama gidiyorsun! Korkma, ben, ya dostlarımdan birisini sana hizmet ettirir; ihtiyacını görürüm veya düşmanlarımdan bir münafığı emrine bağlarım." dedi.

Şu halde, sûfinin hâli güzel olup herşeyden tamahı kesildiğinde, bütün endişe ve beklentilerden kalbi sükûnet bulduğunda, dünya ona hizmet eder. O ise, dünyaya hizmet etmeye rızâ göstermez. Mükâşefe ehli, nefsinin dünyâ için endişe ve heyacanını bir cinâyet ve günah olarak görür.

Rivâyete göre; **Ahmed b. Hanbel**, **Şam**'da bir gün çarşıya çıkarak un satın aldı. Yanında unu taşıyacak kimse yoktu. O anda "**Eyyûb**" isminde bir hammal çıkageldi. Unu ona yükledi, ücretini de ödedi. Eve vardıklar; izinle içeri girdiler. O anda evdekiler, yanlarında bulunan unla ekmek yapıp, soğuması için sedirin üzerine sermişlerdi. **Eyyub** ekmekleri gördü. Kendisi hergün oruç tutan birisiydi. **İmam Ahmed**, oğlu **Sâlih**'e, ekmekten ona vermesini söyledi. O da iki somun verdi, **Eyyub** kabul etmedi. İmam oğluna: "Onları yerine bırak!" dedi. Biraz bekledi. Sonra: "Onları al ve ona ulaştır." dedi. **Sâlih**, **Eyyub**'un peşinden yetişerek ekmekleri kendisine verdi, bu defa kabul etti. **Sâlih** hayret ederek geri döndü. **İmam Ahmed** (rah):

"Onun ekmekleri önce reddedip, sonra alışına hayret ettin değil mi?" diye sordu. Oğlu:

"Evet!" deyince, İmam:

"O, sâlih bir adamdır. İlk önce, ekmeği görünce nefsi onu almak istedi. Nefsinin bu arzusu üzerine biz ekmeği verince, geri çevirdi. Sonra ümidini kesti. Biz ekmeği, nefsi ondan ümidini kesitiğinde verince, kabul etti." dedi.

Bu hâl, sıdk sahiplerinin hâlidir. Onlar, birşey istediklerinde bir ilme göre isterler; istemekten geri durduklarında da bunu bir ilimle yaparlar. Şu halde; mânevî keşif ehli olmayan kimsenin hiç değilse, başkasından bir şey isterken veya çalışmaya girerken, ilme göre hareket etmesi gerekir. Herhangi bir zaruret ve ihtiyaç yok iken, daha fazla mal biriktirmek için ondan bundan dilenen kimsenin sûfilik ve sûfilerle hiçbir alakası yoktur.

Hz. Ömer (r.a) bir adamı dilenirken gördü. Yanında bulunan kimseye: "Ben sana, şu dilenene akşam yemeği ver demedim mi?" diye çıkıştı. Adam:

"Ben ona akşam yiyeceği vermiştim!" deyince, **Hz. Ömer** (r.a) bir de baktı ki, adamın koltuğu altında ekmekle dolu bir azık torbası var. Adamı yanına çağırıp:

"Senin çoluk çocuğun var mı?" diye sordu. Adam:

"Hayır, yok!" deyince, **Hz. Ömer** (r.a):

"Sen dilençi değil, bir tüccarsın!" diyerek, torbadakileri sadakaya muhtaç kimselerin önüne döktü ve adama da kırbaçla vurdu.

Hz. Ali'nin (r.a) şöyle dediği rivâyet edilmiştir: "Allahu Teâlâ'nın kulları içinde, bazıları fakirliğin sevabına, bazıları da azabına kavuşurlar."

Kulun, (fakirlik hâlinde) ahlâkının güzel olması, Rabbine itaat etmesi, hâlinden şikâyet etmemesi ve fakirliğine rağmen Allahu Teâlâ'ya şükretmesi, onun fakirliğin sevâbına ulaştığının alâmetidir. Kulun fakirlik hâlinde ahlakının kötüleşmesi, Rabbine isyan etmesi, şikâyetini çoğaltması, ilahi takdir ve kazâya kızması onun, fakirliğin azabına düçâr olduğunun alâmetidir.

Sûfi her hâlinde güzel edeb üzere hareket etmeli; gerek insanlardan birşey isterken, gerek Allahu Teâlâ'ya karşı muamelesinde ve gerekse mânevî hallerin keşfinde, yani; her durumda güzel edebini korumalıdır.

****

SÛFİLERE GÖRE EVLİLİK VE BEKARLIK

Sûfi, Allah için bekarlığı tercih ettiği gibi; Allah için de evliliğe adım atar. Bekarlığın bir maksat ve dönemi olduğu gibi, evliliğin de bir gâye ve zamanı vardır. Sâdık bir mürid, bekarlığın ve evliliğin zamanını iyi bilir. Çünkü onun azgın tabiatı, ilim bağıyla kontrol altındadır. Bekarlık kendisi için uygun olduğu zaman, tabiatı kendisini sıkıştırmaz. Evliliğe de ancak, nefsi uslanıp rıfk ile muameleyi hakettiği zaman adım atar. Bu da, nefsin serkeşliği gidip, kendisinden istenen şeye boyun eğdiği zaman olur.

Nefis, faydalı şeylere alıştırılıp, zararlı şeylerden sakındırılan bir çocuk gibi eğitilince, bu kıvama gelmiş olur. O, kontrol altına alınıp itaata alıştırıldığında, Allah'ın emrine gelir ve kalble mücâdelesinden vazgeçer. Bundan sonra, kalble nefis arasında, adâletle sulh gerçekleşir ve ikisi de dengeli haraket eder.

Sûfiler içinde, kendilerine takdir edilen zamana kadar bekarlığa sabredenlere, özel bir eş seçilir ve Allahu Teâlâ ona bir çok sebep ve yardımcılar hazırlar. O da, kendisine gelen bu ilahi ihsan ve sevkedilen rızıkla nimetlenir.

Mürid, evlilik işinde acele ettiği, tabiatının onu hafifleştirdiği, her yanını ilmin nurlarını söndüren şehvet dumanının sarıp câhilane işlere bulaştığı, müridliğinin bir icâbı ve sadâkatının şartı olan azimet yolundan, Cenâb-ı Hakk'ın halka bir rahmet eseri olarak ortaya koyduğu ruhsat yoluna girdiği zaman, kabiliyetinin noksan olduğu tescil edilmiş olur ve akibetinin hüsran olacağından korkulur. Bu tür bir acele, Hakk erlerinin mertebesinden düşüş demektir.

Sehl b. Abdullah et-Tüsterî demiştir ki: "Müridin artmasını beklediği malı olduğu sürece, iptilâdan (çeşitli mûsibetlerden) uzak kalamaz. Herhangi bir iptila durumunda, bulunduğu halden daha aşağısına düşmesi, mürid için bir noksanlık ve ayıptır."

Sûfilerden birisinin şu hâlini işittim: Kendisine:

"Niçin evlenmiyorsunuz?" diye sorulduğunda:

"Kadın ancak er kişilere lâyıktır. Ben ise, daha gerçek er kişilerin derecesine ulaşamdım, öyleyse nasıl evlenebilirim!" diye cevap vermiştir.

Sâdık müridlerin, evlenmek için bekledikleri bir (başka) büluğ çağı vardır (ki o da, nefsi ıslah edip kâmil er kişi oldukları zamandır).

Bekarlık ve evlenmenin fazileti konusunda, birbirinden farklı haberler ve bazen aynı derecede nakiller vârid olmuştur.

Rasûlullah'ın (s.a.v) bu konudaki sözlerinin farklı ve çeşitli oluşu; insanların farklı yapı ve hallere sâhip oluşlarındandır. Bazıları için fazilet bekarlıktadır; bazıları içinse evliliktedir. Bütün bu anlattıklarımız, takvâsı kemâle ermiş ve nefsini tamamen ezmiş olmasından dolayı şehvet ateşi sönmüş kimse hakkındadır. Yoksa şehveti galeyana geldiğinde fitneye düşmesi kaçınılmaz olan kimsenin evlenmesi vâciptir. Bu durumun dışındaki kimselerin evlenmesi hakkında mezheb imamları farklı hükümler söylemişlerdir.

Bir sûfi evlendiği zaman, din kardeşlerinin ona yardım etmeleri vazife olur. Onu kendilerine tercih etmeleri ve özellikle maddî yönden zayıf ve mânevî hâli ricâlullah mertebesinden aşağı olduğu zaman, mâlî destekte bulunmaları gerekir. Daha önce açıkladığımız gibi ricâlullah mertebesine ancak kemâl noktasına gelene kadar sabredenler ulaşabilirler.

Ebû Zur'a, bize, **Avf b. Mâlik**'in (r.a), şöyle dediğini nakletti:

Rasûlullah (a.s)'a bir ganimet geldiği zaman onu eline geçtiği gün taksim eder, evli olanlara iki pay, bekar olanlara bir pay verirdi. Nihayet biz çağrıldık. Ben, **Ammar b. Yâsir**'den önce çağrıldım. Allah Rasûlü (s.a.v), bana iki pay, **Ammar**'a tek pay verdi. **Ammar**'ın buna canı sıkıldı. Rasûlullah (a.s) ve ordakiler onun bu hoşnutsuzluğunu yüzünden farkettiler. Rasûlullah'ın (s.a.v) yanında ganimet mallarından bir altın zincir kalmıştı. Efendimiz (a.s), onu asasının ucuyla kaldırıyor, o, yere düşüyor,O da:

*"**Bundan çok fazla elinize geçeceği gün hâliniz nasıl olur acaba!**"* diyordu.

Kimse kendisine cevap vermedi. Yalnız **Ammar** :"Bundan elimize fazlaca geçse sevinirdik, Yâ Rasûlellah!" dedi.[1]

Görülüyor ki; çoluk çocuk derdinden uzak olmak, dervişin vaktini değerlendirmesi için daha müsâit, düşüncesini toplaması için daha faydalı ve hayatı için daha lezzetlidir.

(Bekar) sûfi için bidâyette, dış alakaları kesmek, seferlerde dolaşmak, tehlikeleri şeylere girmek, sebeplerden sıyrılmak ve kendisine perde olacak herşeyden uzaklaşmak kolay ve mümkün olur. Evlilik ise, azimetten ruhsata inmek, rahatlıktan sıkıntıya dönmek, çola çocuğa bağlanıp kalmak, tehlikeli şeylere yanaşmak, zâhidlikten sonra dünyaya bir iltifat, tabiat ve âdet gereği, hevâî şeylere muhabbet etmektir.

Ebu Süleyman ed-Dârânî demiştir ki: "Üç şey var ki; onlara tâlib olan, dünyaya meyletmiş olur. Bunlar; (ihtiyacının dışında) maişet peşine düşen, evlenen ve (sırf dünyalık için) hadis yazan."

Yine o, demiştir ki: "Arkadaşlarımız içinde evlenip de, önceki (mânevî) derecesini muhafaza edebilen hiç kimse görmedim!"

Şeyh Tâhir, bize, **Üsâme b. Zeyd**'in şöyle dediğini haber verdi. **Rasûlullah** (s.a.v.) buyurdu ki:

"Benden sonraya, erkeklere, kadınlardan daha zararlı bir fitne bırakmadım." [2]

Recâ b. Hayve, Muaz b. Cebel'in (r.a) şöyle dediğini haber verdi:

"Biz, sıkıntılarla imtihan edildik, sabrettik. Genişlik ve rahatlık ile imtihan edildik, sabredemedik. Sizin için korktuğum fitnelerin en tehlikelisi, kadınların fitnesidir. Altın bileziklerle süslendikleri, yumuşak Şam elbiselerini giyip Yemen şallarını büründükleri, zenginleri yorup fakirleri altından kalkamayacakları yükün altına soktukları zaman, vay hâlinize!"[3]

Hükemâdan birisi demiştir ki: "Bekarlığın derdine devâ bulmak, kadınların derdine deva bulmaktan daha kolay ve daha hayırlıdır."

---

1) Heysemî, Mecmau'z-Zevâid, V, 34l.
2) Buhârî, Nikah, l7; Tirmizî, Edeb, 31; İbnu Mâce, Fiten, l9.
3) Ebu Nuaym, Hilyetu'l-Evliyâ I, 236; İbnu'l-Cevzi, Sıfatu's-Safve, I, 497.

Sehl b. Abdullah'a, kadınların durumu sorulduğunda:

"Onların yokluğuna sabretmek, ele geçince sıkıntılarına sabretmekten daha hayırlıdır. Onlara sabretmek de, ateşe sabretmekten daha hayırlıdır."

Allahu Teâlâ'nın:*"İnsan zayıf olarak yaratılmıştır."* [4] âyetinin tefsirinde; çünkü o, kadınlara karşı sabredemez, denmiştir.

"Ey Rabbimiz! Bize kendisine güç yetiremiyeceğimiz yükü yükleme." [5] âyet-i kerimesinin tefsirinde de; güç yetirilmeyecek yükün, karşı konulmaz kuvvetli cinsî arzu olduğu söylenmiştir.

Sûfi, nefsinin süflî arzularına karşı dayanabilir, güzel edeb ve muamele ile nefsin tedavisi hakkında ileri seviyede bir ilme sahip olur ve kadınlara karşı sabrederse, fazileti elde etmiş, aklını güzel kullanmış ve kolay yolu bulmuş olur.

Nitekim, **Rasûlullah** (s.a.v):*"İkiyüz yıldan sonra, en hayırlınız, yükü hafif olanınızdır."* buyurdu.

"Ya Rasûlellah! yükü hafif olan kimdir?" diye sorulunca:

"Ehlü iyâli, çoluk çocuğu olmayan (geçim yükü hafif) kimsedir" buyurdu.[6]

Sûfilerden birisine: "Evlensene!" denildiğinde: "Evlenmekten daha çok nefsimi boşamaya (onu ishal edip, şerrinden kurtulmaya) ihtiyacım var." demiştir.

Bişr b. Haris'e: "İnsanlar senin hakkında laf ediyorlar!" dendi. Hazret:

"Ne diyorlar?" diye sordu:

"Evlenme sünnetini terketti." diyorlar denince:

"Onlara söyleyin! Ben sünnetten önce farzla (yani nefsimi terbiye ile) meşgulum." dedi.

Yine o, demiştir ki: "Eğer bir tavuğun bakımını üstlensem (ona yiyecek bulacağım diye) köprü üzerinde cellat olmaktan korkarım!"

---

4) Nisa (4), 28.
5) Bakara (2), 286.
6) Hatib, Târih, VI, 198; Beyhakî, Şuabu'l-İman, VII, 292 (Had. No: l0350); Deylemî, Firdevsu'l-Ahbâr, II, 271. (No:2673); Hindî, Kenzu'l-Umâl, XI, 222. (No: 31302); Zebidî, İthafu's-Sâde, VI, 22.

Sûfi, nefsin arzularıyla mübtelâdır. Yani o, başka bir şeyle uğraşamayacak kadar meşguldür. Nefsin arzularına, bir de hanımın istekleri katılınca, (hak yolundaki) irâdesi zayıflar, azmi gevşer. Halbuki nefis, tamaha düşürülürse tamahkâr olur; kanaata alıştırılsa kanaatkâr olur. Hakk tâlibi, kalbinden evlenme düşüncesini söküp atmak için oruca devam etmelidir. Çünkü nefsin boş arzularını öldürmek ve süflî heveslerini kırmak için orucun apaçık bir te'siri vardır. Rivâyet edildiğine göre; Rasûlullah (s.a.v), bir yerde toplanıp kuvvet denemesi için taş kaldıran gençler topluluğuna uğradı. Onlara hitâben:

"***Ey gençler! Sizden evlenmeye (ve geçime) imkanı olan evlensin. İmkanı olmayan da, oruç tutsun. Çünkü oruç şehvetli kırar.***"[7] buyurmuştur.

Hadisin metninde geçen "Vicâ'" tâbirinin mânası; erkek husyelerini kırıp, ufaltarak cinsî gücü azaltmaktır. Araplar, koçun erkekliği çalışmayıp semizlensin diye husyelerini kırarlardı. Bu kelime, bahsettiğimiz mânada şu hadiste de kullanılmıştır:

"***Rasûlullah (s.a.v), husyeleri kırılmış iki alaca koç kurban etti.***"[8]

Denilmiştir ki: "Asıl üzerinde durulacak nefistir. Sen onu hayırla meşgul etmezsen; o seni şerle meşgul eder."

Genç mürid, amele devam ettiği ve nefsini ibâdette terbiye ettiği sürece, nefsânî düşünceler azalır. Aynı şekilde, ibâdetle meşgul olmak kendisine amelin tadını temin eder, muhabbetini artırır, iş ve geçiminde kolaylık kapısını açar. Bu durumda, hâli ve vakti zevce (ve çol-çocuk) ile karışıp bozulmaması için, gayrete gelip dikkatli olur.

Müridin, bekarlık hâlinde güzel edeblerden birisi de; kalbine, kadınla ilgili düşünceleri yerleştirmemektir. Her ne zaman bu tür bir düşünce ve şehvet hissi gelse, güzel bir şekilde Allahu Teâlâ'ya sığınmalıdır. O zaman Allahu Teâlâ, kendisine azimetle amel kuvveti verir ve nefsin arzularına karşı onu rahmetiyle destekler; imdadına yetişir. Bu durumda, zarar görmek bir yana Allahu Teâlâ'ya güzelce yönelişinin bir mükâfaatı olarak, kalbinin nûru, nefsin

---

7) Buhârî, Nikah, 2; Müslim, Nikah, I; Nesâî, Nikah, 3.
8) Ebû Dâvud, Edâhî, 4; İbnu Mâce, Edâhî, I, Ahmed, Müsned, V, I96.

üzerine akseder; nefs arzusundan vazgeçip sukûn bulur. Bu arada mürid, evlilik işine girmekle karşılaşacağı şeyleri nefsine arzeder. Meselâ, kendisini zillet ve basit işlere götürecek şeyleri düşünür. Ayrıca, meşrû olmayan yoldan kazanç elde etmeyi, kadını idâre ve zaptın yanında, daha pek çok sayılamayacak külfetlere fikrinin takılarak meşgul olup mânevî yolunu engelleyecek halleri hatırlar.

Abdullah b. Ömer'e (r.a.); belânın zor ve çekilmez olanının ne olduğu sorulunca: "Evlad ü iyâlin çok olup malın az olmasıdır." diye cevap vermiştir.

Denilmiştir ki: "Evlad ü iyâlin çok olması, fakirliğin bir diğer şeklidir. Çoluk çocuğun azlığı ise bir tür zenginliktir."

İbrâhim b. Edhem: "Kadınların baldırına düşkün olan (şehvet kurbanları) iflah olmaz." derdi.

Şüphesiz kadın, insanı, refah ve rahata çağırır. Allahu Teâlâ'yı çokca zikirden, gece namazından ve gündüz (nâfile) orucundan alıkor. Kalbe, fakirlik korkusunu ve mal biriktirme arzusunu musallat eder. Bütün bunlar bekarda yoktur. Bir haberde şöyle vârid olmuştur:

"İkiyüz sene geçtikten sonra, ümmetim için bekarlık helal olur." [9]

Dervişin gönlüne devamlı sûrette evlenme düşüncesi ârız olup namaz, zikir ve Kur'an tilâveti esnasında iç âlemini iyice sıkıştırırsa; önce Cenâb-ı Hakk'a sığınmalı, sonra mürşidine ve ihvanlarına durumunu açıp, müşkilinin güzelce halledilmesi için Allahu Teâlâ'ya duâ etmelerini istemelidir. Ayrıca, ölüleri ve dirileri, makberleri ve mescidleri ziyâret etmeli, bu işi basite alıp hemen içine dalmamalıdır. Çünkü evlilik, zamanında ve usûlünde olmadığı zaman, büyük bir fitne kapısı olur. Bu durumda o, asla küçümsenmeyecek bir tehlikedir. Bu konuda Allahu Teâlâ, şöyle buyurmuştur:

"Şüphesiz zevceleriniz ve evlatlarınızdan bazıları, sizin için bir nevi düşmandır, onlardan sakının!" [10]

---

9) Bu mânadaki bir hadis için bkz: Zebîdî İthâfu's-Sâde, VI, 23.
10) Tegâbün (64), l4.

Böyle durumlarda mürid, durmadan Allahu Teâlâ'ya yalvarmalı, halvetinde huzûr-ı ilâhiyede gözyaşı dökmeli, tekrar tekrar istihâre yapmalıdır. Eğer bu arada, ne yapacağı konusunda Allah'ın fazlıyla kendisine kuvvet ve sabır verilirse; bu hal bir kemal noktasıdır ve terbiyesinin tamamlandığını gösterir. Allahu Teâlâ, sâdık bir müride uykuda veya uyanık hâlinde evlenip evlenmeme hususundaki iznini keşf yoluyla bildirir. Veya kendisine itimat ettiği ve: "hükmü hakka, işâreti ferasete dayanır" diye inandığı bir kimse tarafından durumu izhâr eder. Bu durumla onun evliliği ilâhî tedbir ve destekle meydana gelmiş olur.

İşittiğimize göre; sâlihlerden birisi, Şeyh **Abdülkâdir Geylânî**'ye:

"Niçin evlendin?" diye sorunca, Hazret:

"Rasûlullah (s.a.v) Efendimiz bana: "Evlen" deyinceye kadar evlenmedim."diye cevap vermiştir. Bunun üzerine o zat:

"Rasûlullah (a.s), ruhsatı emreder, halbuki sûfilerin yolu (ruhsatta kalmak değil) azimete sarılmaktır." demiş. Bu söze, **Şeyh Abdülkâdir**'in ne cevap verdiğini bilmiyorum ama, şahsen ben derim ki: "Evet Rasûlullah (a.s), (insanlara bir rahmet ve kolaylık olsun diye) ruhsatla emrederdi. Onun bu emri şeriat lisânıyla olmaktadır. Allahu Teâlâ'ya ilticâ eden, O'na boyun büken ve Cenâb-ı Hakk'ın rüyâ (veya keşif) yoluyla yapacağı şeyi bildirdiği kimseye gelince; onun işi ruhsata göre olmuş olmaz. Aksine, azimet ehlinin tâbi olduğu bir iş olmuş olur. Çünkü o, hüküm ilminden değil, hâl ilminden elde edilmiştir.

Bu düşüncemin doğruluğuna, **Şeyh Abdülkâdir**'den (rah), nakledilen şu söz de delâlet etmektedir: "Bir zamanlar evlenmek istemiş fakat, hâlimin karışacağından korktuğum için cesâret edememiştim. Takdir edilen zamana kadar sabrettiğim zaman, Allahu Teâlâ, bana hepsi de kendi irâde ve isteği ile infak edecek kadar cömert ve zengin dört tane zevce nasib etti."

Hiç şüphesiz bu, Allah için sabr-ı cemilin bir neticesi ve hediyesidir. Mürid, sabreder ve Allah'tan bir çıkış yolu taleb isterse; Mevlâ kendisine bir kolaylık ve çıkış yolu nasib eder. Bu durumu ifade eden bir âyet-i kerimede:

"Kim Allah'tan korkarsa, Allah onun için bir çıkış yolu yaratır ve hiç

ummadığı yerden kendisini rızıklandırır. "[11] buyrulmuştur.

Mürid, (seyr u sulûkü esnasında hâlinin bozulmaması için) Allahu Teâlâ'ya çokca tazarrû ve niyazda bulununca, Cenâb-ı Hakk tarafından kendisine evlenme işinde özel bir izin ve işâret verilir. Zaten gâye ve hedef de budur.

Eğer mürid, kendisine böyle bir izin gelinceye kadar sabretmekten âciz kalır, duâ ve tazarrûda bütün gücünü kullanır da bir sonuç alamazsa artık, Allahu Teâlâ'dan gelecek nasibi bu kadar olmuş olur. Niyetindeki güzellik ve maksadındaki sadâkat, Rabbine samimi ilticâ ve itimadı sebebiyle kendisine yardım edilir.

Abdullah b. Abbas (r.a): "Genç evlenmeyince, ibâdetleri tamam ve kâmil olmaz." demiştir.

Nakledildiğine göre; Horasan meşâyıhından birisi çokca evlenirdi. Öyleki; yanından iki veya üç hanım eksik olmazdı. Bazıları bu durumunu kınadılar. Hazret onlara:

"Sizden herhangi biriniz, Rabbinin huzûrunda ibâdet ederken veya her hangi bir muamelesinde meşgulken, kalbinde herhangi bir şehvet duygusu buluyor mu?" diye sordu. Onlar da:

"Evet zaman zaman başımıza geliyor" dediler. Horasanlı Şeyh ise:

"Ömrüm boyunca, sizin düştüğünüz duruma bir kez olsun düşmeye râzı olsaydım, asla evlenmezdim. (Bende sizin hâliniz hiç yoktur). Ben, kalbime, beni içimde bulunduğum mânevî hâlimden alıkoyacak bir düşünce geldiğinde, hemen zevcelerimden birinin yanına gider, o hissi içimden atar, meşgûliyetime dönerim." deyip, şunları eklemiştir:

"Kırk senedir kalbime herhangi bir ma'siyet düşüncesi gelmemiştir."

Demek ki sâdık müridler, evlilik işine bir his ve heyecanla değil ilâhî bir basîretle adım atarlar ve bununla nefsin çirkin arzularını kökünden tedâvi etmeyi düşünürler. Bazen, kuvvetli hâl sahipleri ve ilimde derinleşmiş (âhirete yönelmiş) âlimler evlendiklerinde, kendilerine hâssaten verilmiş birçok mânevî hallere kavuşurlar. Çünkü, onlar, uzun müddet mücâhade, murâkabe ve riyâ-

11) Talak (65), 3-4

zatları sâyesinde, nefisleri mutmain olmuş, kalbleri sukûnete erişmiştir.

Kalblerin hakka yöneliş ve bazen taata karşı gevşeyiş zamanları vardır.

Sûfilerden birisi demiştir ki: "Kalblerin yönelme ve gevşeme anları vardır. Kalb hakk yöneliphayra kapısını açtığı zaman "elest bezmindeki ahdine döndürülür. Gevşeme anlarında da rıfk ile muamele edip gayrete getirilir. Böylece çok azı dışında kalbler, dâima Hakk'a yöneliş içinde kalır. Kalblerin devamlı Hakk'a yönelmesi ancak, nefsin sukûnet bulup kalb ile çekişmeden vazgeçmesi ve kalbe iğva vermeyi terketmesiyle mümkündür. Nefisler, mutmain sıfatını elde edip dengesizliğinden, taşkınlığından ve kötü huylarından kurtularak istikrar bulunca; üzerindeki haklar çoğalır. Çoğu zaman üzerine düşen hak (ve vazifeleri ifâ ederken, ilâhî bir haz alır. Çünkü hakkın edâsında bir kanaat hâli, hazların alınmasında ise bir genişlik ve rahatlık mevcuttur.

Bunlar, sûfilerin ilim ve hâllerinin inceliklerindendir. Çünkü onlar, mübah bir evlilikle, nefse helal hazlarını ulaştırarak onu rahatlatırlar. Çünkü; nefsin hevâsına muhâlefet edile edile, onun derdi devâsı olmuştur. Artık, mübah arzular ve meşrû lezzetler kendisine bir zarar vermediği gibi; azimet hâlini de gevşetmez. Aksine, tezkiye olmuş nefisler helal hazlarına ulaştığı zaman kalbin inşirahı ve genişliği artar. Kalble nefis arasında bir uyum oluşur; biri diğerine şefkat eder bir duruma gelir. Birine ulaşan her haz ve huzurdan diğerinin de huzuru artar. Kalb, Allahu Teâlâ'dan her haz ve mânevî feyz alışında, nefse sukûnet elbisesi giydirilir. Böylece, kalbin sekinetinin artması, nefsin sekinet ve huzurunun artmasına sebep olur. Nitekim bir şâir şöyle der:

Yağmurlu bulutlarıyla kaplanınca bulutlar;

Giyer hullesini yer, yükselir hep kokular.

Nefis her hazzını alışında, candan bir komşunun diğer komşunun rahatlığından huzur duyması gibi, kalb de rahatlar.

Dervişlerden birinin şöyle dediğini duymuştum:

"Nefis, kalbe der ki: "Sen yeme işinde benimle ol; ben de namazda seninle olayım."

Bu ancak, Rabbânî bir âlim için mümkün olan çok yüksek hallerdendir. Nice iddiâ sâhipleri vardır ki; kendilerinde bu tür hallerin bulunduğunu iddiâ etmeleri sebebiyle helak olmuşlardır. Âlim-i Rabbânî olan bir kimsenin evlenmesi onun kemâlini artırır, noksanlaştırmaz. Kulun ilmi kâmil olunca; eşyâdan istifâde eder, eşyâ ondan birşey alıp götürmez.

Cüneyd (rah.) derdi ki: "Ben, yemeğe ihtiyaç duyduğum gibi, zevceye de ihtiyaç duyarım."

Âlimlerden biri, halktan birisinin sûfileri kınadığını işitince, ona:

"Be adam! Sana göre onların noksanı nedir?" diye sordu, adam:

"Çok yiyorlar!" dedi, âlim:

"Onların acıktığı gibi açıksan, sen de onların yediği gibi yerdin " dedi. Adam:

"Çokca evleniyorlar!" dedi, âlim:

"Onların namus ve gözlerini haramdan koruduğu gibi, sen de koruyabilsen, onlar gibi çok evlenirdin; daha nelerini beğenmiyorsun?" diye sordu, adam:

"Güzel sese ve söze kulak verip semâ yapıyorlar " deyince, âlim:

"Onların ibretle nazar ettikleri gibi; duyduğundan ve gördüğünden ibret alsaydın; sen de dinler, semâ yapardın." diye cevap verdi.

Süfyan b. Uyeyne derdi ki: "Çok kadınla evlenmek her zaman dünya sevgisinden değildir. Çünkü **Hz. Ali** (r.a.), Rasûlullah'ın ashabının en zâhidi olduğu halde, kendisinin dört hanımı ve onyedi tane câriyesi vardı."

İbnu Abbas (r.a.) da: "Bu ümmetin en hayırlısı, hanımı en çok olup hiç harama meyletmeyenlerdir." derdi.

Peygamberlerle ilgili haberlerde, şöyle bir kıssa anlatılmıştır:

"Bir âbid kendisini tamamen ibâdete vermişti. Öyle ki; zamanındaki insanların en yüksek derecesine ulaşmıştı. Onun bu durumu devrindeki peygambere zikredilince, peygamber:

"Eğer bir sünneti terketmeseydi ne güzel bir adam olurdu!" dedi. Bu söz âbide ulaştı. Âbid bundan çok etkilendi ve meseleye önem verip:

"Ben o sünneti terketmişken ibâdetim bana fayda vermez." diyerek, hemen peygamberin (a.s) yanına geldi ve terkettiği sünnetin ne olduğunu sordu. Peygamber de:

"Evet sen, evlenmeyi terkettin dedi. Bunun üzerine âbid:

"Ben evliliği haram saydığım için terketmedim. Ancak, (dünyalık adına) hiçbir şeye sâhip olmadığım için buna yanaşmadım. Ben, insanlara yük olan, onun bunun verdiği ve getirdiği ile geçinen birisiyim. Bu hâlimle hakkını ödeyemeyip bir kenara iteceğim yahut türlü sıkıntılar içinde kıvrandıracağım bir kadınla evlenmemi uygun görmedim." dedi. Peygamber (a.s) ona:

"Seni evlenmekten meneden sadece bunlar mı?" diye sordu, âbid:

"Eve." dedi. Peygamber de:

"Seni kızımla evlendiriyorum." dedi ve kızıyla evlendirdi.

Abdullah b. Mesûd (r.a) derdi ki: "On günlük ömrümün kaldığını bilsem, yine evlenmek ve Rabbimin huzuruna bekar olarak çıkmamak isterim."

Allahu Teâlâ, Kur'an-ı Kerim'de sâdece evlenmiş olan peygamberleri zikretmiştir.

Anlatıldığına göre; **Yahya b. Zekerriyya** (a.s), ilâhî bir sünnet olduğu için evlenmiş, fakat hanımına yaklaşmamıştır.

Hz.İsâ (a.s) âhır zamanda yeryüzüne inip evlenecek ve çoluk-çocuk sâhibi olacaktır.

Denilmiştir ki: "Evli kimsenin bir rek'at namazı, bekarın yetmiş rek'at namazından daha hayırlıdır." [12]

Şeyh **Tâhir b. Ebi'l-Fadl,** bize, **Hz. Âişe** (r.ah)'den rivâyetle, ***Rasûlullah'ın (s.a.v)*** *şöyle buyurduğunu haber verdi:*

"Nikah benim sünnetimdir. Sünnetimle amel etmeyen benden değildir. Evleniniz, çünkü ben, diğer ümmetlere karşı sizin çokluğunuzla övünürüm. Kimin imkanı varsa evlensin. Evlilik için (maddî) imkan bulamayan kimse de oruç tutsun. Çünkü oruç, şehvetin kırılması için bir sebeptir." [13]

Evli olan sûfi, evrâd ve ezkârına mâni olacak, vakitlerini karıştıracak şekilde hanımıyla beraber olmaya ve hoş sohbete dalmamalıdır. Çünkü bu konuda ileri gitmek, nefsi ve askerlerini kuvvetlendirir; himmet ve gayreti gevşetir.

---

12) Suyûtî, Câmiu's-Sağîr, II, I7 (Had. No: 4473-74); Münâvî, Feyzu'l-Kadîr, IV, 38 (Had. No: 4473-74); (Hadis; "evlinin iki rekatı" şeklinde başlamaktadır.)
13) İbnu Mâce, Nikah, 8; Nesâî, Nikah, I; Ahmed, Müsned, III, I58, 245.

Evli olan müride zevcesi yoluyla iki fitne ulaşabilir. Birisi, umumi hâliyle, ikincisi hususi durumuyla ilgilidir. Umumi hâliyle ilgili fitne; geçim derdine düşmesi ve bu hususa aşırı ihtimam göstermesidir. **Hasan el-Basrî** derdi ki:

"Vallahi bugün, hanımının (hevâî) arzularına uyarak gün geçiren adamı Allah, yüzü üstü Cehenneme atar."

Bir hadiste şöyle buyrulmuştur:

"Öyle bir zaman gelecek ki; kişinin helâki hanımının, anne-babasının ve evlâdının elinde olacaktır. Onlar, onu fakirlikle ayıplarlar ve güç yetiremiyeceği şeylerin altına sokarlar. O da (isteklerini te'min için) dinini mahvedecek hâl ve yollara girer ve böylece helak olur." [14]

Rivâyete göre; bir grup insan **Hz. Yunus**'un (a.s) yanına geldiler; onları misâfir etti, ağırladı. Bu arada içeri girip çıktıkca hanımı kendisini incitecek sözler söylüyor ve ileri geri konuşuyordu. O ise, hiç karşılık vermiyordu. Bu duruma çok şaşırdılar, sormaya da cesaret edemediler. Onların bu hayret hâlini yüzlerinden okuyan **Yunus** (a.s):

"Bu hâle şaşırmayın. Ben Allahu Teâlâ'ya duâ ederek: "Ya Rabbi! Âhirette kullarına azap sebebi yapacağın bir şeyi dünyada iken bana göster!" dedim. Allahu Teâlâ da bana: Falancının kızıyla evlen; azabın ne olduğunu dünyada tat buyurdu!" buyurdu, ben de onunla evlendim. Şimdi de, gördüğünüz gibi, sabretmekteyim." dedi.

Mürid, hanımını idâre noktasında ve güzel geçimde çok ileri gittiği zaman, hanımının hoşnutluğunu elde etmek için çoğu zaman maîşeti teminde itidâli aşar; sıkıntılı hal ve yollara girer. Bu, onun umumi hâliyle ilgili bir fitnedir.

Hususi hâlinin fitnesi ise; beraber olmada, oturup kalkmada çok ileri gitmektir. Bu durumda nefis, itidâl bağından çıkar orta yolu ve hâli terkeder. Fazla başıboş bırakıldığı için, her arzusunu elde etmek için harakete geçer. Bu gaflet ve yanılma ile kalb istilâ olur;bu durumda mürid gevşeyip ruhsatlarla idâre etmeye çalışır. O zaman, virdlerin azlığından dolayı mânevî vâridat

---

14) Bkz: Ebu Nuaym, Hilye, I, 25; Beyhakî, Zühd, 436; Zebîdî, İthâfu's-Sâde, VI, 23.

feyz ve aşk da az olur. Amellerin şartları ve edebleri ihmal edildiği için hâli karışır.

Bu iki fitneden daha gizli bir fitne vardır ki; ona özellikle, kurbiyyet ve huzur ehli olanlar mübtelâ olurlar. O da şudur: Nefislerin, birbiriyle kaynaşma özelliği vardır. Bu durumda donuk ve sönmüş olan nefis canlanır, alevlenir ve kuvvetlenir. Bu tür câzibe fitnesinden kurtulmanın ilacı; evli olan sûfinin, hanımıyla başbaşa kaldığında, Mevlâsına nazar edeceği iki bâtınî göz ile, refikasına bakıp hevâsı yolunda kullanacağı iki zâhirî göze sâhip olmasıdır. Yani, kalb gözüyle Mevlâ'ya, kafa gözüyle hanıma nazar etmelidir. Bu mânada, **Râbiatü'l-Adeviyye,** nazım hâlinde şöyle söylemiştir:

Gönlümdeki sohbete hep seni seçtim.
Zâhirdeki meclisimi, herkese açtım.

Cismimle gayriyle ülfet ederken;
Kalbimde dost elinden muhabbet içtim.

Evlilerin korkması gereken bundan daha gizli bir fitne de; rûhun, kadının cemâlinin güzelliğine bakarak rahatlama arzusuna sahip olması ve bunun da, rûha âit Rahmânî bir şey olduğunun düşünülmesidir. Bu hâl, huzur-ı ilâhiyeye bağlı kalması için seçilmiş rûhun muhabbetinde bir noksanlıktır. Rûh bundan, sâfiyetini yitirip sersemleşir ve mânevî fetih yoluyla üzerine akan fayüzat kapısı kapanır. Rûhtaki bu durgunluk ve donukluğu farketmek çok zordur. Bundan sakınılmalıdır.

Bu tür bir yolla fitneye düşmüş gruplardan birisi de; kadını seyretmenin rûha huzur vereceğini söyleyen kimselerdir. Ruh, helal yoldaki muhabbetinde bile, Yüce Mevlâ'nın edeb ve muhabbetini korumada aciz ve kusurlu kalırsa; bu muhbbeti haram yoldan elde ettiğini iddiâ eden kimsenin durumunu var sen düşün! Bu durumda onu, nefsinin sukûneti aldatmaktadır. O da zanneder ki; eğer bu muhabbet hevâdan kaynaklansaydı, nefis sükûn bulmazdı. Halbuki, nefis bu konuda hiçbir zaman sukûn bulmaz. Aksine, ruhtaki sukûnet vasfını söker alır ve onu kendi tarafına çeker.

Ben, kadını seyir ile fitneye düşenlerin başlarına gelen belânın mâhiyet ve sebebini araştırdım; bunun gizli bir şehvetten kaynaklandığını gördüm. Mürid bundan şiddetle sakınmalıdır. "Bunda mânevî bir hâl ve haz vardır!" diyenin sözüne itibar edilmez. Bunu söyleyen kimse, boş iddiâ sahibi yalancı birisidir. Bu mânada bazı doktorlar, sevgilinin dışında birisiyle yapılmış olsa bile cimâ, aşk heyecanını ve şehveti yatıştırır." derler. Bu da yanlış bir kanaattır.

Bilinmelidir ki; bu arzunun dayandığı nokta şehvettir. Onda herhangi bir mânevî hâl iddiâ eden yalan söylemiştir; asla kabul edilmez. Bu saydıklarımız; evli olanların fitneye düşüş sebebleridir.

Bekarın fitnesi ise; zihin ve hayâlinde sürekli kadın düşüncesinin geçmesidir. Kendisine bâtınî kalb temizliği ihsan edilen kimse, onu şehevî düşüncelerle kirletmemeli, kendisine bu tür bir düşünce geldiğinde, hemen Allahu Teâlâ'ya sığınıp, tazarrû' ve niyaz ile onu içinden gidermelidir. İnsan, kalbe gelen bir şehevî fikri, düşünmeye devam edince o, kalbden göğsüne çıkar; gözü önünde canlanır. O anda, düşüncenin te'siriyle, organların uyanmasından ve bunun gizli bir amel ve günah olmasından korkulur.

Huzur-ı ilâhiyeye ulaşmayı ve kalb uyanıklığını hedefe almış bir mürid için, bu tür bir halden daha çirkini düşünülemez. Bu, onun için çok kötü bir hâldir.

Denilmiştir ki: "Âriflerin gönlünden çirkin şeylerin geçmesi, onu yapanların fiili gibidir."

Allahu Teâlâ en iyisini bilir.

****

SEMÂ' HAKKINDA SÛFİLERİN GÖRÜŞÜ

Allahu Teâlâ buyurmuştur ki:"*Sözü dinleyip de en güzeline uyan kullarımı müjdele! Onlar Allah'ın hidâyete ulaştırdığı kimselerdir. Ve onlar, gerçek akıl sahipleridir.*" [1]

Sözün en güzeli; insanı en güzel irşâd eden ve hidâyete ulaştıran sözdür." denmiştir.

Diğer bir âyette şöyle buyrulmuştur:

"*Rasûlümüze indirileni dinledikleri zaman sen, onların, Hakkı yakinen tanımalarından dolayı gözlerinden yaşlar akıttıklarını görürsün.*" [2]

Bu iki âyet-i kerimede bahsedilen"semâ" yani can kulağı ile dinleme olayı; üzerinde ihtilaf edilmeyen ve ehl-i imana âid olan bir semâdır. Buna sâhip olanların, hidâyet ehli ve gerçek akıl sâhibi olduklarına hükmolunur. Bu tür bir semânın kalbde meydana getirdiği harâret, yakînin serinliği ile birleşince, gözden yaş akar. Çünkü semâ; bazen sâhibine hüzün verir; hüzün ise sıcaktır. Bazen şevk verir; şevk de sıcaktır. Bazen nedâmet getirir; nedâmet de sıcaktır. İşte bu semâ, yakînin serinliği ile dolu bir kalb sâhibinde bu sıfatları harekete geçirince; göz ağlar ve yaş döker. Çünkü; hararet ile serinlik birleştiği zaman su meydana gelir.

Semânın kalbe te'siri bazen gizli olur, cesette etkisi ortaya çıkar ve cild ürperir. Allahu Teâlâ, mü'minlerdeki bu hâli şöyle ifâde etmiştir: "*Rablerinden korkanların derileri (vücûdları) ondan ürperir.*" [3]

1) Zümer (39), l8.
2) Mâide (5), 83.
3) Zümer (39), 23.

Bu etki bazen daha büyük olur ve te'siri dimağa ulaşır. Akla haber veren bir haberci gibi beyne, (kendince bir) te'sir icrâ eder. Bu durumda, akılda meydana gelen te'sir ve anlayış da büyük olur ve göz yaş boşaltır. Bazen hak söze kulak verip canla dinlemenin te'siri tâ rûha kadar ulaşarak onda mânevî bir hareket ve dalgalanma meydana getirir. Öyle ki; bu dalgalanama ve harâretten beden çatlayacak duruma gelir. Bundan dolayı kişide bağırma ve çırpınma gibi cezbe halleri meydana gelir.

Bütün bunlar, hâl sahiplerin başına gelen ahvâldir. Bazen işin ehli olmayan, nefsin hevâsına uyan kimseler de, bu halleri bulduklarını zanneder ve halka anlatırlar.

Rivâyet edildiğine göre; **Hz. Ömer** (r.a), bazen virdindeki bir âyete geldiğinde ilâhî cezbeye kapılır ağlamaktan boğulacak gibi olur, yere düşer, bir iki gün evine kapanır, dışarı çıkmazdı. Hatta, insanlar onu hasta zannederek ziyâretine gelirlerdi. Demek ki, semâ (hak ve hayır sözü can kulağı ile dinleme), Kerim olan Allah'ın rahmetini çekmektedir.

Zeyd b. Eslem (r.a.), şöyle rivâyet etmiştir:

Übey b. Ka'b (r.a), Rasûlullah'ın (s.a.v) yanında Kur'an okudu. Orada bulunanların kalbi iyice yumuşadı (hisle doldu). Bunun üzerine Efendimiz (s.a.v):

"Kalblerin yumuşayıp inceldiği anda, duâyı ganimet bilin. Çünkü o, Allahu Teâlâ'dan bir rahmettir." [4] buyurdu.

Ümmü Gülsüm (r.ah), Rasûlullah'ın (s.a.v) şöyle buyurduğunu rivâyet etmiştir:

"Allah korkusundan kulun derisi (vucüdu) ürperdiği zaman, kuru ağacın yapraklarının dökülmesi gibi günahları dökülür." [5]

Diğer bir hadisi şerifte de şöyle buyrulmuştur:

"Allah korkusundan kulun derisi (vücûdu) ürperdiği zaman, Allahu Teâlâ, onu ateşe haram kılar." [6]

Bu anlattıklarımız, hakkında inkar ve ihtilaf edilmeyen semâ (ve cezbeye)

4) Suyûtî, Câmiu's-Sağîr, I, 183; Münâvî, Feyzu'l-Kadîr, II, 17. (Had. No: 1211)
5) Suyûtî, Câmiu's-Sağîr, I, 74; Münâvî, Feyzu'l-Kadîr, I, 292, (Had. No: 467); Beyhakî, Şuabu'l-İmân, I, 491 (Had. No: 803)
6) Bkz: Ali el-Muttakî, Kenzu'l-Ummal, III, 141 (Had. No: 5875-79)

girmektedir. İhtilaf ancak, makam ile söylenen şiirlerin dinlenmesindedir. Bu konuda pek çok söz söylenmiş ve birbirinden farklı hâl ve yaklaşımlar ortaya çıkmıştır. Bazıları onu inkar ederek fıska dâhil etmiş, ona aşrı düşkünler de bunun apaçık bir hak (ve helal) olduğunu ileri sürmüştür. Her iki taraf (birbirine îtiraz ve ihtilafta), ifrat ve tefrid arasında çekişip durmuşlardır.

Ebu'l-Hasan b. Sâlim'e: "Sen semâ'ı nasıl inkar ediyorsun, halbuki, **Cüneyd el-Bağdâdî**, **Sırrı es-Sakatî** ve **Zunnûn el-Mısrî** onu dinliyorlardı!" diye sorulunca, o:

"Benden daha hayırlı kimseler on câiz görmüş ve dinlemişken ben onu nasıl inkar edebilirim ki?" demiştir.

Cafer et-Tayyar da, (şiir ve name ile söylenen güzel şeyleri) dinlerdi. Semâ konusunda inkar edilen sadece eğlence ve oyundur. Doğru olan görüş budur.

Şeyh **Tâhir b. Ebi'l-Fadl**, bize, **Hz. Âişe**'nin (r.ah), şöyle dediğini nakletti:

"(Babam) **Ebû Bekir** bana geldi. O anda yanında iki cariye def çalarak şarkı söylüyorlardı. Rasûlullah (s.a.v) da elbisesine bürünmüş yaslanmış bir vaziyette oturuyordu. **Ebû Bekir** (r.a), câriyeleri azarlayıp menedince, Rasûlullah (a.s.) yüzünü açarak:

"Ya Ebâ Bekir! Onları bırak. Bugün bayram günüdür, (biraz eğlensinler)." [7] buyurdu.

Âişe (r.a) şöyle anlatmıştır:

"Hatırlıyorum; Rasûlullah (s.a.v) beni ridâsıyla örter (omuzuna yaslanmış olarak) mescidin avlusunda kılıç kalkan oyunları sergileyen **Habeşlileri** usanana kadar seyrederdim." [8]

Şeyh **Ebû Tâlib el-Mekkî**, (**Kûtü'l-Kulûb** isimli eserinde), semanın câiz olduğunu gösteren delilleri zikrederek, pek çok Sahâbe, Tâbiûn ve diğer sonra gelen ülemânın görüşlerini nakletmiştir. İlminin derinliği, mânevî hâlinin kemâli, selefin ahvâline vukûfu, takvâ ve verâda ileri seviyedeki durumu, en doğru ve evlâ olanı araştırma tutkusu sebebiyle, **Ebû Tâlib el-Mekkî**'nin bu

---

7) Müslim, Îdeyn, I6; Amed, Müsned, VI, 33, 84, 99.
8) Buhârî, Îdeyn, 25; Müslim, Îdeyn, I7; Nesâî, Îdeyn, 35; Ahmed, Müsned, VI, 83.

husustaki söz ve değerlendirmelerine itibar ve itimâd edilir. O, bu konuda şöyle demiştir:

"Semâ, haram, helal ve şüpheli olmak üzere üç kısımdır. Haram olan semâ; sırf nefsani ve şehevî duygularla yapılan semâdır. Şüpheli olan semâ; kişinin aklî ölçüler içinde, hanımı veya câriyesinden dinlediği söz ve nâmelerdir ki, bunun bir nevi oyun ve eğlence yönü bulunduğu için şüphelidir. Helal olan semâ (dinleme) ise; Hakk'a delâlet eden mânaları müşâhede eden ve ilâhî tecellilere bağlanan bir kalble yapılan semâdır."

Şeyh **Ebû Tâlib el-Mekkî**'nin bu sözü gerçekten doğru ve isâbetlidir. Bu durumda, semâı inkar konusunda çok ileri giden zâhid görünümlü kimselerin yaptığı şekilde, onu dinleyen kimselerin fiilini inkar ederek, semâ, mutlak olarak haramdır, denemiyeceği gibi; semâa aşırı düşkünlük gösterip, onun edeb ve şartlarını ihmâl ile bu konuda ısrar edenlerin yaptığı şekilde, semâın mutlak olarak helal ve mübah olduğu da söylenemez. Biz burada, semâı geniş olarak ele alarak onun helal ve haram oluş yönlerini açıklayacağız.

Def ve mizmar türü (telli ve nefesli) çalgılar konusunda, her ne kadar **Şâfii** mezhebinde bir genişlik (ve müsâmaha) varsa da, evlâ olan onları terketmek ve ihtilaftan kurtulmak için ihtiyat ile amel etmektir.

Âhiret için amele teşvik, Cennet ve Cehennemi hatırlatma, Yüce Allah'ın nimetlerini anlatma, ibâdet, zikir ve hayırlara rağbet konularında söylenen kaside ve şiirleri red ve inkar etmek mümkün değildir. Gâzi ve hacıların hallerini anlatan, hac ve gazâlarını tavsif eden, gâzilerin azmini, hacıların şevkini canlandıran kaside ve ilâhîler de bu kısma girmektedir.

Boy ve endamdan, kadınların hâl ve vasfından bahseden şiir ve kasidelere gelince; bu tür şeyleri hayır ehli kimselerin dinlemeleri ve onun için toplanmaları uygun değildir.

Eğer, ayrılık, vuslat, hicrân ve uzaklık gibi, mânâca, Allahu Teâlâ'nın işlerine de hamledilmeye musâit olan, müridlerin hallerinin değişmesinden ve başlarına gelen âfetlerden bahseden; işitene kaçırdığı fırsatlara nedâmet ettiren yahut önündeki şeylere azim ve gayret veren kaside ve şiirleri dinlemenin durumu nasıldır? denirse, bu konularda denmiştir ki:

Bazı vecd ehli, semâı ile mânen gıdalanmakta, onunla mânevî seyir ve visâle güç kazanmakta, sönmüş şevkini harakete geçirip canlandırmaktadır. Kul, kalbi Mevlâ Teâlâ'ya bağlı bir halde, herhangi bir beyit dinlediğinde, bu, onu zikre geçirebilir. Meselâ; birisinin:

Artık sana dönüyorum Ya Rahman!

Kat be kat oldu yaptığım isyân.

Lâkin Leylâmın aşk ve sevgisine,

Tevbe edemem ben ziyâretine...dediğini işitittiğinde; kalbi, (ölümlü bir varlık yerine) **Hakk**'ın emrinde ve yolunda sâbit kalmasından ve ölümüne kadar böylece kalmaya azminden dolayı huzur bulup neşelenir ve bu semâ, onun için Allahu Teâlâ'yı bir zikir çeşidi olur.

Ariflerden birisi şöyle demiştir: "Biz, arkadaşlarımızın vecd hallerini üç şeyde görüp tanıyorduk:

1-(İlginç) meseleler karşısında.

2- (Allah için) gazaplandığında.

3- Semâ anında."

Cüneyd el-Bağdâdî demiştir ki: "Bu (sûfiler) tâifesinin üzerine üç yerde rahmet-i ilâhiyye iner:

1-Yemek anında. Çünkü onlar ancak, zarûret ve ihtiyaçtan dolayı yerler

2-İlmî müzâkere anında. Çünkü onlar; hep nebilerin halleri ve sıddıkların makamları konusunda konuşup dururlar.

3-Semâ hâlinde. Çünkü onlar; (dinledikleri güzel ilâhi, kaside ve şiirleri) vecd içinde dinleyip bu vesile ile Hakk'ı müşâhade ederler."

Rüveym'e: "Sûfilerin semâ anındaki vecdinden." sorulduğunda, şöyle demiştir: "Onlar semâ anında, başkalarına gizli kalan mânalara gözlerini açarlar. Cenâb-ı Hakk sanki onlara: "Bana gel, bana!" der. Onlar da (bu ilâhî dâvet ve cezbe ile) ferahlayıp sevinirler. Bu arada kendilerine bir perdelenme vâki olunca, ferah hali ağlamaya dönüşür. O zaman bazıları bulundukları hâlin te'siriyle elbisesini parçalar, bazısı ağlar, bazıları da seyhâ atar."

Ebû Zür'a, bize, icâzet yoluyla, Ebû Sehl **Muhammed b. Süleyman**'ın şöyle dediğini haber verdi: "Semâ eden (vecd ile kaside ve ilâhi dinleyen); perdelenme ile (ilâhî) tecelli arasındadır. Perdelenme (şevk) ateşini tutuşturur, tecelli ise, artırır."

Demek ki; müridlerde meydana gelen (farklı) haraketler bu tür perdelenmeden meydana gelir. Bu da, (bir nev'î) acziyet ve zayıflığın ifâdesidir. Tecelliden ise, vâsıl ilellah olanlar için sukünet meydana gelir. Bu ise, temkin ve istikamet mahallidir. Huzur-ı ilâhiyede de hâl böyledir. Orada bulunan kul da, heybet-i ilâhiye karşısında (günahlarını hatırlayıp) boynu bükük, kalbi kırık bir halde olur.

Şehy **Ebû Abdurrahman es-Sülemî**, dedesinin şöyle dediğini haber vermiştir: "Semâ edene, (söyleneni) uyanık bir kalb ve ölü bir nefisle dinlemesi gerekir. Kimin kalbi (mânen) ölü, nefsi (şehevî hisleriyle) diri ise; ona semâ helal değildir."

Kur'an-ı Hakim'deki: ***"O, halka verdiği nimetlerde dilediğini artırır."*** [9] âyetinin tefsirinde; Allahu Teâlâ'nın dilediği kimselere ayrıca vereceği nimetin güzel ses, olduğu söylenmiştir.

Rasûlullah (s.a.v) buyurmuştur ki:

"Allahu Teâlâ, güzel sesiyle Kur'an okuyan bir kimseye, sizden birisinin güzel sesli câriyesini dinlemesinden daha fazla kulak verir." [10]

Cüneyd el-Bağdâdî'nin şöyle söylediği nakledilmiştir:

"**İblis**'i rüyamda gördüm. Kendisine:

"Ashâbımızdan yolunu bulup kandırdığın veya kendisinden herhangi bir şey kopardığın kimse oluyor mu?" diye sordum. İblis:

"Onların hâli bana çok sıkıntı vermektedir. İki vaktin dışında, onlardan herhangi bir şey koparmam benim için çok zordur." dedi. Ben:

"Onlar hangi vakitlerdir?" diye sorunca:

"Biri semâ vaktinde, diğeri de harama nazar anında. Onların bu ânını gözetlerim ve o anda kalblerine girip vesvese veririm" diye cevap verdi. Rüyâmı, büyüklerden birisine anlattım. Hazret, bana:

"Keşke onu gördüğünde şöyle deseydin: "Ey ahmak! Dinlediğini Allah'tan dinleyen; baktığında ona nazar eden bir kimseden sen kendi payına ne koparabilirsin?" Bunu duyunca ben âlime:

"Doğru söyledim." dedim.

9) Fatır (25), 1.
10) İbnu Mâce, İkâme, I76; Ahmed, Müsned, VI, I9-20.

Hz. Âişe (r.ah) şöyle rivâyet etmiştir: "Yanımda bir câriye vardı. Bana (sesli olarak) birşeyler söyleyip dinletiyordu. O esnâda Rasûlullah (a.s) içeri girdi. Câriye hâlini hiç değiştirmeden söylemeye devam etti. Biraz sonra **Ömer** (r.a.) içeri girdi. Câriye sözünü kesip hemen kaçtı. Bunu gören Allah Rasûlü (s.a.v) güldü. Ömer (r.a):

"Ya Rasûlellah! Sizi güldüren nedir?" diye sordu. Rasûlullah (a.s) da câriyenin haâini anlattı. Bunun üzerine **Hz. Ömer**:

"Rasûlullah'ın dinlediğini ben de dinlemedikçe yerimden ayrılmayacağım" dedi. Efendimiz (a.s), câriyeye emretti, söylediklerini ona da dinletti." [11]

Şeyh **Ebû Tâlib el-Mekkî,** kitabında şunu zikretmiştir: "**Atâ**'nın sesi güzel iki câriyesi vardı; arkadaşları onları dinlemek için onun evinde toplanırlardı."

Yine o, demiştir ki: "Bizler, **Ebû Mervân el-Kâdı**'ya eriştik; onun, güzel sesleriyle dervişlere birşeyler söyleyen câriyeleri vardı."

Şeyh **Ebû Tâlib**, bu nakilleri yaptıktan sonra demiştir ki:

"Bana göre doğru olan, bu tür şeylerden sakınmaktır. Bu gibi şeyler, ancak, kalb temizliğine, gözü haramdan korumaya dikkat eden ve Allahu Teâlâ'nın:

"O, gözlerin hâince bakışını ve kalblerin gizlediğini bilir." [12] âyetindeki edebe ve ikâza uyan kimseye helal olabilir. Hazretin bu sözü cidden garib ve acibdir. Aslında, bu tür şeylerden tamamen uzaklaşmak en doğru olanıdır.

Hz. Dâvud'u (a.s) öven bir hadisi şerifte, onun çok güzel sesli olduğu, **Zebur**'u okurken insanların, cinlerin ve kuşların etrafına toplandığı, hatta, bazen meclisinden (dinlenen sesin ve okunan **Zebur**'un şevkinden) binlerce cenâze çıktığı." belirtilmektedir." [13]

Rasûlulah (a.s), **Ebû Mûsâ el-Eş'arî**'yi överken:

"Ona, Davud'un mizmarlarından (güzle okuyuşundan) bir mizmar

---

11) Buhari, Îdeyn, 25; Müslim, Îdeyn, I6.
12) Gafir (40), I9.
13) Zebidî, İthâfu's-Sâde, VII, 586-87. (Beyrut-Lübnan baskısı I989)

verilmiştir. *"* [14] buyurmuştur.

Diğer bir hadis-i şerifde:

*"**Bazı şiirler gerçekten hikmettir.**"* [15] buyrulmuştur.

Bir adam, Rasûlullah'ın (s.a.v) yanına girdiğinde, yanında, bir tarafta Kur'an okuyan ve diğer yanda şiir söyleyen iki grup insan gördü (hayret ederek):

"Ya Rasûlellah! Hem Kur'am, hem şiir (ikisi bir arada olur mu?) diye sordu. Efendimiz (s.a.v) de:

*"**Bir ondan, bir bundan (olur, bir sakınca yok!)**"* [16] buyurdu.

Şâir **Nâbiğa**, içinde şu beyitler bulunan şiirini, Rasûlullah'ın (s.a.v) yanında okudu:

Hayır arama, bulunmazsa bir hükümde
Bir gayret ki; toz komaz sâfiyetine.

İşin başında olmayınca bir hakîm;
İş yürümez, soncu olur akîm.

Bunu işiten Rasûlullah (a.s.) (sözden hoşlandı ve):

*"**Güzel söyledin, yâ Ebâ Leylâ! Allah dişlerini dökmesin!**"* **diye duâ etti.** [17] Nâbiğa yüz seneden fazla yaşadı; diş yönünden insanların en güzel olanıydı.

Rasûlullah (a.s), **Hassan b. Sâbit** için, mescidte, özel bir minber koyar, o da üzerine çıkarak, Hz. Peygamber (s.a.v)'i hicvedenleri hicveder, Allah Rasûlü de (a.s):

*"**Hiç şüphesiz Hassan, Allah'ın Rasûlünü savundukça, Ruhu'l-Küdüs (Cebâil) onun yardımcısıdır.**"* [18] buyururdu.

---

14) Buhârî, Fedâilu'l-Kur'an, 3l; Müslim, Müsâfirin, 235-236; Tirmizi, Menâkıb, 55; Nesâî, İftitah, 83.
15) Ali Nasıf, et-Tâc, V, 283.
16) Bu mânadaki hadisler için bkz: Nesâî, Sehv, 99; Zebîdî, İthâfu's-Sâde, VII, 604-606.
17) Zebidi, İthafu's-Saade, VII, 604.
18) Müslim, Fedâilu's-Sahâbe, l57; Ebû Dâvud, Edeb, 87; Tirmizî, Edeb, 70, Beyhakî, Sünen-i Kübrâ, X, 238.

Sâlihlerden birisi anlatıyor:

"**Ebu'l-Abbas'ı (Hızır**) gördüm. Kendisine:

"Arkadaşlarımızın üzerinde ihtilaf ettiği semâ (güzel sesle okunan kaside ve şiir dinleme) konusunda ne dersin?" diye sordum:

"O, çok kaygan bir taştır. Üzerinde ancak âlim olanlar kaymadan durabilirler." diye cevap verdi.

Mimşâd de-Dineverî'nin şöyle dediği nakledilir: "Rasûlullah'ın (s.a.v) rüyamda gördüm:

"Ya Rasûlellah! Şu semâdan kabul etmediğiniz herhangi birşey var mıdır?" diye sordum, **Efendimiz** (a.s):

"Onu kötü görmüyorum, fakat onlara söyle; semâı Kur'an okuyarak açıp, Kur'an tilâvetiyle kapasınlar." buyurdu. Ben:

"Onlar bana eziyet veriyor ve gevşiyorlar!" dedim. **Efendimiz** (s.a.v) de:

"Ya **Ebâ Ali**! Onlar senin ashabın (arkadaşların) dır; onlara tahammül göster, sıkıntılarına katlan!" buyurdu."

Bundan sonra, **Mimşâd** sevinir ve: "**Efendimmiz** (s.a.v) bana "**Ebû Ali**" diye künye taktı." derdi.

Yasaklanan semâa gelince, bu; henüz mânevî yola yeni giren, nefisleri tam bir mücâhade hâlinden geçmeyen ve henüz nefsin sıfatları ortaya çıktığında na yapacağını, kalbin halleri keşf olduğunda nasıl davranacağını bilmeyen, hareketlerini ilmin prensiplerine göre ayarlayamayan, fayda ve zararını ve asıl ne ile meşgul olacağını tam kestiremeyen müridlerin yaptığı semâdır.

Anlatılır ki; **Zunnûn el-Mısrî, Bağdat**'a geldiğinde, bir grup insan ziyâretine geldi. Yanlarında da kaside ve ilâhi söyleyen birisi vardı. Bir şeyler söylemesi için izin istediler. O da izin verdi. Kasideci şunları söyledi:

Az bir muhabbetin yaktı gönlümü,
Bilmem nasıl olurdu sarsaydı vücûdumu.

***

Kalbimde topladın hevayla muhabbetini;
İkisi içiçe girdi, sardılar hep cesedi.

***

Artık acımaz mısın gönlü mahzun olana;
Dostu güldüğü zaman ah çekip ağlayana.

Zunnûn el-Mısrî, bu sözleri işitince, kalbi hoş oldu, ayağa kalktı, vecde geldi ve sonra yüzüstü düştü. Alnından kan damlıyor, fakat yere düşmüyordu. O arada cemaattan birisi ayağa kalkıp vecd yapmak istedi. **Zunnûn el-Mısrî** adama bakıp:

"Bir işe kalktığında seni gören (ve niyetini bilen) Allah'tan kork" dedi. Bunu duyan adam hemen oturdu. Onun oturuşu, bir sıdk alâmetiydi ve bu, hâlinin kâmil, vecd için ayağa kalkmasında niyetinin sağlam olmadığını bilmesinden ileri gelmişti.

Bu şundan olmaktadır: Bazı tabiatlar, etkili ve dokunaklı bir ses işittiği zaman, vecde kalkmanın usûl ve edebini bilmeden, sesin güzelliğine kapılıp ayağa kalkar ve ahenge uygun olarak sallanmaya başlar. Tabiatın hoşlugu ile keyiflenen nefsin hicabı kalbin üzerini örter. Tabiattan kaynaklanan bu neşe ve hoşluk onu harekete geçirir ve ayağa kalkıp sesin ahengine uyarak yapmacık bir takım hâl ve hareketlere girerek raksetmeye (dönmeye) başlar. Halbuki bu tür bir raks, ehl-i Hakk nezdinde haramdır. Yapan ise bunun, kalbî hoşluk ilahî ve aşktan kaynaklandığını zanneder. Halbuki o, kalbin (asıl) vecdini ve **Allahu Teâlâ** için olan zevkini henüz görmüş, tatmış değildir. Evet, bu da kalbin zevkidir, fakat, o, nefsin boyasıyla boyanmış (onun hislerine mağlub olmuş), devamlı hevâî şeylere meyleden, âdi şeylere uyan, hareketlerinde güzel niyeti elde edememeyen, Hakk'ı taleb etmenin sıhhat ve şartlarını bilmeyen bir kalbin (karışık) zevki ve hoşluğudur. Böyle bir raks eden için: "Raks bir noksanlıktır." denmiştir. Çünkü böyle bir raksın kaynağı, sâlih niyete sâhip olmayan bir tabiattır. Bir de buna, orada iyi niyetle bulunmayanlara bir yakınlık ve dostluk sağlamak için açıkca nifak halleri karıştırılırsa, iş daha da korkunç olur.

Bunların yanında, gerçek mutasavvıfların tasvip etmediği, ancak işin süs ve sûretinde kalan kimselerin yaptığı kucaklaşma, el ve ayak öpme gibi hareketler, nefsin diriliğini göstermektedir. Yahut, kaside ve şiir okuyan kimse parlak yüzlü bir kimse olur; bozuk tabiatlı nefisler ona bakarak lezzet alırlar ve kötü düşüncelere kapılırlar. Bazen de cemaata yakın bir yerde kadınlar bulunur, raks ve vecd gösterisi gibi haraketlerle hevâ dolu kalbler arasında şehevî duygu akımı ve etkileşme olur ki; bu tür bir semâ, ittifakla haramdır ve fıskın tâ kendisidir.

İşret meclislerine devam edenlerin hâli; kalb ve hareketleri böyle olan kimseden daha iyidir ve onların ıslahı mümkündür. Çünkü onlar, yaptıkları işin fısk olduğunu bilirler ve kabul ederler. Diğerleri ise, yaptığını fısk görmediği gibi, yaptıklarını da işin aslını bilmeyenlere ibâdet gösterirler. Din ve diyânet ehlinden buna kim razı olur? Hiç şüphesiz bu durum, kabul edilemez.

İşte bu gibi kimselerin bozuk davranışları yüzünden, mânevî yolu inkar edene, inkar kapısı açılmakta ve doğrusu inkarında da ma'zur olmaktadır. Nice haraketler vardır ki, kızılmayı icâbettirir. Nice davranışlar vardır ki, vaktin ve içinde bulunulan hâlin güzelliğini giderir. Aslında münkirin, bir müridi uygunsuz hâl ve hareketler içinde gördüğünde onu inkar ve tenkid etmesi, müridi bu tür hareketlerden meneder ve öyle meclislerden sakındırır. Aslında bu, yerinde ve doğru bir inkardır.

Sâdık müridlerden bazısı da, herhangi bir vecd ve hâl izhâr etmeksizin, işittiği şeyin etki ve ahengi ile rakseder. Böylelerinin semâ ve raksa katılmalarından maksat; çoğu zaman hareket hâlinde bulunan dervişlere uymak ve herhangi bir vecd ve hâl iddiâsında bulunmaksızın, ritmik harakete uyarak sallanmaktır. Bu tür hareketler, şeriatın hükmünde haram kılınmamışsa da, hâl ehlinin durumuna göre hoş değildir ve bir nev'i boş işlerden sayılır. Çünkü onda oyun ve eğlenceye benzer bir yön vardır. Bu durumda yaptığı hareketler, içinde gülme, ehli ve çocuğu ile eğlenme gibi tavırlar bulunan, mübah ameller cinsinden kabul edilebilir ve o, kalbi rahatlatıp dinlendirme kısmına girebilir.

Çoğu zaman bu nev'i hareketler nefsi rahatlatıp toplama ve ibâdete yöneltme niyeti ile yapılırsa; o zaman, bu güzel niyet sâyesinde, ibâdete dönüşür. Nitekim, **Ebu'd-Derdâ** (r.a) şöyle demiştir:

"Ben, hakk olan şeyleri yapmada bana yardımcı olsun diye, nefsimi, bazı mübah şeylerle meşgul ederek toplamak isterim."

Nitekim devamlı ibâdetle meşgul olanlar istirahat etsin diye, bazı vakitlerde namaz kılmak mekruh kılınmıştır. Bu zamanlarda nefisler ameli terkedip bazı ihtiyaçlarını gidersin, mühlet (ve ruhsatla) meşgul olarak biraz rahatlasın diye ibâdete ara verdirilmiştir.

Daha önce, diğer bir bölümde geçtiği gibi; insanoğlu, yaratılış terkibinin değişik topraklardan ve yaratılışının farklı şekillerde olmasından dolayı, devamlı hak üzere sabretmeye her zaman güç yetiremez. Öyleyse insan, zikrettiğimiz cinsten mübah şeylerle bazen meşgul olarak biraz rahatlayıp, hak ve fazilet olan amellere güç ve şevk kazanabilir. Şu kadar var ki; mübah olan bazı şeyler, dinen boş görülmemişse de, bazı yüksek hallere nisbetle boş olur. Çünkü mübah; yapılıp yapılmaması müsâvi olan ve iki yanı birbirini dengeleyen şeylerdir.

Sehl b. Abdullah, sâdık sûfiyi şöyle ta'rif etmiştir:

"Sâdık; cehli ilminin artmasına, boş şeyi hak olan amelinin çoğalmasına ve dünyası daha fazla âhirete hazırlanmasına sebep olan kimsedir."

Bu mâna ve gâye için, **Rasûlullah** (a.s) Efendimize, nikahındaki kadınlar sevdirilmiş, bu sâyede, kudsi hâli ve mânevî temizliği sebebiyle, nefs-i şeriflerine mübah hazları bolca verilmiş ve hakkı olan ihtiyaçları kendisine ulaştırılmıştır. Diğer insanlar için şeriatın ruhsat verdiği mübah ve bir ölçüde boş olan ameller, devamlı azimet hâli üzere olan **Rasûlullah** (a.s) için uygun görülmemiştir.

Nikahın fazileti ve onun bir ibâdet olduğu konusunda bir çok haberler vârid olmuştur. Fukahanın, üzerinde uzun uzadıya durduğu gibi; nikahın içerdiği dinî ve dünyevî faydalar, daha çok nâfile ibâdetler için kalbi boşaltma meselesinde ortaya çıkmaktadır.

Şu halde, güzel bir niyetle yapılan ve içinde herhangi bir hâl dâvası bulunmayan raks, inkarcının inkarına konu olmamalıdır. Bu tür bir raksın, yapana faydası da zararı da yoktur. Çoğu zaman, dinlenme konusunda güzel niyetle ibâdet bile olabilir. Özellikle, içinde Rabbi için bir sevinç (ve şevk) taşıyan, O'nun lutfunun ve ihsanının genişliğine nazar eden kimse için raks türü şeyler, bir ibâdet neşvesine bürünebilir. Fakat, mürşidlerin ve kendilerine tâbi olunan mânevî önderlerin raks yapması uygun değildir. Çünkü onda oyuna benzer bir manzara vardır. Bu tür şeyler kamil ariflerin makam ve konumuna yakışmaz; onlardaki yüksek hal ile uyuşmaz.

Semâ ve benzeri şeyleri kabul etmeyenlere cevap olarak şunlar söylenebilir. Semâı hiçbir ayırım yapmaksızın her haliyle inkar eden kimse, şu üç guruptan birisine girer:

1-Ya bu husustaki sünnet ve haberleri bilmiyordur.

2-Ya, kendisine verilen hayırlı amellerle aldanmış birisidir

3-Ya da, donuk tabiatlı olduğundan bu konuda herhangi bir zevki yortur ve bunun için inkarda ısrar eder. Herbir gruba anlayacakları bir yolla cevap verilebilir. Şöyle ki:

Semâ konusundaki hadis ve haberleri bilmeyene, yukarıda zikrettiğimiz, **Hz. Âişe**'den (r.ah) rivâyet edilen hadisle, bu konudaki diğer hadis ve haberleri bildirmek gerekir. Ayakta salınarak hareket edenler konusunda da, Rasûlullah'ın (s.a.v), **Habeşli**lere raks için ruhsat vermesi, **Hz. Âişe**'nin de Rasûlullah (a.s) ile beraber onları seyretmesi hatırlatılmalıdır. Yalnız bu tür şeyler, yukarıda zikrettiğimiz sevimsiz hareketlerden ve kötü niyetlerden uzak olduğu zaman makbuldür.

Rivâyete göre; Rasûlullah (a.s), **Hz. Ali**'ye: ***"Yâ Ali! Sen benden, ben de sendenim."*** [19] deyince, **Hz. Ali** (r.a) sevincinden sallanmıştır.

Yine, Rasûlullah (a.s), **Ca'fer et-Tayyar**'a: "**Sen hem yaratılış, hem de ahlak bakımından bana benziyorsun**." buyurunca **Ca'fer el-Tayyar**, (sevinc ve şevkinden ayakta) sallanıp raks etmiştir.[20]

Hz. Hamza'nın (r.a.) kızına bakma konusunda, **Hz. Ca'fer et-Tayyâr, Hz. Ali** ve **Hz. Zeyd** (r. anhüm) ihtilafa düşüp her birisi: "Ona ben bakacağım, ben daha hak sahibiyim." diye çekiştiklerinde, **Rasûlullah** (a.s) herbirine iltifatvâri sözler söyleyip çocuğun bakımını, **Ca'fer et-Tayyâr**'a verince), o, muhabbete gelip raksetmiştir.[21]

Kendisine ihsân edilen hayır amellere aldanarak semâ ve benzeri şeylere karşı çıkana şöyle diyebiliriz:

---

19) Buhârî, Ashâbu'n-Nebî, 9; (Hadisin son kısmı zikredilmemiştir), Ahmed, Müsned, V, 204.
20) Buhârî, Ashâbu'n-Nebî, l0; İbnu Kesir, el-Bidâye ve'n-Nihâye, IV, 256; Heysemî, Mecmau'z-Zevâid, IX, 272.
21) Hâdisenin tamamı için bkz: İbnu Kayyım, Zâdü'l-Meâd, III, 374-375- Ali-Nasıf, et-Tâc, II, 357-358.

"Senin Allahu Teâlâ'ya yaklaşman, âzalarını ibâdetle meşgul etmenle olmaktadır. Eğer kalbinde Allah için bir niyyet bulunmasaydı, âzalarının amel ve hareketlerinin bir kıymeti olmazdı. Çünkü ameller, ancak niyetlere göre değerlendirilir ve insana ancak niyetinin karşılığı verilir. Niyet, senin Yüce Rabbine korku ve ümidle nazar edip kalben O'na yönelerek rahmetini istemendir. İşte güzel bir şiir veya kaside dinleyen kimse de, ondan, kendisine Rabbini hatırlatacak bir mâna çıkarır. Bu, ya bir korku, ya bir hüzün, ya bir inkisar (kalb kırıklığı) ya da bir boyun büyüklüğü olabilir. Yani, o anda kalbi, Rabbini hangi hâl içinde hatırlayacaksa, o hâle tutunur. Meselâ; bir kuş sesi işitse, kalbi bundan hoş olur ve Allahu Teâlâ'nın onda tecelli eden kudretini düşünür. Cenâb-ı Hakk'ın onun boğazını yaratmasını, gırtlağını bomalar halinde dizmesini, onu mahlukatın hizmetine bağlamasını, sesin çıkış yerini, onun kulaklara gelişini tefekkür eder ve bütün bu düşünceler içinde Allahu Teâlâ'yı tesbih ve takdis eder durumda olur. (Aynen bunun gibi); bir insan sesi işittiğinde de benzerî düşüncelere ulaşıp, iç âlemi zikir ve fikirle dolacak olursa, bunu reddetmek nasıl mümkün olabilir?

Sâlihlerden birisi şöyle anlatmıştır: "Cidde Câmiinde i'tikâfa girmiştim. Bir gün, câminin bir köşesinde şiir söyleyen bir topluluk gördüm. İçimden bunu kötü görerek: "Şunlara bak! Allahu Teâlâ'nın evinde şiir söylüyorlar." dedim. O gece, Hz. Rasûlullah (a.s)'ı rüyamda gördüm. Efendimiz (a.s), o köşede oturmuş, yanında da Hz. **Ebû Bekir** (r.a) bulunuyordu. **Hz. Ebû Bekir** (r.a), gündüz işittiğim sözlerden söylüyor, **Hz. Rasûlullah** da (s.a.v) onu dinliyor, söylenen şeylerden etkilenmiş gibi elini göğsüne koyuyordu. Bunu görünce kendi kendime: "Burada bunu dinleyenleri inkar etmem gereksizmiş; baksana, **Ebû Bekir** söylüyor, Rasûlullah (a.s) da dinliyor!" dedim. Sonra Hz. Peygamber (s.a.v) bana doğru yöneldi ve:

"Bu hak olduğu için haktır." veya: "Hakk'tan gelen bir haktır." buyurdu.

Evet bu ses, kendisine bakılmakla fitneye düşülmesinden korkulan parlak yüzlü bir gençten yahut yabancı (nâmehrem) bir kadından dinlendiği zaman, içinde yukarıda zikrettiğimiz zikirler ve fikirler bulunsa bile, sadece sesten dolayı değil, içinde fitne korkusu bulunduğu için onu dinlemek haram olur. Böyle bir sesi dinlemek, (onun etkisinde kalıp) fitneye düşmek demektir. Bunun için, her haramın (maslahat icâbı etrafına konan) bir yasak bölgesi vardır.

Meselâ oruçlu bir gence, (cimâya düşer korkusuyla) hanımını öpmesinin, (zinâya kapı açılmasın diye) nâmahrem bir kadınla tek başına kalmanın yasak edilmesi gibi. Bunun için dinleyicinin hâli ve dinlediği şeylerin ona yapacağı (aksi) te'sir ve sonuçları bilindiği zaman, maslahat icâbı, böyleleri, (şiir, kaside vs.) dinlemekten menedilirler. Şu halde, sadece harama değil, harama götüren yollara da yasak konulabilir. Bu hep böyledir.

Semâı inkar eden tabiatı donuk, hiçbir zevk sahibi olmayan kimseye ise şunlar söylenebilir:

Cinsî iktidarı olmayan (ve hiç cimâ yapmamış) kimse, cimânın lezzetini bilemez. Anadan doğma körün, parlak güzelliklerden bir istifâdesi olamaz. Başına mûsibet gelmeyen acı nedir bilmez ve ah edip inlemez.

Bu durumda, bâtını muhabbet ve şevkle beslenip dolmuş bir sevene karşı, onu inkara götüren şey nedir? Çünkü böyle bir âşık, (melekût âlemine doğru) uçmak isteyen rûhunun, nefs-i emmârenin kafesinde habsedildiğini görür. Bu arada rûhuna, üns vatanlarından (güzel, ilâhî) kokular gelir; irfan ordusunun nurlarıyla aydınlanır. Bu hâlinde rûh, nefsin elinde, gurbet diyarında ayrılık bardağından acılar yudumlamakta, mücâhade yükünün altında inlemekte, müşâhade nurları parlayıp da üzerindeki yükü hafifletip sıkıntısını üzerinden atmamaktadır. Bu kimse, bir çok amellerle nefis menzillerini katetse bile; vuslat kâbesine ulaşamamakta, önündeki hicab perdesi kalkıp, rahat bir nefes alamamakta, çektiği bunca meşakkatin şiddetinden bir türlü rahata çıkamamaktadır. İşte o zaman, yolunu engelleyen nefis ve şeytana dönerek der ki:

Ey yolumdaki dağlar! Allah için önümden,
Çekilin geliversin bâd-ı sabâ o yarden.

***

O sabâ rüzgarı ki, esince mahzun kalbe,
Gider bütün sıkıntı, birşey kalmaz mihnetten.

Bulayım serinliğini ya alsın ateşimi,
Samimiyetten başka herşeyi giden kalbten.

***

Bilinsin ki Leylâ'mın dertleri çok eskidir.
Aşığı öldüren derdi, başlayandır önceden.

Makbul semâı inkar eden kimse, muhtemelen şu fikirdeki birisidir: "Allah'a muhabbet, ancak emirlerine uymaktan ibirettir; bundan öte bir şey yoktur Bütün mesele; Allah'tan korkup itaat etmektir." Bu kimse böyle diyerek, ilimde yüksek derecelere ulaşmış ülemâya ve mukarrabûn velilerin elde ettiği özel muhabbeti inkar eder. Onun kısır aklında; "muhabbet, bir misal, hayal, cins ve şekil ister!" görüşü yerleştiğinden; Hakk âşıklarının muhabbetini inkara gider ve bu cemaatın, imanın en yüksek derecelerine ulaştıklarını, kendilerine bahşedilen sayısız keşf ve müşâhadelerden dolayı, bu yolda rûh ve nefislerini fedâ ettiklerini bilip anlayamaz.

Ebû Hureyre (r.a), Rasûlullah'ın (s.a.v) şöyle buyurduğunu rivâyet etmiştir:

"İsrâiloğullarından bir çocuk annesi ile bir dağın başında bulunuyordu. Çocuk annesine:

"Şu göğü kim yarattı?" diye sordu, annesi:

"Allah." dedi. Çocuk:

"Yeri kim yarattı?" diye sordu, annesi:

"Allah." dedi. Çocuk:

"Dağları kim yarattı?" diye sordu, annesi:

"Allah." diye cevap verdi. Çocuk:

"Bulutları kim yarattı?" diye sordu, annesi:

"Allah." diye cevap verdi. Bunun üzerine çocuk vecde gelerek:

"O ne büyük Allah'dır! diyerek, kendini dağdan attı ve düşüp parçalandı." [22]

Demek ki Cenâb-ı Hakk'ın cemâl-i ezelîsi, keyfiyetini aklın ve idrâkin kavrayamayacağı bir tarzda, bazı kullarına keşfolur. Çünkü akıl, görünen âleme bağlıdır; müşâhade âleminde ancak, Allahu Teâlâ'nın varlığını kavrayabilir.

---

22) Zebîdî, İthâfu's-Sâde, VII, 640. (İbnu Hıbban rivâyetiyle).

Akıl, gayb âleminde ruha açılan sırlı âleme adım atamaz. Bu, cemâl-i ilâhîyi müşâhade makâmı, özel bir rutbedir.

Halka âit muhabbetin dışında, bundan daha umûmî olan ve umûmî olduğu kadar da özel yönü olan bir muhabet şekli vardır. Bu muhabbet, Allahu Teâlâ'nın kibriyâsını, celâlini, ihsân ve ikramda tek olduğunu, ebedlerde zuhûr eden, ezellerde zâtına bağlı olan sıfatlarının tecellilerini mütâlaa ile kemâlinin güzelliğinin müşâhade edildiği bir muhabbet çeşididir. O özel bir muhebbet makamıdır. Allahu Teâlâ'nın kemal sıfatının öyle bir güzelliği vardır ki; ona zâhirî duyularla ulaşılamaz ve başka şeylere kıyasla onun farkına da varılamaz.

Sevenlerden bir tâife, bu tecelli ve ilâhî güzelliği müşâhadeye özel olarak seçilip, sıfat-ı ilâhiyenin tecellilerine mazhar kılınmışlardır. Onlar, bu seyir ve müşâhade ölçüsünde, ilâhî bir zevk, Rabbânî bir şevk, mânevî bir vecd ve semâ elde etmişlerdir. Yukadrıda anlattığımız ilk gruba ise zâtî tecelliden bir pay ihsan edilmiştir. Böylece onların vecdi, sâhip oldukları mârifet ölçüsünde, semâları da müşâhadeleri nisbetindedir.

Meşâyıhtan birisi demiştir ki: "Biz suda ve havada yürüyen kimselerden bir topluluk gördük ki, onlar, semâ türü şeyleri dinliyor, onunla vecde gelip kendilerinden geçiyorlardı."

Bir başkası da şöyle demiştir: "Bir sâhil kenarındaydık. İhvânımızdan birisi, bir ses işiterek semâ yapmaya, suyun üzerinde dönerek gidip gelmeye başladı. Bir zaman sonra, eski yerine döndü."

Nakledildiğine göre; sûfilerden birisi, semâ anında vecde gelerek ateşin üzerinde dolaşmaya başlamış ve ateşin acısını hissetmemiştir.

Yine sûfilerden birisi de, semâ ânında vecde düşüp, o esnâda, eline yanan bir mumu olarak gözüne tutmuştur. Hâdiseyi nakleden kimse demiştir ki: "Gözüne yaklaşıp baktım; gözünden bir ateş yahut nûrun çıkıp mumun ateşini geri çevirdiğini ve mumun ateşinin gözüne hiç zarar vermediğini gördüm!"

Yine birisinin de, semâ anında vecde geldiği zaman, yerden bir kaç zirâ' yükselerek havada dolaştığı nakledilmiştir.

Şeyh **Ebû Tâlib el-Mekkî** (rah.), kitabında demiştir ki: "Eğer semâı, hiçbir ayırım yapmaksızın toptan inkâr edecek olursak, bu durumda, semâı, kabul ve tatbik eden yetmiş tane sıddıkı inkar etmiş oluruz. Gerçi biz, donuk tabiatlı kurrâların ve katı yapılı âbidlerin kalblerinin bu tür şeyleri inkara çok daha yakın olduğunu biliyoruz. Ancak biz, onlar gibi inkara gidemeyiz. Çünkü biz, onların bilmediklerini biliyor, Ashâb ve Tâbiînden, onların işitmedikleri bir çok gerçeği işitmiş bulunuyoruz."

Şeyh **Ebû Tâlib** (rah) bu sözü büyük bir araştırma sonucu ve ileri derecedeki sünnet bilgisine dayanarak söylemiştir. Fakat biz, semâı, inkar edenleri bir derece mâzur görerek, konuyu açıyor ve tercih edilen semâ ile reddedilen semâ arasındaki farkı açıklıyoruz:

Bir defasında **Şibli** (rah), birisinin: "Ben **Selmâ**'yı arıyorum, onun nerede konakladığını bilen yok mu?" dediğini işitince; şiddetli bir sayhâ atıp (asıl sevgili olan Yüce Mevla'yı kasdederek): "Hayır! Vallâhi iki dünyada da O'ndan haber verecek kimse yoktur!" demiştir.

Denilmiştir ki: "Taat, zâhirî sıfatların sırrı olduğu gibi; vecd de bâtınî sıfatların sırrıdır. Zâhirî sıfatlar, hareket ve sukün, bâtınî sıfatlar ise hâl ve vecd şeklinde ortaya çıkar"

Ebû Nasr es-Sarrâc, demiştir ki:

"Semâ ehli üç tabakadır:

Bir grup vardır ki onlar, dinledikleri şeylerde Cenab-ı Hakk'ın kendilerine yapmış olduğu hitab ve işaretlere yönelirler.

Bir diğer grup, dinledikleri şeylerde, hallerine, makamlarına ve vakitlerine uygun işâretler bulunan mânalara yönelirler. Onlar bunda, Allah adına işâret ettikleri hususlarda, ilme bağlı ve sıdkı arayarak hareket ederler.

Üçüncü grup ise, bütün dünyevî ve nefsî alakaları keserek tamamen Allah'a yönelmiş, dünya muhabbeti, kenarda mal yığma hastalıgı ile kalbleri kirlenmemiş gerçek sûfilerdir ki onlar, kalblerinin sefası için semâ ederler. Aslında semâ da onlara lâyıktır. Onlar, insanlar içinde selâmete en yakın, fitneden en emin olanlardır. Dünya muhabbetiyle kirlenmiş bir kalbin semâı, tabiata âit ve zorlamayla yapılan bir semâdır."

Sûfilerden birisine, semâdaki tekellüften, yani insanın kendisini semâa zorlamasından sorulunca; şöyle cevap vermiştir: "Semâda tekellüf (kendini zorlama) iki çeşittir:

1-Bir mevki veya dünyevî menfaatı ele geçirmek için yapılan zorlama ki bu, bir aldatma ve hiyânettir.

2-Hakiki semâa ulaşmak için kendini zorlamadır ki bu, vecde ulaşmak için vecd hareketleri yapmak ve kendisine teşvik edilen, ağlayamayan birisinin ağlıyor gibi davranmasına benzer."

Bir de: "Bu şekil toplanarak semâ yapmak ve birşeyler dinlemek bid'attır." diyen kimseye şöyle denilir:

"Mahzurlu ve yasaklanan amel ancak, yapılması emredilen bir sünnetle çatışan ameldir. Böyle olmayan bir ameli yapmada herhangi bir sakınca yoktur.

Bu, meclise girene hürmeten ayağa kalkmaya benzer. Bunun olmadığının düşünelim. Hem Arapların âdeti; içeri giren için ayağa kalkmamaktır. Hatta, nakledildiğine göre; Rasûlullah (a.s) bir meclise girdiğinde (bazen) ayağa kalkılmazdı.

Ayağa kalkmanın âdet olduğu memleketlerde, kalblerin hoşluğu ve güzel geçim için bu âdetin icrâsında herhangi bir sakınca yoktur. Çünkü böyle yerlerde bu âdeti terketmek, kalblerde soğukluk hâsıl eder ve rahatsızlık verir. Bu durumda ayağa kalkmak, güzel geçim ve hoş sohbete vesile olacağından; icrâsında herhangi bir sakınca olmayan bir amel olur. Çünkü o, bu konuda rivâyet edilmiş bir sünnetle çatışmamaktadır." [23]

****

23) Seferden dönen veya içeri giren bir kimseye ve husûsiyle Hz.Peygamber'e ayağa kalkmanın mübah ve fazilet olmasıyla ilgili haberler kitabımızın onsekizinci bölümünde geçmiştir. Ayrıca bkz: İbnu Kesir, el-Bidâye, IV, 255; Ebû Dâvud, Edeb, I.

SEMÂ'I REDDEDENLER

Önceki bölümde, semâ'ın sahih olan şeklini ve sıdk ehli için lâyık olan kısmını açıkladık. Artık (zaman ve niyetler değişti ve) semâ yoluyla fitneler çoğaldı. Ondaki sâfiyet (ve rahmet) ortadan kalktı. Azmi gevşek, ameli az bazı kimseler, hırsla sema türü şeylere yönelip, onu nefisleri için savunmaya başladılar. Bu kimselerin halleri bozuldu; semâ için çokca toplanır oldular. Çoğu zaman bu cemiyetler için yemek âdet edinildi. Keyfine düşkün nefisler bu tür toplantıları, daha önceki sâdıkların hayatında olduğu gibi, semâda kalbî hallere rağbetten değil, yemeğe muhabbetten arar oldu. Artık semâ, nefislerin şehevî arzularını tatmin için yanaştığı bir hastalık mahalli olup, oyun ve eğlence için aranan bir şey durumuna gelmiştir. Bu hal, müridin manevî kemâlâtının artmasını engeller, vakitlerini zâyi eder. İbâdetlerden daha az haz almaya sebep olur. Böyle toplantılara, şehevî arzularını ele geçirme, keyf, eğlence ve safâ sahipleri için bir rahatlama arzusuyla rağbet edilmektedir. Görülüyor ki bu tür bir toplantı, sâdıkların yanında merduttur, makbul değildir.

Denilmiştir ki: "Semâ ancak kalbi uyanık, hâli sağlam ârif için sahihtir. Mânevî yola yeni giren müridler için mübah değildir."

Cüneyd el-Bağdâdî (rah.), demiştir ki: "Müridin semâı arzuladığını görürsen; bil ki onda, tembellik eseri vardır."

Anlatıldığına göre**; Cüneyd** (rah.) semâı terkettiğinde, kendisine: "Siz daha önce semâ yapardınız ya!" denildiğinde:

"Kiminle dinlediğimi bilir misiniz?" diye sordu:

"Nefsiniz için, nefsinizle!" denildiğinde;

"Kimden dinlediğimizi de biliyor musunuz?" demiştir. (Hazret böyle söylemekle, semâı nefsi adına değil, ilâhî mârifet için yaptığına işâret etmiştir).

Çünkü onlar semâı, bu işin ehli olanlarla birlikte ehil kimselerden dinlerlerdi. Bu işe ehil olan kimseler yok olunca, onu terkettiler. Onlar semâ yapmak istedikleri zaman ancak, onun usul, şart ve edeblerine dikkat ederek yaparlardı. Bu sayede âhireti hatırlar, Cennete rağbet edip, ateşten sakınırlar, böylece; mânevî talebleri artar, halleri güzelleşirdi. Bunun için bazı vakitler toplanırlardı. Ancak bunu, zikir ve virdlerini terkedecekleri bir alışkanlık hâline getirmezlerdi.

İmam Şâfii'nin (rah), "**Kitâbu'l-Kadâ**'da, şöyle dediği nakledilmiştir:

"Şarkı; bâtıla benzeyen mekruh bir eğlencedir. Kim teğanniyi (şarkı ve türkü söylemeyi) çoğaltırsa, o, sefih bir insandır; şehâdeti kabul edilmez."

Şâfii ülemâsı, nâmahrem kadının sesini dinlemenin câiz olmadığında ittifak etmişlerdir. Bu kadın, ister hür, ister câriye olsun, ister yüzü açık, isterse perde arkasında okusun, hüküm aynıdır.

Nakledildiğine göre; **İmam Şâfii** (rah.), trampet türü çalgıları mekruh görerek: "Onu, (müslümanları) Kur'an'dan alıkoymak için zındıklar ortaya koydu." demiş ve ayrıca:

"Hangi şekilde olursa olsun, Kur'an-ı Kerim'i güzel ses ve lahinle (makamla) okumakta bir sakınca yoktur."hükmünü belirtmiştir.

İmam Mâlik'e göre; bir kimsenin satın aldığı câriye şarkıcı çıkarsa, bu ayıbı sebebiyle sahibine iâde edebilir. Diğer **Medine** ehlinin ve **İmam A'zam**'ın görüşü de bu şekildedir.

Şarkı, türkü dinlemek günahtır. Bunu, fakihlerden çok azı, (sözleri uygun olursa) mübah görmektedirler. Onu mübah görenler de; onun, mescid ve mübârek yerlerde söylenmesini uygun bulmazlar.

Allahu Teâlâ'nın: ***"İnsanlardan bazıları da, boş söze rağbet edip peşine düşer."*** [1] âyetinin tefsirinde **İbnu Mes'ud** (r.a): "Âyette geçen boş söz; şarkı, türkü söylemek veya onu dinlemektir." demiştir.

Yine Allahu Teâlâ'nın: ***"(Haktan) gafil oyalanıyorsunuz."*** [2] ayetinin tefsirinde de: "**Sâmidûn**" ifâdesi; şarkı söyleyenler, olarak açıklanmıştır. Bu görü-

1) Lokman (31), 6.
2) Necm (53), 6l.

şü, **İkrime, Abdullah b. Abbas**'dan rivâyet etmiştir. **Himyer** lugatında bu kelime "şarkı-türkü" mânasına gelmektedir. Yemenli'ler; bir kimse şarkı-türkü söylediği zaman, bu kelimeyle ifâde ederler. *"Onlardan gücünün yettiğini sesinle (ayart ve yerinden) oynat."*[3] âyetinin tefsirinde, **Mücâhid**: "Buradaki sesten murad; şarkı ve müzik âletleridir." demiştir. Hz. Rasûlullah'ın (s.a.v) şöyle buyurduğu rivâyet edilmiştir:

"İlk sayhâ atıp ağlayan ve ilk teğanni edip şarkı söyleyen İblis'tir."[4]

Abdurrahman b. Avf (r.a), **Rasûlullah**'ın (s.a.v) şöyle buyurduğunu rivâyet etmiştir:

"Günah olan iki sesden menedildim. Birisi; herhangi bir nimete kavuşunca gülüp eğlenmek; diğeri de mûsibet hâlinde bağırıp çağırmak."[5]

Hz. Osman'ın (r.a) şöyle dediği rivâyet edilmiştir: *"Teğanni yapmadım, oun hiç arzu da etmedim. Rasûlullah'a (s.a.v) bey'at ettiğim günden beri avret yerime, sağ elimle dokunmadım."*[6]

Abdullah b. Mes'ud da (r.a) şöyle demiştir: "Teğanni (şarkı-türkü), kalblerde nifağı yeşertir."

Anlatıldığına göre; **İbnu Ömer** (r.a), ihramda olan bir topluluğa uğradı. İçlerinde de şarkı söyleyen bir kimse vardı. Onlara: "Hey, bu ne hal! Allah sizin duânıza icâbet etmesin, Allah sizin duânıza icâbet etmesin!" dedi.

Birisi, **Kâsım b. Muhammed**'e teğanninin durumunu sordu. O da: "Seni ondan nehyederim ve senin için hoş karşılamam." dedi. Adam: "O haram mı ki?" diye sonurca, Kâsım: "Ey kardeşimin oğlu! **Allah**, hak ile bâtılı birbirinden ayırınca, şarkı ve türküyü hangi tarafa kor? Bir düşün!" dedi.

Fudaylı b. Iyaz: "Şarkı-türkü, aklı büyüleyip zinâya kapı açar." demiştir. **Dahhâk** da: "Teğanni; kalbi ifsâd eder, Rabbi gazaba getirir." demiştir.

---

3) İsrâ (17), 64.
4) Zebîdî, İthâfu's-Sâde, VII, 671-72.
5) Heysemî, Mecmau'z-Zevâid, III, 17; Münzirî, et-Terğib, IV, 350.
6) Heysemî Mecmau'z-Zevâid, IX, 86.

Sûfilerden birisi şöyle demiştir: "Teğanniden (şarkı-türküden) sakınınız. Çünkü o, şehveti artırır, insanın mürüvvetini ayaklar altına alır ve insanı içki içmiş gibi serhoş eder."

Bunu söyleyen, gerçekten doğru söylemiştir. Çünkü oynak bir tabiat, şarkı ve türkü gibi nâme ile söylenen şeylerle kendinden geçer. O anda, parmak şıkırdatmak, el çırpmak ve raks gibi, normal hallerde güzel bulmadığı şeyleri hoş karşılar ve kendisinden aklının za'fiyete düştüğnü gösreten bir takım nâhoş haraketler zuhûr eder.

Hasan el-Basri: "Def, müslümanların çıkarıp ortaya koyduğu bir şey değildir." demiştir.

Hz. Rasûlullah'ın (s.a.v) şiir dinlemesiyle ilgili rivâyet, şarkı ve türkünün mübah olduğunu göstermez. Çünkü şiir, manzum şekilde söylenen bir sözdür. Diğer kelamlar ise, nesir şeklinde ifâde edilmektedir. Bu durumda, onun güzeli güzel, çirkini de kötü ve merduttur. Şarkı-türkü ise bir takım nağmelerle olmaktadır.

Ehl-i insaf birisi, zamanımızdaki insanların toplantılarındaki durumu, şarkıcının defiyle oturup diğer çalgıcıların âletleriyle katılımını bir düşünse; böyle bir toplantı şeklinin, Hz. Rasûlullah'ın (s.a.v) huzur-ı saâdetlerinde vâki olduğunu söyleyebilir mi? Allah Rasûlü ve Ashâbının, ortaya bir takım söz sanatçısı çıkararak başına toplanıp onu dinledikleri ileri sürülebilir mi? Tabiîki, hayır. Eğer bunda bir fazilet (ve fayda) olsaydı onu da ihmal etmeyip yapmazlar mıydı?

Bunda bir fazilet olduğu için sema yaptığını ve bu tür toplantılara katıldığını söyleyen kimse, belli ki Hz. Rasûlullah'ın (s.a.v), O'nun Ashâbı'nın ve Tâbiîn'in yüksek hallerini yakinen bilmiyor; ayrıca onların yaşadığı mânevî hayatın tadını da tatmış değil. Bu kimse, daha sonra gelen âlimlerden bazısının bu konudaki istihsana dayalı fetvasına dayanıp, yaptığına bir genişlik aramaktadır. Halbuki çok defa insanlar, bu konuda hataya düşmüşlerdir. Her ne zaman kendilerine, bir konuda, Selef-i sâlihinin hâl ve içtihadlarıyla delil getirilse; hemen, daha sonraki âlimlerden bir takım delillerle karşı çıkmaktadırlar. Halbuki **Selef**, Hz. Rasûlullah'ın (s.a.v) devrine daha yakın ve halleri de Efendimizin hâline daha çok benzemekteydi.

Sûfilerin çoğu, Kur'an-ı Kerim okunurken, kendinden geçme hâline düşmeden, bazı şeylerin yapılmasını müsâmaha ile karşılıyorlardı.

Abdullah b. Urve b. Zübeyr (r.a), demiştir ki: "Büyük annem **Esmâ binti Ebu Bekir**'e: "Rasûlullah'ın (s.a.v) ashâbı kendilerine **Kur'an** okunurken nasıl davranıyorlardı?"diye sordum, bana:

"Allahu Teâlâ'nın, kendilerini Kur'an'da vasfettiği gibi, gözlerinden yaşlar akar, derileri ürperirdi." dedi. Ben:

"Bugün bazı insanlar, Kur'an okunurken kendilerinden geçip bayılıyorlar!" deyince;

"Huzur-ı ilâhiyeden kovulmuş şeytandan Allah'a sığınırım." diyerek, o hâli beğenmediğini ifâde etti."

Rivâyet edilir ki; **Abdullah b. Ömer** (r.a) düşe kalka yürüyen, elini kolunu sallayarak çırpınan bir **Iraklı**'ya rastladı:

"Buna ne oluyor!" diye sordu. Yanındakiler:

"Kendisine Kur'an-ı Kerim okununca, Allah Teâlâ'nın zikrini işitip düştü!" dediler. Bunun üzerine **İbnu Ömer** (r.a):

"Hiç şüphesiz biz de Allah'tan korkuyoruz, ama böyle düşmüyoruz. Belli ki onun içine şeytan girmiş. Rasûlullah'ın (s.a.v) ashabı böyle yapmazdı." dedi

İbnu Sîrin'in yanında, kendisine Kur'an okunduğu zaman, saralı gibi eli ayağı titreyip bayılan birisi anlatılınca, Hazret şöyle demiştir: "Onun hâlini anlamak için yapılacak iş şudur: Böyle birisi evin çatı katında ayaklarını aşağı salmış olarak otururken, kendisine **Kur'an** okununca, aynı şekilde vecde gelip kendisini damdan aşağı atarsa, o, bu cezbe halinde sâdıktır; yoksa sahtekar ve riyâkardır."

Ülemâdan rivâyet edilen bu sözler, mutlak mânada cezbe ve vecdi bir inkar değildir. Çünkü bu tür şeyler, bazı sâdık kimselerde de vâki olmuştur. Buradaki inkar, ekseri avamda gözüken yapmacık ve zorlama ile ortaya konan vecd ve ürpermelere âittir. Bu gibi haraketler, bazılarında riya ve zorlama ile ortaya çıkarken; bazılarında da, ilminin azlığı ve hevâ-i nefs ile karışık cehlinin fazlalığından meydana gelmektedir. Böyle birisine azıcık bir vecd gelse, bir sürü de kendisi ekler ve bunun dinine zarar vereceğini bilmez. Halbuki kendisi, onun, nefsinden kaynaklandığını pekâlâ bilmektedir. Fakat nefsi, dinlediği şeylere gizlice kulak vererek, gelen vecdi, durdurulması gereken sınırdan öbür tarafa taşırır. Bu tür şeyler, sadık müridlerin haline ve yoluna ters düşmektedir.

Rivayete göre; **Hz. Mûsâ** (a.s), kavmine vaaz ederken, içlerinden bir adam vecde gelip gömleğini yırttı. O anda **Hz. Mûsâ**'ya vahyedildi ki:

"**Gömlek sâhibine söyle; gömleğini yırtıp parçalayacağına gelen feyiz ve nura kalbini açsın!**"

Eğer semâ, parlak genç bir oğlanın sesini dinleyerek yapılıyorsa, artık fitne yüzünü göstermiş ve ehl-i diyânete bunu inkar lâzım olmuştur.

Bakıyye b. Velid demiştir ki: "Büyükler, genç, güzel, parlak oğlanlara bakmayı hoş karşılamazlardı."

Atâ da: "Kalbin (nefis adına), meylettiği hiçbir nazarda hayır yoktur." demiştir.

Tâbiîn'den birisi ise: "Tevbe eden bir genç için, parlak oğlanlarla oturmasından korktuğum kadar, yırtıcı hayvanlardan korkmam!" demiştir.

Tâbiîn'den bir diğeri de: "livata hastalığı üç türlü meydana gelir: Bir kısmı bakarak, bir kısmı eliyle dokunarak, bir kısmı da bizzat fiilini yaparak onu icrâ etmektedirler." demiştir

Görülüyor ki; sûfilere, bu tür toplantılardan sakınması ve töhmet altında kalacağı yerlerden uzak durması gerekmektedir. Çünkü tasavvuf bütünüyle sadâkat ve ciddiyettir. Nitekim, büyüklerden birisi:

"**Tasavvuf; her şeyi ile ciddiyettir. Sakın ona herhangi bir oyun ve eğlence (boş iş) karıştırmayınız!**" demiştir.

Bu bölümde naklettiğimiz rivâyetler, semâ'dan kaçınmayı ve ondan korunmayı göstermektedir. Önceki bölümde ise; şartlarına riâyet edip, mekruhlarından kaçınarak yapılan semâ'ın câiz olduğunu zikretmiştik. Bu hususta gereği kadar meseleyi açtık ve kaside ile teğanni (şarkı-türkü) arasındaki farkı belirtmeye çalıştık.

Sâlihlerden bir grub, semâ yapmazlar, fakat bununla beraber, güzel bir niyetle, edeb ve âdâbına uygun olarak semâ yapanları da inkara gitmezlerdi.

****

SEMÂA İHTİYAÇ DUYMAYANLARIN HÂLİ

Bil ki vecd, daha önce kaybedilen bir şeyin bulunduğunu gösterir. Kaybetmeyen bulamaz. Kulun kalbindeki ilâhî neşe ve aşkı kaybetmesi; rûhî varlığının, beşerî ve nefsî sıfatlarla sarılmasından kaynaklanmaktadır.

Şâyet kul, nefsânî his ve hallerden tamamen kurtulsaydı, mânevî alanda tam hürriyetine kavuşurdu. Tam bir hürriyet sâhibi de, vecd bağından kurtulmuş olur. Çünkü vecd bağı, insanda kalan nefis ve vücûda âit şeyleri tutmaktadır. İnsanda bu tür şeylerin kalması ise, birçok (ilâhî) ihsanlardan geri ve mahrum kalmaktan ileri gelmektedir.

Husrî (r.a) demiştir ki: "Kendisini, gafletinden uyarıp kalben harekete geçirecek bir iticiye muhtaç olanın durumundan daha aşağı bir hâl yoktur."

Buna göre; hak ehli birisinin semâ ile bulduğu vecd, (bazı yönlerden) ehl-i gafletin semâ ile ulaştığı vecde benzemektedir.

Ehl-i Hakk'ın vecdinin diğerine benzeyiş yönleri şunlardır:

1-O da kendisini itip harakete geçirecek birşeye nazar etmekte ve buna ihtiyaç hissetmektedir.

2-Bâtını, işittiği şeyle etkilenmektedir.

3-Vecdinin eseri dışa yansımaktadır.

4-Bir halden diğer bir hâle geçip hâli değişmektedir. Ancak ehl-i Hakk ile ehl-i bâtılın halleri birbirinden farklıdır. Şöyle ki:

Ehl–i bâtıl, nefsinin hevâsını elde ettiği için vecde gelir. Ehl-i Hakk ise, kalbinin murâdına ulaştığı için vecde düşer. Buna işâreten denmiştir ki:

"Semâ, kalbde yeni birşey meydana getirmez, ancak daha önce kalbde mevcut olan şeyi harekete geçirir."

Şu halde; kimin kalbi Allah'tan gayrisine bağlı ise, semâ onu harekete geçirince, o, hevâsıyla vecde gelir. Bâtını Allah'ın muhabbetine bağlı olan kimse ise; kalbindeki irâdeye uygun olarak Allah için vecde gelir. Demek ki; bu işin ehli olmayan kimse nefis perdesiyle perdelidir; ehl-i hak ise kalb perdesiyle perdelenmiştir. Nefsin perdesi, arzî ve zülmânî; kalbin perdesi ise semâvî ve nûrânîdir. Kim, devamlı müşâhade hâline ulaştığı için ilâhî tecellilerden hiç uzak kalmaz, mânevi zevkini hiç kaybetmez ve basit varlıkların peşine takılıp kalmazsa, o, semâ yapmadığı gibi yeni bir vecde de gerek duymaz.

Bu anlayıştan haraketle, sûfilerden birisi şöyle demiştir:

"Vecd, bütün varlığı saran, sözle ifâde edilemeyen hararetli bir ateştir."

Ariflerden **Mimşâd ed-Dineverî** (rah.), içlerinde şarkı-şiir okuyan sanatçının bulunduğu bir topluluğa uğradı. Onlar, Hazreti görünce, sustular. Bunun üzerine o: "Yaptığınız işe devam edin. Vallahi, dünyanın bütün eğlenceleri kulağımda toplansa, düşünceme bir tesir etmez (beni gönlümdekinden koparmaz) ve içimdeki dertlerden hiçbirine de şifâ olmaz!" dedi.

Demek ki vecd; ehl-i gaflet için, nefsine mübtelâ olmuş rûhun bir feryadıdır; sâdık olan için de, kalbin te'sirinde kalmış rûhun bir sayhâsıdır. Şu halde; sâdık için de gâfil için de, vecdin kaynağı rûhânî ruhtur.

Vecd, bazen zâhir olan mânaları anlamaktan, bazan de sırf söylenen nâme ve makamlardan kaynaklanır. Mânalardan meydana gelen vecde, gâfilin nefsi ile sâdığın kalbi semâda rûha ortak olur. Sırf nâmelerden meydana gelen vecdde ise, ruh, semâında yalnız kalır. Bununla birlikte, gâfilin nefsi, sâdığın da kalbi, dinlenen semâı, kendi taraflarına çekip arzuları istikâmetinde kullanmak isterler.

Rûhun, güzel nâmelerden lezzet alması; onun, rûhânî âlemin güzellik ve cemalin aslının toplandığı yer olmasındandır. Varlık âlemindeki sûret ve şekillerde görülen tenâsüb ve güzellik, rûhânî âlemin bir mirâsı ve yansımasıdır. Kâinattaki tenâsüb, kavlî ve fiilî güzelliklerle, daha güzel bir durum arzetmektedir.

İşte ruh, tatlı bir nağme ve ahenkli bir mûsikî işitse; (aralarındaki cinsiyetten dolayı ondan etkilenir). Ancak bu etkilenme, hikmet (ve imtahan) âleminin maslahatı icâbı, şeriat dâiresinde sınırlandırılmıştır. Kulun bu sınırlara dikkat ve riâyet etmesi, dünya ve âhirette (kendisi için) maslahatın tâ kendisidir.

Bu işin bir diğer yönü şudur: Ruh, güzel nağmelerden zevk almaktadır. Çünkü, ruh ve nefis, aynen iki aşığın aralarında (kendi dilleriyle) konuşmaları gibi, bu nağmeler vâsıtasıyla birbiriyle işâret ve remizlerlerle konuşmaktadırlar. Nefisle ruh arasında, karşılıklı aslî (kökü yaratılışa dayanan) bir aşk vardır. Bu aşk; nefsin müennes (dişilik), rûhun da müzekker (erkeklik) özelliğinden kaynaklanmaktadır. Erkekle dişi arasındaki karşılıklı aşk ve sevgi tabiî bir olaydır ve her zaman mevcuttur. Allahu Teâlâ bu gerçeğe işâreten:

"Kendisiyle (ülfet ve ünsiyet edip) teskin olsun diye o bir nefisten (Âdem'den) de zevcesini yarattı."[1] buyurmuştur.

Âyette geçen "Minhâ" (ondan) ifâdesi, aralarındaki ülfet ve ünsiyet için gerekli olan yakınlık ve beraberliğe işâret etmektedir.

Rûh namelerden lezzet almaktadır; çünkü onlar, iki âşık arasında gizli konuşmalardır.

Hikmet âleminde Havvâ vâlidemiz, Hz. Âdem'den yaratıldığı gibi; kudret âleminde nefis de, rûhânî ruhtan yaratılmıştır. İşte ruhla nefis arasındaki kaynaşma bu temele dayanmaktadır.

Bu şöyle olmaktadır: Gerçekte nefs, hayvânî bir ruhtur, fakat rûhânî rûha yakınlığı sâyesinde ayrı bir cinsiyet kazanmıştır. Bu da rûhânî rûha yakın olmanın şerefiyle diğer hayvânî ruhlardan ayrı bir özelliğe sahip olmasıyla oluşmuş ve böylece (bildiğimiz) nefs meydana gelmiştir. Bu duruma göre; kudret âleminde nefsin, rûhânî ruhtan yaratılması; hikmet âleminde **Hz. Havvâ**'nın, **Hz. Âdem**'den yaratılması gibidir. İşte aralarındaki karşılıklı bu ülfet, aşk, müzekkerlik ve müenneslik alakası hep buradan meydana gelmektedir ve bu yolla ruh, nağmelerden tad alıp hoş olmaktadır. Çünkü bu nağmeler, iki âşık arasında haberleşme ve konuşma mesâbesindedir. Nitekim şâir, bu mânada şöyle der:

Vücûdda bizim için konuşur gözlerimiz,
Biz sukût eder iken; dertleşir hislerimiz.

---

1) A'râf (7), l89.

Rûh, nağmeden zevk alınca; hevâ ile hasta olan nefs, vecde gelir ve kendinde oluşan yan etkilerin te'siriyle hareket edip sallanmaya başlar. Bu arada, Hakk'ı irâde derdine düşmüş kalb de, ruhda meydana gelen bu şevk sebebiyle vecde gelip hareket eder. Şâir, bu durumu şöyle dile getirmiştir:

İçtik biz bâdeyi, biraz da döktük yere;
Cömerdin bardağından nasibi vardır diye.

Gâfilin nefsi, kalbinin semâsı için bir yer mesâbesindedir. Hakk ehlinin kalbi de rûhunun semâsı için bir yer durumundadır. Gerçek Hakk erlerinin ulaştığı makama ulaşan, bütün ârizî hallerden sıyrılarak asıl cevherine kavuşan kimse, "Mukaddes vâdi" teşbihiyle anlatılan ilâhî huzurda, kalb ve nefsine âit herşeyi çıkarıp atmış; sonsuz güç sâhibi Yüce **Mevla'nın** huzurunda sıdk makâmında yerleşip kabul görmüş, müşâhade nûruyla bütün nağme ve makâm çeşitlerini yakıp yok etmiş, devamlı sevgilinin tecelli ve kudret eserlerini müşâhade ile meşgul olduğundan, rûhu, başka söz ve nağmelere kulak vermez olmuştur.

İlâhî tecelliler karşısında hayrete düşmüş, Cemâlullah'a muştak olmuş bir kimseye, diğer âşıkların önündeki perdelerin kalkması gibi bir hâl söz konusu değildir; onun buna ihtiyacı yoktur. Bu yüzden onu semâ gibi şeyler harakete geçirmez. Söylenişindeki letâfet ve zerâfete rağmen, nağmeler, bu rûha ulaşıp bir etki edemeyince (idrâki daha zor ve) daha katı olan mânaları anlama yoluyla semâ, o rûha nasıl ulaşsın ve nasıl te'sir etsin)! Latif işâretleri taşımaya gücü yetmeyen, ağır ibârelere nasıl tahammül edebilir? Bunu, anlaşılması daha kolay bir ibâreyle şöyle ifâde edebiliriz:

Vecd, Allahu Teâlâ'dan gelen bir vâridattır. Bizzat Allah'ı isteyen kimse, onun katından gelen bir şeye kanaat etmez. Devamlı ilâhî huzurda kurbiyyet hâlinde olan bir kimseyi, Allah katından gelen şeyler oyalamaz ve onu elde etmek için harakete geçirmez. Aslında gelen vâridat, kulun (Allah'tan, ilâhî huzurdan) bir nev'i uzaklığını gösterir. Huzûr-ı ilâhiyede kurbiyyet makâmında olan kimse, zâten, bütün vecd ve feyizlerin sâhibini bulmuştur; artık vâridatı ne yapsın.

Vecd bir ateş, Rabbini bulan kalb ise bir nurdur. Nur, nardan daha latiftir.

Kesif (katı) olan şey, latif olana hükmedemez. Şu halde; bu kemâlâta ulaşmış bir kimse, tabiatından kaynaklanan nefsânî his ve vecdlere aldanarak sapmadan, istikâmet üzere devam ettiği sürece, semâ yoluyla kendisine vecd ulaşmaz (vecde hâcet kalmaz). Şayet kendisine herhangi bir gevşeklik ârız olur, ya da, Allahu Teâlâ'nın bir imtahan vesilesi yaptığı şeylere dûçar olup hâlinde bir kusur meydana gelirse; çeşitli şekillerde gelen imtahan sıkıntılarına alışır, etkilenmez olur. Yâni, ibtilâ ânında, kulun en azından kalb perdesinde kalması için kendisine bir takım vecdler gelir. Şu halde; Hakk ile olan kimse, ayağı kayıp (hata etse) kalbin üzerine (kalb makâmına) düşer. Kalb makâmında olan kimse ise, ayağı kayınca nefsin kucağına yuvarlanır.

Şeyhlerimizden birisinden işitmiştim; birisinin hâlini anlatıyordu. Bu kimse semâ anında vecde geldiğinde, kendisine: "Bu hâl sana nereden (nasıl) geldi?" diye sorulduğunda: "Üzerime bir hâl geldi ve beni bu duruma getirdi." demiştir.

Sehl b. Abdullah et-Tüsterî'nin arkadaşlarından birisi şöyle demiştir: "Senelerce **Sehl** ile arkadaşlık ettim, zikir ve **Kur'an** dinlerken kendisinde herhangi bir değişiklik görmedim. Yalnız, âhır ömründe, yanında:*"**Bugün sizden hiçbir fidye kabul edilmez.**"*[2] âyeti okunduğunda, titredi, neredeyse düşüyordu.

"Bu ne haldir." diye sebebini sorduğumda, Hazret:

"Evet, bana za'fiyet geldi!" dedi. Bir defa da:

*"**O gün, gerçek mülk Rahmânındır**"*[3] âyetini işitince, titreyip irkildi. Arkadaşı, bu hâlin sebebini sorunca:

"Gerçekten zayıf düştüm!" diye cevap verdi. Kendisine:

"Bu hâl zayıflıktan ise, kuvvetli olmak nasıl olur?" diye sorulduğunda, şöyle demiştir:

"Kuvvetli olmak şudur: Kâmil olana herhangi bir (vecd ve vâridat türü) şey geldiği zaman, sâhip olduğu (mânevî) hâlin kuvvetiyle onu yutup içine atması ve gelen vâridatın onda bir değişiklik yapmamasıdır."

Hz. Ebû Bekir (r.a), **Kur'an-ı Kerim** okunurken ağlayan birisini gördüğün-

---

2) Hadîd (57), 15.
3) Furkan (25), 26.

de: "Önceleri biz de bu şekildeydik; nihayet kalblerimiz kavileşti; bu hallere düşmez olduk." sözü de, bu tür bir mânayı ifâde etmektedir. Onun sözünde geçen; "Sertleşti, kavileşti" kelimesinin mânası; kuvvetlendi, **Kur'an** dinlemeye alıştı, nurlarıyla ülfet etti, artık onu garib bulmuyor ki değişsin, mânasındadır.

Halbuki; vecde düşen, şaşkın gibidir. Bunun için sûfilerden birisi: "Namazdan önceki hâlim, namazdaki hâlim gibidir!" demiştir. Bu söz, ondaki mânevî müşâhade hâlinin devamlılığına bir işârettir. Böyle bir kimse, semâ anında da semâdan önceki hâli üzeredir.

Cüneyd el-Bağdâdî demiştir ki:

"(Bir kimsede) ilim fazileti yanında vecdinin noksan oluş bir zarar vermez. İlmin fazileti vecdin faziletinden daha kâmildir."

Bize kadar ulaşan bir habere göre, **Şeyh Hammad** şöyle demiştir:

"Ağlamak; (insanın ilâhî huzura vusûlünü perdeleyen) varlığın zülmânî kalıntılarından kaynaklanır."

Mâna bakımından birbirine yakın bütün bu anlattıklarımız, bu konudaki işâretleri bilen ve anlayan kimseler içindir. Aslında bu, anlaşılması çok yüksek bir mâna ve elde edilmesi çok nâdir bir hâldir.

Bil ki; semâ anında ağlayanların farklı vecd halleri vardır: Kimisi ilâhî korkudan, kimisi şevkten, kimisi de sevinçtan ağlar. Nitekim birisi bu konuda şöyle demiştir:

Sürûr sardı her yanımı, öyle bir hâle geldim ki;
Sevincimin çokluğundan tutamadım gözlerimi.

Şeyh **Ebû Bekir el-Kettânî** demiştir ki: "Avamın semâı; tabiatın isteklerine uymaktır. Müridlerin semâı; bir rağbet ve korkudur. Velilerin semâı; nimet ve ihsanları görmektir. Âriflerin semâı; müşâhadeye dayanmaktadır. Hakikat ehlinin semâı ise, keşif ve ıyan (yakinen görme) hâletinde gerçekleşir. Herbirinin bir makâmı ve kaynağı vardır."

Yine **el-Kettânî** demiştir ki: "Kalbe gelen vâridatlar, ya kalbde karışık bir hâle rastlar, ya da kendine uygun bir hâlle karşılaşır. Karışık bir hâlle karşılaşan vâridat, onun içinde kaybolur gider. Kendine uygun olana rast gelince, onda sukûnet bulur."

Bunların hepsi, semâ ehlinin vecd halleri ve şekilleridir. Bizim söylediklerimiz ise; semâ etmekten halleri yüksek kimselerin hâlidir. Semâ'da olan bu ihtilaf, yukarıda zikrettiğimiz korku, şevk ve sevinç şeklinde ortaya çıkan ağlamanın kısımlarında da mevcuttur. Ağlamanın en yükseği sevinç ağlamasıdır ki; bu, uzun bir ayrılıktan sonra vatanına dönen birisinin ehlini görme anında ileri derecedeki sevinçten ağlaması gibi bir şeydir.

Allah için ağlamada, bundan daha yüksek ve kıymetli bir ağlama çeşidi vardır ki; zikredilmesi çok zordur ve anlayışların acziyeti sebebiyle açıklanması akla çok ağır gelmektedir. Çoğu zaman, bu haller anlatılınca, muhâtab onu inkara gider ve içinden ona karşı burun büker. Fakat, ona kavuşan ve ulaşan iyi bilir. Yahut, benzeri halleri çokca gören kimse hâdiseyi anlar, fark eder. Bu anlattığımız, sevinç ağlamasının dışında olup, (bizzat dostu) bulma ağlamasıdır. Bu tür ağlama, hakku'l-yakinin bazı makâmlarında olur. Halbuki dünyada, hakku'l-yakinin tecelli ve tezahürleri çok az gözükür.

Kadim olan Allah ile hadis (sonradan yaratılan) kul arasında bir çok farklılık ve ayrılık bulunduğu için, bazı hakku'l-yakin makâmlarında ağlama bulunur. Bu ağlama; Rahmânın azamet ve kahrının büyüklüğünün kalbdeki şiddetli te'sirinden dolayı, insan vücûdunun bir vasfı olan terleme şeklinde olmaktadır. Bunun, bize en yakın âlemdeki misâli; gökte farklı derece ve ısıdaki katmanlara rastlayan bulutun yağmur damlacıkları dökmesidir. Bu makâm, her ne kadar çok az bulunan yüce bir hâli ihtivâ ediyorsa da o, kulda mutlak fenâ hâlini zedeleyen maddî bir varlığın kaldığını gösterir.

Evet kul, bütün maddî eser ve etkilerden sıyrılıp ilâhî nurlara dalarak mutlak "**fenâ**" hâlini gerçekleştirmiş olursa, oradan "**bekâ**" makâmına yükselir. (O makamda) kendisine (yeni tecellilere) mazhar olacak bir vucûd verilir. O zaman, ilâhî havf, şevk, sevinç ve sevgiliyi buluş hallerindeki ağlama şekillleri kendisine geri döner. Bunlar, birbirinden çok ince farklarla ayrılan değişik ve müşkil haller olduğu için, hakikatini ancak erbâbı anlar.

Bu arada, kendisine semâ'dan bir kısım daha verilir. Ancak bu, içinde kendisini kaybedeceği bir şey olmayıp, belli bir ayarda ve devamlı kontrolünde tutabileceği bir kısımdır. Öyle ki; onu istediği zaman alır istifâde eder; istediği zaman da geri çevirir. Böyle bir semâ, ancak, nefsi mutmain olmuş, ilâhî nurlar ile aydınlanmış, azgın tabiatından uzaklaşmış ve mânevî huzuru elde etmiş temkin sâhibi bir kimsede meydana gelir. Bu arada rûh da, nefse, kendisinden bir mâna (ve hâl) kazandırır. O zaman semâ, nefsin mübah lezzet ve şehvetlerinden istifâde ettiği gibi, zevk ve haz aldığı bir şey olur ki; nefis bu semâı, ruhdan almış, yahut onun vâsıtasıyla mânevî hâli artmış veya üzerinde ondan bir etki meydana gelmiştir. Bu durumda nefs, (rûhun elinde), babasının kucağında büyüyen ve babası tarafından bazı vakitler ihtiyacı görülüp sevindirilen çocuk durumunda olur.

Ebû Muhammed er-Râşî'den nakledilen şu durum, bu hâle bir örnektir. Hazretin arkadaşları semâ ile meşgulken o, onlardan ayrılıp bir kenara çekilerek namaz kılardı. Bu haldeki kimseler namaz kılarken kulağına bir takım güzel nağmeler geldiğinde, nefis o tarafa meylederek onunla zevklenmek ister. Bu arada, nefis zevklenmek istediği şeyin peşine düşerek ruhdan uzaklaşmasından dolayı, o anda rûhun ilâhî ünsiyeti ve safâsı artar. Çünkü nefs mutmainne sıfatına ulaşsa bile, tabiatı ve konumu itibariyle (rûh ile Allah arasında) yabancı kabul edilir. Onun aradan çıkıp uzaklaşmasıyla, rûhun mânevî fetih yollarından elde ettiği nasibi daha fazla olur. Bu durumda, namazda kulağına bir takım nağme ve makamların çarpması, onun Cenâb-ı Hakk'a karşı yaptığı münâcaatın gerçekleşmesine ve O'ndan gelenleri anlamasına mâni olmaz. Böylece herbirinin nasibi, diğeriyle karışmaksızın ve onunla çatışmaksızın kendi mahalline ulaşır. Bütün bunlar, onun iman ile göğsünün (kalbinin) açılıp genişlemesinden ileri gelmektedir. İhsan ve ikram eden Allahu Teâlâ'dır.

Bunun için: "Semâ; bazıları için devâ, bazıları için gıdâ ve bazıları içinde sâdece bir safâdır." denmiştir.

Hz. Rasûlullah'dan (s.a.v) rivâyet edilen şu hadis, (bekâ makamından sonra) ağlama hallerinin ârife geri dönebildiğini gösteren bir örnektir. **Rasûlullah** (a.s), **Ubey b. Ka'b**'a:

"Bana **Kur'an** oku!" buyurdu. **Ubey** (r.a):

"O size inmişken onu ben mi size okuyayım!" dedi. **Efendimiz** (a.s):

"(Sen oku!) Ben, onu başkasından dinlemeyi severim." buyurdu.

Ubey b. Ka'b, **Nisâ** sûresinden okumaya başladı. Nihâyet:

"Her ümmetten (hallerine) şâhitlik yapacak bir şâhid, seni de onların üzerine bir şâhid yaptığımız zaman, bakalım onların hâli nasıl olacak?"[4] meâlindeki âyete gelince; **Rasülullah** (s.a.v)):

"**Yeter**!" buyurdu. **Übey** (r.a) bir de baktı ki; Efendimizin gözlerinden yaşlar boşanıyor.[5]

Diğer bir rivâyette; **Rasûlullah** (a.s), **Hacer-i Esved**'in yanına varıp selamladı, fem-i saâdetlerini üzerine koyup öperek, uzun süre ağladı. Sonra geri döndüğünde, **Hz. Ömer**'in de ağladığını görünce:

"Ya Ömer! Ağla! Doğrusu burası, göz yaşlarının boşalacağı ağlamaya değer bir yerdir."[6] buyurdu.

Mânevî hâlinde temkin sahibi olan ârife de ağlama halleri geri döner. Bunda büyük bir fazilet olduğu için, **Rasûlullah** (s.a.v), bir duâsında:

"Allah'ım! Bana hep ağlayan iki göz nasib et."[7] diye, Allah'tan ağlama hâli istemiştir.

Ağlama, Allah yolunda olur, Allah için olur ve Allah ile olur. Ağlamanın en kâmili budur. Çünkü o, Kerim ü Mennân (sonsuz lutüf sahibi) Mevlâ tarafından, bekâ makâmında ârife hibe edilen yeni ve ayrı bir vücûd sebebiyle, oluşan ağlamadır.

****

4) Nisâ (4), 4l.
5) Buhârî, Tefsir-i Sûre, 4/9; Fedâilu'l-Kur'ân, 31, 32, 35 (Kur'an okuması istenen Sahâbi bazı rivâyetlerde, **Abdullah b. Mes'ud'tur**. Bkz: Buhârî, a.g.y.). Ebû Dâvud, İlim, l3; Tirmizî, Tefsir, 4-ll.
6) İbnu Mâce, Menâsik, 27.
7) Ali el-Muttakî, Kenzü'l-Ummâl, II, 184.(Had. No:3661.)

SEMÂ ÂDÂBI

Bu bölüm, semâ'ın edeblerini, sema yaparken düşen hırkayı parçalamanın hükmünü, bu hususta büyüklerin işâretlerini, bu konuda tavsiye edilen ve sakındırılan durumları içine almaktadır.

Tasavvuf, bütün hallerde sıdk üzere kurulmuştur ve her yönüyle ciddiyettir. Sâdık bir mürid, niyetini Allahu Teâlâ için hâlis yapmadıkça, semâ yapılan toplantılara katılmamalı, semâ ile güzel hâlinin ve mânevî durumunun artmasını isteyip, nefsânî herhangi bir şeye meyletmekten çekinmelidir. Sonra, bu tür toplantılara katılmadan önce istihâre yapmalı, kesin karar verince de, Allahu Teâlâ'dan, onda bereket yaratmasını istemelidir. Meclise girdiğinde, tam bir sukûnet içinde, sıdk ve vakara sarılmalıdır.

Ebu Bekir el-Kettânî (r.a) demiştir ki: "Semâ yapan kimse, semâda (nefsi adına) bir rahatlık aramamalı, kendisine gelecek herhangi bir vecd, şevk, galabe ve vâridatı temkinle karşılayıp dengesini kaybetmemelidir. Çünkü bu tür vâridat, onu hareket ve sukûndan alıkor. Bunun için sâdık, vecd istemekten çekinmeli, özellikle meşâyıhın huzurunda elden geldiği ölçüde semâ anında hareket etmekten kaçınmalıdır.

Anlatılır ki bir genç, **Cüneyd el-Bağdâdî**'nin sohbetine devam ediyordu. Ne zaman semâ yapsa, bir sayhâ atıp, değişik hallere giriyordu. Bir gün, **Cüneyd el-Bağdâdî**, kendisine:

"Bundan sonra, sende böyle bir hâl zuhûr ederse, sohbetimde bulunma!" diye tenbihatta bulundu. Genç ondan sonra, (herhangi bir vecd hâli geldiğinda) kendisini zabtediyordu. Çoğu zaman bu yüzden buram buram terliyordu. Günlerden bir gün, bir sayha attı ve oracıkta ruhunu teslim etti. Demek ki; herhangi bir vecd hâli gelmeden vecd gösterisinde bulunmak veya (mânevî) bir hâl sâhibi olmadan, hal iddiâ etmek, sadâkata yakışmaz ve böyle bir davranış münafıklığın tâ kendisidir.

Anlatıldığına göre; **Ebu'l-Kâsım Nasrabâzî** (r.a) semâ yapmaya çok düşkündü. Bu konuda kınandığı zaman:

"Evet o, oturup gıybet yapmamızdan daha hayırlıdır!" dedi. Bunu duyan **Ebû Amr b. Büceyd** ve arkadaşlarından birisi:

"Heyhât! **Ya Eba'l-Kâsım**, semâ anında yapılan azıcık bir hatâ, şu kadar sene gıybet etmemizden daha şerlidir!" diye uyardı.

Bunun sebebi şudur: Şüphesiz semâ anında yapılan hatâ, bir yandan, bunun Allahu Teâlâ'ya âit olduğu imâ edilmekte, diğer yandan, olmayan bir şeyi var göstererek sahte bir hâl ile rahatlık aranmaktadır. Böyle bir davranışta bir çok günah bulunmaktadır. İşte onlardan bazıları:

1-Allahu Teâlâ, kendisine hiçbir şey hibe etmediği halde, hibe etmiş gibi gözükerek Allah adına yalan söylemektedir. Allahu Teâlâ adına yalan söylemek ise hataların en çirkinidir.

2-Mecliste bulunanları, hakkında hüsn-i zanna sevkederek (onları bir nevi) aldatmak. Aldatmak bir hiyânettir ve büyük günahlardandır. **Rasûlullah** (a.s):

"Bizi aldatan bizden değildir." [1] buyrulmuştur.

3-Bu durumdaki bir kimse, işin ehli sâlih bir insan değilken, dışarıdan bakan onu iyi zanneder. Semâdan sonra kendisinden bu hâline ters düşecek hal ve haraketler zuhûr edince, halkın itikadı bozulur. Bu da, ehli salah kimselere karşı halkın akidesinin bozulmasına sebep olur. Halk, iyi zannettiği kimseler hakkındaki inancının bozulmasından dolayı zarar görür ve sâlihlerden ümidini keser. Bu durumda sâlihlerin mânevî yardımı da ondan kesilir. Bundan, pek çok âfet ortaya çıkar. Biraz araştıran kimse onu farkedebilir.

4-Bu kimse, meclistekileri hareketlerinde kendisine uymaya mecbur eder. Bu tavrıyla, onları boş bir şeye zorlamış ve sıkıntıya sokmuş olur. Ayrıca cemaatın içinde, ferâsetiyle onun bir yalancı olduğunu farkeden kimse bulunur ve ortalığın tadını bozmayayım diye, cemaata uymak için kendisini zorlar.

Yukarıdaki durumda oluşacak günahları açıklamak çok uzun sürer. Hâl

---

1) Müslim, İman, 164; Ebû Dâvud, Büyû', 50; Tirmizi, Büyû', 72.

böyle olunca; o kimse Allah'dan korkup benzeri haraketlerden sakınsın. Ancak hareketi, hâkim olamayacağı bir ürperti yahut geri çeviremiyeceği bir hıçkırık durumuna geldiğinde zuhür eden hâle göre davransın. Böyle bir durumda o haraket, mecbûren alıp-vermek zorunda olduğu nefes mesâbesinde olur.

Seriyy es-Sakatî demiştir ki: "**Vecd sâhibinin feryâdının meşrû' olmasının şartı; yüzüne bir kılıçla vurulduğunda, acısını hissetmiyecek bir dereceye ulaşmasıdır.**"

Bu hâl, ehl-i vecdden bazılarında nâdiren vâki olur. Vecd sâhibi, bu mertebeye, bazen gaybet hâlinden dolayı ulaşamaz. Fakat bu andaki seyhâsı, nefes alıp vermesinde olduğu gibi, mecbûriyetle karışık bir irâdeyle olur. O durumda, hareketlerini kontrol edip, kendisine gelen bağırıp çağırma heycanını durdurması gerekir. Dikkat edilecek edeb budur.

Üst baş yırtmada sağı solu dağıtma konusunda daha edebli ve hassas olunması gerekir. Çünkü bunda malı telef ve olmayacak şeyleri infâk mevcuttur. Şiir ve kadise söyleyene hırkanın atılması hediye edilmesi de böyledir. Zorlama ve gösterişten uzak olup, güzel bir niyete sâhip bulunmadıkça, bunun yapılması da uygun değildir. Fakat, güzel bir niyetle, hırkasını kaside söyleyene artmasında vermesinde bir sakınca yoktur.

Rivâyete göre; **Ka'b b. Züheyr,**[2] **Mescid-i Nebevî**'ye, Rasûlullah'ın (s.a.v) yanına gelerek, kendisine, başlangıcı şu mânada olan beyitleri okudu:

"Ayrıldı benden sevgilim
Kalbim yara bu günlerde
Arkasında bir köleyim
Sanki bağlı zincirlerde"

2) Ka'b b. Züheyr, Rasûlullah (a.s.) devrinde meşhur Câhiliyye şâirlerindendi. Allah Rasûlü ve yakınlarını hicveden şiirlerle İslam'a düşmanlık ettiğinden, öldürülmesi emredilmişti. Sonunda ,kendisi yüzünü sarıp gizleyerek Efendimiz (s.a.v.)'in huzuruna gelmiş ve müslüman olup affedilmiştir. Yukarıda bahsedilen kasideyi, affedildiği anda söyleyivermiştir. (Mütrc.)

Uzunca bir kasideden sonra, şu mânadaki son beytine geldi:

"Bil ki; yüce Nur Peygamber,
Yalın keskin kılıca benzer,
O'nun nûruyla beraber,
Yol bulunur zulmetlerde."

Bunun üzerine, Rasûlullah (a.s): "Sen kimsin?" diye sordu. O da hemen, kelime-i şehâdet getirip:

"Ben **Ka'b.b. Züheyr**'im" dedi. O zaman, Rasûlullah (a.s) O'nun müslüman oluşundan ve söylediği kasideden çok memnun olarak, üzerinde bulunan hırkay-ı saâdetlerini çıkarıp ona verdi.[3] **Hz. Muâviye** (r.a), hilâfeti zamanında, **Ka'b b. Züheyr**'e adam göndererek:

"Rasûlullah'ın (s.a.v) hırkasını onbin dirheme bize sat!" dedi. O da cevaben:

"Ben Rasûlullah'ın (s.a.v) hırkasını hiçbir şeye değişmem." diye haber gönderdi. **Ka'b** vefat edince, **Hz. Muâviye**, onun evlatlarına yirmibin dirhem göndererek hırkayı aldı. Bugün o hırka el-İmam **en-Nâsır Lidinillah**'ın yanında muhâfaza edilmektedir.[4] (**Allah** onun bereketine kavuşturup güzel günler görmeye vesile etsin).

Mutasavvıfların hırka giyme, giydirme ve hediye etme konusunda uyguladıkları bir takım edebler vardır. Onlara riâyet etmek; sohbet, muâşeret ve güzel geçim için gerekli şeylerdendir. Selefin çoğu bu şeyleri bilmezler ve uygulamazlardı. Fakat, ehl-i tasavvufun güzel bulup üzerinde ittifak ettikleri ve şeriat tarafından da reddedilmeyen bir şeyi inkara sebep ve gerek yoktur.

Bunlardan birisi şudur: İçlerinden birisi, semâ anında harekete geldiğinde üzerinden hırkası düşer yahut kendisine bir vecd gelir ve o anda başından düşen sarığını kaside söyleyene atar. Bu işi yapan bir halife veya şeyh ise, meclistekilerin de sarıklarını çıkararak ona uyması güzel bulunmuştur. Orada

3) Hâkim, Müstedrek, III, 582-583, Heysemî, Mecmau'z-Zavâid, IX, 394.
4) Müellif, kendi zamanıdaki Abbâsî halifesinden bahsetmektedir. Bahsedilen hırka, daha sonra Milâdî 1517 de Mısır'ın fethiyle hilâfetin Sultan Selim'e geçmesiyle, diğer mukaddes emanetlerle birlikte Topkapı Hırka-i Saâdet dâiresine nakledilmiştir. (Mütrc.)

hazır bulunanlar, büyüklere uyarlar ve gencin hareketine katılmazlar. Semâ bitip, vecde gelen kimse yere düşen hırkasını geri alınca, meclistekiler de sarıklarını alıp başlarına koyarak ona uyarlar. Vecde gelenin hırkası kaside söyleyene atılmış ve bu, ona verilme kasdıyla yapılmışsa; hırka onundur. Ona atılmış fakat verilme kasdedilmemişse; bu durumda, bir görüşe göre, o hırka yine kaside söyleyenindir. Çünkü vecde düşeni harekete geçiren odur ve hırkanın çıkarılıp atılmasını gerektiren vecd hâli ondan kaynaklanmıştır.

Bazıları da: "Hırka oradaki topluluğundur. Kaside söyleyen onlardan birisidir. Çünkü, vecde gelenin hareket etmesine sebep; cemaatın bereketi yanında, okuyucunun sözü ve sesidir. Vecd, sâdece okuyucunun sözüyle oluşmamıştır. Bu durumda; kaside söyleyen, oradakilerden birisi gibi olmaktadı; bunun için ortaya atılan hırka, oradaki cemâatındır demişlerdir. Bu anlayışa, şu hâdisede bir delil vardır. Rivâyete göre; **Rasûlullah** (s.a.v), **Bedir** günü şöyle buyurdu:

"Kim şu mekanda durur, düşmana karşı korsa, ona şu (kadar ganimet) vardır. Kim bir düşmanı öldürürse; ona şu kadar ganimet vardır. Bir esir alana da şu kadar ganimet vardır."

Bunu duyan gençler, düşmanın üzerine koştular. Yaşlılar geride kaldı. İleri gelen sahâbîler de sancakların yanında kaldılar. Allahu Teâlâ müslümanlara zafer nasib edince, gençler kendilerine va'dedilen ganimetin verilmesini istediler. Bunun üzerine ihtiyarlar:

"Biz sizin için arkadan destek ve ihtiyat kuvveti idik. Bizi bırakıp ganimeti sadece siz alamazsınız." dediler. Bu hâdesi üzerine, Allahu Teâlâ:

"Rasülüm! Sana, ganimetlerin kime âit olduğunu soruyorlar. De ki: Ganimet (in taksimi) Allah ve Rasûlüne âittir." [5] âyet-i kerimesini indirdi.

Bunun üzerine Rasûlullah (s.a.v), ganimeti savaşa katılanlara eşit olarak taksim etti." [6]

---

5) Enfâl (8), I.
6) Beğavî, Meâlimu't-Tenzil, III, 324; Taberî, Câmiu'l-Beyân, VI, I72; Suyûtî, ed-Dürrü'l-Mensûr, IV, 6.

Denilmiştir ki: Eğer kaside söyleyen o cemaattan birisi ise, hırkayı alma konusunda onlardan birisi gibidir. Onlardan olmayıp ücretle tutulmuş birisi ise; kendisine kıymetli bir hediye verilir. Bütün bunlar, mecliste işi idâre eden ve yöneten bir mürşid bulunmadığı zaman uygulanır. Ancak, mecliste, kendisine saygı duyulan ve emrine uyulan bir mürşid varsa, bu konuda yapılması gerekeni o bilir.

Bu konuda farklı hâl ve uygulamalar mevcuttur. Mürşidin içtihad yetkisi vardır. Uygun gördüğü şekilde icraatta bulunur. Hiç kimsenin ona itirazı olmaz. Meclistekilerden veya muhiblerden birisi hırkaların karşılığını vererek kurtarır, kaside söyleyen ve cemaat da buna râzı olurlar ve herbiri hırkasını parçalanmadan geri alırsa; bunda bir sakınca yoktur. Şâyet aralarından birisi, kendinden çıkan hırkayı, bir niyetinden dolayı illâ da bir başkasına vermek istiyorsa; hırkasını okuyucaya verir.

Bunun yanında, kuvvetli bir hâl galabesiyle irâde ve ihtiyarını kaybeden sâdığın, vecde gelip hırkısını parçalaması, mecburen alınan nefes gibidir. (Nefesi almak zorunda olduğu gibi; o hâle düşünce bazı şeyleri yapmaya da mecbur kalmaktadır. Sallanma, üstünü başını yırtma, sıçrama, sayhâ atma, yuvarlanma vs.gibi.)

Böyle bir vecdle parçalanmış hırkayı elinde tutmak ve onunla bereketlenmek isterse bu haktır. Çünkü vecd; Allahu Teâlâ'nın mânevî fazlı ve ihsânının bir eseridir. Hırkanın parçalanması da vecdin neticesidir. Öyleyse böyle bir hırka, Rabbânî bir hediye olarak baş göz edilip canlar fedâ etmeye lâyık olmuştur (Artık ona, ayrı bir değer verilir.)

Şâir der ki:

Yaklaştıkça mesâfe geliş günü evlere,

Yayıldı kokuları, sürur doldu cesede..

Rasûlullah (s.a.v), yeni taze bir yağmur yağınca, onu karşılar, onunla bereketlenir ve:

"Bu, Rabbinin katından yeni ayrılıp (kullara ihsan edilmiştir)."[7] buyururdu.

İlâhî vecdin etkisiyle parçalanmış hırka da, yeni olarak ihsan edilmiş bir berekettir.

---

7) Müslim, İstiskâ, 13; Ebû Dâvud, 105; Ali Nasıf, et-Tac, V, 135.

Hırka yırtık ise; hemen meclistekilere dağıtılır. Sağlam hırkalar hakkında ise mürşid karar verir. Eğer dervişlerden birisine onlardan bir şey tahsis ederse o, onundur. Veya onu parçalayıp dağıtacak olursa, hüküm ona âittir. Bu uygulamalara bakılarak: "Bu, tefrittir ve isrâftır" denilemez. Çünkü küçük bir hırka parçası da, yerine göre, ihtiyaç anında büyükleri gibi işe yarar.

Emîrü'l-Mü'minin **Hz. Ali Ebi Tâlib**'in (r.a) şöyle dediği rivâyet edilmiştir:

"Rasûlullah (a.s)'a ipek bir elbise hediye edildi. Efendimiz (s.a.v) de onu bana gönderdi. Ben de, onu giyerek, huzuruna çıktım. Beni o halde görünce:

"Ben kendim için hoş görmediğim bir şeyi senin giymene de râzı olmam. Onu parçalayıp kadınlara başörtüsü yap!" buyurdu. Diğer bir rivâyette olay şöyle anlatılır: Hz. Rasûlullah'a (s.a.v):

"Bunu ne yapayım, giyeyim mi?" diye sordum;

"Hayır, onu Fâtımalar arasında başörtüsü olabilecek şekilde paylaştır."[8] buyurdu.

Efendimiz (s.a.v), Fâtımalarla; **Hz. Ali**'nin annesini, kendi kızını ve **Hz. Hamza**'nın kızını kasdetmiştir.

Bu rivâyette; hediyenin ipekten dokunmuş bir hulle olduğu anlaşılmaktadır. Hem bu rivâyet, elbisenin yırtılıp parçalar hâline getirilmesinin sünnetten bir delilidir.

Anlatıldığına göre; **Nisâbur**'da fakihlerle sûfiler bir dâvette buluştular. O arada birisinin hırkası düştü. Oradaki fakihlerin büyüğü Şeyh **Ebû Muhammed el-Cüveynî**, sûfilerin şeyhi de Şeyh **Ebu'l-Kâsım el-Kuşeyrî** idi. Ortaya düşen hırka, âdetleri üzere sûfiler arasında taksim edildi. Bunu gören Şeyh **Ebû Muhammed**, fakihlerden birisine dönerek, gizlice:

"Bu bir israf ve mal için zâyiattır." dedi. **Ebu'l-Kâsım el-Kuşeyrî** bu sözü duydu fakat, birşey demedi. Taksim işi bitince, hizmetçisini çağırttı. Ona:

"Cemaata bak! Kimde hırka parçalarından yapılmış bir seccâde varsa, onu bana getir." dedi. Hizmetçi (istenilen şekilde yapılmış) bir seccâde

---

8) Buhârî, Menâkıbu'l-Ensâr, l2; Müslim, Libas, l8.

getirdi. Sonra **Hazret**, işin ehli olan bir mütehassıs çağırarak:

"Bu seccâde (bu hâliyle) açık artırmada kaça satın alınır?" diye sordu. Adam:

"Bir dinara" dedi. **Kuşeyrî**:

"Şâyet bu, tek parça bir kumaştan olsaydı, ne kadara satılırdı?" diye sordu, Adam:

"Yarım dinara!" deyince, **Kuşeyrî**, Şeyh **Ebû Muhammed**'e dönerek:

"Buna malın zâyi olması denmez." dedi."

Kesilen ve parçalanan hırka, sûfilerden olsun olmasın, mecliste bulunan ve sûfilere karşı hüsn-i zann besleyen herkese, teberrüken dağıtılır. Buna, şu hâdise bir delildir:

Tarık b. Şihâb rivâyet ediyor: **Basra**'lılar **Nihâvend**'e savaşa gittiler. **Kûfe**'liler de, başlarında **Ammar b. Yâsir** (r.a) olduğu halde, arkadan yardıma geldiler. Sonunda savaş kazanıldı. **Basra'**lılar ganimet mallarından **Kûfe**'lilere birşey vermek istemediler. **Benî Temim** kabilesinden bir adam, **Ammar**'a:

"Ey kulağı kesik adam! Ganimetlerimizde bize ortak olmak mı istiyorsun?" dedi. O da, bir mektubla durumu, **Hz. Ömer**'e (r.a) bildirdi. **Hz. Ömer** (r.a) cevâbında:

"Ganimet savaşa katılan herkese âittir." diye haber yolladı.

Bazıları; hırkanın parçalanmış kısmı cemaata taksim edilir, sağlam kısmı kaside okuyana verilir, görüşündediler. Buna delil olarak da **Ebû Katâde**'nin şu rivâyeti delil gösterilmektedir. **Ebû Katâde** (r.a) demiştir ki:

"**Huneyn**'de savaş tamamen sona erip, düşman ordusundan ayrıldığımız zaman, **Rasûlullah** (s.a.v) buyurdu ki:

"Kim bir düşman askeri öldürmüşse, üzerinde bulunanlar ona âittir." [9]

Bu hadiste, sağlam hırkanın durumu hakkında bir işâret vardır.

Parçalanmış hırkaya gelince, onun için yapılacak olan, meclistekiler adedince pay edip herbirine birer parça dağıtmaktır. Şayet bölüştürme

---

9) Ebû Dâvud, Cihâd, l36; Tirmizî, Siyer, l3.

esnasında, daha önce mecliste bulunmayan birisi içeri girerse, bir pay da ona verilir. **Ebû Mûsâ el-Eşa'rî** (r.a) şöyle rivâyet etmiştir:

"Hayber'in fethinden üç gün sonra, Rasûlullah'a (s.a.v) geldiğimde, ganimetten bize de pay ayırdı. Bizden başka, savaşa katılmamış hiç kimseye pay ayırmadı." [10]

Sûfilerin, zâhid geçinen fakat semâdan bir zevk ve lezzeti olmadığı için aslında güzel olan şeyleri inkâr eden yahut dünya ehli olup idâre edilmeye muhtaç olan veya kendini vecde zorlayıp yapmacık hareketleri ile meclistekilerin huzurunu kaçıran kimselerle semâ toplantılarında bulunmaları uygun değildir.

Ebû Zur'a, bize, **Enes b. Mâlik** (r.a)'den şu hâdiseyi nakletti:

"Rasûlullah'ın (s.a.v) yanında bulunuyorduk. O anda **Cebrâil** (a.s) geldi ve:

"Ya Rasûlellah! Senin ümmetinin fakirleri zenginlerinden yarım gün önce Cennete girecekerdir. Bu yarım gün, (dünya günleri ile) beşyüz sene etmektedir." dedi. Bunu duyan Allah Rasûlü (s.a.v), gâyet sevinerek:

"İçinizde bize şiir söyleyecek kimse yok mudur?" diye sordu. Cemaatın içinden bir bedevî:

"Evet ya Rasûlellah, ben söyleyebilirim." dedi. Rasûlullah (s.a.v):

"Öyleyse, gel söyle!" buyurunca; a'râbî şu mânadaki şiiri okudu:

Ciğerimi soktu hevâ yılanı,
Ne tabibi var, ne de okuyanı.
Ancak o aşkına daldığım habib,
O'dur bütün ilaçların sahibi tabib.

Rasûlullah (s.a.v), bunu işitince vecde geldi. Orada bulunan Ashab-ı Kirâm da vecde geldiler. Öyle ki; Rasûlullah'ın (s.a.v) omuzundan ridâsı düştü. Vecd hâlinden çıkınca, herbiri yerlerine döndüler. **Muâviye b. Ebi Süfyân**:

"Haraketiniz ne güzeldi, yâ Rasûlellah!" dedi. **Rasûlullah** (s.a.v):

"Öyle deme Ya Muaviye! Sevgilinin zikrini işittiğinde (muhabbetle coşa gelip) titremeyen, kimse kerim değildir." buyurdu. Sonra omuzundan

---

10) Buhârî, Meğâzî, 38; Ahmed, Müsned, IV, 406.

düşen ridâsını, orada bulunan dörtyüz kişiye pay edip dağıttı."

Yukarıdaki hadisi işittiğimiz senedle müsned olarak zikrettik. Hadis ülemâsı bu hadisin sıhhati konusunda konuşmuş ve sahih olmadığını söylemişlerdir. Rasûlullah'dan (s.a.v) nakledilen ve zamanımızdaki kimselerin vecdine, semâlarına, bu tür meclislerde toplanmalarına uygun düşen bundan başka bir hadis de bulamadım.

Eğer bu hadis sahih olsaydı; sûfiler ve zamanımızdaki kimselerin semâları ve hırka parçalayarak taksim etmeleri konusunda ne güzel bir delil olurdu. En iyisini Allah bilir.

Bana öyle geliyor ki bu hadis, bu rivâyet şekliyle sahih değildir. Ben onda, Rasûlullah'ın (s.a.v) ashâbıyla bir arada bulunmasındaki diğer haberlerde bulduğum zât-ı âlisine yakışan hâli ve zevki bulamıyorum. Hem, **Ashâbı-Kirâm**, hadiste bize ulaşan duruma göre hareket etmiyorlardı. Bu yüzden, kalbim, tam bir itmi'nân hâlinde onu kabûle yanaşmıyor. Bu işin en doğrusunu Allah bilir.

****

HALVET (ÇİLEHÂNE) ÂDÂBI

Sûfiler, kırk gün çilehâneye girmekle, diğer zamanlarda peşine düşmedikleri özel bir şeyi arıyor değillerdir. Ancak, onlar, nefsin edebe muhalif tutumları ve içinde bulundukları hallerini karıştıracak davranışları çoğalınca, kırk gün özel bir riyâzata girerek, orada elde ettikleri bereketi ve edebi bütün vakitlerine yaymayı hedeflemişlerdir. Bu vaktin kırk güne tahsis edilmesi, Rasûlullah'ın (s.a.v) bir hadis-i şeriflerinde, özellikle "**kırk**" ifâdesinin kullanarak şöyle buyurmasına dayanmaktadır:

"Kim kırk gün, Allah için ihlasla amel ederse, kalbinden diline doğru hikmet pınarları fışkırır." [1]

Allahu Teâlâ da, Kur'an-ı Kerim'de, **Hz. Mûsâ** (a.s)'nın kıssasını anlatırken, kırk günü özellikle zikretmiş ve kendisine tamamen yönelmesi için kırk günü emrederek şöyle buyurmuştur:

"Biz Mûsâ ile otuz gece (bana ibadet etmesi için) sözleştik ve ona bir on gün daha ekledik. Böylece Rabbinin tayin ettiği vakit kırk gün olarak tamamlandı." [2]

Bu şöyle olmuştu: **Hz. Mûsâ** (a.s), **Mısır**'da, **Benî İsrâil**'e, Allahu Teâlâ düşmanlarını helak edip kendilerini onların elinden kurtarınca, Allah, kendilerine, içinde helal, haram, had ve hükümlerin açıklandığı bir kitab vereceğini va'detti. Allahu Teâlâ, **Firavun**'u helak edip onları kurtarınca; **Mûsâ** (a.s) Rabbinden o kitabı istedi. Allahu Teâlâ da ona otuz gün oruç tutmasını emretti. Vakit Zilkâde ayı idi. Otuzuncu günün gecesi olunca, **Hz. Mûsâ**'nın ağzında bir acılık peydâ oldu. Onu gidereyim diye; "**hırnüb**" denen bir ağaçtan yapılmış bir misvakla ağzını misvakladı. O zaman melekler, kendisine: "Se-

1) Ebû Nuaym, Hilye, V, 189; İbnu Mubârek, K. Zühd, No: 1014; Münzirî, et-Terğib, I, 56; İbnü'l-Esir, Câmiü'l-Usûl, XI, 557.
2) A'raf (7), I42.

nin ağzından (bu zamana kadar) misk kokusu kokluyorduk, sen onu bu misvakla bozdun!" dediler. Bunun üzerine **Allahu Teâlâ** ona, on gün **Zilhicce** ayından oruç tutmasını emretti ve kendisine:

"Oruçlunun ağız kokusunun, benim yanımda misk kokusundan daha güzel olduğunu bilmez misin?" buyurdu. **Hz. Mûsâ**'nın orucu; gündüzleri bir şey yemeyip, geceleri yeme içme şeklinde değil, aksine, kırk gün boyunca hiçbir şey yememek şeklinde idi. Demek ki, midenin aç kalması; mânevî terbiye ve terakkîde büyük bir esastır. **Hz. Mûsâ** (a.s) dahi, Allahu Teâlâ ile konuşmaya hazır bir hâle gelebilmek için, buna ihtiyaç hissetmiştir.

Bütün varlığı ile Allahu Teâlâ'ya yönelmiş âriflerin kalblerinde oluşan ledünnî ilimler, Allahu Teâlâ ile bir nev'i konuşma sayılır. Kim, kırk gün, midesini aç tutup nefsini buna alıştırarak ihlas ile Allah için amel ederse, Rasûlullah'ın (s.a.v) haber verdiği gibi; Allah ona mânevî, ledünnî ilimlerin kapısını açar.

Şunu da burada hatırlatalım ki; gerek Rasûlullah'ın (s.a.v) kavl-i şerifinde, gerekse Allahu Teâlâ'nın **Hz. Mûsâ**'ya verdiği emirde, bu sürenin kırk gün ile sınırlandırılmasının özel bir hikmeti vardır. Bunun hakikatını ve sırrını da ancak, Allahu Teâlâ'nın kendilerine bildirdiği Peygamberler yahut onların dışında özel olarak bilgi verdiği ârif kimseler bilebilir. En iyisini Allah bilir; bunda şöyle bir sır gözüküyor:

Allahu Teâlâ, **Hz. Âdem**'i yaratmak istediği zaman, çamurunun yoğrulup mayalanması için de kırk gün süre ta'yin etmiştir. Nitekim bir haberde:

"***Allahu Teâlâ, Âdemin çamurunu kudret eliyle (melekleri vasıtasıyla) kırk sabah yoğurdu.***"[3] buyrulmuştur.

Allahu Teâlâ, **Hz. Âdem**'i her iki dünyanın da imârı (ve ıslâhı) için yaratmış; kendisinden, Cenneti ma'mur etmesini istediği gibi dünyanın da imârını istemiş ve bunun için onu, hikmet ve şehâdet âlemine uygun bir terkibte, topraktan yaratmıştır. Bu ev, dünyâdır. Dünyânın ma'mur (ve ıslâh) edilmesi, o terkibten gelmektedir. Hz Adem, bildiğimiz ve alıştığımız

3) Beyhakî, el-Esmâ ve's-Sıfat, 327 (1.baskı).

şeklin dışında bir yaratılışla topraktan yaratılmıştır.

Hz. Âdem, kırk gün süren bu ameliyeden dolayı, huzûr-ı ilâhiyeden kırk perde ile perdelendi. Her bir perde ile kendisine, huzûr-ı ilâhiyeden kopup; dünyâyı imâra yöneleceği bir hâl verildi. Eğer bu perdeler ve perdelenme olmasa ve Hz. Adem (a.s) ilâhî huzurdan hiç kopmayacak olsaydı; dünyanın imârı mümkün olmazdı. Şu halde; hikmet âlemi olan bu dünyânın imârı ve yeryüzünde hilâfetullah vazifesinin görülebilmesi için, kurbiyyet makâmından (bazı zamanlarda) uzak kalmak asıl olmuştur.

İşte kul, kendini Allahu Teâlâ'nın taatına verip tamamen ona yönelerek, geçim vs. derdinden kendisini çekerek çilehâneye girdiğinde; geçirdiği her bir günde Rabbi ile arasında engel olan bir perdeden kurtulur. Kalbinden kalkan her bir perde nisbetinde kul, ilâhî huzûra cezbedilir ve bütün ilimlerin menbaı ve kaynağı olan huzûr-ı ilâhiyede kurbiyyet makâmında bir yer elde eder. Kırk gün olunca bütün perdeler kalkar; artık ilâhî ilim ve mârifetler üzerine akmaya başlar.

Sonra, bu ilim ve mârifetler, ilâhî azamet nûrunun iksiri kendilerine ulaşınca birer nûra dönüşürler. Hadisü'n-nefsten kaynaklanan şeyler, artık birer ilhâmî ilme dönüşür ve bu nefsî duygular, azamet-i ilâhiye nurlarını kabûl için bir zemin olur. Şayet nefis ve ona âit düşünceler olmasaydı; ilâhî ilimler ortaya çıkmazdı. **Çünkü hadisü'n-nefs, nurların kabûlü için bir kab durumundadır. Haddi zâtında kalbin, ilmi kabul edecek bir şeyi yoktur.**

Rasûlullah'ın (s.a.v) hadisinde geçen: "**Kalbinden dilini hikmet akar**." sözüyle kalbin şu hâline işâret edilmiştir:

Kalbin yaşadığımız âleme dönük olması itibariyle nefse bakan bir yönü, gayb âlemine dönük olması itibârıyle de rûha bakan diğer bir yönü vardır. Bu sıfatıyla kalb, nefiste gizlenmiş ilimleri kendi tarafına çeker ve onları, tercümanı olan dile çıkarır. İlimlerin kalbden çıkması işte böyle olur. Çünkü ilim kalbde kök salmıştır.

Kalb ve rûhun, ilhâm rütbelerinin üstünde ve ötesinde, ilhâmın kaynağı olan Allahu Teâlâ'ya yakınlık noktasında, değişik ve farklı rütbeleri vardır. Kul, mâsivadan kesilerek tamamen Allahu Teâlâ'ya yöneldiğinde, vücûdunda alınacak mânevî mesâfeleri kateder ve nefsinin mâdeninden ilim cevherlerini çıkarır.

Bir hadis-i şerifte şöyle buyrulmuştur:

"İnsanlar altın ve gümüş mâdenleri gibi (farklı yapı ve kıymette) dirler .Onların câhiliyye devrinde hayırlı olanları, dini iyice öğrendikleri zaman, İslam'a girişlerinde de insanların en hayırlısı olurlar." [4]

İşte çilehâneye giren de, amelinde Allah için ihlas sahibi oluşuyla her gün, kendisini Allahu Teâlâ'da uzaklaştıran, cibilliyetindeki toprağa bağlı tabaka ve perdelerden bir perde keşfedip açar. Böylece, kırk gün boyunca, Rabbi ile arasında engel olan bütün perdeler açılır.

Kulun (halvete girişindeki niyet ve hâlinin) sıhhatinin alâmeti ve orada iken ihlası koruduğunun ve halvetinin kendisine bir fayda verdiğinin işâreti; onun kırk günden sonra kalbini tamamen dünyadan çekmiş olması ve ebediyet yurdu olan âhirete yönelmesidir. Çünkü; dünyadan kalbi çekmek yani zühd hâli, hikmetin ortaya çıkması için zaruridir. Dünyadan gönlünü çekmeyen, hikmet sâhibi olamaz. Bir kimse kırk gün halvete girer de hikmeti elde edemezse; bu onun, halvetin şartlarını ihlâl ettiğini ve amelinde Allah için ihlas sâhibi olmadığını gösterir. İhlas sâhibi olmayan da Allah'a ibâdet etmiş olmaz. Çünkü, Allahu Teâlâ bizlere ameli emrettiği gibi, amelde ihlas sâhibi olmamızı da emrederek şöyle buyurmuştur:

"Halbuki onlar, ancak, dinde ihlas sâhibi olarak Allah'a kulluk yapmakla emrolundular." [5]

Safvan b. Assel'den (r.a) rivâyet edilen bir hadis-i şerifte, Rasûlullah (a.s) şöyle buyurmuştur:

"Kıyâmet günü olduğunda ihlas ve şirk, Aziz ve Celil olan Allah'ın huzûruna gelirler. Rabbül âlemin, ihlasa:

"Sen ve sana sâhip olanlar Cennete gidiniz." Şirke de:

"Sen ve ehlin Cehenneme gidiniz" buyurur.

Yine bu hadisin ilk râvileri yoluyla **Ebû Abdurrahman es-Sülemî, Huzeyfe**'nin (r.a), şöyle dediğini nakletmiştir:

"Rasûlullah (a.s)'a: "İhlasın ne olduğunu?" sordum, buyurdu ki:

"Ben de **Cebrâil**'e: "İhlas nedir?" diye sordum şöyle dedi:

---

4) Buhârî, Enbiyâ, 4; Menâkıb, I; Müslim, Fedâil, I68, Ahmed, Müsned, IV, I0I
5) Beyyine (98), 5.

"Ben de Rabbu'l-âlemine: "İhlas nedir?" diye sordum; şöyle buyurdu:

"İhlas; benim sırlarımdan bir sırdır; onu, kullarımdan sevdiklerimin kalbine emânet eder (yerleştirir)im." [6]

Bazı insanlar, nefsi istemediği ve yanaşmadığı halde halvete girer. Çünkü nefis tabiatı itibarıyle, halvetten nefret edici olup, halkın arasına karışmaya çok meyyâldir. Sâhibi onu boş alışkanlıklarından ayırıp Allahu Teâlâ'nın taatına bağlayınca; çektiği acıların yerine kalbde, (mânevî) bir halâvet (tad) oluşur.

Zünnûn el-Mısrî (rah.) demiştir ki: "İnsanı, halvetten daha çok ihlasa sevkeden hiçbir şey bilmiyorum. Kim halveti severse, ihlasın temel direğini eline geçirmiş ve sıdkın en sağlam ruknüne sâhip olmuş olur."

Şiblî (rah.), kendisinden nasihat isteyen, bir adama: "Yalnızlığa sarıl! Halk arasında adını unuttur. Ölene kadar kendi köşene çekilip kıblene yönel ve ibâdetle meşgul ol demiştir."

Yahya b. Muaz (rah.): "Yalnızlık sıddıkların en büyük arzusudur." demiştir.

İnsanların bazılarının da, içinde halvet ve yalnızlığa çekilme duygusu harekete geçer ve nefsi kendisini buna çeker. Bu, onun halvete ve mânevî hallere güzel istîdât sâhibi olduğunu gösterir. Bize kadar ulaşan şu hadiste de, Rasûlullah (s.a.v) Efendimizin hâlinin böyle olduğu görülmektedir. **Hz. Âişe** (r.ah) demiştir ki:

"Rasûlullah'a (s.a.v) vahiy ilk olarak, gördüğü sâdık rüyâlarla başladı. Gördüğü her rüyâ sabah aydınlığı gibi ertesi gün ortaya çıkardı. Sonra kendisine halvet hâli (yalnızlık) sevdirildi. **Hıra nûr** dağına gider, belli günler âilesinden ayrılarak ibâdetle meşgul olurdu. Bunun için yanına azığını alıp giderdi. Sonra **Hz. Hatice**'nin yanına iner, yine bir miktar azık alarak **Hırâ** mağrasına dönerdi. Kendisine vahiy ve peygamberlik gelene kadar böyle devam etmişti. Bir gün mağarada iken kendisine Melek (**Cebrâil**) geldi ve:

"Oku!" dedi. ***Rasûlullah*** *(a.s):*

"Ben okuma bilmem!" *dedi. Bundan sonraki olanları* ***Efendimiz*** *(a.s) şöyle anlatmıştır:*

---

6) Zebîdî, İthâfu's-Sâde, XII, 80-8l.

"Bunun üzerine melek beni takatım kesilinceye kadar sıktı. Sonra bırakıp tekrar:

"Oku!" dedi. Ben:

"Ben, okuma bilmiyorum!" dedim. Beni ikinci kez tâkatım kesilinceye kadar sıkıp, sonra serbest bırakarak tekrar:

"Oku!" dedi. Ben yine:

"Okuma bilmiyorum." deyince, üçüncü defa beni tâkatım kesilinceye kadar sıkıp bıraktı ve:

"(Herşeyi) Yaratan Rabbinin adı ile oku! O insanı bir kan pıhtısından yarattı. Oku! Rabbin nihâyetsiz kerem sâhibidir. O, kalem ile yazmayı öğretti. İnsana bilmediği şeyleri öğretti." [7]

Rasûlullah (a.s) duyduklarını tekrar etti. Vahiy kalbine intikal etti. Bu hâlin etkisiyle kendisinde bir titreme meydana geldi. Hemen **Hz. Hatice**'nin yanına dönerek:

"Beni örtünüz, beni örtünüz!" buyurdu. Kendisini örttüler. Üzerindeki ürperti gidene kadar öylece kaldı. Sonra, **Hz. Hatice**'ye:

"Bana ne oluyor?" dedi ve başından geçenleri ona anlattı. Sonra da: "Aklımdan korktum!" dedi. **Hz. Hatice** (r.ah) de:

"Öyle deme! Allah'a yemin ederim ki, O seni asla mahzun edip üzmez. Çünkü sen akrabana bakarsın, doğru söylersin, güçsüzlerin işini görür yardım edersin. Fakire ikramda bulunur, kimsenin vermeyeceğini verirsin. Misâfiri ağırlarsın. Halkın başına bir mûsibet gelse onlara yardım edersin." dedi ve onu amcası **Varaka b. Nevfel**'e götürdü. **Varaka**, câhiliyye devrinde **Hristiyan** olmuş birisiydi. **İbrânice** yazı yazmasını bilirdi. **İncil**'den, **İbrânice** olarak **Allah**'ın dilediği kadar (epeyce) yazmıştı. Gözleri görmez bir pîr-i fâni idi. **Hz. Hatice** (r.ah) kendisine:

"Ey amca! Dinlesene, kardeşinin oğlu neler söylüyor?" dedi. **Varaka**:

"Ey kardeşimin oğlu, ne gördün (ne oldu)?" diye sordu. Rasûlullah (a.s) da, başından geçenleri ona anlattı. Anlatılanları dinleyen **Varaka**, Rasûlullah (a.s)'a:

---

7) Alak (96), 1-5

"O sana gelen melek, **Hz. Mûsâ**'ya indirilen **Nâmus-u Ekber** (**Cebrâil**)'dir. Ah! Keşke, senin dâvet günlerinde genç olsaydım. Keşke kavminin seni vatanından çıkardıkları zaman hayatta olsaydım." dedi. Rasûlullah (a.s):

"Onlar beni vatanımdan çıkaracaklar mı?" diye sordu. **Varaka**:

"Evet, senin gibi vahiy getirmiş her peygambere mutlaka eziyet yapılmıştır. Eğer senin dâvet günlerine yetişirsem, sana, son derece yardım ederdim." dedi. [8]

Câbir b. Abdullah şöyle rivâyet etmiştir: Rasûlullah (a.s)'ı vahyin kesilmesinden bahsederken işittim; şöyle buyuruyordu:

"Ben bir gün yürürken gökten bir ses işittim. Başımı kaldırdım, bir de baktım ki; Hırâ'da bana gelen melek, semâ ile arz arasında bir kürsi üzerinde oturmuş. Bundan son derece irkildim, hemen eve döndüm ve: "Beni örtünüz! Beni örtünüz!" dedim. Üzerimi örttüler. Sonra Allah, şu âyetleri indirdi:

"Ey örtüye bürünen Rasûlüm! Kalk, (iman etmeyenleri) uyar. Sâdece Rabbini yücelt. Elbiseni temiz tut. Kötü şeyleri terket." [9]

Anlatıldığına göre; **Rasûlullah** (a.s), vahyin kesildiği günlerde, defalarca kendini dağların başından kendisini atmaya niyetlenmiştir. Her niyetlenişinde **Cebrâil** (a.s.) kendisine görünerek:

"Yâ Muhammed! Şüphesiz sen Allah'ın Rasûlüsün." demiş ve sıkıntısını gidermiştir. Vahiy uzun süre kesilince; Rasûlullah (a.s.) yine aynı duruma niyetlenmiş, **Cebrâil** (a.s) tekrar kendisine gözükerek aynı sözü tekrar söyleyip onu vazgeçirmiştir.[10]

Rasûlullah'ın (s.a.v) nübüvvetin başlangıcında gelişen bu hâl ve haberler, mürşid-i kâmillerin mürid ve hak tâliblerine halveti seçmeleri hususunda bir örnek ve asıl olmuştur. Halvete girenler halvetlerinde Allah için ihlas sahibi olduklarında; Allahu Teâlâ kendilerine, O'nun için terkettikleri şeylere karşılık olarak, mânen ünsiyet edip rahatlıyacakları şeyleri açıp nasib eder.

---

8) Buhârî, Bed'il-Vahy, 3; Şevkânî, Fethu'l-Kadir, V, 328.
9) Müddesir (74), 1-5.
10) Buhârî, Ta'bir, 1; Bkz: es-Saâtî, Fethu'r-Rabbânî, XX, 209.

Şunu da hatırlatılım ki, gerçek sûfilerin halveti devamlıdır; onlar her zaman halk içinde de Hakk ile beraber olurlar. Ancak bu kırk günün, kulun üzerinde Allahu Teâlâ'nın mânevî müjdelerinin gerçekleşmesi ve ve yüce ihsanlarının zuhûr etmesi için apaçık bir te'siri ve faydası vardır.

****

HALVETTE ZUHÛR EDEN MA'NEVÎ FETİHLER

Bir grup insan, halvet ve çilehâneye girmenin usûlünde hatâ ettiler. Kelime ve mânaları değiştirip bozdular; içlerine şeytan girdi ve kendilerine gurur kapısı açıldı. Çünkü onlar, halvete, güzel bir ihlas sâhibi olmadan, hâl ve gidişatları bozuk olarak girmişlerdir.

Bir de bu kimseler, önceki meşâyıh ve sûfilerin pek çok kere halvete girdiklerini, orada kendilerine birçok keşifler ve acâib haller vâki olduğunu işitmişler ve bunları elde etmek için halvete girmişlerdir. Bu anlayış, tam bir hastalık ve tamâmen hatadır. Halbuki önceki büyükler, halvet ve yalnızlığı ancak, dinlerinin selâmeti, nefsin çirkin ahvâlini araştırıp öğrenmek ve sırf Allah rızâsı için amel yapmak düşüncesiyle tercih ediyorlardı.

Ebû Amr el-Enmâtî'nin şöyle dediği rivâyet edilir: "Akıllı bir kimse, işin başında ıslahı için gereken şeyleri tam ve sağlam yapmadıkça ve içinde bulunduğu hallerin, kendisini ileri mi geri mi götürdüğünü anlamadıkça; peşinden gelecek hallleri katiyyen sağlam ve sâfi olamayacaktır."

Şu halde halvete giren kimse, orayı, kendisine arız olacak dış meşgûliyetlerden uzaklaştırmak ve ulaşmak istediği mânevî hâllerini muhafaza için istemesi gerekir.

Ebû Temîm el-Mağribî (rah) şöyle demiştir:

"Halveti sohbete tercih eden kimseye, zikr-i ilâhînin dışında bütün düşüncelerden kalbini boşaltması, Rabbinin muradından başka bütün isteklerden uzak kalması, nefsinin arzularıyla ilgili bütün şeylerden elini çekmesi gerekir. Eğer bu hâl üzere olmazsa; halveti onu, mutlaka bir belâya veya fitneye düşürür."

Ebû Zur'a, bize, **Muhammed b. Hammad**'ın şöyle dediğini haber verdi:

"Bir adam, **Ebû Bekir el-Varrâk**'ı ziyârete gelerek, kendisine:

"Bana bir nasihatta bulun!" diye ricâda bulundu. Hazret de ona:

"Ben, dünya ve âhiretin bütün hayrını halvet ve mal azlığında buldum. Her iki âlemin şerrini de, kalabalık ve insanlara karışmakta gördüm." dedi.

Demek ki halvete girerken, niyeti sakat, hâli bozuk olan kimsenin içine şeytan girer ve ona birçok sapık şeyleri güzel gösterir. İçini gurur ve aldanma ile doldurur; o da kendisini güzel bir halde zanneder.

Şart ve edeblerine riâyet etmeksizin halvete giren bazı kimselere fitne ârız olmuştur. Onlar kendi tercihlerine göre iyi buldukları bir ibâdet ve zikir çeşidine yöneldiler. Uzlete çekilerek halvetle nefislerini bir noktaya teksife çalıştılar. Râhiplerin, **Hint** fakirlerinin ve filozofların yaptığı gibi, dış meşguliyetlerden tamamen kesildiler; fakat sırf bu hal onlara yetmedi; niyet ve gidişatlarındaki bozukluk yüzünden fitneye düştüler.

Gerçi iç âlemin toplanması için halvete çekilmenin, bâtının sâfileşmesinde mutlak bir te'siri mevcuttur; fakat bunun için şart olan niyet ve edebin güzel olmasıdır. Kim, güzel bir edeb ve Rasûlullah (a.s.)'a sıdk ile mutâbaat ile halvete girerse; sonuçta, kalbi nurlanır, dünyaya karşı zühd sâhibi olur, zikrin tadını tadar, namaz, **Kur'an** tilaveti ve diğer amellerinde Allah için ihlasla muâmeleyi elde eder.

Şeriatın edebine ve Rasûlullah'ın (s.a.v) sünnetine uygun olmayan bir halvet ise; (sâdece) nefiste bir iç temizliği hâsıl eder ki; onunla da ancak, (**Allah** kendilerini hüsranda bıraksın!) filozofların ve dehrîlerin önem verdikleri riyâzat ilimleri elde edilebilir. Bunun, âhiret ilmine bir faydası olmaz. Çoğu zaman, bu halde ileri gittikçe, Allah'tan uzaklık artar. Bu yola yönelen kimseyi, elde ettiği riyâzat ilimleri sebebiyle şeytan aldatır, yahut kendisine doğru ve güzel gözüken bir takım sapık düşüncelerle onu, iyice azıtır. Hatta ona tam olarak yanaşıp, herşeyini ifsâd eder. O da maksadına ulaştığını zanneder. Bilmez ki, onun elde ettiği bu neticeye, **Hristiyan** râhipleri ve **Hint** fakirleri de ulaşabilmektedir. Hem halvetten maksad da o değildir.

Sûfilerden birisi demiştir ki: "**Cenâb-ı Hakk senden istikâmet istiyor,**

sen ise kerâmet peşine düşüyorsun!"

Bazen sâdıklara (halvetinde), hârikülâda şeylerden bir kerâmet, doğru bir ferâset yolu açılır ve ileride olacak hâdiseler kendisine önceden belli olur. Bazen de böyle birşey olmayabilir. Bunun olmayışı sadık kimsenin hâlini zedelemez. Onların hâlini ancak, istikâmetten ayrılma zedeler. Sâdıklara açılan bu tür ilâhî ihsanlar, onların yakinini artırır. Onları daha çok mücâhade ve muâmeleye sevkeder. Dünyaya karşı zühd sâhibi yapar. Ahlâk-ı hamide ile ahlaklanmalarını te'min eder.

Dinin edebi dâiresinde amel etmeyen kimsede böyle şeylerin vukûa gelmesi ise; onun daha çok haktan uzaklaşmasına, nefsine aldanmasına, hamâkatına, insanlara karşı üstünlük taslamasına ve halkı küçük görmesine sebep olur. Hatta; o halde devam ede ede, sonundan **İslâm** dâiresinin dışına çıkar ve ilâhi hudûdları, dinî hükümleri, helal ve haramı inkara gider. Bu kimse, ibâdetlerden maksadın, sâdece Allah Teâlâ'yı zikretmek olduğunu zanneder, Rasûlullah (a.s)'a mutâbaatı terkeder. Sonra yavaş yavaş dinden çıkmaya ve zındıklığa kadar gider. Sapıtmaktan Allah'a sığınırız.

Bazen de halvete girenlere, mânevî hal zannettiği bir takım hayaller gözükür ve hakikatını bilmeden onları meşâyıhın büyüklerine açılan mânevî hallere (keşif ve kerâmetlere) benzetir. Bu tür güzel hallerin nasıl gerçekleştiğini anlamak isteyen, bilsin ki, bunun yolu şudur:

Kul, Allah için ihlas sâhibi olup niyetini güzel yapar, halvethânesine girerek kırk gün veya daha fazla oturursa; bâtınına yakînin sâfiyeti ulaşır; kalbinden perde kaldırılır ve birisinin dediği gibi: "Kalbim Rabbimi gördü!" diyeceği bir hâle gelir.

Kul bu makâma, bazen, vakitlerini namaz ile ihyâ edip âzalarını haramdan koruyarak; namaz, Kur'an tilâveti ve zikir gibi günlük virdlerini (uygun) vakitlerine dağıtarak ulaşır. Bazen, Cenâb-ı Hakk, kulun fazla bir gayreti olmaksızın, ondaki sadâkat ve kuvvetli kâbiliyeti sebebiyle, bu hâli kendisine baştan ihsan eder. Bazen bu hâle, belli bir zikre devam ederek ulaşır. Çünkü o, devamlı bu zikri tekrar eder ve ibâdet olarak sadece beş vakit namaz ve sünnetleriyle yetinir. Kalan vakitlerinde tek bir zikirle meşgul olur ve onda hiç gevşeklik göstermeyip, herhangi bir kusura düşmeden, devamlı zikir hâlinde olur. Öyle ki; abdest yolunda ve yemek ânında bile zikirden geri kalmaz.

Meşâyıhın bir kısmı, bu zikir için "**Lâilahe illâllah**" kelime-i tevhidini seçmişlerdir. Kelime-i tevhidin, ona ihlas ve sadâkatla devam edenin kalbinin nurlanmasında ve düşüncesinin toplanmasında büyük bir te'siri vardır. O, **Cenâb-ı Hakk**'ın bu ümmete bir ihsânıdır ve zikredeceğimiz haberde görüleceği üzere; onda, bu ümmete âid birçok hususiyetler vardır.

Şeyhimiz **Ebu'n-Necib Ziyâuddin es-Sühreverdî** bize, imla yoluyla (bizzat yazdırarak), **Abdurrahman b. Zeyd**'in babasından naklen şöyle dediğini haber verdi:

"**Meryem oğlu İsâ** (a.s): "Ya Rabbi bana, rahmete ulaşmış şu ümmetin hâlinden haber ver!" deyince, Cenâb-ı Hakk şöyle vahyetmiştir:

"O, Muhammed'in ümmetidir. Onlar, âlim, muttakî, halîm, asfiyâ ve hakîm olup, (tebliğ ve dâvette) sanki peygamberler gibidirler. Onlar benim az bir ihsanıma râzı olurlar, ben de onların az ameline râzı olurum ve onları "**lâ ilâhe illâllah**" zikirleri sâyesinde Cennetime koyarım. **Yâ İsâ**! Cennet ehlinin ekserisini onlar teşkil eder. Çünkü, onların dillerinin "**lâ ilâhe illâllah**" zikrine bağlandığı gibi hiçbir topluluğun dili bağlanmamış. Ve yine onların boynunun secdeye bağlandığı gibi hiçbir topluluğun boynu secde ile yorgun düşmemiştir."

Abdullah b. Amr'ın şöyle dediği rivâyet edilmiştir: "**Tevrat**'ta şu âyet yazılı idi: "Ey peygamber! Biz seni bir şâhid, bir müjdeci, bir korkutucu, mü'minler için bir koruyucu emniyet ve ümmîler için bir hazine olarak gönderdik. Sen benim kulum ve Rasûlümsün. Seni, kaba ve katı olmayan, çarşı-pazarda bağıra çağıra konuşmayan, kötülüğe kötülükle karşılık vermeyen, fakat affeden ve bağışlayan mütevvekkil olarak isimlendirdim. Doğru yoldan sapmış bir millet, "**lâ ilâhe illallah**" diyerek hidâyet bulup, (mânen) kör gözler, sağır kulaklar ve kapalı kalbler onunla açılıncaya kadar onun rûhunu kabzetmiyeceğim." [1]

Kul, halvetinde kelime-i tevhid zikrini, diliyle kalbi birbirine uyar bir vaziyette devamlı söylediğinde; bu mübârek kelime kalbde kök salar ve oradaki nef-

1) Dârimî, Mukaddime, 2; Suyûtî, el-Hasâisü'l-Kübrâ, I, 10.

sânî düşünceleri söküp atar. Nefsin havâtırı yerine kalbe, kelime-i tevhidin mânası hâkim olur. Kelime-i tevhid kalbi tamamen kaplayıp onu zikir dile kolay gelince, kalb onu içine sirâyet ettirir. Artık dil sussa bile kalb onu söylemekten geri kalmaz. Sonra o, kalbde cevherleşir ve bu sâyede yakîn nûru kalbde yerleşir. Öyle ki, kelime-i tevhid lafız olarak dil ve kalbden gitse bile, onun nûru bir cevher olarak kalbde kalır ve zikredilen Cenâb-ı Hakk'ın azametini müşâhade ile, (devamlı bir) zikir hâli elde edilir. Bu durumda, "zât zikri" oluşur. Bu zikir, müşâhade mükâşefe ve muâyene ile hâsıl olur. Ben, "zât zikriyle"; zikrin nûrunun kalbde cevher hâline gelmesini kasdediyorum. Halvetten elde edilmesi beklenen asıl maksat ta budur.

Bu durum, sâdece kelime-i tevhid zikriyle hâsıl olmaz. **Kur'an-ı Kerim** tilâvetiyle de olur. Halvete giren, çokca **Kur'an** okur ve kalbiyle dilini aynı nokta ve mânada toplamaya çalışırsa, ilâhî kelam kalbinden diline akar ve kelâmın mânası, nefsin hayal ve düşüncelerinin yerine geçer; artık vesvese türü şeylere girecek yer bırakmaz. Bu hal gerçekleşince, kula tilâvet ve namazında bir kolaylık gelir ve bâtını, namaz ve kıraat esnasında bu kolaylıkla nurlanır. İlahi kelâmın nûru, kalbde, nûrânî bir cevher hâlini alır. Kelime-i tevhid zikrinde olduğu gibi, bundan da "**zâtî zikir**" meydana gelir. Kelâm-i ilâhiyenin nûru, herşeyden yüce ve münezzeh olan kelâm sahibi Allah Teâlâ'nın azametini müşâhade ile beraber kalbde toplanır. Bu ilâhi ihsanlar olmadan kula, ledünnî, ilhâma dayalı ilimler açılmaz.

Kul, kalbini sâfileştirerek tilâvet ve zikrin hakikatini elde ettiği bu makama ulaşana kadar, Cenâb-ı Hakk'la kemâl-i ünsiyeti ve zikrinin halâvetiyle bazen zikir içinde gaybet hâline girer. Bu durumuyla, uykudaki kimsenin hâline benzer. Uyuyan kimseye hakikatlar nasıl hayal şeklinde münkeşif oluryorsa, gaybet hâlinde olan sâlike de gerçekler, önce hayâlî olarak tecelli eder. Mesela, uykusunda yılan öldürdüğünü gören kimsenin rüyâsını, ta'birci, düşmana karşı zafer kazanacağı şeklinde yorumlar. Bu durumda onun düşmanına gâlib gelmesi, Hakk Teâlâ'nın kendisine açmış olduğ bir keşiftir. Bu zafer, rûhî bir olaydır. Rüyâ, bu ruh için yılan hayâliyle bir ceset olmuştur ve o, Cenâb-ı Hakk'ın önceden bir ihbârıdır. Onun yılan hâlinde görülmesi bir temsil olup, rüyâyı görenin vehim ve hayal kuvvetinin aynı nokta ve konuda toplanmasından dolayı, nefsinden kaynaklanan bir misaldir. Zaferi temsil eden ruhla, yılanı temsil eden cesed birbiriyle kaynaşınca, rüyâ sâhibi ta'bire ihtiyaç hissetmiştir. Aslında zaferi ifâde eden bu rüyâ, temsîlî semboller olmadan keşfolsaydı, ta'bire ihtiyaç olmazdı. O bizzat zaferi görür, zafer de gerçekten hâsıl olurdu.

Bazen, rüyâda görülen vehim ve hayal, uyanık haldeki hiçbir hakikatı temsil etmez. O zaman bu, ta'biri olmayan karmakarışık bir rüyâ olur.

Bazen, halvet sâhibine, hakikat adına hiçbir şey ifâde ve temsil etmeyen, sırf kendi benliğinden kaynaklanan bir takım hayaller zuhûr eder. Bununla bir hüküm verilmez ve ona iltifat da edilmez. Çünkü o, mânevî bir hâl değil, nefsî bir hayaldir.

Fakat sâdık, zikrullah içinde tamamen kaybolup, yanına giren bir kimseyi hissedemiyecek ve tanıyamayacak bir hâle gelince; başlangıçta nefsinden bir misâl ve hayâl zuhûr edip, kendisine keşf rûhunu üfürür (ve böylece, keşf yolu açılır). Gaybet hâlinden (sahv hâline) dönünce, bu gördüğü şeyin tefsiri, ya ilâhî bir mevhide olarak Allah tarafından bâtınına ilkâ edilir, ya da mürşidi tarafından kendisine ta'rif edilir. Bu, ta'bircinin rüyâyı yorumlaması gibi bir şey olur. Böyle bir şey, mânevî bir hâldir. Çünkü o, hakikatin bir misal şeklinde keşfedilmesidir.

Bir keşfin sıhhatinin şartı; önce keşfe mazhar olanın zikirde ihlas sâhibi olması, ikinci olarak da, zikir içinde tamamen kendini kaybetmesidir. Bunun alâmeti de, dünyaya karşı zühd ve takvâya sımsıkı yapışmaktır. Çünkü Allahu Teâlâ, ona açtığı mânevî hallerle kendisini hikmetin kaynağı yapmıştır. Hikmet ise, takvâ ve zühdü gerekli kılar.

Bazen zikir ehline hakikat, hiçbir misal ve sembol olmaksızın, doğrudan açılır. Bu durumda o, Allahu Teâlâ'nın kendisine lutfettiği bir keşif ve mânevî ihbar olur. Bu, bazen (bizzat) görerek, bazen işiterek meydana gelir. Bazen onu bâtınında işitir. Bu işittikleri (her zaman) bâtınından değil, bazen de gizli fısıltı şeklinde hevâsından kaynaklanabilir. Bu yollarla, Allahu Teâlâ'nın kendisi için veya başkası adına meydana getirmeyi murâd ettiği şeyi bilmiş olur.

Allahu Teâlâ'nın ona bunu haber vermesi, onun yakinin artırır. Sûfi, bazı şeylerin hakikatını rüyâsında da görebilir.

Anlatıldığına göre; sûfilerden birisine, keşfinde, içinde içecek bulunan bir bardak verildi. Bardağı elinden bırakarak: "Anlaşılan, âlemde yeni bir hâdise meydana geldi. Bunun ne olduğunu bilmeden onu içmem!" dedi. Bunun üzerine kendisine, bir cemaatın **Mekke**'ye girip orada öldükleri keşfoldu.

Ebû Süleyman el-Havvas'ın şöyle dediği anlatılır: "Bir gün merkebime binmiştim. Sinekler merkebimi rahatsız ediyor, o da başını aşağı yukarı sallıyordu. Ben de elimde bulunan sopayla başına vuruyordum. Bir ara merkeb, benden yana başını kaldırarak:

"Vur bakalım! Sen aslında kendi başına vuruyorsun (bunun cezâsını bir gün çekersin!) dedi." Kendisine:

"Ya **Ebâ Süleyman**! Bunu keşfinde mi gördün, yoksa bizzat kulağınla mı işittin?" diye sorulduğunda, Hazret:

"Senin beni işittiğin gibi, ben de onu şu kulağımla merkebten işittim." dedi.

Ahmed b. Atâ er-Ruzbârî'nin şöyle dediği nakledilir: "Benim, tahâret işinde kendime göre takib ettiğim bir usûlüm vardı. Bir gece, gecenin üçte birini istincâ ile geçirmiş fakat kalbim bir türlü rahat etmemişti. Bunun üzerine, daralıp sıkıldım, ağladım ve: "Ya Rabbi, beni affet." dedim. O anda hiç kimseyi görmediğim halde (gizli) bir ses:

"Ya Ebâ Abdullah! Senin affın ilimledir!" diyordu.

Hiç şüphesiz, Allahu Teâlâ, kulunu terbiye etmek, yakinini artırmak ve imanını takviye için, kendisine bir takım kerâmet ve hârikülâde şeyler gösterir.

Cafer el-Huldî'nin kıymetli bir yüzük taşı vardı. Bir gün **Dicle**'de bir kayığa binmişti. Kayıkçıya bir parça yiyecek vermeye niyetlendi, bohçasını çözdü. Bu arada yüzük kaşı **Dicle**'ye düştü. Aklında, kayıp için okunan ve faydası tecrübe edilmiş bir duâ vardı. Düşen yüzük kaşının bulunması için onunla duâ etti. Daha sonra onu araştırırken yaprakların arasında buldu. Duâ şu idi:

"Ey geleceğinden şüphe edilmeyen bir günde, bütün insanları bir araya toplayacak olan Mevlam! Kaybettiğim şeyi bana iâde et!"

Şeyhimiz **Ebu'n-Necib es-Sühreverdî**, **Hemadân**'da iken kendisine, bir şahsın şu hâli anlatıldı: Bu zât halvethânesinde iken, **Ceyhun**'da, gemiden suya düşmekte olan bir oğlunun durumu kendisine keşfoldu. Adam demiş ki: "Ona sakındırdım; suya düşmedi." Bu zat, Hemadân civarlarında, oğlu ise **Ceyhun**'da bulunuyordu. Daha sonra oğlu geldiğinde, gerçekten de suya düşmek üzere olduğunu, o anda babasının sesini işiterek sakınıp kurtulduğunu anlattı.

Hz. Ömer (r.a) de, kendisi **Medine**'de minberde hutbe verirken, **Nihâvend**'deki ordu komutanı **Sâriye**'ye:

"**Ya Sâriye**! Orduyu dağa çek dağa!" diye seslendi, o da bu sesi işitti ve orduyu dağa çekerek galib geldi. **Sâriye**'ye:

"Bu işi nasıl akıl ettin?" diye sorulduğunda:

"**Hz. Ömer**'in: "**Ey Sâriye**, dağa çekil!" dediğini işittim, böyle yaptım." demiştir.[2]

İbnu Sâlim şöyle demiştir: "İmanın dört ruknü (temel esası) vardır:

1-Kudret-i ilâhiyeye iman.

2-Hikmet-i ilâhiyeye iman.

3-Bütün güç ve kuvvetin Allah'a âit olduğunu, O'nun bu hususta hiç kimseye muhtaç olmadığına inanmak.

4-Her şeyde Allahu Teâlâ'dan yardım istemektir."

Kendisine: "Kudretullah'a iman sözünün mânası nedir?" diye sorulunca, demiştir ki: "Dünyanın bir ucunda sağ ayağı üzere ayakta duran Allah erlerinden birinin, Cenâb-ı Hakk'ın kendisine ihsan ettiği bir kerâmet olarak, sağından sola dönmesiyle dünyanın öbür ucunda olabileceğine inanman ve bunu inkar etmemendir."

Biz bunun aklen câiz, hâlen vâki olduğuna inanırız.

Bir derviş bana şunu anlattı: Ben Mekke'de iken, Bağdat'ta bir adamın öldüğüne dâir bir şâyia çıktı. Allahu Teâlâ bana, keşfen, o adamı Bağdat sokaklarında at üstünde gezerken gösterdi. Ben de onun ölmediğini, yaşadığı-

---

2) Beyhakî, Delâilü'n-Nübüvve, VI, 370; İbnu Kesîr, el-Bidâye, VII, 134-135 (Hasen ve ceyyid bir senedle); Nebhânî, Câmiu Kerâmâti'l-Evliyâ, I, 156; Aclûnî, Keşfu'l- Hafâ, II, 380-381.(No:3172).

nı söyledim. Hakikaten durum öyle idi. Hatta ben, o şahsı çarşıda gördüğümde, demircilerin tokmak seslerini de işitiyordum."

Bütün bunlar, Allah Teâlâ'nın birer ihsânıdır. Bazılarına bunlar keşfen verilir. Bazen, kendisine bu tür keşif ve kerâmetler verilmeyen kimseler, onlara sâhip olanlardan derece olarak çok yüksekte olur. Çünkü bütün bunlar kula, yakînini takviye için verilir. Kendisine bizzat yakîn verilen kimse ise, bu tür takviyelere ihtiyaç duymaz.

Bütün çeşitleriyle kerâmetler, yukarıda zikrettiğimiz, zikrin kalbde asıl bir cevher hâline gelip kulun zâtî zikre geçmesinden daha aşağı mertebede şeylerdir. Çünkü kerâmetlerdeki hikmet, onlarla yakinlerinin artması, nefsin arzularına ve dünyanın lezzetlerine karşı dayanabilmeleri için müridlere bir takviye, sâliklere bir terbiyedir. Bu sâyede, onlarda, vakitlerini ibâdet ve taat ile mamur etmek için sönmüş azimleri harakete geçer ve onlarla mânen bir rahatlık bulurlar. Bununla birlikte, kendisine sırf yakin verilmiş kimsenin hâl ve derecesine yükselmeye çalışırlar. Çünkü gerçek yakine ulaşmış kimsenin nefsi, Hakk'a daha çabuk icâbet eder, daha kolay bağlanır ve kâbiliyet yönünden de daha kâmildir. Öncekilere ise, bir takım kerâmetler verilerek, katılaşmış kalb ve duygularını yumuşatmak ve kapalı kalan kâbiliyetlerini açmak istenmektedir.

Bir de şu var ki; kerâmete benzer bu tür şeyler, hidâyet yolundan ayrılıp, dalâlet yoluna sapmış râhipler ve **Hint** fakirlerine de verilebilir, onlar da bu şeylere ulaşabililer. Ancak bu tür şeyler onlara, gizli bir tuzak ve istidraç olarak, içinde bulundukları halleri güzel görüp, ilâhî rahmetten uzak ve mahrum olmaları, Allah Teâlâ'nın kendilerine murad ettiği körlük, sapıklık, alçaklık ve vebal içinde kalmaları için verilir. Ta ki; bunu gören ve bilen bir sâlik, kendisine verilen ufak tefek keramet türü şeylerle aldanmasın ve şâyet su ve hava üzerinde yürüse bile, gerçek takvâ ve zühdün icâblarını yerine getirmedikçe, bunun kendisine bir fayda vermeyeceğini bilsin.

Boş hayal ile meşgul olup, mümkün olmayan şeylerle kendini avutan ve halvete ihlas ile girmeyen kimse; halvethânesine yalanla girer, bir aldanma ile çıkar. Bu durumda, ibâdetleri terkeder ve onları hafife alır. Allah da ondan ibâdetin lezzetini çekip alır. Kalbinden dinin heybet (ve hürmeti) gider; böylece dünya ve ahirette perişan olur.

Sâdık bir mürid bilsin ki halvete girmekten (uzlete çekilmekten) maksad, vakitlerini ibâdet ve taatla mâmur ederek, âzalarını bütün sevimsiz şeylerden alıkoyup Allahu Teâlâ'ya yaklaşmaktır.

Halvete giren bazılarına, virdlere devam etmesi ve onları belirli vakitlere göre dağıtmaları uygun olur. Bazılarına, sadece bir zikre devam etmeleri uygun olurken; bazılarına da devamlı murâkabede kalmaları münâsib düşer. Bazılarına zikirden virdlere intikal etmesi uygun düşerken; bazılarına evrâdını tamalayıp zikre geçmesi faydalı olur. Bunların şekil ve miktarını, rehber olan kâmil mürşid ta'yin eder.

Kâmil mürşid; insanların farklı yapı ve karakterini bilen, onlara sevgi ve şefkat ile muâmele eden, müridi terbiyesine nefsi adına değil, Allah için isteyen, nefsinin havâsına mübtelâ olmayan ve kendisine tâbi olunmasından nefsi adına hoşlanmayan kimsedir. Kim, kendisine tâbi olunmasını istiyor ve bundan nefsi adına hoşlanıyorsa; böyle bir kimsenin bozduğu, ıslah ettiğinden daha çoktur. Çünkü o, Allah için değil, nefsi için hareket etmektedir.

****

HALVETE GİRİŞ ÂDÂBI

Rivâyete göre; **Hz. Davud** (a.s) hüküm vermede bir hatâya düştüğü zaman kırk gün kırk gece, secde hâlinde istiğfar etti; nihâyet Yüce Rabbi kendisini affetti.[1]

Kesin olarak ortaya çıkmıştır ki; halvet ve uzlet, işin başı ve sıdk erbâbının sımsıkı sarıldığı bir durumdur. Kimin bütün vakitleri halvetteki edeb üzere geçerse, onun bütün ömrü halvetle geçmiş gibi olur ve o kimse dini için en selâmetli yola girmiş olur. Fakat, devamlı halvette kalmak kendisine kolay ve mümkün olmayan ve önce nefsi, sonra evlâd ü iyâlinin dertleriyle mübtelâ olan bir kimse, hiç değilse bazen, halvete girmeye çalışmalıdır.

Âriflerden **Süfyan es-Sevrî** (rah) şöyle demiştir:

"Denilmiştir ki: Herhangi bir kul, kırk gün, Allah için ihlasla amel ederse, Allahu Teâlâ, onun kalbinde hikmeti yeşertir; onu dünyaya karşı zühd, âhirete karşı rağbet sâhibi yapar. Kendisine dünyanın hastalığını ve ilacını gösterir. Öyleyse kul, her sene, bir defa, nefsini buna alıştırmalıdır."

Hakk'a tâlib mürid, halvete girmek istediğinde dünyevî işlerden tamâmen kendini çekerek ve sâhip olduğu her şeyden sıyrılarak hazırlığını tam olarak yapınca, güzel bir gusül abdesti alır. Bu arada elbise ve namaz kılacağı yerlerin temizliğini yapar. Aldığı bu gusül abdesti ile iki rek'at namaz kılar; yalvarma, huşû, boyun büküklüğü ve gözyaşı ile

---

1) Buradaki hatâ; bazı İsrâiliyyât haberlerinde ve kıssacıların dilinde geçtiği gibi; **Dâvud** (a.s)'ın haksızlık ve zulüm yoluyla, bir kadın yüzünden düşmüş olabileceği hatâ değildir. Bu hususta, nübüvvet makâmına yakışmaycak şekilde rivâyet edilen haberler asılsızdır. **Hz. Dâvud** (a.s), kendisi için terki evlâ veya zelle cinsinden meydana gelen hatâsına istiğfar etmiş ve **Cenâb-ı Hakk** da tevbesini kabul buyurmuştur. Geniş bilgi için bkz: Fahruddin er-Râzi, Tefsir-i Kebir, Sâd sûresi l7. âyetin tefsiri. (Müt.).

Allahu Teâlâ'ya günahları için tevbe eder. İçiyle dışı; niyeti ve edebi bir olur. Kalbinde hiçbir aldatma, hiyânet, kin, haset ve kötülük bulundurmaz. Sonra halvet yerine tevâzu ile oturur. Dışarıya ancak, cemaat ve Cumâ namazı için çıkar. Cemaatla namazı terketmek büyük bir hatâ ve yanlıştır. Eğer dışarı çıktığında iç hâlinde bir dağınıklık bulursa, halvethânesinde bulunan bir şahısla cemaat yapıp namazını dışarı çıkmadan kılabilir. Kendi başına namaz kılmaya râzı olması asla doğru değildir. Cemaatı terk sebebiyle başına bir takım âfetlerin gelmesinden korkulur.

Biz, halvetinde aklî dengesi bozulan bazı kimseler gördük. Belki de onlara bu belâ, devamlı cemaatla namaz kılmayı terketmelerinden dolayı gelmiştir. Şu kadar var ki; halvethânesinden çıkıp cemaatla namaza giderken devamlı zikir hâlinde olmalı, zikrinde gevşeklik göstermemeli, sağa sola çokca bakmamalı, her duyduğuna kulak vermemelidir. Çünkü, hâfıza ve hayal kuvveti; her görülen ve işitilen şeyin nakşolduğu bir levhâ gibidir. Dikkat edilmezse, bu yolla vesvese, nefsî düşünceler ve boş hayaller çoğalır.

Cemaata iftitah tekbirinde imama yetişebilecek bir şekilde hazır olmaya gayret etmelidir. İmam selam verip namazı bitirdiği zaman, hemen halvet yerine dönmelidir. Dışarı çıkışında, halkın nazarını kendine çekme arzusundan ve onun halvette oturduğunu bilmelerinden sakınmalıdır.

Denilmiştir ki: "Sen amelinle, insanlar yanında bir mevkii isterken; Allah katında bir derece elde edeceğini bekleme!".

Gerçekten de bu, ihmal edildiğinde pek çok amelin mahvolduğu, dikkat edildiğinde ise; çok şeyin ıslah olduğu bir durumdur.

Sûfi halvetinde, bütün vakitlerini Allah için yapacağı bir amelle geçirmelidir. Bu amel, Kur'an tilâveti olabileceği gibi; zikir, namaz veya murâkabe de olabilir. Bu arada kendisine, amelde bir gevşeklik ve usanç gelirse, biraz yatıp uyumalıdır. Eğer belli vakitlerde, belirli miktar namaz, **Kur'an** tilâveti ve zikir ta'yin etmişse, sırasıyla azar azar oları yapar. Vaktin durumuna (içinde bulunduğu hâle) göre hareket etmek isterse; bu amellerden kalbine en hafif ve hoş geleni yapar. Ondan da gevşeyince uyumalıdır. Eğer sâdece secdede yahut rükû'da yahut namazın bir veya iki rekatında uzun bir süre kalmak isterse, bunu yapabilir.

Halvethânesinde devamlı abdestli bulunur ve uyumaya da ancak, uykuyu bir kaç defa gidermeye çalıştıktan sonra (iyice sıkıştırınca) gider. Gece gündüz meşguliyeti bu olur. Eğer "**lâ ilâhe illâllah**" zikrini çekmekte ise; dili ile söylemekten usanınca, dilini hareket ettirmeden, kalbiyle söylemeye devam eder.

Sehl b. Abdullah demiştir ki: "**Lâ ilâhe illâllah**" dediğin zaman; "lâ ilâhe" kelimesini uzat, Cenâb-ı Hakk'ın bâki oluşunu düşün ve Onun varlığını kalbinde yerleştirip, Ondan başkasını yok et."

Hem bilinmelidir ki; bu iş yani tevhidin sırrını anlamak birden olmayıp, zamanla anlaşılır. Şu halde kul, devamlı Cenâb-ı Hakk'ı razı edecek fiillere yapışmalıdır.

Halvette azık ve yiyecek

Halvete veya çilehâneye giren kimse, önce ekmekle tuza kanaat etmelidir. Her gece **Bağdat** rıtlı ile bir ölçek yiyecek almalı ve yatsıdan sonra yemelidir. Eğer yiyeceğini ikiye bölmek isterse, bir rıtlın yarısını gecenin evvelinde, yarısını da gecenin sonunda yemelidir. Bu, mide için daha hafif ve gece namazına kalkarak geceyi namaz ve zikirle ihyâ etmeye daha fazla yardımcıdır. Eğer sabah yiyeceğini sahura almak isterse, yapabilir.

Eğer (ekmeğin yanında) katığın bulunmaşıyına sabredemezse, katık alabilir. Aldığı katık, ekmek yerine de geçecek bir cinsten ise, ekmeğinden o kadarını azaltır. Eğer yiyeceğini bu miktardan daha da az yapmak isterse, her gece lokmasını azaltarak, kırk günün son on gününde (gün boyu bütün yiyeceğini) yarım rıtla inecek hâle getirir. Eğer hal ve bünye olarak kuvvetli birisi ise, kırk günün evvelinde nefsini yarım rıtla kanaat ettirir. Her gece azar azar kısarak, son on günde yiyeceği çeyrek rıtla iner.

Sûfiler tasavvufun şu dört esas üzere kurulduğunu belirtmişlerdir:

1-Az yemek.

2-Az uyumak.

3-Az konuşmak.

4-Halktan uzaklaşmak.

Acıkmanın süresi için iki vakit tayin edilmiştir. Birincisi, yirmidört saatın bitimi. O zaman her iki saate (yukarıda bahsedilen) rıtıldan bir ukıyye düşmektedir. Bunu bir kerede yiyecekse yatsıdan sonra yemeli, ikiye bölecekse; belirttiğimiz vakitlerde yapmalıdır. Diğer vakit ise; yetmiş iki saatta bir yemektir. Bu durumda, iki gece yemeyip üçüncü gece yemiş olur ki; her gün ve geceye üçte bir rıtıl yiyecek düşer.

Bu anlattığımız, uygulandığında kendisinde bir usanma, darlanma ve şevkinin azalması meydana gelmediği zaman yapılmalıdır. Eğer bu uygulama ile sıkıntılı bir durum ortaya çıkarsa, o zaman her gece yemeli; bir rıtlı bir veya iki seferde yemelidir. Nefis, iki gecede bir yemek yerken, yemesi bir geceye indirilince, buna kanaat eder. Her gece yemesine musâmaha edilecek olursa, bir rıtla da kanaat etmez ve yanısıra katık ve güzel şeyler istemeye başlar. Diğer durumları da buna kıyas et.

Nefis, tamah ettirilirse her şeye tamah eder, kanaata alıştırılırsa kanaat eder.

Bazıları da, yiyeceğini her gece biraz noksanlaştırarak, nefsi, en az yiyeceğe ta'lim ettirirdi.

Sâlihlerden birisi; yiyeceğini hurma çekirdegi ile ölçüp ayarlıyordu ve her gece bir çekirdek noksanlaştırıyordu.

Bazıları da yiyeceğini yaş bir ağaç parçasıyla tartıyor; her gece aynı ağacın kuruma payı kadar yiyeceğini azaltıyordu. Bir kısmı da; ekmeği, yirmi sekiz parçaya bölünmüş hesabıyla, her gün bir parça azaltarak yiyor ve bir ay içinde bütün ekmek bitiyordu.

Bazıları, yemeği te'hir işini, bünyeyi yavaş yavaş alıştırarak yapıyordu. Bazıları bu usulle, hiç yemeden yedi, on, onbeş günden kırk güne kadar durabiliyorlardı.

Sehl b. Abdullah'a: "Bazı insanlar var ki; kırk günde veya daha fazla günde bir yemek yiyor. Bunun açlık ateşi nereye gidiyor; bu insan nasıl sabrediyor?" diye sorulduğunda; Hazret: "İlâhî nûr ondaki açlık ateşini söndürüyor." demiştir.

Ben de bunu, sâlihlerden birisine sordum; o zat bana: "O, Rabbi ile bir sevinç ve surûr içindedir. Bu hâl onun açlık ateşini söndürmektedir." mânasında bazı şeyler söyledi.

Bahsettiğimiz bu durum, halk arasında da vâki olmaktadır. Şöyleki; aç bir adama âniden sevindirici bir haber gelse, açlığını unutur. Korku halinde de durum böyledir. Kendisini, bu saydığımız yollardan birisiyle yavaş yavaş açlığa alıştıran bir kimse, bunu sıdk u sadâkat ve ihlas ile yapıyorsa, açlık, aklına bir noksanlıkgetirmez ve bedenine bir sıkıntı vermez. Böyle bir zikir ve amel içinde devam edip te, amelini Allah için yapmayan kimsenin durumundan korkulur.

Denilmiştir ki açlık şudur: Bir kimse, önüne gelen hiçbir yemeği seçmeden ne bulursa yiyorsa o açtır. Nefis ekmeği beğenmediği zaman aç değildir. Açlığın bu derecesi bazen üç günün sonunda meydana gelir. Bu, sıddıkların açlığıdır. Bu durumda gıda aramak, cesedin ayakta kalması ve farz ibâdetlerin yapılabilmesi için bir zarûret olur. Bu, kendisini zamanla açlığa alıştırmayan kimseler için açlığın sınırıdır. Kendisini zamanla açlığa alıştıran ise; yukarıda geçtiği gibi, üç günden kırk güne, hatta daha fazlasına hiç yemeden sabredebilir.

Sûfilerden birisi demiştir ki: "Açlığın sınırı; kişi tükürdüğü zaman tükrüğüne sineğin konmamasıdır. Çünkü bu; midenin içinde yağ (vs. vitamin) bulunmadığını; tükrüğünün, sineğin bile ilgisini çekmeyecek bir sudan ibâret olduğunu gösterir."

Rivâyet edilir ki; **Süfyan es-Sevrî** ve **İbrâhim b. Edhem** (rah.), üçer gün süreyle aç kalıp, üç günde bir yemek yiyorlardı. **Ebû Bekir Sıddîk** (r.a) altı günde bir, **Abdullah b. Zübeyr** (r.a) ise yedi günde bir yemek yerdi.

Bu konuda, "**Ammûye**" nisbesiyle bilinen merhum dedem **Muhammed b. Abdullah**'ın hâli pek meşhurdur. Kendisi, **Ahmed el-Esved ed-Dineverî**'nin arkadaşıydı ve kırk gün hiçbir şey yemeden aç kalabiliyordu.

Açlık konusunda en uzun süre dayanabilen, zamanına yetiştiğimiz halde, kendisini görmediğim bir adamdır. Çünkü o, **Ebher**'de idi. Kendisine: "**Zâhid Halife**" denilirdi. Ayda bir badem yerdi. Bu ümmetin içinde, zamanla açlığa alışan ve bu noktaya ulaşan hiç kimse duymadık. Anlatıldığına göre; terbiyeyoluna ilk girişinde, yiyeceğini bir ağaç parçasıyla tartar ve hergün aynı ağacı kullanarak, onun kuruma payı kadar azaltırdı. Sonra onu da kaldırdı ve kırk günde bir bademle idare edecek duruma geldi.

Sâdıklardan bir grub, bu yola sulûk etmişlerdir. Fakat bazen de (hâl ve niyetinde) sâdık olmayan, bâtınında bir takım dünyevî hesap ve nefsânî arzu bulunan kimseler bu yola girer. Bu iş halkın nazarını celbetmek ona önce kolay gelir. Bu ise, nifağın tâ kendisidir. Ondan Allah'a sığınırız. Halbuki sâdık olan, genelde hâlini kimse bilmediği zaman, bu tür işleri yapmaya muktedir olur. Aç kaldığı bilindiği zaman ise, çoğu kez azimeti zayıflar. Çünkü onun açlıktaki sadâkatı ve kendisi için aç kaldığı zâta (**Allah**'a) nazar etmesi, ona açlığı kolaylaştırır. Onun bu hâlini bir başkası bilince, azimeti zayıflar. Bu hâl, sâdık olanın alâmetidir.

Bu yola giren bir kimse, her ne zaman, nefsinin insanlar tarafından az yiyip içen bir kimse olarak tanınmasından hoşlandığını hissederse, derhal nefsini kınasın. Çünkü bu halde, nifak şâibesi vardır.

Kim Allah için aç kalırsa, Allahu Teâlâ, kendisine, içindeki açlığı unutturacak mânevî bir sevinç ve neşe verir. Aslında o kimse, yeme içmeyi unutmaz, fakat, kalbin ilâhî nurla dolu olması, rûhânî rûhun çekiş gücünü kuvvetlendirir. Bu sâyede ruh, onu kendi merkezine ve rûhânî âlemdeki yerine doğru çekmeye başlar. Bu sayede sâlik, nefsânî şehvet ve hislerden nefret eder.

Nefs itmi'nana kavuşup, kalb vâsıtasıyla rûhun nurları üzerine aksedince, etki ve câzibesi zayıflayıp geri planda kalır ve o zaman rûhun câzibesi (mânevî çekişi) mıknatısın demiri çekişinden daha kuvvetli olur. Çünkü mıknatıs, demirde kendisine benzer bir özellik bulunduğu için (cins cinsi çeker kâidesince) onu kendisine çeker. Bu çekiş, ikisi arasında bulunan özel bir cinsiyet bağı ile mümkün olmaktadır.

Nefis de, kalb vâsıtasıyla kendisine ulaşan rûhun nûrunun etkisiyle, özel bir cinsiyet yani kâbiliyet kazanır ve bu sâyede kalbin ruhtan alarak nefse verdiği yeni bir rûh oluşur. Bu durumda asıl rûh, nefiste oluşan kendi cinsindeki yeni rûh sebebiyle, nefsi kendisine çeker ve (rûhun câzibe alanına giren) nefis, dünyevî yiyecek ve şehvetleri basit görür. O durumda, Hz. **Rasûlullah**'ın (s.a.v):

"Ben Rabbimin katında gecelerim; O beni yedirir ve içirir." [2]

2) Buhârî, Savm, 20; Müslim, Sıyâm, 57; Mâlik, Sıyâm, 58; Ahmed, Müsned, III, 8.

sözünün sırrı gerçekleşir.

Bu anlattığımız hâle ancak, konuşmasında, yemesinde, içmesinde kısaca bütün tasarruflarında zarûret ölçüne göre hareket eden kimse güç yetirebilir. Mesela; bu kimse, bir zarureti yokken, fazladan bir kelime konuşacak olsa, kuru otların ateşle tutuşması gibi, açlık ateşi alevlenip içini kavurur. Çünkü sakin ve durgun olan nefis, her vesileyle uyanmaya hazırdır. Uyanıp hareketlenince de, sâhibini hevâsına çeker.

Cenab-ı Hakk tarafından sevilip bu şekil sülûk yollarına sevkedilen bir kul, nefsini yönetmesini iyi bilir ve bu konuda kendisine özel bir ilim verilirse, açlık ve uzun süre oruç tutmak ona kolay gelir; Allahu Teâlâ'dan gelecek ilâhî yardımlar kendisine destek olup onu hedefine ulaştırır. Bu arada kendisine, özel bir takım ilâhî ihsan ve ledünnî sırlar keşfolursa, işi daha da kolay olur.

Bir derviş bana şunları anlattı: "Şiddetli bir açlığa maruz kalmıştım. Kimseden bir şey isteyemiyor, herhangi bir sebebe de başvuramıyordum. Açlığım son haddeye ulaşınca, günler sonra, Allahu Teâlâ bana, mânevî yoldan bir elma nasib etti. Elmayı aldım, yemek için parçaladığımda, içinden bir hûri çıktı. Ona baktım; o anda bende, günlerdir bana yeme ihtiyacını hissettirmeyecek bir sevinç peydâ oldu!"

Bu zat bana, hûrinin elmanın tam ortasından çıktığını söyledi. Allah'ın kudretine iman etmek, imanın rukünlerinden bir rukûndür. Öyleyse sen de bu tür tecellilere inan, teslim ol, inkara gitme!.

Sehl b. Abdullah et-Tüsterî (rah.) demiştir ki: "Kim kırk gün Allah için aç kalır (oruç ve riyâzatla geçirirse) kendisine melekût âleminin tecellileri zâhir olur."

Sûfiler arasında; "Kul, tertemiz, gerçek bir zühd hâline ancak, melekût âleminden ilâhî bir kudret tecellisini müşâhade etmekle ulaşabilir." denilir.

Şeyh **Ebû Tâlib el-Mekkî** (rah.) demiştir ki: "Biz, riyâzet edip nefsini alıştırarak, yemeği te'hir ede ede kırk gün aç kalabilen bir kimseyi tanıdık. Bu zat, iftarını gecenin yedide birinin yarısına kadar te'hir ederdi. Böylece devam ederek, ayın yarısında bir gece tamamen aç kalıyordu. Bir sene dört ayda da kırk gün aç kalırdı. Gece gündüz bu işe devam ederek, kırk gün, onun için bir gün mesâbesine geldi. Bu zat bana, kendisine Melekût âleminin tecellilerinin açıldığını, Ceberût âleminden bir takım sırların keşf olup, Allah Teâlâ'nın dilediği gibi ona tecelli ettiğini anlattı.

Şunu da bil ki, bu şekilde uzun süre aç kalmak ve yemeği azaltma işi bizzat bir fazilet değildir. Eğer öyle olsaydı, hiçbir Peygamber onu kaçırmaz, hele Allahın Rasûlü (s.a.v), onun en son noktasına ulaşırdı. Nefsi bu yolla terbiye etmenin elbette büyük bir fazilet ve faydası vardır; bu inkar edilemez. Fakat, Allahu Teâlâ'nın mânevî ihsanlarını sâdece bu hâle bağlamak ta doğru değildir.

Bazen, her gün yemek yiyen bir kimse, kırk gün aç kalandan daha faziletli olabilir. Yine, kendisine ilâhî kudretin tecellilerinden herhangi bir şey keşfolmayan bir kimse, Allahu Teâlâ kendisine güzel bir mârifet verdiği zaman, bu tür tecellilerin keşfine mazhar olan kimseden daha hayırlı olabilir. Asıl kudret herşeye kâdir olan zâtın eseridir. Kâdir olan Allahu Teâlâ, kurbiyyet ehli dostlarına, kudretinden bir şey gizlemez. Kurbiyyet ehli olan ârifler, ilâhî kudretin, şu hikmet âleminde önümüze konan sebep perdeleri arasından devamlı tecelli ettiğini görürler.

Kul, kırk gün, Allah için ihlasla ibadet eder; amel, zikir, yemek ve diğer durumlarda, zikredilen ölçü ve edebi korumaya çalışırsa, bu kırk günün bereketi onun bütün vakit ve saatlerine yayılır. Çünkü kırk gün halvete çekilmek, sâlihlerden bir cemaatın seçip benimsediği güzel bir yoldur.

Sâlihlerden bazıları da, kırk gün halvet için, **Zilkâde** ayı ile **Zilhicce**'nin ilk on gününü seçerlerdi. Çünkü bu günler, **Hz. Mûsâ**'nın (a.s) ilâhî kelama hazırlık için seçtiği kırk gündür.

Mekhul'ün rivâyetine göre, **Rasûlullah** (s.a.v) şöyle buyurmuştur

"Kim kırk gün, Allahu Teâlâ için ihlasla ibâdet yaparsa, kalbinden diline hikmet pınarları fışkırır." [3]

****

3) Ebû Nuaym, Hilye, V, l89; İbnu Mubârek, K. Zühd, No:1014; İbnu Esir, Câmiu'-Usûl, XI, 557.

SÛFİLERİN AHLÂK ANLAYIŞI

Sûfiler, Rasûlullah (a.s) Efendimize uyma konusunda insanların en ileride bulunanları ve O'nun sünnetini ihyaya en fazla lâyık olanlarıdır.

Hz. Rasûlullah'ın (s.a.v) ahlâkı ile ahlâklanmak; O'na güzelce uymak ve sünnetini ihyâ etmektir. Nitekim, **Enes b. Mâlik** (r.a) yoluyla bize kadar ulaşan bir hadis-i şerifte, Rasûlullah (s.a.v), **Enes**'e hitâben şöyle buyurmuştur:

"Yavrucuğum! Kalbinde hiç kimseye kin ve hased bulunmadan sabahlayıp akşamlamaya gücün yetiyorsa yap.

Oğulcağızım! Bu benim sünnetimdir. Benim sünnetimi ihyâ eden beni (memnun edip) ihyâ etmiş olur; beni eden ihyâ eden de benimle birlikte Cennet'e girer." [1]

Sûfiler, **Rasûlullah**'ın (s.a.v) sünnetini gereğince ihyâ etmişlerdir. Çünkü onlar, mânevî yola sülûklerinin başında, önce sözlerini iyice araştırıp öğrenmişler; sonra işin içine girdiklerinde, O'nun amellerine güzelce uymuşlar ve böylece seyr u sülûklerinin sonuna geldiklerinde, bu güzel ittiba meyvesini vermiş ve **Efendimiz**'in (s.a.v) yüce ahlâkıyla ahlaklanmışlardır.

Güzel ahlâk insanda, ancak nefsin tezkiyesinden sonra oluşur. Nefsin tezkiyesi de; şeriatın edeb ve ahkâmına uymakla gerçekleşir. Allahu Teâlâ, Nebisi Hz. Muhammed (a.s) için:

"Rasûlüm! Şüphesiz sen, büyük (yüce) bir ahlâk üzeresin." [2] buyurmuştur.

Rasûlullah (s.a.v), nefis yönünden insanların en şereflisi ve en temizi olduğu için, ahlâken de en güzeli olmuştur.

1) Tirmizî, İlim, 17; İbnu Mâce, Mukaddime, 15.
2) Kalem (68), 4.

Mücâhid: "Büyük bir ahlak üzeresin" demek; büyük bir din (ve yol) üzeresin." mânasındadır, demiştir. Zâten din de; bütün sâlih ve güzel amellerin toplamıdır.

Hz. Âişe'ye (r.ah), Rasûlullah'ın (s.a.v) ahlâkı sorulunca:

"O'nun ahlâkı, Kur'an'dı." [3] demiştir.

Katâde: "Çünkü; Rasûlullah (s.a.v), Allahu Teâlâ'nın emrettiğini yapar, nehyettiğinden de çekinirdi." demiştir.

Hz. Âişe'nin (r.ah): "**O'nun ahlâkı Kur'an'dı**" sözünde, büyük bir sır ve derin bir ilim vardır. O bunu ancak, ilâhî vahyin bereketinden ve Rasûlullah'ın (s.a.v) şerefli sohbetlerinde bulunması vesilesiyle Allahu Teâlâ'nın kendisine tahsis ettiği bir ilim ve anlayışla söylemiştir. O'nun böyle husûsî bir ilme mazhâr oluşunu, Rasûlullah'ın (s.a.v):

*"**Dininizin yarısını şu Hümeyrâ'dan (Âişe'den) öğreniniz.**"* [4] buyurmasından anlıyoruz.

Rasûlullah'ın (s.a.v) böyle yüce bir ahlâka sâhip olmasının bir yönü de şudur:

Nefisler, devamlı muhtaç oldukları ve kendilerinden hiç ayrılmayan tabiat ve karakterler üzerinde yaratılmışlardır. İnsan, bir yönüyle topraktan yaratıldığı için, tabiatında toprağa âit (tembellik, atalet, gevşeklik gibi) özelliklerbulunur; ayrıca yaratılışında su maddesi de bulundğu için, suya âit karakter ve husûsiyetler bünyesinde mevcuttur. Yine insanın bir bünyesinde bulunan ateşte pişmiş çamurdan dolayı kendisinde, hayvânî, vahşî ve şeytânî sıfatlar oluşmuştur. İnsandaki şeytânî sıfata, Kur'an'da:

*"**Allah onu (Âdem'i) ateşte pişmiş çamurdan yarattı.**"* [5] âyetiyle işâret edilmiştir. Çünkü ateşte pişirilen bir şeye ateş siyâret eder. Diğer âyet-i kerimede ise:

*"**Allah cinleri de dumansız bir ateşten yarattı.**"* [6] buyrulmuştur.

---

3) Müslim, Müsâfirîn, I39; Ebû Dâvud, Tatavvû', 26; Ahmed, Müsned, VII, 54.
4) Deylemî, Firdevs, II, 265 (Had. No: 2650); Aclûnî, Keşfu'l-Hafâ, I, 374-375. (Had. No: II98).
5) Rahman (55), I4.
6) Rahman (55), I5.

(Âyette, cin ve şeytanların hammaddesinin ateş olduğu, yaratılışında ateş hassesi bulunan insanın da şeytânî özellikleri taşıdığı dikkate verilmiştir).

Fakat, Allahu Teâlâ, ilâhî lütuf ve inâyetiyle Rasûlullah'dan (s.a.v) şeytânî sıfat ve hisleri söküp atmıştır. Şu hâdise, bu mânevî temizliği anlatmaktadır. Uzunca bir haberde Rasûlullah'ın (s.a.v) süt annesi Hâris'in kızı **Hâlime** (r.ah) şunları anlatmıştır:

"Biz kocamla evimizin arkasında oturuyorduk. Rasûlullah (a.s.) da, süt kardeşi (**Şeymâ**) ile birlikte yanımızda idiler. (Bir ara gözden kayboldular). Az sonra süt kardeşi telaş ve korku ile yanımıza geldi ve:

"Şu Kureyşli kardeşim var ya! Ona beyaz elbiseli iki adam geldi; onu yatırıp karnını kestiler." dedi. Bunun üzerine ben ve süt babası hemen yanına koştuk. Onu rengi solmuş bir halde bulduk. Babası boynuna sarılarak:

"Yavrucuğum! Sana ne oldu?" diye sordu. O da:

"Bana beyaz elbise giyinmiş iki adam geldi. Beni yatırarak karnımı (göğsümü) yardılar, sonra içinden bir şey çıkararak attılar. Daha sonra karnımı eski hâline dönderdiler." dedi. Berâberce eve döndük. Süt babası:

"**Halime**! Ben bu çocuğun başına bir şey gelmesinden korkuyorum. Gel, başına herhangi bir şey gelmeden götürüp âilesine teslim edelim." dedi. Sonra onu âilesine götürdük. Âilesi bizi görünce şaşırdı ve:

"Durum nedir? Onu niçin getirdiniz? Halbuki siz ona çok düşüyordunuz!" dedi. Biz de:

"Hayır, vallahi bir şey yok! Ancak Allahu Teâlâ, bize, buna karşı yapacağımız hizmeti yaptırdı. Çocuk telef olmadan ve başına bir şey gelmeden âilesine teslim edelim." diye düşündük, dedik. Annesi:

"Siz ona şeytanın zarar vermesinden mi korkuyorsunuz? Hayır, vallâhi şeytan ona bir zarar veremez. Gerçekten onun hâli bir başkadır. İsterseniz onun acâib bir haberini size anlatayım" dedi. Biz de:

"Buyur, anlat!" dedik. Şöyle anlattı:

"Ona hâmile kaldım. Ondan daha hafif bir yük taşımadım. Ona hâmile iken bir rüyâ gördüm. Benden bir nur çıkıp **Şam**'ın köşklerini aydınlatıyordu. Onu doğurduğumda, hiçbir çocukta meydana gelmeyen hâdiseler oldu. Doğunca, ellerine dayanarak, başını göge kaldırıp; sizin için Allah'a duâ ediyordu." [7]

Allahu Teâlâ, Rasûlünü, şeytanın tasallutundan ve hilelerinden temizleyince, Rasûlullah'ın (s.a.v) tezkiye edilmiş nefsi, beşeriyetin nefislerinin en üst noktasında yer almıştır. İşte bu nefisten, insanlara bir rahmet olsun diye, bir takım sıfatlar ve Efendimiz (s.a.v)'de mevcut ahlâklar zuhûr etti.

Rahmet olarak diyoruz, çünkü; bu sıfatların asılları çok fazla zulmetle karışık olarak ümmetin (halkın) nefislerinde de mevcuttur. Rasûlullah'ın (s.a.v) hâli ile ümmetin hâli birbirinden farklı olduğu için; bu ahlâk ve sıfatlar herbirinin hâline göre zuhûr etmiştir.

Hz. Rasûlullah'da (s.a.v) mevcut bu sıfatların zuhûru için Allahu Teâlâ, Rasûlüne, muhkem âyetlerini indirmiş; ona özel olarak, ümmetine ise umumen edeb öğretmiş, Onu rahmet vesilesi yapmıştır. Bu sebeple âyet-i kerimeler, o sıfatların zuhûru için, değişik vakit ve anlarda parça parça inzâl edilmiştir.

Bu durumu ifade eden bir âyet-i kerimede şöyle buyrulmuştur:

"Bir de kâfirler dediler ki: 'Kur'an O'na toptan indirilseydi ya!' Biz onu, (hıfzını) kalbine, (hükmünü hayatına) iyice yerleştirelim diye; böyle, parça parça indirdik. Ve onu (sana) ağır ağır okuduk." [8]

Kalbin sâbit hâle gelmesi, nefsin sıfatlarını ortaya çıkararak hareketlenmesinden dolayı kalbin sıkıntı ve ızdıraba düşmesinden sonra olur. Çünkü kalb ile nefis arasında birbirini etkileyecek bir irtibat vardır. Nefsin her hareketi anında, açık veya işâret yoluyla içinde yüce bir ahlak anlatılan bir âyet-i kerimede inmiştir.

Meselâ; **Uhud** harbinde, Rasûlullah'ın (a.s) mübârek dişleri kırılıp, kanı yanağına doğru akarken, mübârek nefisleri harekete gelmişti. Bir yandan yüzündeki kanları siliyor, bir yandan da:

"Kendilerini Allah'a dâvet eden peygamberlerinin yüzünü kana bulayan bir kavim nasıl iflah olur?" diye, serzenişte bulunuyordu. Bu hâl ve

7) İbnu Kesir, el-Bidâye, II, 255-256; İbnu Kayyım, Sıfatu's-Safve, I, 60-6l.
8) Furkan (25), 32.

hâdise üzerine Allahu Teâlâ:

"Bu işten sana âit (rahatsız olacağın) herhangi birşey yok! (Sen onların hesabını bize bırak)." [9] âyetini indirdi.[10]

Bunun üzerine; Rasûlullah'ın (s.a.v) kalb-i şerifleri sabır elbisesini giydi ve ızdırabtan sonra karar kıldı. İşte bu şekilde, muhtelif zamanlarda nefsânî sıfatlar ortaya çıktıkça, o anda inen âyet-i kerimeler sâyesinde, Efendimiz (s.a.v)'in ahlâkı, tamâmen **Kur'an** ahlâkı olacak şekilde tasfiye ve tezkiye edildi.

Efendimiz (s.a.v)'in nefs-i şeriflerinde bu sıfatların bulunmasi ve zamanla **Kur'an** vahyi ile şekillendirilmesi; ümmetin aynı durumda nasıl haraket edeceğini göstermek içindir. Nitekim bir hadis-i şerifte:

"Ben ancak sünnet olsun (insanlar bana bakıp haraket şekillerini belirlesinler) diye (bazen) unuturum (veya unutturulurum)." [11] buyrulmuştur.

Demek ki; Kur'an âyetlerinin nüzûl edip durduğu bir zamanda, (inen âyetlere muhâtab olan) Rasûlullah'ın (s.a.v) nefs-i şeriflerinin sıfatlarının ortaya çıkması, aslında, her zaman bu hâle mübtelâ olacak ümmetin nefislerinin terbiyesi içindir ve bu, ümmet için bir rahmet olmaktadır. Çünkü bu sâyede, nefisleri tezkiye olup, ahlakları şerefli bir hâle gelmiş olur.

Rasûlullah (a.s) buyurmuştur ki:

"Güzel ahlaklar, Allahu Teâlâ'nın katında saklıdırlar. Cenâb-ı Hakk, kime hayır murâd ederse, ona bu ahlaklardan bir tane ihsân eder." [12]

Diğer bir hadislerinde de şöyle buyurmuştur:

"Ben, ancak güzel ahlâkı tamamlamak için gönderildim." [13]

Bir başka hadiste ise:

---

9) Al-i İmran (3), I28.
10) Taberî, Câmiu'l-Beyân, Cüz: IV, 86-87; Kurtûbî, el-Câmi', IV, 199.
11) Mâlik, Sehv, 2.
12) Tabarânî, el-Evsat, No:8616; Münzirî, et-Terğib, III, 411.
13) Buhâri, el-Edebü'l-Müfred, No: 273; Hakim, Müstedrek, II, 613; Ahmed, Müsned, II, 381; Heysemî, Mecmau'z-Zevâid, VIII, I88.

"Allahu Teâlâ'nın yüz on küsür ahlâkı vardır. Kim onlardan birine sâhip olursa, Cennet'e girer." [14] buyrulmuştur.

Bu ahlakların miktar ve sayısı ancak, bir peygambere indirilen semâvî vahiy yoluyla bilinebilir. Allahu Teâlâ, yüce ve her şeyden münezzeh olan zâtının sıfatlarını gösteren esmâsını insanlara açıklamıştır. Onları izhar edip açıklamasının sebebi; insanları onlarla ahlaklanmaya ve bereketlenmeye dâvet içindir. Eğer Allahu Teâlâ, beşeriyete, bu ilâhî ahlaklar ile ahlaklanma ve ilâhî sıfatların tecellisine mazhâr olma kuvvet ve kâbiliyetini vermemiş olsaydı; onlara bu isim ve sıfatlarını açıklayıp, dâvet etmezdi. O, dilediğine rahmetini ihsân eder.

Allahu Teâlâ en iyisini bilir, **Hz. Âişe**'nin (r.ah): "**Onun ahlâkı Kur'an'dı**" sözünde, Rasûlullah'ın (s.a.v) ahlâkının bütünüyle "**Rabbânî bir ahlak**" olduğunu gösteren derin bir işâret ve gizli bir imâ vardır. **Hz. Âişe** (r.ah); "**O** (a.s), **Allah'ın ahlakı ile ahlaklanmıştı.**" demedi, bu söjzü söylemekten Cenab-ı Hakk'tan hayâ edip onun yerine: "**O'nun ahlâkı Kur'an'dı.**" dedi ve böylece; hem ilâhî celâl nurları karşısındaki hayâsını ortaya koydu, hem de ince uslub ve latif bir ifâdeyle, Efendimizin (s.a.v) esas hâlini gizledi. Bu onun, ileri seviyedeki ilmini ve kemâl-i edebini göstermektedir.

Allahu Teâlâ'nın: *"Şüphesiz biz sana Seb'ul-Mesâni'yi ve Kur'an-ı Azimi verdik."* [15] âyetiyle,

"Rasülüm! Sen gerçekten büyük bir ahlak üzeresin." [16] âyeti arasında, **Hz. Âişe**'nin: "**O'nun ahlakı Kur'an'dı**" sözünü ifâde eden bir münâsebet vardır.

"Rasûlüm! Gerçekten sen büyük bir ahlak üzeresin." âyeti hakkında, şu açıklama ve yorumlar yapılmıştır:

Cüneyd el-Bağdâdî (r.a) demiştir ki: "O'nun ahlâkı büyüktü, çünkü; O'nun (a.s), Allah'tan başka hiçbir düşünce ve derdi yoktu."

Vâsıtî ise: "Çünkü O (a.s), Hakk için dünya ve âhiret, fedâ etti." demiştir.

---

14) Suyûtî, Câmiu's-Sağîr, I, 360 (Had. No: 2364); Münâvî, Feyzu'l- Kadir, II, 482 (Had. No: 2364).
15) Hıcr (15), 87.
16) Kalem (68), 4.

O'nun büyük ahlâkı konusunda denmiştir ki: "Çünkü O (a.s), zâhiren halk ile güzel geçinirdi; fakat kalbiyle onlardan ayrı idi ve her hâlinde **Hakk** ile berâberdi."

Bu söz, bâzılarının: *"**Tasavvuf; zâhirde halk ile güzel geçinmek ve bâtında Hakk ile sadâkat içinde olmaktır.**"* ta'rifiyle aynı mânadadır.

Yine denilmiştir ki: "O'nun ahlâkı büyük oldu; çünkü, kâinatın yaratıcısını müşâhade etmesi sebebiyle, bütün âlem gözünde küçüldü."

Bir başka yorum "Bütün güzel ahlâklar, kendisinde toplandığı için, Allah (c.c) onun ahlâkını 'büyük' diye isimlendirdi."

Hz. Câbir'in (r.a) rivâyet ettiği bir hadis-i şerifte, **Rasûlullah** (a.s) ümmetini güzel ahlâka dâvet ederek, şöyle buyurmuştur:

*"**Sizin bana en sevimli olanınız ve kıyamet gününde bana en yakın bulunanınız; ahlakı güzel olanlarınızdır. Bana en sevimsiz ve kıyâmet günü meclisimden en uzak olanınız da, geveze, lafı uzatarak, avurdunu doldura doldura konuşan ve mütefeyhikûn" olanlarınızdır.**"* Ashab:

"Ya Rasûlellah! Geveze ve sözü uzatarak konuşanları biliyoruz, mutefeyhikûn kimlerdir?" diye sorduklarında, **Rasûlullah** (a.s):

*"**Kibirlilerdir!**"* buyurdu." [17]

Vâsıtî (rah): "Büyük ahlak; kişinin kimseyle düşman olup çekişmemesi, kimsenin de onunla çekişmeye girmemesidir." demiştir. Yine Vasıtî:"**Şüphesiz sen büyük bir ahlak üzerindesin.**" âyetinin tefsirinde:

"Rasûlüm sen, sırrında, Rabbinin tecellilerini müşâhade etmenin halâvetini bulduğun için büyük bir ahlâk üzerindesin." yorumunu yapmıştır.

Vâsitî (rah), bu ayetle ilgili olarak başka bir ifadesinde:"Çünkü sen, sana verdiğim nimetlerin sır ve inceliklerini, senden önceki Rasûl ve nebilerden daha güzel anlayıp kabul ettin." demiştir.

Hüseyn ise şu yorumu yapar: "Âyetin mânası; Sen, **Hakk**'ın müşâhadesinde iken, halkın cefâsı sana te'sir etmez, demektir."

---

17) Tirmizî, Birr, 7l; Ahmed, Müsned, II, 379; Münzirî, et-Terğib, III, 4l2.

Denilmiştir ki: "Büyük ahlâk; kulun gözünde hiçbir maddî şeyin değeri kalmayınca, takvâ libasına bürünüp, Allahu Teâlâ'nın ahlâkı ile ahlaklanmasıdır."

Sûfilerden birisi, demiştir ki: **Allahu Teâlâ**'nın:

"Eğer o peygamber, kendiliğinden bazı laflar uydurup bize iftira etseydi, elbette biz ondan sağ elini (gücünü kuvvetin) alırdık." [18] âyet-i celilesi, Rasûlullah'ın (s.a.v) Allah'a yakınlığını ifâde etmesi yönünden, diğer âyetten daha açıktır. Çünkü; "Ve inneke: Şüphesiz sen!" hitâbıyla (onu karşısına alıp) huzurunda hazır etmiş oluyor. Huzurunda bulundurunca da, (belli ki bâzen) onu gaflete düşürüyor ve kendinden perdeliyor. "Biz onu yakalar alırız." sözü ise, daha fazla yakınlık bildiriyor.Çünkü onda "**fenâ**" hâli mevcuttur"

Bu söz ve anlayış bence hatâlıdır. O kimse böyle diyeceğine; "bu âyette "**fenâ**" hâli varsa, "ve inneke" âyetinde "**bekâ**" hâli vardır ve bu fenâ'dan sonra gelen bekâdır. Bekâ hâli, fenâ hâlinden daha kâmil ve risâlet makâmına daha lâyıktır." dese, daha doğru olmaz mı?

Çünkü fenâ hâli, vücuttaki kötü (nefsânî) duygular bastırıldığı için şereflidir. Kötü his ve ahlâk vücuttan çekilip alınınca ve yerilmiş sıfalar övülmüş sıfatlara tebdil olunca; artık fenâ'da hangi izzet kalır? Hem, Rasûlullah'ın (s.a.v) huzur-ı ilâhiyede bulunması nefsi ile değil, bizzat Allah iledir. Artık orada hangi perde kalır ki?

Denilmiştir ki: "Kime güzel ahlak verilmişse, ona makamların en büyüğü verilmiştir. Çünkü bütün makamların birbiriyle umûmî bir irtibatı vardır. Güzel ahlâk da, kâmil hâl ve sıfatların birbiriyle irtibatıyla meydana gelir."

Cüneyd el-Bağdâdî, demiştir ki: "**Rasûlullah** (s.a.v) Efendimizde şu dört haslet bir arada bulunuyordu: Cömertlik, insanlarla ülfet, nasihat ve şefkat."

İbnu Atâ: "Büyük ahlak; kulun herhangi bir ihtiyara sahip olmayıp, nefsin ve alışkanlıklarının yok olmasıyla, ilâhî hüküm altında itata içinde olmasıdır." demiştir.

Ebû Said el-Kuraşî der ki: "Büyük olan aslında Allahu Teala'dır; Cömert-

---

18) Hakka, 69/44-45

lik, kerem, bağışlama, af ve ihsan da O'nun ahlaklarındandır. Baksana; Rasûlullah (a.s) ne buyuruyor:

"Allah Teâlâ'nın yüz on küsür ahlâkı vardır; kim onlardan birisine sâhip olursa, Cennet'e girer." [19] İşte, **Rasûlullah** (a.s) Efendimiz, **Allahu Teâlâ**'nın bu güzel ahlâkları ile ahlaklanınca: ***"Rasûlüm, şüphesiz sen, çok büyük bir ahlâk üzeresin."*** [20] âyetiyle övülmüştür.

Denilmiştir ki: "Âyetin bir mânası şudur: Rasûlüm senin ahlâkın büyük oldu, çünkü sen, Zat-ı Bâriye kavuşana kadar, hiçbir ahlâka râzı olmadın; devamlı ilerledin ve hiçbir sıfatta da takılıp kalmadın."

Yine denir ki: "Allahu Teâlâ, Hz. Muhammed'i (s.a.v.) Hicaz'a peygamber olarak gönderince, onu bütün lezzet ve şehvetlerinden alıkoydu. Kendisini yalnızlık ve sıkıntıya attı. Bu hallere sabır ve rıza ile ahlâkı, nefsânî kirlerden temizlenip sâfiyetini bulunca, ona:

"Rasûlüm! Şüphesiz sen, çok büyük bir ahlâk üzeresin." buyurdu.

Hz. Âişe'den (r.ah) rivâyet edilen bir hadis-i şerifte, Rasûlullah (a.s) şöyle buyurmuştur:

"En güzel ahlâklar on tanedir. Onlar bir adamda bulunur, oğlunda bulunmaz. Oğlunda bulunur, babasında bulunmaz. Kölede bulunur, (bazen) efendisinde bulunmaz. Allahu Teâlâ onları, kendilerine saâdet murad ettiği kimselere taksim etmiştir. Bunlar, şunlardır:

1-Doğru konuşmak,

2-En zor hallerde hakka sâdık çıkmak,

3-Komşusu ve arkadaşı aç iken, kendi karnını duyurup, onları unutmamak,

4-Kendisinden bir şey isteyene (gücü nisbetinde mutlaka) vermek,

5-İyiliği mükâfaatlandırmak,

6-Emâneti muhâfaza edip, hiyânetlik etmemek,

7-Akrabayı ziyâret etmek,

---

19) Suyûtî, Camiu's-Sağır, I, 360 (Hadis, No: 2364); Münâvî, Feyzu'l- Kadîr, II, 482.
20) Kalem (68), 4.

8-Arkadaşına emniyet verip sâdık olmak,

9-Misâfiri ağırlamak,

10-Hepsinin başı hayâ. " [21]

Rasûlullah (a.s)'a:

"**İnsanları en çok Cennete götüren şeyin ne olduğu sorulunca**: "***Allah korkusu ve güzel ahlâktır.***" buyurdu.

"En çok ateşe götüren şeyin ne olduğu sorulunca da:

"***Gam ve (haram şeylere) sevinç.***" buyurdu.[22]

Hadiste anlatılan gam; dünya lezzetlerini kaçırmaktan dolayı çekilen gamdır. Çünkü bunda bir darlanma ve ilahi takdire kızma vardır. Aynı zamanda onda, Allahu Teâlâ'nın taksimine bir nevi i'tiraz ve kazâya rızâsızlık mevcuttur. Hadiste işâret edilen sevinç ise; dünyanın haram hazlarıyla duyulan sevinç ve eğlencedir. Şu âyette, bu hâle bir işâret vardır:

"***(Herşey ilâhî hesapla yazıldı ve tesbit edildi ki; dünya nimetlerinden) elde edemediğinize üzülmeyesiniz, Allah'ın size verdiğine de güvenip sevinmeyesiniz.***" [23]

Kârun'un hâlini anlatan şu âyet-i kerimede de, bu tür bir ferah ve sevinç anlatılmaktadır:

"***Hani o zaman kavmi kendisine: (Boş yere) gururlanıp sevinme. Şüphesiz Allah (dünya malı ile) sevinip şımaranları sevmez.***" [24]

Âhirete âit amel ve nimetlerle sevinmeye gelince; bu, övülmüş ve teşvik edilmiş bir şeydir. Allahu Teâlâ şöyle buyurmuştur:

"***De ki: Allah'ın ihsânı ve rahmetiyle, ancak bu Kur'an ile ferahlansın (sevinsinler).***" [25]

Abdullah b. Mübârek, güzel ahlakı şöyle açıklamıştır:

---

21) Suyûtî, Câmiu's-Sağîr, II, 538 (Had. No: 8196); Münâvî, Feyzu'l- Kadîr, VI, 2; Beyhakî, Şuabu'l-İmhan, VI, 138, (Had. No: 7721).
22) Tirmizî, Birr, 62; İbnu Mâce, Zühd, 29, Münzirî, et-Terğib, III, 403. Biraz farklı lafızla.
23) Hadid (57), 23.
24) Kasas (68), 76.
25) Yunus (10), 58.

"Güzel ahlak; herkese güler yüzlü davranmak, bütün iyilikleri yaymak ve halka eziyeti ortadan kaldırmaktır."

Sûfiler, nefislerini bir çok mücâhade ve zorluklarla terbiye ederek, sonunda onun en güzel ahlâklar ile ahlâklanmasını te'min etmişlerdir. Nice nefisler vardır ki; amellere icâbet eder, fakat güzel ahlâka icâbet etmez. Âbidleren nefisleri, amellere icâbet eder fakat, güzel ahlâklardan pek nasibi yoktur. Zâhidlerin nefisleri, ahlâkın bir kısmına icâbet edip bir kısmını ihmâl eder Sûfilerin nefisleri ise, bütün güzel ahlâklara icâbet edip sâhip çıkar.

Bize, **Ebû Zur'a**'nın haber verdiğine göre; **Ebû Bekir el-Kettânî** şöyle demiştir:

"Tasavvuf, güzel ahlâktan ibârettir. Kim güzel ahlâkıyla senden ilerde ise; tasavvuf yönündenden de senden ileridedir."

Âbidlerin nefisleri (daha çok) amellere yönelmiştir. Çünkü onlar, **İslâm**'ın nûruyla sülûk ederler. Zâhidler iman nûruyla seyr u sülûk ettiklerinden, güzel ahlâkların bir kısmına yönelmişlerdir. Sûfiler ise, kurbiyyet ehli (ilâhî huzurda kabul görmüş) kimseler olduklarından; ihsân nûruyla sülûk ve amel etmektedirler.

Sûfilerin ve kurbiyyet ehli âriflerin bâtınlarında yakîn nûru tecelli edip, ilâhî nûr her taraflarına iyice sirâyet edince; kalb tamamen salâh hâlini bulmuş olur. Çünkü kalbin bir kısmı **İslâm** nûruyla, bir kısmı iman nûruyla, tamamı da yakîn ve ihsân nûruyla parlar. Kalb nurlanıp parlayınca, nûru, nefsin üzerine akseder.

Kalbin bir nefse, bir de rûha bakan iki yönü vardır. Nefsin de, biri kalbe, diğeri tabiat ve (kendi) karakterine bakan iki yönü vardır. Kalb tamamen nurlanmadıkça bütünüyle rûha yönelmez. Bu durumda, bir nefse, bir de rûha yönelen iki yönü olur. Bütünüyle nurlanınca ise; tamamen rûha yönelir. O zaman ruhdan gelen mânevî yardımlarla olgunlaşır, nûru ve parlaklığı artar.

Kalb ruh tarafına çekildikçe, nefis de kalb cihetine çekilir. Her çekilmede, kalbe bakan yönüyle ona yönelir. Nefis, kalbe bakan yönüyle ona yöneldikçe, nurlanır. Nefsin nurlanmasının alâmeti; mutmainne hâlini elde etmesidir. Allahu Teâlâ, ilâhî nurlar ile terbiye ve tezkiye olan ve sonunda bu hâle ulaşan bir nefse şöyle buyurmaktadır:

"Ey mutmain olmuş (huzura kavuşmuş, itaatkar) nefis, sen Rabbinden, Rabbin de senden râzı olarak O'na dön."[26]

Nefsin kalbe bakan yönünün nurlanması; içindeki incinin parlaklığı sâyesinde, sedefin bir yanının parlamasına benzer. Nefsin kendi cibilliyet ve tabiatına bakan cihette zulmetin kalması da, içinin tam tersine, sedefin dışının kirli ve kusurlu olmasına benzer.

Nefsin iki yönünden biri nurlanmaya başlayınca, ahlâklarını güzelleştirmeye ve çirkin sıfatlarını değiştirmeye yönelir.

Kötü hâl ve ahlaklarını hayırlı olan ahlaklara çevirdikleri için (velilerin bir grubu olan) ebdallara "**ebdâl**" denmiştir.

Bundaki en büyük sır şudur: Sûfinin kalbi, devamlı Allahu Teâlâ'ya yönelip kalb ve diliyle sürekli zikir yaparak "**zâtî zikre"** yükselir ve o zaman arş mesâbesinde olur. **Arş**; hikmet ve halk âleminde kâinatın kalbi mesâbesindedir. Kalb de; kudret ve emir âleminde bir arş durumundadır. Nitekim **Sehl b. Abdullah et-Tüsterî**:

"Kalb, **Arş**, göğüs de **Kürsî** gibidir." demiştir.

Allahu Teâlâ'ya âit kılınan bir haberde şöyle buyrulmuştur:

"Beni, yerim ve göğüm içine sığdıramadı, mü'min kulumun kalbi içine aldı."[27]

Kalb, zât zikrinin nûruyla süslenip, kurbiyyet nesimleriyle (ilâhî aşktan dolayı) dalgalanan bir deniz gibi olunca, nefsin ahlâk kanallarından tertemiz huylar ve güzel sıfatlar akmaya başlar ve böylece Allahu Teâlâ'nın ahlâkları ile ahlaklanma gerçekleşmiş olur.

Şeyh Ebû Ali el-Farmedî, şeyhi **Ebu'l-Kasım el-Kürkânî**'nin şöyle dediğini rivâyet etmiştir:

"Allahu Teâlâ'nın doksandokuz esmâ-ı ilâhiyesi, kul seyr u sülûk hâlindeyken, daha vâsıl ilellah olmadan, güzel sıfatlar hâlinde onda tecellî eder."

Şeyh Ebu'l-Kâsım bu sözüyle, kulun beşerriyet hâli ve za'fiyetine münâsib düşecek şeklinde, herbir esmây-ı ilâhiyeden bir sıfat alabileceğini ifâde etmiştir. Meselâ; kul, Allahu Teâlâ'nın "**Rahîm**" ism-i şerifinden, beşerî hâl ve

26) Fecr (89), 27-28.
27) Bkz: Aclûnî, Keşfu'l-Hafâ, II, 195; (Had. No: 1884 ve 2256)

kusuru ölçüsünde, rahmet ve merhamet ahlâkını alır.

Meşâyıh-ı kirâm, en şerefli ilimleri olan Allahu Teâlâ'nın isim ve sıfatları konusunda yaptıkları bütün işâret ve yorumlarıyla, hep bu mânayı kasdetmişlerdir. Bu sıfat ve isimlerin kulda tecellisini, hâşâ, Allah Teâlâ'nın kulun içine girmesi (hulül etmesi) gibi birşey anlayan herkes, zındık olmuş ve dinden çıkmıştır.

Allah Rasûlü (s.a.v), **Muaz b. Cebel**'e (r.a), güzel ahlakları içeren bir tavsiyesinde şöyle buyurmuştur:

"Ya Muaz! Sana, Allah'tan korkmayı, takvâyı, doğru konuşmayı, ahdine vefâ göstermeni, emâneti yerine getirmeyi, hiyâneti terk etmeyi, âzalarını haramdan korumayı, yetime acımayı, yumuşak konuşmayı, selâmı yaymayı, güzel ameli, kısa emeli, imana sarılmayı, Kur'an'da derin anlayış sâhibi olmayı, âhireti sevmeyi, hesaptan korkmayı ve insanlara şefkat kanatlarını germeyi tavsiye ederim.

Ya Muaz! Halîm bir kimseye kötü söz söylemekten, doğru bir kimseyi yalanlamaktan, günahkara itaat, âdil bir imama isyan etmekten, yeryüzünde fesat çıkarmaktan sakın!

Her ağacın, taşın, tepenin yanında, nerede olursan ol, Allah'tan korkmayı, her türlü günahın için; gizlisine gizlice, açık olana açıkça tevbe etmeni tavsiye ederim.

Allahu Teâlâ kulunu bu şekilde edeblendirmiş ve onları bu şerefli ahlâklarla güzel edeblere dâvet etmiştir." [28]

Yine **Muaz b. Cebel**'den, Hz. Rasûlullah'ın (s.a.v) şöyle buyurduğu rivâyet edilmiştir:

"İslâm; şerefli ahlak ve güzel edeblerle çevrilmiştir." [29]

Ebu'd-Derdâ'dan (r.a) rivâyet edilen diğer bir hadis-i şerifte Hz. Rasâlullah (s.a.v) Efendimiz şöyle buyrulmuştur:

"Kıyâmet günü, mü'minin mizanında güzel ahlâktan daha ağır gelen hiçbir şey yoktur.

---

28) Ebû Nuaym, Hilyetü'l-Evliyâ, I, 240; Ahmed, Müsned, V, 245; Münzirî et-Terğib, IV, I06-I09.
29) Benzeri mânada bir hadis için bkz: Ali el-Muttakî, Kenzu'l-Ummâl, I, 17. (No: 5225).

Şüphesiz güzel ahlâk sâhibi, güzel ahlâkı sayesinde, devamlı nâfile oruç ve namazla meşgul olan kimselerin derecesine ulaşır." [30]

Rasûlullah (a.s) Efendimizin güzel ahlâklarından bazısı şunlardır:

O, insanların en cömerdi idi. Yanında bir dinar ve dirhem varken gecelemez (ihtiyacı olanlara verir)di. Elinde fazla mal bulunur da onu verecek kimse bulamaz ve gece de kavuşursa, ondan kurtuluncaya kadar evine gitmezdi.

Dünya adına hiçbir şeye mâlik değildi. Eline geçen kuru hurma ve arpadan en kolay şekliyle âilesinin senelik yiyeceğini te'min ederdi.

Kendisinden birşey istendiği zaman mutlaka verirdi. Eğer istenilen şey o anda elinde yoksa, (âilesine ayırdığı) senelik yiyeceğine döner, ondan ikram ederdi. Öyle ki; çoğu zaman, daha sene dolmadan kendisi yiyeceğe muhtaç olurdu.

Ayakkabısını kendisi diker, elbisesini yamar, âilesinin önemli işlerinde yardım eder, onlarla beraber et doğrardı.

O, insanların en hayâlısı ve en fazla tevâzû sahibi olanıydı. Allah'ın salât ve selâmı, O'nun, ehlinin ve bütün Ashâbının üzerine olsun.[31]

****

30) Bkz:Tirmizî, Birr, 62; Ebû Davud, Edeb, 7; Münzirî, et-Terğib, III, 403.
31) İbnu'l-Cevzi, Sıfatus-Safve, I, l77; Geniş bilgi için bkz: Kad-ı İyaz, Şifâ, I, l03 vd.

SÛFİLERİN AHLÂKI

1-TEVÂZU.

Sûfilerin en güzel ahlâkı Tevâzudur. Kul, tevâzu elbisesinden daha güzel bir elbise giymemiştir.Tevâzu ve hikmet hazinesine sahip olan bir kimse, herkes onu nasıl görüyor ve değerlendiriyorsa nefsini o halde tutar. Herkesi de, o kimse kendisini nasıl kabul ediyorsa, öyle değerlendirir. Kime bu hâl ihsan edilmişse; hem kendisi rahat eder, hem da başkalarını rahat ettirir. Bunun hakikatını ancak âlim olanlar anlar.

Enes b. Mâlik'ten (r.a) rivâyet edilen bir hadis-i şerifte, Rasûlullah (s.a.v), şöyle buyurmuştur:

"Allahu Teâlâ bana; birbirinize karşı tevâzu göstermenizi, bazınızın diğerlerine karşı zulüm yapmamanızı emretti." [1]

Rasûlullah (s.a.v.) Efendimiz: ***"Rasûlüm! De ki: "Eğer Allah'ı seviyor (ve sevdiğinizi iddiâ ediyor) sanız, hemen bana tabi olunuz ki, Allah da sizi sevsin."*** [2] âyet-i kerimesi hakkında:

"Bana iyilik, takvâ, Allah'tan korku ve nefsi zelil etme hallerinde uyunuz." [3] buyurmuştur.

Rasûlullah (s.a.v) Efendimiz, yüksek tevâzusunun bir eseri olarak; hür olsun köle olsun, herkesin dâvetine icâbet ederdi. Bir yudum süt veya bir tavşan bacağı da olsa, hediyeyi kabul eder, onları yer, içer ve karşılık verirdi. Bir câriye veya miskinin dâvetine icâbetten çekinmezdi.

Allah Rasûlü (s.a.v) bir hadislerinde şöyle buyurmuştur:

"Tevâzunun başı, karşılaştığın kimseye ilk önce senin selam vermen;

---

1) Müslim, Cenne, 64; Ebû Dâvud, Edeb, 40; İbnu Mâce, Zühd, I6.
2) Âl-i İmran (3), I88.
3) Suyûtî, ed-Dürru'l-Mensûr, II, I78.

selam verene karşılıkta bulunman, meclisin gerisinde oturmaya râzı olman, methedilmeyi, nefsini temize çıkarmayı ve iyiliklerinin anılmasını sevmemendir." [4]

Diğer bir hadisi şerifte de şöyle buyrulmuştur:

"Ne mutlu, (şeref ve dininden) birşey kaybetmeden tevâzu gösterene ve meskenete düşürmeden nefsini zelil edene." [5]

Cüneyd el-Bağdâdî'ye; "Tevâzunun ne olduğu?" sorulunca; "İnsanlara şefkat kanatlarını indirip, yumuşak davranmaktır." demiştir.

Fuzayl b. İyaz'a "Tevâzunun ne olduğu?" sorulunca: "Hakk'a boyun eğip teslim olmak, kim dese, kimden işitse, hakkı kabul etmektir." demiştir.

Hazret bir başka sözünde de: "Nefsinde herhangi bir kıymet görenin, tevâzudan nasibi yoktur." demiştir.

Veh. b. Münebbih demiştir ki: "Allahu Teâlâ'nın (önceki indirmiş olduğu) kitaplarında şunlar yazılı idi: "Ben, Âdem'in sülbünden bütün evlatlarının zerrelerini çıkardım; içlerinde bana karşı en fazla tevâzu sahibi olarak **Mûsâ**'nın kalbini buldum. Bunun için onu seçtim ve kendisiyle (özel olarak) konuştum."

Denilmiştir ki: "Kim, nefsinde gizli olan hal ve hasletleri yakinen bilirse; yükseklik ve şerefe tamah edemez, tevâzu yolunu tutar. Böyle birisi, kendisini kötüleyenle çekişmez; onu övenlerden de etkilenmez; sadace Allahu Teâlâ'ya şükreder."

Ebu Hafs, demiştir ki: "Kalbinde tevâzunun bulunmasını isteyen kimse, sâlihlerin sohbetinde bulunsun ve onların hizmetine devam etsin. Onlarda bulunan ileri derecedeki tevâzuyu görüp kendilerini örnek alır ve kibre düşmez."

Lokman (a.s.): "Herşeyin bir bineği (herdefe ulaştıracak vâsıtası) vardır; amelin bineği de tevâzudur." demiştir.

Ebu Hüseyn Nûri demiştir ki: "Şu beş sınıf, dünyada halkın en şereflisidir:

---

4) Beyhakî, Şuabu'l-İmân, VI, 299-30; Suyûtî, Câmiu's-Sağîr, I, 376 (No: 2459) Hadisin bir kısmı
5) Suyûtî, Câmiu's-Sağîr, (Had. No: 5299); Münâvî, Feyzu'l-Kadir, IV, 277-278 (Had. No: 5299); Aclûnî, Keşfu'l-Hafa, II, 47.

1-Zühd sâhibi âlim, 2-Sûfi fakih, 3-Tevâzu sâhibi zengin, 4-Şükreden fakir, 5-Sünnete bağlı şerif (peygamber torunu)."

İbnu'l-Cellâ da: "Şayet tevâzunun bir şerefi olmasaydı; biz, eli kolu sallayarak yürürdük." demiştir.

Yusuf b. Esbat'a: "Tevâzunın son noktası nedir?" diye sorulduğunda: "Evinden çıktığında, karşılaştığın herkesi kendinden hayırlı görmendir." demiştir.

Şeyhimiz **Ebu'n-Necib es-Sühreverdî** ile, **Şam**'a yaptığı bir yolculukta beraberdik. Bazı zenginler, kendisine, iplerine bağlı **Fransız** esirleriyle yiyecek gönderdiler. Sofra kurulup yiyecekler konunca, esirler kabların boşalmasını beklemeye başladılar. Şeyhimiz, hizmetçisine:

"Esirleri getir, müridlerle beraber sofraya otursunlar, dedi. Hizmetçi onları getirip bir saf hâlinde sofraya oturttu. Hazret seccadesinden kalkıp onların yanına gitti ve onlardan birisi gibi aralarına oturdu. O yiyince, onlar da yediler. Şeyhimizin yüzünde, Allah için bâtınından kaynaklanan tevâzu ve nefsindeki kırıklık içinde, imanı, ilmi ve ameliyle onlara karşı kibirden tamamen sıyrılmasının alâmeti görülüyordu.

Ebû Zur'a, bize, icâzet yoluyla, **Ahmed b. Hüseyin el-Cerirî**'nin şöyle dediğini nakletti: "Mârifet ehline göre, dinin beşi zâhirde, beşi de bâtında olmak üzere, on tane ana sermayesi (esası) vardır.

Zâhirde onlanlar: 1-Doğru konuşmak, 2-Malda cömert olmak, 3-Halde Tevâzu, 4-Kimseye eziyet etmemek, 5-Yapılan eziyetlere tahammül göstermek.

Bâtında olanlar: 1- Mevlâsını bulduğuna sevinmek, 2-O'ndan ayrı kalmaktan korkmak, 3-O'na kavuşmayı ümid etmek, 4-Yaptığı kusurlarına pişman olmak, 5-Rabbinden hayâ etmektir."

Yahya b. Muaz demiştir ki: "Tevâzu, herkeste güzeldir; fakat zenginlerde daha güzeldir. Kibir, her insanda çirkindir, fakat fakirlerde daha çirkindir."

Zünnûn el-Mısrî demiştir ki: "Üç şey Tevâzunun alâmetlerindendir:

1-Ayıbını bilip nefsi küçültmek, 2-Tevhid akidesine hürmeten, insanları yüceltmek, 3-Kimden gelirse gelsin hakkı ve (güzel) nasihatı kabul etmek."

Ebû Yezid el-Bistâmî'ye: "Kişi ne zaman mütevâzi olur?" diye sorulduğunda: "Kötülüğünü ve basitliğini bilerek, nefsi için herhangi bir hâl ve makâm görmediği ve insanlar içinde kendisinden daha şerli bir kimse düşünmediği zaman." demiştir.

Hakîmlerden birisi: "Câhillik ve cimrilikle beraber tevâzuyu, edeb ve cömertlikle beraber bulunan kibirden daha güzel bulduk."

Hükemâdan birisine: "Hased edilmeyen bir nimet ve sahibine acınmayan bir belâ biliyor musunuz?" diye sorulunca:

"Evet; hased edilmeyen nimet tevâzu, sahibine acınmayan belâ da kibirdir." demiştir.

Tevâzunun Ölçüsü:

Hakiki tevâzu; kibir ve zillet arasında orta yolu tutarak, alçak gönüllü olmaktır. Kibir; insanın nefsini, olduğunun üstüne çıkarmasıdır. Zillet ise; insanın, nefsini, hakir görülüp hakkının zâyi edileceği bir duruma getirmesidir.

Meşâyıhın tevâzu ile ilgili açıklama ve işâretlerinde, genellikle tevâzuyu, zillete yaklaştırdıkları anlaşılmakta, bu konuda ifratın en uç noktasından tefritin en altına inildiği, sanki itidalden ayrılma olduğu hissedilmektedir. Onların bu konuda, bu derece hassas (ve titiz) davranmaları; kendilerine ucub ve kibir gelir korkusuyla, müridlerin nefsinde bu tür duyguları tamamen söküp atmak içindir.

Bir müridin, seyru sülükünün başında, kendisinde hâlin galabesi varken, ucubtan kurtulması çok zordur. Hatta büyüklerin bazılarından, ucub hâlini gösteren sözler nakledilmiştir.

Şunu bilmek lazımdır ki; bazı büyüklerden nakledilen bu tür şeyler, kendilerinde sekr (mânevi sarhoşluk) hâlinin kalmasından, "**sekir**" hâlinin çemberinde mahsur kalıp, işin başlangıcında "**sahv**"ın (mânevî uyanıklığın) geniş sahasına çıkamayışlarından kaynaklanmaktadır.

Bunun sebebi şudur: Basiret sahibi birisi, dikkatle nazar ettiğinde görecektir ki bu hâl, kalbe mânevî vâridat geldiği zaman nefsin hemen devreye girerek, gizlice gelen varidatı kendi hasabına kullanmasından ileri gelmektedir. Bu durumda nefis, kendi sıfatlarını ortaya çıkarır ve sahibinin hâline etki etmeyecek şekilde bir takım ucub ifâde eden kelimeler meydana gelir. Meselâ;

"Gök kubbenin altında benim gibisi var mı?",

"Benim ayağım bütün velilerin omuzları üstündedir.",

"Atımı eğerledim ve gemini ağzına vurup bütün yeryüzünü dolaşıp: "Var mı karşıma çıkacak?" dedim, kimse çıkmadı!" gibi sözler, bu hâl ve hâlet içinde söylenmiş sözlerdir. Onlar bu tür sözlerle, kendilerinin yaşadığıdı devirde tekten olduğunu ifâde etmektedirler.

Kim, bunları anlamakta zorluk çeker ve bunun nefsin kalbe gelen vâridata gizlice kulak vererek onu kendi adına kullanmaktan ileri geldiğini bilmezse; bu tür şeyleri, Rasûlullah'tan (s.a.v) ve ashâbtan gelen ölçülerle değerlendirsin. Onların tevâzularını, bu tür kelimelerden nasıl kaçındıklarını düşünsün ve bir kuldan benzeri şeylerin zuhûrunu uygun görmeyip, konu üzerindeki hassâsiyetlerini örnek alsın. Bununla birlikte, sâdıkların sözlerinde bir doğruluk yönü ve payı vardır diye düşünmelidir. Bir de bu tür şeyler onlara, mânevî hâlin galabesinden (sekr hâlinden) ileri gelmektedir; bu halde olan kimselerin sözlerine tahammül göstermelidir.

Meşâyıh-ı kirâm temkin sâhibidirler. Onlar nefislerde gizli olan ucb hastalığını bildikleri için, müridlerine bir tedâvi olarak, tevâzunun ta'rifinde onu zillete yaklaştıracak bir haddeye varmışlardır.

Tevâzuda orta yol; insanın bulunduğu hâlden biraz aşağısına râzı olmasıdır. Şayet bir kimse, nefsin taşkınlığından emin ise onu, ne fazla ne eksik, tam hakettiği sınırda tutabilir. Fakat insan, pişmiş kuru balçıktan yaratılmasından dolayı ateşteki yükselme özelliğinin ona da sirâyet etmesi sebebiyle, nefsin cibilliyetinde taşkınlık sıfatının bulunmasından kendisine kibir gelmemesi için, tevâzuya ve lâyık olduğu derecenin birazcık aşağısında tutularak tedâviye ihtiyacı vardır.

Kibir, insanın kendisinin, başkalarından daha büyük olduğunu zannetmesi; tekebbür ise, bu düşünceyi hâl ve haraketleriyle ortaya koymasıdır. Halbuki büyüklük iddiasında bulunmak ve onu isbat etmek ancak Allahu Teâlâ'ya lâyıktır; mahlukattan kim bunu iddiâ ederse, yalancı olur.

Kibir, kendini beğenmeden doğar. Kendini beğenmek ise; bütün güzelliklerin hakiki kaynağını bilmemekten ileri gelir. Bütün güzellikleinsandan değil, Allah'tandır. Cehâlet, hakikat-i insâniyeden uzaklaşmaktır.

Allahu Teâlâ, şu sözleriyle, kibrin ne kadar büyük bir günah olduğunu beyan etmiştir: "***Allah, kibredenleri katiyyen sevmez.***" [6]

"***Kibredip büyüklük taslayanların yeri Cehennem değil mi.***" [7]

Bir hadis-i kudsi de: "***Büyüklük benim ridam, ululuk izârımdır. Kim bu ikisinden biriyle benimle çekişmeye (yarışa) girerse, onu helak ederim.***" ikâzı yapılmış, diğer bir rivâyette ise: "***Onu Cehenneme atarım.***" [8] buyrulmuştur.

Allahu Teâlâ, insanı taşkınlığından vazgeçirip haddine getirmek için şöyle buyurmuştur: "***Yeryüzünde kibir ve azametle yürüme! Çünkü sen asla yeri yaramazsın ve boyca da dağlara erişemezsin.***" [9]

"***Şimdi insan baksın (düşünsün), neden yaratıldı? O, atılan bir sudan (meniden) yaratıldı!***" [10]

Kibirlenen insanı, bundan daha fazla kınayan, Allahu Teâlâ'nın şu sözüdür:

"***Kahrolası (kafir) insan ne nankör şey! (Bu kibir ve gurur nereden? O, hiç düşünmez mi) onu yaratan neden yarattı? Bir meni parçasından yarattı da (insan) biçimine koydu.***" [11]

Sûfilerden birisi, kibir içinde çalım atan birisine: "Başlangıcın belden atılmış bir meni, sonun ise kokmuş bir leştir; sen ise ikisi arasında pislik taşıyıcısın. Öyleyse bu kibir neye!" diyerek, kibrin anlamsızlığını belirtmiştir. Şâir de bu mânayı, şöyle nazma getirmiştir:

---

6) Nahl (16), l23.
7) Zümer(39), 60.
8) Müslim, Birr, l36; Ebû Dâvud, Libas, 25; İbnu Mâce, Zühd, l36; Ahmed, Müsned, II, 248, 376.
9) İsra (17), 37.
10) Târık (86), 5-6.
11) Abese(80), l7-l9.

Nasıl kibirlenir o kimse ki, içindeki pisliği,
Hep onunla bulunur; sanki sevgilisi gibi.

Kalbten tevâzu gidip, yerine kibir yerleşince, onun eseri vucûttaki bazı organlarda görülmeye başlar. Çünkü bir kapta ne varsa dışına o sızar. Kibir bazen, boynun kasılması, bazen de yüzün kırışıp insanların küçük görülmesi şeklinde ortaya çıkar. Nitekim âyet-i kerimede:

"İnsanlara karşı yanağını çevirip yüzünü kırıştırma." [12] buyrulmuştur.

Nefsin isyana meyletmesi anında kibrin alâmeti başda gözükebilir. Allahu Teâlâ, bu durumu şu âyette gözler önüne sermiştir:

"Onlara: "Gelin Allah'ın Rasûlü sizin için mağfiret dilesin, denildiği zaman, başlarını çevirirler ve onların kibir içinde yüz çevirdiklerini görürsün." [13]

Kibrin her âzada bir ortaya çıkış şekli ve onların da kendi aralarında kısımları olduğu gibi, herbirinin farklı dereceleri mevcuttur. Bazısı diğerinden daha yoğundur. Meselâ; kendini beğenme, başkalarına hakâret gözüyle bakma, izzet-i nefs yapma ve diğerleri gibi.

Ancak, bazen, tevâzunun zillete karıştırıldığı gibi, izzet-i nefs de, şekil olarak kibirle karıştırılır. Fakat, aslında izzet-i nefs, kibirden farklıdır. Tevâzu övülmüş, zillet ise yerilmiştir. Aynı şekilde, kibir kötülenmiş, izzet-i nefs ise övülmüştür. Allahu Teâlâ şöyle buyurmuştur:

"Asıl izzet, Allah'ın, Rasûlün ve mü'minlerindir." [14]

Demek ki; izzet, kibirden başkadır. Mü'minin nefsini zillete düşürmesi helâl değildir. İzzet; insanın nefsinin hak ve hakikatını bilmesidir. Onun, nefse ikrâmı ise; bir takım dünyevî gâye ve menfaatlar için onu alçaltmamasıdır. Kibir ise; insanın nefsini bilmemesi ve onu olduğu halden yukarı çıkarmasıdır.

Hasan el-Basrî'ye birisi: "Nefsin konusunda ne kadar büyüksün!" dediğinde, Hazret: "Büyük değilim, fakat izzet sahibiyim." demiştir.

---

12) Lokman (31), 18.
13) Münâfıkûn (63), 5.
14) Münafıkun (63), 8.

İzzet-i nefs kötülenmediği için, kibirle izzeti birbirinden ayırmak oldukça zordur. Allahu Teâlâ'nın:

"Haksız yere yeryüzünde büyüklük taslıyorsunuz." [15] âyetinde, hak üzere yaşayan kimsenin izzetli ve onurlu davranabileceğine gizli bir işâret vardır. Zillete düşmeden tevâzu hâlinin muhafaza etmek oldukça zordur. Bu iş, kibir ateşinin üzerine kurulmuş izzet köprüsünde durmak gibidir. Bu köprünün üzerinde, ancak, ilimde yüksek pâyeye ulaşmış âlimlerin, mukarrabûn makâmındaki sâdâtın, ebdâl ve sıddıkların ayakları sâbit kalır ve o konuda kendilerine ilâhî destek verilir.

Sûfilerden birisi demiştir ki: "Kibreden kimse, nefsinin düşüklüğünü göstermiştir. Tevâzu gösteren ise, tabiatının şerefini ortaya koymuştur."

Âriflerden **Hakîm et-Tirmizî** (rah) demiştir ki:

Tevâzu iki kısımdır: **Birincisi**; kulun, Allah'ın emir ve nehyine karşı boyun eğmesidir. Çünkü nefis, rahatlık arzusu ile Allahu Teâlâ'nın emrinden yüz çevirir. İçindeki şehvî duygular ise, haram şeylere rağbet eder. Bu durumda kulun, Allah'ın emir ve nehyi karşısında, nefsine boyun eğdirmesi bir tevâzudur.

İkincisi; Allah'ın azameti karşısında nefsi zelil görmek ve nefis, kendisine serbest edilen herhangi bir şeye iştah edip meyledince, onu bundan menetmektir. Bunun bir cümle ile özeti şudur: **Tevâzu; kulun, Allah'ın irâde ve isteği karşısında kendi isteğini terketmesidir**."

Bil ki kul, gerçek tevâzuya ancak, kalbinde müşâhade nûrunun parlamasıyla ulaşabilir. Çünkü müşâhade anında nefis erir. Nefsin erimesiyle, kibir ve ucub kirlerinden temizlik meydana gelir .Bu durumda nefs yumuşar, üzerindeki kötü etkiler silinip, harâret ve heyecanı yatıştığı için; Hakk'a itaatkâr, halka lutufkâr bir hâle gelir.

Tevâzuda en yüksek dereceye, kurbiyyet makamlarının sultânı Rasûlullah (a.s) Efendimiz ulaşmıştır. Nitekim, **Hz. Âişe** (r.ah), rivâyet ettiği uzunca bir hadiste, şunları anlatmıştır:

"Bir gece, **Rasûlullah**'ı (s.a.v) yatakta, yanımda bulamadım. Kadınlığın verdiği kıskançlık duygusuyla, O'nun, diğer zevcelerinin yanına gittiğini zan-

15) Ahkaf (46), 20.

nettim. Kalkıp diğer hanımlarının odalarını aradım; fakat bulamadım. Mescide vardım. Kendisini eski bir elbise gibi iki büklüm secdeye kapanmış bir halde, şöyle derken buldum:

"İlâhî! gözüm ve hayâlim sana secde etti. Kalbim sana iman, lisanım seni ikrar etti. İşte ben burada, huzurundayım. Ey büyük olan Rabbim! Ey büyük günahları bağışlayan Mevla!" [16]

Rasûlullah'ın (s.a.v) "**Gözüm ve hayâlim sana secde etti**." sözü, O'nun, varlığına âit bütün his ve haraketlerinin ilâhî huzurda ve nurda erimesiyle, tevâzuda en son noktaya ulaştığını gösterir. Öyleki; Rasûlullah (a.s) Efendimizin hiçbir zerresi, zâhiren ve bâtınen secdeden geri kalmadan bütün varlığı ile Allah'a secde yapmıştır

Sûfi, kurbiyyet makamında **Hakk** dostlarına özel olarak ihsân edilen tevâzudan nasibini almadıkça, halka karşı, büyük bir tevâzu örneği sergileyemez.

Bunlar öyle saâdetlerdir ki; kula bir yönelirse, bütünüyle birlikte akar gelir. Görüldüğü gibi tevâzu, sûfilerin ahlâklarının en şereflilerindendir.

2-İNSANLARLA İYİ GEÇİNMEK VE HALKIN EZİYETİNE TAHAMMÜL ETMEK.

Sûfilerin güzel ahlâklarından birisi de; insanlarla iyi geçinmek ve halkın eziyetine katlanmaktır.

Rasûlullah Efendimizin (s.a.v), etarfındaki bütün insanlarla nasıl iyi geçindiğini gösteren şöyle bir haber nakledilmiştir:

Ashabdan birisi, kendileriyle sulh ve antlaşma yapılan **Hayber Yahûdî**'lerinin arazisinde ölü olarak bulundu. **Rasûlullah** (a.s), kâtili bulamayınca Yahudileri sıkıştırıp kimseye zulmetmedi; sabretti. Sonra, diyeti üstlendi ve öldürülenin vârislerine, zekat mallarından yüz deve diyet ödedi.[17] Halbuki o sıralarda, Ashab-ı Kirâm'ın, tek bir deveye ihtiyaçları vardı.

Rasûlullah (s.a.v), hiçbir yiyeceği kötülemez, hiçbir hizmetçiyi de azarla-

16) Ebu Ya'la, Müsned, VIII, I22 (Had. No: 4661), Heysemî, Mecmau'z-Zevâid, II, I28.
17) Buhârî, Diyât, 22; Müslim, Kasâme, 2-6; Ebû Dâvud, Zekat, 26; Nesai, Kasâme, 3-5.

mazdı. **Enes b. Mâlik** (r.a) bu konuda şunları rivâyet etmiştir:

"Rasûlullah (a.s) Efendimize on sene hizmet ettim. Bu süre içinde bana hiçbir zaman: "öf!" bile demedi. Yaptığım bir şey için: "Niçin böyle yaptın?" veya, terkettiğim bir şey için : "Onu niçin terkettin?" diye bana çıkışmadı. **Rasûlullah** (a.s), insanların en güzel ahlâklısı idi. Onun elinden daha yumuşak ne ipek ne de başka bir şeye dokunmadım. O'nun mübârek vücûd-ı pâkilerinden çıkan terden daha güzel ne misk ne de başka bir koku koklamadım." [18]

Âile efrâd, komşu, arkadaş ve diğer insanların her birisiyle güzel geçinmek, sûfilerin başta gelen ahlâklarındandır. İnsanların eziyetine tahammülle, nefsin cevheri ortaya çıkar.

Denilmiştir ki: "Her şeyin bir cevheri vardır; insanın cevheri akıl, aklın cevheri ise sabırdır."

Ebû Zur'a Tahir'den bize, **Abdullah b. Ömer** yoluyla gelen bir hadis-i şerifte, **Rasûlullah** (a.s) şöyle buyurmuştur:

"İnsanların içinde yaşayan ve onların eziyetlerine sabreden bir mü'min, onlara karışmayan ve eziyetlerine sabretmeyen kimseden daha hayırlıdır." [19]

Bir defasında **Rasûlullah** (s.a.v); "**Sizden birisi, Ebû Damdam gibi olamıyor mu?**" diye sordu. **Ashâb**:

"**Ebû Damdam** ne yapardı?" diye sorduklarında, **Efendimiz** (a.s):

"O her sabah: 'Bugün bana zülmedene (gıybetimi yapıp haksızlık edene) hakkımı bağışladım; bana vurana vurmayacağım, bana sövene sövmeyeceğim, bana zulmedene zulmetmeyeceğim' derdi." [20] buyurdu.

Ziyâuddin Abdulvehhâb'ın bize naklettiğine göre; **Hz. Âişe** şöyle anlatmıştır:

"Rasûlullah (a.s)'ın yanında bulunuyordum. Bir adam içeri girmek için izin istedi. Rasûlullah (a.s):

"**O, aşiretinin ne kötü bir kardeşi, yahut evlâdıdır**." dedi. Sonra, içeri

---

18) Buhârî, Menâkıb, 23; Müslim, Fedâil, 81-82; Dârimî, Mukaddime, I0; Ahmed, Müsned, III, I07.
19) Tirmzi, Kıyame, 55; İbnu Mâce, Fiten, 23; Ahmed, Müsned, III, 43.
20) Ebu Davud, Edeb, 36; Ali el-Muttakî, Kenzu'l-Ummâl, Had. No: 7026.

girmesi için izin verdi. Adam içeri girince, ona karşı nazik konuştu ve yumuşak davrandı. Adam çıkıp gidince, ben:

"**Ya Rasûlellah**! Önce adam hakkında diyeceğini dedin; sonra adam içeri girince yumuşak laf ettin!" dedim. O zaman **Rasûlullah** (a.s):

"Ya Âişe! İnsanların en kötüsü; halkın, kötülüğünden korunmak için kendisini terkettiği kimsedir." [21] buyurdu.

Ebû Zerr (r.a), Rasûlullah'ın şöyle buyurduğunu rivâyet etmiştir:

"Nerede olursan ol Allah'tan kork. İşlediğin her kötülüğün peşinden hemen bir iyilik yap ki; onu temizlesin. İnsanlara da iyi ahlâkla muamele et!" [22]

İnsanlarla iyi geçinmek kadar, bir şahsın, akıllılığını, ilminin ve hilminin çokluğunu gösteren bir başka şey yoktur.

Nefis, kendi arzusunun hilafına hareket edeni hiç sevmez. Kin ve öfke onu mahveder. Güzel geçimle nefsin şiddeti kesilir; azgınlık ve taşkınlığı giderilir.

Bir hadis-i şerifte şöyle buyrulmuştur:

"İntikamını almaya gücü yettiği halde, öfkesini yenen kimseyi, Allahu Teâlâ, kıyâmet günü bütün mahlukâtın önünde huzuruna çağırır ve onu dilediği huriyi almakta serbest bırakır." [23]

Câbir (r.a), **Rasûlullah** (a.s)'ın şöyle buyurduğunu rivâyet etmiştir:

"Size, Cehennemin kendisine haram olduğu kimseyi haber vereyim mi? Cehennem, her kolay geçimli, yumuşak ve cana yakın kimseye haramdır." [24]

Ebû Mes'ud el-Ensârî (r.a) anlatıyor: "Rasûlullah (s.a.v) Efendimizin yanına bir adam getirildi. Efendimiz kendisiyle konuşunca, adam titremeye başladı. Bunu gören Rasûlullah (a.s):

"Sakin ol, korkma! Ben kral değilim; sadece, Kureyşli kuru ekmek

---

21) Buhârî, Edeb, 38; Müslim, Birr, 73; Ebû Dâvud, Edeb, 5; Tirmizî, Birr, 78.
22) Tirmizî, Birr, 55; Dârimî, Rikak, 74; Ali Nâsıf, et-Tâc, V, 48.
23) Ebû Dâvud, Edeb, 3; Tirmizî, Birr, 74; İbnu Mâce, Zühd, l8; Ahmed, Müsned, III, 438.
24) Tirmizî, Kıyâme, 45; Münzirî, et-Terğib, III, 4l8.

yiyen bir kadının oğluyum." [25] buyurdu.

Bir tanesi, sûfilerin yumuşak ve cana yakın tavırlarını şu şekilde nazma dökmüştür:

Sâkin, yumuşak olarak rahatlığa dalmışlardır;
Tutunarak kolaylığa, güzel ahlâk sunmuşlardır..

Konuşunca, konuşmazlar çirkin fâhiş bir söz ile.
Etseler bir mücâdele, kısa yolu tutmuşlardır.

Kimi görsen sen onlardan, şahlarını gördüm dersin.
Karanlıkta yol gösteren birer yıldız olmuşlardır.

Rasûlullah (s.a.v) Efendimiz bu konuda şöyle buyurmuştur:

"Kendisine yumuşaklık verilen kimseye, hayırdan bir pay verilmiş demektir. Yumuşaklıktan nasibi olmayanın, hayırdan da bir nasibi yoktur." [26]

Şeyhimiz **Ebu'n-Necib es-Sühreverdî**, bize, imlâ yoluyla (bizzat yazdırarak) **Abdullah b. Ebi Bekre** yoluyla gelen şu hâdiseyi nakletti. Bedevîlerden bir adam demiştir ki:

"**Huneyn** gününde, ayağımda kalın bir ayakkabı vardı. Kalabalıkta, bilmeden Rasûlullah (a.s)'ın ayağına bastım. Allah Rasûlü (a.s), elindeki kamçısıyla bana hafifçe vurarak: "Bismillah! Canımı yaktın!" buyurdu. Sonra ben, Allah Rasûlü'nün canını yaktım düşüncesiyle kendi kendimi kınayarak sıkıntı içinde geceledim. O gece ne sıkıntı çektiğimi Allahu Teâlâ bilir. Sabah olunca bir adam:

"Filan nerede?" diye beni arıyordu. Ben: "Vallâhi bu, dünkü hâdise için beni arıyor!" diyerek, korkuyla Rasûlullah (a.s)'ın huzuruna çıktım. Rasûlullah (a.s) bana:

"Sen dün, ayakkabınla ayağıma basarak canımı yakmış, ben de sana kırbacımla vurmuştum. Buna karşılık olarak, şu seksen koyun senindir, al götür onları!" buyurdu (ve gönlümü aldı)." [27]

---

25) İbnu Mâce, Et'ıme, 30.
26) Tirmizî, Birr, 67; Ahmed Müsned, VI, 159, 451. (Had No: 27623).
27) Dârimi, Mukaddime, I2.

3-ÎSÂR (BAŞKALARINI KENDİNE TERCİH ETMEK).

Sûfilerin güzel ahlâklarından birisi de "**isâr**"dır. Onları isara sevkeden sebep, tabiatlarındaki halka karşı son derece acıma duygusu ve şefkatle, dindeki yakinlerinin kuvvetli oluşudur. Onlar, ellerinde olanı, karşılık beklemeden kardeşlerine infak ederler; olmayana da sabrederler.

Ebû Yezid el-Bistâmî demiştir ki: "**Belh**'li bir gencin bana üstün geldiği gibi, hiç kimse beni mağlûb ve mahcûb etmemiştir. Bu genç, hac için **Mekke**'ye gelmişti. Yanımıza uğradı ve bana:

"Ya **Ebâ Yezid**! Size göre zühd nedir?" diye sordu. Ben de:

"Bulunca yeriz, bulamayınca sabrederiz!" dedim. O zaman genç:

"Bizim **Belh**'in köpekleri de böyle yaparlar; bunun ne kıymeti var!" dedi. Ben:

"Peki size göre zühd nedir?" diye sorunca, genç:

"Biz, bulamayınca şükreder; elimize geçince, başkalarına veririz!" dedi."

Zünnûn el-Mısrî demiştir ki: "Gönlü ilâhî nurla açılmış zâhidin alâmeti üçtür:1-Elinde biriken malı dağıtır.2-Olmayanın peşine düşmez. 3-Yiyeceğini başkalarına ikrâm eder."

Abdullah b. Abbas (r.a), anlatıyor; **Rasûlullah** (a.s), **Ben-î Nadr** ganimetlerini elde edince, **Ensar**'a:

"Sizler kendi isteğinizle **Muhâcir** kardeşlerinizle mallarınızı ve evlerinizi bölüştünüz. Bu ganimette de onlara ortak oldunuz. Eğer isterseniz; mal ve evleriniz size kalsın, bu ganimetten size bir şey vermiyelim (hepsini **Muhâcirlere** dağıtalım)!" buyurdu. Bunun üzerine **Ensâr**:

"Hayır, biz mallarımızı ve evlerimizi onlarla bölüştük (bu devam etsin). Ayrıca bizler, bu ganimetteki payımızdan vazgeçerek hepsini onlara veriyoruz." dediler. Bunun üzerine Allahu Teâlâ:

"Onlar kendileri ihtiyaç içinde olsalar bile, başkalarını kendilerine tercih ederler." [28] âyet-i kerimesini indirdi." [29]

Ebû Hureyre'nin (r.a) rivâyetine göre; sıkıntı içinde olan bir adam,

---

28) Haşr (59), 9.
29) Bkz: Taberî, Câmiu'l-Beyân, XIV, 4l; Beğavî, Meâlimu't-Tenzîl, VIII, 88; Şevkânî, Fethu'l-Kadîr, V, 200; Kurtûbî, el-Câmi', XVIII, 25.

Rasûlullah'a (s.a.v) gelerek:

"Ya Rasûlellah! Çok açım, bana yiyecek ver!" dedi. Rasûlullah (s.a.v) hanımlarına haber göndererek; yanlarında yiyecek bir şey var mı?" diye sordurdu. Onlar da:

"Seni hak üzere gönderen Allah'a yemin olsun ki, yanımızda sudan başka bir şey yok!" dediler. Bunun üzerine Rasûlullah (s.a.v) adama:

"Bu gece sana yedirecek bir yiyeceğimiz yok!" buyurdu. Sonra, sahabîlere dönerek:

"Kim, bu adamı bu gece misâfir ederse, Allah ona rahmet eylesin!" buyurdu. O zaman **Ensar**'dan bir zat ayağa kalkarak:

"Onu ben misâfir ederim ya Rasûlellah!" diyerek, adamı evine götürdü. Âilesine:

"Bu, Rasûlullah'ın (s.a.v) misâfiridir; ona ikrâm et, evde ne varsa ona getir!" dedi. Kadın da:

"Yanımızda sâdece, çocukların yiyeceği var!" dedi. Bunun üzerine adam:

"Kalk, çocukları biraz oyala ve bir şey yemeden uyut. Sonra kandili yak. Misâfir yemeye başlayınca, sen kalkıp ışığı düzeltiyormuş gibi yaparak, onu söndür. Sonra gel otur. Ortadaki yemeği Rasûlullah'ın (s.a.v) misâfiri yiyip doyması için, biz yemek yiyor gibi yapalım, fakat bir şey yemeyelim, dedi.

Hanım kalktı, çocukları oyalamaya başladı ve çocuklar hiçbir şey yemeden uyudular. Sonra, tirid yemeği yapıp sofraya getirdi. Kandili yaktı. Misâfir yemeye başlayınca, kalkıp; ışığı düzeltiyormuş gibi yaparak, kandili söndürdü. Karı-koca sofrada ağızlarını şapırdatarak yemek yiyormuş gibi yaptılar fakat hiçbir şey yemediler; kaşığı boş getirip, boş götürdüler. Misâfir, onların da yediğini zannederek, karanlıkta ortadaki yemeğin hepsini kendisi yedi ve doydu. Karı-koca aç olarak gecelediler. Sabah olunca misâfirle ev sâhibi, erkenden Rasûlullah'ın (s.a.v) yanına, gittiler. Efendimiz (a.s) onları görünce, tebessüm ederek:

"Allahu Teâlâ, bu gece falan erkekle filan kadının yaptıklarından çok hoşnut oldu." buyurdu. Bunun üzerine, Allahu Teâlâ: ***"Onlar, kendileri***

muhtaç olsalar bile, başkalarını nefislerine tercih ederler." [30] âyet-i kerimesini indirdi." [31]

Bu âyetin inişine sebeb olan başka bir hâdiseyi Hz. **Enes** (r.a.), şöyle anlatmıştır:

"Ashabtan birisine kızartılmış bir koyun kellesi hediye edildi. Kendisi de çok sıkıntı içindeydi; buna rağmen kelleyi yandaki komşusuna gönderdi. O da, bir diğer komşusuna gönderdi ve böylece kelle, yedi komşuyu dolaşarak ilk gönderene geri geldi. O zaman bu âyet-i kerime indi.[32]

Anlatıldığına göre, velilerden **Ebu'l-Hasan el-Antâkî**'nin yanına otuz küsür misâfir geldi. Kendisi o zaman, **Rey**'in bir köyünde bulunuyordu. Yanında da beş kişiyi doyarmayacak kadar sayılı ekmek vardı. Ekmekleri doğradılar, ortaya koydular; herkes nasibi kadar ortadan yesin diye ışığı da söndürdüler ve yemeğin başına oturdular. Bir müddet sonra, yemekten geri çekildiklerinde, bütün ekmekler olduğu gibi duruyordu. Her birisi, kardeşini kendisine tercih ederek, bir şey yememiş ve bütün yiyecek ortada kalmıştı.

Huzeyfetu'l-Adevî anlatıyor: "Yermük harbinde amcamın oğlunu bulmak için yaralılar arasında dolaşıyordum. Yanımda da bir miktar su vardı. Kendi kendime: 'eğer rastlarsam, ona su verir, yüzünü silerim' diye düşünüyordum. Bir de baktım ki onun yanındayım. Kendisine:

"Sana su vereyim mi?" dedim.

"Evet!" diye işâret etti. Tam kendisine su verecekken, öbür yandan birisi: "Ah su!" diye inledi. Sesi duyan amcamın oğlu:

"Suyu ona götür!" dedi. Hemen ona koştum; baktım ki, **Hişam b. el-As.** Kendisine:

"Sana su vereyim mi?" diye sordum. Bu arada **Hişam**, öbür taraftan birinin "âh!" dediğini duydu. Kendisi hiç içmeden:

"Suyu ona götür!" dedi. Hemen onun yanına koştum, yanına vardığımda

---

30) Haşr (59), 9.
31) Bkz: 29. dipnottaki kaynaklar. Ayrıca bkz: Buhârî, Menâkıbu'l-Ensâr, l0; Tefsiru Sûre, (59), 9.
32) Yukarıdaki tefsirlerde gösterilen yerlere bakınız.

adam rûhunu teslim etmişti. Sonra, **Hişam**'a yetişeyim diye koştum; geldiğimde onun da rûhunu teslim ettiğini gördüm. Bâri amcamın oğluna yetişeyim, dedim. Yanına geldim ki o da rûhunu teslim etmişti!" [33]

Ebu'l-Hasen el-Bûşencî'ye: "Fütüvvet nedir?" diye sorulduğunda, şöyle demiştir: "Bana göre fütüvvet; Cenâb-ı Hakk'ın, **Ensâr-ı Kirâm**'ı vasfettiği şu âyet-i kerimede anlatılan hâldir:

"Muhâcirlerden önce Medine'yi yurt ve iman evi edinenler, kendilerine hicret edip gelenlere sevgi beslerler. Onlara verdikleri şeylerden dolayı nefislerinde bir darlık duymazlar. Kendilerinin ihtiyacı olsa bile, onları nefislerine tercih ederler. Kim nefsinin cimriliğinden korunur (ve kurtulursa) işte onlar felah bulanlardır." [34]

İbnu Atâ, "**onları nefislerine tercih ederler**." âyeti için: "Bunu cömertlik ve kerem olarak yaparlar." demiş; "**Kendilerinin ihtiyacı olsa bile**" âyetini de: "Kendileri açlık ve fakirlik içinde olsalar dahi." şeklinde tefsir etmiştir.

Ebu Hafs Ömer b. Sâlim demiştir ki: "İsâr; kişinin, dünya ve âhiret işlerinde kardeşlerinin hak ve hazzını kendi hazlarından önde tutmasıdır."

Sûfilerden birisi de: "Îsâr; (sırf) irâde ve istemekle olmaz. Asıl isâr; bütün halkın hakkını kendi hakkının önüne geçirmen ve kardeştir, arkadaştır, tanıdıktır-tanımadıktır hiçbirinin arasını ayırt etmemendir." demiştir.

Yusuf b. Hüseyn er-Râzî, demiştir ki: "Nefsi için bir mülk görenin îsârı tam ve sahih olmaz. Çünkü o, nefsinin herhangi bir şeye sâhip olduğunu düşünmekle, o şeyde nefsinin daha çok hak sahibi olduğunu zannetmektedir. Gerçek îsâr; ancak, her şeyin Cenâb-ı Hakk'a âit olduğunu gören ve bilen kimseden meydana gelir. Bu anlayışta olan kimse, kendisi vâsıtasıyla veya başka yoldan mülk kime ulaşmışsa onu, buna daha çok hak sahibi görür ve kendi eline bir mülk geçince de, nefsini, onu yerine ve sâhibine ulaştıran bir emânetçi ve dağıtımcı olarak düşünür."

---

33) Kandehlevî, Hayâtu's-Sahâbe, I, 308; Bkz: Kurtûbî, el-Câmi, XVIII, 28.
34) Haşr (59), 9.

Sûfilerden birisi demiştir ki: "Gerçek îsâr; din kardeşlerine âhiret haz (ve haklarını) tercih etmendir. Çünkü dünya malının, îsâra mahal olacak bir kıymeti, bu konuda zikredilecek bir değeri yoktur."

Şu hâdise bu mânayı destekler mâhiyettedir.

Sûfilerden birisi, yüzünde fazla sevinç ve tebessüm bulunmayan bir kardeşini gördü. Onun bu hâlini beğenmiyerek tenkid edince; kardeşi şöyle dedi: "Kardeşim ben, Rasûlullah'ın (s.a.v):

"İki müslüman karşılaşıp birbirleriyle selamlaştıklarında (üzerlerine) yüz rahmet iner. Bunun doksanı en fazla güler yüzlü olana, onu da daha az güler yüz gösterene verilir." [35] buyurduğunu işittim. Bunun için, doksan rahmetin (benim değil) senin olmasını istediğimden, senden daha az güler yüzlü davranıyorum." demiştir.

Şeyh **Ziyâuddin Ebu'n-Necib**, bize, icâzet tarıkıyle, **Ebu Bekir b. Ebu Sa'dan**'ın şöyle dediğini nakletti:

"Sûfilerle arkadaşlık eden kimse, nefsini, kalbini ve malını aradan çıkararak sırf Allah için arkadaşlık yapsın. Çünkü, gözünü ve gönlünü Allah'tan başka bir şeye bağlayan kimse, asıl maksadına ulaşamaz."

Sehl b. Abdullah: "Sûfi; kanını heder, mülkünü herkese helâl gören kimsedir." demiştir.

Ebû Muhammed Rüveym demiştir ki: "Tasavvuf üç haslet üzerine kurulmuştur:

1-**Hakk**'ın huzurunda fakr ve yokluk hâline sarılmak.

2-Malından infâk ede ede îsârı (başkalarını kendine tercihi) gerçekleştirmek,

3-Başkasına bir ihtiyaç arzetmeyi ve bir şey istemeyi terketmek."

Anlatılır ki; sûfiler, zamanın halifesi **Muvaffak**'a şikâyet edilip, haksız yere kötülenince; **Cüneyd el-Bağdâdî**, kendisini fakîh göstererek kurtuldu. **eş-Şehham, er-Rakkâm** ve **Nûri** yakalanıp nezârete alındılar. Boyunları vurulmak üzere hazırlık yapılınca, **Nûri** öne atıldı. Kendisine:

"Niçin acele ediyorsun?" diye sorulduğunda:

"Kardeşlerimin bir saat fazla yaşamaları için ölümü kendime tercih

35) Suyûtî, Câmiu's-Sağîr, I, 77. (Had. No: 487); Münâvî, Feyzu'l-Kadîr, I, 300-30l; Münziri, et-Terğib, III, 432.

ediyorum (önce beni oldürünüz!) demiştir." [36]

Nakledildiğine göre; **Ebû Ali er-Ruzbârî**, müridlerinden birinin evine gitti. Ev sâhibi evde olmadığı gibi, kapı da kilitliydi. Hazret bunu görünce:

"Hem sûfi, hem de kapısı kilitli. Kırın şu kapıyı!" diye emir verdi. Kapıyı kırıp içeri girdiler. Şeyh bu sefer de evdeki (işe yarar) eşyâların toplanıp satılmasını emretti. Müridler topladıkları eşyâyı çarşıya götürerek satıp kolayca bir para elde ettiler ve dönüp evde beklediler. Daha sonra ev sâhibi geldi, durumu gördü. Fakat bir şey demedi. Hanımı içeri girdi. Üzerinde bir aba vardı. Onu da çıkarıp, ortaya atarak:

"Bu da eşyâlardan geri kalan bir şeydir, onu da satınız!" dedi. Kocası:

"Neden kendi irâdenle böyle bir külfete giriyorsun?" diye söylenince, hanımı:

"Sus! Böyle bir şeyh, bize değer verip evimize geliyor, bizim hakkımızda böyle hüküm verip tasarruf da bulunuyor, bizimse ondan sakladığımız bir şey geride kalıyor, bu olur mu?" dedi.

Kays b. Sa'd hastalanmıştı. İhvân (ve arkadaşları) kendisini ziyârette biraz geçiktiler. Durumu soruşturunca, kendisine:

"Onlar, kendilerinde olan alacağın sebebiyle yanına gelmekten sıkılıyorlar!" dediler. Bunu duyan **Kays**:

"Kardeşlerimi beni ziyâretten alıkoyan malı Allah helak etsin!" dedi ve sonra bir adam tutup: "**Kays**'a borcu olanın borcu silinmiştir!" diye bağırmasını emretti. Münâdi dediğini yapınca; akşama kadar ziyâretçilerin çokluğundan kapısının eşiği kırıldı.

Adamın birisi, borç almak için bir arkadaşına gitti. Kapısını çaldı. Ev sâhibi dışarı çıkıp, niçin geldiğini sordu. O da: "Dörtyüz dirhem borcu olduğunu, onun için kendisine geldiğini, söyledi. Ev sâhibi içeri girerek dörtyüz dirhem getirip verdi ve ağlayarak eve girdi. Bunu gören hanımı:

"Madem borç vermek sana zor geliyordu, bir bahâne bulup da onu geri gönderseydin ya!" dedi. Adam da:

---

36) Ebû Nuaym, Hilyetu'l-Evliyâ, X, 250-251. Bkz: Hatib, Târih-i Bağdât, V, I30-I35; Süleyman Ateş, İslam tasavvufu, 83.

"Ben verdiğim paraya değil, niçin kardeşimin hâlini araştırmayıp, onu borç için kapımı çalmaya muhtaç ettiğime ağlıyorum!" dedi.

Ebu Mûsâ el-Eşarî (r.a), Rasûlullah'ın (s.a.v) şöyle buyurduğunu haber vermiştir:

"Eş'arîler, gazada azıkları tükendiği ve çoluk çocuklarının yiyeceği azaldığı zaman, yanlarında bulunan yiyecekleri bir bez üzerinde toplar, sonra da bir kapla aralarında eşit olarak bölerlerdi. Bu ne güzel davranıştır. Eş'arîler benden, ben de onlardanım." [37]

Câbir (r.a) naklediyor: Rasûlullah (s.a.v) bir gazaya çıkarken şöyle buyurdu:

"Ey Muhâcir ve Ensâr topluluğu! Kardeşleriniz içinde hiçbir malı ve malzemesi olmayan kimseler var. Bineği olanlar yanlarına ikişer üçer kişi alsın. Herbirinizin devesinde, diğer birinin bineceği nöbeti kadar, istifâde hakkı vardır." [38]

Câbir (r.a) demiştir ki: "Ben de yanıma iki veya üç kişi aldım. Ben de arkadaşlarım gibi ancak, nöbetim kadar devemden istifâde ediyordum.

Enes b. Mâlik (r.a) anlatıyor: **Abdurrahman b. Avf,** Medine'ye hicret ettiği zaman **Rasûlullah** (s.a.v), onu **Sa'd b. Rebi'** ile kardeş yaptı. **Sa'd b. Rebi'**, **Abdurrahman b. Avf**'a:

"Malımı ikiye bölüp yarısını sana vereceğim. Bir de, benim iki hanımım var; bunlardan birisini boşayayım, iddeti bitince onunla evlen!" dedi. **Abdurrahman b. Avf** da:

"Allahu Teâlâ sana, ehlin ve malında bereket versin." dedi.[39]

Sûfiyi, başkalarını kendi nefsine tercih etmeye sevkeden ancak, onun nefsinin temizliği ve tabiatının şerefli oluşudur. Allahu Teâlâ onu, ancak, tabiatını bu güzel ahlâk ile terbiye ve ıslâh ettikten sonra hakiki sûfi yapmıştır.

Tabiat ve karakterinde cömertlik ve el açıklığı olan bütün kimseler sûfi olmaya en yakın ve en yatkın kimselerdir. Çünkü cömertlik sehâvet, insanın

---

37) Müslim, Fedâilu's-Sahâbe, l67; Ebu Ya'lâ, Müsned, XIII, (Had. No: 7309)
38) Ebû Dâvud, Cihad, 34.
39) Buhârî, Menakıbu'l-Ensâr, 3; Nesâî, Büyu', 97; İbnu Kesir, el-Bidâye, III, 227; İbnu Sa'd, Tabakât, III, 89; Kahdehlevî, Hayâtu's-Sahâbe, I, 363

fıtratına bağlı bir sıfattır. Sehâvetin zıddı, (şuhh ile ta'bir edilen) aşırı cimriliktir. Cimrilik ise, nefisten kaynaklanan bir sıfattır. Allahu Teâlâ:

"Nefsinin cimriliğinden kurtulanlar felâha ermiştir." [40] buyurmaktadır. Bu âyet-i kerimede kurtuluş, cimrilikten korunup kurtulmaya bağlanmıştır. Şu âyet-i kerimede ise kurtuluş, infâk ve ihsâna bağlanarak buyrulmuştur ki:

"Onlar, kendilerine rızık olarak verdiklerimizden infâk ederler. İşte onlar, Rablerinden gelen bir hidâyet yolu üzeredir ve felâha erecek de onlardır." [41]

Felah; dünya ve âhiretin saâdetini içine alan geniş kapsamlı bir kelimedir.

Rasûlullah (s.a.v): ***"Üç şey var ki; sahibini helâk eder, üç şey de var ki; kurtuluşa götürür."*** [42] hadisinde, helâk eden üç şey arasında, etkisinde kalınıp, hükmüne uyulan cimriliği de saymıştır.

Rasûlullah (s.a.v), bu hadislerinde, cimrilik huyunun insanda bulunmasını helâke götürücü bir sıfat olarak saymadı; ona tâbi olunduğunda kişiyi helâke götüreceğini haber verdi. Nefsin tabiatında bulunan cimrilik sıfatı, o hâliyle kötü görülmemiştir. Çünkü cimrilik; nefsin, yaratıldığı toprağın aslından elde ettiği fıtrî ve zarûrî bir huydur. Toprakta tutma ve sıkma özelliği vardır. Ondaki bir özelliğin insanda bulunmasına şaşılmaz. (Çünkü insan topraktan yaratılmıştır). Asıl şaşılacak olan; insan tabiatında sehâvetin (cömertliğin) bulunmasıdır. Bu sehâvet duygusu, sûfilerin nefislerini, malını tamamen **Allah** yolunda harcamaya ve diğer insanları kendilerine tercih etmeye sevketmektedir.

Sehâ, cûd'dan[43] daha kâmil ve daha yüksek bir ahlâktır. **Cûd**'un zıddı

40) Haşr (59), 9.
41) Bakara (2), 3-5.
42) Suyûtî, Câmiu's-Sağîr, I, Had. No: 3472; Münâvî, Feyzu'l-Kadîr, III, Had. No: 3472; ; Münziri, et-Terğib, III, 38l.
43) Sehâ: İçinde hiçbir sıkıntı duymadan, karşılıksız ihsan etmektir. Cûd: Malın çoğunu verip bir kısmını saklamaktır.Bühl: Malın azını verip çoğunu saklamaktır. Şuhh: Verilmesi gereken hiçbir şeyi vermeyip, eli çok sıkı olmaktır. (Müt.)

bühl, sehânın zıddı şuhh'tur. Cûd ve bahilliği, alışıp âdet edinerek elde etmek mümkündür. Şühh (aşırı cimrilik) ve sehâ böyle değildir. Ancak sehâ, tabiatta zarûri bir huy hâline geldiği zaman, bu dediğimiz geçerlidir. Her sehâvet sâhibi, cömerttir fakat, her cömert, sehâvet sâhibi değildir. Allahu Teâlâ "sehâ" sıfatıyla vasfedilmez. Çünkü sehâ, tabiat ve karakterin ürünüdür; Allahu Teâlâ (c.c), tabiat ve karakterden münezzehtir.

Cûd'a riyâ girebilir ve insan onu halktan ve Hakk'tan bir karşılık bekleyerek, insanlardan övgü ve medh, Allahu Teâlâ'dan sevap mukâbilinde yapabilir. Sehâya (ve sehâ sahibine) ise riyâ giremez. Sehâvet, (yaptığına) dünya ve âhirette karşılık beklemekten uzak ve temiz bir nefisten kaynaklanır.

Yaptıklarına bir karşılık beklemek; (bir nevi) cimriliğin varlığını hissettirmektedir. Çünkü onda yaptığına bir karşılık arayışı vardır. Bu durumda tam sehâvet oluşmaz.

Demek ki; sehâvet, kalb sâfiyetine ulaşmış kimselere mahsustur. İsâr ise; kalbi nurla dolmuş kimselere âittir.

Kur'an-ı Hakim'deki:

*"**Biz size ancak Allah rızâsı için yediriyoruz. Sizden herhangi bir karşılık ve teşekkür beklemiyoruz.**"* [44] âyetinin de ifâde ettiği gibi; Allah için yapılan ikramda, insanlardan karşılık bekleme yoktur. Aksine, insanda bulunan temiz bir tabiat; sâhibini, maddî bir karşılığa değil, Hakk'ın murâdına (ve rızâsına) cezbeder çeker. Bu da, tertemiz tabiatlardan ortaya çıkan en kâmil sehâdır.

Hz.Ebû Bekir'in kızı **Esmâ** (r.ah), anlatıyor: Rasûlullah (a.s)'a:

"Yâ Rasûlellah! Zübeyr'in bana getirdiklerinden başka hiçbir şeyim yok. Ondan hediye ve sadaka verebilir miyim?" diye sordum:

*"**Evet, cimrilik yapma (ver) ki; sana da (rahmet ve sevap kapısı kapanıp) cimrice davranılmasın.**"* [45] buyurdu.

---

44) İnsan, (76), 6.
45) Buhârî, Zekat, 2l; Ebû Dâvud, Zekat, 46; Tirmizî, Birr, 40; Nesâî, Zekat, 62; Ahmed, Müsned, VI, 344.

4-AFV VE MÜSÂMAHA.

Sûfilerin güzel ahlâklarından birisi de, kardeşinin kusurlarını affetmek ve kendisine karşı yapılan kötülüklere iyilikle mukâbele etmektir.

Süfyan es-Sevrî demiştir ki: "İhsân; sana kötülük edene iyilik etmendir. Çünkü iyilik yapana iyilik yapmak; 'al şunu, ver onu!' der gibi, çarşıda yapılan ticârete benzer."

Hasan el-Basrî de: "İhsan; güneş, rüzgar ve yağmur gibi, yaptığın iyiliği sâdece bazılarına değil, herkese yapmandır." demiştir.

Enes b. Mâlik (r.a), Rasûlullah'ın (s.a.v) şöyle buyurduğunu rivâyet etmiştir:

"Cennette yüksekçe köşkler gördüm ve Cebrail'e: "Bunlar kimler için Ya Cebrail!" diye sordum: "Öfkesini tutan ve insanların kusurlarını müsâmaha ile karşılayıp affedenler içindir." dedi." [46]

Ebû Hureyre'nin rivâyetine göre; **Hz. Ebû Bekir** (r.a), **Rasûlullah** (a.s) ile bir mecliste oturuyorken içeri bir adam geldi ve **Hz. Ebû Bekir**'e (r.a) ileri geri, çirkin sözlerle konuşmaya başladı. Ebû Bekir, susuyor, Hz. Rasûlullah da (s.a.v) tebessüm ediyordu. Sonra, **Hz. Ebû Bekir** (r.a), adamın söylediklerinin bir kısmına karşılık verdi. Bunun üzerine Hz. Rasûlullah (a.s) gazaba gelerek kalkıp gitti.

Hz. Ebû Bekir (r.a), arkasından yetişip:

"Ya Rasûlellah! O bana kötü kötü konuşurken siz tebessüm ediyordunuz. Sonra ben, bazı sözlerine karşılık verdim, hemen kızıp kalktınız, niçin?" diye sordu. Rasûlullah (a.s) da:

"Sen susarken, senin yanında bir melek, senin adına ona karşılık veriyordu; fakat sen konuşmaya başlayınca, şeytan gelip işe karıştı. Artık şeytanın bulunduğu mecliste ben oturacak değildim. Ya Ebâ Bekir, üç şey var ki, hepsi de haktır:

1-Kendisine zülmedilen bir kul, zülmedeni affeder ve bağışlarsa, muhakkak Allah onun şerefini yüceltir.

2-Dilencilikle mal biriktirmek isteyen kulun Allah şerefini ve malını

---

46) Deylemî, Firdevsu'l-Ahbâr, I, 379 (Had. No: 30II); Ali el-Muttakî, Kenzu'l-Ummal, III, 375-376.

azaltır.

3-Allah rızâsı için iyilik ve ihsanda bulunup akrabasını gözeten kimsenin Allah malını (ve şerefini) artırır." [47]

Ziyâuddin Abdulvehhâb b. Ali, bize, **Huzeyfe**'nin şöyle dediğin rivâyet etti. **Rasûlullah** (a.s) buyurdu ki:

"İnsanlar bize iyilik ederse; biz de iyilik ederiz. Eğer zülmederlerse; biz de onlara zulmederiz!" diyen kimseler gibi olmayınız. Fakat kendinizi, iyilik yapanlara iyilik yapmaya, kötülük edenlere de zülmetmemeye alıştırınız." [48]

Sahâbe-i Kirâm'dan birisi:

"Ya Rasûlellah! Kendisine uğradığımda beni misâfir edip ağırlamayan bir kimse, bana geldiğinde, ben de aynısını yapabilir miyim?" diye sordu. Rasûlullah (a.s):

"Hayır, sen onu ağırla!" [49] buyurdu.

Fadl demiştir ki: "Fütüvvet kardeşlerin hatâlarını affetmektir."

Rasûlullah (s.a.v) buyurmuştur ki: ***"Gerçek sıla-ı rahm (akraba hukukunu korumak); gelene gitmek değil, sana gelmeyen ve ilişkiyi kesene gitmektir."*** [50]

Diğer bir hadis-i şerifte ise: ***"Sana zülmedeni affetmen, senden ilişkiyi kesene gitmen, sana vermeyene vermen en şerefli ahlâktandır."*** [51] buyrulmuştur.

5-GÜLERYÜZLÜLÜK.

Sûfilerin güzel ahlâklarından birisi de; güler yüzlü ve tatlı dilli olmalarıdır. Sûfinin, halvetinde gözü ağlar, celvetinde (halkın arasında) yüzü güler.

---

47) Süyûtî, Çâmiu's-Sağîr, I, 532 (Had. No: 3457); Münâvî, Feyzu'l-Kadîr, III, 302. (Had. No: 3457); Beyhakî, Şuabu'l-İman, VI, 258-259. (Had. Ho: 8072. Hâdisenin tamamı anlatılmaktadır).
48) Tirmizî, Birr, 62.
49) Tirmizî, Birr, 63; Ahmed, Müsned, III, 473.
50) Buhârî, Edeb, I5; Ebû Dâvud, Zekat, 45; Tirmizî, Birr, 10.
51) Ahmed, Müsned, IV, 158; İbnu Ebi'd-Dünya, Mekârimü'l-Ahlâk, No:19; Beyhakî, Şuabu'l-İmân, Vı, 222; Münzirî, et-Terğib, III, 342.

Yüzündeki tebessüm; kalbindeki nurların eseridir. Sûfinin kalbine pekçok ilâhî tecelliler, kudsî ihsanlar iner. Kalb onlarla beslenip sevinç ve sürûrla dolar. Allahu Teâlâ **kalbin** bu sevincine şöyle işaret buyurmuştur:

"De ki: Allah'ın ihsânıyla ve rahmetiyle (evet) ancak bununla ferahlansınlar." [52]

Sürûr kalbe yerleşince, eser ve alâmeti yüze yansır. Bu durum âyet-i kerimede şöyle bilirtilmiştir:

"Bir takım yüzler vardır ki, o gün parıldar (yani nur ve ışık saçar). Güler sevinir; sevinç içindedir." [53] buyrulmuştur.

Denilmiştir ki: "Yüzdeki bu parlaklık, (dünyada) uzun süre Allah yolunda cihad ve mücâdelede tozlanmasından ileri gelmektedir."

Kalbteki nûrun yüze aksetmesi; kandilin ışığının fânusa aksederek fenerin dışına yansımasına benzer. Yüz fener, kalb fânüs, rûh da kandil mesâbesindedir. Kalb, ilâhî vuslat ve sohbetle nimetlenince, sevinci yüzde zâhir olur. Allahu Teâlâ bu duruma şu âyetinde işâret etmiştir:

"Yüzlerinde nimetlerin sevinç ve parıltısını (görüp) tanırsın." [54]

Diğer bir âyette de: ***"Nice yüzler vardır ki, o gün (kıyamette) güzelliği ile parıldar. Onlar Rablerine bakarlar."*** [55] buyrulmuştur.

O yüzler, Rablerine baktıkları zaman parıldar, nûr saçarlar. Müşâhade ehli sûfilerin de basiretleri, müşâhade nûru ile nurlanmış, kalb aynaları ilâhî nur ile cilâlanıp parlamış ve orada ezelî Cemâl nûru aksetmiştir. Mâlumdur ki, güneş, cilâlı bir ayna üzerine aksedince, duvarları aydınlatır. Mü'minlerin bu hâlini Allahu Teâlâ, şöyle ifâde buyurmuştur:

"Secde eserleri yüzlerinde gözükmektedir." [56]

"Gölgeleri de sabah akşam Rablerine secde ederler." [57] âyet-i kerime-

---

52) Yunus (10), 58.
53) Abese (80), 38-39.
54) Mutaffifin (83), 24.
55) Kıyâme (75), 22-23.
56) Fetih (48), 29.
57) Ra'd (13), l5.

sinde zikredilen gölgeler, (zâhiri) kalıbı ifâde etmektedir. Kalıbın secde etmesiyle, yüzde bu tür bir te'sir meydana gelirse; kalbin Allahu Teâlâ'nın cemâlini müşâhade etmesinden, yüzün nasıl parlayacağını düşünün!

Câbir b. Abdullah (r.a), Rasûlullah'ın (s.a.v) şöyle buyurduğunu rivâyet etmiştir:

"Her iyilik bir sadakadır. Mü'min kardeşine güler yüzle muamele etmen, kovanla çektiğin sudan ona da vermen birer iyiliktir (ve sadakadır)." [58]

Sa'd b. Abdurrahman ez-Zebîdî, demiştir ki: "Kolay geçimli, yüler yüzlü, tebessüm saçan kurrâlar çok hoşuma gider. Fakat, sen onu güler yüzle karşılarken, sana sert surat duran kimse; sanki yaptığı iyiliği başına kakıyor gibidir. **Allah** onlar gibisini çoğaltmasın (köklerini kurutsun!)."

6-KOLAY GEÇİM, YUMUŞAK MUÂMELE VE HERKESE HUYUNA GÖRE DAVRANMAK.

Sûfilerin güzel ahlâklarından birisi de, insanlarla güzel geçinmeleri, onlara yumuşak davranmaları ve herkese tabiat ve ahlâkına uygun muâmele edip, gereksiz zorlama ve tekellüfü terketmeleridir. Bu hususta, Rasûlullah'dan (s.a.v) pek çok haber rivâyet edilmiştir. Sûfiler de bu konularda, Rasûlullah'ı (s.a.v) tâkib ve taklid etmektedirler.

Rasûlullah'ın (s.a.v) buyrmuştur ki:

"Ben şaka da yaparım, fakat ancak hak olanı söylerim." [59]

Rivâyet edildiğine göre; asr-ı saâdette **Zâhir b. Haram** isimli bir bedevî vardı. Çölde yaşardı. **Medine**'ye Rasûlullah'a (s.a.v) her gelişinde mutlaka taze turfanda yiyeceklerden hediye getirirdi. Yine bir gün **Medine**'ye gelmişti. Henüz Rasûlullah'ın (s.a.v) huzûr-ı saâdetlerine çıkmamıştı. Rasûlullah (s.a.v) onu, çarşıda bir malını satarken buldu. Hiç farkettirmeden arkasından yanaşıp iki eliyle gözlerini kapadı. **Zâhir b.** Haram, geri dönüp, karşısında

---

58) Tirmizî, Birr, 45; Ahmed, Müsned, III, 344,360; Beyhakî, Şuabu'l-İman, VI, 252; Hatib, Târih-i Bağdât, XIII, 245-246, VIII, 62.
59) Tirmizi, Birr, 57; Suyûtî, Câmiu's-Sağır, I, 402 (Had. No: 2627); Heysemî, Mecmau'z-Zevaid, VIII, 89; Ali Nasıf, et-Tac, V, 57.

Rasûlullah'ı (s.a.v) görünce hemen ellerini öptü. Rasûlullah (s.a.v) şaka yollu:

"Kim bu köleyi satın almak ister!" diye seslendi. O da:

"Ya Rasûlellah! Beni satacak olsanız, hiç para etmez bulursunuz!" dedi. Efendimiz (a.s.) ise:

"Fakat Allah katında çok değerlisin." dedi ve sonra: ***"Her şehirlinin çölde yaşayan bir dostu (köylüsü) vardır, Muhammed âilesinin köylüsü de Zâhir b. Haram'dır."*** [60] buyurdu.

Enes b. Mâlik (r.a) anlatıyor: "Rasûlullah'a (s.a.v) bir adam gelerek:

"Beni bir deveye bindir, yâ Rasûlellah! dedi. Efendimiz (s.a.v) de:

"Seni, bir dişi deve yavrusuna bindireyim!" buyurdu. Adam:

"Ben, beni bir deveye bindiriniz diyorum, siz ise; "seni deve yavrusuna bindireceğim!" diyorsunuz, yavru beni nasıl taşıyacak?" deyince, **Rasûlullah** (s.a.v):

"İstediğin büyük deve de dişi bir devenin yavrusu değil midir?" diyerek, latife yaptı." [61]

Süheyb (r.a) şöyle anlatmıştır: "Rasûlullah'ın (s.a.v) huzuruna vardık; önünde bulunan kuru hurmalardan yiyordu. Beni görünce:

"**Gel, sen de ye**!" buyurdu. Ben de yanaşıp, yemeye başladım. **Efendimiz** (s.a.v) bana:

"Gözüm ağrıyor diyorsun. Gözün ağrıyor ve bozuksa nasıl hurma yiyorsun?" diye şaka etti. Ben de:

"Gözümün ağrımayan tarafıyla atıştırıyorum!" dedim. Bunun üzerine, Rasûlullah (a.s.) güldü." [62]

Enes b. Mâlik'in (r.a) rivâyetine göre; birgün Rasûlullah (a.s), kendisine şaka yaparak:

"**Ey iki kulaklı!**" diye hitâbetmiştir. [63]

---

60) Ahmed, Müsned, III, I6I; Abdürrezzâk, Musannef, X, 454-455.(No:19688); Beğavî, Şerhu's-Sünne, XIII, 181; Heysemî, Mecmau'z-Zevâid, IX, 369.
61) Ebû Dâvud, Edeb, 84. (No: 4998); Tirmizi, Birr, 57.
62) İbnu Mâce, Tıbb, 3.
63) Ebû Dâvud, Edeb, 84; Tirmizi, Menâkıb, 45; Ahmed, Müsned, II, II7.

Hz. Âişe (r.a)'ye: "Rasûlullah (a.s) evde yalnız kaldıkları zaman hâli nasıldı?" diye sorulduğunda: "İnsanların en yumuşak huylusu ve en çok tebessüm edeniydi." demiştir.

Yine, **Hz Âişe** (r.ah) anlatıyor: Rasûlullah (s.a.v) bir defasında benimle koşu yarışı yaptı; ilk yarışta onu geçtim. Daha sonra tekrar biryarış yaptık; bu defa yarışıRasûlullah (s.a.v) yarışı kazandı ve:

*"Bu öncekinin karşılığıdır.'*buyurdu.[64]

Enes b. Mâlik (r.a) anlatıyor:

"**Rasûlullah** (a.s) bizimle karşılıklı konuşurdu. Hatta bir gün küçük kardeşime gelerek:

"**Ya Ebâ Umeyr, ne yapıyor Nuğayr!**" demişti.[65]

Nuğayr; küçük serçe kuş demektir.

Rivâyete göre; **Hz. Ömer** (r.a) ile **Hz. Zübeyr** (r.a) yarış ettiler. Bir defasında **Zübeyr** (r.a) onu, ikincisinde de **Hz. Ömer, Hz. Zübeyr**'i geçti. O zaman **Hz. Ömer** (r.a):

"Ka'be'nin sâhibine yemin olsun ki, seni geçtim!" demiştir.

Abdullah b. Abbas (r.a)'ın rivâyetine göre; **Hz. Ömer**, ihramda iken kendisine:

"Gel seninle suda nefeslerimizi tutmak için yarış yapalım; bakalım hangimiz daha uzun süre suda bekleyebilecek!" diye şaka yapmıştır.

Bekir b. Abdullah'ın rivâyetine göre, Rasûlullah'ın (s.a.v) ashâbı birbirleriyle şakalaşır, hatta birbirine karbuz kabuğu atarlardı. Fakat iş, hak ve hakikata gelince ciddileşir; kâmil er kişiler olurlardı."[66]

Ebû Zur'a, bize, **Hz. Âişe** (r.a.)'nin şöyle dediğini haber verdi:

"Rasûlullah'a (s.a.v) kendisi için pişirdiğim bir miktar un bulamacı getirip ikram ettim. Diğer hanımı **Sevde** de oradaydı. Rasûlullah (a.s.), onunla benim aramda oturuyordu. **Sevde**'ye:

"Sen de ye!" dedim. O, çekindi yemedi. Ben tekrar:

"Ye!" dedim, yine yemedi, geri durdu. Bu sefer:

---

64) Ebû Dâvud, Cihad, 6l; Ahmed, Müsned, VI, 264; Ali Nasıf, et-Tac, V, 56.
65) Buhâri, Edeb, 81; Müslim, Edeb, 30; Ebû Dâvud, 69; Tirmizî, Birr, 57; İbnu Mâce, Edeb, 24.
66) Kandehlevî, Hayatü's-Sahâbe, II, 563.

"Ya bundan yersin, yahut, vallâhi onu yüzüne serperim!" dedim. Yine yanaşıp da yemedi. Bunun üzerine elimi bulamaca daldırıp yüzüne serptim. Rasûlullah (a.s) güldü; önünü kapatan dizini aşağı indirerek, **Sevde**'ye:

"**Sen de onun yüzüne serp!**" buyurdu. O da bir miktar bulamaç alıp benim yüzüme serpti. **Efendimiz** (a.s) güldü. Bu sırda **Hz. Ömer**, hâne-i saâdetin kapısında:

"Ya Abdullah!" diye oğlunu çağırıyordu. **Hz. Rasûlullah** (a.s), onun içeri gireceğini düşünerek: "**Kalkın yüzünüzü yıkayın**!" buyurdu.

Hz. Âişe (r.ah) demiştir ki: "**Rasûlullah** (a.s) **Hz. Ömer**'e böyle saygı duymasından dolayı, ben de, ondan sonra, hâlâ kendisinden çekinir, saygı duyarım." [67]

İbnu Tâvus'u şöyle anlatırlar: "O; çocukla çocuk, büyükle büyük olurdu. Dostlarıyla başbaşa kaldığı zaman da şaka yapardı."

Muaviye b. Abdülkerim şöyle anlatmıştır:

"Biz, **Muhammed b. Sîrin**'in yanında şiir üzerinde konuşur ve şiir okurduk, o da söylerdi. Yanında şaka yapardık, o da bizimle şakalaşırdı. Yanından gülerek dışarı çıkardık. **Hasan el-Basrî**'nin yanına gittiğimizde ise, huzurundan neredeyse ağlayacak bir halde (mânevî hüzünle) ayrılırdık."

Bütün bu hadis-i şerifler ve haberler, insanın çevresindekilere yumuşak ve güzel yüzle davranmasının güzelliğine ve sûfilerin tekke ve benzeri yerlerde, Allahu Teâlâ'nın rahmetinin genişliğine nazar ederek, insanların tabiatlarına göre davranmalarının ve güzel şakalarla muhabbet etmelerinin sıhhatine delâlet etmektedir. Onlar, yalnız başlarına kaldıkları zaman ricâlullahın (Hakk erlerinin) tavrına bürünür; taat ve amellere sarılıp, mânevî hallerin içine dalarlardı. Bu hâl ve tavrı ancak, nefsini terbiye edip kontrolüne almış, onun tabiat ve ahlâkını çok iyi bilen, ileri seviyede ilim sâhibi sûfiler koruyabilirler. İfrat ve tefrid arası itidâl hâlinde ancak böyle kalınabilir.

Mânevî yola yeni girmiş (mübtedi) müridlerin çokca şakalaşmaları uygun

---

67) Ebû Ya'lâ, Müsned, VII, 449-450. (No: 4467); Heysemî, Mecau'z-Zevâid, IV, 315-516.

değildir. Çünkü onların, nefisle ilgili bilgi ve mârifetleri henüz yeterli olmadığı için, îtidâl sınırını her an aşabilirler. Böyle durumlarda, nefsin, müridi fesada sürükleyecek ve onu inada sevkedecek bir takım temâyül ve haraketlenmeleri vardır.

Şu halde, insanların tabiatlarına göre davranmak; onların seviyesine inmek, hâl ve ilim bakımından onlardan üstün olan kimse için güzel ve uygun olur. O, bunu ilim (ve usûlüne) göre yapar ve bir zarar görmez. Fakat, ilmi ve hâliyle insanlardan üstün bir makamda bulunmayan, ayrıca kendinde, onlardaki gibi nefs-i emmâreye âit bir takım huy ve tabiatların kaldığı kimse, bu tür davranış ve şakalara girince, bundan nefsi haz alır ve bunu bir ganimet bilerek ruhsatlara dalıp rahatlık arar. Halbuki (bazen) ruhsatla amel etmek, ekserî vaktinde azimet üzere amel eden kimseler için güzel olur. Bu, sülüke yeni başlamış, yolun başında olan müridin işi değildir.

Âlim olan sûfiler için, yukarıda zikrettiğimiz işlerde, onların kalbin ihtiyacı olarak gördükleri bir rahatlama vardır. Bazı zamanlarda bunu bir ihtiyaç görebiliriz; fakat o da bir ölçüye göre olmalıdır. Bunu tesbit etmek için de, çok derin bir ilim ve irfân gerekir ki, o herkeste bulunmaz.

Sa'd b. el-As, oğluna demiştir ki: "Şakanda haddi aşma. Şakada ifrata gitmek, insandaki heybeti giderir ve düşük kimseleri sana karşı câhilâne haraketler yapmaya sevkeder. Onu tamamen terketmek de, sana yakınlık kurmak isteyen dostların canını sıkar ve beraber olduğun kimseleri senden soğutur."

Sûfilerden birisi demiştir ki: "Ölçüsüz şaka, insandaki heybeti giderir ve kardeşler arasındaki muhabbeti keser."

Şakada orta yolu bulmak zor olduğu gibi; gülmede ayarını bilmek de zordur. Halbuki gülme, insana âit bir husûsiyet olup, onu hayvanlardan ayırır.

Gülme, hoşa giden, hayreti mücib bir olayın meydana gelmesiyle olur. Hayret düşünmeyi temin eder. Düşünme de insana âit şerefli bir özelliktir. Gülmede itidali korumak da aynı şekilde, ilimde yüksek pâyeye ulaşmış muttaki âlimlerin işidir. Efendimizin (a.s):

"Çok gülme! Çünkü çok gülmek kalbi öldürür." [68] sözü, buna işaret etmektedir.

---

68) Tirmizî, 2; İbnu Mâce, Zühd, I9; Ahmed, Müsned, II, 3I0.

"Çok gülmek, ahmaklık alâmetidir!" denmiştir.

Rivâyet edildiğine göre; **Hz. İsâ** (a.s) şöyle demiştir: "Allahu Teâlâ, şaşılacak bir durum yokken gülmeye ve hiçbir ihtiyaç yokken başıboş dolaşmaya gazab eder."

Latîfe ile mizah arasında bir fark olduğu söylenmiştir. Şöyle ki: Latîfe; ciddi söylense bile kızdırmayan şakadır. Mizah ise; ciddisi, karşıdakini kızdıran şakadır.

Ebû Hanîfe (rah.), namazda kahkaha ile gülmeyi günah saymış ve onunla namaz gibi abdestin de bozulacağına hükmederek: "Bu, günah olarak; namazı bilerek, isteyerek bozanın günahı gibidir.." demiştir.

Kişi, mizah ve gülmede orta yolu, ancak havf, kabz ve heybetten çıkıp kurtulunca elde edebilir. Çünkü insan bu hallerin etkisiyle kendisini bir derece dengeler ve itidâli yakalar. Bast ve recâ hâli, mizah ve gülmeyi meydana getirir. Havf ve kabz hâli ise, itidâlde dengeyi sağlar.

7-TEKELLÜFÜ (YAPMACIK ZORLAMA VE DAVRANIŞLARI) TERKETMEK.

Sûfilerin güzel ahlâklarından birisi de; tekellüfü (zorlama ve sıkıntıyı) terketmektir.

Tekellüf; nefsin arzusu için, insanlara gösteriş olsun diye yapılan yapmacık haraketlerdir. Bu ise, sûfilerin hâline ve yoluna ters bir şeydir. Tekellüfün bir kısmı, mukedderâta gizli bir itiraz ve Allah'ın taksimine bir rızâsızlık mânası taşımaktadır. Halbuki, tasavvuf; tekellüfü terketmektir, diye tarif edilmiştir. Tekellüf aslında bir geri kalmadır, hem de sıddıkların yolundan ve gayesinden geri kalma.

Enes b. Mâlik (r.a) demiştir ki: "Rasûlullah'ın (s.a.v) bir düğün yemeğinde bulundum, onda et ve ekmek yoktu."[69]

Rivâyet edildiğine göre, **Câbir b. Abdullah**'ın bazı arkadaşları onu ziyârete geldiler. Cabir (r.a) kendilerine ekmek ve sirke ikram etti ve:

"Buyurun, yiyiniz. Çünkü ben, Rasûlullah'ın (s.a.v) ***"Sirke ne güzel katıktır."***[70] buyurduğunu işittim." dedi.

69) İbnu Mâce, Nikah, 24; Ahmed, Müsned, III, 255.
70) Ebû Dâvud, Et'ıme, 39; Nesâî, Eymân, 2l; İbnu Mâce, Et'ıme, 33; Dârimî, Et'ıme, l8.

Süfyan b. Seleme şöyle anlatmıştır: **Selmân-ı Farisî**'nin (r.a) yanına gitmiştim. Bana, ikram olarak ekmek ve tuz getirip: "Buyur ye! Şayet Rasûlullah (a.s), bir kimsenin diğer bir kimse için sıkıntıya girmesini nehyetmeseydi; ben de sizin için külfete girer elimde ve hazırda olmayan başka şeyler de getirirdim." dedi.

Tekellüf aslında, bütün hâl ve davranışlarda kötülenmiş bir haslettir. Meselâ; sırf başkalarına gösteriş için giyinmekte, süslü püslü konuşmada, hele günümüz insanlarının devamlı yaptığı gibi, yağcılık yapmada, çok çirkin bir davranıştır. Bugün yağcılık öyle bir yayıldı ki; ondan kurtulabilen cidden çok azdır. Nice yağcılık yapan insan vardır ki; yaptığı işin bir yağcılık olduğunu bilmez ve onun farkına da varmaz. Bazen, yağcılık ve yaltaklanmada açıkca nifaka düşünler bile olur. Halbuki bu, sûfinin hâline ve yoluna çok ters bir şeydir.

Şeyh Ziyâuddin **Abdülvehhab b. Ali**, bize, **Ebû Umâme** (r.a)'nin, **Rasûlullah** (a..)'dan şu hadisi naklettiğini bildirdi:

"Hayâ ve az konuşmak; imanın iki şu'besidir. Çirkin ve çok konuşmak da nifakın şu'beleridir." [71]

Buradaki çok konuşmak; fazlasıyla yağcılık yapmak, insanlara karşı övünmek, fesâhat ve belâğatını ortaya çıkarmaya çalışarak insanlara sıkıntı vermektir ki bu, sadıkların işi değildir.

Ebû Vâil'in şöyle dediği anlatılır: "Bir arkadaşımla birlikte **Selman-ı Fârisî**'yi (r.a) ziyârete gitmiştim. Bize, arpa ekmeği ile çekilmemiş iri tuz ikram etti. Arkadaşım:

"Şu tuzun içinde sa'ter (kekük otu) bulunsaydı, daha güzel olurdu!" dedi. Bunu işiten **Selmân-ı Fârisî** (r.a), hemen kalkıp, ibriğini komşusuna rehin vererek borç olarak bir miktar sa'ter satın aldı. Yemeği yiyip bitirince arkadaşım:

"Bize rızık olarak verdiği şeye kanaat ettiren Allah'a hamdolsun!" deyince, **Selmân-ı Fârisî** (r.a):

"Eğer sen, Allahu Teâlâ'nın sana verdiği rızka kanaat etmiş olsaydın;

---

71) Tirmizî, Birr, 80; Ahmed, Müsned, V., 269; Beyhakî, Şuabu'l-İmân, VI, I23. (Had. No: 7706)

ibriğim rehin olmazdı!" dedi. Bu hâdisede, **Selmân-ı Fârisî**'nin (r.a) söz ve fiilinde tekellüften kaçındığı görülmektedir.

Anlatıldığına göre; **Hz. Yunus**'a (a.s) arkadaşları ziyârete gelmişlerdi. Onlara biraz arpa ekmeği ile, kendi eliyle yetiştirdiği sebzeden doğrayıp ikram etti ve:

"Şâyet, Allahu Teâlâ boşuna külfete girenleri lânetlemeseydi, sizin için külfet ve meşakkate girer başka şeyler de hazırlardım!" dedi.

Sûfilerden birisi demiştir ki: "Haberin olmadan ziyârete gelene hazırda olanı ikrâm et. Sen birini bizzat davet ettiğinde ise, elinden gelen hizmet ve ikrâmı yap."

Zübeyr b. Avvâm'ın şöyle dediği rivâyet edilmiştir: Rasûlullah'ın (s.a.v) görevlendirdiği bir kimse halka Efendimizin ağzından şunları söylüyordu:

"Allah'ım! Ümmetimin mevtâları için duâ edenleri, duâ ve davranışlarında külfete girmeyenleri affet! Dikkat! Ben ve ümmetimin sâlihleri tekellüften (yapmacık zorlama ve davranışlardan) uzağız." [72]

Rivâyet edildiğine göre; **Hz. Ömer** (r.a.):

"Yerden tâneler, üzümler, yoncalar, zeytinlikler, hurmalıklar ağaçları göğe doğru yükselen bahçeler, meyveler ve çayırlar bitirdik." [73] âyet-i kerimesini okudu ve: "Şu diğerlerinin hepsini anladık, acaba "ebb" nedir? dedi. Elinde âsası vardı. Onu yere vurarak: "Vallahi bu bir tekellüftür. Ey insanlar! Kur'an'dan size açıklananı alınız. Öğrendiklerinizle amel ediniz. Bilmediklerinizin ilmini Allah'a havâle ediniz.!" [74] diyerek, hem kendi nefsini tenkid etti; hem de başklarını bu konuda uyardı.

---

72) Zebîdî, İthâfu's-Sâde, VII, I52; Aclûnî, Kefu'l-Hafâ, I, 205. Tekellüften nehyeden hadis için bkz: Buhârî, İ'tisam, 3.
73) Abese (80), 27-31.
74) Taberî, Câmiu'l-Beyân, XV, 59; Şevkânî, Fethu'l-Kadîr, V, 387.

8-MAL BİRİKTİRMEYİ TERKETMEK VE BOLCA İHSANDA BULUNMAK

Sûfilerin güzel ahlâklarından birisi de, hiç kısmadan ve durmadan infâk edip, kenarda mal biriktirmemektir. Sûfi, Allahu Teâlâ'nın rahmet hazinelerini bir deniz kabul eder ve kendisini de o denizin kenarında oturan birisi olarak görür. Denizin kenarında duran kimse kırba ve kabında su biriktirmekle uğraşmaz; çünkü buha gerek yoktur.

Ebû Hureyre (r.a), Rasûlullah'ın (s.a.v) şöyle buyurduğunu rivâyet etmiştir:

"Her sabah, iki melek (dünya semâsına inerek), birisi: "Allah'ım! Malını infak edene yenisini ver." diğeri de: "Allah'ım! Cimrilik edenin malını telef et!" diye duâ eder." [75]

Enes b. Mâlik (r.a)'in rivâyetine göre; ***Rasûlullah (s.a.v), elindeki maldan ertesi güne hiçbir** şey bırak**maz hepsini fakirlere dağıtırdı.*** [76]

Rivâyet edildiğine göre; **Rasûlullah** (s.a.v) Efendimize üç kuş hediye edildi. Bir tanesini yemesi için hizmetçisine verdi. Ertesi gün olunca, hizmetçi o kuşu **Rasûlullah**'a getirdi. **Efendimiz** (s.a.v):

"Ben sana (bu günkü yiyeceğini) yarına saklamayı yasaklamadım mı? Bil ki, Allahu Teâlâ, her yeni gün için, ayrı bir rızık verir." [77]

Ebû Hureyre (r.a) şöyle rivâyet etmiştir: **Rasûlullah** (a.s), **Bilâl-i Habeşî**'nin yanına vardı. Önünde bir miktar yığılmış hurma gördü:

"**Bunlar nedir ya Bilâl**? diye sordu. **Bilâl** (r.a):

"(İhtiyacım için) biriktiriyorum yâ Rasûlellah!" deyince, Rasûlullah (a.s):

"Allah'tan korkmuyor musun? Çekinme, infak et ya Bilal! Arş'ın sâhibinin, malını azaltacağından korkma!" [78] buyurdu.

---

75) Buhârî, Zekat, 27; Müslim, Zekat, 57; Ahmed, Müsned, II, 306.
76) Tirmizî, Zühd, 38; Suyûtî, Câmiu's-Sağîr, I, 360 (Had. No: 6883).
77) Ahmed, Müsned, II, I98; Heysemî, Mecmau'z-Zevâid, X, 332.
78) Ebu Ya'la, Müsned, X, 430; Tabarani, el-Kebir, I, 341-342; Münzirî, et-Terğib, II, 51; Heysemî, Mecmau'z-Zevâid, III, I26.

Rivâyet edildiğine göre; **Hz. İsâ** (a.s), ağaç yaprakları yer, kıldan dokunmuş elbise giyer, nerede akşamlarsa orada gecelerdi. Kendisinin, ölümünü göreceği bir çocuğu, harab olacak bir evi yoktu. Yarın için de birşey saklamazdı."

Sûfinin bütün ihtiyaçları, tevekkülündeki sadâkatı ve Rabbine olan güveni sâyesinde, Allahu Teâlâ'nın rahmet hazinelerinden karşılanmak-tadır. Dünya, sûfi için, bir gurbet diyârı gibidir. Orada bir mal biriktirme ve çoğaltma derdi yoktur.

Rasûlullah (s.a.v.) buyurmuştur ki: ***"Eğer siz, Allahu Teâlâ'ya hakkıyla tevekkül etseydiniz, Allah size, kuşlara rızık verdiği gibi rızık verirdi. Kuşlar sabahleyin karınları aç olarak yuvalarından çıkarlar, karınları dolmuş (ve doymuş) olarak akşamleyin yuvalarına dönerler."*** [79]

Şeyhimiz **Ebu'n-Necib es-Sühreverdî**'nin bize naklettiği bir habere göre; **Rasûlullah** (s.a.v.), **kendisinden istenen hiçbir şey için "yok, veremem!" dememiştir."** [80]

İbnu Atıyye demiştir ki: "**Rasûlullah'dan (s.a.v) bir şey istenir de yanında bulunmazsa, bilâhare bulup vermek üzere va'dederdi.**"

Dârimî'nin, **Zührî'**den rivâyetine göre; **Cebrâil** (a.s) şöyle demiştir: ***"Yeryüzünde dolaşmadığım ev ve aşiret kalmadı, hepsini gezdim; içlerinde şu dünya malını Rasûlullah'dan (s.a.v) daha çok infâk eden kimse görmedim."*** [81]

9-AZA KANAAT ETMEK.

Sûfilerin güzel ahlâklarından birisi de; az bir dünya malına kanaat etmeleridir.

Zunnûn el-Mısrî demiştir ki: "Kanaat eden kimse, zamanın insanlarından ve fitnelerinden rahat eder, yakınları yanında da şeref sahibi olur."

---

79) İbnu Mâce, 33; Ahmed, Müsned, I, 30; Beyhakî, Şuabu'l-İmân, II, 66.
80) Buhârî, Edeb, 39; Müslim, Fedâil, Bab:14. (No:56); İbnu'l-Cevzî, Sıfatu's-Safve, I, 178; Dârimi, Mukaddime, 12; Beğavî, el-Envâr, I, 283.(No: 360).
81) Dârimi, Mukaddime, 12.

Bişr b. Hâris de: "Kanaatta, izzet ve şereften başka hiçbir şey bulunmasaydı bile, sahibine yine yeterdi." demiştir.

Bünnân el-Hammâl da, nazım hâlinde şöyle demiştir:

Tamah ettikçe bir hür, hep köle olur.

Kanaat ettikçe köle, hürriyet bulur.

Sûfilerden birisi demiştir ki: "Düşmanından kısasla intikam aldığın gibi; mal hırsından da kanaatla intikam al."

Ebu Bekir el-Merâğî demiştir ki: "Akıllı kimse, dünya işlerini kanaat ve ileriye te'hir ederek yürüten, âhirte işlerini ise, hırs ve acele ile bitirendir."

Yahya b. Muaz da: "Rızkına kanaat eden; âhireti elde eder ve dünyada da hoş bir hayat sürer." demiştir.

Mü'minlerin emîri **Hz. Ali** ise: "**Kanaat; ağzı hiç körelmeyen (devamlı işe yarayan) bir kılıç gibidir.**" demiştir.

Ebû Zur'a, bize, **Ebû Said**'in, babası yoluyla gelen şu hadisi nakletti: **Ebû Said**'in babası demiştir ki: Rasûlullah'ı (s.a.v) minber üzerinde şöyle buyururken işittim:

"Az olup kifâyet eden mal, çok olup insanı Hakk'tan alıkoyan maldan daha hayırlıdır." [82]

Yine, **Rasûlullah** (s.a.v) şöyle buyurmuştur:

"Müslüman olan, rızkı da kendisine kifâyet edip bu hâline sabreden kimse gerçekten kurtulmuştur." [83]

Ebû Hureyre (r.a), Rasûlullah'ın (s.a.v) bir duâsında şöyle buyurduğunu rivâyet etmiştir:

"Allah'ım! Muhammed âilesinin rızkını (günlük olarak) yetecek kadar ver." [84]

Câbir (r.a), Rasûlullah'ın (s.a.v) şöyle buyurduğunu rivâyet etmiştir: ***"Kanaat, hiç bitmeyen bir maldır."*** [85]

---

82) Ebû Ya'lâ, Müsned, II, 319 (Had. No: 1053).
83) Tirmizî, Zühd, 35; İbnu Mâce, Zühd, 4; Ahmed, Müsned, II, 255.
84) Buhârî, Rikak, 17; Müslim, Zühd, 18, 19; Tirmizî, Zühd, 38; İbnu Mâce, Zühd, 9; Ahmed, Müsned, II, 222.
85) Suyûtî, el-Câmiu's-Sahîh, II, 265. (No:6193); Ali el-Muttakî, Kenzu'l-Ummâl, II, 389. (No: 7080); Hadisin meşhur rivâyeti: "**Kanat tükenmeyen bir hazinedir.**" şeklindedir. Bkz: Aclûnî, Keşfu'l-Hafâ, II, 133.

Hz. Ömer (r.a), şöyle demiştir: "Allah'ın kitabını taşıyan kaplar ve hikmet kaynakları olun. Kendinizi ölüler içinde sayın. Allahu Teâlâ'dan günlük olarak rızık isteyin. (Bu durumda) malınızın çok olmaması size bir zarar vermez."

Ebû Zur'a Tahir'in bize, **Mihsân** (r.a) yoluyla, babasından naklettiği bir hadis-i şerifte, **Rasûlullah** (s.a.v), şöyle buyurmuştur:

"Kim, kalbi korkudan emin, bedeni âfiyet içinde, yanında da günlük yiyeceği bulunarak sabahlarsa; sanki bütün dünya kendisine verilmiş gibidir." [86]

Allahu Teâlâ'nın:

"Biz ona güzel bir hayat yaşatırız." [87] âyet-i kerimesinin tefsirindeki "**güzel hayat**", kanaat, olarak tefsir edilmiştir.

Sûfi nefsine, adâletle hâkim ve sâhip olur. Nefsin tabiatını tanıyıp onun derdini ve dermanını çok iyi bildiği için, kanaatın bu nefisten nasıl meydana çıkacağını ve elde edileceğini de iyi bilir.

Ebû Süleyman ed-Dârânî demiştir ki:

"Verâ hâli zühdden kaynaklandığı gibi; kanaat da rızâdan kaynaklanır."

I0-MÜNÂKAŞA VE CEDELDEN UZAK DURMAK.

Sûfilerin güzel ahlâklarından birisi de; insanlarla çekişme ve mücâdeleyi terketmek, ancak Hakk için kızmak ve onlara devamlı rıfk ve yumuşaklıkla muamele etmektir.

Birbiriyle çekişen insanlarda nefisler ortaya çıkar. Sûfi, her ne zaman arkadaşının nefsinin ortaya çıktığını görürse ona, kalbiyle karşılık verir. Nefis kalb ile karşılanınca; soğukluğu, sertliği gider ve fitne söner. Allahu Teâlâ, bu edebi kullarına ta'lim için buyurmuştur ki:

"Sen kötülüğü en güzel haraketle karşılayıp sav. O vakit bir de bakarsın ki; seninle arasında düşmanlık bulunan kimse, yakın bir dost

86) Tirmizî, Zühd, 34; İbnu Mâce, Zühd, 9; Heysemî, Mecmau'z-Zevâid, X, 289.
87) Nahl (16), 97.

gibi olmuştur." [88]

Çekişme ve münâzara ancak, içindeki kin ve haset duygularının temizlenip atıldığı nefis sahiplerinde olmaz. Nefislerde kin ve hile bulundukça insanda çekişme duygu mevcut olur. Bu çekişme duygusu içten gidince, insanın dışında da ortaya çıkmaz. Nefiste bulunan kin duygusu, bazen, rakâbet duygusuna benzer bir hüviyette kendini gösterir. Kim, zühd ateşiyle nefsini iyice eritip terbiye ederse; içinden kin ve hile temizlenir ve artık kendinde mal ve mevkii gibi âcil dünyevi zevkler için bir rakâbet duygusu kalmaz. Allahu Teâlâ, Cennet ehlinin vasıflarını anlatırken şöyle buyurmuştur:

"Biz onların kalblerinde kin ve hased olarak ne varsa hepsini çıkarıp atarız. Hepsi tahtlar üzerinde karşı karşıya kardeşçe otururlar." [89]

Ebû Hafs Haddâd, demiştir ki:

"Allahu Teâlâ ile ülfet etmiş, O'nun muhabbetiyle bütünleşmiş. O'nun sevgisiyle bir araya gelmiş ve zikriyle ünsiyet etmiş kalblerde, artık nasıl kin ve benzeri huylar kalır ki?"

Çünkü bu kalbler, nefsânî hislerden ve tabiatın zulmetlerinden temizlenmiş; ilâhî tevfik nûruyla parlayıp kardeş olmuşlardır. İşte sûfilerin, kelime-i tevhid üzere birleşenlerin ve bu yolun şartlarına sımsıkı sarılarak gerçek hâli elde etmeye çalışan ehlullahın kalbleri böyledir.

Sûfinin muhâtab olacağı kimseler iki sınıftır:

Birincisi; Allahu Teâlâ'ya yönelmiş muttaki kimsedir. Bu, Allah katındaki manevi nimetlere tâlib olan, nefsini ve başkalarını O'nun huzurundaki hâl ve ihsanlara dâvet eden kimsedir. Gerçek bir sûfinin bu kimseyle herhangi bir rekabet içinde olması, onunla çekişmeye girip kendisine kin beslemesi söz konusu değildir. Çünkü bu kimse de, onunla aynı yönde ve aynı yolda gitmektedir. Onun kardeşi ve yardımcısıdır. Hem, mü'minler birbirini kenetleyip takviye eden binâlar gibidir; bu durum ve sıfatta olan kimselerin birbirine düşmanlık etmesi, kin beslemesi düşünülemez.

---

88) Fussilet (41), 34.
89) Hıcr (15), 47.

İkincisi ise; mal, makam ve mevkî peşine düşen, insanların nazarını celbetmeye uğraşan bir ehl-i dünyadır. Hakiki bir sûfinin, böyle bir kimseyle de çekişme ve didişme içinde olması söz konusu değildir. Çünkü sûfi, onun rağbet ettiği bu şeylerden zâten gönlünü çekmiş bir kimsedir. Bu durumda sûfiye düşen, o kimseyi gaflet perdesiyle perdelenmiş ve bu tür şeylere mübtelâ olmuş gördüğünden dolayı, kendisine şefkat ve merhamet nazarıyla bakıp, ona kin beslememesi, nefs-i emmârenin, mücâdele ve çekişmede ortaya çıktığını bildiği için, onunla herhangi bir şey hususunda çekişmeye girmemesidir.

Şeyh Ziyâuddin **Abdulvehhab b. Ali**, bize, **İbnu Abbas** (r.a.) yoluyla, **Rasûlullah** (a.s)'ın şöyle buyurduğunu haber verdi:

"Kardeşinle cedelleşme! Bir de ona, yapamıyacağın şeyi va'detme." [90]

Bir haberde şöyle buyrulmuştur:

"Kim haksız olduğunu anlayıp cedeli terkederse, ona Cennetin kenarında bir ev binâ edilir. Kim, haklı olduğu halde cedeli terkederse, ona da Cennetin ortasında bir ev binâ edilir. Ahlâkı güzel olana ise, Cennetin en üst yerinde bir ev binâ edilir." [91]

Şeyhimiz **Şeyhu'l-İslam Ebu'n-Necib**, bize, **İbnu Abbas** (r.a)'dan şu hadis-i şerifi nakletti. **Rasûlullah** (s.a.v) buyurdu ki:

"Kim ilmi, âlimlere karşı üstünlük taslamak, sefihlerle *(düşük zekâ ve ahlâk sahipleri* ***ile) mücâdele etmek ve insanların teveccühünü kazanmak için tahsil ederse, Allahu Teâlâ onu cehenneme atar."*** [92]

Bak, Rasûlullah (s.a.v), sefih, düşük tabiatlı insanlarla mücâdeleyi nasıl cehenneme girme sebebi olarak zikretti. Bunun sebebi; mücâdele anında nefsin, hasmını ezmek ve ona gâlib gelmek için (harakete geçip) ortaya çıkmasıdır. Kahır ve galebe duyguları ise, insanda bulunan şeytânî sıfatlardandır.

Sûfilerden birisi demiştir ki: "Münâkaşa ve cedele dalan kimse, hiçbir şeyle iknâ olmayacak bir duruma gelir. İknâ olmamayı (kendi fikrinden vazgeç-

---

90) Tirmizî, Birr, 58; Suyûtî, Câmiu's-Sağîr, II, 745 (Had. No: 9865).
91) Münzirî, et-Terğib, III, 353; Zebîdî, İthâfu's-Sâde, I, 483, VII, I04-I05.
92) İbnu Mâce, Mukaddime, 23; Dârimî, Mukaddime, 34; Ahmed, Müsned, I, 290

memeyi) kafaya koymuş bir kimseyi iknâ etmek mümkün değildir."

Halbuki sûfinin nefsi, kötü sıfatlarını iyileriyle değiştirmiş; kalbinden şeytânî ve yabânî sıfatları gitmiş; onların yerine, yumuşaklık, rıfk, kolay geçim ve sukûnet gelmiştir.

Rasûlullah (a.s) şöyle buyurmuştur:

"Nefsimi kudret elinde tutan Allah'a yemin olsun ki; kul kalbi ve diliyle selâmette (dosdoğru) olmadıkça tam müslüman olmuş sayılmaz. Komşusu şerrinden emin olmadıkça da (hakiki) iman etmiş olmaz." [93]

Görüldüğü gibi; Rasûlullah (s.a.v) kalb ve dilin (yalan ve hileden) selâmetini imanın bir şartı yapmıştır.

Rivâyet edildiğine göre; Rasûlullah (s.a.v), bir taşı kaldırarak güç denemesi yapan bir topluluğa rastgeldi. Onlara:

"**Bu nedir**?" diye sordu. Oradakiler:

"Hangimizin daha güçlü olduğunu denemek için kaldırmaya çalıştığımız bir taştır!" dediler. Bunun üzerine, **Rasûlullah** (s.a.v) :

"Dikkat edin! Size, bu taşı kaldırandan daha güçlü bir kimseyi haber vereyim mi? O, kardeşiyle arasında bir kızgınlık olduğunda, kendisinin ve kardeşinin şeytanına gâlib gelerek, gidip onunla konuşan kimsedir." [94]

Rivâyete göre; **Ebû Zerr**'in (r.a) kölesi, bir koyunun bacağını kırmıştı. **Ebu Zerr** (r.a):

"Koyunun bacağını kim kırdı?" diye sordu. Köle:

"Ben kırdım!" dedi. **Ebû Zerr** (r.a):

"Bunu niçin yaptın?" deyince, köle:

"Kasıtlı olarak yaptım!" dedi. **Ebû Zerr** (r.a):

"Niçin?" dedi. Köle:

"Seni kızdırayım; sen de beni döğerek günaha giresin, diye yaptım!" deyince, **Ebû Zerr** (r.a):

---

93) Bkz: Buhârî, Edeb, 29; Müslim, İmân, 73; Ahmed, Müsned, I, 387; Beyhakî, Şuabu'l-İmân, IV, 395-396 (Had. No: 5524).
94) İbnu Ebî Şeybe, Musannef, VI, 95. (Kitâbu'l-Edeb, 5); Heysemî, Mecmau'z-Zevaid, V, 68; Bezzar, Müsned, No:2053.

"Ben de, beni kızdırmaya seni teşvik eden şeytanı kızdıracağım!" dedi ve onu affederek âzat etti."

Esmaî, bir a'râbînin şöyle dediğini nakletmiştir:

"Önüne, hangisinin daha doğru olduğunu ayırtetmekte güçlük çektiğin iki iş gelirse; nefsin arzusuna en yakın olanı terket. Çünkü hatâların çoğu, nefsin isteğine uymaktan kaynaklanır."

Ebû Zür'a'nın, bize, **Ebû Hureyre** (r.a)'den naklettiği bir hadis-i şerifte, **Rasûlullah** (s.a.v) şöyle buyurmuştur:

"Üç şey insanı kurtarıcı, üç şey de helâk edicidir. Kurtarıcı olanlar:

1-Gizli ve açıkta Allah'tan korkmak.

2-Kızgınlık ve rızâ hâlinde hak olanla hüküm vermek,

3-Fakirlik ve zenginlik anında iktisatlı (mutedil) olmaktır.

Helâk edenler:

1-İtaat edilen cimrilik.

2-Peşine düşülen hevâî arzular.

3-Kişinin kendini beğenmesidir." [95]

Öfke ve rızâ hâlinde hak ile hüküm vermek, ancak, âlim-i Rabbânî, nefsine hâkim, onu akl-ı selim ve uyanık bir kalb ile yöneten ve Allahu Teâlâ'ya güzel zan ile nazar eden kimseye mümkün ve güzel olur.

Nakledildiğine göre; büyükler, bir müslümana eziyet ettiklerinde (ona keffâret olarak) abdest alıyorlardı. Hatta birisi şöyle demiştir:

"Çirkin bir kelimeden sonra abdest almam, bana, temiz yiyeceğin sebep olduğu tuvâletten sonra abdest almamdan daha sevimlidir."

Abdullah b. Abbas (r.a) demiştir ki: "Hades iki çeşittir: Biri avret yerinden, diğeri de ağzından çıkar (ki; o da kötü ve çirkin sözlerdir.)"

İnsanın vakar ve hilim bağını ancak öfke çözer ve kişi o anda haddi aşarak adâletten ayrılıp, düşmanlık yapar.

Öfkeyle kalbin kanı kabarır. Eğer insan, kızgınlığının gereğini yapamıyacağı, kendisinden üstte ve kuvvetli bir kimseye öfkelenirse, kan derinin zâhirinden çekilerek kalbde toplanır. Bundan dolayı kalbde şiddetli hüzün, üzün-

---

95) Heysemi,Mecmau'z-Zevaid, I, 91; Bezzar, Müsned, No:80; Suyûtî, Câmiu's-Sağîr, No: 3472), Münzirî, et-Terğib, III, 381.

tü ve keder hâsıl olur. Sûfi, böyle bir duruma düşmez. Çünkü o, bütün hâdise ve olayların Allahu Teâlâ'dan geldiğini görür ve hüzünlenip kederlenmez. Sûfi, rızâ, huzûr ve rahatlık sâhibidir. Rasûlullah (s.a.v) üzüntü ve kederin, kalbdeki şüphe ve öfkeden meydana geldiğini bildirmiştir.

Abdullah b. Abbas'a (r.a) : "Gam va gazabın ne olduğu?" sorulunca: "İkisinin de çıkış yeri birdir (kalbdir), fakat lafızları farklıdır." demiştir.

Kim, güç yetireceği birisiyle çekişirse; ona kızdığını açıkca belli eder. Gücü yetmiyecek kimse ile çekişen ise; hüzünü (kalbinde) gizler. Kızılan kimseyi bastırmak için yüklenildiğinde buna **hard** denir ki; bu da, bir nevi kızmaktır.

Öfke; intikam almada tereddüt edilen aynı cins ve dengi birisine karşı meydana gelirse, kalb devamlı daralıp genişler. Bundan da, kin ve hased meydana gelir. Halbuki böyle bir şey de, sûfinin kalbinde barınamaz. Çünkü Allahu Teâlâ, sevdiklerinin sıfatını anlatırken:

"Onların göğüslerinden kin namına ne varsa (hepsini) çıkarıp attık."[96] buyurmaktadır.

Sûfinin kalbinin selâmeti ve hâlinin temizliği, içindeki kin ve hasedi dışarı atar; onu kalte barındırmaz. Aynen, denizin üzerindeki köpüğü atması gibi. Çünkü onun kalbinde, ilâhî üns ve heybet dalgaları devamlı bir çoşku içindedir; kalbte bu tür şeyleri barındırmaz.

İnsan, gücünün yettiği bir kimseye öfkelendiği zaman, kalbin kanı harakete geçer, kabarır. Kalbin kanı kabarınca insanın yüzü kızarır, kasılır ve sertleşir; kendisindeki beyazlık ve incelik gider. Bundan dolayı kişinin yanakları kızarır. Çünkü kalb, kanı harakete geçirince, kan, hızlanıp bütün vücuda yayılarak damarlardan yukarıya doğru yükselmeye çalıştığından, onun eseri ve yansıması yanaklarda gözükür. Bu derece öfkelenen bir kimse; sövmek ve dövmek gibi dengesiz haraketlerle haddi aşar.

Sûfide böyle bir hâl olmaz. O ancak, ilâhî yasaklar çiğnendiği zaman, Allahu Teâlâ için gazap eder ve o zaman sertleşir ve sinirlenir. Fakat bunun dışında, öfkelendiği zaman, Allahu Teâlâ'ya nazar eder. Sonra takvâsı onu, söz ve haraketinde dengeli davranmaya ve sabretmeye sevk eder. Böyle bir an-

96) A'raf (7), 43.

da sufi, nefsini, ilâhî kazâya rızâ göstermemekle kınar ve sukûnete çağırır.

Sûfilereden birisine: "İnsanlar içinde, nefsini en çok kahreden kimdir?" diye sorulduğunda: "Allahu Teâlâ'nın takdirlerine en çok râzı olandır." demiştir.

Sûfilerden birisi de: "Sabaha çıktığımda, ilâhi kazâya râzı olmaktan başka, benim için bir sürûr ve rahatlık yoktur." demiştir.

Sûfi, öfkelendiği zaman nefsini ithâm edince; ilim kendisine destek olur. İlim devreye girince, kalb kuvvetlenir, nefis sukûnet bulur. Kalb atışı ve kanın düzeni normalleşir; yüzdeki kızıllık gider. Böylece ilmin fazilet ve te'siri ortaya çıkmış olur.

Rasûlullah (s.a.v.) buyurmuştur ki:

"Güzel davranış, teennî ile hareket etmek ve (her şeyde) orta yolu tâkib etmek, peygamberliğin yirmidört parçasından bir parçadır." [97]

Hârise b. Kudâme demiştir ki: "**Rasûlullah** (a s)'a gelerek:

"**Ya Rasûlellah**! Bana, ezberliyebileceğim az ve öz bir tavsiyede bulun" dedim. **Efendimiz** (a.s):

"Kızma!" buyurdu. Ben bir kaç defa talebimi tekrarladım, **Rasûlullah** (s.a.v) her defasında:

"Kızma!". [98] cevâbını tekrarladı. Sonra da:

"Gazap ateşten bir kordur. Öfkelenen kimsenin gözünün kızıllığını ve şah damarlarının nasıl şiştiğini görmez misin? Sizden öfkelenen kimse, ayakta ise otursun, oturuyorsa yan üstü yatsın. (Öfkesi diner)." [99] buyurdu.

İbnu Abbas (r.a.) naklediyor: Rasûlullah (s.a.v), **Eşecc b. Abdülkays**'a şöyle buyurdu:

"Sende iki haslet var ki, Allahu Teâlâ onları sevmektedir. Biri hilm, diğeri temkin (acele etmeden haraket etmek)." [100]

97) Tirmizî, Birr, 66; Muvatta, Şiir, I7.
98) Buhârî, Edeb, 76; Tirmizî, Birr, 73; Muvatta, Hüsnü'l Halk, II; Ahmed, Müsned, II, I75, 262.
99) Tirmizî, Fiten, 26; Beyhakî, Şuabu'l-İmân, Vı. 3I0 (Had. No: 8290).
100) Müslim, İmân, 25, 26; Ebu Davud, Edeb, 148; Tirmizi, Birr, 66.

II-İNSANLARI SEVMEK VE ONLARLA KAYNAŞMAK.

Sûfilerin güzel ahlâklarından birisi de, sevgi, ülfet, kardeşleriyle uyum içinde geçinmek ve muhâlefeti terketmektir.

Allahu Teâlâ, Rasulullah'ın (s.a.v) ashâbını vasfederken:

"Onlar, kâfirlere karşı çok şiddetli, kendi aralarında gayet merhametlidirler." [101] buyurmuştur.

Diğer bir âyet-i kerimede de:

"Rasülüm, eğer sen, yeryüzünde bulunan herşeyi harcasan, onların kalblerini birbirine ısındıramazdın. Fakat Allah onların arasını sevgi ile birleştirdi." [102]

İnsanlar arasında ülfet ve sevgi, daha önce zikrettiğimiz, şu hadisi-i şerifte anlatılan sevgi ve kaynaşmanın ortaya çıkmasıdır:

"Ruhlar bölüklere ayrılmış askerler gibidirler. (Ruhlar âleminde) tanışmış olanlar, dünyada da uyuşur ve kaynaşırlar. Orada birbirini tanımayan ve sevmeyenler burada ihtilafa düşer birbirinden nefret ederler." [103]

Allahu Teâlâ, bu kardeşliğin esasını şöyle bilirtiyor:

"Hepiniz Allah'ın ipine (Kur'an'a) sımsıkı sarılın. Ayrılıp dağılmayın. Siz Allah'ın nimet ve ihsânıyla kardeş oldunuz." [104]

Rasûlullah (a.s) da şöyle buyurmuştur:

"Mü'min; başkalarıyla iyi (dostça) geçinen ve kendisiyle de iyi geçinilen kimsedir. Başkaları ile hoş geçinmeyen ve kendisiyle de hoş geçinilmeyen kimsede hayır yoktur." [105]

Rasûlullah (s.a.v), diğer bir hadis-i şeriflerinde:

"Birbiriyle karşılaşan iki mü'min, birbirini yıkayan iki el gibidir. İki mü'min birbiriyle karşılaşınca, biri diğerinden mutlaka hayır istifâde

---

101) Feth (48), 29.
102) Enfal (8), 63.
103) Buhârî, Enbiyâ, 2; Müslim, Birr, I59; Ebû Dâvud, Ebed, I6.
104) Al-i İmran (3), I03.
105) Ahmed, Müsned, II, 400; Suyûtî, Câmiu's-Sağîr, II, 66I (Had. No: 9I46-9I47); Beyhakî, Şuabu'l-İmân, VI, 270-27I (Had. No: 8II9-8I2I).

eder." [106] buyurmuştur.

Ebû İdris el-Hulvânî, Muaz b. Cebel'e:

"Seni Allah için seviyorum!" dediğinde, **Muaz b. Cebel** (r.a.):

"Müjde, müjde sana! Ben, Rasûlullah'ın (s.a.v) şöyle buyurduğunu işittim: ***"Kıyâmet günü Arş'ın etrafından bazı insanlar için nurdan kürsiler kurulur. Onların yüzleri ayın ondördü gibi parlar. İnsanlar feryâd ederken, onlar feryâd etmez; insanlar korkarken onlar korkmazlar. Onlar kendilerine korku ve hüzün olmayan Allah'ın velileridir."*** Efendimize:

"Ya Rasûlellah onlar kimlerdir?" diye sorulduğunda; Efendimiz (a.s.):

"Allah için birbirini sevenlerdir." [107] buyurdu.

Denilmiştir ki: "Şayet insanlar birbirlerini sevseler ve hep muhabbete vesile olacak şeylere yapışsalardı, adâlete ihtiyaç kalmazdı."

Yine denilmiştir ki: "Adâlet muhabbetin halifesidir; muhabbetin bulunmadığı yerde, adâlet devreye girer."

Muhabbetle itaat, korkudan kaynaklanan itaattan daha üstündür. Çünkü muhabbete dayalı itaat içten olur; korku itaatı ise dıştan gelmektedir. Sûfilerin işi muhabbete dayandığından; sohbetleri birbirine çok tesirlidir. Çünkü onlar, birbirlerini Allah için severler ve birinin diğerine tavsiyesi hep güzel ahlâk olur. Bu muhabbet sebebiyle aralarında biribirilerini kabul meydana gelir. Bu sayede, mürid mürşidinden, bir kardeş diğerinden istifâde eder.

Allahu Teâlâ'nın bütün emirlerinde ayrı bir hikmet vardır. Yüce Rabbimizin, aynı mahallede oturan mü'minlerin günde beş vakit mescidlerde, kasaba ve şehirlilerin cum'a için câmilerde; daha kalabalık kitlelerin de senede iki defa bayram namazlarında, değişik beldedeki (zengin) mü'minlerin ömründe bir defa hacda toplanmalarını emretmesi, aralarında ülfet ve sevginin hâsıl olması içindir. Bütün bunların, büyük hikmetleri vardır. Rasûlullah (s.a.v), bir hadislerinde:

---

106) Zebidî, ithâfu's-Sâde, VII, 13-14 (Beyrut-Lübnan, 1989.)
107) Suyûtî, Câmiu's-Sağîr, II, 663. (Had. No: 9167); Heysemî, Mecmau'z-Zevâid, X, 277; Zebîdî, İthâfu's-Sâde, VII, 14-15 (Beyrut-Lübnan, 1989.).

"Mü'minler, (parçaları) birbirini bağlayıp destekleyen bir binâ gibidir." [108]

Ebû Zur'a, bize, **Nu'man b. Beşir** (r.a)'in şöyle dediğini nakletti: **Rasûlullah** (a.s)'ı işittim; şöyle buyurdu:

"Mü'minler, birbirini sevmede, birbirlerine merhamet göstermede bir vücud gibidirler. Nasıl cesedin bir uzvu hastalanıp rahatsız olunca diğer âzâlar da uykusuzluk ve ateş içinde ona ortak olurlarsa, (mü'minler de böyledir.)" [109]

Ülfet ve sevgi, sohbet vesilelerini kuvvetlendirir. Hayır ehli ile sohbet etmek, gerçekten çok tesirlidir.

Denilmiştir ki: "**Kardeşlerle karşılaşmak, kalbe muhabbet aşısı yapar.**" **Hiç şüphesiz, bâtınlar da aşılanır ve birbirlerini kuvvetlendirir. Hattâ, sâlih insanlara sâdece bakmak bile, insanda hayır tesiri yapar. Zâhiren bir sûrete bakmak; bakılan şeyin cins ve hâline uygun olarak bakanda bir takım te'sirler yapar. Meselâ, hüzünlü bir kimseye devamlı nazar etmek, bakana hüzün verir. Nitekim sevinçli bir kimseye bakmak da sürûr verir.**

Denilmiştir ki: "**Nazarı fayda vermeyenin, sözü fayda vermez.**"

Beraber bulunan iki varlığın biribirine etki etmesi, hayvanlarda da mevcuttur. Şöyle ki: Azgın bir deve, uslu develerin yanına konduğu zaman uysallaşır. Beraber bulunmanın ve karşılıklı oturmanın canlılarda, bitkilerde, hatta cansız varlıklarda bile etkisi vardır.

Meselâ, bir leş, içine karıştığı su ve havayı bozar. Bitkiler, içlerine karışan bir takım zararlı şeylerden dolayı bozulmayla karşı karşıya kaldıkları için, çeşitli yollarla temizlenip korumaya alınırlar. Cansız bildiğimiz varlıkların birbiriyle yakın ve iç içe olması, kendilerinde böyle bir etki yaparsa; bu beraberlik insanda daha fazla te'sir gösterir. Çünkü insan fıtratı buna daha müsaittir.

---

108) Buhârî, Salat, 88; Edeb, 36; Müslim, Birr, 65; Tirmizî, Birr, I7; Nesâî, Zekat, 67; Suyûtî, Câmiu'S-Sağîr, II. 660. (Had. No: 9I43).
109) Buhârî, Edeb, 27; Müslim, Birr, 66.

İnsana "insan" denmesi; onun gördüğü her hayır ve şerre alışıp ünsiyet etmesi sebebiyledir. Sevgi ve ülfet bu etkiyi daha da artırır.

Düşük tabiatlı ve kötü ahlaklı insanlardan ayrılarak tek başına yaşamak, övülecek bir şeydir; fakat, ilim ehli, safâ ve vefâ sâhibi, ahlâk-ı hamîde ile süslenmiş kimselerle beraber olmak, insan için bir ganimettir. Onlarla ünsiyet, Allahu Teâlâ ile ünsiyet etmek demektir. Nitekim, onların sevgisi Allah için bir sevgi olmaktadır. Velilerle insanı bir araya getiren Hakk bağıdır. Başkaları ile buluşmak ise, tabii his ve heveslere dayalı basit sebeplere dayanır.

Sûfi, kendi cinsinden olmayanlar arasında zâhiren onlarla berâberdir; fakat, bâtınen ayrıdır. Kendi cinslerinin arasında ise; zâhiren onlarla olduğu gibi, bâtınen de onlardan mânevî kazanç sağlar. Hadis-i şerifte, buyrulduğu gibi:

"Mü'min, mü'minin aynasıdır." [110]

Mü'min, sâlih kardeşine baktığı zaman onun sözlerinin, amellerinin ve hallerinin ötesinde, ilâhî tecellileri, mânevî işâretleri ve Kerim Allah'tan gelen nurları hem seyreder; hem de onlardan istifade eder. Bunlar öyle şeylerdir ki, onlara ancak, nûr ehli insanlar muttalî olur; başkaları ise bu gibi şeylerden habersiz ve nasibsizdirler.

12-İYİLİK YAPANA TEŞEKKÜR VE DUÂ ETMEK.

Sûfilerin güzel ahlâklarından birisi de, iyilik edene, teşekkür ve hayır sâhibine duâ etmektir. Onlar bunu, Allahu Teâlâ'ya tevekküllerinin kemâli, tevhidlerinin sâfiyeti ile, Hakk'dan gayrisinden nazarlarını kesip, kendilerine gelen nimetin, asıl in'am sâhibi, Cabbâr, Hâlık-ı A'zam olan Allah'tan geldiğini bilerek yapmaktadırlar. Onlar başkalarına teşekkürü, ancak, Rasûlullah (a.s)'a iktidâ (ve bu husustaki emrine ittibâ) olarak yapmaktadırlar.

Rivâyet edildiğine göre; Rasûlullah (s.a.v) bir hutbesinde şöyle buyurmuştur: ***"İnsanlar içinde, Ebû Kuhâfe'nin oğlu (Ebû Bekir) kadar, bize iyilik ve ihsanda bulunan hiçbir kimse yoktur. Şayet bir dost edinecek olsaydım; Ebû Bekir'i seçerdim."*** [111] Yine, Efendimiz (a.s.):

---

110) Buhâri, el-Edebü'l-Müfred, No:238; Ebu Davud, Edeb, 49.
111) Buhârî, Salat, 88; Müslim, Birr, 65; Tirmizî, Birr, l7.

"Ebû Bekir'in malından yararlandığım gibi, kimsenin malından yararlanmış değilim." [112] buyurmuştur.

Halkın ekserisi, verme ve alma hususunda kendilerine ve halka takılmalarından dolayı, Allah'tan perdelenmişlerdir. Halbuki sûfi, bidâyette ilk olarak halktan fâni olarak, eşyayı Allah'tan görü; geleni O'ndan bilir. Çünkü o, yüzünü tevhide döndermiş ve halkı gerçek tevhidden alıkoyan perdeyi yırtmıştır. O, verme ve alma konusunda aslen halkda bir te'sir görmez. Hakk kendisini halkla perdelenmekten korumuştur.

Sûfi, tevhidin en yüksek noktasına yükselince; kendisine nimetleri gönderen) Hakk'a şükrettikten sonra, onların kendisine ulaşmasına vasıta yapılan kullara da teşekkür eder. Onun, bu nimeti asıl verenin Allahu Teâlâ olduğunu bildikten sonra, onun kendisine ulaşmasında kulların da bir etkisi olduğunu kabul etmesi kendisine bir zarar vermez. Bu durumda o, geniş ilmi ve kuvvetli mârifeti ile, Mevlâ ile kulları arasındaki vâsıtaları da kabul eder. Diğer müslümanlarda olduğu gibi, halk onu Hakk'tan perdeleyip alıkoymaz. İşin başında olan müridlerde olduğu gibi, Hakk'ı müşâhade de onu, halktan perdelemez. (O, Hakk'ı da, halkı da kabul eder ve her birini sâhip olduğu makamda değerlendirir). Kulun kendisine gelen bir ihsândan sonra Cenâb-ı Hakk'a şükretmesi, O'nun hakiki ihsan, ikrâm sâhibi ve asıl müsebbib olduğu içindir. Halka teşekkürür ise, bu işte bir sebeb ve vâsıta yapıldıkları içindir.

Rasûlullah (s.a.v) buyurmuştur ki: ***"Cennete ilk çağrılacak olanlar, genişlik ve sıkıntı anlarında Allahu Teâlâ'ya hamdedenlerdir."*** [113]

Diğer bir hadis-i şerifte şöyle buyrulmuştur: ***"Kim aksırır veya geğirir de: "Elhamdülillahi alâ külli hâl" derse; Allahu Teâlâ, bu sebeble ondan, en hafifi cüzzam olan yetmiş belâyı defeder."*** [114]

---

112) İbnu Mâce, Mukaddime, II; Ahmed, Müsned, II, 253
113) Hakim, Müstedrek, I, 502; Tabaranî, el-Kebir, XII, No: 12345; Beğavi, Şerhu's-sünne, V, No: 1270; Beyhakî, Şuabu'l-İmân, IV, 9I, (Had. No: 4373).
114) Benzeri bir rivâyet için bkz: Ali el-Muttakî, Kenzu'l-Umâl , IX; 233 (Had. No: 25800).

Câbir (r.a), Rasûlullah'ın (s.a.v) şöyle buyurduğunu rivâyet etmiştir:

"Kendisine nimet verilen bir kulun "elhamdülillah" deyip Allah'a hamdetmesi, verilen nimetten daha faziletli olur." [115]

Rasûlullah'ın (s.a.v) "**hamd nimetten daha faziletli olur.**" sözü; Allahu Teâlâ'nın şükür olarak ona râzı olacağına ve hamdin de (ayrı bir) nimet olarak, asıl nimetten daha faziletli olduğuna hamledilir. Böylece hamd; kendisine hamdedilen nimetten daha faziletli olmuş olur.

Sûfiler önce, nimeti verene şükrettikten sonra, insanlar içinde, nimetin kendisine ulaşmasına vâsıta olana da teşekkür eder, hayır duâda bulunurlar.

Enes b. Mâlik (r.a), şöyle rivâyet etmiştir: **Rasûlullah** (s.a.v), bir kavmin yanında iftar ettiklerinde, şöyle duâ ederdi:

"Oruçlular yanınızda iftar etsin, yemeğinizi muttakîler yesin. Üzerinize rahmet ve huzur insin." [116]

Ebû Zur'a, bize, **Ebû Hureyre** (r.a) yoluyla gelen şu hadis-i şerifi nakletti:

"Kendisine iyilik yapan bir kardeşine: "Allah seni hayırla mükafatlandırsın" diye duâ eden kimse, ona en güzel teşekkürü yapmış olur." [117]

115) Beyhakî, Şuabu'l-İmân, IV, 98. (Had. No: 4403).
116) Ahmed, Müsned, III, ll8; Beyhakî, Sünen-i Kübrâ, IV, 239; Suyûtî, Câmiu's-Sağîr, II, 320 (Had. No: 6592.
117) Tirmizî, Birr, 87; Ali Nâsıf, et-Tâc, V. 69.

13-MAKAM VE MEVKÎYİ MÜSLÜMANLARA HİZMETTE KULLANMAK

Sûfilerin güzel ahlâklarından birisi de, sâhip oldukları mevkî ve itibârını, kardeşlerinin ve bütün müslümanların işlerinde kullanmaktır.

Bir kimse, yüksek derecede ilim sâhibi, nefsinin ayıblarını, âfetlerini ve şehvetlerini yakînen bilen ve gören birisi olduğu zaman; makam ve itibârını, müslümanların arasını ıslâh için kullanmalı, onların ihtiyaç ve sıkıntılarını gidermeye çalışmalıdır. Bu durumda kendisinin, pek çok ilme ihtiyacı olacaktır. Çünkü bu tür işler, halkın arasına karışmak ve onlarla güzel geçinmekle ilgili işlerdir. Bu da ancak, yüksek hâl sâhibi, âlim-i rabbânî bir sûfi için güzel olur.

Zeyd b. Eslem'in şöyle dediği rivâyet edilir: "Nebîlerden birisi, zamanındaki melikin atının başını tutarak (ona yardım edip) ülfet kurar ve bu sâyede, insanların (melikin halledeceği) ihtiyaçlarını gidermeye çalışırdı."

Atâ demiştir ki: "**Bir adamın, içinde bir mü'minin rahat edeceği bir mevkii ele geçirmek için senelerce çalışması, sırf kendisini kurtarmak için tamâmen amele yönelmesinden kendisi için daha hayırlıdır.**"

Aslında bu, derin ve hassas bir iştir. Câhil ve boş iddiâ sahibi zayıf kimselerin, bu sûretle fitneye düşmelerinden emin olunmaz. Bu iş ancak, bâtınındaki niyet ve hâle iyi vâkıf olan, içinde herhangi bir mal, mevkî ve itibâra rağbeti olmayan kimselerin işidir. Onlar, bütün padişahlar hizmetinde bulunsalar bile, haddi aşıp üstünlük taslamazlar. Ocağı yakma, ateşi tutuşturma gibi işlerde hizmet etseler, bundan da nefisleri rahatsız olmaız ve o işi basit görüp beğenmemezlik etmezler. Bu anlattığımız hal, öyle herkesin yapabileceği bir şey değildir; o ancak, halktan bir kaç kişiye ve bazı sıddıklara nasib olur.

Bu kimseler; kendi irâde ve ihtiyarlarından sıyrılmış kimselerdir. Allahu Teâlâ onlara murâdını açar ve onlar, eşyada, Allah'ın murâdına göre tasarrufta bulunurlar. Cenâb-ı Hakk'ın, kendilerinden halkın arasına karışmayı, mevki ve makâmını insanlar için kullanmayı istediğini anladıkları zaman, nefsin sıfat ve arzularından sıyrılmış olarak bu işe girerler. Bu durum, ölmeden evvel nefsânî hislerinden ölüp, ilâhî nurla kalbi dirilen, önce fenâ makâmını elde edip, sonra bekâ makâmına yükselen ehlullah için mümkündür. Onların girdikleri ve çıktıkları işlerde, Cenâb-ı Hakk'tan bir izin ve işâretleri vardır. Onlar, Cenâb-ı Hakk tarafından ihsân edilen bir basîret üzeredirler. Kalbi açık ve murâd-ı ilâhiyenin hakikatını tam anlayan bir kimse için, bunda herhangi şüphe yoktur. O, her şeyden kalbi ve hâli adına istifâde eder; eşyâ onun hâlini zedelemez. Her memlekette, bu durumu elde etmiş ancak bir kişi bulunur.

Ebû Süleyman el-Hîrî demiştir ki: "Şu dört şeyde kalb, aynı halde olmadıkça kişi kâmil olamaz:

1-Mahrumiyette.

2-İhsânda.

3- İzzette.

4- Zillette."

İşte böyle bir adamın, yukarıda bahsettiğimiz şekilde, makam ve mevkiini insanlar için kullanma yoluna gitmesi uygun olur.

Sehl b. Abdullah et-Tusterî demiştir ki: "Bir insanda şu üç haslet bulunmayınca, onun riyâsete (halkı yönetmeye) tâlib olması hak değildir. Bunlar:

1-İnsanlara eziyetten ve câhilâne davranışlardan çekinmek.

2-İnsanların dengesiz hallerine sabretmek.

3-İnsanların elinde olana göz dikmemek; aksine, elinde olanı onlara dağıtmak."

Şuna dikkati çekelim ki, bizim burada bahsettiğimiz riyâset, sûfinin zâten gönlünden çıkarttığı, sadâkatının ve seyr u sulûkünün bir gereği olarak kendinde zühd icâbeden dünya riyâseti değildir.

Buradaki riyâset; Cenâb-ı Hakk'ın, kullarından bazılarını insanların ıslâhı için görevlendirdiği mânevî riyâsettir. Hakiki sûfi, böyle bir işte, Allah için bulunur; onun gereklerini en güzel şekilde yerine getirir; hakkını verir ve bu nimeti kendisine nasib eden Yüce Rabbine şükreder.

****

TASAVVUFTA EDEB

Rasûlullah (s.a.v) buyurmuştur ki: *"Beni Rabbim terbiye etti ve edebimi de ne güzel yaptı."* [1]

Edeb; insanın içini ve dışını güzelleştirmesidir. Kulun zâhiri ve bâtını terbiye olunca, edebli bir sûfi olur.

Ziyâfet sofrasına içinde birçok çeşitli güzel şeyler bulundurduğu için Arapçada edeb kökünden türeyen "**me'dübe**" ismi verilmiştir.

İnsanın edebi ancak, güzel ahlakların tam manansıyla elde edilmesiyle kemâle erer. Güzel ahlâkların tamamı, huy ve hilkatın güzelliğinden gelmektedir. Dış yaratılış, insanın zâhirî sûretidir; ahlak ise, onun iç âleminin bir ifâdesi ve yansımasıdır. Bazı âlimler, insanın yaratılışı değişmediği gibi, huyu da değişmez, demişler ve buna delil olarak şu hadis-i şerifi ileri sürmüşlerdir:

"Rabbiniz, bedenleri, ahlâkları, rızık ve ecelleri takdir edip tamamlamıştır." [2]

Allahu Teâlâ: *"Allah'ın yarattığında değişiklik olmaz."* [3] buyurmuştur.

Doğru olan görüş şudur: İnsanın zahirinde bir değişme olmaz. (Vücut, belli bir devreden sonra gelişmesinini tamamlar ve yaratıldığı hal üzere kalır.). Ancak, ahlâkların değişmesi ise mümkündür. Böyle olduğu için **Rasûlullah** (s.a.v):

---

1) Sehâvi, el-Makasıdu'l-Hasene, No: 45; Aclûnî, Keşfu'l-Hafâ, I, 70 (Had. No: l64); Elbanî, ed-Daife, No: 72.
2) Tabarani, el-Evsat, No: 1583; Suyûtî, Câmiu's-Sağîr, II, 212 (Had. No: 5847); Heysemî, Mecmau'z-Zevâid, VII, l95.
3) Rum (30), 30.

"Ahlâkınızı güzelleştirin."[4] buyurmuştur.

Bir de şu var ki; Allahu Teâlâ, insanı, iyilik ve kötülükleri kabule müsâit, edeb ve güzel ahlâkları kazanmaya ehil olarak yaratmıştır. Bu ehliyetin insanda bulunması; çakmak taşında ateşin ve hurma çekirdeğinde ağacının esasının bulunması gibidir.

Allahu Teâlâ kudretiyle, insana, o çekirdeği usûlüne uygun yetiştirip hurma ağacını elde etmeyi ilhâm etmiştir. Çakmak taşına da, içine bir madde konmak sûretiyle kendisinden ateş elde etme imkanı vermiştir. Aynen bunun gibi; insanın nefsine de hayır ve şerri yapabilme özellik ve salâhiyetini koymuştur. Bu durum, Kur'an-ı Hakîm'de şöyle beyân edilmiştir:

"Yemin olsun, o nefse ve onu düzenleyene ve sonra da ona isyânını ve takvâsını ilhâm edene."[5]

Nefsin şekillenip tesviye edilmesi; hayır ve şerri yapabilme gücüne sâhip olmasıdır. Allahu Teâlâ, başka bir âyetinde buyurur ki:

"Şüphesiz, nefsini temizleyen felâha ermiş, onu (küfür ve isyanla) kirleten de hüsrana uğramıştır."[6]

Nefis, mânevî kirlerden temizlenip tezkiye olunca, işlerini akılla yürütür; zâhirî ve bâtınî halleri istikâmet üzere olur; ahlâkları güzelleşir ve güzel edebleri elde eder.

Edeb; kuvvet ve kâbiliyette olanı fiile çıkarmaktır. Bu da; kendisinde güzel bir huy ve seciye yerleştirilmiş kimsede hâsıl olur. Seciye, Cenâb-ı Hakk'ın fiili ve takdiri iledir; onun oluşmasında beşerin bir kudreti ve dahli yoktur. Bu durum, çakmak taşında ateşin bulunmasına benzer. Çünkü, çakmak taşında ateşe dönüşecek maddenin var edilmesi, sırf Allah'ın fiili, onun meydana çıkarılması ise kulun kesbidir.

Edebler de böyledir. Edebin kaynağı; temiz bir yaratılışa sâhip tabiatlar ve ilâhî lutuflardır. Allah Teâlâ, güzel, kendilerine temiz fıtrat ikram ederek sûfilerin iç âlemini hayra hazır bir hâle getirmiş; sûfiler de, güzel bir riyâzat ve ter-

4) Zebîdî, İthâfu's-Sâde, VIII, 619 (Beyrut-Lübnan, l989). Benzer bir hadis için bkz: Ali el-Muttakî, Kenzu'l-Ummâl, III, 20.
5) Şems (91),7-8.
6) Şems (91),9-l0.

biye ile, içlerindeki bu cevherleri ortaya çıkarmak suretiyle güzel edebleri elde etmişlerdir.

Edeb, bazı şahıslarda, fazla bir riyâzat, eğitim ve gayret olmadan meydana çıkar. Çünkü, Allahu Teâlâ, onların tabiatlarında bunu te'min edecek kuvvet ve kâbiliyetler yerleştirmiştir.

Hz. Rasûlullah'ın (s.a.v): ***"Beni Rabbim terbiye etti ve edebimi güzel yaptı."*** sözü, bu hâli ortaya koymaktadır.

Bazı insanlar da ise edeb, kâbiliyetinin noksan ve kısır olmasından dolayı, uzun süren bir eğitim ve çalışma ile oluşur. Bunun için müridler, tabiatlarında olan kâbiliyetlerin, kuvveden fiile çıkmasına yardım olsun diye bir mürşidin sohbet, ta'lim ve terbiyesine ihtiyâç hissederler. Allahu Teâlâ, bunun gereğine işareten:

"Ey iman edenler? Kendinizi ve ehlinizi ateşten koruyunuz." [7] buyurmuştur.

Âyetin tefsirinde **İbnu Abbas** (r.a): "**Onlara dinlerini güzelce öğretip, kendilerin edeblendiriniz.**" demiştir.

Yukarıdaki hadisin başka bir rivâyetinde, **Rasûlullah** (a.s) şöyle buyurmuştur:

"Beni Rabbim terbiye etti ve ahlâkımı güzel yaptı. Sonra bana en güzel ahlakları emrederek:

"Af yolunu tut, iyiliği emret ve câhillerden yüz çevir." [8] *buyurdu."* [9]

Yusuf b. Hüseyn demiştir ki: "İlim, edeble anlaşılır. Amel, ilimle sahih olur. Hikmete amelle ulaşılır. Zühd, hikmetle ayakta durur. Dünyayı terk zühdle olur. Âhirete rağbet, dünyayı terkle gerçekleşir. Allah Teâlâ'nın katındaki rütbelere de, âhirete rağbetle nâil olunur."

Anlatılır ki: **Ebu Hafs**, **Irak**'a vardığı zaman **Cüneyd el-Bağdâdî** yanına geldi. **Ebû Hafs**'ın müridlerinin, onun baş ucunda durarak, her emrine âmâde bir vaziyette, hiç kımıldamadan ayakta beklediklerini gördü. Bu hal karşısında **Ebû Hafs**'a:

---

7) Tahrim (66), 6.
8) A'raf (7), 199.
9) Âyetin tefsiri ve mekârim-i ahlâkla ilgili beyânlar için bkz: İbnu Kesir, Tefsir, III, 534; Suyûtî, ed-Dürrü'l-Mensûr, III, 627-631.

"Ya **Ebâ Hafs**! Müridlerini kralların edebi gibi edeblendirmişsin." dedi. O da:

"Hayır, ya **Ebe'l-Kasım**! Öyle değil. Fakat zâhirdeki güzel edeb, içteki edebin alâmetidir." diye cevap verdi.

Ebu'l-Hüseyin en-Nûrî demiştir ki: "Kulun, şeriatın edebini ortadan kaldıracak hiçbir makâm, hâl ve mârifeti olamaz. Şeriatın edebi, zâhirin süsüdür. Allahu Teâlâ, âzaların edeble süslenmekten uzak ve mahrum bırakılmasını mübah kılmaz."

Abdullah b. Mübârek: "Hizmetteki edeb, hizmetten daha üstündür." demiştir.

Ebu Ubeyd el-Kâsım b. Sellâm'ın şöyle dediği nakledilmiştir:

"**Mekke**'ye gitmiştim. Âdetim olarak, çoğu zaman **Ka'be**'nin hizâsında otururur; çoğu zaman da başımı yere koyup uzanarak yatardım. Bir defasında, ben bu halde uzanmış yatarken, **Âişe el-Mekkî** geldi ve bana:

"Ya **Ebâ Ubeyd**! Senin ehl-i ilim olduğun söylenir. Birkaç kelime de benden al. (Sana tavsiyem):

"Allah'ın huzurunda (O'nun beytinde) edeble otur; yoksa ismin kurbiyyet defterinden silinir!" dedi. Bu kadın, âriflerden birisiydi."

İbnu Atâ demiştir ki: "Nefis, kötü hâl üzere yaratılmıştır. Kul ise, devamlı edeb üzere olmakla emrolunmuştur. Nefis, tabiatındaki his ve heveslerle **Hakk**'a muhâlefet meydanında koşar durur. Kul ise, cehd ve gayretiyle onu güzel şeylere çekmeye çalışır. Bu durumda kim onu hayra çekmekten vazgeçerse, nefsin dizginini salıvermiş ve onu idâreden gaflete düşmüştür. Kul, nefsin arzularına ulaşmada ona yardımcı olduğu sürece günahına ortak olmuş olur."

Cüneyd el-Bağdâdî de demiştir ki: "Kim nefsine, arzularını yerine getirmede yardım ederse, onun ölümüne ortak olmuş olur. Çünkü kulluk edebe sarılmaktır. Azgınlık ise; edebin kötüleşmesidir."

Câbir b. Semure (r.a) Rasûlullah'ın (a.s) şu hadisini haber verdi:

"Bir adamın çocuğunu terbiye etmesi, bir sa' ölçek sadaka vermesinden daha hayırlıdır." [10]

---

10) Tirmizî, Birr, 33; Ahmed, Müsned, I, 96, I02.

Diğer bir hadiste ise: ***"Bir baba, oğluna, güzel terbiyeden daha değerli bir hediye vermemiştir."*** [11] buyrulmuştur.

Rasûlullah (s.a.v) Efendimiz, bir hadislerinde ise: ***"Çocuğun babası üzerindeki hakkı, ona güzel bir isim vermesi, yerini yuvasını güzel yapması ve onu güzelce edeplendirmesidir."*** [12] buyurmuştur.

Ebû Ali ed-Dakkâk demiştir ki: "Kul, taatı sâyesinde Cennete, taatındaki edebi sâyesinde Allah Teâlâ'ya ulaşır."

Ebu'l-Kasım el-Kuşeyrî şöyle anlatır: "**Üstâd Ebû Ali**, otururken bir şeye yaslanmazdı. Bir gün, bir toplantıda onu, bir şeye yaslanmamış olarak görünce, arkasına bir yastık koymak istedim. Yastıktan hafifçe yana çekildi. Ben, yastığın üzerinde herhangi bir hırka veya seccâde yok da onun için çekindi, diye düşündüm. Hazret: "Yaslanmak istemiyorum." dedi. O zaman, onun herhangi bir şeye yaslanmadığını anladım."

El-Celâl el-Basrî demiştir ki: "Tevhid imanı gerektirir. İmanı olmayanın tevhidi de yoktur. İman da dini gerektirir. Dini olmayanın da imanı ve tevhidi yoktur. Din ise, edebi gerektirir. Şu halde edebi olmayanın; gerçek mânada dini, imanı ve tevhidi yoktur."

Sûfilerden birisi demiştir ki: "Zâhiren ve bâtınen edebe sarıl. Zâhirî edeblerden birini kötü yapan kimse, zâhiren cezalandırılır. Bâtınî edeblerden birini kötü yapan kimse de, bâtınen (ilâhî feyizden mahrum bırakılarak) cezâlandırılır."

Ebû Ali ed-Dakkâk'ın kölesi demiştir ki: "Parlak bir oğlana bakmıştım. **ed-Dakkâk,** beni ona bakarken gördü ve: "Seneler sonra da olsa, bunun cezâsını görürsün." dedi. Gerçekten yirmi sene sonra, ezberimdeki **Kur'an**'dan mahrum bırakılarak (o nefsânî bakışımın) cezâsını gördüm."

Seriyy es-Sakatî şöyle anlatmıştır: "Bir gece, her zaman kıldığım namazlarımı kılmış ve mihrabta şöyle bir uzanmıştım. O anda bana: "**Ya Seriyy**! Bu şekilde meliklerle mi oturuyorsun?" diye nidâ edildi. Hemen ayaklarımı topladım ve: "Senin izzetine yemin olsun ki; bir daha ayaklarımı uzatmayacağım!"

---

11) Tirmizî, Birr, 33, Ahmed, Müsned, III, 412; Hâkim, Müstedrek, IV, 263.
12) Beyhakî, Şuabu'l-İmân, VI, 402; Suyûtî, Câmiu's-Sağîr, No: 3746)

dedim. **Seriyy es-Sakatî**'nin yeğeni **Cüneyd el-Bağdâdî** demiştir ki: "Hazret, bundan sonra altmış sene yaşadı; gece olsun gündüz olsun, (edebe ve hâline uymayan bir şekilde) hiç ayağını uzatmadı."

Abdullah b. Mübârek demiştir ki: "Kim edebleri hafife alırsa, sünnetlerden mahrum bırakılarak cezâlandırılır. Sünnetleri hafife alan farzlardan mahrum bırakılarak, farzları hafife alan da mârifetten mahrum bırakılarak cezâlandırılır."

Seriyy es-Sakatî'ye sabır hakkında bir mesele soruldu. O da anlatmaya başladı. O anda, bir akrep ayağına yanaşarak iğnesini batırmaya çalışyordu. Etrafındakiler:

"Onu kovmayacak mısın?" dediklerinde; Hazret:

"Ben bir hâl anlatırken, bahsettiğim (ve bildiğim) şeye muhâlefetten Allah'tan utanırım." demiştir.

Peygamber (a.s), bir hadislerinde: ***"Yeryüzü bana dürüldü; doğusu ve batısı gösterildi."*** [13] buyurmuş, edebinden dolayı: "**Ben gördüm**!" dememiştir.

Enes b. Mâlik (r.a), demiştir ki: "Ameldeki edeb, onun kabulünün alâmetidir."

İbnu Atâ ise: "Edeb; iyi ve güzel olan şeyler içinde bulunmaktır." demiş, kendisine: "Bu ne demektir, nasıl olur?" diye sorulunca: "Allah Teâlâ'ya karşı gizli ve açıkta edeble kulluk etmektir. Bu haldeyken, her ne kadar sen, a'cemî olsan da "**edib**" olursun demiş ve şu mânadaki şiiri okumuştur:

Sen konuştuğun zaman, gelir bütün güzellikler.
Hem susacak olsan bile; doğar yine aynı şeyler.

Ebû Muhammed el-Cerîrî demiştir ki: "Yirmi yıldan beridir halvette, ayaklarımı uzatmadım. Çünkü Allah'a karşı güzel edeb içinde olmak, daha güzel ve daha evlâdır."

Ebû Ali ed-Dakkâk demiştir ki: "Edebi terketmek, kovulmayı gerektirir. İçerde huzurda edebsizlik yapan kapıya itilir; kapıda edebsizlik eden de hayvanların hizmetine gönderilir."

****

---

13) Müslim, Fiten, I9; Ebû Dâvud, Fiten, I, Tirmizî, Fiten, I4; İbnu Mâce, Fiten, 9; Ahmed, Müsned, V. 278.

EHLULLAHIN İLÂHÎ HUZURDAKİ EDEBİ

Bütün edebler, **Rasûlullah** Efendimiz'den (s.a.v) alınıp öğrenilir. Çünkü Efendimiz (s.a.v), zâhiren ve bâtınen bütün edeblerin kaynağıdır. Allahu Teâlâ, O'nun huzûr-ı ilâhiyedeki güzel edebini şu âyetiyle haber vermektedir:

"(Huzur-ı ilâhiye) onun gözü kaymadı, haddi de aşmadı." [1]

Bu, sâdece **Rasûlullah** (a.s)'a tahsis ve nasib edilmiş; çok ince bir edebtir. Allahu Teâlâ, onun mübârek kalbinin, (Hakk'a) yönelme ve (mâsivâdan) yüz çevirme hususundaki itidâlini haber vermiştir.

Efendimiz (a.s), Allah'tan gayri şeylerden yüz çevirerek, tamâmen Bâri Teâlâ'ya yönelmiş, yerleri, bütün hazlarıyla dünyâyı, semâları, bütün lezzetleriyle âhireti geride bırakmış, yüz çevirdiği şeylere bir daha dönüp bakmamış; elinden çıkarttığı şeylere karşı kendisinde bir esef ve hasret de görülmemiştir. Allahu Teâlâ, bu hâle işarek olarak şöyle buyurmuştur:

"Elinizden gidene üzülmeyesiniz ve Allah'ın size verdiklerine de güvenip sevinmeyesiniz diye, (her şey takdir-i ilâhiyede tesbit edilmiştir.)" [2] Bu âyette anlatılan ahlak, her mü'min için geçerlidir.

"O'nun gözü kaymadı" âyeti ise; bu umûmî hitâbın ötesinde, özel olarak **Rasûlullah** (a.s)'ın hâlini haber vermektedir.

"Gözü (başka şeye) kaymadı." ifâdesi; Rasûlullah'ın (s.a.v) iki hâlini birden nazara vermektedir:

Birisi; mâsivadan yüz çevirmesi, diğeri de; Zât-ı Bâri'ye yönelmesidir.

Efendimiz (a.s), "**Kâbe Kevseyn**" makâmında, kendisine gelen mânevî vâridatı kalbi ve rûhuyla almış, sonra da Allah Teâlâ'dan hayâ ederek,

---

1) Necm (53), 17.
2) Hadid (57), 23.

heybet ve celâli karşısında, edeble gözlerini önüne eğmiş, kendisine ihsân edilen bunca nimetler karşısında, taşkınlık yapmasın diye nefsini fakr ve zillet elbisesine bürümüştür. Çünkü, kendisini bolluk ve genişlik içinde görünce taşkınlık etmek, nefsin bir sıfatıdır. **Allahu Teâlâ**, bu duruma işâreten:

"Doğrusu insan, kendisini müstağnî görmekle, azgınlık edip haddi aşar." [3] buyurmuştur.

Ayrıca nefis, ilâhî mevhibelerin rûh ve kalbe gelişi ânında, onları gizlice dinlemek ve o arada kendi hesâbına bazı şeyler çalmak ister. İlâhî lutuflardan azıcık bir şey elde edince de; kendini yeterli görüp, haddi aşar. Haddi aşması, onu, ileri derecede serbestliğe götürür. Bu hâl ise, ilâhî lutufların daha fazla gelmesini engeller. Nefsin elde ettiği manevi nimetler karşısında taşkınlık yapması, kabının dar ve gücünüzün az oluşundan dolayı, ilâhî ihsanları taşıyamamasından ileri gelmektedir.

"**Gözü başka yana kaymadı.**" âyet-i kerimesinin ifâde ettiği iki hâl, yani, başka tarafa bakmamak ve haddi aşmamak halleri Efendimiz'de tam olarak gerçekleşmiş, fakat Hz. Musa'da (a.s) birisi gerçekleşmiştir.

Hz. Mûsa'nın (a.s) da ilâhî huzûra kabulde, gözü başka yana kaymadı; güzel edebe büründü ve haddini bildi. Fakat, kalbi ve rûhu ilâhî ihsanlarla dolunca, nefsi, gelen vâridata gizlice kulak verip (kendi adına) pay ve hazzına göz dikti. O andaki mânevî hazdan payını alınca; kendini müstağni (zengin ve yeterli) gördü. Gelen vâridat onu tamamen doldurup kapasitesini aşınca, aşırı sevinçten haddi aşarak:

"Rabbim! Cemâlini bana göster de, sana bakayım!" [4] dedi; fakat, bu talebi kabul edilmedi ve daha fazlasını elde edeceği sahaya serbest bırakılmadı. Böylece Habib (**Hz. Muhammed**) ile, Kelîmullah (**Hz. Mûsâ**) arasındaki fark ortaya çıkmış oldu.

Bu anlattığımız hâl, kurbiyyet ehli ve yüksek hâl sahibi kimseler için çok ince bir noktadır.

Her kabz (mânevî tutulma, kalbî tıkanma) hâlinde, bir cezâ söz konusudur.

---

3) Alak (96), 6-7.
4) A'raf (7), I43.

Çünkü kabz hâli, ihsân kapısını kapatır. Bast hâlindeki ifrât ise, kabz ile cezâlandırmayı gerektirir. İnsan, bast hâlinde itidal üzere olsaydı, kabz ile cezâ gerekli olmazdı. Bast hâlindeki itidâl, gelen mânevî lutufları rûh ve kalbde durdurup, nefse geçirmemektir. İlâhî ihsanları kalb ve rûh üzerinde durdurmak da, yukarıda zikrettiğimiz şekilde; Rasulullah'ın (s.a.v) yaptığı gibi, nefsi tamamen zillet ve inkisara büründürmekle mümkün olur. Bu, Allah'tan yine Allah'a kaçmaktır. Bu da edebin en yüksek noktasıdır ki; Rasûlullah (a.s) o edeble, Mi'rac gecesi ilâhî huzurda kabul görmüş, kabz hâliyle karşılaşmamış, üzerine ilâhî ihsanlar artarak akmış ve bu edeb içinde **"Kâbe-Kavseyn"** makâmına ulaşmıştır.

Ebu'l-Abbas İbnu Atâ'nın: "**O'nun gözü başka tarafa kaymadı, haddi de aşmadı.**" âyet-i celilesi hakkındaki yaptığı açıklama da, bizim yaptığımız bu izâha benzemektedir. O, demiştir ki:

"Efendimiz (a.s), Allahu Teâlâ'yı bir şaşkınlık ve taşkınlık içinde görmedi. Bilakis bütün âzalarının îtidâl ve sukûnetiyle (sahih bir müşhâhade ile) gördü."

Sehl b. Abdullah et-Tüsterî demiştir ki: "**Rasûlullah** (a.s), nefsinin gördüğüne ve müşâhede ettiğine kanmadı; tamamen, Rabbini müşâhadeye yönelerek, o mahalde bulunması gereken sıfatlardan kendisine zâhir olanları müşâhade ediyordu."

Sehl b. Abdullah'ın bu sözü, bizim kısaca, işâretlerle açıkmaya çalıştıklarımızla uygunluk arzetmektedir. Bunu, **Şeyhimiz Ebu'n-Necib es-Sühreverdî**'nin, bize, icâzet yoluyla, **Muhammed el-Cerîrî**'den naklettiği şu söz de desteklemektedir. O, demiştir ki:

"Kulun, kendisini Allahu Teâlâ'dan alıkoyan şeylerin ilmini elde etmeye koşması, Hakk'a ulaşmasına bir vesiledir. Çizilen sınırda durmak, bir kurtuluştur. Kurbiyyet ilminden hâsıl olan heybet-i ilâhî karşında (yine) Mevlâ'ya sığınmak bir vuslattır; o durumda cevap kapısını kapamak bir ganimettir. Huzûr-ı ilâhiyede yapılan hitapları duymak için, diğer zamanlarda yaptığı gbi sebeplere sarılmak gereksiz bir zorlamadır. O huzurda elde ettiği ilmi kaybedeceğinden korkmak bir kusurdur. Asıl kaynağından aldığı ve anladığı şeyi, kulakla dinlemeye çalışmak, bir nev'i uzaklıktır. Hakk'la mülâkî olduğunda selam beklemek bir cür'et; ünsiyet hâlinde sevinip gevşemek bir aldanmadır."

Bütün bunlar, ehli için, huzûr-ı ilâhiyede dikkat edilmesi lâzım gelen edeblerdir.

Allahu Teâlâ'nın: "**Gözü kaymadı, haddi de aşmadı.**" kavl-i şerifinin, yukarıda anlatılanın dışında daha ince bir mânası vardır ki, onlar da şudur:

"**Onun gözü kaymadı.**" çünkü baş gözü, basîretinden geri kalıp da ona ulaşamama durumu olmadı.

"**Haddi de aşmadı.**" yani; Rasulullah'ın (s.a.v) gözü, basîretini ileri geçmedi ki, haddine tecâvüz etmiş ve makâmını geçmiş olsun. Bilakis, gözü basîretiyle, zâhiri bâtınıyla, kalbi kalıbıyla, nazarı kademiyle aynı istikâmet ve çizgide oldu.

Nazarının kademin önüne geçmesi (yani; insanın hâl olarak bulunduğu makâmın ötelerine bakıp oralardan bahsetmesi); sınırı aşmak ve bir nev'i taşkınlık yapmaktır.

Burada anlatılan nazardan maksat, ilimdir; kademden maksat da, kalıbın hâlidir. Demek ki; Rasulullah'ın (s.a.v) ilmi, hâl olarak vücûduyla bulunduğu makâmı öte geçmemiştir ki, bir taşkınlık olsun. (Vücûd-ı pâkileriyle içinde oldukları) hâli de, ilmiyle ulaştığı noktadan geri kalmamıştır ki bir kusur olsun. O'nun bütün halleri bir îtidâl ve uyum içinde olunca; kalbi kalıbı gibi, kalıbı da kalb-i şerifleri gibi; zâhiri bâtını, bâtını da zâhiri gibi, baş gözü basîreti, basîreti de baş gözü gibi olmuştur. Böylece, nazarının ve ilminin ulaştığı noktaya kadem ve hâliyle de ulaşıp beraber olmuştur. Bu anlatılan mânadan dolayı, O'nun içindeki nûr ve mânevî hâli, zâhirine aksetti; kendisine **Mi'rac** gecesinde, nazarının ulaştığı yere aynı anda adımıyla ulaşabilen "**Burak**" isimli bir hayvan getirildi. **Burak**; nazarının ulaştığı yere, aynı anda kademiyle de ayak basıyordu. Bu durum, mi'rac hadisinde anlatılmaktadır. Sanki **Burak,** kalıbıyla, Rasulullah'ın (s.a.v) hâlini temsil ediyor; manevi hâlinin kuvvetinden dolayı, onun sıfatlarını taşıyordu.

Rasulullah (s.a.v), mi'râc hadisinde, bazı peygamberlerin bulundukları makâmlara da işârette bulunmuştur. Rasulullah'ın (s.a.v), her bir semâda bazı nebileri görmüş olması; onların, kendisinin durumundan ve derecesinden gerilerde kaldıklarını göstermektedir. Meselâ; **Rasûlullah** (a.s), **Hz.**

Mûsâ'yı semâların birinde gördü.[5] Böyle, semâların birisinde kalan (ve semâların ötesine, huzûr-ı Bâri'ye ulaşamayan) bir kimsenin:

"Rabbim! Cemâlini göster de, sana bakayım!" demesi, onun nazarının kademini ileri geçmesi anlamına gelir. Aynı zamanda bu, kademinin (yani içinde bulunduğu hâlinin de) nazarından (yani ilminden) geri kalması demektir. Bu durum; "**Gözü başka tarafa kaymadı, haddi de aşmadı**." âyetinde anlatılan; başka tarafa kaymama ve haddi aşmama hallerinden birisinin hakikatına ulaşamayarak, o huzurdaki edebin ihlâl edilmesi demektir.

Rasûlullah (a.s) bu edebe son derece dikkat etmiş; hayâ ve tavâzu örtüsü içinde, kademine bakarak ve nazar ettiği noktaya basarak yükseltilip götürülmüştür.

Eğer Efendimiz (a.s), hayâ ve tavâzu örtüsünden çıkıp, kademinin sınırını aşarak, nazarıyla ötelere bakacak olsaydı; diğer peygamberlerde olduğu gibi, o da semâların birinde takılıp kalırdı. Fakat Rasûlullah (a.s), hiçbir zaman, hâlinin edebini koruyan tevâzu örtüsünden çıkmamıştır. İşte böylece, bu hâlde, bütün semâların perdelerini yarıp geçmiş, kendisine en güzel kurbiyyet halleri verilmiş ve Cenâb-ı Hakk ile arasındaki perdeler bir bir açılmıştır. Nihayet, "Gözü başka yana kaymadı, haddi d**e aşmadı**." âyetinde anlatılan hâl ve istikâmet içinde, bir şimşek hızıyla, ilâhî vuslat makâmına ulaşmıştır. Bu da, edebin en güzeli ve ulaşılacak noktaların en yükseğidir.

Ebû Muhammed b. Ruveym'e: "Hakk yolcusunun edebi sorulunca: "Düşüncesi, ayağını (içinde olduğu hâli) öne geçmez. Kalbi (hâl ve makâm olarak) nerede ise, durağı orasıdır." demiştir.

İbnu Abbas (r.a) naklediyor: Rasûlullah (a.s): "**Rabbim! Cemâlini bana göster de, sana bakayım.**" [6] âyetini okuyarak şöyle buyurdu:

"Allah Teâlâ, Mûsâ'ya buyurdu ki: "Ya Mûsâ! Beni (dünyada) gören diri ölür, yaş kurur, kuru parçalanır. Beni ancak, gözleri ölmeyen ve

---

5) Rasûlullah (a.s.), Hz. Mûsâ'yı 6. kat semâda görmüş ve görüşmüştür. (Bkz: Ali Nâsıf, et-Tac, III, 259.)
6) A'raf(7), l43.

***cesetleri çürümeyen Cennet ehli, Cennette görür.*"** [7]

Huzur-i ilâhiyedeki edeblerden birisi de; **Şiblî**'nin belirttiği gibi; Cenâb-ı Hakk ile berâberken, edebi terkedip, söz ve istekte ileri gitmemektir. Bu, her hâl ve zamana değil, bazı durumlara (ve şahıslara) âittir. Her zaman mutlaka böyle olacak denemez. Çünkü Allahu Teâlâ bize, kendisine duâ edip, ihtiyaçlarımızı istememizi emretmiştir.

Huzûr-i ilâhiyede konuşmaktan çekinmek, ancak, Hz. Mûsâ'nın (a.s) yaptığı gibi olur. O, Cenâb-ı Hakk'ın huzurunda, dünyevî ihtiyaçlarını isteme hususunda ileri gitmekten kendini menetmişti. Nihâyet Allahu Teâlâ, onu kurbiyyet makâmına yükseltti. Kendisine rahat haraket etmesi için izin verip: "Hamuruna katacağın tuzuna varıncaya kadar her şeyini benden iste!" buyurdu. Hz. Mûsâ da (s.a) kendisine bu genişlik verilince, rahatlayıp:

"Rabbim, bana indireceğin (vereceğin) her hayra muhtacım." [8] demiştir.

Çünkü O, önceleri Allahu Teâlâ'dan sâdece âhiret ihtiyaçlarını istiyor; dünyâ ihtiyaçlarını çok basit gördüğü için, huzûr-ı ilâhiyede onların zikredilmesini uygun görmüyordu. (Ancak sonra, her şeyini o huzurda arzedecek bir kurbiyete ve genişliğe ulaşmıştır).

Buna yaşadığımız âlemden şöyle bir örnek verebiliriz: Büyük bir padişahtan ancak, büyüklüğüne yakışır kıymetli şeyler istenir. O huzurda, basit şeyleri taleb etmekten çekinilir. Aradaki haşmet perdesi kalkıp insan, padişaha yakın olur ve onun yanında özel bir makâm elde ederse; artık bundan sonra , kıymetli şeyleri istediği gibi, basit şeyleri de isteyebilir.

Zunnûn el-Mısrî demiştir ki: "Ârifin edebi, her edebin üstündedir. Çünkü onun asıl tanıdığı, kalbini edeblendiren Allahu Teâlâ'dır."

Sûfilerden birisi demiştir ki: "Hakk Sübhânehü ve Teâlâ der ki: "İsim ve sıfatlarımın tecellileri ile hizmetime bağladığım kimseye edeb de veririm. Kendisine, zâtımın hakikatı keşfolan kimseyi ise (nûrumla) yakar, (beşerî hislerini) yok ederim. Artık sen hangisini istersen onu seç; edeb yahut yanmak!"

---

7) Ebû Nuaym, Hilye, X, 235; Suyûtî, ed-Dürrü'l-Mensûr, III, 544.
8) Kasas (28), 24.

Bu sözden şunu da anlayabiliriz: Kulda, ilâhî isim ve sıfat tecellilerinin olması, onda, beşerî özellikler ve nefsânî hazlar bulunduğu için, edebi gerekli kılar. Yüce zâtının nûrunun parlamasıyla ise, bütün beşerî eser ve hisler o nurlar içinde kaybolup gider. Burada yok etmenin mânası; kulda fenâ hâlinin gerçekleşmesidir. Bu da son gâyedir.

Ebû Ali ed-Dekkâk: ***"Eyyûb'u hatırla ki; o, Rabbine şöyle duâ etmişti: Şüphesiz bana hastalık isâbet etti. Sen merhamet edenlerin en merhametlisisin."*** [9] âyeti hakkında, **Hz. Eyyûb**'un durumu için demiştir ki:

"**Hz. Eyyûb** (a.s), hasta olduğunu söyledi, fakat: "Bana acı!" demedi. Sâdece, edeben: "Sen merhamet edenlerin en merhametlisisin." dedi.

Hz. İsâ (a.s) da, huzur-ı ilâhiyedeki edebe dikkat ederek: ***"Eğer onların bana isnad ettiklerini söylemişsem, onu sen bilirsin."*** [10] demiş, "ben öyle birşey söylemedim." dememiştir.

Ebû Nasr es-Sarrâc, demiştir ki: "Din ehlinden havass tabakasının edebi; kalblerin temizliği, sırları gözetme, ahidlere vefâ, vakti ve vakit içindeki hâlini muhafaza, gönle gelen havâtır ve **Hakk**'tan alıkoyan düşüncelere fazla iltifat etmeme, için ve dışın bir olması, ilâhî huzurda, kurbiyyet makamlarında ve **Cenâb-ı Hakk**'tan bir şey taleb anında güzel edebe dikkat edilmesi gibi hususlardır."

Edeb iki çeşittir: **Birisi sözün edebi, diğeri de amelin edebidir.** Fiillerindeki edeble **Allah Teâlâ**'ya yakınlık sağlayan kimseye, **Allah** kalblerin sevgisini ihsân eder."

Abdullah b. Mübârek demiştir ki: "Bizler, ilimden daha çok, az da olsa edebe muhtacız."

Ârif için edeb, mânevî yola ilk girenin tevbesi yerindedir.

Ebû Hüseyin Nûrî demiştir ki: "Vaktinin gerektirdiği edebi korumayana, o vakit, bir gazap vesilesi olur."

Zunnûn el-Mısrî de: "Mürid, edeb dâiresinden çıktığı zaman, geldiği yere, yani eski hâline geri döner." demiştir.

---

9) Enbiyâ (21), 83.
10) Maide (5), 116.

İbnu Mübârek bir başka sözünde şöyle demiştir: ***"Edeb hakkında insanlar çok söz söyledi. Biz de diyoruz ki edeb, nefsi tanımaktır."***

Bu söz, nefsin her türlü cehâlet ve edebsizliğin kaynağı olduğuna işâret etmektedir. Edeblerin terkedilmesi, cehâlete bulanmaktan ileri gelmektedir. İnsan nefsini tanıyınca: ***"Nefsini tanıyan, Rabbini tanır."***[11] hadisi mûcibince, irfân nûrunu elde eder. Bu nûr sâyesinde, nefis cehâletini (edebsiz hâl ve hareketlerini) ortaya çıkaramaz. Şayet nefiste, bu yönde bir kıpırdanma olsa; sâhibi onu, sağlam ilim kuvvetiyle ezip yok eder ve böylece edebi korumuş olur.

Cenâb-ı Mevlâ'ya karşı edeblerini güzel yapan ve koruyan kimse, başkalarına karşı da, çok güzel edeb sâhibi olur ve edebi en güzel şekilde korur.

****

11) Ebû Nuaym, Hilye, X, 208; Aclûnî, Keşfu'l-Hafâ, II, 262.

TAHÂRET ÂDÂBI

Allahu Teâlâ, **Ashâb-ı Suffe** hakkında şöyle buyurmuştur:

"O mescitte (günahlardan ve pisliklerden) temizlenmeyi seven adamlar vardır. Allah güzelce temizlenen kimseleri sever." [1]

Bu âyetin tefsirinde denilmiştir ki: "Âyette anlatılan kimseler, bütün hades, cenâbet ve necâsetlerden su ile temizlenmeyi seviyorlardı."

El-Kelbî: "Burada anlatılan temizlik, avret mahallerinin su ile yıkanmasıdır." demiştir.

Atâ b. Ebi Rebah ise: "Onlar, tahâretten sonra su ile temizleniyor ve gece cünüb olarak uyumuyorlardı." demiştir.

Rivâyete göre; bu âyet-i kerime nâzil olduğunda, Rasûlullah (a.s), **Kübâ** ehline:

"**Allahu Teâlâ temizlik hususunda sizi övmektedir. Siz ne yaparsınız ki, böyle övgüye mazhâr oldunuz**?" diye sormuş, onlar da:

"Biz helâda temizliği su ile yapıyoruz." demişlerdir.[2]

Rasûlullah (a.s), bundan önce, **Ashâbına**:

"Sizden biriniz helâya gittiği zaman, üç taş ile tahâretlensin." [3] buyurmuştu. **İslâm**'ın ilk günlerinde, tahâret bu şekilde yapılıyordu. Nihâyet, **Kübâ** ehli hakkında bu âyet-i kerime nâzil oldu.

Selmân-ı Fârisî'ye müşriklerden birisi:

"Peygamberiniz size her şeyi, hatta helâda nasıl oturup temizlik yapacağınızı bile öğretiyor." deyince, **Selmân** (r.a):

"Evet, büyük ve küçük abdest bozarken kıbleye karşı dönmekten, sağ el

---

1) Tevbe (9), I08.
2) Bu hadis ve yukarıdaki rivâyetler için bkz: Taberî, Câmiu'l-Beyân, VII, 28-3l; Suyûtî, ed-Dürrül-Mensûr, IV, 289-29l; Şevkânî, Fethu'l-Kadîr, II, 406.
3) Ebû Dâvud, Tahâret, 8; Heysemî, Mecmau'z-Zevâid, I, 2lI.

ile tahâretlenmekten, üçten az taşla, tezek veya kemikle istincâ yapmamızdan bizi nehyetti." dedi.[4]

Şeyhimiz **Ebu'n-Necib es-Sühreverdî**, bize, imla yoluyla (bizzat yazdırarak), **Ebû Hureyre** (r.a)'nin şöyle dediğini haber verdi: Rasûlullah (a.s) buyurdu ki:

"Ben sizin için, (terbiyenizi üstlenmiş) bir baba durumundayım. (Sizden biriniz), kazâ-i hâcet yapacağı zaman, önünü ve arkasını kıbleye çevirmesin ve sağ eliyle de temizlenmesin." [5]

Rasûlullah (a.s), en az üç taş ile temizlenmeyi emreder, tezek ve kemikle tahâret yapmaktan nehyederdi.[6]

İstincânın (tahâretlenmenin) farzı ikidir:

l-Pisliğin giderilmesi,

2-Temizlik için kullanılan maddenin (taş veya suyun) temiz olması, tezek olmaması, ikinci kez temizlik için kullanılmaması, ölmüş insan veya hayvan kemiği olmaması.

İstincâda kullanılan taşların tek olması sünnettir. Bu da üç, beş veya yedi taş olmasıdır. Taşla silindikten sonra, su kullanılması da sünnettir.

Yukarıda zikrettiğimiz: ***"Onlar temizlenmeyi severler."*** âyetinin tefsirinde; bu kimselere temizliği nasıl yaptıkları sorulunca: "**Önce taş sonra su ile temizlenirdik.**" dedikleri zikredilmiştir.[7]

İstincâyı sol elle yapmak, istincâdan sonra eli toprağa sürmek (veya sabunla temizlemek) de sünnettir. Çöl ve benzeri yerlerde, yer ve toprak temiz olunca, el toprağa sürülmek sûretiyle temizlenir.

İstincânın yapılış şekli:

Taş sol ele alınarak, necâsete bulaşmayacak şekilde mak'adın kıyısına konur ve silerek taş haraket ettirilir. Haraket ettirirken, necâsetin sağa sola bulaşmaması için, taş döndürülerek silinir.

---

4) Ebû Dâvud, Tahâret, 4; Tirmizî, Tahâret, l2; Ahmed, Müsned, V, 439; Heysemî, Mecmau'z-Zevâid, I, 205, 211.
5) Müslim, Tahâret, 58; Ebû Dâvud, Tahâret, 4, Nesâî, Tahâret, l2; Beğavî, Şerhu's-Sünne, I, 356.
6) Ebû Dâvud, Tahâret, 4; Tirmizî, Tahâret, l4.
7) İki numaralı dipnottaki kaynaklara ve ayrıca bkz: Heysemî, Mecmau'z-Zevâid, I, 2l2.

Çıkış yerinin öbür tarafına kadar böyle devam edilir. Sonra ikinci taş ele alınır, onunla da birincinin bittiği yerden başlayarak ilk temizlenen yere kadar silinir. Üçüncü taş da çıkış yerinin etrafında döndürülür. Üç ayrı taş yerine, üç köşeli bir taşla da aynı işlem yapılabilir.

İstibrâ

Sidik kesilince, tenâsül âleti dipten uca doğru üç defa hafifçe sıvazlanarak, içinde kalmış olabilecek sidik damlacıkları dışa atılır. Sonra üç defa da sallanır. İstibrâda istinkâ da yaparak, ihtiyatla haraket eder. İstinkâ: (en son durumda) üç defa öksürmektir. Çünkü damarlar, boğazdan tenâsül âletine kadar uzanır. Öksürme ile damarlar haraket eder ve sidik kanalında kalan damlacığı dışarı atar. Biraz yürümek ve öksürmeyi artırmanın bir sakıncası yoktur. Fakat bu arada, ilmin gösterdiği ölçüye dikkat etmek ve vaktini zâyi edecek şekilde şeytânî vesveselere kapılmamak gerekir. Son olarak, tenâsül âleti, yaşlık eseri kalmayacak şekilde üç veya daha fazla silinip temizlenir.

Bazıları, tenâsül âletini memeye benzeterek, çekilip sündürüldükçe ondan ıslaklığın eksik olmayacağını söylemişlerdir. Bu durumda; ölçüye riâyet edip, temizliğinin tek sayılarla yapılmasına dikkat edilmelidir.

Yaşlığı gidermek için yapılan silme işi, temiz toprak veya taşla yapılabilir. Eğer taş küçük olur da ele almak gerekirse, taş sağ ele, âlet sol ele alınarak silme işi yapılır. Sağ elle istincâ yapmamış olmak için; taşı sağ elde sâbit tutarak, sol elle hareket ettirilip silinir. Ayrıca su kullanmak isterse, başka bir yere geçilir. Sidik, âletin uç kısmına (haşefe üzerine) yayılmamışsa, taşla silinerek de yetinilebilir.

İstibrâda, temizliğe dikkat etmeyenleri ve güzel temizlenmeyenleri Rasûlullah (s.a.v), ciddi olarak uyarmıştır. **İbnu Abbas** (r.a) anlatıyor: Rasûlullah (a.s), iki kabre uğradı, buyurdu ki:

"Şu iki kabrin içindekilere azap olunuyor. Azapları da büyük bir günahtan değildir. Şu birisi, sidikten sakınmaz (güzel tahâret yapmaz), öbürü de, insanlar arasında dedi-kodu yapardı." [8] buyurdu.

---

8) Buhârî, Edeb, 46; Müslim, Tahâret, III, Ebû Dâvud, Tahâret, II; Nesâî, Tahâret, 26; Ahmed, Müsned, V, 39, Ali Nâsıf, et-Tâc, I, 86.

Çöl ve benzeri açık yerlerde kazâ-i hâcete çıkacağı zaman, gözden uzak yerlere gitmelidir. Hz. **Câbir**'in (r.a) rivâyetine göre; Rasûlullah (a.s.) ***arazide ihtiyacının göreceği zaman, kimsenin göremiyeceği kadar uzak bir yere giderdi.*** [9]

Muğire b. Şu'be (r.a) şöyle rivâyet etmiştir:

"Rasûlullah (a.s) ile bir yolculukta bulunuyorduk. Efendimiz (a.s) kazâ-i hâceti için insanlardan epeyce uzak bir yere gitti." [10]

Rivâyete göre; Rasûlullah (a.s), ***kazâ-i hâceti için, bir adamın oturacağı yeri hazırladığı gibi yer hazırlar, kendisini bir duvar, taş yığını veya bir tümsekle gizlerdi.*** [11]

Çöl (ve arazide) bevleden kimsenin, bineğinin arkasına gizlenmesi veya idrar sıçramasından korunabilecekse, elbisesinin eteği ile kendini örtmesi câizdir. Suyu sıçratmayacak yumuşak yere yahut idrarı içine çekecek gevşek bir toprağa bevletmek müstehabtır.

Ebû Mûsâ el-Eşar'i (r.a) şöyle anlatır:

"Rasûlullah (a.s), ile beraberdik. Efendimiz (a.s) küçük abdest bozmak istedi. Bir duvarın dibinde toprağı yumuşak bir yere gelerek bevletti. Hâcetini bitirip yanımıza dönünce şöyle buyurdu:

"Sizden biriniz bevl (veya kazâ-i hâcet) yapmak istediği zaman (öyle olur olmaz yerde hâcetini görmesin), kendine uygun bir yer arasın." [12]

Bevleden kimsenin önünü veya arkasını kıbleye döndermemesi, güneşe ve aya çevirmemesi gerekir.

Binâların içinde (kapalı mahalde), kıble cihetine bevletmek mekruh olmamakla birlikte, evlâ olan, bundan da sakınmaktır. Çünkü, bazı fakihler bunun mekruh olacağını söylemişlerdir.

Dışarıda (arazi ve açık yerde) ihtiyacını görme durumunda olan kimse,

---

9) İbnu Mâce, Tahâret, 22; Ali Nâsıf, et-Tâc, I, 9l.
10) Ebû Dâvud, Tahâret, l; Tirmizî, Tahâret, l6; Nesâî Tahâret, l5; İbnu Mâce, Tahâret, 22; Ali Nâsıf, et-Tâc, I, 9l.
11) Suyûtî, Câmiu's-Sağîr, 6964; Heysemî, Mecmau'z-Zevâid, I, 204.
12) Ebû Dâvud, Tahâret, 2; Tirmizî, Tahâret, l6.

yere tam yaklaşıp çömelmeyince elbisesini kaldırmamalıdır. İdrar serpintilerinden korunmak için rüzgara karşı bevletmemek gerekir.

Çölde yaşayan (bedevî) Sahabîlerden birisiyle çekişen bir adam, ona:

"Umarım sen tuvâlet işini güzel yapıyorsundur!" dedi. O da:

"Evet, ben o işin ehliyim!" dedi. Adam:

"Öyleyse anlat bakalım, nasıl yapıyorsun bu işi!" diye sorunca, O:

"(İhtiyacımı göreceğim zaman), insanlardan uzaklaşıp kendime taharet için uygun bir yer hazırlarım; önümü, bevli içine çekecek otlara, arkamı da rüzgara getiririm. Ceylan gibi bacaklarımı açarak oturur, deve kuşu gibi kalçalarımı kaldırırım!" dedi.

Helâya girip çıkarken okunacak duâlar:

Kazâ-i hâcetini yapıp güzelce temizlendikten sonra, istincâ mahallinden ayrılırken; şöyle söylemelidir:

اَللّٰهُمَّ صَلِّ عَلٰى مُحَمَّدٍ وَ عَلٰى اٰلِ مُحَمَّدٍ وَ طَهِّرْ قَلْبِى مِنَ الرِّيَاءِ وَ حَصِّنْ فَرْجِى مِنَ الْفَوَاحِشِ

"Allah'ım! Efendimiz Muhammed'e ve O'nun aline salat eyle. Kalbimi riyâdan temizle, fecrimi çirkin şeylerden koru."

Gusledilen yere bevletmek mekruhtur. **Abdullah b. Muğaffel**'in (r.a), rivâyetine göre; **Rasûlullah** (a.s), kişinin yıkandığı yere bevletmesini yasaklayarak:

"Genellikle vesvese bundan ileri gelir." [13] buyurmuştur.

Abdullah b. Mübârek: "Suyu akıp giden hamamda, bevletmeye müsâade edilir." demiştir.

Helâ, binâ şeklinde kapalı bir yerde ise; oraya girerken önce sol ayakla girilir ve (daha içeri girmeden) şöyle denir:

بِسْمِ اللّٰهِ أَعُوذُ بِاللّٰهِ مِنَ الْخُبْثِ وَ الْخَبَائِثِ

"Allah'ın ismiyle girerim. Dişi ve erkek cinlerin şerrinden (ve pisliklerden) Allah'a sığınırım." [14]

13) Ebû Dâvud, Tahâret, I5; Tirmizî, Tahâret, I7; Nesâî, Tahâret, 3I.
14) Ebû Dâvud, Tahâret, 3; Tirmizî, Tahâret, 4; Ali Nâsıf, et-Tâc, I, 9I.

Şeyhimiz **Ebu'n-Necib es-Sühreverdî**, bize, **Zeyd b. Erkam** (r.a)'dan, **Rasûlullah** (a.s)'ın şöyle buyurduğunu nakletti:

"Şu, tuvâlet için çıktığınız yerler, şeytanların hazır bulunduğu yerlerdir. Sizden biriniz, kazâ-i hâcete çıkacağı zaman:

أَعُوذُ بِاللهِ مِنَ الْخُبْثِ وَ الْخَبَائِثِ

"Erkek ve dişi şeytanların şerrinden Allah'a sığınırım." *desin."* [15]

Hadisin metninde geçen "huşuş", sık hurmalık demek olup, helâ mânasında kullanılmıştır. **Sahâbe-i Kirâm**, evlerine helâ yapmadan önce, buralara giderek ihtiyaçlarını görürlerdi.

Kazâ-i hâcet yapılırken, sol ayak üzerine ağırlık vererek oturulur. Elle edep yerine dokunarak oynanmaz.

Otururken yere veya duvara birşeyler yazılmaz.

Avret mahalline ihtiyaç miktarından fazla bakılmaz ve o esnada kimseyle konuşulmaz. Bu hususta, Rasûlullah (s.a.v) Efendimiz şöyle buyurmuştur:

"Avret mahalleri açık olduğu halde, kazâ-i hâcetlerini gören ve (bu arada) birbirleriyle konuşan kimselere Allah gazab eder." [16]

Helâdan çıkınca şu duâ okunur:

غُفْرَانَكَ الْحَمْدُ لِلهِ الَّذِى أَذْهَبَ عَنِّى مَا يُؤْذِينِى وَ أَبْقَى مَا يَنْفَعُنِى

"Allah'ım senden affımı isterim. Bana eziyet vereni benden giderip, fayda vereni bende bırakan Allah'a hamdolsun." [17]

Helâya giren kimse, üzerinde Allahu Teâlâ'nın ismi yazılı altın. para, yüzük ve benzeri şeyleri bulundurmamalıdır.[18]

Edeb olarak, başı açık bir şekilde helâya girmemelidir.

---

15) Ebû Dâvud, Tahâret, 3; İbnu Ebî Şeybe, Musannef, I, 11.(Tahâret, 1.)
16) Ebû Dâvud, Tahâret, 7; İbnu Mâce, Tahâret, 24; Ali Nâsıf, et-Tâc, I, 92.
17) Ebû Dâvud, Tahâret, 17; Tirmizî, Tahâret, 5; Hâkim, Müstedrek, I, 157; Ali Nâsıf, et-Tâc, I, 94; Hadisin son kısı için bkz: İbnu Ebî Şeybe, Musannef, I, 12. (Tahâret, 2); Hakîm et-Tirmizî, Nevâdiru'l-Usûl, II, 318.
18) Beğavî, Şerhu's-Sünne, I, 380.

Bu konuda **Hz. Âişe** (r.ah), babası **Hz. Ebû Bekir**'in (r.a) şöyle dediğini nakletmiştir:

"Allah'dan hayâ ediniz. Ben, helâya girdiğimde, Aziz ve Celil olan Allah'dan hayâ ederek belimi iki büklüm yapar, başımı da örterim." [19]

****

19) Hakîm et-Tirmizî, Nevâdiru'l-Usûl, I, 312; Ali el-Muttakî, Kenzu'l-Ummâl, III, 705. (Had.No: 8518), Kandehlevî, Hayâtu's-Sahâbe, III, 543.

ABDESTİN EDEB VE SIRLARI

Abdeste başlarken, önce misvak kullanmalıdır. Bu konuda, Şeyhimiz **Ebu'n-Necib es-Sühreverdî**'nin, bize, **Zeyd b. Halid el-Cühenî**'den rivâyet ettiği bir hadis-i şerifte, **Rasûlullah** (a.s) şöyle buyurmuştur:

"Eğer ümmetine meşakkat vermemiş olsaydım; yatsı namazını gecenin üçte biri geçinceye kadar te'hir eder ve her farz namaz için (abdest alırken veya namaza başlarken) misvak kullanmalarını emrederdim." [1]

Hz. Âişe (r.ah), Rasûlullah'ın (s.a.v) şöyle buyurduğunu rivâyet etmiştir: *"Misvak, Rabbi razı eder ve ağzı temizler."* [2]

Huzeyfetu'l-Yemânî (r.a), Rasûlullah'ın *(s.a.v)* ***her gece, (teheccüde) kalktığı zaman misvakla ağzını ovduğunu*** *rivâyet etmiştir.* [3]

Her abdest alışta ve namaza başlarken misvak kullanmak müstehabtır.[4] Devamlı kapalı kalmasından veya başka sebeplerle ağzın tadı değiştiği zaman da misvak kullanmak müstehabtır. Oruçlu kimsenin öğleden önce misvak kullanması müstehabtır, fakat öğleden sonra mekruhtur. [5] Misvak; kuru olunca su ile yumuşatılarak, yukarı aşağı, sağa sola sürülerek kullanılır. Vakit dar ise, yukarıdan aşağı sürtmekle yetinilebilir. Misvağın işi bitince yıkanır ve abdest için oturulur.

---

1) Buhârî, Mevâkıt, 24; Cum'a, 8; Müslim, Tahâret, 42; Ebû Dâvud, Tahâret, 25.
2) Buhârî, Savm, 27; Nesâî, Tahâret, 4; Dârimî, Vudu', 19; Ahmed, I, 3.
3) Buhârî, Vudu', 74; Müslim, Tahâret, 15; Beğavî, Şerhu's-Sünne, I, 390.
4) Bu hüküm Şâfii mezhebine göredir. Hanefilerde, abdest alırken misvak kullanmak, sünnetin yerine gelmesi için yeterlidir. Namaza başlarken misvak kullanılması anında dişlerin kanayıp abdestin bozulma tehlikesi olduğu için sakıncalıdır.
5) Hanefilerde, öğleden sonra da mekruh değildir.

Abdest Duâları:

Abdest alırken kıbleye yönelik olmak efdaldir. Önce:

رَبِّ أَعُوذُ بِكَ مِنْ هَمَزَاتِ الشَّيَاطِينِ وَ أَعُوذُ بِكَ رَبِّ أَنْ يَحْضُرُونِ

"Rahman ve Rahim olan Allah'ın adıyla başlarım. Ya Rabbi! Şeytanların vesveselerinden ve yanımda bulunup bana zarar vermelerinden sana sığınırım."[6] der ve sırasıyla şu duâları okur:

Elleri yıkarken:

اَللّٰهُمَّ إِنِّى أَسْأَلُكَ الْيُمْنَى وَ الْبَرَكَةَ وَ أَعُوذُ بِكَ مِنَ الشُّؤْمِ وَ الْهَلَكَةِ

"Allah'ım! Senden iyilik ve bereket isterim. Uğursuzluktan ve helâk olmaktan sana sığınırım."

Ağza su verirken:

اَللّٰهُمَّ صَلِّ عَلَى مُحَمَّدٍ وَ عَلَى اٰلِ مُحَمَّدٍ وَ أَعِنِّى عَلَى تِلَاوَةِ كِتَابِكَ وَ كَثْرَةِ الذِّكْرِ لَكَ

"Allah'ım! Efendimiz Muhammed'e ve O'nun âline salât eyle. Senin kitabını okunmada ve seni çokça zikretmede bana yardım eyle."

Burna su verirken:

اَللّٰهُمَّ صَلِّ عَلَى مُحَمَّدٍ وَ عَلَى اٰلِ مُحَمَّدٍ وَ أَوْجِدْنِى رَائِحَةَ الْجَنَّةِ وَ أَنْتَ عَنِّى رَاضٍ

"Allah'ım! Efendimiz Muhammed'e ve O'nun âline salat eyle. Benden râzı olarak, bana Cennetin kokularını koklat."

Burnu silerken:

اَللّٰهُمَّ صَلِّ عَلَى مُحَمَّدٍ وَ أَعُوذُ بِكَ مِنْ رَوَائِحِ النَّارِ وَ سُوءِ الدَّارِ

"Allah'ım! Cehennemin kokularından ve varılacak kötü yerlerden sana sığınırım."

Yüzü yıkarken:

---

6) Mü'minûn (23), 98.

اَللّٰهُمَّ صَلِّ عَلٰى مُحَمَّدٍ وَ عَلٰى اٰلِ مُحَمَّدٍ وَ بَيِّضْ وَجْهِى يَوْمَ تَبْيَضُّ وُجُوهُ أَوْلِيَائِكَ وَ لَا تُسَوِّدْ وَجْهِى يَوْمَ تَسْوَدُّ وُجُوهُ أَعْدَائِكَ

"Allah'ım! Dostlarının yüzlerinin ağardığı günde benim de yüzümü ağart. Günah ve zulmetleriyle düşmanlarının yüzünün kara olduğu günde benim yüzümü kara etme."

Sağ kolu yıkarken:

اَللّٰهُمَّ اٰتِنِى كِتَابِى بِيَمِينِى وَ حَاسِبْنِى حِسَابًا يَسِيرًا

"Allah'ım! Kitabımı sağ yanımdan ver ve hesabımı kolay eyle."

Sol kolu yıkarken:

اَللّٰهُمَّ إِنِّى أَعُوذُ بِكَ أَنْ تُؤْتِينِى كِتَابِى بِشِمَالِى أَوْ مِنْ وَرَاءِ ظَهْرِى

"Allah'ım! Kitabımın (amel defterimin) solumdan veya arkamdan verilmesinden sana sığınırım."

Başını mesh ederken:

اَللّٰهُمَّ صَلِّ عَلٰى مُحَمَّدٍ وَعَلٰى آلِ مُحَمَّدٍ وَغَشِّنِى بِرَحْمَتِكَ وَاَنْزِلْ عَلَىَّ مِنْ بَرَكَاتِكَ وَاَظِلَّنِى تَحْتَ ظِلِّ عَرْشِكَ يَوْمَ لَاظِلَّ اِلَّا ظِلُّ عَرْشِكَ *

"Allah'ım! Beni rahmetine garket. Üzerime bereketini indir ve Senin arşının gölgesinden başka hiçbir gölgenin bulunmadığı günde beni, arşının gölgesi altında gölgelendir."

Kulaklarını mesh ederken:

اَللّٰهُمَّ صَلِّ عَلٰى مُحَمَّدٍ وَ عَلٰى اٰلِ مُحَمَّدٍ وَ اجْعَلْنِى مِمَّنْ يَسْمَعُ الْقَوْلَ فَيَتَّبِعُ أَحْسَنَهُ * اَللّٰهُمَّ أَسْمِعْنِى مُنَادِى الْجَنَّةِ مَعَ الْأَبْرَارِ

"Allah'ım! Beni, sözü dinleyip de en güzeline uyanlardan yap. Allah'ım! Beni, iyilerin içinde yap ve bana Cennete çağıran münâdinin sesini duyur.

Boynu meshederken:

اَللّٰهُمَّ فُكَّ رَقَبَتِى مِنَ النَّارِ وَ أَعُوذُ مِنَ السَّلَاسِلِ وَ الْأَغْلَالِ

"Allah'ım! Boynumu (vücûdumu) ateşten kurtar. Cehennemin zincir ve halkalarından sana sığınırım."

Sağ ayağı yıkarken:

اَللّٰهُمَّ صَلِّ عَلٰى مُحَمَّدٍ وَ عَلٰى اٰلِ مُحَمَّدٍ وَ ثَبِّتْ قَدَمِى عَلَى الصِّرَاطِ مَعَ أَقْدَامِ الْمُؤْمِنِينَ

"Allah'ım! Mü'minlerin ayakları ile birlikte, ayağımı sıratta sâbit eyle, kaydırma."

Sol ayağı yıkarken:

اَللّٰهُمَّ صَلِّ عَلٰى مُحَمَّدٍ وَ عَلٰى اٰلِ مُحَمَّدٍ وَ أَعُوذُ بِكَ أَنْ تَزِلَّ فِيهِ أَقْدَامُ الْمُنَافِقِينَ

"Allah'ım! Sıratta münafıkların ayaklarının kaydığı günde, ayağımın kaymasından sana sığınırım."

Abdest tamamlandıktan sonra, başını semâya kaldırarak şöyle duâ etmelidir.

أَشْهَدُ أَنْ لَا إِلٰهَ إِلَّا اللّٰهُ وَحْدَهُ لَا شَرِيكَ لَهُ وَ أَشْهَدُ أَنَّ مُحَمَّدًا عَبْدُهُ وَ رَسُولُهُ ❊ سُبْحَانَكَ اللّٰهُمَّ وَ بِحَمْدِكَ ❊ لَا إِلٰهَ إِلَّا أَنْتَ عَمِلْتُ سُوءًا وَ ظَلَمْتُ نَفْسِى اَسْتَغْفِرُكَ وَ أَتُوبُ إِلَيْكَ فَاغْفِرْ لِى وَ تُبْ عَلَىَّ، إِنَّكَ أَنْتَ التَّوَّابُ الرَّحِيمُ ❊ اَللّٰهُمَّ صَلِّ عَلٰى مُحَمَّدٍ وَ عَلٰى اٰلِ مُحَمَّدٍ وَ اجْعَلْنِى مِنَ التَّوَّابِينَ وَ اجْعَلْنِى مِنَ الْمُتَطَهِّرِينَ وَ اجْعَلْنِى أَذْكُرُكَ كَثِيرًا وَ أُسَبِّحُكَ بُكْرَةً وَ أَصِيلاً

"Allah'dan başka ilâh olmadığına, O'nun her şeyi ile tek olup, şeriki bulunmadığına, Muhammed'in O'nun kulu ve Rasûlü olduğuna şehâdet ederim.

Allah'ım, seni hamd ile tesbih ederim. Senden başka ilâh yoktur. Ben günah işledim, nefsime zulmettim. Senden mağfiret diliyor ve sana tevbe ediyorum, beni affet ve tevbemi kabul buyur. Şüphesiz sen, tevbeleri fazla kabul edici ve çok acıyansın. Allah'ım, Efendimiz Muhammed'e ve O'nun âline salat eyle. Beni çokça tevbe edip, güzelce temizlenenlerden, çokça şükreden, sabırlı ve seni sabah akşam zikir ve tesbih edenlerden yap!" [7]

---

7) Burada verilen duâların bu şekliyle abdest içinde okunacağına dâir, ilk mürâcaat edilecek hadis kitaplarında bir kayıt yoktur. Ancak, **Ali el-Muttakî**, **Kenzu'l-Ummâl** adlı hadis mecmuasında, bu konuda, **Hz. Ali** (r.a)'den bir kaç rivâyet vermekte ve abdest anında her âza ile ilgili duânın Hz. **Ali**'ye **Rasûlullah** (a.s) tarafından ta'lim edildiği kaydedilmektedir. Bkz: Ali el-Muttakî, Kenzu'l-Ummâl, IX, 465-469. Abdestten önce ve sonra okunacak zikir ve duâlar şu kaynaklarda mevcuttur. Kenzu'l-Ummal, IX, 28l-294; Ahmed Osmânî, İ'lâu's-Sünen, I, 26 vd.; Zeyleî', Nasbu'r-Râye, I, 3 vd; Heysemi, Mecmau'z-Zevâid, I, 283.

Abdestin Farzları:

1-Niyyet:Yüzü yıkarken yapılmalıdır.

2-Yüzü yıkamak: Yüzün sınırı; uzunlamasına, alın cephesinden çene altına kadar olan kısımdır. Uzayan sakal da yüze dâhildir. Genişliğine ise; kulaktan kulağa kadar olan kısımdır. Kulak ile sakal arasındaki boşluk da yüze dâhildir ve yıkanması gerekir. Saçın dökülen kısmı başa âittir. Ancak alnın ön kısımlarından dökülen ve açılan yerlerin yüzle beraber yıkanması müstehabdır. Suyun alt dudakla çene arasına, bıyık, kaş ve favullere kadar ulaşıp hem bu tüylerin, hem de altlarının yıkanması gerekir. Bunların dışındaki yerlerin yıkanması gerekmez.

Sakala gelince; eğer sakal seyrek olursa, suyu deriye kadar ulaştırmak gerekir. Seyrek olduğunu, dışardan bakılınca altının görülmesiyle anlarız. Sakal sık ise, suyun, sakalın diplerine deriye ulaşması vâcip değildir. Göz kapağında biriken sürme, çapak vs. şeyleri temizlemeye çalışmalıdır.

3-Elleri dirseklere kadar yıkamak: Yıkamaya dirsekler de dâhildir. Hatta, pazuların yarısına kadar yıkamak müstehabdır. Tırnaklar, parmak uçlarını aşacak şekilde uzunsa, sahih kavle göre, onların altının da yıkanması gerekir.

4-Başı meshetmek: Mesh için, mesh denebilecek az bir miktar kâfidir. Başın tamamını meshetmek sünnettir. Bu, şu şekilde yapılır: Sağ ve sol parmakların uç kısmı birleştirilerek alnın ön kısmına konur ve enseye doğru çekilir. Sonra tekrar geriye doğru mesh edilir ve başlanan yere kadar gelinir. İki elin ıslaklığının yarısını ilk meshde, diğer yarısını da ikinci meshde kullanır.

5-Ayakları yıkamak: Ayakları yıkamaya topuklar da dâhildir. Bacağın yarısına kadar yıkanması müstehabtır. Bacakların sadece topuklarla yıkanması da yeterlidir. Birbirine yapışmış parmak aralarını açıp, hilallemek vâciptir. Hilalleme, sol elin küçük parmağı ile yapılır. Sağ ayağını küçük parmağından başlayarak sol ayağını küçük parmağından bitirilir.

Ayaklarda yarık varsa, suyun onların iç kısmına ulaşması vâciptir. Eğer yarıkların içine, ma'cun, sakız vb. şeyler konmuşsa yıkama esnâsında onların giderilmesi gerekir.

6-Tertibe riâyet: Abdest azalarını, **Allahu Teâlâ**'nın **Kur'an-ı** Hakîm'de beyan ettiği sıra ile yıkamak lâzımdır.

7-Âzaları ara vermeden yıkamak: İmam Şâfii (r.a), kavl-i kadîminde (ilk fetvâsında), abdest âzalarının peşpeşe yıkanmasının farz olduğunu belirmiştir. Ara vermenin ölçüsü, yıkanan bir azanın normal bir havada tamamen kuruyacağı kadar gecikmektir. [8]

Abdestin sünnetleri on üçtür:

1-Önce besmele çekmek.

2-Elleri bileklere kadar yıkamak.

3-Ağza su verip çalkalamak.

4-Burnuna su verip temizlemek.

5-Ağız ve burna suyu bol vermek. Ağız çalkalanırken, su boğaza varacak şekilde gargara yapılır. Burun temizlenirken, su genize kadar ulaştırılır. Oruçlu iken ağız ve burna hafifçe su vermek icâbeder.

6-Sık olan sakalları hilallemek.

7-Açık olan parmak aralarını hilallemek.

8-Sağdan başlamak.

9-Abdest âzalarını normal sınırından fazla yerini yıkamak.

l0-Başın tamamını meshetmek.

ll-Kulakları meshetmek.

l2-Her âzayı üç defa yıkamak.

l3-Âzaları ara vermeden peşpeşe yıkamak. Bu, **İmam Şâfii**'nin kavl-i cedidi (sonraki fetvâsı) dir.

Âzaları üçden fazla yıkamaktan çekinmek gerekir. Abdest suyunu silkmemek, abdest ânında konuşmamak, suyu yüze çarpmamak gerekir. Alınan bir abdesti, onunla bir miktar namaz kılınma şartıyla, tâzelemek müstehabtır. Fakat, hiçbir namaz kılmadan ve bozulmadan, abdesti tâzelemek mekruhtur.

****

8) Müellif, Şâfiî mezhebinden olduğu için, abdestin farzlarını bu kadar saymıştır. Hanefî mezhebinde abdestin farzları dörttür: 1-Yüzü yıkamak, 2-Kolları dirseklerle beraber yıkamak, 3-Başın dörtte birini meshetmek, 4-Ayakları topuklarla beraber yıkamak. Niyet, tertib ve âzaları kurumadan peşpeşe yıkamak sünnettir.

HAVASSIN ABDEST ÂDÂBI

Bildiğimiz dînî ahkâmı uyguladıktan sonra, sûfilerin, dikkat ettikleri bir takım edebleri vardır; bu edebler şunlardır:

1-Abdest âzalarını kalb huzuru ile yıkamak.

Sâlihlerden birinin şöyle dediğini işittim:

"Kalb, abdestte uyanık ve hazır olursa, namazda da huzur içinde olur. Abdestte bir hatâ olunca, namazda vesvese gelir."

2-Devamlı abdestli bulunmak.

Abdest mü'minin mânevî silahıdır. Âzalar, dinî bir alâmet olan abdestin himâyesinde oldukları zaman, şeytanın onlara etki edip günah işletmesi azalır.

Adiy b. Hâtim demiştir ki: "Müslüman olduğum günden beri, her namaz vakti girip namaza kalkıldığında, mutlaka abdestli bulunmuşumdur."

Enes b. Mâlik (r.a) şöyle anlatmıştır: "**Rasûlullah** (a.s) **Medine**'ye geldiklerinde ben sekiz yaşlarında idim. **Rasûlullah** (a.s) bir defasında bana:

"Yavrum, devamlı abdestil olmaya gücün yeterse yap. Çünkü, abdestli iken ölen kimseye şehidlik sevâbı verilir." [1] buyurdu.

Akıllı olana düşen; devamlı ölüme hazır olmasıdır. Devamlı abdestli bulunmak, ölüme hazır olmak sayılır.

El-Husrî, şöyle demiştir: "Gece uyandığımda, uykuya abdestsiz olarak dönmemek için, kalkar abdest tazelerim ve uykuya öyle dalarım.

Şeyh **Ali b. Heytemî**'nin sohbetinde bulunan bir zâtın şöyle dediğini duydum: "Hazret, bütün geceyi oturarak geçirirdi. Oturduğu yerde uyku

1) Ebu Ya'lâ, Müsned, Vı, 307-309 (No:3624); Heysemî, Mecmau'z-Zevâid, I, 27I.

bastırınca, ayağa kalkıp gezinerek uykuyu dağıtmaya çalışırdı. Biraz uyuklayıp da uyanınca: "Edebi bozmak istemiyorum!" der, hemen kalkıp abdestini tâzeler ve iki rek'at namaz kılardı."

Ebû Hureyre'nin rivâyetine göre; **Rasûlullah** (a.s), **Hz. Bilâl**'e (r.a): "***Ya Bilâl! İslam'da en çok sevap umarak yaptığın amelin nedir, bana söyler misin? Ben, Cennette senin nalinlerinin ayak sesini önümde işittim.***" diye sordu. **Hz. Bilâl** de:

"**Gece veya gündüz her abdest alışımda Allah için iki rek'at namaz kılarım. Bundan başka da, fazlaca sevap umduğum bir amelim yoktur!**" [2] dedi.

3-Suyu israf etmeden, şer'i ölçüde kalmak:

Bununla ilgili bir hadis-i şerifte, **Rasûlullah** (a.s) şöyle buyurmuştur: "***Abdestte (vevese vermek için) musallat olan "Velhân" isimli bir şeytan vardır. Onun, kullandığınız suda, size vereceği vesveseden sakınınız.***" [3]

Ebû Abdullah er-Rüzbârî demiştir ki: "**Şüphesiz şeytan, insanoğlunun bütün amellerinden (kendi payına) bir şey koparmaya çalışır. Onun için, onların, kendilerine emredilen şeyleri fazla veya az yapmalarının bir önemi yoktur. Hangisini yapsalar şeytan sevinir.**"

Anlatıldığına göre; **İbnu'l-Kernebî** bir gece ihtilâm olmuştu. Üzerinde de kalın, kaba bir elbise vardı. Şiddetli bir soğukta (gusul abdesti almak için) **Dicle**'ye geldi. Nefsi, böyle soğuk bir gecede suya girmekten çekindi ve onu da vazgeçirmek istedi. Bunun üzerine **İbnu'l-Kernebî**, üzerindeki elbisesiyle birlikte kendini suya attı. Sonra sudan çıkıp:

"Bu elbiseyi, kendi hâlinde üzerimde kurumadıkça çıkarmayacağım!" diye söz verdi. Elbise çok sert ve kalın olduğu için, üzerinde tam bir ay kaldı. Böylece, Allahu Teâlâ'nın yıkanma emrine teslim olmaktan çekinen nefsini terbiye etmişti.

---

2) Buhârî, Teheccüd, I7; Fedâilu's-Sahâbe, 23; Ahmed, Müsned, II, 333.
3) İbnu Mâce, Tahâret, 48; Ahmed, Müsned, V, I36; Ali Nâsıf, et-Tâc, I, I02.

Sehl b. Abdullah, ashâbını (müridlerini), çok su içip, az bevletmeye teşvik ederdi. Çünkü o, çok su içmenin nefsi zayıflatıp şehvetini kıracağı kanaatinde idi.

4-Yedekte abdest için su bulundurmak.

Sûfilerin dikkat ettikleri edeblerden birisi de; seferde veya diğer hallerde abdest için geride su bırakma ihtiyâtı idi.

Denilir ki; **İbrahim el-Havvas**, çölde yolculuk yaparken yanında sâdece, içinde su bulunan bir kırba taşırdı. Çoğu zaman, susayınca ondan azıcık içer, kalanı abdest için saklardı. Onun, **Mekke**'den **Kûfe**'ye kadar yolculuk yaptığı ve bu arada hiç teyemmüme ihtiyacı olmadığı anlatılır. Çünkü, devamlı abdest suyunu yanında saklıyor, az bir su içerek kanaat ediyordu.

Denilmiştir ki: "Sûfinin, yanında su tulumu veya kırbası yokken yolculuk yaptığını görürsen, bil ki o; isteyerek yahut istemeyerek namazını terketme tehlikesi ile karşı karşıyadır."

Sûfilerden birisinin hâli şöyle anlatılır: Bu zât, tahâret hususunda nefsini öyle edeblendirmişti ki, ehl-i ibâdet bir toplulukla bir evde beraberce kaldığı halde, kimse onun helâya gittiğini görmezdi. Çünkü o, nefsini edeblendirmek için, helâya çıkma işini ortalığın en tenhâ olduğu bir vakitte yapardı.

Anlatıldığına göre; **İbrâhim el-Havvâs, Rey** câmiinde, suyun içinde ölmüştü. Kendisi karın hasatlığına mübtelâ olmuştu. Gece her kalkışında suya girip yıkanırdı. Yine bir defasında suya girmiş ve orada ruhunu teslim etmişti. Onun bütün maksadı; abdest ve tahâret hâlini korumaktı.

Yine anlatılır ki; **İbrahim b. Edhem**'in gece kalkma hâli ve îtiyâdı vardı. Bir defasında, yetmişten fazla uyanıp kalkmış, her defasında da abdestini tazeleyerek iki rek'at namaz kılmıştı.

Sûfilerden birisi, nefsini öyle terbiye etmişti ki, halvetteki edebe çok dikkat ettiği için, ancak kazâ-i hâcet anında yellenirdi.

Abdestten sonra havlu (ve mendil gibi kurulama bezi) kullanmayı bazı fakihler mekruh görmüşler ve "abdest suyu mizana konup sevap olarak tartılacağından, onun kurulanması uygun değildir." demişlerdir. Bazı fakihler de, bunun câiz olduğunu söyleyerek, şu hadis-i şerifi delil göstermişlerdir. **Hz. Âişe** (r.ah) demiştir ki:

"Hz. Peygamber (s.a.v)'in abdestten sonra âzâlarını kuruladığı bir bez parçası vardı." [4]

Muaz b. Cebel (r.a) şöyle demiştir:

"Rasûlullah (a.s)'ın abdest aldıktan sonra, elbisesinin bir ucuyla yüzünü sildiğini gördüm." [5]

5-Bâtınî temizliğe önem vermek

Sûfilerin en çok üzerinde durdukları mesele; bâtınlarını çirkin sıfatlardan ve sevimsiz ahlâklardan temizlemektir. Yoksa, ilmin müsâade ettiği ölçünün ötesindeki zâhiri temizlik hususunda titizlik değildir.

Hz. Ömer (r.a), bir **Hristıyana** âit küpteki sudan abdest almıştır. Halbuki onlar şaraptan sakınmazlar. **Hz. Ömer**, o anda suyun zâhirî durumuna ve aslındaki temizlik hâline göre hüküm verip suyu kullanmıştır.

Rasûlullah'ın ashâbı, seccâde sermeden yerde namaz kılıyor, yalın ayak yollarda dolaşıyor, uyuyacakları zaman altlarına birşey sermeden toprağa uzanıyorlardı. Bazen, istincayı (helâdaki tahâretlenmeyi) sâdece taşla yapıyorlardı. Onların zâhiri temizlik hususunda her işi, kolaylık üzere idi. Fakat, bâtınî temizliğe çok önem verirlerdi. Zâten, onların husûsiyle meşgul olduğu, bu bâtınî temizliktir.

Bazı kimselerde temizlik hususunda aşırı bir titizlik vardır. Bu titizlik genellikle nefisten kaynaklanmaktadır. Böylelerinin elbisesine bir pislik bulaşsa, hemen cânı sıkılır; fakat, kalbindeki kin, kibir, ucub, riyâ ve nifâk gibi kirlere hiç aldırış etmez. Bu adam, şeriatın müsaadesine rağmen yalınayak yere basan kimseyi hoş karşılamazken, dinini harap edecek kin ve gafletle konuşmasına hiç aldırış etmez. Bütün bunlar, onun ilminin azlığından, yüksek derecedeki âlim ve sıddıkların sohbetindeki edeblerden mahrum oluşundandır.

Selef, istibrâ ânında tenâsül âletinin fazla ovulmasını ve sıvazlanmasını mekruh görüyorlardı. Çünkü bu, çoğu kez bevil damarlarını gevşetir ve artık bevil tutmaz olup damlamaya başlar.

Tahâret ve abdestteki edeb ve hassasiyet konusunda sûfiler, **Ebû Amr**

---

4) Tirmizî, Tahâret, 40; Ali Nâsıf, et-Tâc, I, I02.
5) Tirmizî, Tahâret, 40; Suyûtî, Câmiu's-Sağîr, II, 325 (Had. No: 6629).

ez-Zeccâcî'nin şöyle bir hikâyesini anlatırlar. Hazret, otuz sene **Mekke-i Mükerreme**'de kalıp **Beytullah**'a komşuluk yapmıştı. Bu süre içerisinde, "**Harem**" dâhilinde büyük abdest bozmaz; **Harem** hudutalarının dışına "**Hill**" bölgesine çıkardı. Halbuki bu aradaki mesâfe en az bir fersahtır ki o da yaklaşık 5,762 km'dir.

Yine anlatılır ki; sûfilerden birinin yüzünde bir yara çıkmış, oniki sene iyileşmemişti. Çünkü yaraya su vurmak zarar veriyor, oda devamlı su kullandığı için yara hiç iyi olmuyordu. Çünkü o, her namaz vaktinde su ile abdest tâzelemeyi ihmâl etmiyordu.

Bir başka sûfinin de, gözüne kara su inmişti. Kendisini bir doktora götürdüler. İyileşmesi için de hayli para harcadılar. Doktor: "Birkaç gün abdest almadan sırt üstü yatmaya ihtiyacı olduğunu!" söyledi. Fakat sûfi, onu dinlemeyip, abdesti terketme yerine, gözünün gitmesini tercih etti.

****

NAMAZIN FAZİLETİ VE YÜCELİĞİ

Abdullah b. Abbas (r.a), Rasûlullah'ın (s.a.v) şöyle buyurduğunu rivâyet etmiştir:

"Allahu Teâlâ, Adn cennetini yarattığı zaman, orada hiçbir gözün görmediği, hiçbir kulağı işitmediği ve hiçbir beşer kalbinin düşünmediği nimet ve güzellikler yaratıp ona: "Konuş!" buyurdu. O da üç defa: "Muhakkak, namazlarını huşû içinde kılan mü'minler kurtuldu." dedi." [1]

Kur'an-ı Hakîm, namazı huşu içinde kılanların dünya ve ahirette felaha ereceğine sâhitlik etmektedir.[2]

Rasûlullah (a.s): ***"Cebrâil, güneşin göğün ortasından batıya doğru kaydığı bir vakitte bana gelip, öğle namazını kıldırdı."*** [3] buyurmuştur.

Arapça da salat, ateş mânasına gelen "salye" kökünden alınmıştır. Eğri bir ağaç (odun) doğrultulmak istendiği zaman, ateşte ısıtılarak düzeltilir. İnsanda da, nefs-i emmârenin mevcûdiyetinden dolayı bir takım eğrilikler ve bozukluklar vardır; onların da düzeltilmesi gerekmektedir. Namaz sâyesinde tecelli eden ilâhî, Rabbânî azamet nurları, namaz kılanın nefsindeki eğrilikleri eriterek yok eder. Kul bununla kalmayıp, aynı zamanda namaz sâyesinde manevî mi'râcı gerçekleştirir.

Demek ki; namaz kılan kimse, ateşte iyice ısıtılarak üzerindeki kir, ve pasların temizlendiği ma'den gibidir. Kimin namazın manevî hararet ve nûruyla

1) Tabarani, el-Kebir, No:11439; Suyûtî, Câmiu's-Sağîr, II, 42I (Had. No: 7373); Heysemî, Mecmau'z-Zevâid, X, 397; Lafızları biraz muhtasar bir rivâyet şekli için bkz: Hâkim, Müstedrek, II, 392; Suyûtî, ed-Dürrü'l-Mensûr, VI, 82.
2) Mü'minun (23), I-2.
3) Ali Nâsıf, et-Tâc, I, I4I.

ısınarak eğriliği giderse; o kimse daha Cehennem ateşine konmaz. Ancak bu kimse de, Allahu Teâlâ'nın:

"İçinizden hiç kimse istisnâ edilmeksizin, her biriniz, mutlaka Cehenneme varacaktır. Bu, Rabbin katında kesinleşmiş bir hükümdür." [4] âyetinde belirtilen ilahî hükmün tahakkuku için, Cehennemin üzerine uğrar, fakat oraya düşmeden sür'atle Sırat'ı geçer.

Şeyh Radiyuddîn **Ahmed b. İsmail el-Kazvînî**, bize, icâzet yoluyla, senedini zikrederek, **Ebû Hureyre** (r.a)'den, Rasûlullah'ın (s.a.v) şöyle buyurduğunu haber verdi:

"**Allah Teâlâ** buyuruyor ki:

"Her namazda okunan **Fâtiha**'yı ik kısma ayırdım. Kul:

"**Bismillahirrahmanırrahim**" dediği zaman, Allahu Teâlâ:

"Kulum beni yüceltti." buyurur. Kul:

"**Elhamdü lillâhi Rabbilâlemin** (bütün hamdler âlemlerin Rabbi olan Allah'a âid ve lâyıktır)" deyince; Allahu Teâlâ:

"Kulum bana hamdetti." buyurur. Kul:

"**Errahmânırrahîm** (O, çok merhamet edicidir)" deyince, Allahu Teâlâ:

"Kulum beni senâ etti." buyurur. Kul:

"**Mâlikiyevmiddîn** (O, hesap gününün tek sâhibi ve hâkimidir)" dediği zaman; Allahu Teâlâ:

"Kulum işini bana havâle etti." buyurur. Kul:

"**İyyâke na'budü ve iyyâke nesteîn** (Allah'ım! Ancak sana kulluk eder, sâdece senden yardım isteriz.) dediği zaman; Allahu Teâlâ:

"Bu, benimle kulun arasındadır." buyurur. Kul:

"**İhdina's-sırâta'l-müstakîm** (Allah'ım bizi, kendilerine ilâhi nimet (ve fazilet)ler ihsan ettiğin sevdiklerinin yolu olan sırat-ı müstakime ulaştır. Kendilerine gazap ettiği ve hak yoldan sapmışların yoluna sevketme!" diyerek sonuna kadar okuduğu zaman; Allahu Teâlâ:

"Bu (kısım), kulum içindir, kuluma istediği verilecektir." buyurur." [5]

---

4) Meryem (19), 71.
5) Müslim, Salat, 38, 40; Ebû Dâvud, Salat, 132; Tirmizî, Tefsiru Sûre, I; Nesâî, İftitah, 23; İbnu Mâce, Edeb, 52; Ahmed, Müsned, II, 241.

Namaz, Rabbi ile kulu arasında bir bağ ve yakınlık vesilesidir. Durum böyle olunca kula düşen; böyle bir ibâdette, yüce Rabbinin azamet nurları karşısında huşû' içinde olmaktır. Hadis-i şerifte:

"Allah Teâlâ bir şeye tecelli edince, o şey Hakk'a boyun eğer."[6] buyrulmuştur.

Buna göre kim, namazında Allahu Teâlâ ile arasıdaki irtibatı sağlayabilirse, üzerinde ilâhî tecelli nurları parlar ve huşû' sâhibi olur. Kurtuluşa erenler, ancak namazlarında huşû' sâhibi olanlardır. Huşûnun ortadan kalkarsa felah gerçekleşmez. Allahu Teâlâ:

"Beni hatırlamak için namaz kıl."[7] buyurmuştur. Demek ki; namaz, Allah Teâlâ'yı hatırlamak içindir; bu durumda, nasıl olur da onda gaflet ve unutma olur. Diğer bir âyet-i kerimede:

"Sarhoş olduğunuz zaman, ne söyliyeceğinizi bilip anlayana kadar, namaza yaklaşmayınız."[8] buyrulmuştur. Ne söylediğini bilmeyen kimse nasıl namaz kılabilir? Halbuki Allahu Teâlâ, kulu böyle bir durumdan nehyetmiştir. Sarhoş; aklı başında olmadığı halde, gâfil de; aklı yerinde değilken yani kalbi gaflet içinde namaz kılar. Demek ki; o da sarhoş sayılır.

Allahu Teâlâ'nın: *"Ey Musa! Ayağındaki nalinlerini çıkar; çünkü sen Tuvâ vâdisindesin."*[9] âyetinin tefsirinde denmiştir ki: Bunun manası şudur:

"Hakk yolunda ayağına dolaşan hanım ve koyunlarının düşüncesini kalbinden at da; bütün varlıklardan sıyrılmış olarak Cenâb-ı Hakk'ın huzûr ve sohbetine gir!"[10]

Şu halde; namazda, kalben Allahu Teâlâ'dana başkasına yönelmek, bir nev'i sarhoşluktur.

---

6) Nesâî, Kusuf, I6; İbnu Mâce, İkâme, I52; Ahmed, Müsned, IV, 267.
7) Tâhâ (20), I4.
8) Nisâ (4), 43.
9) Taha (20), 12.
10) İlgili mânalar için bkz: Kuşeyrî, Letâifu'l-İşârât, II, 448; Bursevî, Rûhu'l-Beyân,V, 370.

Anlatıldığına göre; Rasûlullah'ın (s.a.v) ashâbı, namazda gözlerini semâya çevirir, sağa sola bakarlardı. Allahu Teâlâ onları uyardı ve:

"Muhakkak, namazlarında huşû' sâhibi olan mü'minler kurtulmuşlardır." [11] âyet-i kerimesini inidirdi; o zaman, gözlerini secde yerine çevirdiler. Bu âyetin nüzûlünden sonra, onlardan hiçbirinin, gözlerini secde ettikleri yerden başka tarafa çevirdikleri görülmedi.[12]

Ebu Hureyre (r.a), Rasûlullah'ın (s.a.v) şöyle buyurduğunu rivâyet etmiştir: ***"Kul namaza durduğu zaman, Rahmân'ın huzurundadır. Namazın içinde sağa sola bakınınca, Allah Teâlâ:***

"Kime iltifat ediyorsun. Benden daha hayırlı birine mi yöneliyorsun? Ey Âdem oğlu! Bana yönel, ben sana, o iltifat ettiğin şeyden daha hayırlıyım!" *buyurur."* [13]

Rasûlulluh (a.s), namazda sakalıyla oynayan bir adam görünce:

"***Eğer şu adamın kalbinde huşû' olsaydı, âzâları da huşû' içinde olurdu!"*** [14] buyurdu.

Diğer bir hadis-i şerifte: ***"Namaz kıldığın zaman, sanki (dünya hayatına) vedâ ederek son namazını kılanın namazı gibi kıl."*** [15] buyrulmuştur.

Namaz kılan kimse, kalbiyle Allahu Teâlâ'ya yolculuk yaparak hevâsına, dünyâsına ve Allah'tan gayri her şeylere vedâ etmektedir.

Salat, lugatta; duâ mânasına da gelir. Bu mânaya göre; namaz kılan sankî bütün âzâlarıyla Allahu Teâlâ'ya duâ edip yalvarmaktadır. Bütün âzâları, âdetâ birer dil olmuş; zâhiren ve bâtınen O'na tazarrû' etmektedir. Kulun zâhiri, muhtaç bir dilençinin yalvarma ve yakarma hâli içinde tazarrû' ederek, eğilip bükülerek çeşitli şekillerde bâtınına ortak olarak, ondaki huşûya katılmaktadır. Kul, bu şekilde bütün varlığı ile duâ edince, Kerim Mevlâsı da kabul etmektedir. Çünkü Allahu Teâlâ:

---

11) Mü'minun (23), I.
12) Taberî, Câmiu'l-Beyân, X, 2; Şevkânî, Fethu'l-Kadîr, III, 475.
13) Münzirî, et-Terğib, I, 370.
14) Suyûtî, Câmiu's-Sağîr, II, 432 (Had. No: 7447); Zebîdî, ithâfu's-Sâde, III, 39 (Beyrut-Lübnan, I989); Ali el-Muttakî, Kenzu'l-Ummâl, III, I44 (Had. No: 5891.)
15) İbnu Mâce, Zühd, I5; Ahmed, Müsned, V, 412.

"Bana duâ ediniz, duânıza icâbet edeyim." [16] buyurarak vaadde bulunmuştur.

Hâlid er-Rebî derdi ki: "**Bana duâ ediniz, duânıza karşılık vereyim.**" âyetindeki rahmete hayret etmekteyim. Çünkü **Allahu Teâlâ,** kullarına, önce duâ etmeyi emretti ve peşinden hiç bir şart ortaya koymadan kabul edeceğini va'detti."

İsticâbe ve icâbe; kulun duâsının kabul ve geçerli olmasıdır. Sâdık ve samimi olarak duâ eden, hiç şüphesiz, kime duâ ettiğini yakîn nûru ile bilmektedir. Böyle bir duâ, kul ile Rabbi arasındaki perdeleri geçerek Allahu Teâlâ'nın huzûrunda durur ve hâcetin görülmesini te'min eder.

Allahu Teâlâ, Fâtiha sûresini husûsi olarak bu ümmete indirmekle, onlara büyük bir ikramda bulunmuştur. Orada duâdan önce hamd ve senâ vardır. Bu, duânın daha çabuk kabulü için önce zikredilmiş ve bu şekilde Allahu Teâlâ, kullarına, kendisine nasıl duâ edeceklerini ta'lim buyurmuştur.

Bu sûreye, **Kitâb-ı ilâhiye**'yi ilk açan sûre olduğu için; "**Fâtihatu'l-Kitâb**" denmiştir ve bundan başka onun "**es-Seb'ul Mesânî**", "**el-Kur'ânu'l-Azîm**" isimleri vardır.

Denilmiştir ki: **Fâtiha** sûresi, bir defa **Mekke**'de, bir defâ da **Medine**'de nâzil olduğu için, ona, "**el-Mesânî**" ismi verildi. **Fâtiha**'nın her inişinde Rasûlullah (a.s) için ayrı bir anlayış ve değişik mânalar hâsıl oluyordu. Hatta, Rasûlullah (a.s) onu her okuyuşunda kendisine, değişik bir mâna zâhir oluyordu. Bu, onun bütün zamanlarında devam etmiştir. Onun ümmetinden gerçek mânasıyla namaz kılanlar için de (derecelerine göre) **Fâtiha**'nın sır ve incelikleri açılır keşfolur; her bir okuyuşlarında O'nun mâna denizinden hikmet incileri ortaya çıkar.

Diğer bir görüşe göre; **Fâtiha**'ya "**el-Mesânî**" denmesi, onun diğer peygamberler dışında sâdece **Rasûlullah** (a.s)'a indirilmiş yedi âyet olmasındandır.

Ümmü Rûmân şöyle anlatmıştır: "**Hz. Ebû Bekir** (r.a) beni, namaz içinde

16) Mü'min (40), 60.

sağa sola sallanırken gördü. Öyle bir azarladı ki; neredeyse namazı bozacaktım. Namazdan sonra, beni yanına çağırarak, şöyle dedi: **Rasûlullah** Efendimizi (s.a.v) şöyle buyururken işittim:

"Sizden birisi namaza durduğu zaman, âzâları sukûnet içinde olsun; Yahûdilerin sağa sola sallandıkları gibi sallanmasın. Çünkü namazda organların sukûneti, namazın tamamındandır." [17]

Rasûlullah (a.s) buyurmuştur ki: ***"Nifâk olan huşûdan Allah'a sığınınız!"*** Sahabîler:

"Nifak olan huşû' nedir?" diye sorduklarında:

"Bedenin huşû' içinde gözüküp, kalbin nifakla dolu olmasıdır." buyurdu.[18]

Yahûdilerin sağa sola sallanmalarına gelince, bu konuda şunlar anlatılmıştır: **Hz. Mûsâ** (a.s), **İsrâiloğullarının** iç âlemlerindeki anlayış ve nûrun azlığından dolayı onlara daha çok, işlerin zâhirine göre davranıyordu. Onlara, yapacakları işleri bu şekilde anlatıyor ve gözlerinde büyütüyordu. Onların bu şekilde, zâhire düşkünlüklerinden dolayı Allahu Teâlâ, **Hz. Mûsâ**'ya **Tevrat**'ı altınla süslemesini vahyetmişti.

En iyisini Allahu Teâlâ bilir ama, namazda sallanmaları bence şundan oluyordu: **Hz. Mûsâ** (a.s), namaz kılarken ve **Allahu Teâlâ**'ya yalvarırken, kalbine inen vâridat ve üzerine yağan feyiz dalgaları ile, sakin denizin esen rüzgarla dalgalanması gibi sağa sola sallanıyordu. Onun içinde oluşan bu coşma, dışına yansıyordu. Çoğu zaman rûhu, gözünü huzûr-ı ilâhiyeye takıp oraya yükselmek istiyordu. Halbuki rûh, bedenle içiçedir ve onunla bir kaynaşma hâlindedir. Rûhun bu çoşkusundan dolayı kalıbı da çırpınıyor ve sağa sola sallanıyordu. **Yahûdiler** de **Hz. Mûsâ**'nın zâhirine bakarak, içlerinde bu ilâhî nûr ve cezbeden hiçbir nasibleri olmadığı halde, sallanmaya başladılar. Bunun için; Rasûlullah (a.s), vesveseye düşen kimselerin hâlini beğenmeyerek şöyle buyurmuştur:

"Bu şekilde, İsrâiloğullarının kalblerinden Allahu Teâlâ'nın azameti

---

17) Ebû Nuaym, Hiyetü'l-Evliyâ, IX, 304; Suyûtî, Câmiu's-Sağîr, I, I20 (Had. No: 783.); Münavi, Feyzu'l-Kadir, I, 413 (Had. No: 783.).
18) Beyhakî, Şuabu'l-İmân, V, 364 (No: 6966-67); Zebîdî, ithâfu's-Sâde, X, 405

(ni idrâk) çıktı. Öyle ki; bedenleriyle huzûr-ı ilâhide oldukları halde, kalbleri başka yerde dolaştı. Halbuki Allahu Teâlâ, bedeni namazda olduğu gibi, kalbi namazda hazır olmayan kimsenin namazını kabul etmez. Bir adam, devamlı namaz kılıp durur, fakat, kalbi namazdan yana boş ve gâfil olduğu için, kendisine namazının onda bir ecri bile yazılmaz." [19]

Bil ki; Allahu Teâlâ beş vakit namazı farz kılmıştır. **Rasûlullah** (a.s) buyurmuştur ki: ***"Namaz dinin direğidir. Kim onu (kasden) terkederse, küfre girer."*** [20]

Demek ki, kulluğun gerçekleşmesi ve **Allah**'a karşı rubûbiyet hakkının yerine getirilmesi namazla mümkün olmaktadır. Diğer bütün ibâdetler, namazın sırrının gerçekleşmesine birer vesiledir.

Sehl b. Abdullah et-Tusterî demiştir ki: "Kulun, farz namazları tam olarak yapabilmesi için, namazın önündeki ve sonundaki sünnetlere ihtiyacı vardır. Sünnetlerin tam olarak yapılabilmesi için nâfilelere ihtiyacı vardır. Nâfilelerin tam olabilmesi içinse, edeblere ihtiyacı vardır."

Bu edeblerden birisi de; kalben dünya sevgisini terketmektir. **Sehl b. Abdullah**'ın yukarıdaki sözü, **Hz. Ömer** (r.a)'in, bir defasında, minberde söylemiş olduğu şu sözle aynı mânadadır. O demiştir ki:

"Öyle adam vardır ki; müslüman olarak saçını başını ağartmıştır, fakat, Allah için hakkıyla kıldığı bir namazı yoktur!"

Şöyle bir haber vârid olmuştur: "Kul namaza durduğu zaman Allahu Teâlâ, kendisiyle kul arasındaki perdeyi kaldırır ve Kerim olan zâtıyla ona yönelir. Melekler iki omuzu üzerinde göğe kadar saf bağlarlar. Onunla birlikte namaz kılarlar ve duâsına "âmin" derler. Namaz kılanın üzerine semâdan ilâhî rahmet yağar ve bir münâdî şöyle seslenir: ***"Eğer namaz kılan, kiminle konuştuğunu bilseydi; başka yana iltifat etmezdi."*** [21]

---

19) Münzirî, et-Terğib, I, 348, Son kısımla ilgili hadisler için bkz: Zebîdî, İthâfu's-Sâde, III, 173, 181.
20) Beyhakî, Şuabu'l-İmân, III, 39 (Had. No: 2807), Heysemî, Mecmau'z-Zevâid, I, 290; Münzirî, et-Terğib, I, 385.
21) Benzeri rivâyetler için bkz: Münzîrî, et-Terğib, I, 343, 372-73.

Allahu Teâlâ, gök ehline taksim ettiği vazifeleri, namaz kılanlar için her rek'atte bir araya getirmiştir. Allahu Teâlâ'nın yarattığı günden beri devamlı rükû hâlinde olan melekleri vardır ki; kıyâmete kadar bu hâli devam ettirir, rükûdan kalkmazlar. Aynı şekilde, devamlı kıyamda, secdede ve kuudda bulunan melekler vardır.

Kalben uyanık bir kul, rükûsunda, rükûda olan meleklerin sıfatıyla sıfatlanır. Secdede de secde eden meleklerin sıfatına bürünür. Bu şekilde, namazın her rüknünde, o meleklerin arasında onlardan birisi gibi olur.

Farz namazların dışında, nâfile namazı kılarken, rükûda, rükûun tadına varıncaya kadar beklemek ve rükûdan uzunca bir süre kalkmamaya çalışmak lâzımdır. Eğer, beşeriyet hâli gereği, kendisinde bir usanma durumu meydana gelirse, hemen tevbe ederek, bu şekilde bir süre bekler ve o hâl içinde elde edilecek hâlin ve kalbî huşûnun zevkine ulaşabilmek için gayret sarfeder. Rükûnun hakkını vermeye çalışan kimseye, rükû ve secde hâlinden kalkma duygusu gelirse; bu durumda o, mevcut hâlin hakkını vermemiş onun sırr ve lezzetine ermemiş sayılır. Bu durumda, onun bütün gayreti; başka şeylerden tamamen kesilerek, o hâle dalmak olmalıdır. Bu şekilde, namazda yaptığı her hareketin bereketinden bolca nasiblenmeye çalışmalıdır.

Hiç şüphesiz, insan tabiatında bulunan sür'at ve acelecilik, insana mânevî fetih (ve rahmet) yollarını kapatır. Kul, yukarıda anlatılan şekilde (hiç vaziyetini ve kalbini bozmadan) ilâhî nefha (ve bereketlerin) eseceği mahallerde (sabırla) beklemelidir. Böylece, kendisini güzelce o hâle verebilen kimsenin mânevî nasib (ve feyizleri) artar ve kul, vuslat makâmında yerleşir.

Namazda dört şekil ve altı zikir vardır. Şekiller; kıyâm, kuûd, rükû ve sucûddur. Zikirler ise; tilâvet, tesbih, hamd, istiğfar, duâ ve Peygamber Efendimize salavat getirmektir. Hepsi on eder. Bu on amel için meleklerden on ayrı saf kurulmuş ve herbirine bunlardan birisi (vazife olarak) verilmiştir. Her safta onbin melek vardır.(Toplam yüzbin melek olmaktadır.) Demek ki; kul, iki rek'at namazında, yüzbin meleğe dağıtılmış olan amelleri bir araya getirerek yapmış olmaktadır.

****

KURBİYYET EHLİNİN NAMAZI

Bu bölümde, namazın keyfiyetini, şeklini, şartlarını, zâhirî ve bâtınî edeblerini, ilmimizin ve anlayışımızın imkan verdiği ölçüde anlatmaya çalışacağız. Ancak, bu konuda söylenmiş bütün sözleri nakletmekten de sakınacağız. Çünkü, bu konuda çok söz söylenmiştir. Onların hepsini zikretmek, konuyu özetle anlatma maksadının dışına çıkar. Tevfik Allah'dan diyerek söze başlıyoruz:

Kul, namaz vakti girmeden abdest alarak namaza hazırlık yapmalı; abdesti namaz vakti içine bırakmamalıdır. Bu, namazı muhafaza demektir. Bu arada, günlerin uzunluk ve kısalığına göre ölçüler değiştiğinden, zevâl vaktini bilmeye ihtiyaç vardır.

Zevalde göz önünde bulundurulacak olan şudur: Gölge ayak ucuna doğru kısalmaya devam ettiği sürece, vakit daha günün ilk yarısıdır; henüz öğle vakti girmemiştir. Gölgelerin uzamaya başladığı andan güneşin batmasına kadar olan zaman, gündüzün ikinci yarısıdır. Zevâl vaktindeki gölgelerin ölçüsü bilindiğinde, öğlenin ilk vakti, son vakti ve ikindi vakti tesbit edilmiş olur. Fecrin doğmasını ve gece namazlarının vakitlerini bilmek için de ayın menzil ve şekillerinin bilinmesine ihtiyaç vardır. Bunun açıklaması uzun sürer ve ona özel bir bölüm tahsis edilmesi gerekir.

Namaz vakti girince, önce sünnet kılınır. Bunda bir çok sır ve hikmetler vardır. En doğrusunu Allah bilir; bu sırlardan birisi şudur:

Kul, insanlara karışması, geçim dertleriyle uğraşması, tabiatı gereği bir hatâ ve isyana düşmesi, yeme-içme gibi tabiî ihtiyaçlarına yönelmesi sebebiyle iç âlemi karışıp, gayret ve himmeti dağılır. Farzdan önce sünnet namaz kılınarak kalb, namaza çekilir ve Cenâb-ı Hakk ile münâcaata hazırlanır. Bu sünnetler, kulun bâtınındaki gaflet ve karışıklığı giderir, iç âlemi durultup sâfileştirir ve kalbi farz namaz için hazır bir hâle getirir. Demek ki sünnet; kula ilâhî bereketlerin ve kudsî nefhâların inmesine vesile olan güzel bir giriştir.

Kul, farz namazlara başlarken, yapmış olduğu bütün umumî ve hususî günahlardan Allahu Teâlâ'ya tevbe etmelidir. Umumî günahlar; şer'i şerifin işâret ettiği, Kitab ve sünnetin beyan buyurduğu günahlardır. Hususî olanlar ise; şahsın durumuna göre kendisine günah sayılan şeylerdir. Her şahsın, tabiî sâfiyeti ölçüsünde, hâline uygun, kendisinin bildiği bir takım günahlar vardır. Bu yüzden:

*"**Hasenâtu'l-ebrâr, seyyiâtu'l-mukarrebûn**"* yani; iyilerin hasenâtı, mukarrabûn makâmındakiler için günâh hükmündedir." denmiştir.

Kul, namazları devamlı cemaatla kılmalıdır. Bu hususta **Rasûlullah** (a.s) şöyle buyurmuştur:

"Cemaatla kılınan namaz, tek başına kılınan namazdan yirmiyedi derece daha faziletlidir." [1]

Sonra zâhiriyle kıbleye; bâtınıyla da ilâhî huzura yönelir. "**Nâs**" sûresini ve içinden teveccüh âyetini okur.[2] Bu yönelme, namazdan öncedir. Namaza girmeden alınan iftitah tekbiri, zâhiren yüzünü ve yönünü başka taraflardan kıble cihetine döndermektir. Teveccüh âyetiyle yapılan yönelme ise, namazın cihetine değil, kalbin Hakk'a yönelmesini te'min içindir.

Sonra, ellerini, baş parmak uçları kulak yumuşağında, diğer parmaklar da kulakla beraber olacak şekilde, omuz hizasında kaldırır. Parmakları birbirine bitiştirir. Açması câizdir fakat, evlâ olan bitiştirmektir. Bu durumda parmaklar değil, el içi açık olacak denmiştir. Sonra "Allâhü ekber" diyerek tekbir alır. "Ekber" derken, "ba" harfinden sonra bir elif getirerek "Ekbâr" şeklinde çekerek söylememelidir. Kelimenin sonu "ekber" şeklinde cezimli (sâkin)

---

1) Buhârî, Ezan, 30-3l; Tirmizî, Mevâkıt, 47; Nesâî, Salat, İbnu Mâce, Mesâcid, l6.
2)Teveccüh ayeti, En'am sûresinin 79. âyeti olup, bu âyetin, iftitah tekbirinden sonra okunması müstehab görülmüştür. Hanefîlerde sünnet olan; bu arada "Sübhâneke" duâsını okumaktır.

okunur. "Allah" lafzını söylerken lam'ı biraz uzatarak okur, fazla değil. Sonunda, he'nin ötresini hafifçe belirtilecek şekilde biraz üzerinde durulur. Tekbir, eller tam omuz hizâsına gelince alınır. Eller fazla hareket ettirilmeden bağlanmak üzere aşağı salınır. Allah Teâlâ'nın huzûrunda olmanın verdiği vakar kalbde yerleşince, dıştaki âzalar da vakarlı bir şekle bürünür ve daha düzgün, daha doğru bir şekilde içteki duyguyu destekler.

Niyetle tekbiri bir arada yapar ki, kalbi başka tarafa kayıp da, sırf dille söylediği tekbirle namaza başlamış olmasın.

Cüneyd el-Bağdâdî demiştir ki: "Herşeyin bir özü vardır, namazın özü de, ilk tekbirdir."

Gerçekten tekbir namazın özü ve ölçüsüdür. Çünkü o, niyetin yeri ve namazın evvelidir.

Ebu Nasr es-Sarrâc demiştir ki: "**İbnu Sâlim**'i şöyle derken işittim:

"Niyet, Allah ile, Allah için ve Allah'dan olur. Namazda kula, niyetten sonra gelen âfetler, onun asıl düşmanı olan nefis ve şeytandadır. Namazda bu düşmanların vesvese yoluyla çaldıkları nasibleri ne kadar çok olsa da, Allah ile Allah için yapılan niyete denk olamaz; böyle bir niyet çok az olsa bile."

Ebu Said el-Harrâz'a: "Namaza nasıl girileceği sorulunca, şöyle demiştir: "Allahu Teâlâ'ya, kıyâmette kendisine yöneleceğin gibi yönel. O'nunla senin aranda hiçbir tercüman olmadan, huzûrunda bulunduğunu ve O'nun sana yönelmiş olarak nazar ettiğini; senin de O'na münâcaatta bulunduğunu düşün. En büyük melikin huzûrunda durduğunu bil."

Âriflerden birisine: "Namaza giriş tekbiri nasıl alınır?" diye sorulduğunda, şöyle demiştir: "Allahu ekber" derken şunları düşün: 'Elif' de azamet, 'lam'da heybet-i ilâhî, 'he'de kurbiyyet ve murâkabe vardır."

Şunu bil ki; insanlardan bazıları (ârifi billah olanlar), "Allahu ekber" dediği zaman, azamet-i ilâhiyeyi ve Mevlâ'nın büyüklüğünü müşâhadesinden dolayı, kendinden geçer; bâtını nurla dolar ve göğsü öyle genişler ki, kâinat orada, çöldeki bir hardal tanesi gibi küçük kalır. Sonra o tane de atılır; kalbde, etkisinden korkulan vesvese, nefsânî duygular ve bâtında dolaşan düşünceler de bir hardal tanesi mesâbesinde olur ve sonuçta, onlar da (dışarı) atılır. Artık, nefsânî kuruntu ve vesveseler böyle bir insana nasıl hücüm edip kalbini istila edebilir ki? Çünkü onu, azamet-i ilâhiyeyi müşâhade hâli kaplamıştır ve kendisinde gaybet hâline geçme durumu oluşmuştur. Şu kadar var ki ruh, son derece latif olmasından dolayı, azamet-i ilâhiyeyi müşâhadeye tahsis edilmiş, kalb ise niyet için seçilmiştir. Niyet en latif sıfatları ile, ilâhî azamet nurları içine dâhil olarak (mevcudiyetini devam ettirir). Tıpkı yıldızların güneşin ışığı içinde mevcut olmaları gibi.

Sonra, sağ elini sol elinin üzerine koyarak, göbeği ile göğsü arasına yerleştirir. Sağ el, şerefinden dolayı solun üzerine konur. Şahâdet parmağı ile orta parmağı, bileğin üzerine doğru uzatır. Kalan üç parmakla da iki taraftan bileği kavrar.

Hz. Ali (r.a): ***"Rabbin için namaz kıl ve kurban kes"***[3] âyetinin tefsirinde, şöyle demiştir: "**Venhar**": sağ elini sol elinin üzerinde göğsünün altına koy."demektir.[4] Çünkü göğsün altında "nahır" denilen bir damar vardır. Buna göre âyetin mânası; "elini nahır isimli damarın üzerine koy!" demek olur.

Bazıları da, bu âyete, 'göğsünle kıbleye dön' mânasını vermişlerdir. Elin böyle konmasında, gayb perdelerinin ötesinde zuhûr eden bir sır vardır ki, o da şudur:

Allahu Teâlâ, yüce hikmeti gereği, insan oğlunu yaratmış, onu şereflendirmiş, kerem sahibi, nazargâh-ı ilâhî ve vahyin iniş yeri yapmıştır. Bu sûretle onu, rûhânî ve cismânî varlıklar içinde, sema ve yerdeki yaratıklar arasında en seçkin bir konuma getirmiş; başı yukarıda, düz olarak ayakta durabilecek şekilde, çok güzel bir sûrette halketmiştir. Vücûdun kalb sınırından üst tarafa semâvî sırları yerleştirmiş; alt kısmını da, yeryüzüne âid sırlar için bir mahal yapmıştır. **Nefsin mahalli ve merkezi bu alt kısımdır. Rûhânî rûhun ve kalbin mahalli ise, üst taraftır.**

---

3) Kevser (108), 2.
4) Taberî, Câmiu'l-Beyân, XV, 325-32; Suyûtî, ed-Dürru'l-Mensûr, VIII, 650-65l; Şevkânî, Fethu'l-Kadîr, V, 504.

Rûhî çekimler ile nefsî çekimler, birbirini devre dışı bırakıp kalbe hakim olmak için devamlı harb eder dururlar. Birinin diğerine üstünlüğüne ve ötekini devre dışı bırakmasına göre, kalbde ya meleğin ilhâmı, ya da şeytanın vesvesesi hâkim olur. Namaz vakti girince, iman ile tabiat-ı beşeriyenin çekişmesinden dolayı, ruh ile nefis arasındaki bu mücâdele daha da artar. Bu durumda, semâvî bir kalbe sâhib, fenâ ve bekâ halleri arasında gidip gelen kimseye bulunduğu merkezden yukarı doğru yükselmek isteyen nefsin çekim ve kalbe etkileri keşfolur; açıkca görünür.

Âzaların, haraket ve tasarruflarında, bâtınî mâna ile bir irtibat ve denge vardır. Namazda, sağ elin sol el üzerinde kalbin sınırına konmasında, alttan kalbe ulaşmak isteyen nefsin engellenmesi ve etkilerinin menedilmesi söz konusudur. Bu haraketle, namazda vesvesenin defedilip nefsânî düşüncelerin kesilmesi sağlanır.

Sonra, rûhî câzibeler bütün bedeni kapladığında ve tam olarak mânevî ünsiyet hâsıl olup, müşâhadenin etkisinin kalbi tamamen istilâ etttiğinde tepeden tırnağa bütün vücûd, rûhi cezbenin hâkimiyeti altına girer ve böylece nefis, zillet içinde mağlub olur. Nefsin merkezi de rûhun nûruyla aydınlanır. O zaman kalbden, nefsin te'sir ve çekimleri kesilir. Nefsin merkezinin aydınlanması ölçüsünde, ibâdetteki ağırlık ve usanç ortadan kalkar. Bu durumda, sağ eli sol el üzerine koyarak nefsi engellemeye ve te'sirlerini defetmeye ihtiyaç kalmaz ve artık eller yana salınabilir.

Allahu Teâlâ, daha iyisini bilir; belki de, Rasâlullah'ın (s.a.v) namazda bazen ellerini yana salıvermesi bunun içindir. Bu şekilde kıyamda elleri yana salıvermek, **İmam Mâlik**'in (rah.) görüşüdür.[5]

Sonra, teveccüh âyetini okur.[6] Bu âyetin namazdan önce okunması, cesedinin temizlenip Hakk'a dönmesi, namaza girdikten sonra okuması ise; kalbinin temizlenip Hakk'a yönelmesi içindir. Teveccüh âyetinden sonra şu duâyı okur:

5) Bkz: el-Müdevvene, I, 74.
6) En'am (6), 79.

اَللّٰهُمَّ أَنْتَ الْمَلِكُ لاَ إِلٰـهَ إِلاَّ أَنْتَ سُبْحَانَكَ وَ بِحَمْدِكَ . أَنْتَ رَبِّى وَ أَنَا عَبْدُكَ ظَلَمْتُ نَفْسِى وَ اعْتَرَفْتُ بِذَنْبِى فَاغْفِرْلِى ذُنُوبِى جَمِيعًا إِنَّهُ لاَ يَغْفِرُ الذُّنُوبَ إِلاَّ أَنْتَ لَبَّيْكَ وَ سَعْدَيْكَ فَالْخَيْرُ كُلُّهُ بِيَدَيْكَ تَبَارَكْتَ وَ تَعَالَيْتَ أَسْتَغْفِرُكَ *

"Allah'ım seni tesbih ve sana hamd ederim. Senin ismin yüce, şanın uludur. Allah'ım! Melik sensin. Senden başka ilâh yoktur. Seni hamd ile tesbih ederim. Sen benim Rabbimsin. Ben de senin kulunum. Ben isyan ve gafletle kendime zulmettim. Günahımı itiraf ediyorum. Bütün günahlarımı affet. Çünkü günahları ancak sen affedersin. Beni en güzel ahlâklara ulaştır; çünkü güzel ahlâklara ancak sen ulaştırırsın. Benden kötü ahlâkları uzaklaştır; kötülükleri benden ancak sen uzaklaştırabilirsin. Ya Rabbi! Sana geldim, emrine hâzırım. Bütün hayır sendendir. Şanın yüce ve uludur. Senden affımı diler, sana dönerim."

Kıyamda başını biraz öne doğru eğip, gözlerini secde edeceği yere yönlendirir. Diz ve belini bükmeden, bedeniyle sağa sola meyletmeden vücûdunu dimdik tutarak, kıyamı kemâliyle yerine getirir ve sanki bütün cesediyle yere bakıyormuş gibi durur. Bu durum, diğer âzaların huşûundan ileri gelmektedir. Kalbde huşû bulununca, cesette de huşû hâli oluşur. Ayakların arası dört parmak kadar açık tutulur. Topukların bitiştirilmesi nehyedilmiştir. Ayağın birine yüklenerek diğerini hafiften kaldırmak da yasaklanmıştır. **Rasûlullah** (s.a.v) Efendimiz her iki halden de sakındırmıştır. Kıyamdaki duruşun en güzeli; her iki ayağa eşit ağırlıkla yüklenmektir.

Elleri (normal kol ciheti yerine) göğsü tarafından çıkarmak mekruhtur. Elbisesini yere kadar uzatmaktan çekinmelidir. Çünkü, bunda kibir alâmeti vardır. Elbiseye bürünüp, elleri içerde tutarak rukû ve secde etmek de mekruhtur. Secdeye giderken eliyle elbisesini çekmekten sakınmalıdır. Elini böğrüne koyarak namaz kılmak da mekruhtur. Buna "**ihtisar**" denir. İki elini bele koyup pazularını açmak da mekruhtur. Bu amele "**Salb**" denir.

Kul, bu anlattığım şekil üzere, mekruhlardan kaçınarak namaza durduğu zaman, kıyamını tam olarak gerçekleştirmiş ve kâmilen edâ etmiş olur.

Daha önce zikrettiğimiz gibi; teveccüh âyetini ve duâyı okur. Sonra Eûzu-besmele çeker. Eûzu-besmeleyi her rek'atta kıraattan önce tekrar eder.[7] **Fâtiha**'yı ve zamm-ı sûreyi huzûr-ı kalble, düşüncesini aynı noktaya toplayarak, dili ve kalbi arasında uyum sağlayarak; ilâhî vuslat, yakınlık, heybet, huşû, haşyet, ta'zim, vakar, müşâhade ve münâcaattan, bolca mânevî nasibini almaya çalışarak okur.

İmam olduğu zaman, Fâtiha ile zamm-ı sûre arasında şu duâyı okuması (Şâfii mezhebince) güzeldir:

اَللّٰهُمَّ بَاعِدْ بَيْنِى وَ بَيْنَ خَطَايَاىَ كَمَا بَاعَدْتَ بَيْنَ الْمَشْرِقِ وَ الْمَغْرِبِ وَ نَقِّنِى مِنَ الْخَطَايَا كَمَا يُنَقَّى الثَّوْبُ الْاَبْيَضُ مِنَ الدَّنَسِ * اَللّٰهُمَّ اغْسِلْ خَطَايَاىَ بِالْمَاءِ وَ الثَّلْجِ وَ الْبَرَدِ.

"Allah'ım! Doğu ile batıyı birbirinden uzaklaştırdığın gibi, benimle günahlarımın arasını ayır. Beyaz elbisenin kirlerden temizlenip tertemiz olduğu gibi; beni de günahlardan temizle. Allah'ım! Benim günahlarımı, su, kar ve dolu ile yıkanmış gibi tertemiz et."

Hz. Rasûlullah'ın (s.a.v) da böyle yaptığı rivâyet edilmiştir.[8]

Eğer namazı tek başına kılıyorsa, bu duâyı kıraatten evvel okur. Kul bilmelidir ki, okuduğu şey dilin konuşmasıdır; onun mânası ise kalbin konuşmasıdır. Malumdur ki herkes, karşısındaki muhâtabın diliyle konuşur. Dil, konuşanın kalbindekini ifâde eder. Eğer konuşan, merâmını, karşısındakine dilsiz olarak ifâde edip anlatma imkanına sahip olsaydı, öyle yapardı. Fakat, kelâm olmadan, anlama mümkün olmadığı için; dil, kalbe tercüman yapılmıştır. Kişi, kalbiyle uyum ve birlik içinde olmadan, diliyle bir şeyler söylediği zaman, dil tercümanlık yapmış olmaz. Böyle bir hâlde, **Kur'an** okuyan veya duâ eden bir kimse, hâcetini, azim ve şevkle Allahu Teâlâ'ya arzetmek isteyen birisi olmaktan çıkar. Bu durumda, Allahu Teâlâ'dan gelecek mânevî hitab (ve ilhâm-

---

7) Hüküm Şâfiilere göredir. Hanefîlerde ise; namaza ilk başlarken, ilk oturuşunda salli-barik okunup kalkılan sünnetlerin üçüncü rek'atine başlarken, bir de imama ilk rek'atte yetişemeyip imamın selamından sonra tamamlamak için kalkılan rek'atta eûzu-besmele, diğer rek'atlarda sâdece besmele okunur.
8) Buhârî, Ezan, 89; Müslim, Mesâcid, 147; Tirmizî, Deavât, 76.

ları) da alıp anlayacak bir dinleyeci kabul edilmez. Halbuki, bu kimsenin yanında, görünmeyen bir kalbin merâmını dilden başka ifâde edecek başka bir şey de mevcut değildir. Onun için; Rabbinin huzurunda uyanık bir kalble okuması ve yalvararak duâ etmesi gerekir. Bir de kendisine yapılan hitâbı anlaması için, son derece dikkatli bir dinleyeci olması lazımdır.

Havass tabakasının namazdaki en düşük derecesi; tilâvet esnasında dilinin söylediğine kalbinin de katılmasıdır. Bunun ötesinde, havassa âit öyle hâller vardır ki; onları açıklamak çok uzun sürer.

Sûfilerden **Rebi' b. Heysem**, demiştir ki: "Namaza girdiğimde, benim için önemli olan tek şey; dilimin söylediği âyet ve tesbihi düşünmekdir. Ben bundan başka bir düşünceyle hiçbir zaman namaza başlamadım."

Âmir b. Abdullah'a: "Namazda aklına dünya işlerinden herhangi birşey geliyor mu?" diye sorulduğunda: "Vücûduma mızrakların saplanması bana, sizin namazda hatırladıklarınızı hatırlamamdan daha sevimlidir." demiştir.

Sûfilerden birisine: "Namazda, nefsin sana dünyevî işlerden herhangi bir şey hatırlatıyor mu?" diye sorulduğunda: "Hayır! Ne namazda, ne de namazın dışında böyle bir şey olmaz! (Nefsim bana, ilâhî huzurda sevilmeyecek kötü bir şey iğvâ edemez) demiştir."

İnsanlardan bazıları, namazında Allahu Teâlâ'ya yönelince; inâbetin mâna ve sırrı gerçekleşmektedir. Çünkü Allahu Teâlâ, bir âyet-i kerimede (namaz ve takvâdan önce) inâbeyi (kendisine tam mânasıyla yönelmeyi) zikrederek buyurmuştur ki:

"Her şeyinizle Allah'a dönerek, O'ndan korkun ve namazı gereği üzere kılın."[9]

Demek ki kul, önce Allahu Teâlâ'ya yönelir. Sonra, O'ndan gayrisinden uzaklaşarak takvâya erer ve İslam'la genişlemiş bir göğüs, ilâhî nurla açılmış bir kalble namazını kılar. Bu durumda diliyle okuduğu Kur'an'ı kalbiyle dinler ve bu mübârek kelimeler, içinde bir şey bulunmayan kalbe iner. Kalb onları güzelce anlayarak ve kulak verip dinlemenin lezzetine vararak sâhip çıkar.

9) Rum (30), 3l.

Dinlemenin ve kemâliyle anlamanın tadıyla onları içine çeker; onlardan çok ince mânalar ve yüksek anlayışlar elde eder. Bunlar öyle mânalardır ki, ona ancak çok geniş açıklama ve derin tefekkürle ulaşılabilir.

Kur'an'ın mânalarından zâhir olan hikmetler, nefsin gıdâsı olur. Artık mutmainne sıfatına ulaşan nefis, (daha önceki) vesvese ve havâtırlarını bırakıp, onun yerine (bir yönüyle) müşâhade ve hikmet âlemine müteveccih olan Kur'anî mânalar ile meşgul olur. Hem mutmainne sıfatındaki nefis, hikmeti (alıp anlayacak ve) ayakta tutacak bir kıvamda olduğu için, Kur'an'ın mânaları ile yakın bir münâsebet içinde olur. Kur'an'ın melekût âleminden açılan bâtınî mânaları ise; kalbin gıdâsıdır. Bu sırada, temizlenmiş rûh ise, kelâm'ın sâhibi Allah'ın'ın azametini müşâhede için husûsî olarak Ceberût âleminin perdelerinin önünde bulunmakta ve bu müşâhade sebebiyle ilâhî şevk dalgaları içinde tam bir istiğraka dalmaktadır.

Nitekim, nakledildiğine göre; **Müslim b. Yesar,** birgün **Basra** mescidinde namaz kılıyordu. O esnada büyük bir gürültü ile mescidin direklerinden birisi çöktü. Gürültüyü bütün çarşıdakiler duymuş, o ise namazda bundan hiç haberi yoktu. (İlâhî cezbe ve istiğrâk içinde hiçbir şey duymamıştı).

Namaz kılan kimse, rukûa gitmek istediği zaman, kıraatla rukû arasını ayırır. (Yani, kıraat tam olarak bittikten sonra rukûa varır.) Kıyamda olduğu gibi, belden aşağısını ve dizlerini bükmeden rukû yapar. Dirseklerini yandan dışa doğru ayırır. Boynu ile sırtı aynı hizada dümdüz durur. Parmakları açık olarak avuçlarıyla diz kapaklarını kavrar.

Mus'ab b. Sa'd şöyle anlatır: "Babam **Sa'd b. Mâlik**'in yanında namaz kılarken, ellerimi iki dizimin arasına koyup birbirine yapıştırmıştırm. Bu hâli görünce, elime vurdu ve: "Avuçlarını dizlerinin üzerine koy!" deyip, peşinden de: "Yavrum, bir zamanlar biz de böyle yapardık; ancak daha sonra, ellerimizi dizlerimizin üzerine koymakla emrolunduk." dedi.[10]

Rukûda üç defa: "Sübhâne rabbiyelazim" der. Bunun en azı üçdür. Fazi-

10) Ebû Dâvud, Salat, l46.

let olan ise, onu onbir defa söylemektir. Bu zikirleri ruküda iyice yerleştikten sonra söyler ve sonunu getirmeden başını kaldırmaz. Rukua varırken ve ruküdan kalkışta eller (omuz hizasına) kaldırılır." [11]

Rükûda ayak uçlarına bakar. Huşûyu te'min için bu, secde mahalline bakmaktan daha faydalıdır. Secde yerine sâdece, ayakta Kur'an okurken bakar. rükûda tesbihten sonra şu duâyı okur:

اَللّٰهُمَّ لَكَ رَكَعْتُ وَ لَكَ خَشَعْتُ وَ بِكَ آمَنْتُ وَ لَكَ أَسْلَمْتُ خَشَعَ لَكَ سَمْعِي وَ بَصَرِي وَ عِظَمِي وَ مُخِّي وَ عَصَبِي

"Allah'ım! Senin için rükû ettim. Senin için huşû sâhibi oldum. Sana iman edip teslim oldum. Kulağım, gözüm, kemiğim, iliğim ve damarın senin huzurunda eğilip huşûa vardı." [12]

Kalbiyle, rükûdaki tavâzu ve huşû hâline ulaşmaya çalışır. Sonra: "Semiallahu limen hamideh" [13] diyerek ve ne söylediğini de düşünerek başını kaldırır. Tam olarak doğrulunca:

رَبَّنَا لَكَ الْحَمْدُ مِلْءَ السَّمٰوَاتِ وَ الْأَرْضِ وَ مِلْءَ مَا شِئْتَ مِنْ شَيْئٍ بَعْدُ

"Rabbim! Gökler ve yerler dolusu ve bundan sonra dileyip yaratacağın şeyler kadar, sana hamd.olsun." [14]

Sonra da şöyle der:

أَهْلَ الثَّنَاءِ وَ الْمَجْدِ أَحَقُّهُ مَا قَالَ الْعَبْدُ وَ كُلُّنَا لَكَ عَبْدٌ لَا مَانِعَ لِمَا أَعْطَيْتَ وَ لَا مُعْطِيَ لِمَا صَنَعْتَ وَ لَا يَنْفَعُ ذَا الْجَدِّ مِنْكَ الْجَدُّ

"Ey senâ ve yüceltmeye lâyık olan Rabbim! Kulun diyeceği en doğru ve en güzel şey şudur: Ya Rab! Hepimiz senin kulunuz. Senin verdiğini menedecek, menettiğini de verebilecek hiçbir kimse yoktur. Hiçbir mal ve mülk senin azabına karşı sâhibine fayda veremez." [15]

Nâfile namazlarda, rukûdan kalktıktan sonra ayakta durmayı uzatmak is-

---

11) Hüküm Şâfiilere göredir. Hanefîlerde eller sâdece iftitah tekbirinde kaldırılır.
12) Müslim, Müsâfirin, 20l, Tirmizî, Deavât, 32; Nesâî, Tatbik, 13.
13) "Allah, kendisine hamdedenlerin hamdini işitti."
14) Müslim, Salat, l94; Ebû Dâvud, Salat, ll8, 140; Tirmizî, Salat, 82.
15) Buhârî, Ezan, l55; Müslim, Salat, l94; Ebû Dâvud, Salat, l40.

terse, istediği kadar "hamd Rabbime âittir" diyebilir. Farz namazlarda ise, iyice belli olacak şekilde haddinden fazla uzatmamalıdır. Rukûdan doğrulduktan sonra belini iyice doğrultarak tam bir sukünet ve îtidâl hâline ulaşmalıdır. Bu konuda, Hz. **Rasûlullah**'ın (s.a.v) şöyle buyurduğu rivâyet edilmiştir:

"Allahu Teâlâ, rukû ve secdeleri arasında belini tam olarak doğrultmayan kimseye (rahmet) nazarıyla bakmaz." [16]

Sonra tekbir getirerek secdeye gider. Secdeyi kalbi uyanık ve huşû sâhibi olarak, onu kime, nereye niçin yaptığını bilerek yapar. Secde edenlerden öyleleri vardır ki; kalbi hayâ ile dolu olduğundan ve rûhu da azamet-i ilâhi ile dolduğundan, bütün mülkün cüzlerinde kaybolmuş olarak yerin derinliklerinde (eşyâ ile beraber Mevlâ'ya) secde ettiği keşfolur. Nitekim, rivâyete göre; Cebrâil (a.s), Allahu Teâlâ'dan hayâ ettiği için, kanadının altına gizlenerek kendisi saklamaya çalışmıştır.

Yine, öyle secde edenler vardır ki; secdelerinde kevn ile mekanın dürüldüğü görüp kalbi keşif ve müşâhade âleminde seyre dalar. O daha secdeye eğilmeden, semâ tabakaları eğilir. Müşâhadesinin kuvvetinden dolayı, kâinatın bütün şekil ve sûretleri (gözünde) kaybolur ve azamet sâhibi **Mevlâ**'nın huzûrunda secde eder. Bu durum, beşer takatının ulaşabileceği en son noktadır ve insanın bu dereceye ulaşması kâfidir.

Peygamberler ve veliler, azamet-i ilâhiyeyi anlama ve künhüne vâkıf olma hususunda birbirlerinden farklı durumdadırlar. Herbirinin, mânevî tâkat ve gücü ölçüsünde bir nasibi vardır. Âyette bilirtildiği gibi, her ilim sâhibinin üstünde, ondan daha bilgili bir başkası vardır.[17]

Secde edenlerden bazısının (secde ânında) ilâhî tecellîlerin ineceği kabı (kalbi) genişler, nûru etrafa yayılır. Yukarıda anlatılan her iki sınıfın hâlinden payını alır ve iki kanadını yereye yayıp, **Cenâb-ı Hakk**'ın büyüklüğü karşısında kalbiyle tevâzu gösterip yere serilir. Ancak bu sırada O'nun ikram ve ihsânını düşünerek rûhu ile yükselir; gözünü yücelere diker. Böylece kendisinde, **üns** ve **heybet**, **huzûr** ve **gaybet**, **firar** ve **karar**, **setr** ve **izhâr** halleri bir arada bulunur. Bu durumda secdesinde, Hakk'ı müşâhade denizinde yüzer du-

---

16) Ahmed, Müsned, II, 525; Münzirî, et-Terğib, I, 336.
17) Yusuf (12), 76.

rur. Bir tüyü bile, secdesinde kendisine iştirâkten geri kalmaz; kul bütün varlığı ile secde eder. Nitekim, beşeriyetin Efendisi **Rasûlullah** (a.s), secde hâlinde şöyle duâ etmiştir:

"İlâhi! Zâtım ve hayâlim bütün varlığım sana secde etti." [18]

Bu duruma işareten âyet-i kerimede de şöyle buyurulmuştur:

"Yerlerde ve göklerde ne varsa, hepsi, isteyerek ve istemeyerek, kendileri de gölgeleri de sabah akşam Allah'a secde ederler." [19]

İsteyerek secde, kalb ve rûha âittir. Çünkü onlarda ilâhî huzûra bir ehliyet ve yakınlık vardır. İstememek ise, nefisten gelmektedir; çünkü onda bir yabancılık bulunmaktadır.

Secdede, üçten ona kadar: "**Sübhâne Rabbiye'l-a'lâ**" tesbihini söyler. En güzeli, on defa söylemektir. Secdede gözleri açık bulunur, çünkü onlar da secde ederler. Secdeye varırken, önce dizlerini, sonra ellerini, daha sonra da alnını ve burnunu yere koyar. Secdede burnuna doğru bakar. Böyle yapmak, secde eden için huşûyu teminde daha faydalıdır. Ellerini secde yerine yapıştırır. Onları elbise içinde tutmaz. Secdede başı, iki eli arasında olur. Elleri de sağa sola bükülmeksizin, omuz hizasında bulunur. Tesbihten sonra şöyle söylenir:

اَللّٰهُمَّ لَكَ سَجَدْتُ وَ بِكَ اٰمَنْتُ وَ لَكَ أَسْلَمْتُ سَجَدَ وَجْهِى لِلَّذِى خَلَقَهُ وَ صَوَّرَهُ وَ شَقَّ سَمْعَهُ وَ بَصَرَهُ فَتَبَارَكَ اللّٰهُ أَحْسَنُ الْخَالِقِينَ.

"Allah'ım! Sana secde ettim. Sana iman ettim. Sana teslim oldum. Yüzüm de, kendisini yaratan, ona şekil veren, göz kulak açan Rabbine secde etti. Yaratanların en güzeli olana **Allah**'ın şânı ne kadar yücedir."

Mü'minlerin emiri **Hz. Ali** (r.a), Rasûlullah'ın (s.a.v) secdelerinde bu zikri söylediğini rivâyet etmiştir.[20]

Eğer secdede:

سَبُّوحٌ قُدُّوسٌ رَبُّ الْمَلَائِكَةِ وَ الرُّوحِ

18) Müslim, Müsâfirin, 20l, Ahmed, Müsned, I, 95.
19) Ra'd (13), l5.
20) Müslim, Müsâfirin, 201; İbnu Mâce, İkâme, 70.

*"**Subbûhün, Kuddûsün Rabbu'l-Melâiketi ve'r-Rûh***" (O, herşeyden münezzeh ve zât-ı akdesi pek yücedir. Meleklerin ve Rûhun Rabbidir.) zikrini söylerse bu da güzel olur. Çünkü, **Hz. Âişe** (r.ah), Rasûlullah'ın (s.a.v) secdede bu zikri söylediğini rivâyet etmiştir.[21]

Secdede, dirseklerini yanına yapıştırmayıp biraz dışa doğru açar. Parmaklarını kıble tarafına çevirip başparmağıdiğer parmaklarla bitiştirir. Dirsekleri yere sermez Tesbih ve duâ tamamlanınca: "Allâhu Ekber" deyip baş kaldırılır. Sağ ayağın parmaklarını uçları kıbleye dönük olarak dikip, sol ayağının üzerine oturur. Ellerini, parmak aralarını hafif açarak, dizleri üzerine kor ve:

رَبِّ اغْفِرْلِي وَ ارْحَمْنِي وَ اهْدِنِي وَ اجْبُرْنِي وَ عَافِنِي وَ اعْفُ عَنِّي .

"Rabbim beni bağışla, bana acı, beni doğru yola ilet. Bana ihsan et, âfiyet ver, beni affet." [22] diye duâ eder.

Farz namazlarda, iki secde arasındaki oturuşu fazla uzatmaz. Nâfile namazlarda ise, aradaki oturuşta: "**Rabbiğfir verham** (Allah'ım! Beni affet ve bana merhamet et) duâsını, istediği kadar söylemesinde bir sakınca yoktur. Sonra tekbir getirerek ikinci secdeye varır. Otururken, mak'adı yere koyup, ayakları dikerek oturmak mekruhtur. İkinci secdeyi bitirip ayağa kalkacağı zaman, istirahat için kısa bir oturuş yapar.[23] Diğer rek'atlarda da bu şekilde hareket eder. Sonra tahiyyât için oturur.

Namazda mi'râcın sırrı vardır ve namaz, kalblerin mi'râcıdır. Teşehhüd, semâvatın katlarında (namazın rükünlerinin ifâde ettiği mâna içinde) tedrîcen aşılarak birçok mesâfeleri geçtikten sonra, vuslat mahalline ulaşmaktır. Tahiyyât, mahlûkatın Rabbine verilen bir selâmdır. Öyleyse, bu selâmı veren, kime ne söylediğini iyi düşünmeli, selâm verdiği Zât-ı Bâri'ye karşı edebini korumalı ve bu selâmı nasıl söylediğinin farkında olmalıdır.

Tahiyyatta, Hz. Rasûlullah'ı, hayâlinde canlandırarak kendisine, sanki karşısında bulunup da Zât-ı Kerimine selâm veriyormuş gibi selâm verir. Peşinden Allah'ın sâlih kullarına selâm verir. Allahu Teâlâ'nın yerdeki ve gökteki

---

21) Müslim, Salat, 223; Ebû Dâvud.
22) Tirmizî, Salat, 95; İbnu Mâce, İkâme, 23.
23) Hanefilerde bu oturuş yoktur. Secdeden sonra, doğrudan ayağa kalkılır..

bütün kullarına aralarındaki rûhî bağlılık ve fıtrî özellik sebebiyle selâm verir. Sağ elini, şehâdet parmağı hâriç, diğerleri yumulu olarak dizinin üzerine kor. Şehâdet parmağının, kelime-i şehâdetteki "**lâ**" yı söylerken değil, "**İllâllah**" lafzını söylerken kaldırır. Parmağını tam düz olarak dikmeyip, parmak ucunu hafif dize eğik bir şekilde tutar.

Böyle yapmasıyla, hem şehâdet parmağına bir huşû şekli verilmiş olur; hem bu, kalbdeki huşûnun ona da sirâyet ettiğini gösterir.

Namazın sonunda kendisi ve mü'minler için duâ eder. İmam olan kimse, sadece kendisine duâ etmeyip, kendisiyle birlikte cemaatına da duâ etmesi gerekir. Çünkü, namazda kalbi uyanık bir imam, arkasında bir takım ihtiyaç sâhipleri olduğu hâlde bir sultanın huzûruna girerek, kendisine onların ihtiyaçlarını arz eden ve bu ihtiyaçların görülmesini isteyen bir kapıcı (perdedâr) gibidir. Mü'minler, birbirini destekleyen bir binâ gibidirler. **Allahu Teâlâ**, bir âyet-i kerimede mü'minleri şöyle vasfetmiştir:

"Onlar, sanki, birbirini kenetleyip bağlayan binâlar gibidirler." [24]

Bu ümmet-i merhûme, daha önceki kitaplarda şöyle anlatılmıştır: ***"Onların namazdaki safları, savaşta sâf bağlamaları gibidir."*** [25]

Şeyhimiz **Ebu'n-Necib es-Sühreverdî** de bize, imlâ yoluyla (bizzat yazdırarak) **Ka'bu'l-Ahbar**'dan, ümmetin bu hâlini bildiren şu haberi nakletti:

Ka'bu'l-Ahbar'a: "**Tevrat**'ta, Rasûlullah'ın (s.a.v) sıfatlarını ne şekilde buldun?" diye sorulunca, şöyle demiştir:

*"**Tevrat**'ta, Rasûlullah'ın (s.a.v) şu şekilde vasfedildiğini gördük:* ***"Muhammed (a.s) Abdullah'ın oğludur. Mekke'de doğar. Arazisi güzel bir yere (Medine'ye) hicret eder. Mülkü (hâkimiyeti) Şam'a kadar ulaşır. Çarşılarda kötü (kaba) konuşup yüksek sesle bağırmaz. Kötülüğe karşılık vermeyip affeder ve bağışlar. O'nun ümmeti çok hamdedicidirler. Her sevinçli (rahat) hallerinde Allah'a hamdederler. Her yerde Allah'ı zikreder, yüceltirler. Âzalarını temizlerler (abdest ve gusul alırlar). Bellerine kuşak bağlarlar. Savaşta (omuz omuza) saf bağladıkları gibi; namazda da***

24) Saff (61), 4.
25) Dârimî, Mukaddime, 2; Beğavî, Şerhu's-Sünne, XIII, 210.

aynı şekilde saf kurarlar. Mescidlerde duâ ve zikir ile, arının (kovanında) vızılayıp durduğu gibi inlerler. Semâ boşluğunda, onların münâdilerinin (ezan ve dâvet) sesleri duyulur." [26]

Şu halde imam, namazda şeytanla muharebede safın önünde olan kimsedir. Bu durumda onun, namaz kılanlar içinde en çok huşû sâhibi olanı, zâhirî ve bâtınî edebleri uygulamada en önde geleni olması gerekir.

Uyanık bir kalb ve gönülle namaz kılanların, zâhirleri bir arada bulunduğu gibi; bâtınları da aynı noktada toplanır ve birbirlerine destek verip mânen yardımlaşırlar. Bâzısından diğerlerine birçok nûr ve bereket sirâyet eder. Bundan da öte, yeryüzünün değişik bölgelerinde namaz kılan müslümanların arasında, kalblerin beraberliği, İslâm bağı ve iman irtibatı sâyesinde, karşılıklı yardımlaşma ve mânen destekleşme mevcuttur. Bunun yanında, Allâhu Teâlâ, zaman zaman Rasûlullah'ı (s.a.v) ve ashâbını melekleri ile mânen desteklediği gibi, mü'minleri de meleklerle destekler. Çünkü, mü'minlerin, (bu ve benzeri durumlarda) şeytanla yaptıkları muharebede, ilâhî desteğe olan ihtiyaçları, kâfirlerle yaptıkları savaştaki ihtiyaçlarından daha fazladır. Bunun için, Rasûlullah (a.s), bir harp dönüşünde:

"(Düşmanla yaptığımız, zaman ve alanı) ***küçük cihâddan,*** *(nefis ve şeytana karşı ömür boyu yapacağımız, alan ve şekli)* ***büyük cihada dönüyoruz."*** [27] buyurmuştur.

Melekler bu manevi savaşta da mü'minleri mânen destekleyip kendilerine kuvvet verirler. Hatta öyle olur ki, onların bereketli nefesleri sâyesinde felekler ayakta durur; âlem yıkılmaktan korunur.

Namazdan çıkmak istediği zaman önce sağ tarafına selâm verir. Bu selâmıyla, namazdan çıkmaya ve aynı zamanda meleklere, hâzır olan insan ve cinlerin mü'minlerine selâm vermeye niyet eder. Yüzünü, boynunu tam bükerek, sağındaki kimsenin görebileceği şekilde yana çevirir. Sağa verdiği se-

---

26) Dârimî, Mukaddime, 2; Suyûtî, el-Hasâis, I, I0-II; Kâd-ı Iyaz, Şifâ, 24-25. (Beyrut-Lübnan, Dâru'l-Fikr, I988.).
27) Beyhakî, ez-Zühdü'l-Kebîr, I65 (Had. No: 373); Ali el-Muttakî, Kenzu'l-Ummâl, IV, 430 (Had. No: II260); Hatib, Târih-i Bağdât, III, 523-24; Aclûnî, Keşfu'l-Hafâ, I, 424 (Had. No: I362).

lâmla, sola vereceği selâmın arasında biraz ara verir. Çünkü, namazda, bazı amelleri hemen peşpeşe yapmak (müvâsele) nehyedilmiştir:

Peşpeşe yapılması yasaklanan durumlar beş tanedir:

Bunlardan ikisi imama, ikisi cemaata, biri de hem imama hem de cemaata mahsutur.

İmamın peşpeşe yapmaması gereken durumlar:

1-Tekbirin hemen peşinden kıraata başlamak.

2-Kıraattan sonra hemen ruküya gitmek

Cemaata yasaklanan bitiştirmeler:

1-İftitah tekbirini imamın tekbirine,

2-Selâmı, imamın selâmına bitiştirmek.

Hem imama hem de cemaata yasaklanan bitiştirme ise; farz olan birinci selâmı, nâfile olan ikinci selâma bitiştirip aralarını hiç ayırmamaktır.

Selâm, sonu cezmedilerek (sâkin olarak) ve uzatmadan söylenir.

Namaz kılan kimse, selamdan sonra, din ve dünya işlerinden dilediği şey için duâ eder. Aynı şekilde, selâmdan önce namazın içinde de duâ edilir ki, bu, müstehabtır.

Beş vakit namazın cemaatle kılan kimse, karayı ve denizi (bütün âlemi) ibâdetle doldurmuş gibidir. Bütün makâm ve hallerin özü; cemaatla kılınan beş vakit namazdır. Beş vakit namaz, dinin sırrı, mü'minin günahlarının keffâreti, hatâlarının temizlik vesilesidir. Bu hususu belirten bir hadislerinde Rasûlullah (s.a.v) şöyle buyurmuştur:

"Beş vakit namaz, arada işlenen günahlara keffârettir."[28] İsterseniz şu âyet-i kerimeyi okuyun: *"Hiç şüphesiz, iyilikler kötülükleri temizleyip yok eder. Bu, zikir ehli ve ibret sahipleri için bir öğüttür."*[29]

****

28) İlgili hadisler için bkz: Buhari, Mevakıtu's-Salât, 6; Müslim, Tahâret, 10-16; Ahmed, Müsned, V, 437; Suyûtî, ed-Dürrü'l-Mensûr, IV, 485 vd.; Münziri, et-Terğib, I, 234; Heysemî, Mecmau'z-Zevâid, I, 298.
29) Hud (11), ll4.

NAMAZIN EBEDLERİ VE SIRLARI

Namaz kılan kimsenin riâyet edeceği edeblerin en güzeli, kalbinin, az veya çok, hiçbir dünyevî şeyle meşgul olmamasıdır. Çünkü uyanık kalbli akıllı kimseler, namazı kendilerine emredildiği şekilde kılabilmek için dünyayı terkederler. Dünyâ ve meşguliyetleri kalbi meşgul eden bir şey olduğu için salihler, Cenâb-ı Hakk'a karşı münâcaata olan düşkünlükleri, Allah'a yakınlık arzuları ve âlemlerin Rabbine bâtınlarıyla bağlılıklarından dolayı, onları terketmişlerdir. Çünkü bedeniyle namazda hâzır bulunmak, zâhiri teslimiyettir; namazda kalbin Allahu Teâlâ'dan gayri şeylerden boşalması da bâtınî teslimiyettir. İşte büyükler, bu teslimiyetleri bozulup, kullukları mahvolmasın diye, bedenleri namazdayken bâtınlarının başka yer ve şeylerde olmasını uygun görmezler ve kalb, dünyevî herhangi bir şeye bağlı iken namaza girmekten sakınırlar.

Denilmiştir ki: "Kişinin namazdan önce onu namazda meşgul edecek hâcetini gidermeye el atması, onun ince din anlayışından ileri gelmektedir."

Bu konuda, **Rasûlullah** (a.s) şöyle buyurmuştur: ***"Akşam yemeği ve namazı bir araya geldiğinde, önce yemeği yiyiniz."***[1]

Küçük ve büyük abdesti sıkışan kimse, bu halde namaza durmamalıdır. Ayağındaki mesti dar olup ayağını sıkarak kalbini meşgul eden kimse de, bu halde namaza durmamalıdır.

Denilmiştir ki: "Daralıp sıkışmış kimsenin doğru bir görüşü yoktur."

Bunun için, bahsettiğimiz şeyler gibi, namazda kalbini karıştıracak bir hâl

---

1) Buhârî, Ezan, 42; Müslim, Mesâcid, 64-66; Ebû Dâvud, Et'ıme, l0; Tirmizî, Mevâkıt, l45.

ve ihtiyaç içindeyse, bu hâliyle namaz kılmak edebe uymaz. Bir şeyi aşırı dert etmiş ve öfkeli iken namaza durmak da böyledir. Nitekim bir haberde:

"Sizden biriniz, canı çok sıkkın ve öfekil bir halde iken namaza durmasın." [2] buyrulmuştur.

Kula gereken; zâhiri ve bâtını en güzel bir halde iken namaza durmasıdır.

Namaz kılanın en güzel hâli; âzalarının sukûnet içinde olması, sağa sola iltifat etmemesi, başını hafifçe önüne eğip sağ elini sol elinin üstüne koymasıdır. Yüce bir melikin huzurunda durmakta olan bir kulun bu şekil duruşu ne kadar güzeldir. Namazda peşpeşe olmayan üç harekete, dinen ruhsat verilmiştir. Fakat azimet sahipleri, namaza âit olmayan bütün hareketleri terkederler.

Bir defasında, namaz kılarken selam esnâsında elim hareket etmişti. Yanımda da sâlihlerden bir zât bulunuyordu. Namazı bitirdiğimde, o zât yaptığımı beğenmeyerek:

"Bize göre; kul namaza durduğu zaman, hiçbir şeyi hareket etmeyen cansız bir varlık gibi durmalıdır." dedi.

Bir hadis-i şerifte şöyle buyrulmuştur:

"Namazda yedi şey şeytandandır:

1-Burun kanaması.

2-Uyuklamak.

3-Vesvese.

4-Esnemek.

5-Kaşınmak.

6-Sağa sola bakmak.

7-Herhangi bir şeyle oynamak." [3]

Bazı rivâyetlerde, **yanılma ve şüphe de** zikredilmiştir.

Abdullah b. Abbas (r.a) demiştir ki: "Namazda huşû; namaz kılanın sağındakî ve solundaki kimseleri tanımamasıdır."

Süfyan es-Sevrî'nin: "Huşûsu olmayanın, namazı fâsit olmuştur." dediği rivâyet edilmiştir.

---

2) Zebîdî, İthâfu's-Sâde, III, 144.
3) Zebîdî, İthâfu's-Sâde, III, 144.

Muaz b. Cebel ise, bundan daha şiddetli olarak: "Kim, kasden, sağındaki ve solundaki kimseyi tanırsa, onun namazı yoktur." demiştir.

Âlimlerden birisi de: "Kim namazda, duvar yahut sergi üzerine yazılmış bir yazıyı okursa, namazı bâtıl olur" demi; diğer bir âlim de, bunu:"Çünkü âlimler, bunu namaza ters bir amel saymışlardır." diye açıklamıştır.

"Onlar namazlarında devamlıdırlar."[4] âyetinin tefsirinde: "Namazda devamlılık; namazın sonuna kadar, âzalardaki huzur ve sukûneti devam ettirmektir." denilmiştir.[5]

Sûfilerden birisi demiştir ki: "İftitah tekbiri aldığın zaman, Allahu Teâlâ'nın sana bakmakta ve kalbinden geçenleri bilmekte olduğunu bil. Namazında Cennet'i sağ yanında, Cehennem'i de sol yanında farzet."

Burada, Cennet ve Cehennemi düşünmeyi özellikle zikrettik. Çünkü kalb, âhireti hatırlamakla meşgul olunca, içindeki vesvese kesilir. Böylece bu canlandırma, kalbdeki vesveseyi defetmek için bir tedâvi olur.

Şeyhimiz **Ebu'n-Necib es-Sühreverdî**, bize, icâzet tarikiyle, **Sehl et-Tusterî**'nin şöyle dediğini nakletti: "Kalbi, âhiret düşüncesinden boş olan kimsenin kalbine, şeytanın vesveseleri musallat olur. Fakat, bâtını yakinin sâfiyetini ve mârifet nûrunu bulan kimse, ilâhî tecellîleri bizzat müşâhade ettiği için, artık bazı şeyleri kalbinde hayal etme ihtiyacı olmaz."

Ebû Said el-Harrâz demiştir ki: "Rükûnun edebi; sırt dümdüz bir halde tutularak yere doğru yaklaşmak, bütün mafsallarını arş-ı azime paralel olarak düzgünce tutmak ve bedeni toprağa eğmek, kalbde Allah'dan daha büyük bir şey düşünmeden O'nu yüceltmek, nefsi de, bir toz zerreciğinden daha küçük olacak şekilde, küçültmektir. Başını rükûdan kaldırıp Allah'a hamd edince, O'nun bunu işittiğini bilmelidir."

Hazret şunu da ilâve etmiştir: "Kul namazda, **Allah**'a karşı huşûdan neredeyse eriyecek bir halde olmalıdır."

---

4) Meâric (70), 23.
5) Taberî, Câmiu'l-Beyân, Cüz:XVIII, 2-3; Mâverdi, en-Nuket ve'l-Uyûn (Tefsir), VI, 95.

Ebû Nasr es-Sarrâc, demiştir ki: "Kul, Kur'ân okumaya başlayınca, riâyet edeceği edeb; okuduğunu sanki Allahu Teâlâ'dan dinliyormuş gibi, kelâmın sâhibini müşâhade etmesi ve onu kalbine işittirmesidir. Yâhut, kendisi Allahu Teâlâ'ya okuyormuş gibi okumasıdır."

Yine **es-Sarrâc** demiştir ki: "Sûfilerin namazdan önceki edebleri; murâkabe, kalbi havâtır ve boş şeylerden koruma ve **Allahu Teâlâ**'dan gayri her şeyi kalbden atmaktır. Onlar, kalb huzûru ile namaza kalktıklarında, sanki bir namazdan diğer namaza geçmiş gibidirler. Beraberce namaza girdikleri akıl ve nefisleriyle birlikte namaz içinde ağlarlar. Namazdan çıktıkları zaman; asıl halleri olan kalb huzûruna devam ederler. Bu durumda onlar, sanki devamlı namazda gibidirler. İşte namazın edebi budur."

Anlatıldığına göre, sûfilerden birisi, devamlı vecd ve istiğrak hâlinden dolayı kıldığı namazın rek'atlerini tesbit edemezdi. Bunun için yanına arkadaşlarından birisi oturur, kaç re'kat kıldığını kendisine sayıp söylerdi.

Denilmiştir ki: Namazın dört şu'besi vardır:

1-Kalıbın (cesedin) mihrabta hazır olması.

2-Aklın el-Melikü'l-Vehhâb olan Cenâb-ı Hakk'ın huzuruda bulunması

3-Kalbin bütün şüphelerden hâli olarak huşû' sâhibi olması

4-Âzaların edebe muğâyir bir fiil işlemeksizin, hudu' (sukûnet) içinde bulunması.

Çünkü, kalbin ilâhî huzurda hâzır olması anında önündeki perde kaldırılır. Nefsin edeb ve huşû içinde hazır olmasıyla rahmet kapıları açılır. Âzaların hudu' ve sukûnetinde ise; sevap mevcuttur. Demek ki, kalb huzuru olmadan namaz kılan, kendini aldatmıştır. Aklı başka yerde namaz kılan, yanılmıştır. Nefsi hudu' ve sukûnet içinde olmadan namaz kılan, hata etmiştir. Âzaları huşû içinde olmadan namaz kılan, kendine cefâ etmiştir. Yukarıda vasfedilen şekilde, (bütün âzaları ile huşû ve hudu' içinde) namazı kılan ise, namazın hakkını vermiştir.

Namazdaki huşu ve huzurun önemini belirten bir hadislerinde **Rasûlullah** (a.s) Efendimiz şöyle buyurmuştur:

*"**Kul, kalbi, gözü ve kulağı (herşeyi) ile Allah'a yönelerek farz namaza başladığında, annesinden doğduğu günkü gibi (günahlardan) tertemiz olarak namazından ayrılır**"* [6]

*"**Allahu Teâlâ, kul (abdestte) yüzünü yıkayınca, ona bulaşan günahları, ayaklarını yıkayınca onun işlediği günahları affedip temizler. Öyleki namaza üzerinde hiçbir günah kalmadan girer.**"* [7]

Rasûlullah (s.a.v) Efendimizin huzurunda hırsızlıktan bahsedildi. Efendimiz (s.a.v):

*"**En kötü hırsızlık hangisidir, bilir misiniz?**"* diye sordu. Ashab:

"Allah ve Rasûlü en iyisini bilir." dediler. Rasûlullah (a.s):

*"**En kötü hırsızlık, kişinin namazından çalmasıdır.**"* buyurdu. Ashab:

"Kişi namazından nasıl çalar?" diye sorduklarında, Rasûlullah (a.s.):

*"**Rükûsunu, secdelerini, huşû ve kıraatını tamam yapmayıp noksan bırakmasıdır.**"* buyurdu." [8]

Rivâyet edildiğine göre; **Ebû Amr b. Alâ**, bir defasında imamlığa geçirildi: "Ben bu işe uygun değilim" dedi. İsrar ettiler; ileri geçti. Namaza durduğunda tekbir alır almaz kendinden geçip bayıldı. Bunun üzerine imâmete başkasını geçirdiler. Ayılınca, ne olduğunu sordular; şöyle dedi:

"Cemaata: "Safları düzeltip, düzgün durunuz." dediğimde, gizli bir ses bana: "Sen Allah ile aranı düzelttin mi ki, onlara düzgün durun, diyorsun!" dedi; bundan dolayı, aklım başımdan gitti."

Rasûlullah (a.s) buyurmuştur ki:

*"**Kul, güzelce abdest alır, namazını vaktinde kılar, rukû, secde ve diğer rukünlerini tam olarak yapar, vakitlerini güzel korursa, namaz kendisine:**

6) Münzirî, et-Terğib, I, 253; Benzer bir hadis için bkz: Ebu Davud, Salat, 158.
7) Müslim, Tahâret, 32; Mâlik, Tahâret, 3l; Ahmed, Müsned, II, 308.
8) Beyhakî, Şuabu'l-İmân, III, l25 (Had. No: 3ll5-3ll6); Dârimî, Salat, 78; Mâlik, Sefer, 72; Ahmed, Müsned, III, 46; Ali el-Muttakî, Kenzu'l-Umal, VII, 507-508.

"Sen beni koruduğun gibi, Allah da seni korusun" der. Sonra, üzerindeki bir nurla semâya kadar yükselir. Allahu Teâlâ'nın huzuruna ulaşır ve sâhibine şefaat eder. Kul, namazın âdab ve erkânına riâyet etmeyip zâyi edince, namaz:

"Sen beni zâyi ettiğin gibi, Allah da seni zâyi etsin." der. Sonra, üzerinde bir zulmet bulunduğu halde semânın kapılarına kadar yükselir, kapılar kapanır (ileri geçemez). Sonra eski bir paçavra gibi dürülerek, sâhibinin yüzüne çarpılır." [9]

Ebû Süleyman ed-Dârânî demiştir ki: "Kul namaza durduğu zaman, Allahu Teâlâ meleklerine: "Benimle kulum arasındaki perdeyi kaldırın." buyurur. Kul, Hakk'tan kopup başka tarafa iltifat edince de: "Benimle onun arasındaki perdeyi indirin. Onu tercih ettiği şeyle başbaşa bırakın." buyurur.

Ebû Bekir el-Varrâk demiştir ki: ***"Çoğu zaman, iki rek'at nâfile namaz kılarım da, sanki zinâ etmiş kimsenin utanması gibi, (namazımdaki gafletimden dolayı) Allah'dan hayâ ederek namazdan ayrılırım."***

Onun bu sözü, Allahu Teâlâ'ya karşı edebinin büyüklüğünden kaynaklanmaktadır. Herkesin namazdaki edebi; Allahu Teâlâ'ya yakınlığı ölçüsünde olur.

Mûsâ b. Ca'fer'e: "İnsanlar önünden gelip geçerek namazını ifsâd ediyorlar." denilince: "Kendisi için namaz kıldığım zât, bana, önümden geçenden daha yakındır." demiştir.

Anlatılır ki; Zeynülâbidin **Ali b. Hüseyn** (r.a), namaza çıkmak istediği zaman (heybet-i ilâhiyeden dolayı) yüzünün rengi değiştiği için tanınmaz olurdu. Bu durum kendisine sorulunca:

"Kimin huzurunda durmak istediğimi biliyor musunuz?" demiştir.

Ammar b. Yâsir (r.a), Rasûlullah'ın (s.a.v) şöyle buyurduğunu rivâyet etmiştir:

"Kişiye namazından ancak aklı başında olarak kıldığı kısım (makbul olarak) yazılır."

---

9) Beyhakî, Şuabu'l-İmân, III, 144 (Had. No: 3140); Münzirî, et-Terğib, I. 339.

Hadis-i şerif, diğer bir rivâyette şu şekilde zikredilmiştir:

"Sizden bazıları, kâmilen namaz kılar. Bâzıları yarım, bâzıları üçtebir, bâzıları dörttebir, bâzıları beştebir miktarında (kalb huzuru ve uyanıklığı ile) namaz kılar. Bu, onda bire kadar gider." [10]

Ali el-Havvas demiştir ki: "Kişi nâfile namazları, farzlardaki noksanları tamamlamak niyetiyle kılmalıdır. Bu niyetle kılınmayan nâfileden, bir hayır beklenmez. Bize ulaşan habere göre; Allahu Teâlâ, farz namazları tam olarak edâ edilmedikçe, nâfileleri kabul etmez. Böyle kimselere Allahu Teâlâ şöyle buyurur: Sizin hâliniz; borcu olan kimseye borcunu ödemeden hediye vermeye kalkan kötü adama benzemektedir."

Yine el-Havvas demiştir ki: "Halk iki şeyle Allahu Teâlâ'dan koptular: Birincisi; nâfilelerin peşine düştüler fakat, farzları zâyi ettiler. (Onu tam hakkıyla edâ etmediler). İkincisi; zâhirde bir takım ameller işlediler fakat, bâtınen amellerinde (Allah için) ihlas ve sadakata sarılmadılar." Halbuki, Allahu Teâlâ, ancak hak üzere ihlasla işlenen ameli kabul eder."

Namazda gözlerin açık tutulması, kapalı olmasından daha evlâdır. Ancak nazarı sağa sola takılarak düşüncesi dağılanlar, huşûya yardımcı olsun diye gözlerini yumabilirler. Namazda esneyen kimse, mümkün olduğu kadar dudaklarını kapatarak buna engel olmaya çalışır. Çenenin göğse yapıştırılması (başın iyice eğilmesi) uygun değildir. Namazda başkasını sıkıştırıp rahatsız etmek de yanlıştır. Nitekim:

"Namazda başkası tarafından zahmete uğrayan kimse, kendisini sıkıştıranın namaz sevabını alır götürür, ona bir şey kalmaz." denmiştir. Yine bu konuda: "Kim birinci saftakileri sıkıştırmamak için, ikinci safa durursa, Allah ona, birinci saftakilerin sevâbının bir mislini verir. Onların sevâbından da bir şey eksiltmez."denmiştir.

Anlatıldığına göre; **İbrahim Halilullah** (a.s) namaza başladığı zaman, bir mil uzaktan kalbinin inilti sesleri duyulurdu.[11]

---

10) Beyhakî, Şuabu'l-İmân, III, I36 (Had. No: 3I207); Ali el-Muttakî, Kenzu'l-Ummâl, VII, 5II. (Had. No: 200II-I2); Zebîdî, İthâfu's-Sâde, III, I73.
11) Zebîdî, İthâfu's-Sâde, III, 38.

Hz. Âişe'nin rivâyetine göre; Rasûlullah (a.s) namaz kılarken ***göğsünden (kaynayan) tencerenin (hararetten) çıkardığı ses gibi iniltili ses duyulurdu. Hatta bu ses Medine'nin bazı sokaklarından da duyulurdu."*** [12]

Cüneyd el-Bağdâdî'ye: "Namazın farzları nedir?" diye sorulduğunda: "Kalbden dünyevî bağları kesmek, düşünceyi toplamak ve Allahu Teâlâ'nın huzurunda bulunmaktır." demiştir.

Hasan el-Basrî demiştir ki: "Namazın sana kolay geldikten sonra, dinin emirlerinden hangisi zor gelir ki?"

Anlatılır ki; **Allahu Teâlâ**, peygamberlerinden birisine şöyle vahyetmiştir: "Namaza durduğun zaman, bana kalbinden huşûyu, bedeninden hudûyu (sukûneti), gözünden de yaşları hibe et; bunları eksik etme. Çünkü ben sana çok yakınım."

Ebu'l-Hayr el-Akta' şöyle anlatmıştır: **Rasûlullah** (a.s.'ı rüyamda gördüm, kendisine:

"Bana bir tavsiyede bulun Ya Rasûlellah!" dedim. **Efendimiz** (a.s.):

"Ya **Ebe'l-Hayr**! Aman namaza dikkat ve devam et! Ben de, Rabbimden bana bir tavsiyede bulunmasını istedim, namazı tavsiye etti ve: "Sana en yakın olduğum an; senin namazda olduğun zamandır." buyurdu." dedi.

İbnu Abbas (r.a): "Tefekkür içinde kılınan iki rek'at namaz, bütün geceyi gafletle ibâdetle ayakta geçirmekten daha hayırlıdır." demiştir.

Anlatıldığına göre; **Muhammed b. Yusuf el-Fergânî, Hâtem el-Esamm**'ı halka vaaz u nasihat ederken gördü. Kendisine:

"Yâ **Hâtem**! Görüyorum ki halka vaaz ediyorsun; kendin güzel namaz kılabiliyor musun?" diye sordu. **Hâtem**:

"Evet!" dedi, **el-Fergânî:**

"Peki nasıl kılıyorsun?" deyince, **Hâtem**:

"Namaz, Allahu Teâlâ'nın emri olduğu için edâ etmeye kalkarım. Korku ve haşyetle yürür, ilâhî heybeti düşünerek namaza girmeye hazırlanırım. Azamet-i sübhâniyeyi düşünerek tekbir alırım. Ağır ağır mânasını anlayarak **Kur'an** okurum. Huşû ile rukûya eğilir, tavâzu ile secdeye giderim. Tam bir

12) Ebû Dâvud, Salat, I47; Nesâî, Sehv, I8; Ahmed, Müsned, IV, 25.

huzur ve sukûnet içinde teşehhüde otururum. Sünnete uygun selâm verir, namazımı Rabbime teslim ederim. Yaşadığım sürece onu kılmaya gayret gösteririm. Nefsime döner: "Hakkıyla yapamadın!" diye onu kınarım; kabul edilmiyeceğinden korkarım. Ben hafv ve recâ (korku ve ümid) içinde bulundukça, kabul edileceğine ümitle bakarım. Onu bana öğretene teşekkür ederim. Benden sorana öğretirim. Beni hidâyete ulaştırdığı için Rabbime hamdederim." Bunu duyan **Muhammed b. Yusuf**:

"**Devam et! Senin gibiler vâiz olmaya yakışır**." dedi.

"**Sarhoş olduğunuz zaman namaza yaklaşmayınız.**" [13] âyetinin tefsirinde: "Dünya sevgisinden veya çok aşırı düşünceden dolayı aklınız sarhoş gibi dalgın olduğu zaman, namaz kılmayınız." denmiştir.

Rasûlullah (a.s) şöyle buyurmuştur:

"Kim iki rek'at namaz kılar ve içinden dünya ile ilgili (namazın huşûsunu bozacak) herhangi bir düşünce geçirmezse, Allahu Teâlâ, onun geçmiş günahlarını affeder." [14]

Diğer bir hadis-i şerifte ise şöyle buyrulmuştur:

"Namaz ancak; boyun büküklüğü, tavâzu' tazarru', nedâmet ve ellerini kaldırıp: "Allah'ım! Allah'ım!" diye yalvarmaktır. Kim böyle yapmazsa, onun namazı eksiktir." [15]

Haberde bildirildiğine göre; mü'min, namaz için abdest aldığında, şeytan ondan korktuğu için yeryüzünün en uzak bölgelerine kaçar. Çünkü o, en büyük melik olan **Allah**'ın huzuruna çıkmaya hazırlanmaktadır. Tekbir aldığı zaman **İblis** ondan perdelenir. Onunla şeytan arasına perde çekilir; şeytan ona bakıp göremez. O da, zâtıyla Allah'a yönelir. Kul, "**Allahu Ekber**: Allah büyüktür." dediği zaman Allah onun kalbine nazar eder. Eğer kalbinde Allahu Teâlâ'dan daha büyük olarak değer verdiği bir şey yoksa: "Doğru söyledin, Allah, senin kalbinde dediğin şekilde büyük bilinmektedir." der. Kalbinden arşın derinliklerine kadar uzanan bir nûr parlar ve bu nûrla ona yer ve göklerin sırrı keşfolur. Bu nûr miktarınca kendisine hasenat yazılır.

---

13) Nisâ (4), 43.
14) Buhârî, Vudû', 23; Ebû Dâvud, Salat, l58.
15) Tirmizi, Salat, l66; Ahmed, Müsned, I, 2ll.

Câhil ve gâfil bir kimse ise; namaza kalktığı zaman, sineklerin bir damla bala üşüşmesi gibi, şeytanlar kalbini sararlar. Bu kimse "Allahu Ekber." diyerek tekbir aldığı zaman, Allahu Teâlâ kalbine nazar eder; eğer kalbinde Allah'dan daha çok değer verdiği bir şey varsa, Allahu Teâlâ: "Yalan söyledin, dediğin gibi, senin kalbinde en büyük görülen Allah değildir." der. Sonra, kalbinden, semanın derinliklerine kadar ulaşan bir duman yükselir ve kalbini melekût âleminden perdeler. Bu perde gittikçe kalınlaşır. Şeytan kalbini bir lokma gibi yutar, durmadan kalbine üfürüp vesvese verir, boş şeyleri kendisine süsler,tatlandırır. Öyle olur ki kul, namazda ne okuduğunu anlamadan onu bitirir.

Bir hadis-i şerifte şöyle buyrulmuştur:

*"**Eğer şeytanlar insan oğlunun kalbinde dolaşmasalardı; onlar, melekut alemine bakar ve oralardaki esrarı görebilirlerdi.**"* [16]

Bedenlerin edebinin güzelliğinden dolayı kemâlat bulmuş saf kalbler, semâvî (semâya âit) kalblerden olur ve tekbirle namaza girdiği gibi (aynı anda) semaya da girer. **Allahu Teâlâ** semâyı, şeytanların tasallutundan korumuştur. Bunun için, semâvî olan kalbe de şeytan yol bulup giremez. Artık geride nefse âit düşünce ve hisler kalır. Semânın şeytanlardan korunup tasarrufunun kesildiği gibi, kalbdeki nefsânî duygular kesilip atılmaz. Fakat, kurbiyyet için seçilmiş kalbler yavaş yavaş ilâhî huzûra doğru yaklaştırılır ve semâvat tabakalarında yükselirler. Yükseldiği her tabakada nefsin zülmetinden bir parça geride kalır. Semâ tabakalarını her geçiş ve yükselişte nefsânî düşünceler o nisbette azalır. Arşın nûrunun nefsi sarmasıyla, nefse âit vesvese türü bütün düşünceler silinip gider. Nefsin zulmetleri, gecenin gündüzün içinde yavaş yavaş kaybolup gitmesi gibi; kalbin nûru içinde kaybolur gider. İşte o zaman edebler, en güzel şekilde uygulanabilir.

Namazın edebine âit zikrettiğimiz bu şeyler, yapılması icab eden pek çok edebden az bir kısmıdır. Aslında, namazın durumu, vasfettiğimizden daha büyük ve anlattığımızdan daha üstündür.

16) Ahmed, Müsned, II, 353; Zebidi, İthafu's-Sade, IV, 3328.

Namaz hususunda bazıları büyük bir hatâya düşmüşlerdir. Şöyle ki bu kimseler, namazdan maksadın Allahu Teâlâ'yı zikretmek olduğunu, zikir hâsıl olunca da namaza bir gerek kalmadığını zannederek, sapıklığa gitmişler, bâtıla dalmışlar; ilâhî usûl ve ahkâmı ortadan kaldırıp helal ve haram sınırını korumayı terketmişlerdir.

Bir başka grub ise böyle bir sapıklığa düşmemişler fakat, hâl olarak kendilerini noksan ve geride bırakacak bir yola girerek farzları kabul edip, nâfilelerin faziletini inkar etmişler, elde ettikleri azıcık hallere aldanıp, fazla amele yanaşmamışlardır. Onlar, namazın ve diğer ibâdetlerin herbir şekil ve hareketinde Allah'ın bir sırrı ve zikirlerle bulunmayan birçok hikmetler bulunduğunu bilemediler. Halbuki haller ve ameller, rûh ve cisim gibidir; birisinin ayakta durması için diğeri gereklidir. Kulun şu fâni dünyada yaşadığı sürece hayır amellerden yüz çevirmesi, azgınlığın ve aldanmışlığın tâ kendisidir.

Şu bilinsin ki, ameller mânevî haller ile temizlenip güzelleşir. Haller de güzel amellerle gelişip çoğalır.

****

ORUCUN FAZİLET VE FAYDASI

Rasûlullah (s.a.v) Efendimiz, şöyle buyurmuştur:

"Sabır imanın yarısıdır." [1] *"Oruç da sabrın yarısıdır."* [2]

Denilmiştir ki: "Kıyâmet günü insanoğlunun bütün amelleri, zulmettiği kimseye karşılık olarak verilir; ancak oruç bundan müstesnâdır. Çünkü ona kısas dâhil olmaz. Allahu Teâlâ, kıyâmet günü, oruç için: "Bu benim içindir. Hiç kimse ondan bir şey noksanlaştıramaz." buyurur.

Kudsî bir hadiste şöyle buyrulmuştur: ***"Oruç benim içindir; onun mukâfaatını ben vereceğim."*** [3]

Denilmiştir ki; Allahu Teâlâ orucu zâtına izâfe etti; çünkü oruçta Allah'ın Samediyyet sıfatının tecellilerinden bir ahlâk vardır. (Kul geçici bir zaman ve beşerî fıtratına uygun bir şekilde de olsa yiyip içmemekle, Allahu Teâlâ'nın ezelî ve ebedî olan hâline bir derece benzemektedir). Hem oruç, terk edilen şeyler yönüyle, Allah'dan başkasının bilemiyeceği gizli amellerdendir.

Tevbe sûresinin ll2. âyetinde geçen, (seyâhat edenler mânasındaki) "**es-Sâihûn**" âyeti, "oruç tutanlar" şeklinde de tefsir edilmiştir. Çünkü mü'minler, açlık ve susuzluklarıyla kalben Allahu Teâlâ'ya yolculuk yapmaktadırlar.

"Ancak sabredenlerin mükâfaatları hesabsız olarak verilecektir." [4] âyetinin tefsirinde, sabredenlerin, oruç tutanlar olduğu söylenmiştir. Çünkü "sabır", orucun isimlerinden birisidir. Oruçlu olan kimseye bol bol ilâhî ihsânlar dökülür ve kendisine sayısız mükâfaatlar verilir.

---

1) Ebû Nuaym, Hilye, V, 34;Tabarâni, el-Kebir, No:8544; Heysemî, Mecmeuz'- Zevaid, I, 57 (Hadis, İbnu Mesud'dan (r.a) mevkuf olarak rivayet edilmiştir.)
2) Tirmizî, Deavât, 86; İbnu Mâce, Sıyam, 44.
3) Buhârî, Sıyâm, 2; Müslim, Sıyâm, l60; Tirmizî, Sıyâm, 54; Nesâî, Sıyâm, 41; İbnu Mâce, Sıyâm, I.
4) Zümer (39), l0.

Allahu Teâlâ'nın: *"**İşledikleri amellere mükâfaat olarak saklanan, gözlere aydınlık olacak ihsanları hiç kimse bilemez.**"*[5] âyetinin tefsirinde, onlara bu mükâfaatı te'min edecek amelin oruç olduğu söylenmiştir.

Yahya b. Muaz demiştir ki: "Kişi çok yemeye mübtelâ olduğu zaman, melekler ona acıyarak ağlarlar. Yeme hırsına düşen kimse, şehvet ateşiyle yanmış demektir."

İnsanoğlundan şerre vesile olacak (irili ufaklı) bin tane uzvu vardır ve hepsinin ipi de şeytanın elindedir. Kişi, kırnını aç bırakıp boğazını tutunca, bütün uzuvlar kururlar ve açlık ateşiyle yanar etkilerini azaltırlar. Şeytan bu kimsenin içine girmek şöyle dursun, gölgesinden kaçar. Fakat, boğazının yolunu açıp arzuladığı bütün leziz yemekleri yiyerek karnını doyurduğu zaman, şerre âlet olacak âzaları yeşerir; canlanır ve şeytanın istediği gibi tasarruf etmesine imkan hazırlamış olur.

Tokluk, nefsin içinde şeytanın gelip gidip sulandığı bir nehir durumundadır. Açlık da rûhda meleklerin kullandığı bir nehirdir. Şeytan, uyumakta olan aç bir kimseden kaçar; kendisine bir te'sir edemez. Böyle birisi uyanıp ayağa kalkınca durum nasıl olur bir düşün!

Şeytan ayaktaki tok adamın boynuna sarılır; içine girip istediği gibi vesvese verir. Bu adam uykuda olduğu zaman durum nasıl olur; var hesap eyle. Sâdık bir müridin kalbi, nefsinin yiyecek ve içecek ihtiyaçlarından dolayı Cenâb-ı Hakk'a yalvarmalıdır.

Adamın birisi, **et-Tayâlisî**'nin yanına girdi. O, su ile ısıtılmış kuru ekmeği iri tuza batırarak yiyordu. Adam:

"Bunu nasıl canın çekiyor? diye sordu. **et-Tayâlisî**:

"Canım çekinceye kadar yemiyorum, iyice acıkınca da canım çekiyor ve yiyorum!" dedi.

Denilir ki kul, yeme ve içmede israf derecesine giderse, âhirete göçmeden önce dünyada âcilen zillet ve küçüklük içine düşer."

---

5) Secde (32), 17.

Sûfilerden birisi demiştir ki: "Allah'ın huzuruna girmeye açılan en büyük kapı, gıdâyı azaltmaktır."

Bişr el-Hafi demiştir ki: "Açlık, kalbi sâfileştirir; hevâyı öldürür, ince ve sırlı ilimleri te'min eder."

Zunnûn el-Mısrî demiştir ki: "Doyana kadar yiyip, kanana kadar içtiğim bütün zamanlarda, ya Allah'a isyan etmiş, ya da bir ma'siyete niyetlenmişimdir."

Kâsım b. Muhammed, Hz. Âişe'nin (r.a.) şöyle dediğini rivâyet etmiştir:

"Onbeş gün, bir ay geçerdi de evimizde ne bir kandil ne de bir ateş yanardı!" Kendisine:

"Peki ne ile hayatınızı devam ettiriyordunuz?" diye sorunca:

"Kuru hurma ve su ile! Allah kendilerini hayırla mükâfaatlandırsın, Ensâr'dan, sağmal hayvanı olan komşularımız vardı. Çoğu zaman bize, bir şeyler gönderirlerdi." dedi.[6]

Rivâyet edildiğine göre, **Hz. Ömer**'in kızı **Hafsa**, bir gün babasına:

"Allah rızkında genişlik verdi, keşke bugün yediğinden biraz daha fazlasını yesen ve giydiğinden daha yumaşağını giysen!" dediğinde, **Hz. Ömer** (r.a):

"Seni sana havâle ediyorum, hükmü sen ver! Rasûlullah (a.s.) da böyle değil miydi? dedi ve bu sözü tekrar edip durdu. Bunun üzerine **Hz. Hafsa** ağladı. **Hz. Ömer** (r.a):

"Ben sana durumu haber verdim. Vallahi ben, Rasûlullah'ın (s.a.v) çekmiş olduğu sıkıntılı hayat şeklinde O'na ortak olacağım. Belki âhirette ki güzel rahat hayatında bir nasibim olur."

Hz. Ömer'in (r.a) yakınlarından birisi demiştir ki: "Ne zaman unu eleyip kepeğini ayırmışsam, **Hz. Ömer**'e âsi olmuşumdur. (Çünkü o, unu elemeden ekmek yapmamızı emrederdi.)

Hz. Âişe (r.ah) demiştir ki: ***"Rasûlullah (a.s) dünyadan ayrılıncaya kadar üç gün arka arkaya buğday ekmeği ile karnını doyurmamıştır."***[7]

---

6) Buhârî, Rikâk, 7; Müslim, Zühd, 28; Nevevî, Riyâzu's-Sâlihin, Had. No: 494.
7) Müslim, Zühd, 25-28; Nevevî, Riyâzu's-Sâlihin, Had. No: 493; Heysemî, Mecmau'z-Zevâid, X, 3l3.

Hz. Âişe (r.ah): "Melekût âleminin kapısını çalmaya devam ediniz ki; size açılsın!" deyince, kendisine:

"Bu nasıl olur?" diye sordular:

"(Allah için) açlık ve susuzlukla!" dedi.[8]

Anlatıldığına göre; **İblis**, üzerinde (omuzunda) bir takım çengeller olduğu halde **Zekeriyyâ** (a.s)'ın oğlu **Yahya** aleyhisselam'a göründü. **Yahya** (a.s):

"Bunları nedir?" diye sordu, **İblis**:

"Âdemoğullarını avladığım şehvetlerdir!" dedi. **Hz. Yahya** (a.s):

"Onlar içinde beni de avladığın bir tuzak var mıdır?" deyince, **İblis**:

"Hayır, fakat sen bir gece karnını iyice doyurmuştun da sana gece namazını ve zikri zorlaştırmıştım." dedi. Bunun üzerine **Hz. Yahya**:

"Madem öyle, ben de bundan sonra bir daha karnımı doyurmayacağım!" dedi. **İblis** de:

"Ben de, bir daha kimseye nasihat etmiyeceğim!" dedi.

Şakîk el-Belhî demiştir ki: "İbâdet bir sanattır; onun dükkanı halvet, âletleri açlıktır."

Lokman (a.s) oğluna: "Miden dolduğu zaman fikir uyur, hikmetin dili tutulur, âzalar ibâdetten geri kalır." demiştir.

Hasan el-Basrî demiştir ki: "Yemekte iki (çeşit) katığı bir arada yemeyin. O, münafıkların yemeğidir."

Sûfilerden birisi demiştir ki: "Midesini çeşitli yiyeceklerin bozduğu zâhitten Allah'a sığınırım."

Müridin dört günden fazla peşpeşe (ardarda hiç oruç tutmadan) yemesi uygun değildir. Çünkü bu durumda nefis, âdetlere meyleder ve şehvetlerine uymaya imkân bulur.

Denilmiştir ki; dünya senin karnındır; karnın hakkında ne kadar zühd sâhibi isen, dünyaya karşı zühdün de odur.

Rasûlullah (a.s) şöyle buyurmuştur:

"Âdemoğlu karnından daha kötü bir kab doldurmamıştır. Halbuki insana, belini doğrultacak (kadar) bir kaç lokma yemesi yeterlidir. Eğer

---

8) Zebîdî, İthâfu's-Sâde, IX, I5. (Söz, Rasûlullah (a.s.)'a âit olarak rivâyet edilmiştir)

illâ yemek durumunda ise, bâri midenin üçte birini yemeğe, üçte birini içeceğe, kalan üçte birini de nefese ayırarak boş bıraksın."[9]

Feth el-Mevsilî demiştir ki: "Otuz tane şeyhin sohbetinde bulundum; her birisi, yanından ayrılırken bana, tüysüz, parlak genç oğlanlarla bulunmamayı ve az yemeyi tavsiye etti!"

****

9) Tirmizî, Zühd, 48; İbnu Mâce, Et'ıme, 50; Ahmed, Müsned, IV, I32.

SÛFİLERİN NÂFİLE ORUÇ KONUSUNDAKİ TUTUMLARI

Sûfilerin büyüklerinden bir grub, ölünceye kadar, seferde ve hazarda devamlı oruçlu bulunmuşlardır.

Abdullah b. Cabbâr, elli küsür sene, mükim hâlinde ve seferde devamlı oruç tutmuştu. Arkadaşları bir gün, oruç tutmaması için zorladılar, o gün yedi. Fakat bu yüzden günlerce hasta yattı.

Şu halde mürid, kalbinin salâhını oruca devamda görüyorsa, devamlı oruç tutmalı ve (yasak günler hâriç, gündüz) yeme-içmeyi bir kenara bırakmalıdır. Bu ulaşmak istediği hedef için güzel bir yardımcıdır.

Ebû Mûsâ el-Eş'arî, Rasûlullah'ın (s.a.v) şöyle buyurduğunu rivâyet etmiştir: ***"Kim, (haram günler hariç) devamlı oruç tutarsa, ona, Cehennemde (şu şekilde) yer kalmaz."*** [1]

Rasûlullah (a.s), "şu şekilde" derken, eliyle doksan sayısını gösterdi ve bununla, orada girilecek yerin olmayacağını ifâde buyurdu.

Âlimlerden bir grub, hiç ara vermeden devamlı oruç tutmayı mekruh görmüşlerdir.

Bu konuda, **Ebû Katâde** (r.a)'nin rivâyet etmiş olduğu bir hadiste, Rasûlullah (a.s)'a devamlı oruç tutan bir kimsenin durumu sorulunca:

"O, (gerçek mânada) oruç tutmamıştır, yemek de yememiştir." [2] buyurdu.

Bazıları, devamlı orucu, bayram günleri dâhil, oruç tutması haram olan günlerde tutulan oruç olarak yorumlamışlar ve bu günlerde yenirse, diğer günlerde devamlı oruç tutulması Rasûlullah'ın (s.a.v) mekruh gördüğü oruca

1) Ahmed, Müsned, IV, 25, 26, 4l4.
2) Müslim, Sıyâm, l96; Ebû Dâvud, Savm, 53; Suyûtî, Câmiu's-Sağîr, II, 6l4. (Had. No: 8784).

girmez demişlerdir.

Sûfilerden bazıları, bir gün yiyor, bir gün oruç tutuyordu. Bu hususta Rasûlullah (a.s) şöyle buyurmuştur:

"Oruçların en faziletlisi, kardeşim Dâvud (a.s)'un orucudur. O, bir gün oruç tutar, bir gün yerdi." [3]

Sûfilerin bazısı, bir gün sabra, bir gün de şükre vesile olduğu için bu oruç şeklini güzel bulmuşlardır.

Bazıları da, iki gün oruç tutup, bir gün yiyor veya bir gün oruç tutup, iki gün yiyordu. Bazıları, pazartesi, perşembe ve Cum'a günlerini oruçla geçiriyordu. Anlatıldığına göre; **Sehl b. Abdullah** (diğer günlerde) onbeş günde bir kere, Ramazanda'da bir defa yemek yer, sünnet yerini bulsun diye akşamları su ile iftar ederdi.

Yine anlatıldığına göre; **Cüneyd el-Bağdâdî** devamlı oruç tutardı. Yanına kardeşleri gelince onlarla yer, içer ve: "İhvana yardımın fazileti, nâfile orucun faziletinden daha az değildir." derdi.

Şu kadar var ki; bu yeme, bir ilme göre olmalıdır. Bazen, oruçlu kimseyi, benzeri durumlarda yemek yemeye sevkeden; kardeşlere muvâfakat değil, nefsin aşırı iştahıdır. Nefiste yeme hırsı ve iştahı varken, sırf kardeşlere uyum sağlamaya niyetlenmek cidden zordur.

Şeyhimiz **Ebu'n-Necib es-Sühreverdî**'yi şöyle derken işittim:

"Seneler var ki; ben, ilk anda nefsimin isteği ile hiçbir şey yemiş ve istemiş değilim. Ancak bana, bazı yiyecekler takdim edilir, ben de onları Allahu Teâlâ'nın bir fiili, fazlı ve ihsânı olarak görerek, o fiilinde Hakk'a muvâfakat edip, geleni yerdim.

Anlatılır ki; Hazret, bir gün yemeğe iştah duymuştu. Fakat daha önceki âdeti üzere, kendisine bir yiyecek takdim edilmemişti. Kendisi şöyle anlatmıştır:

"O zaman, içinde yiyecek bulunan kilerin kapısını açtım. Yemek için bir nar aldım. O esnada içeriye bir kedi girerek orada hazırlanmış bir tavuğu kapıp kaçtı. Bunu görünce, kendi kendime:

"Bu, (sabretmeyip) kendiliğimden narı almanın bir cezâsıdır!" dedim.

---

3) Buhârî, Savm, 55; Müslim, Sıyâm, 35; Ebû Dâvud, Sıyâm, 53.

Şeyh **Ebu's-Suûd**'un bir günde defalarca yemek yediğini gördüm. Hangi vakit yemek hazırlansa ondan yerdi. Onüne hazırlanan yemeği yemeyi, Cenâb-ı Hakk'a muvâfakat (takdir ve tecellîsine uymak) olarak değerlendiriyordu. Çünkü o, yeme, giyim ve bütün tasarruflarında kendi (irâde ve) ihtiyarını terkederek, Allah ile beraber olma ve her işinde Cenâb-ı Hakk'ın fiiline uyma hâlinde idi. Onun bu işte (ve mânevî terbiyede) öyle bir başlangıç hâli vardır ki; doğrusu, benzeri çok az bulunur. Öyle ki; günlerce hiçbir şey yemeden durduğu ve hâlini hiçbir kimsenin bilmediği, kendisinin de nefsi adına tasarrufta bulunup, birşeyler elde etmek için bir teşebbüse geçmediği, kendisine rızkını sevketmesi için Cenâb-ı Hakk'ın tecellisini beklediği, bu hâlini de uzun süre kimsenin farketmediği nakledilmiştir.

Sonra, Allahu Teâlâ, onun hâlini meydana çıkardı. Hizmetinde birçok dost ve talebe bulundurdu. Onlar kendisine çeşitli güzel yiyecekler getiriyorlar, o da bunun bir ihsan-ı ilâhî olduğunu düşünerek, Cenâb-ı Hakk'ın fiiline uyup, geleni yemeyi güzel buluyordu.

Kendisini şöyle derken işittim:

"Her sabaha çıktığımda, o gün bana en sevimli gelen amel, oruç tutmak olur. Fakat Allahu Teâlâ, tecellisi ile bir takım yiyecekler göndererek, benim oruç muhabbetimi değiştirir. Ben de Hakk'ın fiiline uyarak o gün yer, içerim."

Anlatıldığına göre; **Vâsıt**'lı sâdık bir mürid, senelerce oruç tutmuştu. Ramazan orucu hâriç, her gün (nefsini açlıkla terbiye edip, orucuyla da ucba düşmemesi ve ertesi gün de kazâsını yapma niyetiyle) güneş batmadan önce iftar ediyordu.

Ebû Nasr es-Serrâc demiştir ki: "Bazıları o zâtın nefsine karşı yaptığı bir muhâlefeti, tuttuğu oruç nâfile de olsa uygun görmemişlerdir. Bazıları da, bunu güzel bulmuşlar ve çünkü sahibi bu hareketiyle nefsini açlıkla terbiye etmek ve oruç tuttum diye de keyiflenmemesini istemektedir, demişlerdir."

Bana öyle geliyor ki; bu kimse orucunu görerek keyiflenmemeye niyet etmiş olsa bile, bu sefer de böyle bir duruma düşmedim diye (amelini görmeme hâliyle) sevinip haz alacaktır. Bu, böyle sürüp gider.

Halbuki en güzeli; ilme uygun olarak, başlanan bir orucu son vaktine kadar devam ettirip tamamlamaktır.

Hem Allahu Teâlâ: *"Amellerinizi boşa çıkarmayın."*[4] buyurmaktadır.

Fakat, sıdk ehil kimselerin, yaptıkları işlerde bir takım güzel niyetleri bulunduğu için; onlarla niçin böyle yaptın? diye çekişmeye girilmemelidir. Bizzat sıdk (ve sadâkat), ne şekil olursa olsun övülecek bir haslettir. Sâdık olan ise; hangi hâle girerse girsin, sadâkatını korumaktadır.

Sûfilerden birisi de: "Sûfiyi nâfile oruç tutarken görürsen, onu kına. Çünkü o, yanında dünyalık (olarak yiyecek) biriktirmiştir!" demiştir.

Denilmiştir ki: Hâl ve şekil olarak birbirine uyumlu (aynı meşrebte) bir topluluk içinde, onların oruca teşvik ettikleri bir genç bulunur da, onun oruç tutmasına yardımcı olamadıkları zaman, hiç değilse, yemesine-içmesine dikat edip; ona şefkat olarak ihtiyaçlarını üstlenmeli ve onu da illâ kendi durumlarına getirmeye zorlamamalıdırlar. Eğer, böyle bir cemaatın yanında mürşidleri varsa, kendisi nâfile oruç tuttuğu zamanlar onlar da tutar ve yediği günler, onlar da yerler. Ancak, mürşidin, bunun dışında özel bir emir verdiği kimse, emre göre haraket eder.

Denilir ki; sûfilerden birisi, kendisine arkadaş olan bir genç, ona bakıp da edebiyle edeblensin ve kendisi gibi oruç tutsun diye, senelerce oruç tutmuştur.

Anlatıldığına göre; **Ebu'l-Hasan el-Mekkî**, **Basra**'da otururken, devamlı oruç tutardı. Ancak, Cum'a gecesi haftada bir ekmek yiyordu. Bir ay boyunca yiyeceği; eliyle liften ip yaparak satıp elde ettiği dört devânık (yaklaşık bir dirhem) idi.

Şeyh **Ebu'l-Hasan b. Sâlim** onun için: "Bu nâfile orucu bırakıp yemeyince kendisine selam vermeyeceğim!" derdi.

Şeyh, onun bu amelinde gizli bir riyâ ve şöhret duygusu bulunduğu düşünerek, kendisini ayıplıyordu. Çünkü o, insanlar arasında meşhur olmuştu.

---

4) Muhammed (47), 33.

Sûfilerden birisi demiştir ki: "Bir kul, bir kuyuda kalıp da kimse tarafından tanınıp bilimemesini sevinceye kadar, amelinde Allah için ihlâs sâhibi olamaz."

Bilmelidir ki; yeme işinde ihtiyacından fazla yemek yiyen kimse, sözde de gereğinden fazla konuşur.

Anlatıldığına göre; **Ebu'l-Hasan et-Tenîsî**, arkadaşlarıyla birlikte, yedi gün süreyle **Harem-i Şerifte** kaldı. Bu zaman içinde hiçbir şey yemediler. Yanındakilerden birisi, temizlik maksadıyla Harem'in dışına çıkmıştı. Bir tane karpuz kabuğu gördü ve hemen alarak onu yedi. Birisi, onun bu hâlini gördü. İzini ta'kib ederek arkasından bir yiyecek getirdi ve onu cemaatın önüne koydu. Bunu gören mürşidleri (**et-Tenîsî**):

"Bizden bu cinâyeti işleyip de, hâlimizi açığa vuran kimdir?" diye sordu, karpuz kabuğunu yiyen adam:

"Bir karpuz kabuğu bulup yemiştim!" dedi.

"Suçun ve yediğinle başbaşa kal (ne hâlin varsa gör!)" dedi. Adam:

"Suçumdan tevbe ediyorum!"dedi. Mürşidleri de:

"Tevbeden sonra, söz yoktur!" dedi.

Büyükler, kamerî ayın onüç, ondört ve onbeşinci günlerinde "**Eyyâm-ı biyz**" orucunu müstehab görüyorlardı.

Rivâyete göre; **Hz. Âdem** (a.s), yeryüzüne indirildiği zaman, işlediği hatânın eserinden cesedi siyah olmuştu. Allahu Teâlâ tevbesini kabul edince, kendisine "**eyyâm-ı biyz**" orucunu tutmasını emretti. Tuttuğu her bir gün oruçla cesedinin üçtebiri beyazlaştı. Üçüncü gün bütün vücûdu bembeyaz oldu.

Şa'ban ayının ilk onbeşini oruçlu, ikinci onbeşini oruçsuz geçirmek de müstehab görülmüştür.

Eğer, **Şa'ban** ile **Ramazan-ı şerif**'in arasını oruçla bitiştirirse, bunda bir sakıncı yoktur. **Şa'ban** ayının başından itibaren oruç tutulmamışsa, **Ramazan**'dan bir veya iki gün önce, **Ramazan**'ı karşılamak için oruç tutulmamalıdır.

Âlimlerden bazıları, **Receb** ayının tamamını oruçlu geçirmeyi, **Ramazan**'a benzer endişesiyle, mekruh görmüşlerdir.

Zilhice ve **Muharrem** ayının onuncu günlerinde oruç tutmak müstehabtır.

Haram aylarda (**Zilka'de**, **Zilhicce**, **Muharrem**, **Receb**) Perşembe, Cum'a ve Cumartesi günleri oruç tutmak da müstehabdır. Hadis-i şerifte şöyle buyrulmuştur:

"Kim, haram aylarda, Perşembe, Cum'a ve Cumartesi günlerinde üç gün oruç tutarsa, yediyüz sene Cehennem ateşinden uzaklaştırılır." [5]

****

5) Heysemî, Mecmau'z-Zevâid, III, l9l; Suyûtî, Câmiu's-Sağîr, II, 6l4 (Had. No: 8785); Münâvî, Feyzu'l-Kadîr, VI (Had. No: 8785) (Hadisin son kısmı farklı lafızlarla rivâyet edilmiştir.)

ORUCUN EDEBLERİ

Sûfilerin oruçtaki edebleri, zâhir ve bâtını kontrol altına almak; nefsi yeme-içmeden alıkoyduğu gibi, âzaları da günahlardan alıkoymak, sonra nefsi, geçim ve diğer dünya meşgalelerine aşırı derece düşmekten sakındırmaktır.

Duyduğuma göre; **Irak**'ta yaşayan sâlihlerden birisinin, ashâbı ile usûl ve âdeti şöyle idi: Kendisi ve cemaatı devamlı oruçlu bulunuyorlardı. İftar vaktinden önce ellerine geçeni infâk ediyorlar; ancak, tam iftar vaktinde ellerine geçen ikramlarla iftar ediyorlardı.

Bir müridin, mübah olan yiyeceklerden kendisini alıkoyup da, haram olan işlerle orucunu bozması edebden değildir.

Ebu'd-Derdâ (r.a) demiştir ki: "Akıllı kimselerin uykuları ve yemeleri ne kadar güzeldir. Onlar, ahmakların şuursuzca geceyi ayakta geçirmelerini ve gündüzleri aç kalma sayılacak oruçlarını nasıl ayıplamasınlar. Gerçek şu ki, yakin ve takvâ sâhibi bir kimsenin yapmış olduğu zerre kadar bir amel, gâfil kimselerin dağlar kadar amelinden daha faziletlidir."

Sûfinin orucunun fazilet ve edeblerinden birisi de, oruç tutmadığı günlere nisbeten yiyeceğini, biraz daha azaltmasıdır. Yoksa, daha önce yemekte olduğu şeyleri iftarda bir araya getirerek aynı miktar yiyecek olursa; gündüz yiyemediğini akşam yemiş olur ki, orucun hikmeti ortadan kalkar.

Halbuki sûfilerin oruçtan gâyeleri, nefsi ezmek ve onu başıboşluktan kurtarmaktır. Onların, yemeği zarûret miktarı almaları, nefsi diğer hususlarda da zarûret ölçüsünde tutabilmek içindir. Nefis, **Allah** için birşeyde, başı ezilerek zarûret ölçüsünde hareket ettirilirse, onun tabiatı gereği bu, diğer hallerine de sirâyet eder. Böylece, yeme işinde kazandırılan ölçülü hareket, onun uyku, söz ve hareketlerinde de aynı şekilde davranmasını te'min eder. Bu, ehlullah için üzerinde durulması ve iyice dikkat edilmesi gereken büyük bir hayır kapısıdır. Her konuda, nefs için zaruret miktarını ve fâidesini bilmek, bunun elde edilmesi için çalışmak, öyle herkesin başarabileceği bir iş değildir. Bunu ancak, Allahu Teâlâ'nın özel olarak seçip kendisine yaklaştırmak istediği ve kendilerini terbiye etmeyi murad etttiği kullar başarabilir

Oruçlu iken, hanımı ile oynaşmaktan ve ona çok yakından dokunmaktan sakınmalıdır. Böyle yapması oruç için daha nezih ve daha temizdir.

Sünnetle amel için, sahura kalkmak gerekir. Bunun iki faydası vardır: 1-Sünnet bereketinin elde edilmesi, 2-Yemekle oruca güç kazanmak.

Enes b. Mâlik (r.a), **Rasûlullah**'ın (s.a.v) şöyle buyurduğunu rivâyet etmiştir: *"Sahura kalkınız. Çünkü sahurda bereket vardır."* [1]

Sünnete uyarak, iftarda acele etmelidir. Eğer, yemeğini yatsıdan sonra yemek ve akşam ile yatsı arasını ibâdetle ihyâ etmek isterse, hemen su ile veya bir miktar kuru üzüm yahut hurma ile iftar eder. Şayet, nefsi bununla yetinmeyip kendisiyle çekişmeye girecekse; akşam ile yatsı arasındaki vakti huzurlu bir şekilde geçirebilmek için, birkaç lokma atıştırır. Çünkü, bu vakti ihyâ etmenin büyük bir fazileti vardır. Böyle bir çekişme söz konusu değilse, o zaman su ile yetinir ve yemeğini sonra yer.

Ebû Hureyre'nin (r.a) rivâyet ettiği bir hadis-i şerifte, Rasûlullah (a.s), Cenâb-ı Hakk'dan naklen şöyle buyurmuştur:

"Kullarım içinde bana en sevimli olanlar, iftarda acele edenlerdir." [2]

Diğer bir hadis-i şerifte :***"İnsanlar iftarda acele ettikleri sürece, hayır üzere kalacaklardır."*** [3] buyrulmuştur.

---

1) Buhârî, Savm, 30; Müslim, Sıyâm, 45; Tirmizî, Savm, I7; Nesâî, Sıyâm, I8; İbnu Mâce, Sıyâm, 22.
2) Tirmizî, Savm, I3; Ahmed, Müsned, II, 238, 329.
3) Buhârî, Savm, 45; Müslim, Sıyâm, 9; Tirmizî, Savm, I3; İbnu Mâce, Sıyâm, 24.

Güneş batıp vakit girince iftarı akşam namazından önce yapmak sünnettir. Rasûlullah (a.s) bir parça su veya süt yahut birkaç hurma ile iftarını açardı.

Bir hadis-i şerifte: *"**Nice oruç tutanlar vardır ki, tuttukları oruçtan ellerinde kalan açlık ve susuzluktur.**"*[4] buyrulmuştur.

Çünkü bu kimseler, gündüzleri aç kalıp akşam haram ile iftar ederler. Yine bu kimselerin, oruca niyetlenip helal yiyeceklerden kendilerini alıkoydukları fakat, insanların gıybetini yapıp etlerini yiyerek oruçlarını bozdukları söylenmiştir.

Süfyan es-Sevrî: "Gıybet edenin orucu bozulur" demiştir.

Ebû Tâlib el-Mekkî, demiştir ki:

"Allah Teâlâ: ***"Onlar yalana çokca kulak verirler ve durmadan haram yerler."***[5] âyetinde, bâtıla kulak verip günah konuşmayı, haram yemekle bir arada zikretmiştir."

Bir haberde şöyle anlatılmıştır:

Rasûlullah (a.s) zamanında iki kadın, (nâfile) oruç tuttular. Günün sonuna doğru açlıktan bayılacak hâle geldiler. Hemen Hz **Rasûlullah**'a (s.a.v) bir adam göndererek; oruçlarını bozmak için izin istediler. **Rasûlullah** (a.s) da, gelen adamla onlara bir kab göndererek, ona kusmalarını emretti. Kadınlardan birisi kaba kustu; yarısını taze et ve kan ile doldurdu. Diğeri de kustu ve kalan yarısını doldurdu. Hâdiseyi görenler hayret ettiler. Durum **Rasûlullah** (a.s)'a arzedilince, **Efendimiz** (a.s):

"Bu iki kadın, Allahu Teâlâ'nın kendilerine helal kıldığı şeylerden kendilerini menederek oruç tuttular, fakat Allah'ın kendilerine haram kılmış olduğu bir şeyle (gıybetle) oruçlarını bozdular."[6] buyurdu.

Bir hadis-i şerifte şöyle buyrulmuştur:

"Sizden biriniz oruçlu olduğu gün, kötü söz seylemesin ve câhilane işler yapmasın. Birisi kendisine kötü söyler çatmak isterse: "Ben oruç-

4) İbnu Mâce, Sıyâm, 3l; Dârimî, Rikak, l2; Ahmed, Müsned, II, 365.
5) Mâide (5), 42.
6) Ahmed, Müsned, V, 34l, Münzirî, et-Terğib, II, l48.

luyum (seninle uğraşamam) desin." [7]

Bir haberde ise: *"**Oruç bir emânettir. Sizden (her) biriniz emânetini korusun; (onu haramlarla zâyi etmesin).**"* [8] buyrulmuştur.

Belli bir yiyeceği olmayan ve rızkını da ne zaman nereden geleceğini bilmeyen sûfi, Allahu Teâlâ, kendisine bir rızık sevkettiği zaman onu edeble alır. Devamlı murâkabe hâlini korur. Bu durumda o, oruç tutmadığı zamanlarda bile, kendisinin belirli hazır bir yiyeceği olan ve nâfile oruç tutan kimseden daha faziletlidir. Bu durumuyla, bir de oruç tutarsa, faziletine fazilet katmış olur.

Ebû Muhammed Rüveym'in şöyle dediği anlatılmıştır: "Sıcak bir günde, **Bağdat** sokaklarının birinde, sıcaktan iyice kavrulmuş ve çok susamıştım. Bir evin kapısına gelerek su için kapıyı çaldım. Karşıma, elinde yeni bir küp içinde soğuk su olan bir câriye çıktı. Suyu elinden almak istediğimde, câriye: "Hem sûfi, hem de gündüzün su içiyor (oruç tutmuyor)!" dedi ve elindeki su küpünü yere atarak, çekip gitti. Bundan çok utandım ve bir daha orucu bırakmamaya yemin ettim."

Sûfilerin bir kısmı, devamlı oruç tutmayı mekruh görürler. Çünkü nefis, devamlı oruç tutmaya alışınca, artık gündüzleri bir şeyler yemek kendisine zor gelir. Yemeye alışınca da oruç tutmak zor gelir. Bu yüzden sûfiler, fazileti, nefsin belli bir hâle alışıp gevşememesinde görmüşler ve bir gün oruç tutup bir gün yemenin, nefse daha ağır geldiğini tesbit etmişlerdir.

Sûfilerin oruç konusundaki edeblerinden birisi de; bir cemaatın içinde ve sohbetinde bulunan kimsenin, onlardan izin alarak oruç tutmasıdır. Çünkü cemaatın kalbi onun akşamki yeme içmesine (iftarına) takılır. Halbuki onların ma'lum bir yiyecekleri yoktur. Eğer cemaatın izni ile oruç tutar, cemaata da herhangi bir yiyecek nasib olursa, oruç tutana bir şeyler biriktirmeleri kendilerine lâzım değildir. Onlar, oruç tutmayanların buna daha çok ihtiyacı olduğunu, oruç tutana ise Allahu Teâlâ'nın rızkını göndereceğini bilirler.

---

7) Buhâri, Savm, 2; Müslim, Sıyâm, l20; Ebû Dâvud, Savm, 29; Nesâî, Sıyâm, 43.
8) Zebidî, İthâfu's-Sâde, IV, 42l. (Herâitî, Mekârim-i ahlâkta, hasen bir senedle rivâyet etmiştir.)

Şu kadar var ki; oruç tutan kimse, hâli zayıf yahut ihtiyarlık veya başka sebeblerden dolayı, bünyesi güçsüz bir durumda ise, ona, rıfk ile muamele etmek gerekir. Bununla birlikte oruç tutana da gündüz eline geçen yiyecekten kendi payını ayırıp saklaması uygun değildir. Çünkü bu davranış, mânevi hâlin za'fiyetinden kaynaklanır. Eğer gerçekten güçsüz ise; hâlini ve zayıflığını itiraf ile, hissesini ayırıp saklayabilir. Buraya kadar zikrettiklerimiz; günlük olarak belirli bir yiyecek ve içecekleri olmayan kimseler içindir.

Fakat, rıbat ve tekke gibi, belirli gelir-giderle, yemek ve içeceği olan yerlerde oturan sûfilere gelince; onların hâline en uygun olan, oruçtur. Onların, yeme-içme hususunda bulundukları yerdeki topluluğa uymaları lâzım değildir. Bu hâl, gündüzleri belirli bir yiyecekleri olan bir cemaat içinde de ortaya çıkabilir. Gündüzleri belirli bir gelir ve yiyeceği olmayan kimseler arasında bulunanlar için denmiştir ki: Oruç tutanların, oruç tutmayanlara uyarak onların işlerine yardımcı olmaları, onlardan, oruç tutanlara göre davranmalarını istemekten daha güzeldir.

Sûfi cemaatının işleri sadâkat üzere kurulmuştur. Nefsin hallerini ve niyetin durumunu araştırmak da sadâkattandır. Oruç olsun, yeme olsun, cemaatın hâline uymak veya uymamak olsun, her işte sağlam bir niyetle yapılan amel, sâhibi için en faziletli ameldir.

Kendisi oruçlu iken, arkadaşlarına uyarak orucunu bozan kimsenin hareketinin, dinen güzel olduğunu, **Ebû Said** (r.a)'in rivâyet ettiği şu hadis-i şeriften anlıyoruz:

Ebû Said el-Hudrî (r.a) demiştir ki: "Ben, Rasûlullah (a.s) ve ashâbı için bir yemek hazırlamıştım. Yemeği kendilerine takdim edince, içlerinden birisi: "Ben oruçluyum" dedi. Bunu duyan Rasûlullah (a.s):

"Kardeşiniz sizi dâvet edip bir sürü meşakkate giriyor, sonra sen kalkmış: "Ben oruçluyum!" diyorsun. Orucunu boz ve sonra bir gün kazâ et!" buyurdu." [9]

Oruç tutan bir kimsenin, yanındaki yiyenlere katılmamasının da uygun olacağına dâir şöyle bir hadis-i şerif vârid olmuştur. Rasûlullah (a.s) ve ashâ-

9) Beyhakî, Sünen-i Kübrâ, IV, 279.

bı yemek yediler. **Hz.Bilal** (r.a) de oradaydı ve oruçluydu. Rasûlullah (a.s): *"Biz rızkımızı burada yiyoruz, Bilal'in rızkı ise Cennette'dir."* [10] buyurdu.

Nâfile oruç tutan bir kimse, bir cemaatta (veya bir dâvette) bulunur ve o mecliste yemek yemediği için incinecek birisi, yahut kendisine uyulmasında büyük fazilet bulunan bir büyük bulunursa, güzel bir niyetle orucunu bozup onlarla birlikte yiyebilir. Bunu, nefsinin iştahı ve tabiatın istediği için yapmamalıdır. Eğer, kendisinde böyle bir niyet ve ortada öyle bir gerek yoksa, nefsin yeme arzusuna uyup da orucunu açması uygun değildir. O durumda orucunu tamamlamalıdır. Aksi takdirde bu icâbet, kardeşinin hakkını yerine getirmek için değil, nefsin arzusunu tatmin için olur.

Hakk tâlibi bir müridin dikkat edeceği edeblerden birisi de şudur: Mürid iftar edip yemek yiyince, çoğu zaman bâtınının aslî sâfiyetinin ve önceki hâlinin değiştiğini, bu arada nefsin, ibâdetleri edâda ağırdan aldığını görecektir. Bu durumda, derhal içindeki bu değişmeyi gidererek kalbin değişen mizâcını tedâvi etmelidir. Bunun için, kılacağı namaz, okuyacağı âyet, çekeceği zikir, yapacağı duâ ve istiğfarlarla yediği yemeği eritmelidir. Bir hadis-i şerifte şöyle buyrulmuştur:

"Yediklerinizi zikirle eritiniz; tok karına uyumayınız, yoksa kalbiniz katılaşır." [11]

Orucun mühim edeblerinden birisi de, onu mümkün olduğu kadar gizlemektir. Ancak, kul tam bir ihlas sâhibi olursa, onu gizlemesinin veya açıktan tutmasının bir önemi yoktur; muhlisler kalblerini her halde Allah rızâsına bağlamış kimselerdir.

****

---

10) İbnu Mâce, Sıyam, 46.
11) Tabaranî, el-Evsat, No:4949; İbnu's-Sünnî, Ameli'l-Yevme Ve'l-Leyle, No:488; Suyûtî, Câmiu's-Sağîr, No: 907; Heysemî, Mecmau'z-Zevâid, V, 30.

YEMENİN FAYDA VE ZARARLARI

Sûfinin niyetinin güzelliği, maksadının sağlamlığı, ilminin derinliği ve amellerdeki edebe tam riâyeti sâyesinde, âdet gibi görülen işleri ibâdet olur.

Sûfi, bütün vaktini ve hayatını Allah için vakfetmiş kimsedir. Bu konuda Allahu Teâlâ, Rasûlüne şöyle emretmiştir:

"Rasülüm de ki: Şüphesiz benim namazım, ibâdetlerim, hayatım ve ölümüm âlemlerin rabbi olan Allah içindir." [1]

Sûfi de, insan oluşunun gereği ve ihtiyaçlarının giderilmesi için bir takım şeylere ihtiyaç hissetmektedir. O, bu işleri, güzel bir niyet ve uyanık bir gönül ve nurlu bir kalb ile yapar. Böylece, âdet olan işler de bir nûrâniyet kazanır ve ibâdet şeklini alır. Bu mânayı ifâde için, bir haberde:

"Âlimin uykusu ibâdet, nefesi tesbihtir." [2] buyrulmuştur.

Uyku tamamen gaflet hâli olduğu halde, ona bu hüküm verilmiştir. Çünkü, ibâdete destek olan her şey, ibâdet olmaktadır.

Yemek yeme işi, dinî ve dünyevî pek çok meseleyi içine aldığı, te'siri kalb ve kalıbla doğrudan alakalı olduğu için; pek çok ilme ihtiyacı olan mühim bir konudur. Beden, yemekle ayakta durur ve Allahu Teâlâ'nın (dünyada ta'yin ettiği) ilâhî sünneti bu şekilde icrâ edilir. Kalıb kalbin bineği olup, din ve dünyanın imârı, bu ikisiyle gerçekleşmektedir. Bir hadis-i şerifte:

---

1) En'am (6), 162.
2) Keşfu'l-Hafa, II, 431 (Had. No: 2839) Hadisin meşhur şekli: "**Oruçlunun uykusu ibâdettir**" şeklindedir. Bkz: Ebû Nuaym, Hilye, V, 83; Beyhakî, Şuabu'l-İmân, III, 413; Suyûtî, Câmiu's-Sağîr, II, 678. (Had. No: 9293); Ali el-Muttakî, Kenz, VIII, 443.

"Cennetin arazisi düzdür. Oranın bitkisi ise tesbih ve takdistir."[3] buyrulmuştur.

Beden, tek başına hayvâniyet tabiatı üzerinde yaratılmıştır; onunla dünyanın imârı te'min edilir. Ruh ile kalb ise meleklik tabiatı üzerinde olup, onlarla da âhiretin imârı yapılır. Her ikisinin birleşmesiyle de, dünya ve âhiret mamur edilmektedir.

Allahu Teâlâ, ince ve yüce hikmetiyle, insanoğlunu en güzel cismânî ve rûhânî cevherlerden terkib etmiş ve onu, yerlerin ve göklerin hülâsası yapmış, ayakta kalıp hayâtiyetini sürdürmesi için, bütün bitki, hayvan ve diğer bütün varlıklarıyla şu şehâdet âlemini onun emrine vermiş; hizmetine bağlamıştır

Allahu Teâlâ, bu ikrâmını şöyle beyân etmiştir:

"O, yeryüzünde olan her şeyi sizin için yarattı."[4]

Allahu Teâlâ, yeryüzünü halkederken önce, harâret, rutûbet, soğukluk ve kuruluğu yarattı. Sonra, bunları vâsıta yaparak bitkileri halketti. Bitkileri hayvanların ayakta durmasına bir vâsıta yapıp, hayvanları da insanların emrine bağladı. İnsana bunlarla geçim ve hayâtiyetini sürdürme imkanı verdiği için, insan onları kullanmaktadır.

Yiyecekler önce mideye ulaşır. Midede dört ayrı madde vardır. Yiyecekte de dört çeşit özellik vardır. Allahu Teâlâ, bedenin mizac (ve dengesini) normalde tutmak istediği zaman, midede bulunan her madde, yiyecekteki zıddı olan maddeyi alır. Bu durumda, serinliğe karşı harareti, kuruluğa karşı da rutübeti almış olur. Böylece tabiat normal duruma gelip denge sağlanır, bozulma ve hastalıktan emin olunur. Allahu Teâlâ, bünyeyi bozmak ve bedeni hasta etmek istediği zaman; midede bulunan her madde, yiyeceklerdeki kendi cinsinden olan maddeyi alır, o zaman tabiat dengesini kaybeder; mizac bozulur, beden hasta olur. Bütün bunlar, aziz ve her şeyi bilen Allah'ın takdiridir.[5]

Vehb b. Münebbih'in şöyle dediği rivayet edilmiştir: "Hz. **Âdem**'in **Tevrat**'ta şu sıfatlarla anlatıldığını gördüm:

"**Âdem**'i ben yarattım ve cesedini yaşlık, kuruluk, serinlik ve sıcaklık ola-

3) Münzirî, et-Terğib, II, 425.
4) Bakara (2), 29.
5) Yasin (36), 38.

rak dört şeyden terkib ettim. Ben onu topraktan yarattığım için, kendisinde kuruluk özelliği vardır. Ondaki rutûbet sudan, hararet nefisten, serinliği de ruhtan gelmektedir. Bu ilk yaratılıştan sonra, onun cesedinde dört şey daha yarattım. Onlar benim iznimle cesedin kıvâmını ve ayakta durmasını sağlarlar. Cesed ancak onlarla durur; onlar da birbirleriyle dengede kalırlar. Bu şeyler, sevdâ, safra, kan ve balgamdır. Sonra bunları birbiri içine yerleştirdim. Sevdânın içine kuruluğu, safranın içine rutûbeti, kanın içine harareti, balgamın içine de serinliği yerleştirdim. Hangi vücudda, onun kıvamını te'min eden bu dört şey dengede olursa o vücûd, denge ve sıhhatte olur. Onlardan birisi fazla ve eksik olursa; diğerlerinin de dengesi bozulmuş olup normal fonksiyonlarını icrâ edemez olurlar. O zaman vücûda hastalık ârız olur, tâkattan düşer, bu maddeleri yeterli ve gerekli miktarda üretmekten âciz kalır."

Yiyecek konusunda dikkat edilecek en önemli husus; onun helal olmasıdır. Dinin yasaklamadığı her nimet, Allah tarafından, kullarına bir rahmet olarak müsâade edilmiş helal bir nimettir. Eğer şeriat sahibi bu ruhsatı vermeseydi, iş çok ağırlaşır ve helal rızık te'mini epeyce zor olurdu.

Sûfilerin yemekteki edeblerinden birisi de nimette onu vereni görmek; ondaki ilahî kudret ve rahmeti müşâhade etmektir.

Yemeğe başlamadan önce elleri yıkamak da, bu edeblerden birisidir. Rasûlullah (a.s) bir hadislerinde:

"Yemekten evvel elleri yıkamak, yoksulluğu giderir." [6] buyurmuştur.

Hadiste, ellerin yıkanmasıyla, fakirliğin gideceği belirtilmiştir.. Çünkü yemekten önce elleri yıkamak, nimeti edeble karşılamaktır. Bu da nimete şükür sayılır. Şükür ise nimetin artmasını te'min eder. Şu halde ellerin yıkanması daha fazla nimeti celbederek, fakirliği gidermektedir. Nitekim **Enes b. Mâlik** (r.a), Rasûlullah'ın (s.a.v) şöyle buyurduğunu rivayet etmiştir:

"Kim, evindeki hayrın (bereketin) artmasını isterse; yemekten önce ellerini yıkasın. Sonra da Allahu Teâlâ'nın ismini zikrederek

6) İbnu Mâce, Et'ıme, 5; Tabarâni, el-Evsat, No:7162.

(yemeye) başlasın."[7]

Allah Teâlâ'nın: "**Üzerine Allah'ın ismi anılmayan şeyleri yemeyiniz.**" [8] âyetinin tefsirinde; Allah'ın adıyla kesilmeyen hayvanları yemeyiniz, denmiştir.

İmam **Şâfi** ve İmam **Ebû Hanife** (rah.), hayvan boğazlarken besmele çekmenin vâcip olup olmama konusunda ihtilaf etmişlerdir. Sûfiler, âyetin zâhiri manasını anlayıp kabul ettikten sonra, bir yemeğin ancak, evvelinde Allah'ın ismi zikredilerek yenilebileceğini söylemişlerdir. Şu halde, yemekten evvel besmele çekmek sûfi için bir farz hükmünde olup, o işin vazgeçilmez edebidir. Sûfi, yemenin ve içmenin genelde nefsin arzusundan kaynaklandığını görür ve onun ilacının, yemeğin başında Allahu Teâlâ'yı zikretmek olduğunu bilir.

Hz. Âişe (r.ah) şöyle rivâyet etmiştir: **Rasûlullah** (a.s), ashâbından altı kişiyle yemek yerken, bir bedevi geldi ve sofradakileri iki lokmada bitiriverdi. Bunun üzerine Rasûlullah (a.s):

"Eğer bu adam besmele çekseydi, yemek hepinize yeterdi. Sizden biriniz yemek yiyeceği zaman "Bismillah." desin. Eğer başta besmeleyi unutursa (yemeğin içinde) hatırladığı zaman: "Bismillahi evvelehu ve âhirahu" desin." [9]

Yemek yiyenin, birinci lokmada: "**Bismillah**", ikinci lokmada: "**Bismillâhır-rahman**", üçüncü lokmada da: "**Bismillâhir-rahmânirrahim.**" demesi müstehabtır.

Su, aralıklarla üç nefeste içilmelidir. İlk nefeste içtiğinde: "**Elhamdü lillah**", ikinci nefeste : "**Elhamdü lillâhi rabbilâlemin.**", üçüncü nefeste de: "**Elhamdu lillâhi rabbilâlemîn errahmânırrahîm.**" denilmelidir.

Yukarıda arzettiğimiz şekilde, midede, yenen şeylerdeki özelliklere uygun olarak dengelenen, ayarlanan bazı özellikler olduğu gibi, kalbde de yenen yiyeceklerden etkilenip değişen mizaç ve huylar vardır. Bunu kalbi uyanık, edeble hakikatı tedkik eden âlimler farkedebilirler.

---

7) İbnu Mâce, Et'ıme, 5; Suyûtî, Câmiu's-Sağîr,.Had. No: 83ll.
8) En'am (6), l2l.
9) Tirmizî, Et'ıme, 47; Beyhakî, Sünen-i Kübrâ, V, 276.

Kalbin mizâcının bozulduğu, alınan lokmaların te'sir ve etkilerinden anlaşılır. Bu bazen, fuzûli, boş şeylere rağbet ve yönelme şeklinde kendisini gösterir. Bazen kalbde, vaktin icâbına göre üzerine düşen vazifeye karşı bir gevşeklik ve soğukluk meydana gelir. Bazen gaflet ve yanılma rutûbeti oluşur. Bazen de, dünyevî haz ve meşgaleler sebebiyle hüzün ve keder kuruluğu baş gösterir. Bütün bunlar, kalbi uyanık kimselerin (sebeb ve sonucunu) farkedebileceği kalbî ârızalardır. Uyanık kimse, bu ârızalar sebebiyle bedenin sıhhatının değişmesiyle, kalbin mizâcının da değiştiğini görecektir. Cesed için denge (ve sıhhat) mühim olduğu gibi; kalb için daha mühim ve daha gereklidir. Kalbin itidal (ve düzeninin) bozulması, bedeninkinden daha sür'atli olur. Bazı değişmelerden kalb hasta olur. Bedenin ölmesiyle kalb de fonksiyonunu yitirir. Bilinmelidir ki; bütün bunlara karşı, Allahu Teâlâ'nın ismini zikir kötülükleri yok etmede, hastalığı gidermede faydalı, tecrübe edilmiş, şifa veren bir ilaçtır. (Zikir, kalbi ve kalıbı sıhhatine, mânevî huzuruna kavuşturmaktadır.).

Anlatıldığına göre; **Muhammed el-Gazzâlî**, **Tûs** şehrine döndüğünde, kendisine, bir köyde bulunan sâlih bir zattan bahsettiler. **Gazzâlî**, onu ziyâret maksadıyla yanına gitti. Kendisini bir tarlada ekin ekerken buldu. Adam, şeyh **Muhammed el-Gazzâlî**'yi görünce yanına gelerek, hoş-beş edip ilgilendi. O esnâda, ashâbından birisi gelerek, kendisinden tohum istedi. O, **Gazzâli** ile meşgul olurken tohumu saçmayı düşündü. Sâlih zât çekindi ve ona tohum vermedi. **İmam Gazzâlî**, tohumu vermeyişinin sebebini sorunca, Hazret:

"Ben bu tohumu kalb huzuru ve zikreden bir lisanla ekerek, ileride onu yiyecek olanlara bereket olmasını istiyorum. Onu, kalbi huzur, dili zikir hâlinde olmayan birisine verip de saçtırmak hoşuma gitmiyor!" dedi.

Sûfilerden birisi, yemeğe, **Kur'an**'dan bir sûre okuyarak başlayıp, bu şekilde kalbinin huzûrunu te'mine çalışırdı. Bununla, yediği bütün lokmaların, zikrin nûruyla kaplanarak yutulmasını, yemekten sonra sevimsiz bir hâlin ârız olup da, kalbinin mizâcını değiştirmemesini sağlamayı hedefliyordu.

Şeyhimiz **Ebu'n-Necib es-Sühreverdî**: "Ben, sanki namazdaymışım gibi yemek yerim." derdi.

Hazret bu sözüyle; yemek yerken kalbinin huzûruna ve uyanıklığına işâret ediyordu. Çoğu zaman da, yemek vaktinde düşüncesinin dağılmaması için, yanında, onu bazı meşguliyetlerden kurtaracak bir takım hizmetleri görecek birisini bulundururdu. Çünkü o, yemek yerken kalb huzûru ve zikir hâlinde olmanın ibâdetlerde, hiç küçümsenmeyecek bir te'sirinin olduğu görüşündeydi.

Yemek yerken, Allahu Teâlâ'nın, özel olarak yemek için yaratmış ve hazırlamış olduğu dişlerin vazifesini düşünmek bir nev'i zikirdir. Onların bir kısmı koparıcı, bir kısmı ufalayıcı, bir kısmı da öğütücüdür. Bunların yanında, Allahu Teâlâ'nın, gözün suyunu, göz yağ olduğu için bozulmasın diye tuzlu yarattığı gibi; tadı değişip acılaşmasın diye ağzın suyunu tatlı yaratmasını düşünmek de bir zikirdir. Yine, çiğnemeye ve yutmaya yardımcı olması için dilin ve ağzın kenarlarından (tükrük bezlerinden) nasıl tükrük salgılandığını, benzeri hazmettirici bir kuvvetin, yiyeceklerin iyice hazmedilmesi için midede bulundurulmasını ve onun karaciğerle ilgilisini düşünmek de bu zikre dâhildir.

Hazım işinde ciğer bir ateş, mide de tencere mesâbesindedir. Ciğerin bozukluğu nisbetinde hazım da bozuk olur ve yemeği bozar, (mide yemeği) tam ayrıştıramaz. Bu durumda, her âzaya nasibi olan (vitamin) ulaşamaz. Aynen bunun gibi; bütün âzalar, kara ciğerin, dalağın, böbreklerin hal ve hastalığından (direkt) etkilenirler.

Bütün bunların açıklanması çok uzun sürer. İbret almak isteyenler; Allahu Teâlâ'nın acib kudretini görmek için, âzaların birbirine verdiği destek ve aralarındaki yardımlaşmayı, alınan gıdânın güzelce kullanılması hususunda birinin diğeriyle alâkasını, gıdâlarda mevcut olan kuvvetin, enerjinin emilip çekilerek âzalara sevkiyâtını, besinlerin kan, süt ve tortu şeklinde ayrışmasını, (annesinin südüyle) beslenen yavrunun, kan ve pislik arasından süzülerek, içenlerin boğazından âfiyetle geçen sütle nasıl beslendiğini düşünüp, mutâlaa etsinler (bu onlara yeter).

Her şeyin en güzelini yaratan Allah'ın şânı ne kadar yücedir.[10]

---

10) Mü'inûn (23), 14.

İşte yemek ânında bu hususlarda tefekkür etmek, onlardaki ince sır ve hikmeti, tecelli eden ilâhî kudreti anlamaya çalışmak bir nev'i zikir olmaktadır.

Yemekteki, kalbin mizâc ve huzûrunu bozacak hastalık ve zulmetlerini gidermek için yapılacak işlerden birisi de; yemeğin evvelinde duâ etmek, Allahu Teâlâ'ya, bu yemeği taatında bir kuvvet ve destek yapması için yalvarmaktır. Şu duâyı yapabilir:

"Allah'ım! Efendimiz Muhammed'e ve O'nun âline salat eyle. Sevdiğin şeylerden bizi rızıklandırdığın bu şeyleri, bize, sevdiğin şeylerde itaatında bir destek yap. Sevdiklerimizden bize vermediğin şeyleri de, bizim için, senin sevdiğin şeylerde kullanacağımız, hayır yolunda değerlendireceğimiz birer fırsat yap."

****

YEME-İÇME ÂDÂBI

1-Yemeğe tuzla başlayıp tuzla bitirmek.

Rivâyet edildiğine göre; **Rasûlullah** (s.a.v) Efendimiz, **Hz. Ali**'ye şöyle buyurmuştur:

"Ya Ali! Yemeğine tuzla başla ve tuzla bitir. Çünkü tuz, cinnet, cüzzam, ala tenlilik, karın ve diş ağrıları dâhil, yetmiş derde devâdır." [1]

Hz. Âişe (r.ah.) şöyle rivâyet etmiştir: Rasûlullah'ın (s.a.v) sol ayağının baş parmağı bir akrep tarafından sokuldu. Rasûlullah (s.a.v):

"Bana, şu hamurun içine koyduğunuz beyaz maddeden (tuzdan) biraz getirin." buyurdu. Biz de kendisine tuz getirdik; onu avucuna koydu, ağzına götürüp, diliyle üç defa yaladıktan sonra kalan kısmını ısırılan yere koydu; acısı derhal kesildi." [2]

2-Yemeği topluca yemek.

Yemeği bir arada yemek müstehabtır. Bu, sûfilerin rıbat (ve tekke) gibi yerlerde uyguladıkları bir sünnettir. Nitekim, **Câbir** (r.a), Rasûlullah (a.s.)'ın şöyle buyurduğunu rivâyet etmiştir:

"Allahu Teâlâ'ya en sevimli olan yemek, üzerinde çokca ellerin biriktiği yemektir." [3]

Bir grup insan, Rasûlullah (a.s)'a gelerek:

---

1) el-Askalânî, el-Metâlibü'l-Âliyye, II, 315 (Had. No: 2350)
2) Biraz farklı rivâyetler için bkz: İbnu Ebi Şeybe, Musannef, Tıbb, 22 (cild V, sh. 440); İbnu-Kayyım, Zâdü'l-Meâd, IV, 180; Taberânî, Mücemu's-Sağîr (Had. No: 831), Heysemî, Mecmau'z-Zevâid, V, 111
3) Ebu Ya'lâ, Müsned, IV, 38 (Had. No: 2045); Münzirî, et-Terğib, III, 134; Heysemî, Mecmau'z-Zevâid, V, 21.4) Ebû Dâvud, Et'ıme, 15; Ali Nâsıf, et-Tâc, III, 130.

"Ya Rasûlellah! Biz (çok) yiyoruz ama doymuyoruz!" dediler. Rasûlullah (a.s):

"Herhalde siz yemeğinizi ayrı ayrı yiyorsunuz. Yemeği topluca yiyiniz ve evvelinde besmele çekiniz ki; yemeğiniz bereketlensin." [4]

3-Yemeği yer sofrasında yemek

Sûfilerin güzel âdetlerinden birisi de, yemeklerini sergi veya yer sofrası üzerinde yemeleridir. Bize, **Şeyh Ebû Zur'a**'nın bildirdiğine göre; **Enes b. Mâlik** (r.a) şöyle demiştir:

"Rasûlullah (a.s), özel sofra (masa) üzerinde ve husûsî yapılmış tabak içerisinde yemek yemedi." Kendisine:

"Peki öyleyse neyin üzerinde yiyordu?" diye sorulunca:

"Yere yayılmış bir sergi üzerinde." [5] dedi.

4-Lokmaları ufak ufak almak ve güzelce çiğnemek

Yemek yiyen kimse, lokmalarını küçük almalı, güzelce çiğnemeli, kendi önüne bakmalı, yiyenlerin yüzüne gözünü dik dik bakmamalı, sağ dizini dikerek sol ayağının üzerine oturmalı, herhangi bir yere yaslanmamalı, kibir içinde olmayıp mütevâzi bir şekilde yemeğini yemelidir. Rasûlullah (a.s.), yaslanarak yemek yemekten nehyetmiştir. [6]

Rivâyet edildiğine göre; Rasûlullah (a.s)'a bir koyun hediye edildi. **Rasûlullah** (a.s)'da piştikten sonra diz üstü oturarak yemeye başladı. O esnada bir bedevi geldi. Rasûlullah'ı (s.a.v) yerde oturur vaziyette görünce:

"Bu nasıl oturuş yâ Rasûlellah!" dedi. Efendimiz (a.s)'de:

"Allah beni kul olarak yarattı, azgın (inatçı) cabbâr birisi olarak yaratmadı." [7] buyurdu.

5-Yemeğe, yaş ve kemâlat bakımından önde olan veya mürşidi başlamadan el uzatmamak

---

4) Ebû Dâvud, Et'ıme, I5; Ali Nâsıf, et-Tâc, III, I30.
5) Buhârî, Et'ıme, 23; Tirmizî, Et'ıme, I; İbnu Mâce, Et'ıme, 20; Ahmed, Müsned,III, I30.
6) Heysemî, Mecmau'z-Zevâid, V, 24; Değişik ifadelerle bkz: Buhârî, Et'ıme, I3; Ebû Dâvud, Et'ıme, I6.
7) Ebû Dâvud, Et'ıme, I7; İbnu Mâce, Et'ıme, 6; Münzirî, et-Tergib, III, I30.

Huzeyfe (r.a.): *"Rasûlullah (a.s) ile yemek yerken; O başlamadan, kimse elini yemeğe uzatmazdı."* [8] demiştir.

6-Yemeği sağ elle yemek

Ebû Hureyre'nin (r.a) rivâyetine göre; Rasûlullah (s.a.v), şöyle buyurmuştur:

"Sağ elinizle yiyin, sağ elinizle için, sağ elinizle alın, sağ elinizle verin. Çünkü seytan, sol eliyle yer, sol eliyle içer, sol eliyle alır, sol eliyle verir." [9]

Eğer yenilen şey hurma yahut çekirdeği olan bir yiyecekse, çekirdek ve artıkları meyve kabının içinde ve elinde toplamaz. Ağzından elinin üstüne alır ve (uygun bir yere veya boş kaba) atar.

7-Yemeği tam ortadan değil, önünden yemek

Bu hususta, **Abdullah b. Abbas** (r.a), Rasûlullah'ın (s.a.v) şöyle buyurduğunu rivâyet etmiştir:

"Önünüze konulan yemeğin kenarından yiyin, ortasına uzanmayın. Çünkü bereket, yemeğin ortasına iner." [10] (Ortadan yenildiği zaman herkes yemeğin bereketinden istifâde etmiş olur).

8-Yemekte kusur aramamak

Ebû Hureyre'nin (r.a.) rivâyetine göre; Rasûlullah (a.s), hiçbir yemeğe kusur bulup ayıplamazdı. Eğer iştahı varsa yer, yoksa terkeder; öylece bırakırdı. [11]

9-Yere düşen lokmayı almak

Enes b. Mâlik (r.a.), Rasûlullah'ın (s.a.v) şöyle buyurduğunu rivâyet etmiştir: *"Birinizin elinden lokması yere düşecek olursa, üzerine bulaşan toz ve toprak gibi zararlı şeyleri gidererek, onu yesin, şeytana bırakmasın!"* [12]

---

8) Ebû Dâvud, Et'ıme, I5; Ali Nâsıf, et-Tac, III, II7.
9) Ebû Dâvud, Et'ıme, I9; İbnu Mâce, Et'ıme, 7; Tirmizî, Et'ıme, 9; Ali Nâsıf, et-Tâc, III, II8.
10) Ebû Dâvud, Et'ıme, I7; Tirmizî, Et'ıme, I2; İbnu Mâce, Et'ıme, I2.
11) İbnu Mâce, Et'ıme, 4; Ali Nâsıf, et-Tâc, III, II8.
12) Müslim, Eşribe, I34; Ebû Dâvud, Et'ıme, 49; Tirmizî, Et'ıme, II; İbnu Mâce, Et'ıme, I3.

l0-Parmakları yalamak

Yemekten sonra parmakları yalamak da sünnettir. Câbir (r.a), Rasûlullah'ın (s.a.v) şöyle buyurduğunu rivâyet etmiştir:

"Biriniz yemek yediği zaman, parmaklarını iyice yalasın. Çünkü o, bereketin hangi parçada olduğunu bilemez." [13]

ll-Yemek kabını iyice sıyırıp temizlemek

Yemek kabının (tabak veya sahanın) güzelce sıyrılıp temizlenmesi de sünnettir.

Enes (r.a.), Hz. Peygamber (s.a.v)'in yemek kabını sıyırmayı emrettiğini haber vermiştir.[14]

l2-Yemeğin içine üflememek.

Bu konuda **Hz. Âişe** (r.ah.), Rasûlullah'ın (s.a.v) şöyle buyurduğunu rivâyet etmiştir: *"Yemeğin içine üflemek, bereketini giderir."* [15]

Abdullah b. Abbas (r.a), Rasûlullah'ın (s.a.v) yiyecek ve içeceğe üflemediğini, su kabına da nefes vermediğini rivâyet etmiştir.[16] Demek ki, yemek ve su kabının içine solumak edebe uymaz.

l3-Sofrada sirke ve yeşillik cinsi bir şey bulundurmak

Bu konuda; *"Sofrada yeşillik bulunduğu zaman meleklerde orada hazır olup (duâ ederler)"* denmiştir.[17]

Ümmü Sa'd (r.a) şöyle anlatmıştır: "**Rasûlullah** (a.s), Hz. **Âişe**'nin (r.a.) yanına geldi. Ben de oradaydım:

"Herhangi bir yiyecek var mı?" diye sordu. **Hz. Âişe** (r.ah):

"Yanımızda ekmek, hurma ve sirke var." deyince, Rasûlullah (a.s.):

"Sirke ne güzel katıktır. Allah'ım; sirkeye bereket ver. Çünkü o, benden önceki peygamberlerin de katığı idi. Sirke bulunan ev fakir sayıl-

---

13) Buhârî, Et'ıme, 52; Müslim, Eşribe, l33; Ebû Dâvud, Et'ıme,, 49; Tirmizî, Et'ıme, l0.
14) Ali Nasıf, et-Tâc, III, l2l.
15) Ebû Dâvud, Eşribe, 20; İbnu Mâce, Eşribe, 24.
16) Buhârî, Eşribe, 25; İbnu Mâce, Eşribe, 24; Münzirî, et-Terğib, III, l28.
17) Heysemî, Mecmau'z-Zevâid, V, 24.

maz; (o evin katığa ihtiyacı yoktur)."[18] buyurdu.

14-Yemekte suskun durmamak

Sofrada hiç konuşmadan durmak uygun değildir. Çünkü bu, İslâm milletinin dışındaki kimselerin âdetidir. (Onlar, hırsla yemeğe yönelip, başka şeyle ilgilenmezler. Halbuki bu, sofrada oturanlar arasında soğukluğa sebeb olur).

15-Et ve ekmeği bıçakla kesmemek

Bu konuda nehiy vardır.[19]

16-Sofradakiler yemeği bitirinceye kadar yemekten elini çekmemek

Bu konuda **İbnu Ömer** (r.a.), Rasûlullah'ın (s.a.v) şöyle buyurduğunu rivâyet etmiştir:

"Sofra kurulduğunu zaman, sofra kalkmadan kimse kalkmasın ve kendisi doymuş olsa bile, sofradakiler yeme işini bitirinceye kadar elini çekmeden yiyor gibi görünerek oyalansın. Öyle insanlar vardır ki, arkadaşının kalkmasıyla (sofrada tek başına oturmaktan) utanır ve ihtiyacı olsa da yemeyi bırakır." [20]

17-Sofraya ekmek konunca, katık olarak başka bir şey beklememek

Ebû Mûsâ el-Eş'arî (r.a),Rasûlullah'ın (s.a.v) şöyle buyurduğunu rivâyet etmiştir:

"Ekmeğe hürmet ediniz. Çünkü Allahu Teâlâ (onun oluşması için) yerin ve göğün bereketini, (onun ekilip biçilmesi için) demiri, hayvanları ve insanoğlunu sizin emrinize bağlamıştır."[21]

18-İyice açıkmadan yememek ve (tam) doymadan sofradan kalkmak

---

18) Ebû Dâvud, Et'ıme, 39; İbnu Mâce, Et'ıme, 33; Münzirî, et-Terğib, III, 13I.
19) Rasûlullah (a.s.), sofradaki et ve ekmeği bıçakla kesmeyi acemlerin (diğer milletlerin) âdeti olarak zikretmiş ve bundan nehyetmiştir. Bkz: Ebû Dâvud, Et'ıme, 20; Münzirî, et-Terğib, III, 132; Ali Nasıf, et-Tâc, III, 120; Ancak buna cevaz veren hadislerde mevcuttur. Bkz: Buhârî, Et'ıme, 20.
20) İbnu Mâce, Et'ıme, 2I; Ali el-Muttakî, Kenzu'l-Ummâl, I5, 24I.
21) Hâkim, Müstedrek, IV, I22; Suyûtî, Câmiu's-Sağîr, I, 2II (Had. No: I423-26)

Yemekteki en güzel edeblerden birisi de, yemeği açıktıktan sonra yemek ve (tam) doymadan sofradan kalkmaktır. Rivâyet edildiğine göre; Rasûlullah (a.s.), şöyle buyurmuştur:

"İnsanoğlu, karınından daha kötü bir kab doldurmamıştır." [22]

I9-Hizmetçi sofraya oturmadığı zaman ona da (getirdiği yemekten) bir kaç lokma yedirmek

Bu da sünnettir. **Ebû Hureyre** (r.a) demiştir ki: Ebu'l-Kâsım Rasûlullah (a.s.) şöyle buyurdu:

"Birinize hizmetçisi yemeğini getirdiğinde, eğer onu kendisiyle birlikte oturtmayacaksa, gelen yemekten bir iki lokma da ona versin. Çünkü, yemeği pişirirken sıcaklığının ve dumanının sıkıntısını o çekmiştir." [23]

20-Yemeği bitirince Allah'a hamdetmek

Yemek bittikten sonra **Allah**'a hamdedilmelidir.

Ebû Said el-Hudrî'nin (r.a), rivâyetine göre; **Rasûlullah** (a.s), yemek yedikten sonra:

اَلْحَمْدُ لِلّٰهِ الَّذِى أَطْعَمَنَا وَ سَقَانَا وَ جَعَلَنَا مِنَ الْمُسْلِمِينَ.

"Biz yedirip doyuran, sulayan ve müslüman yapan Allah'a hamdolsun." [24] derdi.

Başka bir hadis-i şerifte ise şöyle buyrulmuştur:

اَلْحَمْدُ لِلّٰهِ الَّذِى أَطْعَمَنِى هٰذَا وَ رَزَقَنِيهِ مِنْ غَيْرِ حَوْلٍ مِنِّى وَ لاَ قُوَّةٍ.

*"Kim, yemek yedikten sonra : '**Bana bu yemeği yediren, benim hiçbir kuvvet ve imkanım olmadığı halde, beni bununla rızıklandıran Allah'a hamdolsun' derse, geçmiş günahları affolur.**"* [25]

---

22) Tirmizî, Zühd, 47; İbnu Mâce, Et'ıme, 50; Ahmed, Müsned, IV, I32; Münzirî, et-Terğib, III, I36.
23) Buhâri, Et'ıme, 55; Müslim, Eymân, 42; Ebû Dâvud, Et'ıme, 50; Dârimî, Et'ıme, 33.
24) Ebhu Dâvud, Et'ıme, 52; Tirmizî, Deavât, 55; İbnu Mâce, Zühd, I0; Dârimî, Et'ıme, 3.
25) Ebû Dâvud, Libas, 1; Tirmizî, Deavât, 55; İbnu Mâce, Et'ıme, I6; Hâkim, Müstedrek, I, 507. IV, I92.

2l-Yemekten sonra dişleri (kürdan, misvak, fırça vs. ile) temizlemek.

Yemekten sonra ağzını (husûsiyle dişlerini) temizlemelidir. Bu konuda **Rasûlullah** (a.s) şöyle buyurmuştur:

"Dişlerinizi temizleyiniz. Çünkü o bir temizliktir. Temizlik, sahibini imana götürürür. İman ise sâhibiyle birlikte Cennet'tedir." [26]

22-Yemekten sonra elleri yıkamak

Bu hususta, **Ebû Hureyre** (r.a.), Rasûlullah'ın (s.a.v) şöyle buyurduğun rivâyet etmiştir: *"Elindeki yemek yokunu (ve kokusunu) yıkımadan yatan bir kimseye, gece herhangi bir sıkıntı (ve hastalık) isâbet ederse, başkasını değil, ancak kendisini suçlasın."* [27]

Elleri aynı kabta yıkamak da sünnettir. **İbnu Ömer** (r.a.)'den rivâyet edildiğine göre; **Rasûlullah** (a.s) şöyle buyurmuştur:

"Ellerinizi aynı leğende yıkayarak leğeni doldurunuz, ve bu şekilde Mecûsîlere muhâlefet ediniz; çünkü onlar ayrı ayrı kaplarda el yıkarlar." [28]

23-Elinin ıslağı ile gözlerini meshetmek

Ebû Hureyre'nin (r.a) rivâyet ettiğine göre; bu konuda, **Rasûlullah** (a.s) şöyle buyurmuştur:

"Abdest aldığınız zaman suyu gözlerinize sürünüz. Ellerinizdeki suyu silkmeyiniz. Çünkü bu (silkeleme), şeytanları rahatlatacak bir şeytir." [29]

Ebû Hureyre'ye: "Bu hâl, abdestten başka diğer el yıkamaları için de geçerli midir?" diye sorulunca:

---

26) Suyûtî, Câmiu's-Sağîr, I, 503 (Had. No: 3267); Münâvî, Feyzu'l-Kadîr, III, (Had. No: 3267).
27) Ebû Dâvud, Et'ıme, 53; Tirmizî, Et'ıme, 48; Hatib, Tarih-i Bağdat, IV, 340; Ali el-Muttakî, Kenzu'l-Ummâl, XV, 264 (Had. No: 40888).
28) Beyhakî, Şuabu'l-İmân, V, 7l (Had. No: 5820); Hadisin şerhi için bkz: Münâvî, Feyzu'l-Kadîr, I, ll4-ll5.
29) Deylemî, Firdevsu'l-Ahbâr, I, 328 (Had. No: l035); Ali el-Muttakî, Kenzu'l-Ummâl, IX, 308.

"**Evet, abdestte ve onun dışındaki yıkamalarda geçerlidir.**" demiştir. Elleri yıkarken sabunu sağ eline alır. Dişleri kürdan vs. ile temizlerken, dişlerden çıkan artıkları yutmamalıdır. Fakat diliyle yalayarak topladığı şeyleri yutmasında bir sakınca yoktur.

24-Yemek esnasında yapmacık haraketlerden sakınmak

Kişi, cemaat içinde yemek yerken, tek başına yediği şekilde bulunmalıdır. Çünkü riyâ, insana her şeyde gelebilir. Nitekim, âlimlerden birisine, bir âbid övgü ile anlatılınca, onu pek iyi anmadı. Kendisine:

"Ne var, onda bir ayıp mı gördün?" denilince:

"Evet, onu yemek esnâsında yapmacık haraketler yaparken gördüm. Yemekte yapmacık haraketlerde bulunan kimsenin, diğer amellerinde de yapmacık ve riyâkarca davranmasından emin olunamaz." demiştir.

25-Yemeğin helal olmasına dikkat etmek

Yediği yemek helal ise, şöyle duâ etmelidir:

اَلْحَمْدُ لِلّٰهِ الَّذِى بِنِعْمَتِهِ تَتِمُّ الصَّالِحَاتُ وَ تَنْزِلُ الْبَرَكَاتُ. اَللّٰهُمَّ صَلِّ عَلٰى مُحَمَّدٍ. اَللّٰهُمَّ أَطْعِمْنَا طَيِّبًا وَ اسْتَعْمِلْنَا صَالِحًا

"Nimetleriyle hayırların tamamlandığı, bereketlerin indiği Allah'a hamdolsun. Allah'ım! Efendimiz Muhammed'e ve âline salat eyle. Allah'ım! Bize güzel bir rızık ver ve bizi sâlih işlerde istihdam et."

Eğer yediği yemek şüpheli ise şöyle duâ eder:

اَلْحَمْدُ لِلّٰهِ عَلٰى كُلِّ حَالٍ. اَللّٰهُمَّ صَلِّ عَلٰى مُحَمَّدٍ وَ لَا تَجْعَلْهُ عَوْنًا عَلٰى مَعْصِيَتِكَ.

"Her halde Allah'a hamdolsun. Allah'ım Efendimiz Muhammed'e salat eyle. Bu yemeği bizim için, sana karşı isyana sevkedercek bir güç yapma."

Arkasından çokça istiğfar etmeli, şüpheli bir yemek yediği için ağlayıp üzülmeli, gülüp sevinmemelidir. Hiç şüphesiz ağlayarak ve üzülerek yiyen kimse, gülüp (eğlenerek) yiyen kimse gibi değildir.

Yemekten sonra, "**Kureyş**" ve "**İhlâs**" sûrelerini okuyabilir.[30]

---

30) Heysemî, Mecmau'z-Zevâid, V, 23; Ali el-Muttakî, Kenzu'l-Ummâl, XV, 249 (Had. No:40798).

27-Yemek vakti bir topluluğun yanına (önceden habersiz ve dâvetsiz) girmekten sakınmak

Bu konuda, **Rasûlullah** (a.s) şöyle buyurmuştur:

"Dâvet edilmediği bir yere giden kimse; fâsık olarak gider, haram yemiş olarak çıkar."

Başaka bir rivâyette: *"Hırsız olarak girer, gâsıb olarak çıkar."*[31] buyrulmuştur.

Ancak, dâvet olunmadan gittiği zaman sevineceklerini bildiği kimselerin yanına gidilmesi, bunun dışındadır; bunda sakınca yoktur.

28-Misâfirleri evin kapısına kadar yolcu etmek

Ev sahibinin, misâfirleri evin kapısına kadar uğurlaması müstehabtır.[32] Misâfir de, ev sâhibinden izin almadan çıkıp gitmemelidir. Herhangi bir ziyâfet veren kimse, tekellüften (gösteriş ve zorlamadan) sakınmalıdır. Ancak önceden, bolca infak etme niyeti varsa yapabilir. Ziyâfet konusunda, (gereksiz) bir utanma ve (yersiz) bir sıkıntıya girme, gösterişe kaçma olmamalı; herkes güzel niyetle, kendini zora ve gereksiz masrafa sokmadan, hâline uygun ikramda bulunmalıdır.

29-Yemek sahibine duâ etmek

Akşamleyin bir topluluğun yanında yemek yiyen kimse, (özellikle oruçlu olup, iftar açınca) yemekten sonra şöyle duâ etmelidir.

أَفْطَرَ عِنْدَكُمُ الصَّائِمُونَ وَأَكَلَ طَعَامَكُمُ الْأَبْرَارُ وَصَلَّتْ عَلَيْكُمُ الْمَلَائِكَةُ.

"Sofranızda oruçlular iftar etsin. Yemeğinizi sâlihler yesin. Melekler size salat etsin."[33]

Şu şekil duâ da rivâyet edilmiştir:

"Günahkar olmayan, geceleri namazla, gündüzleri oruçla geçiren sâlihlerin bereketi üzerinize olsun."

Sahâbe-i Kirâm'dan bazılar bu duâyı söylerlerdi.

30-Önüne gelen yemeği hakir görmemek. Gereksiz masraf ve kül-

31) Ebû Dâvud, Et'ıme, 1.
32) Deylemî, Firdevsu'l-Ahbâr, IV, 294 (Had. No: 6412).
33) Ebû Dâvud, Et'ıme, 54; Ahmed, Müsned, III, 138; Beyhakî, Şuabu'l-İmân, V, 125; Sünen-i Kübrâ, IV, 239.

fetten sakınmak.

Rasûlullah'ın (s.a.v) ashâbından birisi demiştir ki: "Kendisine ikram edilen yemeği hakir gören mi, yoksa, yanındaki yemeği misâfire ikram etmeyi küçümseyen mi daha günahkardır, bilemiyoruz."

Övünme gâyesi ile düğün ve tâziye zamanlarında bir sürü külfetlerle çıkarılan yemeği yemek mekruhtur. Yas tutup ağıt yakan kimseler için hazırlanan yemekten de yememelidir. İleri gelen zevât için hazırlanan yemeği yemekte bir sakınca yoktur. Benzeri durumlarda da hüküm aynıdır.

Bir kimse, kardeşinin (arkadaşının) yiyeceğinde rahatça tasarrufta bulunduğu zaman, onun sevineceğini; bundan rahatsız olmayacağını bildiğinde, kendisinin izni olmadan yiyeceğinden alıp yiyebilir bunda sakınca yoktur. Çünkü, Allahu Teâlâ: "**yâhut, samimi dostlarınızın evinde de izinsiz yiyebilirsiniz**" [34] buyurmuştur.

Anlatıldığına göre; tanıdıklarından)bir topluluk **Süfyan es-Sevrî**'nin yanına gittiler, kendisini evde bulamadılar. Evine girip sofrayı kurarak eve bulduklarını ortaya koyup yemeye başladılar. Tam o esnada **Süfyan es-Sevrî** içeri girdi. Onları bu halde görünce sevindi ve:

"Ne güzel yaptınız! Böyle yapmakla bana, selefin ahlâkını hatırlattınız. Onlar da böyle yaparlardı." dedi.

3l-Davete icabet etmek

Bir yemeğe dâvet edilen kimsenin, icâbet etmesi sünnettir. Hele bu, düğün yemeği olunca, icâbet daha da gerekli olur. Bazı insanlar kibrinden dolayı dâvete icâbet etmez. Bu, büyük bir hatâdır. Fakat bunu, riyâ ve yapmacık olarak işlerse bu, tekebbürden daha az bir hatâdır.

Rivâyet edildiğine göre; **Hz. Ali'nin** oğlu **Hasan** (r.a.), bineğiyle bir yoldan geçerken, yol kenarında, dilenerek topladıkları ekmek parçalarını bir ser-

34) Nur (24) 6l. İlgili âyetin tamamının meâli şöyledir:
"Kendi evlerinizde, babalarınızın, annelerinizin, erkek veya kızkardeşlerinizin, amcalarınızın, halalarınızın, dayı ve teyzeleriniz evlerinde, yahut anahtarları sizde bekçisi (hizmetçisi) olduğunuz evlerde, ya da samimi dostlarınızın evlerinde izinsiz yemek yemenizde bir sakınca (günah) yoktur."

gi üzerine yayarak yemekte olan fakirler grubuna rastladı. Yanlarına varıp selam verdi. Selamını aldılar ve: "Ey Allah Rasûlünün torunu! Buyur, beraber yiyelim!" dediler. O da:

"Tabii, **Allah** mütekebbirleri sevmez." dedi ve bineğinden inerek, onlarla birlikte oturup yemeye başladı. Biraz yedikten sonra tekrar kendilerine selam vererek, hayvanına binip gitti.

"Din kardeşleriyle yenen yemek, evâd u iyalle yenen yemekten daha faziletlidir." denmiştir.

Rivâyet edildiğine göre; **Hârun er-Reşid**, **Ebû Muaviye ed-Darîr**'i[35] dâvet ederek kendisine yemek hazırlanmasını emretti. Yemeğini yiyince, **Hârun er-Reşid** leğende eline su döktü. Elini yıkadıktan sonra:

"Ya **Ebâ Muaviye**! Eline su dökenin kim olduğunu biliyor musun?" diye sordu.**Ebû Muaviye**:

"Hayır, bilmiyorum." deyince, **Hârun Reşid**:

"Eline su döken, mü'minlerin emiridir." dedi. **Ebû Muaviye**:

"Ey mü'minleri emir! Sen böyle yapmakla, ilme saygı gösterdin ve onu yücelttin. Sen, ilme ve ehline ikram ettiğin gibi, Allah da sana ikram etsin ve seni yüceltsin." diye duâ etti.

****

---

35) Asıl adı "**Muhammed b. Hazm et-Teymî**'dir. 40 yaşında iken gözleri görmez olmuştur. Kûfeli'dir. Mürciedendir.

SÛFİLERİN GİYİM-KUŞAMDAKİ EDEBLERİ

Yemek, açlığı gidermek için nefsin bir ihtiyacı olduğu gibi, giyecek de vücûdun sıcak ve soğuktan korunması için zarûri ihtiyaçlarındandır. Nefis, kendisine yetecek yiyeceğe kanaat etmeyip daha fazlasını ve güzelini istediği gibi, giyeceği şeylerin de çeşit çeşit olmasını arzular. Giyim-kuşam konusunda da nefsin bir çok arzuları ve çeşitli ihtiyaçları vardır. Sûfi bu konuda nefsini, gerçek ilmin ortaya koyduğu ölçülere uymaya sevkeder. Sûfilerden birisine:

"Elbisen yırtılmış!" dendiğinde: "Fakat o, helal parayla alındı." demiş, "Hem de eski püskü!" dendiğinde ise: "Ama, temizdir!" karşılığını vermiştir.

Demek ki; sâdık bir müridin elbise konusunda dikkat edeceği en önemli şey, onun helal yoldan elde edilmesidir. Çünkü, **Rasûlullah** (a.s), bir hadis-i şeriflerinde:

"On dirheme alınan bir elbisenin, bir dirhemi haramdan olsa, Allahu Teâlâ, o kimsenin, farz ve nâfile (hiçbir} ibâdetini kabul etmez." [1]

Elbisenin helal olmasından sonra en önemli husus; onun temiz olmasıdır. Çünkü elbisenin temiz olması, namazın sıhhati için şarttır. Bu iki noktadan sonra dikkat edilecek husus ise; onun sıcak ve soğuğa karşı elverişli olmasıdır. Çünkü bunda nefsin maslahatı vardır. Bunlardan öte nefsin bütün istekleri, fuzûli ve halka gösterişten ibârettir. Halbuki sâdık bir mü'min, elbiseyi ancak Allah için giymelidir. Bunun ölçüsü; avret yerlerini örtecek bir elbisenin giyilmesidir. Yahut nefsi için giyebilir ki; bu da, onu sıcak ve soğuğa karşı koruyacak bir elbisedir.

Anlatılır ki; **Süfyan es-Sevrî**, bir gün elbisesini (farkında olmadan) tersine

1) Ahmed, Müsned, II, 98; Beyhakî, Şuabu'l-İmân, V, I42.

giymiş olarak dışarı çıktı. Kendisine durum hatırlatılınca, onu çıkarıp değiştirmek istedi, sonra vazgeçti ve:

"Onu Allah için giymiştim. Şimdi ise, ancak halk için değiştirmiş olacağım. Allah için olan ilk niyetimi bozmayacağım." dedi.

Sûfiler ahlak temizliği ile temâyüz etmişler (ve halk içinde seçilmişlerdir). Bu hâle de, ancak, Allahu Teâlâ'nın nefislerinde hazırladığı kâbiliyet, ehliyet ve salâhiyetle kavuşturulmuşlardır. Ahlakların temiz ve birbirini takviye eder durumda olmasında, nefsin teşekkülünde kendisine verilen tenasüble bir uyum mevcuttur. Bu teşekkül ve tesviyeye şu âyet-i kerimede işâret edilmiştir:

"Onu (uygun) bir seviyede yapıp, kendisine tarafımdan bir ruh verdiğim zaman." [2]

Tenâsüb; (iç ve dışın ayın şekilde) bir seviyede olmasıdır. Sûfilerin giyimlerinin yiyeceklerine, yiyeceklerinin konuşmalarına, konuşmalarının da uykularına benzer bir uyum içinde olması, bu tenâsübdendir. Çünkü onlardaki bu uyum, ilme bağlı olarak olmakta, hallerindeki birbirine benzeyiş, ilmin hükmüne uygun biçimde oluşmaktadır. Zamanımızdaki mutasavvıflarda ise bu tenâsüb (iç ve dışlarının birbirine uyumu), hevâ karışarak ortaya çıkmaktadır. Onlarda gözüken bu denge arzusu, selefin sahip olduğu tenâsüb hâlinden ancak bir parçadır.

Ebû Süleyman ed-Dârânî demiştir ki: "Bazıları, üç dirhem kıymetinde aba giyer; fakat karnının arzusu için ise beş dirhemlik masraf yapar!" Hazret, bu şahsın giyimi ile yemesi arasındaki dengesizliği hoş görmemiştir.

Buna göre; elbisesi kalın ve sert olan kimsenin yemeği de ona göre olmalıdır. Giyilen ve yenilen şeyler arasındaki uyumsuzluk, iki taraftan birinde gizli bir hevâ bulunduğundan; ortada bir sapmanın olduğunu gösterir. Bu hevâ, ya halkın nazarını celbetmek için elbisede olur; ya da aşırı oburluktan dolayı yeme tarafında olur. Her iki durum da bir hastalıktır ve sâhibinin itidale dönmesi için tedâviye ihtiyacı vardır.

Ebû Süleyman ed-Dârânî yıkanmış bir elbise giymişti. Müridi, Şeyh **Ahmed** kendisine: "Keşke, bundan daha güzel bir elbise giyseydiniz." dediğin-

2 Hicr (29), l5.

de, Hazret: "Keşke, kalbler içinde kalbim, elbiseler içinde şu gömleğin temizliği kadar temiz olsaydı bana yeterdi!" dedi.

Önceden bazı dervişler yamalı elbise giyerlerdi. Çoğu zaman da lâzım olan yamayı çöplüklerden buluyor, onu temizleyerek elbiselerini yamıyorlardı. Gerçekten, sâlihlerden bazıları böyleydi. Mürâcaat edecekleri yerleri ve yeterli imkanları olmadığı için, yamalarını çöplüklerden, yiyeceklerini de onun bunun kapısından tedârik ediyorlardı.

Ebû Abdullah er-Rifâî, otuz sene fakirlik ve tevekkül hâli üzere devam etmişti. Fakirlere yemek hazırlandığında, onlarla birlikte oturup yemezdi. Sebebi sorulduğunda:

"Siz tevekkülünüzün hakkı olarak yiyorsunu; ben ise miskinlik gereği yemiş olacağım!" der, sonra akşam ile yatsı arasında dışarı çıkıp kapılardan ekmek isterdi.

Bu anlatılan, belirli günlük yiyeceğibulunmayan ve ma'lum bir yeri olmayan, bununla birlikte herhangi bir minnet altına da girmeyen kimsenin durumudur.

Anlatıldığına göre; yamalı elbiseler giyen bir topluluk **Bişr b. Hâris**'in yanına vardılar. Onları bu halde görünce:

"Ey cemaat! Allah'tan korkun da bu elbiseyi böyle meydanda giymeyin. Çünkü siz bu elbise içinde (sûfi olarak) tanınıyor, halk tarafından hürmet ve ikram görüyorsunuz." dedi. Hepsi sukût ettiler. Sonra aralarından bir delikanlı:

"Bizleri, bu elbiseyle tanınıp da onun sâyesinde saygı gören kimselerden yapan Allah'a hamd olsun. Vallâhi, yeryüzünde din bütünüyle Allah için oluncaya kadar bu elbiseler giyilecek ve görülecektir!" dedi. Bu söz üzerine Bişr:

"Ey delikanlı! Güzel söyledin. İşte, yamalı hırka giyen senin gibi olur." dedi.

Öyle dervişler vardı ki; uzun bir zaman yaşardı da, ne kenarda katlanmış bir elbisesi bulunur, ne de üzerindeki elbiseden başka giyeceğe sâhip olurdu.

Rivâyet edildiğine göre; mü'minlerin emiri **Hz. Ali** (r.a), üç dirheme bir gömlek satın almış, sonra, uzun olduğu için parmak uçlarından bir miktar kesip öylece giymiştir.

Hz. Ali (r.a)'nin, **Hz. Ömer**'e (r.a) şöyle dediği rivâyet edilmiştir:

"Eğer, âhirette iki dostun **Hz. Peygamber** (a.s) ve **Hz. Ebû Bekir** (r.a) ile karşılaşmak ve onlara kavuşmak istersen, yamalı gömlek giy; ayakkabını kendin dikip tâmir et, emelini kısa tut ve doymayacağın kadar ye!"

Ebû Muhammed el-Cerîrî şunları anlatmıştır: "**Bağdat** Câmiinde, bir adam vardı. Onu yaz kış (hemen hemen) aynı elbise içinde görürdüm. Bu durumu kendisine sorulunca, şunları anlattı:

"Ben önceleri, çok çeşitli ve güzel elbiseler giymeye meraklı idim. Bir gece rüyamda, kendimi Cennete girmiş gördüm. Baktım ki; arkadaşlarımızdan bir grup derviş, bir sofranın başında oturuyorlardı. Ben de onlarla beraber oturmak istedim. Fakat, bir grub melek elimden tutarak beni kaldırdılar ve: "Bak, bunlar, bir tek elbise sahibi kimseler. Senin ise iki gömleğin var; onlarla beraber oturamazsın." dediler. Uyandım ve bundan sonra, Allahu Teâlâ'ya kavuşuncaya (ölünceye) kadar tek elbise giyeceğime söz verdim."

Denilir ki; **Ebû Yezid el-Bistâmî** vefat ettiğinde geriye, üzerindeki ödünç elbiseden başka hiçbir şey bırakmamıştı. Onu da sâhibine geri verdiler.

Şeyhimiz **Ebu'n-Necib**'in şeyhi **Şeyh Hammad**'ın şu hâli anlatılır: O, uzun bir zaman yaşamış, fakat hep kiralık elbise giymişti. Kendisine âit mülkten hiçbir şey giymemiştir; çünkü onun kendisine ait bir mülkü yoktu.

Ebû Hafs el-Haddâd demiştir ki: "Dervişin güzel elbise içinde parladığını görürsen, artık ondan hayır bekleme"

Anlatılır ki; **Cüneyd el-Bağdâdî**'nin üstâdı **İbnu'l-Kernebî** vefât ettiğinde, üzerinde yamalı bir elbise vardı. Denildiğine göre, elbisenin bir kolu ve bel kuşağı tartılmış, yaklaşık beş kilo gelmiştir. Elbisesi bu kadar kalın ve ağır idi.

Sâlihlerden bazıları böyle kalın ve yamalı elbiseler giyerken, diğer bazıları da, pahalı ve güzel elbiseler giymişlerdir. Onların böyle giyinmedeki niyetleri; mânevî hallerini gizlemek veya yamalı elbisenin hakkını (tavâzu' ve edebini) tam muhafaza edememe endişesi idi.

Anlatıldığına göre; **Ebû Hafs el-Haddâd** dışarda daima güzel elbiseler giyerdi. Fakat evi, altına kum serilmiş bir halde gayet sâde idi. Belki de altına hiçbir şey sermeden bu kumun üzerinde uyuyordu.

Nitekim **Ashâb-ı Suffa**'dan bir kısmı da, yatarken altlarına herhangi birşey sermeyi hoş karşılamazlardı. **Ebû Hafs**'ın bu şekilde güzel elbiseler giymesi, bir ilme ve Allahu Teâlâ katında makbul görülecek güzel bir niyete dayanıyordu. Sâdıklar da hep böyledir. Şayet sert ve kalın bir elbise yerine, güzel ve yumuşak elbiseler giyecek olsalar, bunu güzel bir niyetle yaparlar. Bu durumda onlara itiraz edilmez, tenkide gidilmez. Şu kadar var ki; diğer dervişlerin, dünyanın süs ve zevklerinden azıcık bir şeyle yetinme niyeti ile, yamalı ve kalın elbise giymeleri uygun düşer. Bir hadis-i şerifte şöyle buyrulmuştur:

"Kim, (alıp giymeye) gücü yettiğ halde, güzel elbise giymeyi terkederse, Allahu Teâlâ ona Cennet elbiselerinden giydirir." [3]

Güzel ve yumuşak elbise ancak; içinde bulunduğu hâli çok iyi bilen, nefsinin sıfatlarını çok iyi gören, onun gizli şehvet ve arzularını iyi araştıran ve bu husustaki güzel niyetiyle Allahu Teâlâ'ya kavuşmak azminde olan kimse için uygun olur. Bu konudaki güzel niyetin değişik yön ve şeklini açıklamak çok uzun sürer.

Bazı insanlar vardır ki, elbisenin sertliğini ve yumuşaklığını hiç hesaba katmadan, **Cenâb-ı Hakk** kendisine ne tür bir elbise nasib etmişse onu giyer. Böylece vaktin hükmüne (durumun gelişmesine) göre haraket etmiş olur. Bu, güzel bir haldir. Bundan daha güzeli ise şudur:

Önce, nefsin elbise konusundaki arzu ve niyeti araştırılır. Eğer, Allahu Teâlâ'nın kendisine gönderdiği elbisede, nefsin, gizli veya açık bir şehveti olduğunu görürse onu çıkarır, başkasını giyer. Ancak, bu kimsenin hâli, Allahu Teâlâ'nın tecellileri karışısında ihtiyarını terk (ve ilâhî tecelliye uyma) mertebesinde ise; bu durumda kendisine, Allah Teâlâ'nın sevketmiş olduğu elbiseyi giymekten başkası helal olmaz.

Mürşidimiz **Ebu'n-Necib es-Sühreverdî** (rah.), giyim hususunda belli bir şekle bağlı değildi. Aksine, kendi gayreti ve zorlaması olmadan, eline ne ge-

---

3) Tirmizî, Kıyâme, 39; Hâkim, Müstedrek, I, 6l; Münzirî, et-Terğib, III, l07.

çerse onu giyerdi. Bazen on dinar değerinde sarık sararken; bazen de bir danık (dirhemin altıda bir) kıymetinde sarık sarardı.

Şeyh Abdülkadir (rah.) ise, özel hazırlanmış kıyâfet giyer, taylasan kullanırdı. **Şeyh Ali b. Heysemî**, siyah renkli derviş elbisesi giyerdi.

Ebû Bekir el-Ferrâ, **Zencan**'da halktan herhangi bir kimse gibi kalın kaba bir kürk giyerdi.

Sûfilerin herbirinin giyim kuşamında güzel bir niyeti vardır. Onların bu husustaki farklı anlayış ve uygulamalarını açıklamak çok uzun sürer.

Şeyh Ebu's-Suud'un (rah.) Allahu Teâlâ ile olan hâli şöyleydi: O, kendi irâdesini terk mertebesindeydi. (Her zaman ilâhî tecelliye göre haraket ederdi). Bazen, güzel yumuşak bir elbise gelince, onu giyerdi. Kendisine:

"Bazı insanlar bunu hoş karşılamıyorlar!" denildiğinde, Hazret:

"Biz ancak şu iki adamdan biriyle karşılaşırız: Birisi; bizi dinin zâhirî (ruhsat) hükmüne göre değerlendiren bir adamdır. Biz ona: "Giydiğimiz elbisenin dinen kötülenmiş veya haram kılınmış bir elbise olduğunu söyleyebilir misin?" diye sorarız, tabiiki o da: 'hayır!' diyecektir. Diğer muhâtabımız ise, bizden, azimet sâhibi sûfiler gibi giyinmemizi isteyen birisidir. Buna da: "Bizim bu elbisede kendi ihtiyârımız veya ona karşı bir düşkünlüğümüz olduğunu görüyor musun?" diye sorarız. Tabii ki, o da: 'hayır' diyecektir. Öyleyse bizim kınanacak bir hâlimiz yoktur, herkes kendisiyle uğraşsın!" demiştir.

Bazı insanlar vardır ki; güzel ve yumuşak elbise yanında, kaba ve basit elbise giyme imkanına sâhiptir. Fakat o, (kendi ihtiyarı ile bir seçim yapmayıp) Allahu Teâlâ'nın, kendisine, özel bir kıyafet şekli seçmesini arzulayarak, çokça yalvarıp O'na sığınır. Kendisinin giyim-kuşam konusunda herhangi bir hedef ve arzusu bulunmadığı için, Allahu Teâlâ'dan, O'nun için en sevgili, din ve dünyası için en güzel olan elbiseyi kendisine göstermesini ister. Allahu Teâlâ da ona mânevî bir işâret kapısı açarak, özel bir elbise ta'rif eder. O da bu elbiseyi giyer. Böylece onun giyimi Allah'ın ta'rifiyle olmuş olur. Bu kimse, (kendi irâdesiyle) Allah için giyinen kimseden daha kâmil ve daha olgundur.

Bazı insanların da (mârifet) ilminden büyük bir nasibi olur

ve Allahu Teâlâ'nın kendisini serbest bıraktığı şeylerde rahatça haraket eder. Giydiğini, bir ilim ve yakin ile giyer. Elbisenin güzel veya sert olması onun için öneli değildir. Mesalâ; bu zât, çoğu zaman, güzel ve yumuşak bir elbise giyer, halbuki onda nefsinin de bir payı ve ihtiyârı vardır. Fakat nefse âit bu pay, kendisi için affedilmiş, ona hibe edilmiş ve Allahu Teâlâ ona, nefsinin bu arzusunda muvâfakat göstererek, bu kısım kendisine bağışlanmıştır. Böylece bu şahıs, tam bir mânevî tezkiyeye ve temizliğe ulaşmış, Allahu Teâlâ'nın, kendisinin arzu ve isteklerine hemen muvâfakat ettiği, murâd ve mahbub (**Cenâb-ı Hakk**'ın seçtiği ve sevdiği) bir kimse olur.

Şu kadar var ki; burada, kendileri için böyle bir durumun hâsıl olduğunu iddiâ eden çoklarının ayaklarının kaydığı (hassas) bir nokta vardır. (Ehli olmayan, böyle bir hâli iddiâ ve bu şekil haraket etmemelidir).

Anlatıldığına göre; **Yahya b. Muaz er-Râzî**, sülûkunun ilk yıllarında yün ve eski elbise giyerdi. Bilâhare, ömrünün sonlarına doğru güzel elbiseler giymeye başladı.

Ebû Yezid el-Bistâmî'ye onun bu durumu anlatılınca: "Miskin **Yahya**! Basit bir durumda kalmaya sabredemedi. Biraz ucu gösterilen güzel nimetlere nasıl sabredecek?"

Bazı insanlar vardır ki; kendisine önceden ne giyeceği hususunda özel bir ilim verilir, o da ona göre haraket eder ve işâret edilen elbise çeşidini giyer. Bu, onun için, hoş karşılanacak bir durumdur. Sâdıkların bütün halleri, birbirinden farklı olsa da, güzel görülmüştür.

Nitekim âyet-i kerimede:

"Rasûlüm de ki: Herkes yaratılış hâl ve şekline göre amel eder. Hem Rabbin, kimin daha doğru yolda olduğun en iyi bilendir." [4] buyrulur.

Aslında, kalın ve katı elbise giymek; kul için daha faziletli, daha selâmetli ve âfetlerden daha uzaktır.

Mesleme b. Abdülmelik demiştir ki: "**Ömer b. Abdülaziz**'i hasta iken ziyâretine gitmiştim. Gömleğini (biraz) kirli görünce, hanımı

4 İsra (17), 84.

Fâtıma'ya:

"Mü'minlerin emirinin gömleğini yıkasanıza!" dedim. O da:

"Yıkarız inşâallah!" dedi. Bir zaman sonra tekrar ziyâretine gittiğimde, aynı kirli gömleğin üzerinde durduğunu görünce:

"Ey **Fâtıma**! Ben size bu gömleği yıkayınız diye söylemedim mi?" diye çıkıştım. O zaman **Fâtıma**:

"Vallahi ondan başka gömleği yok ki!" dedi.

Sâlim demiştir ki: "**Ömer b. Abdülaziz**, halife olmadan önce, insanların en yumuşak ve güzel elbise giyeni idi. Halife olup ta, insanlar kendisinde hilâfet selamını vermeye başlayınca, başını iki dizinin arasına koyup ağladı ve sonra kendisine eski bir elbise isteyip onu giydi."

Anlatıldığına göre; **Ebu'd-Derdâ** (r.a), vefat ettiği zaman, üzerindeki elbisede kırk tâne yama bulunmuştur. Halbuki kendisine dörtbin dirhem maaş veriliyordu. Fakat o, aldığı maaşı fakirlere dağıtıyordu.

Zeyd b. Vehb demiştir ki: "**Hz. Ali** güzel dokunmuş bir gömlek giymişti. Kollarının kıvrımını açtığında, parmak uçlarına kadar uzuyordu. Hâriciler bu manzaradan dolayı kendisini ayıpladıklarında:

"Beni bunun için mi ayıplıyorsunuz. Halbuki o, kibirden daha uzak ve Müslümanların bana uymaları için de en uygun bir elbisedir." dedi.

Denilmiştir ki; **Hz. Ömer** (r.a), adamın birinin üzerinde, iki parçadan oluşan çok ince ve parlak bir elbise gördüğünde, kırbacıyla bir iki dokunarak:

"Böyle parlak şeyleri kadınlara bırakınız!" diye azarladı.

Rasûlullah'ın (s.a.v) şöyle buyurduğu rivâyet edilmiştir:

"Yün elbise giyerek kalblerinizi nurlandırın. Çünkü yün elbise dünyada bir tevâzu alâmeti, âhirette ise nurdur. İnsanları (boş yere, dünya menfaati için) övüp yücelterek dininizi mahvetmeyin." [5]

Rivâyet edildiğine göre; Rasûlullah (a.s), bir çift yeni ayakkabı aldı ve giydi. Ayakkabılara şöyle bir bakıp hoşuna gidince, hemen secdeye kapandı. Durum kendisine sorulunca:

"Bunların, beni Rabbimden alıkoymalarından korktum ve onun için

5) Benzeri hadisler için bkz: Münzirî, et-Terğib, III, 87-88, 108-109.

secdeye kapandım. Onlar yüzünden Allah Teâlâ'nın bana azap etmesinden korkarım. Artık onlar benim yanımda kalamaz, (bir fakire vereceğim)" buyurdu ve ayağından çıkararak, karşılaştığı ilk fakire verdi. Sonra, kendisi için bir çift yamalı ayakkabı alınmasını emretti. [6]

Rasûlullah'ın (s.a.v) yünden ve elbise giydiği, dikilmiş (yama vurulmuş) ayakkabı kullandığı ve kölelerle yemek yediği rivâyet edilmiştir. [7]

Nefis, bütün kötülük ve âfetlerin kaynağı olduğundan; onun hilelerine vâkıf olmak, gizli arzularını anlamak, saklı şehvetlerini farketmek cidden çok zordur. Bu durumda en doğru ve en selâmetli yol; ihtiyatla (azimetle) amel edip, şüpheli şeyleri terketmektir. Kulun, nefsini terbiye ve tezkiye etmeden, ruhsatın alanını çok iyi bilmeden ruhsatlara girip genişlikle amel etmesi câiz değildir. Ruhsatla amel ancak, nefis hevâsını tamamen terkedip, niyeti hâlis ve bütün tasarrufları hükmü açık, sağlam ilme bağlı olduktan sonra olabilir.

Azimet sâhibi bazı insanlar, dünyaya karşı zühdün faziletini ellerinden kaçırma korkusuyla, ruhsatlarla amel etmeyi münâsib görmezler. Halbuki güzel ve yumuşak elbise giymek, dünyalık bir şeydir.

Denilmiştir ki: "Elbisesi ince olanın dini de incelir (ve zayıf olur). Böyle bir elbise giymek, ciddi olarak zühde sarılmayan ve dinin ruhsat dâiresinde amel eden kimseler için müsâade edilebilir.

Alkame, Abdullah b. Mesud'dan Rasûlullah'ın (s.a.v) şöyle buyurduğunu rivâyet etmiştir:

"***Kalbinde zerre kadar kibir bulunan kimse cennete giremez!***" Bunun üzerine orada bulunan birisi:

"Yâ Rasûlellah! Bir adam var ki; elbise ve ayakkabısının güzel olmasından hoşlanıyor, bu da kibre girer mi?" diye sorunca, Rasûlullah (a.s):

"***O kibir değildir. Allah güzeldir, güzel (ve temiz) olan şeyleri sever.***

6) Benzer bir hadis için bkz: İbnu Mâce, Libas, I; Münâvî, Feyzü'l-Kadîr, V, 2l6 (No: 7032).
7) Ebu'ş-Şeyh, Ahlaku'n-Nebiyy, No: 328; Münâvî, Feyzü'l-Kadîr, No: 7032.

Kibir; hakkı kabul etmememek ve insanları küçük görmektir." [8] buyurdu.

Bu hüküm, ruhsat verilen bu tür bir elbiseyi nefsinin hevâsıyla giymeyen ve onunla övünüp gururlanmayan kimse içindir. Elbiseyi dünya malıyla övünmek ve onun çokluğu ile sevinmek için giyen kimse hakkında azap tehdidi vârid olmuştur.

Bu hususta, **Ebû Hureyre** (r.a), Rasûlullah'ın (s.a.v) şöyle buyurduğunu rivâyet etmiştir:

"Mü'minin giydiği izarın uzunluğu, dizinin yarısına kadardır. Topukla bu mesâfe arasında olmasında da bir sakınca yoktur. Elbisesini, insanlara çalım atmak için topuklarından aşağıya kadar uzatan ateştedir. İnsanlara çalım atmak için elbise giyenlere Allah kıyâmet günü rahmet nazarıyla bakmaz. Sizden öncekilerden bir adam, bu şekil giyinip çalım atarak yürümesi hoşuna gitti. Bunun üzerine Allah onu yerin dibine batırdı. Artık o, kıyâmete kadar orada (azap içinde) çırpınıp duracaktır." [9]

Bu konuda insanların halleri birbirinden farklıdır. Sağlam ilmi sâyesinde hâli güzel olan kimsenin, yemesinde, giyinmesinde ve diğer bütün tasarruflarında niyeti de güzel ve sahih olur. Onun iç âlemi Allahu Teâlâ'ya karşı istikâmet üzere olduğu için, bütün halleri de doğru ve düzgün olur. Kulun bütün tasarrufları, Allahu Teâlâ'nın güzel tevfiki sâyesinde, içindeki istikâmeti ölçüsünde düzgün olur.

****

8) Müslim, İmân, l47; Ahmed, Müsned, IV, l33-l34.
9) Müslim, Libâs, 45-50; Nesâî, Sünen-i.-Kübra, Zinet, 104 (No:9812-9832) Beyhakî, Sünen-i Kübrâ, II, 243.

GECE İBÂDETİNİN FAZİLETİ

Bir âyet-i kerimede Allahu Teâlâ şöyle buyurmuştur:

"Hani o zaman Allah, kendi tarafından gelen bir emniyet işâreti olarak, sizi hafif bir uykuya daldırmıştı. Sizi maddi ve mânevî kirlerden temizlemek ve sizden şeytanın vesveselerini gidermek, kalblerinizi pekiştirmek ve sebatınızı artırmak için, size gökten su indirmişti." [1]

Bu âyet-i kerime, **Bedir** savaşının yapılacağı gün nâzil olmuştur. O zaman müslümanlar, ilk karargahlarını bir kum yığınının yanına kurmuşlardı. Kendileri ve hayvanları kumun içinde zorla adım atabiliyorlardı. Müşriklerse daha önce davranarak **Büyük Bedir** kuyularını ele geçirip karargah kurmuşlardı. Müslümanlar, bir kısmı abdesttsiz, bir kısmı da cünüb olarak sahaba çıktı. Şiddetli bir su sıkıntısı baş gösterdi. Bu arada, şeytan da durmadan: "Siz kendinizin hak üzere olduğunu zannediyorsunuz. Hem Allah'ın peygamberi de aranızda bulunuyor. Kâfirler su kuyularına hâkim durumdalar. Siz ise abdestsiz ve cünüb olarak namaz kılmak zorunda kalıyorsunuz. Bu durumda nasıl nasıl zafer ümid ediyorsunuz!" diye vesvese veriyordu. Bunun üzerine Allahu Teâlâ, gökten öyle bir yağmur indirdi ki; vâdiler su ile dolup taştı. Müslümanlar ondan içtiler, yıkandılar, abdest aldılar hayvanlarını suladılar ve kaplarını doldurdular. Yerdeki kum, suyu çekip ayakların kaymayacağı bir hâle geldi. Allahu Teâlâ, bu durumu şöyle ifâde etmiştir:

"Allah, ayaklarınız sâbit olsun (kaymasın) diye yağmuru indirdi. O vakit Rabbin meleklere: "Ben sizinle beraberim. Hemen mü'minlere (yardım edip, zafer ilhâm ederek) sebat verin!" diye vahyediyordu." [2]

---

1) Enfal (8), II.
2) Enfal (8), I2.

Allahu Teâlâ, meleklerle mü'minlere yardımda bulundu ve müşriklere gâlib geldiler.

Kur'an'daki bütün âyetlerin bir zâhirî, bir de bâtınî mânası, bir haddi (sınırı), bir de matlaı' (anlayış noktası) vardır. (Bu âyetlerde de bunları görebiliriz). Allahu Teâlâ, **Bedir** harbinde, bu hafif uykuyu, **Asbâb-ı Kirâm** için bir rahmet ve emniyet yaptığı gibi; bu tür bir uyku, mü'minler için de bir rahmet durumundadır.

Böyle, mânevî sekinet getiren hafif uyku, müridler için, dünyada âcilen verilmiş ilâhî bir nasibtir. O, müridlerin kalbleri için, nefsin etki ve çekişmelerine karşı bir emniyettir. Çünkü nefis, uyku ile rahatlık bulmakta, yorgunluk ve sıkıntılardan kurtularak şikâyet etmemektedir. Nefsin yorgunluk ve sıkıntı içindeki şikâyetinden kalb rahatsız olup karışmaktadır. İlme uymak ve i'tidâle riâyet etmek şartıyla nefsin istirahat etmesinde, (nefsin yanında) kalbin de rahatlığı söz konusudur. Çünkü, mutmainne hâline ulaşan mürid ve sâliklerin nefisleriyle kalbleri arasında bir uyum vardır.

Denilmiştir ki: Bedenin rahatlığı için gece ve gündüzün (yirmidört saatin) üçte birinin (sekiz saat) uyku ile geçirilmesi gerekir. Mürid bu sekiz saatin ikisini gündüz, altısını gece uyumalıdır. Ancak, gecelerin uzunluk ve kısalığına, mevsimin yaz ve kış oluşuna göre, gece ve gündüz uyku saatleri gerektiği şekilde artıp eksiltilebilir. Mürid, bazen sağlam bir irâde ve güzel bir niyetle uykuyu üçtebirden (sekiz saatten) daha aşağı çekebilir. Bu, yavaş yavaş yapılarak âdet hâline getirilirse, bünyeye bir zararı olmaz.

Bazen, kalbde bulunan mânevî sevinç ve ilâhî ünsiyet, müridden uykusuzluğun ağırlığını giderir. Çünkü, uykunun tabiatında soğukluk ve rutûbet vardır. Bu da, cesed ve dimağa fayda verir. Mizaçta meydana gelen hararet ve kuruluktan teskin olur. Eğer uyku sekiz saatten aşağı düşerse; dimağa zarar verir ve cismin ızdıraba (sıkıntıya) düşmesinden korkulur. Uykunun yerini, kalbdeki mânevî neşe ve Cenâb-ı Hakk'la ünsiyet alırsa, uykunun noksanlığı bir zarar vermez. Çünkü kalbî rahatlığın ve ünsiyetin tabiatı da uykunun tabiatı gibi serin ve rutûbetlidir. Bazen, kalbdeki mânevî neşenin tadıyla, uzun geceler kısa olur. Nitekim denilir ki:

Dostla geçen sene, bir saniye gibidir;

Onsuz geçen bir saniye, bir seneye denktir.

Demek ki; kalbinde ilâhî neşe olanlara, geceler kısa olur.

Ali b. Bekkâr'ın şöyle dediği nakledilmiştir: "Kırk senedir beni üzen tek şey; fecrin doğup sabahın olmasıdır."

Sûfilerden birisine: "Gece ile aran nasıl?" diye sorulduğunda: "Onu doğru dürüst göremedim ki! Bana yüzünü şöyle bir gösterir, sonra çeker gider, onu düşünüp anlamaya bile fırsat olmaz." demiştir.

Ebû Süleyman ed-Dârânî demiştir ki: "Geceyi ibâdetle geçirenlerin, gecelerinde buldukları lezzet, hevâ ehlinin oyun-eğlencelerinde buldukları lezzetten daha fazladır."

Sûfilerden birisi demiştir ki: "Geceleri Cenâb-ı Hakk'a boyun büküp tazarru edenlerin münâcaatlarının lezzetinden başka, dünyada, Cennet ehlinin kavuştuğu nimete benzeyen hiçbir şey yoktur. Münâcaatın tadı, geceyi ibâdetle geçirenlere âcilen verilmiş, bir sevaptır."

Âriflerden birisi demiştir ki: "Allahu Teâlâ seherlerde uyanık olanların kalbine muttali olur (nazar eder) ve onları nûr ile doldurur. Böylece kalblerine pek çok faydalı hikmet akar ve kalb aydınlanır. Sonra bu nûr ve hikmetler, onların kalblerinden gâfillerin kalbine yayılır (onları aydınlatır)."

Rivâyet olunur ki; Allahu Teâlâ, önceki peygamberlerden birisine indirdiği bir vahyinde şöyle bildirmiştir:

"Benim bazı kullarım vardır ki; onlar beni sever ben de onları severim. Onlar bana iştiyak duyar, ben de onlara iştiyak duyarım. Onlar beni zikreder, ben de onları zikrederim. Onlar bana nazar eder; ben de onlara nazar ederim. Onların yoluna girersen seni de sever, ayırılırsan sana da buğzederim." O da "Ya Rabbi! Onların alâmeti nedir?" diye sorunca Allahu Teâlâ şöyle vahyetti:

"Çobanın koyunlarına gölge aradığı gibi, bunlar da gündüzleyin gölgeleri tabib ederek, ibâdetlerinin vaktini tesbit ederler. Kuşun yuvasına dönmeyi arzuladığı gibi, onlar da akşamın olmasını arzularlar. Gece olup, karanlık basıp, her sevgili sevgilisiyle başbaşa kaldığında, onlar benim için ibâdete koyulur, yüzlerini yere (secdeye) sererler. Bana, kelâmımla münâcaat yaparlar. Nimetlerimi ikrar ederek boyun bükerler. Çığlıklar içinde âh ederek, inleyip dert çekerek geceyi geçirirler. Benim için çektikleri bunca zahmet ve benim muhabbetimden dolayı yaptıkları iniltilerini işittiğim için onlara üç ikramda bulunurum.

Birincisi; Kalblerine bir nûr atarım; benim onlardan haber verdiğim gibi, onlarda benden haber verirler. İkincisi; eğer yedi kat semâ, bütün yerler ve içindekiler sevap olarak mizanlarına konacak olsa, bunu onlar için az bulur, (daha çoğunu lâyık görür ve veririm). Üçüncüsü; zâtımla onlara yönelirim. Düşünebiliyor musun, benim zâtımla yöneldiğim dostuma ne vereceğimi kimse bilebilir mi?"

Sâdık bir mürid, gece Rabbi ile başbaşa kalarak münâcaat ve ibâdette bulunduğunda, gecesinde elde ettiği ilâhî nûr, gündüzünün bütün saatlerine yayılır ve gündüzü gecesinin himâyesinde olur. Bu durum, kalbinin ilâhî nurlar ile dolmasından ileri gelmektedir. Böylece gündüz yapmış olduğu bütün hareket ve tasarrufatı, gece biriken nurların kaynağından ortaya çıkar ve kalıbı da terbiye görmüş bir halde ilâhî himayede olur.

Bir haberde: *"Geceleri namaz kılanın, gündüz yüzü güzel (parlak) olur."* [3] denmiştir. Bu sözü, iki ayrı mânada anlamak mümkündür.

Birincisi; bir oda, içinde yanan ışık ile aydınlanır. Yakîn nûru, kalbde bulunmaktadır. Gece amellerinin bereketiyle bu nûr daha da çoğalır ve parlar. Bu sebeple kalb de aydınlanır. Kalbin içinde bulunduğu ceset de ondan nûr ve aydınlık elde eder.

Sehl b. Abdullah demiştir ki: "Yakîn ateş, ikrar fitil, amel de zeytin yağı mesâbesindedir. Üçü bir arada olunca, kalbde ışık yanar."

Allahu Teâlâ bu mânayı ifâde için şöyle buyurmuştur: ***"Secde eserinden (oluşan nur) yüzlerinde gözükmektedir."*** [4]

Diğer bir âyet-i kerimede:

"Allah'ın, (mü'minin kalbindeki) nûru, hücre içindeki bir

---

3) Bkz:İbnu Mâce, İkâme, 174. **el-Kudâî**, bunun, merfu' hadis olduğunu söylerken, (Bkz:H. Hatiboğlu, İbnu Mâce şerhi, IV, 111-112); diğer ehl-i hadis, bunun "Müdrec" bir hadis olduğunu söylemişlerdir. Bkz: İbnu Salah, Ulûmu'l-Hadîs, 100; İbnu Hacer, Şerhu'n-Nuhbe, 91.
4) Feth (48), 29.

lambaya benzer. " [5] buyrulmuştur.

Böylece kalb, devamlı ışık veren bir yıldız gibi olur ve ondaki nurlar beden hücresine yansır. Aynı şekilde kalb de (içine akan) nûrun ateşiyle yumuşar. Kalbin yumuşaması kalıba da sirâyet eder; o da yumuşar. Böylece, her ikisini saran yumuşama sebebiyle birbirlerine benzemiş olurlar. Bu hususta Allahu Teâlâ: "***Sonra derileri de kalbleri de Allah'ın zikrine yumuşar.***" [6] buyurmuştur.

Âyette, Allah (c.c), kalblerin yumuşadığı gibi, derilerin de yumuşayacağını beyân etmiştir. Kalb nûr ile dolup, beden de kalbden sirâyet eden ilâhî nûr ve surûr ile yumuşayınca, zaman ve mekan, kalbin nûru içinde kaybolup gider. Aynı şekilde, kelimeler, âyetler ve sûreler de bu nûrun içinde kaybolur ve beden toprağı Rabbinin nûru ile aydınlanır. Çünkü (bu durumda), kalb bir semâ, kalıb da bir yer olmuştur. Münâcaat sırasında, Allahu Teâlâ'nın kelamının tilâvet lezzeti, bütün kâinatı (ve varlığı) kaplar. Yüce kelâm, müşâhade ânında diğer bütün mevcûdatın yerine geçer; hepsine bedel, kalb ona nazar eder. O zaman da nefis için herhangi bir vesvese imkanı kalmaz. Bu durumda, kalbde herhangi bir desise de işitilmez. Böyle bir halde, kalbde herhangi bir vesvese ve şeytânî iğvâ olmadan, baştan sona **Kur'an-ı Hakim**'i okumak mümkün olur. Şüphesiz bu, büyük bir fazilettir.

Hz. Rasulullah'ın (s.a.v): "***Geceleri namaz kılanın gündüz yüzü güzel olur.***" sözünün ikinci mânası şudur:

Bu kimsenin gündüz yönelip el attığı bütün işleri güzel olur. Bütün tasarruf ve işlerinde kendisine, Allahu Teâlâ'nın özel yardımı ulaşır; ilâhî tevfik yardımcısı olur. Böylece, maksat ve fiilleri güzel sonuçlar verir. Bu destekle sözü doğru, özü doğru bir şekilde sırat-ı müstakimde yürür. Çünkü sözler, kalbin istikâmeti derecesinde düzgün olur.

****

5) Nur (24), 35.
6) Zümer(39), 24.

GECE KALKMAYA YARDIMCI SEBEPLER VE UYKU ÂDÂBI

Gece kalkmayı kolaylaştıracak sebeplerden bir kısmı şunlardır:

1-Akşamdan hazırlıklı olmak

Kul, güneş batarken abdestini tazeleyerek geceyi karışlar. Abdestini aldıktan sonra kıbleye dönerek oturup, herhangi bir zikir çeşidiyle meşgul olarak, akşam namazını ve gecenin gelişini bekler.

Bu arada yapılacak zikirlerin en faziletlisi, tesbih ve istiğfardır.

Allahu Teâlâ, bu hususta Hz. Peygamber'e (s.a.v) hitâben şöyle buyurmuştur:

"Günahın için mağfiret dile. Akşam sabah hamd ile Rabbini tesbih et." [1]

2-Akşam ve yatsı arasını namaz, Kur'an tilâveti ve zikir ile geçirmek

Gece namazına kalkmayı kolaylaştıran sebeplerden birisi de; akşam ile yatsı arasını, zikredilen bu ameller ile ihyâ etmektir. Bu iki vakit arasında en faziletli iş, namazdır. Akşam ile yatsı arası ibâdet ve taatla geçirildiği zaman, gündüz insanlarla görüşüp içiçe olmaktan, onların sözlerini işitmekten dolayı kalbde meydana gelen kir ve karışıklık temizlenip gider.

Gerçekten halk ile içiçe olmak, kalblerde büyük bir te'sir ve tahriş yapar. Hatta sırf onlara nazar etmek bile, kalb sâfiyetine sâhip kimselerin farkedebileceği bir bulanıklığa sebep olur. Halka nazar etmek, çör çöpün göze zarar verdiği gibi; basîreti zedeler. Akşam ile yatsı arasındaki ibâdet ve taatla, bütün bu etkilerin gitmesi ümid edilir.

3-Yatsı namazından sonra (mâlâya'ni) konuşmayı terketmek

Gerçekten bu vakitten sonra (gereksiz yere) konuşmak, akşam ile

---

1) Mü'min (40), 55.

yatsı arasında yapılan ibâdetle kalbde hâsıl olan nûrun parlaklığını giderir ve gece kalkmaktan alıkor. Bir de, bu konuşma, kalbin uyanıklığından uzak bir şekilde (gaflet ve ma'siyete bulaşarak) olunca, zararı daha da büyük olur.

4-Yatsı namazından sonra abdest tazelemek

Bu da, gece kalkışını kolaylaştırır. Dervişlerden birisi bana, **Horasan**'da bulunan mürşidinin bir gecede üç defa guslettiğini haber verdi. Bunun bir tanesi, yatsıdan sonra (yatmadan önce), bir tanesi uykudan uyandıktan sonra geceleyin, bir defa da sabahtan önce yapılıyordu.

Yatsıdan sonra alınan abdestin ve guslün, gece kalkışını kolaylaştırmada apaçık bir etkisi vardır.

5-Uyku bastırıncaya kadar zikir ve namaza devam etmek

Gerçekten bunun da, gece çabuk uyanmaya büyük bir yardımı vardır. Ancak; kendisine güveniyor ve gece kalkma âdeti de iyi ise, o zaman, vaktinde uyumaya ve uykusunu getirmeye çalışır. Bu böyle olmakla birlikte, mürid ve Hakk talibleri için güzel (ve uygun) olan; uyku iyice bastırınca uykuya varmaktır. Sevenlerin vasfı budur.

Denilmiştir ki: "Onların uykusu suya batan kimsenin uykusu gibidir. (Kendilerini uykuya salıp kana kana uyuyamazlar). Yemeleri hastaların yemesi gibi, sözleri ise zarûret miktarıdır."

Gece namazına kalkma arzusu ve düşüncesiyle uykuya varan kimse, gece kalmaya muvaffak kılınır. Ancak, nefis uykuya alıştırılır ve düşkün hâle getirilirse, kendisi kopar koyverir. Ancak sıdk ve azimet ile uykudan menedilince, uykuya dalamaz. Sâdık bir azimetle nefiste etkisini gösteren bu çekiş (ve zorlama), şu âyette anlatılan, yanı yataktan uzaklaştırma hâlini meydana getirir:

"Onlar, yanlarını yataklarından ayırır (gece namaza kalkar) lar. Ümid ve korku ile Rablerine duâ ederler." [2]

Çünkü geceyi ihyâ gayreti ve azmi, insanın yanını yataktan ayırır; onu ayağa kaldırır.

Denilmiştir ki, nefsin iki bakışı vardır. Birisi, dünyevî hazlarını elde etmek

---

2) Secde (32), 16.

için alta (süflî âleme), diğeri de, ulvî, rûhânî nasiblerini ele geçirmek için yukarı (ulvî âleme) olur. İşte azimet sahipleri, rahmânî ulvî nasiblerini ele geçirmek için hep yukarı nazar ettiklerinden, yanları yataktan uzaklaşıp, ayağa kalkar. Bu arada nefislerine de uyku hakkını verirler, fakat onu (basit) hazlarından menederler. Nefis, fıtratındaki toprak ve cemâdat (cansızlık, hareketsizlik) özelliğinden dolayı, uykuya dalar, onu arar ve ondan lezzetlenir. Nitekim, Allahu Teâlâ:

"O sizi topraktan yarattı." [3] buyurmuştur.

İnsanoğlunda fıtratında bulunan her bir maddeden dolayı hiç ayrılmayan bir tabiat (huy) bulunur. Dibe çökmek, (çöküp kalmak) toprağın sıfatı olduğu için; bundan dolayı insanda, tembellik, gevşeklik, durgunluk gibi tabiatlar oluşmuştur.

Yüksek himmet (ve gayret) sâhibi sâlihler, Allahu Teâlâ'nın haklarında şöyle buyurduğu ilim ehlidirler:

"(Kafirler mi hayırlıdır) Yoksa, âhiret azabından korkarak ve Rabbinin rahmetini umarak, geceleyin kalkıp da secde ve kıyam hâlinde ibâdet eden mi? De ki: Hiç bilenlerle bilmeyenler bir olur mu? Bunları ancak gerçek akıl sâhipleri anlayıp ibret alır." [4]

Allahu Teâlâ, gece ibâdetine kalkanların (gerçek) ilim ehli olduklarına hükmetti. Onlar da bu ilimleriyle, nefsi (kötü) tabiatlarından alıkoymuşlar ve aldıkları rûhânî lezzetlere göz dikerek nefsi, onun en yüksek noktalarına yükseltmişlerdir. Böylece, yanları yataktan ayrılmış ve kendileri, uyuşuk gâfiller sıfatından çıkmış oldular.

6-Alışkanlıkları terketmek

Bu da, gece kalkmayı kolaylaştırır. Meslâ yastık alışkanlığı olan onu bir kenara bırakmalı, yatağı olan da, yatağı terketmelidir.

Sûfilerden birisi demiştir ki:

"Evimde bir şeytan görmem, bana, bir yastık görmemden daha hayırlıdır; çünkü yastık beni uykuya çağırır."

Gerçekten yastığın, yorganın ve yatağın değiştirilmesinin bu hususta büyük bir olumlu tesiri vardır. Bunu yapanın niyetini ve azmini Allah Teâlâ

---

3) Mü'min (40), 67.
4) Zümer (39), 9.

bilmektedir. Onun güzel niyet ve (sağlam) azmine karşılık olarak Allahu Teâlâ, kendisine istediği şeyi kolaylaştırarak onu mükâfatlandırır.

7-Az yiyip, mideyi hafif tutmak

Yenilen yemek, zikr-i ilâhî ve uyanık bir kalb ile yenirse, geceyi ihyâya yardımcı olur. Çünkü zikirle, yemeğin içine karışmış olan zülmânî hastalıkları giderilir. Mideye ağırlık veren bir yemeğin, kalbe daha fazla ağırlık vereceği bilinmelidir. Akşamleyin yemek yiyen kimse onu, zikir, Kur'an tilâvet ve istiğfar ile eritmedikçe uyumamalıdır.

Sûfilerden birisi demiştir ki: "Akşam yemeğimden bir lokma azaltmam, bana, geceyi nâfile ibâdetle geçirmekten daha sevimlidir."

8-Yatış edeblerine dikkat etmek

Vitir namazını uyumadan önce kılmak en ihtiyatlı olanıdır. Çünkü sonra ne olacağını bilemez. Abdest suyunu ve misvakını yanında bulundurmalıdır. Uykuya, ancak abdestli olarak girmelidir.

Rasûlullah (a.s) buyurmuştur ki:

"Kul abdestli olarak uyuduğu zaman, rûhu arşa yükselir. Bu durumda göreceği rüya sâdık olur. Abdestsiz uyuduğunda, rûhu arşa yükselmez, gördüğü rüyâlar da karmakarışık düşler olur." [5]

Evli olan mürid, zevcesiyle birlikte yatağa girdiği zaman, zevcesine dokunmakla abdesti bozulur. Fakat dokunarak nefsin lezzetlenmesinde ileri gitmediği ve kalbinin uyanıklığını kaybetmediği müddetçe, sırf dokunma ve beraber olmakla abdestli olarak uyumanın fazilet ve faydasını kaçırmış olmaz.

Hanımıyla oynaşarak nefsin lezzetinde ileri gidip, kalbi Hakk'tan gâfil olunca, kalbinde oluşan ağırlık sebebiyle rûhu perdelenir, arşa yükselemez.

İnsanın gönlünün ve iç dünyasının nefsânî hevâ ve arzuların etkisinden, dünya sevgisinden temizlenmesi, kin ve hased hastalıklarından arınması, sâdık rüyâ görmeyi te'min eden bir temizliktir.

Bir hadis-i şerifte şöyle buyrulmuştur:

"Kim, hiçbir kimseye zülüm düşünmeden, hiç kimseye hased

---

5) Ali el-Muttakî, Kenzu'l-Ummâl, XIII, 179; Zebidî, İthâfu's-Sâde, V, 470; benzer bir hadis için bkz:Hâkim, Müstedrek, IV, 398.

etmeden yatağına girerse, işlediği günahları affolunur." [6]

Nefis kötü ahlaklardan temizlenince, kalb aynası cilâlanıp parlar; uyku hâlinde, levh-i mahfuza bakacak şekilde karşısında durur ve içine gaybın ince sır ve ilimleri nakşolur. Sıddıklar arasında uykusunda Hakk Teâlâ ile konuşanlar vardır. Allahu Teâlâ (bu yolla), ona bir takım emir ve nehiylerini bildirir; rüyasında, bilmediği birçok şeyi ona farkettirir ve öğretir.

Bu gibi kimselere uykuda verilen emir ve nehiyler (mânevî keşifle bildirilen şeyler), zâhiri emir ve nehiy gibidir; sâhibini bağlar. Bu emirleri ihlâl ederse, Allahu Teâlâ'ya âsi olmuş olur. Hatta bu emirler, (kendisine bakan yönüyle) daha kuvvetli ve ihlâlinin vebâli daha büyüktür. Çünkü, zâhiri emirlere muhâlefetin günahını tevbe temizler. Bu konudaki bir hadis-i şerifte:

"Günahına (samimi olarak) tevbe eden kimse, hiç günah işlememiş gibi olur." [7] buyrulmuştur.

Rüyâda verilen emirler ise, kendisiyle Rabbi arasındaki hâliyle alâkalı husûsî emirlerdir. Onları ihlâl ettiği zaman irâde (müridlik) yolunun kapanmasından korkulur. Böyle bir durum, Allah'dan dönüş (ve kopuş) olduğu için, gazab-ı ilâhiyeyi mûcib olur.

İnsan bazen, abdestinin bozulduğu bir zamanda, uyku anında abdest tazelemesine engel olacak bir tembellik ve gevşeklik hâline mübtelâ olabilir. Bu durumda, en azından abdest âzalarını su ile meshedip, her ne kadar, uyanık mü'minlerin hâlinden geri kalmış olsa da, hiç olmazsa bu şekilde gâfiller zümresinden çıkmaya çalışmalıdır.

Aynı şekilde, gece uyanıp da kalkmaktan yana ağırlaşırsa; dişlerini misvaklayıp, vücut âzalarını su ile meshederek, kendine gelmeye gayret etmelidir. Tâ ki böylece, bütün hâl ve hareketlerinde gâfiller zümresinden çıkmış olsun. Uykusu çok ağır ve gece ibâdeti az olan kimsenin, bu kadarını yapmasında bile büyük bir fazilet vardır.

Rivâyet edildiğine göre; Rasûlullah (a.s), her gece uyuyacağı sırada ve uykudan uyandığında, misvakla dişlerini misvaklardı." [8]

---

6) Zebîdî, İthâfu's-Sâde, V, 473; Hatib, Târih-i Bağdat, III, 325; İbnu Ebi'd-Dünyâ, "Kitâbu'n-Niyet'te, biraz farklı lafızlarla rivâyet etmiştir."
7) Ahmed, Müsned, V, 4l7.
8) Müslim, Tahâret, l5; Ebû Dâvud, Tahâret, 30.

Uykuya yatarken kıbleye yönelik olmalıdır. Bu iki şekilde olur: Ya kabirde lahde konan kimse gibi yüzü kıbleye dönük olarak sağ yanı üzerine yatar veya teneşir tahtasına yatırılmış ölü gibi sırtı üzerinde kıbleye yönelir ve şu duâyı okur:

بِسْمِكَ اللّٰهُمَّ وَضَعْتُ جَنْبِى وَ بِكَ أَرْفَعُهُ * اَللّٰهُمَّ إِنْ أَمْسَكْتَ نَفْسِى
فَاغْفِرْ لَهَا وَ ارْحَمْنَا وَ إِنْ أَرْسَلْتَهَا فَاحْفَظْهَا بِمَا تَحْفَظُ بِهِ عِبَادَكَ
الصَّالِحِينَ * اَللّٰهُمَّ إِنِّى أَسْلَمْتُ نَفْسِى إِلَيْكَ وَ وَجَّهْتُ وَجْهِى إِلَيْكَ وَ
فَوَّضْتُ أَمْرِى إِلَيْكَ وَ أَلْجَأْتُ ظَهْرِى إِلَيْكَ رَهْبَةً مِنْكَ وَ رَغْبَةً إِلَيْكَ لاَ
مَلْجَأَ وَ لاَ مَنْجَأَ مِنْكَ إِلاَّ إِلَيْكَ . آمَنْتُ بِكِتَابِكَ الَّذِى أَنْزَلْتَ وَ نَبِيِّكَ
الَّذِى أَرْسَلْتَ * اَللّٰهُمَّ قِنِى عَذَابَكَ يَوْمَ تَبْعَثُ عِبَادَكَ . اَلْحَمْدُ لِلّٰهِ الَّذِى
حَكَمَ فَقَهَرَ * اَلْحَمْدُ لِلّٰهِ الَّذِى بَطَنَ فَخَبَّرَ * اَلْحَمْدُ لِلّٰهِ الَّذِى مَلَكَ
فَقَدَرَ * اَلْحَمْدُ لِلّٰهِ الَّذِى هُوَ يُحْيِى الْمَوْتٰى وَ هُوَ عَلٰى كُلِّ شَيْءٍ قَدِيرٌ
* اَللّٰهُمَّ إِنِّى أَعُوذُ بِكَ مِنْ غَضَبِكَ وَ سُوءِ عِقَابِكَ وَ شَرِّ عِبَادِكَ وَ شَرِّ
الشَّيْطَانِ وَ شِرْكِهِ *

Mânası:

"Allah'ım! Senin isminle yanımı (vücûdumu) yere koydum seninle kaldırırım.

Allah'ım! Eğer nefsimi (rûhumu) tutacak (alacak)san; onu mağfiret et ve ona acı. Eğer serbest bırakacaksan, onu, sâlih kullarını muhafaza ettiğin gibi muhafaza et.

Allah'ım! Nefsimi sana teslim ettim. Yüzümü sana döndürdüm. İşimi sana bıraktım. Azabından korkarak ve affına rağbet ederek arkamı sana dayadım. Çünkü senden başka sığınılacak ve gidilecek kurtuluş yeri yoktur, ancak sen varsın. İndirdiğin kitabına ve gönderdiğin Peygamberine iman ettim.

Allah'ım! Kullarını kabirlerinden kaldırıp dirilteceğin günde beni azabından koru. Hamdolsun hükmedip her şeyi kahru azamet, altına alan Allah'a.

Hamdolsun, zâtını gizleyip akılları hayrette bırakan, her şeye sâhip olup gücü yeten ve ölüleri dirilten Allah'a. O, her şeye kâdirdir.

Allah'ım! Gazabından, azabının kötü neticesinden, kullarının şerrinden, şeytanın şerrinden ve beni şirke düşürmesinden sana sığınırım."

Bu duâdan sonra, **Bakara** sûresinin baş tarfındaki dört âyet okur. Beşinci olarak da, aynı sûrenin:

"Yer ile göklerin yaratılmasında, gece ile gündüzün birbiri ardınca gelmesinde akıl sahipleri için (Allah'ın kudretini ve rahmetini gösteren) pek çok âyetler vardır." meâlindeki 164. âyetini okur.

Sonra, **Âyete'l-Kürsî** ve **Amene'r-Rasûlü** ile, "**A'raf**" sûresinin 54, "**İsrâ**" sûresinin 110. âyetlerini, "**Hadid**" sûresinin ilk âyetleriyle, "**Haşir**" sûresinin son üç âyetini, "**Kâfirun**", "**İhlas**", "**Felak**" ve "**Nâs**" sûrelerini okur. **İhlâs** ve **Muavizeteyn** sûrelerini okuyunca, iki avucunun içine üfleyerek yüz ve cesedine ulaşabildiği yerlere sürer. Bu okuduklarına, "**Kehf**" sûresinin başından ve sonundan onar âyet ekleyebilirse güzel olur. Sonra şu duâyı okur:

اَللّٰهُمَّ أَيْقِظْنِى فِى أَحَبِّ السَّاعَاتِ إِلَيْكَ وَ اسْتَعْمِلْنِى بِأَحَبِّ الْأَعْمَالِ
إِلَيْكَ الَّتِى تُقَرِّبُنِى إِلَيْكَ زُلْفَى وَ تُبَعِّدُنِى مِنْ سُخْطِكَ بُعْدًا أَسْأَلُكَ
فَتُعْطِينِى وَ أَسْتَغْفِرُكَ فَتَغْفِرَ لِى وَ أَدْعُوكَ فَتَسْتَجِبَ لِى * اَللّٰهُمَّ لَا تُؤْمِنِّى
مَكْرَكَ وَ لَا تُوَلِّنِى غَيْرَكَ وَ لَا تَرْفَعْ عَنِّى سِتْرَكَ وَ لَا تُنْسِنِى ذِكْرَكَ وَ لَا
تَجْعَلْنِى مِنَ الْغَافِلِينَ *

"Allah'ım! Beni, sana en sevimli olan saatlarda uyandır. Beni sana yaklaştırıp gazabından uzaklaştıracak en çok sevdiğin amellerle meşgul et. Senden diliyorum; bana ikrâm et. Senden affımı istiyorum; beni affet. Sana duâ ediyorum; duâmı kabul buyur.

Allah'ım! Beni mekrinden emin etme. Beni senden başkasına bırakma. Günahlarımı örten perdeni üzerimden kaldırma. Bana zikrini unutturma ve beni gâfillerden yapma!"

Haber verildiğine göre, kim bu kelimelerle duâ ederse, Allahu Teâlâ ona, kendisini namaz için uyandıracak üç tane melek gönderir. O, namaz kılıp duâ ederse, âmin derler. Eğer gece namazına kalkamayacak olursa, melekler havada ibâdet ederler, ibâdetlerinin sevabı, o kimseye yazılır.

Bu duâdan sonra, otuzüç defa "**Sübhanellah**", otuzüç defa "**Elhamdülillah**", otuzüç defa "**Allahu Ekber**" zikirlerini söyler ve son olarak: "**Lâ ilâhe illâllahu vellâhu ekber. Ve lâ havle ve lâ kuvvete illâ billâhil aliyyil azîm.**" diyerek yüze tamamlayıp, uykuya dalar. [9]

****

9) Yatarken okunacak duâlar ve dikkat edilecek edebler konusunda bkz: Nevevi, el-Ezkar, 83-95; İbnu Sinnî, Kitâbu Ameli'l-Yevm ve'l-Leyle, 330 vd. (422. bâb ve 707 nolu hadisten itibâren.)

GECE NAMAZI VE UYKU ÂDÂBI

Müezzin akşam ezanını bitirdiği zaman, ezanla ikâmet arasında iki rek'at namaz kılınır. Ülemâ, halk müekked bir sünnet zannedip de kendilerine uymaya kalkmasınlar diye, bu namazı, cemaata çıkmadan önce acele olarak evlerinde kılıyorlardı.

Akşam namazının farzından hemen sonra iki rek'at sünnet kılınır. Çünkü bu iki rek'at, farz namazla birlikte huzûr-ı ilâhiyeye yükseltilmektedir. Bu iki rek'atın, birinci rek'atında "**Kâfirûn**", ikinci rek'atında "**İhlâs**" sûreleri okunur. Sonra, gece meleklerine ve Kirâmen Kâtibîn meleklerine selam vererek şu duâ okunur:

مَرْحَبًا بِمَلاَئِكَةِ اللَّيْلِ مَرْحَبًا بِالْمَلَكَيْنِ الْكَرِيمَيْنِ الْكَاتِبَيْنِ أُكْتُبَا فِى
صَحِيفَتِى أَنِّى أَشْهَدُ أَنْ لاَ إِلٰهَ إِلاَّ اللّٰهُ وَ أَشْهَدُ أَنَّ مُحَمَّدًا رَسُولُ اللّٰهِ وَ
أَشْهَدُ أَنَّ الْجَنَّةَ حَقٌّ وَ النَّارَ حَقٌّ وَ الْحَوْضَ حَقٌّ وَ الشَّفَاعَةَ حَقٌّ وَ الصِّرَاطَ
وَ الْمِيزَانَ حَقٌّ وَ أَشْهَدُ أَنَّ السَّاعَةَ اٰتِيَةٌ لاَ رَيْبَ فِينَا وَ أَنَّ اللّٰهَ يَبْعَثُ مَنْ فِى
الْقُبُورِ. اَللّٰهُمَّ أُودِعُكَ هٰذِهِ الشَّهَادَةَ لِيَوْمِ حَاجَتِى إِلَيْهَا. اَللّٰهُمَّ احْطُطْ
بِهَا وِزْرِى وَ اغْفِرْ بِهَا ذَنْبِى وَ ثَقِّلْ بِهَا مِيزَانِى وَ أَوْجِبْ لِى بِهَا أَمَانِى وَ
تَجَاوَزْ عَنِّى يَا أَرْحَمَ الرَّاحِمِينَ.

"Merhaba ey gece melekleri ve merhaba ey Kirâmen Kâtibîn! Amel defterime yazın ki; ben Allah'tan başka ilah olmadığına, Muhammed'in O'nun kulu ve Rasûlü olduğuna şehâdet ederim. Yine şehâdet ederim ki; Cennet haktır. Cehennem haktır. Havz ve şefaat, sırat ve mizan haktır. Hiç şüphesiz kıyâmet kopacaktır. Allah kabirde olanları tekrar diriltecektir. Allahım! Bu şehâdetimi, ihtiyacım olacak gün için sana emânet ediyorum. Allahım! Bu şehâdet sebebiyle hatâlarımı bağışla, günahımı affet, mizanımı ağırlaştır. Bana emniyet ver. Kusurlarımından vazgeç, yâ erhamerrâhimin."

Eğer akşam ile yatsı arasını cemaatle namaz kıldığı camide geçirirse, hem iki vakit arasını ibadetle değerlendirmiş, hem de itikaf sevabını almış olur. Eğer, namazdan sonra eve dönmesini gerekli görüyor ve akşam ile yatsı arasını evinde ihyâ etmeyi dini için daha selâmetli, ihlasa daha yakın ve düşüncesini toplamaya daha uygun buluyorsa, öyle yapmalıdır.

Rasûlullah'a (s.a.v): *"Yanları yataklarından ayrılır."*[1] âyetinde kasd edilenin ne olduğu sorulunca: *"O, akşam ile yatsı arasındaki namazdır."*[2] buyurmuştur.

Diğer bir hadis-i şerifte ise şöyle buyrulmuştur:

"Akşam ile yatsı arasındaki namazı bırakmayın. Çünkü o, gündüz işlenen boş işlerin günahını temizler ve günün sonunu da güzelleştirir (hayırla kapamış olur)."[3]

Akşam ile yatsı arasında kılacağı namazın ilk rek'atında "**Bürûc**", ikinci rek'atında: "**Târık**" sûrelerini okur. Sonra iki rek'at daha kılar, onun peşine bir iki rek'at daha ekler.

Önce kılacağı iki rek'atın, ilk rek'atında, "**Bakara**" sûresinin evvelinden on âyetle, "Ve ilâhükum ilâhun vâhidûn" ile başlayan 163. âyeti sonuna kadar ve onbeş kere "**İhlas**" sûresini okur. İkinci rek'atında ise; **âyete'l-kürsî**, **âmerrasûlü** ve yine onbeş defa **İhlas** sûresini okur.

Bunun peşinden kılacağı iki rek'atta ise; "**Zümer**" ve "**Vâkıa**" sûrelerini okur. Bundan sonra, dilediği kadar namaz kılar.

Eğer bu vakit içinde namazda veya dışında, günlük (**Kur'an**) hizbinden birşeyler okumak isterse, okuyabilir. Şayet bütün vakti namazla doldurmak isterse, "**Fâtiha**" ve "**İhlâs**" sûrelerini okuyarak hafif bir kıraatla yirmi rek'at namaz kılabilir. Akşam ile yatsı arasını uzunca iki rek'at namazla doldurmak isterse, bu da güzeldir. Bu iki rek'atta, ya, kıyamda Kur'an'dan okuyacağı günlük hizbini (ezberinden) okur veya hem duâ, hem de kıraat olacak bir âyeti durmadan tekrar ederek namazını tamamlar. Meselâ devamlı:

---

1) Secde (32), 16.
2) Şevkânî, Fethu'l-Kadir, IV, 254.
3) Suyutî, el-Camiu's-Sağır, Ho: 5539. Akşam namazından sonra "Evvabin" namazı kılmakla ilgili hadisler için bkz:Tirmizi, Salat, 203; Heysemî, Mecmau'z-Zevaid, II, 230; Münzirî, et-Terğıb, I, 404.

رَبَّنَا عَلَيْكَ تَوَكَّلْنَا وَ إِلَيْكَ أَنَبْنَا وَ إِلَيْكَ الْمَصِيرُ.

"Rabbimiz, biz ancak sana tevekkül ettik, sana yöneldik. Dönüşümüz de sanadır."[4] âyetini, Yahut bu manada başka bir âyet okur ve böylece namaz, Kur'an tilâveti ve duâyı bir arada yapmış olur. Hem böyle yapmak düşünceyi toplar ve fazileti ele geçirir. Sonra, yatsının farzından önce dört, sonra da iki rek'at namaz kılıp evine veya halvethanesine döner. Orada da diğer bir dört rek'at daha kılar. Rasûlullah (s.a.v), yatsıdan sonra hane-i saadetlerine döndüklerinde, oturmadan önce dört rek'at namaz kılardı.[5]

Kılacağı bu dört rek'atta, "**Lokman**", "**Yasîn**", "**Duhân**" ve "**Mülk**" sûrelerini okur. Eğer namazı hafif tutmak isterse, "**âyete'l- kürsî**", "**âmenerrasûlü**", "**Hadid**" sûresinin evveli ile, "**Haşr**" sûresinin son âyetlerini okur. Bu dört rek'attan sonra da onbir rek'at namaz daha kılar. Bu rek'atlarda da "**Târık**" sûresinden başlayarak, **Kur'an**'ın sonuna kadarki üçyüz âyeti okur. **Şeyh Ebu Tâlib el-Mekkî** (r.ah) bu şekilde zikretmiştir. İsterse bu miktardan daha az âyette okuyabilir. Eğer "**Mülk**" sûresinden başlayarak Kur'an'ın sonuna kadar ki bin âyeti okuyacak olursa, bunda büyük bir hayır vardır. Kur'an-ı Kerim'i ezbere bilmeyenler, herbir rek'atta beş ya da on kere veya daha fazla "**İhlas**" sûresini okuyabilir.

Vitir namazını teheccüdün sonuna kadar te'hir etmemelidir. Ancak teheccüd için uyanma konusunda kendisine güveniyorsa, o zaman teheccüdün sonuna te'hir etmesi daha faziletlidir.

Ülemâdan bazısı, uyumadan önce vitir namazını kılıp, sonra teheccüde kalktığında, bir rek'at namaz kılarak, vitri çift rek'at olarak tamamlar, sonra da dilediği kadar nâfile namaz kılardı.

Vitir namızını gecenin evvelinde kıldığında, vitirden sonra oturduğu yerde iki rek'at namaz kılar ve onlarda "**Zilzâl**" ile "**Tekâsür**" sûrelerini okur. Denilmiştir ki; oturarak kılınan iki rek'at namaz, ayakta kılınarak vitrin tamamlandığı tek rek'at mesâbesindedir. Teheccüd kılmak isterse,

---

4) Mümtehine (60), 4.
5) Münziri, et-Terğib, I, 406.

önce teheccüdü kılar, sonunda vitir yapar. Bu iki rek'at ancak nâfile niyetiyle kılınır, başkası olmaz. Çok kere insanlar, bu iki rek'ata nasıl niyet edeceklerini bilmiyorlar (bunun için soruyorlardı).

Her gece, "**el-Müsebbihât**" denilen (tesbih âyetleriyle başlayan (**İsrâ**, **Hadîd**, **Haşr**, **Sâf**, **Cum'a**, **Teğabûn** ve **A'lâ**) sûrelerin okunması güzel olur.

Gerçekten, önceki âlimler bunları okuyarak bereketleniyorlardı.[6]

Uykudan uyanınca, riâyet edilmesi gereken edeblerin en güzeli; bâtınıyle Allah'a yönelip, fikri başka bir şeyle meşgul olmadan, düşüncesini Allah'ın emrine döndermek ve dilini zikrullah ile meşgul etmektir.

Sâdık bir mürid, bir şeye aşırı düşkün çocuk gibidir. Çocuk, uyuduğunda ve uyandığında hep o sevdiği şeyi düşünür ve arar. İnsanın ölümü ve haşirde dirilmesi (dünyada iken) aşırı düşkün olduğu şeyin aşk ve arzusuyla olur. Öyleyse insan, bir nevi ölüme benzeyen uykudan uyanınca, ilk düşündüğü ve arzuladığı şeyin ne olduğuna baksın ve durumunu değerlendirsin. Çünkü insan kabirden kalktığında, oraya girmeden önceki hâli üzere bulunur. Eğer düşüncesi dünyada Allah ise, kabirden kalkınca da Allah olur, yoksa Allah'dan gayri dert ettiği ve gönül verdiği şeylerin muhabbetiyle haşrolur.

İnsan uykudan uyandığı zaman, iç alemi, fıtrî temizliği hâlinde olur. Bu yüzden gönlün, zikr-i ilâhîden gayri şeylerle meşgul olarak değişmesine, uyandığındaki fıtrat nûrunun zâil olmasına fırsat vermemeli, gönlünde mâsivanın yer tutmasından korkarak, Allah'a sığınıp yalvarmalıdır. Bâtını bu dengeyi sağladığı (ve ölçüyü koruduğu) zaman, kalbe gelecek nurların ve ilâhî feyzlerin yolunu temizleyip açmış olur. Bu durumda, gecenin mânevi ihsanlarının onun üzerine bol bol dökülmesi lâyıktır. Artık, kurb-i ilâhî, kul için (en güzel) bir sığınak ve barınaktır.

Uykudan uyanınca şu duâyı okur:

اَلْحَمْدُ لِلّٰهِ الَّذِى أَحْيَانَا بَعْدَ مَا أَمَاتَنَا وَ إِلَيْهِ النُّشُورُ.

6) Vitir namazının bu şekil kılınışı Şâfiî mezhebine göredir. Hanefilerde vitir üç rek'at bitişik olarak kılınır.

"Bizi uyku hâlinde öldürdükten sonra, tekrar dirilten; normal hayata çeviren Allah'a hamdolsun. Dönüşümüz O'nadır."

Arkasından, **Al-i İmran** sûresinin son on âyetini okur ve (abdest için) temiz su tedârik eder. Allahu Teâlâ buyurur ki:

"O sizi temizlemek için semadan su indiriyor." [7]

Diğer bir âyette ise:

"Allah gökten bir su indirdi. Her vâdi, kendi ölçüsü (ve hacmine) göre su ile dolup taştı." [8]

Abdullah b. Abbas (r.a), bu âyetin tefsirinde: "Âyette zikredilen sudan maksat; Kur'an'dır; vâdilerle anlatılmak istenen de kalblerdir." demiştir.[9]

Kalbler, güçleri nisbetinde Kur'an'la dolmuş, genişlikleri (mânevî inşırahları) nisbetinde de onun mâna ve sırlarını yüklenmişlerdir. Su temizleyici olduğu gibi; Kur'an da temizleyicidir. Hatta Kur'an, temizleme işine daha lâyıktır. Suyun yapacağı temizliği başka bir madde de görebilir. Fakat Kur'an ve ilmin yerine başka hiç bir şey geçemez; onların boşluğunu dolduramaz. Bir de şu var: Su, zâhiri pislikleri temizler; Kur'an ve ilim ise, insanın bâtınını temizler ve şeytanın pisliklerini giderir.

Uyku bir gaflet hâlidir ve tabiatın özelliklerindendir. Bu yüzden uykunun şeytanın bir pisliği olması tabii bir şeydir. Çünkü insan uyku hâlinde Allah'dan gaflet içindedir.

Bunun sebebi şudur: Allahu Teâlâ, insanı yaratacağı zaman yeryüzünden bir avuç toprak getirilmesini emretti. Alınan bu toprak yeryüzünün üst tabakasından idi. Buna yerin cildi de diyebiliriz. Cildin iki yönü vardır. Cildin zâhiri deri, iç kısmı ise yağdır. Bu yaratılışa işâreten, Allahu Teâlâ şöyle buyurmuştur:

"Ben topraktan bir beşer yaratacağım." [10]

Dış deri ve dış şekil, insanın zâhirini yâni, sûretini oluşturmaktadır. İç deri ise, bâtını ve insânî yönü ifâde etmektedir.

---

7) Enfal (8), 11.
8) Ra'd (13), 17.
9) Vâhidî, el-Vasît, III, 12; Beğavî, Meâlimü't-Tenzîl, IV, 308.
10) Sa'd (38), 71.

İnsanın iç kısmı, güzel ahlâkların toplandığı mahaldir. İnsanın toprak maddesi, şeytanın ayağının bastığı yerden alınmıştır; bunun için zulmet taşımaktadır. Bu zulmet insanoğlunun mayasına karıştırılmıştır. İnsandaki kötü sıfatlar, düşük ve rezil ahlâklar, gaflet ve yanılma bundan ileri gelmektedir. Kul uyandığında su kullanarak temizlik yaptığı ve Kur'an okuduğu zaman, (maddî ve mânevî kirleri temizleyen) iki temizleyici bir araya gelmiş olur ve böylece insandaki şeytanın vesveseleri, pislikleri, etki ve te'sirleri gider. Böyle hareket eden bir kimsenin ehl-i ilim olduğunu ve cehâlet alanından çıktığını söyleyebiliriz.

Temiz su kullanmak dinî bir emirdir. Bunun, insan tabiatının bir gereği olan uykunun etkisini giderme ve kalbin nurlanmasında büyük bir te'siri vardır. Tabiattaki bu hâlin de kalbin karışmasında bir te'siri vardır. Şu bir gerçektir ki, tabiatın zulmetiyle, kalbin nûru gitmektedir.

Bunun için bazı âlimler, ateş değmiş (ateşte kızarmış) şeyler yendiğinde abdestin gerektiği görüşündedir.

Ebû Hanife de (rah), namazda kahkaha ile gülmeyi, tabiattan kaynaklanan ve günahı celbeden bir amel gördüğünden, kahkaha ile gülmekle hem namazın hem de abdestin bozulduğuna hükmetmiştir.

Günah da şeytanın bir pisliğidir. Su, şeytanın bu pisliğini gidermektedir. Hatta bazıları, gıybet, yalan, gazap anında nefsin ortaya çıkması ve şeytanın bu işlerdeki tasarrufundan dolayı abdest alıyorlardı.

Devamlı murâkabe ve nefsini kontrol içinde olan bir kimse, mubah (da olsa, gereksiz) konuşmaya, halkın arasına karışmaya ve buna benzer tarzda azimeti zedeleyen mâlaya'ni şeylere dalınca hemen abdestini tazeleyecek olsaydı; kalbi, sahip olduğu temizlik ve sâfiyet üzere kalırdı.

Gerçekten abdest, kalbin basiretini koruma hususunda, gözü koruyan ve ondaki zararlı şeyleri temizleyen kirpikler gibidir. Bunu ancak, gerçek âlim olanlar anlar. Bu konudaki tembih ve uyarımı iyi düşün ki, bereket ve faydasını göresin.

Şayet, uykudan uyanma hâlinden ve yukarıda bahsettiğimiz durumlardan dolayı gusl abdesti alınacak olsa bu, kalbin aydınlanmasında daha etkilidir. Hiç şüphesiz, kulun, Rabbine münacaat için hazırlanırken bütün gayretini sarfederek her farz namaz için gusl abdesti alması, en lâyık olanıdır.

Kul, bâtınî temizliğini ancak Allahu Teâlâ'ya sıdk u sadâkatle yönelerek gerçekleştirir. Allahu Teâlâ, bu hususa işâreten şöyle buyurmuştur:

"Ona (kalbden) yönelerek, O'ndan korkun ve namazı gereği üzere kılın." [11]

Allahu Teâlâ, bu âyet-i kerimede, namaza girmeden önce, inâbeti (iç teslimiyet ve yönelişi) zikretmiştir. Fakat O (c.c), geniş rahmeti, müsamaha ve kolaylık üzere kurulmuş hanif (tevhid) dininin bir gereği; zorluğu kaldırarak, gusl abdesti yerine abdesti getirmiş ve bütün **Ümmet-i Muhammed**'den zorluğu ve sıkıntıyı gidermek için bir abdestle birçok farz namazı kılmayı câiz yapmıştır. Bununla birlikte, havas ve azimet sahiplerinin, avama âit bu ruhsatlar yerine, kendileri için en üstün ve en evlâ olan şeylere sarılmaları gerekir.

Geceleyin namaza kalkıp, teheccüd için iftitah tekbiri alacağı sırada önce: ***"Allâhu ekber kebîrâ velhamdülillahi kesirâ ve sübhânellahi bükraten ve esîlâ."*** diye zikreder. Peşinden on defa şu zikri yapar:

سُبْحَانَ اللهِ وَ الْحَمْدُ لِلهِ وَ لَا إِلٰهَ إِلَّا اللهُ وَ اللهُ أَكْبَرُ وَ لَا حَوْلَ وَ لَا قُوَّةَ إِلَّا
بِاللهِ الْعَلِيِّ الْعَظِيمِ .

Daha sonra şu duâyı okur:

اللهُ أَكْبَرُ ذُو الْمُلْكِ وَ الْمَلَكُوتِ وَ الْجَبَرُوتِ وَ الْكِبْرِيَاءِ وَ الْعَظَمَةِ وَ
الْجَلَالِ وَ الْقُدْرَةِ . اَللّٰهُمَّ لَكَ الْحَمْدُ وَ أَنْتَ نُورُ السَّمٰوَاتِ وَ الْأَرْضِ وَ
لَكَ الْحَمْدُ أَنْتَ بَهَاءُ السَّمٰوَاتِ وَ الْأَرْضِ . وَ لَكَ الْحَمْدُ أَنْتَ قَيُّومُ
السَّمٰوَاتِ وَ الْأَرْضِ وَ مَنْ فِيهِنَّ وَ مَنْ عَلَيْهِنَّ، أَنْتَ الْحَقُّ وَ مِنْكَ الْحَقُّ وَ
لِقَائُكَ حَقٌّ وَ الْجَنَّةُ حَقٌّ وَ النَّبِيُّونَ حَقٌّ وَ مُحَمَّدٌ عَلَيْهِ السَّلَامُ حَقٌّ؛
اَللّٰهُمَّ لَكَ أَسْلَمْتُ وَ بِكَ اٰمَنْتُ وَ عَلَيْكَ تَوَكَّلْتُ وَ بِكَ خَاصَمْتُ وَ
إِلَيْكَ حَاكَمْتُ، فَاغْفِرْ لِى مَا قَدَّمْتُ وَ مَا أَخَّرْتُ وَ مَا أَسْرَرْتُ وَ مَا
أَعْلَنْتُ . أَنْتَ الْمُقَدِّمُ وَ أَنْتَ الْمُؤَخِّرُ. لَا إِلٰهَ إِلَّا أَنْتَ . اَللّٰهُمَّ اٰتِ نَفْسِى

11) Rûm (30), 31.

تَقْوَاهَا وَ زَكِّهَا، أَنْتَ خَيْرُ مَنْ زَكَّاهَا، أَنْتَ وَلِيُّهَا وَ مَوْلَاهَا. اَللّٰهُمَّ
اهْدِنِى لِأَحْسَنِ الْأَخْلَاقِ لَا يَهْدِى لِأَحْسَنِهَا إِلَّا أَنْتَ وَ اصْرِفْ عَنِّى
سَيِّئَهَا لَا يَصْرِفُ عَنِّى سَيِّئَهَا إِلَّا أَنْتَ. أَسْأَلُكَ مَسْئَلَةَ الْبَائِسِ الْمِسْكِينِ
وَ أَدْعُوكَ دُعَاءَ الْفَقِيرِ الذَّلِيلِ فَلَا تَجْعَلْنِى بِدُعَائِكَ رَبِّ شَقِيًّا وَ كُنْ بِى
رَؤُفًا رَحِيمًا يَا خَيْرَ الْمَسْؤُلِينَ وَ يَا أَكْرَمَ الْمُعْطِينَ

"Allah en büyüktür. O, mülk, Melekût ve Ceberût âleminin sahibidir. O, kibriyâ, azamet, celal ve kudret sahibidir. Allahım! Hamd sana mahsustur. Yerlerin ve göklerin nûru sensin. Hamd sana mahsustur. Yerlerin ve göklerin güzelliği sensin. Hamd sana mahsustur. Yerleri, gökleri, içinde ve üzerinde olanları ayakta tutan sensin. Sen Hakk'sın. Hak sendedir. Sana kavuşmak haktır. Cennet, Cehennem haktır. Peygamberlerin hak, Hz. Muhammed (s.a.v) haktır. Allahım! Sana teslim oldum. Sana iman ettim. Sana güvendim. İşimi sana havâle ettim; kendime seni hakem yaptım. Benim, bundan önce yaptığım ve sonra yapabileceğim, gizli ve aşikar günahlarımı affet. Herşeyden önce var olan ve herşeyden sonra (zâtıyla kâim olacak) sensin. Senden başka ilâh yoktur. Allahım! Nefsime takvâ hâlini nasib et. Onu temizle. Onu temizleyeceklerin en hayırlısı sensin. Sen onun dostu ve sahibisin. Allahım! Beni en güzel ahlâklara ulaştır. Güzel ahlâklara ancak sen ulaştırırsın. Kötü ahlâkları benden gider. Onları benden ancak sen defedersin. Fakir ve miskin bir kulun isteyişiyle senden istiyorum. Fakir ve zelil bir kulun yalvarışıyla sana duâ ediyorum. Allahım! Senden istediklerimi geri çevirip de beni hüsrana düşenlerden eyleme. Bana kerem buyur. Şefkat ve merhamet et.

Ey kendisinden istenilenlerin en hayırlısı ve ey isteyenlere verenlerin en cömerdi!"

Sonra iki rek'at abdest şükür namazı kılar. Birinci rek'atta **Fâtiha**'dan sonra:

12) Nisâ (4), 64.

وَلَوْ أَنَّهُمْ إِذْ ظَلَمُوا أَنْفُسَهُمْ جَآؤُكَ فَاسْتَغْفِرُوا اللّٰهَ وَاسْتَغْفَرَ لَهُمُ الرَّسُولُ لَوَجَدُوا اللّٰهَ تَوَّابًا رَحِيمًا

"Eğer onlar nefislerine zulmettikleri zaman, sana gelip, günahlarına Allah'dan mağfiret dileseler, Peygamber de kendileri için af isteseydi; elbette Allah'ı, tevbeleri çok kabul edici ve acıyıcı bulurlardı." [12] âyetini, ikinci rek'atta da:

وَمَنْ يَعْمَلْ سُوٓءًا أَوْ يَظْلِمْ نَفْسَهُ ثُمَّ يَسْتَغْفِرِ اللّٰهَ يَجِدِ اللّٰهَ غَفُورًا رَحِيمًا

"Kim bir fenalık yapar yahud nefsine zulmeder de Allah'dan mağfiret dilerse; Allah'ı çok bağışlayıcı, çok merhametli bulur." [13] âyetini okur. Bu iki rek'attan sonra çokça istiğfar eder. Peşinden, eğer isterse iki rek'at namaz daha kılmaya başlar. Bu rek'atlarda "**Âyet'el-kürsî**" ve "**Âmenerrasülü**"yü okur. Dilerse başka âyetleri de okuyabilir. Arkasından da uzunca iki rek'at namaz kılar.

Rasûlullah (s.a.v) Efendimzin bu şekilde teheccüd yaptığı rivâyet edilmiştir.[14]

Sonra, önceki iki rek'attan daha kısa olarak, yine uzun sayılacak iki rek'at namaz kılar. İşte böylece hafif hafif azaltarak on veya sekiz rek'at namaz kılar. Bu sayıyı çoğaltması da mümkündür. Gerçekten, bu şekilde kılınan gece namazında büyük bir fazilet vardır.

****

13) Nisâ (4), 110.
14) Ali Nâsıf, et-Tac, I, 327.

GECE İBÂDETİNİN TAKSİMİ

Allahu Teâlâ, gece ibadeti hakkında buyurmuştur ki:

"Onlar, geceyi Rableri için secde ve kıyamda geçirirler." [1]

"İşledikleri salih amellere mükâfaat olarak onlar için hazırlanan güzel nimetleri kimse bilemez." [2] Bu âyetin tefsirinde: "**Onların işledikleri amel gece namazıdır.**" denilmiştir.[3]

"**Sabır ve namazla Allah'dan yardım isteyin.**" [4] âyetinin tefsirinde: "Nefisle mücâhade ve düşman karşısında sabretmeye gece namazıyla yardım isteyiniz, (onunla mânen destek elde ediniz)." denmiştir.

Bir hadis-i şerifte şöyle buyrulmuştur:

"Gece namazına devam ediniz. Çünkü o, Rabbinizi râzı eder. Hem o, sizden önceki sâlihlerin (devamlı yaptıkları) bir sünneti, günahtan alıkoyan, suçları temizleyen, şeytanın hile ve tuzağını boşa gideren, vücut hastalıklarına deva olan bir ibâdettir." [5]

Sâlihlerden bir cemaat, gecenin tamamını ibâdetle geçiriyordu. Hatta, **Tâbiun**den kırk kişinin yatsı namazının abdestiyle sabah namazını kıldıkları nakledilmiştir. Mesela; **Said b. Müseyyeb, Fudayl b. Iyaz, Vüheyb b. el-Ferrad, Ebû Süleyman ed-Dârânî, Ali b. Bekkâr, Habib el-Acemî, Kehmes b. Minhâl, Ebû Hâzim, Muhammed b. el-Münkedir,**

1) Furkan (25), 64.
2) Secde (32), 17.
3) Bkz: Beğavî, Meâlimu't-Tenzîl, VI, 306; Suyûtî, ed-Dürrü'l-Mensûr, VI, 547.
4) Bakara (2), 153.
5) Tirmizî, Deavât, 101; Ahmed, Müsned, VI, 126. Suyûtî, el-Câmiu's-Sağîr, II, 174 (No: 5573), Beyhakî; Sünen-i Kübrâ, II, 502; Hâkim, Müstedrek, I, 451.

Ebû Hanife (rahimehumullah) ve diğerleri bu grubun içindedir. **Ebû Tâlib el-Mekkî**, "**Kütü'l-Kulûb**" isimli eserinde, bu zatları, meşhur nisbetleriyle birlikte zikretmiştir. [6]

Gecenin tamamını ibâdetle geçirmekten âciz olanların, gecenin üçte ikisini veya üçte birini ihyâ etmeleri müstehabtır. Müstehab olan sınırın en azı; gecenin altıda birini ibâdetle geçirmektir. Bu kimse, gecenin ilk üçtebir bölümünde uyur, yarısını namazla geçirir, son altıda birinde biraz daha uyur. Ya da, gecenin ilk yarısında uyur, üçte birini ibâdetle geçirir ve altıda birinde yine uyur.

Rivâyete göre; **Dâvud aleyhisselam**:

"Ya Rabbi, sana ibâdet etmekten hoşlanıyorum, hangi vakitte kalkayım?" diye sorunca, Allahu Teâlâ:

"Gecenin evvelinde ve sonunda kalkma. Çünkü gecenin evvelinde kalkan, sonunda uyur. Sonunda kalkan evvelinde uyur. Sen gecenin ortasında kalk ki; benimle başbaşa kalasın ve ihtiyaçlarını bana arzedesin!" diye vahyetmiştir.

Böyle yapılırsa, gece namazı iki uyku arasında olmuş olur. Ancak gecenin evvelinde bir miktar nâfile namaz kılmalı ve uyku galebe çalınca uyumalıdır. Uyandığı zaman yeniden abdest alır. Böylece, iki defa gece kıyamı, iki defa uyku meydana gelir. Bu, en faziletlisidir. Ne söylediğini bilmeyecek ve ne kadar namaz kılıp tilâvet yaptığını farketmeyecek kadar uykulu olan kimse, bu halde namaz kılmamalıdır. Bir haberde:

"Gece namazı için kendinizi sıkıntıya sokmayınız." [7] buyrulmuştur.

Rasûlullah (a.s)'a: "Falanca kadın, geceleri namaz kılar, uyku bastırınca da uyumamak için kendisini iple bağlar." denildiğinde: **Efendimiz** (a.s), bundan nehyetti ve:

"Sizden biriniz kendisine kolay geldiği miktarda (nâfile) namaz kılsın. Uyku galebe çalınca hemen namazı tamamlayıp uyusun" [8]

---

6) Bkz:Mekki, Kutu'l-Kulub, I, 37-38.
7) Deylemî, Firdevsü'l-Ahbâr, V, 207. (Had. No: 7622). Zebidî, İthâfu's-Sâde, V, 474.
8) Bkz: Ebû Dâvud, Tatavvu'; 18 Nesâî, Kıyâmul-Leyl, 61-62.

buyurdu.

Diğer bir hadis-i şerifte şöyle buyrulmuştur.

"Bu dini zorlaştırmayın. (Onunla yarışa girmeyin) O, (bütün ölçüleriyle) sağlamdır. Kim, (dinin bütün emir ve amellerini yapacağım deyip) onu zorlaştırırsa, din onu yorar. Sakın nefsini Allah'ın ibâdetinden nefret ettirme!" [9]

Hakk tâlibi olan birisine, uykuda iken fecrin doğmasını beklemek uygun değildir. Ancak, fecirden önce uzun müddet gece ibâdetiyle meşgul olmuşsa; o zaman mâzur görülebilir. Bununla birlikte, gece yarısı biraz namaz kılıp, tan yeri ağarmadan bir saat önce kalkmak, gece uzunca kıyamda durup fecirden sonraya kadar uyumaktan daha faziletlidir. Fecirden önce uyandığında çokça tesbih ve istiğfar yaparak bu vakti bir ganimet bilmelidir. Geceleyin kılınan her iki rek'attan sonra biraz oturur. Tesbih, istiğfar ve **Rasûlullah** (a.s)'a selût u selâm ile meşgul olur. Çünkü bu, vücuda bir rahatlama sağlar ve tekrar ayakta durmaya kuvvet verir.

Sâlihlerden birisi demiştir ki: "Uyku; ilk uykudur. Bir kere uyanıp da sonra uykuya dönersem, Allah gözüme uyku vermesin."

Müridlerden birisi, bana, mürşidlerinin müridlere geceleyin bir miktar uyku uyumalarını ve gündüz de bir öğün yemek yemelerini emrettiğini anlatmıştı.

Bir hadis-i şöyle buyrulmuştur:

"Bir koyun sağacak zaman kadar da olsa, geceleyin kalk, namaz kıl." [10]

Koyun sağacak vakitle; iki veya dört rek'at namaz kılacak bir zaman kasdedilmiştir.

"Dilediğine mülkü verir, dilediğinden de çekip alırsın." [11] âyetinin tefsirinde, bu mülkün gece namazı olduğu söylenmiştir.

Kim tembelliğinden, azminin gevşekliğinden, iltifatının azlığı sebebiyle gece namazını hafife almasından veya hâline aldanarak (kendini

9) Beyhakî, Sünen-i Kübrâ, III, 18-19; Zebidî, İthâfu's-Sâde, V, 476.
10) Tabarani, el-kebir, No:787; Heysemi, Mecmau'z-Zevaid, II, 252; Münzirî, et-Terğib, I, 430.
11) Al-i İmran (3), 26.

ondan müstağni görmesinden dolayı) gece namazından mahrum kalmışsa; durmasın (hâline) ağlasın! Çünkü kendisine büyük bir hayır yolu kapanmıştır.

Kurbiyyet hâl ve makâmına meyli olan bazı hâl sahipleri, kurbiyyet makâmının gerektirdiği şeylerin, şevk makâmından farklı ve ayrı olduğunu; şevk makâmının gerektirdiği şeylerin daha düşük şeyler olduğunu ileri sürerek, gece namazının şevk makâmına ait bir amel olduğu görüşündedirler. Bu, büyük bir hatâdır. Bunu iddiâ edenlerin çoğu helak olmuşlardır. Böyle düşünen bir kimsenin, içinde bulunduğu halde sürekli kalamıyacağını, insanın devamlı kusur, gevşeklik ve şüphe ile karşı karşıya olduğunu bilmesi gerekir. Hem, Rasûlullah'ın (s.a.v) hâlinden daha yüce bir hâl olmadığı halde, O'nun gece namazından hiç geri kalmadığı, hatta ayakları şişinceye kadar kıyamda durduğu akıldan çıkarılmamalıdır.

Efendimizin bu hâli kendisine bir delil olarak gösterilen bu kimse şöyle diyelibir: "Rasûlullah (s.a.v) bunu teşrî (dindeki hükmünü ve uygulamasını öğretmek) için yaptı." Biz de bu kimseye deriz ki: "Bize ne oluyor ki; onun hükmüne uymuyoruz?" Gerçekten bu, çok nazik bir durumdur.

Bil ki; gece ibâdetini terk etmeyi bir fazilet görmek, bu arada kendisinin de (bu hâliyle) **Cenab-ı Hakk**'ın huzûrunda ma'nevi bir yakınlık elde ettiğini iddiâ etmek, uyku ile uyanıklığı aynı değerde görmek, şeytanî bir hîledir ve hâlin fitnesine düşmekden başka bir şey değildir. Böyle bir kimse, içine nefsin karıştığı hâlin bağına takılıp kalmış, hâle mağlub olmuş ve hâl kendisini tahakkümü altına almıştır. Halbuki, güçlü sûfilere hâl tahakküm edemez. Aksine onlar, amelleriyle elde ettikleri hâli, istedikleri şekilde kullanırlar. Hâl onlarda değil, onlar hâlde tasarrufda bulunurlar. Bu böylece bilinsin. Biz, arkadaşlarımızdan bazılarının bu şekilde (hâle mağlub) olduklarını gördük. Sonra Allahu Teâlâ'nın inâyetiyle bize keşfoldu ki, bu, bir kusur ve yolda kalmadır.

Bir adam, **Hasan el-Basri**'ye gelerek:

"Yâ Ebâ Said! Ben sıhhat ve âfiyet içinde geceyi geçiriyorum. Gece namazına kalkmayı arzuluyorum ve bunun için abdest suyumu da hazırlıyorum. Buna rağmen yine de kalkamıyorum, acaba niçin?" diye sorunca. Hazret:

"Günahların seni bırakmıyor!" cevabını vermiştir.

Demek ki kul, geceleyin ibâdete kalkmasına engel olacak günahlardan sakınmalıdır.

Nûri (rah) demiştir ki: "İşlediğim bir günah yüzünden yedi ay gece ibâdetinden mahrum bırakıldım." Kendisine: "Günahın ne idi?" diye sorulunca da: "Ağlayan bir adam görmüştüm; içimden: 'Bu adam bir mürâîdir, gösterişine ağlıyor' diye geçirdim. İşte bu yüzden!" demiştir.

Sûfilerden birisi anlatıyor: **Kürz b. Vebre**'nin yanına vardım, ağlıyordu:

"Neye ağlıyorsun, yakınlarından birisinin ölüm haberi mi geldi?" diye sordum;

"Hayır, daha kötüsü!" dedi.

"Dayanamadığın bir acın, ağrın mı var?" diye sordum:

"Hayır, ondan da acı!" dedi.

"Öyleyse neyin var?" diye sorunca:

"Kalbimin (feyiz) kapısı kapandı, üzerine perde çekildi. Dün gece okumam gereken hizbimi (Kur'an ve zikrimi) okuyamadım. Bu da ancak işlemiş olduğum yeni bir günahtan dolayı oldu." dedi.

Sûfilerden birisi: "Gece (rüyada) ihtilam olmak, mânevî bir cezâdır" demiştir.

Bu, doğrudur. Çünkü kalbini güzel muhâfaza eden ve edebe iyi dikkat eden bir kimse, ihtilam kapısını kapamaya güç yetirir. İhtilam ancak, hâlini iyi bilmeyen, vaktinin gereğini ve halinin edebini ihmal eden kimsenin başına gelir. Kalbini iyi muhâfaza eden, edebe tam riâyetle gereğini yerine getiren kimsenin bazen ihtilam olmasına sebep; başını yastığa koyup gevşemesi olmuştur. Özellikle bu kimse, yastığı (yatağı) terketme hususunda azimet sahibi iken, uyku için hazırlık yapıp, azmini gevşettiği zaman, bu hâle mübtelâ olur. Bazı kimselere bu, bir günah değildir. Onlar başını yastığa güzel bir niyetle koyarlar ve bu şekilde dinlenerek gece ibâdetine yardımcı olmasını düşünürler. Başı yastığa koyarak yatmak bazı insanlar için bir günah olabilir. Bu kadarcık bir ihmal (ve gevşeme) ihtilama sebep olacak bir günah olunca; diğer günah hallerini buna kıyas et! Bu gibi durumlar erbâbına hastır ve onu ancak ehli olanlar anlar.

Bazen, altına yumuşak yatak, yorgan yastık gibi şeyleri serdiği ve içinde yattığı halde ihtilam ve başka bir durumla ceza görmeyen kimseler vardır. Onlar; âlim, güzel niyet sahibi, işlerin giriş ve çıkış yollarını çok iyi bilen kimseler olduğu için, (bu şeylerden etkilenmezler ve) böyle cezâlara mâruz kalmazlar. Nice uyuyanlar vardır ki, yüksek ilmi ve güzel niyeti sayesinde, geceyi ayakta geçiren (bir çok) kimseyi öne geçmişlerdir.

Bir hadis-i şerifte şöyle buyrulmuştur:

"İnsan uyuduğu zaman şeytan onun başına (ensesine) üç düğüm atar. Uykudan uyanıp oturarak Allah Teâlâ'yı zikrederse; bir düğüm çözülür. Eğer kalkıp abdest alırsa, diğer bir düğüm daha çözülür. İki rek'at namaz kılınca; bütün düğümler çözülür, kul dinç ve kalbi hoş olarak sabah çıkar. Aksi takdirde tembel ve berbat (huzursuz) bir şekilde sabaha çıkar (güne başlar)" [12]

Diğer bir hadiste ise:

"Sabaha kadar uyuyup (sabah namazına kalkmayanın) kulağına şeytan bevleder." [13] buyrulmuştur.

Gece namazına kalkmayı zorlaştıran hallerden bazıları şunlardır: Dünya işlerini çokça düşünmek, dünya ile fazlaca meşgul olmak, âzâların yorgun olması, midenin yemekle dolu olması, çok konuşmak, boş ve günah şeylerle meşgul olmak, öğleden sonra kaylûle uykusunu terketmek.

Bu işte muvaffak kılınanlar ise; vaktini ganimet bilen, kalbinin hastalığını ve ilacını tanıyan, (gerekli tedaviyi ve edebi) ihmal etmeyen ve Cenâb-ı Hakk tarafından kendi hâline bırakılmayıp mânen desteklenen kimselerdir.

****

12) Bkz: Buhârî, Teheccüd, 12; Müslim, Müsâfirin, 207. Ebû Dâvud, Tatavvu', 17; İbnu Mâce, İkâme, 174.
13) Buhârî, Teheccüd, 13; Müslim, Müsâfirin, 205. Nesâî, Kıyâmu'l-leyl, 5; İbnu Mâce, İkâme, 174.

GÜNDÜZÜ KARŞILAMA ÂDÂBI

Allahu Teâlâ buyurur ki:

"Gündüzün iki tarafında namaz kıl." [1]

Müfessirler, Allahu Teâlâ'nın, günün bir tarafı ile sabah namazını kasdettiği hususunda ittifak hâlinde oldukları halde; günün diğer tarafı hakkında ihtilaf etmişlerdir.

Bazıları, bunun akşam namazı olduğunu söylerken; bazıları da, onun yatsı namazı olduğunu ileri sürmüşlerdir. Bir grub âlim de; sabah ve öğle namazı günün bir tarafı, ikindi ve akşam namazı da diğer tarafı olduğunu; "**ve geceye yakın bir kısımda**" âyetinin ise, yatsı namazını ifâde ettiğini söylemişlerdir.

Allahu Teâlâ, bu âyetin devamında, namazın bereketinin büyüklüğünden, fâide ve neticesinden bahsederek: ***"Hiç şüphesiz iyilikler (namaz ve diğer hayırlar) kötülükleri yok eder."*** buyurmuştur.

Rivâyet edildiğine göre; **Ebu'l-Yüsr Kab b. Amr el-Ensârî** hurma ticâreti yapardı. Bir kadın kendisinden hurma satın almaya geldi. **Ka'b**, kadına:

"Bu hurmalar pek iyi değil, istersen evde daha güzeli var, ondan vereyim!" dedi. Kadın:

"Olur." deyince, onu evine götürdü. Eve varınca, kadına sarılıp öptü. Kadın:

"**Allah**'dan kork, yapma!" deyince, **Ka'b** pişman oldu ve kadını bıraktı. Sonra Rasûlullah'a (s.a.v) gelerek:

"Yâ Rasûlellah! Yabanca bir kadını kendine çağırarak cimâ hâriç, onunla her fiili yapan kimse hakkında ne buyurursunuz?" diye sordu. Bunu işiten **Hz. Ömer** (r.a):

---

1) Hûd (11), 114.

"Allah kusurunu örtmüşken, sen de gizleseydin ya!" diye adamı uyardı. **Rasûlullah** (s.a.v) hiçbir cevap vermedi, sadece:

"Rabbimin hükmünü bekle!" buyurdu. O sırada ikindi namazının vakti girdi. Rasûlullah (a.s), ikindi namazını kıldı. Namaz bitince, Cebrâil (a.s):

"İyilikler kötülükleri temizler."[2] âyetini indirdi. Bunun üzerine Rasûlullah (a.s):

"Ebu'l-Yasr nerededir?" diye sordu. O da:

"Buradayım Ya Rasûlellah" dedi. Rasûlullah (a.s):

"Bizimle beraber namaz kıldın mı?" diye sordu: O da:

"Evet." deyince, Rasûlullah (s.a.v):

"Haydi git, bu namaz o günâhına keffarettir!" buyurdu. Bunun üzerine **Hz. Ömer** (r.a):

"Yâ Rasûlellah! Bu sadece ona mı mahsustur, yoksa biz de şâmil mi?" diye sorunca, Rasûlullah (a.s):

"Hayır, sadece ona değil, bütün insanlara âittir."[3] buyurdu.

Kul, fecir doğmadan önce kalkarak güzelce tahâret ve abdestini tamamlayıp, sabah namazına hazırlanmalıdır. Gecenin evvelinde zikrettiğimiz gibi; şehâdet kelimesini söyleyip imanını tazeleyerek fecri karşılamalıdır. Kendisi müezzin ise ezanı okur, değilse; edebine uygun olarak müezzinin sözlerine mukâbelede bulunur.

Sonra, sabah namazının iki rek'at sünnetini kılar. İlk rek'atında zamm-ı sûre olarak, "**Kâfirûn**" sûresini, ikinci rek'atta da, "**İhlâs**" sûresini okur. Veya isterse ilk rek'atta "**Bakara**" sûresinin 136. âyetini, ikinci rek'atta da "**Âl-i İmrân**" sûresinin 53. âyetini okur. Sonra, **Allah**'dan günahları için istiğfar eder ve kolayına geldiği kadar Allah'ı tesbih eder. Eğer kısaca:

أَسْتَغْفِرُ اللّٰهَ لِذَنْبِى سُبْحَانَ اللّٰهِ بِحَمْدِ رَبِّى .

"Günahım için Allah'dan affımı isterim. Rabbime hamdederek O'nu tesbih

2) Hûd (11), 114.
3) Ebû Dâvud, Hudud, 31; Tirmizî, Tefsiru Sûre, 11, Ahmed, Müsned, I, 445; İbnu Kesir, Tefsir, II, 235-236; Ali Nasıf, Tâc, IV, 149.

ederim." zikrini yaparsa, maksad olan tesbih ve istiğfarı yapmış olur. Sonra şu duâyı okur:

"Allahım Efendimiz Muhammed'e ve onun âline salât eyle!

Allahım! Senin fazl-ı kereminden, gönlümü sana bağlayacak darmadağınık hâlimi bir araya toplayacak, dağınık işlerimi birbirine yaklaştıracak, benden fitneleri defedecek, dinimi islâh, bâtınımı muhafaza edecek, zâhirimi yükseltecek, amelimi temizleyecek, yüzümü ağartacak, bana rüşdümü ilkâ edecek ve beni bütün kötülüklerden koruyacak bir rahmet isterim.

Allahım! Senden bir daha küfre düşmeyecek şekilde sâdık ve yakînî bir iman, beni dünya ve âhirette lutûf ve kereminin en yüksek mertebesine ulaştıracak olan bir rahmet istiyorum.

Allahım! Senin fazlından, kazalarda sabır ve kurtuluşu, şehidlerin mertebelerini, iyilerin yaşayışını, düşmanlara karşı gâlib gelmeyi ve Peygamberlerine arkadaşlığı isterim.

Allahım! Her ne kadar görüşüm kısa, amelim zayıf ve noksan da olsa, ihtiyacımı sana arz ediyorum. Ben senin rahmetine muhtacım.

Ey bütün işleri görüp gönüllere şifâ veren Allahım! Kudretinle, yan yana iki denizi birbirine karıştırmayıp aralarını ayırdığın gibi; beni de Cehennem azabından, helak oldum diye bağıranların kötü akıbetinden ve kabirlerin fitnesinden uzaklaştırıp korumanı istiyorum.

Allahım! İstemeye görüşümün yetişmediği, ulaşmaya amelimin zayıf kaldığı, niyetimin ve arzumun ulaşamadığı, kullarından herhangi birine vaad yahut vermeyi murâd ettiğin her türlü hayrı, candan arzular ve onları senden isterim, Ya Rabbelâlemin!

Allahım! Bizi haktan sapan ve saptıranlardan değil, hidayette olup hidayete vesile olanlardan, düşmanlarınla harb halinde, dostların için bir selâmet olan, insanları senin için seven ve halktan sana isyan edenlere de senin için düşmanlık eden kullarından eyle.

Allahım! Ben gücümün yettiği kadar sana duâ ediyorum. Kabul et. Kabul sendendir. Elimden gelen budur. Güven ve teslimiyetim sanadır.

Biz Allah içiniz, O'na döneceğiz. Kudret ve kuvvet ancak sağlam **Kur'an** ipinin ve doğru işin sahibi yüce Allah'a âittir.

Allahım! Senden, kıyâmet gününde emniyeti, ebedî günlerde de ahdini yerine getiren, çokça rûkû ve secde eden, huzuruna yaklaştırdığın ve kabül buyurduğun sevgili kullarınla beni Cennete koymanı dilerim.

Gerçekten sen çok acıyan ve çok sevensin; dilediğini yaparsın. Ey İzzet ridâsına bürünüp herkese gâlip olan Allahım! Seni noksan sıfatlardan tenzih ederim.

Ey ululuk ridâsına bürünüp te onunla kullarına lutf eden Allahım! Seni noksan sıfatlardan takdis ederim.

Tesbih ve takdisi ancak kendisine lâyık olan Allah'ı tesbih ederim.

Sonsuz ihsan ve nimet sahibi Mevlâyı tenzih ederim.

Lütuf ve kerem sahibi Allah'ı takdis ederim.

Her şeyi ilmiyle bilip sayan Allah'ı her türlü noksanlıklardan tenzih ederim.

Allahım! Kalbime bir nûr ver. Kabrimde, kulağımda, gözümde, saçımda, tenimde, etimde, kemiğimde, kanımda, önümde, arkamda, sağımda solumda, üstümde, altımda benim için nur yarat. Allahım, nurumu artır, bana nur ver. Benim için nur yarat!" [4]

Bu duânın büyük bir te'sir ve bereketi vardır. Bu duâyı ezberleyip amel eden herkeste apaçık bir hayır ve bereket gördüm. Bu duâ, sıddıkların birbirine ezberlenip amel edilmesini tavsiye ettikleri bir duâdır.

Rasûlullah'ın (s.a.v) bu duâyı sabah namazının sünneti ile farzı arasında okuduğu rivâyet edilmiştir. [5]

Sonra sabah namazını cemaatle kılmak için mescide gider. Evinden çıkışında şu duâyı okur:

قُلْ رَبِّ أَدْخِلْنِى مُدْخَلَ صِدْقٍ وَ أَخْرِجْنِى مُخْرَجَ صِدْقٍ وَ اجْعَلْ لِى مِنْ لَدُنْكَ سُلْطَانًا نَصِيرًا.

"De ki: Rabbim! Beni dahil edeceğin yere hayır ve bereketle dahil et. Beni çıkaracağın yerden de hayır ve bereketle çıkar. Katından beni destekleyecek bir kuvvet ver." [6]

---

4) Tirmizî, Deavât, 29. Suyûtî, el-Câmiu's-Sağîr, I, 219. (No: 1477).
5) Tirmizî, Deâvât, 29.
6) İsra (17), 80.

Yolda şu duâyı okur:

اَللّٰهُمَّ إِنِّى أَسْأَلُكَ بِحَقِّ السَّائِلِينَ عَلَيْكَ وَ بِحَقِّ مَمْشَاىَ هٰذَا إِلَيْكَ
فَإِنِّى لَمْ أَخْرُجْ أَشَرًّا وَ لَا بَطَرًا وَ لَا رِيَاءً وَ لَا سُمْعَةً خَرَجْتُ اتِّقَاءَ سُخْطِكَ
وَ ابْتِغَاءَ مَرْضَاتِكَ أَسْأَلُكَ أَنْ تُنْقِذَنِى مِنَ النَّارِ وَ أَنْ تَغْفِرَ لِى ذُنُوبِى إِنَّهُ لَا
يَغْفِرُ الذُّنُوبَ إِلَّا أَنْتَ.

"Allahım! Senden isteyenler aşkına ve senin için attığım bu adımlar hürmetine! Çünkü ben, şer, kibir, gösteriş ve riyâ için çıkmadım. Ancak azabından korkarak ve rızânı umarak çıktım. Beni Cehennemden korumanı ve günahlarımı bağışlamanı istiyorum. Zirâ senden başka günahları affedecek kimse yoktur."

Ebû Said el-Hudrî (r.a), **Rasûlullah** (a.s) Efendimizin şöyle buyurduğunu rivâyet etmiştir:

"Kim bu duâyı namaza çıktığı zaman okursa, Allahu Teâlâ, onun bereketine, kendisine istiğfâr edecek yetmiş bin melek görevlendirir ve namazını bitirinceye kadar ona lutuf ve keremiyle yönelir. [7]

Namaz için mescide gireceği yahut seccadesine geldiği zaman şöyle duâ eder:

بِسْمِ اللّٰهِ وَ الْحَمْدُ لِلّٰهِ وَ الصَّلَاةُ وَ السَّلَامُ عَلٰى رَسُولِ اللّٰهِ. اَللّٰهُمَّ اغْفِرْ
لِى ذُنُوبِى وَ افْتَحْ لِى أَبْوَابَ رَحْمَتِكَ ※

"Allahım ismiyle, hamd Allah'a mahsusdur. Salat ve selam Allah'ın rasûlune olsun. Allahım! Günahlarımı mağfiret et. Bana rahmet kapılarını aç! [8]

Mescide yahut seccâdesine giderken önce sağ ayağını, çıkarken de sol ayağını önce atar.

Sûfinin seccâdesi, ev ve mescid hükmündedir

Sonra cemaatla sabah namazını kılar. Selam verdiği zaman şu zikri okur:

---

7) İbnu Mâce, Mesâcid, 14; Ahmed, Müsned, III, 21; Münzirî, et-Terğib, II, 459.
8) Tirmizî, Salat, 117; Ali Nâsıf, et-Tâc, I, 237.

لاَ إِلٰهَ إِلاَّ اللّٰهُ وَحْدَهُ لاَ شَرِيكَ لَهُ. لَهُ الْمُلْكُ وَ لَهُ الْحَمْدُ وَ هُوَ عَلَى كُلِّ شَيْءٍ قَدِيرٌ. لاَ إِلٰهَ إِلاَّ اللّٰهُ وَحْدَهُ صَدَقَ وَعْدَهُ وَ نَصَرَ عَبْدَهُ وَ أَعَزَّ جُنْدَهُ وَ هَزَمَ الْأَحْزَابَ وَحْدَهُ. لاَ إِلٰهَ إِلاَّ اللّٰهُ أَهْلُ النِّعْمَةِ وَ الْفَضْلِ وَ السَّنَاءِ الْحَسَنِ. لاَ إِلٰهَ إِلاَّ اللّٰهُ وَ لاَ نَعْبُدُ إِلاَّ إِيَّاهُ مُخْلِصِينَ لَهُ الدِّينَ وَ لَوْ كَرِهَ الْكَافِرُونَ.

"Allahtan başka ilâh yoktur. O, tektir, ortağı yoktur. Mülk O'nundur; hamd ona mahsustur. O, diriltir ve öldürür. Kendisi daima hayattadır, ölmez. Hayır onun elindedir. O, her şeye kâdirdir. Allah'tan başka ilâh yoktur. O, va'dini gerçekleştirdi. Kuluna yardım etti. Ordusunu gâlip getirip düşmanları hezimete uğrattı. Allah'tan başka ilâh yoktur. Nimet, fadl, senâ iyilik sahibi Odur. Allah'tan başka ilah yoktur. Biz, kafirler sevmeseler de, dini ihlasla Allah için yaşayarak, sadece ona ibâdet ederiz." [9]

Sonra Esmâu'l-Hüsna'yı sonuna kadar okur:

Duâ ibâdetin özüdür. Biz de bereketini ümid ettiğimiz bu duâları burada zikrettik.[10] Bu duâlar, **Ebû Talib el-Mekkî**'nin "**Kûtu'l-Kulûb**" adlı eserinde de nakledilmiştir. O bunları kaynaklarından almıştır. Onun naklettiği haberlere tamamıyla güvenilir ve onlarda bereket vardır. Bu yüzden, yalnız veya cemaatla namaz kılan, imam olsun, cemaat olsun, bu duâları okumalıdır. Onlardan dilediği kadarını kısaltabilir.

****

9) Bkz: Nesâî, Kıyâmu'l-leyl, 48; Ali Nâsıf, et-Tac, I, 215.
10) Müellifin kitabında zikrettiği bu duâlar, hadis ve duâ kitaplarının ilgili bölümlerinden derlenmiştir. Çokça uzun olduğu için burada zikretmedik.

GÜNLÜK İBÂDET VE ZİKİRLERİN TAKSİMİ

Mü'minin gündüze âit olarak yapacağı amellerden birisi; sabah namazını kıldığı yerde kıbleye karşı oturup zikirle meşgul olmasıdır. Ancak, özel ibâdet yerine gitmeyi, herhangi bir konuşmaya ihtiyacı olmaması veya başka şeylere iltifat etmemesi açısından daha selâmetli buluyorsa, öyle yapabilir. Çünkü bu vakitte sukûtun ve konuşmayı terketmenin, muamele ehlinin ve kalb erbâbının farkedip anlayacağı açık bir te'sir ve bereketi vardır. Hem Resûlullah (a.s.) da, sabah namazını kıldıktan sonra, güneş yükselinceye kadar dünya kelâmı konuşmadan zikir ve tefekkürle geçirilmesine teşvik etmiştir.[1]

Sonra, bu arada "**Fâtiha**" sûresini, "**Bakara**" sûresinden "**Elif lâm mîm**" ile başlayan ilk beş âyetiyle 163. ve 164. âyetini, sonundaki iki âyetle birlikte **Âyet'el Kürsî**'yi, önceki âyetten başlayarak "**âmenerrasûlü**'yü, "**Âl-i İmrân**" sûresinin 18. ve 26. âyetlerini, "**A'raf**" sûresinin 54-56. âyetlerini, "**Tevbe**" sûresinin 87-89. âyetlerini, "**Rûm**" sûresinin 17, "**Saffât**" 180-182. âyetlerini, "**Fetih**" sûresinin 27-29. âyetlerini, "**Hadid**" sûresinin 1-6. ve "**Haşir**" sûresinin 21-24. âyetlerini okuduktan sonra, 33 defa "**Subhanellah**" 33 defa "**Elhamdülillah**", 33 defa "**Allahu Ekber**" der ve "**lâ ilâhe illâllahu vahdehu lâ şerike leh**" zikriyle yüze tamamlar.

Bundan sonra, ezberinden veya yüzünden Kur'an okumaya veya herhangi bir zikir çeşidi ile meşgul olmaya devam eder. Bunlara, gevşeklik, kusur ve uyuklama hallerine düşmeden devam eder. Çünkü bu vakitte uyumak cidden mekruhtur. Hiç hoş görülmez. Eğer kendisini uyku bastırırsa namaz kıldığı yerde ayağa kalkıp kıbleye dönük olarak uykusunu dağıtmaya çalışmalıdır. Ayağa kalkmakla uyku dağılmazsa,

---

1) Bkz: Ebu Davud, İlim, 13; Tirmizi, Sefer, 59. (No:586); Münzirî, et-Terğib, I, 294-302.

yönünü kıbleden çevirmeden ileri geri biraz yürür. Bu vakitte kıbleye dönük olarak konuşmadan ve uyumadan zikretmenin pek büyük bir fazilet ve bereketi vardır. Allah'a hamdolsun, biz bunun faydasını kendimizde bulduk ve bunun için **Hakk** tâliblerine tavsiye ediyoruz.

Bu saydığımız zikirleri kalbi ve diliyle birlikte yapanın bereketi daha çok ve daha açıktır. Bu vakit günün evvelidir. Gündüz vakti insana pek çok âfetlerin gelebileeceği bir vakittir. Günün evveli bu edeb ve zikirlerle başlarsa, temeli güzel ve sağlam başlamış olur; diğer vakitler de onun üzerine kurulacağı için, hepsi güzel olur.

Güneşin doğuşu yaklaşınca,"**El-müsebbeâtü'l aşr**" denen ve yedişer defa okunan on duâyı okur. Bu duâ ve zikirleri **Hızır aleyhisselam'ın İbrâhim-et Teymî**'ye öğrettiği ve kendisinin de bunları Resûlullah (a.s)'dan aldığını, onlara devamla bütün duâ ve zikir çeşitlerinin yapılmış olacağını bildirdiği duâlardır ki; şu on şeyden oluşmaktadır.

l-Fâtiha

2-İhlas

3-Felak

4-Nas

5-Kafirun

6-Âyete'l-Kürsî

7-"*Sübhânellahi velhamdü lillâhi ve lâ ilâhe illâllahu vellâhu ekber"* zikri

8-**Rasûlullah** Efendimize (s.a.v) ve âline salât u selam.

9-Kendisi, anne-babası ve bütün mü'minler için istiğfar.

l0-Aşağıdaki duâ:

"Allahım! Bana, anne-babama ve bütün mü'minlere, din, dünya ve âhiret işlerimizde senin zâtına lâyık şekilde muâmele et. Ey mevlâmız! Bize, (amelimize göre) lâyık olduğumuz muâmeleyi yapma. Şüphesiz sen çok bağışlayıcısın. Halimsin, cömertsin, kerimsin. Rauf ve Rahimsin."

Bunları yedişer defa okur.

Rivâyet edildiğine göre; **İbrâhim et-Teymî** [2] bu duâ ve zikirleri

2) Bu zat Küfelidir. Âlim ve âbid bir zattır. Kendisinden çokları hadis rivâyet etmiştir. Hicrî 90 târihinde 40 yaşına yakın vefat etmiştir.

Hızır aleyhisselam'dan öğrendikten sonra okumaya devam etmiş, bir gün rüyâsında Cennete girdiğini, orada melekleri Peygamberleri görüp Cennet yiyeceklerinden yediğini anlatmıştır.

Denilirki; **İbrâhim et-Teymî**, kırk gün birşey yemeden duruyordu.[3] Onun bu durum için "O, Cennet nimetlerinden yediği için dünya yiyeceklerinden yemeden durabiliyordu." denmiştir.

Bu yedişer defa okuduğu duâ ve zikirler bittikten sonra, güneş bir mızrak boyu yükselinceye kadar tesbih, istiğfar ve Kur'an okumaya yönelir.

Rivâyet edildiğine göre; **Rasûlullah** (a.s) şöyle buyurmuştur.

"Sabah namazından sonra, güneş doğuncaya kadar oturup Allah Teâlâ'yı zikretmem, benim için dört köle âzat etmekten daha hayırlıdır."[4]

Sonra, yerinden ayrılmadan iki rek'at namaz kılar. Rasûlullah'ın (s.a.v) bu namazı kıldığı rivâyet edilmiştir.[5] Işrâk vaktinde kılınacak bu iki rek'atlik namaz ile, bu vaktin edebine riâyetin fayda ve neticeleri ortaya çıkar.

Kul, düşüncesini toplayarak okuduğunu güzelce düşünüp anlayarak bu iki rek'atı kıldığı zaman, eğer sâdık ise; bâtınında ilâhî bir etki, nûr, rahatlık ve ünsiyet bulacaktır. Elde ettiği bu bereket, yaptığı bu amele karşılık olarak âcilen verilmiş bir sevabtır. Kılacağı bu iki rek'atın birincisinde, zamm-ı sûre olarak, **Âyete'l -Kürsî**'yi, diğerinde de "**Âmenerrasûlü**" ve "**Allahu nûru's-semâvâti vel-arz.**" ile başlayan **Nûr** sûresinin 35. âyetini okur.

Bu namazı, **A**llahu Teâlâ'nın kendisine gün ve gecesinde vermiş olduğu nimetlerine bir şükür niyetiyle kılar. Bunun peşinden iki rek'at namaz daha kılar ve bunlarda da zamm-ı sûre olarak "**Felak**" ve "**Nâs**" sûrelerini okur. Bu namazı da, gece ve gündüzün şerrinden Allahu Teâlâ'ya sığınmak için kılar. Bu namazı bitirdikten sonra, şu şekilde Allah'a sığınır.

---

3) Ebû Nuaym, Hilye, IV, 213-214; İbu Kayyım, Sıfatu's-Safve, 3, 90.
4) Ebû Dâvud, İlim, II; Münzirî, et-Terğib, I, 295.
5) Müslim Mesâcid, 287; Ahmed, Müsned, V, 91, 97.

أَعُوذُ بِاسْمِكَ وَ كَلِمَتِكَ مِنْ شَرِّ السَّامَةِ وَ الْهَامَّةِ وَ أَعُوذُ بِاسْمِكَ وَ
كَلِمَتِكَ التَّامَّةِ مِنْ شَرِّ عَذَابِكَ وَ شَرِّ عِبَادِكَ وَ أَعُوذُ بِاسْمِكَ وَ كَلِمَتِكَ
التَّامَّةِ مِنْ شَرِّ مَا يَجْرِى بِهِ الَّيْلُ وَ النَّهَارُ . إِنَّ رَبِّىَ اللّٰهُ لاَ إِلٰهَ إِلاَّ هُوَ . عَلَيْهِ
تَوَكَّلْتُ وَ هُوَ رَبُّ الْعَرْشِ الْعَظِيمِ .

"Allahım! Zararlı ve zehirli varlıkların, azabının ve kullarının, günün ve gecenin getireceği şeylerin şerrinden senin yüce ismine ve tam olan kelimelerinin bereketine sığınırım. Hiç şüphesiz Rabbim Allah'dır. O'ndan başka ilâh yoktur. Ben O'na güvenip dayandım. O, yüce arşın sahibidir."

İlk olarak kılmış olduğu iki rek'at şükür namazından sonra da şöyle duâ yapar.

اَللّٰهُمَّ إِنِّى أَصْبَحْتُ لاَ اَسْتَطِيعُ دَفْعَ مَا أَكْرَهُ وَ لاَ أَمْلِكُ نَفْعَ مَا أَرْجُو وَ
أَصْبَحْتُ مُرْتَهِنًا بِعَمَلِى وَ أَصْبَحَ أَمْرِى بِيَدِ غَيْرِى فَلاَ فَقِيرَ أَفْقَرُ مِنِّى .
اَللّٰهُمَّ لاَ تُشْمِتْ بِى عَدُوِّى وَ لاَ تُسِئْ بِى صَدِيقِى وَ لاَ تَجْعَلْ مُصِيبَتِى
فِى دِينِى وَ لاَ تَجْعَلِ الدُّنْيَا أَكْبَرَ هَمِّى وَ لاَ مَبْلَغَ عِلْمِى وَ لاَ تُسَلِّطْ عَلَىَّ
مَنْ لاَ يَرْحَمُنِى . اَللّٰهُمَّ إِنِّى أَعُوذُ بِكَ مِنَ الذُّنُوبِ الَّتِى تُزِيلُ النِّعَمَ وَ
أَعُوذُ بِكَ مِنَ الذُّنُوبِ الَّتِى تُوجِبُ النِّقَمَ .

"Allahım! Ben, sevmediğim şeyi defetmeye, istediğim faydaya da sahib olmaya gücüm yetmediği bir halde ve amelimle karşılık görmeye bağlı olarak sabahladım. İşim benden başkasının elindedir. Benden daha fakir hiçbir kimse yoktur.

Allahım! Beni düşmanlarım karşısında gülünç duruma düşürme . Dostlarımı da benim sebebimle üzme. Dinim hususunda beni bir musibet ve yıkıma uğratma. Dünyayı en büyük düşüncem ve ilmimin son noktası yapma. Bana acımayanı başıma musallat etme.

Allahım! Bana verdiğin nimetlerini giderecek günahlardan, sıkıntı ve azabı gerektirecek isyanlardan sana sığınırım."

Sonra gündüz ve gecesinde yapacağı her bir ameli için istihâre niyetine iki rek'at namaz daha kılar. Bu istihâre, her hâliyle bir duâ mânasındadır. Hakkında hadis-i şerif vârid olan istihâre namazı ise; her hangi bir işinden önce kılacağı namazdır. İstihâre niyetiyle kılacağı bu iki rek'atin birincisinde **Fâtiha**'dan sonra "**Kâfirûn**" sûresini, ikincide de "**İhlas**" sûresini okur.

Namazdan sonra, daha önceki bölümlerde zikredilmiş olan istihâre duâsını okur. [6]

Bu duâsında şunu da söyleyebilir: "Allahım, bugün, söz olsun amel olsun, yapmak istediğim her şeyde hayır yarat.

Sonra iki rek'at namaz daha kılar ve birinci rek'atinde "**Vâkıa**" sûresini, ikinci rek'atinde de "**A'lâ**" sûresini okur. Namazdan sonra şöyle duâ eder:

اَللّٰهُمَّ صَلِّ عَلٰى مُحَمَّدٍ وَ عَلٰى اٰلِ مُحَمَّدٍ وَ اجْعَلْ حُبَّكَ أَحَبَّ الْأَشْيَاءِ إِلَيَّ وَ خَشْيَتَكَ أَخْوَفَ الْأَشْيَاءِ عِنْدِي وَ اقْطَعْ عَنِّي حَاجَاتِ الدُّنْيَا بِالشَّوْقِ إِلٰى لِقَائِكَ إِذَا أَقْرَرْتَ أَعْيُنَ أَهْلِ الدُّنْيَا بِدُنْيَاهُمْ فَأَقْرِرْ عَيْنِي بِعِبَادَتِكَ وَ اجْعَلْ طَاعَتَكَ فِي كُلِّ شَيْءٍ يَا أَرْحَمَ الرَّاحِمِينَ.

"Allahım! Efendimiz Muhammed'e ve Onun âline salat eyle. Muhabbetini bana herşeyin en sevgilisi yap. Haşyetini benim yanımda en çok korkulacak şey yap. Sana kavuşmanın şevkiyle benden bütün dünya ihtiyaçlarının derdini kesip at. Dünya ehlinin gözlerini dünyalıklarıyla aydınlatıp mesrur ettiğin zaman, benim gözümü ibâdetinle aydınlat. Her şeyde senin taatını yarat, yâ Erhamerrahimin."

Bundan sonra iki rek'at namaz daha kılar ve onlarda da **Kur'an**'dan okumakta olduğu hiziblerden herhangi bir şey okur. Bundan sonra da, eğer dünyevî her hangi bir meşguliyeti olmayan boş birisi ise; kuşluk vaktine kadar namaz, tilâvet ve zikir gibi amel çeşitleriyle nâfile ibâdet yapar. Eğer nefsi için yahut evlad-u iyâli için bir meşguliyet sahibi ise; evinden çıkmadan önce iki rek'at namaz kıldıktan sonra ihtiyaç ve mühim olan işini görmeye gitmelidir. Bu şekilde evinden ancak, Allahu Teâlâ'nın kendisini kötü bir çıkıştan koruması için iki rek'at namaz kıldıktan sonra çıkması ve evine de ancak, Allahu Teâlâ'nın kendisini kötü bir girişten koruması için, evinde bulunan hanımı ve diğerlerine selam verdikten sonra girmesi gerekir.

---

6) Bu istihâre namazı ve duâsı, 16. bölümün sonunda zikredilmiştir.

Eğer evde hiç bir kimse yoksa, yine selam verir ve şöyle söyler:

اَلسَّلَامُ عَلٰى عِبَادِ اللّٰهِ الصَّالِحِينَ

"Allahın sâlih mü'min kullarına selam olsun."

Kendisinin herhangi bir geçim işi ve derdi bulunmayan boş kimsenin kuşluk vaktine kadar yapacağı en güzel iş; namaz kılmaktır.

Eğer üzerinde kazâ namazı varsa bir günlük, iki günlük veya daha fazla kazâ namazı kılabilir. Yoksa, rek'atlerini uzatarak namaz kılar ve bu rek'atlerde, ezberindeyse, hatim şeklinde Kur'an-ı Kerim'i okuyabilir.

Salihlerden bazıları, gece ile gündüz arasında kılmış olduğu namazlarda Kur'an-ı Kerim'i hatmederlerdi. Eğer böyle yapamazsa, "**Fâtiha**" ile "**İhlas**" sûresini veyahut **Kur'an**'dan içinde duâ bulunan herhangi bir âyeti okuyup rek'atleri kısa tutarak çok miktarda namaz kılabilir. Mesela; hem âyet olup hemde içinde duâ bulunan:

رَبَّنَا عَلَيْكَ تَوَكَّلْنَا وَ إِلَيْكَ أَنَبْنَا وَ إِلَيْكَ الْمَصِيرُ.

"Ey Rabbimiz! Ancak sana güvenip dayandık, bütünüyle sana yöneldik ve dönüş de sanadır." [7] âyetini ve benzeri âyetleri, her bir rek'atte, ya ayrı ayı birer âyet olarak veya dilediği kadar tekrar ederek okuyabilir.

Hakk tâlibi, güneşin doğuşundan sonra, yukarıda zikretmiş olduğumuz namazla kuşluk namazı arasında rek'atlerini hafif tutarak yüz rekat namaz kılabilir.

Gerçekten sâlihler arasında, gece ile gündüz içinde virdi yüz rek'atten başlayıp, iki yüz , beşyüz ve bine kadar çıkanlar vardı.

Kimin dünya için dert ve meşguliyeti yoksa; o, dünyayı ehline bırakmıştır. Artık onun durumunu bozacak ve kendisine Allahu Teâlâ'nın hizmetinden daha tatlı gelecek bir şey yoktur.

Sehl b.Abdullah et-Tusterî (k.s) demiştir ki:

"Kulun dünyaya âit bir ihtiyacı varken kerim olan Allah ile kalbinin meşguliyeti tam olmaz."

Güneş yükselip de vakit, sabah ile öğle ortasına gelince kuşluk namazını

7) Mümtehine (60), 4.

kılar. Bu vakit, kuşluk namazı için vakitlerin en faziletlisidir.

Rasûlullah (a.s) buyurmuştur ki:

"Kuşluk namazı, deve yavrularının güneşin sıcağı bastırınca analarının gölgeleri altına yatıp uyudukları zamandır." [8]

Ayakların güneşin hararetinden yanıp kavrulduğu vakte, kuşluk denmiştir.

Kuşluk namazının en azı iki, en çoğu oniki rek'attır. Her rek'atten sonra duâ, Allah'ı tesbih ve günahlarından istiğfar eder. Sonra, o vakitte kendisine mendup olan bir ziyâret veya hasta ziyâreti gibi yerine getirmesi gereken bir vecibe varsa, onları yapar. Böyle bir durum yoksa, zâhiren yahut bâtınen, kalben ve kalıbla, ikisiyle olmazsa bâtınen, herhangi bir gevşeklik göstermeksizin Allahu Teâlâ için amele devam eder.

Bu amellerin tertibi şöyle olur: Kalbi rahat ve nefsi de itaat içinde olduğu müddetçe namaza devam eder. Namazdan usanırsa Kur'an okumaya geçer. Çünkü sadece Kur'an okumak nefse namaz kılmaktan daha hafif gelir. Eğer tilâvetten de usanırsa kalb ve lisanıyla Allahu Teâlâ'yı zikreder. Bu tür zikir de kıraattan daha hafiftir. Zikirden de usanırsa, diliyle zikri bırakır ve kalbiyle murâkabeye yönelir.

Murâkabe; kalbin, Allah Teâlâ'nın kendisine baktığını bilmesidir.

Sâlik, kalbiyle bu anlayış üzere devam ettiği müddetçe murâkebe halindedir. Murâkabe bizzat zikirdir, hatta en faziletlisidir. Aynı şekilde bundan da âciz kalıp kendisini vesveseler sararak bâtınını nefsin düşünceleri sıkıştırınca, hemen uyumalıdır. Çünkü uykuda, nefsin düşüncelerini giderme özelliği vardır. Çok konuşmakta olduğu gibi; nefsin iğvalarıyla kalb katılaşır. Çünkü nefsin veseseleri, bir nevi söz hükmündedir. O halde bundan sakınmalıdır.

Sehl b.Abdullah et-Tusterî demiştir ki :

"Masiyetin en kötüsü, hadisü'n-nefs yani nefsin iğvâlarıdır."

Hakk tâlibi, zâhirî söz e fiillerini görüp gözettiği gibi; bâtnını da kontrol etmelidir. Çünkü nefsin iğvâları; görüp işittiği şeylerin hayal edilip hatırlanmasıdır ve içinde konuşan bir şahıs gibidir. Öyleyse, zâhirini amel

---

8) Müslim Müsâfirin, 143; Ahmed, Müsned, IV, 366-367; Ali Nâsıf, et-Tâc, I, 320.

ve çeşitli zikirlerle kontrol altına aldığı gibi; batınını da murâkebe ve gözetimle kontrol altına almalıdır.

Ciddi ve gayretli bir Hakk tâlibinin, kuşluk namazından istivâ vaktine kadar bir yüz rek'at namaz daha kılması mümkündür. Bundan daha azı yirmi rek'attır ki bu, rek'atleri hafif tutarak yahut her iki rek'atte **Kur'an** dan bir cüz tilâvetiyle veya bundan daha az veya daha çok bir şeyler okuyarak kılınabilir.

Kuşluk namazı ve diğer namazlardan sonra biraz uyumak güzeldir.

Süfyan es-Sevrî demiştir ki:

"Selef-i sâlihin ibâdetlerini bitirdikleri zaman, din ve bedenlerinin selâmeti için uyumayı severlerdi."

Bu uykuda bir çok fâideler vardır:

Bu fâidelerden birisi, gece ibâdetine yardım etmesidir. Bir diğeri; bu uykuyla nefis istirahat eder ve kalb, günün kalan kısmındaki amel için sâfiyet kazanır. Nefis dinlenip istirahat edince yenilenip taze kuvvet bulur. Gündüz uykusundan uyandıktan sonra, günün evvelinde olduğu gibi; bâtınında yeni bir dinçlik ve şevek bulur. Böylece sadık mürid için, aynı günde, Allah'a hizmet, ibâdet ve taat adına ganimet bileceği iki gündüz bölümü oluşmuş olur.

Öğleden önce yatılan uykudan zeval vaktinden bir saat evvel uyanması gerekir. Tâ ki, güneş tam zeval vaktine (tepe noktasına) gelmeden tahâretini tamamlayıp abdestini alsın ve kıbleye dönmüş, zikir veya tesbih çeker yahut Kur'an okur bir vaziyette vakti karşılayabilsin Zira Cenab-ı Hakk:

"Gündüzün iki tarafında namaz kıl." [9] buyurmuştur. Diğer bir âyet-i kerimede ise:

"Güneşin doğuşundan ve batışından evvel Rabbini hamd ile tesbih et . Gecenin bir kısmında ve gündüzün taraflarında (O'nu) tesbih et ki; (Allah'ın rızâsına erip) memnun olasın" [10]

Âyette, güneşin doğuşundan evvelki vakitle sabah namazı; güneşin batışından evvel ikindi namazı; gecenin bir kısmıyla yatsı namazı;

9) Hud, (II). 24)
10) Tâhâ (20), I30.

gündüzün tarafları (iki ucunda bulunan vakitler) ile de öğle ve akşam namazlarının kasdedildiği belirtilmiştir. Çünkü öğle gündüzün ilk tarafını, güneşin batmasıyla vakti giren akşam namazı da diğer tarafını oluşturmaktadır. Bu durumda; öğle birinci yarının sonu, akşam da ikinci yarının sonu olmaktadır. Dediğimiz şekilde hareket eden bir kimse, gündüzün ilk yarısını uyanık ve zikirle karşıladığı gibi, ikinci yarısını da uyanık ve zikirle karşılamış olur.

Gece uykusundan sonra sabaha uyanık ve dinç bir şekilde çıktığı gibi, öğleden önceki uykusundan sonra da, günün ikinci yarısına yeni bir vücud ve dinçlik ile girer.

Öğle namazının sünnet ve farzından evvel (zevalden sonra) bir selamla dört rek'at (nâfile) namaz kılar. Rasûlullah (a.s) bunu kılardı. [11] Buna zeval namazı denir ve bu namaz vaktin ilk girişinde öğle namazından önce kılınır. Bunun için, vaktin ilk girişini takib etmesi gerekir. Öyle ki; kerâhet vakti çıktıktan sonra müezzinden evvel vaktin girdiğini tesbit etmeli ve hemen zeval namazına başlamalı, ezanı namazın içinde iken duymalıdır.

Sonra öğle namazı için hazırlanır. Eğer, halka karışmak ve konuşmaktan dolayı bâtınında bir karışma hâli görürse; Allahu Teâlâ'ya istiğfar edip yalvarmalı, öğle namazına ancak, kalbî sâfiyet (ve huzûrunu) bulduktan sonra başlamalıdır.

Münâcaatın halâvetini tadan kimselerin, namazda tam bir ünsiyet hâlini bulmaları gerekir. Bu durumda olan kimseler, mübah şeylere biraz dalıvermekten dolayı iç âlemleri bulanır. Bundan dolayı batınlarında mânevî bir tıkanıklık ve karışma meydana gelir.

Bu hâl bazen, aslında bir ibâdet olmakla birlikte, evlad u iyal ile oturup kalkmatan meydana gelir. Bu;

"İyilerin hasanâtı, mukarrabûn makâmındakiler için bir günah sayılır." hükmüne göre böyle olmaktadır. Öyleyse Hakk tâlibi bir mümin, namaza ancak kalbindeki bu tıkanıklığı ve karışıklığı giderdikten sonra girmelidir.

---

11) Münzirî, et-Terğib, I, 399-40l; Heysemî, Mecmau'z-Zevâid, II, 2l9-22l; Ebû Dâvud, Tatavvu, I, 7.

Kalbin sâfiyetini bulması; Allahu Teâlâ'ya sıdk ile yönelmek, samimiyetle istiğfar edip yalvarmakla mümkün olur. Ehli ve evladlarına karışmaktan dolayı hasıl olan kalb bulanıklığının devâsı ise; onlarla beraberken tamamıyla onlara yönelmemek (kalbini kaptırmamak), aksine, (bir yandan zâhiriyle onlarla beraber olurken, diğer yandan) kalbiyle Allau Teâlâ'ya nazar etmektir. Kalbin Cenab-ı Hakk'a olan bu nazar ve yönelişleri, evlad u iyal ile beraberken meydana gelen kusurların keffâreti olur.

Şunu da belirtelim ki; manevi hâli kuvvetli olan kimseleri, halk Hakk'tan perdeleyemez; bâtınını karıştırıp tıkayamaz. Bu kimse (halkın içinden ayrılıp) namaza durduğunda, kalbinde herhangi bir düğüm ve tıkanıklık yoktur. Çünkü nefsi bu tür (mübah) şeylerle zevklenmek ve rahatlamak isterken, kalbi, ilâhî neşe (ve nûr) içinde kalmak ister. Böyle bir kimse, zâhir gözüyle halka bakarken; kalb gözü ile Allahu Teâlâ'ya nazar eder. Böylece, bâtınında bir tıkanma meydana gelmez.

Yukarıda zikrettiğimiz (dört rek'atlık) zeval namazı, kalblerde meydana gelen olumsuz etkileri temizler ve kalbi öğle namazına hazırlar. Bu namazda, uzun günlerde **Bakara** sûresi miktarınca âyetler okur. Kısa günlerde ise, kolayına gelen âyetlerden okuyabilir.

Allahu Teâlâ bu vakit hakkında şöyle buyurmuştur:

"İkindi vaktinde de öğleye girdiğiniz vakitte de Allah'ı tesbih edin." [12] Bu, öğle vaktidir.

Eğer sünneti kıldıktan sonra, tek olarak cemaatın hazır olmasını bekler ve bu arada sabah namazının sünneti ile farzı arasındaki duâyı okursa güzel olur. Rivâyet olunduğuna göre; **Rasûlullah** (s.a.v) Efendimiz bu duaları sabah namazının sünnetinden sonra farzına kadar okumuştur.

Öğle namazını bitirdiği zaman **Fâtiha** ve **Âyete'l-Kürsî**'yi okur ve daha önce anlattığımız gibi; otuz üçer defa "**sübhanellah**", "**elhamdülillah**" ve "**Allahu Ekber**" zikirlerini söyler. Şayet, sabah namazından sonra okunan âyet ve duâları okuyabilirse; bu, büyük bir hayır ve fazilet olur.

Kendisinde yüksek bir himmet ve sâdık bir azimet bulunan kimse, Allahu Teâlâ için yapacağı hiç bir şeyi çok bulmaz.

---

12) Rûm (30), 18.

Zikrettiğimiz tertip üzere, akşam ile yatsı arasını ihyâ ettiği gibi; öğle ile ikindi arasını namaz, tilâvet, zikir ve murâkabe ile ihyâ eder.

Geceyi uzun süre uyanık geçiren kimse, uzun günlerde, öğle ile ikindi arasında bir miktar uyur.

Şayet öğle ile ikindi arasını **Kur'an**'ın dörtte birini okuyarak iki rek'at namazla yahut bu miktarı dört rek'atte okuyarak ihyâ edecek olsa bu, pek büyük bir hayırdır. Eğer bu vakti uzun günlerde yüz rek'at namazla ihya ederse, bu da mümkündür. Yahut her rek'atinde elli defa **İhlas** sûresini okumak suretiyle toplam bin defa okumuş olacağı yirmi rek'at namazla ihyâ edebilir.

Eğer oruçluysa; zevalden önce misvak kullanır, öğleden sonra kullanmaz.[13]

Oruçlu değilse; ağzı hangi vakitte tadını değiştirirse, o zaman misvak kullanır.

Hadis-i şerifde şöyle beyan buyurulmuştur:

"Misvak ağzı temizler ve Rabbi râzı eder" [14]

Farza kalktığı zaman misvak kullanmak müstehabdır.

Yine bir hadis-i şerifde de şöyle buyrulmuştur:

"Misvak kullanılarak kılınan namazın fazileti, misvak kullanılmadan kılınan namazdan yetmiş kat fazladır." [15]

Eğer öğle ile ikindi arasında kılacağı yirmi rek'at namazın her bir rek'atinde bir âyet yahut âyetin bir kısmını okumak isterse, birinci rek'atten başlayarak sırasıyla şu âyetleri okuyabilir:

1.Rek'atte:

رَبَّنَآ اٰتِنَا فِى الدُّنْيَا حَسَنَةً وَ فِى الْاٰخِرَةِ حَسَنَةً وَ قِنَا عَذَابَ النَّارِ

"Rabbimiz! Bize dünya ve ahirette iyilik ve güzellik ver, ve bizi Cehennem azabından koru." [16]

13) Hanefilerde öğleden sonra da misvak kullanılabilir. (Zühayli, el-Fıkhu'l-İslâmî, II. 637.)
14) Buhârî, Savm, 27; Ebû Dâvud, Sıyam, 19; Nesâî, Tahâret, 4.
15) Ahmed, Müsned, VI, 272; Münzirî, et-Terğib, I, 167.
16) Bakara, (2), 201.

2.Rek'atte:

رَبَّنَا اغْفِرْ لَنَا ذُنُوبَنَا وَ إِسْرَافَنَا فِى أَمْرِنَا وَ ثَبِّتْ أَقْدَامَنَا وَ انْصُرْنَا عَلَى
الْقَوْمِ الْكَافِرِينَ

"Rabbimiz! Bize, günahlarımız ve işlerimizde yaptığımız taşkınlıklarımızı bağışla. Savaşta ayaklarımıza sebat ve kâfirler topluluğuna karşı bize sabır ver." [17]

3.Rek'atte:

رَبَّنَا لاَ تُؤَاخِذْنَا إِنْ نَسِينَا أَوْ أَخْطَأْنَا

"Rabbimiz! Eğer unuttuk yahut kasdımız olmayarak hata ettikse; bizi ondan hesaba çekme." [18] âyetini sonuna kadar okur.

4.Rek'atte:

رَبَّنَا لاَ تُزِغْ قُلُوبَنَا بَعْدَ إِذْ هَدَيْتَنَا وَ هَبْ لَنَا مِنْ لَدُنْكَ رَحْمَةً ج إِنَّكَ أَنْتَ
الْوَهَّابُ

"Rabbimiz! Bize hidayet verdikten sonra kalblerimizi saptırma; katından bize bir rahmet ihsan et. Şüphesiz ki sen, çok hibe edensin." [19]

5.Rek'atte:

رَبَّنَا إِنَّنَا سَمِعْنَا مُنَادِيًا يُنَادِى لِلإِيمَانِ أَنْ آمِنُوا بِرَبِّكُمْ فَآمَنَّا ق رَبَّنَا فَاغْفِرْ لَنَا
ذُنُوبَنَا وَ كَفِّرْ عَنَّا سَيِّآتِنَا وَ تَوَفَّنَا مَعَ الأَبْرَارِ ج

"Ey Rabbimiz! Biz, "Rabbinize iman edin" diye çağıran davetçiyi dinledik ve hemen iman ettik. Rabbimiz! Günahlarımızı bağışla, kusurlarımızı ört ve ruhlarımız iyi kullarınla beraber al." [20]

6.Rek'atte:

رَبَّنَا آمَنَّا بِمَا أَنْزَلْتَ وَ اتَّبَعْنَا الرَّسُولَ فَاكْتُبْنَا مَعَ الشَّاهِدِينَ

"Rabbimiz! İndirdiğin şeylere ve Rasûlune iman ettik. Artık bizi, birliğini ve peygamberlerini tasdik eden şâhidlerle beraber yaz." [21]

---

17) Âl-i İmrân (3), 147.
18) Bakara, (2), 286.
19) Âl-i İmrân (3), 8.
20) Âl-i İmrân (3), 193.
21) Âl-i İmrân (3), 53.

7.Rek'atte:

أَنْتَ وَلِيُّنَا فَاغْفِرْ لَنَا وَارْحَمْنَا وَأَنْتَ خَيْرُ الْغَافِرِينَ

"Bizim dostumuz sensin; bizi bağışla, bize merhamet et. Sen bağışlayanların en iyisisin." [22]

8.Rek'atte:

فَاطِرَ السَّمٰوَاتِ وَالْأَرْضِ أَنْتَ وَلِيّٖ فِي الدُّنْيَا وَالْاٰخِرَةِ ج تَوَفَّنِي مُسْلِمًا وَأَلْحِقْنِي بِالصَّالِحِينَ

"Ey göklerin ve yerin yaratıcısı! Dünya ve âhirette benim dostum sensin. Benim canımı müslüman olarak al ve beni sâlihlere kat." [23]

9.Rek'atte:

رَبَّنَا إِنَّكَ تَعْلَمُ مَا نُخْفِي وَمَا نُعْلِنُ ط وَمَا يَخْفَى عَلَى اللّٰهِ مِنْ شَيْءٍ فِي الْأَرْضِ وَلَا فِي السَّمَاءِ

"Rabbimiz! Hiç şüphesiz sen bizim gizlediğimizi de açığa vurduğumuzu da bilirsin. Yerde ve gökte hiç bir şey Allah'a gizli kalmaz." [24]

10.Rek'atte:

وَقُلْ رَبِّ زِدْنِي عِلْمًا

"De ki: Rabbim, ilmimi artır." [25]

11.Rek'atte:

لَا إِلٰهَ إِلَّا أَنْتَ سُبْحَانَكَ ق إِنِّي كُنْتُ مِنَ الظَّالِمِينَ

"Senden başka ilah yoktur. Seni her şeyden tenzih ederim. Gerçekten ben nefsime zülmedenlerdenim." [26]

12.Rek'atte:

رَبِّ لَا تَذَرْنِي فَرْدًا وَأَنْتَ خَيْرُ الْوَارِثِينَ

"Rabbim! Beni tek başıma bırakma. Sen, vârislerin en hayırlısısın." [27]

---

22) A'raf (7), 155.
23) Yusuf (12), 101.
24) İbrâhim (14), 38.
25) Tâhâ, (20), 24.
26) Enbiyâ (21), 25.
27) Enbiyâ (21), 26.

13.Rek'atte:

وَ قُلْ رَبِّ اغْفِرْ وَ ارْحَمْ وَ أَنْتَ خَيْرُ الرَّاحِمِينَ

"De ki: "Rabbim! Bağışla, merhamet buyur. Sen merhamet edenlerin en hayırlısısın." [28]

14.Rek'atte:

رَبَّنَا هَبْ لَنَا مِنْ أَزْوَاجِنَا وَ ذُرِّيَّاتِنَا قُرَّةَ أَعْيُنٍ وَ اجْعَلْنَا لِلْمُتَّقِينَ إِمَامًا

"Rabbimiz! Bize, eşlerimizden ve çocuklarımızdan gözümüzün aydınlığı olacak evladlar ver. Ve bizi muttakilere önder yap." [29]

15.Rek'atte:

رَبِّ أَوْزِعْنِى أَنْ أَشْكُرَ نِعْمَتَكَ الَّتِى أَنْعَمْتَ عَلَىَّ وَ عَلٰى وَالِدَىَّ وَ أَنْ أَعْمَلَ صَالِحًا تَرْضٰيهُ وَ أَدْخِلْنِى بِرَحْمَتِكَ فِى عِبَادِكَ الصَّالِحِينَ

"Rabbim! Bana ve ana babama verdiğin nimete şükürde ve hoşnut olacağın işi yapmakta beni muvaffak kıl. Rahmetinle beni sâlih kullarının arasına koy." [30]

16.Rek'atte:

يَعْلَمُ خَائِنَةَ الْأَعْيُنِ وَ مَا تُخْفِى الصُّدُورُ

"Allah, gözlerin hâin bakışını ve kalblerin gizlediğini bilir." [31]

17.Rek'atte:

رَبِّ أَوْزِعْنِى أَنْ أَشْكُرَ نِعْمَتَكَ الَّتِى أَنْعَمْتَ عَلَىَّ وَ عَلٰى وَالِدَىَّ وَ أَنْ أَعْمَلَ صَالِحًا تَرْضٰيهُ وَ أَصْلِحْ لِى فِى ذُرِّيَّتِى ج إِنِّى تُبْتُ إِلَيْكَ وَ إِنِّى مِنَ الْمُسْلِمِينَ

"Rabbim! Bana ve ana babama verdiğin nimete şükretmemi ve senin râzı olacağın ameli yapmamı bana nasib et. Zürriyetimi benim için ıslah et. Ben, tevbe edip sana döndüm ve ben gerçek müslümanlardanım." [32]

---

28) Mü'minûn (23), 118.
29) Furkân (25), 74.
30) Neml (27), 190.
31) Mü'min (40), 19.
32) Ahkâf (46), 15.

18.Rek'atte:

رَبَّنَا اغْفِرْ لَنَا وَ لِإِخْوَانِنَا الَّذِينَ سَبَقُونَا بِالْإِيمَانِ وَ لَا تَجْعَلْ فِى قُلُوبِنَا غِلًّا لِلَّذِينَ آمَنُوا رَبَّنَا إِنَّكَ رَؤُفٌ رَحِيمٌ

"Rabbimiz! Bizi ve iman ile bizden evvel geçmiş kardeşlerimizi bağışla, iman etmiş olanlar için kalblerimizde bir kin bırakma. Ey Rabbimiz! Şüphesiz ki sen, çok şefkatli ve çok merhametlisin." [33]

19. Rek'atte:

رَبَّنَا عَلَيْكَ تَوَكَّلْنَا وَإِلَيْكَ أَنَبْنَا وَإِلَيْكَ الْمَصِيرُ *

"Ey Rabbimiz! Ancak sana güvenip dayandık, tamamen sana yöneldik. Dönüş de sanadır." [34]

20.Rek'atte:

رَبِّ اغْفِرْ لِى وَ لِوَالِدَىَّ وَ لِمَنْ دَخَلَ بَيْتِىَ مُؤْمِنًا وَ لِلْمُؤْمِنِينَ وَ الْمُؤْمِنَاتِ وَ لَا تَزِدِ الظَّالِمِينَ إِلَّا تَبَارًا

"Rabbim! Beni, ana babamı, mü'min olarak evime gireni, bütün mü'min erkek ve kadınları bağışla. Zâlimlerin de ancak helâkini artır." [35]

Her ne zaman namaz kılarsa bu âyetleri okumalıdır. Dili ve kalbi birbirine uygun olarak namazda bu âyetleri okumaya devam etmesi sebebiyle ihsan makâmına yükselmesi yakındır. Şayet, bu âyetlerden bir âyeti öğlenin yahut ikindinin iki rek'atında tekrar ederse, bütün vakitlerini Mevlâsına münâcaat ve duâ ederek, inleyerek ve namaz kılarak doldurmuş olur.

Bir de şu vardır ki, devamlı amel etmek, günün bütün vakitlerini hiç usanmaksızın mânevî lezzet ve halâvetle doldurmak, ancak, tam takvâ ve zühd sayesinde nefsi temizlenmiş ve kendisinden hevâsına tâbi olma hâli gitmiş kimse için mümkün ve güzel olur. Bir şahısta takvâ ve zühdün yanında hevâdan da bir parça kaldığı zaman, ameldeki safası devamlı

---

33) Haşr (59), 10.
34) Mümtehine (60), 4.
35) Nûh (71), 28.

olmaz. Aksine bazen rahatlar, bazen usanır. Takvâsının noksanlığı sebebiyle, az da olsa hevâsına uyması ve dünya muhabbetiyle mübtelâ olması yüzünden, ibâdete karşı şevk ve tembellik sırayla gelip gider. Tam takvâ ve zühde ulaşınca; azâları amelden geri kalsa bile, kalbiyle amel ve zikirden gevşeyip geri kalmaz.

Kim kalb safâsının ve amelde devamlı kalmanın tadını devam ettirmek istiyorsa, hevâya uymayı kökünden kesip atması gerekir. Şu da var ki; hevâ, nefsin rûhu durumundadır, kendisi yok olmaz, fakat ona uyma ortadan kalkar.

Nebimiz (s.a.v), hevânın varlığından Allah'a sığınmamış, fakat ona uymakdan sığınmış ve:

*"**Allahım! Kötü arzulardan, peşine düşülen hevâdan sana sığınırım.**"* diye duâ etmiştir. Aynı şekilde, cimriliğin de var olmasından değil; ona uymaktan Allah'a sığınıp:

*"Allahım! **Boyun eğilip itaat edilen cimrilikten de sana sığınırım.**"* niyazında bulunmuştur.

Hevâya uyma şekilleri, kalbin safâsı ve hâlin yüksekliği oranında, şahıslara göre farklı olur. İnsan bazen, halka karışmayı güzel bulması, onlarla konuşması ve onlara nazar etmesi sebebiyle hevâsına tabi olmuş olabilir. Bazen de, yeme içme ve diğer hususlarda orta hâli aşmasıyla hevâsına tâbi olmuş olur. Bu ise, dünyadan başka bir derdi olmayanın meşguliyetidir.

Sonra, ikindiden önce dört rek'at sünnet kılar.

Eğer, her farz namaz için abdest tazelemek mümkün olur ve yaparsa; bu, en kâmil ve en güzeli olur. Şayet gusl abdesti alırsa daha faziletli olur. Bütün bunların, bâtının nurlanmasında ve namazın tam olarak edâ edilmesinde apaçık bir eser ve etkisi vardır.

İkindinin farzından evvel kılmış olduğu dört rek'at namazda, sırasıyla "**Zilzâl**", "**Âdiyat**", "**Kâria**" ve "**Tekâsür**" sûrelerini okur. Sonra ikindiyi kılar ve bazı günler kıraatında "**Burûç**" sûresini okur. İkindi namazında "**Burûç**" sûresini okumanın çıban gibi hastalıklara emniyet olduğunu işittim.

İkindinin farzından sonra da, yukarıda zikretmiş olduğumuz zikir ve duâlardan kolayına geleni okur. İkindiden sonra artık nâfile namazın vakti çıkmış, zikir ve tilâvet vakti kalmıştır. Bu vakitte yapılacak şeylerin en faziletlisi; hâliyle zühde, sözüyle takvâya sevkeden zühd sahibi, sâlihlerle oturmaktır. Konuşan ve dinleyenin niyeti sahih ve sağlam olunca; böyle bir mecliste bulunmak, kendi başına devamlı zikretmekten daha hayırlıdır. Böyle bir meclis bulamaz veya bir mazereti sebebiyle katılamazsa, o zaman çeşitli zikirler yaparak nâfile ibâdetle huzur bulmaya çalışmalıdır.

İnsanın bir takım ihtiyaçları için ikindiden sonra dışarı çıkması, sabah çıkmasından daha hayırlıdır. Evinden dışarı çıkarken mutlaka abdestli olmalıdır.

Âlimlerden bir grup, ikindiden sonra abdest şükür namazını mekruh görmüşler; meşâyıh ve sâlihler buna cevaz vermişlerdir. Evinden çıkarken şu duâyı okur:

بِسْمِ اللّٰهِ مَا شَاءَ اللّٰهُ حَسْبِيَ اللّٰهُ لَا قُوَّةَ إِلَّا بِاللّٰهِ. اَللّٰهُمَّ إِلَيْكَ خَرَجْتُ وَأَنْتَ أَخْرَجْتَنِي.

"Allahım ismi bereketiyle. Allahın dilediği olur. Bana Allah yeter. Kuvvet ancak Allah'ındır. Allahım, ben senin için çıktım ve beni sen çıkardın."

Ayrıca, "**Fâtiha**" ile "**Felak**" ve "**Nâs**" sûrelerini okumalıdır.

Bir hurma tanesi yahut bir lokma ekmek de olsa her gün sadaka vermeyi terketmemelidir. Çünkü; güzel niyetle yapılan şey, çok sayılır. Rivâyet olunduğuna göre; **Hz. Âişe** (r.anha) vâlidemiz, bir dilenciye bir tane üzüm vermiş ve:

"Gerçekten onda Allahın tartıp kuluna göstereceği pek çok zerreler vardır!" demiştir.[36]

Bir hadis-i şerifde ise söyle buyrulmuştur:

"Kıyâmet gününde herkes, sadakasının gölgesi altında, onun te'min edeceği rahmetin içindedir." [37]

İkindi ile akşam arasındaki yapacağı zikirlerden bazıları şunlardır:

Yüz defa:

لَا إِلٰهَ إِلَّا اللّٰهُ وَحْدَهُ لَا شَرِيكَ لَهُ. لَهُ الْمُلْكُ وَلَهُ الْحَمْدُ وَهُوَ عَلٰى كُلِّ شَيْءٍ قَدِيرٌ

36) Suyûtî, ed-Dürrü'l-Mensûr, VIII, 597.
37) Ahmed, Müsned, IV, 147; Hakim, Müstedrek, I, 416; Ebu Ya'la, Müsned, III, 301 (No:1766); Ebû Nuaym, Hilye, VIII, 181.

"Allah'dan başka ilah yoktur. O tekdir: Ortağı yoktur. Mülk O'nundur. Hamd O'na mahsustur. O, her şeye kâdirdir." zikrini okur.

Rasûlullah'ın (s.a.v) şöyle buyurduğu rivâyet edilmiştir:

"**Kim bu zikri günde yüz defa söylerse, onun için on köle âzat etmiş sevabı verilir. Kendisine yüz iyilik yazılır, yüz günahı silinir. Bu zikir o gün onu şeytandan koruyacak bir emniyet olur. Onun yapmış olduğu bu amelden daha faziletli hiç bir kimse amel etmemiştir. Ancak onun yaptığını yahut daha fazlasını yapan müstesna.**" [38]

Yüz defa:

لاَ إِلٰـهَ إِلاَّ اللّٰهُ الْمَلِكُ الْحَقُّ الْمُبِينُ.

"Allah'dan başka ilah yoktur. O, Meliktir, Hakk'dır. Varlığı apaçıktır." zikrini söyler.

Hadis-i şerifde buyurulmuştur ki:

"Kim bir gününde yüz defa: "Lâ ilâhe illallahû Melikül, Hakkul Mübin" derse; hiç bir kimse, o günde, ondan daha faziletli bir amel yapmamıştır." [39]

Yüz defa:

سُبْحَانَ اللّٰهِ وَ الْحَمْدُ لِلّٰهِ وَ لاَ إِلٰـهَ إِلاَّ اللّٰهُ وَ اللّٰهُ أَكْبَرُ وَ لاَ حَوْلَ وَ لاَ قُوَّةَ إِلاَّ بِاللّٰهِ الْعَلِيِّ الْعَظِيمِ.

"Allah her şeyden münezzehdir. Hamd ona âiddir. Allah'dan başka ilâh yoktur. Allah büyüktür. Güç ve kuvvet ancak ulu ve yüce olan Allah'ın vermesiyledir."

Yine yüz defa:

سُبْحَانَ اللّٰهِ وَ بِحَمْدِهِ، سُبْحَانَ اللّٰهِ الْعَظِيمِ وَ بِحَمْدِهِ أَسْتَغْفِرُ اللّٰهَ.

"Hamd ile Allah'ı tesbih ederim. Hamd ile yüce Allah'ı takdis ederim. Allah'dan günahlarımın affını dilerim." zikrini söyler.

Yine yüz defa:

لاَ إِلٰـهَ إِلاَّ اللّٰهُ الْمَلِكُ الْحَقُّ الْمُبِينُ.

38) Buhari, Bid'il-Halk, 11; Müslim, Zikir, 28; Tirmizi, Deavat, 64; İbnu Mace, Edeb, 54.İbnu Münzirî, et-Tergıb, II, 449
39) Münzirî, et-Tergıb, II, 449 (Aynı konuda benzer hadisler)

"Melik, Hakk, varlığı apaçık olan Allah'dan başka ilâh yoktur." zikrini söyler.

Yine yüz defa:

اَللّٰهُمَّ صَلِّ عَلٰى مُحَمَّدٍ وَعَلٰى اٰلِ مُحَمَّدٍ

"Allahım, Efendimiz Muhammed'e ve onun Âline salat et." diye söyler.

Yüz defa:

أَسْتَغْفِرُ اللّٰهَ الْعَظِيمَ الَّذِى لَا اِلٰهَ اِلَّا هُوَ الْحَىُّ الْقَيُّومُ وَاَسْأَلُهُ التَّوْبَةَ *

"Kendisinden başka ilâh olmayan, diri ve varlığı devam eden yüce Allah'dan affımı ister tevbemi kabul etmesini dilerim." istiğfarını söyler.

Yüz defa da:

مَا شَاءَ اللّٰهُ لَا قُوَّةَ إِلَّا بِاللّٰهِ.

"Allah'ın dileği olur. Kuvvet ancak Allah'ındır." zikrini söyler.

Mekke'de **Mağrib**'li sûfilerden birisini gördüm. Torbasında tesbih için kullandığı bin tane buğday vardı. Anlatıldığına göre; o, vird olarak, çeşitli zikirlerle onları günde on iki defa çeviriyordu. Böylece virdi on iki bin ediyordu.

Sahabe-i Kiram'dan da bir zâtın virdinin bir günde bu kadar olduğu nakledilmiştir.

Yine nakledildiğine göre, **Tâbiûn**'dan bir zâtın gece ve gündüz virdi otuz bin tesbihti.

Şu tesbihi gündüz-gece yüz defa söylemelidir.

سُبْحَانَ اللّٰهِ الْعَلِيِّ الدَّيَّانِ سُبْحَانَ اللّٰهِ شَدِيدِ الْأَرْكَانِ سُبْحَانَ مَنْ يَذْهَبُ بِاللَّيْلِ وَيَأْتِى بِالنَّهَارِ. سُبْحَانَ مَنْ لَا يُشْغِلُهُ شَأْنٌ عَنْ شَأْنٍ. سُبْحَانَ اللّٰهِ الْحَنَّانِ الْمَنَّانِ سُبْحَانَ اللّٰهِ الْمُسَبَّحِ فِى كُلِّ مَكَانٍ.

"Yüce hesab görücü Allah'ı her şeyden tesbih ederim. Hükümleri şiddetli olan Allah'ı takdis ederim. Geceyi götürüp gündüzü getiren Allah'ı bütün noksan sıfatlardan tenzih ederim. Kendisini, bir iş diğerinden alıkoymayan Allah'ı tesbih ederim. Çok şefkatli lutuf sahibi Allah'ı takdis ederim. Bütün mekanlarda tesbih olunan Allah'ı ben de tesbih ederim."

Rivâyet edildiğine göre; Abdallardan birisi, bir deniz kenarında gecelemişti. Gecenin sukûnetinde bu tesbihi işitti. Etrafa baktı kimseyi göremedi. Bunun üzerine:

"Kendisini görmediğim halde, sesini işittiğim kimdir? diye seslenince; ses sahibi: "Ben bu denizde vazifeli meleklerden bir meleğim. Yaratıldığım günden beridir bu tesbihle **Allah**'ı, tesbih ederim." dedi. Veli:

"İsmin nedir?" deyince, melek:

"**Mehlîhîyâil**" dedi. Veli.

"Bu tesbihin sevâbı nedir?" deyince, melek:

"Onu hakkıyla yüz defâ söyleyen kimse Cennetteki makâmını görmeden yahut onun makâmı bir başkası tarafından görülmeden ölmez." dedi.

Rivâyet edildiğine göre; **Hz. Osman** (r.a), **Rasûlullah**'a (s.a.v):

"Göklerin ve yerin hazineleri (anahtarları) Onundur."[40] âyet-i kerimesinin tefsirini sordğu zaman, **Efendimiz Aleyhisselam**:

"Bana senden başka hiç bir kimsenin sormadığı büyük bir şeyi sordun. O : "Lâ ilâhe illellahu Vellahû Ekber Sübhanellahi Velhamdülillahi Velâ havle vela kuvvete illâ billahi azze ve celle. Vesteğfirullah. Hüve'l-Evvelü ve'l- Âhiru ve'z-Zâhiru vel-Bâtınu. lehul mülkü ve lehül hamdû bi yedihil hayr ve hüve alâ külli şeyin kadir." zikirleridir." buyurdu.[41]

Kim, bu zikirleri sabah ve akşam on defa söylerse kendisine altı haslet verilir: 1-İblis ve ordusundan korunur, 2-Kantarlar ağırlığınca sevab verilir, 3- Cennette derecesi yükseltilir, 4-Allahu Teâlâ onu gözleri nur saçan hûrilerle evlendirir, 5-On iki melek kendisi için istiğfar eder, 6-Kendisine, bir hac ve umre yapmış kimsenin sevâbı gibi sevab verilir."

Yine ikindi akşam arası ve günün evvelinde şunları söyler:

اَللّٰهُمَّ أَنْتَ خَلَقْتَنِى وَ أَنْتَ هَدَيْتَنِى وَ أَنْتَ تُطْعِمُنِى وَ أَنْتَ تُسْقِينِى وَ أَنْتَ تُمِيتُنِى وَ أَنْتَ تُحْيِينِى أَنْتَ رَبِّى لَا رَبَّ سِوَاكَ وَ لَا إِلٰهَ إِلَّا أَنْتَ وَحْدَكَ لَا شَرِيكَ لَكَ.

---

40) Zümer (39), 63.
41) Şevkânî, Fethü'l-Kadîr, IV, 477.

"Allahım! Beni sen yarattın, sen hidâyete ulaştırdın. Sen yedirir sen içirirsin. Sen öldürür, sen hayat verirsin. Sen benim Rabbimsin. Senden başka Rab yoktur. Senden başka ilâh yoktur. Sen teksin. Senin ortağın yoktur." Ayrıca şunları da ekler:

مَا شَاءَ اللّٰهُ لَا قُوَّةَ إِلَّا بِاللّٰهِ، مَا شَاءَ اللّٰهُ، كُلُّ نِعْمَةٍ مِنَ اللّٰهِ، مَا شَاءَ اللّٰهُ الْخَيْرُ كُلُّهُ بِيَدِ اللّٰهِ، مَا شَاءَ اللّٰهُ لَا يَصْرِفُ السُّوءَ إِلَّا اللّٰهُ.

"Allah'ın dilediği olur. Kuvvet ancak Allah'a âiddir. Allah'ın dilediği olur. Bütün nimetler Allah'dan. Allah'ın dilediği olur. Bütün hayır Allah'ın elindedir. Allah'ın dilediği olur. Kötülüğü ancak Allah giderir."

حَسْبِيَ اللّٰهُ لَا إِلٰهَ إِلَّا هُوَ، عَلَيْهِ تَوَكَّلْتُ وَهُوَ رَبُّ الْعَرْشِ الْعَظِيمِ.

"Allah bana kâfidir. Ondan başka ilâh yoktur. Ona güvenip dayandım. O, yüce Arşın sâhibidir."

Sonra abdest ve tahâretini tamamlayarak geceyi karşılamaya hazırlanır. Güneş batmadan önce yedişer defa okunan on zikir çeşidini okur. Kendisi tesbih ve istiğfarla meşgul olurken güneş batacak şekilde tesbih ve istiğfara devam eder. Güneş batarken ayrıca "**Şems**", "**Leyl**" ve "**Muavizeteyn**" (**Felak ve Nâs**) sûrelerini okur. Gündüzü karşıladığı gibi geceyi de karşılar. Çünkü Allahu Teâlâ: ***"İbret almak yahut şükretmek isteyen kimseler için, gece ile gündüzü birbiri ardınca getiren O'dur."*** [42] buyurmuştur.

Demek ki, gece gündüzün peşinden geldiği gibi, gündüz de gecenin peşinden gelmekte ve her ikisi de şükür istemektedir.

Bu durumda kulun devamlı zikir ve şükür içinde bulunması gerekir. Geceyle gündüz arasına bir şey girmediği gibi; zikirle şükür arasına da onları bozacak bir şeyin girmemesi icabder. Zikir, bütünüyle kalbin amelidir; şükürse âzâların amelidir. Allahu Teâlâ buna işaret olarak: ***"Ey Dâvud âilesi! Şükür olarak amel edin."*** [43] buyurmuştur. Demek ki, amel etmek, bir şükürdür.

Kuluna yardım edip muvaffak kılan Allah'dır.

****

42) Furkân (25), 62.
43) Sebe (34), 13.

MÜRİDİN MÜRŞİDİNE KARŞI EDEBLERİ

Müridlerin mürşidlerine karşı koruyacakları edeb, sûfilere göre edeblerin en önemlilerindendir. Onlar, bu konuda Hz. Rasûlullah'a (s.a.v) ve ashâbına uymaktadırlar. Bu konuda Cenâb-ı Hakk şöyle buyurmuştur:

"*Ey iman edenler! (Sözde ve işte) Allah ve Rasûlünün önüne geçmeyin; haddi aşmayın. Allah'dan korkun. Şüphesiz O, her şeyi işiten ve bilendir.*" [1]

Bu âyetin nüzül sebebi olarak, **Abdullah b. Zübeyr** (r.a) şu hâdiseyi anlatmıştır:

Ben-î Temîm kabilesinden bir grup elçi Hz. Rasûlullah'a (s.a.v) geldiler. **Hz. Ebû Bekir** (r.a), Efendimize (s.a.v) :

"Onların başına **Ka'ka' b.Ma'bed**'i emir ta'yin etseniz iyi olur." dedi. **Hz. Ömer** (r.a) de:

"**Akra' b. Hâbis**'i emir ta'yin etseniz daha iyi olur!" dedi. bunu duyan **Hz. Ebû Bekir** (r.a):

"Sen ancak bana muhâlefet için böyle söylüyorsun!" dedi. **Hz. Ömer** (r.a):

"Hayır, sana muhâlefet için söylemedim." dedi. Bu arada karşılıklı söz mücâdelesini girdiler ve **Rasûlullah**'ın (s.a.v) huzurunda sesleri yükseldi Bunu üzerine, Allahu Teâlâ, yukarıda geçen:

"Ey iman edenler! (Sözde ve işte) Allah ve Rasûlünün önüne geçmeyin; haddi aşmayın" âyetini indirdi.

İbnu Abbâs (r.a) demiştir ki: "Önüne geçmeyin, demek; ondan önce konuşmayınız." demektir.

Câbir (r.a) de: "Sahâbelerden bazıları, kurbanlarını Rasûlullah'dan (s.a.v)

---

1) Hucrât (49), 1.

önce kesiyorlardı. Bu âyet onları bu hareketten yasakladı." demiştir.

Diğer bir riâyette; bazıları: "Keşke şu konuda, bu hususta bir âyet indirilseydi!" diyorlardı; Allahu Teâlâ bunu hoş görmeyip yukardaki âyetle yasakladı.

Hz. Âişe (r.ah) : "Âyetin mânası; peygamberinizden önce oruca başlamayınız." demiştir.

Kelbî ise: "Âyette, Rasûlullah (a.s) size emretmeden önce, herhangi bir söz veya fiille onun önüne geçmeyiniz." denmek isteniyor, demiştir.

İşte mürid de, mürşidine karşı bu edebi mahâfaza etmeli; kendi irâde ve ihtiyârından sıyrılarak, nefsi ve malındaki tasarruflarında ancak mürşidine danışarak hareket etmelidir. Mürşidlik rütbesini ve kâmil mürşidin irşâdını anlattığımız onuncu bölümde bu ve benzeri edebler konusunda genişçe bilgi vermiştik.

Denilmiştir ki: "Peygamberin önüne geçmeyin!" demek; ondan önde yürümeyiniz, mânasındadır.

Ebu'd-Derdâ (r.a), şunu anlatmıştır: "Bir defasında **Hz. Ebû Bekr**'in önünde yürüyordum. Rasûlullah (a.s) beni uyararak:

"Dikkat et! Sen, dünya ve âhirette senden daha hayırlı olan bir kimsenin önünde yürüyorsun." buyurdu.[2]

Denilmiştir ki; bu âyet-i kerimenin iniş sebebi şudur: Bazı insanlar, Rasûlullah'ın (s.a.v) huzur-ı saâdetlerinde bulundukları sırada, Allah Rasûlüne bir şey sorulunca hemen ileri atılarak ondan önce söze başlayıp fetvâ vermeye kalkıyorlardı. Âyetle, bu davranıştan nehyedildiler.

Mürid de mürşidinin meclis ve huzurunda bu edebe dikkat etmelidir. Mürid için uygun olan; mürşidinin meclisinde devamlı sukût hâlinde bulunması ve güzel bulduğu her kalâmı huzûrunda söylemeye kalkışmamasıdır. Ancak, mürşidinden müsâade ister veya o kendisine izin verirse, o zaman konuşabilir.

Mürşidin huzûrundaki mürid, bir deniz kenarında oturarak oradan kendisine sevk edilecek rızkı bekleyen kimseye benzer. Müridin can kulağı ile mürşidini dinlemeye ve onun bereketli sözlerinden mânevî rızkını almaya yönel-

2) Heysemî, Mecmau'z-Zevaid, IX, 44.

mesi, onun irâdesini kuvvetlendirir ve istediğini elde ettirir. Bu edeb onun Allah'ın fazlından gelecek nasibini artırır. Kendi sözünü (ve görüşünü) ortaya koyma çabası ise; onu, mânevî şeyleri taleb etmekten ve daha fazlasını ele geçirmekten alıkoyup, kendini isbata yöneltir ki; bu, mürid için bir cinâyettir. Halbuki müridin, kendisine müşkil gelen mühim ve gizli hallerini mürşidine sorarak halletmeye çalışması gerekir. Şunu da belirtelim ki sâdık bir müridin, mürşidinin huzurunda iken müşkilini illâ diliyle anlatmasına hâcet yoktur; kalbiyle ona yönelmesi kâfidir. Mürşidi ona istediği şeyin cevabını açıklar. Çünkü mürşid, konuşmasının Hakk'ın izniyle olmasını ister. Bunun için, sâdık müridlerinin arasında otururken, kalbini Cenâb-ı Hakk'a açar ve onlar adına ilâhî bereket ve rahmetin inmesini bekler. O anda dili ve kalbi tamâmen müridlerin mühim işlerini ve müşkillerini hal için ilâhî huzura yönelip oradan cevap bekler. Mürşid, müridin, neye kulak verip neye hazır olduğunu ferâset ilmiyle bilir.

Söz, toprağa düşen buğday gibidir; çürük veya bozuk olduğu zaman büyümez. Sözün bozulması; içine hevâî şeylerin karışmasıyla olur. Mürşid, sözü nefsânî şeylerden temizler ve onu en temiz bir şekilde **A**llah'a teslim eder. Sonra Allah'dan ilâhî yardım ve (sözünde) istikâmet ister, peşinden de konuşur. Böylece, onun konuşması Hakk ile, Hakk'dan ve Hakk için olur.

Şu halde Hz. **Cebrâil**'in vahiyde güvenilir olduğu gibi; mürşid de müridler için ilhâmda emindir. **Cebrâil** (a.s), vahiyde hiyânetlik yapmadığı gibi, mürşid de ilhâmda hiyânetlik yapmaz. Rasûlullah (a.s) havâsıyla konuşmadığı gibi; zâhiren ve bâtınen kendisine tam ittibâ hâlinde olan mürşid de, nefsinin hevâsıyla konuşmaz.

Nefsin konuşmada hevasına uyması iki sebeple olur: Birincisi; kalbleri kendisine çekme ve insanların teveccühünü kazanma arzusudur. Bu, mürşid-i kâmillerin hâl ve tavrıdan değildir. İkincisi de; sözü güzel yapıp kendini beğenme şeklinde nefsin ortaya çıkmasıdır. Bütün bunlar, gerçek Hakk tâliblerinin yanında bir hiyânet kabul edilmektedir.

Halbuki mürşid, konuşurken, Cenâb-ı Hakk'ın bu hususta kendisine bahşettiği nimetleri tefekkürle meşgul olarak, nefsinin devreye girmesine mâni olmuş ve bu arada cilâlı söz ve kendini beğenme gibi, nefsin hazz alacağı şeyleri kalbinden silip atmıştır. O, bu durumda, Allahu Teâlâ'nın kendisine ilhâm ettiği şeyleri, bir dinleyici gibi dinlemektedir.

Şeyh Ebu's-Suûd (rah.), kendisine ilhâm edilen şeyleri ashâbına anlatır ve:

"Ben onları, sizden birisinin beni dinlediği gibi dinlemekteyim." derdi. Mecliste bulunanlardan biri bunun nasıl olduğunu anlayamamış ve: "Ne dediğini bilerek konuşan bir kimse, kendi sözünü dinlemede hariçteki insan gibi nasıl olur ki?"diye hayretini izhâr etmişti. Bu zât evine döndü. O gece rüyâsında birisi kendisine şöyle diyordu : "Denizden inci çıkarmak isteyen kimse önce denize dalar, öyle değil mi? Sonra, içinde inci bulunan sedefleri torbasına kor. O anda inciyi eline geçirmiştir; fakat onu ancak, denizden çıkınca görebilir. İnciyi görme hususunda, onunla denizin kenarında bekleyen kimse aynı durumdadır." Adam bu rüyâdaki işâretle, **Şeyh Ebu's-Suûd**'un sözünü anlamış oldu.

Müridin mürşidine karşı koruyacağı edeblerin en güzellerinden birisi de; kendisine âid güzel işlerde, mürşidi kendisine bir açıklama yapıncaya kadar sukûtu tercih edip, söz ve fille ileri atılmamasıdır.

"Allah ve Rasûlünün önüne geçmeyiniz!" âyetine, "Rasûlullah'ın (s.a.v) makâmının ötesinde bir makâm istemeyin!" şeklinde bir mâna da verilmiştir.

Müridin, mürşidinin makâmından daha yüksek bir makâma çıkmayı düşünmemesi gerekir. Tam tersine, bütün yüce makâmların mürşidine âit olmasını arzulamalı, en güzel lutfların ve ilâhî ihsanların ona verilmesini candan temenni etmelidir. Bu şekilde müridin cevheri ortaya çıkar. Bu ise, müridler arasında çok az bulunan yüksek bir hâldir. Onun mürşidi için bu şekilde temennilerde bulunması kendisine, nefsi adına arzuladıklarından daha fazla ilâhî ihsanlar kazandırır. Hem bu şekilde, müridliğin edebini yerine getirmiş olur.

Seriyy es-Sakatî (rah.), demiştir ki: "Güzel edeb, aklın tercümânıdır; insanın ne kadar akıllı olduğunu edebi gösterir."

Ebû Abdullah b. Huneyf, demiştir ki: "**Ruveym** bana : "Yavrum! Amelini tuz, edebini un yap.(yâni; amelin hamurun içindeki tuz gibi az olsa da, edebin çok olsun)." dedi.

Denilmiştir ki: "Tasavvuf; tamamen edebten ibârettir. Her vaktin, her hâlin ve her makâmın bir edebi vardır. Kim, edebe sarılırsa; Hakk erlerinin (ricâlullah) makâmına ulaşır. Kim, edebden mahrumsa; o, kendisini Hakk'a yakın zannetse de aslen uzaktır. İlâhî huzurda kabul gördüğünü düşünse de, aslında reddedilmiştir." [3]

Allahu Teâlâ: ***"Seslerinizi Peygamberin sesinden fazla yükseltmeyin!"*** âyetiyle, Rasûlullah'ın (s.a.v) ashâbına edeb öğretmiştir.

Ashabtan, **Sâbit b. Kays b. Şemmâs**, kulağı ağır işiten ve bu sebeple yüksek sesle konuşan bir kimseydi. Çoğu kez, **Rasûlullah** (a.s) ile konuşurken, (farkında olmadan) onu sesiyle incitiyordu. **Allahu Teâlâ**, ona ve diğerlerine edeb öğretmek için bu âyet-i kerimeyi indirdi. Bu konuda bir kaç olay daha vardır ki, onlardan biri şudur:

Abdulvehhâb b. Ali'nin bize naklettiğne göre; **Abdullah b. Zübeyr** (r.a) şu hâdiseyi anlatmıştır:

"**Akra' b. Hâbis, Medine**'ye **Rasûlullah** (a.s)'ın yanına geldi. **Ebû Bekir, Rasûlullah** (a.s)'a:

"Onu kavminin başına emir ta'yin et." dedi. **Ömer** de:

"Onu görevlendirmeyin." dedi. **Hz. Ebû Bekir** (r.a):

"Sen ancak bana muhâlefet için böyle söylüyorsun!" dedi. **Hz. Ömer** (r.a):

"Hayır, sana muhâlefet için söylemedim." dedi. Bu arada huzûr-ı saâdette sesleri biraz yükseldi." Bu olay üzerine **Allah Teâlâ,** yukarıdaki âyet-i kerimeyi indirdi.[4]

Bundan sonra **. Ömer** (r.a), **Rasûlullah** (a.s) ile konuşurken, sesini o kadar kısıyordu ki; Rasûlullah (a.s), ne söylediğini soruyordu.[5]

Denilir ki; bu âyet-i kerime nâzil olduğu zaman **Hz. Ebû Bekr** (r.a), **Rasûlullah** (a.s)'ın yanında, ancak bir sır kardeşinin işiteceği şekilde konuşmaya yemin etti.[6] Mürid de mürşidiyle birlikte iken bu edebe dikkat etmesi gerekir. Mürid, mürşidinin yanında sesini yükselterek, çok-

3) Bu ta'rif, Ebû Hafs'a âittir. Bkz: 5. bölüm.
4) Taberî, Câmiu'l- Beyân, Cüz: XXVI, 119; Kurtûbî, el Câmi', XVI, 303.
5) Kurtûbî, el-Câmi', XVI, 304.
6) Âlusî, Ruhu'l-Meânî, XIII, 288.

ca gülerek ve fazla konuşarak edebini dağıtmamalıdır. Ancak, mürşidi müsaâde eder ve genişlik sağlarsa; edeb dâiresinde rahat davranabilir. Sesin yükselmesi insanın vakarını giderir. Kalbe vakar yerleşince, dil ne söylediğinin farkında olur. Bazı müridlerin kalbinde mürşidinin hürmet ve vakarı öyle yerleşir ki; ona doya doya bakmaya güç yetiremez.

Bir defasında ben, sıtma hastalığına tutulmuştum. Amcam ve aynı zamanda mürşidim olan **Ebu'n-Necib es-Sühreverdî** (rah), hâlimi sormak için yanıma geldi. Onun gelmesiyle vücûdumdan bir ter boşanmaya başladı. Aslında ben de hastalığıa iyi gelir diye terlemek istiyordum. Bunu, onun yanıma gelmesiyle bulabiliyordum. Onun gelişi benim için bir bereket ve şifâ oluyordu.

Yine bir gün, tek başıma evde bulunuyordum. Evin bir kenarında, mürşidimin bazen sarık olarak kullandığı ve bana hediye etmiş olduğu bir bez parçası bulunuyordu. Bilmeyerek ona basıverdim. Bundan dolayı içim sızladı ve ona âit böyle bir şeye basmak beni korkuttu; hemen ayağımı çektim ve onu kaldırdım; o esnada İçimden, kendisine karşı, bereketini umduğum bir hürmet duygusu yükseldi.

İbnu Atâ, Allah Teâlâ'nın: ***"Seslerinizi Peygamberin sesinden fazla yükseltmeyin!"*** âyetinin tefsirinde : "Allah Teâlâ, kimse hatâ edip daha büyük hürmetsizlige düşmesin diye, en basitinden bile sakındırdı." demiştir.

Sehl b. Abdullah, bu âyete mâna verirken: "Onunla ancak, size bir şey sorduğunda konuşunuz." demiştir.

Ebû Bekir b. Tâhir ise: "Onunla konuşurken söze önce siz başlamayın. Size bir şey sorduğunda da, ancak hürmet ve edeb dâiresinde cevap veriniz." demiştir.

"Onunla konuşurken, birbirinize çağırdığınız gibi seslenmeyin."[7] âyeti, ona karşı sert ve kaba konuşmayın, birbirinzi çağırdığınız gibi, onu: Yâ **Muhammed**!, Yâ **Ahmed**!, şeklinde ismiyle çağırmayın. Bunun yerine, onu büyülterek: Yâ Nebiyyellah!, Yâ Rasûlellah! diye hitâb edin, demektir.

Müridin mürşidine hitâbı da bu şekilde olmalı; kendisine ismiyle değil,

---

7) Hucrât (49), 2.

makâm ve sıfatına uygun bir ünvanla hitabetmelidir.

Kalbde ilâhî vakar (ve edeb) yerleşince, dil karşısındakine nasıl hitâbedeceğini bilir. Fakat, insan nefsi, çol-çoçuk muhabbetiyle bir sürü sıkıntılara mübtelâ olup içte nefsânî düşünce ve tabiî arzular yerleşince; dilden, sâhibinin içinde bulunduğu hâlet-i rûhiyeye uygun olarak, bir takım acîb ğarâib edeb dışı kelimeler çıkar. Halbuki kalb vakar ve hürmet duygusu ile dolu olsaydı dil, muhâtabına yakışır ifâdeyi çok iyi bilirdi.

Rivâyet edildiğine göre; bu âyet-i kerime nâzil olunca. **Sâbit b. Kays** yola oturup ağlamaya başladı. O bu halde ağlarken, **Âsım b. Adiyy** yanına uğradı. Niçin ağladığını sordu. O da:

"Allah Teâlâ'nın: ***"Ey iman edenler! Seslerinizi peygamberin sesinden yüksek çıkarmayın. Onu, birbirinizi çağırır gibi çağırmayın; hiç haberiniz olmadan amelleriniz boşa gider."*** [8] âyetinin benim hakkımda inmiş olmasından korkuyorum. Ben, Rasûlullah Aleyhisselamla konuşurken, sesi yüksek çıkan birisiyim. Amelimin boşa gitmesinden ve Cehennem ehli olmaktan korkuyorum" dedi. Sonra, **Âsım,** Rasûlullah'ın (s.a.v) huzuruna gitti. **Sâbit**'in ağlaması çoğaldı; hemen, hanımı **Abdullah b. Ubey b. Selul**'un kızı **Cemile**'ye geldi ve:

"Ben, atımın bulunduğu yere girdiğim zaman, kapıyı üzerime kapatıp çivi ile kilitle" dedi. O da kapıya çivi vurdu. Yanından çıkınca ona acıdı ve çıkarmak istedi. O ise:

"Allah Teâlâ, canımı alıncaya yahut Rasûlullah (a.s) benden râzı oluncaya kadar burdan çıkmayacağım!" diye söz verdi.

Âsım, Hz. Peygamber'in huzunura gelip **Sâbit**'in durumunu haber verince; Efendimiz (s.a.v):

"Git onu bana getir." buyurdu. Bunun üzerine **Âsım**, **Sâbit**'in bulunduğu önceki yere geldi, fakat onu bulamadı. Hemen âilesinin yanına geldi; nerede olduğunu sordu; bulunduğu yere gitti. Kendisine:

"Rasûlullah seni çağırıyor." dedi. O da:

"Kapıyı kır." dedi ve ikisi Hz. Rasûlullah'a (s.a.v) geldiler. Efendimiz:

"Nedir seni ağlatan ey **Sâbit**?" diye sordu, o da:

"Ben yüksek sesle konuşan bir kimseyim. Bu âyet-i kerimenin benim hak-

---

8) Hucûrat (49), 2.

kımda inmiş olmasından korkuyorum" dedi. Bunun üzerine Rasûlullah (s.a.v): ***"Sâid olarak yaşayıp, şehid olarak ölmeye ve Cennete girmeye râzı değil misin?"*** buyurdular. **Sâbit** de:

"Elbette Allahu Teâlâ'nın ve Rasûlünün müjdesine râzı oldum, artık bir daha Rasûlullah'a karşı sesimi yükseltmeyeceğim." dedi. Bu hâdise üzerine Allahu Teâlâ:

"Allah Rasûlünün yanında seslerini kısanlar ar ya! Şüphesiz onlar; Allah'ın kalblerini takvâ için imtihan ettiği kimselerdir. Onlara bir mağrifet ve büyük bir mükafat vardır." âyetini indirdi.[9]

Enes (r.a) demiştir ki: Biz artık aramızda dolaşıp duran Cennet ehli bir adama bakıyorduk."

Yemâme gününde, yalancı peygamber **Müseyleme** ile yapılan savaşta **Sâbit** müslümanlardan bazılarının kırıldığını ve onlardan bir kısmının bozguna uğradığını görünce:

"Yazık bunlara ve yaptıklarına!" diye hayıflandı. Sonra, **Sâlim b. Huzeyfe**'ye dönerek:

"Biz, Rasûlullah (s.a.v) ile berâber iken, Allah'ın düşmanlarıyla bu şekilde savaşmazdık." dedi. Arkasından ikisi berâber savaşa girip direndiler ve ikisi de ölene kadar savaştılar. **Sâbit**, Hz. Rasûlullah'ın (s.a.v) bildirdiği gibi şehid oldu. Üzerinde bir zırh vardı. Sahâbe-i Kiram'dan birisi, o gece **Sâbit**'i rüyasında gördü, ona şöyle diyordu:

"Bilesin ki, müslümanlardan falanca adam benim zırhını soyup aldı ve onu götürdü. O şimdi ordunun yan tarafındadır. Yanında da şahlanıp duran bir at vardır. Zırhımın üzerine bir çömlek koydu. **Halid b. Velid**'e git, durumu haber ver; zırhımı geri alsın. Rasûlullah'ın (s.a.v) halifesi **Ebu Bekir'e** de git ve kendisine, benim onda borcum olduğunu, onu ödemesini söyle. Kölelerimden falancı da hürdür."

Rüyayı gören şahıs, ordu komutanı **Halid b. Velid**'e durumu haber verdi. O da adama gitti, zırhı ve atını onun anlattığı şekilde buldu. Zırhı geri istedi. **Halid b. Velid** (r.a) bu rüyayı Hz. **Ebu Bekir**'e anlattı; o da

9) İbnu Kesir, Tefsir, IV, 208; Kurtûbî, el-Câmi', XVI, 305; Tabarânî, Mü'cemu'l-Kebir, II, 70.

Sâbit'in vasiyetini yerine getirdi.

Enes b. Mâlik (r.a) demiştir ki: "Sahibi öldükten sonra yerine getirilen bundan başka bir vasiyyet bilmiyorum. Bu da, takvâsının güzelliği ve Rasûlullah'a (s.a.v) karşı güzel edebi sebebiyle **Sâbit**'in zuhur etmiş bir kerâmetidir." [10]

O halde sâdık bir mürid, mürşidinin, kendisi için Allah ve Rasûlü namına bir hatırlatma ve uyarma vesilesi olduğunu; mürşidine karşı yaptığı her muamelenin de, şayet kendisi Rasûlullah (s.a.v) Efendimiz devrinde bulunsaydı ona karşı yapacağı edeb, hürmet ve hizmetin aynısı olduğunu, mürşide hizmetin, Hz. Peygamber'e (s.a.v) yapılmış bir hizmet gibi kabül edileceğini düşünmesi ve bilmesi gerekir.

Ashab-ı Kiram, edebin gereğini yerine getirince, Allahu Teâlâ onları överek, haklarında şöyle buyurdu:

"İşte onlar, Allah'ın kalblerini takvâ için imtihan ettiği kimselerdir. Onlara bir mağrifet ve büyük bir mükafât vardır." [11]

Allahu Teâlâ, onların kalblerindeki gerçek imanı görüp ortaya çıkardı ve altının mâdeninin ateşte yakılarak hâlis altının ortaya çıkması gibi, kalblerini tertemiz yaptı

Mâlumdur ki dil, kalbin tercümandır. Lafzın güzelliği; kalbin edebinden kaynaklanır. Bunun için; müridin, mürşidine karşı bu edeb üzere olması gerekir.

Ebu Osman el-Mağribî (k.s) demiştir ki:

"Büyüklerin yanında ve evliyâdan sadât-ı kirâmın meclisindeki edeb, sahibini yüksek derecelere, dünya ve âhirette pek çok hayırlara ulaştırır."

Allah Teâlâ'nın şu âyetine bakmaz mısın, Mevlâ ne buyurmuştur:

"Şâyet onlar, sen yanlarına çıkıncaya kadar sabretselerdi kendileri için daha hayırlı olurdu." [12]

Şu âyet-i kerimede de, Allahu Teâlâ, bu kimselerin durumundan

---

10) Bkz: Kurtûbî, el-Câmi', XVI, 305-306, Suyûtî; ed-Dârrü'l-Mensûr, VII, 550-551; Taberânî, el-Mu'cemu-l Kebir, II, 70-71.
11) Hucurât (49), 3.
12) Hucurât (49), 5.

haber vermektedir:

"Hücrelerin (Peygambere âid odaların) önünden seni çağıranlar (var ya), onların çoğu aklı ermiyenlerdir!" [13]

Bu hâl, **Ben-i Temîm** kabilesinden gelen bir topluluktan meydana gelmişti. Bu kimseler, Rasûlullah'a gelerek, hâne-i saâdetin dışından:

"Ey Muhammed! Yanımıza çık. Gerçekten bizim bir şahsı övmemiz pek süslüdür; kötülememiz ise çok lekeleyicidir!" diye bağırdılar. Râvi diyor ki: Rasûlullah (s.a.v), onların bu bağırtılarını işitince:

"Şüphesiz sizin kötülemeniz karalıyıcı ve övgünüz süslüdür!" diyerek yanlarına çıktı.

Bu hâdise, uzunca bir kıssada anlatılmıştır. Onlar yanlarında şâir ve hatiblerini de getirmişlerdi. Karşılarına, **Hassan b. Sâbit** (r.a)'le **Ensâr** ve **Muhâcir**lerin gençleri çıkarak, söz ve şiirde onlara gâlib geldiler.[14]

Bu âyet ve hâdiseden elde edilecek edeb şudur: Mürid mürşidinin yanına girerken huzurunda bulunduğunda, ziyâret ederken ve benzerî konularda acele etmemelidir. Mürşidi bulunduğu yerinden çıkıncaya kadar sabretmelidir.

İşittiğime göre; Şeyh **Abdulkâdir Geylânî**'ye dervişlerinden bir ziyâretçi geldiği zaman, kendisine haber verilir; o da halvethanesinden çıkar, kapıyı hafifçe açar, onunla musâfaha eder, kendisine selam verir, onunla oturmadan halvetine dönerdi. Dervişlerden olmayan birisi geldiği zaman ise; çıkıp onu karşılar, berâber oturur, onunla sohbet ederdi. Onun, dervişlerin yanına çıkmayı terketmesi ve onların dışındakilerin yanına çıkıp onlarla oturmasından dolayı, bazı dervişler rahatsız oldular. Onların bu düşünceleri Hazrete ulaşınca; şöyle demiştir:

"Bizim Hakk fakiri dervişlerle bağımız ve bağlantımız kalbden bir bağlılıktır. Hem derviş, bizdendir; bizim ehlimiz durumundadır. Aramızda yadırganacak bir hâl yoktur. Bu sebeble, biz ona karşı muamelemizde kalblerimizin birliği ile yetiniyor, bu kadar karşılaşmayı kâfi görüyoruz. Yeni gelen kimse ise, âdet ve zâhirî şeylere bağlanıp kalmış birisidir. O, zâhiren kendisiyle ilgilenil-

---

13) Hucurât (49), 4.
14) Kurtûbî, el-Câmi', XVI, 309, Suyûtî, ed-Dârrü'l-Mensûr, VII, 553.

mediği zaman, kalbine bir soğukluk gelir ve bizden uzaklaşır "

Demek ki müride düşen; mürşidine karşı edeb üzere davranarak, zâhirini ve bâtınını mamur edip güzelleştirmektir.

Ebû Mansur el-Mağribî'ye: "**Ebu Osman**'la kaç sene arkadaşlık ettin?" diye sorulunca: "Ben ona hizmet ettim, arkadaşlık etmedim. Arkadaşlık, kardeş ve akranlarla olur. Meşâyıh-ı kirâm'a ise hizmet olur." demiştir.

Müride, mürşidinin hâlinden herhangi bir şey müşkil geldiği zaman; **Mûsâ** Aleyhisselam ile **Hızır** Aleyhisselam arasında geçen kıssayı hatırlamalıdır. **Hızır** Aleyhisselam nasıl bir takım şeyler yapıyor, **Mûsâ** Aleyhisselam da inkar ediyordu. **Hızır** Aleyhisselam kendisine onların sırrını haber verince, **Mûsâ** Aleyhisselam inkarından geri dönüyordu. Mürid bunları düşünmelidir. Müridin inkarı; mürşidinden görülen şeyin hakikatini tam olarak bilememesinden dolayıdır. Halbuki mürşid-i kâmillerin, yaptığı işlerde, ilim ve hikmete göre kendisini haklı çıkaracak bir mâzareti ve hareket noktası vardır.

Cüneyd el-Bağdâdî'nin ashâbından birisi, kendisine bir mesele sordu. O da cevab verdi. Adam verdiği cevaba itiraz etti. Bunun üzerine **Cüneyd el-Bağdâdî** (k.s):

"Eğer bana emniyet edip güvenmiyorsanız, çekilip gidin!" dedi.

Büyüklerden birisi demiştir ki: "Kendisini edeblendiren kimseye hürmeti büyük tutmayan, bu edebin bereketinden mahrum kalır."

Denilmiştir ki; kim üstâdın hak bir emrine: "hayır!" derse o, ebediyyen iflah olmaz."

Ebû Hureyre (r.a) naklediyor: **Rasûlullah** (s.a.v) buyurdu ki:

"Ben sizi terkettiğim müddetçe, beni kendi hâlime bırakınız. Size bir şey söylediğim zaman onu alıp yapınız. Sizden öncekiler, ancak, peygamberlerine çokça sual sorup (sonra, verilen cevap ve hükümlerle ameli terkle) onlara muhalefet etmeleri sebebiyle helak oldular." [15]

Cüneyd (rah.) demiştir ki: "**Ebu Hafs en-Neysâbûrî**'nin yanında devamlı sukût edip, hiç konuşmayan bir insan gördüm. Müridlerine:

---

15) Buhâri, İ'tisam, 2; Müslim, Hacc, 411; Tirmizî, İlim, 17, Nesâî, Hacc, 1; İbnu Mâce, Mukaddime, 1.

"Bu kimdir?" diye sorduğumda bana:

"Bu, **Ebû Hafs**'la beraber bulunup bize hizmet eden bir insandır. Elindeki yüz bin dirhemi ona verdi, ayrıca yüz bin daha borç alarak onu da verdi. Fakat **Ebû Hafs** ona bir kelime dahi konuşmasına müsâade etmiyor." diye cevap verildi.

Ebû Yezid el-Bistâmî (k.s) demiştir ki: "**Ebû Ali es-Sindî** ile berâber bulunup sohbet ettim. Ben, kendisine farz ibâdetleri yerine getireceği şeyleri anlatıyor; o da bana gerçek tevhidi ve hakikatleri öğretiyordu."

Ebû Osman (k.s) da demiştir ki: "Ben, henüz genç bir delikanlı iken, **Ebû Hafs**'ın sohbetinde bulundum. Bir gün beni huzurundan kovarak:

"Artık yanımda oturma!" dedi. Ben de bu emir üzerine, yüzüm kendisine dönük bir halde, geri geri yürüyerek, kendisini göremez oluncaya kadar gittim. Bu duruma çok üzüldüm oldum; kapısının önünde bir kuyu kazarak, içine inip oturmayı ve oradan ancak onun izni ile çıkmayı düşündüm. Benim bu hâlimi ve kalb mahzuniyetimi görünce; yanına geri çağırdı; huzuruna kabul etti ve beni vefatına kadar ashabının seçilmişlerinden yaptı. Allah kendisine rahmet etsin."

Müridlerin mürşidlerine karşı koruyacakları zâhiri edeblerinden bazıları şunlardır:

Mürîd, mürşidi varken seccâdesini ancak namaz vakti için yayar. Müridin işi, devamlı Allah'ın hizmetiyle meşgul olmaktır. Seccâdede ise rahatlığa ve izzet-i nefse bir işâret vardır. Mürid, mürşidinin bulunduğu mecliste semâa kalkıp hareket etmemelidir. Ancak, vecde hâline düşüp karşısındakini ayırdedemez bir duruma gelince, hareket edebilir. Mürşidin heybeti, müridi semâ meclisinde kendisini salıvermesinden alıkor ve onu bağlar.

Müridin, mürşidine nazar ederek ondaki nûrâniyet içinde kaybolması ve Cenâb-ı Hakk'ın onda tecelli ettiği ilâhî ihsanlarını gözetlemesi, kendisi için semâa (kalkmasından ve namelere) kulak vermesinden daha hayırlı ve daha kazançlıdır.

Edeblerden birisi de; müridin hiçbir mânevi hâlini, Cenâb-ı Hakk'ın kendisine lutfettiği herhangi bir ihsânı ve kendinde zâhir olan kerâmet cinsi şeyleri mürşidinden gizlememesidir. Allahu Teâlâ'nın bildiği şeyleri mürşidine de açmalıdır. Açmaktan utandığı şeyleri, imâ ve işâret yoluyla zikredebilir. Çünkü mûrid, içinde herhangi bir şeyi gizleyip, onu açık olarak yahut işâretle mürşidine bildirmediği zaman, o şey, mânevi seyrinde bâtınında bir düğüm olarak kalır. Onu mürşidine söylemekle düğüm çözülür ve ortadan kalkar.

Edeblerden birisi de, bir mürid, mürşidinin sohbetine ancak, onun kendisini edeblendirmek ve halini güzelleştirmek için uğraştığını bilmesi bu konuda mürşidinin başkalarından daha layık ve kabiliyetli olduğuna inanması gerekir.

Mürid, içinde başka bir mürşide muhabbet duyduğu zaman, kendi mürşidinin sohbeti sâfiyetini yitirir, sözleri fayda vermez ve kalbi mürşidinin hâlinin kendisine sirâyet etmesi için hazırlanmaz. Gerçekten mürid, mürşidinin irşad hususunda tekden olduğuna yakinen inandığı zaman, onun faziletini bilir ve ona karşı muhabbeti kuvvetlenir. Muhabbet; müridle mürşidi arasında sevgi ve kaynaşma için bir vâsıtadır. Muhabbetin kuvvet derecesine göre, mürşidin hâli müride sirâyet eder. Çünkü muhabbet, mânevî âlemde ruhların birbiriyle tanışmasının alâmetidir. Bu tanışma, aralarında ortak bir cinsiyetin varlığını gösterir. İşte bu cinsiyet (ortak özellik), müride, mürşidin sahip olduğu manevi hâli veya o hâlin bir kısmını celbeder.

Ebû Umâme el-Bâhilî yoluyla gelen bir hadis-i şerifte Rasûlullah (s.a.v) şöyle buyurmuştur:

"Kim birisine, Allah'ın kitabından bir âyet öğretmişse o, onun efendisidir. O kimseye onu terketmemesi ve ona kimseyi tercih etmemesi gerekir. Kim, kendisine ilim öğreteni terkeder ve değerini korumazsa, İslâm'ın bağlarından bir bağı koparmış olur." [16]

Müridin dikkat edeceği edeblerden birisi de, küçük olsun büyük olsun, bütün işlerinde mürşidinin düşünce ve arzularına uygun hareket etmesi, onun güzel ahlâkına, hilimdeki kemâline ve iyi geçimine güvenerek, bir takım

16) Ali el-Muttaki, Kenzu'l-Ummal, No. 2384. Hadisin İlk kısmı için bkz: Tabarani, el-Kebir, No: 7528; Müsnedü'ş-Şâmiyyin, II, No: 818; Heysemi, Mecmau'z-Zevâid, I, 128.

basit hareketlerinden dolayı onu üzmeyi küçük görmemesi ve en ufak yüz değişikliğinden bile korkmasıdır.

İbrahim b. Şeybân demiştir ki: "Bizler, bir grub genç, **Ebû Abdullah el-Mağribî**'nin sohbetinde bulunuyorduk. Bizleri çöl ve sahralarda misâfir ediyordu. Yanında yetmiş sene sohbetinde bulunmuş "**Hasan**" isminde bir şeyh vardı. Bizden birimizden bir hata meydana geldiği ve mürşidimizin ona karşı durumu değiştiği zaman, eski hâline dönünceye kadar, bizim için özür ve aff dilemesi için bu zâtı aracı yapıyorduk."

Müridin mürşidiyle beraberken riâyet edeceği edeblerden birisi de, mürşidine danışmadan (ve onun kontrolü olmadan) keşif ve mânevi hallerinde tek başına kalmamasıdır. Çünkü mürşidi, bu hususlarda daha geniş bir ilme sahiptir ve onun Allahu Teâlâ'ya açılmış (kalb ve ilhâm) kapısı, müridinkinden daha büyüktür.

Eğer müridin mânevi hâli Allahu Teâlâ'dan ise; mürşidi de ona katılır ve onu tasdik eder. Çünkü Allahu Teâlâ'dan gelen şeyler ihtilaflı olmaz. Eğer görülen şeyde herhangi bir şüphe varsa, mürşidi vâsıtasıyla o şüphe giderilir. Hem bu arada mürid, benzeri hâdiselerin sihhatı hakkında bilgi elde etmiş olur. Bir de, mürid için, mânevî hallerinde nefisde yerleşmiş gizli isteklerin karışma ihtimali vardır. Böylece gizli düşünceler, uykuda yahut uyanıkken mânevî vukûata karışmış olabilir Bunda anlaşılması zor bir durum vardır. Mürid, nefisde yerleşmiş bu düşüncenin kökünü söküp atmaya güç yetiremez. Onu mürşidine anlattığı zaman, ondaki bu hal mürşidinde bulunmamaktadır. Eğer o Hakk'dan ise, mürşidi vasıtasıyla şüphe ve ârızalardan temiz olduğu meydana çıkar. Eğer hâli; nefsin gizli hevâsından kaynaklanıyorsa, müridin kalb sahası temizlenir, o şey ortadan kalkar ve mürşid-i kamil, hâlinin kuvveti, Cenâb-ı Hakk'ın huzuruna güzelce sığınıp girmesi ve mârifetinin kemâlinden dolayı, bu hâlin ağırlığını taşıyabilir.

Müridin riâyet edeceği edeblerden birisi de, dini yahut dünya işleriyle ilgili herhangi bir şey hakkında mürşidine söyleyeceği bir sözü olduğu zaman; mürşidin kendisi için hazır, kelâmını ve konuşmasını dinlemek için boş olduğu vakti kollamalı; onunla konuşmaya ve hemen yanına sokulmaya acele etmemelidir.

Allah Teâlâ ile bir çeşit konuşma sayabileceğimiz dûanın belirli bir vakti, edebi ve şartları olduğu gibi; aynı şekilde mürşidle konuşmanın da edebleri ve şartları vardır. Çünkü o da Allahu Teâlâ için yapılan bir ameliyedir.

Mürid, mürşidiyle konuşmadan önce Allahu Teâlâ'dan sevdiği edebde kendisini muvaffak kılmasını istemelidir. Allahu Teâlâ, Rasûlullah Aleyhisselamın ashabına onunla konuşma edebini öğretirken, bu hususa şöyle işaret etmiştir:

"Ey iman edenler, siz peygambere gizli bir şey arzedip konuşmak istediğiniz zaman, konuşmanızdan önce bir sadaka verin." [17] yani, gizli konuşmanız öncesinde bu edebe dikkat ediniz demektir.

Abdullah b. Abbas (r a) demiştir ki:"İnsanlar Rasûlullah'a (s.a.v) fazlaca soru sormaya başladılar ve bunda ve çok ileri gittiler. Öyleki; onu soru yağmuruna tutup sıkıntı verdiler. Bunun üzerine Allahu Teâlâ onlara edeb öğretti; onları bu tür davranışlarından menetti ve önceden bir sadaka vermeden kendisiyle konuşmamalarını emretti"

Denilmiştir ki: Zenginler Rasûlullah'ın (s.a.v) yanına geliyor ve fakirlerden öne geçerek meclisinde daha çok oturuyorlardı. O hâle geldi ki; Nebi Aleyhisselam onların uzunca sözlerinden ve özel konuşmalarından rahatsız oldu. Bunun üzerine Allahu Teâlâ, Hz Hz. Rasûlullah (s.a.v) ile özel konuşma yapmak isteyenlerin önceden bir sadaka vermesini emretti. Bu emirden sonra, Rasûlullah (s.a.v) ile bu şekil konuşmaya son verdiler. Elleri darda olanlar verecek bir şey bulamadılar, zengin olanlar da cimrilik yapıp kimseye bir şey vermediler. Bu durum Hz. Rasûlullah'ın (s.a.v) ashabına zor geldi. Ardından ruhsat âyeti indi ve Allahu Teâlâ şöyle buyurdu:

"Peygamberle özel konuşmanızdan önce sadaka vermekten korktunuz ha! Madem ki bunu yapmadınız, Allah da size tevbe ile yolunu açtı. O halde namazı gereği üzere kılın, zekâtı verin, Allah'a ve peygamberine itaat edin. Allah bütün yaptıklarınızdan haberdardır." [18]

Rivâyete göre; Allahu Teâlâ, Rasûlullah (a.s) ile özel konuşmadan önce

---

17) Mücâdele (58), 12.
18) Mücâdele (58), 13.

sadaka emrettiği zaman; Rasûlullah (s.a.v) ile **Hz. Ali**'den başka kimse özel olarak konuşmadı. O, bir dinar çıkardı ve onu sadaka olarak verdi.

Hz. Ali (r.a) demiştir ki: "Allah Teâlâ'nın Kitabın da bir âyet var ki; onunla benden önce ve sonra hiç kimse amel etmedi. O da özel konuşma edebini öğreten **"necvâ"** âyetidir.

Rivâyet olunduğuna göre, bu âyet-i kerime nâzil olunca **Rasûlullah** (s.a.v), **Hz. Ali**'yi çağırdı ve:

"Bu emredilen sadaka hakkında ne dersin, kaç dinar olsun!" diye sordu. **Hz. Ali** (r.a) de: "Dinara güç yetiremezler." dedi.**Rasûlullah** (a.s):

"Ne kadar olsun?" buyurdu. **Hz. Ali** (r.a): "Bir arpa yahut buğday miktarınca altın olsun." dedi. Bunun üzerine **Rasûlullah** (a.s):

"Gerçekten sen çok zâhid (dünyaya değer vermeyen) birisisin." [19] buyurdu.

Sonra ruhsat âyeti indi ve sadaka ayetini neshetti. **Rasûlullah** (a.s) ile özel konuşma esnasında sadaka verme kaldırıldı fakat, Cenâb-ı Hakk'ın bu emirle dikkat çektiği edeb, kontrollü konuşma ve hürmet kaldırılmadı. Âyetin öğrettiği edeb ve te'min edeceği fayda bâkidir.

Büyüklere edeb ve hürmet konusunda **Ubâde b. Sâmit** (r.a) Hz. Rasûlullah'ın (s.a.v) şöyle buyurduğunu rivayet etmiştir:

"Büyüğümüze saygı (ve hürmet), küçüğümüze sevgi, göstermeyen ve âlimimizin hakkını (hatırını) korumayan kimse bizden değildir." [20]

Demek ki, ulemâya hürmet tevfik ve hidâyet vesilesidir; onların hak ve hürmetini ihmal etmek ise, ilâhî rahmetten mahrumiyetin işareti ve itaatsizlik alâmetidir.

****

19) Bkz: Beğâvi, Meâlimü't-Tenzil, VIII, 60; Taberî, Câmiu'l-Beyân, Cüz: XIV, 20-21; Şevkânî, Fethu'l-Kadir, V, 191.
20) Ebû Dâvud, Edeb, 58; Tirmizî, Birr, 15. Ahmed, Müsned, I, 257; Tabarânî, el-Mücemu'l-Kebir, VIII, 236 (No. 7922).

MÜRŞİDİN RİÂYET EDECEĞİ ÂDÂB

Bir mürşid-i kâmilin müridlerine karşı dikkat ve riâyet edeceği pek çok edebler vardır. Biz burada en önemlilerini zikredeceğiz:

1-Nefsi adına bu işe tâlib olmamak

İrşâd işinde en önemli edeb, sâdığın, bir cemaatın başına geçme arzusuyla ileri atılmaması, yumuşak muâmele, tatlı kelam ve kendisine tâbi olunma muhabbetiyle kalbleri çekmeye çalışmamasıdır. Sâdık Hakk tâlibi, Allahu Teâlâ'nın, kendisine, güzel bir zan ve samimi bir irâdeyle, irşad olmak isteyen müridleri gönderdiğini görünce; bunun Allah'tan bir imtahan ve ibtilâ olduğunu düşünmeli ve (hemen içine dalmaktan ve bu sâyede meşhur olmaktan) çekinmelidir. Çünkü nefisler, halkın kendisine yönelme ve şöhret muhabbeti üzerinde yaratılmıştır. Halbuki selâmet, yalnızlık ve bilinmemektedir.

Bununla birlikte, ilâhi takdir tecelli eder, kul mânevî hâlinde tam temkin sahibi olup, Allahu Teâlâ'nın özel yollu bir ta'rifi ile, kendisinin müridlerin irşad ve terbiyesi ile görevlendirildiğini anlayınca, o zaman (müridlerin başına geçer ve) onlara, müşfik bir babanın din ve dünya ile ilgili konularında çocuğuna gösterdiği dikkat içinde nasihatta bulunur.

Mürşid, Allahu Teâlâ'nın kendisine sevk ettiği her mürid ve irşad isteklisi için **Allah**'a müracaat eder, onun mânevî emanetini üstlenirken ve ona bir şey söylerken kendisine yardımda bulunması için devamlı O'na ilticâ eder. Mürşid, müridle konuşurken, kalbiyle Allah'a nazar eder bir halde, hidâyet konusunda ve hakkı söylemesinde Zât-ı Bârî'den yardım isteyerek konuşmalıdır.

Şeyhimiz **Ebu'n-Necib es-Sühreverdî**'nin, ashabından birine şu tavsiyelerde bulunduğunu işittim: "Müridlerle ancak kalben ve hâlen en sâfi vaktinde konuş.."

Gerçekten bu, faydalı bir nasihattır. Çünkü kulağa gelen söz, yere atılan tohuma benzer. Daha önce, bozuk tanenin çürüyeceğini ve bir işe yaramayacağını anlatmıştık. Kelamın bozulması, içine nefsânî hevâ ve hislerin kavuşmasıyla olur. Bir damla hevâ, bir ilim denizini bulandırır.

2-İlâhî irâdeye ve insanların kâbiliyetine göre konuşmak.

Mürşid, sıdk ve irâde ehli müridleriyle konuşurken, dilin kalbden yardım istediği gibi; kalble Allahu Teâlâ'dan devamlı yardım istemelidir. Lisân dilin tercümanı olduğu gibi; mürşidin kalbi de, kulun yanında Cenâb-ı Hakk'ın tercümanıdır (onun murâdını haber verir). Bu durumda mürşid, kendisine verilen emâneti yerine getirmek ve üzerine gelen (ilim ve mânayı) almak için Allah'a nazar eder ve kulak verir bir halde (tamamen gelen ilâhî ilhama ve işâretlere yönelmiş) olur.

Sonra mürşid, müridin her hâlini kontrol edip değerlendirmeli, imanının nûru, ilim ve mârifetinin kuvvetiyle müridde zûhur eden şeyleri anlamalı, onun neye salâhiyet ve kâbiliyeti olduğunu ferâsetiyle farketmelidir. Bazı müridler vardır ki; onlar için, sırf ibâdet, zâhiri ameller ve ebrârın yolu uygun olur. Bazı müridler vardır ki onlar, kurbiyyet hâli, kalbî amel ve yüce muâmeleler için seçilmiş mukarrabûnların yoluna uygun kâbiliyyet sahibidir. Ebrâr ve mukarrabûnların herbirisi için (seyr u sulükte) farklı bidâyet ve nihâyet halleri vardır.

Mürşid-i kâmil, bâtınlara nazar ve vukûfiyet sahibidir. Her şahsa neyin güzel ve uygun olduğunu bilir. Hayret etmemek elde değil! Sahrada yaşayan bir kimse, toprak çeşitlerini, bu toprağa göre uygun mahsul türlerini bilir. Her sanat erbâbı, sanatının inceliklerini, fayda ve zararlarını bilir. Bir kadın bile, elindeki pamuğu, ondan ne kadar (nasıl) ince kalıp iplik elde edileceğini bilir de; bir mürşid-i kâmil müridinin hâlini ve kâbiliyetinin neye müsait olduğunu bilmez, bu mümkün mü?

Rasûlullah (s.a.v), insanlara akıllarının alacağı ölçüde konuşuyor ve herkese hâline uygun işi emrediyordu. Ashâbından bazısına malını infâk etmeyi, bazısına malını elinde tutmayı, bazısına çalışıp kazanmayı, Ashab-ı suffe gibi bir kısmına da çalışmayı bırakmalarını hüküm ve emir veriyordu.

Demek ki, Rasûlullah (s.a.v), insanların vaziyetlerini ve her biri için uygun olanı yakinen biliyor, ona göre karar veriyordu. İnsanları dine dâvet işine gelince; daveti herkese yapıyordu. Çünkü o, Hakk'ın delilini ortaya koymak ve dâvâsını açıklamak için gönderilmişti. Bunun için insanlar arasında hiç ayırım yapmadan dine dâvet ediyordu. Kendisinde hidâyet yoluna kabiliyet gördüğünü özel olarak davet edip de, başkasını davetin dışında bırakmıyordu.

3-Özel bir halvet ve zikir yeri edinmek

Mürşidin edeblerinden birisi de kendisinin halkla karışıp ilgilenmesinin mümkün olmadığı özel bir halvet yeri ve vakti olmalıdır. Böylece, halvetindeki topladığı nur ve kemâlâtı halkın arasında, hem kendisine hem de halka akıtmış olur. Nefsi, uzun müddet insanlarla berâber kalmanın ve onlarla konuşmanın kendisine bir zarar verip ondan birşey almayacağını düşünmemeli ve halvete ihtiyacı yoktur zannıyla kendisinde bir kuvvet iddiâ etmemelidir. Gerçek şu ki; Rasûlullah (s.a.v) en yüce hâle sahib olmakla beraber, kendisinin, hiç terketmediği gece ibâdeti ve kimseyle görüşmediği halvet vakitleri vardı.

Bir de şu var ki beşer tabiatı, az veya çok, terbiyeden, devamlı kontrol ve idâreden uzak bırakılmamalıdır. Azıcık kalb hoşluğu ile yetinip aldanan nice kimseler vardır ki; bunu kendisine sermaye edinerek, kalbinin bu kadarcık rahatlığı ile aldanmış, insanlara karışıp onlarla berâber olmaya kendini salıvermiş ve hânesini, yanında yenilecek birkaç lokma bulunan ve insanların toplanıp çöreklendiği bir yer yapmıştır. Halbuki onun yanına ancak, niyeti din ve iman olmayan ve muttakilerin yolunun dışında hedefleri bulunan kimseler gelmektedir. Böylece o, kendisini ve başkalarını fitneye düşürmüş; hatâ içinde ve gevşeklik dâiresinde çöküp kalmıştır.

Demek ki mürşid, her ne kadar devamlı kalbi ve kalıbıyla berâber olmasa da, hiç değilse kalbiyle, Allahu Teâlâ'nın huzurunda tazarru edip yardım istemekten müstağni değildir. Böylece onun her bir kelimesi Allahu Teâlâ'ya bir niyaz olmakta ve her hareketi onun huzurunda bir tazarru yerine geçmektedir.

Gerçek şu ki, boş iddiâlarla aldanan kimselere fitne ancak, kendilerinde bir kuvvet görmelerinden, nefsin sıfatlarını tam olarak bilememelerinden, kendilerine gelen azıcık mânevi hediye ve büyüklerden elde ettikleri birazcık edeble aldanarak, insanlarla karışıp söze dalmalarından dolayı girmiştir.

Cüneyd el-Bağdâdî (k.s) ashabına derdi ki: "İki rek'at namazın, benim için, sizinle oturmadan daha faziletli olduğunu bilsem; yanınızda oturmazdım."

Mürşid, fazileti halvette görürse halvete çekilir. Eğer fazileti halkın içinde bulunmakta görürse; ashab ve müridleriyle birlikte oturur. Bu durumda halkın içinde oluşu halvetinin nûrânî himâyesinde olur. Aynı zamanda halkın içinde oluşu da, halvetindeki bereketin artmasına yardımcı olur. Bunda gizli bir sır vardır; şöyle ki:

İnsanoğlu çeşitli tabiat sahibidir. Daha önce zikrettiğimiz gibi; insan, ulvî ve sûflî âlem arasında devamlı iniş ve çıkışlarıyla kendisinde bir takım zıtlıklar ve değişiklikler meydana gelir. Bu değişmelerden dolayı, onda devamlı hak üzere sabır konusunda bir gevşeklik bulunmaktadır. Bunun için her amel sahibinde (arada bir) gevşeklik olmaktadır. Bu gevşeklik, bizzat amelde olabildiği gibi, bazen, ondaki tadın ve huzurun bulunmayışında olur.

Ameldeki gevşeklik ve kopukluk zamanında, mürid ve sâlikler için, vakit ve amellerin zâyiatı yanında, nefsî rahatlık arzusu ve tembelliğe bir meyil vardır.

Mürşidlik rutbesine ulaşan kimse ise; bu gevşeklik zamanında, halka dönerek onları hayır ve kurtuluş yollarına sevketmekle meşgul olur. Onun amelinde geri kaldığı an, müridlerde olduğu gibi vakitleri zâyi olup boşa gitmemiştir. Mürid, içine düştüğü bu gevşeklikten, kuvetli bir muhabbet ve samimi olarak Allahu Teâlâ'ya yönelmesiyle kurtulur. Mürşid ise; böyle bir zamanda bile halka fayda vermesinden dolayı fazileti elde ederek, müridin irâdesiyle eski hâline dönmesinden daha iştiyaklı bir nefisle, halvet yerine döner. Böylece o, üzerinden gevşekliği atmış olarak, daha fazla nura susamış bir kalb ve Hak**k**'dan başkasına nazar sıkıntısından kurtulmuş, şiddetli muhabbetiyle âhirete yönelmiş bir ruhla halvethânesine girer.

4-Tevâzu sâhibi olup, hürmet beklememek

Mürşide düşen görevlerden birisi de; İrâde ve taleb sahiblerine güzel muamele etmek, onlardan mürşidler için gereken hürmet ve ta'zimi beklememek ve herkese karşı devamlı tevâzu ile muamele etmektir.

Sûfîlerden **er-Rakkî** şöyle anlatmıştır: "**Mısır**'daydım. Müridlerden bir cemaatla mescidde oturuyorduk. O sırada, **Şeyh Ebû Ali ed-Dekkâk** içeri girdi. Bir direğin kenarında durarak namaz kılmaya başladı. Bizler: "Şeyh Hazretleri namazını bitirince kalkar kendisine selam veririz." dedik. Namazını bitirince o bizim yanımıza geldi ve bize selam verdi. Biz kendisine: "Şeyhimizden önce kalkmak ve kendisine selam vermek bize düşerdi, dediğimiz de, Hazret:

"Allahu Teâlâ, başkasından böyle bir şey beklemekle asla kalbimi azablandırmamıştır!" dedi.

O bu sözüyle; "bana hürmet edilip yönelilmesine hiç bağlanmadım." demek istiyordu.

5-Güler yüzlü ve yumuşak olmak.

Mürşidlerin edeblerinden birisi de, iyi muamele ve güler bir yüzle müridlerinin hâliyle ilgilenmektir.

Büyüklerin birisi demiştir ki: "Bir Hakk tâlibi gördüğün zaman onu iyilik ve yumuşaklıkla karşıla; hemen ilimle önüne çıkma. Çünkü yumuşak muamele onu ısındırır. İlim ise ilk anda onu soğutabilir."

İşte mürşid bu anlayışla, müridine yumuşaklıkla muamele edince, mürid bunun bereketiyle yavaş yavaş ilimle faydalanmaya başlar ve sonunda gerçek ilim neyi gerektirirse o şekilde amel eder.

6-Müridlerin haklarını korumak

Mürşidlerin edeblerinden birisi de; ashâb ve müridlere muhabbet etmek, sıhhat ve hastalık hallerinde onların haklarını yerine getirmektir. Mürşid, müridleren teslimiyet ve sadâkatlarına güvenerek onların haklarını ihmal etmemelidir.

Sûfîlerden birisi demiştir ki: "Kardeşinin, aranızdaki dostluk sebebiyle hâsıl olan hakkını zâyı etme!"

Ebû Muhammed el-Cerîrî şöyle anlatmıştır: "Hacdan dönmüştüm. Önce, **Cüneyd el-Bağdâdî**'nin yanına uğrayıp selam verdim ve: 'Bir daha benim yanıma gelib de yorulmasın.' diye düşündüm. Sonra evime geldim. Sabah namazını kılıp döndüğümde bir de baktım ki **Cüneyd el-Bağdâdî** arkamda oturuyor. Bunu görünce kendisine:

"Efendim! Ben, buraya kadar zahmet etmeyesiniz diye önce size uğrayıp selam vermiştim." dedim; bana:

"Ya **Ebâ Muhammed**, sana gelişim senin hakkındır. Senin bana gelişin ise, faziletindir." dedi.

7-Müridlerin gücüne göre yük yüklemek

Mürşidlerin edeblerinden birisi de; irşad arzulayanların bazılarında nefsi zelil kılıp ezmek hususunda bir za'fiyet ve azimetle amel edememe hâli görünce, kendisine iyilikle muamele etmeleri ve onu ruhsat çizgisinde durdurmalarıdır. Bunda büyük bir hayır vardır. Kul ruhsat sınırları içinde kaldığı müddetçe serbesttir. Sonra hâlinde sebat bulup, müridlere karışarak ruhsatta kalmaya alışınca, iyilikle yavaş yavaş azimetle amel etmeye başlar.

Ebû Sâid b. el-Arabî demiştir ki: "**İbrahim es-Sâğî** diye bilinen bir genç vardı. Babasının da malı mülkü çoktu. Bu genç tamamen sûfilere bağlandı ve **Ebû Ahmed el-Kalânisî**'nin sohbetinde bulundu. Çoğu zaman **Ebû Ahmed**'in eline bir miktar dirhem geçiyor, bununla ona yufka ekmek, kebab ve helva satın alıyor ve onu kendisine tercih ederek:

"Bu delikanlı dünya nimetlerine alışmışken onları terkedip ayrıldı. Bu durumda, bizim kendisine iyilik etmemiz ve onu başkalarına tercih etmemiz gerekir." diyordu.

8-Müridlerinden mal taleb etmemek

Mürşidlerin edeblerinden birisi de; müridin malından, hizmetinden ve ondan herhangi bir yolla gelecek iyilikten uzak durmasıdır. Çünkü mürid onun yanına **Allah** için gelmiştir. Bu durumda o da, ona yapacağı iyilik ve irşadını sırf Allah rızası için yapmalıdır. Şunu hatırlatalım ki, mürşidin mürid için yaptığı iyilik, sadakaların en faziletlisidir:

Bir hadis-i şerifte şöyle buyrulmuştur:

"Hiç kimse, bir alimin insanlar arasında yayıp öğrettiği ilimden daha faziletli bir sadaka vermemiştir." [1]

1) İbnu Mace, Mukaddime, 20; Tabarani, El-Kebir, VII, No:6964; Heysemî, Mecmau'z-Zevâid, I, 166.

Allahu Teâlâ, kendisi için olan şeyin hâlis olmasına ve onun şüphe ve ârızalardan korunmasına işâret ederek buyurmuştur ki:

"Onlar yoksula, yetime ve esire seve seve yemek yedirirler. Sonra da onlara; biz size ancak Allah rızâsı için yediriyoruz. Sizden her hangi bir karşılık ve teşekkür beklemiyoruz." derler." [2]

Demek ki mürşide, yaptığı iyiliğe karşı müridden bir şey taleb etmesi doğru değildir. Ancak, müridden gelecek ihsan ve hediyenin kabûlu hususunda kendisine Allahu Teâlâ'dan bir ilim verilir yahut bu sebeble müride bir iyilik hâli ulaşacağı gösterilirse o başka. Böyle durumlarda müridin ihsanını kabul edebilir. Bu durumda, mürşidin müridin malını alması ve hizmetiyle faydalanması; bereketi müride dönen ve mürşid için de tehlikesinden emin olunmuş bir maslahat ve mânevî menfaat olur.

Allahu Teâlâ buyurmuştur ki:

"Eğer inanır ve Allah'a karşı gelmekten sakınırsanız; O size ecirlerinizi verir. O, sizin mallarınızı tamamen sarfetmenizi istemez. Eğer sizden onları isteyip de sizi zorlasa, cimrilik edecektiniz. O da kinlerinizi ortaya çıkaracaktı." [3]

Katâde (rah.) demiştir ki: "Allahu Teâlâ bu âyette, eldeki malın çıkmasıyla (kalbdeki) kinlerin çıkacağını bildirmiştir. Bu, Kerim olan Allah'dan bir edebdir. Gerçek edeb de Allah'ın edebidir."

Cafer el-Huldî demiştir ki: "**Cüneyd el-Bağdâdî**'ye bir adam geldi ve bütün malını infak edip fakir olarak onlarla berâber oturmak istedi. Bunun üzerine **Cüneyd el-Bağdâdî** kendisine: "Bütün malını elinden çıkarma. Sana yetecek miktarını yanında tut ve fazlasını infak et. Elinde tuttuğunla yiyecek ihtiyacını karşıla ve helal kazanmaya çalış. Yanındaki bütün malını infak etme. Şimdi böyle düşünüyorsun ama ileride nefsinin senden bir takım şeyler istemesinden emin olamam!" dedi.

Rasûlullah (s.a.v) bir iş yapmak istediği zaman, (acele etmeden) durur, araştırırdı. Mürşid, müridinin hâlini iyi bilir ve elindeki maldan bir şeyler çıkarmasının ona bir takım mânevî haller kazandıracağını, kalben bir daha ona meyletmiyeceğini anlarsa; o zaman müride elindeki bütün maldan kurtulması (hepsini infak etmesi) için izin verebilir. Nitekim Rasûlullah (s.a.v), **Hz. Ebu**

2) İnsan (76), 9-10.
3) Muhammed (47), 36-37.

Bekr'e böyle bir izin vermiş ve onun bütün malını kabul etmiştir.

9-Hoşa gitmeyen hareketleri imâ ve işâretle düzeltmek

Mürşidin edeblerinden birisi de, müridlerden birisinden hoşa gitmeyen bir durum gördüğü, hâlinde bir bozulma farkettiği, onda bir dâva hissettiği veya kendisinde bir ucub gördüğü zaman; bu hâlini açıkça yüzüne söylememelidir. Aksine, sohbetinde bulunanlara umûmen konuşur ve o kimsenin yaptığı sevimsiz hâle işâret edip, kötülenen şeyi kapalı olarak açıklar. Böylece, oradakilerin herbirisi için gerekli fâide hâsıl olur. Hem de bu, insanlarla iyi geçinmeye daha yakın ve kalblerin kaynaşması için daha etkili bir davranıştır.

Mürşid, müridde herhangi bir hizmette kusur ve gevşeklik görünce onun kusuruna tahammül göstermeli, onu affedip kendisini iyilik ve yumuşaklıkla hizmete teşvik etmelidir. Şu hadiste, Rasûlullah (s.a.v), ashâbını bu davranışa teşvik etmiştir.

Abdullah b. Ömer (r.a) naklediyor: "Rasulullah'a (s.a.v) bir adam gelerek: "Yâ Rasûlellah! Hizmetçimin günde kaç kere kusurunu bağışlayayım?" diye sordu, **Rasûlullah** (a.s):

"Her gün yetmiş defa (kusur etse de, yine bağışla!)" buyurdu." [4]

Mürşidlerin ahlâkı, Rasûlullah (s.a.v) Efendimize güzelce uymaları sebebiyle güzelleşmiştir. Onlar, Rasûlullah (a.s)'ın emrettiği, teşvik ettiği, sevdiği ve sevmediği hususlarda sünnetini ihyâda insanların en önde geleni ve buna en lâyık olanlarıdır.

10-Sırları saklamak

Mürşidin dikkat edeceği önemli edeblerden birisi de, müridlerde meydana gelen keşf ve ilhâm gibi mânevî hâl ve esrârı, mürid kendisine açtığında onları saklamasıdır. Bu durumda, müridin sırrı, Allahu Teâlâ ve mürşidinden başkasına kapalı kalır. Sonra, mürşid, müridin halvetinde meydana gelen keşf, gaibden işitme yahut başka harikulade şeyleri müridi için küçük görmeden, ona; bu gibi şeylere takılıp kalmanın ve onlarla iktifa etmenin kendisini

---

4) Kusurları affetmekle ilgili hadisler için bkz: Ali et-Muttaki, Kenzu'l-Ummal, III, 373-378.

Allahu Teâlâ'dan alıkoyacağını, üzerine açılacak terakki kapısını kapatacağını öğretmeli, bütün bunların şükredilecek birer nimet olduğunu, bunların ötesinde sayılamayacak kadar çok mânevî nimetlerin bulunduğunu hatırlatmalıdır. Ayrıca, müridin asıl işinin nimetin peşine düşmek değil, nimeti verene ulaşmak olduğunu bildirmelidir. Ta ki müridin sırrı, kendisiyle mürşidi arasında kalmış olup, yayılmasın. Sırların yayılması, göğsün darlığından kaynaklanır. Bu ise, kadınların ve zayıf akıllı erkeklerin vasfıdır.

Sırrı yaymanın sebebi şudur: İnsanda bir alıcı, bir de verici iki kuvvet vardır. Her ikisi de kendisini ilgilendiren şeye yönelir. Eğer Allahu Teâlâ verici kuvvete, insanın içinde olan şeyleri dışa vurma hâlini vermemiş olsaydı; hiçbir sır açığa çıkmazdı. Aklı kâmil olan kimse, bu kuvvet, içindeki sırları dışarı çıkarmak istediğinde, onu tutar ve aklı ile ölçüp tartarak icab ettiği şekilde hareket eder. Hem mürşid-i kamiller olgun ve kuvvetli akılları ile, sırları yaymaktan uzak bulunurlar.

Bir de mürid, sırrını yayacak kimseye onu açmaması gerekir. Çünkü sırrı gizlemekte, manevi hâlinin sıhhati ve selâmeti vardır ve böyle davranmak, sadık müridlere kemâlat yolunda ilâhî destek ve yardımı te'min eder.

****

SOHBETİN FAYDA VE TE'SİRLERİ

İki şahıs arasındaki beraberliği ve sohbeti te'min eden şey, aralarındaki ortak cinsiyettir. Kişiyi, bir diğeri ile sohbet ve berâberliğe, bazen aralarında mevcut olan en umûmî vasıflar; bazen de en husûsî vasıflar sevkeder.

İnsan cinsinin bir birine meyletmesi, öncelikle aralarındaki umum vasıf olan insâniyet vasfından ileri gelir. Bir milletten olanın kendi milletinden olana meyletmesi ise; aralarındaki husûsî vasıfa dayanır. Bir de iki insanı birbirine meylettiren ve yakınlaştıran bunlardan daha özel vasıflar vardır. Meselâ, itaat ehlinin ve günahkarların birbirlerine meyli aralarındaki özel vasıftan kaynaklanır.

Bu asıl bilindikten sonra ,şunu diyebiliriz: İnsan, bir şahsın arkadaşlık ve sohbetine meylettiği zaman kendisini şöyle bir kontrol edip kime meyl ve muhabbet ettiğine bir bakmalı; muhabbet ettiği kimsenin hallerini dinin ölçülerine göre ölçmelidir. Eğer onun hallerini düzgün ve güzel bulursa; kendisinin de iyi hâl sahibi olduğunu bilsin ve buna sevinsin. Çünkü Allahu Teâlâ, onun hâlini güzelleştirmiş ve kardeşinin aynasında güzel hâli yansımıştır. Eğer meyl ve muhabet ettiği kimsenin fiil ve hallerini bozuk görürse; (önce) kendisini ayıplayıp kınamalıdır Çünkü, arkadaşının hâl ve ahlak aynasında kendi kötü hâli yansımıştır. Bu durumda ona gereken; böyle bir arkadaştan arslandan kaçar gibi kaçmaktır. Çünkü onunla beraber oldukları sürece zulüm ve bozukluğu artacaktır.

Sonra, meylettiği kimsenin hâlinin güzel olduğunu görünce, onunla beraber olursa kendi hâlinin de güzel olacağını anlamalıdır ve bilinsin ki umumî vasıflar sebebiyle karşı tarafa meyletme insanın fıtratında mevcuttur. Bu meyl tabiî bir vâkıadır. Bu durumda ona âit bir takım hükümler söz konusudur. Nefis için de, bu beraberlikte bir sükûn ve muhabbet hâli vardır. Umûmî vasıflardan kaynaklanan meyl, husûsî vasıfların yerine geçmekte ve iki arkadaş arasında birbirleriyle tabiî bir rahatlama ve fıtrî bir lezzet meydana gelmektedir. Bu tür meyillerle bir araya gelmekle, sırf Allah için beraber olmanın arasındaki farkı ancak zâhid âlimler anlayabilir.

Bazen, sâdık bir mürid, hâli bozuk fâsıklardan daha çok, sâlih görünen fakat aslen sâlih olmayan kimselerden zarar görür.

Şöyle ki: Hâli bozuk olanın durumunu bildiği için, ona karşı tedbirini alır. İyi görünen kimsenin ise hâli onu aldatır ve aralarında (mevcut gözüken) sâlihlik vasfından dolayı ona meyleder;onunla arkadaş olur. Sonra aralarında, tabiî olarak bir takım fıtrî yakınlaşmalar ve etkileşmeler meydana gelir. Bu durum, aralarındaki Allah için sohbet ve beraberliğe perde olur. Bu sebeble **Hakk**'ı talebde gevşeklik ortaya çıkar ve hedefine varmada geri kalır. Öyleyse sâdık, bu nazik duruma gözünü açmalı, güzel ve temiz arkadaşlık yapmalı; kendisini asıl maksadından alıkoyan sohbet ve arkadaşlığı terketmelidir. Bunun için büyüklerden birisi:

"**Sen ancak tanıdığın kimselerden zarar görürsün!**" demiştir. Bu anlayıştan dolayı seleften bir grup, insanlara karışmayı hoş bulmamışlar, fazileti uzlet ve yalnızlıkta görmüşlerdir. **İbrahim b. Edhem**, **Dâvud et-Tâi**, **Fudayl b. Iyâz** ve **Süleyman el-Havvas** bunlardandı.

Anlatılır ki; **Süleyman el-Havvas**'a:

"**İbrahim b. Edhem** geldi, onu karşılamayacak mısınız?" denilince;

"Onu karşılamaktansa yırtıcı bir hayvan karşılamayı daha çok severim. Çünkü ben onu görünce, ona karşı sözümü güzelleştirip kendimin güzel hallerini ortaya koymaya çalışacağım. Bu ise fitnenin tâ kendisidir!" demiştir.

Bu söz, nefsini ve onun hallerini çok iyi bilen birinin sözüdür. Bu anlatılan fitne, Allahu Teâlâ'nın korudukları hariç, (genelde) arkadaşlık yapan herkesde vâkidir.

Bu konuda **Ebû Sâid el-Hudrî** (r.a) yoluyla gelen bir hadis-i şerifte Rasûlullah (s.a.v) şöyle buyurmuştur:

"Yakında müslümanın en hayırlı malı koyunları olup, onlarla dağ

tepelerinde, otlak yerlerinde dolaşarak dinini fitneden korumak için ordan oraya kaçar." [1]

Allahu Teâlâ, dostu **İbrâhim** Aleyhisselamın şu hâlini haber vermiştir:

"Sizi Allah'dan başka taptıklarınızla başbaşa bırakıp Rabbime yalvarırım" [2]

İbrâhim Aleyhisselam, kendilerinden uzaklaşarak kavmine üstün geldi.

Denilmiştir ki; uzlet iki çeşittir: Biri farz, diğeri fazilettir. Farz olan; kötüden ve kötülükten ayrılmaktır; fazilet olan ise; fuzûli şeylerden ve boş işlerle uğraşan kimseden uzaklaşmaktır.

Bu izaha göre şöyle diyebiliriz: Halvet, uzletten başkadır. Halvet; başkalarından ayrı kalmaktır. Uzlet ise; nefisden, onun çağırdığı hâllerden ve Allahu Teâlâ'dan meşgul eden şeylerden uzaklaşmaktır. Buna göre halvete giren çoktur; uzlet ise az bulunmaktadır.

Ebû Berk el-Varrak (k.s) demiştir ki:

"**Âdem** aleyhisselam'dan bu güne kadar fitne ancak, insanlara karışmak sebebiyle meydana çıkmıştır. Bu fitneden ancak halka karışmaktan uzaklaşan kurtulmuştur."

Denilmiştir ki, selâmet on parçadır; dokuzu susmakta birisi de uzlettedir.

Yine denilmiştir ki, halvet asıldır. Halka karışmak ise, ârızî sebeble başa gelecek bir durumdur. Öyleyse, asıl olana devam etmeli, insanlar arasına ancak ihtiyacı kadar girmelidir. İnsanlara karıştığı zaman da ancak bir sebeb ve gerekçeyle karışmalıdır. İnsanlar arasına girince sukûte sarılmalıdır. Çünkü sukût asıl, konuşmak ârızîdır. Konuşurken de ancak bir delil ve gerekçeyle konuşmalıdır.

Demek ki, insanlarla beraber olmanın tehlikesi çoktur. Kul o durumda pekçok şeyi bilmeye muhtaçtır. Halka karışma ve onlarla beraber olmaktan sakındıran pek çok hadis ve haber vardır. Kitablar onlarla dolup taşmıştır. Rivâyet edeceğimiz şu hadis, bu husustaki haberlerin

1) Ebû Dâvud, Fiten, 5; Nesâî, 30.
2) Meryem (19), 48.

en önemlisi ve bu durumu en güzel ifâde edenidir.

Abdullah b. Mesud (r.a) naklediyor: **Rasûlullah** (s.a.v) buyurdu ki:

"İnsanlar üzerine öyle bir zaman gelir ki; dinini kurtarmak için, ordan oraya giden şaşkın tilki gibi, bir köyden diğer bir köye, bir tepeden diğer tepeye, bir delikten diğer deliğe kaçan kimseden başka hiçbir müslümanın dini selâmete kalmaz." Ashab:

"Bu ne zaman olur, yâ Rasûlellah?" diye sorduklarında; Efendimiz Aleyhisselam:

"Geçim ancak, Allah'a isyan edilerek elde edildiği zamandır. O zaman gelince bekar kalmak helal olur." buyurdu. Ashab:

"Bu nasıl olur Ya Rasûlellah! Halbuki evlenmekle emrolunduk?" dediler. Rasûlullah (a.s):

"O zaman olduğunda, kişinin helâki anne-babasının elinde olur. Anne babası yoksa hanımı ve çocuğu elinde olur. Eğer hanımı ve çocuğu yoksa, yakının elinde olur." buyurdu. Ashab:

"Bu nasıl olur Ya Rasûlellah?" dediler. Efendimiz Aleyhisselam:

"Geçim darlığı sebebiyle onu ayıplarlar. O da güç getiremiyeceği şeylerin altına girer; sonuç olarak onu helak olacağı yerlere sürüklemiş olurlar!" buyurdu.[3]

Selef-i sâlihinden bir cemaat da, Allah için sohbet ve kardeşliğe rağbet etmişler ve Allahu Teâlâ'nın ehl-i imana kardeş olmaları sebebiyle lütufta bulunduğunu görmüşlerdir. Bu hususda Allahu Teâlâ buyurmuştur ki:

"Allah'ın size olan nimetini düşünün: Birbirinize düşmandınız, O sizin kalblerinizin arasını uzlaştırdı. (size, yakınlık ve sıcaklık verdi de) onun nimeti sâyesinde kardeş oldunuz."[4]

Yine Allahu Teâlâ buyurmuştur ki:

"Seni ve müminleri yardımıyla destekleyen ve onların kalblerini birbirine kaynaştıran O'dur. Eğer sen yeryüzünde olan herşeyi sarfetsen bile onların kalblerini kaynaştıramazdın, ama Allah onları

---

3) Ebu Nuaym, Hilye, I, 25; Beyhaki, K.Zühd, 436; Zebidî, İthâfu's-Sâde, VI, 23.
4) Âl-i İmrân (3), 103.

kaynaştırdı." [5]

Said b. el-Müseyyeb, Abdullah b. Mubârek (rahimehullah) ve başkaları **Allah** için sohbet ve kardeşliği tercih etmişlerdir.

Sohbetin ve insanlara karışmanın şu faydaları vardır:

1-İlim ve tecrübe artar

Sâlihlerle bir arada bulunma ve onların sohbetlerine girmek, insandaki bâtınî gözleri açar ve basîreti kuvvetlendirir. İnsan sohbet ve halka yakınlık sebebiyle hâdise ve olaylar hakkında bilgi elde eder.

Denilmiştir ki: "İnsanların âfetleri en çok bileni, başına en çok âfet gelendir."

2-İnsanı bâtinen ve zâhiren kuvvetlendirir

İnsanlara karışarak sohbet yoluyla elde edilen ilmin ağırlığı ile bâtın kuvvetlenir. Âfet rüzgârlarının esmesiyle sıdk kalbde iyice yerleşir. Sonra iman sayesinde onlardan kurtulur. Sohbet ve kardeşlik yoluyla karşılıklı destek ve yardımlaşma meydana gelir; kalbin askerleri takviye olur. Ruhlar birbirleriyle koklaşmalarıyla rahatlarlar; birbirlerine olan teveccühleriyle bir anda refik-i âlâya yükselirler. Bunun gördüğümüz âlemde misâli; seslerdir. Sesler bir noktada toplanınca felekleri deler geçer; göğe yükselir. Tek bir ses ise, cılızdır; hedefe ulaşmaktan geri kalır.

Rasûlullah (s.a.v) şöyle buyurmuştur:

"Mü'min, Allah için kardeşi çok olandır." [6]

Allahu Teâlâ, Kur'an-ı Hakim'de arkadaşı olmayana kimsenin hâlini şöyle haber vermiştir:

"Artık bizim için ne şefaatçılar var, ne de yakın bir dost!" [7]

Âyette geçen "hamîm" lafzının aslı, ihtimam kökünden gelen "hamim" mânasında kullanılmış olup kardeşinin işine ihtimam gösteren, ilgilenen dostu ifade etmektedir. Hem arkadaşın mühim işlerine yardım edip sahib çıkmak, arkadaşlığın hak ve icâbıdır.

Hz. Ömer (r.a) demiştir ki:

"Sizden biriniz kardeşinden sıcak bir muhabbet gördüğü zaman hemen

---

5) Enfâl (8), 62-63.
6) Bu mânadaki hadisler için bkz: Ali el-Muttakî, IX, 4.
7) Şuarâ (26), 100-101.

ona sarılsın. Çünkü böylesine az rastlar."

Birisi de nazımla şöyle demiştir:

Yaşadığın zamanda gerçek dost olsa biri,
Aranan odur amma, hani nerde öylesi?

Allahu Teâlâ, **Dâvud Aleyhisselam**a şöyle vahyetmiştir:

"Yâ Dâvud! Ne oluyor ki seni (tek başına) insanlardan ayrılmış görüyorum." **Dâvud** Aleyhisselam:

"İlâhi! Halkı senin için terkettim." dedi.

Bunun üzerine Allahu Teâlâ:

"Ey Dâvud! Nefsin için dost seçmek hususunda dikkatli ve uyanık ol. Benim muhabbetim üzere olmayan kimselere yakın olma. Çünkü o, senin kalbini katılaştıran ve seni benden uzaklaştıran bir düşmandır." buyurdu.

Bir hadis-i şerifde buyrulmuştur ki:

"Şüphesiz Allahu Teâlâ'ya en sevgili olanınız; başkalarıyla ülfet edip iyi geçinen ve kendisiyle de iyi geçinilen kimsedir. Mü'min; başkalarıyla dost olarak iyi geçinen ve kendisiyle iyi geçinilen kimsedir." [8]

Bunda bir incelik var ki o da şudur: Allah için uzlet ve yalnızlığı seçen kimsede hadiste anlatılan sıfat bulunmaz. O bu durumda, başkalarıyla ülfet eden ve kendisiyle ülfet edilen bir kimse olmaz.

Rasûlullah (a.s) bu sözüyle, insan yaratılışında bulunan bir ahlâka da işâret etmektedir. Bu ahlâk, mârifet ve yakîni tam, akıl yönünden en dengeli, ehliyet ve kâbiliyet yönünden en kâmil olan kimselerde kemâl bulur. İnsanlar içinde bu vasfı en çok kendisinde bulunduranlar; Peygamberler, sonra da velilerdir. İnsanları sevme ve onlarla kaynaşma ahlakında bütün insanlığın en ön safında Rasûlullah (s.a.v) Efendimiz bulunmaktadır.

Peygamberler içinde insanlara en yakın olan, ülfet ve ünsiyet bakımından en ileride bulunan Rasûlullah (s.a.v) olduğu için kendisine tabî olanlar en kalabalık olmuştur. Ayrıca Efendimiz (s.a.v):

"Nikahlanıp evlenerek çoğalınız. Muhakkak ki ben, kıyâmet gününde

8) Ahmed, Müsned, II, 400; Ali el-Muttaki, Kenzu'l-Ummal, I, 141.

diğer ümmetlere karşı sizin çokluğunuz ile övünürüm." [9] buyurarak, çoğalmaya teşvik etmiştir.

Allahu Teâlâ, bu ahlakın Rasûlullah'da (s.a.v) bulunuşuna şu şekilde işâret etmiştir:

"Şayet sen, kaba ve katı kalbli olsaydın; onlar etrafından dağılıp giderlerdi." [10]

Efendimiz Aleyhisselam, kendisinde bu vasfın bulunmasıyla birlikte (bazen) uzleti tercih etmiştir. Kendisinde insanlarla ülfet ve ünsiyet kâbiliyeti kuvvetli ve kâmil olan kimseler, başlangıç hâlinde, o derece uzleti tercih ederler. Bunun için Rasûlullah'a (s.a.v) peygamberliğinin ilk günlerinde yalnızlık hâli sevdirilmişti. Tek başına **Hira** mağarasına çekilir ve belirli geceler ibâdetle meşgul olurdu.

Aranan olgunlukta olan kimsenin uzlet arzusu, ülfet etme ve ülfet edilme vasfını kendisinden almaz. Bir grup insan bu hususda hataya düşmüş, uzletin insandan bu vasfı alacağını düşünmüş ve bu fazileti elde etmek için uzleti terketmişlerdir. Bu, hatâdır.

Kendilerinde ülfet ve ünsiyet ahlâkının en gelişmiş olduğu peygamberlerin ve sonra da sırasıyla bölümün evvelinde zikrettiğimiz kimselerin uzleti istemelerinin sırrı şudur:

İnsanda, aralarında ortak özellik bulunan cinslerine bir meyil vardır. İşin ehli olanlar bunu bilirler. Allahu Teâlâ, bu kimselere, aralarındaki ortak vasıf sebebiyle cinslerine meyletmekten korunsunlar ve yüksek himmetler, basit şeylere meyil yerine, rûhânî âleme nazarı edip ruhlarla kaynaşmaya rağbet etsin diye, kendilerine yalnızlık ve uzletin muhabbetini vermiştir.

Ruhlar, (uzlet, murâkabe, zikir ve taaat ile) nefsin temizliği tam olarak gerçekleştiği zaman, ruhlar âleminde başlayan önceki aslî kaynaşma sebebiyle cinslerine göz dikerler ve Allahu Teâlâ onları, mânen temizlenmiş olarak, (islah ve irşâd için) halkın arasına geri gönderir. Temiz nefisler bu ruhların nurlarıyla aydınlanırlar ve bu mükemmel ülfetten, yaratılışın sıfatıyla, ülfet etme ve ülfet edilme ahlâkı zuhûr eder.

9) Suyûtî, el-Câmiu's-Sağîr, I, 517 (No. 3366).
10) Âl-i İmrân (3), 159.

Artık bu kimsenin yanında işlerin en önemlisi; diğer insanları sevmek ve onlara ülfet etmek olur. Hem bu ülfet, bidâyetinde insanlardan ayrılıp uzlete çekilen kimsenin, neticede kendisiyle ülfet edileceklerin en güzeli olduğuna apaçık bir delil olur.

Hem böylece, uzlet ve sohbetin hakikatini bilmeden mutlak manada uzleti kötü gören kimsenin hatası giderilmiş olur. Yeri gelince uzlet, yeri gelince halk ile sohbet tercih ve rağbet edilir.

Muhammed b. Hanefiyye (r.ah) demiştir ki: "Kendisine iyilik yaptığı halde, İyiliklerine kötülükle karşılık veren kimseyle güzel geçinmeyen kimse, Allahu Teâlâ kendisini bu halden kurtarıncaya kadar hikmet ehli olamaz."

Bişr b. el-Hâris derdi ki: "Kul Allahu Teâlâ'nın taatında kusur içinde olunca, **Allah** onu ünsiyet edeceği kimselerden ayırır. Yakın dost; Allahu Teâlâ'nın sâdıklar için hazırladığı bir yardımcı ve kul için dünyada âcilen verilmiş bir sevaptır."

Allah için dost olan kimse, bazen mürşidler gibi karsısındakine fayda verir, bazen de müridler gibi kendisi istifâde eder. Şu halde, gerçek halvet ve uzlet Allah yolunda bir dost olmaksızın terkedilmez. Allah için dost arayan kimse, eğer kendisi geri ise; Allahu Teâlâ ona, kendisiyle hâlini islâh edeceği ve noksanını tamamlayacağı bir dost gönderir. Eğer ileri seviyede (kâmil bir insan) ise; kendisine müridlerden ünsiyet edeceği kimse hazırlayıp gönderir. Bu durumda meydana gelen ünsiyet ve yakınlık; insanlardaki umûmî vasıf sebebiyle ortaya çıkan meyille gerçekleşen yakınlaşma değildir. O, Allah için, Allah'dan gelen ve O'na âid olan bir meyil ve ünsiyettir.

Abdullah b. Mesud (r.a), **Rasûlullah** (s.a.v) Efendimizin şöyle buyurduğunu rivâyet etmiştir:

"Allah için birbirini sevenler, üstünde yetmiş bin çardak bulunan kırmızı yakuttan yapılmış bir sutûn üzerinde durur ve oradan Cennet ehline bakarlar. Güneşin dünya ehlini aydınlattığı gibi, onların güzelliği de

Cennet ehlini aydınlatır. Bunun üzerine Cennet ehli: 'Geliniz, Allah Teâlâ için birbirlerini sevenlere bakalım' derler. Onlar da üzerlerinde yeşil atlastan altun sırmalı elbiseler, alınlarında da: "Allah için biribirini sevenler" ibâresi yazılı olduğu halde, güneşin dünya ehlini aydınlattığı gibi parlayarak Cennet ehline bakarlar." [11]

Ebû İdris el-Hulvâni, Muaz b. Cebel'e:

"Seni Allah için seviyorum." dediğinde, **Muaz** (r.a) kendisine:

"Sana müjdeler olsun! Ben, **Rasûlullah**'ın (s,a.v) şöyle buyurduğunu işittim:

"Kıyâmet günü Arş-ı A'zamın etrafında bir takım insanlar için kürsüler kurulacaktır. Onların yüzleri ayın ondördü gibi parlayacaktır. İnsanlar feryad ederken onlar feryâd etmez; insanlar korkarken, onlar korkmazlar. Onlar, korku ve kederleri olmayan Allah'ın gerçek dostlarıdır." Bunun üzerine kendisine:

"Onlar kimlerdir ya Rasûlellah?" diye sorulunca, Efendimiz Aleyhisselam:

"Allah için birbirlerini sevenlerdir." [12] buyurdu.

Ubâde b. Sâbit (r.a), **Rasûlullah** (s.a.v) Efendimizin şöyle buyurduğunu rivâyet etmiştir:

"Allahu Teâlâ buyuruyor ki: Benim için birbirini seven, birbirini ziyâret eden, birbirine bol bol ihsan eden ve tasaddukta bulunanlara muhabbetim hak olmuştur." [13]

Şeyh Ebu'l-Feth, bize, icâzet tarikiyle, **Said b. Müseyyeb**'in **Rasûlullah**'dan (s.a.v) şu hadisi naklettiğini bildirdi.

"Dikkat edin! Size, namaz ve sadakadan daha çok sevabı olan bir hayır bildireyim mi?" diye sordu. Ashâb:

"Buyur?" dediler. Rasûlullah (s.a.v):

"İki kişinin arasını düzeltmektir. İnsanların arasını açmaktan sakının. Hiç şüphesiz kin tutmak (ve insanlara arasına düşmanlık sokmak) dini kökünden kazıyan bir ameldir." [14] buyurdu.

---

11) Suyûtî, ed-Dürrü'l-Mensûr, IV, 373; Ali el-Muttaki, Kenzu'l-Ummal, IX, 16; Zebîdî, İthafu's-Sâde, VII, 22.
12) İbnu Hıbban, el-İhsân, No:577. Aynı konudaki bir hadis için bkz: Ebu Davud, Büyu', 76. Heysemî, Mecmau'z-Zevâid, X, 268-269.
13) Ahmed, Müsned, V, 239; Hakim, Müstedrek, IV, 160-170
14) Ebu Davud, Edeb, 50; Tirmizi, Kıyame, 56; Ahmed, Müsned, VI, 444; Münzirî, et-Terğib, III, 488.

Bu hadisde, insanları terkeden bir kimsenin insanlara kızarak ve onlar hakkında kötü zanda bulunarak aralarını açmasından sakındırma vardır. Bu büyük bir hatadır. Halbuki uzlete çekilen kimse nefsine kızarak, nefsindeki âfetleri bilerek, nefsine karşı nefsinden sakınarak ve kendi şerrinin insanlara dönmesinden korkarak yalnız kalmayı istemelidir. İşte kim, uzletinde bu hâl üzere olursa; hadiste bildirilen tehdidin ve dini kökünden kazıyıcı diye bildirilen tehlikenin hükmü altına girmez. Çünkü hadisde bildirilen kimse, mü'minlere ve müslümanlara düşmanlık ve kızgınlık gözüyle bakmaktadır.

Bize, Şeyh **Ebu'l-Feth**, senedini **İbrahim el-Harbî**'ye kadar dayandırdığı rivâyetinde, **Halid b. Mi'dân**'ın şu haberi naklettiğini haber verdi:

"Allahu Teâlâ yarısı kardan ve yarısı ateşten olan bir melek yaratmıştır. Bu melek duâsında: "Allahım, şu kar ile ateşi birleştirdiği ve karın ateşi söndürmediği ateşinde karı eritmediği gibi, sâlih kullarının kalblerini birleştir." diye duâ eder." [15]

Sâlihlerin kalbi nasıl kaynaşmasın ki, Rasûlullah (s.a.v) mi'racında, hiçbir şeyin araya girmediği en kıymetli vaktinde "**Kâbe Kavseyn**" makâmında onları bulmuş, hallerinin (yücelik ve) letâfetinden dolayı, kendilerini karşısında görünce, onlara:

"Allahın selâmı bizim ve Allahın sâlih kullarının üzerine olsun." şeklinde selam vermiştir.

Demek ki onlar, her ne kadar ayrı ayrı yerlerde de olsalar bir arada toplanmışlardır. Onların sohbet ve yakınlığı lâzımdır. Dünya ve âhiret hususlarında onlara sarılmak gereklidir.

Hz. Ömer'in (r.a) şöyle söylediği rivâyet edilmiştir:

"Bir adam, gündüzleri oruç tutsa, geceleri ibâdetle geçirse, sadaka verip cihad etse, fakat Allah için sevip Allah için buğzetmese, bu yaptıkları kendisine fayda vermez." [16]

Bize, **Radıyyüddin Ahmed b. İsmail**, **Ebû Bekir et-Tilmisânî**'nin şöyle

---

15) Zebidi, İthâfu's-Sâde, VII, 21-22; Ebu'ş-Şeyh, Kitabu'l-Azameti, No:487-488
16) Aynı manada bir söz Abdullah b Ömer'den de rivayet edilmiştir. Bkz: Gazzali, İhya, II, 233.

dediğini haber verdi:

"Allah'la beraber olunuz. Buna güç yetiremezseniz, Allah'la beraber olan sâlihlerle olunuz ki; onların bereketi sizi Allah'la beraber olmaya (ve sohbet etmeye) ulaştırsın."

Yine bir konu ile ilgili olarak, şeyhimiz **Ebu'n-Necib es-Sühreverdî**, bize, **Ali b. Sehl**'in şöyle dediğini nakletti:

"Allahu Teâlâ ile ünsiyet, Allah dostları hariç, diğer insanlardan uzak kalmakla elde edilir. Allah dostlarıyla ünsiyet ve dostluk içinde olmak ise, Allah ile ünsiyet etmek gibidir."

Bir tanesi, sohbetin ve uzletin hakikatini ve faydasını şu şekilde dile getirmiştir:

İnsanın yalnızlığı hayırlıdır kötü dosttan,
Hayırlı bir dost ise, iyidir tek kalmaktan.

****

ALLAH İÇİN KARDEŞLİĞİN SORUMLULUKLARI

Allahu Teâlâ, kardeşleğin hedefi ve edebi hakkında buyurmuştur ki: ***"İyilik ve takvâ hususunda birbirinizle yardımlaşınız."*** [1]

Bir diğer âyette de şöyle buyurmuştur:

"Sonra asıl iş, iman ederek birbirlerine hakkı ve merhametli olmayı emreden kimselerden olmaktır." [2]

Allahu Teâlâ, Rasûlullah (s.a.v) Efendimizin ashabını vasfederken şöyle buyurmuştur:

"Onunla beraber olanlar, kafirlere karşı çok şiddetli kendi aralarında gayet merhametlidirler." [3]

Bütün bu âyet-i kerimelerde, Allahu Teâlâ' kullarına sohbet edeb ve hukukunu öğretmektedir. Şu halde, Allah için sohbet ve kardeşlik yapmayı tercih eden kimsenin dikkat edeceği ilk edeb, kendi nefsini ve arkadaşını tazarru', duâ ve istekle Allahu Teâlâ'ya teslim etmesi ve sohbetlerinden bereket istemesidir. Çünkü insan, bu beraberlik ve arkadaşlık sebebiyle, kendisine Cennet yahut Cehennem kapılarından bir kapı açmış olacaktır

Eğer bu dostluk, Allah rızâsı içinse; Allah, aralarında hayır yolunu açar. Bu ise; Cennet kapılarından bir kapıdır. Bu hususa işâreten Allahu Teâlâ buyurmuştur ki:

"O gün muttakilerin dışında bütün dostlar birbirinin düşmanı olur." [4]

---

1) Mâide (5), 2.
2) Beled (90), 17.
3) Fetih (48), 29.
4) Zuhruf (43), 67.

Bu âyetteki muttakilerin durumu anlatılırken denilmiştir ki:

"Allah için birbirini seven iki kardeşten birisine: "Cennete gir!" denilir, bunun üzerine o, kardeşinin makâmına sorar. Eğer onun aşağısında ise, kendisine verilen makâmın benzeri ona da verilinceye kadar Cennete girmez. Eğer kendisine:

"O senin gibi amel etmedi!" denilirse; o:

"Ben, kendim ve kardeşim için amel ettim!" der. Bunun üzerine kardeşi için istemiş olduğu bütün şeyler verilir ve kardeşi de onun makâmına yükseltilir.

Eğer Allahu Teâlâ, iki arkadaşa (İlâhî rızâ için olmayan) beraberliklerinden dolayı, bir şer yolu açarsa, bu dostluk, Cehennem kapılarından bir kapı demektir. Bu hususa işâret eden ayet-i kerimede şöyle buyrulmuştur:

"Zâlimlerden her biri (pişmanlığından) o gün iki elini ısırarak: "Ne olurdu keşke ben de o peygamberle birlikte bir kurtuluş yolu edineydim. Yazıklar olsun bana! Keşke, (beni sapıtan) falanı dost edinmeseydim, der." [5]

Gerçi bu âyet-i kerime, meşhur bir kıssa hakkında nâzil olmuştur, fakat Allahu Teâlâ, bununla kullarını, kendilerini Hakk'tan alıkoyacak bütün dostlara karşı uyarmış ve ciddi bir niyet, sağlam bir araştırma olmaksızın, gireceği bu işlerdeki niyetini, maksadını, menfeat ve zararlarını bilmeyen câhiller gibi hareket etmekten sakındırmıştır.

Abdullah b. Abbas (r.a) demiştir ki:

"**İnsanları ancak insanlar bozar**."

Demek ki, insanlara yakınlıkla, hem fesat hem de salah hâli meydana gelmektedir. Durum bu olunca, insan nasıl olur da, böyle bir işe girerken dikkatli olup, Allahu Teâlâ'ya çokça yalvararak, arkadaş seçişinde sadâkat sahibi olarak, bu hususda bereket ve hayır isteyerek ve öncesinde istihâre yaparak işini sağlama bağlamaz.

Hem sonra arkadaşlık ve kardeşlik bir ameldir. Her amel, önce güzel niyete, sonra da onu aynı gazellikte tamamlamaya muhtaçtır.

Rasûlullah (s.a.v), uzunca bir hadisinde buyurmuştur ki:

"Yedi sınıf insan vardır ki; Allahu Teâlâ onları kendi gölgesinden

---

5) Furkan (25), 27-29.

başka hiç bir gölgenin bulunmadığı kıyâmet gününde, kendi gölgesinde gölgelendirecektir... onlardan birisi de Allah için birbirini sevip bu sevgi üzerinde yaşayan ve bu sevgi üzerinde ölüp ayrılan iki kişidir." [6]

Bu hadiste, arkadaşlık ve kardeşliğin fayda vermesi ve kendilerine kardeşliğin sevabının yazılabilmesi için, bu dostluğun, başlandığı gibi güzelce tamamlanması şart koşulmuştur. Kurulan kardeşlik, sonuna kadar hak ve hukuku çiğnenmeden aynı edeble devam ettirilmezse, daha önce yapılan kardeşliğin bir kıymeti olmaz.

Denilmiştir ki: Şeytan iyilik hususunda birbiriyle yardımlaşan kimselere hased etmez; onun hasedi, Allah için kardeş olan ve onun için birbirini seven insanlaradır. Gerçekten Allah için birbirini seven iki kimsenin arasını bozmak için şeytan bizzat gayret eder ve bütün tâifesini buna teşvik eder.[7]

Fudayl b. İyaz derdi ki:

"Uzaklık ve kopukluk meydana geldiği zaman, kardeşlik ortadan kalkar. Halbuki Allah için kardeşlik, karşılıklı yüzyüze sevgi içinde olmayı gerektirmektedir. Bu durumu Allahu Teâlâ şöyle beyan buyurmuştur:

"Biz onların kalblerindeki kinleri çıkarır atarız; artık onlar tahtlar üzerinde kardeş olarak karşılıklı otururlar." [8]

İki kardeşten birisi, diğeri hakkında içinde bir kötülük gizler yahut ondan hoşlanmadığı herhangi birşey görür de onu gidermek için kendisini uyarmaz veya ondan gitmesine sebeb olmazsa, ona yüzü ve gönlüyle dönmüş olmaz, aksine ona sırt çevirmiş sayılır.

Cüneyd el-Bağdâdî (rah.) demiştir ki:

"Allah için kardeş olan iki kimseden birisi daha sonra soğuyup ayrıldı ise; bu bu ancak, birisindeki bir hastalık ve ârızadan dolayı olmuştur."

Demek ki; Allah için kardeşlik, duru sudan daha sâfidir. Bir iş Allah için

---

6) Suyûtî, el-Câmiu's-Sağîr, II, 43 (No:4645). "Bu sevgi üzerine ölen" ibâresi yok. Ayrıca bkz: Beyhakî, Şuabu'l-İmân, VI, 483.
7) İlgili hadisler için bkz:Müslim, Sıfatu'l-Kıyame, 65-68.
8) Hıcr (15), 47.

olmuşsa; Allahu Teâlâ onda sâfiyet ister ve temiz olan her şey devam eder. Dostluğun devamı; (arada nefis adına) muhâlefetin bulunmayışı iledir. Rasûlullah (s.a.v) buyurmuştur ki:

"Kardeşinle çekişme, onunla alay etme ve kendisine yerine getiremeyeceğin şeyi va'detme." [9]

Ebû Said el-Harrâz (k.s) demiştir ki: Sûfilerle elli sene beraber bulundum, benimle onlar arasında hiç bir hilâf ve çekişme olmadı.

"Bu nasıl oldu?" diye kendisine sorulunca:

"Çünkü ben onlarla beraberken hep nefsimin üzerinde durup, kendimle meşgul oluyordum." demiştir.

Bize, Şeyhimiz **Ebu'n-Necib es-Sühreverdî**, icâzet yoluyla, şunu haber verdi: Bir adam, **İbnu'l-Cellâ**'ya gelerek:

"Halka hangi şartla yakın olayım?" diye sorunca, Hazret:

"Eğer onlara iyilik yapamazsan, bâri eziyet verme. Onları sevindiremezsen, hiç değilse kendilerine kötülük yapma!" demiştir.

Yine bu senedle gelen haberde **Ebu Abdullah b. Cellâ** demiştir ki:

"Seninle kardeşin arasındaki dostluk ve arkadaşlık hakkını zâyi etme. Çünkü Allahu Teâlâ her mü'min için bir takım hakları farz kılmıştır; bu hakları ancak, Allahu Teâlâ'nın haklarını gözetmeyen kimse zâyi eder."

Sohbet ve kardeşlik haklarından birisi de, kardeşiyle arasında bir ayrılık ve uzaklaşma olduğu zaman onu ancak hayırla anmasıdır.

Anlatılır ki; büyüklerden birisinin bir hanımı vardı. Onda sevmediği bir hâlin olduğu bilinirdi. Kendisine hanımının hâlini öğrenmek için bir şey sorana:

"Bir erkeğe hanımı hakkında hayırdan başka bir şey söylemesi doğru değildir." derdi. Sonunda ondan ayrıldı ve kendisini boşadı. Niçin boşadığı hakkında kendisinden haber sorulduğunda:

"O, benden ayrılmış ve herhangi bir şeyi ile de bana âid olmayan bir kadındır. Artık ben onun hallerini nasıl anlatabilirim ki" demiştir.

Hiç şüphesiz bu davranış, çirkinlikleri örtüp güzellikleri ortaya koyan Allahu Teâlâ'nın ahlâkı ile ahlâklanmaktır.

İki arkadaş ve kardeşten birisinde, ondan ayrılmayı gerektirecek bir kusur

---

9) Tirmizî, Birr, 58.

bulunduğu zaman, diğeri ona buğz etmeli mi etmemeli mi? Bu hususda farklı görüşler vardır.

Ebû Zer (r.a) demiştir ki: "Kardeşin, üzerinde bulunduğu güzel hâli değiştirdiğe zaman, iyi hâlinde onu sevdiğin gibi, bu durumunda da ona buğzetmelisin."

Başkaları da demişlerdir ki: " Kendisiyle sohbet ve arkadaşlık kurduktan sonra, yapılan bir kusurdan dolayı kardeşine kızmaz, fakat işlemiş olduğu kötü amele kızar. Bu hususa işaret olarak Allahu Teâlâ, Efendimize (a.s) buyurmuştur ki:

"Eğer sana isyan ederlerse; de ki: Ben sizin amelinizden uzağım." [10]

Âyette; "ben sizden uzağım" demedi, "amelinizden uzağım!" dedi.

Anlatılır ki; bir genç, **Ebu'd-Derdâ**'nın (r.a) meclisine devam ederdi. **Ebu'd Derdâ** da (r.a) onu başkalarından ayrı bir mevkide tutuyordu. Sonra bu genç büyük günahlara daldı ve **Ebu'd Derdâ**'nın meclisine gelmez oldu. Ebu'd-Derdâ'ya:

"Onu uzaklaştırıp terketsene!" dendiği zaman:

"Sübhanellah! Arkadaş bir kusur işledi diye terkedilmez." demiştir.

Denilmiştir ki: "Arkadaşlık, neseb yakınlığı gibi bir bağlılıktır."

Bir defasında Hakîmin birisine: Kardeşin mi arkadaşın mı? sana hangisi daha sevimlidir?" diye sorulduğunda:

"Samimi arkadaşım olduğu zaman kardeşim daha sevgilidir." demiştir.

Arkadaşdan ayrılık zâhiren ve bâtınen olur. Zâhiren aralarında bir uzaklaşma olup da bâtinen bağlı kalmaya gelince; bu, şahısların ayrılış sebeblerine göre değişir. Bu hususda herhangi bir açıklama ve ayırım yapmaksızın genel olarak söz söylenmez.

İnsanlardan bazıları vardır ki; onun hâlinin değişmesi, Allahu Teâlâ'nın yolundan ayrılması ve hakkında takdir edilen kötülüğün başına gelmesiyle olur. Bu durumda, ona buğzetmek ve hakkında Hakk'a uymak gerekir. İnsanlardan bazıları vardır ki; onun hâlinin değişmesi, bir sürçme ve dönmesi umulan bir gevşeklik yüzünden olmaktadır. Bu durumda, ona buğz edilmesi gerekmez.

---

10) Şuarâ (26), 216.

Fakat onun o anda olan amellerine buğz eder. İyilik hâline dönmesini ve kendisine bir kurtuluş yolunun açılmasını bekleyerek ona dostluk gözüyle bakar.

Rivâyete göre; Peygamber (s.a.v), bazı insanların kötülük yapmış birisine ileri geri konuştuklarını duyduğu zaman:

*"**Susunuz**" buyurmuş ve: "**Kardeşinize karşı şeytana yardımcı olmayın.**"* [11] sözüyle onları uyarmıştır.

İbrâhim en-Nehâî (rah.) demiştir ki:

"Kardeşin bir günah işlediği zaman onunla alakayı kesip terketme; çünkü o, bu gün günah işler, yarın terkeder."

Bir hadis-i şerifte şöyle buyrulmuştur:

"Âlimin hatâsından sakının, onunla münâsebeti kesmeyin; düzelmesini bekleyin." [12]

Rivâyet olunduğuna göre; **Hz. Ömer** (r.a)'in **Allah** yolunda kardeş olduğu birisi **Şam**'a gitmişti. **Hz. Ömer** (r.a) **Şam**'dan **Medine**'ye gelen bir zâta:

"Kardeşim ne yapıyor?" diye durumunu sordu. O da :

"O, şeytana kardeş oldu!" dedi. **Hz. Ömer** (r.a):

"Sus! deyince adam:

"O büyük günahlara daldı, hatta içkiye bile düştü!" dedi. Bunun üzerine **Hz. Ömer**:

"**Medine**'den dönerken bana haber ver." dedi. Adam dönerken kendisine uğradı. O da kardeşine şu şekilde bir mektub yazdı:

"Rahman ve rahim olan Allah'ın adıyla. Hâ-mim. Bu kitabın indirilişi Aziz ve Alîm olan Allah'dandır. O günahları bağışlayan, tevbeleri kabul eden, bununla birlikte azabı da şiddetli olan, ihsanı bol bir Allah'dır. Ondan başka ilâh yoktur. Dönüş ancak onadır."[13] ayetlerini yazdıktan sonra, bu hususta kendisini uyarıp kınadı. **Şam**'daki kardeşi mektubu okuyunca ağladı ve:

"Allahu Teâlâ doğru söylemiştir. **Ömer** de bana nasihat etti." dedi ve

---

11) Buhârî, Hudûd, 5; Ahmed, Müsned, I, 438.
12) Beyhakî, Sünen-i Kübrâ, X, 211; Suyûtî, el-Câmiu's-Sağîr, No:137.
13) Mü'min (40), 1-3.

tövbe ederek günahlardan vazgeçti."

Rivâyet olunduğuna göre; Rasûlullah (s.a.v), **Abdullah b.Ömer**'in (r.a) sağa sola bakınıp durduğunu gördü. Ne aradığını sorunca, **İbnu Ömer** (r.a): "Yâ Rasûlellah! Bir adamla kardeş olmuştum. Şimdi onu arıyorum ve göremiyorum." deyince Efendimiz Aleyhisselam:

"Ey Abdullah! Bir kimseyle kardeş olduğun zaman; onun ismini, babasının ismini ve evinin adresini sor öğren. Böylece, eğer hasta olursa ziyârete gidersin, bir işi olursa yardım edersin." [14] buyurdu.

Abdullah b. Abbas (r.a) derdi ki: "Kendisinin bana arzedeceği herhangi bir ihtiyacı olmadığı halde, üç gün üst üste (Allah için) meclisime devam eden kimsenin, dünyadaki mükâfatının (ve hakkının) ne olduğunu çok iyi bilmekteyim."

Sâid b. el-As da derdi ki: "Meclisimde bulunan kimseye karşı bana üç şey düşer:

1-Yanıma geldiği zaman onu muhabbetle karşılar: "merhaba!".derim

2-Konuştuğu zaman kendisine yönelir, sözüne kulak veririm.

3-Oturduğu zaman ona yer açarım."

Muhabbetin ihlasla Allah için olmasının âlameti; onda iyilik ve ihsan gibi dünyevî hesap ve endişelerin bulunmamasıdır. Bir şeye bağlı olarak yapılan şey, o sebebin ortadan kalkmasıyla yok olur gider. Dostluğunu herhangi bir dünyevî sebebe dayandırmayan kimse, bu dostluğunu güzelce devam ettirir.

Allah için olan kardeşliğin şartlarından birisi de; din ve dünya işlerinde gücünün yettiği kadar kardeşini kendisine tercih etmektir.

Allahu Teâlâ, bu ahlaktaki mü'minleri överek şöyle buyurmuştur:

"Kendilerine hicret edip gelenlere sevgi beslerler. Onlara verilen şeylerden dolayı kalblerinde bir çekememezlik hissetmezler, kendileri zaruret içinde bulunsalar bile; onları kendilerine tercih ederler." [15]

Allahu Teâlâ'nın: "Onlara verilen şeylerden dolayı kalblerinde ona karşı bir

14) Tirmizî, Zühd, 45; Beyhakî, Şuabu'l-İmân, VI, 492.
15) Haşr (59), 9.

hırs bulmazlar' sözünün mânası; kardeşlerine malları için hased etmezler, demektir.

İşte bu iki vasıfla gerçek muhabbet kemâl bulur: Onlardan birisi, din ve dünya işlerinden herhangi birisinde kalbde hasedin bulunmaması; ikincisi de, gücü yettiği kadar kardeşini kendisine tercih etmektir.

Beşerin Efendisi **Rasûlullah** (s.a.v) şöyle buyurmuştur:

"Kişi, arkadaşının dini ve ahlâkı üzerinedir. Senin kendisi için gördüğün faziletin benzerini sende görmeyen kimsenin arkadaşlığında hayır yoktur." [16]

Ebû Muâviye el-Esved (k.s), bir defasında:

"Bütün kardeşlerim benden hayırlıdır." demiş, "Bu nasıl olur?" denilince de: "Herkes beni kendisinden faziletli görüyor; kim beni kendinden faziletli görürse, benden daha hayırlıdır." diye cevap vermiştir.

Birisi nazım hâlinde şunları söylemiştir:

Tavâzu göster o kimseye ki, bu hâlini,
Bir fazilet görür, düşünmez ahmak seni.

Yanaşma dostluğuna sakın şöyle kimsenin;
Dosta kibir etmeyi, başında görür meziyyetin.

****

16) Tirmizî, Zühd, 45; Zebîdî, İthâfu's-Sâde, VII, 153.

SOHBET VE KARDEŞLİĞİN EDEBLERİ

Ebû Hafs Haddad'a müridin sohbet ve arkadaşlıktaki edebi sorulunca şöyle demiştir:

"Mürşid ve büyüklere hürmet etmeye, kardeşleriyle iyi geçinmeye, küçüklere nasihat etmeye, büyüklerin yolunda olmayanla arkadaşlık etmemeye, başkalarını kendine tercih etmeye, din ve dünya işlerinde kardeşinle yardımlaşmaya dikkat et."

Bunlarla birlikte diğer edebleri şöyle sıralayabiliriz:

1-Kardeşlerin hatâsına göz yummak

Sûfilerin edeblerinden birisi de: kardeşlerinin hatasına göz yummak, gerektiği zaman nasihat etmek, arkadaşının ayıbını gizlemek ve kendisinden gördüğü ayıbdan onu haberdar etmektir.

Hz. Ömer (r.a) demiştir ki: ***"Bana ayıbını gösteren kimseye Allah rahmet etsin."*** Bunda, şahsa büyük bir menfaat vardır.

Cafer b. Berkân (k.s) demiştir ki: "**Meymun b. Mihran** bana dedi ki: "Sevmediğim şeyi bana, yüzüme karşı söyle. Çünkü insan, sevmediği şeyi yüzüne karşı söylemedikçe kardeşine samimi davranmış olmaz."

Demek ki; sâdık olan kimse, kendisine doğruyu söyleyen kimseyi sever. Yalancı ise, nasihat edeni sevmez. Yalancıların nasihatı sevmediğine Allahu Teâlâ şu ayet-i kerimede işaret buyurmuştur: ***"Fakat siz öğüd verenleri sevmezsiniz."*** [1]

Şunu da hatırlatalım ki, nasihat gizlice olmalıdır.

2-Kardeşlerine hizmet etmek.

Sûfilerin edeblerinden birisi de, kardeşlerinin hizmetlerini yerine getirmek ve onların eziyetlerine tahammül etmektir. Bu şekilde müridin cevheri ortaya çıkar.

---

1) A'râf (7), 79.

Rivâyet edilir ki; **Hz. Ömer** (r.a), **Abbas b. Abdulmuttalib**'in evinde, **Safâ ile Merve** arasında yol tarafına uzanmış bir oluğun sökülmesini emretti ve söküldü. Bunun üzerine **Abbas** (r.a), **Hz. Ömer'e**: "Rasûlullah'ın (s.a.v) oraya eliyle koyduğu şeyi sen söktürdün!" deyince, **Hz. Ömer** (r.a):

"Öyleyse onu oraya senin elinden başkası koymayacak. Ömer'in boynundan başkası da merdivenin olmayacak." dedi ve onu omuzuna bastırarak, oluğu yerine koydurdu.

3-**Elindeki malı ve mülkü kendine âit görmemek.**

Sûfilerin edeblerinden birisi de, hiçbir şeyi kendi mülkü görmemektir.

İbrahim b. Şeyban (k.s) demiştir ki: "Biz, (Allah'ın mülkü olduğunu ve onda kardeşlerin de hakkı bulunduğunu unutarak, elindeki eşyayı sırf kendisine âit görüp) "ayakkabım, (çantam, gömleğim! vs)" diyen kimse ile arkadaşlık yapmazdık.

Ahmed el-Kalânisî demiştir ki: "Bir gün **Basra**'da, müridlerden bir cemaatın yanına vardım. Bana hürmet edip saygı gösterdiler. Günün birinde, onlardan birisine:

"Benim izarım nerede?" deyince gözlerinden düştüm.

İbrahim b. Ethem (k.s) kendisine bir kimse arkadaş olduğu zaman ona üç şeyi şart koşuyordu:

1-Hizmet işi kendine âid olacak.

2-Ezânı kendisi okuyacak.

3-Allahu Teâlâ'nın vermiş olduğu malı, kendisi nasıl tasarruf edip kullanıyorsa; arkadaşı da öyle kullanacak. Bunun üzerine arkadaşlarından birisi:

"Ben buna güç yetiremem!" deyince, **İbrahim b. Ethem** (k.s):

"Doğru söylemen hoşuma gitti." demiştir.

İbrahim b. Ethem (k.s), bostanlara bekçilik yapar, hasat zamanı çalışır ve arkadaşlarına infak ederdi.

Selef-i sâlihinin ahlâklarından biri de şu idi: Onlardan herhangi biri, kardeşinin malından bir şeye ihtiyacı olduğu zaman, kendisine danışıp izin almadan onu kullanırdı. Bu hususa işâret olarak Allahu Teâlâ buyurmuştur ki:

"İşleri aralarında ortaklaşa, danışıklı olur ve kendilerine verdiğimiz rızıktan infak ederler." [2]

Yani iş ve mallardaki tasarrufta ortaktırlar.

4-Arkadaşı her hâliyle kabul edip sevmek

Onların edeblerinden birisi de, herhangi bir arkadaş kendisine biraz ağır gelince, kendi nefislerini kınıyorlar ve bâtınlarından bunu gidermenin yollarını araştırıyorlardı. Çünkü kalbin, yakın arkadaş hakkında içinde böyle şeyler bulundurması arkadaşlık hukukunda bir noksanlıktır.

Ebû Bekr el-Kettânî (k.s) demiştir ki: "Bir adam bana arkadaş oldu. Kalbimde ona karşı bir ağırlık ve sıkıntı vardı. Bu hâlin kalbimden gitmesini düşünerek, kendisine bir şeyler hediye ettim ama gitmedi.

Bir gün onunla yalnız kalmıştım, kendisine: "Ayağını yanağıma koy!" dedim, bundan kaçındı. Kendisine: "Bunu mutlaka yapacaksın" dedim. O da yaptı ve böylece kalbimde kendisine karşı hissettiğim o düşünce kaybolup gitti."

er-Rakki (rah.) demiştir ki: "**Şam**'dan **Hicaz**'a kadar gidip bu hikâyeyi **Kettânî**'ye bizzat sordum ve kendisinden bizzat dinledim."

5-Fazilet ve üstün gördükleri kimseyi öne geçirmek. Sûfilerin sohbet ve beraberlik edeblerinden birisi de; faziletini bildikleri kimseyi öne geçirmek, mecliste kendisine yer açmak, oturulacak yere onları tercih etmektir.

Rivâyet olunduğuna göre; **Rasûlullah** (s.a.v), Ashabıyla sıkışık bir şekilde oturuyordu. O anda **Bedir** savaşında bulunmuş bir grub içeri girdi. Mecliste oturacakları bir yere bulamadılar. Bunun üzerine **Rasûlullah** (s.a.v), **Bedir** ehlinden olmayanları kaldırdı, yerlerine onlar oturdular. Bu durum kalkanlara biraz ağır geldi. Bunun üzerine Allahu Teâlâ:

"Ey iman edenler! (Peygamber tarafından) size meclislerde: "Yer açın!" dendiği zaman, hemen yer açın ki; Allah da size genişlik versin. "Kalkın!" denilince, derhal kalkın ki; Allah iman edenlerinizi yükseltsin. Kendilerine ilim verilenler için ise (Cennet'de) dereceler vardır. Allah bütün yaptıklarınızdan haberdardır." [3] âyetini indirdi.[4]

2) Şuarâ (42), 38.
3) Mücâdele (58), 11.
4) İbnu Kesir, Tefsir, IV, 324-325; Şevkânî, Fethu'l-Kadîr, V, 190.

Anlatılır ki; **Sûfi Ali b. Bündar**, ziyâret için **Ebû Abdullah b. Hufeyl**'in yanına geldi. Beraberce yürümeye başladılar. **Ebû Abdullah, Ali b. Bündar**'a:

"Öne geç!" dedi. O da:

"Ne sebebden dolayı?" deyince, **Ebû Abdullah**:

"Çünkü sen, **Cüneyd el Bağdâdî**'ye kavuştun, sohbetinde bulundun, ben ise ona kavuşamadım!" dedi.

6-Dünya ehli ile arkadaş olmamak

Sûfilerin sohbet edeblerinden birisi de, bütün dert ve düşüncesi dünyanın fuzûli şeyleri olan kimseyle arkadaşlığı terketmektir. Bu hususda Allahu Teâlâ buyurmuştur ki:

"Artık bizim zikrimize sırt çeviren ve dünya hayatından başka da bir arzusu olmayan kimseden yüz çevir!" [5]

7-Arkadaşa, karşılık beklemeden güzel muamele etmek

Onların arkadaşlık edeblerinden birisi de; kardeşlere çokça insaf edip, onlardan insaf beklemeyi terketmektir.

Ebû Osman el-Hîrî (k.s) demiştir ki:

"Arkadaşlığın hakkı; kendi malından kardeşine bolca vermen fakat onun malına göz dikmemen; ona karşı insaflı davranman fakat ondan insaf beklememen; sen ona tâbi olman fakat, onun sana uymasını arzulamaman, ondan sana ulaşan iyilikleri çok görmen fakat, senden ona ulaşanları az bulmandır."

8-Yumuşak davranmak

Sohbet edeblerinden birisi de; kardeşine yumuşak davranmak ve sert, kaba çıkışlarla nefsin ortaya çıkmasını terketmektir.

Ebû Ali er-Ruzbâri (k.s) demiştir ki:

"Senden yüksekte olana kaba davranıp hucüm etmen ona cefâ olur. Kendin gibilere sert olman kötü bir edebtir; senden aşağıda olanlara haşin davranman ise bir acziyettir."

9-Es'ef etmemek

Sohbet edeblerinden birisi de; konuşurken: "Şöyle olsaydı; böyle olmaz-

---

5) Necm (53), 29.

dı!", "keşke şöyle olsaydı; şöyle olabilirdi!" gibi sözleri kullanmamaktır. Çünkü sufiler, böyle şeyleri ilâhî takdire bir itiraz olarak görürler.

10-Ayrılıktan çekinmek

Sufilerin, sohbet ve kardeşlik konusunda dikkat ettikleri edeblerden birisi de; arkadaştan ayrılmaktan sakınmak ve arkadaşının dostluğunu korumaya hırslı olmaktır.

Anlatılır ki; bir adam birisine arkadaş oldu, sonra da ayrılmak istedi ve arkadaşından izin istedi. O da kendisine: "Bir şartla: Başka birisiyle ancak bizden üste olduğu zaman arkadaş ol. Aynı şekilde her ne kadar o bizden üste de olsa onunla da arkadaş olma; çünkü sen önce bizimle arkadaş oldun." dedi. Bunun üzerine ayrılmak isteyen adam: "Kalbimden ayrılmak niyeti gitti." dedi.

11-Küçüklere şefkatli olmak

Sohbet edeblerinden birisi de; yaşça küçük olanlara ve durumu aşağıda olanlara şefkat göstermektir.

Anlatılır ki; **İbrahim b. Ethem** (k.s) hasad zamanı çalışır ve arkadaşlarına yedirirdi. Hep beraber oruçlu olarak gece toplanıyorlardı. Çoğu zaman **İbrahim b. Ethem** işde geç kalırdı. Yine bir defasında geç kalmıştı. Arkadaşları: Gelin bu gece o yokken iftar yemeğimizi yiyelim; o da bundan sonra biraz acele etsin!" dediler ve yemeklerini yiyip uyudular.

İbrahim b. Ethem (k.s) eve döndüğünde onları uykuda bulunca: "Zavallılar, belki de yiyecek bir şey bulamadan yattılar!" dedi ve biraz un hazırlayarak pişirmek için yuğurdu. Uyandıklarında o, yanağını yere koymuş ateşi üflüyordu. Kendisine: "Ne yaptığını?" sorduklarında:

"Belki orucunuzu açmak için bir şey bulamadan yatıp uyudunuz; size bir şeyler hazırlıyayım!" dedi. Onlar da:

"Şuna bakınız! Biz ona nasıl davrandık, o bizim için nasıl muâmele ediyor." dediler.

12-Arkadaşa tam güvenmek.

Sûfilerin sohbet ve arkadaşlık konusunda dikkat ettikleri edeblerden birisi de, arkadaşı tarafından çağrıldığı zaman: "Nereye?" "Niçin?" "Ne sebeble?"

gibi bir şey söylememeleridir.

Âlimlerden birisi demiştir ki: "Bir adam arkadaşına: "Bana malından biraz ver!" deyince: "Ne kadar istiyorsun?" dediği zaman, kardeşliğin hakkını gerçek olarak yerine getirmemiş olur." demiştir.

Şâir de şöyle demiştir:

Çağırınca bir derde, sormazlardı kardeşe;
Hiç delil aramadan, el atarlardı işe.

13-Kardeşlerine yük olmamak.

Sûfilerin arkadaşlık edeblerinden birisi de; kardeşleri için külfet ve zahmete girmemekdir.

Anlatılır ki; **Ebû Hafs el-Haddâd** (k.s), **Irak**'a geldiği zaman, **Cüneyd el-Bağdâdî** (k.s) zahmet edip ona çeşitli yiyecekler hazırladı. **Ebû Hafs** bundan pek hoşlanmıyarak:

"Arkadaşlarımız, kendilerine koku ve boyalar ikram edilen nâzik kadınlar gibi oldular!" diye serzenişti bulundu.

Bize göre **fütüvvet**; sıkıntıya girmemek ve hazırda olanı misafire ikram etmektir. Çünkü sıkıntı ve zahmet çoğu zaman misafirin ayrılmasına sebep olur. Sıkıntı olmadığı zaman ise; misafirin durmasıyla gitmesi arasında fark olmaz.

14-Yağcılık yapmamak

Sûfilerin arkadaşlık edeblerinden birisi de; arkadaşla iyi geçinip idâre etmek ve yağcılık yapmamaktır.

İyi geçimle, yağcılık birbirine benzer; halbuki aralarında fark vardır. Müdârat (iyi geçim), arkadaşının iyiliğini ümid ederek, onun iyiliği için kendisiyle iyi geçinip ondan gördüğün sevimsiz şeylere tahammül etmendir.

Yağcılık ise; bir mevkiye yerleşmek yahut nefsanî bir şey ele geçirmek niyetiyle yapmacık olarak yapılan hareket ve sözlerdir.

15-Her işte ölçülü davranmak

Sûfilerin arkadaşlıktaki edeblerinden birisi de; malî ve diğer hususlarda, sıkı cimrilikten kaçınmak ancak israf israfa da dalmadan orta yolu tutmaktır.

İmam Şâfii'nin şöyle dediği nakledilir: "İnsanlara karşı eli sıkı tutmak düşmanlıklarını kazanmaya yol açar; onlara iyice açılmak da kötü arkadaşları çekmeye sebeb olur."

16-Arkadaşının kusurlarını örtmek

Arkadaşlık edeblerinden birisi de; kardeşlerindeki görülmesi ve duyulması uygun olmayan şeyleri örtüp gizlemektir.

Bir gün, **İsâ Aleyhisselam,** ashâbına: "Bir arkadaşınız uyurken rüzgar elbisesini açsa ne yapardınız?" diye sordu. Onlar da: "Onu örtüp kapatırdık." dediler. **İsâ Aleyhisselam**: "Hayır, aksine onun avretini açardınız!" dedi. Ashâbı: "Sübhânallah! bunu kim yapar?" dediler. O da:

"Sizden biriniz kardeşi hakkında uygunsuz bir kelime duyar, arkasından ona biraz da kendisi ekleyerek onu olduğundan daha büyük olarak insanlara açıp yayar; bu yaptığınız onun avretini açmaktır." dedi.

17-Kardeşine gıyâben duâ etmek.

Sufilerin edeblerinden birisi de; kardeşleri için gıyâbında günah ve kusurlarına istiğfar etmek ve onlardaki çirkin şeyleri defetmesi için Allahu Teâlâ'ya yalvarmaktır.

Anlatılır ki; Allah için kardeş olan iki arkadaştan birisi nefsâni bir aşka düştü. Bunu arkadaşına açarak kendisine:

"Ben böyle bir aşka düştüm; eğer beni Allah için sevmeye devam etmek istemezsen, bunda serbestsin, beni terkedebilirsin!" dedi. O da:

"Senin düştüğün bir hatâdan dolayı, aramızdaki kardeşlik bağını çözecek değilim." dedi ve Allahu Teâlâ'ya, onu hevâsından kurtarıp âfiyete kavuşturuncaya kadar yememeye ve içmemeye söz verdi; kırk gün oruç tuttu; aç kaldı. Arada bir arkadaşına, düştüğü hastalıktan kurtulup kurtulmadığını soruyor; o:

"Henüz gitmedi!" dediğinde, oruca ve açlığa devam ediyordu. Kırk günden sonra, arkadaşı hevâ hastalığının gittiğini söyledi; o da normal yiyip içmeye başladı.

18-Kardeşlerini kendisini idâre etmeye mecbur bırakmamak

Sohbet ve arkadaşlık edeblerinden birisi de; arkadaşlarını, kendisini idâre etmeye muhtaç etmemek, onu özür dilemek zorunda bırakmamak ve ona zor gelen şeylerle sıkıntıya sokmamak, aksine, arkadaşın isteklerini kendi isteklerine tercih etmektir.

Ali b. Ebi Tâlib (r.a) demiştir ki: "Arkadaşların kötüsü, seni kendisini idâreye muhtaç eden, özür dilemeye zorlayan ve senin kendisi için külfete girdiğin kimsedir."

Cafer es-Sâdık (rah.) da demiştir ki:

"Kardeşlerimin bana en ağır geleni; benim için zahmet ve meşakkate girip, benim de onun hakkını gözetmeye çalışarak sıkıntıya girdiğim kimsedir. Onların bana en huzur verenleri ise; benim, tek başıma bulunduğum andaki gibi, kendisiyle huzurumun bozulmadığı kimsedir."

Ben, Şeyh **Ebû Talib el-Mekkî** (k.s)'nin "**Kûtu'l-Kulûb**" isimli kitabında, bu mâna ve konuda bir çok hikaye gördüm. Bu husustaki güzel şeyleri onun kitabına bırakıyorum. Hepsinin ifâde ettiği mâna, netice olarak şudur:

Kula, her zaman Mevlâsının rızâsını gözetmesi, her istediğini nefsi için değil Yüce Mevlâsı için istemesi gerekir. Bir kimseye arkadaş olduğu zaman, arkadaşlığı Allahu Teâlâ için seçmeli, kendisiyle Allah adına arkadaş olunca da; onun Allah'a yakınlığını artıracak her şeyde kendisine yardımcı olmalıdır.

İlâhî edeb ve hakları tam olarak yerine getiren herkese Allahu Teâlâ, nefsini tanımaya ve onun ayıblarını görmeye (özel) bir ilim verir. Kendisine güzel ahlâk ve edebleri tanıtır. Onu, basiretle hakları edâ etmeye muvaffak kılar ve kendisini bütün bu hususlarda derin bir anlayış sahibi yapar. Allahu Teâlâ'nın ve halkın haklarına âid hususlarda hiç bir şey ondan gizli kalmaz.

Demek ki; bütün noksanlık ve kusurlar, nefsin çirkinliğinden, onun temizlenmeyip, bozuk sıfatı üzere kalmasından kaynaklanmaktadır. Bu sıfattaki bir nefis, kişiye arkadaş olsa; bir ifrata bir tefrite giderek zâlimlik yapar. Hakk'a ve halka âid vecibeleri çiğner geçer. Çeşitli hikâyeler, öğüdler ve edebler nefisde fazla bir te'sir yapmaz. Bu durumda nefis, üst taraftan içine su karıştırılıb içinde durmayan ve ona hiçbir fayda da vermeyen bir kuyuya benzer. Fakat nefis, takvâya sarılır ve dünyaya muhabbet etmeyip zühd sâhibi olursa; Allahu Teâlâ'nın tevfiki ile, kendisinden hayat suyu kaynar, ince ve derin anlayış sahibi olur. Hak olanı bilir, hakları yerine getirir ve gerekli edebleri tam olarak koruyabilir.

****

RÛH, KALB, AKIL VE NEFSİN MÂHİYETİ

Şeyhimiz **Ebu'n-Necib es-Sühreverdî**'nin, **Abdullah İbn Mesud** (r.a)'dan naklederek bildirdiğine göre; es-sâdık ve'l-masdûk olan **Rasûlullah** (s.a.v) şöyle buyurmuştur:

"Muhakkak ki, sizden birinizin, annesinin karnındaki hilkati (yaratılışı, şu safhalardan geçerek tamamlanır); kırk günde nutfe olarak toplanır. Sonraki kırk günde yapışkan bir kan pıhtısı hâline dönüşür. Diğer kırk günde bir parça et olur. Sonra Allahu Teâlâ kendisine, şu dört şeyi yazmak için bir melek gönderir; amelini, ecelini, rızkını, Cennet'lik ya da Cehennem'lik olduğunu. Sonra ona ruh verilir. Bir kişi, (dünyaya gelip âkil bâliğ olduktan sonra), Cehennemle arasında bir zira' mesâfe kalıncaya kadar Cehennemlik ameli işler durur; sonra kendisine daha önce yazılan Cennet'lik hükmü geçer ve adam Cennetliklerin amelini işleyerek Cennet'e girer. Yine birisi de Cennetlik'lerin amelini işler durur. Öyleki, onunla Cennet'e girmesine bir zira' kadar yakın mesâfe kalır. Onun da daha önce kendisine yazılan Cehennem'lik hükmü önüne geçer ve son anda Cehennem'liklerin amelini işleyerek Cehennem'e girer." [1]

İnsanın yaratılışı hakkında Allahu Teâlâ şöyle buyurmuştur:

"And olsun ki, biz insanı (Âdem'i) süzme çamurdan yarattık. Sonra Âdem'in neslini nutfe hâlinde sağlam bir yerde (rahimde) yerleştirdik. Sonra nutfeyi kan pıhtısına çevirdik; kan pıhtısını bir çiğnemlik et yaptık, et parçasından kemikler yarattık. Sonra kemiklere et giydirdik. Sonra da ona başka bir yaratılış verdik. En güzel şekilde yaratan Allah ne yücedir!" [2]

---

1) Buhârî, Enbiyâ, 1; Bed'ul-Halk, 6; Müslim, Kader, 16; Tirmizî, Kader, 4, İbnu Mâce Mukaddime, 10.
2) Mü'minûn (23), 12-14.

Denilmiştir ki: "**Sonra da ona başka bir yaratılış verdik**" sözüyle kastedilen; ona rûhun verilmesidir.

Bil ki, **rûh** hakkında konuşmak anlatılması zor bir iştir. Bu hususda dili tutmak akıl sahiblerinin yoludur. Hem Allahu Teâlâ rûhun durum ve mâhiyetini çok büyütmüş ve halka da bu husussdaki ilimlerinin çok az olduğunu bildirerek şöyle buyurmuştur:

"Resûlüm, sana rûhun mâhiyetini soruyorlar. De ki: Rûh rabbimin emrinden ibârettir. Bu hususda size pek az bilgi verilmiştir." [3]

Halbuki Allahu Teâlâ, kelâm-ı hakîminde insan oğlunun yüceliğinden haber vererek şöyle buyurmuştur:

"Gerçekten biz insan oğlunu çok üstün kıldık." [4]

Bir hadis-i şerifte şöyle anlatılmıştır: Allahu Teâlâ, Hz. Âdem'i ve zürriyetini yarattığı zaman melekler:

"Ya Rabbi! Sen, insanları yiyen, içen, evlenen bir varlık olarak yarattın; öyleyse dünyayı onların, âhireti de bizim yap!" dediler; bunun üzerine Allahu Teâlâ:

"İzzet ve Celâlime yemin olsun ki; kudret elimle yarattığım kimsenin sâlih zürriyetini, kendisine: "ol!" dediğimde olan sizler gibi yapmam." [5] buyurdu.

İşte bu üstün kerâmet ve kendilerini melekleri üzerine tercih etmesiyle birlikte, Allahu Teâlâ, rûhun durumunu haber verirken onların bu hususda ilimlerinin az olduğunu bildirmiş ve:

"Habibim, sana ruhu soruyorlar. De ki: Ruh, Rabbimin emrinden ibarettir ve size bu hususda pek az ilim verilmiştir." [6] buyurmuştur.

---

3) İsrâ (17), 85.
4) İsrâ (17), 70.
5) Tabarani, el-Evsat, No:6169; Heysemi, Mecmau'z-Zevaid, I, 82; Beyhakî, Şuabu'l-İmân, I, 172 (No: 149); İbnu Kesir, Tefsir, V, 98 (Riyad, 1998)
6) İsrâ (17), 85.

İbnu Abbas (r.a) demiştir ki:

"Yahudiler, Peygamber (s.a.v) Efendimize gelerek: "Ruh nedir? ve cesetteki ruh nasıl azab görecek bize haber ver." dediler. Gerçekte ruh, Allah'ın emirlerinden bir işti. Bu hususda kendisine herhangi bir şey inmemişti. Dolayısıyla onlara bir cevab vermedi. Sonra **Cebrâil** (a.s) yukardaki âyeti getirdi."[7]

Rasûlullah (s.a.v), Allahu Teâlâ'nın izin ve vahyi ile ruhdan ve onun mâhiyetinden haber vermekten dilini tutmuştu. Halbuki O (s.a.v), ilmin mâdeni ve hikmetin kaynağı idi. Hal böyle iken;, O'ndan başkasına, ruh hakkında söze dalmak ve ona işaret etmek nasıl mümkün olur?

Şüphesiz, insan nefsi, yüksek şeylere göz dikmek, aklî şeylere heves etmek ve yaratılışı icâbı, Allah'ın hakkında sukûtu emrettiği şeylere dalmak, içindeki hırsla, gerçek veya gerçek zannettiği hayalî şeylere muttalî olmak isteyip, nazarını fikir sahalarında serbest bırakınca ve rûhun mâhiyetini bilmek gibi kapalı bir işe dalınca; bu ıssız çölde yolunu şaşırmıştır. Halbuki, bu öyle bir konudur ki, ondaki ihtilaf gibi, hiçbir konuda ihtilaf mevcud değildir. Şayet nefis bu husussdaki acziyetini anlayarak haddini bilseydi, kendisi için daha lâyık ve daha hayırlı olurdu.

Rûh hakkında, dinin ölçü ve edebine dikkat etmeyen kimselerin sözlerine gelince; biz bu tür görüş ve sözleri, bu kitabda zikretmekten sakındık. Çünkü o sözler, hidâyeti bulamamış ve üzerine fesat damgası vurulmuş, kendilerine Peygamberlere uymanın bereketiyle hidâyet nuru isâbet etmemiş bir takım akılların ortaya attığı şeylerdir. Onlar, Allahu Teâlâ'nın şu âyetlerinde bildirdiği kimselerdir:

"Onlar o kimselerdir ki; gözleri beni hatırlatan âyetlerimden bir perde içinde idi ve (kelâmımı) işitmeye de tahammül edemiyorlardı." [8]

"Müşrikler şöyle dediler: "Senin bizi dâvet ettiğin şeye karşı kalblerimiz kapalıdır. Kulaklarımızda da bir ağırlık var ve bizimle senin aranda bir perde mevcuttur." [9]

Demek ki; peygamberin getirdiği hakikata karşı kalbleri perdeli olunca,

---

7) Taberî, Câmiu'l-Beyân, Cüz:XV, 156; Suyûtî, ed-Dürrü'l-Mensûr, V, 331.
8) Kehf (18), 101.
9) Fussılet (41), 5.

hakkı gerçek haliyle işitmediler; işitmeyince de hidâyete ulaşamayarak cehâlet üzerinde israr ettiler ve aklî şeylerle oyalanıp asıl arzulanan ma'rifetten perdelendiler.

Akıl, Allahu Teâlâ'nın bir hüccetidir; onunla bazılarını hidâyete ulaştırır, bazılarını da sapıtır. Bu sebeble, onların rûh hakkındaki sözlerini ve ondaki ihtilaflarını nakletmedik.

Dinin emirlerine inanmış ve amele sarılmış kimselerin rûh hakkındaki sözlerine gelince; onlardan bir grub, bu meselede istidlâl ve nazar yoluyla söz ederken; bir grub da, zevk ve ilâhî vecd yoluyla konuşup, fikir beyân etmişlerdir

Öyle ki; bu hususda sûfilerin büyükleri dahi konuşmuşlardır. Halbuki en iyisi; bu hususda söz etmemek ve Peygamber'in (s.a.v) edebiyle edeblenmektir. Ancak, burada bazı görüşleri nakledeceğiz.

Cüneyd el-Bağdâdî demiştir ki:

"Rûh; Allahu Teâlâ'nın, ilmini zâtına âid kıldığı bir şeydir. Onun hakkında: "O, mevcut olan bir şeydir." demekten öte bir şey söylemek câiz değildir."

Fakat biz, sâdıkların bu konudaki sözlerinin ve davranışlarının itibara alınacak bir yönü olduğunu düşünerek, onları değerlendiririz.

Onların bu konudaki sözlerini, Allah'ın kelâmı ve âyetleri için birer te'vil olarak görmek de mümkün ve caizdir. Çünkü Allahu Teâlâ, bazı âyetlerde tefsiri haram kılıp, te'vili câiz yapmıştır. Çünkü tefsirde ancak nakille konuşmak mümkündür. Te'vile gelince; akıl ve düşünce bu konuda bazı şeyler söyleyebilir.

Te'vil; kesin bir şey söylemeksizin, âyetin muhtemel olan mânalarından (birisini veya bir kaçını) zikretmektir. Durum bu olunca; o konuda konuşma yolu açıktır.

Ebu Abdullah en-Nebbâcî, demiştir ki:

"Rûh; (duyu organları ile) hissedilemiyecek kadar latif (gizli ve sırlı), elle dokunulmayacak kadar yüce, hakkında da: "o, vardır." demekten daha fazla söz edilemeyen bir cisimdir."

Bu zat, başkalarını rûh hakkında konuşmaktan nehyetmiş fakat kendisi de: "o bir cisimdir!" diyerek, onun hakkında beyanda bulunmuştur.

İbnu Atâullah demiştir ki:

"Allahu Teâlâ cesedlerden önce ruhları yaratmıştır. Çünkü âyet-i kerimede önce: ***"Biz sizi, yani ruhlarınızı yarattık."*** buyurmuş, arkasından da: ***"Sonra da size şekil verdik, yani cesedlerinizi yarattık."*** [10] beyânıyla, yaratılıştaki sıraya işâret etmiştir.

Bazıları da demiştir ki:

"Rûh, katı vücûd içinde bulunan latif bir varlıktır. Nitekim, görme hassesi de yine böyle bir vücûd içinde mevcud latif bir cevherdir." Bu sözde tenkide açık bir taraf vardır.

Bazıları: "Rûh; eşya ile kâim olan mânâdır; ve o haktır." demişlerdir ki, bunda da tenkit söz konusudur. Ancak bu söz, rûhun hayat mânasına hamledilmesi hâlinde uygun olur.

Diğer bazıları ise; ihyâ; hayat verenin sıfatıdır. Nitekim yaratma da yaratıcının sıfatıdır. Allahu Teâlâ: ***"De ki, rûh, Rabbimin emrindendir."*** [11] buyurmuştur. **Allah**'ın emri; kelâmıdır. İlâhî kelâm ise mahluk değildir. Yani rûh, Allahu Teâlâ'nın: "hayat (sebebi) ol!" emriyle, hayat (için bir vesile) olmuştur, demişlerdir...

Bu görüşe göre rûh, cesedde bir mânadan ibâret değildir.

Yukarıdaki sözlerde görüldüğü gibi; bu konuda söz edenlerin bir kısmı rûhun ezelî olduğuna; bazıları da hâdis yani sonradan yaratılan bir varlık olduğuna inanmaktadırlar.

Sonra insanlar, **Rasûlullah** (a.s)'a sorulan rûh hakkında da farklı görüşler ileri sürmüşlerdir.

Bir grub; âyette bahsi geçen rûhun, **Cebrail** (a.s) olduğunu söylemiştir.

Mü'minlerin emiri **Ali b. Ebi Tâlib**'in (r.a), ruh hakkında şöyle dediği nakledilmiştir:

"O, meleklerden bir melektir. O'nun yetmiş binyüzü vardır. Her bir yüzünün de yetmişbin dili vardır. Her bir dili için, yetmiş bin lûgat vardır. Bütün bu lûgatlarla Allahu Teâlâ'yı tesbih eder. Allah her bir tesbihden

---

10) A'râf (7), 11.
11) İsrâ (17), 85.

kıyâmete kadar meleklerle uçan bir melek yaratır." [12]

Abdullah b. Abbas (r.a) ise ruh hakkında şöyle demiştir:

"Rûh; Allah'ın mahluklarından bir varlıktır. Allah rûhları insanoğlunun sûretinde şekillendirmiştir. Semâdan inen her bir melekle beraber yanında bir de rûh bulunur."

Ebû Sâlih ise: "Ruhlar insan şeklindedirler, fakat insan değildirler." demiştir.

Mücâhid (rah.): "Ruhlar, insanoğlu sûretindedir. Onların da elleri ayakları ve başları vardır; yemek yerler, melek değildirler." demiştir.

Said b. Cübeyr (rah.) şöyle demiştir:

"Allahu Teâlâ, **Arş**'dan başka, ruhdan daha büyük bir şey yaratmamıştır. Şayet o, yedi kat yerleri ve gökleri bir lokmada yutmak istese yutabilir. Onun yaratılış sûreti meleklerin, yüzünün sûreti de insanlarınki gibidir. Kıyâmet gününde **Arş**'ın sağında durur. Melekler de tek saf hâlinde onunla birlikte bulunurlar. O, tevhid ehline şefaat edenlerdendir. Eğer onunla melekler arasında nurdan bir perde bulunmasaydı, semâvat ehli nûrundan yanardı."

Ashâb ve **Tâbiin** ulemâsından zikretmiş olduğumuz bu sözler ve görüşler, ancak **Resûlullah**'dan (a.s) bizzat dinleme veya ondan gelen bir nakil yoluyla söylenebilir. Bu durumda, hakkında soru sorulan rûh, bu nakledilen şeylerden bir varlık ise; o, cesedde bulunan rûh değildir. O halde bu rûh hakkında söz etmek câizdir ve bu konuda söz etmek, yasaklanmış değildir.

Bazıları da demişlerdir ki: "Rûh; Allahu Teâlâ'dan bir nefha-i ilâhî olarak gelip belirli yerlere sirâyet eden ve hakkında: "bir başkasının yaratmasıyla mevcuttur." demekten daha fazla söz edilemeyen lâtif bir varlıktır."

Âlimlerden birisi de demiştir ki: "Rûh, "ol" emrinden çıkmamıştır. Çünkü eğer "ol" emrinden çıkmış olsaydı, üzerinde bir zillet olurdu." Kendisine: "Peki, öyleyse nereden çıkmıştır?" denilince de şöyle demiştir: "Mânevî işâretleri mülâhaza sebebi ile Allahu Teâlâ'nın cemâli ile celâli arasından

12) Bkz: Taberî, Câmiu'l-Beyân, Cüz: XV, 156, Ebu'ş-Şeyh, Kitâbu'l-Azame, 150. (No: 410); Suyûtî, ed-Dürrü'l-Mensûr, V, 331-332.

çıkmış, Allahu Teâlâ onu selâmına has kılmış ve kelâmıyla yüceltmiştir. Böylece "ol" emrinin zilletinden kurtulmuştur."

Ebu Said el-Harrâz'a; "Rûh mahluk mudur?" denilince şöyle demiştir: "Evet, rûh yaratılmıştır. Eğer böyle olmasaydı, Allahu Teâlâ: "Ben sizin Rabbiniz değil miyim?" deyince: "evet sen bizim Rabbimizsin" diyerek rablığını ikrar etmezdi."

Rûh; bedenin kendisiyle ayakta durduğu ve onun sebebiyle canlı ismini kazandığı bir varlıktır. Akıl rûh ile sâbit olur ve aklın hücceti de rûh ile mümkün olur. Şayet rûh olmasaydı, akıl iptal olur; kulun, aleyhine veya lehine bir hüccet olmazdı.

Denilmiştir ki: ***"Rûh, yaratılmış bir cevherdir. Fakat o, yaratılanların en latifi, cevherlerin en sâfisi ve en nurlusudur. Gaybdaki şeyler onunla görülür, hakikat ehline keşif onun sâyesinde olur. Rûh, mânevî âlemdeki seyrinden perdelenince; âzâların edebi kötüleşir. Bunun için rûh, tecelli ve perdelenme, kabz ve ilâhî cezbeyle çekilme arasında kalır."***

Yine: "Ruhlara göre, dünya ve âhiret eşittir." denilmiştir.

Denilir ki: "Ruhlar, kısım kısımdır: Bir takım ruhlar vardır; Berzah'ta dönüp dururlar. Dünyanın hallerini ve melekleri görürler. Semâda insanoğullarının halleri hakkında ne konuşulduğunu işitirler. Bir takım ruhlar, arşın altında bulunurlar. Bazı ruhlar da, dünya hayatında Allahu Teâlâ yolunda yaptıkları sa'y u gayretleri ölçüsünde Cennetlere ve diledikleri yerlere uçup dururlar.

Said b. el-Müseyyeb (rah.), **Selmân-ı Farisî**'nin (r.a) şöyle dediğini rivâyet etmiştir:

"Mü'minlerin ruhları, Berzah'ta, yer ile sema arasında bulunur. Allahu Teâlâ onları cesedlerine gönderinceye kadar diledikleri yere giderler."

Denilmiştir ki: ***"Ruhlar, dünya hayâtından birisi ölüp geldiği zaman onunla buluşur, konuşurlar ve birbirlerine haber sorarlar. Allahu Teâlâ, kendilerine hayatta olanların amellerini arzedecek bir melek görevlendirmiştir. Hatta kendilerine, dünyada yaşayanların, işledikleri günahlar yüzünden azaba uğradıkları şeyler arzedilince:***

"Allah'dan yardım isteyerek ona özür dileriz. Çünkü Allahu Teâlâ'dan

başka kendisine özrün daha sevimli olduğu hiç bir kimse yoktur." derler.[13]

Bu konuda Rasûlullah (s.a.v) şöyle buyurmuştur:

"Ameller pazartesi ve perşembe günleri Allahu Teâlâ'ya arzedilir. Cuma günü de peygamberlere baba ve annelere arzedilir. Onların iyiliklerine sevinirler ve sevinçten yüzlerindeki nur ve parlaklık artar. Öyleyse, Allahu Teâlâ'dan korkunuz ve günah işleyerek ölülerinize eziyet vermeyiniz!" [14]

Diğer bir haberde de şöyle buyurulmuştur:

"Muhakkak ki amelleriniz ölmüş kabile ve yakınlarınıza arzedilir. Eğer amelleriniz güzel ise sevinip birbirlerine müjde ederler, iyi değilse; 'Allahım, bizi hidâyete ulaştırdığın gibi onları da hidâyete ulaştırmadan öldürme! derler." [15]

Bu haberler ve sözler, ruhların cesette müstakil bir varlık olduğunu, mâna ve araz olmadıklarını göstermektedir.

İmam Vasıtî'ye: "Rasûlullah (s.a.v) hangi sebebden dolayı insanların en halimi idi? diye sorulduğunda şöyle demiştir:

"Çünkü onun ruhu en önce yaratıldı ve kendisine ilâhî huzurda temkin ve istikrar yakınlığı meydana geldi. Baksanıza **Rasûlullah** (s.a.v): ***"Âdem, rûh ile cesed arasında iken ben peygamberdim."*** [16] buyuruyor. Yani, **Âdem** (a.s), o zaman daha ruh da değildi, cesed de değildi."

Bazıları da demişlerdir ki: "Rûh, izzet nûrundan, iblis de izzet ateşinden yaratılmıştır. Bunun için iblis:

"Ben Âdem'den daha hayırlıyım. Beni ateşten, onu ise topraktan yarattın." [17] dedi ve nûrun nardan hayırlı olduğunu, dolayısıyla; rûh sahibi

---

13) İlgili hadis ve haberler için bkz: Zebîdî, İthâfu's-Sâde, XIV, 325-328.
14) Müslim, Birr, 35-36 (Hadisin ilk kısmı); Hadisin tamamı için bkz: Suyûti, el-Câmiu's-Sağir, No:3316; Şerhu's-Sudûr bi Şerhi Hâli'l-Mevtâ ve'l-Kubur, 343.
15) Heysemî, Mecmau'z-Zevâid, II, 227-228.
16) Hakim, Müstedrek, II, 608; Tabarani, el-Kebir, XII, 12571; Ebu Nuaym, Hilye, VII, 122; Elbani, Sahiha, No:1836.
17) A'râf (7), 12.

Hz.Âdem de kendisinden hayırlı olduğunu anlayamadı."

Âlimlerden birisi de demiştir ki:

"Allahu Teâlâ, ilmi rûha arkadaş yaptı. Rûh, letâfetinden dolayı, bedenin gıdâ ile gelişip büyüdüğü gibi, ilimle gelişip yücelir. Bu, Allahu Teâlâ'nın ilminde olan bir şeydir. Çünkü, mahlûkâtın ilmi çok azdır; ona ulaşamaz."

İslâm kelamcılarının çoğunluğu yanında tercih edilen görüş şudur: İnsâniyet (insânî özellikler) ve hayvâniyyet (canlılık) insanda yaratılmış iki arazdır. Ölüm onları yok eder. Rûh ise bizzat hayatın kendisidir. Beden onun varlığı ile hayat bulmuştur. Kıyâmet gününde kendisine tekrar iâde edilmesiyle yine hayat sahibi olur.

Bazı **İslâm** kelamcıları da; suyun yeşil bir çubuğa sirâyet edip karışması gibi, rûhun da yoğun cisimlerle birleşip onlara karışmış latif bir cisim olduğu görüşüne sâhib olmuşlardır. **Ebu'l-Meâlî el-Cüveynî** de bu görüşü benimsemiştir. Kelamcıların çoğu, onun tek başına kâim olamayan bir araz olduğu görüşüne meyletmişlerdir. Ancak, onun bir cisim olduğuna delâlet eden hadis ve haberler onları bu görüşten geri çevirmiştir. Çünkü rûh hakkında, onun yüce makamlara yükselişi, alt makamlara düşüşü, **Berzah** âleminde çeşitli yerlere gidiş gelişi hususlarında bir çok haber vârid olmuştur. Onun bir takım vasıflarla vasıflanması, kendisinin bir cisim olduğuna delâlet eder. Gerçekten arazlar herhangi bir vasıfla vasıflanmazlar. Çünkü vasıf bir mânâdır. Mânâ ise mânâ ile kâim olmaz.

Bazıları da, rûhun bir araz olduğu görüşünü benimsemişlerdir.

Abdullah b. Abbas'a (r.a):

"Rûhlar bedenlerden ayrılınca nereye giderler?" diye sorulunca:

"Yağı bittiği zaman lambanın aydınlığı nereye gidiyor?" demiştir.

"Cisimler çürüdüğü zaman nereye gidiyor?" denilince de:

"İnsan hasta olup eridiği zaman eti nereye gidiyor?" demiştir. O bu sözleriyle, onların da yok olduğuna işâret etmiştir.

Müslümanlardan mantık ve felsefe gibi kötülenmiş ve reddedilmiş ilimlerle uğraşan, bazı ehl-i ilim: "Rûh; latif bir cisim içinde bedenden ayrılır." demişlerdir.

Bazıları da: "Rûh bedenden ayrılınca vehim kuvveti idrak vasıtasıyla kendisine geçer. O zaman rûh, mânâları ve hissedilen şeyleri görecek duruma gelir. Çünkü rûhun ayrılma anında bedenin özelliklerinden tamamen sıyrılması mümkün değildir. Rûh, ölüm anında ölümü hisseder ve ölümden sonra da kabre konmuş olarak tek başına boş kalır. Hayat hâlinde kendisine inandığı bütün şeyleri tasavvur eder. Kabirde sevabı ve azabı hisseder." demiştir.

Bir kısım ilim ehli de demişlerdir ki: "Bu hususdaki sözlerin en doğrusu ve en selâmetlisi şöyle söylemekdir:

"Rûh; Allahu Teâlâ'nın, bedende tuttuğu müddetçe, onunla bedenin hayatını devam ettirdiği yaratılmış bir şeydir. O, ceset içinde en şerefli bir varlıktır. Ceset ondan ayrıldığında ölümü tattığı gibi, o da cesedi terketmesiyle ölümü tadar. Onun nasıl ve nice olduğu konusunda akıl net bir şey ortaya koyamaz. Gözün güneşin ışınlarında kamaştığı gibi; akıl da bu konuda şaşırıp kalır, düşünemez olur."

Kelamcılar bu görüşleri ileri sürdükleri zaman onlara: "Mevcut olan varlıklar kadim, cisim, cevher ve araz vasıflarından birisine girer. Peki rûh bunlardan hangisidir?" diye sorulabilir.

Onlardan bir cemaat onun araz (kendi başına kâim olmayan) bir varlık olduğu görüşünü seçmişlerdir.

Bazıları, zikrettiğimiz gibi, onun latif bir cisim olduğunu ileri sürmüşlerdir.

Bir cemaat da, onun kadim olduğu görüşünü kabul etmiştir. Çünkü o, **Allah**'ın emirlerinden bir emirdir. Emir; **Allah**'ın bir kelâmıdır. Kelâm ise kadimdir.

Aslında, bu şekilde ihtilaflara konu olan bir hususda söz etmemek ne güzel bir şeydir.

Şeyh **Ebû Talib el-Mekkî**'nin (k.s), "**Kûtu'l-Kulûb**" adlı eserindeki sözü, onun: "Rûhlar, cesette bulunan ayınlar; müstakil varlıklardır." görüşüne meylettiğini gösteriyor. Nefisler de böyledir. Çünkü o kitabında diyor ki: "Rûh, hayır için harekete geçer. Bu hareketden kalbde bir nûr zuhûr eder. Melek bu nûru görerek kalbe hayrı ilhâm eder. Nefis de şer için hareket eder; onun hareketinden dolayı kalbde bir zûlmet oluşur. Şeytan o zulmeti görerek kalbe iğvâ vermeye yönelir."

Büyüklerin rûha işâret eden sözlerini zikrettikten sonra, derim ki: Bu hususda benim görüşüm şudur:

Rûh hakkında kesin bir şey söylemeksizin, yukarıda zikrettiğim şekilde; bu konuda te'vil yollu bir şeyler söylenebilir. Aslında, benim tercihim; bu hususda sukût edip herhangi bir şey söylememektir. (Ancak, rûh hakkında söz açılmışken bir iki kelâm etmemiz gerekti). En doğrusunu Allah bilir, ben derim ki:

Ûlvî ve semâvî olan rûh-ı insânî, emir âlemindendir. Beşerî olan rûh-i hayvanî ise, halk âlemindendir. Beşerî olan rûh-î hayvânî, ulvî olan rûh-ı insanî-nin yeri ve mekânıdır. Rûh-i hayvânî, kalbden kaynaklanan, his ve hareket gücünü taşıyan latif bir cisimdir. Buradaki kalble, cesedin sol tarafında bulunan şekli malum bir et parçası olan kalbi kasdediyorum. Bu rûh, insanın dışında hayvanlarda da bulunur. Duyu organlarının kuvveti bu ruhtan kaynaklanır. Bu rûh, Allah'ın koyduğu kanuna göre, genel oyarak gıda ile ayakta duran ve hasta olup mizacı bozulduğunda tıbb ilminin müdâhale edebildiği ruhtur.

İnsanî ulvî rûhun bu rûh üzerine gelişiyle hayvanî ruh ayrı bir özellik kazanmış ve hayvanların ruhlarından ayrılmış, başka bir sıfat kazanarak konuşma ve ilhâmın mahalli olan bir nefs olmuştur. Bu hususa işâreten Allahu Teâlâ :***"Nefse ve onu (insan sıfatıyla) düzenleyene, sonra da ona iyilik ve kötülük kâbiliyeti verene yemin olsun."*** [18] buyurmuştur

Nefsin düzene gelmesi; insânî ruhun ona gelmesi ve onun hayvanların ruhlarının cinsinden ayrılması ile olmuştur. Böylece nefis, Allahu Teâlâ'nın yaratmasıyla ulvî ruhdan oluşmuştur. İnsandaki hayvânî rûh olan nefsin, ulvî rûhdan meydana getirilmesi, emir âleminde olmuştur. Böylece **Âdem** (a.s) ile **Havvâ** vâlidemiz arasında olduğu gibi; ruh ile nefs arasında da karşılıklı bir aşk ve ülfet oluşmuştur. Onlardan her biri diğerinden ayrılması ile ölümü tatmaktadır. Bahsettiğimiz bu ülfete Allahu Teâlâ, şu şekilde işâret etmiştir:

"O Allah, Âdem'den gönlü kendisine meyledip rahat etsin diye zevcesi Havvâ'yı yaratmıştır." [19]

---

18) Şems (91), 7-8.
19) A'râf (7), 189.

Böylece **Âdem** (a.s) **Havvâ** vâlidemize meyledip onunla sukûnet buldu. İnsanî ulvî ruh da hayvânî ruha meyledip yerleşerek onu nefis yaptı. Rûhun nefse olan meyil ve sukûnetinden kalb oluştu. Bu latif kalble, et parçası olan ve nefsin mahalli olan kalbi kasdediyorum. Şu kadar var ki; et parçası halk âleminden, bu latif kalb ise emir âlemindendir. Kalbin emir âleminde ruh ve nefisten oluşması, halk âleminde **Âdem** ve **Havvâ**'dan (a.s) zürriyetlerinin oluşup meydana gelmesi gibidir. Şayet nefs ve ruh çifti arasında bir sukûnet ve kaynaşma olmasaydı, kalb oluşmazdı.

Kalblerden bazıları vardır ki; sanki babası olan ulvî ruha göz diker ve ona meyleder. Bu kalb, Hz. **Huzeyfe**'nin (r.a) rivâyet ettiği hadiste Rasûlullah'ın (s.a.v) Efendimizin kendisinden bahsettiği kalbdir. Efendimiz (s.a.v) buyurmuştur ki:

"Kalbler dört çeşittir:

1-Tertemiz olan, içinde parlayan bir nur bulunan kalb. Bu, mü'minin kalbidir.

2-Simsiyah olup ters döndürülmüş kalb. Bu, kâfirin kalbidir.

3-Kılıfına konup ağzı bağlanmış kalb. Bu, münâfığın kalbidir.

4-Yüzü çevrilip terkedilmiş kalb. Onun içinde iman da vardır, nifak da vardır.

Kalbdeki iman, temiz suyun büyütüp beslediği yeşillik gibidir. Bu ikisinden, iman ve nifakdan hangisi daha gâlip ise, kalb için onunla hükmolunur." [20]

Ters çevrilmiş kâfirin kalbi, annesi yerindeki nefs-i emmâreye meyleder. Bir takım kalbler de vardır ki, nefs-i emmâreye meyletme hususunda tereddütlüdür. Kalbin, rûh yahut nefis tarafına meylinin ağırlığına göre, saâdet yahut şekâveti oluşur.

Akıl, ulvî rûhun cevheri, lisânı ve varlığına delâlet eden bir varlıktır.

Aklın, mânen desteklenmiş kalble mutmain olmuş temiz nefsi tedbir edip işlerini görmesi; bir babanın hayırlı oğlunun, kocanın sâlihâ hanımının işlerini tedbir edip görmesi gibidir. Onun, ters çevrilmiş kalbi ve devamlı kötülüğü emreden nefsi idâre etmesi ise; babanın zâlim evlâdının,

20) Ahmed, Müsned, III, 17; Ebu Nuaym, Hilye, IV, 385; Tabarani, es-Sağır, No:1077; Heysemi, Mecmau'z-Zevâid, I, 63.

kocanın kötü hanımının işlerini tedbir edip görmesi gibidir. Bu durumda, akıl bir yönden onlardan çevrilmiş, diğer yönden onların işlerini tedbir etmeye yöneltilmiştir. Çünkü kendisi için onların işleri vazgeçilmezdir.

Aklın mahalli hakkında : "Aklın bulunduğu yer dimağdır." veya: "Onun mahalli kalbdir." şeklinde ortaya atılan ihtilaflar, onun hakikatini anlamaktan âciz olanların sözleridir. Onların bu hususdaki ihtilafları, aklın bir şekil üzerinde sâbit olmayışı ve onun bir defa hayır mahalli kalbe, diğerinde nefsin zülmünde olan dimağa çekilişinden dolayıdır.

Kalb iyiye, dimağ da kötüye nisbet edilir. Bu durumda akıl kötünün işlerini tedbir ederken görüldüğü zaman: "Aklın yeri dimağdır." denir. İyinin işlerini tedbir ederken görülünce de: "Aklın yeri kalbdir." denir.

Ulvî rûh, bütün varlıklardan sıyrılarak aşk ve şevk ile yüce mevlâsına yükselmeye gayret edip ihtimam gösterir. Kalb ve nefis de varlık âlemindendir. Rûh yükseldiği zaman kalb de, hayır sahibi şefkatli bir evlâdın babasına meyletmesi gibi ona meyleder. Nefis de şefkatli bir annenin meyliyle oğlu olan kalbe meyleder. Nefis kalbe meyledince, yerden yükselir, süflî âleme yerleşmiş damarlarını çeker, hevâsını toplar, tabiatındaki şeyleri atar, dünyadan gönlünü çeker, aldatıcı dünyadan uzaklaşır ve ebediyyet yurduna yönelir. Bazen de, anne durumunda olan nefis, yeni bir cinsiyet kazanmış hayvânî ruhdan oluşması ve temelinde sûflî âlemin esasları olan tabiatlara dayanmasından dolayı, yaratılışındaki vaziyet sebebiyle yere çakılıp kalır. Allahu Teâlâ bu hususa şöyle işâret etmektedir:

"Dileseydik onu, âyetlerimizle iyiler derecesine yükseltirdik. Fakat o, aşağılara saplandı ve hevâsına uydu." [21]

Rûhun zevcesi, kalbin annesi olan nefis arza yerleşince; ters çevrilmiş kalb de, istikâmet üzere giden kâmil baba yerine, bozulmuş nâkıs bir anneye meyledip bağlanan evlat gibi nefse bağlanır. Bu arada rûh da, evlâdına bağlılık duygusu üzerine yaratılan babanın oğluna bağlanması gibi, kalbe kapılıp bağlanır. İşte o zaman kul, Mevlâsının hakkını tam

---

21) A'râf (7), 176.

olarak yerine getirmekten geri kalır. Bu iki ulvî ve suflî âleme çekilişte saâdet ve şekâvet hükmü ve durumu ortaya çıkar. Bütün bunlar, **Aziz** ve **Hakim Allah**'ın takdiridir.

Rivâyete göre; **Dâvud** (a.s), oğlu **Süleyman** (a.s)'a:

"Aklın yeri neredediir?" diye sorduğunda, o:

"Onun yeri kalbdir. Çünkü kalb rûhun kalıbı, rûh da hayatın kalıbıdır." diye cevap vermiştir...

Ebu Sâid el-Kuraşî (k.s) demiştir ki:

"Rûh iki çeşittir: Birisi rûhu'l-hayat, diğeri de rûhu'l-memât. Rûhu'l-memât; cesetten çıktığı zaman dirinin ölü haline geldiği ruhtur. Rûhu'l-hayat ise, kendisiyle nefeslerin alınıp verilebildiği, yeme ve içme gücü ve benzeri kuvvetlerin kendisinden kaynaklandığı ruhtur."

Alimlerden birisi demiştir ki: "Rûh; kendisiyle hayatın meydana geldiği hoş tatlı bir nesimdir; nefis ise, kendisinden çirkin hareket ve şehvetlerin ortaya çıktığı yakıcı bir rüzgardır." Meselâ; adamın birisi azgınlaşınca: "ateşi başına vurmuş!" denir.

Nefisle ilgili bölümde zikrettiğimiz gibi; nefsin mâhiyeti hakkında bir takım uyarılar ve ondan meydana gelecek çirkin ahlaklara meşâyıh-ı kiramın işaretleri mevcuttur. Bu ahlakların, güzel bir riyazat ve terbiye ile giderilmesi, yerine iyilerinin getirilmesi mümkündür. Çünkü bu sayede kötü fiiller kalbten temizlenir ve çirkin ahlaklar yerine güzelleri gelir.

Said b. Hilal'in haber verdiğine göre; **Rasûlullah** (s.a.v):

"Şüphesiz onu (küfür ve isyandan) temizleyen kurtulmuştur." âyetini okuyunca, durup şöyle duâ etti:

"Allahım! Nefsime takvâ duygusunu ver. Onun sâhibi ve mâliki sensin. Onu (gaflet ve isyandan) temizle. Onu temizleyenlerin en hayırlısı sensin." [22]

Denilmiştir ki; **nefis**, bedene konmuş latif bir varlıktır. Kötü sıfat ve ahlaklar ondan kaynaklanır. Nitekim ruh da kalbe konmuş latif bir varlıktır; güzel sıfat ve ahlaklar da ondan kaynaklanır. Göz görmenin, kulak işitmenin, burun koklamanın, ağız tatmanın yeri olduğu gibi; nefis kötü ahlakların kaynağı, rûh

22) Beğâvi, Meâlimü't-Tenzil, XIII, 439; Suyûti, ed-Dürrû'l-Mensûr, VIII, 529; Müslim, Zikr, 13.

ise güzel sıfatların merkezidir.

Nefsin bütün ahlak ve sıfatları iki asıl şeyden kaynaklanır: Birincisi hafiflik, ikincisi aşırı iştah ve arzudur. Hafifliği cehâletinden; aşırı arzusu da hırsındandır. Nefis hafiflik durumunda, düz bir mekan üzerinde bulunan yuvarlak bir topa benzer. Yaratılış ve durumu sebebiyle devamlı hareket hâlindedir. Hırs hâlinde ise; kendisini lambanın ışığına atan, kendisini helâk edecek ışıktan sakınmayan ve az bir ışığa kanaat etmeyen pervâneye (kelebeğe) benzer. Hafiflikten acelecilik ve sabır azlığı meydana gelir. Halbuki sabır aklın cevheridir. Hafiflik ise nefsin bir sıfatı, hevâsı ve rûhudur. Ona ancak sabır gâlib gelir. Çünkü akıl hevâyı hükmü altına alır. Aşırı düşkünlükten ise hırs ve tama' meydana çıkar. Bunlar, **Âdem** (a.s), Cennette ebedi kalmaya tama' ederek yasak ağaçtan yemeye hırs gösterince ortaya çıkan iki huydur.

Nefsin vasıfları için yaratılışındaki asıldan kaynaklanan birtakım asıllar vardır. Çünkü o, topraktan yaratılmıştır; toprak sebebiyle kendisinin bir vasfı vardır.

Denilmiştir ki: İnsanoğlundaki zayıflık vasfı topraktan ileri gelir. Ondaki cimrilik huyu yapışkan çamurdan; şehvet pişirilmiş çamurdan, cehâlet de kuru balçıktan ileri gelir...

Allah Teâlâ'nın: ***"O, insanı yanmış kerpiç gibi kuru balçıktan yarattı."***[23] âyetinde geçen "**el-Fehhâr**"; ateşte pişirilmiş kerpiç demektir. Bunun için denmiştir ki: Bu unsurla insana ateşe âit özellikler girdiğinden; onda şeytanlık vasfından bir parça bulunur. İnsandaki aldatma, hile ve haset duyguları bundan ileri gelmektedir.

Kim, nefsinin mayasında olan şeyleri ve onun yaratılışındaki huyları yakinen bilirse; onunla ancak, onu yaratan ve ona sâhib olan **Allahu Teâlâ**'dan gelecek yardımla başedeceğini anlar.

Demek ki kul, gerçek insânî vasfını ancak, kendisindeki hayvânî arzuları ilim ve itidalle tedbir ve islah ettikten sonra elde eder. Bu sekilde insânî vasıflar ve mânâ kuvvet bulur; insan kendisinde bulunan şeytanî sıfatları ve kötü ahlakları idrâk eder. Hem insânî kemâlat (ve fazilet), insanın nefsi adına bu kötü ahlaklara râzı olmamasını gerektirir. Sonra ona kibir, gurur, kendini beğenme, nefsini öne çıkarma gibi, sahibini rubûbiyet davâsına sürükleyecek

---

23) Rahmân (55), 14.

ahlaklar keşfolur. Kul, Allaha karşı sâfi kulluğun bu tür şeyleri terketmede olduğunu görür.

Allahu Teâlâ, Kur'an-ı Hakim'de nefsi, şu üç sıfatla zikretmiştir:

1-Nefs-i Mutmainne:

Buna şu âyet-i kerime işâret etmektedir:

"Ey mutmain olmuş (sukûnet ve ilâhî huzûra kavuşmuş) nefis! Rabbine dön!" [24]

2- Nefs-i Levvâme:

Nefsin bu vasfı şu ayette anlatılmaktadır:

"Kıyâmet gününe ve devamlı kendisini levmeden nefse yemin ederim ki..." [25]

3-Nefs-i emmâre:

Bu sıfat da şu âyette geçmektedir:

"Muhakkak ki nefis, devamlı kötülüğü emreder." [26]

Aslında âyetlerde bahsedilen nefis, (varlık olarak) bir tanedir, fakat değişik sıfatlara sahiptir. Kalb sekinet, mânevî huzur ile dolduğu zaman, nefse mutmainne elbisesi giydirir. Çünkü sekinet, imanın artmasıdır. Onda, kalbin kendisine ihsan edilen yakînden dolayı ruhun makamına yükselme durumu vardır. Kalb rûhun mahalline yönelince, nefis de kalbe yönelir. Bu durumda, kendisinde sukûnet hâli meydana gelir.

Nefis, cibilliyetinin yerleştiği yerden ve tabiatının arzularından rûhun bulunduğu makama doğru çekildiği zaman "levvâme; kendini kınama" mertebesindedir. Çünkü o, mutmainne mahalline nazar ederek oranın yüceliğini idrâk edince; kendisini devamlı kötülük mahalline çeken nefsini kınamaya başlar. Nefis kendi mahallinde çakılıp kalınca, ilim ve mârifet nûrundan mahrum kalır. Bu durumda o, zulmet içinde kalıp, devamlı kötülüğü emreder.

Nefis ve rûh kalbden birbirlerini kovmaya çalışırlar. Kalbe bazen rûhun arzuları, bazen de nefsin arzuları sâhib ve hâkim olur.

Sûfiler cemaatının işâret ettiği "sırra" gelince; ben bu konuda söz

---

24) Fecr (89), 27.
25) Kıyâme (75), 1-2.
26) Yusuf (12), 53.

edenlerin bazısının, sırrı, kalbden sonra, ruhdan önce zikrettiğini, bazısının da ruhdan sonra ondan daha yüksek ve daha latif bir şey olarak değerlendirdiklerini gördüm.

Demişlerdir ki; sır müşâhade mahalli, rûh muhabbet, kalb de mârifet mahallidir.

Sûfiler cemaatının kendisine işâret ettikleri sır, Allah'ın kitabında bu isimle zikredilmemektedir. Allah'ın kelâmında zikredilen; sâdece rûh, nefsin çeşitli sıfatları, kalb, fuâd ve akıldır.

Bu sebeble Allahu Teâlâ'nın kelâmında sırrı bu mânâ ile bulamamaktayız. Sûfiler arasında, sır hakkında bir takım ihtilaflar gördük. Bâzıları onun rûhdan aşağı bir mertebede bulunduğuna, bir grub da, sırrın rûhdan daha latif bir şey olduğuna işâret etmiştir. En doğrusunu Allahu Teâlâ bilir. Biz de diyoruz ki:

Sûfilerin "**sır**" diye isimlendirdikleri şey, rûh ve nefis gibi, bir zât ve vücûdu olan, kendi başına müstakil bir şey değildir. Ancak, nefis temizlenip sâfi olunca, rûh nefsin zulmet bağından kurtularak kurbiyyet vatanlarına doğru yükselmeye başlar. Bu arada kalb de bulunduğu yerden ve hâlden daha âli makamlara göz diker ve rûha doğru çekilir. İşte o durumda kalb, ilk vasfına ziyâde olarak yeni bir vasıf kazanır. Bu vasfı kendilerinde bulanlar, onu kalbden daha sâfi bulduklarından, hakikatını anlayamamışlar ve ona "**sır**" ismini vermişlerdir. Kalbin rûhun bulunduğu makama yükselmek istemesi sebebiyle kendisinde oluşan bu vasıf, o hâli elde edenlere yeni ve ğarib geldiğinden, kendisine "sır" ismini vermişlerdir.

Onların ruhdan daha latif zannettikleri şey ise; aslında, bildikleri ve tanıdıkları rûhun yeni bir vasıf kazanmasıdır. Yine, ruhdan önce "**sır**" diye isim verdikleri şey ise; mâlum kalbin yeni ve daha güzel bir vasıf kazanmış hâlidir. Rûhun ve kalbin (yüce hâl ve âlemlere) yükselmesiyle nefis de, kalbin mahalline yükselir ve kötü sıfatlarından kurtularak çoğu kere, kalbden önce onun arzu ettiklerini isteyen mutmain bir nefis olur. Çünkü kalb, kendisinde bir kuvvet, kudret, irâde ve ihtiyar görmekten uzak durarak, yüce mevlâsının istediği şeyi ister olmuştur. İşte o anda kul, kendi irâde ve ihtiyarını ilâhî irâdeye teslim ederek asıl hürriyetine kavuştuğundan, hâlis kulluğun tadını tadar.

Akla gelince o, rûhun lisânı ve basiretin tercümânıdır. **Basîret**, rûh için kalb yerinde, akıl ise dil yerindedir. Rivâyet edilen bir hadis-i şerifte **Rasûlullah** (s.a.v) şöyle buyurmuştur:

"Allahu Teâlâ'nın ilk yarattığı şey akıldır. Allahu Teâlâ onu yaratınca:

"Bana yönel!" dedi. O da yöneldi. Sonra:

"O yana git!" dedi, o da gitti.

"Otur!" dedi; oturdu. "Konuş!" dedi; konuştu. "Sus!" dedi, o da sustu. Bunun üzerine buyurdu ki:

"İzzetime, celâlime, azametime, ululuğuma, saltanatıma ve sonsuzluğuna yemin ederim ki; bana senden daha sevimli gelen ve yanımda senden daha şerefli olan hiç bir varlık yaratmadım. Seninle tanınır, seninle hamd olunur, seninle itaat edilirim. Seninle alır, seninle veririm. Seni ayıplarım. Mükafaat ve cezâ sanadır. Sana da sabırdan daha faziletli bir şeyle ikram etmedim." [27]

Yine **Rasûlullah** (s.a.v) buyurmuştur ki:

"**Bir kişinin, aklı ne kadar çalışıp neyi aklettiğini bilinceye kadar, onun dışta görünen İslâmî amellerinin güzelliği sakın sizi aldatmasın!**" [28]

Hz. Âişe (r.ah), Rasûlullah'a (s.a.v) : "Ya Rasûlellah! İnsanlar ne ile üstünlük elde ederler? diye sordu. **Efendimiz** (s.a.v):

"Dünya ve ahirette akılla üstünlük sağlarlar." buyurdu. **Âişe** (r.ah) vâlidemiz, devamla demiştir ki:

"İnsanlar amelleri sebebiyle karşılık görmezler mi?" diye sordum; **Rasûlullah** (a.s):

"Ya Âişe! Allahu Teâlâ'ya itaat yolunda ancak gerçek akıllı kimseler kimseler amel eder. Herkes, akılları nisbetinde amel eder ve o ölçüde karışıklık bulur." [29] buyurdu.

---

27) Beyhâki, Şuabu'l-İman, IV, 154; Tabarani, el-Evsat, No: 1866; Ali el-Muttaki, Kenzu'l-Ummal, III, 383; Heysemi, Mecmau'z-Zevâid, VIII, 28.
28) Beyhâkî, Şuabu'l-İman, IV, 156; Ali el-Muttaki, Kenz, III, 383.
29) Zebidi, İthafu's-Sâde, I, 757.

Yine Sallallahu aleyhi ve sellem Efendimiz buyurmuştur ki:

"Bir adam mescide gelerek namaz kılar, halbuki kıldığı namaz, Allahu Teâlâ katında bir sineğin kanadı kadar değere denk değildir. Yine, başka bir adam mescide gelir ve namaz kılar, kıldığı namazın sevabı Uhud dağına denk olur. Bu kimse bu dereceye aklının daha güzel olduğundan ulaşmıştır. Kendisine:

"Nasıl daha güzel akıl sahibi olur?" denildiğinde;

"O iki kimsenin, Allah'ın haram kıldığı şeylerden daha çok sakınanı ve hayır yollarına daha çok düşkün olanı, her ne kadar amel ve nâfile ibâdetlerinde ötekinden aşağı da olsa, akıl yönünden en güzel olanıdır." [30]

Rasûlullah (s.a.v) buyurmuştur ki:

"Allahu Teâlâ aklı kulları arasında çeşitli kısımlara ayırmıştır. İki adamın ilmi, hayrı, orucu ve namazı eşit olur. Fakat onlar akıl hususunda, Uhud dağının yanında bir zerrenin durumu gibi, birbirlerinden farklıdırlar." [31]

Vehb b. Mûnebbih'in şöyle dediği rivâyet edilmiştir:

"Okuduğum yetmiş kitabda şunu buldum: Dünyanın başlangıcından sonuna kadar gelen insanlara verilen aklın tamamı, Rasûlullah (a.s)'ın aklı yanında, bütün dünyanın kumları arasına düşen bir kum tanesinin durum gibidir."

Aklın mâhiyeti hakkında insanlar çeşitli görüşler ileri sürmüşlerdir. Bu hususda söz çoktur. Biz, bütün sözleri nakletmeyi uygun görmüyoruz. Hem gayemiz bu değildir.

Bir grub demiştir ki:

"Akıl ilimlerden birisidir. Bütün ilimlerden mahrum olan bir kimseye akıllı denemiyeceği gibi, akla da; bütün ilimlerin yerine geçer demek uygun değildir. Bununla birlikte, ilimlerin çoğundan haberi olmayana akıllıdır, denebilir."

Bazıları da: "Akıl nazarî ilimlerden değildir." demişlerdir. Ancak, nazârî ilimlerin evvelinde olgun bir aklın bulunması şarttır. Bu durumda akıl, zarurî

---

30) Ali el-Muttaki, Kenz, III, 381.
31) Ali el-Muttaki, Kenz, III, 382.

ilimlerden olmaktadır. Fakat o, ilimlerin tamamı demek değildir. İlim ve bilgi elde etme vasıtası olan duyu organlarından bir kısmı (meselâ, gözi, kulağı ve dili) ârızalı olan kimse akıllıdır.

Bazıları da demişlerdir ki: "Akıl ilmin kısımlarından değildir. Çünkü öyle olsaydı; varlığı muhal ve câiz olan şeyleri hatırlamaktan gâfil olan kimsenin akıllı olarak vasıflanmaması gerekirdi. Halbuki biz, akıllı bir kimseyi çoğu zaman bunlardan gâfil görüyoruz."

Yine demişlerdir ki: "Akıl; kendisiyle ilimlerin idrak edildiği bir sıfattır."

Büyük ârif **Hâris b. Esed el-Muhâsibî**'nin şöyle dediği rivâyet edilmiştir: "Akıl; kendisiyle ilimlerin idrak edildiği fıtrî bir kâbiliyettir."

Buna göre; akıl hakkında daha önce zikretmiş olduğumuz: "Akıl rûhun lisânıdır." sözü yerinde olmuş olur. Çünkü rûh, Allah'ın emirlerindendir. Yerlerin ve göklerin yüklenmekten kaçındıkları mânevî emâneti yüklenen odur. Aklın nûru ondan kaynaklanır ve o nurda ilimler teşekkül eder. Akıl ilimler için yazılmış bir levha gibidir. Kendindeki sıfat sebebiyle bazen nefse çevrilmiş ve yönelmiş, bazen de olduğu gibi dosdoğru olarak kalmıştır.

Kimin aklı nefsi tarafına çevrilmiş yani ters yöne dönderilmiş ise o kimse, aklını eşyâ ile meşgul edip dağıtır ve dengesini kaybedip hidâyet yolunu şaşırır.

Kimin aklı istikâmet üzere ise; rûhun kalbi yerinde olan basiretle desteklenir; kâinatın yaratıcısına yol bulur. Sonra, kâinat ve kâinatı yaratanla ilgili bilinecek kısımları tam olarak elde ederek, hem yaratanı hem de yaratılan kâinat ve eşyayı tanır. İşte bu akıl, doğru yolu bulacak akıldır. Bu durumda akıl, sâhibini, **Allahu Teâlâ**'nın sevdiği şeylere yönelmeye sevked ve Allahu Teâlâ'nın kötü gördüğü işlerden de meneder. Böylece kul, devamlı Allahu Teâlâ'nın sevdiği şeylere tâbi olur ve onun gazabına sebeb olacak şeylerden sakınır. Akıl, dosdoğru olup basiret ile desteklenince; sâhibini hidâyet yoluna sevk eder ve dalâlet yoluna set çeker. .

Bazıları da demiştir ki; "Akıl iki kısımdır; birisiyle dünya işleri, öbürüyle de âhiret işleri yürütülür. Birinci akıl, rûhun nûrundan, ikincisi de, hidâyetin nûrundan meydana gelmiştir. Buna göre birinci akıl, bütün insanlarda mevcuttur. İkinci akıl ise, inanan tevhid ehlinde bulunup, müşriklerde mevcut değildir.

Denilir ki; (lugat olarak; bağ, mâni olan, engelleyen mânasındaki) akla akıl denmesi şundandır:

"Gerçekten cehâlet bir zulmettir. Nûr, bu zulmet içinde kulun basiretini sarınca, zulmet gider ve akıl tamamen nurlanır. Bundan sonra akıl cehâlete ve câhilâne şeylere bir bağ ve mâni olur."

Denilmiş ki: "İmanın aklının yeri kalbdir. Onun te'sir icrâ ettiği yer ise göğüsteki kalb gözünün arasıdır."

Bizim daha önce: "Rûhun lisânıdır." diye zikretmiş olduğumuz akıl bir tanedir; iki kısım değildir. Fakat o, istikâmet üzere olunca basiretle desteklenir, itidâle gelir ve her şeyi yerli yerince kor. Bu akıl dinin nûruyla aydınlanmış akıldır. Onun düzelmesi ve itidâle gelmesi kendisini, dinin nûru ile aydınlanmaya götürür. Din, gönderilen Peygamberin lisanı üzerinde gelmiştir. Bunun oluşması şöyle olur:

Sâlikin rûhunun ilâhî huzura yakın olması, kalb mesâbesinde olan rûhun basiretinin Allah'ın âyet ve kudretini keşfetmesi, basîretinin desteği ile aklının istikâmet üzere olması sebebiyle, basîreti aklın kavradığı ve kavrayamadığı (ma'nevi) ilimleri ihâta eder. Çünkü onun kalb (ve basireti), yazıp ifade etmek için denizlerin yetmiyeceği Allah'ın kelimelerinden (ilâhi kudret ve tecellilerinden) yardım görmekte; ilâhî nur ve tevfik ile mânen beslenmektedir.

Akıl bir tercümandır. Kalb, tercümanı olan dile, içinde olan şeylerin bazısını verip bazını kendisinde tuttuğu gibi; basîret de ilâhi sır hazinesinden aldığı şeylerden akla bir parça verir. Bu sebebden dolayı dinin nûruyla aydınlanmadan sırf aklıyla kalan kimse, âlem-i mülkün ilimlerinden bir pay sahibi olabilir. Mülk; kâinatın görünen zâhiri kısmıdır.

Kimin de aklı, dinin nûru ile aydınlanıp basîretle desteklenirse, o, melekut âlemine de muttalî olur ve oraları müşâhade eder.

Melekût, kâinatın gözle görülmeyen iç kısmıdır. Onu keşfetmek, basîret ve akıl sahiblerine hastır. Nurdan yoksun, mücerred aklıyla **kalan** kimseye ondan bir nasib yoktur.

Bazıları da demişlerdir ki; "Akıl iki kısımdır; birisi, hidâyet için olan akıldır; bulunduğu yer kalbdir. Bu akıl, yakîn sahibi mü'minlere âiddir. Onun amel ettiği yer, kalbin iki gözü arasındaki göğüsdür. Diğer akıl ise, bulunduğu yer dimâğ, amel ettiği yer de göğüsde kalbin iki gözü arasıdır. Kul birincisiyle âhiret işini, ikincisiyle dünya işini görür."

Bizim daha önce tekdir diye zikrettiğimiz akıl, basîretle desteklendiği zaman, her iki âlemin işini de görür. Basîretin desteğini görmeyip tek kalınca da, bir tek işi görür. Bu görüş, daha açık ve daha anlaşılır durumdadır.

Bölümün baş kısmında, aklın, mutmainne ve emmâre sıfatındaki nefsin işlerini nasıl tedbir edip yürüttüğünü zikretmiştik. Oradan anlaşıldığı gibi, akıl tekdir; ancak, bazen basîretle desteklenip nurlanır, bazen de kendi hâlinde kalır.

Kuluna doğruyu gösteren ancak Allahu Teâlâ'dır.

****

KALBE GELEN DÜŞÜNCELERİN TANINMASI

Şeyhimiz **Ebu'n-Necib es-Sühreverdî**, bize, **İbnu Mesut'tan** (r.a) nakille, Rasûlullah'ın (s.a.v) şöyle buyurduğunu rivâyet etti:

"İnsan oğlunun kalbinde şeytanın vesvesesi ve meleğin ilhâmı bulunur. Şeytanın verdiği vesvese, şerri va'dedip hakkı yalanlamaktır. Meleğin ilhâmı ise, hayrı tavsiye ve tasdik etmektir. Kim, kalbinde hayrı kabul edip hakkı tasdik duygusunu bulursa, onun Allah'dan olduğunu bilsin ve ona hamdetsin. Kim de, aksini bulursa, şeytandan Allahu Teâlâ'ya sığınsın." sonra, **Rasûlullah** (a.s):

"Şeytan sizi fakirlikle korkutarak cimriliği ve hayasızlığı emreder." [1] meâlindeki âyeti okudu.[2]

Bu iki duyguyu tanımaya ve düşünceleri birbirinden ayırdetmeye ancak, susuz bir kimsenin suya düştüğü gibi, bunu bilmek isteyen bir **Hakk** tâlibi dikkat edip vâkıf olabilir.

Bunu da bunların te'sirini, tehlikesini, felâhını, salâhını ve fesâdını bilmesinden dolayı yapar ve bu kimse, bu sayede, kendisine sâfî yakin ve yakîn ehlinin ikramları verilip, **Hakk** tarafından sevilen ve aranan bir kul olur. Bunları bilmeye daha ziyâde, mukarrabun makâmında olanlar ve onların yoluna girmiş kimseler iştiyak gösterir. Ebrârın (iyilerin) yolunda gidenler ise; buna az iştiyak duyarlar. Çünkü ona olan iştiyak, kulda olan himmet, taleb, irâde ve Kerim olan Allah'dan aldığı mânevî nasib ölçüsünde olur.

Bu zevâtın dışındaki mü'min ve müslümanlar, vesvese ve ilhâmı tanımak için ciddi bir çaba göstermezler ve kalbe gelen düşünceleri birbirinden ayır-

---

1) Bakara (2), 268.
2) Tirmizi, Tefsiru Sûre (2), 35: Taberî, Câmiu'l-Beyân III, 88-89; Suyûtî, ed-Dürrü'l-Mensûr, II, 65.

detmeye önem de vermezler. Halbuki, kalbe gelen öyle düşünceler vardır ki; onlar, Allahu Teâlâ'dan kuluna gönderilmiş mânevî işâretlerdir. Nitekim sûfilerden bir tanesi şöyle demiştir.

"Öyle bir kalbim var ki, eğer ona isyan etmiş olsam, Allah'a isyan etmiş olurum."

Bu, kalbi tam istikâmet üzere olan bir kulun hâlidir. Kalbin tam istikâmeti ise, nefsin sukûnet bulup mutmain olmasıyla hâsıl olur. Nefsin mutmain olması hâlinde şeytan ümitsizliğe düşer. Çünkü nefis, (terbiye ve tezkiye olmayınca) her hareketiyle kalbin sâfiyetini bulandırmaktadır. Kalb karışıp bulanınca da şeytan ona sahib olmaya tamah eder ve ona yakın olur. Çünkü kalbin sâfiyeti, Allah'ı hatırlama ve murākabe ile korunur. İnsanların ateşten korkup çekindiği gibi, şeytanın da zikirden çekinir. Çünkü zikirde onu yakan bir nûr vardır. Bir hadis-i şerifte şöyle buyrulmuştur:

"Şeytan insan oğlunun kalbini ele geçirmek için ona yapışır. Kul, Allahu Teâlâ'yı zikredince kaçar ve siner. Zikirden gâfil olunca, kalbini bir lokma gibi yutar ve başlar ona vesvese verip boş hayellere düşürmeye." [3]

Bu duruma işâret olarak **Allahu Teâlâ** şöyle buyurmuştur:

"Kim Rahmanın zikrinden göz yumarsa, şeytanı kendisine musallat kılarız. Artık şeytan onun yakın bir arkadaşı olur." [4]

Başka bir âyette de şöyle buyrulmuştur:

"Takvâya erenler, kendilerine şeytandan bir ârıza iliştiği zaman Allah'ı ve azabını düşünürler. Bir de bakarsın ki onlar, gerçeği görüp vesveseyi atmışlar bile." [5]

Demek ki, hakiki ve hâlis zikir takvâ ile hâsıl olur. Bunun kapısı takvâ ile açılır. Kul, takvâ hâlini bulunca, âzâlarını kötü olan şeylerden korur. Sonra onları fuzulî ve mâlâyâni şeylerden muhafaza eder. Böylece ancak zarurî olan şeyleri konuşur ve yapar. Sonra takvâsı bâtınına intikal eder, bâtınını te-

---

3) Ebû Ya'lâ, Müsned, V, No:4301; Hakim et-Tirmizî, Nevâdiru'l-Usûl, II, 454; Heysemi, Mecmau'z-Zevaid, VII, 149; Suyûtî, el-Câmiu's-Sağîr, No: 4972.
4) Zuhruf (43), 36.
5) A'râf (7), 201.

mizler. Onu önce, çirkin şeylerden sonra da fuzûli şeylerden alıkor. Hatta nefsin vesvesesinden bile sakınır bir duruma gelir.

Sehl b. Abdullah et-Tüsterî (k.s) demiştir ki:

"Ma'siyetlerin en kötüsü vesvesedir."

Yukarıdaki takva hâlini bulan kimse, nefsin kalbine verdiği vesveseye kulak vermeyi bile günah olarak görür ve ondan sakınır.

Bu sakınma hâlinde kalb, göğün ortasında yıldızların parlaması gibi, zikirle aydınlanıp parlar ve kalb, zikir yıldızlarıyla süslenerek, ışıkla parıldayan bir semâ durumunda olur. İşte kalb böyle olunca şeytan ondan uzaklaşır. Böyle bir kulda şeytanın vesvese ve iğvaları çok az olur. Gerçi kendisinde nefsin düşünceleri bulunur.Bunun için onlardan sakınmaya ve ilimle o düşüncelerin gerekli olanını gereksiz olanından ayırmaya ihtiyacı vardır.

Nefsin, gerekli ihtiyaçlarını istemesi gibi, kabul edilmesi zarar vermeyen bazı düşünceleri vardır. Nefsin ihtiyaçları, haklarına ve hazlarına âid olarak iki kısma ayrılır. Bu durumda, nefsin hakkı olanla, reddi gerekecek isteklerini iyi tanımak gerekir. Allahu Teâlâ buyurmuştur ki:

"Ey iman edenler! Eğer bir fâsık size herhangi bir haber getirirse, hemen ona uymayıp iyice araştırarak haberin doğruluğunu tesbit ediniz." [6]

Bu âyetin inmesine sebep olan **Velid b. Ukbe**'dir. **Rasûlullah** (s.a.v) Efendimiz onu zekatlarını toplamak için **Ben-i Mustalik** kabilesine göndermişti. **Velid**'in onlarla daha önceden aralarında bir anlaşmazlık vardı. Kendisine bir kötülük ederler diye korkup yanlarına gitmeden geri dönerek, **Rasûlullah** (a.s)'a; onlar hakkında yalan söyleyip, kendilerinin dinden çıkıp isyana daldıklarını haber verdi.Öyle ki; Rasûlullah (s.a.v), onlarla savaşmaya karar verdi.

Sonra kendilerine **Halid b. Velid**'i (r.a) gönderdi. **Hz. Halid**, yanlarına varınca, onların akşam ve yatsı için ezan okuduklarını işitti ve **Velid b. Ukbe**'nin sözlerinin yalan olduğunu gösteren şeyler gördü. O zaman Allahu Teâlâ, bu hususda yukardaki âyet-i kerimeyi indirdi.[7]

---

6) Hucurât (49), 6.
7) Beğâvî, Meâlimü't-Tenzîl, VII, 339; İbnu Kesir, Tefsir; IV, 209-210.

Âyetin zâhiri mânası ve iniş sebebi açıktır. Bu, Allahu Teâlâ'dan, diğer kullarına, yapacakları işlerinde durumu iyice araştırarak hareket etme hususunda bir tenbihtir.

Sehl b. Abdullah et-Tüsterî (k.s) bu âyet hakkında demiştir ki:

"Fâsık, çok yalancı kimsedir. Yalan ise nefsin bir sıfatıdır. Nefis, hakikatın dışında pek çok şeyi kalbe atar ve onları süsler. Bu durumda, onun kalbe attığı düşünce ve vesveseleri araştırmak gerekmektedir. Kul, nefisten gelen düşünceleri, araştırıp tesbit edilmesi gereken bir haber kabul etmeli ve hemen peşine düşüp içine dalmamalıdır.

Büyüklerden birisi demiştir ki: "Edebin en basiti, cehâlet anında durup haddini aşmamandır; edebin en yükseği de şüphe anında durup ileri geçmemendir."

Bir düşünce karışık gelip, içinden çıkılmaz olduğu zaman yapılacak edeblerden birisi de, kalbe gelen düşünceyi, nefsi hareket ettiren, onun yaratan ve terbiye eden Allahu Teâlâ'ya arzetmek; fakrını izhar edip boyun bükmek, cehâletini itiraf ederek ondan yardım ve ma'rifet taleb etmektir. Kul bu edebi yerine getirirse; kendisine mânen destek ve yardım olunur. Böylece kendisine gelen bu düşünceyle nefis, hazzını mı yoksa hakkını mı istediği belli olur.

Eğer gelen düşünce, hakkı olan bir şey içinse kabul eder, hazzı ve keyfi içinse reddeder. Bu bekleme, gelen düşüncenin durumu zâhirî ilme göre belli olmadığı zaman olur. Çünkü, bir meseleyi ilmin bâtınına arzetme işi, zâhiri ilimde o şeye bir delil bulunmadığı zaman olur.

Hem, bazı insanlar vardır ki. mânevî hâlinin sıhhatı açısından kendisine ancak, nefsin hazlarını bırakıp hakkı olan şeyleri alması câiz olur. Eğer nefsin hazzına âid bir düşünceyi kabul ederse bu, onun hâline göre bir günah sayılır ve hemen diğer günahlarda olduğu gibi ondan istiğfar etmesi gerekir.

Bazı insanlar da, nefsin hazlarını kendisine verir ve Allahu Teâlâ'nın kendisine ihsan ettiği ilimle kontrol ederek, onun düşüncesini kabul eder. Bu anlattığımı, nefsin arzularına uyma hususunda kendisine izin verilen ve kendisi de (ilâhî bir ilimle) bu izni bilen kul için bir ruhsattır. Bu durumda olan bir kimse, nefsinin hazzına âid düşüncesini kabul edebilir.

Bu kimse, işinde basiret üzere hareket eden, bu durumun kendisine lâyık ve güzel olduğu, gelen düşüncelerin fazlasını, noksanını ve hâlini iyi bilen ve sağlam bir hâl ilmine sâhip kimsedir. Zâhiri işlerin ilmi onun hâline kıyas edilmez ve durumu taklid te edilmez; çünkü o, seçilmiş bir kul için özel bir iştir.

Kul, şeytanın vesvese ve iğvâlarından arınıp nefisten gelen düşünceleri birbirinden güzelce ayırır bir duruma gelince; onda, Hakk'ın ve meleğin ilhâmları çoğalır. Hakk, melek, nefis ve şeytan tarafından gelen düşünceler, şeytanın devreden çıkmasıyla üçe iner. Şeytanın vesvesesi, onun nefis tarafından girme yolu daraldığı için, çok azalır ve zamanla temamen yok olup gider. Çünkü şeytan kalbe, nefsin genişlik ve ruhsatlara dalma yolundan girmektedir. Nefsin rahatlayıp genişlemesi de, hevâya tabi olmak ve dünyaya çakılıp kalmak sebebiyle olur.

Kim, nefsin hak ve hazzını birbirinden seçerek nefsi iyice kontrol altına alırsa, nefsin hareket sahası daralır ve şeytanın giriş yolu iptal olur. Şeytan ancak kulun başına bir takım imtahanların gelmesinden dolayı pek az vesvese imkânı bulur.

Sonra, mukarrabûn makâmına çıkmış seçkin bazı kulların kalbi, zikir yıldızlarıyla süslemiş bir semâ olunca, kalbi de, devamlı terakki eden, bâtını, mânası ve hakikatiyle semâların tabakalarında yükselen semâvi bir kalb olur. Kalbin her yükselişinde mutmainne nefis zayıflar ve hevâya âit düşünceler kendisinden iyice uzaklaşır. Öyle ki; Rasûlullah (s.a.v) zâhiri cismiyle mi'rac yaptığı gibi, o da bâtınıyla yükselerek semâvâtı ileri geçer. Bu yükseliş tam olarak gerçekleşince, kendisi ilâhî huzurda kurbiyet nurlarıyla sarıldığından, nefsin düşünceleri kesilir ve nefis uzaklaşır. O anda kendisinden Hakk'ın ilhâmı dahi kesilir. Çünkü Hakk'dan gelen ilhâm, bir ma'nevi elçidir. Elçilik, uzakta olana olur. Bu ise yakındır; huzûr-ı ilâhiyede bulunmaktadır; arada bir şeye ihtiyacı yoktur.

Bu anlattığımız durum, kula ani gelen bir hâldir, devamlı olmaz. Kul bu halden sonra, nefsin arzularının ve düşüncelerinin bulunduğu menzillere geri döner ve Hakk'ın ve meleğin ilhâmları da kendisinde tekrar gelmeye başlar. Bunun sebebi şudur:

İlham ve diğer düşünceler, gelecekleri ve yerleşecekleri bir vücut isterler.

Yukarıda işâret ettiğimiz durum ise, fenâ hâlidir ve onda herhangi bir ilhâm ve düşüncenin bulunması söz konusu değildir. O durumda kul, kurbiyyet makamında olmasından dolayı Hakk'ın ilhâmı ortadan kalkmış, nefsino makama uzaklığından dolayı, nefsânî düşünceler kendisinden uzaklaşmış, mirac gecesinde **Cebrâil** Aleyhisselam'ın: "Bir parmak ucu ileri yaklaşırsam yanar, kül olurum!" diyerek Rasûlullah'dan (s.a.v) geri kaldığı gibi, meleğin ilhâmı da ondan geride kalmıştır.

Muhammed b. Ali et-Tirmizî (k.s) demiştir ki:

"Cenâb-ı Hakk'ın kendilerine ilham ve özel kelam ettiği kimseler, bulundukları makamın gerçek sahibi olduklarında, nefsin vesvesesinden korkmazlar. Nübüvvet makâmı, şeytanın hile ve desiselerinden korunduğu gibi, Hakk ile karşılıklı kelam etme ve konuşma muhalli de, nefsin ilka ve fitnesinden korunmuş; Hakk ve sekinet ile himaye altına alınmıştır. Çünkü Hakk'dan gelen sekinet, mânevî huzurda kelam eden ve Hakk ile konuşan kimseyi nefsinden perdeleyip korur."

Şeyh **Ebu Muhammed b. Abdullah el-Basrî**'nin, **Basra**'da şöyle dediğini işitmiştim:

"Kalbe gelen düşünceler dört çeşittir: Biri nefisten, biri Hakk'dan, biri şeytandan ve birisi de melektendir. Bu düşüncelere muhâtab olan kimse, nefisten geleni kalbin alt kısmından, Hakk'dan geleni kalbin üstünden, melekten geleni sağından ve şeytandan geleni de solundan hisseder ve alır."

Hazretin zikrettiği bu durum ancak, takvâ ve zühd ile nefsini eritmiş, vücudunu arındırmış, zâhiren ve bâtınen istikâmet hâline sâhip olmuş ve böylece kalbi, şeytan hangi taraftan gelirse gelsin onu göreceği şekilde cilâlı bir ayna gibi olan kimseye sahih ve mümkün olur. Kalb kararıp üzerine günah kirleri kaplayınca şeytanı göremez.

Ebu Hureyre (r.a), **Rasûlullah** (s.a.v) Efendimizin şöyle buyurduğu rivayet etmiştir:

"Kul bir günah işlediği zaman kalbinde siyah bir nokta oluşur. Eğer ondan vazgeçer, istiğfar ve tevbe ederse, o siyahlık kalbinden temizlenir. Eğer tekrar günaha dönerse siyahlık çoğalır ve nihayet kalbini tamamen kaplar. Allahu Teâlâ bu duruma işâreten şöyle buyurmuştur:

"Hayır, öyle değil! Tam tersine, işledikleri hatalar kalblerini tamamen karartmıştır." [8]

Ariflerden birisini dinlemiştim; kendisine keşfolan ince bir manayı anlatıyor ve şöyle diyordu:

"Nefsin iğvaları insanın bâtınındadır. Bazıları için zikir esnasında kalbte görülen ve hayal edilen şeyler, nefisten değil, kalbden gelir." Onun bu sözü, bilinen ve yaygın olan görüşe ters düşüyordu; kendisine bunun nasıl olduğunu sorduğumda şöyle söylemişti: "Kalble nefis arasında bir takım karşılıklı tatlı ifâdeler, konuşmalar, ülfet ve dostluklar vardır. Nefis hevâsına tâbi olup, herhangi bir söz söylemeye ve fiil yapmaya yöneldiği zaman, kalb bundan mütessir olur ve bulanır. Kul, nefsinin arzularını terkedip zikrine, münacaat mahalline ve Allahu Teâlâ'ya olan hizmetine yönelince, kalb nefsi kınamaya başlar ve onun yapmış olduğu fiil ve sözlerini zikrederek kendisini ayıplar."

Görüldüğü gibi, düşünce, fiillerin evveli ve başlangıç noktasıdır. Bunun için onun yakinen tanınması, kulun en mühim işlerinden birisidir. Çünkü fiiller, düşüncelerden kaynaklanmaktadır. Hatta bazı âlimler, Rasûlullah (s.a.v) Efendimizin: ***"İlim taleb etmek erkek-kadın her müslümana farzdır."*** [9] hadisiyle farz kılınan ilmin, kalbe gelen düşünceleri bilmek olduğu görüşüne sahib olmuşlar ve bunun sebebini şöyle açıklamışlardır: "Çünkü düşünceler fiilin başlangıcıdır; onların bozuk olmasıyla amel de bozuk olur, hiçe gider."

Yemin olsun ki bu, isabetli bir görüş değildir. Çünkü Rasûlullah (s.a.v), "öğrenilmesi farzdır." buyurduğu ilmi, bütün müslümanlara farz kılmıştır. Halbuki bütün müslümanlarda, kalbe gelen her düşüncenin geliş şeklini ve nereden kaynaklandığını yakinen tanıyacakları bir marifet ve kabiliyet bulunmamaktadır. Böyle olunca onunla mükellef tutulmazlar. Fakat, Hakk tâlibi bilmelidir ki, düşünceler bir tohum gibidir; onlardan bazısı saâdet, bazısı da şekâvet bitirir.

Kalbe gelen düşünce çeşitlerinin birbirine karıştırılıp tanınamaması dört

---

8) Beğavi, Meâlimü'l-Tenzil, VIII, 365; Taberî, Câmiu'l-Beyân, XV, 98; İbn Mâce, Zühd, 29; Ahmed, Müsned, II, 297.
9) Beyhakî, Şuabu'l-İmân, II, 254. (Had. No: 1663); İbnu Mâce, Mukaddime, 17.

sebepten birisine dayanmaktadır, beşincisi yoktur. Bunlar:

1-Kalbdeki yakinin zayıf oluşu,

2-Nefsin sıfatlarını ve ahlaklarını yakinen tanıtacak ilmin azlığı,

3-Takvâyi terktederk hevâya uymak,

4-Dünya mevkii ve malına muhabbet edip insanlar yanında makam ve yükseklik aramak.

Kim bu dört şeyden korunur, muhafaza edilirse o, meleğin ilhamı ile şeytanın vesvesesinin arasını ayırıp farkedebilir. Kim de bunlara mübtelâ olmuş ise, onları bilmez ve bilmek de istemez. Düşüncelerin bir kısmının keşfedilip bir kısmının anlaşılmaması, kulda bu dört şeyin bazısının bulunup diğer bazısının mevcut olmayışındandır.

Kalbe gelen düşünceleri temyiz edip tanıma yönünden insanların en kuvvetlisi, nefsi tanıma yönünden en kuvvetli olanıdır. Halbuki nefsin tanınması ulaşılması zor bir iştir. Onun elde edilmesi ancak zühd ve takvâda en ileri noktaya ulaştıktan sonra mümkün olmaktadır.

Meşâyıh-ı kiram, yediği haramdan olan kimsenin ilham ile vesvesenin arasını ayırt edemiyeceği konusunda ittifak etmişlerdir.

Ebu Ali ed-Dekkâk (k.s) demiştir ki: "Günlük yiyeceği belirli yerden olan (ve sebeplere bağlanıp tam tevekkül hâlini elde edemeyen) kimse, ilhâm ile vesvesenin arısını ayıramaz."

Bu sözün olduğu gibi kabul edilmesi doğru değildir. Ancak, bir kayıtla doğru olabilir, o da şudur: Belirli yer ve kaynaktan gelen şeylerin öyleleri vardır ki, Allahu Teâlâ, kulun ondan alması ve onunla günlük ihtiyacının görmesi için kendisine daha önceden bir izin vermştir ve onu ilâhi ilimde ona nasip etmiştir. Böyle malum bir rızık, kalbe gelen düşünce çeşitlerini ayırdetmeye mani ve perde değildir. Kalbin perdelenmesi ancak şahsî irâde ve tercihi ile malum bir rızka takılan kimsede olur. Çünkü o, kendi ihtiyarı ile hareket ettiğinden dolayı perdelenir. Bizim işâret ettiğimiz kimse ise, kendi iradesinden soyulmuş Hakk'ın sevk ve iradesiyle hareket eden bir kimsedir ki, onu, bilenen bazı sebeplerle gelen rızık Hak'tan perdelemez.

Sûfiler, nefsin hevâsıyla şeytanın vesvesesinin birbirinden farklı olduğunu belirtip demişlerdir ki: Nefs arzuladığı bir şeyi devamlı ister ve onda devam eder. İsteğine ulaşıncaya kadar durmadan ısrar eder. Şeytan ise, bir hataya çağırdığı zaman kendisine uyulmazsa, bir başkası için vesvese verir. Çünkü onun gâyesi, belli bir kusuru işletmek değil, bilakis, mümkün olduğu şekilde kula iğvâ vermektir.

Sûfilerin büyükleri, kalbe gelen iki düşüncenin de Hakk'tan olduğu zaman hangisine uyulacağı konusunda farklı şeyler söylemişlerdir.

Cüneyd el-Bağdâdî : "Uyulacak olan, ilk gelen düşüncedir; çünkü o, kalbde biraz kaldığı zaman sahibi düşünmeye döner. Bu ise ilmin bir şartıdır." demiştir.

İbnu Ata da: "İkincisi daha kuvvetlidir; çünkü o, birincinin sebebiyle kuvvet yönünden daha fazladır." demiştir.

Ebu Abdullah b. Hafif ise: "İkisi eşittir: Çünkü onların ikisi de Hakk'tandır. Öyleyse onlardan birinin diğerine karşı herhangi bir üstünlüğü yoktur. Hangisine uysa olur." demiştir.

Sûfiler demişlerdir ki: "Vâridatlar havâtırdan daha umumîdir. Çünkü havâtır (kalbe gelen düşünceler), hitab yahut taleb cinsine hastır. Vâridat (mânevî halle) ise; bazen vâridat şeklinde, bazen sürûr, bazen hüzün, bazen de kabz ve bast hallerinden birinin gelmesiyle olur."

Denilmiştir ki: "Kul, Allahu Teâlâ'dan gelen ilhâmı tevhid nuruyla, melekten geleni mârifet nûruyla (tanıyıp) kabul eder. Nefsi iman nuruyla, düşmanı olan şeytanı da İslam'ın nuruyla reddeder."

Kim, zühdün hakikatlerine ulaşmaktan yana noksan olduğu halde kalbe gelen düşünceleri birbirinden ayırmak isterse, o, düşünceleri önce dinin ölçüsüyle tartsın; farz ve fazilet olanı kabul etsin, haram ve mekruh olanı reddetsin. Elindeki ilme göre, iki düşünce birbirine eşit olunca; onlardan hangisi nefsin keyfine daha ters ise, onu kabul etsin. Unutulmasın! Bu durumdaki düşüncelerden birisinde nefsin gizli bir hevâsı bulunur. Maludur ki, nefis, ekseriyetle haram, boş ve basit işlere meyleder.

Bazen kalbe gelen düşünce, nefsin isteğinden kaynaklanır; kul onu, kalbden zanneder. Bazen de kalbde, onun nefse bağlanması sebebiyle bir nevi nifak olur.

Sûfilerden birisi der ki: "Yirmi seneden beridir kalbim nefsime bir saat bağlanmamıştır."

Bu durumda, kalbin nefse bağlanmasından, ilmi zayıf olan kimseye Hakk'ın ilhâmına benzer, birtakım düşünceler zuhûr eder.

Kalbin nifağını ve ondan meydana gelen düşünceleri ancak ilimde derin anlayış ve yüksek pâyeye ulaşmış âlimler anlayabilir. Kalb sâhibleriyle, bir parça yakin ve mânevî uyanıklık elde etmiş kimselere gelen âfetlerin en çoğu, bu çeşit bir yolla gelmektedir. Bu da, onların nefis ve kalbe âid ilimlerinin azlığı ve kendilerinde bir parça hevânın kalmasından dolayıdır.

Kulda az ve gizli de olsa, bir miktar hevâ kaldığında, o ölçüde kalbe gelen düşünceleri karıştıracağını bilmesi gerekir. Sonra ilmi az olan kimse, kalbe gelen düşünceleri ayırdetme konusunda hatâya düşebilir. Eğer bu düşünceler, şer'an bir sorumluluk taşımıyorsa, sahibi mesul olmaz. Fakat, kendilerine, kalbe gelen düşünceleri ayırdetme konusunda özel bir ilim verilmiş kimselerin, bu ilme rağmen, fazla araştırma yapmadan aceleyle gelen düşünceye tâbi olmaları güzel karşılanmaz.

Âlimlerden bir tanesi, kalbe melekten ve şeytandan gelen düşüncelerin, rûhun ve nefsin hareketine dayandığını söylemiş ve demiştir ki:

"Nefis harekete geçtiği zaman, nefsin kaynağından, kalbde kötü his bırakan bir zülmet peydâ olur. Şeytan kalbde onu görür ve hemen iğva ve vesvese vermeye başlar." Bu zat şunları da zikretmiştir:

"Nefsin hareketleri, ya hemen elde edeceği bir hevâsından ileri gelir, yahut tabiatının cehâletinden kaynaklanan boş bir hayale dayanır veyahut da aklın bir âfeti ve kalbin muhabbeti olan bir şeye meyil ve arzusundan kaynıklanır.. Bu üç hal de ancak şu üç şeyin birisiyle gelir ki bunlar cehâlet, gaflet ve fuzûli şeylerin peşine düşmektir. Sonra, bu üç şeyden bazısı reddedilmesi vacib olan şeylerdendir. Çünkü o, emredilen bir şeyin tersine veya nehyedilen bir şeye uygun olarak gelir. Onlardan bir kısmı da mubahlarda geldiği zaman, reddedilmesi fazilet olur."

Yine bu âlim demiştir: "Rûh harekete geçtiği zaman, cevherinden, kalbde yayılan bir nur peydâ olur. Bu nûr sebebiyle kalbde, şu üç güzel ve yüksek düşünceden birisi oluşur:

1-Emredilen bir farza uymak.

2-Teşvik edilen bir fazilete sarılmak.

3-İçinde hayır ve bereket olan bir mübaha el atmak."

Bu zâtın sözü; rûhun ve nefsin hareketlerinin melek ve şeytanın düşüncelerine temel teşkil ettiğini ve bu hareketlerin o düşüncelere sebeb olduğunu gösteriyor. Allahu Teâlâ en doğrusunu bilir, bu konuda benim görüşüm ise şudur:

Meleğin ve şeytanın kalbe attığı düşünceler, rûhun ve nefsin hareketinden önce olmaktadır. Rûhun hareketi meleğin ilhâmından ileri gelmektedir; yüksek ve güzel duygular da rûhun hareketinden kaynaklanmaktadır. Rûhun bu hareketi, meleğin ilhâmının bereketiyle olmuştur. Nefsin hareketi, şeytanın vesvesesinden ileri gemlmektedir; kötü düşünce ve niyet de nefsin hareketinden kaynaklanmaktadır. Bu kötü düşünce, şeytanın vesvesesinin uğursuzluğundandır. Demek ki, bu iki düşünce bir kalbe zaman, iki türlü hareket meydana gelmektedir. Bu düşüncelerin kalbe gelmesiyle kul imtihan edilmektedir ve kerem sahibi, nimet veren ve herşeyi hikmetli olan Allah'dan kula gelen ihsanların ve musibetlerin sırrı ortaya çıkmaktadır.

Bazen de bu iki düşünce peş peşe gelir ve onlardan birisinin etkisi diğerini ortadan kaldırır. Zeki ve uyanık kimse, kendisinde zuhûr eden bu düşüncelerin etkilerini güzelce kontrol etmesi sebebiyle, kendisine üns kapısı açılır. Bu durumdaki bir kimse devamlı, hâlini araştırır, kalbe gelen her iki düşüncenin etki ve sunuçlarını kontrol eder.

Yukarıda sayılan **Hakk**'tan, melekten, şeytan ve nefisten gelen dört düşünce çeşidinin yanında, bunların orta bir yerinde bulunan beşinci bir düşünce daha zikredilmiştir ki, o da da, **akıldan kaynaklanan** düşünce çeşididir. Bu düşünce, fiiller arasında seçimin olabilmesi, kul üzerinde ilâhi huccetin isbâtı ve kulun herhangi bir şeye akıllı olarak girmesi için nefis ve şeytanla birlikte bulunur. Çünkü, herhangi bir çirkin harekette kulun aklı başında olmasa kınama ve ceza ortadan kalkardı. Bazen aklın düşüncesi, fiilin kul tarafından ihtiyarî olarak yapılması ve bu sebeble sevabın gerekmesi için melek ve ruhla birlikte olur.

Altıncı bir düşünce daha zikredilmiştir ki o da **yakinden gelen düşüncedir**.

Yakin, imanın rûhudur. Yakin, mârifet ilminin çok fazla olmasıdır. Aslında şöyle demek mümkündür: Yakinden kaynaklanan altıncı düşünce, netice olarak Hakk'dan gelen düşünceye âittir.

Akıldan gelen düşünce, bir meleğin ilhâmından bir de nefsin düşüncesinden kaynaklanır. Aklın kendinden kaynaklanan müstakil bir düşüncesi yoktur. Çünkü akıl, daha önceden zikrettiğimiz gibi, kendisiyle ilimlerin elde edilmesine kâbiliyet kazanılan ve yine kendisiyle bazen nefsin, bazen meleğin, bazen rûhun, bazen de nefsin isteklerinin elde edilmesine imkan sağlayan bir sıfattır.

Buna göre; kalbe gelen düşünceler dörtten fazla olmamalıdır. Halbuki Rasûlullah (s.a.v), kalbte melek ve şeytandan gelen düşünceden başkasını zikretmemiştir. Bu ikisi asıldır. Ruh ve nefsin düşünceleri ise, bunlara tâbidir. Çünkü, meleğin ilhâmı rûhu harekete geçirince ruh, güzel ve âli duygularla harekete geçer ve bu sayede ilâhi huzura yaklaşır. O anda kendisine Hakk'dan birtakım ilhâmlar gelir. Mânevî yakınlık tam olarak gerçekleşince, fena hâli tahakkuk eder ve o zaman da, daha önce zikrettiğimiz gibi; ruh, kurbiyyet makamında bulunduğundan dolayı rabbâni ilhâm ve işâretler sâbit olur. Böylece, Hakk'ın ilhâmlarının gelmesine asıl sebeb, meleğin ilhâmı olmuş olur.

Şeytanın vesvesesi de nefsi harekete geçirince nefis, yaratılışı gereği, kendi sıfat ve tabiatına âit olan şeylere meyleder. Bu hareketlenmeden dolayı kendisinden, sıfatına, tabiatına ve hevâsına uygun olarak birtakım düşünceler meydana çıkar. Sonuçta, nefsin iğvâları, şeytanın vesvesesinden kaynaklanmış olur.

Şu halde, kalbe gelen düşüncelerin aslı, melekten ve şeytandan gelen iki düşüncedir. Bu iki düşünce, nefsin ve rûhun düşüncelerini meydana getirmektedirler. Yakinden ve akıldan gelen düşünceler de, onların içinde bulunmaktadır. Allah en doğrusunu bilir.

****

HÂL-MAKÂM VE ARALARINDAKİ FARKLAR

Hâl ve makâm arasında, pek çok yönden benzerlik vardır ve bunun için meşâyıh-ı kirâmın bu husustaki ifâde ve işâretleri çok çeşitli olmuştur. Bu farklı açıklamalar, makâm, hâl ve onlara dâhil olan şeylerde benzerliğin bulunmasından dolayıdır. Bir durum, bazı kimselere hâl olarak görülürken, bazısına makâm olarak görülmektedir. Her iki görüş de, doğrudur. Çünkü, herbirinde diğerine âit özellikler bulunmaktadır. Bununla birlikte, aralarını ayıracak sağlam bir görüşün zikredilmesi gerekmektedir.

Aslında **hâl** ve **makâm** kelimelerinin lafzı ve ibâreleri, aralarındaki farkı göstermektedir. Şöyle ki:

Hâle "**hâl**" denmesi; onun aynı şekilde kalmayıp değişmesinden dolayıdır. Makâma da "makâm" denmesi; sâbit oluşu ve istikrârından dolayıdır.

Bazen bir şey bizzat hâl iken sonra makâm olur. Meselâ; kulun içinden nefsini muhâsebe etme arzusu gelir. Sonra bu arzu nefsin sıfatlarının ona gâlib gelip bastırmasıyla ortadan kalkar. Sonra tekrar gelir, tekrar gider. Kul devamlı bu muhâsebe hâlini korumaya çalışır. Sonra nefsin sıfatlarının ortaya çıkmasıyla hâl değişir. Bu durum, kerim olan Allah'dan kula yardım ulaşıncaya, muhâsebe hâli üstün gelip nefis ezilerek muhâsebe nefse hâkim oluncaya ve onu zabtedinceye kadar devam eder. Böylece muhâsebe onun vatanı, istikrar yeri ve makâmı olmuş olur. Artık o, muhâsebe hâlinden sonra muhâsebe makâmında olur.

Sonra kendisine murâkabe hâli gelir. Muhâsebe makâmında olan kimseye murâkabenin bir kısmı (önce) hâl olur. Sonra, kulun bâtınında sırasıyla yanılma ve gaflet gelip gittiğinden, murâkabe hâli değişir, aynı kalmaz. Bu durum, Allahu Teâlâ mânevî yardımıyla kulunu destekleyip olgunlaştırıncaya, yanılma ve gaflet karanlığı kendisinden zâil oluncaya kadar devam eder. Böylece murâkabe, önce hâl iken, sonra makâm olur. **Muhâsebe** makâmı ancak murâkabe hâli gelince yerini sağlamlaştırır. **Murâkabe** makâmı da ancak müşâhade hâlinin gelmesiyle sâbit ve sağlam olur.

Kula **müşâhade** hâli ihsan edilince murâkabesi istikrar bulur ve onun makâmı olur. Müşâhade de, diğerlerinde olduğu gibi, önce, perdelenmeyle değişen ve tecelli ile açılan bir hâl olur. Sonra makâm olur ve müşâhade güneşi perdelenerek tutulmaktan kurtulur. Sonda müşâhade makâmında bir takım haller, gelişmeler, **fenâ hâli**nin gerçekleşip **bekâ hâli**ne geçmek ve **aynel-yakîn hâli**nden **hakk'l**-yakîne terakki gibi, bir hâlden kendisinden daha yüce bir hâle terakkiyat, mânevî yükselmeler söz konusudur. Hakka'l-yakîn hâli geldiğinde kalbin iç zarını yakarak temamen açar. Bu, müşâhadenin en yüksek kısmıdır.

Bu hâle işareten Rasûlullah (s.a.v) Efendimiz şöyle duâ etmiştir:

"Allahım senden kalbime tam te'sir eden bir iman istiyorum." [1]

Sehl b. Abdullah et-Tüsterî (k.s) demiştir ki:

"Kalbin iki boşluğu vardır; onlardan biri iç kısımdır. Orada kulak ve göz vardır. O, kalbin kalbi ve onun gözbebeğidir. İkinci boşluk da kalbin zâhiridir; orada da akıl vardır. Aklın kalbdeki misâli gözdeki görüş gibidir. Akıl, gözün bebeğinde bulunan parlaklık gibi, kendisine mahsus bir yerde olmasından dolayı parlaktır. Göz bebeğinden görünen şeyleri saran şualar çıktığı gibi, aklın nazarından da bilinen şeyleri ihata edip anlamayı sağlıyan ilim şuaları çıkarak yansımaktadır."

İşte kalbin zarını yakarak onun göz bebekçiğine ulaşan bu hakku'l-yakîn hâli, ihsanların en yükseği, hâllerin en kıymetlisi ve en şereflisidir.

Hakku'l-yakînin müşâhadeye bağlılığı, tuğlanın toprağa bağlılığı gibidir. Çünkü tuğla önce topraktır, sonra su ile karıştırılıp çamur olur, sonra şekil verilip kerpiç olur. Sonra da ateşte pişirilip tuğla olur. Müşâhade öncedir ve temeldir. Ondan, toprağın çamura dönüşmesi gibi, fenâ hâli meydana gelir. Haller konusunda hakku'l-yakin asıl olunca —ki o, hallerin en şereflisi ve ça-

---

1) İbnu Ebi'd-Dünya, Kitabu'l-Yakin, No:26; Heysemi, Mecmau'z-Zevaid, X, 181; Münâvî, Feyzu'l-Kadir, II, No: 1493.

lışılarak elde edilmeyen sırf ilâhî bir hibedir—kula gelen bütün ilâhi, ma'nevî mevhibelere "hâl" diye isim verilmiştir. Çünkü onlar, kul için kendi çalışmasıyla elde edilip güç yetirilecek şeyler değildir.

Bundan dolayı, meşâyıh-ı kirâm arasında: "Makâmlar kesbîdir; hâller ise vehbîdir." sözü ve kanaatı yaygındır. Yukarıda sırasıyle zikretmiş olduğumuz bütün haller ilâhi mevhibedir. Çünkü çalışılarak kazanılan şeyler mevhibelerle sarılıp kuşatılmıştır. Mevhibeler de kazanılan şeyleri kuşatmıştır. Buna göre, haller vecd yerleri; makâmlar da vecde ulaşma yollarıdır. Fakat makâmlarda kesb zâhir, mevhibeler gizlidir. Hâllerde ise; kesb gizli, ilâhi mevhibeler zâhir olur. Demek ki haller, semâvi, ulvî mevhibelerdir; makâmlar da ona ulaşma yollarıdır.

Mü'minlerin emiri **Ali b. Ebi Tâlib**'in (r.a): "Bana semâvâtın yollarından sorunuz. Gerçekten ben onları, yeryüzünün yollarından daha iyi tanırım." sözü, makâm ve hâllere işâret etmektedir.

Semâvâtın yolları, tevbe, zühd ve bunların dışındaki makâmlardır. Gerçekten sâlikin kalbi bu yollarla semâvi bir kalb olur. Onlar semâvâtın yolları ve bereketin indiği yerlerdir. Bu hâller ancak semâvî bir kalbe sâhib olan kimse için gerçekleşir. Sûfilerden birisi: "Hâl, gizli zikirdir." demiştir. Bu söz, bizim zikretmiş olduğumuz şeylerin bir kısmına işâret etmektedir.

Irak'ta meşâyıh-ı kirâmın şöyle dediklerini işittim: "Hâl, Allahu Teâlâ'nın bir lutfudur."

Onlar, amel ve çalışma ile elde edilen şeylere de: "Bu, kulun kendisine çektiği bir lütuftur." diyorlardı. Mürid için ilâhî mevhibe ve vecd hâllerinden meydana gelen şeylere de: "Bu, Allah'ın lutfudur." demişler ve hâlin ilâhî bir lutuf olduğuna işâret olarak da onu "hâl" diye isimlendirmişlerdir.

Horasan büyüklerinden birisi demiştir ki: "Hâller, sâlih amellerin sonucu ve meyvesidir."

Sûfilerden bir tanesi de: "Hâller, kalbde şimşek gibi parlayıp gider; eğer durursa bu, hadisü'n-nefs'dir." demiştir.

Bu söz bu şekliyle her zaman doğru değildir. Bu ancak bazı hallerde olur. Çünkü bazen haller âniden kalbe gelir, sonra nefis onları kendi tarafına çeker. Fakat genel olarak düşündüğümüz zaman böyle bir şey yoktur. Yağın suya karışmadığı gibi, hâller de nefse karışmaz.

Bazıları da: "Hâller devamlı oldukları zaman hâl olurlar. Fakat devamlı olmadıkları zaman, onlar bir takım ma'nevi parıltılar, doğuşlar ve anî tecellilerdir. Bunlar ise, hâllerin başlangıcıdır, hâl değildir" görüşünü ileri sürmüşlerdir.

Meşâyıh-ı kirâm, bir kulun, bulunduğu makâmı tam olarak sağlamlaştırmadan önce, ondan daha yüksek bir makâma geçişin câiz olup olmaması hususunda değişik görüşler arzetmişlerdir:

Bazıları demişlerdir ki: "Kulun içinde bulunduğu makâm ancak, onun üstündeki makâma çıkarak alttakini kontrol etmesiyle o makâmın işini sağlamlaştırdıktan sonra tam olarak kemâlini bulur."

Allahu Teâlâ en doğrusunu bilir, bu hususda en iyisi şöyle söylemektir:

Sâlik, bir makâmında iken, kendisine ileride yükseleceği daha yüksek makâmdan bir hâl verilir. Elde ettiği bu hâlle, içinde bulunduğu makâmın durumunu güzelleştirir ve Hakk kendisinde bu şekilde tasarruf eder. Bu durumda kul için; "yükseldi veya yükselmedi" diye herhangi bir şey söylenmez. Gerçekten kul, hâllerin sebebiyle makâmlara yükselir. Hâller kulu, içinde kesb ve ilâhi mevhibenin karıştığı mâkamlara yükselten bir takım mânevî mevhibelerdir. Kulun, içinde bulunduğu makâmdan daha yüksek bir makâmın hâli kendisine, ancak ona yükselmesi yakın olduğu zaman gözükür ve nasib olur. Kul, hallerin çoğalmasıyla devamlı üst makâmlara doğru yükselir. Zikretmiş olduğumuz bu şeylerde, makâm ve hâllere dâhil olan bütün şeyler -tevbe de buna dâhildir- ortaya çıkmış olur.

Bilinen her fazilette bir hâl ve makâm bulunmaktadır. Zühdde bir hâl ve makâm vardır. Tevekkülde bir hâl ve makâm vardır. Rızâda bir hâl ve makâm vardır.

Ebu Osman el-Hîrî (k.s) demiştir ki: "Kırk senedir Allahu Teâlâ beni sevmediğim bir hâlde bulundurmadı."

Hazret bu sözüyle, rızâ hâline işâret etmiştir. Rızanın bir kısmı önce hâl iken sonra makâm olur. Muhabbette de bir hâl ve makâm vardır. Kul, tevbe hallerinde devam ede ede sonunda gerçekten tevbe eder. Tevbe hâlinin yolu, ilk olarak günahdan sakınma duygusuyla başlar.

Sûfilerden birisi: "Zecr (sakınma) kalbdeki bir heyecandır; onu ancak, kulun gafletten uyanarak uyanıklığa gelmesi teskin eder. Kul kendine geldiği zaman bu duygu, doğruyu hatâlı olandan seçip gösterir." demiştir.

Bir tanesi de: "Zecr; kulun kendisiyle kararının yanlışlığını gördüğü, kalbde bulunan bir aydınlıktır." demiştir.

Tevbenin evvelinde zecr (sakınma hali) üç şekilde olur:

1-Biri ilim yoluyla,

2-Akıl yoluyla,

3-İman yoluyla.

Bunlardan birsiyle tevbe edene günahladan sakınma hâli gelir. Bu hâl, Allahu Teâlâ'nın bir lutfudur; kulu tevbeye götürmektedir. Kulda nefsin hevâsı ortaya çıktıkça, tevbe hâlinin etkisi ve sakınma duygusu onu yokeder. Nihayet kul bu hâlde istikrar bulur ve hâl, makâm durumuna geçer.

Zühdde de durum böyledir. Kula önce zühd hâli gelir. Bu hâlin bereketiyle kul dünyaya yönelmeyi çirkin bulur ve onunla meşguliyeti terk etmek kenrizqsine tatlı gelir; böylece devamlı zühd sâhibi olmaya çalışır. Bu hâlinin etkisi, nefsin dünyaya aşırı düşkünlüğü ve âcil olan şeylere bakması sebebiyle yok olur gider. Ancak kula Kerim olan Allah'dan özel bir yardım yetişerek zühd sâhibi olur ve zühd istikrar bularak onun makâmı durumuna gelir.

Tevekkül hâli de, devamlı kulun kalb kapısını çalar ve nihâyet kul tam tevekkül sahibi olur. Rızâ hâli de böyledir. Sonunda kul rızâ hâlinde sukûnet bulur ve rızâ onun makâmı olur.

Burada şöyle bir incelik mevcuttur: Rızâ ve tevekkül makâmları, kulda tabiatının arzuları bulunsa da devamlılıklarını korurlar ve sağlam kalırlar. Halbuki kulda tabiatının arzusunun bulunmasıyla birlikte rızâ hâli devamlılığını sağlam olarak koruyamaz. Meselâ; rızâ sahibi tabiatının gereği, içinde, rızâ makâmına uymayan sevimsiz bir hâl bulur. Fakat onun rızâ makamına âid ilmi tabiatından çıkan bu hâli örtüp kapatır. Onun tabiatından kaynaklanan bu durumun, ilimle sarılmış olarak sevimsiz bir durumda zuhûr etmesi, onu rızâ makâmından çıkarmaz. Fakat aynı durum, rızâ hâlinde olacak olsa onu yokederdi. Çünkü hâl, ilâhî bir mevhibe olduğu (ve kulun onda bir kesbi bulunmadığı) için, tabiatın arzusunu yakar geçer.

Bu açıklamaya bakarak: "Nasıl, makâm sahibi rızâda kalıyor da, hâl sahibi kalamıyor. Halbuki hâl, makâmın başlangıcıdır ve makâm daha sağlamdır." denirse; deriz ki:

Makam, kulun gayret ve çalışmasıyla karışık olduğundan onda, tabiatın tesirlerinin bulunması muhtemeldir. Hâl ise; Allahu Teâlâ'dan bir lutuf olduğundan, tabiatın karışmasından (ve etkisinden) uzaktır. Demek ki rızâ hâli daha şerefli, rızâ makâmı ise daha sağlam ve daha temkinlidir. Hem makâmlar için bir çok hâller gerekir. Makâm ancak, kendisinden önce bir hâlin zuhûruyla elde edilir. Makâmlar, daha önce bir takım hâller bulunmadan, direkt elde edilemezler.

Hâller gelince, onlardan bazısı makâm olur, bazısı ise makâm hâline gelmez. Bundaki hikmet, daha önce zikrettiğimiz gibi şudur:

Makâmda kulun gayret ve çalışması açıktır; ilâhî hibe ise gizlidir. Hâlde ise, ilahi mevhibe açık iken, kulun kesbi gizlidir. Hâllerde gâlip olan mevhibe olduğundan dolayı, hâller sınırlandırılamayıp sonsuza kadar gider. Hâllerin en yüce şekli makâma dönüşmesidir. Allahu Teâlâ'nın gücü nihayetsizdir ve o kudretin bir tecellisi olan mânevî lutuflar d nihayetsizdir. Bundan dolayı sûfilerden birisi şöyle demiştir:

"Şayet bana **İsa Aleyhisselamın** rûhâniyeti, **Mûsâ Aleyhisselamın Cenâb-ı Hakk**'la konuşması ve **İbrahim Aleyhisselamın** dostluğu verilecek olsa, ben daha ötesini isterdim. Çünkü Allahu Teâlâ'nın ihsanları hududsuzdur."

Gerçi bunlar, peygamberlere âid hallerdir, velilere verilmez, fakat bu söz, kulun devamlı yükseklere göz dikmesine ve dahasını aramasına, teşvik etmekte ve bir de Allahu Teâlâ'nın kendisine ikram ettiği manevi nimetler ile yetinmeyip daha fazlasını istemeye işâret etmektedir. Çünkü Peygamberlerin Efendisi **Rasûlullah** (s.a.v):

"Kendisiyle Allah'a yakınlığımı artıracak bir ilim elde etmediğim bir günün üzerine gelmesinde benim için bir hayır yoktur."

buyurarak,[2] hayırlarda kanaat etmemeye, devamlı taleb kapısını çalmaya ve daha çok bereketin gelmesini istemeye dikkat çekip teşvik etmiştir.

Yine Rasûlullah (s.a.v), bir duâsında şöyle buyurmuştur:

"Allahım! Kullarından herhangi birine va'dettiği yahut kullarından herhangi birisine vermiş olduğun, görüşümün kendisine yetişemediği, kendisinde amelinin zayıf kaldığı, niyet ve arzumun kendisine ulaşamadığı herhangi bir hayır için, ben sana en çok rağbet edenim ve onu senden isterim."[3]

Bil ki, Hakk'ın lutuflarının sınırı yoktur. Hâller de ilâhi lutûflardır. Ve onlar, kendisini yazmaya denizlerin yetmediği, sayısı için de kumların az geldiği Allah'ın kelime ve tecellilerine bağlıdır. Bütün bunları İn'am ve ihsan eden Allahu Teâlâ'dır.

****

2) Ebû Nuaym, Hilye, VIII, 188; Heysemî, Mecmau'z-Zevâid, I, 136; Suyûtî, el- Câmiu's-Sağir, I, 57. (No: 343); Ali el-Muttaki, Kenzu'l-Ummal, X, 136. (No: 28687)
3) Tirmizî, Deavât, 30; Tabarani, el-Kebir, X, No: 10668; Suyûtî,el-Câmiu's-Sağîr, I, No: 1477.

MAKÂMLARIN İZÂHI

I-TEVBE MAKAMI

Şeyhimiz **Ebu'n-Necib es-Sühreverdî**, bize, **Enes b. Mâlik**'in (r.a) şunları anlattığını haber verdi:

Rasûlullah (s.a.v)'a bir adam gelerek:

"Yâ **Rasûlellah**! Ben dili kaba ve çoluk çocuğuma sertçe konuşan bir adamım." dedi. Bunun üzerine **Rasûlullah** (s.a.v) **:**

"Niçin istiğfar etmiyorsun? Gerçekten ben, Allahu Teâlâ'ya gece gündüz (her gün) yüz defa istiğfar ediyorum." [1] buyurdu.

Başka bir hadis-i şerifte, **Ebû Hureyre,** Rasûlullah'ın (s.a.v) şöyle buyurduğunu rivâyet etmiştir:

"Muhakkak ki ben her gün Allahu Teâlâ'ya yüz defa istiğfar ve tevbe ediyorum." [2]

Ebû Bürde (r.a), Rasûlullah'ın (s.a.v) şöyle buyurduğunu rivâyet emiştir:

"Kalbimi (nûrânî de olsa bir takım) perdeler kaplar ve bu sebepten dolayı Allahu Teâlâ'ya günde yüz defa istiğfar ederim." [3]

Tevbe hususunda Allahu Teâlâ buyurmuştur ki:

"Ey müminler! Hepiniz Allah'a tevbe ediniz ki, kurtuluşa erebilesiniz." [4]

Yine Aziz ve Celil olan Allah şöyle buyurmuştur:

"Gerçekten Allah çokça tevbe edenleri ve güzelce temizlenenleri

---

1) İbnu Mâce, Edeb, 57; Dârimî, Rikâk, 15.
2) Müslim, Zikr, 41; Ebû Dâvud, Vitr, 26; Tirmizî, Tefsiru Sûre, 47; İbnu Mâce, Edeb, 57; Dârimî, Rikâk, 15; Ali Nâsıf, et-Tâc, V, 151.
3) Müslim, Zikr, 41; Ebû Dâvud, Vitr, 26; Ali Nâsıf, et-Tâc, I, 147.
4) Nûr (24), 31.

sever." [5]

Diğer bir âyette ise şöyle buyurmuştur:

"Ey iman edenler! Kalbden samimi bir şekilde tevbe ederek Allah'a dönün." [6]

Tevbe, her makâmın temeli, kıvamı ve her güzel hâlin anahtarıdır. O, makâmların ilki olup binanın kurulacağı yer mesâbesindedir. Yeri olmayanın binası olmadığı gibi, tevbesi olmayanın da herhangi bir hâli ve makâmı yoktur.

Ben ilmimim ulaştığı, gayret ve vüsâtimin yettiği kadar makâmları, hâlleri ve bunların verdiği neticeleri düşündüm; imanın sıhhati, şartları ve iyice yerleşmesinden sonra, onların hepsinin üç şey olduğunu gördüm. Bunlar imanla berâber dört olmaktadır. Sonra bu dört şeyin, hakiki mânevi doğumda, Allahu Teâlâ'nın insan tabiatında tabii doğum için kendileriyle sünnetini icrâ ettiği dört asli tabiat olan safra, balgam, kan ve sevdânın gördüğü vazifeyi yaptığını gördüm. Kim bu dört şeyi gerçek olarak elde ederse; meleküt âlemine girer; ilahi tecelli ve sırları müşahede eder; Allahu Teâlâ'nın kaza ve kaderdeki hikmetlerini keşfeder. Kendisinde, Allahu Teâlâ'nın ilâhî kelimeleri hakkında bir anlayış ve zevk meydana gelir. Bütün hâl ve makâmlar bu dört şeyden meydana gelir; onlarla hazırlanır ve kuvvet bulur. İmandan sonra diğer üç şey şunlardır:

1-Tevbe-i nasuh,

2-Dünyaya karşı zühd,

3-Kalbî ve bedenî amellerde herhangi bir gevşeklik ve kusur göstermeksizin Allah için zâhiren ve bâtinen amellere sarıyıp kulluğa devam etmek.

Sonra, bu dört şeyi tam olarak yapabilmek için, onları tamamlayan ve kıvamını temin eden diğer dört şeyle destek sağlanır. Bunlar da, az konuşmak, az yemek, az uyumak ve insanlardan uzaklaşmaktır.

Gönüllerini dünyadan çekerek tamamen Allah'a vermiş âlimler ve meşâyıh-ı kiram bu dört şeyle makâmların istikrar bulacağını, hâllerin doğru ve sahih olacağını ve Allah'a dost olan velilerin onun destek ve güzel tevfiki sayesinde onlarla veli olduğunu belirtmişler ve bunun böyle olduğunda

5) Bakara (2), 222.
6) Tahrim (66), 8.

ittifak etmişlerdir.

Kesin olarak anlaşılmıştır ki, diğer bütün makâmlar bu makâmların içinde mevcuttur. Kim bunları elde ederse, bütün makamları elde etmiş olur.

İmandan sonra, bu makâmların ilki tevbedir. Tevbe de başlangıcında sahih ve sağlam olabilmesi için, birtakım hâllere muhtaçtır. Tevbe, sahih ve sağlam olduğu zaman bereket ve tesiri bütün makâm ve hâllere yayılır.

Tevbenin başlangıç hâlinde, kulu günahlardan sakındıran bir duygunun bulunması gerekir. Bu duygunun bulunması bir hâldir. Hâller ise, Allah'ın bir lutfudur. Demek ki, kulda sakınma hâlinin bulunması, tevbenin anahtarı ve başlangıcıdır.

Adamın birisi, **Bişr el-Hafî**'ye: "Seni kederli ve mahzun görüyorum niçin ?" diye sorduğunda; **Bişr el-Hafî**: "Ben yolunu kaybetmiş ve aynı zamanda aranan birisiyim. Hakiki yolumu ve maksadımı kaybettim ve onun tarafından da aranıyorum. Şayet maksadıma hangi yolla ulaşacağımı bilseydim; hemen ona sarılırdım. Fakat gaflet uykusu beni sardı ve benim için ondan bir kurtuluş yoktur. Ancak, Hakk tarafından bana bir sakınma duygusu verilirse, o zaman kendi mi günahdan alabilirim." demiştir.

Esmâî demiştir ki: "**Basra**'da iki gözünden rahatsız, ikisinden de su akan bir a'râbî gördüm Kendisine:

"Gözlerini silmiyor musun?" dediğimde, bana:

"Hayır! Çünkü doktor beni bundan sakındırdı. Doktor sakındırdığı halde, sakınmayan kimsede hayır yoktur!" dedi.

Kalpte bulunan sakınma duygusu (zâcir); Allahu Teâlâ'nın kuluna hibe ettiği bir hâldir. Samimi tevbe edene bu hâl mutlaka gerekir. Kul sakınma hâlinden sonra, kendine gelme (intibah) hâlini elde eder.

Sûfîlerden bir tanesi demiştir ki: "Kim, yükseklere ulaşmaya göz dikerse, gafletinden uyanır."

Ebû Yezid el-Bestâmî demiştir ki: "İntibâhın (mânevi uyanmanın) alâmeti beştir:

1-Kul nefsini hatırlayınca boynunu büker,

2-Günahını hatırlayınca istiğfar eder,

3-Dünyayı hatırlayınca düşünüp ibret alır,

4-Âhireti hatırlayınca sevinir,

5-Allahu Teâlâ'yı hatırlayınca ürperir."

Sûfîlerden birisi de: "Kendine gelme (intibâh) hayırlara götüren yolların başlangıcıdır. Kul gaflet uykusundan uyanınca bu hâl onu, tam uyanıklığa götürür. Tam uyanış sâhibine hidâyet yolunu aratır ve o da arar. Kul, gerçek hidâyet yolunu arayınca, kendisinin Hakk yolunun dışında olduğunu görür ve hemen Hakk'ı isteyerek tevbe kapısına döner. Sonra, bu intibah hâli sayesinde kendisine tayakkuz (tam uyanıklık) hâli verilir." demiştir.

Hasan el-Farisî şöyle demiştir: "Hâllerin en güzeli ve kula en faydalı olanı, mânevî uyanıklık ve düşünüp ibret almaktır."

Denilmiştir ki: "Tam uyanıklık (yakaza) hâli gerçekleşince, sahibi tevbe yolunun başlangıcında olmuş olur."

Yine denilmiştir ki: "Mânevî uyanıklık; Allahu Teâlâ tarafından kendisinden korkan kullarının kalbine atılmış, onları tevbeye götüren bir hâldir."

Kulun mânevî uyanıklığı tamam olunca, tevbe makâmına nakledilir. İşte, sırasıyla anlattığımız bu sakınma, kendine gelme ve uyanma halleri tevbeden önce bulunur. Sonra, sahih bir tevbe için kulun muhâsebeye ihtiyacı vardır. Tevbe ancak iç âlemi muhasebe ile düzgün olur.

Mü'minlerin emiri **Hz. Ali**'nin (r.a) şöyle dediği rivâyet edilmiştir.

"Hesaba çekilmenizden önce kendinizi hesaba çekiniz. Amelleriniz tartılmadan önce onları siz tartınız ve Allahu Teâlâ'nın ***"O gün (hesap için Allah'a) arz olunursunuz, öyleki hiç bir gizli hâliniz kalmaz."***[7] buyurduğu en büyük arz için, kendinizi (ibâdet ve amelle) süsleyiniz."

Muhâsebe; nefesleri muhafaza edip gafletle alıp vermemek, âzaları günahtan korumak, vakitlerin hakkını gözetmek ve en önemli olan şeyleri tercih etmek şeklinde olur. Kul, bu muhâsebe sayesinde, Allahu Teâlâ'nın, tarafından bir rahmet olarak kendisine gece ve gündüz içinde beş vakit namazı farz kıldığını bilir. Cenâb-ı Hakk'ın bu ibâdeti, onun durumunu ve temamen gaflet içindeki hâlini bildiğinden, hevâya kul ve dünyaya köle olmaması için emret-

---

7) el-Hâkka (69), 18.

tiğini anlar. Böylece beş vakit namazın, Cenâb-ı Hakk'ın rubûbiyet hakkını yerine getirebilmek için nefisleri kulluk ve ubûdiyet alanına çeken ilâhî bir zincir olduğunu farkeder. Bir namazdan diğer namaza kadar, nefsini güzel bir muhâsebeyle kontrol eder. Güzel muhâsebe ve emirlere riâyetle şeytanın giriş yollarını kapatır ve namazına ancak güzelce tevbe ve istiğfarla, kalbindeki dünya bağlarını çözüp attıktan sonra girer. Çünkü dinin emirlerine muhâlif bütün söz ve hareketler kalbde siyah bir nokta oluşturur ve kalbin üzerine bir düğüm bağlar. Hâlini araştıran ve muhâsebesini yapan kimse, âzâlarını günahlardan sakındırarak bâtınını namaz için hazırlar ve muhâsebe makâmını elde eder. Bu durumda onun namazı diğer namaza kadar geçen vakitlerini aydınlatacak bir nur olur. Böylece onun namazı, vaktinin nûruyla aydınlanmış ve vakti de namazının nûruyla ma'mur olup nurlanmıştır.

Kendisini hesaba çekenlerden bir tanesi, namaz vakitlerini bir kağıt üzerine yazar, iki namaz arasında bir miktar boş yer bırakırdı. Her ne vakit gıybet yahut başka büyük bir hatâ işlese, o boşluğa bir çizgi çeker, mâlâyani bir söz veya hareket yapınca da bir nokta kordu. Bunu, kendisine faydası olmayan günah ve hareketlerini düşünüp ibret almak, muhâsebesini iyi yapmak, şeytanın ve devamlı kötülüğü emreden nefsin kalbindeki dolaşma yollarını daraltmak için yapıyor, bu ciddiyeti de, hâlini güzelce kontrol hususundaki sadâkatı ve gerçek kulların makâmını elde etmeye olan hırsından kaynaklanıyordu..Şu anlattığımız muhâsebe ve emirlere riâyet makâmı, tevbenin sıhhati için zarûridir.

Cüneyd el-Bağdâdî demiştir ki: "Kimin emir ve edeblere riâyeti güzel olursa velâyeti devam eder."

İmam Vâsıtî'ye: "Hangi ameller daha faziletlidir?" diye sorulunca; şöyle demiştir: "Sırrı gözetmek, zâhiri hâllerde muhâsebe ve bâtında murâkabe etmektir. Onlardan herbiri diğeri ile tamam olur. Murâkabe ve muhâsebeyle tevbe düzgün olur."

Murâkabe ve edeblere riâyet, iki şerefli hâldir ve (güzel korunduklarında), tevbe makâmının sıhhatini sağlayan iki şerefli makâm olurlar. Tevbe tam olarak onlarla istikâmet bulur. Demek ki; muhâsebe, murâkabe ve edeblere riâyet tevbe makâmının zarûri şartlarındandır.

Bize, **Ebû Zur'a**, **Ebû Muhammed b. el-Cerirî**'nin, şöyle dediğini haber verdi:

"Bizim bu yolumuz iki temel üzere kurulmuştur: Birisi, Allahu Teâlâ için devamlı nefsini kontrol etmek; diğeri de zâhiri amellerinde ilmin emrettiği şekilde hareket etmekdir."

Murtaiş demiştir ki: "Murâkabe; her lahza ve her lafızda Hakk'ı tefekkür için sırrı gözetmektir."

Allahu Teâlâ buyurmuştur ki: ***"Herkesin iyi veya kötü, bütün yaptığına gözcü olan Allah'a (küfredilir) ortak koşulur mu?"*** [8]

Murâkabe; Allah'ın haklarını yerine getirme ilmidir. Bununla hâl ilmini ve hâllerdeki ziyâde ve noksanlığı tanıma gerçekleşir. Bu, kulun kendisiyle Allah arasındaki hâlinin ölçüsünü bilmesidir. Bunların hepsi tevbenin sihhati için lâzımdır. Tevbenin sıhhati de onlar için gereklidir. Çünkü kalbe gelen düşünceler kararların başlangıcıdır. Kararlar da amellerin başlangıcıdır. Düşünceler kalbin irâdesini meydana getirir. Kalb ise âzâların emiridir. Âzâlar ancak, kalbin irâdesiyle harekete geçmesiyle hareket ederler. Murâkabe ile de kötü düşünceler kökünden kazanıp atılır. Öyleyse murâkabe tevbenin tamamından olmuş olur. Çünkü; düşüncelerini kontrol altına alan, âzâlarına yeterli iyiliği yapmıştır. Hem murâkabeyle kalbden çirkin düşüncenin kökleri sökülüp atılmaktadır. Murâkabeden gözden kaçan şeylere ise, muhâsebe ile ulaşılıp giderilir.

Bize, **Ebû Zür'a**, **İbn Halef** yoluyla, **Sülemî**'nin şöyle dediğini haber verdi. "**Ebû Osman el-Mağribî**'yi şöyle derken işittim:

"Bu yolda insana lâzım olan şeylerin en faziletlisi muhâsebe, murâkabe ve ameli ilimle yürütmektir. Tevbe sağlam olarak gerçekleşince, inâbe (Allaha yönelme) de sahih olur."

İbrahim b. Ethem demiştir ki: "Kul tevbesinde sâdık olunca, Allah'a tam yönelmiş olur. Çünkü inâbe, tevbenin ikinci derecesidir."

Ebû Saîd el-Kuraşî de: "İnâbe sahibi; kendisini Allahu Teâlâ'dan alıkoyan her şeyden O'na dönen kimsedir." demiştir.

Sûfilerden birisi şöyle demiştir: "İnâbe; başkasından O'na değil, Allah'dan yine Allah'a dönmektir. Kim başkasından O'na dönerse, inâbenin gerekli olan

8) Ra'd (13), 33.

iki tarafından birisini zâyi etmiştir."

Gerçekten Hakk'a dönen kimse; kendisinin Hakk'dan başka dönecek yeri olmayan kimsedir. Sonra o kimse, Hakk'a dönme endişesinden de kurtulur. Böylece, herşeyi Hakk'da görmede kaybolarak, O'nun huzûrunda duran ve hiç bir vasfı olmayan bir vücut olarak kalır. Nefse muhâlefet ve onun fiillerindeki ayıblarını görmek ancak mücâhede, Hakk'ı gözetme ve murâkabe sayesinde gerçekleşir."

Ebû Süleylam ed-Dârânî demiştir ki: "Ben nefsimin herhangi bir amelini güzel bulmadım ki; onunla sevab veya başka bir şey umayım."

Ebû Abdullah es-Secezî de demiştir ki: "Kim irâde (müridlik) hâlinde, yaptıklarını güzel bulursa, irâdesi ve teslimiyeti bozulur. Ancak, işi yeni baştan alıp nefsini ikinci defa terbiye yoluna sokarsa o başka. Kim nefsini lehine ve aleyhine olan hususlarda sadâkat ölçüsüyle tartmazsa, Hakk erlerinin ulaştığı noktaya ulaşamaz."

Müridin fiillerindeki kusurları görmesi, inâbetin (Hakka dönüş ve teslimiyetin) sıhhati için zaruri bir durumdur. Hem o, tevbe makâmının gerçekleşmesi için elde edilecek bir hâldir. Tevbe ancak mücâhededeki sadâkatla düzgün olur ve kul mücâhedesinde ancak sabrın bulunmasıyla sâdık olabilir.

II-SABIR MAKAMI

Fudâla b. Ubeyd (r.a) şöyle demiştir: "Rasûlullah'ın (s.a.v) şöyle buyurduğunu işittim:

"Gerçek mücâhid; nefsiyle mücâhede hâlinde olandır." [9]

Nefisle mücâhede ise, ancak sabırla mümkün olur. Sabrın en faziletlisi; bütün düşünceyi Allahu Teâlâ'ya vererek onunla beraber olmaya, kalbiyle murâkabeye devam etmeye ve kalbden dünyevî ve süflî düşüncelerin kökünü temizlemeye sabretmektir.

Sabır, farz ve fazilet olarak iki kısma ayrılır: Farz olan sabır; farzları yerine getirmeye ve haramlardan sakınmaya sabretmektir.

Fazilet olan sabır ise; fakirliğe, ilk anında mûsibetlere, acıları gizleyerek şikâyet etmemeye, fakirliği gizlemeye, kendisine verilen mânevî ihsan ve kerâmetleri, görmüş olduğu ibret ve âyetleri saklamaya sabırdır.

---

9) Tirmizî, Fedâilu'l-Cihâd, 2; Ahmed, Müsned, VI, 20-22.

Sabrın farz ve fazilet oluş yönleri çoktur. İnsanlardan çoğu bu nevi şeylere sabrettiği halde kalbden düşünceyi defederek gerçek bir murâkabe ve kalbî kontrole sarılmak sûretiyle Allah'la beraber olmaya sabredemez, bundan daralır. O halde tevbe hususunda sabır, murâkabenin tevbedeki durumu gibi gerekli olmaktadır. Hem sabır, yakin sahiplerinin makâmlarının en yücelerindendir ve hakiki tevbenin bir parçasıdır.

Âlimlerden bir tanesi demiştir ki: "Hangi şey sabırdan daha faziletli olabilir ki?" Allahu Teâlâ yüce Kur'an'da doksan küsür yerde sabırdan bahsetmiştir. Halbuki bu sayıda başka bir şey zikretmemiştir. Şunu söyleyebiliriz: Gerçek bir tevbe, bütün şerefiyle sabır makâmını içine almaktadır."

Sabrın bir çeşidi de, nimete karşı sabredip; nimeti Allahu Teâlâ'ya isyanda kullanmamaktır. Bu da, aynı şekilde tevbenin sihhatine dâhil olmaktadır.

Sehl b. Abdullah et-Tüsterî derdi ki: "Âfiyete karşı sabır, belâya karşı sabırdan daha şiddetlidir."

Sahâbe-i Kirâm'dan **Abdurrahman b. Avf** (r.a) demiştir ki: "Biz önceleri sıkıntılarla imtihan edildik sabrettik; fakat, daha sonra genişlikle imtihan edildik sabredemedik." [10]

Sabrın bir çeşidi de, rızâ ve gadab hâlinde orta halde îtîdalle kalmaya sabretmektir. İnsanların övmesine ve hepden unutulup terkedilmeye sabır da sabrın çeşitlerindendir. Tevâzû ve zillet, tevbeye girmeseler de zühde dâhil olmaktadırlar. Yüce hâl ve makâmlardan tevbe makâmından sayılan bütün makâmlar, zühdün içinde bulunmaktadır. Zühd, daha önce zikretmiş olduğumuz bütün makâmların temeli olan dört şeyin (iman, tevbe, zühd, ubûdiyet) üçüncüsüdür.

Sabrın hakikati, nefsin sukûnete ulaşıp mutmain oluşunda ortaya çıkmaktadır. Mutmain oluşu da manen temizlenmesinden kaynaklanmakta; bu temizliği ise tövbe ile olmaktadır. Demek ki nefis, tevbe-i nasuh ile temizlenince, kendisinden serkeş, azgın tabiatı ve sabır azlığı yok olup gitmektedir. Tevbe-i nasûh nefsi yumuşatmakta ve onu tabiatındaki azgınlığından uysallığa ve yumuşaklığa çıkarmaktadır. Çünkü

10) İbnu'l-Esir, Câmiu'l-Usûl, IV, 681; Tirmizi, Kıyame, 30.

nefis, muhâsebe ve murâkabeyle sâfileşir ve hevâsına uyması sebebiyle tutuşmuş olan ateşi söner. Mutmainne sıfatını kazanmasıyla rızâ mahalline ve makâmına ulaşarak, ilâhî hükmün takdir ettiği hususlarda sükûnet ve teslimiyet içinde olur.

III-RIZA MAKAMI

Ebû Abdullah Nebbâcî (rah) demiştir ki: "Allahu Teâlâ'nın öyle kulları vardır ki; O'nun bütün takdirlerini rızâ ile karşılarlar ve onlara sabretmeye çalışmak bir nev'i rızâsızlık gibi olacağından, sabretmekten hayâ eder, her tecelliye râzı olurlar."

Ömer b. Abdülaziz (rah.) şöyle derdi: "Sabaha çıktığımda benim en fazla sürür duyduğum şey, Allahu Teâlâ'nın tecellîlerine ve kazâsına râzı olmaktır"

Rasûlullah (s.a.v), **İbnu Abbas**'a yaptığı bir vasiyette şöyle buyurmuştur: ***"Rızâ hususunda Allah için yakîn ile amel et. Eğer bu olmazsa sabret, gerçekten sabırda büyük bir hayır vardır."*** [11]

Diğer bir hadiste: "***Kişiye verilen hayırlı şeylerin birisi de; Allahu Teâlâ'nın kendisine taksim ettiği şeylere rızâ göstermesidir.***" [12] buyrulmuştur.

Rızânın fazileti ve şerefi hakkındaki haberler, eserler ve hikâyeler sayılamayacak kadar çoktur. Rızâ, tevbe-i nasûhun verdiği bir neticedir. Kul rızâ hâlinden ancak tevbe-i nasûh edemediği zaman geri kalabilir. Demek ki; tevbe-i nasûh, sabır ve rızâ hâlini içine aldığı gibi, sabır makâmı ile rızâ makâmını da içinde bulundurmaktadır.

Havf ve recâ da, tevbe-i nasûha dâhildir. Çünkü kulun korkusu onu tevbeye götürür. Şayet korkusu olmasaydı tevbe etmezdi. Ümidi de olmasaydı korkmazdı. Demek ki havf ve recâ mü'minin kalbinde birbirini gerektiren iki durumdur. Havf ve recâ, tevbe ehline istikâmetinde dengesini sağlar.

Rasûlullah (a.s), ölmek üzere olan bir adamın yanına girdi. Ona: ***"Kendini nasıl buluyorsun?"*** diye sorduğurda; adam:

---

11) Beyhâki, Şuabu'l-İman, II, 28 (No: 1074) (Biraz farklı lafızlarla).
12) İlâhî takdir ve taksime rızâ konusunda benzeri hadisler için bkz: Zebidi, İthâfu's-Sâde, XII, 519-522, Münziri, et-Terğib, IV, 169.

"Kendimi günahlarımdan korkar ve rabbimin rahmetini ümid eder bir durumda buluyorum." diye cevap verdi. Bunun üzerine, Rasûlullah (s.a.v) şöyle buyurdu:

"***Bu halde, bir kulun kalbinde bu iki hâl bulunursa, Allahu Teâlâ kendisine ümid ettiğini verir ve korktuğundan onu emin kılar.***"[13]

Allahu Teâlâ'nın: "***Ellerinizle kendinizi tehlikeye atmayın.***"[14] âyet-i celilesinin tefsirinde; kendisini tehlikeye atanın, büyük günah işledikten sonra: "Helâk oldum! Artık bana hiç bir amel fayda vermez." diyen kimse olduğu söylenmiştir.

Tevbe eden, Allah'tan korkarak tevbe etmiş ve mağfiretini ümid etmiştir. Tevbekâr, ümid ve korku sahibi olduğu zaman gerçek tevbeye ulaşır.

Sonra, tevbe eden kimse, âzâlarını çirkin amellerden alıkoyup Allahu Teâlâ'nın kendisine ihsan ettiği nimetleriyle onun taatına sarılması sebebiyle nimetlere şükretmiş olmaktadır. Çünkü âzâlardan her birisi bir nimettir. Onların şükrü ise, onları haramlardan alıkoymak ve Allah'ın itaatinde kullanmaktır. Öyleyse, düzgün bir tevbe edenden daha çok nimetlere kim şükretmiş olabilir ki? Görüldüğü gibi, tevbe makâmı, bütün makâmları içinde toplamaktadır. Gerçekten tevbe makamı, başta sakınma (zecr), kendine gelme (intibah) ve uyanma (teyakkuz) halleri yanında, nefse muhlefet, takvâ, mücâhede, yaptığı fiillerin kusurlarını görme, irâde, sâbır, rızâ, muhâsebe, murâkabe, edebe riâyet, şükür, havf ve recâ gibi hâl ve makâmları içinde bulundurmaktadır.

Tevbe-i nasuh gerçek olarak elde edilerek nefis temizlenince, kalb aynası parlar ve dünyanın bütün çirkinlikleri orada gözükür ve böylece gönül ondan çekilerek zühd hâsıl olur; tevekkül hâli gerçekleşir. Çünkü zahid, elindeki mevcut şeylerden ancak, kendisine va'dedilen şeylere itimadından dolayı elini ve gönlünü çekmiştir. Allahu Teâlâ'nın va'dine bağlanmak bizzat tevekküldür. Kul, tevbeden sonra, diğer makâmlardan elde edemediği herhangi bir şey kalmışsa, onu da dört esasın üçüncüsü olan dünyaya karşı zühdüyle elde eder.

13) Tirmizî, Cenâiz, 11; İbnu Mâce, Zühd, 31.
14) Bakara (2), 195.

Şeyhimiz **Ebu'n-Necib es-Sühreverdî, Abdullah b. Büreyde** (r.a)'in şöyle dediğini haber verdi:

"**Rasûlullah** (s.a.v) bir seferden geldi. İlk olarak kızı **Fâtıma**'nın (r.ah) yanına uğradı. Evinde, yeni dikilmiş bir perde ve ellerinde bir takım süslü takılar gördü. Bu manzarayı görünce, eve hiç girmeden geri döndü. Sonra bir yere otudu. Elindeki değnekle yeri karıştırıyor ve şöyle diyordu.

"Dünya benim neme gerek, dünya benim neme gerek!" **Hz. Fâtıma** (r.ah) babasının perdeden dolayı geri döndüğünü görünce hemen perdeyi ve ellerindeki şeyleri çıkararak onları **Bilal-i Habeşî** (r.a) ile Rasûlullah'a (s.a.v) gönderdi ve kendisine:

"Bunları **Peygamber** (s.a.v)'e götür ve : "Onları tasadduk ettiğimi, istediği yere kullanmasını söyle." dedi. **Hz. Bilal** (r.a) onları Rasûlullah'a (s.a.v) getirdi ve :

"Fâtıma, bunları tasadduk ettiğini, onları istediğiniz yere kullanabileceğinizi söyledi." dedi. Bunun üzerine Peygamber (s.a.v):

"Anam babam feda olsun! Bunu yaptı. Anam babam feda olsun! Bunu yaptı. Götür onları sat!" buyurdu.[15]

Allahu Teâlâ'nın: "***Biz, bakalım insanların hangisi daha güzel amel edecek diye yeryüzünde olanları dünyanın bir süsü yaptık.***" âyetinin tefsirinde; yapılacak en güzel amelin dünyaya karşı zühd olduğu söylenmiştir.

Mü'minlerin emiri **Ali b. Ebi Tâlib** (r.a)'e: "Zühdün ne olduğu?" sorulduğunda: "Zühd; dünyayı, bir mü'minin ya da bir kâfirin yemesine hiç aldırış etmemendir." diye cevap vermiştir.

Şiblî'ye; "Zühdün ne olduğu?" sorulunca: "Yazık size! Allah katında bir sineğin kanadı kadar kıymeti olmayan dünyanın nesine zühd edilecek ki!" demiştir.

Ebû Bekr el-Vasitî de: "Ne zamana kadar, bir tuvâlet durumunda olan dünyayı, terkettim diye övünüp aldanacaksın ve ne zamana kadar, Allahu Teâlâ'nın katında bir sineğin kanadı kadar değeri olmayan dünyadan yüz çevirdim diye böbürlenip duracaksın?" demiştir.

Demek ki, kulun zühdü sahih ve sağlam olunca, aynı şekilde tevekkülü de

---

15) Benzerî bir hadis için bkz: Beyhakî, Şuabu'l-İmân, VII, 317 (No: (10416).

sağlam olur. Çünkü tevekkülündeki sadâkati onu mevcud varlıklara karşı zühdünde temkin sâhibi yapmaktadır. Şu halde kim tevbesinde istikâmet, dünyaya karşı zühd sâhibi olur ve bu iki makâmı elde etmiş olursa; diğer makâmların hakkını tam olarak verir, onları elde etmek için bütün varlığını ortaya kor ve onları elde eder.

Tevbenin murâkabeyle alâkası ve irtibatı şöyle olur: Kul önce tevbe eder, sonra tevbesinde düzgün olur. Öyle ki; solda günahları yazan melek kendisine hiç bir şey yazmaz olur. Daha sonra âzâlarını isyanlardan alıkoyup temizleme hâlinden, onları mâlâyâni olan şeylerden temiz bulundurma durumuna yükselir. Böylece, boş bir kelime konuşmaz ve gereksiz bir harekete dalmaz.

Sonra, hakkı gözetme ve muhâsebe hâli, zâhirinden bâtına geçer ve murâkabe bâtınını tamamen kaplar.

Murâkabe; insanın, bâtınından önce mâsiyet, sonra da fuzulî şeylerin düşüncelerini yok etmek suretiyle Hakk'ın edeb ve emirlerini tam olarak yerine getirme ilminin elde edilmesidir. Kul, kendisini tehlikeye sevk eden şeylerde temkinli ve tedbirli olunca; âzâları, Hakk'a muhâlefetten korunur ve tevbesi düzgün olur.

Allahu Teâlâ, Peygamberine (s.a.v): ***"Habibim! Sen, beraberinde tevbe edenlerle birlikte, emrolunduğun gibi dosdoğru ol."*** [16] buyurarak, kendisine ve ümmetine, tevbelerinde istikâmet üzere olmayı emretmiştir.

Denilmiştir ki: "Mürid; solunda günahları yazan melek yirmi sene kendisine yazacak bir şey bulamayacağı kadar temiz ve istikâmet halinde olmadıkça gerçek mürid olamaz."

Bu sözden, onun peygamberler gibi ismet hâli ve günahlardan ma'sum olduğu anlaşılmamalıdır. Tevbe eden sâdık, nâdiren de olsa bir günaha düştüğü zaman, bâtınında ona karşı bir pişmanlık bulunduğundan, en kısa zamanda silinir gider.

Pişmanlık bir tevbedir; bu pişmanlık ile günah temizlendiğinden soldaki melek hiç bir şey yazmamış olur. Kul tevbe-i nasûh ile tevbe ettiği zaman, dünyaya karşı zâhid olur. Öyle ki, sabah yemeğinde akşamını, akşam yemeğinde sabahını dert etmez yemek için geride bir şey biriktirmez. Yarın ne yiyyeceğim gibi bir düşüncesi yoktur. Bu hâle ulaşan kimse zühd

---

16) Kehf (17) 7.

ve fakrı birleştirmiş olur.

Zühd fakrdan daha faziletlidir. Zühdde hem fakr hâli, hem de daha fazlası vardır. Çünkü fakir, mecbûren bir şeyi elinde bulundurmayandır. Zâhid ise; eşyâyı kendi isteğiyle terkedendir. Onun zühdü gerçek tevekkülü hasıl eder. Tevekkülü rızâyı, rızâ hâli sabrı, sabır nefsi günahtan alıkoymayı ve mücâhadedeki sadâkatı hasıl eder. Allah için nefsini haramdan ayıkoyma korku hâlini, korkusu da ümidini gerçekleştirir. Böylece, tevbe ve zühdün gerçekleşmesiyle, bütün makâmları elde etmiş olur.

Tevbe ve zühd, sahih ve kâmil imanla bitiştiği zaman, hepsinin kemâli için bir dördüncüye daha ihtiyaç vardır ki o da, amele devam etmektir. Çünkü, yüce hallerin bir kısmı kula, ilk üç şeyin elde edilmesiyle açılır. Bazı hallerin zuhûru ise, bu dördüncü esasa (amellere devama) bağlıdır.

Tevbesi düzgün ve zühd hâli tam gerçekleşen pek çok kimse, bu dördüncüden geri kalmalarından dolayı, yüksek hallerin çoğunu ele geçiremeyip mahrum olmuşlardır.

Dünyaya karşı zühdle hedeflenen; Allahu Teâlâ'nın taatına devam edilecek boş vakit elde etmektir. Allah için amel, kulun, devamlı zikreden, Kur'an okuyan, namaz kılan yahut murâkabe hâlinde bulunan birisi olmasıdır. Onu bu ibâdetlerden ancak, başka bir dinî emir yahut zaruri bir iş alıkoyabilir. Anlattığımız bu kalbî ameller, kalbi iyice sardığı zaman, kul zâhiren dini bir amelle meşgulken, bâtınî amelden kopmaz. İşte kul, zühd ve takvâ ile birlikte devamlı amele yapışınca, gerçekten kulluktaki gayretini tam olarak sarfetmiş ve fazileti ele geçirmiş olur..

Ebû Bekr el-Varrâk demiştir ki: "Kim kulluğun esâsı olan zahirî amelleri terk ederse, ona, efendisinin hizmetinden kaçan köleye yapılan uyarı ve cezâ uygulanır."

Sehl b. Abdullah et-Tüsterî'ye: "Kul hangi makâma ulaştığı zaman, kulluk makâmının hakkını yerine getirmiş olur?" diye sorulunca: "Tedbir ve ihtiyârı terk ettiği zaman." demiştir.

Kul tam olarak tevbe, zühd ve Allah için amele devamı elde ettiği zaman, içinde bulunduğu vakitteki meşguliyeti, kendisini, gelecek vakitle uğraşmaktan alıkor. Böylece o, tedbir ve ihtiyarı terk makâmına yükselir. Ardından, tekrar ihtiyârına sahip olduğu bir hâle ulaşır. Hevâsının yok olması, ilminin çoğalması ve bâtınından cehâlet köklerinin kesilip atılmasından dolayı, onun istekleri Allahu Teâlâ'nın istek ve emirlerine uygun olur.

Yahya b. Muaz er-Râzî demiştir ki: "Kul, yeni mârifet sahibi olmaya başladığı zaman kendisine: "Sen, kendi başına bir şeyi seçme ve tam mârifet sahibi oluncaya kadar kendi ihtiyârına göre hareket etme!" denilir. Rabbini yakinen tanıyıp ârif olduğu zaman ise : "Dilersen, kendin irâde ve ihtiyârını kullan; istersen ihtiyârını terk et! Çünkü sen, bir şey irâde ve ihtiyâr ettiğin zaman; bizim ihtiyârımıza uygun olarak seçersin. İhtiyârını terkettiğinde de, bizim ihtiyârımıza uyarak terkedersin. Sen seçme ve ihtiyârını terk etme hususunda bize tâbisin." denilir.

Kul, ihtiyârını terkten sonra (yeniden) irâdeye sahip olma hâline, ancak, yukarıdaki zikrettiğimiz dört şeyi -**yakînî iman**, **sağlam tevbe**, **hakiki zühd ve devamlı ameli**- tam olarak gerçekleştirince elde edebilir.

Çünkü tedbiri terk, bir "**fenâ**" hâlidir. Allahu Teâlâ'nın (bundan sonra, tarafından) kulunu yeni bir tedbir ve ihtiyâra sahip kılması, kulun Hakk ile tasarrufudur ve bu: "**bekâ**" makâmıdır. Bu makâm, kulun kendisine âid bir vücuttan (his ve irâde olarak) sıyrılarak, bütün tasarruflarında Hakk ile olduğu bir vücûda sahip olmasıdır. Bu hâle ulaşan kimse, kendisinde zerre kadar eğrilik ve bozukluk olmayan, kulluk işinde zâhiri ve bâtını dosdoğru olan, ilim ve amelle içini dışını ma'mur eden bir kuldur. O, fakirlik ve zelillik içinde boynunu bükerek, Allahu Teâlâ'nın huzurunda kurbiyyet makâmında karar kılmış ve Rasûlullah'ın (s.a.v): ***"Allahım! Beni bir göz yumup açıncaya kadar da olsa nefsimin eline bırakma; yoksa helak olurum. Beni mahlukâtından hiç kimseye de terketme, yoksa zâyi olurum. Beni, bir annenin evlâdını koruması gibi koru yalnız bırakma"***[17] duâsıyla Yüce Rabbine teslim olmuş birisidir.

****

17) Ebû Dâvud, Edeb, 101, Heysemî, Mecmau'z-Zevâid, X, 181 (Hadisin son kısmı hariç). Son kısım için bkz: Ali el-Muttakî, Kenzu'l-Ummal, II, 187.

MAKÂMLAR HAKKINDA SÛFİLERİN GÖRÜŞLERİ

1-TEVBE HAKKINDAKİ SÖZLERİ

Ruveym demiştir ki: "Gerçek tevbe; kulun tevbesinden tevbe etmesidir."

Denilmiştir ki, bu sözün mânası, **Râbiatü'l-Adeviyye**'nin şu sözü ile aynı manadadır: 'Estağfirullah' deyince, bir istiğfar da bu sözümdeki gafletime çekerim."

Hasan el-Mağazilî'ye tevbenin ne olduğu sorulunca:

"İnâbe tevbesinden mi soruyorsun yoksa isticâbet tevbesinden mi?" demiştir. Soran zat da:

"İnâbet tevbesi nedir?" diye sorunca, **Hasan el-Mağazilî**:

"Aziz ve Celil olan Allah'dan senin üzerindeki kudretinden dolayı korkmandır." demiştir. Adam:

"İsticâbet tevbesi nedir?" deyince de:

"Allahu Teâlâ'nın sana olan yakınlığından dolayı ondan haya etmendir." demiştir.

Hasan el-Mağazîlî'nin zikretmiş olduğu isticâbet tevbesini kul gerçek mânada elde ettiğinde, çoğu zaman, namazında Allahu Teâlâ'dan gayri kalbe gelen düşüncelerden bile tevbe eder. Bu isticâbet tevbesi, kurbiyyet ehli kimselerin bâtınları için lazımdır.

Nitekim bir sözde: "Kendinde bir varlık görmen öyle bir günahtır ki, hiç bir günah ona denk olmaz." denmiştir...

Zünnun el-Mısrî de: "Avamın tevbesi günahlardan, havassın tevbesi gafletten, peygamberlerin tevbesi de diğer peygamberlerin ulaştıkları makâma ulaşmaktan âciz kaldıklarını görmelerinden olur." demiştir.

Ebû Muhammed Sehl'e bir günaha tevbe ederek onu terkeden, sonra bu şeyi kalbiyle düşünen yahut onu gören veyahut işitip te onun halâvetini bulan adamın durumu sorulunca şöyle demiştir:

"Bir şeyden tat almak beşerin tabiatında vardır. Tabiat olmadan olmaz. O şeyden kurtulmanın yolu ancak, ondan şikâyet ederek kalbini Allahu Teâlâ'ya arzetmesi; nefsini o şeyi inkara zorlayarak onu başıboş bırakmaması, Allahu Teâlâ'ya o şeyi kendisine unutturması ve kendisini onun dışında kendi zikri ve taatıyla meşgul etmesi için duâ etmesidir."

Yine bu zat: "Eğer o şeyi kötü görüp reddetmekten bir göz yumup açıncaya kadar gâfil olursa, selâmette kalmayacağından ve aldığı tadın, kalbinde bir şeyler yapacağından korkarım. Fakat o şeyin tadını bulmasıyla birlikte kalbiyle onu inkara çalışır ve üzülürse, önceki gibi zararı olmaz."

Sehl'in söylemiş olduğu bu söz, tevbesinin sıhhatli olmasını isteyen bütün Hakk tâliblerine kâfi ve yeterlidir. Hâli kuvvetli olan ârif ise, o şeyin tadını bâtınından gidermeye kuvvet ve imkan sahibidir. Bu, onun için kolaydır. Ârifin bunu kolayca kalbinden gidermesinin pek çok yolu ve yöntemi vardır. Bir kimsenin kalbinde sâde yakin ve Hakk'ı müşâhadeden kaynaklanan ilahî muhabbetinin tadı yerleşmişse, artık onun kalbinde hangi tat kalabilir ki?

Şu bir gerçek ki, nefsani arzuların kalbe tatlı gelmesi, kalbte Allah muhabbetinin ve ilahî tadın bulunmayışındandır.

Es-Sûsî'ye tevbenin ne olduğu sorulunca; şöyle demiştir: "Tevbe, gerçek ilmin kötülediği herşeyi terkederek, ilmen övülen şeye dönmektir."

Bu söz, özel ve umûmî vasıflarıyla bütün tevbe kısımlarını içine almaktadır ve bu söz, onu söyleyen kimsenin zahirî ve batınî hallerini ortaya koymaktadır.

Burada bahsedilen ilim, tevbenin bütün yönleriyle gerçekleşmesi için zahir ve batınlı ilgi olan ilimdir.

Ebu'l-Hasan en-Nurî demiştir ki: "Tevbe Allahu Teâlâ'dan başka her şeyden dönmendir."

2-VERÂ HAKKINDAKİ SÖZLERİ

Rasûlullah (s.a.v) buyurmuştur ki:

"Dininizin ayakta durması verâ iledir." [1]

Bize, **Ebu Zür'a**'nın icazet yoluyla naklettiğine göre, **Ebu'd-Derda** (r.a) şöyle anlatmıştır:

"Rasûlullah (s.a.v), bir nehirde abdest aldı. Abdestini bitirince abdest suyunun fazlasını nehre boşalttı ve:

"Aziz ve Celil olan Allah onu kendilerine fayda verecek bir kavme ulaştırır." buyurdu.

Hz. Ömer (r.a) demiştir ki: "İşini takvâ ile gören ve verâ ile hesabını yapan kimseye, dünya sahibi zenginlere boyun eğmesi doğru değildir."

Nakledilir ki; **Haris b. Esed el-Muhasibî**'nin orta parmağında bir damar vardı. Elini, içinde şüphe olan bir yiyeceğe uzattığı zaman bu damar çarpardı.

Şiblî'ye verânın ne olduğu sorulunca şöyle demiştir: "Verâ; kalbinin bir an olsun Allahu Teâlâ'dan ayrılmamasına dikkat etmendir."

Ebû Süleyman ed-Dârânî ise: "Verâ; hiçbir te'vil ve yorum yapmaksızın, ilmin çizdiği sınırda kalmaktır." demiştir.

Yahya b. Muaz er-Râzi'ye, verânın ne olduğu sorulunca şöyle demiştir:

"Verâ; kulun rızâ yahut gazab hâlinde ancak hak olan sözü söylemesi ve bütün gayret ve düşüncesinin Allahu Teâlâ'nın râzı olduğu şey olmasıdır."

Bize, **Ebu Zür'a**, icâzet yoluyla, **Ebû Bekr b. Halef**'den, nakille **İbnu'l-Cella**'nın şöyle dediğini haber verdi:

"Otuz senedir **Mekke**'de ikâmet eden birisini tanıyorum. Bu zat, **Zemzem** suyundan sadece kendi kab ve tasıyla çekerek çıkardığını içer ve şehirden gelmiş yiyecekten de hiç bir şey yemezdi. Onlarda şüpheli bir şey olacağı ihtimaliyle çekinirdi."

İbrahim el-Havvas demiştir ki: "Verâ; **Allah**'dan korkunun, korku ma'rifetin, marifet ve kurbiyetin delil ve işâretidir."

3-ZÜHD HAKKINDAKİ SÖZLERİ

Cüneyd el-Bağdâdî demiştir ki: "Zühd; elin dünya mülklerinden, kalbin de onların peşine düşmekten boş olmasıdır."

---

1) Münziri, et-Tergib, II, 560.

Şiblî'ye: "Zühdün ne olduğu?" sorulunca şöyle demiştir: "Aslında zühd diye bir şey yoktur. Çünkü insan, ya kendisine âid olmayan bir şeye rağben etmez, bu ise zühd değildir. Veya, kendisine âid bir şeye rağbet etmez. Bu takdirde insanın yanında ve beraberinde olan bir şeye rağbet etmemesi nasıl olur? (Rağbet etmese elinde bulundurmazdı!) Öyleyse zühd; nefsi, elinde olmayanın peşine düşmekten alıkoymak ve elindeki malı da başkalarına Allah için sarfetmektir."

Hazret, bu sözüyle, daha önce zikretmiş olduğumuz şeylere işâret etmektedir. Şayet bu sözü olduğu gibi alacak olsak; çalışma ve kazanmanın temeli yıkılırdı. Fakat **Şiblî**; zühdüne güvenen kimsenin onunla aldanmaması için zühdü gözünde küçültmeyi kasdetmiştir.

Rasûlullah (s.a.v) buyurmuştur ki:

*"**Kendisine, dünyaya karşı zühd hâli ve zühd konusunda hakça söz etme kâbiliyeti verilen bir kimse gördünüz mü hemen ona yanaşınız. Çünkü o, hikmet telkin eder.**"* [2]

Allahu Teâlâ, **Kârun**'un kıssasında, zâhidleri âlim olarak isimlendirmiş ve bu hususa işâreten şöyle buyurmuştur:

*"**Kendilerine ilim verilenler de şöyle dedi: (Ey Kârun gibi dünyayı isteyenler) yazıklar olsun size! İman edip sâlih amel işleyen için Allah'ın vereceği sevab daha hayırlıdır.**"* [3]

Sehl b. Abdullah et-Tüsterî demiştir ki: "Aklın bin tane ismi vardır. Onun her bir isminden kaynaklanan bin isim daha vardır. Onun bütün isimlerinin evveli, dünyayı terktir."

Allahu Teâlâ'nın: "***Onları sabrettikleri için emrimizle insanları hidayete götürecek önderler yaptık.***" [4] âyetinin tefsirinde: "Onların sabrettiği şey dünya idi." denmiştir.

Bir hadis-i şerifde şöyle buyrulmuştur:

*"**Âlimler, sultanlara karışmadıkları ve dünyaya dalmadıkları müddetçe Peygamberlerin eminleri (güvenilir vârisleri) dir. Sultanlara karıştıkları ve dünyaya daldıkları zaman, dininizi korumak için**

2) Beyhakî, Şuabu'l-İmân, VII, 346; İbnu Mâce, Zühd, 1.
3) Kasas (28), 80.
4) Secde (32), 24.

onlardan sakınıp ayrılınız."[5]

Büyüklerden gelen bir haberde şöyle denmiştir: "**Lâ ilâhe illallah**" zikri, kullar ellerindeki dünyalık şeylerden noksanlaşan şeye hiç aldırış etmedikleri müddetçe, kendilerinden Allah'ın gazabını geri çevirir. Onlar dünyanın derdine düşüp de: "**Lâ ilâhe illallah**" dedikleri zaman, Allahu Teâlâ: "Yalan söylediniz, siz o sözünüzde sâdık değilsiniz." buyurur.

Sehl b. Abdullah demiştir ki: "Bütün hayır amelleri zâhidlerin mizanlarında mevcuttur. Zühdlerinin sevabı ise kendileri için ziyâde bir ihsandır."

Denilmiştir ki: "Kim dünyada gerçek olarak "zâhid" ismiyle isimlenirse o kimse, bin tane övülen güzel isimle isimlenmiş demektir. Kim de "dünyaya rağbet edici" ismini almışsa o da, bir tane kötülenmiş sıfat ve isim almış demektir."

Seriyy es-Sakatî demiştir ki: "Zühd; dünyada olan bütün şeylerden nefsin hazlarını terketmektir."

Bu tarif, malı, mevkii, insanlar yanında makam sahibi olma arzusuyla adının övülüp yüceltilmesini içine almaktadır. Yani zühd; bütün bu şeylerden nefsin alacağı zevki terketmektir.

Şiblî'ye zühd sorulunca: "Aslında zühd bir gaflettir. Çünkü dünya hiç bir kıymete sahip değildir. Böyle hiçbir değeri olmayan bir şeyde zühdü elde etmeye çalışmak bir nevî gaflettir." demiştir.

Sûfîlerden bir tanesi de: "Onlar dünyanın basitliğini gördükleri zaman, onu gözlerinde iyice küçülttüklerinden dolayı onda sahib oldukları **zühdde de zühd sahibi oldular**, artık zühdlerinden de vaz geçtiler." demiştir.

Bana göre insanın **zühdünde zühd** sahibi olması bu değildir. **Zühdde zühd** ancak, insanın zühdündeki ihtiyârından çıkmasıyla olur. Çünkü zâhid, zühdü tercih etmiş ve onu istemiştir. Onun irâdesi ilmine dayanmaktadır. Kendi ilmi ise yetersizdir. İrâdesini terk makamında bulunduğu ve kendi ihtiyârından sıyrıldığı zaman Allahu Teâlâ ona kendi murâdını keşfeder. Böylece o, dünyayı nefsinin isteği ile değil Hakk'ın murâdıyla terkeder. İşte o za-

5) İbnu Abdilberr, Beyâni'l-İlm, I, 185; Zebîdî, İthâfu's-Sâde, I, 638; Deylemî, Firdevsu'l-Ahbâr, III, 100; Aclûnî, Keşfu'l-Hafa, II, 65.

man zühdü Allahu Teâlâ ile olur. Yahut da, Allahu Teâlâ'nın ondan istediğinin dünyadan herhangi bir şeye el atmak olduğunu bilir. Bu durumda, onun Allahu Teâlâ'nın izniyle dünyadan herhangi bir şeye girmesi zühdünü noksanlaştırmaz. İşte onun dünyadan herhangi bir şeye Allahu Teâlâ ile ve ondan gelen bir izinle girmesi zühdde zühd olur. Bu şekilde zühdde zühd olunca, yanında dünya malının varlığı ile yokluğu bir olur. Eğer onu terkederse Allah'la terkeder, alırsa Onunla alır. Bu, kulun zühdünde de zühde ulaşma hâlidir. Gerçekten biz, âriflerden bu makamda bulunan bazılarını gördük.

Zühd konusunda bundan daha yüksek bir makâm vardır ki; o, Cenâb-ı Hakk'ın, bekâ makamında, nefsinin temizliği ve ilminin genişliğinden dolayı irâdesini kendisine geri verdiği kimsenin makâmıdır. Böylece o kimse, üçüncü kez bir zühd sahibi olur. O, dünyayı tam eline geçirdikten sonra terketmiş ve dünya kendisine tekrar hibe olarak iâde edilmiştir. Bu makâmda dünyayı terketmesi kendi ihtiyârıyla olur. Onun ihtiyârı ise Hakk'ın ihtiyârından gelmektedir.

Bazen de dünyayı Peygamberler ve sâlihlere uyarak terkeder ve zühdde zühd makâmında onu almayı halleri sağlam peygamberler ve sıddıklara. ulaşmaktan yana zayıf olduğundan dolayı kendisine verilmiş bir ihsan olarak görür. Bununla birlikte dünyayı Hakk'dan gelen bir duyguyla, Hakk'ın tedbine uyarak kendi ihtiyarıyla nefsine bir iyilik olarak alır. Bu, hâli kuvvetli ve sağlam olan ârifler için tasarruf makâmıdır. Onlar, önce Allah'la rağbet ettikleri gibi, üçüncü olarak da Allah'la zühd sahibi olmuşlardır.

4-SABIR HAKKINDAKİ SÖZLERİ

Sehl b. Abdullah et-Tüsterî demiştir ki:

"Sabır; Allahu Teâlâ'dan bir çıkış kapısı açmasını beklemektir. O, hizmetin en faziletlisi ve en yücesidir."

Sûfîlerden birisi de: "Sabır; sabırda sabretmektir." demiştir. Bu söz sabrederken bir çıkış kapısının açılmasını beklememek mânasına gelir. Bu mânaya işâret olarak Allahu Teâlâ buyurmuştur ki:

"Onlar zorda, darda ve savaş alanında sabredenlerdir. İşte onlar

sâdık olanlardır. Ve onlar, gerçek takvâ sahibleridir." [6]

Denilmiştir ki: "Her şeyin bir cevheri vardır; İnsanın cevheri akıl, aklın cevheri ise sabırdır."

Demek ki sabır; nefsin musibetlerle iyice ezilip yoğrulmasıdır. O, bu yoğrulma ve sıkılma ile yumuşar; itaate gelir.

Sabır, sabır ehli için, alıp verdiği nefesleri gibi zarurîdir. Çünkü kul, zâhiren ve bâtınen nehyedilen, çirkin olan ve kötülenen şeylerden kendisini korumak için sabra muhtacdır. İlim, insanın önünde delil olup kendisine doğruyu yanlışı gösterir. Sabır ise, ilmin gösterdiğini kabul eder. Sabrın kabulü olmaksızın ilmin delil olması fayda vermez. Bir kimse, zâhirinde ve bâtınındaki işlerini ilimle idâre edip yürütürken, kendisi sabır makâmında ise, bu ilim kendisine fayda verir.

İlim ve sabır, rûh ve ceset gibi biri diğerini gerektiren iki şeydir. Birisı olmaksızın diğeri tek başına olmaz. İkisinin de kaynağı aklî kuvvettir. Onlar, kaynakları bir olmasından dolayı birbirlerine yakındırlar. Sabır sâyesinde, nefse yük vurulup zorla da olsa taşıttırılır. İlimle de ruh yükselir. Sabır ve ilim, ruhla nefis arasında, onlardan herbirinin kendi yerinde ve vazifesinde kalması için bir engel vazifesi görmektedirler. Bunda, açıkca adalet ve sıhhatli bir denge hâli bulunmaktadır. İlimle sabrın birbirinden ayrılınca, nefisle ruh biri diğerine meyleder. Bunun açıklaması incedir, burada münasib düşmez.

Allahu Teâlâ'nın şu sözü, sabrın şerefini anlamak için sana kâfidir:

"Ancak sabredenlere ecirleri sonsuz olarak ödenecektir." [7]

Her amel sahibinin ameline belli bir karşılık verilirken; sabredenlerin mükâfatı hesabsız olarak verilecektir Yine Allahu Teâlâ, Peygamberi için; ***"Sabret, senin sabrın sadece Allah iledir."*** [8] buyurmuştur. Allahu Teâlâ, sabrın şerefinden ve güzel nimetle onunya tam lomasından dolayı sabrı kendi zâtına âid kılmıştır.

Denilir ki: Adamın birisi, **Şiblî**'nin önünde durarak,

"Sabır ehli için sabrın en zor olanı hangisidir?" diye sormuş, **Şiblî** de:

---

6) Bakara (2), 177.
7) Zümer (39), 10.
8) Nahl (16), 127.

"Allah'ta sabırdır." diye cevaplamıştır. Adam:

"Hayır!" demiş, **Şibli**:

"Allah için sabırdır." demiş, adam:

"Hayır olmadı!" deyince; **Şiblî**:

"Allah ile birlikte ondan gelenlere sabırdır." demiş. Adam:

"Yine olmadı!" deyince; **Şiblî** kızarak:

"Hay sana! Peki öyleyse sen söyle bakalım, neymiş o?" diye sorunca; adam:

"Allah'dan ayrı kalmaya sabırdır." deyince, **Şiblî** öyle bir sayhâ atmış ki, nerdeyse telef olup ruhunu teslim ediyormuş. (Cevabdan çok etkilenmiş ve onu çok beğenmiş.)

Bana göre, Allah'dan sabrın ayrı bir izâhı, onun sabredenlere en zor gelen bir sabır olmasının başka bir açıklaması vardır: Şöyle ki:

Allah'dan ayrı kalmaya sabır, müşâhade makamlarının en yüksek ve en seçkininde olur. Kul o makâmda hayâ edip Hakk'ı yücelterek geri döner. Hakk karşısında utanç ve erimesiyle basireti kapanır. Allahu Teâlâ'nın tecellisinin büyüklüğünü hissetmesinden dolayı, zillet ve yokluk çöllerinde kaybolup gider. Bu, sabrın en zor olanıdır. Çünkü o, Celâl sâhibi Cenâb-ı Hakk'ın edebini yerine getirmek için bu hâlin devamını ister. Ruh ise, Celâl nurlarının parlamasıyla o nuru seyrederek basiretinin süslenmesini ister. Bütün diğer sabır hallerinde nefis sahibiyle çekiştiği gibi, ruh da bu sabır hususunda, hayâ ve edebinden, huzûr-ı ilâhiyede başını eğerek sahibinin o makamdan geri durmaması için onunla çekişir.

Ebu'l-Hasan b. Salim, demiştir ki: Sabır ehli üç grubdur:

1-Mutesabbır (kendini sabra zorlayan)

2-Sâbır (tabii haliyle sabreden)

3-Sabbâr (çok sabırlı).

Mütesabbır: Allah'ın kaza ve belâsında sabreden kimsedir. O, bazen sabreder, bazen feryad eder. Sâbır; Allah'ın hüküm ve tecellilerinde Allah için sabreder. Sabbâr ise; Allah'ın hükümlerinde, Allah için Allah ile sabreder. Bu kimse, bütün belâ çeşitleri ezerine yağacak olsa; hiç bir feryad etmediği gibi, iç ve dış hâlinde ve ahlâkında da herhangi bir değişme olmaz. (Bütün hallere hâzır ve râzı olur). Burada, onun tabii sıfatının ilmin hükmüne göre ortaya çıkacağına işaret edilmiştir.

Şiblî (rah.), sabredenlerin hâlini şu beyitlerle ifâde ederdi:

Şevkin elemiyle ayrılık korkusundan;
Seven feryad ederse biriktirir zarardan.

Sabırla hep yarıştı, sabır yardım istedi;
Dedi: sabret ey sabır! Çıkarsın sıkıntıdan.

Ca'fer es-Sâdık (rah.) demiştir ki: "Allahu Teâlâ peygamberlerine sabırla emretti ve sabrın en yükseğini Rasûlullah (s.a.v) Efendimize verdi. Çünkü Allahu Teâlâ: ***"Habibim sabret, senin sabrın ancak Allah iledir."***[9] buyurarak, onun sabrının kendi nefsiyle değil, Allah'la olduğunu bildirmiştir.

Seriyy es-Sakatî'ye; "Sabrın ne olduğu?" soruldu. O da bu konuda konuşmaya başladı. O esnâda ayağında bir akrep gezinerek ayağını soktu. Kendisine: "Niçin onu kovmuyorsunuz?" denilince: "Ben şu anda sabır hakkında konuşuyorken, kendimin sabırsızlık gösterip sözüme muhalefet etmekten Allah'dan haya ettim." demiştir.

Cüneyd (r.ah): "Gerçekten, Allahu Teâlâ müminlere iman, imana akıl, akla da sabır ile ikram etmiştir. O halde iman mü'minin, akıl imanın, sabır da aklın süsüdür." demiştir.

Rivayete göre **İbrahim b. Havvas** şu mânadaki beyitleri söylerdi:

Sabrettim bazı ezâya, korkarak hepisinden.
Nefsi korudum nefisden; nasiblendi izzetten.

İçirdim sıkıntıları sonunda tam alıştı.
Şayet dert içirmesem; vazgeçmez muhalefetten.

Nice zillet vardır ki; nefse şeref getirir.
Nice nefis vardır ki, şeref bulur zilletten.

Sabırda şeref vardır, ben hep sabredeceğim.
Râzıyım dünyamıza, az olsa da kısmetten.

---

9) Nahl (16), 127.

Ömer b. Abdulaziz (rah.) demiştir ki:

"Allahu Teâlâ bir kuluna, önce nimet verip peşinden onu alarak yerine sabır verirse; bu sabır, kendisinden alınan nimetten daha hayırlıdır."

Sabır konusunda **Ebu Kâsım Semnûn** şunları söylemiştir:

Yudumladım zamanın nimet ve kederinden,
Yavaş yavaş içirdi dökünce dertlerinden.

Nice sıkıntı var ki, kadehlerle içirdi.
Ben de ona içirdim bolca sabır bahrinden.

Sabrı kalkan edindim, daldım sıkıntılara.
Dedim: "Nefis sabreyle, ya çatla üzüntüden!"

Öyle dertler çektim ki; inseydi koca dağa,
Ulaşamazdı bir el, tâ yere geçtiğinden!

5-FAKR HAKKINDAKİ SÖZLERİ

İbn Cellâ demiştir ki: "Fakr; bir şeye sahip olmaman, sahib olduğun zaman da, bu şeyi elinde tutmayıp başkalarına vermendir."

Kattânî demiştir ki: "Kulun **Allah**'a muhtaç olma hâli (fark), sahih olarak meydana gelince Allahu Teâlâ ile zenginlik hâli tam olarak gerçekleşir. Çünkü bu iki halden birisi olmadan diğeri tam ve sahih olmaz."

en-Nûrî: "Fakirin vasfı; elinde bir şey bulunmadığı zaman sukûn, bulunduğu zaman da başkasını kendisine tercih ederek onu cömertçe dağıtmaktır." demiştir.

Bir başkası da: "Elinde mal olunca ızdırap duymasıdır." demiştir.

Serrâc şöyle demiştir: "Bir gün sürme kabını almak için hocamın torbasına bakmış, fakat içinde bir parça gümüş bulmuş ve buna hayret etmiştim. Kendisi gelince, torbada bir parça gümüş bulduğumu söyledim. Hazret:

"Demek onu gördün ha, onu yerine koy!" dedi ve sonra da:

"Onu al çarşıya git, bir şey satın al!" dedi. Bunun üzerine kendisine:

"İbâdet ettiğin Hakk'ın adıyla yemin ederek soruyorum; bu gümüşün sende mevcut oluşunun sebebi nedir?" deyince:

"Allahu Teâlâ bana bu gördüğünden başka her hangi bir altın ve gümüş nasib etmedi. Ben de: "Ölürken bu gümüşü kefenime koyun ki; onu tekrar Allahu Teâlâ'ya iâde edeyim diye vasiyet etmek istemiştim." dedi.

İbrahim Havvas demiştir ki: "Fakr; şeref ridâsı, peygamberlerin libası ve sâlihlerin örtüsüdür."

Sehl b. Abdullah Tüsterî'ye sâdık fakirin hâli sorulduğunda: "Kendisi insanlardan bir şey istemez, geleni geri çevirmez ve eline geçeni de yanında tutmaz, infak eder." demiştir.

Ebû Ali Ruzbârî demiştir ki: "**Zekkâk** bir defasında bana:

"Ya **Ebâ Ali**, sâdık fakirler ihtiyaç zamanlarında hacetlerini görecek şeyi almayı niçin terkediyorlar?" dedi. Ben de:

"Çünkü onlar, ihsan eden Hakk ile huzur bulup, ihsana muhtaç kullardan müstağni kılınmışlardır. Onlar Hakk ile zenginlik bulmuşlar, onun için eşyâdan sıyrılmışlardır." dedim. O da:

"Evet, bu doğrudur, fakat benim aklıma başka bir şey geliyor." deyince; ben:

"Aklınıza gelen nedir? Lütfen bana söyleyiniz" dedim. O zaman **Zekkâk** şunları söyledi:

"Çünkü onlar kendilerine varlığın fayda vermediği bir topluluktur. Onların yokluğu Allah içindir ve bu durumda yokluk onlara zarar vermez. Varlıkları da yine Allah içindir. Onunla da oyalanıp Hakk'dan kopmazlar ve varlıkların Hakk'a perde yapmazlar."

Bir tanesi de: "Fakr; ihtiyacın kalbde tutulup Rabb'den başkasına açılmamasıdır." demiştir.

el-Mesûhî şöyle demiştir: "Fakir; nimetlerin kendisini zengin etmediği, mihnet ve yoklukların da fakirlik endişesine düşürmediği kimsedir."

Yahya b. Muaz da: "Fakr'ın hakikatı; kulun ancak Allahu Teâlâ ile zengin olmasıdır. Bunun alâmeti de zâhiri bütün sebepleri ortadan kaldırmaktır." demiştir.

Ebû Bekr et-Tûsî demiştir ki: "Uzun zamandır, ashabımız ve arkadaşlarımızın fakrı diğer şeylere tercih edişlerin mânasını sordum; hiç bir kimse beni ikna edecek bir cevap vermedi. Nihayet bunu **Nasr b. Hammâmî**'ye sordum. Bana:

"Çünkü fakr; tevhid menzillerinin ilkidir." dedi. Bu sözle ikna oldum."

İbnu Cellâ'ya: "Fakrın ne olduğu?" sorulduğunda, namaz kılıncaya kadar sukût etti. Namazdan sonra evine gitti ve geri dönüp geldiğinde:

"Ben ancak şunun için sukût ettim: Sen bana soruyu sorunca yanımda bir dirhem gümüş vardı; hemen gidip onu bir fakire vererek elimden çıkardım. Yanımda o bulunduğu halde fakr hakkında konuşmaya Allahu Teâlâ'dan haya ettim." dedi. Sonra oturdu ve konuşmaya başladı.

Ebû Bekr b. Tâhir, fakirin yapacağı iş olarak şunları söylemiştir: "Kendisinin mala mülke her hangi bir rağbeti olmamalıdır. Eğer illâ olacaksa, rağbeti kendisine yetecek miktarı aşmamalıdır."

Fâris de şunları söylemiştir: "Üzerinde sıkıntı ve açlık eseri gördüğüm fakirlerden birisine bir defa:

"Niçin halktan seni doyuracakları birşey istemiyorsun?" diye sorunca şöyle dedi: "Onlardan bir şey isterim, onlar da vermezler ve bu yüzden bir daha felah bulmazlar diye korkuyorum" dedi.[10]

Bir tanesi bu hususda şu mânâdaki şiiri okumuştur:

Bana: "Bayramdır yarın, ne giyeceksin?" dediler;
Dedim: "Sabırla giyerim yârin çile libâsını.

Sabır ve fakr libasları altında bulunmaktadır,
Bir kalb ki; bayram ve Cum'alar görüyor Mevlâsını.

Elbisenin en güzeli ziyâret günü âşığın;
Yârin verdiği hil'attır, karşılarken leylâsını.

10) Kelâbâzî, "**et-Taarruf**" adlı eserinde "**fakr**" bölümünde, fakirin bu sözünün, şu hadis-i şerife dayandığını zikretmiştir: "**Halktan birşey isteyen kimse, yardıma muhtac ve ehil olur da, bir şey verilmeden geri çevrilirse, geri çevirenler felah bulmaz.**" Bkz. Aclânî, Keşfu'l-Hafa, II, 155.

Ey habibim! Mâtem olur sen yok iken zaman bana,
Seni görüp dinledikçe kalbim sürer safâsını.

6-ŞÜKÜR HAKKINDAKİ SÖZLERİ

Sûfilerden birisi demiştir ki: "Şükür; nimeti veren Cenâb-ı Hakk'ı görerek, nimeti unutmaktır."

Yahya b. Muaz er-Râzî şöyle demiştir: "Sen sâdece şükretmekle kaldığın sürece şükretmiş olmazsın. Şükrün sonu hayrettir. Çünkü şükür de, Allah'ın şükredilmesi lazım gelen bir nimetidir."

Dâvud Aleyhisselamın haberlerinde onun şöyle dediği nakledilmiştir:

"İlâhi sana nasıl şükredeyim ki; benim şükrüm de ancak senin ikinci bir nimetinle olmaktadır. Her nimetine şükürden aciz kaldım. Bunun üzerine Allahu Teâlâ ona:

"Bunu anladığın zaman bana şükretmiş olursun." diye vahyetmiştir.

Şükrün lügattaki mânası; açmak ve izhar etmektir. O halde, dil ile nimetleri ortaya dökmek, onları zikretmek ve saymak şükür olmaktadır. Şükrün bâtınî kısmı ise; nimetlerle Allahu Teâlâ'nın taatına yardım sağlamak ve onlarla ma'siyete dalmamaktır. İşte nimetin şükrü budur.

Mürşidimiz **Ebun-Necib es-Sühreverdî** (rah.)'den birisinin şu şiirini söylediğini işitmiştim:

Şükrünü izhar ettiğim nice nimet verdin bana,
Bütün işlerime yettin; zâhirine bâtınına.

Yaşadığım müddetçe ben, sana şükür edeceğim;
Öldüğümde kemiklerin kabirde şükür eder sana.

Cüneyd (k.s) şöyle demiştir: "Şükrün farzı; nimeti kalb ve dil ile itiraf etmektir."

Rasûlullah (s.a.v) buyurmuştur ki: ***"Kıyâmet gününde Cennete ilk çağrılacak olanlar, darlık ve sıkıntı zamanlarında Allah'a hamdedenlerdir."***[11]

---

11) Hâkim, Müstedrek, I, 502; Heysemî, Mecmau'z-Zevâid, X, 95; Beyhakî, Şuabu'l-İmân, IV, 910, 116. Suyûtî, el-Câmiu's-Sağir, I, 434 (No: 2835).

Bir defasıda, Rasûlullah (s.a.v):

"Kim bir musibete uğrayınca sabreder, nimet verilince şükreder, kendisine zulmedilince affeder ve kendisi zulmedince istiğfar ederse" buyurunca; kendisine:

"**Onun hâli nedir**" diye soruldu. Rasûlullah (a.s) da:

"İşte onlar korkudan emin olmuş ve hidâyete ulaşmış kimselerdir." [12] buyurdu.

Bir hadis-i şerifte: "***Zikrin en faziletlisi; "lâ ilâhe illlallah." zikri, duânın en faziletlisi de; "elhamdülillah" sözüdür.***" [13] buyrulmuştur.

Âlimlerden bir tanesi, Allahu Teâlâ'nın: ***Allahu Teâlâ size zâhiri ve bâtını nimetlerini ihsan etmiştir."*** [14] âyetinin tefsirinde demiştir ki:

"Âyette anlatılan zâhiri nimetler; âfiyet ve zenginlik, bâtınî nimetler de; belâlar ve fakirliktir. Çünkü belâ ve fakirlik sabredilip rızâ gösterildiği zaman, mânevî mukâfata sebep olacağından uhrevî bir nimettir."

Şükrün hakikati, kulun kendisine takdir edilen bütün şeyleri bir nimet olarak görmesidir. Çünkü Allahu Teâlâ, mü'min kuluna ancak hakkında bir nimet olan şeyi takdir eder. Bu nimet, ya tanıyıp farkına vardığı âcil bir nimet olur veya kendisine takdir edilen sevimsiz bir hâl sebebiyle ileride göreceği bir nimet olur. Bu sevimsiz hâl, ya onun için bir derece olur veya tamamen günahlarını siler veyahut bir kısmına keffaret olur. İşte kul, Mevlâsının kendisine nefsinden daha çok iyilik sahibi olduğunu, onun menfaat ve maslahatını en iyi bildiğini ve kendisine ihsan etmiş olduğu her şeyin bir nimet olduğunu bildiği zaman, gerçekten şükretmiş olur.

7-HAVF HAKKINDAKİ SÖZLERİ

Rasûlullah Efendimiz buyurmuştur ki:

"Hikmetin (ve her türlü hayrın) başı, Allah korkusudur." [15]

---

12) Beyhakî, Şuabu'l-İmân, IV, 104; Münâvî, Feyzu'l-Kadir, VI, No: 8281. İbnu Mâce, Edeb, 55; Suyûtî, el-Câmiu's-Sağir, I, 188 (No: 1253).
13) İbnu Mâce, Edeb, 55; Suyûtî, el-Câmiu's-Sağir, I, 188 (No: 1253).
14) Lokman (31), 20.
15) Beyhakî, Şuabu'l-İmân, I, 471. Suyûtî, el-Câmiu's-Sağir I, 70. No: 4361.

Yine **Rasûlullah** (a.s) şöyle buyurmuştur:

"Dâvud Aleyhisselam, hasta olmadığı halde, insanlar kendisini hasta zannederek ziyâret ederlerdi. Ancak Allahu Teâlâ'nın korkusu ve ona karşı hayâsı kendisini hasta hâline getirmişti." [16]

Ebû Ömer Dımeşkî demiştir ki: "Gerçek korku sahibi; şeytandan korktuğunda daha fazla nefsinden korkandır."

Birisi de: "Gerçek olarak Allah korkusu çeken; korkudan göz yaşları döken kimse değildir. Fakat asıl korku sahibi; kendisinden dolayı azaba uğramasından korktuğu amelleri terkedendir." demiştir.

Yine denilmiştir ki: "Gerçek korku sahibi; **Allahu Teâlâ**'dan başkasından korkmayandır."

Denilmiştir ki: "Bunun mânası; nefsi için korkmaz, ancak, Allahu Teâlâ'nın yüceliğinden dolayı korkar. Nefsi için korkmak, cezâ korkusudur."

Sehl b. Abdullah el-Tüsterî demiştir ki: "Havf, erkek, recâ da kadın gibidir. Yani, onların ikisinin bir kalbde birleşmesinden imanın hakikatı doğar."

Allahu Teâlâ bu konuda buyurmuştur ki:

"And olsun ki; sizden önce kitab verilenlere ve size, Allah'dan korkmanızı tavsiye ettik." [17]

Denilmiştir ki: Bu âyet-i kerime **Kur'an**'ın en büyük âyetlerindendir. Çünkü bütün işlerin üzerinde döndüğü husus; **Allah** korkusudur.

Yine denilmiştir ki: "**Allahu Teâlâ** mü'minler için ayrı ayrı zikrettiği vasıflar, kendinden hakkıyla korkanlarda toplamıştır. Onlar da; hidayet, rahmet, ilim ve rızâdır." Bunlara şu âyetlerde işâret edilmiştir:

"O levhâlarda hidâyet ve rahmetin, Rablerinden korkanlara âid olduğu yazılı idi." [18]

Bir diğer âyette buyurulmuştur ki:

---

16) Ebu Nuaym, Hilye, VII, 137; el-Câmiu's-Sağir, II, 267 (No: 6206); Ali el-Muttakî Kenzu'l-Ummâl, XI, 493.
17) Nisâ (4), 131.
18) A'râf (7), 154.

"Allahu Teâlâ'dan kulları içinde hakkıyla korkan ancak âlimlerdir." [19]

Bir diğer âyet-i kerimede de;

"Allah onlardan râzı olmuş, onlar da Allahu Teâlâ'dan râzı olmuşlardır. Bu saâdet, Rabbinden hakkıyla korkan kimselere mahsustur." [20] buyurulmuştur.

Sehl b. Abdullah demiştir ki: "İmamın kemâli ilimle, ilmin kemâli de **Allah**'dan korkmakladır."

Yine bu zat: "İlim imanın, havf da ma'rifetin kazanılmasına sebebtir." demiştir.

Zunnûn el-Mısrî de: "Hakk'ı seven onun muhabbet bardağından ancak, kalbine korkuyu attıktan sonra yudumlayabilir." demiştir.

Fudayl b. İyaz demiştir ki: "Sana: Allah'dan korkar mısın? diye sorulunca sükût et. Çünkü: "Hayır, sevmiyorum!" dersen; küfre girmiş olursun. Eğer: "Evet, seviyorum" dersen; yalan söylemiş olursun. Zira senin vasfın, gerçekten korkanların vasfı değildir."

8-RECÂ HAKKINDAKİ SÖZLERİ

Bu konuda Rasûlullah (s.a.v) Efendimiz buyurmuştur ki:

"Allahu Teâlâ kıyamet günü: "Kalbinde hardal tanesi ağırlığında iman bulunan kimseyi ateşten çıkarın." buyurur, sonra da: "İzzet ve celâlime yemin ederim ki herhangi bir gün ve gecede bir saat bana iman eden kimseyi iman etmeyen kimse gibi yapmam" [21] buyurur.

Anlatıldığına göre; Rasûlullah'a (s.a.v) bir bedevi gelerek:

"Kıyamet günü halkın hesabını kim görecek?" diye sordu. Rasûlullah (s.a.v)

"**Allah Tebâreke ve Teâlâ** görecek" buyurdu. A'rabî:

"Tek başına mı?" dedi. **Rasûlullah** (s.a.v):

"Evet." buyurdu. Bunun üzerine a'rabî güldü. **Rasûlullah** (s.a.v):

"Ey a'rabî neden güldün?" diye sordu, bedevî:

---

19) Fâtır (35), 28.
20) Beyyine (98), 8.
21) Benzeri hadisler için bkz: Buhârî, İman, 15; Müslim, İman, 148, Ali Nâsif, et-Tâc, I, 32; Münzirî, et-Terğib, IV, 261.

"Buna sevindim, çünkü, kerim olan zat; gücü yettiği zaman affeder, hesaba çektiği zaman müsâmaha eder." dedi.[22]

Şah-ı Kirmânî demiştir ki: "Recânın alâmeti taatın güzel olmasıdır."

Denilmiştir ki: "Recâ (ümid); cemal gözüyle celâli görmektir."

Yine: "Recâ; Rabbin ihsanlarından dolayı kalbin yaklaşmasıdır." denmiştir.

Ebû Ali Ruzbârî demiştir ki: "Havf ve korku, kuşun iki kanadı gibidir. İkisi dengede olduğu zaman, uçan dengede olur ve uçuşunu güzelce tamamlar."

Ebû Abdullah b. Hafif demiştir ki: "Recâ; kendisinden ümid edilenin ihsânını görmekten dolayı, kalbin rahatlık bulmasıdır."

Mutarrıf da: "Şayet mü'minin korku ve ümidi tartılacak olsaydı, ikisi birbirini dengede tutardı." demiştir.

Korku ve ümid, iman için iki kanat gibidir. Korkan kimse, aynı zamanda ümid eder. Ümid eden kimse de, aynı zamanda korkar. Çünkü korkuyu gerektiren imandır. Ümid de imandan kaynaklanır. Ümidin sebebi imandır. Aynı şekilde korku da imandan kaynaklanmaktadır.

Bu anlattığımız mânada, **Lokman** Aleyhisselam, oğluna şu tavsiyede bulunmuştur:

"Allahu Teâlâ'dan onun mekrinden emin olmayacağın bir korkuyla kork. Korkundan daha şiddetli bir şekilde ümid sahibi ol!" Oğlu:

"Bunların ikisini bir arada nasıl yapabilirim? Benim sadece bir kalbim var!" deyince, Lokman Hekim:

"Mü'minin, birisiyle korkup diğeriyle ümid ettiği iki özellikte kalbi olduğunu bilmez misin?" demiştir.

9-TEVEKKÜL HAKKINDAKİ SÖZLERİ

Seriyy es-Sakatî demiştir ki: "Tevekkül; kulun bütün güç ve kuvvetten sıyrılarak, her hususta Cenâb-ı Hakk'ın kâdir-i mutlak olduğunu bilmesidir."

Cüneyd el-Bağdâdî de: "Tevekkül; senin Allahu Teâlâ'ya karşı, daha yaratılmadan önceki hâlin gibi teslimiyet içinde olman; Allahu Teâlâ'nın da ezel-

22) Benzer bir hadis için bkz:İbnu Ebi'd-Dünya, Hüsnü'z-Zanni Billah, No: 25; Aclûnî, Keşfu'l-Hafâ, II, 110.

deki gibi senin herşeyine sâhib olduğunu bilmendir." demiştir.

Sehl b. Abdullah et-Tüsterî demiştir ki: "Tevekkül hariç her makâmın bir yüzü, bir de kafası (arkası) vardır. (Her makâm artar ve eksilir, ileri ve geri gider) Tevekkülün ise yüzü vardır, fakat kafası yoktur." Bir tanesi **Sehl**'in bu sözüyle kifâyet tevekkülünü değil, inâyet tevekkülünü kasdettiğini söylemiştir.

Allahu Teâlâ tevekkülle imanı bir arada zikrederek buyurmuştur ki:

"Eğer mü'minseniz Allah'a tevekkül ediniz." [23]

"Mü'minler Allah'a tevekkül etsinler." [24]

Allahu Teâlâ, Nebisi Hz. Muhammed'e (s.a.v) hitaben:

"**Ölmeyen Allah'a tevekkül et.**" [25] buyurmuştur.

Zünnûn el-Mısrî demiştir ki: "Tevekkül; nefsin tedbirini terkle bütün güç ve kuvvetten sıyrılmaktır."

Ebû Bekr Zekkâk da: "Tevekkül; hayatı tek bir güne indirerek, yarının düşüncesini kalbden atmaktır." demiştir.

Ebû Bekr el-Vâsıtî demiştir ki: "Tevekkülün aslı, kulun Allahu Teâlâ'nın huzûrunda yokluk ve fakirliğini sadakatla arzetmesi, emniyetli hallerinde tevekkülden ayrılmaması ve ömründe bir an olsun gözünü tevekkülden ayırmamasıdır."

Sûfîlerin birisi demiştir ki: "Kim tevekkülün hakkını tam olarak yerine getirmek istiyorsa; nefsi için onu içine gömeceği bir kabir hazırlasın. Dünyayı ve dünya ehlini unutsun. Çünkü gerçek tevekkülü, hiç bir kimse kemâliyle elde edip, hakkını veremez."

Sehl demiştir ki: "Tevekkül makâmlarının ilki; kulun **Allahu Teâlâ**'nın huzûrunda, yıkayıcısının elinde hiç bir hareket ve müdâhalesi olmayan ölü gibi olmasıdır."

Hamdun Kassar da; "Tevekkül; Allahu Teâlâ'ya sımsıkı sarılmak ve güvenmektir." demiştir.

Sehl b. Abdullah Tüsterî: "İlmin hepsi kulluktan bir bölümdür.

---

23) Mâide (5), 23.
24) İbrâhim (14), 11.
25) Furkan (25), 58.

Kulluğun hepsi de vera'dan bir bölümdür. Zühdün hepsi ise tevekkülden bir bölümdür." demiştir. Yine o:

"Takvâ ve yakîn terazinin iki gözü gibidir. Tevekkül ise, terazinin dili durumundadır, fazlalık ve noksanlık onunla bilinir." demiştir.

Bana öyle geliyor ki tevekkül; kendisine güvenilip tevekkül edileni bilme ölçüsünde olur. Buna göre, kimin Hakk'ı tanıması daha güzelse o kimsenin tevekkülü daha güzel olur. Kimin tevekkülü tam olarak gerçekleşirse, tevekkülünü görmeyip tevekkül ettiği zâtın tecellilerini müşâhadede kaybolur. Sonra, kuldaki ma'rifetin kuvvetli olması ona, ilâhî taksimatta tam bir adâlet olduğunu gösterir. Hem bütün nasibler bir ölçü ve adâletle taksim edilmiştir. Gerçekten Allahu Teâlâ'dan başkasına nazar (ve itimad) etmek, nefsin cehâletinden dolayıdır. Kul, tevekkülünü zedeleyen her şeyin nefisten kaynakladığını bilmelidir. Demek ki, tevekkülün noksanlığı nefsin ortaya çıkmasından kaynaklanmakta, tam bir tevekkül hâli ise nefsin etkisinin yok olmasıyla meydana gelmektedir.

Halleri kuvvetli ve yüksek olanların tam olarak tevekkülü ele geçirmesi için bir hazırlık ve gayretleri yoktur. Ancak onların asıl meşguliyeti kalbin istediğini takviye ederek nefsi yok etmek hususundadır. Nefis kayb olunca cehâletin kökü tamamen kurur. Böylece kul, sahih ve sağlam bir tevekküle ulaşmış olur. Her ne zaman içlerinde, nefse âit hevâî bir duygu hareket ederse; gönüllerine Allahu Teâlâ'nın:

"Doğrusu Allah onların kendisini bırakıp da yalvardıkları şeyi bilir."[26] âyetinin sırrı gelir. Böylece, Hakk'ın varlığının bütün eşyâ ve kâinata hâkim olduğunu, kâinatın ancak Allahu Teâlâ'nın kudretiyle ayakta durduğunu görür. O zaman, zarûri olarak tevekkül meydana gelir. Böyle bir tevekküle sahip olanlara, durumu zayıf olanların tevekkül hallerine zarar veren vâsıta ve sebeblerin varlığı bir zarar vermez. Çünkü o, sebeblerin bir nevî ölü ve aslen bir hayâtiyet taşımadıklarını görür, ancak, tevekkülün icâbı onları şeylerin varlığını kabul eder. Bu, ma'rifet ehlinden seçilmiş kulların tevekkülüdür.

10-RIZÂ HAKKINDAKİ SÖZLERİ

Haris Muhâsibî: "Rızâ; ilâhî irâde hükmünü icrâ ederken, kalbin huzur ve

26) Ankebût (29), 42.

sukûn içinde (her tecellîye râzı) olmasıdır." demiştir.

Zunnûn da: "Rıza; kaderin acı tecellileri karşısında kalbin surûr içinde olmasıdır." demiştir.

Süfyan es-Sevrî, **Râbiatu'l-Adeviyye**'nin yanında; "Allahım bizden râzı ol!" diye duâ ettiğinde; **Râbia**:

"Kendisinden râzı olmadığın zatın, senden râzı olmasını istemekten utanmıyor musun?" demiştir. Orada bulunanlardan birisi;

"Kul ne zaman Allahu Teâlâ'dan râzı olur?" diye sorduğunda Râbia:

"Mûsîbet anında, nimete kavuştuğu zamanki gibi sevinç ve huzur içinde olunca" demiştir.

Sehl Tüsterî demiştir ki: "Kulun rızâsı Allahu Teâlâ'nın rızâsına bitiştiği zaman itmi'nana kavuşmuş olur ve: ***"Onlar için çok hoş bir hayat ve dönülecek güzel bir yer vardır."*** [27] âyetinin sırrı gerçekleşir.

Rasûlullah (s.a.v), buyurmuştur ki: ***"Rab olarak Allah'a râzı olan, imanın tadını tadmıştır."*** [28]

Yine Rasûlullah (s.a.v): ***"Allahu Teâlâ hikmetiyle, gönül hoşluğu ile sürûru rızâ ve yakinde; hüzünle kederi de şüphe ve ilâhi takdire kızmada yapmıştır."*** [29] buyurmuştur

Cüneyd el-Bağdâdî demiştir ki: "Rızâ; kalblere ulaşan sağlam ilimdir. Kalbe ilmin hakikati ulaşınca onu rızâya götürür.

Rızâ ve muhabbet, korkuyla ümid gibi değildir. Gerçekten onlar dünya ve âhirette kuldan ayrılmayan iki hâldir. Çünkü kul Cennet'te rızâ ve muhabbetten müstagnî değildir.

İbnu Atâullah demiştir ki: "Rızâ; Allahu Teâlâ'nın ezelde yapmış olduğu tercihe, kulun kalbinin sukûnet içinde tâbi olmasıdır. Çünkü Allah, kulu için en hayırlı olan takdîr etmiştir. Bu durumda kul ona râzı olmalı ve takdirine kızmayı terk etmelidir."

Ebû Türab en-Nahşebî : "Kalbinde bir parça dünya sevgisi ve kaygısı olan kimse Allahu Teâlâ'dan râzı olma hâline ulaşamaz." demiştir.

---

27) er-Ra'd (13), 29.
28) Müslim, İmân, 56; Ahmed, Müsned, I, 208; Ali Nâsıf, et-Tâc, I, 28.
29) Ali el-Muttakî, Kenzu'l-Ummâl, III, 800 (No: 8802). Mevkuf bir hadis için bkz: İbnu Ebi'd-Dünya, Kitabu'l-Yakin, No:32.

Seriyy es-Sekatî şöyle demiştir: "Beş şey mukarrebûn velîlerin ahlâkındandır:

1-Nefsin sevdiği ve sevmediği hususlarda Allahu Teâlâ'dan râzı olmak, 2-Bütün sevgisyle Allah'ı sevmek, 3-Allah'dan utanmak, 4-O'nunla ünsiyet hâlinde olmak, 5-O'ndan başkasından uzaklaşmak."

Fudayl b. İyaz : "Rızâ; kulun bulunduğu mertebenin üstünde bir şey temennî etmemesidir." demiştir.

İbnu Sem'un: "Rızâ; Hakk ile, Hakk için ve Hakk'dan olur. Hakk ile rıza, onun işleri tedbir ve tercih etmesine, razı olmaktır. Ondan rıza, Onun taksim etmesine razı olmaktır. Hakk için rızâ da; onun ilâh ve Rabb olduğuna râzı olmaktır." demiştir.

Ebû Said Harraz'a: "Kulun aynı anda hem râzı hem de kızgın olması câiz midir?" diye sorulunca:

"Evet, onun Rabbinden râzı olması; nefsine ve onu Allahu Teâlâ'dan alıkoyan bütün şeylere kızgın olması câizdir." demiştir.

Hz. Ali'nin (r.a) oğlu **Hz. Hasan'a** (r.a) birisi gelerek: "**Ebû Zer**: "Bana, fakirlik zenginlikten, hastalık sıhhatten daha sevimlidir." diyor, ne dersiniz? diye sorunca:

"Allah Ebû Zerr'e rahmet etsin! Ben derim ki: "Kim bütün işlerini Allahu Teâlâ'nın güzel ihtiyarına bırakmış ise o, Allahu Teâlâ'nın kendisi için seçmiş olduğu halden başkasını temennî etmez." demiştir.

Hz. Ali (r.a) demiştir ki: "Kim, rızâ sergisi üzerinde oturursa (yani devamlı rızâ hâlinde bulunursa) kendisine, Allah'dan ebediyyen bir sıkıntı ulaşmaz. Kim de; devamlı, neden, niçin? şeklinde ilâhi hüküm ve tecelliler için suâl sorma hastalığına düşmüşse, o da hiç bir halde Allah'dan râzı olmaz."

Yahya b. Muaz demiştir ki: "Bütün şeyler netice olarak iki durumda olur: Birisi Allahu Teâlâ'nın senin için takdir ve tecellileri, diğeri de senin onun için yaptığın işler. Sen, onun sana takdir ettiği işlere râzı ol ve onun için yapmış olduğun işlerde de ihlas üzere bulun."

Velilerden birisi de: "Rızâ hâline ulaşan; dünyadan kaçırdığı herhangi bir şeye pişman olmayan ve esef etmeyen kimsedir." demiştir.

Yahya b. Muaz'a: "Kul, rızâ makâmına ne zaman ulaşır?" diye sorulduğunda demiştir ki: "Nefsini Allahu Teâlâ ile yapmış olduğu muamelede dört asıl üzere bulundurduğu zaman rızâ makâmına ulaşır. Onlar da; kulun şöyle demesidir: "İlâhî! Eğer sen verirsen kabul ederim, vermezsen râzı olurum. Beni terkedersen uzaklaşırım, dâvet edersen icâbet ederim."

Şiblî (rah.), **Cüneyd el-Bağdâdî**'nin yanında: "lâ havle ve lâ kuvvete illâ billah" dedi. **Cüneyd el-Bağdâdî** de:

"Senin bu sözün göğsünün (kalbinin) daralmış olduğunu gösteriyor." deyince, **Şiblî**: "Doğru söyledin." dedi.

Cüneyd: "Kalbin daralması; ilâhî takdire râzı olmamaktır." dedi. **Cüneyd** bu sözüyle, ona rızânın aslını hatırlatmak istemiştir. Bu şu demektir:

"Rızâ; kalbin açılıp genişlemesinden meydana gelir. Kalbin açılması ise; yakin nûrundan kaynaklanmaktadır. Allahu Teâlâ bu hususa işâret olarak buyurmuştur ki:

"Allah'ın İslâm nûru ile kalbine genişlik verdiği kimse, kalbi mühürlü nursuz gibi midir? Elbette o, Rabb'inden bir hidâyet üzeredir." [30]

Demek ki nûr, bâtında yerleştiği zaman göğüs genişler, basiret gözü açılır ve kul, Allahu Teâlâ'nın kullarının işlerindeki tedbirinin güzelliğini görür. Böylece, ilâhî takdire kızma ve daralma hâli kalbden çekilip alınır. Çünkü göğsün genişlemesiyle, içine ilâhî muhabbetin tadı yerleşir. Artık o, sevgilinin bütün fiillerinden râzı olur. Çünkü seven sevgilisinin fiilini kendi murâdı ve ihtiyârı olarak görür. O zaman kendi ihtiyârını terkederek, sevgilinin ihtiyârını görmenin lezzetinde fâni olur. Nitekim denilmiştir ki:

Bir iş ki sevgilinindir;
Elbet o da sevgilidir.

****

30) Zümer (39), 22.

HALLERİN AÇIKLANMASI

1-MUHABBET

Allah için muhabbet konusunda Rasûlullah (s.a.v) buyurmuştur ki:

"Üç şey var ki, onlar kimde bulunursa o kimse imanın tadını bulur: Allah ve Rasûlünün kendilerinin dışındaki her şeyden daha sevgili olması, kişinin sevdiğini ancak Allah için sevmesi ve imandan sonra küfre dönmeyi ateşe atılmak gibi kötü görüp, sakınması." [1]

Muhabbet hususunda gelen diğer bir hadiste, Rasûlullah (s.a.v) şöyle duâ etmiştir:

"Allahım, senin muhabbetini bana, nefsimden, kulağımdan, gözümden, ehlimden, malımdan ve soğuk sudan daha sevgili yap." [2]

Rasûlullah (s.a.v), bu duâsıyla sanki sevginin en hâlisini istemiştir. Hâlis muhabbet; kulun bütün varlığı ile Allahu Teâlâ'yı sevmesidir. Bu şöyle olmaktadır:

Kul, bazen, ilmin gereğine göre, bulunduğu hâlin şartlarını yerine getirdiği bir durumda olur. Bu arada cibilliyeti, ilmin zıddını istemektedir. Mesela; kendisi bir şeyden râzı olur, cibilliyeti ise kötü görür. Bu durumda onun nazar ve dikkati, cibilliyetin getirdiği isyana değil, ilmin gösterdiği teslimiyete olmalıdır. Böyle davranırsa; Allah ve Rasûlü'nü imanın gereği ile, ehil ve evlâdını da tabiatının hükmüyle sevmiş olur.

Muhabbetin bir çok yönleri vardır. İnsanda muhabbeti harekete geçiren şeyler de çeşitlidir. Rûhun muhabbeti, kalbin muhabbeti, nefsin ve aklın muhabbeti bunlara dâhildir. Rasûlullah'ın (s.a.v) duâsında ehlini, malını ve soğuk suyu zikretmesi; Allahu Teâlâ'nın muhabbetine ulaşıp, diğer bütün muhabbet damar ve alâkalarını kökünden kazıyıp atma isteğindendir. Bu ger-

1) Buhâri, İman, 14; Müslim, 67; Tirmizî, İman, 10; İbnu Mâce, Fiten, 23.
2) Tirmizî, Deavât, 70-73.

çekleşirse; Allahu Teâlâ'nın muhabbeti hepsine gâlip gelecek ve böylece, Zât-ı Bâriyi, kalbi, rûhu ve bütün benliği ile sevmiş olacaktır. Öyle ki; Allahu Teâlâ'nın muhabbeti onun tabiatında ve cibilliyetinde dahi soğuk suyun muhabbetinden daha gâlib olacaktır. Bu anlatılan muhabbet, seçilmiş kullara verilen sâfi muhabbettir ki, onun halâvet ve nûruyla tabiat ve cibilliyet ateşi sarılıp örtülür ve zararsız hâle gelir.

Gerçek muhabbet; rûhun kurbiyyet makamlarında devamlı kalışı ve diğer şeylerden sıyrılarak huzur-ı ilâhiyeye ulaşması sebebiyle, mânevî müşâhededen meydana gelen zât-ı ilâhiyenin muhabbetidir.

Ebu Bekr el-Vâsıtî (r.ah), Allahu Teâlâ'nın: "***Allah onları sever, onlar da Allah'ı severler.***"[3] âyetinin tefsirinde demiştir ki:

"Allahu Teâlâ zatıyla onları sevdiği gibi onlar da Onun zâtını severler. Fiilin sonundaki "Hû" zamiri Allahu Teâlâ'nın sıfatlarına değil, zâtına dönmektedir. Yani onlar, tecellilerini müşâhede ettikleri sıfat-ı ilâhiyeyi değil, bizzat Zât-ı Bârî'yi severler.

Velilerden bir tanesi de demiştir ki: "Muhabbetin şartı; sahibine mânevî sarhoşluğun ulaşmasıdır. Böyle olmadığı zaman, gerçek muhabbet değildir."

O halde muhabbet, birisi umumi, diğeri hususi olmak üzere iki çeşittir. Umûmî muhabbet; Allahu Teâlâ'nın emirlerine uymaktır, şeklinde ifâde edilebilir. Çoğu zaman, zâhirdeki ve bâtındaki nimetlerin bilinmesiyle kalbde bir muhabbet oluşmaktadır. Bu muhabbetin geliş kaynağı Allahu Teâlâ'nın sıfatlarıdır.

Meşâyıh-ı kirâmdan bir cemaat, muhabbeti makâmlar arasında zikretmiştir. Bu durumda, kendisinde kulun kesbi söz konusu olan umûmî muhabbet nazara alınmalıdır.

Özel muhabbete gelince; o, rûhun Cenâb-ı Hakk'a nazar etmesinden kaynaklanan Zât-ı ilâhiyenin muhabbetidir. Onda mânevî sarhoşluk vardır. O, kerim olan Allah'dan kuluna bir lutuf ve onu bunun için seçmesidir. O halde bu muhabbet, hallere dâhil olmaktadır. Çünkü o, kendisinde kulun kesbi bulunmayan sırf ilâhî bir vergidir. Bu durum, Peygamber

3) Mâide (5), 54.

(s.a.v) Efendimizin: *"Allahım, bana muhabbetini soğuk sudan daha sevgili yap."* sözünden anlaşılmaktadır. Çünkü o, Zât-ı Bârî'nin muhabbetiyle lezzet bulmuş bir rûhun, ulaştığı halle ifâde ettiği bir sözdür.

Bu muhabbet bir rûhdur. Kulun ilâhî sıfatların tecellilerini seyretmekten ortaya çıkan ve imandan doğan muhabbet ise, bu rûhun kalıbıdır. Mü'minlerin Zât-ı Bârî'ye muhabbeti tam olarak gerçekleşince, Allahu Teâlâ onları:

"Onlar mü'minlere karşı çok alçak gönüllüdürler." [4] diye vasfetmiştir. Çünkü seven, sevgilisi ve sevgilisinin sevdikleri için alçak gönüllü olup tevâzu gösterir.

Bu mânada şu şiir okunur:

Sevgilinin bir gözüne binlerce göz bağışlanır,
Keremli sevgili için binlere ikram ulaşır.

Bu hâlis muhabbet, yüce hallerin temeli ve onları arkasından getiren bir nimettir. Haller için bu muhabbetin durumu; makamlardaki tevbe gibidir. Daha önce açıkladığımız üzere; kimin tevbesi kemal-i sihhatiyle gerçekleşirse, zühd, rızâ ve tevekkül gibi diğer makâmlar da hakkıyla gerçekleşir. Kimin bu muhabbeti sahih olursa; **fenâ**, **bekâ**, **sahv** ve diğer haller, güzel bir şekilde gerçekleşir. Aynı şekilde tevbe, bu muhabbet için beden gibidir. Çünkü tevbe, bu muhabbet için cesed durumunda olan umumi muhabbete de şâmildir.

Mahbubların (**Hakk** tarafından seçilip sevilenlerin) yolunda mânevî sülûka başlayan kimsede bu muhabbet tam olarak tekâmül eder ve kendisinde özel muhabbetin rûhu ile tevbe-i nasûhun içerdiği umûmi muhabbet bir araya gelir. Bu durumda o, çeşitli makâmlara âit hallerde dönüp durmaz. Çünkü makâmların başlangıcı olan hâller içinde dönüp durmak ve bir makâmdan diğerine terakki etmek, sevenlerin ve mücâhede yolunu tutmuşların yoludur. Onların bu hâline şu âyetler işâret etmektedir:

"Bizim için mücâhede edenleri muhakkak bize götüren yollarımıza ulaştıracağız. Allah şüphesiz iyilik sahipleriyle

4) Mâide (5), 54.

berâberdir." [5]

"Allah, kendisine dönenleri hidâyete ulaştırır." [6]

Allahu Teâlâ, bu âyette, seven kimsenin Zâtına yönelmesini hidâyet için bir sebep olarak göstermiştir.

Kendisi tarafından sevilenler hakkında ise; onlardan herhangi bir çaba ve çalışma olmaksızın kendisinin onları seçtiğini şöyle beyân buyurmuştur:

"Allah dilediklerini kendisi için seçer." [7]

Mânevî sülûküne bu şekilde, mahbûbların yolundan başlayan kimse, bütün makamları bir anda geçer ve o makamların en güzel şekliyle özünü ve sâfiyetini elde eder.

Makâmlar onu bağlayıp hapsetmez. Bilâkis o, onlardaki terakkisi ve onların sâfiyetiyle özünü çekip almasıyla onlara hâkim olup kontrolünde bulundurur. Çünkü; kendisinde özel ilâhî muhabbetin nûrları parlayınca, nefsin sıfatlarını soyup atmıştır. Aslında bütün makâmlar, kuldaki nefsânî sıfat ve huyları temizlemektedir. Meselâ zühd, ondaki dünya rağbetini temizler. Tevekkül, nefsin cehâletinden meydana gelen Hakk'a itimat azlığını giderir. Rızâ, ondaki itiraz ve çekişme damarlarını kurutur. Halbuki çekişme, üzerine özel muhabbet güneşinin parlamayıp kendi zulmet ve katılığında kalmış olan nefiste kalan katılıktan meydana gelmektedir. İşte kim, özel ilâhî muhabbeti elde ederse, nefsi yumuşar ve katılığı gider. Artık bundan sonra zühd ondaki hangi rağbeti çekip alacak? Çünkü onun Hakk'a olan rağbeti, dünyaya olan rağbetini yakıp yok etmiştir. Tevekkül ondan neyi temizleyecek? Çünkü onun rûhuyla devamlı Hakk'ı seyretmesi bütün basîretini doldurmuştur. Bu durumda olan kimseden rızâ, ondaki hangi çekişme damarlarını kurutsun? Hakk'ın tecellilerine rızâsızlık ancak, her şeyi ile O'na teslim olmayan kimsede olur. Bu ise, zâten bütün varlığı ile Hakk'a bağlanmıştır.

er-Rüzbârî, demiştir ki: "Bütün varlığından sıyrılmadıkça, muhabbet dairesine adım atmış olamazsın"

---

5) Ankebût (29), 69.
6) Şûrâ (42), 13.
7) Şûrâ (42), 13.

Ebû Yezid el-Bistâmî de: "Her kimi Hakk'ın muhabbeti öldürürse bu ölümüne karşılık fidyesi, Hakk'ı görmesidir. Kimi de aşkı öldürürse, onun fidyesi, **Hakk**'ın özel sohbetine girmesidir." demiştir.

Ebû Yezid'in bu sözünü bize **Ebû Zur'a**, nakletti.

Demek ki, makamlara âit haller içinde inip çıkmak avâm içindir. Bu halleri bir anda aşıp geçmek ise, havas tabakasındaki mahbublara (Hakk tarafından sevilenlere) âiddir. Makamlar, onların yüksek himmetlerinin gerisinde kalmıştır. Çünkü onlar, **Zât-ı ilâhiy**eye âşıktırlar. Onun tarafından seçilmiş ve sevilmişlerdir. Çoğu zaman makâmlar semâvat tabakalarının basamaklarında olmaktadır. Bu basamaklar; kendisinde nefsânî ve dünyevî kalıntıların bulunduğu kimsenin kayma yerleridir.

Büyüklerden bir tanesi, **İbrahim Havvas**'a:

"Tasavvuf seni neye ulaştırdı?" diye sorduğunda; İbrâhim:

"Tevekküle." dedi. Bunun üzerine o zat:

"Sen bâtınını ma'mur etmeye çalışıyorsun! Tevekkül ettiğin zâtı görerek tevekkülünde fâni olmayı hiç düşünmedin mi?" demiştir.

Nefs, sıfatıyla hareket edip zühd dâiresinden kaçtığı zaman zâhid, zühdüyle onu zühd dâiresine geri çevirir. Mütevekkil de, nefsi harekete geçince tevekkülüyle onu yerine dönderir. Rızâ sahibi de rızâsıyla onu asıl hâline getirir. Nefisten gelen bu hareketler, ilmin kontrolüne muhtaçtır . Bunda kurbiyyet kokuları uzaktan esmektedir. Bu durum, kulun çalışma ve kesbi ölçüsünde ilminin ulaştığı kadar kulluğun hakkını yerine getirmesidir.

Manevi seyir ve terbiyesine seçilen ve sevilenlerin yolunda başlayan kimse, Hakk'ın fazlının nurlarıyla kuşatılmış olması sebebiyle, kendisinde kalan nefsânî ve dünyevî şeylerden kurtulmanın yolunu iyi bilir. Kim devamlı Hakk'a tutunmuş, çeşitli tehlike ve değişmelerden himâye edilmiş bir rûh ile kurbiyyet ehlinden olmuş ise artık o, hiçbir şeyin endişesini çekmez ve herhangi bir şeyin elinden alınması onu ürkütmez. Bu durumda zühd, tevekkül ve rızâ zâten kendisinde bulunmaktadır. Halbuki kendisi onların içinde değildir. Şöyle ki:

Bu kimse, hangi hâle girerse girsin, bulunduğu hal içinde dünyaya rağbet etse bile zâhiddir. Çünkü o, nefsiyle değil, Hakk ile hareket etmektedir. Sebeblere sarıldığı görülse bile o, tevekkül sahibidir. Kendisinde herhangi bir hususda hoşnutsuzluk bulunsa bile, rızâ sahibidir. Çünkü onun hoşnutsuzluğu nefsi için olsa bile nefsi, Hakk içindir. Böylece, o hâli de Hakk için olmuş olur. Nefsi, bütün sûflî arzu ve sıfatlarından temizlenmiş, bir çok mânevî ihsanlarla donatılıp nurlandırılmış ve kendisine bir çok lutuflarda bulunulmuş olarak geri iâde edilir. Artık onun derdi devâsı, hastalığı da şifası olmuştur. Allahu Teâlâ'nın onun için istedikleri, bütün tâliblerin arzuladığı zühd, tevekkül ve rızâ yerine geçmiş, yahut onun Allah'dan taleb ettiği şeyler, kendisi için zühd, tevekkül ve rızâ gibi taleb edilecek bütün tableblerin yerini tutmuştur.

Râbiatu'l-Adeviyye demiştir ki: "Allah'ı sevenin, sevdiği ile sukûnet bulana kadar inlemesi ve sızlanması dinmez."

Ebu Abdullah el-Kuraşî: "Muhabbetin hakikati, senin sevdiğine bütün varlığını hibe etmen ve sende hiç bir şeyin kalmamasıdır." demiştir.

Ebu'l-Hüseyin el-Varrak demiştir ki: "Allahu Teâlâ ile olan sürûr, ona olan muhabbetin şiddetinden kaynaklanır. Muhabbet kalbde bütün kirleri yakıp temizleyen bir ateştir."

Yahya b. Muaz da: "Sevenlerin sabrı, zâhidlerin sabrından daha şiddetlidir. Âh! İnsan sevdiğinden ayrı kalmaya nasıl sabreder!" demiştir.

Velilerden bir tanesi demiştir ki: "Kim, Allah'ın haram kıldığı şeylerden sakınmaksızın Allah'ı sevdiğini iddiâ ediyorsa o, yalancıdır. Yine kim malını infak etmeksizin Cenneti sevdiğini iddiâ ederse o da yalancıdır. Her kim de fakirleri sevmeksizin Rasûlullah'ı (a.s) sevdiğini iddiâ ederse o da yalancıdır."

Râbiatu'l-Adeviyye bir konuda şu mânadaki şiiri söylerdi:

Hakk'ı sevdiğin söylersin; isyandan beri gelmezsin!
Yemin olsun, senin hâlin çok acâyibdir bilesin.

Sevginde sâdık olsaydın, taatten geri durmazdın.
Seven hizmet eder dosta, bunu asla unutmazdın.

Hâller için muhabbet, makamlar için tevbe gibi olunca; kim bir hâl iddiâ ederse onun muhabbeti dikkate alınır. Kim de bir muhabbet iddiâ ederse, tevbesi dikkate alınır. Çünkü tevbe, muhabbet rûhunun kalıbıdır.

Bu rûhun ayakta durması o kalıbla olmaktadır. Haller ise; ayakta durmaları ruh cevheriyle mümkün olan araz hükmündedir.

Semnun demiştir ki: "Allah'ı sevenler dünya ve ahiretin şerefini alıp götürmüşlerdi; çünkü Peygamber (s.a.v):

*"**Kişi sevdiği ile beraberdir.**"*[8] buyurmuştur. Onlar da Allahu Teâlâ ile beraberdirler."

Ebû Ya'kub es-Sûsî demiştir ki: "Sen, muhabbetin ilmini yok ederek, muhabbeti görmekten sevgiliyi görmeye geçinceye kadar muhabbetin sahih olmaz. Şöyle ki: Sevgili ğâib iken muhabbet olmaz. Seven, sevgiyi unutup sevgiliyi gördüğü zaman, arada muhabbet olmaksızın onu sever,

Cüneyd el-Bağdâdî (k.s)'ye: "Muhabbetin ne olduğu" sorulunca: "**Sevenin sıfatlarının yerine, sevgilinin sıfatlarının gelmesidir**." demiştir.

Denilmiştir ki; **Cüneyd el-Bağdâdî**'nin bu sözü, Allahu Teâlâ'nın: *"**Ben kulumu sevdiğim zaman onun kulağı ve gözü olurum.**"*[9] buyurduğu mânadadır. Bu şöyle olmaktadır:

Muhabbet sâfileşip kemâle erince sahibi, bu sâyede durmadan sevgilisine çekilir. Bu çekilme son haddine ulaşınca; sevenle sevilen arasında çok kuvvetli bir bağlılık meydana gelir ve o halde kalır. Muhabbet vasfının kemâlinde oluşu, sevenle sevilen arasındadaki mânialarıı kaldırır. Böyle bir muhabbet sayesinde, sevgisindeki sadâkatını zedeleyen mânialardan kurtulmuş olan muhibbe, bir ihsan olarak ve artık gayretinin bitmesinden sonraki kusuru normal görülerek, sevgilinin sıfatları kendisine verilir. Böylece seven, sevdiğinin sıfatlarından bir çok şey elde etmiş olarak geri döner. O zaman şöyle söyler:

Seven benim yine, sevilen de ben,
Biz iki rûhuz; bir olduk bedenen.

Bana bakacak olsan onu görürsün;
Ona bakınca da benimdir aynen.

Bu anlatmış olduğumuz durum, Rasûlullah'ın (a.s):

---

8) Buhârî, Edeb, 6; Müslim, Birr, 50.
9) Buhârî, Rikak, 38; İbnu Mâce, Fiten, 16.

"Allahu Teâlâ'nın ahlâkı ile ahlâklanınız."[10] kavl-i şerifinin ifâde ettiği hakikattir. Çünkü kul, nefsinin tam manasıyla manevi kirlerden arınması ve temizlenmesi sebebiyle ilâhî muhabbete kâbiliyet kazanır. Aslında muhabbet nefsin temizliğine bağlı olmayan ilâhî bir vergidir. Fakat, Allahu Teâlâ'nın bu hususdaki sünneti; güzel tevfik ve inâyetiyle sevgililerinin nefislerini temizlemek şeklinde cereyân etmektedir. Allahu Teâlâ, nefse paklığını ve temizliğini lutfedip sonra muhabbet cezbesiyle kulun rûhunu çekince, ona kendi sıfat ve ahlâklarından nasib eder. Bu durum, kula göre vuslatta bir mertebe olur.

Allahu Teâlâ'nın ilâhî lutuf ve ihsanlarının bir nihâyeti olmadığından, bazen kulun şevki, yukarıda bahsettiğimiz durumun daha ötelerine, yüksek hallere ulaşmak ister. Bazen de kendisine ihsan edilen şeylerle teselli bulur ve bu, onun şevk ateşini teskin eden vuslatı olur. Şevkin yükselmesiyle kendisinde ilâhî bir vergi olarak gerçekleşmiş sıfatlar, sevenin yanında vuslat rutbesi olarak karar kılar. Şayet şevkinin yükselmesi olmasa, gerisi geriye döner ve kendisiyle kalbi arasında perde olan nefsinin sıfatları ortaya çıkabilir.

Kim, Allah'a vâsıl olmayı, bu zikrettiğimizin dışında bir şey düşünür yâhut kendisine, bu ölçünün dışında herhangi birşey hayal olur ise; o kimse, Hristiyanların, Allah'ın insana hülûl edip içine girmesi şeklindeki bâtıl görüşlerine düşmüş olur.

Meşâyıh-ı kirâmın istiğrak ve fenâ hakkındaki bütün işâretleri, yakîn nûrunun ve zikrin aslının kalbi tamamen kaplaması sebebiyle muhabbet makâmının gerçekleşmesini ve kulda kalan bozuk hallerin ortadan kalkmasını ifâde etmektedir. O zaman, insandaki diğer mânevî kuvvetler, nefsin etkisinden emin olmuş olur.

Şu esâsı unutmamak gerekir: **Muhabbet sahih ve sağlam olunca, diğer haller onun üzerine kurulur ve ona tâbi olur.**

Şiblî'ye, "Muhabbetin ne olduğu" sorulunca: "O; ilk hâliyle içi hararet dolu bir bardak gibidir. Âzâlarda yerleşip nefislerde yerleşince söner gider." demiştir.

Denilmiştir ki: "Muhabbetin bir zâhiri bir de bâtını vardır. Onun zâhiri;

---

10) **Allah Teâlâ**'nın ahlâkı ile ahlaklanma konusunda bkz: Ali el-Muttakî, Kenzu'l-Ummal, I, 35. (No: 55).

sevgilinin rızâsına tâbi olmak, bâtını da; her şeyiyle sevgiliye açık olup, kendisinde ne başkası ne de nefsi için herhangi bir şeyin kalmamasıdır."

2-ŞEVK.

Muhabbete dâhil yüce hallerden birisi de, "**şevk**'tir. Hakk'ı seven kimse devamlı iştiyak içindedir. Çünkü Allahu Teâlâ'nın işinin sonu yoktur. Öyleyse âşık, ulaşmış olduğu her hâlin ötesinde ondan daha güzel ve daha yüksek bir hâlin bulunduğunu bilmeli ve ona ulaşmaya özenmelidir. Bu mâna şöyle ifâde edilmiştir:

Hüznüm hiç bitmeyen hüsnün gibidir;
Hüsnün devam ettikçe, hüznüm de gelir.

Sonra, kuldaki bu şevk, kendi çalışıp kazanmasıyla değildir. O, ancak Allahu Teâlâ'nın sevdiklerine has kıldığı bir şeydir.

Ahmed b. Ebi'l-Havarî demiştir ki: "**Ebû Süleyman ed-Dârânî**'nin yanına gitmiştim. Onu ağlarken gördüm:

"Allah sana merhmaet etsin! Seni ağlatan nedir?" diye sordum. Dedi ki:

"Yazık sana ey **Ahmed**. Şu gece gelip karanlık basınca muhabbet ehli ibâdete koyulur, göz yaşları yanaklarına akar. Aziz ve Celil olan Allah onlara nazar ederek şöyle buyurur:

"Ben kelâmımla lezzet bulanı ve bana münâcaat ederek rahat edeni görmekteyim. Onlar ibâdet köşelerinde iken ben kendilerine bakmaktayım; inltilerini işitiyor, ağlamalarını görüyorum. Ey **Cibril**! Onlara söyle, kendilerinde gördüğüm bu ağlama nedir? Biri onlara, dostun sevenlerine azab ettiğini mi haber vermiş? Gece karanlığı çöktüğü zaman, huzurumda el pençe divan duran bu topluluğa azab etmem bana yakışır mı? Ben, onlara, kıyâmette huzûruma geldikleri zaman, cemâlimi göstereceğime, kudsî yakınlığımı ve Cennetimi onlara helâl kılacağıma zâtımla yemin ettim."

Bunlar, şevk makâmında karar kılmış muhiblerin bir takım halleridir. Muhabbete göre şevk, tevbeden sonra gelen zühd gibidir. Tevbe tam yerleşince zühd meydana çıktığı gibi; muhabbet kalbde karar kılınca da şevk ortaya çıkar.

Vâsitî (rah.), ***"Musâ dedi ki: "Onlar benim peşimdeler. Rabbim, râzı olasın diye ben aceleyle sana geldim."*** [11] âyetinin tefsirinde: "**Musâ** Aleyhisselam, Allahu Teâlâ ile konuşmaya olan şevkinden dolayı arkasından gelenleri hiçe sayarak böyle söyledi ve kendisini meşgul edip vaktini aldığından, elindeki **Tevrat** levhalarını yere attı." demiştir.

Ebû Osman demiştir ki: "Şevk, muhabbetin neticesidir. Kim Allahu Teâlâ'yı severse ona kavuşmaya iştiyak duyar."

Yine, Vâsıtî: ***"Şüphesiz ki Allah'ın tâyin ettiği vakit gelecektir."*** [12] âyetinin tefsirinde: "Bu, iştiyak sahipleri için bir tesellîdir. Bunun mânası şudur: Ben biliyorum ki bana olan iştiyakınız sizi iyice sarmıştır. Ben sizinle buluşmak için bir vakit tayin ettim. Yakında iştiyak duyduğunuz dostunuza kavuşacaksınız." demiştir.

Zunnûn el-Mısrî demiştir ki: "Şevk, derecelerin en yükseği ve makâmların en yücesidir. İnsan şevke ulaştığı zaman, Rabbine iştiyak duyup, ona kavuşmayı ve cemâline bakmayı ümid ederek ölümü arzular."

Bana göre, sevenlerde, dünyada elde ettikleri bir takım rutbelere göre meydana gelen şevk, ölümden sonra bulacakları şevkten ayrıdır. Allahu Teâlâ muhabbet ehline, ilim olarak bulup, zevk olarak tatmayı arzu edecekleri bir takım ihsanlarda bulunur. Bundan sonra onlar, ilim olarak buldukları şeylerin, zevk olarak tadılmasına şevk duyarlar.

Ölümü istemek, şevk makâmının zaruri bir hâli değildir. Çoğu zaman, gerçek muhabbet sahiplerinden bazıları, Allahu Teâlâ için olan hayatla lezzet bulmaktaydılar.

Nitekim Celil olan Allah, Rasûlü'ne şöyle buyurmuştur: ***"De ki: "Şüphesiz benim namazım, ibâdetlerim, hayatım ve ölümüm, âlemlerin Rabb'i olan Allah içindir."*** [13]

Kimin hayatı Allah için olursa, Kerim olan Mevlâ kendisine münâcaat ve muhabbetin lezzetini ihsan eder. Böylece, gözü eşyaya karşı iyice doyar, ondan vaz geçer. Sonra, kendisine, dünyada, ölümden sonrasına iştiyak duymaksızın, şevk makâmında iken tahakkuk edecek bir takım ihsan ve ikram-

11) Tâhâ (20), 84.
12) Ankebût (29), 5.
13) En'am (7), 162.

ların yolunu açar.

Bazıları da şevk makâmını inkar ederek "Şevk, görünmeyene olur. Dost dosttan ne zaman ayrı kalmıştır ki ona iştiyak duysun?" demişlerdir.

Bunun için **el-Antâkî**'ye "Şevkin ne olduğu?" sorulunca; şöyle demiştir: "İnsan görünmeyene iştiyak duyar. Ben bulduğum günden beri O'ndan ayrı kalmadım ki iştiyak duyayım!"

Ben mutlak olarak şevkin inkarına götürecek bir görüşü kabul etmiyorum. Çünkü kurbiyyet makâmlarının nasiblerinden gelen lutuf ve ihsanlar sonsuz olunca, sevenin iştiyakı nasıl inkar edilir? Tabii ki sevilen ğâib değildir, seven de, bulduğuna şevk duymuyor. Bilakis, kurbiyyet makamlarına âit yüksek rütbelerde ihsan edilen ilâhî lutuflardan eline geçiremediklerine iştiyak duyuyor. Durum böyle olunca, şevk hâli nasıl yoktur denilir?

Bir diğer yön de şudur: İnsanda, beşer oluşu ve tabiatının gereği, içinde bulunduğu hâlin ilmini tam olarak bilemediğinden, bu hâlin kabul etmeyeceği bir takım işler bulunur. Kendisinde bu işlerin bulunması onun şevk ateşini yükseltir.

Biz, şevk ile ancak, kurbiyyet makâmlarında elde edilecek nasiblerin daha güzeline ve daha yükseğine ulaşmak için kulun bâtınından yükselen arzuyu kasdediyoruz. Bu arzu sevenlerde bulunmaktadır. Öyleyse şevk vardır ve onu inkara bir yol yoktur.

Bir cemaat demiştir ki: "Müşâhede ve kavuşma şevki, ayrılık ve uzaklık şevkinden daha şiddetlidir."

Bu durumda kul, sevgilisinden ayrı kalınca, ona kavuşmaya can atar. Kavuşma hâsıl olup müşâhade gerçekleşince de, sevgilinin daha çok yakınlık ve lutuflarını elde etmeye iştiyak duyar. İşte benim kabul ve tercih ettiğim görüş budur.

Fâris demiştir ki: "İştiyak sahiplerinin kalbleri Allah'ın nûruyla aydınlanmıştır. İştiyakları harekete geçince, nurları maşrık ile mağrıp arasını doldurur. Allahu Teâlâ onları meleklerine arzederek; "Bunlar bana iştiyak duyanlardır. Sizi şâhid tutarak söylüyorum ki, ben onlara daha çok şevk duymaktayım." buyurur.

Ebû Yezid el-Bistâmî demiştir ki: "Şayet Allahu Teâlâ, Cennet ehlini kendisini temâşa etmekten perdeleyecek olsaydı; Cehennemliklerin Cehennem'den Allah'a sığındıkları gibi onlar da, Cennet'ten Allah'a sığınır, yardım ve aman dilerlerdi."

İbnu Atâ'ya şevkten sorulunca; şöyle demiştir: "Şevk, dosta yakın olduktan sonra ayrılma korkusundan yüreğin yanması, kalblerin tutuşması ve ciğerlerin parçalanmasıdır."

Sûfilerden birisine: "Şevk mi yoksa muhabbet mi daha yüksektir?" diye sorulduğunda: "Muhabbet daha yüksektir, çünkü şevk ondan doğmaktadır." demiştir.

Demek ki; ancak kendinde muhabbet olan iştiyak duyar. O halde muhabbet asıl, şevk ona tâbidir.

Nasrâbâzî demiştir ki: "Bütün halk için şevk makâmı vardır, iştiyak makâmı yoktur. Kim iştiyak hâline girerse, onda şaşırır kalır. Öyle ki; kendisinde ne bir eser ne de bir karar kalır."

3-ÜNS.

Muhabbete dâhil yüce hallerden birisi de "**üns**"dür.

Cüneyd el-Bağdâdî'ye: "Ünsün ne olduğu?" sorulunca; şöyle demiştir: "Üns; kulda heybet hissi kalıp, haşmetin kalkmasıdır."

Zünnûn el-Mısrî'ye de, "Üns" sorulunca: "O; sevenin sevdiğine rahatlıkla açılıp sıkılmadan hareket etmesi (ve her arzusunu ondan istemesi)dir." demiştir.

Denilmiştir ki; **Halil İbrahim**'in: "***Rabbim! Ölüleri nasıl diriltti̇ğini bana göster.***" [14] sözü ile, **Musâ** Aleyhisselamın: "***Rabbim! Cemâlini bana göster, sana bakayım.***" [15] sözü bu mânadandır. Onlar da, âhirette vukû bulacak bu işleri, dünyada çekinmeden Allah'dan istemişlerdir.

Bu hâli anlatmak için **Ruveym**'in şu şiiri söylenir:

Huzûrunda olanla kalbimi meşgul ettin;
Yaşadığım müddetçe ayrılamam fikrinden.

Kabul edip huzûra aşkın ile hoş ettin;
Bu şevk ile soğuttun beni bütün beşerden.

---

14) Bakara (2), 260.
15) A'râf (7), 143.

Zikrin bana bir dosttur, senin yerine geçer;
Bana hep va'dediyor senden gelen zaferden.

Her nerede bulunsan, ey biricik emelim!
Cemâlin hiç ayrılmaz sana bakan gözümden.

Rivâyet edildiğine göre, **Mutarrıf**, **Ömer b. Abdülaziz**'e şöyle yazmıştır: "Ünsiyetin Allah'a ve taatına olsun. Allahu Teâlâ'nın öyle kulları vardır ki, insanların kalabalıklar içinde bulduğu ünsiyetten daha fazla, tek başlarına kaldıkları köşelerinde Allah ile ünsiyet etmektedirler. İnsanların en çok kaçtıkları şeyler, onların en çok ünsiyet ettiği şeylerdir. İnsanların en çok ünsiyet ettiği şeyler de, onların en uzak olduğu durumlardır."

Ebû Bekr el-Vâsitî demiştir ki: "Bütün varlıklardan kaçmayan (onları gönlünden çıkarmayan) kimse, ünsiyet mahalline ulaşamaz."

Ebu'l-Hüseyin el-Varrak demiştir ki: "Allahu Teâlâ ile ünsiyet hâlinde kulda mutlaka, Allahu Teâlâ'ya ta'zîm duygusu da bulunur. Kendisiyle ünsiyet ettiğin herkesin, senin kalbinde büyüklüğü düşer. Ancak Allahu Teâlâ böyle değildir. Şüphesiz, Allahu Teâlâ ile ünsiyetin arttıkça, (kalbinde) Onun heybet ve büyüklüğü de artar."

Râbiatu'l-Adeviyye: "Her itaat eden ünsiyet sahibidir." demiş ve şu mânadaki şiiri söylemiştir:

Gönlümde senin ile özel sohbet ederken;
Cismimi mubah kıldım benimle oturana.

Bedenim yanımdakiyle ünsiyetler kurarken;
Kalbimin sevgilisi dosttur gönlümde bana.

Mâlik b. Dînar demiştir ki: "Kim insanlarla sohbetten kesilip de Allahu Teâlâ'nın sohbetiyle ünsiyet bulmazsa; ilmi azalmış, kalbi körelmiş ve ömrü zâyi olmuştur."

Ebû Said el-Harrâz da: "Üns, kurbiyyet meclislerinde ruhların sevgilisiyle karşılıklı konuşmasıdır." demiştir.

Âriflerden bir tanesi, vuslata ulaşan muhabbet ehlinin sıfatını anlatırken şöyle demiştir:

"Allahu Teâlâ devamlı ona bağlılıkları sebebiyle her an onlara muhabbetini tazelemiş, kendisinde sükûnetin tam olarak gerçekleşmesiyle onları ma'nevi himâyesine alıp barındırmıştır. İşte o zaman kalbleri inlemiş ve ruhları da şevkten heyecanlanmıştır. Onlardaki muhabbet ve şevk, gönüllerinin Allahu Teâlâ ile olduklarına ve kalblerindeki tevhidin hakikatine bir işârettir. Böylece (kalblerinden mâsivâ) düşüncesi gitmiş ve Allahu Teâlâ'nın kendilerine keşf ve tecelli ettiği şeylerden dolayı gönülleri sadece ona bağlanmıştır. Şayet Allahu Teâlâ'nın emriyle bütün peygamberler, onlar için Zât-ı Bârîden bir şeyler istemiş olsalar; Cenâb-ı Hakk'ın Kadîm Vahdâniyeti, ezeldeki ilmi ve hükmü ile onlar için hazırlamış olduğu şeylerin bir kısmını isteyemezlerdi. Böylece onların nasibleri; O'nu yakinen tanımaları, bütün düşüncelerinin O'na bağlanması ve arzularının onda toplanması olmuştur. Allahu Teâlâ'nın, kalblerinden (kendisinden gayri) bütün düşünceleri kaldırmış olmasından dolayı, cümle âlem onlara gıbta etmektedir."

Bu mânada şu şiir söylenmiştir:

Kalbim için dağınık, dağınık hevâ vardı;
Nefsim seni görünce, toplandı bütün hevâm.

Bana imrenir oldu, önce özendiklerim.
Oldum verâ sahibi, sen olduğunda Mevlâm.

Terkettim insanlara din ve dünyâlarını,
Zikrinle hoş olarak, ey benim dînim dünyâm!

Ünsiyetin bir kısmı da Allahu Teâlâ'nın taatı, zikri, kelâmının tilâveti ve diğer rızasına yaklaşma yollarıyla olan ünsiyettir. Ünsiyetin bu kadarı; Allahu Teâlâ'dan kuluna bir nimet ve ihsandır. Fakat sevenlerde olan ünsiyet bu değildir. Asıl ünsiyet; bâtının temizlenip zühddeki sadâkat, takvâdaki kemâlat, sebep ve alakaları kesip kalbe gelen düşünce ve vesveseleri mahvetmek sûretiyle arındığı zaman meydana gelen şerefli bir hâldir.

Bana göre gerçek üns; azamet-i ilâhiyenin nurlarının tam olarak parlaması ve rûhun mânevî futûhat meydanlarında açılmasıyla vücûdun temizlenmesidir. O durumda rûh, kalbden temamen kopmadan tek başına kalır. Bu halde, kendisinde bir miktar ilâhî heybet bulunur. Halbuki heybet hâlinde, rûhun toplanması ve nefs mahalline düşüşü vardır. Bizim bu zikretmiş olduğumuz zât-ı ilâhi ile olan ünsiyet ve O'nun heybeti, **fenâ** hallerinden geçtikten sonra, **bekâ** makâmında olur. Onlar, fenâ hâlinin gelmesiyle giden üns ve heybet değildir. Çünkü fenâdan önceki heybet ve ünsiyet, ilâhi Celâl ve Cemâl sıfatlarını seyr şeklinde ortaya çıkarlar. Bu; sâlikin devamlı hâl değiştirdiği "**Telvin**" makâmıdır. Zikretmiş olduğumuz fenâdan sonraki hâl ise; "**temkin**" ve "**bekâ**" makâmında bizzat **Zât-ı ilâhiye**nin seyredilmesidir.

Nefsin sâkin olup huzûra kavuşması ünsiyetten, huşûu da heybet hâlinden ileri gelmektedir. Halbuki huşû ve hudû; durum olarak birbirine yakın, ancak rûhun işâretiyle idrak olunabilecek, ince bir farkla birbirinden ayrılan iki hâldir.

4-KURB.

Muhabbetten sonra gelen hallerden birisi de "**kurb**" (mânevî yakınlık) hâlidir.

Allahu Teâlâ, Peygamberi'ne buyurmuştur ki:

"Secde et de Rabb'ine yaklaş" [16]

Hadis-i şerifte şöyle buyrulmuştur: ***"Kulun Rabbine en yakın olduğu ân, secdede olduğu zamandır."*** [17]

Secde eden, kendisine secdenin tadı tattırıldığı zaman **Allah**'a yakın olur. Çünkü o, secdesinde, kâinatta var olmuş ve olacak bütün varlıkları kalbinden silerek, azamet-i ilâhiye önünde secde eder ve O'na yaklaşır.

Bir tanesi: "Kendimi huzûr-ı ilâhiyede bulduğumda; "**Yâ Allah**!" veya "Yâ Rabbi!" demem bana, dağlardan daha ağır geliyor" deyince; kendisine: "Niçin?" diye soruldu. O zât: "Çünkü çağırmak perde arkasında olana olur. Sen hiç aynı mecliste olanın yanındakini çağırdığını gördün mü?" demiştir.

Gerçekten bunlar; bir takım mânevî işâretler, basîretli görüşler, güzel ifâdeler ve ince mânalardır. Bu zâtın vasfetmiş olduğu, kendisinde

16) Alak (96), 19.
17) Müslim, Salat, 215; Ebu Davud, Salat, 147-148; Nesâî, Tatbik, 78.

kurbiyyetin gerçekleştiği yüce bir makâmdır. Fakat o, mahviyet hâlini gösteriyor ve sekri (mânevî sarhoşluğu) hatırlatıyor.

Bu hâl, mânevî sarhoşluğun galebesi ve kendinden geçme hâlinin kuvvetinden dolayı nefsi, rûhun nûru içinde kaybolmuş kimsede olur. Bu halden uyanıp kendine geldiği zaman, rûh nefisten, nefis de rûhdan ayrılıp kurtulur. Herbirisi kendi mahal ve makâmına döner. İşte o zaman, hâcet ve ubûdiyet makâmına bağlı mutmain nefsin diliyle: 'Ya Allah' ve 'Ya Rabbi' der. Rûh ise; mânevî fütûhâtı ve bir takım sözler etmekten hâlinin yüce olması sebebiyle müstakil kalır. Bu, birinciden daha olgun ve Hakk'a daha yakındır. Çünkü o, rûhunun mânevî fetihlerle tek başına kalmasıyla kurbiyyet makâmının hakkını tam olarak yerine getirmiş ve nefsin her şeyiyle Hakk'a boyun eğme mahalline dönmesi sebebiyle, kulluğun gereklerini hakkıyla yapmıştır. Hem, nefis tarafından kulluğun gereklerinin hakkıyla yerine getirilmesiyle, rûhun kurbiyyet makâmında elde ettiği mânevî nasibleri durmadan artmaktadır.

Cüneyd el-Bağdâdî demiştir ki: "Allahu Teâlâ, kullarının kalblerine, onların kendisine yakın olduğu ölçüde yakın olur. Öyleyse; kalbinin neye yakın olduğuna bak!"

Ebû Ya'kub es-Sûsî demiştir ki: "Kul, Allahu Teâlâ'ya yaklaşma hâlinde olduğu müddetçe bu yaklaşmasında, yaklaştığını görmekten kayb olmayınca yakın olmuş olmaz. Kurbiyeti ile kurbiyetini görme hâlinden kurtulunca, o zaman asıl kurbiyyet hâsıl olmuş olur.

Bir tanesi bu mânada şunları söylemiştir:
Sen sırrımda var olunca söz etti lisânım sana,
Bizi topladı ve ayırdı, ortak olduğumuz mâna.

Ta'zimin kapatıp gözümü, seni benden saklasa da
Vecdin gönlümün içinde yaklaştırdı seni bana.

Zünnûn el-Mısrî demiştir ki: "Allahu Teâlâ'ya yakınlığı artan herkesin gözünde Onun heybeti de artar."

Sehl b. Abdullah: "Kurbiyyet makâmlarının en aşağısı, "**hayâ**"dır demiştir.

Nasrâbâzi (k.s) demiştir ki: "Sünnete ittiba ile ma'rifete, farzları edâ ederek kurbiyyete, nâfileleri muhafaza ederek de muhabbete ulaşılır."

5-HAYÂ.

Muhabbete dayalı hallerden birisi de "**hayâ**"dır.

Hayâ; biri umûmî, diğeri de husûsî vasıfta olmak üzere iki çeşittir.

Umûmî hayâ; Rasûlullah'ın (s.a.v) şu hadisinde emrettiği hayâdır:

"Gerçek hayâ ile Allah'dan haya ediniz." Ashab:

"Bizler hayâ ediyoruz, ya Rasûlellah!" dediler. Rasûlullah (a.s)

"Benim bahsettiğim, sizin dediğiniz değildir. Kim, gerçek olarak Allah'dan hayâ etmek isterse; başı ve başa dâhil âzâları, karnı ve karnın çevrelediği âzâlarını işleyebilecekleri haramlardan korusun, ölümü ve çürümeyi hatırlasın. Kim âhireti isterse; dünyânın aldatıcı süslü şeylerini terkeder. Her kim de bunları yaparsa; işte o zaman gerçek olarak Allah'dan hayâ etmiş olur." [18] buyurdu.

Burada konu ettiğimiz husûsî hayâya gelince o, **Hz. Osman** (r.a)'dan nakledilen hayâ çeşididir. O demiştir ki:

"Gerçekten ben, evimin karanlık banyosunda yıkanırken, Allahu Teâlâ'dan hayâ ettiğimden; belimi iki büklüm yaparım."

Bize, **Ebû Zür'a**, **Ebu'l Abbas el-Mueddibî**'nin şöyle dediğini haber verdi: "**Seriyy es-Sakatî** bana dedi ki:

"Sana söyliyeceğim şu şeyleri iyi ezberle: Gerçekten hayâ ve üns kalbi dolaşırlar. Onda zühd ve takvâyı buldukları zaman yerleşirler. Yoksa çekip giderler."

Hayâ; Allahu Teâlâ'nın Celâli'nin yüceliğinden dolayı, Onu büyülterek rûhun başını eğmesidir. Üns ise rûhun, Cemal-i ilâhiyenin kemâliyle lezzet bulmasıdır.

İkisi birleştikleri zaman; asıl gâye olan ihsan hâli ve yüksek derecede mânevî ikramlar hâsıl olur.

Şeyhu'l-İslâm şunları söylemiştir.

İştiyak duyarım ona, bana görününce de,
Eğerim hep başımı o dostun celâlinden,

---

18) Tirmizî, Kıyâme, 24; Ahmed, Müsned, I, 387. Beyhakî, Şuabu'l-İman, VI, 142. (No: 7730).

Bu korkudan değildir, aksine heybettendir.
Bir de, korunduğumdan o güzel cemâlinden.

Benden ayrılışında dayanamam ölürüm,
Yeni hayat bulurum o canın gelişinden.

Görünce hep karşımda, çeviririm başımı
Canlandırmak isterim o yâri hayâlimden.

Hükemâdan birisi demiştir ki: "Kim hayâ hakkında konuşur da kendisi Allah'dan hayâ etmezse; o, bir istidrac (boş iddiâ) sahibidir."

Zunûn el-Mısrî de: "Hayâ; **Allahu Teâlâ**'ya karşı geçmişte işlemiş olduğun günahların kalbini daraltmasıyla birlikte, kalbde heybetin bulunmasıdır." demiştir.

İbnu Atâ demiştir ki: "En büyük ilim, heybet ve hayâdır. İnsandan **Hakk**'ın heybeti ve ona karşı duyduğu hayâ gittiği zaman, artık onda hiçbir hayır yoktur."

Ebû Süleyman ed-Dârânî şöyle demiştir: "Bütün ibâdet ehli dört derece üzerinde amel etmektedirler. Bunlar; havf, recâ, ta'zim ve hayâdır. Onların mevki bakımından en şereflisi hayâ üzere amel eden kimsedir. Çünkü o, Allahu Teâlâ'nın kendisini her halde gördüğünü yakinen bildiğinden dolayı; isyan edenlerin kötülüklerinden utanmalarından daha fazla, iyiliklerindeki kusurlarından hayâ etmektedir."

Sûfilerden bir tanesi demiştir ki: "Hayâ sahiblerinin kalblerine gâlib olan; Allahu Teâlâ kendilerine nazar ettiğinden, onu yüceltme ve ta'zimdir duygusudur."

6-İTTİSAL (VUSLAT).

Muhabbete dayalı hallerden birisi de; "**ittisâl**" (**Hakk**'a bağlanmak, ona vâsıl olmak)dır.

Nûrî demiştir ki: "İttisal; kalbin mükâşefesi ve sırrın müşâhedesidir."

Sûfîlerden bir tanesi de: "İttisal; sırrın hayret makâmına ulaşmasıdır." demiştir.

Yine velilerden birisi: "İttisal; kulun yaratıcısından başkasını görmemesi ve kalbine hâlıkından başkasına âid herhangi bir düşüncenin gelmemesidir." demiştir.

Sehl b. Abdullah demiştir ki: "Bela ile hareket ettirildikleri için hareket ettiler ve ayrıldılar. Sakinleşselerdi vuslata ererlerdi." (Hareket ayrılığın, sukûn vuslatın âlâmetidir.)

Yahya b. Muaz er-Râzî demiştir ki: "Allah'a giden yolda amel edenler dört grubdur:

1-Tevbe eden,

2-Zâhid,

3-Şevk sahibi,

4-Vuslata erendir. Tevbe eden tevbesiyle, zâhid zühdüyle, şevk sahibi de hâliyle perdelenmiştir. Vuslata ereni ise, Hakk'dan perdeleyecek.bir şey yoktur."

Ebû Said el-Kuraşî demiştir ki: "Allahu Teâlâ'nın kendisine ulaştırdığı kimsenin bir daha ondan kopmasından korkulmaz. Kendi gayretiyle vuslata ermeye çalışan kimse ise, ona her yaklaşmasında kesilip, geri kalır."

Bu zâtın zikretmiş olduğu, sanki müridle murâdın (Hakk'ın kendisine seçip çektiği kimsenin) hâlidir. Çünkü, murad olan kimse, seyr-i ilallah'a mânevi keşiflerle başlatılmış; öbürü ise, kendi gücüyle çalışmaya terkedilmiştir.

Ebû Yezid el-Bistâmî demiştir ki: "Hakk'a vâsıl olan ehlullah, üç güzel hâl içindedir:

1-Düşünceleri Allah içindir.

2-Meşguliyetleri Allah yolundadır.

3-Dönüşleri Allah'adır."

Es-Seyyârî demiştir ki: "Hakk'a ulaşmak çok yüce bir makâmdır. Şundan dolayı ki; Allahu Teâlâ, bir kulu kendisine ulaştırmayı istediği zaman; ona yolu kısaltır ve uzağı yaklaştırır."

Cüneyd el-Bağdâdî de: "Vâsıl; Rabbi'nin yanında bulunan insandır." demiştir.

Rüveym: "Allahu Teâlâ vuslat sahiblerinin kalblerini kendisine ulaştırmıştır. Artık her halleriyle (Hakk'a muhâlefetten) korunmuş ve halka meyilden tamamen alıkonulmuşlardır." demiştir.

Zünnûn el-Mısrî demiştir ki: "Dönen kimseler ancak yolun bir kısmından dönenlerdir. Hakk'a ulaşıp da geri dönen hiç bir kimse yoktur."

Bil ki; meşâyıh-ı kirâmın işâret etmiş oldukları Hakk'a kavuşma ve ona ulaşmanın aslı şudur:

Hâl olarak bizzat tatma yoluyla sâfî yakîni elde eden kimse, vuslat rutbelerinden birisine ulaşmıştır. Vuslata erenler de, kendi aralarında derece derecedirler:

Bazıları, tecelli rutbesi olan Allahu Teâlâ'nın fiillerini görme yoluyla Ona kavuşur. Her şeyde Onun fiilini gördüğü için, kendisinin ve başkalarının fiilini yok görür. Bu durumda kendi tedbir ve ihtiyarından çıkar. Bu, vuslatta bir rutbedir.

Bazıları, kalbine açılan Celâl ve Cemâl sıfatlarının tecellileriyle heybet ve üns makâmında durdurulur. Bu ise, sıfatlar yoluyla gelen tecellidir. O da vuslatta bir rutbedir.

Bazıları, bâtınını yakîn ve müşâhade nurları sarmış ve şuhûdunda varlığını tamamen kaybetmiş olarak fenâ makâmına yükselir. Bu hâl mukarrabûn makâmındaki seçkin kullar için zuhûr eden zat tecellilerinden bir kısımdır. Bu makam da vuslatta bir rutbedir.

Bundan daha yüksek olan ise, hakku'l yakîndir. Havas tabakasına dünyada bu makamda bir takım mânevi işâretler olur. Bu, müşâhade nûrunun kulun bütün varlığına sirâyet etmesidir. Öyleki; o nurdan, rûhu, kalbi, nefsi ve hatta kalıbı dahi payını alır. Bu hâl vuslat rutbelerinin en yükseğidir.

Hakâik-i rabbâniye tahakkuk edince bu şerefli hallerle birlikte kul bilir ki; o anda kendisi daha birinci menzildedir. Gerçek vuslat nerede? Heyhât! Hazret-i Mevlâ'ya vuslat yolunun menzilleri ebedî âhiret hayatında bile ebedu'l-edeb bitmeyecektir. Artık şu kısa dünya hayatında bu nasıl mümkün olur.

7-KABZ-BAST.

Sûfîye gelecek hallerden birisi; "**kabz**", diğeri; "**bast**"dır.

Kabz ve bast, iki şerefli hâldir. Allahu Teâlâ buyurmuştur ki:

"Allah (kulunun kalbini) daraltır ve genişletir." [19]

Meşâyıh-ı kiram, kabz ve bast hakkında söz ve onlara alâmet olan bir takım şeylere işâret etmişlerdir. Onlar sadece işaretlerle yetindiklerinden dolayı; ben, bu hususta, bu iki şeyin gerçek yönünü ortaya koyan bir şey bulamadım. Halbuki işâret, ehli olana kâfi gelir. Ben bu iki durum hakkında sözü biraz açmayı uygun gördüm. Belki, Hakk tâlibi buna iştiyak duyar ve hakkında söz edilmesini sever. Allahu Teâlâ en iyisini bilir.

Bil ki, **kabz** ve **bast** için belirli bir dönem ve vakit vardır. Ondan önce ve sonra olmazlar.

Onların vakit ve dönemleri özel muhabbet hâlinin evvelinde olur, nihayetinde bulunmazlar. Özel muhabbet hâlinden önce de bulunmazlar. Kim, imanın gerektirdiği umûmî muhabbet makâmında olursa; onun için kabz ve bast hâli olmaz. Onda ancak, havf ve recâ hâli bulunur. Bazen kendisinde kabz ve bast haline benzer şeyler bulur ve bunu kabz ve bast zanneder. Halbuki o, farklı bir şeydir. Onun kabz zannettiği, bir üzüntü cinsidir ve bast zannettiği de, tabiata âid bir sevinç ve nefsâni bir hareketlenmeden ibârettir.

Üzüntü ve sevinç, nefse âit şeyler olup ondaki sıfatın bâki kalmasından dolayı kaynaklanır. Nefsin emmare sıfatı kendinde kaldığı müddetçe onda bir takım heyecanlanma ve sevinçler meydana gelir. Üzüntü; nefis ateşinin, sevinç ise; tabiat denizinin kabarması anında nefis dalgasının yükselmesidir.

Kul, umûmî muhabbet hâlinden özel muhabbetin ilk basamaklarına yükseldiği zaman; yeni bir hâl, değişik bir kalb ve devamlı kendini kınayan bir nefis sahibi olur ve o işte zaman, kendisinde kabz ve bast halleri sırasıyla gelip gitmeye başlar. Çünkü o, iman rutbesinden yakîn rutbesine ve özel muhabbet hâline yükselmiştir. Bu duruda Hakk onu bir sefer kabz, diğerinde bast hâlinde tutar.

19) Bakara (2), 245.

Vâsıtî demiştir ki: "Hakk seni, senin için olandan alıkoyup kendisi için olana serbest bırakır."

Ebu Hüseyin Nûri de: "Seni, sana âit şeyle daraltıp, kendisi için olanla rahatlık verir." demiştir.

Bil ki; kabzın varlığı, nefsin sıfatının ortaya çıkıp ona gâlip gelmesi, bast'ın ortaya çıkması da; kalbin sıfatının zuhur edip kalbe gâlip gelmesinden dolayı olmaktadır. Nefis devamlı kendini kınadığı levvâme sıfatında olduğu müddetçe, bir defasında mağlub diğerinde gâlib olur. Kabz ve bast hâli kendisindeki bu durum itibariyle olmaktadır.

Nefis sahibi, nefsinin varlığından dolayı zulmânî bir perde altında olduğu gibi; kalb sahibi de, kalbinin varlığından dolayı nurâni bir perde altındadır. Kalbden yükselip onun perdesinden çıktığı zaman, hâl onu bağlayamaz ve kendisinde tasarruf da edemez. İşte o zaman kabz ve bast hâlinin tasarrufundan çıkmış olur. Artık nûrânî bir varlık olan kalbden kurtulup nefis ve kalb perdesi olmaksızın kurbiyyet hâlini gerçekleştirdiği müddetçe kabza ve basta düşmez.

Fenâ ve **bekâ** hâlinden döndüğü zaman, nûrânî vücud olan kalbe dönmüş olur ve işte o zaman kendisine tekrar kabz ve bast halleri geri gelir.

Fenâ ve **bekâ** hallerinde kaldıkça kabz ve bast hallerine düşmez.

Fâris (k.s) demiştir ki: "Önce, kabz sonra bast olur. Sonra kabz da olmaz bast da. Çünkü kabz ve bast vücudda vâki olur. Fenâ ve bekâ hallerinde bulunmaz. Sonra kabz hâli, bast hâlindeki ileri gitmenin bir cezâsı olur."

Bu şöyle olmaktadır: Allahu Teâlâ'dan gelen mânevi vâridat kalbe gelir ve kalb gelen şeyden dolayı bir rahatlık, sevinç ve müjdeyle dolar. O anda nefis de, bu gelen şeye gizlice kulak vermek ister ve nasibini alır. Mânevi vâridatın eseri nefse ulaştığı zaman, tabiatının gereği haddi aşar ve bastta ileri gider. Öyle ki, bast nefisten kaynaklanan bir sevince benzer. Bu durumda o, cezâ olarak kabz ile karşılaşır. Bütün kabz halleri teftiş edildiği zaman, bunun ancak nefsin hareketinden ve sıfatıyla ortaya çıkmasından dolayı olduğu görülür. Şayet nefis edeplenip itidal hâline gelse ve bir defa taşkınlıkla diğerinde isyanla hareket etmese; kalb sahibi kabz hâlini bulmazdı, mânevî rahatlığı ve Hakk ile olan ünsiyeti devam ederdi.

Kabz kapısını kapatan itidâl hâlini koruma, Allahu Teâlâ'nın şu âyetiyle ortaya konmuştur.:

"(Herşey yazıldı ve tesbit edildi ki;) elde edemediğinize üzülmeyesiniz ve Allah'ın size verdiğine güvenip sevinmeyesiniz." [20]

Ferâh hâli, rûh ve kalbe bağlı kaldığı müddetçe yoğunlaşıp perde oluşturmaz ve kabz hâlinin gelmesini de icabettirmez. Özellikle Allahu Teâlâ'ya sığınması sebebiyle gelen vâridatın sevinci lutfedildiği zaman, bu durum hepden ortadan kalkar. Kul, Allahu Teâlâ'ya sığınarak ona iltică etmediği zaman, nefis bu mânevî vâridata göz diker ve o andaki mânevî sevinçten payını alır. Halbuki bu sevinç, onun aslen menolunduğu şeyin verilmesiyle olmuştur. İşte bundan, bazı vakitlerde kabz hâli meydana gelmektedir. Bu, kabzı gerektiren günahların en gizli olanıdır. Nefisde, itidâli aşan hareketler ve sıfatlardan dolayı kabzı gerektirecek bir çok hareketlenmeler.

Sonra, kabz ve basta düşenle, heybet ve ünse ulaşan kimse, havf ve recâ hâlinden ayrı kalamaz. Çünkü onlar, imanın zaruri şartlarındandır, kalbden ayrılmazlar.

Kabz ve **bast** hallerine gelince; onlar, sırf taklîdî iman sahibinde bulunmaz. Çünkü; onun, (nûrânî bir) kalbden nasibi noksandır. Bu haller, **fenâ**, **bekâ** ve **kurbiyyet** sahibinde de bulunmaz. Çünkü bu kimse, (hallere mağlub olacak) kalbden kurtulmuştur.

Bazen kulun bâtınına bir **kabz** ve **bast** hâli gelir, fakat o, yakinen bunların sebebini bilemez. **Kabz** ve **bastın** sebebini ancak, ilimden nasibi az olan, hâl ve makâmların ilmini tam gerçekleştiremeyen farkedemez. Hâl ve makâmların ilmini sağlam bir şekilde elde eden kimseye kabz ve bastın sebebi saklı kalmaz.

Çoğu zaman, üzüntüyle kabzın, sevinçle bastın birbirine benzeyip karıştığı gibi; kabz ve bastın sebebi de karışabilir. Bu durum ancak, kalbi istikâmet hâlinde olan kimse tarafından bilinir.

Kabz ve bast hallerinden kurtulmuş ve onlardan yükselmiş kimse, artık, nefsi mutmainne sıfatını kazanmıştır. Onun cevherinden kabzı gerektirecek

20) Hadid (57), 23.

(nefsânî) bir ateş parlamaz ve hevâî arzularından tabiat denizi çoşup da kendisinden bast zuhur etmez.

Çok kere, bu şekil kabz ve bast hâli, iç âleminde baş gösterir, fakat bu, nefsinden kaynaklanarak meydana gelmez. Çünkü nefsi, (kalbe) tâbi olması sebebiyle, mutmainne vasfını kazanmış olur. Bu durumda kabz ve bast halleri mutmain nefsinde cereyan eder, kalbi için herhangi bir kabz ve bast hâli olmaz. Çünkü kalb, rûhun nûrunun şualarıyla çevrilmiş ve kurbiyyet hâlinde karar kılmış olduğundan; artık onun için herhangi bir kabz ve bast hâli söz konusu değildir.

8-FENÂ-BEKÂ.

Sûfinin karşılaşacağı hallerden bazısı da; "**Fenâ**" ve "**Bekâ**" halleridir.

Denilmiştir ki: "**Fenâ**; kulun bütün nefsânî hazlardan fâni olup nefsi adına herhangi bir şeyden zevk almamasıdır.Bilakis kul, kendisinde fâni olduğu zatla meşgul olduğundan; (diğer) bütün şeylerden fâni olmuştur."

Âmir b. Abdullah demiştir ki: "Öyle bir haldeyim ki; karşımdakinin bir kadın kadın mı yoksa bir duvar mı olduğuna aldırış etmem."

Kul bu durumda, Allah için içinde bulunduğu halde muhafaza edilmiş ve gönlü bütün mahlûkattan çekilmiş olur. Bekâ hâli, fenâ hâlinden sonra gelir.

Bekâ; kulun kendisine âit şeylerden fâni olup Allahu Teâlâ için içinde bulunduğu halde bâki kalmasıdır.

Denilmiştir ki: "Bekâ hâline ulaşan kimseye bütün eşyâ tek birşey durumundadır. Bu durumda onun bütün hareketleri, devamlı Hakk'a muvâfakat içinde olup, muhâlefet içine girmez. Artık o, (bütün his ve hareketleriyle, Hakk'a) muhâlefetten fâni olup, hep ilâhî rızâya muvâfakat içinde bâki kalmıştır."

Bana göre; bu zâtın söylediği, tevbe-i nasûhun tam olarak gerçekleştiği bir makâm olup, fenâ veya bekâ hallerine âit bir durum değildir.

Asıl fenâ hâlini, **Abdullah b. Ömer**'den (r.h) rivâyet edilen şu hâdisede görebiliriz. **İbnu Ömer**, tavaf yaparken bir zat kendisine selam vermişti. O anda selâmına karşılık veremedi. Adam onun bu hâlini yadırgayarak arkadaşlarından birisine şikâyet edince; **İbnu Ömer** (r.h):

"Biz o anda bu mekanda, Allahu Teâlâ'ya bakıyorduk." demiştir.

Denilmiştir ki: "Fenâ; **Mûsa** Aleyhisselamın Allahu Teâlâ dağa tecelli edince; kendinden geçip kaybolması gibi, bütün şeylerden yok olma hâlidir."

Ebû Said el-Harrâz demiştir ki: "Fenâ; Hakk'da yok olmak, bekâ ise; Hakk Teâlâ ile beraber olmaktır."

Cüneyd el-Bağdâdî ise: "Fenâ; kendi hâl ve sıfatlarından uzaklaşıp bütün varlığının **Hakk**'ın varlığı ile meşgul olmasıdır." demiştir.

İbrahim b. Şeyban da şöyle demiştir: "**Fenâ** ve **bekâ** ilmi **Hakk**'ın vahdâniyetine ihlasla bağlanma ve dosdoğru bir kullukla hâsıl olur. Bundan başkası ise; hata ve zındıklıktır.

Ebû Said el-Harraz'a, fenâ hâline ulaşan kimsenin alâmeti sorulunca şöyle demiştir: "Fenâ hâline ulaştığını iddiâ eden kimsenin alâmeti; kendisinde Allahu Teâlâ'dan başka dünya ve âhiretle ilgili bütün hazların gitmesidir."

Yine bu zât demiştir ki: "Fenâ hâline ulaşan kimselerin bu hallerinin sıhhati; bekâ ilminin beraberlerinde bulunmasıdır. Bekâ hâline sahib kimselerin hallerinin sıhhati de; kendilerinde fenâ ilminin bulunmasıdır."

Bil ki; gerçekten meşâyıh-ı kirâmın fenâ ve bekâ husûsundaki sözleri çoktur. Onlardan bazısı, (nefsin) Hakk'a muhâlefetten fâni olup (ilâhî emir ve murâda) muvâfakat hâlinin devamına işâret etmektedir. Bu, tevbe-i nasûhun gerektirdiği bir durumdur. Bu durumda kul, tevbe sıfatıyle sâbittir.

Meşâyıhın bazısı, fenâ tâbiriyle; dünya rağbetinin, hırsın, tûl-i emelin kalbden yokedilmesine işâret etmektedir. Bu da, zühdün gerektirdiği bir durumdur.

Bir kısmı ise, insandaki kötü sıfatların yok olup, övülüp sevilen sıfatların kalmasına işâret etmektedir. Bu da, tezkiye-i nefsin gerektirdiği bir durumdur.

Bazıları, fenâ tâbiriyle, mutlak fenâ hâline işâret etmektedir.

Bütün bu işâretlerde, bir yönüyle fenâ hâli mevcuttur. Fakat mutlak fenâ; yüce ve her şeyden münezzeh olan **Cenâb-ı Hakk**'ın emrinin kulu tamamen kaplamasıdır. Böylece Yüce ve Sübhan olan **Hakk**'ın varlığı kulun varlığına gâlib gelmiş olur. Bu da; fenâ-i zâhir ve fenâ-i bâtın diye ikiye ayrılır.

Zâhirî fenâ; Hakk Sübhâne ve Teâlâ'nın fiilleri yoluyla tecelli ederek, kulundan ihtiyar ve irâdesini soyup almasıdır. Bu durumda o, ne kendisi ne de başkası için herhangi bir fiil görmez. Bütün fiillerin aslında Cenâb-ı Hakk ile olduğunu görür ve sonra Allahu Teâlâ ile olan muamelesinde buna göre hareket eder.

Ben, fenâ makâmında bulunan birisinin şu durumunu işittim.

Bu zât, günlerce yiyecek ve içecek almadan kalıyordu. Nihâyet, bütün işlerde sadece Hakk'ın fiilinin tecellisi görüyor ve Allahu Teâlâ kendisine, istediği ve sevdiği şekilde yedirecek ve içirecek kimse hazırlıyordu. Ömrüme yemin olsun ki; bu, bir fenâ hâlidir. Çünkü o, Allahu Teâlâ'nın fiiline bakarak, nefisden ve başkasından fâni olmuştur.

Bâtınî fenâ ise; bazen sıfat-ı ilâhiyenin tecellilerini keşfetmek, bazen de, Zât-ı Bârî'nin azametinin eserlerini müşâhade etmek sûretiyle olur. Böylece, bâtınını Hakk'ın işi (ve aşkı) kaplar. Öyle ki; kendisinde ne bir düşünce ne de herhangi bir vesvese kalır.

Kulun his duygusunun kaybolması, fenâ hâlinin gerekli bir şartı değildir. Bazen, bazı şahıslarda hissetme hâli kayb olur. Bu, mutlak olarak fenâ hâlinin gerektirdiği bir durum değildir.

Bir defasında ben, **Şeyh Ebu Muhammed b. Abdullah el-Basr**î'ye:

"Sırda bir takım hayallerin kalması ve vesveselerin bulunması gizli şirk olur mu?" diye sordum. Bana göre bu, gizli şirkti. O:

"Bu, fenâ makâmında olur." dedi. Fakat onun gizli şirk olup olmadığını zikretmedi. Sonra da, **Müslim b. Yesar**'ın şu hikâyesini anlattı:

"Hazret, câmide namaz kılıyordu. O anda câminin bir direği çöküverdi. Çıkarmış olduğu gürültüden çarşıdakiler korktular, koşarak mescide geldiler. Bir de baktılar ki **Müslim b. Yesar**, hâlâ namaz kılıyor; direğin düştüğündeh haberi yok!"

İşte bu, bâtınen istiğrak ve fenâ hâlidir.

Şunu da hatırlatalım:

Bazen kulun iç âlemi genişler. Öyle ki; kendisi fenâ makâmına ulaştığı halde, rûhu ve kalbi yerinde kalır. Kendisinde cereyân eden herhangi bir söz ve fiilden kaybolmaz (onları farkında olarak devam ettirir.)

Şu söyleyeceklerimiz fenâ hâline dâhildir:

Bir kulun bütün fiil ve sözünde merciî, danışması Allahu Teâlâ'ya olup bütün iş ve eşyadaki tasarruflarında nefsiyle değil, Allahu Teâlâ ile hareket etmek için ondan izin bekler. İşte; kendi ihtiyarını terkederek Hakk'ın fiilini bekleyen bu kimse, Hakk'da fâni olmuştur.

Allahu Teâlâ'nın, kendisini bütün işlerinde ihtiyarına sahip kılıp herhangi bir fiil ve izin beklemeden istediği ve dilediği şekilde ihtiyar ederek tasarrufta bulunmasında serbest bıraktığı kimse ise; bekâ makâmına ulaşmış bir kimsedir.

Bekâ hâline ulaşan kimse öyle bir haldedir ki, Hakk onu halktan, halk da Hakk'dan perdelemez.

Fenâ hâlindeki ise, Hakk ile halktan perdelenmiştir.

Zâhiri fenâ, kalb ve hâl sahiplerine mahsustur. Bâtınî fenâ ise, hallerin bağından kurtulup hallerle değil, Allahu Teâlâ ile olan ve kalbin etkisinden çıkıp, hep onu evirip çeviren Rabbiyle beraber olan kimseye âittir.

****

HALLERE DÂİR TASAVVÛFÎ ISTILAHLAR

Şeyh **Muhammed b. Abdülbâkî** bize, **Câbir**'den (r.a) rivâyetle, Rasûlullah'ın (a.s) şöyle buyurduğunu haber verdi:

"Muhakkak takvâya sarılmak, sana, bildiğinin yanında bilmediğini de öğretir. Bildiğin şeylerdeki noksanlık; ondaki artacak kısmın az olmasıdır. Kişinin bilmediği ilimlere karşı rağbetsiz oluşu, bildiklerinden istifâdesinin azlığından kaynaklanır." [1]

Sûfilerin büyükleri, takvâ temellerini sağlam bir şekilde attılar. Mârifetullâhı güzelce öğrendiler. Takvâları sebebiyle bildikleriyle amel ettiler. Böylece Allahu Teâlâ onlara, bilmedikleri ilimlerin sırlarını ve ince işâretleri öğretti.

Ebû Said el-Harrâz demiştir ki: "Allahu Teâlâ'nın kelâmını anlamanın ilk alâmeti; onunla amel etmektir. Çünkü onda ilim, anlayış ve istinbat (hüküm çıkarma) vardır."

Anlamanın ilk şartı; söze dikkatlice kulak vermek ve kalbin hazır olmasıdır. Allahu Teâlâ, bu hususa şöyle işâret etmiştir:

"Muhakkak bunda, uyanık bir kalbi olana veya hazırda bulunarak dikkatlice kulak verene bir öğüt ve ibret vardır." [2]

Ebû Bekr el-Vâsitî demiştir ki: "İlimde rüsûh (yüksek derece ve pay) sahibi olanlar, ruhlarıyla gaybın gaybına ve sırrın derinliklerine dalıp yüksek pâyelere ulaştılar. Allahu Teâlâ kendilerine öğreteceğini öğretti. Başkalarından zuhûr etmesini istemediği âyetlerinin hikmetinin onlardan çıkmasını murâd etti. Onlar, sözü anladıktan sonra, daha fazlasını elde etmek için ilim denizine daldılar. Kendilerine her harfin altında gizlenmiş anlayış ve âyetin inceliklerine âid hazineler keşfoldu. Böylece, inci ve

---

1) Hâtib, Tarih, I, 414; Suyûtî, el-Câmius-Sağir, I, 383 (No: 2498).
2) Kaf (50), 37.

cevherleri çıkartıp hikmetle konuştular."

Süfyan b. Uyeyne'nin, **Ebû Hureyre** (r.a) yoluyla naklettiği bir hadis-i şerifte Rasûlullah (s.a.v) şöyle buyurmuştur.

"Saklı hazineler gibi, öyle ilimler vardır ki; onu ancak, ârif-i billah olanlar bilir. Onlar, bu ilimden bahsettikleri zaman, onu ancak Allah'tan gâfil ve câhil olan kimse inkar eder." [3]

Ebû Zur'a'nın bildirdiğine göre; **el-Kuraşî** şöyle demiştir:

"Hadisde geçen ilim, Allahu Teâlâ'nın dostları içindeki eminlere ve seçilmiş büyüklere, kulaktan işitme ve ders yoluyla olmaksızın, (mânevî bir yolla) açtığı sırlardır. Onlar, ancak "havas" tabakasının vâkıf olduğu sırlardır."

Ebû Said el Harrâz demiştir ki: "Âriflerin bir çok hazineleri vardır. Onlarda, anlaşılması zor ilimler ve kendilerinde ebediyet lisânıyla konuştukları ve ezeliyet ibâreleriyle haber verdikleri bir çok sırlı haberler saklarlar. Onlar, (diğer insanlarca) bilinmeyen şeylerin ilmidir."

Ebû Said'in "ebediyet lisânıyla ve ezeliyet ibâreleriyle konuşurlar." sözü, onların Allahu Teâlâ ile konuştuklarına bir işârettir. Gerçekten Allahu Teâlâ, Nebisi Hz. Muhammed'in (s.a.v) diliyle beyan ettiği bir hadis-i kudsîde:

"Ben sevdiğim kulun konuşan dili olurum, benimle konuşur." [4] buyurmuştur. Bu, Allahu Teâlâ'nın **Hızır** Aleyhisselam hakkında:

"Kendisine tarafımızdan bir rahmet ve katımızdan özel bir ilim verdik." [5] buyurduğu ledünnî (gayba âid sır) ilmidir.

1-CEM ve TEFRİKA.

Sûfilerin bahsettikleri kalbî muamele ve vicdânî hallerden ikisi de "**Cem'**" ve "**Tefrika**" dır.

Denilmiştir ki: Cem' ve tefrikanın aslı Allahu Teâlâ'nın şu kavl-i şerifinde görülmektedir:

"Allah kendisinden başka ilah olmadığına şahitlik etti." [6] Bu, bir

3) Deylemî, Müsned, I, 258 (No: 799); Zebîdî, İthâfu's-Sâde, I, 260.
4) Buharî, Rikak, 38; İbnu Mâce, Fiten, 16.
5) Kehf (18), 65.
6) Âl-i İmrân (3), 18.

cem'dir. Sonra arkasından:

"Melekler ve ilim sâhipleri de şâhittirler." buyurarak farkı ifâde etmiştir.

Yine Allahu Teâlâ'nın: "**Âmennâ billah:** "**Allah'a iman ettik**" [7] kavl-i şerifi, bütün mâna, nazar ve teveccühü Hakk'da toplamış, arkasından gelen: *"Bize indirilen şeylere de iman ettik"* nazm-ı celîli, bu teveccühü, Hakk'dan başka şeylere de dağıtmıştır.

Cem' asıl, tefrika ona bağlıdır. Tefrika olmaksızın düşünülen her cem' hâli zındıklık, cem'siz bütün tefrikalar, aslı iptal etmektir.

Cüneyd el-Bağdâdî demiştir ki: "Vecd ile Hakk'a kurbiyet sağlamak cem; kulun beşeri hallerinde kaybolması tefrikadır."

Denilmiştir ki: "Velilerin cem' hâli ma'rifetlerinde, tefrika da hallerinde olmaktadır."

Cem'; kulun ancak Hakk'ı müşâhade ettiği bir beraberliktir. Hakk'dan başkasını müşâhade ettiğinde, teveccühünü tam toplamamıştır. Tefrika ise; Hakk'dan ayrı tutarak, kulun dilediğini müşâhade etmesidir.

Bu hususta sûfilerin işâretleri çoktur. Maksat şudur: Onlar cem' ile varlıklardan tamamen temizlenmiş bir tevhid anlayışına, tefrika ile de kulun bir takım amel ve ibâdetlerle meşgul olarak çalışıp kazanmasına işâret etmişlerdir. Buna göre; cem' ancak tefrika ile mümkün olur.

Sûfiler: "Falancı aynu'l-cem hâlindedir" dedikleri zaman; onun bâtınını tamemen Hakk'ın murâkabesinin kapladığını ifâde ederler. Bu durumda kul, amellerinden herhangi birine dönünce tefrika hâline dönmüş olur. Demek ki; cem'in sihhati tefrika ile, tefriknın sıhhati da cem' ile olmaktadır. Netice olarak ortaya şu çıkar:

Cem'; Allahu Teâlâ'yı tanımak, tefrika ise; onun emrini bilmektir. İkisi de tamamen gereklidir.

Ebu'l-Hasan Ali Muhammed Müzeyyin demiştir ki: "Cem'; bizzat Allah'ta fâni olmak, tefrika ise; devamlı amellere sarılıp kulluk yapmaktır."

Kendilerinin **aynu'l Cem'** (tamamen **Hakk**'da yok olma) hâlinde olduklarını iddiâ eden bir topluluk, büyük hatâya düşmüşlerdir. Bunlar, tam tevhide ulaştıklarını iddiâ ederek; ibâdet vesâir amelleri ve çalışıp kazanmayı tama-

---

7) Bakara (2), 136.

men ortadan kaldırmışlar ve böylece zındık olmuşlardır. Şu muhakkak ki, cem' ancak rûha âit bir iş ve hükümdür. Tefrika ise, bedenle ilgili bir hüküm ve durumdur. Ruhla beden bir arada bulunduğu müddetçe; cem' ve tefrika hâli de mutlaka olacaktır.

Vâsıtî demiştir ki: "Nefsine nazar ettiğinde tefrika, Rabbine baktığında cem' etmiş olursun. Kendinden başkasıyla kâim olunca, fâni olmuş olursun ki, artık cem' ve tefrika ortadan kalkar."

Denilmiştir ki: "Onların cem' hâli **Zat-ı Bâri** ile, tefrika da sıfatlarıyladır.

Bazen de, cem ve tefrika ile şunu ifâde ederler: Kul, amellerine bakarak nefsi için bir kesb kabul edince **tefrika** hâlinde, bütün eşyanın **Hakk** ile olduğunu kabul edince de **cem'** hâlindedir.

Bütün bu işâretler şunu bildirir: Gerçekten, yaratılan şeyler ayırır, yaratan Allah kulun teveccühünü toplar. Şu halde kim, sadece yaratanla olursa; teveccühünü toplamış, kim de yaratılanlara nazar ederse; (fikrini ve kalbinin) dağıtmış olur.

Demek ki; tefrika kulluk, cem' tevhiddir. Kul, kesbine bakarak taatını ortaya koyduğu zaman ayırmış, onları Allah'la var kabul ettiği zaman da toplamış olur. Fenâ makâmına ulaşınca da; cemu'l-cem (her şeyi ile Hakk'da yok olup onun irâdesinde kaybolma) hâline sahib olmuştur.

Şöyle söylemek de mümkündür: Sırf Hakk'ın fillerini görmek tefrika, sıfatlarını görmek cem', Zât'ı görmek ise cem'u'l-cemdir.

Velîlerden bir tanesine, **Mûsa Aleyhisselamın**, Allahu Teâlâ ile Tûr-i Sinâ'da konuşması anındaki hâli sorulunca şöyle söylemiştir:

"**Mûsa** (a.s), **Mûsa**'dan fâni oldu. **Mûsâ**'nın, **Mûsâ**'dan bir haberi yoktu. Sonra konuştu. Halbuki; konuşan da konuşulan da Allah dı. Şayet o, Hakk ile işitmeseydi, hitâb-ı ilâhiyeyi dinleyip kaldırmaya ve cevap vermeye nasıl güç yetirecekti ki!"

Bunun manası şudur: Allahu Teâlâ, **Mûsâ** Aleyhisselam'a bir kuvvet vermiştir ve o, bu kuvvetle işitmiştir. Eğer ilâhî kuvvet olmasaydı, Hakk'ın kelâmını dinlemeye güç yetiremezdi."

Bir tanesi bu durumu şöyle temsil etmiştir:

Hevâdan kurtulunca göründü kendisine,
Bir şimşek ki parladı zayıflayarak nûru.

Sağında ve solunda göründü bir âlem ki;
Yüksekçe bir tepedir, görülemiyor ucu.

Yaklaştı ki bakmaya, nasıl parladığını,
Kendisini çevirdi hayretten gelen hüznü.

Asıl ateş içini saran dost ateşidir.
Su ise; gözlerinin akıttığı sıcak su.

2-TECELÎ ve İSTİTAR

Sûfilerin bahsettikleri hallerden diğer ikisi; "**tecelli**" ve "**istitar**"dır

Cüneyd el-Bağdâdî demiştir ki: "Kula gelenler ancak; bir te'dib, tehzib (süsleme) ve tezvîb (eritip yok etme) halleridir."

Şu hâlde; "te'dib" (edeplendirme) istitar mahallidir ve avam içindir. "Tehzîb" tecellidir ve "havas" içindir. "Tezvîb" de Hakk'ı müşâhede etmektir ve velîler içindir.

Tecelli ve istitar hakkındaki işâretler, netice olark nefsin sıfatının ortaya çıkmasıyla ilgilidir. Bunlardan birisi, "**istitar**"dır ki o; kalbin iyice kuvvet bulması sebebiyle nefsin sıfatının yok olmasına işâret etmektedir. İşâret edilen diğer bir hâl de "**tecellî**"dir.

Tecelli, bazen filler, bazen sıfatlar ve bazen de zât yoluyla olur. Hakk Teâlâ, perdelenme hâlini havasta, kendileri ve başkaları için bir rahmet olarak devam ettirmiştir. Onlar için rahmet olması; kendilerinin bu sayede nefislerinin ihtiyacını görmeye dönebilmeleridir. Diğer insanlar için rahmet olma yönü şudur: Eğer onlarda perdelenme hâli olmasaydı; kendileri "**cemu'l-cem**" (tamamen **Hakk**'da kaybolma) hâlinde kaybolup tek ve **Kahhâr** olan **Allah**'ın huzûrunda kendilerini Onun müşâhedesine kaptırdıkları için, onlardan istifâde etmek mümkün olmazdı.

Sûfilerden birisi demiştir ki: "Hakk'ın sırlara tecelli etmesinin alâmeti; kulun sırrının, ifâdeyle anlatılabilecek ve anlayışla kavranabilecek herhangi bir şey görmemesidir. Kim, müşâhede ettiğini kelimelerle anlatabiliyor yahut anlayşına sığdırabiliyorsa, o kimse, istidlâl sahibidir. Allah'ın Celâline nazar eden birisi değildir. (Çünkü zatın müşâhedesi ifâde ve ibâreye sığmaz).

Sûfilerden birisi de: "Tecelli, beşeriyet perdelerinin kalkmasıdır. Yoksa; Aziz ve Celil Hakk'ın zâtının televvünü (değişik şekiller arzedişi) değildir. (Cenâb-ı Hakk, böyle bir halden münezzehtir)." demiştir.

İstitar, kul ile gaybı temâşa arasında beşeri varlığın perde olma hâlidir.

3-TECRİD-TEFRİD.

Sûfilerin bahsettikleri hallerden ikisi de; "**Tecrid**" ve "**Tefrid**" dir.

Sûfiler, "**tecrid**" ve "**tefrid**" halleriyle; kulun yapmış olduğu şeylerde bütün gâye ve karşılıklardan sıyrılıp, işlediği her ameli dünya ve âhirette bulacağı herhangi bir gayeye nazar ederek yapmamasını, aksine; Hakk'ın azametinden kendisine keşfolan şeyler sâyesinde, gayreti ölçüsünde (sırf Allah için) ubûdiyet ve teslimiyeti anlatmak isterler.

Tefrid, kulun yapmış olduğu (hayır) şeylerde nefsini görmeyip, onun Allah'ın bir lutfu olduğunu bilmesidir.

Demek ki tecrid, Allah'dan başkalarını, tefrid de nefsi ortadan kaldırır. Böylece, üzerindeki Allah'ın nimetlerini görmekten istiğrak hâli, kendi çalışıp kazanmasından da gaybet hâli gerçekleşir.

4-VECD-TEVÂCUD-VUCÛD

Sûfilerin bahsettiği hâllerden bazısı da; "**Vecd**", "**Tevâcud**" ve "**Vücûd**" dur.

Vecd, Allahu Teâlâ'dan kulun bâtınına gelen ve ona ferah veya hüzün kazandıran, onun durumunu değiştirip Cenâb-ı Hakk'a nazar ettiren bir hâldir. Vecd, nefsin sıfatlarına mağlub olan kimsenin, (ilâhî bir lutuf olarak) elde ettiğinde, Allahu Teâlâ'ya nazar ettiği mânevî bir ferahlıktır.

Tevâcüd; zikir ve tefekkürle vecdi elde etmeye çalışmaktır.

Vücûd ise, kulun, (aradığını bizzat bulduğu) müşâhade makâmına çıkmasıyla, vecd yolunun tamâmen açılmasıdır. Aslında, Cenâb-ı Hakk'ı bizzat bulduktan sonra vecd (için gerek) yoktur. Çünkü; gözüyle gördükten sonra, (nerededir? diye) haber sormak olmaz.

Demek ki vecd; gelip geçen şeyler gibi yok olur. Vücûd ise, dağlar gibi sâbit kalır.

Denilmiştir ki:

Vecdim bana önce sürûr verirdi;
Vecdde olan aldı beni vecdi görmekten.

Vecd keyf verir, keyfi vecdde olana,
Hakk'ın huzurunda vecd gider hepden.

5-GALEBE

Sûfilerin bahsettiği hallerden birisi de; "**galebe**"dir.

Galebe; aralıksız gelen bir vecd çeşididir. Vecd, şimşek gibi âniden gelir gider. Galebe ise, peşpeşe yoğun bir şekilde gelen ve birbirinden ayırdedilemeyecek kadar devamlı parlayan şimşek gibidir. Vecd; süratle söner gider. Galebe ise, sırlarda devamlı kalır ve onları koruyup mâsivaya karşı engelleme görevi yapar.

6-MÜSÂMERE

Sûfilerin bahsettiği hallerden birisi de, "**müsâmere**"dir.

Müsâmere; ruhların sırru's-sırda latif bir naz ve gizli bir niyazla yapayalnız kalması ve ilâhî huzurdaki münâcaatlarında kalbten ayrı olarak lezzetlenmesidir.

7-SAHV-SEKR.

Sûfilerin bahsettiği hallerden birisi de; "**sekr ve sahv**"dır.

Sekr; hâlin hükmünün kulu tamâmen kaplamasıdır. **Sahv** ise; farkında olarak fiilleri sırasıyla yapmak ve sözleri güzelce ifâde etmektir.

Muhammed b. Hafîf demiştir ki: "Sekr (mânevî sarhoşluk) sevgilinin zikriyle karşı karşıya gelindiğinde kalbin galayana gelmesidir."

Vâsıtî demiştir ki: "Vecdin makamları dörttür: Önce durgunluk, sonra gayret, sonra sekr ve sonra da sahv gelir. Bu durum; önce, denizin sesini işiten, sonra ona yaklaşan, sonra da içine giren ve daha sonra da tamamen dalgaların içine dalıp giden kimsenin hâli gibidir." Buna göre; kimde, kendisindeki hâlin te'sirinden herhangi bir eser kalmışsa; onda bir sekr (kendinden geçme) eseri vardır. Kim de kendisinde vâki olan şeyler, asıl yerinde zuhûr ediyorsa; o, sahv (uyanıklık) hâline dönmüş bir kimsedir.

8-MAHV ve İSBAT

Sûfilerin bahsettiği hallerden birisi de "**mahv**" ve "**isbat**"tır.

Mahv, nefsin vasıflarını ortadan kaldırmak, isbat ise, coşkun muhabbetin te'siriyle her şeyi Hakk'dan görmektir.

Diğer bir târifle, mahv; nefse ve arzularına fenâ gözüyle nazar ederek amelleri şekil olarak aslen yok görmek, isbat da; Hakk'ın onlara verdiği vücûdu (sâhibini unutmadan ve başkasına nesbet yapmadan) varlık olarak kabül etmektir.

Allahu Teâlâ sûfiyi, (nefsânî) sıfatlarını yok ettikten sonra, tekrar ilk hâline dönderip kendisine yeni bir vücûd ihsan edince; artık o, nefsiyle değil, Hakk ile olur.

İbn Atâ demiştir ki: "Allahu Teâlâ, onların (nefsânî) vasıflarını mahvedip sırlarını isbat etmiştir.

9-İLME'L-YAKÎN, AYNE'L-YAKÎN ve HAKK'L-YAKÎN

Sûfilerin bahsettiği hallerden bazısı da; "**ilme'l-yakîn**", "**ayne'l-yakîn**" ve "**hakka'l-yakîn**"dir

İlme'l-yakîn, nazar ve delil yoluyla, ayne'l-yakîn, keşif ve ilhâm yoluyla, hakka'l-yakîn ise; beşeri özelliklerden sıyrılarak vuslat ile hâsıl olan ilim ve mârifettir.

Fâris demiştir ki: "İlme'l yakînde şüphe ve tereddüt yoktur. Ayne'l-yakîn; Allahu Teâlâ'nın sırlara yerleştirdiği bir ma'rifettir. İlim, yakîn sıfatından ayrılınca şüpheyle karışık olur. Fakat ona yakin karışınca içinde şüphe olmayan bir ilim olur. Hakka'l-yakîn ise; ilme'l-yakin ve ayne'l-yakinin işâret ettiği hakikattır."

Cüneyd el-Bağdâdî demiştir ki: "Hakka'l-yakin; kulun, kendisiyle hakikata ulaştığı şeydir. Öyle ki; bu duruma ulaşan kul, görünen şeyleri müşâhede ettiği gibi; gayb olan şeyleri de müşâhade eder, gayba kesin bir bilgiyle muttali olur ve ondan doğru bir şekilde haber verir. Nitekim **Rasûlullah** (a.s), **Hz. Ebû Bekr**'e:

"Evinde çoluk çocuğun için ne bıraktın?" diye sorunca, O:

"Allah ve Rasûlünü!" demiştir."[8] (Bu onun, Allahu Teâlâ'ya tam itimadını ve gayb âleminde O'nun her şeyi dilediği şekilde yaratacağına dâir kesin bilgisini göstermektedir.)

Sûfilerden birisi: "İlme'l-yakîn, tefrika (Hakk'ın zâtının dışındaki varlıklara nazar) hâli, aynu'l-yakin; cem' (bütün teveccühü Hakk'da toplama) hâli, hakka'l-yakin ise; tevhid lisânıyla "cemu'l-cem" (her şeyi ondan bilme ve görme) hâlidir." demiştir.

Denilmiştir ki: "Yakîn'in bir ismi, resmi, ilmi, aynı ve hakkı vardır. İsim ve resmi avam için, ilme'l-yakîn veliler için, ayne'l-yakin evliyânın havas tabakası için, hakka'l-yakin de, peygamberler içindir. Hakka'l-yakînin hakikatı ise, sadece Peygamberimiz Hz. Muhammed'e (s.a.v) mahsusdur."

10-VAKT

Sûfilerin bahsettiği hallerden birisi de "**vakt**"tır.

Vakt ile anlatılmak istenen; kula gâlib olan hâldir. Kula en gâlib olan şey onun vaktidir. Vakt bir kılıç gibidir. Hükmüyle uğrayıp geçer ve keser atar. Bazen de vakt ile, kesbe dayanmayan, kula âniden gelen haller kasdedilir. O durumda vakit kulda tasarruf eder ve kul, vaktin hükmüyle olur.

"Falancı vaktin hükmüyledir." denince; bununla, kendisine âid fiillerden alınıp Hakk'a âit tecelliye çekilmesi kasdedilir.

11-GAYBET ve ŞÜHÛD.

Sûfilerin bahsettiği hallerden ikisi de; "**gaybet**" ve "**şuhûd**" hâlleridir.

Şuhûd; bir vakit murâkabe şeklinde, bir vakit de müşâhade vasfıyla **Hakk**'ın huzûrunda bulunmaktır. Kul şuhûd ve Hakk'a nazar hâlini koruduğu müddetçe huzûr-ı ilâhiyede bulunmaktadır. Müşâhade ve murâkabe

8) Tirmizî, Menâkıb, 16; Dârimî, Zekat, 26.

hâli kaybolunca; huzur dâiresinden çıkar, gaybet hâline düşer.

Sûfiler gaybet hâliyle, kulun, Hakk'ın tecellilerine nazar edip eşyâdan kaybolmasını kasdetmektedirler.

Bu izâha göre; bahsedilen durum, kul, fenâ makâmına çıktığında hâsıl olmaktadır.

12-ZEVK, ŞURB, RAYY.

Sûfilerin bahsettiği hallerden bazıları da "**zevk**", "**şurb**" ve "**rayy**" (mânevî doyum ve kanma) halleridir.

Zevk iman; şurb ilim, ray hâldir. Zevk, bevâdih (âni zuhûrât) sahibleri için, ray da hâl sahibleri içindir.

Bunun sebebi şudur: Haller zamanla karar kılıp makam hâline gelebilir. Hâller istikrar bulmadığı müddetçe, hâl değil **levâmi'** ve **tavâli** gibi hızla gelip geçen hâllerdir.[9]

Denilmiştir ki: "Hâl istikrar bulmaz. İstikrar bulduğu zaman makâm olur.

13-MUHÂDARA-MÜKÂŞEFE-MÜŞÂHEDE.

Sûfilerin bahsettiği hallerden bazıları da; "**muhâdara**", "**mükâşefe**" ve "**müşâhede**" hâlleridir.

Muhâdara; telvin sahiblerine hastır. Müşâhade, temkin sahipleri, mükâşefe ise; hâlinde karar kılıncaya kadar arada olanlar içindir.

Muhâdara (mükâşefenin başlangıç hâli), ilim ehli için, mükâşefe (mânevi keşifler); ayne'l-yakîn sahibi için, müşâhade de Hakk ehli yani hakka'l-yakîn sahibi içindir.

14-TAVÂRIK-BEVÂDÎ

Sûfilerin bahsettiği hallenin bir kısmı da; "**tavârık**", "**bevâdî**" "**bâdih**", "**vâki**", "**kâdıh**", "**tavâli'**" ve "**levâih**" halleridir. Bunların hepsi birbirine yakın mânalı kelimelerdir. Onlar hakkında uzunca söz etmek mümkündür. Fakat neti-

9) Sûfilerin ıstılahında geçen bu kelimeler, bir takım ma'nevi hâllerin zuhûrat şekillerine göre aldıkları isimlerdir.Bu ıstılahların izâhı için; **İmam Kuşeyrî**'nin **Risâle**sine, **Serrâc**'ın "**Lum'a**'sına, **Hucvirî**'nin "**Keşfu'l-Mahcûb**'una ve "**Kelâbâzî**'nin "**et-Ta'arruf**" isimli eserlerine bakılabilir.

ce olarak hepsi bir mânaya gelmektedir Hakkında çok söz edilse de bir fayda olmayacaktır. (Hepsi de kalbe gelen mânevî, nûrânî, parıltı ve zuhûrat hallerine ifâde etmektedir.)

15-TELVİN-TEMKİN.

Sûfilerin bahsettiği hallerden ikisi de; "**telvin**" ve "**temkin**" hâlleridir.

Telvin; hâl sahiblerinin sıfatıdır. Çünkü onlar, kalbin perdeleri altındadır. Kalblerin sıfatlara geçme durumu vardır. Sıfatların da bir çok yönleri vardır. Böylece herbir sıfat adedince kalbde bir takım değişmeler, yeni haller zuhûr eder. Kalbî hallere takılan kimseler, sıfatların tecellisinden öte geçemezler.

Temkin sahibine gelince, onlar, hallere takılmadıkları için, kalb perdelerini yakıp yok etmişler ve ruhları ilâhî zâtın nûruna ulaşmıştır. Böylece Zât-ı Bâri'de bir değişme söz konusu olmadığından, **telvin** (hâllerin değişme durumu) ortadan kalkmıştır.

Çünkü Allahu Teâlâ'nın zâtı, kendisine hâdis hâllerin ve değişmelerin ârız olmasından yüce ve münezzehtir. Temkin sâhibi veliler, ilâhi zâtın tecellisinin tezâhür yeri olan kurbiyyet vatanlarına ulaştıkları zaman, kendilerinden telvin (hallerinin değişmesi) kalkmıştır. Bu durumda telvin, onların nefislerinde olur. Çünkü nefisler temiz ve pak oluşlarından dolayı kalb mahallinde bulunmaktadırlar. Mutmainne nefislerde vâki olan telvin, sahibini temkin (karar) hâlinden çıkarmaz. Çünkü telvin, insâni şekil ve vasıfların kalmasından dolayı nefislerde olmaktadır. Ayağın temkin hâlinde sabit olması, kula hakikatin gerçek yönünün açılmasıdır.

Temkinin mânası, kulda hiç bir değişiklik olmayacak demek değildir. Çünkü o beşerdir. Bununla anlatılmak istenen şudur: Kendisine hakikat adına keşfolan şeyler ondan bir daha kaybolmaz ve noksanlaşmaz, aksine ziyadeleşir. Telvin sahibinde ise; nefsinin sıfatlarının ortaya çıkması anında kendisinden bir şeyler noksanlaşır, bazı hallerde kendisine hakikat perdelenir. Bununla birlikte o, iman üzerinde sâbit kalır. Kendisindeki değişiklik (telvin hâli), imanın dışındaki diğer hallerde olur.

16-NEFES

Sûfilerin bahsettiği hâllerden birisi de; "**nefes**"tir.

Denilmiştir ki: "Nefes; (mânevî terbiyesinde) nihâyette olana hastır. Vakt; başlangıç hâlindeki müptedi için söz konusudur; hâl ise manevi seyrinin orta-da olan kimseya âittir."

Bu söz, şunu anlatmak istiyor: Mübtedide âniden ilâhî bir hâl zuhûr eder. O, (bu geliş gidişlere hazır ve uyanık olmadığı için) bir hâlde istikrar bulamaz. Seyr u sülûkunu yarılamış olan; hâl sahibidir ve hâl kendisine gâlip gelmiştir. Müntehi (sülûkunda sona ulaşan) ise, hâlinde sabit, nefes sahibidir. O, gaybet ve huzûr halleri gibi, devamlı hâller içinde değişim yaşamaz. Aksine ondaki vecd halleri, nefesleriyle sâbittir, değişip durmaz.

Bunların hepsi, erbâbına hâs ve ma'lum hallerdir. Herbirinin kendine göre bir zevk ve tadı vardır.

Allahu Teâlâ, onların bereketiyle bizleri faydalandırsın. Âmîn...

****

BİDÂYET VE NİHÂYET HALLERİNİN SIHHATİ

Şeyhimiz Şeyhu'l-İslâm **Ebu'n-Necib es-Sühreverdî** (rah) bize, **Hz. Ömer**'den (r.a) nakille, Rasûlullah'ın (s.a.v) şöyle buyurduğunu rivâyet etti:

"Muhakkak ki bütün ameller niyetlere göre değerlendirilir ve karşılık görür. Herkese niyet ettiği şey verilir. Kim, hicretini Allah ve Rasûlü için yapmışsa; onun hicreti Allah ve Rasûlü için olmuştur. Kim de, hicretini elde edeceği bir dünyalık ve nikâhına alacağı bir kadın için yapmışsa; onun hicreti de niyet ettiği bu şeylere olmuştur." [1]

Niyet, amelin evvelidir; amel ona göre değer kazanır. Büyüklerin edebiyle Hakk yoluna girmek isteyen bir mürid için, bu yola adımını atarken yapacağı en önemli şey; bu büyüklerin yoluna girmeye, şekil ve hallerine bürünmeye, onların cemaatıyle oturmaya Allahu Teâlâ'nın rızâsı için niyetlenmesidir.

Şüphesiz, bir sâlikin velilerin yoluna girmesi, kendisinde bulunan kötü hâl ve durumdan hicret edip kurtulmayı ifâde eder.

Bu hususa işâret eden bir hadis-i şerifte şöyle buyrulmuştur:

"Gerçek muhâcir; Allahu Teâlâ'nın nehyettiği şeylerden uzaklaşan kimsedir." [2]

Allahu Teâlâ buyurmuştur ki:

"Kim Allah ve Rasûlüne itaatla hicret ederek evinden çıkar da, sonra kendisine ölüm yetişirse; onun ecri Allah'a âittir." [3]

---

1) Buhâri, İman, 41; Ebu Dâvud, Talak, 11; Tirmizî, Fedâilu'l-Cihad, 16; Nesâi, Tahâret, 59; İbnu Mâce, Zühd, 26.
2) Buhari, İman, 4; Ebu Davud, Cihad, 2; Nesai, İman, 9.
3) Nisâ (4), 100.

Şu halde bir müride, velilerin yoluna Allahu Teâlâ için girmesi gerekir. Eğer o, bu cemaatın nihâyette ulaştığı yüksek hâl ve makâmlara ulaşırsa; asıl menzilde onlara kavuşup aralarına katılmış olur. Eğer velilerin ulaştığı nihâyete ulaşmadan önce kendisine ölüm gelirse; onun sevabı Allah'a âittir.

Şu temel kâideyi unutmayalım: Başlangıç hâli sağlam olan herkesin, nihâyeti de o ölçüde kâmil ve olgun olur.

Ebu Zûr'â bize, **Cüneyd el-Bağdâdi**'nin şöyle dediğini nakletti:

"Müridi **Hakk** yolunda gerileten, terakkisini engelleyen ve tıkayan şeylerin çoğu, başlangıç hâlinin bozukluğundan kaynaklanmaktadır."

Mürid, sülûkunun başında niyetini sağlam ve temiz yapmaya muhtaçtır. Niyetin sağlam olması ise, onun hevâî arzulardan ve nefsin âcil dünyevî hazlarından temiz ve uzak tutulmasıdır. Böyle yapıldığı zaman bu yola giriş sırf Allah rızası için olmuş olur.

Sâlim b. Abdullah, **Ömer b. Abdülaziz**'e şöyle yazmıştır:

"Ya Ömer! Bil ki; Allahu Teâlâ'nın kuluna yardımı onun niyeti ölçüsündedir. Kimin niyeti sağlam ve tamam olursa; Allah'ın (ona) yardımı da tamam olur. Kimin niyeti sağlam ve tamam değilse; Allah'ın yardımı da o ölçüde eksik olur."

Sâlihlerden birisi kardeşine şöyle yazmıştır: "Amellerin içinde niyetini hâlis yap ki, az amelin kâfi gelsin. Tek başına güzel niyete ulaşamayan kimse; kendisine güzel niyeti öğretecek bir kimseye yakın olmalıdır."

Sehl b. Abdullah et-Tüsterî demiştir ki: "Başlangıç hâlindeki müride emredilen ilk şey; çirkin sevimsiz hareketlerden uzaklaşmasıdır. Sonra övülen güzel hareketlere intikali, sonra bütünüyle Allahu Teâlâ'nın emrine bağlanması, sonra rüşd hâllerinde durması, sonra sebat, sonra beyan, sonra yakınlık, sonra münâcaat, sonra beraberlik, sonra dostluk gelir. O zaman rızâ ve teslimiyet onun asıl murâdı, tevfiz ve tevekkül gerçek hâli olur. Bundan sonra Allahu Teâlâ kendisine mârifeti ihsan eder. Böylece onun Allahu Teâlâ indindeki makâmı; (Zât-ı Bârî'den başka) bütün güç ve kuvvetten sıyrılmış kimselerin makâmı olur. Bu, Hameletu'l-Arş makâmıdır ki; beşer için bundan öte makâm yoktur."

Sehl b. Abdullah'ın bu sözü, bidâyette gereken ve nihâyette elde edilen şeyleri topluca ifâde etmektedir.

Mürid sıdk ve ihlasa sarıldığı zaman, gerçek Hakk erlerinin ulaştığı yere ulaşır. Dinin emrine uymak ve halktan nazarı kesmek gibi kula ihlas ve sadâkatı te'min edecek hiç bir şey yoktur. Başlangıç hallerinde olan kimselere gelen bütün âfetler, halka nazarından dolayı gelmektedir.

Bize kadar ulaşan bir habere göre, Rasûlullah (s.a.v) şöyle buyurmuştur: ***"Kişi, gözünde, insanları kıymetten düşüp terkedilmiş bir deve gibi ve nefsini de onların içinde en hakiri görmedikçe imanı tam kemâle ermez."***[4]

Bu hadisde, halktan nazarı ve rağbeti kesmeye ve onlardan kurtulup âdetlerine bağlı kalmayı terketmeye bir işâret vardır.

Ahmed b. Hadraveyh demiştir ki: "Kim Allahu Teâlâ'nın devamlı (rahmet ve sevgisiyle) kendisiyle olmasını seviyorsa; sıdka yapışsın. Çünkü Allahu Teâlâ sâdıklarla beraberdir."

Rasûlullah (s.a.v) Efendimiz şöyle buyrulmuştur: ***"Sıdka sarılınız. Şüphesiz sıdk, sahibini hayra ulaştırır."***[5]

Müride işlerini iyice sağlamlaştırıp hevânın ince hallerini ve nefsin gizli şehvetlerini bilinceye kadar, mal sevgisi, mevki derdi ve halkla meşgul olup, oyalanmaktan sıyrılmalıdır. Mürid için en faydalı olan şey; nefsini yakinen tanımasıdır. Gereksiz dünya malı elde etme endişesine kapılan veya az da olsa içinde nefsânî düşünceler bulunan kimse, nefsini hakkıyla tanıyamaz

Zeyd b. Eslem demiştir ki: "İki şey var ki; onlar, senin kemâlini te'min eder. 1-Hiç bir ma'siyet düşüncen olmadan Allah için sabahlaman. 2-Herhangi bir ma'siyet düşüncen olmadan akşamlaman."

Hakk tâlibi, zühd ve takvâyı tam olarak elde edince; kendisine nefsin hakikatı keşfolur, nefsin zülmânî perdelerinden kurtulur; nefsin hareket yolunu, gizli şehvetlerini, desise ve aldatmalarını bilir. Doğrusu; sıdka yapışan kimse, sağlam bir kulpa yapışmış olur.

---

4) Bkz: Zebîdî, ithâfu's-Sâde, XIII, 156; Bu konuda mevkuf bir haber için bkz: Ahmed b. Hanbel, K. Zühd, No:812.
5) Buhârî, Edeb, 69; Müslim, Birr, 103-105; Ebû Dâvud, Edeb, 80 Tirmizî, Birr, 46; İbnu Mâce, Mukaddime 7.

Zünnûn el-Mısrî demiştir ki: "Allahu Teâlâ'nın yeryüzünde öyle bir kılıcı vardır ki; dokunduğu her şeyi kesip atar. O da sıdktır." Yâni; sadâkat, sahibini, her emeline ulaştırır.

Gerçek sadâkatın şekli ve sonucu konusunda şöyle bir hâdise nakledilir: **İsrâiloğullarından** bir âbidi güzel bir kadın kendisine yanaşmaya dâvet etti. Âbid kadına:

"Benim için helâya biraz su te'min ediniz de temizleneyim, ondan sonra dedeğinizi yapayım!" dedi. Sonra, tuvâlet bahânesi ile evin çatısına çıkarak kendisini damdan aşağı attı. Allahu Teâlâ bir meleğine onu tutmasını vahyetti. Melek de onu havada tutarak yavaşça yere indirdi. Bu durumu gören İblis:

"Hevâsına muhâlefet edip nefsini Allahu Teâlâ için fedâ eden kimseye karşı benim herhangi bir hâkimiyetim yoktur." diye, za'fiyetini itiraf etti

Müridin herşeyinde, hatta yemesi, içmesi ve giyinmesinde bile Allahu Teâlâ için bir niyeti olması gerekir. Böyle yaptığında Allah için giymiş, Allah için yemiş, Allah için içmiş ve Allah için uymuş olur. Çünkü bütün bunlar, nefse ulaştırmış olduğu bir takım iyiliklerdir. Bunlar Allah için olunca, nefis isyan etmez ve Allah için kendisinden istenen ihlasa icâbet eder.

Kul, nefse iyilik olarak yapılan herhangi bir şeye Allah için sâlih bir niyet bulunmadan el attığı zaman; bu, kendisine vebâl olur. Bir haberde şöyle vârid olmuştur:

"Kim Allah için koku sürerse; kıyamet günü kokusu hâlis miskten daha güzel olarak gelir. Kim de Aziz ve Celil olan Allah'dan başkası için kokulanırsa; kıyâmet günü kokusu leşten daha kötü bir şekilde kokarak gelir." [6]

Anlatıldığına göre; **Enes b. Mâlik** (r.a): "Elimi miskle kokulandırınız; **Sâbit** benimle musafaha ediyor ve elimi öpüyor, (elimde hoşlanacağı bir koku bulunsun)." derdi.

---

6) Bkz: Zebîdî, ithâfu's-Sâde, XIII, 18.

Selef-i sâlihîn, **Allah**'a yakınlık niyetiyle namaz için güzel elbise giyiyorlardı. Müridin, bütün hallerini, amellerini ve sözlerini iyice araştırması ve nefsine, ancak Allah için yapacağı bir hareket ve konuşacağı bir kelimeye müsâde etmesi gerekir.

Mürşidimiz **Ebu'n-Necib**'in sohbetinde bulunan ve kendisiyle görüşmüş olduğumuz bir kimse, yemek yerken her lokmasında niyet ediyor ve diliyle de: "Bu lokmayı Allahu Teâlâ için yiyorum." diyordu.

Niyet kalbde olmadıkça söz fayda vermez. Çünkü niyet kalbin amelidir, lisan ise ancak bir tercümandır. Kalbin, Allah için karar vermediği, sahih niyet olmaz.

Adamın biri başını taramak istedi. Hanımına: "Bana tarağımı getir!" diye seslendi. Hanımı: "Tarakla birlikte aynayı da getiriyorum." dedi. Adam sustu, sonra: "Tamam, getir!" dedi. Onun bu sözünü işiten birisi, adama:

"Önce sustun, sonra ayna için durdun, peşinden de "tamam!" dedin, bunun sebebi neydi?" diye sordu. O da: "Ben önce, niyetlenerek: "Tarağımı getir!" dedim. O: "aynayı da getireyim mi?" deyince benim aynaya niyetim yoktu. Bunun için, Allahu Teâlâ içimde onun için bir niyet hazırlayıncaya kadar durdum ve sonra: "Tamam, getir!" dedim" diye cevap verdi..

İşin başında (mânevî terbiyeye girdiği ilk zamanlarda), alıştığı şeylerden, arkadaşlardan ve tanıştıklarından ayrılıp yalnızlığa sarılarak başlangıcının temelini sağlam atmayan kimsenin bidâyeti (başlangıcı) istikrar bulup sağlam olmaz.

Denilmiştir ki: "İnsanın karıştığı kimselerin çok oluşu, sıdkının azlığındandır."

Mürd için en faydalı iş; sukûta sarılması ve insanların (boş) sözlerine kulak vermemesidir. Çünkü iç âlemi, işiteceği lüzumsuz sözlerden etkilenip karışacaktır. En iyisi; kâmil mânada zühd ve takvâsını yakînen bilmediği kimseleri hiç tanımamaktır. Böyle kimseleri tanımamak kendisine hayır kapısını açar.

Bir de şu var: Mânevî terbiyeye yeni adım atan kimselerin iç âlemleri, her nakşı ve şekli alabilecek mum gibidir; hemen (gördüğünden ve işittiklerinden) etkilenir. Bidâyette olan bir kimse, sadece halka bakmakla zarar görür. Aynı şekilde; gereksiz yere sağa sola bakmaktan ve başı boş dolaşmadan da zarar görür. Öyleyse; her hareketinde zarûret ölçüsünde durmalı, sağa sola lüzumsuz nazar etmemelidir. Hatta; yolda yürürken, nazarını sağa sola takmadan, gitmekte olduğu yolda tutmaya çalışmalıdır. Sonra, insanların kendisine nazar edecekleri ve ondan etkilenecekleri yerlerden sakınmalıdır. İnsanların ondan böyle bir şey beklediğini bilmesi, kendisi için fiilinden daha çok zararlıdır

Başıboş dolaşmayı hafife almamalıdır. Çünkü zarûret ölçüsünü aşan bütün söz, fiil, nazar ve dinleme, kişiyi önce fuzûli şeylere, sonra da asıl amel ve edebleri zâyi' etmeye götürür.

Süfyan es-Sevrî demiştir ki: "Bazıları, bu yolda gereken edebleri zâyi etmeleri sebebiyle vuslattan mahrum bırakıldılar."

Demek ki, konuşma ve fiilerinde zarûret ölçüsüne göre hareket edemeyen kimse, yeme, içme ve uykusunda da hâcet miktarında kalmaya güç yetiremez. Zarûreti ileri geçtiği zaman kalbindeki azimet duyguları yavaş yavaş çekilir ve çözülüp gider.

Sehl b. Abdullah demiştir ki: "Kim irâde ve ihtiyârı ile Allahu Teâlâ'ya kulluk yapmazsa; zarûri olarak halka kulluk eder. Kulun üzerine ruhsat ve genişlik kapıları açılır ve helak olanlarla birlikte helak olur gider."

Hakk yoluna yeni sülûk etmiş bir kimseye dünya erbâbından herhangi birisini tanıması öldürücü bir zehirdir. Bir haber de şöyle rivâyet edilmiştir.

"Dünya Allah'ın buğzettiği bir yerdir; ipine sarılanı ateşe götürür." [7]

Aslında, dünyanın uşaklığını yapan, onu arayan ve sevenlerden başka onun herhangi bir ipi yoktur. Kim onları tanırsa; istese de istemese de kendilerine kapılır.

Daha bidâyette olan bir mürid, gece namazını ve gündüz orucunu bir vazife olarak görmeyen dervişlerle oturmaktan da sakınmalıdır. Onun böyle kimselerle oturması, kendisi için dünya ehli kimselerle oturmasından daha

---

7) Dünyanın kıymetsizliği ile ilgili hadisler için bkz: Ebu Nuaym, Hilye, III, 156; Münzirî, et-Terğîb, I, 97; Heysemî, Mecmeu'z-Zevâid, I, 122, 335, X, 222.

zararlıdır. Bu kimseler, çok defa; böyle nâfile amellerin bidâyette olan kimselerin meşgul olacağı şeyler olduğunu, hâl sâhibi kimselerin bunlardan yükselip kurtulduğunu, bu durumda olan bir dervişin sadece farz namazlar ve Ramazan orucuyla yetinmesi lâzım geldiğini söylerler. Hakk yoluna giren kimse bu tür sözleri hiç duymamalıdır. Gerçekten biz, (mânevî terbiye ile ilgili) bütün işleri denedik ve tecrübe ettik. Derviş ve sâlihlerle oturduk. Bu sözü söyleyen, nâfile ve diğer ibâdetleri bırakıp sadece farzları kendilerine gerekli gören kimselerin -dinen bu anlayış ve durumları sahih olsa da- kusur altında olduklarını gördük.

Öyleyse kulun, farz ve fazilet olan bütün amellere sarılması gerekir. Ancak bu şekilde, işin başında ayağı sâbit kalabilir. Hakk yolcusu, ayrıca Cuma' gününü hassaten gözetlemeli, nefsine âit bir his ve hâl içine girmeden, bu günü sırf Allahu Teâlâ için geçirmelidir. Cuma' için gusl abdesti aldıktan sonra, güneşin doğmasından önce erkence câmiye gitmelidir. Eğer mümkün olup da namaz vaktine yakın bir zamanda yıkanırsa, bu da güzel olur.

Rasûlullah (s.a.v) buyurmuştur ki:

"Ya Ebâ Hureyre! Akşam yemeğinin parasıyla satın alacağın su ile de olsa Cuma' için guslet. Allahu Teâlâ bütün peygamberlere Cuma' için gusletmelerini emretmiştir. Gerçekten Cuma' için alınan gusul, iki Cuma' arasında meydana gelen günahlar için bir keffârettir." [8]

Bu şekilde vaktini ayırabilen Hakk tâlibi, bir gevşeklik göstermeksizin namaz, tazarru, duâ, Kur'an tilâveti ve herhangi bir zikir çeşidiyle **Cuma**'ya kadar meşgul olmalıdır. Eğer ikindiyi câmide kılacaksa itikaf hâlinde oturur. Günün kalan kısmında da tesbih, istiğfâr ve Peygamber (s.a.v) Efendimize salat u selam ile meşgul olur. Bu söylediklerimi yapan kimse, bunların bereketinin bütün haftaya yayıldığını, hepsinin meyvesinin de **Cuma'** günü alındığını görecektir.

Sâdıklardan bir tanesi bütün haftadaki hallerini, sözlerini ve fiillerini bir yere kaydediyordu. Çünkü **Cuma'** günü, her sâdık için hayır ve bereketini artırma günüdür. Bu durumda, **Cuma'** günü elde ettiği şeyler, kendisi için hafta-

---

8) Buhârî, Cum'a, 2; Dârimî, Salat, 131, Heysemî, Mecmeu'z-Zevâid, II, 173. (Hadisin ilk kısmı hariç).

nın diğer günlerini ölçtüğü bir ölçü olmaktadır. Çünkü, haftanın diğer günleri günahlardan temiz olarak geçince; Cuma' günü, nurların ve bereketlerin arttığı bir gün olacaktır. Cuma' günü, kendisinde bulduğu zulmet, nefis tembelliği ve mânevî neşenin az oluşu; haftanın diğer günlerinde edebi zâyi etmesinden kaynaklanmaktadır. Hakk tâlibi, bunu bilip dikkat etmelidir.

Hakk tâlibi, insanlar için elbise giymekten sakınmalıdır. Bu giydiği elbise, ya yüksek kaliteli veya insanların gözünde zahid görünmek için giydiği eski-püskü bir elbise olabilir. Onun insanlar için kaliteli elbise giymesinde bir hevâ olduğu gibi; eski-püskü pejmürde giymesinde de riyâ vardır. Halbuki sûfi ancak Allah için giyer.

Bize ulaşan bir habere göre; **Süfyan es-Sevrî** bilmeden elbisesini ters giymişti. Gün yükselene kadar o halde kaldı. İnsanlardan birisi kendisini uyarınca çıkarıp değiştirmeye niyetlendi, sonra vazgeçti ve: "Ben onu **Allah** için bir niyetle giymiştim. Artık onu insanlar için değiştirip giyemem." dedi. İşte kul, bunu bilmeli ve ibret almalıdır.

Mânevî terbiyeye yeni başlayan kimsenin **Kur'ân-ı Kerim** tilâvetinden ve ezberinden nasibi olmalıdır. Mürid, (Bakara ile başlayan) yedi uzun sûrenin tamamını veya bir kısmının ezberlemeli, mümkün olmazsa, kendisine lâzım olan yerleri ezberine almaya çalışmalıdır.

Halk içinde: "Tek bir zikre yapışmak Kur'an okumaktan daha faziletlidir." diyen kimsenin sözüne kulak vermemelidir. Şüphesiz, bir sâlik, Allahu Teâlâ'nın tevfiki ile, namazın içinde ve dışında okumuş olduğu Kur'an-ı Kerim'in bereketiyle arzulamış olduğu bütün şeyleri elde edebilir. Ancak meşâyıh-ı kiramdan bazıları, müridlere, düşüncesinin tam toplanması için tek bir zikre devam etmelerini tercih etmektedirler. Halbuki; halvetinde, Kur'an tilâvetine devam eden ve devamlı ona sarılan kimseye, namaz ve tilâvet, tek bir zikrin verdiği faydadan daha fazla fayda verir.

Bazı vakitlerde kendisine bir usanç geldiği zaman nefsini zikre yöneltip Kur'an okumaktan zikre geçer. Çünkü o, nefse daha hafif gelir. Ayrıca bütün itibarın kalbe olduğunu bilmelidir. Kur'an tilâveti olsun, namaz olsun, zikir olsun kalb ile dilin birleşmediği amellere, her yönüyle tamamdır gözüyle bakılamaz. Çünkü o, noksan bir ameldir.

Hakk tâlibi, vesvese ve nefsin iğvâlarını hafife alıp basit görmemelidir. Çünkü onlar, zararlı ve müzmin bir hastalıktır. Bu durumda o, tilâveti anında nefsinden, bâtınından kaynaklanan nefsin boş kuruntuları yerine Kur'an'ın mânasını düşünmelidir. Kur'an-ı Hakîm'i okurken mânasıyla meşgul olup başka bir kelamla uğraşmadığı gibi, aynı şekilde bâtınını da nefsin düşünce ve kuruntuları yerine Allahu Teâlâ'ya nazarla meşgul etmelidir. Çünkü sâlik, buna devamla müşâhade erbâbından olur.

Mâlik b. Dinar demiştir ki: "Sıddıkların kalbleri Kur'an'ı işittiği zaman, âhirete can atar."

Mürid de bu esaslara sımsıkı sarılmalı ve Allahu Teâlâ'ya devamlı boynunu bükerek Ondan yardım istemelidir.

Sehl b. Abdullah demiştir ki: "Kul, Allahu Teâlâ'ya karşı yapmış olduğu iltica ve boyun büküklüğü ölçüsünde kendisine belâ olan şeyleri tanır. Belayı tanıdığı ölçüde de Allahu Teâlâ'ya boyun büker."

Allahu Teâlâ'ya devamlı ihtiyacını arzedip boyun bükmek, sûfilerin yolunda her hayrın temeli ve her ince ilmin anahtarıdır. Bu boyun büküklüğü her nefeste olmalıdır. Sâlik, Allahu Teâlâ'ya boyun büküp kedisine muhtaç olduğunu arzetmeden herhangi bir harekete teşebbüs etmemeli ve bu olmadan tek bir kelime konuşmamalıdır. Allahu Teâlâ'ya arzedilmeden ve boyun bükülmeden yapılan bütün hareketler ve söylenen sözler asla hayır getirmezler. Biz, bunu bildik ve bunu gördük.

Sehl b. Abdullah demiştir ki: "Kim Allahu Teâlâ'yı zikretmeksizin bir nefesten diğer nefese geçerse, o ânını zâyi' etmiştir. Vaktini zayi' eden kimsenin mâruz kalacağı en basit şey; mâlâya'ni şeylere dalıp kendisine fayda veren şeyleri terketmesidir."

Bize ulaşan bir habere göre; **Hasan b. Sinan**, görkemli bir evin yanından geçerken: "Bu ev kimindir?" diye sormuş; sonra da nefsine dönerek: "Bundan bana ne! Bunun bana ne gereği var? Bu ancak nefsin bana tahakkümü ve edebinin azlığındandır." demiş ve bu lüzumsuz kelimeye bir keffâret olsun diye, bir yıl oruç tutmaya yemin etmiştir. Onlar, elde ettiklerini sadâkatla elde ettiler ve ulaştıklarına da ancak, gerçek Hakk erlerinin azimeti gibi kuvvetli azimetleriyle ulaştılar.

Bize, **Ebu Zür'a, Cüneyd el-Bağdâdî**'nin şöyle dediğini nakletti:

"Bir sâdık, bin sene Allah'a yönelip de sonra O'ndan bir an yüz çevirse, kaybetmiş olduğu eline geçirdiğinden daha fazla olur."

Bu, mânevi terbiyeye yeni giren kimsenin iyice anlayıp kavraması gereken bir sözdür. Mânevi terbiyede nihâyete ulaşan zaten onun hakikatini bilmektedir. Şu halde; bidâyette olan kimse sâdıktır; nihâyette olan ise sıddıktır.

Ebû Saîd el-Kuraşî demiştir ki: "Sâdığın; zâhiri halleri düzgündür fakat bâtını bazı vakitler nefsin hazzına meyleder. Bunun alâmeti de, bazı taatlarda ibâdetin tadını bulup bazılarında bulamamasıdır. O, zikirle meşgul olduğu zaman da zikirden perdelenir. Sıddık ise, zâhiri ve bâtını istikâmet üzerinde olup, kendisine bir çok hâllerin gelip gitmesiyle Allahu Teâlâ'ya ibâdet eden bir kimsedir. Onu, herhangi bir yemek, uyku, içme ve benzeri şeyler, Allahu Teâlâ'nın zikrinden perdelemez. Sıddık, nefsine istediğini Allah için ister. Hallerin nübüvvete en yakın olanı "Sıddıkiyyet"tir.

Bil ki; gerçekten mânevi terbiye ve sülûklerinde nihayete ulaşmış olanların zâhir ve bâtınları Allah için istikâmet bulmuş, ruhları nefsin zulmetlerinden kurtulup kurbiyyet sergisine ayak basmıştır. Nefisleri, kalbleriyle birlikte teslim olup, itaat ve istikâmet içinde kalblerin icâbet ettiği her şeye icâbet eder duruma gelmiştir. Ruhları ise, en yüksek makâma ulaşmıştır. Kendilerindeki hevâ ateşi sönmüştür. Bâtınlarını apaçık ilim kaplamış ve kendilerine âhiretin hakikati keşfolmuştur. Nitekim; Rasûlullah (s.a.v), **Ebû Bekr** (r.a) hakkında:

"Kim, yeryüzünde yürüyen bir ölü görmek istiyorsa; Ebû Bekr'e baksın." buyurmuştur. Rasûlullah (s.a.v), bu sözle, mü'minlerin avam tabakasının ancak ölümden sonra ulaşabilecekleri hakikat ilminin **Hz. Ebû Bekr**'e keşfolduğuna işâret etmiştir. Çünkü o gün:

"İşte senden gaflet perdesini kaldırdık, bugün artık görüşün keskindir." [9] buyrulacaktır.

Mânevi terbiyede nihayete ulaşmış büyüklerin de hevâları ölmüş ve ruhları **Hakk**'a engel olan bağ ve perdelerden kurtulmuştur.

---

9) Kâf (50), 22.

Yahya b. Muaz'a ârifin hâli sorulunca, şöyle demiştir: "O, halkla beraber olduğu halde onlardan kalb ve rûhuyla ayrılmış bir adamdır."

Yine bir defasında da: "İnsanlarla olup kalbiyle ayrılan bir kuldur." demiştir.

Nihâyete ulaşanlar, hakikatleri ile (mânen) Allah'ın katındadırlar. Önlerinde ecel perdesi bulunduğu için, zâhirleriyle dünyada bulunmaktadırlar. Allahu Teâlâ onları halk içinde ordusu yapmıştır. Onlar vasıtasıyla insanları hidâyete ulaştırır. onlarla irşad eder ve irâdesini Hakk'a teslim etmek isteyeni onlarla kendine çeker. Onların sözleri deva, bakışları şifâdır. Zâhirleri ilâhi hükmün istediği gibi muhafaza edilmiş, batınları ilimle ma'mur olmuştur.

Zunnûn el-Mısrî demiştir ki:

"Ârifin alâmeti üçtür:

1-Mârifetinin nûru, verâsının nûrunu söndürmez (Yani, mârifeti arttıkça, takvâ hâlinden bir şey kaybetmez, aksine çoğaltır).

2-Bâtınında, zâhirî hükmün kabul etmediği bir ilme bağlanmaz.

3-Allahu Teâlâ'nın kendisine ihsan etmiş olduğu nimet ve kerâmetler onu, Allah'ın haram kıldığı şeylerin perdelerini yırtıp onları yapmaya götürmez."

Demek ki, mânevî terbiyesinde nihâyete ulaşmış olanların nimetleri arttıkça kullukları artar. Her ne zaman dünyalıkları artsa **Allah**'a yakınlıkları artar. Mevkileri artıp yükseldikçe tavâzu ve boyun eğişleri artar. Onlar Allahu Teâlâ'nın:

"Mü'minlere karşı alçak gönüllü, kâfirlere karşı da çok onurludurlar."[10] âyetindeki hâlde olurlar. Her ne zaman nefislerinin mübah şehvetlerinden birisini elde etseler, kendilerinden sâfî şükür çıkar. Onlar, arzuladıkları şeyi nefislerine bir iyilik olsun diye elde ederler. Çünkü nefis, onların yanında, kendisine bir şeyler ikram edilen ve hediye verilen çocuk hükmümdedir. O, idâre altında boyun eğdirilmiş, kendisine acınacak ve lutufda bulunulacak bir kimsedir. Nefis de böyledir. Kâmil veliler bazen, peygamberlerin dünyevî lezzetlerden az bir şeyle yetinmeyi tercih edişlerine uyarak, nefislerini arzu ettiği şeylerden menederler.

---

10) Mâide (5), 54.

Yahya b. Muaz demiştir ki: "Dünya, âşıkları için süslenmiş bir gelin gibidir. Ona karşı zâhid olup gönlünü kaptırmayanlar onun yüzünü hasta görüp nefret etmişler, saçına tükürmüşler ve elbisesini yakmışlardır. Ârifibillah ise; yüce Rabbiyyle meşgul olup ona iltifat etmemiştir."

Bilesin ki; nihâyete ulaşmış olan kimse, hâlinin kemâliyle birlikte aynı şekilde nefsini güzelce kontrol ve idâre edip şehvetlerinden menetmekten, fazlaca oruç, gece namazı ve iyilik çeşitlerinden müstağni değildir, bunlardan uzak kalamaz. Bir grub insan bu hususda hatâya düşmüşler ve mânevî terbiyesinde nihâyete ulaşan kimsenin fazlaca ibâdet ve nâfilelere ihtiyacı olmadığını, lezzet ve şehvetlerini ele geçirme hususunda kendisini kapıp koyvermesinden kalbine herhangi bir zarar gelmeyeceğini zannetmişlerdir.

Bu anlayış bir hatâdır. Bu anlayışın yanlış oluşu; o şeylerin ârifin mârifetini perdeleyeceğinden değil, fakat o kimseyi daha ziyâdesini elde etme makâmından alıkoyacağındandır. Bu hâle ulaşmış bir cemaat da, bu gibi şeylerin kendilerinde kalb katılığına sebep olmadığını ve kendileri için bir takım zulmânî perdeler oluşturmadığını gördükleri vakit, onlara meyledip içine daldılar; farzları yerine getirmekle yetindiler, yeme ve içme hususunda oldukça serbest davrandılar.

Onlardaki bu serbestlik, kendilerinde hâllerin sarhoşluğundan bir takım şeylerin kalması, hâle bağlanma ve tamamen Hakk'ın nûruna ulaşamama sebebiyledir. Hâl nûrundan Hakk nûruna geçen kimsede mânevî sarhoşluktan bir eser kalmaz. O, diğer müslümanlardan herhangi birisi gibi, nefsini kulluk makâmında tutar; namaz, oruç ve diğer bütün hayır çeşitlerini yaparak Allahu Teâlâ'ya yaklaşmaya çalışır. Hatta, insanlara eziyet verecek bir zararlı şeyi yoldan atma hayrından dahi geri kalmaz. Her türlü hayır amelleri yapmak ister ve onu yapmada diğer mü'minler gibi davranmaktan çekinip kibretmez.

Bu kimse, itaat içindeki tezkiye olmuş mutmain nefse, merhameten bazı istek ve arzularını verir. Çünkü nefs onun esiridir. Bazen arzularına mâni olur, istediğini vermez. Bunda nefsin menfaatı vardır. Bu durumu, küçük bir çocuğun hâline göre düşün. Onun isteklerini verme veya menetme hususunda itidal (normal ölçü) aşılırsa, çocuğun tabiatı bozulur. Çünkü insan fıtratının, ilmin gereğine göre idâre edilmesi gerekir. Nefsin cibilliyeti devam ettiği sürece, ilme göre yönlendirilip idare edilmesi de devam etmek zorundadır. Bu, derin ve ince bir konudur.

Mânevî sülûkünun sonunda olana bir takım ârızalar, mânevî füyuzâtını azaltacak haller gelebilir. Aslında, sülûkunda nihâyete ulaşan kimse, nefsinin ihtiyacı olan şeyleri alma ve terketme hususunda ihtiyarına tamamen sahip ve hâkim birisidir. Tabii ki, amel ve hazlarının, bazısını almak, bazısını terketmek gerekecektir. Amellerinde bazen sâdıklarından birisi gibi hareket edip, ne lazımsa -farz olanı ve fazilet olanı- yapmak icabeder. Bazen de, nefsine bir rahatlık olsun diye birtakım nâfile amelleri terkedebilir. Bazen, nefse bir iyilik olsun diye onun arzuladıklarını kendisine verir. Bazen de, nefsin arzularını yok etmek için siyasetine uygun olarak isteklerini terkeder. Bütün bunları yaperken, kendi ihtiyarı ile hareket eder; bu konuda ona ruhsat verilmiştir.

Bütün hazlarını terketme hâline ulaşan kimse, tam bir zâhiddir. Nefsin her istediğini alıp vermede son derece serbest davranan birisi de tam rağbet ehli birisidir. Sülûkünde (mânevî terbiyesinde) nihâyete ulaşan ise, her iki tarafı dengeler ve itidâl üzere, ifratla tefrit arasında hareket eder.

Sülûkun nihâyetinde olan kimse, kendisine sevkedilen dünyevî şeyleri, zühdü bir kenara bırakarak aldığında; kendi ihtiyarıyla almadığı için, o anda zuhûr eden hâle göre davranmış olmaktadır. İhtiyarını terkederek Allahu Teâlâ'nın (tecelli eden) fiiline tâbi olan kimse, hâl ile kayıtlanmış yani hâlin sınırları içinde kalmıştır. Zâhid, ihtiyarını terkederek (dünya malını) terkde mukayyed (bağımlı) olduğu gibi; zühdünde zühd sahibi olarak (zühdü terkederek) Allah'ın kendisine sevkettiği şeyleri onun bir tecellisi görüp dünya malını alan kimse de (hep) almaya bağımlıdır. Nihâyet hâlinde istikrar bulan ârifin ise; bizzat almaya veya terketmeye bir bağımlılığı yoktur. O, bazen, ihtiyarını Allahu Teâlâ'nın ihtiyarına tâbi kılarak dünya malını terkeder, bazen de ihtiyarıyla alır tasarruf eder. Nâfile oruç ve namazlar da böyledir. Bazen onları yapar, bazen de, nefsine bir müsâmaha (genişlik) olsun diye terkeder. Çünkü o, her iki halde de, sahih bir ihtiyar (doğru bir tercih) sahibidir. Sahih ve nihâyetin nihayeti olan hâl, işte budur.

İstikrar ve istikâmet bulmuş bütün haller, Rasûlullah (s.a.v) Efendimizin hâline benzemektedir. Rasûlullah (s.a.v) Efendimiz de gecenin bir kısmında ibâdet edip bir kısmında uyuyor, mubah arzularını yerine getiriyor (nefsinin, bedeninin ve âilesinin haklarını eriyor) du.

Sahâbe-i kiram'dan birisi: "Ben hiç et yememeye karar verdim." dediği zaman; **Efendimiz**(s.a.v):

"Ben et yerim ve onu severim. Eğer Rabbimden her gün yedirmesini isteseydim; elbette bana yedirirdi" [11] buyurmuştur. Bu da sana gösterir ki; Rasûlullah (s.a.v) bu hususda serbestti. İsterse yer, istemezse yemezdi. Yemeyi de kendi ihtiyarı ile terkederdi.

Herhangi bir hususda: "Rasûlullah (s.a.v) böyle yapmıştır." dendiği zaman: "Rasûlullah (s.a.v) din sâhibi ve hüküm koyucu olduğundan bunları yapıyordu, biz yapmasak da olur!" diyen bir cemaat, gerçekten fitneye düşmüştür. Böyle bir söz yanlıştır. Onların bu sözleri, eğer kendilerinin ona uymasının lâzım gelmediği mânasında ise bu, bütünüyle bir cehâlettir.

Şu bir gerçektir ki; Rasûlullah (s.a.v) Efendimizin sözle emrettiği çerçevede kalmak ruhsat, fiiline uymak ise azimettir. Rasûlullah (s.a.v) Efendimizin sözleri ruhsat sahibleri, fiilleri de azimet sahibleri içindir. Sonra, mânevi sülûk ve terbiyesinde nihâyete ulaşmış kimsenin hâli; halkı Hakk'a dâvet hususunda Rasûlullah'ın (s.a.v) hâline benzemektedir. Rasûlullah'ın (s.a.v) yapmakta olduğu her şeyi onun da yapması gerekir. Rasûlullah'ın (s.a.v) gece namazı ve fazla orucu, ya kendisine tâbi olunmasından ya da bu sayede bulmuş olduğu mânevi yakınlığının artmasından dolayı idi. Eğer kendisine uyulması için yapılmışsa; nihâyete ulaşmış kimse de aynı şekilde kendisine uyulan bir kimsedir, onun da aynı şeyleri yapması gerekir.

Doğru ve gerçek olan şudur ki; Rasûlullah (s.a.v), bunları sadece kendisine uyulması için yapmamıştır. Bilakis O (a.s), bu amelleriyle mânevî yakınlığında bir yükselme buluyordu. Bu da, daha önce zikrettiğimiz; mubârek tabiatının (ilâhî nur ve edeble) süslenmesinden kaynaklanan bir durumdur.

11) Zebidî, İthâfu's-Sâde, VIII, 238. (Beyrüt-Lübnan, 1989).

Allahu Teâlâ, O Rasullerin Efendisine hitâben:

*"**Rasûlüm! Sana ölüm emrimiz gelinceye kadar Rabbine kulluk yap.**"* [12] buyurmuştur. Çünkü onun bu sâyede, **Hazret-i Mevlâ**'dan elde ettiği mânevî yardımlar çoğalacak ve kerem kapısını çalışı artacaktır. Hem Rasûlullah (s.a.v), Allahu Teâlâ'dan gelecek daha ziyâde şeylere muhtaçtır, onlardan müstağni değildir.

Sonra bunda acib bir sır vardır ki; o da şudur: Rasûlullah (s.a.v), aralarındaki cinsiyet bağı ile halkı Hakk'a dâvet ediyordu. Şayet bu cinsiyet bağı olmasaydı insanlar ona ulaşamaz ve kendisinden istifâde edemezlerdi. Onun temiz nefsi ile kendisine tâbi olanların nefisleri arasında, mübârek rûhu ile onların rûhları arasındaki gibi bir kaynaşma vardır. Bu kaynaşma, ruhların ruhlar âleminde kaynaştıkları gibi nefislerde yeni olarak meydana gelmektedir. Herkesin kendi rûhuyla nefsi arasında özel bir kaynaşması vardır. Ruhlarla nefisler arasında bir takım meyl, kaynaşma ve karışma halleri vâki olmaktadır. Rasûlullah (s.a.v), kendi nefsini ve kendisine tâbi olanların nefislerini tasfiye için amele devam ediyordu. Bu amellerindenden nefs-i şerifleri muhtaç olduğu kadarını alıyor ve fazla olan da ümmetinin nefislerine ulaşıyordu. Mânevî sülûk ve terbiyesinin sonuna ulaşmış kimse de ashâb ve etbâıyla aynı durumdadır. Öyleyse o da, nâfile ve fazla ibâdetlerden geri kalmamalı, iştah ve arzularına ancak ruhsat miktarı dalmalı, Allahu Teâlâ'nın desteği ve hikmet nûruyla itidal ölçüsünde nefsin hakkını vermelidir. İnsanlarla beraber bulunma durumunda olan herkesin, bu beraberliğin güzel olması için Hakk ile sahih bir halvet hâline ihtiyacı vardır. Ta ki, bu sayede celveti (halkın içinde oluşu), halvetinin (te'min ettiği nûrâniyet ve kemâlâtın mânevî) himâyesinde olsun.

Kim, bütün vakitlerinde halvet durumunda olur, kendisini herhangi bir şeyin Hakk'dan perdelemediği bir hâle ulaşır, bütün vakitleri Allah'la Allah için geçer ve Allahu Teâlâ, kendisine hakikat menzillerinin daha ötelerini bildirmediğinden kendinde bir noksanlık görmezse; o kimse bu durumuyla sahih bir hâldedir. Ancak şu kadar var ki o, yine de kusur altındadır. Çünkü ona, nefsin cibilliyetine uygun siyâseti, usûlünce idâre ve terbiye edilmesi öğretilmemiş, ihtiyarına sahib olmanın sırrı tanıtılmamış ve apaçık, tertemiz beyan da-

12) Hıcr (15), 99.

iresinde durdurulmamıştır.

Ben bu kitabımda, bazen, meşâyıh-ı kiramdan anlaşılması biraz kapalı durumda olan bir takım kelimeler naklettim. Hâliyle insanlar onları da işitecek ve hakkında hüküm verecektir. Bu durumda yapılacak en güzel iş, okuyucunun, duyup anlamadığı herhangi bir kelimede, Allahu Teâlâ'ya boyun büküp yalvararak kendisine onun hakikatını açması için yardım istemesidir.

Nakledilir ki; sûfilerden bir tanesine mârifetin kemâl noktası sorulunca: "Dağınık şeyler toplandığı, hâller ve makâmlar bir olduğu, (varlıklar ve ameller arasında) ayırım yapmanın ortadan kalktığı zaman, mârifet kemâl bulur." demiştir.

Böyle bir sözde, halvetle insanlara karışma, amelleri gerektiği gibi yerine getirmekle onları terketme arasında bir ayırım olmadığı akla geliyorsa da, ondan bunu söyleyen kimsenin özel bir mâna kasdettiği anlaşılmaktadır. Bu zât, mârifet tadının herhangi bir hâl sebebiyle değişmeyeceğini kasdemiştir. Bu doğrudur. Çünkü gerçek mârifet değişmez, ona sahip kimse amellerin arasını ayırmaya ihtiyaç duymaz, hepsine önem verir ve bütün haller onda eşittir. Fakat müridin duruma göre hazları değişir ve amellerin aralarını ayırmaya ihtiyaç duyar. Hem bu söz ve benzerlerinde, bizim zikretmiş olduğumuz şeylere ters düşen bir şey yoktur.

Muhammed b. Fadl'a "Âriflerin ihtiyacı neyedir?" diye sorulduğunda: "Onların asıl ihtiyacı kendisiyle bütün güzelliklerin kemal bulduğu hasletedir. Dikkat edin o da istkâmettir. Mârifeti tamam olan herkes istikamet yönünden de tamamdır." demiştir.

Şu halde, mânevî sülûk ve terbiyelerinde nihâyete ulaşmış kimselerin istikâmeti en olgun seviyededir.

Kul başlangıç hâlinde, ameller içinde tutulmuş fakat ameller sebebiyle hallerden perdelenmiştir. Yolun ortasında, halleri muhâfaza edilmiş, bazen amellerden alıkonmuştur. Nihâyette ise; kendisini ne ameller hallerden perdeler, ne de haller amellerden perdeler. İşte bu, en büyük fazilettir.

Cüneyd el-Bağdâdî'ye: "Nihâyetin ne olduğu?" sorulunca: "O, başlangıç hâline dönmektir." demiştir.

Bir tanesi **Cüneyd**'in bu sözünü şöyle açıklamıştır: "Bunun mânası şudur: "Kul, işinin başında iken bir cehâlet içindedir, sonra mârifete ulaşır. Daha sonra da hayret ve sanki hiç bir şey bilmeme durumuna döner."

Bu, çocuklukla başlayıp geçirilen devreler gibidir. Bu dönemlerde insan, önce câhil, sonra âlim ve en sonunda da yine bir nevi' câhil olmuştur. Bu hususa işâreten Allahu Teâlâ buyurmuştur ki:

"İçinizden bazıları da, biraz bilgi sahibi (âlim) olduktan sonra bir şey bilmez bir duruma gelmeleri için ömrün en düşük (ihtiyarlık) çağına itilir." [13]

Sûfilerden birisi demiştir ki: "İnsanlar içinde Allahu Teâlâ'yı en çok tanıyan; O'nun kudret ve tecellilerinde en çok hayret (ve ibrete) sahip olanlardır.

Bu sözün mânası, daha önce zikrettiğimiz gibi, şu olabilir: Kul, önce amellerle işe (seyr u sülûke) başlar. Sonra, hallere yükselir. Daha sonra hallere ve amellere beraberce sahip olur. Bu durum, mahbubların (Allah tarafından seçilip sevilen kulların) yolunda sülûk ettirilerek nihâyete ulaşan kimsede meydana gelir. O'nun ruhu, Hz. Mevla'ya çekilir. Bu arada ruh kalbi de peşinden götürür. Kalb nefsi, nefis de kalıbı peşinden çeker. Böylece kul, bütün varlığı ile Allahu Teâlâ'nın huzûrunda bulunur ve her şeyi ile O'na secde eder. Hz. Peygamber (s.a.v) bu duruma işâret olarak: ***"Ya ilâhî! Hayâlim ve gönlüm sana secde etti."*** [14] buyurmuştur.

Allahu Teâlâ da şöyle buyurmuştur:

"Göklerde ve yerde ne varsa, hepsi ister istemez, kendileri de gölgeleri de Allah'a secde ederler." [15]

Âyette geçen zılâl (gölgeler), ruhların secdesi ile birlikte secde eden kalıblardır. O zaman (ilâhî) muhabbetin tadı vücûdun bütün cüz ve parçalarına sirâyet eder. Böylece onlar da, Allahu Teâlâ'nın zikri ve kelâmının tilâvetiyle muhabbet ve sevgi elde ederek lezzetlenip nimetlenirler. Bu durumda Allahu

---

13) Nahl (16), 70.
14) Müslim, Müsâfirîn, 201, Ali el-Muttakî, Kenzu'l-Ummâl, VIII, 223-224.
15) Ra'd (13), 15.

Teâlâ onları sever ve taraf-ı ilâhiyesinden bir nimet olarak kendilerini mahlûkatına sevdirir.

Şeyhimiz **Ebu'n-Necib es-Sühreverdî**'nin bize, **Ebû Hureyre**'den (r.a) naklen bildirdiğine göre, **Rasûlullah** (s.a.v) şöyle buyurmuştur:

"Allahu Teâlâ bir kulu sevdiği zaman (Cebrâil'i) çağırır ve:

"Ben falancı kulu seviyorum, onu sen de sev." buyurur. Cibril de onu sever. Sonra semâdaki (diğer) meleklere seslenerek:

"Allahu Teâlâ falanca kulunu sevmektedir, onu siz de sevin." der. Bunun üzerine semâ ehli de onu sever ve o kul için yeryüzünde (varlıkların arasında) kabul konur, (halk kendisini sever, sayar.)." [16]

Taata yardım, günahlardan korunmak ve hayırlarda muvaffakiyet ancak Allahu Teâlâ'dandır.

****

16) Buhârî, Edeb, 41; Müslim, Birr, 157.

İSTİFÂDE EDİLEN ESERLER

Abdûlbâki, Muhammed Fuâd,

"el-Mu'cemu'l -Müfehres li Elfâzi'l-Kur'ân", İst, 1984

Abdullatif Uyan,

"İslam Meşhurları Ansiklopedisi", (I-III), İst, 1983.

Abdurrezzak, Ebu Bekr b. Hemmâm es Sanânî,

"el-Musannef", (1-XI), el-Meclisu'l İlmî yayınları.

Aclûnî, İsmâil b. Muhammed,

"Keşfu'l-Hafa", (I-II), Beyrut,1985.

Ahmed b. Hanbel,

"Müsned", (I-X), Beyrut, 1991.

Ahmed Osmânî,

"İ'lâü's-Sünen", (I-XVI), Pâkistan, trs.

Ali Nâsıf, Mansûr,

"et-Tâc", (I-V), Beyrut, 1986.

Âlûsî, Şihâbüddin Mahmud,

"Rûhu'l-Meânî", (I-XV), Beyrut, 1987.

Ateş, Süleyman,

"İslam Tasavvufu", İst, 1992.

Attar, Feridüddin,

"Tezkiretü'l- Evliyâ", (Haz: Süleyman Uludağ), İst, 1991.

Beğavî, İbrâhîm,

"el-Envâr Fî şemâili'n-Nebiyyi'l-Muhtâr", (I-II), Beyrut, 1989.

"Şerhu's-Sünne", (I-XVI), Beyrut, 1983.

"Meâlimü't-Tenzîl", (I-VIII), Riyad, 1993.

Beyhâkî, Ahmed b. Hüseyin,

"Şuabu'l-İmân", (I-IX), Beyrut, 1990.

"**es-Sünenü'l- Kübrâ**", (I-X), Beyrut, 1994.
"**Kitâbü'z-Zühd**, Beyrut, 1987.
Buhârî, Muhammed b. İsmail,
"**Sahihu'l- Buhârî**", (I-VIII), Beyrut, 1991.
Bursevî, İsmail Hakkı,
"**Rûhu'l-Beyân**", (I-X), Beyrut, 1995.
Dârimî, Abdullah b. Abdurrahmân,
"**Sünenü'd- Dârimî**" (I-II), Beyrut, 1987.
Deylemî, Şehredar b Şûriye,
"**Firdevsü'l-Ahbâr**", (I-V), Beyrut, 1987.
Ebû Dâvûd, Süleyman b. el-Eş'as es-Sicistânî,
"**Sünenü Ebî Dâvûd**", (I-II), Beyrut, 1988.
Ebû Nuaym, Ahmed b. Abdullah,
"**Hılyetü'l-Evliyâ**", (I-X), Beyrut, 1987.
"**Delâilü'n- Nübüvve**", (I-II), Beyrut, 1991.
Ebû Şeybe, Abdullah b. Muhammed,
"**Kitâbu'l-Azame**", Beyrut, 1994.
Ebû Ya'lâ, Ahmed b. Ali,
"**Müsned**",(I-XVI), Beyrut, 1989.Beyrut, trs.
el-Elbânî, Muhammed Nâsıruddin,
"**el-Ehâdîsü's-Sahîha**", (I-V), Beyrut, 1985.
Gazzâlî, Muhammed b. Muhammed,
"**İhyâu Ulûmi'd-Dîn**", (I-VI), Beyrut, 1992.
Hâkim, Muhammed b. Abdullah,
"**el-Müstedrek**", (I-IV), Beyrut, 1992.
Hakîm et-Tirmîzî, Muhammed,
"**Nevâdiru'l Usûl**", (I-II), Beyrut, 1992.
Hatib, Ebû Bekir Ahmed b. Ali,
"**Târîhu Bağdâd**", (I-XIX), Beyrut, trs.
Hatiboğlu, Haydar,
"**Sünen-i İbni Mâce Şerhi**", (I-X), İst, 1992.
Heysemî, Nûriddîn Ali b. Ebî Bekr,
"**Mecmau'z-Zevâid**", (I-X), Beyrut, 1982.
Hindi, Ali el-Muttakî,

"**Kenzu'l-Ummâl**", (I-XVI), Beyrut, 1993.

Hucvirî, Ali b. Osman Cüllâbî,

"**Keşfu'l- Mahcûb**", (Haz: S. Uludağ), İst, 1992.

Humeydî, Abdullah b. Zübeyr,

"**el-Müsned**", (I-II), Beyrut, 1998.

İbnu Abülberr,Ebû Ömer Yusuf,

"**Câmiu Beyâni'l-İlm**", Beyrut, trs.

İbnu Arrâk, Ali b.Muhammmed

"**Tenzîhü'ş-Şerîa**", (I-II), Beyrut, 1981.

İbnu Belbân, Alâuddin Ali,

"**el-İhsân fî Sahîhi İbni Hıbbân**", Beyrut, 1988.

İbnu Ebi'd-Dünyâ,

"**Kitâbu'l-Evliyâ**", Kâhire, trs.

İbnu Ebî Şeybe, Abdullah b. Muhamed,

"Musannef", Beyrut, 1989

İbnu'l-Cevzî, Ebu'l- Ferec Abdurrahman,

"**Sıfatu's-Safve**", (I-IV), Beyrut, 1986.

İbnu Hacer, Ahmed b. Ali el-Askalânî,

"**el-Metâlibü'l-Âliyy**e, Mekke, trs.

"**Şerhu'n-Nuhbe**", Dimeşk, 1993.

İbnu Hallikân, Ahmed b. Muhammed,

"**Vefayâtu'l-A'yân**", (I-VIII), Beyrût, trs.

İbnu'l-İmâd, Abdülhayy b.Ahmed,

"**Şezerâtu'z-Zeheb**" (I-X), Beyrut, 1986.

İbnu Kayyım,Muhammed b. Ebû Bekr,

"**Zâdü'l- Meâd**", (I-VI), Beyrut, 1994.

İbnu Kesîr, Ebü'l-Fidâ İsmâîl

"**el-Bidâye ve'n-Nihâye**", (I-XIV), Beyrut, trs.

"**Tefsîru Kur'âni'l-Azîm**", (I-VIII), Kâhire, trs.

İbnu Mâce,Muhammed b. Yezîd,

Sünenü İbni Mâce", (I-II), Beyrut, trs.

İbnu Mubârek, Abdullah,

"**Kitâbu'z-Zühd**" Beyrut, trs.

İbnu'l-Mulakkın,
"**Tabkâtu'l-Evliyâ**", Lübnan, 1990.
İbnu Sa'd,
"**Tabakâtu'l- Kübrâ**", (I-VIII), Beyrut, trs.
İbnu Salah,
"**Ulûmu'l-Hadîs**", Şâm, 1986.
İbnu Sinnî, Ahmed b. Muhammmed,
"**Ameli'l-yevm ve'l-Leyle**", Dimeşk, 1989
İslâm Ansiklopedisi, M. E. B. İst. 1979.
İslâm Ansiklopedisi, Türkiye Diyânet Vakfı Yay.
İslâ Âlimleri Ansiklopedisi, Türkiye Gazetezi Yay.
İz, Mâhir,
"**Tasavvuf**", İst, 1990.
Kâd-ı Iyâz, Ebu'l-Fadl,
"**eş-Şifâ**", (I-II), Beyrut, 1988.
Kandehlevî, Muhammed Yusuf,
"**Hayâtu's-Sahâbe**", (I-III), Beyruft, trs.
Kara, Mustafa,
"**Tasavvuf ve Tarikatlar Tarihi**", İst, 1985.
Kâtib Çelebî, Haci Halife,
"**Keşfu'z-Zunûn**", (I-VI), Beyrut-Lübnan, 1990.
Kurtûbî, Muhammed b. Ahmed,
"**el-Câmi' li Ahkâmi'l- Kurân**", (I-XX), Beyrut, 1985.
Kuşeyrî, Abdülkerim,
"**Letâifü'l-İşârât**", (I-III), el-Hey'etü'l-Mısrıyye,
Mâlik, b. Enes,
"**el-Muvatta**", Beyrut, 1990,
"**el-Müdevvene**", (I-VI), Mısır, trs.
Mâverdî, Ali b. Muhamed,
"**en-Nüketü ve'l-Uyûn**", (I-VI), Beyrut, 1992.
Mubârekpûrî, Muhammed Abrurrahman,
"**Tuhfetü'L-Ahvezî**", (I-X), Beyrut-Lübnan, 1990.
Münâvî, Muhammed Abdurraûf,
"**Feyzü'l- Kadîr**", (I-VI), Beyrut, 1972.

Münzirî, Abdülazîm,

"et-Terğîb ve't- Terhîb", (I-IV), Beyrut, 1986.

Müslim, b. el, Haccâc,

"Sahîhu Müslim", (I-V), Beyrut, 1983.

Nesâî, Ahmed b. Şuayb,

"Sünen-i Nesâî" (I-VIII), Beyrut, 1992.

Nevevî, Yahya b. Şeref,

"Riyâzu's-Sâlihîn", el-Mektebetü'l-İslâmiyye, 1992.

Râzî, Fahruddîn,

"Tefsir-i Kebîr", (I- XXXII), Beyrut,1990.

Sehâvî, Muhammed Abdurrahman,

"el-Makâsıdü'l-Hasene", Beyrut, 1994.

Suyûtî, Abdurrahmân Celâlüddin,

"ed-Dürrü'l- Mensûr", (I-VIII), Beyrut, 1993.

"el-Câmiu's-Sağîr", (I-II), Beyrut, 1981.

"el-Hasâisü-l- Kübrâ", (I-II), Beyrut, trs.

Sübkî, Abdülvehhab b. Ali,

"Tabakâtu'ş-Şâfiiyye", (I-X), Dâru İhyâi'l-Kütüb, 1992.

Şevkânî, Muhammed b. Ali,

"Fethu'l-Kadîr", (I-V), Beyrut, 1992.

Tabarânî, Süleyman b. Ahmed,

"el-Mu'cemu'l- Kebîr", (I-XX), Beyrut, trs.

"el-Mu'cemu's-Sağîr", Lübnan, trs.

Taberî, Muhammed b. Cerîr,

"Câmiu'l-Beyân", (I-XV), Beyrut, 1988.

Tebrizî, Muhammed b. Abdullah,

"Mişkâtü'l- Mesâbîh", (I-III), Beyrut, 1991.

Tirmizî, Ebû İsâ Muhamed,

"Sünen", (I-V), Beyrut, trs.

Vâhidî, Ali b. Ahmed,

"el-Vasît" (tefsir), (I-IV), Beyrut, 1994.

Yâkut el-Hamevî,

"Mu'cemü'l-Büldân" (I-VIII), Beyrut, 1990.

Yılmaz, H. Kâmil,

Anahatlarıyla Tasavvuf ve Tarikatlar, İst, 1994.

Zebîdî, Muhummed b. Muhammmed el-Heysemî,

"**İthâfu's-Seâde**", (I-XIV), Lübnan, 1989.

Zehebî, Muhammed b. Ahmed,

"**Siyeru A'lâmi'n-Nübelâ**", (I-XXV), Beyrut, 1990.

"**el-İber**", (I-IV), Beyrut, trs.

Zeyleî', Abdullah b. Yusuf,

"**Nasbu'r-Râye**", (I-IV), Mektebetu'r-Rıyâzı'l-Hadise".

İNDEKS

- TASAVVUFİ KONU VE KAVRAMLAR İNDEKSİ
- ŞAHIS İSİMLERİ İNDEKSİ

TASAVVUFÎ KONU VE KAVRAMLAR İNDEKSİ [1]

1) Okuyucunun dikkatine! Kitabımızın son çıkışı alınırken meydana gelen bir teknik ârızadan dolayı sayfalarda hafif bir kayma olmuştur. Bu nedenle; konu ve şahıs indeksinde aranan madde, verilen sayfada bulunamaz ise; bir önceki veya bir sonraki sayfaya bakılmalıdır.

-U-

-V-

-Y-

-Z-

ŞAHIS İSİMLERİ İNDEKSİ

-A-

-B-

-C-

-F-

-H-

-İ-

-K-

-L-

-M-

-N-

O-Ö-

-R-

-S-